Hier finden Sie die Formulare (ohne Anmerkungen) zum Download:

http://ch.beck.de/BeckFormB_FamR

Geben Sie bitte in das dafür vorgesehene Eingabefeld diesen persönlichen Freischaltcode ein:

3CD3-13E4-4FD0

Bei Fragen stehen wir Ihnen gerne zur Verfügung. Sie erreichen uns per E-Mail unter hotline@beck.de.

Beck'sches Formularbuch
Familienrecht

Beck'sches Formularbuch Familienrecht

Herausgegeben von

Dr. Ludwig Bergschneider

Rechtsanwalt und Fachanwalt
für Familienrecht in München

Bearbeitet von:

Dr. Ludwig Bergschneider, Rechtsanwalt und Fachanwalt für Familienrecht in München; *Hanspeter Bernhardt*, Diplom-Psychologe und Mediator (BAFM/NCRC) in München; *Dr. Peter Finger*, Privat-Dozent, Rechtsanwalt und Fachanwalt für Familienrecht in Frankfurt am Main; *Prof. Dr. Dr. Herbert Grziwotz*, Notar in Regen; *Monika Hamm*, Rechtsanwältin und Fachanwältin für Familienrecht in München; *Uwe Harm*, Rechtspfleger in Bad Segeberg; *Martin Haußleiter*, Rechtsanwalt und Fachanwalt für Familienrecht in München; *Karlheinz Kitzinger*, Rechtsanwalt in München; *Rudolf Klüber*, Rechtsanwalt in München; *Dr. Bernd Mossgraber*, Diplom-Kaufmann und Geschäftsführer in München; *Dr. Christof Münch*, Notar in Kitzingen; *Sebastian Schmitt*, Notarassessor in München; *Dr. Werner Schulz*, Leitender Richter am Familiengericht München a. D.; *Klaus Weil*, Rechtsanwalt und Fachanwalt für Familienrecht in Marburg; *Matthias Winkler*, Rechtsanwalt und Notar in Berlin; *Bianca Winograd*, Rechtsanwältin, Fachanwältin für Familienrecht und Mediatorin (BAFM) in München

5., überarbeitete und erweiterte Auflage 2017

C.H.BECK

Zitiervorschlag:
BeckFormB FamR/*Bearbeiter* Form. A.I.1 (Anm. 1)

www.beck.de

ISBN 978 3 406 70862 6

Wilhelmstraße 9, 80801 München
Druck: Beltz Bad Langensalza GmbH
Neustädter Straße 1–4, 99947 Bad Langensalza

Satz: Reemers Publishing Services GmbH, Krefeld

Umschlaggestaltung: Bruno Schachtner, Grafikwerkstatt

Gedruckt auf säurefreiem, alterungsbeständigem Papier
(hergestellt aus chlorfrei gebleichtem Zellstoff)

Vorwort zur 5. Auflage

Diese 5. Auflage des Beck'schen Formularbuchs Familienrecht bringt das bewährte Werk auf den Rechtsstand Juli 2017. Im Rahmen einer grundlegenden Aktualisierung und Überarbeitung der Formulare und Anmerkungen waren wieder einmal umfangreiche Reformen und Rechtsänderungen zu berücksichtigen. Neben zahlreichen, häufig grundlegenden, Entscheidungen zu allen familienrechtlichen Beratungsfeldern konnte beispielweise ganz aktuell noch die Öffnung der Ehe für gleichgeschlechtliche Partner („Ehe für alle") eingearbeitet werden. In diesem Zusammenhang wurden auch neue Formulierungsvorschläge aufgenommen. Die Muster und Erläuterungen zum Eherecht gelten künftig für heterosexuelle und homosexuelle Ehen gleichermaßen.

In personeller Hinsicht gab es ebenfalls Änderungen: Ausgeschieden sind Herr Notar *Dr. Winfried Kössinger* und Herr DirAG *Franz Weisbrodt*, ihre Beiträge haben Herr Notarassessor *Sebastian Schmitt* und Herr Rechtspfleger *Uwe Harm* übernommen. Den ausgeschiedenen wie den neuen Bearbeitern sei an dieser Stelle für Ihr Engagement herzlich gedankt.

Herausgeber, Autoren und Verlag hoffen, den Praxisbedarf der familienrechtlich tätigen Rechtsanwälte und Notare weiterhin soweit wie möglich abzudecken, und freuen sich wie immer über Anregungen oder auch kritische Hinweise aus der Leserschaft.

München, im Juli 2017 Ludwig Bergschneider

Vorwort zur 1. Auflage

Das Beck'sche Formularbuch Familienrecht bietet einen umfangreichen Fundus zu nahezu allen familienrechtlichen Bereichen, in erster Linie für die anwaltliche Korrespondenz mit eigenen Mandanten und Gegnern sowie für die anwaltliche und notarielle Vertragsgestaltung. Auf dem Gebiet des Versorgungsausgleichs sind auch gerichtliche Formulare aufgenommen.

Die Darstellung ist nicht auf das Scheidungsrecht und das Scheidungsfolgenrecht beschränkt, sondern behandelt auch die übrigen Gebiete des 4. Buchs des BGB wie die Adoption, die Betreuung, die Vormundschaft und die Pflegschaft. Darüber hinaus befasst sie sich auch mit schuldrechtlichen Sachverhalten, die einen familienrechtlichen Bezug haben, beispielsweise mit Verträgen zur Vermögensregelung der Eheleute außerhalb des Güterrechts. Schließlich sind auch Versicherungsfragen behandelt und Formulare zur Mediation angeboten.

Die Formulare sind mit erläuternden Anmerkungen versehen, welche insbesondere die Grundsätze darstellen, auf Besonderheiten und Risiken eingehen. Die dem Werk beigefügte CD-ROM stellt zwar eine unproblematische Verwendung der vorgeschlagenen Formulare sicher, es braucht aber wohl nicht darauf hingewiesen zu werden, dass die Formulare nur als Grundlage für die berufliche Arbeit gedacht sind und je nach dem konkreten Sachverhalt und dem Stil des Rechtsanwalts oder Notars abgeändert werden müssen.

Das insgesamt 16 Bearbeiter umfassende Autorenteam besteht ausschließlich aus familienrechtlichen Praktikern, und zwar Rechtsanwälten, Notaren, Richtern, Mediatoren und einem Versicherungsfachmann.

Verlag, Herausgeber und Autoren sind dankbar für kritische Hinweise und Anregungen zur Weiterentwicklung und Verbesserung des Formularbuchs.

München, im Juli 2004 Ludwig Bergschneider

Inhaltsübersicht

Inhaltsverzeichnis

A. Anwaltliche Korrespondenz zu Scheidungssachen und Scheidungsfolgesachen

B. Mandatsbedingungen und Vergütungsvereinbarungen

C. Vereinbarungen zur Ehescheidung

D. Eheliche Lebensgemeinschaft

E. Elterliche Sorge und Regelung des Umgangs

F. Unterhalt

G. Zugewinngemeinschaft

H. Gütertrennung

I. Gütergemeinschaft

J. Verträge zum Vermögen der Eheleute außerhalb des Güterrechts

K. Versorgungsausgleich

L. Ehewohnung und Gewaltschutz

M. Haushaltssachen

N. Nichteheliche Lebensgemeinschaft

O. Gleichgeschlechtliche Partnerschaft

P. Allgemeine Bestandteile von familienrechtlichen Verträgen

Q. Adoption

R. Pflegschaft und Vormundschaft

S. Betreuung

T. Trennungs- und Scheidungsmediation

U. Versicherungsrechtliche Aspekte

V. Auslandsberührung

Bearbeiterverzeichnis

Dr. Ludwig Bergschneider
München .... A.; C.; G. VIII.

Hanspeter Bernhardt
München .... T.

Dr. Peter Finger
Frankfurt am Main .... E.

Prof. Dr. Dr. Herbert Grziwotz
Regen .... N.; O.

Monika Hamm
München .... F.

Uwe Harm
Bad Segeberg .... R.

Martin Haußleiter
München .... Q.; V.

Karlheinz Kitzinger
München .... B.

Rudolf Klüber
München .... I.

Dr. Bernd Mossgraber
München .... U.

Dr. Christof Münch
Kitzingen .... G. I.–VII.; H.; J.

Sebastian Schmitt
München .... D.; P.

Dr. Werner Schulz
München .... L.; M.

Klaus Weil
Marburg .... K.

Matthias Winkler
Berlin .... S.

Bianca Winograd
München .... T.

Abkürzungs- und Literaturverzeichnis

aA	anderer Ansicht, anderer Auffassung
aaO	am angegebenen Ort
Abs.	Absatz
abzgl.	abzüglich
aF	alter Fassung
AG	Amtsgericht
Andrae	Internationales Familienrecht, 3. Aufl. 2014
Anh.	Anhang
Anm.	Anmerkung
AnwBl.	Anwaltsblatt
AO	Abgabenordnung
Art.	Artikel
Aufl.	Auflage
Az.	Aktenzeichen
Bahr/Chappel/Marcos	An evaluation of a trial mediation program, Mediation Quarterly, 1987
Balto	Mediator directiveness in child custody mediation: An exploration of alter-natives and decision making, Mediation Quarterly, 1990
Bamberger/Roth	Kommentar zum Bürgerlichen Gesetzbuch: BGB, 3. Aufl. 2012
Bauer/Klie/Lütgens	Heidelberger Kommentar zum Betreuungs- und Unterbringungsrecht, Loseblatt,
Bauer/von Oefele	Grundbuchordnung, 3. Aufl. 2013
Baumbach/Lauterbach/ Albers/Hartmann	Kommentar zur Zivilprozessordnung, 75. Aufl. 2017
BAV	Betriebliche Altersversorgung
BayL	Bayerische Leitlinien
BayObLG	Bayerisches Oberstes Landesgericht
BB	Betriebs-Berater
BBesG	Bundesbesoldungsgesetz
BeamtVG	Beamtenversorgungsgesetz
Beck Notar-HdB	Beck'sche Notarhandbuch (Hrsg. *Brambring/Jerschke*), 6. Aufl. 2015
BeckFormB BHW	*Hoffmann-Becking/Gebele,* Beck'sches Formularbuch Bürgerliches, Handels- und Wirtschaftsrecht, 12. Aufl. 2016
BeckFormB ErbR	*Brambring/Mutter*, Beck'sches Formularbuch Erbrecht, 3. Aufl. 2014
Beckmann/Matusche-Beckmann	Versicherungsrechts-Handbuch, 3. Aufl. 2015
BeckOF	Beck'sche Online-Formulare
BeckOK	Beck'scher Online-Kommentar

Bergner	Kommentar zum reformierten Versorgungsausgleich (KomRefVA), 2009
Bergerfurth/Rothner	Der Ehescheidungsprozess, 15. Aufl. 2006
Bergschneider	Verträge in Familiensachen, 5. Aufl. 2014
ders.	Die Ehescheidung und ihre Folgen, 5. Aufl. 2001
ders.	Richterliche Inhaltskontrolle von Eheverträgen und Scheidungsvereinbarungen, 2008
Berlebach/Helmke	Familienleistungsausgleich (ehemals Bundeskindergeldgesetz) – Kommentar und Vorschriftensammlung – Loseblatt
BErzGG	Bundeserziehungsgeldgesetz
Beschl.	Beschluss
BetrAVG	Gesetz zur Verbesserung der betrieblichen Altersversorgung (Betriebsrentengesetz)
BetrVG	Betriebsverfassungsgesetz
BFH	Bundesfinanzhof
BGB	Bürgerliches Gesetzbuch
BGBl.	Bundesgesetzblatt
BGH	Bundesgerichtshof
BGHZ	Entscheidungen des BGH in Zivilsachen (amtliche Sammlung)
Bickerdike/Littlefield	Divorce adjustment and mediation: Theoretically grounded process research, Mediation Quarterly, 2000
Bienwald/Sonnenfeld/Harm	Betreuungsrecht, Kommentar, 6. Aufl. 2016
BKGG	Bundeskindergeldgesetz
BMJ	Bundesministerium der Justiz
Börger/Bosch/Heuschmid	AnwaltFormulare Familienrecht, 6. Aufl. 2016
Borth	Versorgungsausgleich, 7. Auflage 2014
BR	Bundesrat
BR-Drs.	Bundesrats-Drucksache
Brambring	Ehevertrag und Vermögenszuordnung unter Ehegatten (Band 7 der Beck'schen Musterverträge), 7. Aufl. 2012
Brambring/Jerschke/Bearbeiter	Beck'sches Notar-Handbuch, 6. Aufl. 2015
Breidenbach/Gläser	Selbstbestimmung und Selbstverantwortung im Spektrum der Mediationsziele, Konsens, 1999
Bruch	Temporary Contingent Changes in Location under the Hague Child Abduction Convention GS Lüderitz
BSHG	Bundessozialhilfegesetz
BT	Berliner Vortabelle/Bundestag
BT-Drs.	Bundestags-Drucksache
Büchler	Das islamische Familienrecht: Eine Annäherung, 2003
Bumiller/Harders/Schwamb	FamFG Freiwillige Gerichtsbarkeit, 11. Aufl. 2015
Burhoff/Willemsen	Handbuch der nichtehelichen Lebensgemeinschaft, 4. Aufl. 2014
Büte	Das Umgangsrecht bei Kindern geschiedener oder getrenntlebender Eltern, 4. Aufl. 2012
ders.	Zugewinnausgleich bei Ehescheidung, 5. Aufl. 2017
BV	Beamtenversorgung
BVerfG	Bundesverfassungsgericht
BVerfGE	Entscheidungen des BVerfG (amtliche Sammlung)
BVG	Bundesversorgungsgesetz

bzgl.	bezüglich
bzw.	beziehungsweise
Cobb/Rifkin	Practice and paradox: Deconstructing neutrality in mediation, Law & Society, 1991
Coeppicus	Patientenverfügung, Vorsorgevollmacht und Sterbehilfe, 2009
Coester-Waltjen	Fernwirkungen der Europäischen Verordnungen auf die international-familienrechtlichen Regelungen des EGBGB
Cohen/Dattner/Hale	The limits of the mediators neutrality, Mediation Quarterly, 1999
Cooks/Hale	The construction of ethics in mediation, Mediation Quarterly, 1994
Dethloff	Familienrecht, 31. Aufl. 2015
DEuFamR	Zeitschrift für Deutsches und Europäisches Familienrecht (inzwischen eingestellt)
Deutsch	The resolution of conflict: Constructive and destructive processes, 1973
DFGT	Deutscher Familiengerichtstag
Diederichsen	FS Großfeld, 1999, 143 ff
Diehn	Notarkostenberechnungen, 2016
Diehn/Sikora/Tiedtke	Das neue Notarkostenrecht, 2013
Diez/Krabbe/Thomsen	Familien-Mediation und Kinder, 3. Aufl. 2008
Dingwall/Greatbatch	Behind closed doors: A preliminary report on mediator/client interaction in England, Family and Conciliation Courts Review, 1991
DNotI	Deutsches Notarinstitut
DNotZ	Deutsche Notar-Zeitschrift
Dodegge/Roth	Systematischer Praxiskommentar Betreuungsrecht, 4. Aufl. 2014
Dörner	Allgemeine Versicherungsbedingungen, 7. Aufl. 2015
DRiZ	Deutsche Richter Zeitung
DT	Düsseldorfer Tabelle
E	Entwurf
Eckebrecht/Große-Boymann/Gutjahr/Paul/Schael/v. Swieykowski-Trzaska/Weidemann	Verfahrenshandbuch Familiensachen, 2. Aufl. 2010
EGBGB	Einführungsgesetz zum Bürgerlichen Gesetzbuch
EheG	Ehegesetz
1. EheRG	Erstes Gesetz zur Reform des Ehe- und Familienrechts vom 14.6.1976
EheSchlRG	Eheschließungsrechtsgesetz vom 4.5.1998
EMRK	Europäische Menschenrechtskonvention
Emery	Renegotiating family relationships: Divorce, child custody, and mediation, 1994
Emery/Wyer	Child custody mediation and litigation: An experimental evaluation of the experience of parents, Journal of Consulting & Clinical Psychology, 1987
EP	Entgeltpunkte
Erman	Kommentar zum Bürgerlichen Gesetzbuch, 14. Aufl. 2014
EStG	Einkommensteuergesetz

ESÜ	Luxemburger Europäisches Übereinkommen über die Anerkennung und Vollstreckung von Entscheidungen über das Sorgerecht der Kinder und die Wiederherstellung des Sorgerechtsverhältnisses
EuGVÜ/EzFamR	Übereinkommen der Europäischen Gemeinschaft über die gerichtliche Zuständigkeit und die Vollstreckung gerichtlicher Entscheidungen in Zivil- und Handelssachen
f./ff.	folgende
FamRÄndG	Gesetz zur Vereinheitlichung und Änderung familienrechtlicher Vorschriften
FamRB	Der Familienrechtsberater
FamRZ	Zeitschrift für das gesamte Familienrecht
FF	Forum Familien- und Erbrecht
FGG	Gesetz über die Angelegenheiten der freiwilligen Gerichtsbarkeit
Firsching/Dodegge	Familienrecht, 2. Halbband: Betreuungsrecht, 8. Aufl. 2015
Firsching/Schmid	Familienrecht, 1. Halbband: Familiensachen, 8. Aufl. 2015
Fischer/Ury	Getting to yes, 1981
Fn.	Fußnote
Folberg	Confidentiality and privilege in divorce mediation, in: Folberg/Milne (Eds.), Divorce mediation: Theory and practice, 1988
Folger/Jones	Epilogue Toward furthering dialogue between researchers and practitioners, in: Folger/Jones (Eds.), New directions immediation: Communication research and perspectives, 1994
FPR	Familie, Partnerschaft, Recht
Friedman	Die Scheidungsmediation, 1996
Friedman/Himmelstein	Unveröffentlichte Seminar-Unterlagen (Center for Mediation in Law), 1997
FuR	Familie und Recht
Garbe	Antrags- und Klageerwiderungen in Ehe- und Familiensachen, 3. Aufl. 2003
Garbe/Oelkers	Praktische Arbeitshilfen zur erfolgreichen Bearbeitung von Familiensachen (Lose-Blattsammlung in 4 Bänden)
Geimer	Internationales Zivilprozessrecht, 7. Aufl. 2014
gem.	gemäß
Gerhardt/v. Heintschel-Heinegg/Klein	Handbuch des Fachanwalts Familienrecht, 10. Aufl. 2015
Gerold/Schmidt	Rechtsanwaltsvergütungsgesetz, 22. Aufl. 2015
GewSchG-E	Entwurf für ein Gesetz zur Verbesserung des zivilrechtlichen Schutzes bei Gewalttaten und Nachstellungen sowie zur Erleichterung der Überlassung der Ehewohnung bei Trennung (Gewaltschutzgesetz)
GG	Grundgesetz
Gießler/Soyka	Vorläufiger Rechtsschutz in Ehe-, Familien- und Kindschaftssachen, 6. Aufl. 2015
Girdner	Mediation and spousal abuse, Special issue of Mediation Quarterly, 1990
GKG	Gerichtskostengesetz
Glockner/Hoenes/Weil	Der neue Versorgungsausgleich, 2013
GNotKG	Gerichts- und Notarkostengesetz
Göppinger/Wax	Unterhaltsrecht, 9. Aufl. 2008

Göppinger/Börger	Vereinbarungen anläßlich der Ehescheidung. Die vertragliche Regelung der zivil-, steuer- und sozialrechtlichen Folgen, 9. Aufl. 2009
Götsche/Rehbein/Breuers	Versorgungsausgleichsrecht, 2015
Graba	Die Abänderung von Unterhaltstiteln, 4. Aufl. 2011
Greatbach/Dingwall	Selective facilitation: Some preliminary observations on a strategy used by divorce mediators, Law & Society Review, 1989
Greger/Unberath/Steffek	MediationsG, 2016
Grziwotz	Beratungshandbuch Lebenspartnerschaft, 2003
ders.	Eheverträge in der Landwirtschaft, 2012
ders	Nichteheliche Lebensgemeinschaft, 5. Aufl. 2014
ders	Partnerschaftsvertrag für die nichteheliche und nicht eingetragene Lebensgemeinschaft, 4. Aufl. 2002
GrZS	Großer Senat in Zivilsachen
GS	Gedächtnisschrift
Güntter/Hein	Familiensachen in der Anwaltspraxis, 2. Aufl. 2001
GVG	Gerichtsverfassungsgesetz
Hacke	Der ADR-Vertrag: Vertragsrecht und vertragliche Gestaltung der Mediation und anderer alternativer Konfliktlösungsverfahren, 2001
Haibach/Haibach	Das neue Kindschaftsrecht der anwaltlichen Praxis, 1998
Hamm	Strategien im Unterhaltsrecht, 2. Aufl. 2009
Hammer	Elternvereinbarungen im Sorge- und Umgangsrecht, 2004
Hartmann	Kostengesetze, 47. Aufl. 2017
Hausmann/Hohloch	Das Recht der nichtehelichen Lebensgemeinschaft, 2. Aufl. 2004
Hauß/Eulering	Versorgungsausgleich und Verfahren in der Praxis, 2014
Haußleiter/Schulz	Vermögensauseinandersetzung bei Trennung und Scheidung, 6. Aufl. 2015
HausratsVO	Verordnung über die Behandlung der Ehewohnung und des Hausrats
Haynes/Bastine/Link/Mecke	Scheidung ohne Verlierer, 2. Aufl. 2002
Heinz-Grimm/Krampe/Pieroth	Testamente zugunsten von Menschen mit geistiger Behinderung, 1997
Henrich	Internationales Scheidungsrecht einschl. Scheidungsfolgen, 3. Aufl. 2012
Herr	Kritik der konkludenten Ehegatteninnengesellschaft, 2008
Höfling	Das neue Patientenverfügungsgesetz in der Praxis – eine erste kritische Zwischenbilanz, 2011
Hohmann/Morawe	Praxis der Familienmediation, 2013
Hollenbeck	The sounds of silence: Compelling mediator testimony in Olam v. Cogress Mortgage Co, Conflict Resolution Quarterly, 2002
Holzmann	Brüssel II a VO: Elterliche Verantwortung und internationale Kindesentführungen, Diss. Bielefeld 2007
Hs.	Halbsatz
IntFamR/Finger	Das gesamte Familienrecht/Das internat. Recht
IPR	Internationales Privatrecht
IPRG	Gesetz zur Neuregelung des Internationalen Privatrechts
IPRax	Praxis des Internationalen Privat- und Verfahrensrechts

Irving/Benjamin	An evaluation of process and outcome in a private mediation service, Mediation Quarterly, 1982
iSd	im Sinne des
iSv	im Sinne von
iVm	in Verbindung mit
IZPR	Internationales Zivilprozessrecht
Jaeger	FS Henrich, 2000, S. 323 ff.
ders	Insolvenzordnung, 1. Aufl. 2004 (ab Band 4 neu aufgelegt Jaeger/Henckel/Gerhard, Insolvenzordnung, ab 2008 f.)
JAmt	Das Jugendamt
Jauernig	Bürgerliches Gesetzbuch, 16. Aufl. 2015
Jayme/Hausmann	Internationales Privat- und Verfahrensrecht, 18. Aufl. 2016
Jh.	Jahrhundert
JR	Juristische Rundschau
Johannsen/Henrich/ Bearbeiter	Eherecht: Scheidung, Trennung, Folgen, Kommentar, 5. Aufl. 2010
Johnston/Campbell	A clinical typology of interparental violence in disputed custody divorces, American Journal of Orthopsychiatry, 1993
JurBüro	Das Juristische Büro
Jurgeleit	Betreuungsrecht, Handkommentar, 3. Aufl. 2013
Jürgens	Betreuungsrecht, Kommentar, 5. Aufl. 2014
Jürgens/Lestling/ Marschner/Winterstein	Betreuungsrecht kompakt, 8. Aufl. 2016
JZ	Juristenzeitung
Kanzleiter/Wegmann	Vereinbarungen unter Ehegatten, 7. Aufl. 2007
Kegel/Schurig	Internationales Privatrecht, 9. Aufl. 2004
Keidel	Freiwillige Gerichtsbarkeit: Kommentar zum Gesetz über die Verfahren in Familiensachen, und in den Angelegenheiten der freiwilligen Gerichtsbarkeit, 19. Aufl. 2017
Kelly	Mediated and adversarial divorce: Respondents' perceptions of their processes and outcomes, Mediation Quarterly, 1989
Kelly/Duryee	Women's and men's views of mediation in voluntary and mandatory settings. Family and Conciliation Courts Review, 1992
Kersten/Bühling	Formularbuch und Praxis der freiwilligen Gerichtsbarkeit, 25. Aufl. 2016
KG	Kammergericht
Kind-Prax	Kindschaftsrechtliche Praxis
KindRG	Gesetz zur Reform des Kindschaftsrechts – Kindschaftsrechtsreformgesetz
KindUG	Gesetz zur Vereinheitlichung des Unterhaltsrechts minderjähriger Kinder – Kindesunterhaltsgesetz
KJHG	Kinder- und Jugendhilfegesetze
Klein	Handbuch Familienvermögensrecht, 2015
Kogel	Strategien im Zugewinnausgleich, 5. Aufl. 2016
Kolb/Kressel	Practical realities in making talk work, in: Kolb (Ed.), When talk works: Profiles of working mediators, 1994
Korintenberg/Lappe/ Bengel/Reimann	Kostenordnung, 18. Aufl. 2010
KostO	Kostenordnung

Kranz	Elterliche Kooperation und Sorgerechtsvereinbarungen bei der Abgabe von Sorgeerklärungen und bei Trennung der Eltern, Diss. Mainz 2003
Krauss/Deutsch	Communication in interpersonal bargaining, Journal of Personality and Social Psychology, 1966
Krenzler	Vereinbarungen bei Trennung und Scheidung, 5. Aufl. 2013
Kroppenberg/Schwab/Henrich/Gottwald/Spickhoff	Rechtsregeln für nichteheliches Zusammenleben, 2009
KV GNotKG	Kostenverzeichnis zum Gerichts- und Notarkostengesetz
Langenfeld	Die Gesellschaft bürgerlichen Rechts, 7. Aufl. 2009
ders	Handbuch der Eheverträge und Scheidungsvereinbarungen, 6. Aufl. 2011
Langenfeld/Fröhler	Testamentsgestaltung, 5. Aufl. 2015
Lehmann	Die Rechtsprechung des Bundesgerichtshofes zum Allgemeinen Versicherungsvertragsrecht nach neuem VVG, r + s 2012, 320; Ruland, Versorgungsausgleich, 3. Aufl. 2011
LG	Landgericht
Limmer/Krauß	Vertragsmuster-Handbuch für die Rechtspraxis (Loseblatt)
Lit.	Literatur
LM	Lindenmaier-Möhring, Nachschlagewerk des BGH
LPartG	Lebenspartnerschaftsgesetz
Ls.	Leitsatz
LSt	Lohnsteuer
Luthin/Koch	Handbuch des Unterhaltsrechts, 12. Aufl. 2012
Mähler/Mähler	Trennungs- und Scheidungsmediation in der Praxis, Familiendynamik 1992
Mähler/Mähler/Winograd	Unveröffentlichte Arbeits- und Seminar-Unterlagen, 2004
MAH ErbR	*Scherer*, Münchener Anwaltshandbuch Erbrecht, 4. Aufl. 2014
MAH FamR	*Schnitzler*, Münchener Anwaltshandbuch Familienrecht, 4. Aufl. 2014
MAH VersR	*Terbille/Höra*, Münchener Anwaltshandbuch Versicherungsrecht, 3. Aufl. 2013
mAnm	mit Anmerkung
Maxwell	Mandatory mediation of custody in the face of domestic violence: Suggestions for courts and mediators, Family and Conciliation Courts Review, 1999
Mayer/Geck	Der Übergabevertrag, 3. Aufl. 2013
McCormick	Confronting social injustice in a mediation, Mediation Quarterly, 1997
McIssac	Confidentiality: An exploration of the issues, Mediation Quarterly, 1985
MdE	Minderung der Erwerbsfähigkeit
MDR	Monatsschrift für Deutsches Recht
Meier/Deinert	Handbuch Betreuungsrecht, 2. Aufl. 2016
Meincke	Erbschaftsteuer- und Schenkungsteuergesetz, 16. Aufl. 2012
Meixner/Steinbeck	Allgemeines Versicherungsvertragsrecht, 2. Aufl. 2011
Meyer/Mittelstädt	Das Lebenspartnerschaftsgesetz, 2001
Miesen	Zum Umgangsrecht: Kosten und Schadensersatz, FS für Ingrid Groß
Milne	Divorce mediation: The state of art, Mediation Quarterly, 1983

Möhring/Beisswingert/ Klingelhöffer	Vermögensverwaltung in Vormundschafts- und Nachlasssachen, 7. Aufl.
Moore	The mediation process: Practical strategies for resolving conflict, 1996
Mot.	Motive zum BGB
Motzer/Kugler	Kindschaftsrecht mit Auslandsbezug, 2003
Motzer/Kugler/Grabow	Kinder aus Migrationsfamilien in der Rechtspraxis, 2. Auflage 2012
MPFormB FamR	Gottwald, Münchener Prozessformularbuch Familienrecht, 5. Aufl. 2017
MSA	Haager Übereinkommen über die Zuständigkeit der Behörden und das anzuwendende Recht auf dem Gebiet des Schutzes von Minderjährigen
MüKoBGB	Münchener Kommentar zum Bürgerlichen Gesetzbuch, 7. Aufl. 2016 ff.
MüKoFamFG	Münchener Kommentar zum FamFG, 2. Aufl. 2013
MüKoHGB	Münchener Kommentar, Band 5, 4. Aufl. 2016 ff.
MüKoInsO	Münchener Kommentar zur Insolvenzordnung, 3. Aufl. 2013 ff.
MüKoZPO	Münchener Kommentar zur Zivilprozessordnung, Band 3, 5. Aufl. 2016 ff.
Müller	Beratung und Vertragsgestaltung im Familienrecht, 3. Aufl. 2011
Müller/Renner	Betreuungsrecht und Vorsorgeverfügungen in der Praxis, 4. Aufl. 2015
Müller-Götzmann	Artifizielle Reproduktion und gleichgeschlechtliche Elternschaft, 2009
Münch	Familienrecht in der Notar- und Gestaltungspraxis, 2016
Münch Ehebezogene Rechtsgeschäfte	*Münch*, Ehebezogene Rechtsgeschäfte, 4. Aufl. 2015
Münch Scheidungsimmobilie	*Münch*, Die Scheidungsimmobilie, 2. Aufl., 2013
Münch Unternehmerehe	*Münch*, Die Unternehmerehe, 2007
Münch Versorgungsausgleich	*Münch*, Vereinbarungen zum neuen Versorgungsausgleich 2015
Muscheler	Das Recht der Eingetragenen Lebenspartnerschaft, 2. Aufl. 2004
Musielak/Voit	Kommentar zur Zivilprozessordnung mit Gerichtsverfassungsgesetz, 14. Aufl. 2017
mtl.	Monatlich
MVHdB	Münchener Vertragshandbuch, 6. Aufl. 2009 ff., 7. Aufl. 2011 ff.
mwN	mit weiteren Nachweisen
nF	neue Fassung
Nieder/Kössinger	Handbuch der Testamentsgestaltung, 5. Aufl. 2015
Niepmann/Schwamb	Die Rechtsprechung zur Höhe des Unterhalts, 13. Aufl. 2016
NJ	Neue Justiz (DDR)
NJW	Neue Juristische Wochenschrift
NJWE-FER	NJW-Entscheidungsdienst Familien- und Erbrecht
NJW-RR	NJW Rechtsprechungsreport Zivilrecht
Nölting	Mediatorenverträge, 2003

Notarkasse Bayern	Streifzug durch die Kostenordnung, 12. Aufl. 2017
Nr(n).	Nummer(n)
Oberloskamp/Oberloskamp	Vormundschaft, Pflegschaft und Beistandschaft für Minderjährige, 3. Aufl. 2010
OLG	Oberlandesgericht
OLGR	OLG-Report
OLGZ	Entscheidungen der Oberlandesgerichte in Zivilsachen
Palandt	Bürgerliches Gesetzbuch, 76. Aufl. 2017
Paquin	Mediators' perceptions of the effect of the couples' behaviour in child custody mediation, Journal of Divorce & Remarriage, 1990
Pardey/Kieß	Betreuungs- und Unterbringungsrecht, 5. Aufl. 2014
Paulitz	Adoption, 2. Aufl. 2006
PFAD	Fachzeitschrift für das Pflege- und Adoptivkinderwesen
PKH	Prozesskostenhilfe
Platz	Bankgeschäfte mit Betreuten, Deutscher Sparkassenverlag, 2010
v. Proff	NotarFormulare Nichteheliche Lebensgemeinschaft, 2. Aufl. 2016
Proksch	Rechtsstaatsächliche Untersuchung zur Reform des Kindschaftsrechts, 2002
Prölss/Martin	Versicherungsvertragsgesetz, 29. Aufl. 2015
ProzRB	Der Prozessberater
Putz/Steldinger	Patientenrechte am Ende des Lebens: Vorsorgevollmacht Patientenverfügung Selbstbestimmtes Sterben, 6. Aufl. 2016
Reimann/Bengel/Mayer	Testament und Erbvertrag, 6. Aufl. 2015
Reißig	Praxishandbuch Versorgungsausgleich 2010
Reul/Heckschen/Wienberg	Insolvenzrecht in der Gestaltungspraxis, 2012
RGZ	Entscheidungen des Reichsgerichts in Zivilsachen (amtliche Sammlung)
Ricci/Depner/Cannata	Profile: Child custody mediation services in California Superior Courts, Family and Conciliation Courts Review, 1991
RKG	Reichsknappschaftsgesetz
Rn.	Randnummer
Rotax	Praxis des Familienrechts, 3. Aufl. 2006
Rubin	Dynamics of third party intervention: Kissinger in the Middle East, 1981
Rpfleger	Der Deutsche Rechtspfleger
RPflG	Rechtspflegergesetz
Rspr.	Rechtsprechung
RÜG	Rentenüberleitungsgesetz
Ruland	Versorgungsausgleich, 4. Aufl. 2015
RVG	Rechtsanwaltsvergütungsgesetz
RVO	Reichsversicherungsordnung
S.	Seite
s.	siehe
Sarres	Grundlagen der Mandatspraxis – Familienrecht, 2003

SchlHA	Schleswig-Holsteinische Anzeigen (Justizministerialblatt für Schleswig-Holstein)
Schmidt	Gesellschaftsrecht, 4. Aufl. 2003
ders	Einkommensteuergesetz, 36. Aufl. 2017
Schnitzler	Arbeitshilfen zum Familienrecht – Tabellen, Leitlinien, Berechnungsbeispiele, 3. Aufl. 2000
ders.	Münchener Anwaltshandbuch Familienrecht, 4. Aufl. 2014
Scholz/Helmbrecht	Unterhaltsvorschussgesetz, Kommentar, 5. Aufl., 2004
Scholz/Kleffmann/Doering-Striening	Praxishandbuch Familienrecht, 31. Aufl. 2016
Schöner/Stöber	Grundbuchrecht, 15. Aufl. 2012
Schreiber	Die nichteheliche Lebensgemeinschaft, 3. Aufl. 2013
Schröder/Bergschneider/Bearbeiter	Familienvermögensrecht, 2. Aufl. 2007
Schwab	Familienrecht, 24. Aufl. 2016
Schwab Scheidungsrecht	Handbuch des Scheidungsrechts, 7. Aufl. 2013
Schwab Lebenspartnerschaft	Die eingetragene Lebenspartnerschaft, 2002
Seidl	Familienrecht, 7. Aufl. 2010
SGB	Sozialgesetzbuch
SGB VI	Sozialgesetzbuch Sechstes Buch
Sharp	The many faces of mediation confidentiality, Dispute Resolution Journal, 1998
Slaikeu	When push comes to shove: A practical guide to mediating disputes, 1996
Sloan	Power: Its use and abuse in mediation, Interaction, 1992
Smoron	Conflicting roles in child custody mediation: Impartiality/neutrality and the best interests of the child, Family and Conciliation Courts Review, 1998
Soergel	Kommentar zum Bürgerlichen Gesetzbuch BGB, 13. Aufl. 1999 ff.
sog.	sogenannt
SorgeRÜbkAG	Gesetz zur Ausführung von Sorgerechtsübereinkommen und zur Änderung des Gesetzes über die Angelegenheiten der freiwilligen Gerichtsbarkeit
Staudinger	Kommentar zum Bürgerlichen Gesetzbuch, 15. Aufl. 1998 ff.
Steiger	Das neue Recht der internationalen Adoption und Adoptionsvermittlung, 2002
Stein/Jonas	Kommentar zur Zivilprozessordnung, 22. Aufl. 2002 ff.
Stöber	Forderungspfändung, 16. Aufl. 2013
StGB	Strafgesetzbuch
stRspr	ständige Rechtsprechung
StVertrG	Staatsvertragsgesetz
SVG	Soldatenversorgungsgesetz
Thomas/Putzo	Zivilprozessordnung mit Gerichtsverfassungsgesetz und den Einführungsgesetzen, 38. Aufl. 2017
Thurnes	Aspekte zum neuen Versorgungsausgleich bei Pensionskassen, Betriebliche Altersversorgung 2/2010
Triebs	Versorgungsausgleich aktuell, 2009
Troll/Gebel/Jülicher/Gottschalk	Erbschaftsteuer- und Schenkungsteuergesetz, Stand 2017

ua ... und andere
UÄndG ... Gesetz zur Änderung unterhaltsrechtlicher, verfahrensrechtlicher und anderer Vorschriften vom 20.2.1986
UKi ... Kindesunterhalt
Uhlenbruck ... Insolvenzordnung, 14. Aufl. 2015
Urt. ... Urteil
USt ... Umsatzsteuer
usw ... und so weiter
UVG ... Unterhaltsvorschussgesetz

v. ... von, vom
VA ... Versorgungsausgleich
VAG ... Versicherungsaufsichtsgesetz
VAHRG ... Gesetz zur Regelung von Härten im Versorgungsausgleich
VAÜG ... Gesetz zur Überleitung des Versorgungsausgleichs auf das Beitrittsgebiet
VAwMG ... Gesetz über weitere Maßnahmen auf dem Gebiet des Versorgungsausgleichs
VersR ... Versicherungsrecht
vgl. ... vergleiche
VO ... Verordnung
v. Hoffmann/Thorn ... Internationales Privatrecht, 9. Aufl. 2007
Völker/Clausius ... Sorge- und Umgangsrecht in der Praxis, 7. Aufl. 2016
Vorb. ... Vorbemerkung
VStG ... Vermögenssteuergesetz (außer Kraft getreten zum 31.12.1996)
VV RVG ... Vergütungsverzeichnis zum Rechtsanwaltsvergütungsgesetz (Anl. 1 zu § 2 Abs. 2 RVG)
VVG ... Versicherungsvertragsgesetz

WährG ... Währungsgesetz
Wallerstein ... Psychodynamic perspectives on family mediation, Mediation Quarterly, 1987
Wegmann ... Eheverträge, 2. Aufl. 2002
Wendl/Dose ... Das Unterhaltsrecht in der familiengerichtlichen Praxis, 9. Aufl. 2015
Wellenhofer-Klein ... Die eingetragene Lebenspartnerschaft, 2003
Wever ... Vermögensauseinandersetzung der Ehegatten außerhalb des Güterrechts, 6. Aufl. 2014
Wick ... Der Versorgungsausgleich, 3. Auflage 2013
Winkler ... Beurkundungsgesetz, 18. Aufl. 2017
ders. ... Vorsorgeverfügungen – Patientenverfügung, Vorsorgevollmacht, Betreuungs- und Organverfügung, 5. Aufl. 2016
Wolfsteiner ... Die vollstreckbare Urkunde, 3. Aufl. 2011

zB ... zum Beispiel
ZBlJuR ... Zentralblatt für Jugendwohlfahrt und -Recht
ZEV ... Zeitschrift für Erbrecht und Vermögensnachfolge
Zimmermann/Dorsel ... Eheverträge, Scheidungs- und Unterhaltsvereinbarungen, 2010
Zöller ... Zivilprozessordnung: mit Gerichtsverfassungsgesetz und den Einführungsgesetzen, mit Internationalem Zivilprozessrecht, Kostenanmerkungen, 31. Aufl. 2016
ZPO ... Zivilprozessordnung

ZPR	Zivilprozessrecht
zT	zum Teil
zust.	zustimmend
Zwißler	Die nichteheliche Lebensgemeinschaft, 2009

A. Anwaltliche Korrespondenz zu Scheidungssachen und Scheidungsfolgesachen

1. Vertretungsanzeige und Mitteilung der Trennung an den Gegner

Persönlich/Privat

Herrn

. . . . . .

Sehr geehrter Herr . . . . . .

hiermit zeigen wir an, dass wir Ihre Ehefrau . . . . . . anwaltlich vertreten.[1, 2]

Unsere Mandantin hat uns über die Eheprobleme informiert. Sie hat sich nunmehr nach langer Überlegung entschlossen, daraus die Konsequenzen zu ziehen und wird ab (genauen Tag angeben) von Ihnen getrennt leben. Sie wird deshalb die im gemeinsamen Haus befindliche Einliegerwohnung beziehen und keine Versorgungsleistungen mehr für Sie erbringen, was keine persönliche Schikane ist, sondern den gesetzlichen Voraussetzungen für die Trennung innerhalb der ehelichen Wohnung entspricht.[3]

Die Folgen der Trennung und einer möglichen späteren Scheidung sollten aus der Sicht unserer Mandantin und unserer Kanzlei tunlichst außergerichtlich geregelt werden. Dabei wird es sich für Sie empfehlen, die Sach- und Rechtslage mit einer Rechtsanwältin oder einem Rechtsanwalt Ihres Vertrauens zu besprechen, die bereits hiermit gebeten werden, sich anschließend mit uns in Verbindung zu setzen.[4]

Mit freundlichen Grüßen

. . . . . .

Rechtsanwalt/Rechtsanwältin

Anmerkungen

1. Sachverhalt/Gestaltung. Es ist zunächst eine Frage des Stils und auch der Taktik, wie der Rechtsanwalt die Aufnahme des Scheidungsmandats nach außen bekundet. Wenn keine sehr triftigen Gründe vorliegen, sollte regelmäßig versucht werden, nicht von Anfang an durch schroffe Formulierungen eine Schärfe in die Trennungs- und Scheidungsauseinandersetzung zu bringen. Überhaupt hat im Familienrecht der Grundsatz zu gelten: Der Rechtsanwalt soll Teil der Lösung und nicht Teil des Problems sein.

2. Vollmacht. Die Vorlage einer Vollmacht ist für Schreiben der oben dargestellten Art rechtlich nicht geboten. Die Vollmachtsvorlage kann jedoch zu überlegen sein, wenn – beispielsweise nach wiederholt angedrohter, jedoch nicht vollzogener Trennung – nunmehr eine besondere Ernsthaftigkeit der Trennungsabsicht zum Ausdruck gebracht werden soll.

Rechtlich geboten ist die Vollmachtsvorlage aber dann, wenn eine Willenserklärung abgegeben werden soll. Dabei ist insbesondere die Regelung von § 174 BGB zu bedenken, wonach ein einseitiges Rechtsgeschäft, das ein Bevollmächtigter einem anderen gegenüber vornimmt (zB eine Auskunftsaufforderung gem. § 1613 Abs. 1 S. 1 BGB mit der Wirkung des Verzugs), unwirksam ist, wenn der Bevollmächtigte eine Vollmachtsurkunde nicht vorlegt und der andere das Rechtsgeschäft aus diesem Grunde unverzüglich zurückweist. In einem solchen Fall muss die Vollmachtsurkunde im Original vorgelegt werden; die Vorlage einer beglaubigten Abschrift oder einer Fotokopie genügt nicht, ebenso wenig die Vorlage einer Fax-Kopie oder als E-Mail (vgl. Palandt/*Ellenberger* § 174 Rn. 5).

3. Dokumentation des Trennungszeitpunktes. Solche Schreiben verfolgen auch den Zweck, einen Beitrag zur Dokumentation des Trennungszeitpunkts zu liefern. Das mindestens einjährige Getrenntleben der Ehegatten ist gem. §§ 1565, 1566 Abs. 1 BGB regelmäßig die wichtigste Voraussetzung für die Scheidung der Ehe. Der Zeitpunkt – also der genaue Tag – der Trennung ist auch deshalb sehr wichtig, weil bezogen auf diesen Tag die Auskunft und die Belegung des Vermögens verlangt werden kann (§ 1379 BGB; s. *Bergschneider*, FamRZ 2009, 1713, 1714).

4. Sonstige Erklärungen. Wenn das Schreiben mit weiteren Erklärungen verbunden werden soll, s. die nachfolgenden einschlägigen Abschnitte (zB für Unterhaltsaufforderungen → Form. F.I.1, → Form. F.II.1, → Form. F.III.1).

2. Vertretungsanzeige und Mitteilung der Trennung an den Gegner mit Wohlverhaltensmahnung

Persönlich/Privat

Herrn

. . . . . .

Sehr geehrter Herr . . . . . .

unter Vorlage einer auf uns lautenden Vollmacht[3] zeigen wir hiermit an, dass wir Ihre Ehefrau . . . . . . anwaltlich vertreten.

Da Ihre Ehe gescheitert ist, ist unsere Mandantin am . . . . . . aus der Ehewohnung ausgezogen und lebt seither von Ihnen getrennt.[4] Diese Entscheidung ist unwiderruflich. Sobald die gesetzlichen Voraussetzungen vorliegen, wird unsere Mandantin beim Familiengericht die Scheidung der Ehe beantragen.

Aus gegebenem Anlass fordern wir Sie auf, ab sofort jegliche Kontaktversuche mit unserer Mandantin zu unterlassen. Das bedeutet insbesondere, dass Sie unsere Mandantin weder anrufen noch sonst irgendwie ein Zusammentreffen versuchen. Sollten Sie dieser Aufforderung nicht Folge leisten, werden wir ohne weitere Ankündigung sofort gerichtliche Hilfe in Anspruch nehmen. In diesem Zusammenhang weisen wir auf unsere Möglichkeiten nach dem Gesetz zum zivilrechtlichen Schutz vor Gewalttaten und Nachstellungen hin.[1, 2]

Hochachtungsvoll

. . . . . .

Rechtsanwalt/Rechtsanwältin

Anmerkungen

1. Sachverhalt. S. zunächst die **Anmerkungen oben zu** → Form. A.1.

2. Gestaltung. Manchmal ist es erforderlich, dass der Anwalt in der Scheidungsauseinandersetzung von Anfang an eine sehr **entschiedene Haltung** einnimmt. Die Androhung gerichtlicher Schritte trägt in solchen Fällen sehr oft zur Beruhigung bei, wobei der Hinweis auf das Gesetz zum zivilrechtlichen Schutz vor Gewalttaten und Nachstellungen (Gewaltschutzgesetz – GewSchG) schon wegen seiner „bombastischen" Bezeichnung gute Dienste leisten kann.

3. Zur **Vollmacht** → Form. A.1 Anm. 2.

4. Zur **Trennungsdokumentation** → Form. A.1 Anm. 3. Daneben sind andere Dokumentationsmöglichkeiten für den Nachweis des Zeitpunkts der Trennung zu überlegen (insbes. Vorbereitung eines Zeugenbeweises, Mietvertrag für die neue Wohnung polizeiliche Ummeldung usw.).

3. Vorschlag einer Eheberatung an den Gegner

Persönlich/Privat

Frau

. . . . . .

Sehr geehrte Frau . . . . . .

Ihr Ehemann . . . . . . hat uns zu einem Beratungsgespräch aufgesucht. Dabei wurde aufgrund der Schilderung Ihres Ehemanns festgestellt, dass sich Ihre Ehe in einer schweren Krise befindet. Bevor sich Ihr Ehemann zu einer Trennung und eventuell einer Scheidung entschließt, möchte er hiermit den letzten Versuch zur Rettung der Ehe unternehmen.[1, 2]

Da es zweifelhaft ist, ob ein weiteres Gespräch zwischen den Ehegatten zu einer dauerhaften Verbesserung der ehelichen Lebensverhältnisse führt, schlagen wir gemeinsam mit Ihrem Ehemann vor, eine Eheberatung aufzusuchen. In der Eheberatung sollte versucht werden, die ehelichen Probleme offen anzusprechen, damit auch entschieden werden kann, ob eine Fortsetzung der ehelichen Gemeinschaft sinnvoll ist. Sollte eine Fortsetzung der ehelichen Gemeinschaft nicht sinnvoll erscheinen, sollte die Eheberatung dazu dienen, ein in persönlicher Hinsicht geordnetes Auseinandergehen der Ehegatten zu erreichen. Wir würden uns dann bemühen, die mit Trennung und Scheidung zusammenhängenden rechtlichen Angelegenheiten unter Berücksichtigung der beiderseitigen Rechte und Pflichten möglichst einvernehmlich zu regeln, wobei wir aus rechtlichen Gründen nur Ihren Ehemann vertreten können.

Bitte teilen Sie uns bis . . . . . . mit, ob Sie zur Aufnahme der Eheberatung bereit sind. Wir sind auch gerne bereit, Ihnen eine Eheberaterin/einen Eheberater zu nennen.

Mit freundlichen Grüßen

. . . . . .

Rechtsanwalt/Rechtsanwältin

Anmerkungen

1. Sachverhalt. Mit Schreiben dieser Art kann die Absicht verfolgt werden, sich nicht dem Vorwurf einer übereilten Trennung auszusetzen, was eventuell auch den Kindern und Verwandten gegenüber von Bedeutung sein kann. Aus der Praxis ist allerdings zu berichten, dass derartige Schreiben selten zu einem Erfolg in dem Sinne führen, dass sich die Trennung und Scheidung vermeiden lässt. Manchmal wird ein solches Schreiben – oder ein solches, mit dem Wohlverhalten des anderen Ehegatten angemahnt wird – auch von Mandanten gewünscht, die mit der Scheidung zögern oder sonst unentschlossen sind.

2. Rechtliche Relevanz. Der rechtliche Gehalt eines solchen Schreibens kann darin bestehen, im Fall des Misserfolgs der Eheberatung den Nachweis des Scheiterns der Ehe iSv § 1565 Abs. 1 BGB zu führen, falls sich das Scheitern nicht schon aus anderen Gründen ergibt. Auch im Zusammenhang mit § 1579 Nr. 7 BGB kann es von Bedeutung sein.

4. Mitteilung der Scheidungseinreichung an den Mandanten

Persönlich/Privat

Frau

. . . . . .

Ehescheidungsverfahren

Sehr geehrte Frau . . . . . .

wir beziehen uns auf unsere Besprechung vom . . . . . . und übergeben zu Ihrer Kenntnisnahme

- Kopie unseres heutigen Ehescheidungsantrags an das Amtsgericht . . . . . ., Familiengericht.

Die Einreichung dieses Antrags bei Gericht haben wir bereits veranlasst. Dieser Antrag wird nunmehr vom Gericht Ihrem Ehemann zugestellt werden. Dies wird – je nach der Belastung der dortigen Geschäftsstelle – voraussichtlich in etwa zwei bis vier Wochen der Fall sein. Über den weiteren Fortgang der Sache werden wir Sie laufend unterrichten.[1]

Wir möchten Sie noch einmal darauf aufmerksam machen, dass das Gericht nach dem gegenwärtigen Stand lediglich die Ehescheidung und den Versorgungsausgleich regelt. Wenn Sie weitere Punkte (darunter so genannte Folgesachen) geregelt haben möchten, die sich nicht einvernehmlich regeln lassen, bitten wir um Ihren umgehenden Bescheid. Als Folgesachen können von Gesetzes wegen insbesondere folgende Punkte geregelt werden:

- elterliche Sorge
- Umgang mit dem Kind
- Kindesunterhalt
- nachehelicher Ehegattenunterhalt
- eheliches Güterrecht
- Auseinandersetzung der Haushaltsgegenstände
- Überlassung der Ehewohnung.

Weitere Punkte (zB Unterhalt während der Trennungszeit, Auseinandersetzung gemeinschaftlichen Vermögens, Schuldenregulierung) stellen zwar keine Folgesachen dar, können aber bei Bedarf ebenfalls geregelt werden, teilweise auch im Wege einer einstweiligen Anordnung.[2]

Bei dieser Gelegenheit bitten wir um die Überweisung eines Verrechnungsgeldes von ...... EUR zuzüglich 19 % Mehrwertsteuer, sowie ...... EUR vorgelegter Gerichtskosten auf eines unser Konten und übergeben unsere Kostennote Nr. ...... vom ......[3]

Mit freundlichen Grüßen

......

Rechtsanwalt/Rechtsanwältin

Anmerkungen

1. Sachverhalt. Bei Informationen an den Mandanten und entsprechenden Belehrungen sollte versucht werden, einen Mittelweg einzuschlagen. Auf der einen Seite ist festzustellen, dass zu umfangreiche Informationen und Belehrungen nicht gelesen oder nicht behalten werden. Auf der anderen Seite sind manche Mandanten schnell mit der Behauptung zur Hand, das alles habe ihnen ihr Rechtsanwalt nicht gesagt. In jedem Fall empfiehlt es sich, kurze Ausführungen über die ersten Schritte des gerichtlichen Verfahrens zu machen. Informationen und Belehrungen in maßvollem Umfang können auch dazu beitragen, zeitraubende Rückfragen von Mandanten zu vermeiden.

2. Informationen des Mandanten. Die Praxis hat gezeigt, dass viele Mandanten davon ausgehen, der Unterhalt usw sei stets gemeinsam mit der Scheidung zu regeln, eine Meinung, die sie dem Anwalt gegenüber vielleicht erst beim Gang zum gerichtlichen Scheidungstermin äußern. Es sollte deshalb gleich zu Beginn des Verfahrens eine entsprechende schriftliche Information gegeben werden. Die bloße Übersendung einer Kopie des Scheidungsantrags mit Kenntnisnahmezettel führt oft auch dann zu Rückfragen oder Informationslücken, wenn im vorausgegangen Beratungsgespräch diese Punkte ausführlich und prägnant dargestellt worden waren.

3. Vorschuss. Ob man bereits vor Einreichung des Scheidungsantrags oder erst gleichzeitig mit der Einreichung eines Scheidungsantrags einen Vorschuss zahlen lässt, der auch die Gerichtskosten umfasst, hängt vom erwarteten Zahlungsverhalten des Mandanten (wie schnell er beispielsweise die früher angefallenen Kosten des Beratungsgesprächs bezahlt hat) und vom Stil der Kanzlei ab.

5. Mitteilung über die Einreichung eines Scheidungsantrags nebst VKH-Antrag an den Mandanten

Persönlich/Privat

Frau

......

Ehescheidungsverfahren

Sehr geehrte Frau ......

wir beziehen uns auf unsere Besprechung vom . . . . . . und übergeben zu Ihrer Kenntnisnahme in Kopie

- unseren heutigen Ehescheidungsantrag an das Amtsgericht . . . . ., Familiengericht
- unseren heutigen Antrag an das Amtsgericht . . . . ., Familiengericht, auf Bewilligung der Verfahrenskostenhilfe.[1, 2]

Die Einreichung der beiden Anträge bei Gericht haben wir bereits veranlasst. Sie werden nunmehr Ihrem Ehemann zur Stellungnahme zugeleitet werden. Dies wird – je nach der Belastung der Geschäftsstelle des Gerichts – voraussichtlich in etwa zwei bis vier Wochen der Fall sein. Die dabei Ihrem Ehemann vom Gericht gesetzte Frist zur Stellungnahme beträgt meist zwei oder drei Wochen. Anschließend wird das Gericht entscheiden, ob Ihnen Verfahrenskostenhilfe bewilligt wird. Wird Ihnen Verfahrenskostenhilfe bewilligt, wird das Gericht anschließend unseren Scheidungsantrag der Gegenseite formell zustellen. Sollte Ihnen das Gericht keine Verfahrenskostenhilfe gewähren, müssten Sie einen Gerichtskostenvorschuss zahlen, bevor das Gericht unseren Scheidungsantrag der Gegenseite formell zustellt. Für diesen Fall werden wir zu gegebener Zeit auf Sie zukommen.

Wir möchten noch einmal darauf aufmerksam machen, dass das Gericht – auch wenn Ihnen Verfahrenskostenhilfe gewährt wird – nach dem gegenwärtigen Stand lediglich die Ehescheidung und den Versorgungsausgleich regelt. Wenn Sie weitere Punkte (darunter so genannte Folgesachen) geregelt haben möchten, die sich nicht einvernehmlich regeln lassen, bitten wir Sie um Ihren Bescheid, sobald das Gericht über die Verfahrenskostenhilfe entschieden hat. Als Folgesachen können von Gesetzes wegen insbesondere folgende Punkte geregelt werden:

- elterliche Sorge
- Umgang mit dem Kind
- Kindesunterhalt
- Nachehelicher Ehegattenunterhalt
- Eheliches Güterrecht
- Auseinandersetzung der Haushaltsgegenstände
- Überlassung der Ehewohnung.

Weitere Punkte (zB Unterhalt während der Trennungszeit, Auseinandersetzung gemeinschaftlichen Vermögens, Schuldenregulierung) stellen zwar keine Folgesachen dar, können aber bei Bedarf ebenfalls geregelt werden, teilweise auch im Wege einer einstweiligen Anordnung.

Sollte die Regelung eines Punktes so eilbedürftig sein, dass die Entscheidung des Gerichts über die Verfahrenskostenhilfe nicht abgewartet werden kann, rufen Sie uns bitte an.

Mit freundlichen Grüßen

. . . . . .

Rechtsanwalt/Rechtsanwältin

Anmerkungen

1. **Sachverhalt.** S. zunächst Anmerkungen oben zu → Form. A.4.

2. **VKH-Antrag.** Auch nach Einführung des FamFG ist es für Ehesachen und Familienstreitsachen iSv §§ 121, 112 FamFG bei der Prozesskostenhilfe nach den ZPO-Vorschriften (§§ 114 ff. ZPO) geblieben. Dies ergibt sich aus § 113 Abs. 1 FamFG, wonach unter anderem die §§ 76 bis 78 FamFG – welche die Verfahrenskostenhilfe regeln – nicht anzuwenden sind und auf die einschlägigen ZPO-Vorschriften verwiesen wird. Allerdings schreibt § 113 Abs. 5 Nr. 1 FamFG vor, dass bei Anwendung der ZPO an die Stelle der Bezeichnung „Prozess" die Bezeichnung „Verfahren" tritt. Deshalb die neue Bezeichnung Verfahrenskostenhilfe, abgekürzt: VKH.

Das obige Muster geht davon aus, dass der Scheidungsantrag mit gleichzeitigem VKH-Antrag eingereicht wird, was in Scheidungsverfahren der allgemeinen Praxis entspricht. Sollte ausnahmsweise der VKH-Antrag mit dem Entwurf eines Scheidungsantrags eingereicht werden, ist dies klar zum Ausdruck zu bringen (vgl.Thomas/Putzo/*Seiler* § 117 ZPO Rn. 2); eine solche Verfahrensweise kann beispielsweise dann angezeigt sein, wenn die Trennungsfrist umstritten ist.

6. Aufforderung zur Zahlung von Verfahrenskostenvorschuss an den Gegner

Persönlich/Privat

Herrn

. . . . . .

Sehr geehrter Herr . . . . . .

hiermit zeigen wir unter Vorlage einer auf uns lautenden Vollmacht[2] an, dass wir Ihre Ehefrau anwaltlich vertreten.

Unsere Mandantin hat uns bereits beauftragt, einen Scheidungsantrag einzureichen. Da unsere Mandantin nicht in der Lage ist, die Kosten des Scheidungsverfahrens zu tragen, sind Sie gemäß § 1360a Abs. 4 S. 1 BGB verpflichtet, ihr die voraussichtlichen Kosten vorzuschießen. Vorsorglich machen wir Sie darauf aufmerksam, dass Sie im Hinblick auf Ihre Einkommens- und Vermögensverhältnisse Ihre Ehefrau nicht auf die vom Staat zu gewährende Verfahrenskostenhilfe verweisen können.[1, 3]

Der Anspruch auf Verfahrenskostenvorschuss berechnet sich unter Zugrundelegung des Rechtsanwaltsvergütungsgesetzes (RVG) und des Gesetzes über Gerichtskosten in Familiensachen (FamGKG) wie folgt:

Verfahrenswert: . . . . . .

1,3 Verfahrensgebühr, Nr. 3100 VV RVG	. . . . . . EUR
1,2 Terminsgebühr, Nr. 3104 VV RVG	. . . . . . EUR
Postentgeltpauschale	20,– EUR
19 % Mehrwertsteuer, Nr. 7008 VV RVG	. . . . . . EUR
2,0 Verfahrensgebühr gem. § 9 Nr. 1110 KV FamGKG	. . . . . . EUR
Gesamtbetrag	. . . . . . EUR

Wir fordern Sie hiermit auf, diesen Gesamtbetrag bis spätestens . . . . . . auf eines unserer Konten zu überweisen. Sollten Sie dieser Aufforderung nicht fristgerecht nachkommen, behalten wird uns vor, ohne weitere Ankündigung bei Gericht den Erlass einer einstweiligen Anordnung auf Zahlung von Verdfahrenskostenvorschuss zu beantragen.

Hochachtungsvoll

. . . . . .

Rechtsanwalt/Rechtsanwältin

Anmerkungen

1. Sachverhalt. Anspruchsgrundlage für den Anspruch auf Verfahrenskostenvorschuss (VKV) ist § 1360 Abs. 4 S. 1 BGB. Über die Bezeichnung kann man sich streiten. § 1360a Abs. 4 S. 1 BGB spricht von Kosten eines Rechtsstreits, nach § 113 Abs. 5 Nr. 1 FamFG tritt an die Stelle der Bezeichnung Rechtsstreit die Bezeichnung Verfahren (abgekürzt wohl VKV), im allgemeinen juristischen Sprachgebrauch heißt es oft weiterhin Prozesskostenvorschuss. Es empfiehlt sich, im Aufforderungsschreiben auf die bedeutsamste Voraussetzung für die Verpflichtung zur Zahlung des VKV hinzuweisen, nämlich, dass der Mandant nicht in der Lage ist, die Kosten des Scheidungsverfahrens (und gegebenenfalls der Folgesachen und einstweiligen Anordnungen) zu tragen, er also bedürftig ist (zu den Voraussetzungen insgesamt vgl. Palandt/*Brudermüller* § 1360a Rn. 7 ff.).

2. Vollmacht. Da die VKV-Aufforderung ein einseitiges Rechtsgeschäft darstellt, das vom anderen Ehegatten gem. § 174 BGB als unwirksam zurückgewiesen werden kann und im Muster – wie allgemein üblich – Zahlung direkt an den Rechtsanwalt verlangt wird, ist die Vorlage einer Vollmacht mit Inkassoberechtigung unverzichtbar (→ Form. A.1 Anm. 2).

3. Verhältnis zur VKH. Der VKV ist – gegenüber der VKH – subsidiär. Der Anspruch auf VKV beseitigt, soweit er zweifelsfrei besteht und zeitnah durchsetzbar ist, die für Gewährung der VKH gem. § 115 Abs. 2 BGB vorauszusetzende Bedürftigkeit (vgl. Palandt/*Brudermüller* § 1360 a Rn. 8 mit Rechtsprechungsnachweisen). Das Muster geht davon aus, dass diese Voraussetzungen gegeben sind. Zur Vermeidung von – meist vorgeschobenen – Einwendungen ist es sinnvoll, bereits im Aufforderungsschreiben auf diese Subsidiarität hinzuweisen. Sollte ein vorausgegangener VKH-Antrag vom Gericht wegen der Leistungsfähigkeit des Gegners zurückgewiesen worden sein, sollte dies ebenfalls erwähnt werden.

7. Übersendung der Drucksachen zum Versorgungsausgleich an den Mandanten

Persönlich/Privat

Herrn/Frau

. . . . . .

Ehescheidungsverfahren . . . . . .; hier: Versorgungsausgleich

Sehr geehrte(r) . . . . . .

Anbei übersenden wir

- **Kopie des Schreibens des Amtsgerichts . . . . . . an unsere Kanzlei**
- **diverse Drucksachen zum Versorgungsausgleich.**

Wir bitten Sie, den Fragebogen ausgefüllt und unterzeichnet so zeitig an unsere Kanzlei zurückzusenden, dass die vom Gericht gesetzte Frist eingehalten werden kann.[2] Bitte füllen Sie auch diejenigen Abschnitte aus, die Sie nicht betreffen, gegebenenfalls durch Ankreuzen des Kästchens „Nein". Beachten Sie bitte, dass die Dauer des Ehescheidungsverfahrens meist auch davon abhängt, wie lange die Eheleute zur Ausfüllung dieses Formulars brauchen und wie exakt sie dieses Formular ausfüllen.[1]

Übrigens haben wir die Erfahrung gemacht, dass sich dieses Formular dann verhältnismäßig einfach ausfüllen lässt, wenn die entsprechenden Erläuterungsblätter gelesen werden. Sollten Sie dennoch Fragen zu einzelnen Punkten haben, rufen Sie uns bitte an.

Mit freundlichen Grüßen

. . . . . .

Rechtsanwalt/Rechtsanwältin

Anmerkungen

1. Gestaltung. Eine langjährige Praxis hat gezeigt, dass ein Begleitschreiben mit dem obigen Inhalt ausreicht. Das beim Mandanten etwa dann noch bestehende Informationsbedürfnis kann meist nicht durch vorab gegebene umfangreiche Erläuterungen befriedigt werden.

2. Frist/Wiedervorlage. Die Praxis, die vom Gericht gesetzte Frist in der Kanzlei vorzumerken, ist unterschiedlich. Es erscheint vertretbar, die Eintragung einer Frist zu unterlassen und zu gegebener Zeit die gerichtliche Mahnung an den Mandanten weiterzuleiten. Unberührt davon bleibt die allgemeine Vormerkung der Akte auf Wiedervorlage.

8. Übergabe der vom Gegner ausgefüllten Formulare zum Versorgungsausgleich an den Mandanten

Persönlich/Privat

Frau

. . . . . .

Ehescheidungsverfahren . . . . . .; hier: Versorgungsausgleich

Sehr geehrte Frau . . . . . .

anbei übergeben wir

- Kopie des Schreibens des Amtsgerichts . . . . . . an unsere Kanzlei
- von Ihrem Ehemann ausgefülltes Formular zum Versorgungsausgleich.

Wir bitten Sie, dieses Formular in Ihrem eigenen Interesse zu überprüfen. Überprüfen Sie bitte ganz besonders genau, ob nicht weitere, in dem Formular nicht angegebene Anrechte (zB auf eine Betriebsrente, eine sonstige Zusatzversorgung, eine Lebensversicherung[2]) oder versicherungsrechtlich bedeutsame Zeiten vorhanden sind. Nach der Rechtsprechung können nämlich bei der Ehescheidung übersehene, vergessene oder verschwiegene Anrechte später nicht mehr ausgeglichen werden. Mit unserer Kanzlei brauchen Sie sich jedoch nur dann in Verbindung zu setzen, wenn das Formular nicht vollständig oder nicht richtig ausgefüllt ist.[1]

Mit freundlichen Grüßen

. . . . . .

Rechtsanwalt/Rechtsanwältin

Anmerkungen

1. Gestaltung/Umfang. Ein Begleitschreiben mit dem obigen Inhalt genügt im Allgemeinen. Vorauszusetzen ist jedoch, dass der Rechtsanwalt das Formular selbst überprüft hat. Sind einzelne Abschnitte nicht ausgefüllt, hat er dies dem Gericht gegenüber zu rügen, es sei denn, es ist zum Beispiel deshalb zweifelsfrei, dass keine Anrechte auf eine Betriebsrente erworben sind, weil der Gegner stets Beamter war.

2. Lebensversicherungen. Lebensversicherungen fallen nur dann in den Versorgungsausgleich, wenn es sich um solche auf Rentenbasis handelt (§ 2 Abs. 2 Nr. 3 VersAusglG). Da der Mandant oft nicht genau weiß, um welche Art von Lebensversicherung es sich handelt, empfiehlt es sich, auch insoweit auf einer genauen Auskunft zu bestehen. Wegen der Lebensversicherungen auf Kapitalbasis mit Rentenwahlrecht und den Rentenversicherungen mit Kapitalwahlrecht → Form. K.

9. Mitteilung der Auskunft der Versorgungsträger an den Mandanten

Persönlich/Privat

Herrn/Frau

. . . . . .

Ehescheidungsverfahren . . . . . .; hier: Versorgungsausgleich

Sehr geehrte(r) . . . . . .

Anbei übergeben wir

- Kopie des Schreibens des Amtsgerichts . . . . . . vom . . . . . . an unsere Kanzlei
- EDV-Ausdruck der Deutschen Rentenversicherung (DRV) vom . . . . . .

Diesem Ausdruck können Sie verschiedene Werte entnehmen. Danach ist auf Ihrer Seite in der Ehezeit, die nach vollen Monaten berechnet ist, eine Monatsrente von . . . . . . EUR (= . . . . . . Entgeltpunkte) entstanden. Davon ist der Hälftebetrag, nämlich der Ausgleichswert von . . . . . . EUR (= . . . . . . Entgeltpunkte) auf Ihrer Seite in die Berechnung des Versorgungsausgleichs einzustellen. Der korrespondierende Kapitalwert von . . . . . . EUR soll Ihnen eine Vorstellung vom Wert der Versorgung geben und wäre im hier vorliegenden Fall nur dann von rechtlicher Bedeutung, wenn Ihre Anrechte bei der DRV in eine Vereinbarung oder Teilvereinbarung über den Versorgungsausgleich einzubeziehen wären.[2]

Wir bitten Sie, diesen Ausdruck durchzusehen, ganz besonders, was den Versicherungsverlauf (Anlage 2) angeht. Sollten Sie in diesem Ausdruck Unrichtigkeiten oder Unvollständigkeiten feststellen, setzen Sie sich bitte umgehend mit der DRV in Verbindung und rufen Sie uns an.

Der Anlage 1 im erwähnten Ausdruck können Sie im Übrigen entnehmen, dass Ihre Monatsrente bei der DRV zum Ende der Ehezeit . . . . . . EUR betragen hat, die sich allerdings durch den Versorgungsausgleich verändern wird.

Sobald die vollständigen Auskünfte zum Versorgungsausgleich vorliegen, werden wir Sie über die voraussichtliche Höhe und die Bedeutung des gemeinsam mit der Ehescheidung durchzuführenden Versorgungsausgleichs unterrichten.

Wir bitten aber schon jetzt um Ihr Verständnis, dass es im Rahmen des Ehescheidungsverfahrens nicht unsere Aufgabe sein kann, die erwähnten Auskünfte der Versorgungsträger auf ihre Richtigkeit zu überprüfen.[1, 3]

Mit freundlichen Grüßen

. . . . . .

Rechtsanwalt/Rechtsanwältin

Anmerkungen

1. Gestaltung/Umfang. Im Allgemeinen genügt ein Begleitschreiben mit dem obigen Inhalt.

2. Besonderheiten. Sollten Besonderheiten vorliegen, ist selbstverständlich darauf hinzuweisen. Hierzu nur zwei Beispiele (vgl. auch zu Teil K.):

(1) Beide Ehegatten sind Landesbeamte, deren Anrechte im Hinblick auf § 16 VersAusglG nur extern durch Begründung eines Anrechts bei einem Träger der gesetzlichen Rentenversicherung auszugleichen sind. Da sie an einer solchen Ausgleichsform wohl wenig interessiert sein werden, ist auf Vereinbarungsmöglichkeiten hinzuweisen (zu Vereinbarungsmustern siehe *Bergschneider,* Verträge in Familiensachen, Rn. 914 ff.).

(2) Der Mandant ist der ausgleichspflichtige Ehegatte und nach den besonderen Umständen des Einzelfalls kommt der teilweise oder völlige Ausschluss des Versorgungsausgleichs wegen grober Unbilligkeit (§ 27 VersAusglG) in Betracht.

In derartigen Fällen sollte der Mandant möglichst frühzeitig auf diese Besonderheiten hingewiesen und mit ihm Kontakt zur Abstimmung über das weitere Vorgehen aufgenommen werden. Das weitere Vorgehen kann insbesondere in der Konzeption einer vertraglichen Gestaltung (zB Vereinbarung nach §§ 6 ff. VersAusglG) bestehen.

3. Da einzelne Positionen und Bewertungen in den Auskünften der Versorgungsträger über das Familienrecht hinausgehen und stark in das Sozialrecht eingreifen können, sollte auf die **Grenzen des Mandats** hingewiesen werden.

10. Übergabe des Berechnungsentwurfs zum Versorgungsausgleich an den Mandanten

Persönlich/Privat

Herr/Frau

. . . . . .

Ehescheidungsverfahren . . . . . .; hier: Versorgungsausgleich

Sehr geehrte(r) . . . . . .

Anbei übergeben wir

- Berechnungsentwurf zum Versorgungsausgleich, angefertigt vom Familiengericht/von unserer Kanzlei.[1]

Diesem Berechnungsentwurf können Sie Folgendes entnehmen:

- Bei der DRV Bund beträgt der auf die Ehezeit entfallende Ausgleichswert auf Ihrer Seite . . . . . . Entgeltpunkte, auf der Seite Ihres Ehemannes/Ihrer Ehefrau . . . . . . Entgeltpunkte. Lediglich zu Ihrer Information: Ein Entgeltpunkt beträgt zum Ende Ihrer Ehezeit . . . . . . EUR. Die Verrechnung der beiderseitigen Entgeltpunkte erfolgt nicht durch das Familiengericht, sondern durch den DRV Bund.[2]
- Das Anrecht Ihres Ehemannes/Ihrer Ehefrau auf eine Betriebsrente bei der . . . . . . AG ist intern zu teilen. Die Teilung erfolgt in der Weise, dass das Recht mit einem Ausgleichswert von . . . . . . EUR für Sie auf die . . . . . . AG übertragen wird. Sie erlangen dadurch mit der Übertragung des Anrechts die Stellung wie ein ausgeschiedener Arbeitnehmer der . . . . . . AG.[3]
- Das Anrecht Ihres Ehemannes/Ihrer Ehefrau auf eine Betriebsrente bei der . . . . . . AG ist extern zu teilen. Die Teilung erfolgt in der Weise, dass für Sie zulasten des Anrechts Ihres Ehemannes/Ihrer Ehefrau ein Anrecht in Höhe des Ausgleichswertes bei einem Versorgungsträger begründet wird, den Sie bestimmen (sog Zielversorgung). Bitte entscheiden Sie kurzfristig, welche Versorgung Sie wählen → Anm. 3 .
- Das Anrecht Ihres Ehemannes/Ihrer Ehefrau bei dem Pensionsfonds ist nicht auszugleichen, weil er im Sinne des Gesetzes zu geringfügig ist.[4]
- Ihr Anrecht bei der . . . . . . Lebensversicherung ist in der Weise zu teilen, dass es mit einem Ausgleichswert von . . . . . . EUR für Sie auf die Lebensversicherung übertragen wird, womit Sie eigene Rechte auf diese Lebensversicherung erwerben.[5]

Alle diese Rechte gehen endgültig auf den jeweils begünstigten Ehegatten über und verbleiben auch dann bei ihm, wenn er wieder heiratet, eine nichteheliche Lebensgemeinschaft eingeht oder der andere stirbt.

Wenn Sie Fragen zum Berechnungsentwurf, den Auswirkungen des Versorgungsausgleichs (auch im Zusammenhang mit dem Unterhalt usw.) haben, rufen Sie uns bitte an.

Mit freundlichen Grüßen

. . . . . .

Rechtsanwalt/Rechtsanwältin

Anmerkungen

1. Sachverhalt. Die Mandanten sollten ausreichende Zeit vor der mündlichen Verhandlung über die Höhe und die Grundsätze der Durchführung des Versorgungsausgleichs informiert werden. Dabei bleibt es grundsätzlich dem Rechtsanwalt überlassen, den Umfang und die Tiefe seiner Informationserteilung zu bestimmen. Dringend zu raten ist, dem Mandanten einen Berechnungsentwurf zuzuleiten. Wird ein solcher Berechnungsentwurf vom Familiengericht nicht der Terminsladung beifügt oder auf Anforderung übersandt, sollte der Rechtsanwalt dem Mandanten einen von ihm gefertigten Berechnungsentwurf übermitteln. Eine langjährige Erfahrung zeigt, dass allgemeine ausführliche Erläuterungen zum Versorgungsausgleich von den Mandanten nicht mit der nötigen Aufmerksamkeit gelesen oder – was bei der Kompliziertheit der Materie nicht verwunderlich ist – nicht verstanden werden. Mit dem hier abgedruckten Muster wird versucht, einen Mittelweg zu gehen. Sollten Anhaltspunkte für besondere Probleme gegeben sein, die dem Rechtsanwalt aus der Sachverhaltsaufnahme ohnehin bekannt sind, ist darauf hinzuweisen. Mit den nachfolgenden Erläuterungen wird versucht, die einzelnen Ausgleichsformen einigermaßen verständlich zu machen (→ Form. K).

2. Interne Teilung bei gesetzlicher Rentenversicherung. Die interne Teilung von Anrechten in der gesetzlichen Rentenversicherung ist insbesondere in den §§ 10 und 43 VersAusglG geregelt.

3. Betriebsrenten. Betriebsrenten sind zum Teil intern (§§ 10 ff., 45 VersAusglG) zum Teil extern (§§ 14 f., 17, 45 VersAusglG) zu teilen.

4. Geringfügigkeit. Sind die Ausgleichswerte gering oder ist die Differenz der Ausgleichswerte gering, soll das Familiengericht nach § 18 VersAusglG die Ausgleichswerte nicht ausgleichen.

5. Lebensversicherung auf Rentenbasis. Die interne Teilung von Anrechten aus Rentenversicherungen ist insbesondere in den §§ 10 ff. und 46 VersAusglG geregelt.

11. Übersendung eines noch nicht rechtskräftigen Beschlusses

Persönlich/Privat

Herrn/Frau

. . . . . .

Ehescheidungsverfahren

Sehr geehrt(e) . . . . . .

anbei übergebe ich

- Ausfertigung des Protokolls des Amtsgerichts . . . . . . vom . . . . . .
- dito Ausfertigung des Beschlusses.

Wie ich Ihnen im Anschluss an die Gerichtsverhandlung mitgeteilt habe, ist dieser Beschluss noch nicht rechtskräftig. Er wird erst dann rechtskräftig, wenn innerhalb eines Monats seit der Zustellung keiner der Verfahrensbeteiligten ein Rechtsmittel gegen diesen Beschluss einlegt. Verfahrensbeteiligte sind auch die Versorgungsträger.

Für Sie bedeutet dies: Sie sind berechtigt, gegen diesen Beschluss ein Rechtsmittel einzulegen. Da der Beschluss unserer Kanzlei am . . . . . . zugestellt worden ist, läuft die einmonatige Rechtsmittelfrist (unter Berücksichtigung des Wochenendes) am

. . . . . .

ab. Lediglich der Klarheit halber halten wir fest, dass wir kein Rechtsmittel einlegen werden, wenn uns nicht bis spätestens

. . . . . .

Ihr schriftlicher Rechtsmittelauftrag vorliegt. Bitte teilen Sie uns dann auch mit, worauf das Rechtsmittel gestützt werden soll.

Lediglich vorsorglich erlauben wir uns noch einmal den Hinweis, dass Sie das Rechtsmittel nicht nur gegen die Scheidung, sondern auch allein gegen eine Folgesache einlegen können. Ein Rechtsmittel gegen die Scheidung wäre aber nur dann sinnvoll, wenn Sie die Ehe fortsetzen wollten, ein Rechtsmittel gegen den Versorgungsausgleich, wenn Sie den Beschluss insoweit für unrichtig hielten.

Wenn Sie weitere Informationen bezüglich des Rechtsmittels wünschen, rufen Sie uns bitte an.

Sobald der Beschluss rechtskräftig ist, werden wir Ihnen eine Beschlusssausfertigung in Kurzform (Teilausfertigung; also ohne Tatbestand und Gründe) zuleiten. Unter Berücksichtigung der üblichen gerichtlichen Bearbeitungsdauer wird dies jedenfalls nicht vor Ablauf von zwei Monaten der Fall sein. Erst mit dieser Beschlussausfertigung samt Bescheinigung der Rechtskraft können Sie Ihren neuen Familienstand nachweisen.

Mit freundlichen Grüßen

......

Rechtsanwalt/Rechtsanwältin

12. Abschlussschreiben (Kurzfassung)

Persönlich/Privat

Herrn/Frau ......

Ehescheidung

Sehr geehrte(r) ......

zu Ihrer weiteren Verwendung übergeben wir

- Ausfertigung des Protokolls des Amtsgericht ......, Familiengericht vom ......
- Dto. Beschlussausfertigung mit Bescheinigung der Rechtskraft des Scheidungsausspruchs.

Wie im Anschluss an die Gerichtsverhandlung erwähnt, ist dieser Beschluss im Scheidungsausspruch rechtskräftig.[1] Das bedeutet, dass die Ehescheidung nicht mehr angefochten werden kann. Bezüglich des Versorgungsausgleichs ist der Beschluss jedoch noch nicht rechtskräftig; insoweit kann von den Versorgungsträgern Beschwerde eingelegt werden. Sie können aber bereits mit der heute übersandten Beschlussausfertigung gegenüber allen öffentlichen und privaten deutschen Stellen Ihren neuen Familienstand nachweisen. Sobald die Rechtsmittelfrist für die Versorgungsträger abgelaufen ist, werden wir Ihnen eine weitere Beschlussausfertigung zuleiten, dann in Kurzform (Teilausfertigung; also ohne Tatbestand und Gründe). Unter Berücksichtigung der für die Versorgungsträger laufenden einmonatigen Beschwerdefrist und der üblichen gerichtlichen Bearbeitungsdauer wird dies erfahrungsgemäß nicht vor Ablauf von zwei Monaten der Fall sein.[2] Sollten Sie noch irgendwelche Fragen haben, rufen Sie uns bitte an.

Da die Sache nunmehr im Wesentlichen abgeschlossen ist, übergeben wir

- unsere Kostennote Nr. ...... vom heutigen Tage samt Kopie, mit der Bitte, den Betrag von ...... EUR auf eines unserer Konten zu überweisen.

Vorsorglich machen wir Sie darauf aufmerksam, dass die Scheidungskosten unter besonderen Umständen steuerlich berücksichtigungsfähig sind. Wegen der Einzelheiten setzen Sie sich bitte mit Ihrem Steuerberater in Verbindung.[3]

Mit freundlichen Grüßen

......

Rechtsanwalt/Rechtsanwältin

Anmerkungen

1. Sachverhalt. Das Muster geht davon aus, dass die Parteien im Verhandlungstermin umfassend auf Rechtsmittel verzichtet haben und damit der Beschluss im Scheidungsausspruch rechtskräftig geworden ist.

2. Belehrungen. In der Mehrzahl der Fälle erübrigen sich weitere Belehrungen, wie zB, dass der Beschluss sorgfältig aufzubewahren ist. Besteht allerdings ein konkreter Anlass, sollten weitere Belehrungen im Abschlussschreiben festgehalten werden. Dazu s. das nachfolgende → Form. A.I.13. Zur Bedeutung des Versorgungsausgleichs erfolgte bereits eine Belehrung → Form. A.I.10 Anm. 2–5.

3. Steuerliche Berücksichtigung. Kosten eines Scheidungsverfahrens sind zwar gemäß § 33 Abs. 2 S. 4 EStG vom Abzug nur dann nicht ausgeschlossen, wenn es sich um Aufwendungen handelt, ohne die der Steuerpflichtige Gefahr liefe, seine Existenzgrundlage zu verlieren und seine lebensnotwendigen Bedürfnisse im üblichen Rahmen nicht mehr befriedigen zu können. Wie weit diese Begriffe auszulegen sind, ist allerdings streitig; die Finanzgerichte urteilen unterschiedlich (s. VA-FamR/*Kuckenburg/Perleberg-Kölbel,* Kap. 13 Rn. 498 ff.; *Engels,* Sind die Kosten des Scheidungsverfahrens steuerlich noch abzugsfähig? – Ein Zwischenstand, FamRZ 2016, 1989).

13. Abschlussschreiben (Langfassung)

Persönlich/Privat

Sehr geehrte Frau ......

zu Ihrer weiteren Verwendung übergeben wir

- Ausfertigung des Protokolls des Amtsgericht ......, Familiengericht vom ......
- Dto. Beschlussausfertigung mit Bescheinigung der Rechtskraft des Scheidungsausspruchs.

Bei dieser Gelegenheit möchten wir aus unseren Gesprächen folgendes festhalten:[1]

Elterliche Sorge

Dem Beschluss können Sie entnehmen, dass er keine Regelung zur elterlichen Sorge enthält. Dies bedeutet, dass Ihnen und Ihrem geschiedenen Ehegatten weiterhin die gemeinsame elterliche Sorge zusteht. Nach dem Gesetz (§§ 1687 Abs. 1, 1629 Abs. 1 S. 4 und Abs. 2 S. 2 BGB) ergeben sich daraus – etwas verkürzt dargestellt – folgende Konsequenzen:

Bei Entscheidungen in Angelegenheiten, deren Regelung für das Kind von erheblicher Bedeutung ist, ist das gegenseitige Einvernehmen der Eltern erforderlich.

Derjenige Elternteil, bei dem sich das Kind gewöhnlich aufhält, hat die Befugnis zur alleinigen Entscheidung in Angelegenheiten des täglichen Lebens. Entscheidungen in Angelegenheiten des täglichen Lebens sind in der Regel solche, die häufig vorkommen und die keine schwer abzuändernden Auswirkungen auf die Entwicklung des Kindes haben.

Während des Aufenthalts des Kindes bei demjenigen Elternteil, bei dem es sich sonst nicht gewöhnlich aufhält, hat jener die Befugnis zur alleinigen Entscheidung in Angelegenheiten der tatsächlichen Betreuung.

Bei Gefahr im Verzug ist jeder Elternteil dazu berechtigt, alle Rechtshandlungen vorzunehmen, die zum Wohl des Kindes notwendig sind; der andere Elternteil ist unverzüglich zu unterrichten.

Derjenige Elternteil, in dessen Obhut sich das Kind befindet, kann Unterhaltsansprüche des Kindes gegen den anderen Elternteil geltend machen.

Schließlich kann die gemeinsame elterliche Sorge geändert werden, wenn dies aus triftigen, das Wohl des Kindes nachhaltig berührenden Gründen angezeigt ist (§ 1696 BGB).

Umgangsregelung

Dem Beschluss können Sie ferner entnehmen, dass er keine Umgangsregelung enthält, weil Sie sich darüber einig sind. Grundsätzlich möchten wir Sie jedoch darauf hinweisen, dass die Eltern einvernehmlich die Häufigkeit und die Dauer des Umgangs bestimmen können. Bitte bedenken Sie, dass nach § 1684 Abs. 1 BGB das Kind ein Recht auf den Umgang mit jedem Elternteil hat und jeder Elternteil zum Umgang mit dem Kind nicht nur berechtigt, sondern auch verpflichtet ist. Sollten ernsthaftere Konflikte bezüglich des Umgangs auftreten, die Sie mit dem anderen Elternteil nicht lösen können, wenden Sie sich bitte an das zuständige Jugendamt oder eine sonstige Beratungsstelle. Sollte der Konflikt auch dann nicht gelöst werden, können Sie nach § 1684 Abs. 3 BGB beim Familiengericht einen Antrag auf Regelung des Umgangs stellen, insbesondere was den Umfang und die Ausübung des Umgangs anbetrifft.

Kindesunterhalt: Variante Berechtigter

Der im Beschluss/in der Scheidungsvereinbarung festgelegte Kindesunterhalt ist dynamisiert. Dies bedeutet nach § 1612 a BGB, dass sich unmittelbar aus dem dort genannten Prozentsatz der neue Kindesunterhalt ergibt, wenn das Kind in eine höhere Altersstufe kommt oder der Mindestunterhalt sich erhöht, was meist alle zwei Jahre der Fall ist. Die neuen Beträge können Sie stets kostenlos in unserer Kanzlei oder beim Jugendamt abfragen. Sie finden diese auch im Internet. Die Erhöhung des Kindesunterhalts können Sie gerichtlich erzwingen und zwar auch im Wege eines so genannten Vereinfachten Verfahrens. Der Prozentsatz geht allerdings nur von einem bestimmten Einkommen des zur Zahlung verpflichteten Elternteils aus. Nehmen Sie an, dass sich sein Einkommen erhöht haben könnte, dann sind Sie berechtigt, ihn zur Auskunft über sein Einkommen und Vermögen aufzufordern, in aller Regel aber nur im Abstand von zwei Jahren. Auch den Auskunftsanspruch und den sich daraus möglicherweise ergebenden Erhöhungsanspruch können Sie gerichtlich durchsetzen. Bedenken Sie aber bitte, dass Sie nach § 1613 BGB erhöhten Kindesunterhalt regelmäßig erst für die Zeit nach einer entsprechenden Aufforderung verlangen können; in aller Regel somit nicht mehr für die Vergangenheit.

Kindesunterhalt: Variante Verpflichteter

Der im Beschluss/in der Scheidungsvereinbarung festgelegte Kindesunterhalt ist dynamisiert. Dies bedeutet nach § 1612 a BGB, dass sich unmittelbar aus dem dort genannten Prozentsatz der neue Kindesunterhalt ergibt, wenn das Kind in eine höhere Altersstufe kommt oder der Mindestunterhalt sich erhöht, was meist alle zwei Jahre der Fall ist. Die neuen Beträge können Sie stets kostenlos in unserer Kanzlei oder beim Jugendamt abfragen. Sie finden diese auch im Internet. Dazu möchten wir bemerken, dass eine unaufgeforderte Erhöhung des Kindesunterhalts sich unserer Erfahrung nach sehr oft positiv auf das Verhältnis zum anderen Elternteil und zu den Kindern auswirkt. Die Erhöhung des Kindesunterhalts kann vom anderen Elternteil gerichtlich erzwungen werden und zwar auch im Wege eines so genannten Vereinfachten Verfahrens. Der Prozentsatz gilt allerdings nur für ein bestimmtes Einkommen Ihrerseits. Vermindert sich Ihr Einkommen, können Sie unter Umständen vom anderen Elternteil eine Herabsetzung des Kindesunterhalts verlangen. Ist dieser damit nicht einverstanden, können Sie beim Familiengericht auf Herabsetzung des Kindesunterhalts klagen. Dringend möchten wir Ihnen aber raten, den Kindesunterhalt nicht einseitig herabzusetzen. Der andere Elternteil hat nämlich in einem solchen Fall die Möglichkeit, die Zwangsvollstreckung gegen Sie zu betreiben und damit auch eine Lohnpfändung vorzunehmen. Er ist auch berechtigt, Sie zur Auskunft über Ihr Einkommen und Vermögen aufzufordern, in aller Regel aber nur im Abstand von zwei Jahren.

Versorgungsausgleich für den Berechtigten

Die Auswirkungen des Versorgungsausgleichs haben wir Ihnen bereits bei der Übersendung des Entwurfs zum Versorgungsausgleich kurz geschildert. Was Ihre Anrechte bei der DRV angeht, erhalten Sie einen Ausgleich in Höhe des Wertunterschieds der beiden Ausgleichswerte. Bei anderen Ausgleichsformen, in denen im Beschluss die interne Teilung angeordnet ist, erhalten Sie eigenständige Rechte gegenüber den jeweiligen Versorgungsträgern. Gegenüber der DRV wie auch gegenüber den anderen Versorgungsträgern, bei denen eine interne Teilung stattfindet, nehmen Sie grundsätzlich an den Rentenanpassungen teil. Bei der externen Teilung begründet das Familiengericht bei der von Ihnen angegebenen Zielversorgung ein Anrecht in Höhe des Ausgleichswertes. Die durch den Versorgungsausgleich erworbenen Rechte verbleiben Ihnen auch dann, wenn Sie wieder heiraten, eine nichteheliche Lebensgemeinschaft eingehen oder Ihr jetzt geschiedener Ehegatte verstirbt. Im Übrigen gehen wir davon aus, dass sich die jeweiligen Versorgungsträger demnächst mit Ihnen in Verbindung setzen und entsprechende Hinweise erteilen werden.[2]

(Entsprechende Information an den Verpflichteten, dass er die ausgeglichenen Rechte verliert).

Krankenversicherung

Bezüglich der Krankenversicherung gilt Folgendes:

Mit Rechtskraft der Scheidung entfällt für den geschiedenen Ehegatten eines Beamten, Richters oder Soldaten die Beihilfeberechtigung bzw. freie Heilfürsorge ersatzlos. Wir raten deshalb, sofort um eine eigene Krankenversicherung besorgt zu sein.

Geschiedene Ehegatten eines gesetzlich Krankenversicherten verlieren mit Rechtskraft der Scheidung automatisch den Versicherungsschutz der Familienversicherung. Sie können innerhalb einer Frist von drei Monaten ab Eintritt der Rechtskraft des Scheidungsbeschlusses bei der bisherigen gesetzlichen Krankenversicherung des anderen Ehegatten oder bei einer anderen gesetzlichen Krankenversicherung beantragen, dort freiwillig beitragspflichtig versichert zu werden. Wir raten deshalb, ggf. einen entsprechenden Aufnahmeantrag bei einer gesetzlichen Krankenversicherung zu stellen.

Sollten Sie noch Fragen haben, stehen wir Ihnen zu deren Beantwortung selbstverständlich gerne zur Verfügung.

Mit freundlichen Grüßen

.....

Rechtsanwalt/Rechtsanwältin[1, 2]

Anmerkungen

1. Gestaltung. Soweit im Abschlussschreiben – oder schon zuvor – eine Belehrung angezeigt erscheint, sollte man sich die Mühe machen, diese auf den konkreten Fall abzustellen. Umfangreiche Merkblätter, die sich zu allen möglichen, den Mandanten nur in einigen wenigen Punkten betreffenden Problemen äußern, erfüllen meist nicht ihren Zweck.

2. Versorgungsausgleich. Die Belehrungen zum Versorgungsausgleich brauchen nicht mehr so ausführlich wie früher auszufallen, da nach dem VersAusglG der Versorgungsausgleich mit der Scheidung in der überwiegenden Zahl der Fälle endgültig durchgeführt wird und später meist keine solchen Maßnahmen mehr erforderlich sind, wie dies bisher insbesondere beim schuldrechtlichen Versorgungsausgleich der Fall war. Kommt ausnahmsweise auch nach neuem Recht ein schuldrechtlicher Versorgungsausgleich (gesetzlicher Begriff: Ausgleichsansprüche nach der Scheidung) in Betracht, sollten die Voraussetzungen in Anlehnung an die Formulierung in § 20 VersAusglG dargestellt werden.

B. Mandatsbedingungen und Vergütungsvereinbarungen

I. Mandatsbedingungen

Rechtsanwalt/Rechtsanwältin . . . . . (Kanzlei)

und . . . . .(Auftraggeber)

vereinbaren folgende

MANDATSBEDINGUNGEN:

1. Diese Bedingungen gelten für alle laufenden und zukünftigen Fälle des Auftraggebers.[1]

2. Bei Auftragserteilung wird ein angemessener Kostenvorschuss bezahlt.[2]

3. Der Auftraggeber tritt hiermit alle im Zusammenhang mit der Tätigkeit der Kanzlei entstandenen und künftig entstehenden Forderungen gegen Dritte in Höhe seiner jeweiligen Kosten- und Auslagenschulden gegenüber der Kanzlei an diese ab. Die Kanzlei nimmt diese Abtretung hiermit an. Sie darf die Abtretung auch namens des Auftraggebers dem Dritten mitteilen.[3]

4. Mehrere Auftraggeber haften der Kanzlei gegenüber als Gesamtschuldner.[4]

5. Die Kanzlei ist verpflichtet, die Handakten fünf Jahre lang nach Auftragsbeendigung oder Schlussrechnung aufzubewahren und auf Verlangen an den Auftraggeber herauszugeben, der alle Ansprüche der Kanzlei erfüllt hat. Wurde der Auftraggeber zur Abholung aufgefordert, erlischt die Pflicht der Kanzlei zur Aufbewahrung sechs Monate nach dem Erhalt der Aufforderung.[5]

6. Die Kanzlei wird vom Auftraggeber ermächtigt, nach pflichtgemäßem Ermessen Rechtsmittel und Rechtsbehelfe auch ohne gesonderten hierauf gerichteten Auftrag einzulegen; eine Verpflichtung hierzu besteht dann, wenn ein diesbezüglicher Auftrag erteilt und angenommen wurde.[6]

7. Die Arbeitssprache der Kanzlei ist Deutsch; bei fremdsprachigen Leistungen ist eine Haftung der Kanzlei aus evtl. Übersetzungsfehlern ausgeschlossen.

8. Die Kanzlei unterhält eine Vermögensschaden-Haftpflichtversicherung in Höhe des vierfachen Betrages der Mindestversicherungssumme von 250.000,00 EUR, sonach 1.000.000,00 EUR.

Der Anspruch des Auftraggebers aus dem zwischen ihm und der Kanzlei bestehenden Vertragsverhältnis auf Ersatz eines fahrlässig verursachten Schadens wird für einfache Fahrlässigkeit auf diese Versicherungssumme begrenzt. Voraussetzung dieser Haftungsbegrenzung ist das Bestehen des Versicherungsschutzes.[7]

9. Mandatsbezogene Daten werden elektronisch gespeichert und verarbeitet.

10. Zwischen den Parteien wird als Gerichtsstand für Streitigkeiten aus dem Mandatsverhältnis der Sitz der Kanzlei vereinbart, wenn

- der Auftraggeber keinen allgemeinen Gerichtsstand im Inland hat,
- der Wohnsitz oder gewöhnliche Aufenthaltsort des Auftraggebers im Zeitpunkt der Klageerhebung unbekannt ist,
- der Auftraggeber nach Vertragsschluss seinen Wohnsitz oder gewöhnlichen Aufenthaltsort aus dem Geltungsbereich dieses Gesetzes verlegt hat.[8]

11. Der Auftraggeber hat eine Ausfertigung dieser Urkunde erhalten.

Ort, Datum

. . . . ., den

. . . . .

(Unterschriften der Beteiligten)

. . . . .

1. Einzugsermächtigung

Ich ermächtige (Wir ermächtigen)

. . . . .

(Name des Zahlungsempfängers)

widerruflich, die von mir (uns) zu entrichtenden Zahlungen bei Fälligkeit durch Lastschrift von meinem (unserem) Konto einzuziehen.

2. SEPA-Lastschriftmandat:[9]

Ich ermächtige (Wir ermächtigen)

. . . . .

(Name des Zahlungsempfängers)

Zahlungen von meinem (unserem) Konto mittels Lastschrift einzuziehen. Zugleich weise ich mein (weisen wir unser) Kreditinstitut an, die von

. . . . .

(Name des Zahlungsempfängers)

auf mein (unser) Konto gezogenen Lastschriften einzulösen.

Hinweis: Ich kann (Wir können) innerhalb von acht Wochen, beginnend mit dem Belastungsdatum, die Erstattung des belasteten Betrages verlangen. Es gelten dabei die mit meinem (unserem) Kreditinstitut vereinbarten Bedingungen. Vor dem ersten Einzug einer SEPA-Basis-Lastschrift wird mich (uns)

. . . . .

(Name des Zahlungsempfängers)

über den Einzug in dieser Verfahrensart unterrichten.

(Unterschrift Auftraggeber)

Anmerkungen

1. Mandatsbedingungen sind **allgemeine Geschäftsbedingungen** und können fallunabhängig für die gesamte Geschäftsbeziehung vereinbart werden. Einzelne Mandatsbedingungen können zwar grundsätzlich auch mündlich vereinbart werden, jedoch empfiehlt sich insbesondere aus Beweisgründen eine schriftliche Vereinbarung. Bei mündlich erteilten Mandaten ist anzuraten, der schriftlichen Mandatsbestätigung Mandatsbedingungen beizufügen und den Mandanten um Rücksendung einer unterzeichneten, ggf. vorformulierten Bestätigung zu bitten.

2. Nach **§ 9 RVG** kann der Rechtsanwalt von seinem Auftraggeber für die entstandenen und die voraussichtlich entstehenden Gebühren und Auslagen einen angemessenen **Vorschuss** fordern. Dieses Vorschussrecht bezieht sich sowohl auf die gesetzliche als auch auf die vereinbarte Vergütung. Der Vorschuss kann in **voller Höhe** der Vergütung gefordert werden. Dem RA ist zu empfehlen, von dieser Möglichkeit Gebrauch zu machen, wobei, soweit ein Scheidungsantrag noch nicht eingereicht ist, die Zahlung der vollen Kosten für den Mandanten im Rahmen des Zugewinnausgleichs wünschenswerte Nebeneffekte hat.

3. In **§ 43 RVG** ist eine Abtretung von **Kostenerstattungsanprüchen gegen die Staatskasse** auf Erstattung von Anwaltskosten vorgesehen, wobei die Abtretung nunmehr klar definiert vor einer Aufrechnungserklärung erfolgt sein muss. Es erscheint sinnvoll, diese Abtretung auch auf andere Ansprüche als lediglich Kostenerstattungsansprüche gegen die Staatskasse auszudehnen.

4. Gemäß **§ 7 RVG** haftet bei **mehreren Auftraggebern** in derselben Angelegenheit jeder Auftraggeber nur in Höhe der Gebühren und Auslagen, die er schulden würde, wenn der Anwalt nur in seinem Auftrag tätig geworden wäre. Lediglich für die Dokumentenpauschale nach Nr. 7000 VV ist eine gesamtschuldnerische Haftung geregelt. Gerade im Hinblick auf → Form. B. II. 1. Honorarvereinbarungen ist eine gesamtschuldnerische Haftung für sämtliche Gebühren und Auslagen zur Vermeidung von Abgrenzungsschwierigkeiten sinnvoll.

5. Gemäß **§ 50 Abs. 2 BRAO** ist die Aufbewahrungspflicht der Handakten in der oben genannten Weise festgelegt. Ein entsprechender Hinweis für den Mandanten, der diese Regelung der BRAO naturgemäß nicht kennt, erscheint sinnvoll.

6. Aufgrund zu beachtender Rechtsmittelfristen ist es sinnvoll, eine **Ermächtigung zur Einlegung** von Rechtsmitteln bereits in den Mandatsbedingungen zu regeln. Im Zuge des Verfahrens ist oftmals nicht gewährleistet, dass ein gesonderter Auftrag, ein Rechtsmittel einzulegen, in schriftlicher Form erteilt wird. Der Anwalt ist dann immer dem Einwand des Mandanten ausgesetzt, er habe keinen Auftrag zur Einlegung des Rechtsmittels erteilt.

7. Bei dem gegenständlichen Formular handelt es sich um vorformulierte Vertragsbedingungen. Nach **§ 51a BRAO** kann durch vorformulierte Vertragsbedingungen für Fälle einfacher Fahrlässigkeit die Ersatzpflicht auf den vierfachen Betrag der **Mindestversicherungssumme**, insoweit Versicherungsschutz besteht, beschränkt werden. Die Mindestversicherungssumme beträgt derzeit 250.000,– EUR. Wegen § 307 Abs. 1 S. 2, Abs. 2 S. 2 BGB muss aufgrund des AGB-rechtlichen Transparentsgebotes der Haftungshöchstbetrag **konkret beziffert** werden. Es reicht daher nicht aus, lediglich auf die vierfache jeweils gültige Mindestversicherungssumme im Formular zu verweisen.

Für **Rechtsanwaltsgesellschaften** beträgt die Mindestversicherungssumme 2.500.000,– EUR (§ 59j BRAO) für jeden Versicherungsfall. Bei Rechtsanwaltsgesellschaften wäre demzufolge die Haftungsbeschränkungssumme entsprechend anzupassen.

Soweit der Rechtsanwalt eine Versicherung mit einer **geringeren Versicherungssumme** unterhält, ist eine Haftungsbeschränkung im Rahmen vorformulierter Vertragsvereinbarungen unwirksam. Hier bietet sich dem Rechtsanwalt nur die Möglichkeit einer individuellen Haftungsvereinbarung. Eine derartige individuelle Haftungsvereinbarung ist nach § 51a BRAO zulässig, und zwar durch schriftliche Vereinbarung für den Einzelfall bis zur Höhe der Mindestversicherungssumme.

Bei einer **individuellen Haftungsvereinbarung** ist darauf zu achten, dass diese für einen konkreten Einzelfall abgeschlossen wird. Sie kann, sollte aber nicht mit anderen Erklärungen verbunden sein, um ihre Individualität zu dokumentieren. Haftungsbegrenzungen in den Grenzen des § 51a BRAO sind vom BGH nicht als sittenwidrig eingestuft worden (BGH Urt. v. 4.12.1997, AnwBl. 1998 S. 342 f.). In diesen Fällen sollten sämtliche Hinweise, die auf eine formularmäßige Vertragsbedingung hindeuten könnten, vermieden werden.

In diesem Zusammenhang sei noch auf § 51a Abs. 2 BRAO und die Möglichkeit der **gesamtschuldnerischen Haftung der Mitglieder einer Sozietät** hingewiesen. Gemäß dieser Vorschrift kann die persönliche Haftung auf Schadensersatz auch durch vorformulierte Vertragsbedingungen auf einzelne Mitglieder der Sozietät beschränkt werden, die das Mandat bearbeiten und namentlich bezeichnet sind. Die Aufnahme in dieses Formular verbietet sich jedoch, da gemäß § 51a Abs. 2 S. 3 BRAO die Zustimmungserklärung zu einer derartigen Beschränkung keine anderen Erklärungen enthalten darf.

8. Aufgrund der bisher überwiegenden Rechtsprechung konnte der Anwalt davon ausgehen, dass der **Gerichtsstand für die Geltendmachung nicht bezahlter Honorare** der Kanzleisitz ist. Nach der Entscheidung des BGH vom 11.11.2003 (Beschl. v. 11.11.2003 – X ARZ 91/03, BGH NJW 04/54) ist zulasten des Anwalts eindeutig geklärt, dass eine Klage am Gericht des Kanzleisitzes als Leistungsort im Regelfall nicht mehr in Frage kommt.

Die Aufnahme einer **Gerichtsstandsvereinbarung** in Mandatsbedingungen ist in Familiensachen zwangsläufig auf die Möglichkeiten des § 38 Abs. 2 und Abs. 3 S. 2. ZPO beschränkt. Ebenso ist die Vereinbarung des besonderen Gerichtsstands des vertraglichen Erfüllungsortes in Familiensachen auf der Grundlage des § 29 Abs. 2 ZPO kaum denkbar. Bei der Formulierung dieser Vereinbarung sind jedoch die einschränkenden Voraussetzungen des § 38 ZPO zu beachten. Letztendlich wird eine Gerichtsstandsvereinbarung, gleiches gilt für die Vereinbarung des Erfüllungsortes, daher in der Praxis nur von Bedeutung sein, wenn die Voraussetzungen des § 38 Abs. 1 u. 2 o. § 29 Abs. 2 ZPO gegeben sind. Nachdem in Scheidungsverfahren eine Gerichtsstandsvereinbarung nach § 38 Abs. 1 ZPO wenig praxisnah ist, wurde im Formular die unter Berücksichtigung des § 38 Abs. 2 und Abs. 3 ZPO mögliche Gerichtsstandsvereinbarung bei natürlichen Personen gewählt.

Ansonsten bleibt dem Rechtsanwalt die Möglichkeit der Festsetzung der Vergütung nach § 11 RVG. Festgesetzt werden können die Kosten des gerichtlichen Verfahrens sowie die zu ersetzenden Aufwendungen. Die Vergütung muss fällig sein (§ 8 RVG). Zuständig ist das Gericht des ersten Rechtszuges. Soweit der Antragsgegner Einwendungen oder Einreden erhebt, die ihren Grund nicht im Gebührenrecht haben, ist die **Festsetzung** abzulehnen.

Soweit eine Festsetzung der Vergütung nach § 11 RVG nicht in Frage kommt, ist die Honorarklage nach den **allgemeinen Grundsätzen** der ZPO bei dem danach örtlich und sachlich zuständigen Gericht einzureichen. Hier ist zu beachten, dass in familienrechtlichen Angelegenheiten und Verfahren nicht das Familiengericht, sondern die allgemeine Abteilung des Prozessgerichts zuständig ist (BGH NJW 1986, 1176; OLG München AnwBl. 1984, 370). Hierbei sind der besondere Gerichtstand des Hauptprozesses, § 34 ZPO, sowie die Zuständigkeit des Gerichts der I. Instanz gegeben, auch soweit lediglich die Vergütung der Rechtsmittelinstanz geltend gemacht wird. In letzter Konsequenz bedeutet die eingangs genannte Entscheidung des BGH vom 11.11.2003, dass der RA seine Honorarklage gegenüber dem Auftraggeber im Regelfall nicht mehr am Gerichtsstand seiner Kanzlei und damit einigermaßen kostengünstig erheben kann. Künftig wird der RA seine Honorarklage am Wohnsitz des Auftraggebers, insbesondere bei außergerichtlich angefallenen Honoraren, oder am Gerichtsstand des Hauptsacheprozesses erheben müssen. Um diese Nachteile zu vermeiden, ist es für den RA umso wichtiger, die Möglichkeit des Kostenvorschusses verstärkt in Erwägung zu ziehen (→ Anm. 2.).

9. Ab 1.2.2014 wurden die bisherigen nationalen Zahlverfahren (Überweisung und Lastschrift) von den neuen europäischen SEPA-Zahlungsverfahren abgelöst. Die vorstehende Einzugsermächtigung entspricht dem Autorisierungstext für das Kombi-Mandat und den Einzug einmaliger oder wiederkehrender Zahlungen.

II. Vergütungsvereinbarungen

1. Vergütungsvereinbarung (§§ 3a, 4 RVG)

Rechtsanwalt/Rechtsanwältin ..... (Kanzlei)

und ..... (Auftraggeber)

schließen in der Sache .....

folgende

HONORARVEREINBARUNG:[1, 2]

1. Die Vergütung nach § 5 RVG erfolgt auch bei Vertretung des Rechtsanwalts durch oder im Einzelfall beauftragte Vertreter sowie bei Vertretung durch einen Assessor oder Rechtsreferendar, unabhängig, ob dieser zur Ausbildung zugewiesen ist.[3]

2. Bei einer verkehrsanwaltschaftlichen Tätigkeit, d.h. die Führung des Verkehrs der Partei mit dem Verfahrensbevollmächtigten, wird eine Verfahrensgebühr in Höhe eines Gebührensatzes von 2,0 der dem Verfahrensbevollmächtigten zustehenden Gebühr vereinbart.[4]

3. Die Kosten von Datenbankrecherchen, Handelsregistereinsichten über Datenbanken sind vom Auftraggeber nach Wahl der Kanzlei mit den tatsächlich angefallenen Kosten oder pauschaliert mit 15,00 EUR je Ausdruckseite zu honorieren.[5]

4. Fax-Ein- und Ausgänge werde mit 1,00 EUR je Seite berechnet; die Telefon-Gebühreneinheit wird mit 0,50 EUR berechnet. Kopien, Anlagen zu Schreiben und Schriftsätzen, Ablichtungen zur Unterrichtung des Auftraggebers werden mit 0,50 EUR je Seite abweichend vom Gebührentatbestand 7000 des Vergütungsverzeichnisses berechnet, auch soweit die Kopiekosten nach dem Gebührenverzeichnis nicht abrechnungs- oder erstattungsfähig sind.

Für die Überlassung und den Empfang elektronisch gespeicherter Daten sowie für eingehende e-Mails wird eine Gebühr von mindestens 2,50 EUR je Datei/e-Mail berechnet. Bei Dateien, deren Ausdruck oder Umfang mehr als fünf DIN A 4 Seiten umfasst, wird je Seite ein Betrag von 0,50 EUR, bei farbigen Ausdrucken 1 EUR je Seite berechnet.[6]

5. Reisekosten werden entgegen den Gebührentatbeständen 7003 bis 7006 VV RVG berechnet mit:

- 1,00 EUR je gefahrenen Pkw-Kilometer;
- 100,00 EUR Tage- und Abwesenheitsgeld je angebrochene Stunde, bei einer Abwesenheit zwischen 8.00 Uhr und 19.00 Uhr;

Bei Reisen bis 300 km wird die Kanzlei Pkw oder Bahn (1. Klasse) als Reisemittel nutzen. Bei Reisen über 300 km wahlweise Bahn (1. Klasse) und soweit möglich Flugzeug, Linie LH o.ä. zuzüglich Parkgebühren, Taxikosten, ggf. Mietwagenkosten.

Der Auftraggeber wurde darüber aufgeklärt, dass, soweit erkennbar, in dieser Angelegenheit Reisekosten zur auswärtigen Terminwahrnehmung entstehen werden.[7]

6. Weitere Vereinbarungen (unzutreffende streichen):[8]

(1) Zu den Gebühren des RVG und dieser Vereinbarung wird ein zusätzliches Honorar von . . . . . EUR (in Worten: . . . . . EUR) bezahlt.

(2) Es werden die . . . . .-fachen gesetzlichen Gebühren berechnet.

(3) Für die vorgerichtliche Tätigkeit wird für die Geschäftsgebühr ein Gebührenrahmen von 2,0 verbindlich vereinbart.

(4) Es wird ein Pauschalhonorar in Höhe von 250,00 EUR je Anwaltsstunde für die gerichtliche Tätigkeit vereinbart, soweit die gesetzlichen Gebühren im gerichtlichen Verfahren nicht höher sind.

(5) Es wird ein Pauschalhonorar in Höhe von 250,00 EUR je Anwaltsstunde für die vorgerichtliche Tätigkeit vereinbart. Eine Anrechnung der in der vorgerichtlichen Tätigkeit angefallenen Stundenhonorare auf Gebühren in einem gerichtlichen Verfahren erfolgt nicht.

7. Ist die Kanzlei in weiteren Instanzen beauftragt, fallen mangels anderer Vereinbarung diese Gebühren/Vergütungen in jeder Instanz erneut an.

8. Der Auftraggeber wurde vor Übernahme des Auftrags und vor Abschluss dieser Honorarvereinbarung darauf hingewiesen, dass sich die nach dem Rechtsanwaltsvergütungsgesetz zu erhebenden Gebühren nach dem Gegenstandswert richten. Der Auftraggeber wurde des Weiteren darauf hingewiesen, dass die hier vereinbarten Gebühren und Auslagen von den sich anhand des Gegenstandswertes ergebenden Vergütungen abweichen.[9]

9. Der Auftraggeber wurde ausdrücklich darauf hingewiesen, dass die vereinbarten Honorare und Auslagen von der gesetzlichen Regelung abweichen. Des Weiteren wurde der Auftraggeber darauf hingewiesen, dass vereinbarte Honorare und Auslagen durch Dritte (unterlegener Gegner, Rechtsschutzversicherer) nur in Höhe der gesetzlichen Gebühren zu erstatten sind.[10]

Auslagen und Mehrwertsteuer werden gesondert berechnet.

Der Auftraggeber hat eine Ausfertigung dieser Vereinbarung erhalten.

Ort, Datum

. . . . .

(Unterschriften der Beteiligten)

Anmerkungen

1. Nach § 3a RVG ist eine **Vereinbarung über die Höhe der Vergütung**, soweit sie nicht vom Auftraggeber verfasst wurde, als **Vergütungsvereinbarung** oder in vergleichbarer Weise zu bezeichnen. Durch die Einführung des. § 3a RVG wurde der vormals bestehende Streit, ob bei einer derartigen Vereinbarung der Begriff Vergütungsvereinbarung zwingend zu verwenden ist oder nicht, erledigt.

2. Das **Kostenrechtsmodernisierungsgesetz** hat für den Scheidungsanwalt verschiedene beachtliche und nachteilige Änderungen gebracht. Hier ist an erster Stelle der Wegfall der Beweisgebühr, die bei der Anhörung der Parteien anfiel, zu nennen. Die bisher üblichen 30/10 (Prozess-, Verhandlungs- und Beweisgebühr) vermindern sich auf einen Satz von 2,5 (1,3 Verfahrensgebühr Nr. 3100 VV RVG, 1,2 Terminsgebühr Nr. 3104 VV RVG). Insbesondere bei der Vielzahl der Scheidungen mit Verfahrenskostenhilfe führt dies zwangsläufig zu einer Honorarmindereinnahme, die sich bei Verfahrenskostenhilfescheidungen nicht mit einer Honorarvereinbarung ausgleichen lässt.

Die **Streitwerte** (§§ 43–52 FamGKG) haben insbesondere bei besonderen Kindschaftssache zu einer gewissen Verbesserung der Honorarsituation geführt, jedoch führte der Verlust der Beweisgebühr insgesamt doch zu einer Schlechterstellung.

Diese Einbußen lassen sich jedoch durch eine konsequente Anwendung der Gebührentatbestände in der vorgerichtlichen Vertretung und durch den Abschluss einer Honorarvereinbarung mit dem Mandanten auffangen. Zugute kommt hier die **Begrenzung der Anrechnung** vorgerichtlicher Gebühren. Nach der Vorbemerkung Teil 3, Abs. 4 VV RVG ist eine Anrechnung der Geschäftsgebühr zur Hälfte, höchstens mit einem Gebührensatz von 0,75 auf die Verfahrensgebühr geregelt. Typisch in Familiensachen ist die gewöhnlich zu Beginn des Mandats erfolgende umfassende Auskunftserteilung und Beratung, ggf. wiederholte Beratung zu den vielschichtigen Themenkreisen wie Voraussetzungen einer Scheidung, Trennungsunterhalt/nachehelicher Unterhalt, Sorgerecht, Umgangsrecht, Kindesunterhalt, insbesondere auch güterrechtliche Fragen, Hausrat, Ehewohnung, etc Bei der späteren Tätigkeit, ob nun außergerichtlich oder gerichtlich, werden in der Regel nur bestimmte Schwerpunkte zu einer weiteren Tätigkeit führen (→ Form. B. II. 2.).

Eine Gegenüberstellung der Gebührentatbestände zeigt ganz eindeutig die Vorteile der **Geschäftsgebühr** durch den geregelten Gebührenrahmen von 0,5 bis 2,5, Regelgebühr 1,3. Die Geschäftsgebühr entsteht für das Betreiben des Geschäfts einschließlich Information. Kern ist also der Auftrag des Mandanten, ihn außergerichtlich in bestimmten Sachverhalten zu vertreten. Die konkrete Beauftragung zu einem bestimmten Sachverhalt wie Unterhalt, güterrechtliche Auseinandersetzung, kann der Anwalt durch den Umfang der **schriftlichen Vollmacht** nachweisen. In der Praxis ist also insbesondere im Hinblick auf den Gebührenrahmen der Nr. 2300 VV darauf zu achten, dass **in der außergerichtlichen Vollmacht konkret die Sachverhalte** aufgeführt sind, mit deren außergerichtlicher Vertretung der Anwalt beauftragt ist. Wird ein Mandat beendet und erschöpft sich die Tätigkeit des Anwalts nach außen hin zunächst auf die Dokumentation der Trennungstatbestände, so ist der Anwalt beweispflichtig dafür, dass der Auftrag auf eine weitergehende Tätigkeit gerichtet war. Dieser Nachwies lässt sich allerdings durch eine sorgfältig ausgefüllte Vollmacht führen. Selbst wenn der Anwalt umfangreiche Unterhaltsberechnungen nachweisen kann, muss er sich, für den Fall, dass er die Auftragserteilung nicht belegen kann, mit einer Beratungsgebühr § 34 RVG anstelle einer Geschäftsgebühr, Regelgebühr 1,3, begnügen.

Die Regelungen des **§ 3a RVG** über die **Vereinbarung der Vergütung** weichen nur wenig von der Vorschrift des § 3 BRAGO ab. Das in § 3 BRAGO geregelte strikte Verbot, wonach die Honorarvereinbarung nicht in einem Vordruck enthalten sein darf, der auch andere Erklärungen umfasst, wurde allerdings gelockert. Nach früherer Rechtsprechung war eine Honorarvereinbarung bereits unwirksam, wenn in dieser eine Gerichtsstandsvereinbarung enthalten war. Zu einer **Trennung der Honorarvereinbarung von beispielsweise allgemeinen Mandatsbedingungen** ist jedoch nach wie vor zu raten, da zum einen Mandatsbedingungen oder allgemeine Geschäftsbedingungen für mehrere Fälle, d. h. für die gesamte Geschäftsbeziehung Gültigkeit haben, des Weiteren Honorarvereinbarungen, die in der Regel anhand vorformulierter Vertragsklauseln vereinbart werden, der Inhaltskontrolle nach den **AGB-Vorschriften §§ 305 – 310 BGB** unterliegen.

Bei einer **Vereinbarung der Vergütung** ist nach § 3a RVG Folgendes zu beachten: Die Vereinbarung bedarf der Textform (§ 126b BGB). Des Weiteren darf diese **nicht in der Vollmacht** enthalten sein. Auch von anderen Vereinbarungen mit Ausnahme der Auftragserteilung muss die Vergütungsvereinbarung deutlich abgesetzt und als Vergütungsvereinbarung gekennzeichnet sein.

Der Begriff „deutlich absetzen" wurde durch die Rechtsprechung mittlerweile präzisiert. Der Entscheidung des Bundesgerichtshofs, Urteil vom 3.12.2015, IX ZR 40/15, BeckRS 2016, 01091, Vorinstanz OLG Karlsruhe lag eine als Beratungsvertrag bezeichnete Vereinbarung zur Beurteilung vor. Der Text bestand aus sieben Paragraphen mit gleicher Schrifttype, gleichen Zeilenabständen und einheitlicher drucktechnischer Gestaltung. In diesem

Beratungsvertrag war neben dem Vertragsgegenstand der Erbringung rechtlicher Beratungsleistungen und Vertretung in außergerichtlichen Angelegenheiten, eine Regelung zur Haftungsbegrenzung sowie eine Gerichtstandsvereinbarung geregelt. Ein Paragraph mit der Überschrift Vergütung regelte eine monatliche Vergütung von 3.000,– EUR netto zzgl. MwSt. In dem Urteil der 1. Instanz verneinte bereits das OLG Karlsruhe einen Zahlungsanspruch aus dieser Vereinbarung, da diese Vereinbarung nicht den Voraussetzungen des § 3a Abs. 1 Satz 2 Variante 2 RVG entsprach. Auf die Ausnahmeregelung des § 3a Abs. 1 Satz 4 RVG könne sich die Klagepartei nicht berufen, da nach der Vereinbarung nicht lediglich Beratungsleistungen nach § 34 RVG erbracht werden, sondern auch die außergerichtliche Vertretung Gegenstand der Vereinbarung war. Dementsprechend, so der BGH übereinstimmend mit dem OLG Karlsruhe, verstoße dieser Beratungsvertrag gegen die Formerfordernisse des § 3a Abs. 1 Satz 2 Variante 2 RVG, da das Erfordernis „deutlich absetzen" nicht erfüllt sei. Hinzuweisen ist hier auf die klare Differenzierung zwischen einer Gebührenvereinbarung nach § 34 RVG, für die Sätze 1 und 2 des § 3a RVG nicht gelten und einer Honorar-/Vergütungsvereinbarung auch für die außergerichtliche Vertretung also eine über die bloße Beratungstätigkeit hinausgehende Leistung nach außen. Diese Entscheidungen haben daher erhebliche praktische Bedeutung.

Um der vom Gesetzgeber gewollten Schutz- und Warnfunktion gerecht zu werden, genüge es für ein „absetzen" von anderen Vereinbarungen mit Ausnahme der Auftragserteilung, wenn der Vertrag die Vergütungsvereinbarung in einem gesonderten und entsprechend gekennzeichneten Abschnitt oder Paragraphen regelt. Ein „deutliches absetzen" sei erfüllt, wenn die Vergütungsvereinbarung optisch eindeutig von den anderen im Vertragstext enthaltenen Bestimmungen abgegrenzt ist. Dies lasse sich nach Ansicht des Gerichts durch eine klare räumliche Trennung, aber auch auf andere Art und Weise erreichen. Das Erfordernis der räumlichen Trennung wird nach dieser Entscheidung durch die Bildung eines gesonderten Paragraphen erreicht. Setzt sich dieser Paragraph jedoch nicht hinreichend deutlich ab, weil der gesamte Vertragstext einschließlich der Vergütungsvereinbarung äußerlich einheitlich gestaltet ist, ist das Kriterium „deutlich abgesetzt" nicht erfüllt.

Es empfiehlt sich also dringend, die in einem Vertrag eingebettete Vergütungsvereinbarung drucktechnisch klar und deutlich hervorzuheben, zum Beispiel andere Farbe, größere und auffälligere Schrifttype o. ä.

Auch für eine **niedrigere** Vergütung (§ 4 Abs. 1 RVG) als die gesetzliche Vergütung, soweit dies zulässig ist, ist Textform erforderlich. Nachdem in der Regel derartige Vergütungsvereinbarungen nicht vom Auftraggeber verfasst werden, muss diese Vereinbarung ausdrücklich als **Vergütungsvereinbarung** bezeichnet werden. Bei freiwilliger und ohne Vorbehalt geleisteter Zahlung sah der vormalige § 4 Abs. 1 Satz 3 RVG vor, dass das Geleistete nicht deshalb zurück gefordert werden konnte, weil die Erklärung nicht den Vorschriften des § 4 Abs. 1 RVG entsprach. Diese Regelung sieht der durch das Gesetz zur Neuregelung des Erfolgshonorars eingeführte § 3a RVG nicht mehr vor.

Unzulässig sind nach § 49b Abs. 1 und 2 BRAO zwei Arten von Honorarvereinbarungen:

- Die Vereinbarung, **geringere Gebühren und Auslagen** zu fordern, als das RVG vorsieht, soweit dieses nichts anderes bestimmt (§ 4 Abs. 1 RVG für außergerichtliche Angelegenheiten);

Sofern die Vereinbarung gegen Formerfordernisse des § 3 Abs. 1 Satz 1 und 2 RVG oder gegen die Vorgaben des § 49b Abs. 1 BRAO oder gegen die Voraussetzungen für den Abschluss einer Erfolgshonorarvereinbarung nach § 4a Abs. 1 und 2 RVG verstößt, führt dies nicht zur Nichtigkeit gemäß § 125 BGB (BGH Urteil vom 5.6.2014, IX ZR 137/12, Vorinstanzen OLG München und LG München I). Noch das Landgericht München I (NJW 2012, 3454) hat die Ansicht vertreten, dass dem Rechtsanwalt verwehrt sei, unter Berufung auf die Nichtigkeit der Vergütungsvereinbarung die gesetzliche Vergütung zu fordern, soweit diese über den in der Vergütungsvereinbarung vorgesehenen Betrag hinausgehe. Nach Ansicht des Landgerichts sei die Vergütungsvereinbarung unwirksam. Nach Ansicht des BGH ist eine Vergütungsvereinbarung, die gegen die obigen Vorschriften verstößt, nicht nichtig, sondern die vertraglich vereinbarte Vergütung ist auf die gesetzliche Vergütung beschränkt. Ist die gesetzliche Vergütung höher als die vertraglich vereinbarte, kann nur die vereinbarte Vergütung verlangt werden.

Durch diese Entscheidung hat der BGH seine frühere Rechtsprechung aufgegeben. In der Konsequenz ist also ein höheres Honorar als das gesetzliche im Falle einer Unwirksamkeit der Honorarvereinbarung nach Bereicherungsrecht zurückfordern. Die fehlende Verbindlichkeit der Honorarvereinbarung steht einem fehlenden Rechtsgrund gleich. Ein Ausschluss nach § 814 BGB erfordert, dass der Mandant bei der Zahlung positiv gewusst hat, dass er zur Zahlung nicht verpflichtet ist. Darlegungs- und beweispflichtig ist der Anwalt.

- Die Vereinbarung eines sog. **Erfolgshonorars** sowie Vereinbarungen, nach denen der Rechtsanwalt einen Teil des erstrittenen Betrages als Honorar (quota litis) erhält. Bezüglich des Erfolgshonorars ist darauf hinzuweisen, dass auch die Vereinbarung eines Erfolgshonorars zusätzlich zum gesetzlichen Honorar unzulässig ist.

Nach dem Beschluss des Bundesverfassungsgericht vom 12.12.2006 – 1 BvR 2576/04 NJW 2007, 979 wurde die in diesem Beschluss geforderte Ausnahme zum Verbot von Erfolgshonoraren gemäß § 49b Abs. 2 S. 1 BRAO durch das Gesetz zur Neuregelung des Erfolgshonorars vom 12.6.2008 (BGBL I S. 1000) mit Wirkung ab 1.7.2008 durch den neu eingeführten § 4a RVG geschaffen. Nach dieser Vorschrift darf für den **Einzelfall ein Erfolgshonorar** nur vereinbart werden, wenn damit besonderen Umständen der konkreten Angelegenheit Rechnung getragen wird, insbesondere wenn der Auftraggeber aufgrund seiner wirtschaftlichen Verhältnisse bei verständiger Betrachtung ohne die Vereinbarung eines Erfolgshonorars von der Rechtsverfolgung abgehalten würde.

In einem gerichtlichen Verfahren darf dabei für den Fall des Misserfolgs vereinbart werden, dass keine oder eine geringere als die gesetzliche Vergütung zu zahlen ist, wenn für den Erfolgsfall ein angemessener Zuschlag auf die gesetzliche Vergütung vereinbart wird. Die Vereinbarung muss die voraussichtliche gesetzliche Vergütung oder die erfolgsunabhängige vertragliche Vergütung, zu der der Rechtsanwalt bereit wäre, den Auftrag zu übernehmen, enthalten, des Weiteren die Angabe, welche Vergütung bei Eintritt welcher Bedingung verdient ist sowie die Höhe des Erfolgszuschlages. Des Weiteren sind in dieser Vereinbarung die wesentlichen tatsächlichen Umstände und rechtlichen Erwägungen kurz darzustellen, auf denen die Einschätzung der Erfolgsaussichten beruht. Im Übrigen sind Erfolgshonorare auch weiterhin unzulässig (ständige Rechtssprechung des BGH, so zuletzt Beschluss vom 15.11.2007 – IX ZR 27/05 Beck RS 2007, 19968).

Bei verbotswidrigen Honorarvereinbarungen und insbesondere bei Honorarvereinbarungen, die das gesetzliche Honorar um ein Vielfaches übersteigen, setzt sich der Anwalt in der Regel auch der Gefahr aus, den Tatbestand des § 352 StGB **Gebührenüberhebung** zu erfüllen. **Bedenklich** erscheinen in diesem Zusammenhang, des Weiteren aus Wettbewerbsgründen beispielsweise im Internet anzutreffende „Honorarvereinbarungen“ von Kanzleien, in welchen für die anwaltliche Tätigkeit gerichtlicher oder nichtgerichtlicher Art anstelle der gesetzlichen Gebühren ein Stundenhonorar vereinbart wird oder Formulierungen wie „grundsätzlich rechnen wir unsere Tätigkeit auf der Basis von Stundensätzen ab“.

- **Unzulässig** nach § 49b Abs. 3 BRAO ist weiter die **Honorierung für die Vermittlung von Aufträgen**. Bezüglich zulässiger Honorierungen im Sinne des § 49b Abs. 3 Satz 2 und 3 BRAO verweise ich auf die Kommentierung des § 3a RVG bei Gerold/Schmidt/von Eicken/Madert, RVG, 22. Auflage 2015. Selbstverständlich gelten nach wie vor die Grenzen hinsichtlich der Höhe des vereinbarten Honorars die Grenzen der **Unangemessenheit** (§ 3a Abs. 2 RVG, §§ 307 ff. BGB). Durch Urteil vom 4.2.2010 (BeckRS 2010, 05360) hat der BGH die aus dem Überschreiten des 5fachen Satzes der gesetzlichen Gebühren herzuleitende Vermutung der Unangemessenheit eines vereinbarten Verteidigerhonorars dann für entkräftet erachtet, wenn dargelegt werden kann, dass die vereinbarte Vergütung im konkreten Fall unter Berücksichtigung aller Umstände angemessen ist.

3. § 5 RVG beendet die nach der BRAGO bestehende Streitfrage, ob der Anwalt auch **bei Vertretung durch einen Assessor** die volle Vergütung verlangen kann. § 5 RVG sieht eine derartige Vergütungspflicht grundsätzlich vor. Hinsichtlich des Referendars regelt § 5 RVG eine Vergütungspflicht nur bei einem zur Ausbildung zugewiesenen Referendar. Nun ist es durchaus üblich und sinnvoll, dass Referendare, die nicht Stationsreferendare sind, oder Assessoren für einen Rechtsanwalt arbeiten. Diese Klausel regelt, dass auch bei einer Tätigkeit dieser Mitarbeiter eine Vergütung des Rechtsanwalts erfolgt.

4. Nach dem RVG beträgt die Verfahrensgebühr des **Verkehrsanwalts** höchstens 1,0 der Verfahrensgebühr des Verfahrensbevollmächtigten. (Nr. 3400 VV RVG). Der Verkehrsanwalt trägt nun allerdings i.d.R. eine Hauptlast der Fallbearbeitung, durch die rechtliche Beratung des Mandanten, die bereits gefilterte Information des Prozessbevollmächtigten etc In Anbetracht der durch den Verkehrsanwalt zu tragenden Hauptlast der Fallbearbeitung erscheint eine Vereinbarung über die dem Verkehrsanwalt nach dem RVG zustehenden Gebühren in der hier vorgesehenen Form sinnvoll.

5. In vielen Fällen ist es nicht nur sinnvoll, sondern unabdingbar, Handelsregistereinsichten über Datenbanken und weitere **Datenbankrecherchen** (beispielsweise Beteiligungen an Gesellschaften o.Ä.) durchzuführen. Die hierdurch entstehenden Kosten und der damit verbundene Zeitaufwand ist durchaus erheblich. Soweit Datenbanken Einzelkostennachweise zu einzelnen fallbezogenen Anfragen ermöglichen, sind die tatsächlich entstandenen Kosten nachweisbar. Alternativ ist eine pauschale Regelung je Ausdrucksseite zu empfehlen, wodurch auch der Zeitaufwand zumindest teilweise kompensiert wird.

6. Nach Nr. 7000 des Vergütungsverzeichnisses (VV RVG) erhält der Anwalt für **Ablichtungen** aus Behördenakten, Ablichtungen zur Zustellung an Gegner oder Beteiligte sowie für Ablichtungen zur Unterrichtung des Auftraggebers, soweit bei den beiden letztgenannten Möglichkeiten mehr als je 100 Ablichtungen zu fertigen sind, für die ersten 50 Seiten je 0,50 EUR und für jede weitere Seite 0,15 EUR pro Ablichtung. Bei Post- und **Telekommunikationsdienstleistung** kann der Anwalt anstelle der konkreten Berechnung eine Pauschale verlangen, und zwar 20 % der Gebühren, höchstens 20,– EUR.

Nach der Rechtsprechung des BGH (Beschl. v. 5.12.2002 RPfl 2003, 215 f.) sind Kopiekosten, die durch die Unterrichtung der eigenen Partei, deren Versicherung, des Prozessgegners oder als Anlagen zu Schriftsätzen für das Gericht entstanden sind, als allgemeine Geschäftskosten gemäß § 25 Abs. 1 und 3 BRAGO durch die Regelgebühren mit abgegolten. Dieser Rechtsprechung dürfte durch die Regelung im Gebührentatbestand 7000 f. der Boden entzogen sein. In der Vorbemerkung Teil 7 des VV RVG wird ausgeführt, dass mit den Gebühren auch die allgemeinen Geschäftskosten entgolten sind. Soweit nachfolgend nichts anderes bestimmt ist, kann der Rechtsanwalt Ersatz der entstandenen Aufwendungen verlangen.

Kopien als Anlagen zu Schriftsätzen waren nach der vorgenannten Rechtsprechung mit den Regelgebühren abgegolten. Gebührentatbestand 7000 1. b sieht vor, dass für derartige Ablichtungen, soweit mehr als 100 Ablichtungen zu fertigen sind und soweit sie **aufgrund einer Rechtsvorschrift** oder nach Aufforderung durch das Gericht o.Ä. gefertigt werden, eine **Vergütung** erfolgt. **§ 133 ZPO** stellt eine derartige Rechtsvorschrift dar. Gemäß § 133 ZPO sollen den Schriftsätzen, die bei Gericht eingereicht werden, die für die Zustellung erforderliche Zahl von Abschriften der Schriftsätze und deren Anlagen beigefügt werden. Dies gilt nicht für Anlagen, die dem Gegner in Urschrift oder in Abschrift vorliegen.

In diesem Formular wird nun zusätzlich eine Vergütungspflicht der ersten 100 Ablichtungen, soweit diese nach dem Auslagentatbestand 7000 VV RVG nicht zu vergüten sind, geregelt.

Von der Vergütungspflicht zu trennen ist selbstverständlich die **Erstattungsfähigkeit im Rahmen des Kostenfestsetzungsverfahrens.**

Die in Nr. 7000 2. VV RVG vorgesehene Pauschale für die Überlassung von elektronisch gespeicherten Daten erscheint bei einer geringen Datenmenge noch ausreichend. Hier ist darauf hinzuweisen, dass E-Mails unter die Nr. 7001 bzw. Nr. 7002 zu rechnen sind. Zudem ist in Nr. 7000 2. VV RVG nur die Überlassung von Daten geregelt, nicht der Empfang. Demzufolge wurde im Formular ergänzend für den Empfang von elektronisch gespeicherten Daten und E-Mails eine zusätzliche Gebühr geregelt. Gerade E-Mails, die von einem Mandanten kommen, können erheblichen Aufwand verursachen. Die E-Mail selbst mag zwar kurz sein, jedoch sind möglicherweise eine Vielzahl von Anhängen zu öffnen, wobei sich in den Anhängen selbst erneut Anhänge befinden können. Der dann entstehende durchaus erhebliche Aufwand wurde mit einer Pauschale von 0,50 EUR je Ausdruckseite geregelt. Der Ausdruck elektronischer Daten würde zunächst unter die Gebührennummer 7000 Nr. 1 VV RVG fallen.

Nun wünschen immer häufiger Mandanten auch die Überlassung von Schriftsätzen, Verträgen etc in Form elektronischer Daten. Da diese Daten aus gutem Grund in der Regel nur als PDF-Datei versendet werden, ist ein Scanvorgang oder eine andere Bearbeitung erforderlich, wodurch ein erheblicher Aufwand entsteht. Demzufolge wurde im Formular auch diesem Aufwand Rechnung getragen.

7. Die Reisetätigkeit der Anwaltschaft nimmt seit dem Jahr 2000 stetig zu. Der Mandant nutzt und begrüßt in der Regel die Möglichkeit, dass sein Anwalt auch vor jedem Land- oder Oberlandesgericht auftreten und seine Sache persönlich vertreten kann. Mit den Vergütungen nach dem RVG für Reisekosten und Abwesenheitsgelder ist der Aufwand des Anwalts bei derartigen Vertretungen oder Terminswahrungen nicht abzugelten. In der Regel ist der Mandant auch bereit, diese Möglichkeit angemessen zu vergüten und neben den entstehenden Auslagen angemessene Abwesenheitsgelder zu bezahlen. Soweit bei Übernahme des Mandats bereits erkennbar ist, dass eine auswärtige Terminswahrnehmung erforderlich wird, ist der Mandant allerdings darüber aufzuklären, dass mit entsprechenden Reisekosten und Abwesenheitsgeldern zu rechnen ist.

8. In Ziffer 6 des Formulars wird eine Palette von Gebührenvereinbarungsmöglichkeiten dargestellt.

In Ziff. 1 wird die Vereinbarung eines zusätzlichen Honorars zum gesetzlich vorgesehenen geregelt. Hierbei handelt es sich um kein unzulässiges Erfolgshonorar.

In Ziff. 2 wird die Möglichkeit eines Faktors der gesetzlichen Gebühr geregelt, wobei die Grenzen der Unangemessenheit zu beachten sind. Diese Grenzen sind einzelfallabhängig, siehe oben zitiertes Urteil des BGH v. 4.2.2010.

Zu Ziff. 3: Das Gesetz bestimmt in Nr. 2300 VV RVG einen Gebührenrahmen von 0,5 bis 2,5. Die Regelgebühr liegt bei 1,3, wenn der Umfang oder die Schwierigkeit nicht über dem Durchschnitt liegt (BR Drucksache 830/03 S. 257). Weiter heißt es dort, dass nach Abwägung der unterschiedlichen Kriterien des § 14 Abs. 1 RVG eine in der Summe gänzlich durchschnittliche Angelegenheit nur dann einen Gebührensatz von mehr als 1,3 (etwa in Höhe der Mittelgebühr 1,5) rechtfertigen würde, wenn die Tätigkeit des Anwalts im Hinblick auf Umfang und Schwierigkeit über dem Durchschnitt liegt. Nach der Nr. 2300 VV RVG kann eine Gebühr von mehr als 1,3 nur gefordert werden, wenn die Tätigkeit umfangreich oder schwierig war. Die in § 14 Abs. 1 RVG zusätzlich genannten Umstände des Einzelfalls wie Einkommens- und Vermögensverhältnisse sowie zusätzlich ein besonderes Haftungsrisiko spielen demzufolge bei einer Überschreitung der Regelgebühr von 1,3 keine Rolle. Im Ergebnis bedeutet dies, dass, wenn der Umfang und die Schwierigkeit der anwaltschaftlichen Tätigkeit durchschnittlich waren, die Regelgebühr von 1,3 nicht überschritten werden kann.

Der weite Gebührenrahmen, insbesondere bei einer Überschreitung der Regelgebühr von 1,3, führt zu einem erheblichen **Begründungsaufwand** für den Anwalt. Des Weiteren liegt in diesem weiten Gebührenrahmen ein erhebliches **Streitpotential.** Eine **Festlegung des Gebührensatzes** der Geschäftsgebühr im Rahmen einer Honorarvereinbarung erscheint demzufolge geradezu notwendig, um spätere Auseinandersetzungen zu vermeiden.

Im Formular wurde der Gebührensatz von 2,0 vorgesehen. Gerade im vorgerichtlichen Bereich ist in Familiensachen der Zeitaufwand häufig sehr hoch, wie die Untersuchung im Auftrag des Bundesministeriums der Justiz „Das Zeitbudget der Rechtsanwältinnen und Rechtsanwälte in Scheidungs- und Folgesachen", Bundesanzeiger vom 12.12.2001, Nr. 232 a) ergab. Durch eine klare Regelung und Vereinbarung des Gebührensatzes können demzufolge Auseinandersetzungen zwischen Mandant und Anwalt von vorneherein vermieden werden.

Soweit die Voraussetzungen einer Festsetzung der Vergütung nach § 11 RVG gegeben sind, sieht § 11 Abs. 8 RVG nunmehr vor, dass bei Rahmengebühren nicht nur die Mindestgebühren geltend gemacht werden können, sondern auch höhere, wenn der Auftraggeber der Höhe der Gebühr ausdrücklich zugestimmt hat. Gerade in Strafsachen erschien daher eine Festlegung bzw. Vereinbarung der Rahmengebühr auch im Hinblick auf eine mögliche Kostenfestsetzung sinnvoll.

In **Ziff. 5** ist eine Abrechnung auf der Basis von **Stundenhonoraren** vorgesehen. Eine Abrechnung auf der Basis von Stundenhonoraren wird in vielen Fällen sowohl für den Rechtsanwalt als auch für den Mandanten eine sinnvolle und wirtschaftliche Berechnung des Honorars darstellen. Der Mandant ist es gewöhnt, dass Leistung nach Stundensätzen abgerechnet wird. Die Abrechnung nach Stundensätzen ist in vielen Wirtschaftsbereichen üblich. Für den Anwalt ist die Abrechnung nach Stundensätzen ebenfalls sinnvoll. Er weiß, welchen Umsatz er pro Tag, damit auch pro Arbeitsstunde erwirtschaften muss bzw. erwirtschaften soll. Die Vorteile einer Abrechnung auf der Basis von Stundensätzen für beide Seiten liegen daher auf der Hand.

Die Abrechnung auf der Basis von Stundensätzen verpflichtet den Anwalt allerdings zu einer peniblen und nachvollziehbaren **Aufzeichnung** und **Dokumentation** seiner Tätigkeit und der beanspruchten Zeit. In vielen modernen Anwaltsprogrammen ist die Erfassung von Arbeitszeiten pro Fall, pro Sachbearbeiter und Definition der jeweiligen Tätigkeit vorgesehen und möglich. Der Anwalt muss sich der Mühe unterziehen, penible Aufzeichnungen über die Art der Tätigkeit und die aufgewendete Zeit zu führen. In der Handakte sind entsprechende Vermerke und Aufzeichnungen (beispielsweise Telefonate, Besprechungen) zu hinterlegen. Der Abrechnung sollte ein Ausdruck der erfassten und detaillierten Tätigkeitsbeschreibungen und Zeiten beigefügt werden. So erhält die Abrechnung Transparenz und Überprüfbarkeit für den Mandanten. In der vorprozessualen Tätigkeit ist ein Unterschreiten der gesetzlichen Gebühr zulässig (§ 49b Abs. 1 S. 1 BRAO, § 4 Abs. 1 RVG). Dieses Formular sieht vor, dass Stundenhonorare auf evtl. später anfallende Prozessgebühren nicht anzurechnen sind. Wie in vielen Stundenhonorarvereinbarungen und auch noch in der ersten Auflage vorgesehen war eine Abrechnung auf der Basis von angebrochenen Viertelstunden oder halben Stunden, also letztendlich eine Aufrundung der Zeit auf eine Viertelstunde oder halbe Stunde geregelt.

Das OLG Düsseldorf (OLG Düsseldorf NJW-RR 2007, 2 und OLG Düsseldorf v. 18.2.2010 – I-24 O 183/05 und v. 8.2.2011 – 24 U 112/09) stufte allerdings eine derartige 15-Minutenzeittaktklausel als sittenwidrig gemäß § 138 BGB und demzufolge als nicht zu beachten ein. Nachdem Vergütungsvereinbarungen in der Regel Allgemeine Geschäftsbedingungen darstellen, ist nach dem OLG Düsseldorf zudem ein Verstoß gegen § 307 BGB gegeben. Das OLG vertritt die Ansicht, dass eine derartige Klausel geeignet ist, das Prinzip der Gleichwertigkeit von Leistung und Gegenleistung empfindlich zu verletzen. Derartige Zeittaktklauseln seien in der Tat geeignet, bei aktiver dahingehender Bearbeitung eines Falls im Ergebnis zu einem unangemessen hohen Honorar zu führen. Zunächst scheint es doch problematisch, einem Anwalt, der eine derartige Zeittaktklausel verwendet, von vorneherein zu unterstellen, diese Klausel aktiv zur Vermehrung des Honorars einzusetzen. Dem OLG Düsseldorf ist dahingehend zuzustimmen, dass ein Anwalt im Rahmen einer Zeithonorarvereinbarung auch dann sittenwidrig handelt, wenn er seinen Aufwand in grober Weise eigensüchtig aufbläht, indem er bei den errechnet Einzeltätigkeiten die objektiv gebotene Konzentration und Beschleunigung der Mandatswahrnehmung wissentlich außer Acht lässt und dadurch zu einem Honorar gelangt, das in einem auffälligen Missverhältnis zur Dienstleistung steht. Dies kann nach Ansicht des Verfassers jedoch nur im Rahmen einer Einzelfallentscheidung festgestellt werden. Als Argument für eine generelle Unwirksamkeit einer derartigen Zeitgleitklausel erscheint diese pauschale Unterstellung nicht geeignet. Die Rechtsprechung hierzu ist jedoch nicht einheitlich. Das OLG Schleswig hielt die Vereinbarung eines Stundensatzes pro angefangener Viertelstunde für wirksam (OLG Schleswig Urt. v. 19.2.2009 – 11 U 151/07, RVG Report 2009, 179), ebenso das Landgericht München I (Urt. v. 21.9.2009 – 4 O 10820/08, AGS).

Eine transparente **Abrechnung eines Zeithonorars** bedingt zwangsläufig eine Information über die Zusammensetzung der abgerechneten Stunden und der einzelnen Tätigkeitsinhalte. Anwaltsprogramme bieten hierzu sinnvolle Möglichkeiten, indem der jeweilige Zeitaufwand und die konkrete Tätigkeit zu erfassen sind und dem Mandanten bei der Abrechnung des Stundenhonorars ein entsprechender Ausdruck dieser Datei mit übersandt wird. Der Mandant kann anhand dieser Unterlagen nachvollziehen, wie sich die abgerechneten Stunden zusammensetzen. Aus einer derartigen Abrechnung würde dann auch bei einer Abrechnung auffällig vieler Einzeltätigkeiten (kurze Telefonate etc) die Berechtigung eines derartigen Vorwurfs hervorgehen. Andererseits ist es in der Tat so, dass ein 5-minütiges Telefonat mit dem Mandanten dazu führt, dass der Zeitaufwand des Anwalts nicht lediglich auf die exakte Gesprächsdauer beschränkt ist. Der Anwalt sitzt nicht an seinem Schreibtisch, um exakt auf dieses Telefonat zu warten, sondern ist in der Regel mit einem anderen Fall beschäftigt, möglicherweise einem komplizierten Schriftsatz. Die „Störung" führt jedoch in der Regel dazu, dass der „Faden" des Diktats oder der sonstigen Tätigkeit gerissen ist und dadurch ein wesentlich höherer Zeitaufwand verursacht wird, als die bloße Gesprächsdauer. Das OLG Düsseldorf hat die Revision nicht zugelassen.

Auch der BGH hat in einer Entscheidung vom 4.2.2010, Az. IX 2 R 18/09 Anforderungen an eine Stundenhonorarabrechnung formuliert. So sind nach dieser Entscheidung die während des abgerechneten Zeitintervalls erbrachten Leistungen konkret und in nachprüfbarer Weise zu belegen. Erforderlich ist also eine substantiierte Darlegung der konkreten Tätigkeit. Es sind in den Stundenaufzeichnungen also nicht nur pauschale Hinweise wie „Telefonat mit Mandant" aufzunehmen, sondern ein Bezug zum Umfang, der Dauer und zur konkreten Maßnahme (zB Gesprächsinhalt) zu dokumentieren. Nichtssagende Kurzangaben dürften diesen Anforderungen nicht entsprechen. Im Hinblick auf die Entscheidungen des OLG Düsseldorf und des BGH sind nach meiner Ansicht Zeittaktklauseln zu vermeiden, da sie Anlass zum Streit bieten.

9. Gemäß Art. 4 Abs. 18 1, 1. d) des KostRMoG ist in § 49b BRAO Absatz 5 bestimmt, dass der Rechtsanwalt vor Übernahme des Auftrags **darauf hinzuweisen** hat, dass sich die zu erhebenden Gebühren nach dem **Gegenstandswert** richten. Hintergrund dieser Regelung ist eine Konkretisierung der allgemeinen Berufspflicht des Anwalts gemäß § 43a S. 1 BRAO, die den Mandanten, insbesondere bei hohen Gegenstandswerten, vor einer überraschenden Honorarforderung schützen soll. Nach einer Entscheidung des BGH (Urteil v. 11.10.2007 – IX ZR 105/6, Beck RS 2007, 18513) trägt der Mandant im Rahmen eines geltend gemachten Schadenersatzanspruches die Beweislast dafür, dass der Anwalt seiner Hinweispflicht nach § 49b V BRAO nicht nachgekommen ist. Der Anwalt muss darlegen, in welcher Weise er belehrt haben will. Durch das gegenständliche Formular ist dieses Problem jedenfalls gelöst.

Der Rechtsanwalt, der den Mandanten vor Übernahme des Auftrags schuldhaft nicht darauf hinweist, dass die für seine Tätigkeit zu erhebende Gebühren nach dem Gegenstandswert berechnet werden, ist dem Mandanten zum Ersatz des hierdurch verursachten Schadens verpflichtet (§§ 280 Abs. 1, 311 Abs. 2 BGB). Denkbar wäre hier der Einwand des Mandanten, dass er den Anwaltsvertrag bei entsprechender Aufklärung und Kenntnis der auf der Basis des Gegenstandswerts entstehenden Kosten nicht abgeschlossen hätte. Aus Beweisgründen ist es daher sinnvoll, eine entsprechende Regelung aufzunehmen. Dieser Hinweis ist selbstverständlich nur von Bedeutung, wenn im konkreten Fall nach Gegenstandswerten abzurechnen ist, wobei dies zu entscheiden in der Praxis in manchen Fällen Schwierigkeiten bereiten kann.

10. Ein unterlassener Hinweis stellt keinen Standesverstoß dar. Die unterlassene Belehrung berührt auch nicht die Wirksamkeit der Honorarvereinbarung. Ein Hinweis darauf, dass die vereinbarte Vergütung vom gesetzlichen Honorar abweicht, entspricht jedoch dem Gebot der Fairness. Erforderlich ist es jedenfalls, den Auftraggeber darauf hinzuweisen, dass die vereinbarten Vergütungen durch Dritte nur in Höhe der gesetzlichen Gebühren im Fall des Obsiegens etc zu erstatten sind.

2. Vereinbarung des Honorars für Beratung, Ausarbeitung eines Gutachtens und Mediation (§ 34 RVG)

Rechtsanwalt/Rechtsanwältin . . . . . (Kanzlei)

und . . . . . (Auftraggeber)

schließen in der Sache . . . . .

folgende

HONORARVEREINBARUNG:

1. Für die Beratung/Erstellung eines schriftlichen Gutachtens/Mediation[1] in Sachen . . . . . wegen . . . . . vereinbaren die Parteien gemäß § 34 Abs. 1 RVG (unzutreffendes bitte streichen)

- **ein Stundenhonorar in Höhe von 250,– EUR je Anwaltsstunde,[2] zuzüglich Mehrwertsteuer in jeweils gesetzlicher Höhe,**
- **eine Gebühr in Höhe von 2,0 nach § 13 RVG aus dem Gegenstand der Beratung,**
- **der Anwalt erhält Gebühren in Anwendung der Nr. 2100 bis 2103 VV RVG in der bis zum 30.6.2006 gültigen Fassung.**

2. Die in vorstehender Ziffer vereinbarten Gebühren betreffen ausschließlich die in Zusammenhang mit der Beratung/Erstellung eines schriftlichen Gutachtens/Mediation anfallenden Tätigkeiten. Im Übrigen bleiben die gesetzlichen Vergütungs- und Auslagentatbestände des RVG unberührt.[3]

3. § 34 Abs. 2 RVG sieht eine Anrechnung der vorstehend geregelten Gebühren auf Gebühren für sonstige Tätigkeiten, die mit der Beratung zusammenhängen, vor. Diese Anrechnung wird hiermit ausdrücklich ausgeschlossen. Die hier vereinbarte Vergütung erhält der Rechtsanwalt demzufolge neben Gebühren und Auslagen für eine sonstige Tätigkeit wegen des selben Gegenstandes.[4]

Ort, Datum

. . . . .

(Unterschriften der Beteiligten)

Anmerkungen

1. Nach **§ 34 RVG** soll der Rechtsanwalt für einen mündlichen oder schriftlichen Rat oder eine Auskunft, d.h. für Beratungsleistungen, die nicht mit einer anderen gebührenpflichtigen Tätigkeit zusammenhängen, sowie für die Ausarbeiten eines Gutachtens und die Tätigkeit als Mediator auf eine **Gebührenvereinbarung** hinwirken. Sofern keine Gebührenvereinbarung getroffen wird, erhält der Rechtsanwalt Gebühren nach den Vorschriften des Bürgerlichen Rechts, also im Fall einer Beratung eine angemessene Gebühr nach § 612 BGB, und im Fall eines Gutachtens, das als Werkleistung anzusehen ist, eine angemessene Gebühr nach § 632 BGB. Zudem bestimmt § 34 Abs. 1 S. 3 RVG, dass in diesem Fall, wenn der Auftraggeber Verbraucher ist, die Gebühr für die Beratung oder für die Ausarbeitung eines schriftlichen Gutachtens höchstens 250,– EUR beträgt. Für ein erstes Beratungsgespräch beträgt die Gebühr jedoch höchstens 190,– EUR.

Der Anwalt ist daher dringend gehalten, die Höhe seiner Vergütung für Beratung und Gutachten durch eine Gebührenvereinbarung mit seinem Mandanten zu regeln. Durch § 34 RVG sind nur die vormaligen Nr. 2100 bis 2103 VV RVG aF mit Wirkung ab 1.7.2006 weggefallen. Die Auslagenvorschriften sowie die sonstigen Gebührenvorschriften wie zum Beispiel für die Einigung, Erledigung oder Aussöhnung werden durch § 34 RVG nicht berührt. Es ist also zunächst zu entscheiden, ob lediglich eine Gebührenvereinbarung für Beratungs- und Gutachtengebühren geschlossen werden soll, oder eine Vergütungsvereinbarung auch im Übrigen.

§ 3a RVG regelt, dass die Sätze 1 und 2 des Abs. 1 nicht für Gebührenvereinbarungen nach § 34 gelten, also die Vereinbarung nicht der Textform bedarf oder nicht in der Vollmacht enthalten sein darf. Eine Schrift- oder Textform der getroffenen Gebührenvereinbarung empfiehlt sich jedoch allein aus Beweisgründen. Im Übrigen gelten selbstverständlich die gesetzlichen Beschränkungen im Rahmen der **Beratungshilfe**, des Weiteren für die Vereinbarung eines **Erfolgshonorars** gemäß § 4a RVG.

2. In vorstehendem Muster sind verschiedene Möglichkeiten einer Gebührenvereinbarung dargestellt. Denkbar sind wie immer **Stundenhonorarvereinbarungen**, allerdings auch die Vereinbarung des nicht mehr gültigen alten Gebührenrechts nach Nr. 2100 ff VV RVG in der bis zum 30.6.2006 gültigen Fassung.

3. In der Praxis kommt es nun durchaus immer häufiger vor, dass Eheleute einen Rechtsanwalt gemeinsam aufsuchen, um sich in ihrer Scheidungsangelegenheit beraten zu lassen, auch im Hinblick auf die Möglichkeit, bei einer einvernehmlichen Scheidung die Kosten eines weiteren Anwalts zu sparen.

Hier sei auf die Entscheidung des BGH vom 19.9.2013 (IX ZR 322/12, NJW 2013, 3725) hingewiesen. Nach dieser Entscheidung hat der Anwalt vor Beginn der Beratung der Eheleute auf die gebühren- und vertretungsrechtlichen Folgen einer solchen Beratung hinzuweisen. Der Entscheidung zugrunde lag der Fall, dass sich Eheleute zunächst gemeinsam von der dortigen Klägerin beraten ließen und ein unauflöslicher Interessenwiderstreit zwischen den Eheleuten erst zu einem späteren Zeitpunkt aufgetreten ist, sonach zunächst ein Verstoß gegen § 43a Abs. 4 BRAO bzw. § 3 Abs. 1 BORA nicht erkennbar war. Nachdem dieser Interessenwiderstreit allerdings erkennbar war, war die tätige Anwältin wegen der genannten Vorschriften nicht mehr in der Lage, eine der Parteien zu vertreten. Auf diese Möglichkeit, dass bei Auftreten widerstreitender Interessen eine weitere anwaltschaftliche Tätigkeit für eine der Parteien ausgeschlossen sei, hatte die Anwältin nicht hingewiesen. Demzufolge vertrat der BGH die Ansicht, dass die Anwältin die geltend gemachten Gebühren nach § 242 BGB nicht verlangen könne, weil dem in Anspruch genommenen Ehepartner in diesem Fall in Höhe der Gebührenforderung aus dem Anwaltsvertrag iVm § 311 Abs. 2, § 280 Abs. 1 BGB ein Schadensersatzanspruch gegen die Klägerin zustehe, da sie gegenüber beiden Eheleuten das Mandat niederlegen müsse mit der Folge, dass beide Eheleute neue Anwälte beauftragen müssen, so dass ihnen Kosten nicht nur für einen, sondern insgesamt für drei Anwälte entstehen. Bei der Beratung von Eheleuten wäre also der zusätzliche Hinweis aufzunehmen, dass bei Auftreten widerstreitender Interessen eine weitere Vertretung nicht mehr möglich ist.

4. Gemäß § 34 Abs. 2 RVG ist die Gebühr für die Beratung, also auch die vereinbarte Gebühr, auf eine Gebühr für eine sonstige Tätigkeit, die mit der Beratung zusammenhängt, **anzurechnen**, soweit nichts anderes vereinbart ist. Eine abweichende Vereinbarung, d. h. eine Teilanrechnung oder Nichtanrechnung der Beratungsgebühr für sonstige Tätigkeiten, sowohl außergerichtliche Tätigkeiten (Nr. 2300 VV RVG) oder gerichtliche Tätigkeit (Nr. 3100 VV RVG), ist daher dringend vorzusehen. Zudem regelt § 34 RVG selbst mit keinen Wort, wie eine Anrechnung auch einer vereinbarten Gebühr für die Beratung auf spätere Gebühren erfolgen soll. Demnach ist die vereinbarte Gebühr für die Beratung grundsätzlich voll auf andere Gebühren anzurechnen. Dies hat bei einer Stundenhonorarvereinbarung ggf. zur Folge, dass auf eine später verdiente Verfahrensgebühr anzurechnen wäre, was u. U. zum völligen Wegfall der Verfahrensgebühr führt. Ob eine noch übersteigende Beratungsgebühr auch auf eine verdiente Terminsgebühr anzurechnen ist, ist allerdings fraglich (für die Nichtanrechnung *Enders* in JurBüro 2006, 561 ff.).

Im Rahmen des privaten Rechtsschutzes ist **Beratungsrechtschutz** im Familien- und Erbrecht eingeschlossen. Zwar umfasst der versicherungsvertragliche Rechtsschutz als mitversicherte Person auch den Ehemann oder die Ehefrau oder den nichtehelichen Lebenspartner, jedoch kann sich der Versicherungsschutz nicht gegen den Versicherungsnehmer selbst wenden. Hinsichtlich des Deckungsschutzes und Deckungsumfangs ist des Weiteren darauf hinzuweisen, dass der Beratungsrechtschutz zunächst insofern begrenzt ist, als der Rat oder die Auskunft nicht mit einer anderen gebührenpflichtigen Tätigkeit des Anwalts zusammenhängen dürfen. Gedeckt ist also allenfalls das reine Beratungsmandat. Führt der Rat des Anwalts zu einer weitergehenden Tätigkeit, insbesondere zu einer Vertretung, ist Versicherungsschutz nicht gegeben. Allerdings ist ein zeitlicher Zusammenhang zwischen der Beartungstätigkeit und der weiteren Tätigkeit zu fordern. Beschränkt sich die Tätigkeit des Anwalts zunächst auf die bloße Beratung und schließt sich an diese nicht zeitnah ein weiterer Auftrag, zB ein Vertretungsauftrag an, so entfällt der Versicherungsschutz für die bereits angefallenen Beratungsgebühren nicht rückwirkend. Wo die zeitliche Grenze zu ziehen ist, lässt sich nur nach den Umständen des Einzelfalls beurteilen. Bei einer Zeitspanne von 3 oder gut 3 Monaten ist von einem Zusammenhang noch zu sprechen (AG Düsseldorf ZfS 87, 178). Des Weiteren ist darauf hinzuweisen, dass nicht für sämtliche denkbaren familienrechtlichen Fragen Beratungs-Rechtsschutz besteht. Voraussetzung der Eintrittspflicht des Rechtsschutzversicherers ist der **Versicherungsfall.** Üblicherweise ist der Versicherungsfall der Zeitpunkt, an dem der Versicherungsnehmer, der Gegner oder eine Dritter, begonnen oder begonnen haben soll, gegen Rechtspflichten oder Rechtsvorschriften zu verstoßen. Hierbei ist der erste Verstoß maßgeblich. Nicht gedeckt ist allerdings eine so genannte vorsorgliche Rechtsberatung. Abzustellen ist immer auf das eingetretene Ereignis und die sich daraus ergebenden unmittelbaren Konsequenzen. Beim Auszug des Ehepartners können derartige unmittelbare Fragen beispielsweise eine sich daraus ergebende Unterhaltsverpflichtung im Trennungsjahr bzw. für gemeinsame Kinder, eine Wohnungszuweisung u.ä. sein. Die Beratung zum Zeitpunkt der Trennung hinsichtlich des ehelichen Güterrechts wie Zugewinnausgleich oder eine Beratung hinsichtlich nachehelichen Unterhalts ist unter dem Begriff der vorsorglichen Rechtsberatung zu subsummieren.

Mit der Rechtsänderung zum 1.7.2006 ergab sich ein zusätzliches Problem bezüglich der von der Versicherung zu zahlenden Vergütung. Nach den ARB 2005 ist gemäß § 5 Abs. 1a S. 3 für die Erteilung eines mündlichen oder schriftlichen Rates eine Leistung der Versicherung bis zur Höhe einer 1,0 Gebühr, höchstens jedoch 250,– EUR vorgesehen. In allen anderen Fällen eine Gebühr von höchstens 250,– EUR. Für das erste Beratungsgespräch beträgt die Gebühr höchstens 190,– EUR. In den ARB 2007 ist nun die Versicherungsleistung auf höchstens 250,– EUR beschränkt. Nachdem für Beratungsmandate ab 1.7.2006 keine gesetzliche Vergütung mehr vorgesehen ist, wäre die Eintrittspflicht der Rechtsschutzversicherer bei älteren Versicherungsverträgen, denen nicht die ARB 2005 oder 2007 zugrunde liegen, fraglich. Je nach Beratungsumfang und Gegenstand war vor dem 1.7.2006 eine Beratungsleistung mit einer Gebühr von 1,0 auch aus einem Gegenstandswert von 50.000,– EUR versicherungsvertraglich unter der Geltung älterer Versicherungsbedingungen gedeckt. In der Praxis der Versicherer werden die aktuellen ARB analog auch bei alten Versicherungsverträgen angewandt, d.h. es wird bei der Erstberatung eine Deckung bis zur Gebühr von 190,– EUR gewährt, ansonsten bis zur Höchstgebühr von 250,– EUR. Jedenfalls ist der Mandant deutlich darauf hinzuweisen, dass ihn trotz eines Rechtsschutzversicherungsvertrages bei einer Gebührenvereinbarung ein wesentlicher Teil des Beratungshonorars trifft und er möglicherweise keine Versicherungsleistungen zu erwarten hat.

C. Vereinbarungen zur Ehescheidung

I. Vorbemerkungen

Die Wirksamkeit von Eheverträgen und Scheidungsvereinbarungen und Fragen der unzulässigen Rechtsausübung

Die **Wirksamkeit** von Eheverträgen und Scheidungsvereinbarungen (zur Scheidungsvereinbarung siehe zB OLG Celle FamRZ 2004, 1202 und 1969, beide m. Anm. *Bergschneider;* OLG Thüringen FamRZ 2007, 2079m. Anm. *Bergschneider*) ist **unter den Aspekten** des gesetzlichen Verbotes, der Sittenwidrigkeit, der unzulässigen Rechtsausübung und des Wegfalls oder der Änderung der Geschäftsgrundlage **zu beurteilen.** Dies gilt auch für sog Kriseneheverträge, also für Verträge, die im Vorfeld einer Scheidung geschlossen werden (vgl. BGH FamRZ 2014, 629m. Anm. *Bergschneider* FamRZ 2014, 727.

1. Gesetzliches Verbot (§ 134 BGB)

Ein **Verzicht auf Kindesunterhalt und Ehegatten-Trennungsunterhalt** für die Zukunft verstößt grundsätzlich gegen ein gesetzliches Verbot (§ 1614 Abs. 1 BGB bzw. §§ 1361 Abs. 4 S. 4, 1360a Abs. 3, 1614 Abs. 1 BGB). **Ausnahmen:**

Die Parteien haben einen gewissen **Ermessensspielraum.** Bei Unterschreitung des gesetzlichen Unterhalts um bis zu 20 % wird die Vereinbarung im Regelfall nicht nichtig, jedoch bei einer Unterschreitung um 33 % und mehr (vgl. BGH FamRZ 2015, 2131m. Anm. *Wolf/Bergschneider;* OLG Köln FamRZ 1983, 750; KG FamRZ 1997, 627). Auch eine **Freistellung** vom Kindesunterhalt ist zulässig (siehe dazu FA-FamR/*Seiler*, 6. Kap. Rn. 344). Wird die Marke von 20 bzw. 30 % unterschritten, kann die Vereinbarung unter Umständen als Freistellungsvereinbarung ausgelegt werden (vgl. OLG Brandenburg FamRZ 2003, 1965 mit Anm. *Bergschneider*), wobei Zurückhaltung geboten ist (vgl. BGH FamRZ 2009, 768 mit Anm. *Bergschneider* FamRZ 2009, 856).Eine Freistellung ist jedoch gem. § 138 BGB sittenwidrig, wenn sie der Kommerzialisierung dient (Beispiel: Der Ehemann wird vom Kindesunterhalt freigestellt, wenn er das Umgangsrecht nicht wahrnimmt). Eine Freistellung ist zudem nur dann wirksam, wenn der Freistellende über die finanziellen Mittel verfügt, den Kindesunterhalt in der vom Freigestellten geschuldeter Höhe zu bezahlen (vgl. BVerfG FamRZ 2001, 343, 348).

2. Sittenwidrigkeit nach traditioneller Rechtsprechung (§ 138 Abs. 1 BGB)

Sittenwidrig können Verträge und Scheidungsvereinbarungen sein, die **zu Lasten der Sozialhilfe** gehen (BGH FamRZ 1983, 137). Dazu bedarf es nicht unbedingt eines Bewusstseins der Parteien, durch ihre Vereinbarung den Träger der Sozialhilfe zu schädigen; vielmehr kann es bereits genügen, dass sie sich einer solchen Erkenntnis grob fahrlässig verschließen (BGH FamRZ 1992, 1403; BGH NJW 2004, 930; BGH FamRZ 2007, 197 m. Anm. *Bergschneider*).

Sittenwidrig ist auch eine Kommerzialisierung insbes. im Zusammenhang mit **elterlicher Sorge** und **Umgangsrecht** (BGH FamRZ 1984, 778).

Steuerlich unkorrekte Gestaltungen können ebenfalls wegen Sittenwidrigkeit nichtig sein, wenn sie nicht bereits als Scheingeschäft nach § 117 Abs. 1 BGB nichtig sind.

Diese traditionelle Rechtsprechung ist gleichsam als Mindeststandard auch in Zukunft maßgebend. Sie wird jedoch durch die nachfolgend geschilderten Entscheidungen des BVerfG und des BGH verschärft und präzisiert.

3. Richterliche Inhaltskontrolle von Eheverträgen, Scheidungsvereinbarungen, Trennungsvereinbarungen

Vor Erlass des Urteils des BVerfG vom 6.2.2001 (FamRZ 2001, 343) wurde allgemein die Auffassung vertreten, Eheverträge und Scheidungsvereinbarungen seien einer richterlichen Inhaltskontrolle nicht zugänglich. Dieses Urteil änderte das Ehevertragsrecht jedoch völlig. Die damit angeordnete generelle Beschränkung der Vertragsfreiheit stellte dem BGH die Aufgabe, zwischen Eheverträgen, die zu beanstanden sind und solchen, die nicht zu beanstanden sind, zu unterscheiden. Dieser Aufgabe unterzog sich der BGH in seinem grundlegenden Urteil vom 11.2.2004 (FamRZ 2004, 601) mit der Strukturierung, die er in fast kanonischer Beharrlichkeit in seinen ca. 25 Entscheidungen im Wesentlichen beibehalten hat.

Die Rechtsprechung des BGH ist schlagwortartig in etwa folgendermaßen strukturiert:

- objektive Seite,
- subjektive Seite,
- Gesamtbetrachtung,
- Konsequenz.

Für die objektive Seite ist die Wertigkeit des Rechts maßgebend, auf das verzichtet oder das sonst geschmälert wird. Eine Beanstandung ist danach umso eher anzunehmen, je mehr die Vereinbarung in den Kernbereich des Scheidungsfolgenrechts eingreift („Kernbereichslehre"). Dabei kommt es zu folgender Rangabstufung („Ranking"): An erster und oberster Stufe dieses Kernbereichs steht der Unterhalt wegen Kindesbetreuung (§ 1570 BGB aF; jetzt § 1570 Abs. 1 BGB). Ihm folgen mit abnehmender Wertigkeit der Alters- und Krankheitsunterhalt (§§ 1571, 1572 BGB), der Unterhalt wegen Erwerbslosigkeit (§ 1573 Abs. 1 BGB), der Aufstockungs- und Ausbildungsunterhalt (§§ 1573 Abs. 2, 1575 BGB). Gleichwertig mit dem Alters- und Krankheitsunterhalt ist der Versorgungsausgleich. Außerhalb dieses Kernbereichs liegt der Zugewinnausgleich, der regelmäßig keiner Beschränkung unterliegt.

Bei der subjektiven Seite geht es um die Art und Weise des Zustandekommens von Eheverträgen. Gemeint ist eine besonders einseitige Aufbürdung von vertraglichen Lasten, eine erheblich ungleiche Verhandlungsposition der Vertragspartner, eine einseitige Dominanz eines von ihnen und schließlich, welche Auswirkungen die einzelnen Scheidungsfolgen für die Beteiligten haben.

Als Schlussprüfung ist eine Gesamtschau/Gesamtwürdigung des Vertragsinhalts, seines Zustandekommens und seiner Bedeutung für die Beteiligten vorzunehmen, wobei vielfach neben negativen Gesichtspunkten auch positive Gesichtspunkte in die Beurteilung einzubeziehen sind, beispielsweise Kompensationsleistungen (vgl. BGH FamRZ 2014, 629 m. Anm. *Bergschneider* FamRZ 2014, 727).

Ist der Ehevertrag zu beanstanden, ist als erster Schritt eine Wirksamkeitskontrolle (Inhaltskontrolle, Bestandskontrolle) nach § 138 I BGB vorzunehmen. Für die Beurteilung der Sittenwidrigkeit sind die Verhältnisse zum Zeitpunkt des Vertragsschlusses maßgeblich, inhaltlich eine Gesamtwürdigung der objektiven und subjektiven Seite. Ergibt diese Prüfung, dass der Ehevertrag sittenwidrig und damit unwirksam ist, treten als Rechtsfolge an dessen Stelle die gesetzlichen Regelungen. In der neuesten Rechtsprechung hat der BGH die Sittenwidrigkeit und damit die Nichtigkeit stark zurückgedrängt (vgl. BGH FamRZ 2013, 195m. Anm. *Bergschneider).*

Ist der Ehevertrag zwar zu beanstanden, ist er jedoch nicht sittenwidrig, hat in einem zweiten Schritt die Ausübungskontrolle gem. § 242 BGB einzusetzen. Dabei kommt es sowohl auf den Zeitpunkt des Zustandekommens als auch des Scheitern der Ehe an. Insbesondere ist von Bedeutung, ob und inwieweit die Berufung auf den Ausschluss oder die Verminderung gesetzlicher Scheidungsfolgen angesichts der aktuellen Verhältnisse nunmehr missbräuchlich erscheint (unzulässige Rechtsausübung). Von Bedeutung ist auch das Institut des Wegfalls oder der Änderung der Geschäftsgrundlage gem. § 313 BGB. Der Richter hat dann die Rechtsfolge anzuordnen, die den jetzigen berechtigten Belangen beider Parteien in ausgewogener Weise Rechnung trägt. Allerdings darf der durch den Ehevertrag benachteiligte Ehegatte nicht besser gestellt werden, als er ohne die vertragliche Regelung stünde.

Zudem hat der BGH festgestellt, dass diese Rechtsprechung zur richterlichen Inhaltskontrolle in ganz besonderen Ausnahmefällen auch für Vereinbarungen gelten kann, die sich zu Lasten des Verpflichteten auswirken (BGH FamRZ 2009, 198).

4. Aktualisierung der BGH-Rechtsprechung zur richterlichen Inhaltskontrolle

Trotz mehrer Gesetzesänderungen seit Erlass der Urteile des BVerfG und des BGH in den Jahren 2001 bzw. 2004 hat der BGH seine ursprüngliche Rechtsprechung im Grunde beibehalten. Er hat jedoch deutliche Akzentverschiebungen vorgenommen. Das gilt insbesondere für die Beurteilung des Zustandekommens der vertraglichen Vereinbarung und die Bedeutung für die Ehegatten, der noch mehr Gewicht als bisher zugemessen wurde (FamRZ 2013, 195; 2013, 269; 2014, 629 jeweils m. Anm. *Bergschneider*).

5. Formelle Vorkehrungen gegen die Unwirksamkeit von Eheverträgen und Scheidungsvereinbarungen

Hier geht es vor allem um den **subjektiven Aspekt** (siehe im Einzelnen *Bergschneider*, Richterliche Inhaltskontrolle von Eheverträgen und Scheidungsvereinbarungen, S. 17, 79 ff.). Bei der **Gesamtwürdigung** – auch bei **Scheidungsvereinbarungen** – ist insbesondere zu berücksichtigen:

- Waren beide Parteien unabhängig von einander **anwaltlich vertreten?**
- Hatten beide Parteien vor der Beurkundung **ausreichend Zeit,** den Vertrag zu überprüfen (Maßstab des § 17Abs. 2 a Nr. 2 BeurkG bedenken!)
- War den Parteien zuvor ein **Vertragsentwurf** zugeleitet worden?
- Stand eine der Parteien in einer **Drucksituation**?
- Die **Schwangerschaft** allein kann noch keine Sittenwidrigkeit begründen. Doch indiziert diese Situation eine ungleiche Verhandlungsposition, weshalb ein solcher Vertrag einer verstärkten richterlichen Inhaltskontrolle zu unterziehen ist.
- Hat dem **nicht deutschsprachigen Vertragspartner** eine schriftliche Übersetzung vorgelegen?

Bereits in seiner Grundentscheidung hat der BGH (FamRZ 2004, 601) ausgeführt, dass eine Nichtigkeit des Vertrags wegen Sittenwidrigkeit nur bei sehr gewichtigen Beanstandungen in Betracht kommen kann. Diese Rechtsprechung hat er noch präzisiert (vgl. BGH FamRZ 2013, BGH FamRZ 195; 2017, 884).

Besonders zu berücksichtigen ist im Rahmen der Ausübungskontrolle die Frage, inwieweit ehebedingte Nachteile eingetreten sind, die bei der Ausführung des Vertrags besonders zu berücksichtigen sind (vgl. BGH FamRZ 2013, 195) oder ob es zu Kompensationsleistungen gekommen ist (vgl. BGH FamRZ 2014, 629).

Bestätigt und bekräftigt hat der BGH seine Rechtsprechung, dass der Zugewinnausgleich regelmäßig keiner Beschränkung unterliegt. Gleichzeitig hat er jedoch darauf hingewiesen, dass etwas anderes gelten kann, wenn belastende subjektive Umstände dominant sind (FamRZ 2013, 269; FamRZ 2014, 1978 jeweils m. Anm. *Bergschneider*).

Schließlich hat eine salvatorische Klausel in einer vertraglichen Vereinbarung Bestand, wenn sie nicht unfair zustande gekommen ist (FamRZ 2013, 269).

II. Vereinbarungen zur Scheidung

1. Zustimmung zum Scheidungsantrag

Zwischen[2]

Herrn ......,

vertreten durch Rechtsanwalt/Rechtsanwältin ......,

und

Frau ......,

vertreten durch Rechtsanwalt/Rechtsanwältin ......,

kommt hiermit folgende

Vereinbarung

zustande:

Herr ...... und Frau ...... stellen hiermit übereinstimmend fest, dass sie seit ......[3] getrennt leben; Frau ...... ist an diesem Tag aus der Ehewohnung ausgezogen. Sowohl Herr ...... als auch Frau ...... halten die Ehe für endgültig zerrüttet und wollen geschieden werden. Jeder von ihnen erklärt bereits jetzt die Zustimmung zum Scheidungsantrag des anderen. Sie werden diese Zustimmung in einem eventuellen Scheidungsverfahren wiederholen oder selbst einen Scheidungsantrag einreichen.[1]

......, den ......

......

(Unterschriften der Beteiligten)

Anmerkungen

1. Gestaltung. Solche Vereinbarungen oder Erklärungen haben nicht nur emotionalen Wert. Nach § 1566 Abs. 1 BGB wird nämlich unwiderlegbar vermutet, dass eine Ehe gescheitert ist, wenn die Ehegatten seit einem Jahr getrennt leben und beide Ehegatten die Scheidung beantragen oder der Antragsgegner der Scheidung zustimmt (einvernehmliche Scheidung). Eine solche Vereinbarung ist jedoch nicht bindend, da die Zustimmung zur Scheidung bis zum Schluss der mündlichen Verhandlung, auf die über die Scheidung der Ehe entschieden wird, widerrufen werden kann (§ 134 Abs. 2 S. 1 FamFG). In der Praxis ist es aber so, dass derjenige Ehegatte, der im Prozess von dieser Vereinbarung oder Erklärung abweichende Angaben macht, dadurch in die Defensive geraten kann, dass er dem Gericht erläutern muss, aus welchen Gründen er in der Vereinbarung oder Erklärung ein solches Trennungsdatum angegeben und die Ehe als zerrüttet bezeichnet hat, diese Angaben jetzt aber nicht mehr zutreffend sein sollen.

2. Form. Diese Vereinbarungen oder Erklärungen bedürfen keiner Form und unterliegen auch keinem Anwaltszwang (§ 134 Abs. 1 FamFG). In der Praxis kommen sie auch meist im direkten Kontakt zwischen den Parteien zustande, nicht selten aber unter Zugrundelegung eines anwaltlichen Entwurfs.

3. Da die meisten Richter einen möglichst genauen Vortrag zum **Zeitpunkt der Trennung** verlangen, ist es zweckmäßig, dies bereits in der Vereinbarung oder Erklärung zu bedenken. Die Angabe zum Trennungszeitpunkt sollte derjenigen gegenüber dem Finanzamt entsprechen (zur Trennung und Zerrüttung als Scheidungsvoraussetzung vgl. Gottwald/*Bergschneider* A. Vorbem. 8). Darüber hinaus kann die Festlegung des Trennungszeitpunktes für die Auskunft und die Belegung zum Trennungsvermögen nach § 1379 BGB von großer Bedeutung sein.

2. Vereinbarungen über Ausschluss und Erschwerung der Scheidung

Zwischen

Herrn . . . . . .,

vertreten durch Rechtsanwalt/Rechtsanwältin . . . . . .,

und

Frau . . . . . .,

vertreten durch Rechtsanwalt/Rechtsanwältin . . . . . .,

kommt hiermit folgende

Vereinbarung[1, 2]

zustande:

Herr . . . . . . erklärt, dass er sich von seiner Ehefrau . . . . . . nicht scheiden lassen werde, weil er die Ehe grundsätzlich für unauflöslich hält und seiner Ehefrau mit dem Bestand der Ehe auch einen finanziellen Schutz bieten möchte. Sofern Herr . . . . . . dennoch Scheidungsantrag stellen sollte, verpflichtet er sich, an seine Ehefrau . . . . . . eine Abfindungssumme von . . . . . . als Zukunftssicherung vorbehaltlos zu zahlen. Dieser Anspruch wird fällig bei Rechtskraft der Scheidung.

Frau . . . . . . und Herr . . . . . . erklären hiermit, dass mit dieser Vereinbarung nicht die Scheidung erschwert, sondern das Auskommen von Frau . . . . . . verbessert werden soll, weil sie die Ehe im Alter geschlossen haben und damit keine ehezeitlichen Rentenanwartschaften mehr entstanden sind. Der zu zahlende Betrag ist deshalb zur Alterssicherung von Frau . . . . . . gedacht.

. . . . . ., den . . . . . .

. . . . . .

(Unterschriften der Beteiligten)

Anmerkungen

1. Vereinbarungen über den Ausschluss oder die Erschwerung einer Ehescheidung sind äußerst problematisch. Der Grundsatz lautet: Ehegatten können die Scheidung ihrer Ehe nicht ausschließen, auch nicht begrenzt auf einen bestimmten Zeitraum. Gegen diesen

Grundsatz verstoßende Vereinbarungen sind nach § 134 oder § 138 BGB nichtig (vgl. BGHZ 97, 304 = FamRZ 1986, 655). Dies gilt auch dann, wenn die Ehescheidung lediglich deshalb hinausgeschoben werden soll, weil das unter versorgungsausgleichsrechtlichen Gründen oder überhaupt für die Altersversorgung eines oder beider Ehegatten günstig ist (als Beispiel vgl. BGH FamRZ 2004, 254). Hingegen kann ein Ehegatte auf sein schon entstandenes Scheidungsrecht verzichten – mit der Folge, dass es erlischt, soweit es erwachsen ist, aber neu entsteht, wenn einer der im Gesetz vorgesehenen Scheidungstatbestände auf Grund einer neuen Tatsachenlage erfüllt wird (vgl. BGH FamRZ 2004, 254). Nichtig sind auch solche Vereinbarungen, welche ein Leistungsversprechen zum Gegenstand haben, das die Ausübung des Scheidungsrechts erschweren oder den scheidungswilligen Ehegatten nach Art einer Konventionalstrafe von der künftigen Erhebung eines Scheidungsantrags abhalten sollen (vgl. BGH FamRZ 1990, 372; zum Gesamtkomplex s. *Bergschneider,* Verträge in Familiensachen, Rn. 178 ff.).

2. Es sind jedoch solche Vereinbarungen beanstandungsfrei, die nicht den Zweck und den Beweggrund haben, dem versprechenden Ehegatten die Scheidung zu erschweren, sondern das Auskommen des anderen Ehegatten im Falle der Scheidung zu verbessern, weil die Abfindungssumme im Fall der Scheidung beispielsweise zur Alterssicherung des Versprechensempfängers bestimmt ist (vgl. BGH FamRZ 1990, 372). In diesem Zusammenhang kann auch von Bedeutung sein, ob ein grobes, unerträgliches Missverhältnis zwischen der Höhe der versprochenen Zuwendungen und den Vermögens- und Einkommensverhältnissen des Versprechenden vorliegt.

III. Scheidungsvereinbarungen mit dem im Scheidungsantrag nach § 133 Abs. 1 Nr. 2 vorzutragendem Inhalt

1. Scheidungsvereinbarung (Langform)

Zwischen

Herrn . . . . . .,

vertreten durch Rechtsanwalt/Rechtsanwältin . . . . . .,

und

Frau . . . . . .,

vertreten durch Rechtsanwalt/Rechtsanwältin . . . . . .,

kommt hiermit für den Fall der Scheidung ihrer Ehe folgende

Vereinbarung[1, 2, 3]

zustande:

I. Elterliche Sorge und Umgang
Herr . . . . . . (Ehemann) und Frau . . . . . . (Ehefrau) erklären hiermit, dass Anträge zur elterl. Sorge oder eines Teils der elterl. Sorge für das Kind
- (Vorname, Familienname, Geburtsdatum)

und zur Regelung des Umgangs der Eltern mit dem Kind nicht gestellt werden, weil sich die Ehegatten über das Fortgelten der gemeinsamen Sorge und über den Umgang einig sind.

II. Unterhalt
1. Herr . . . . . . (Ehemann) verpflichtet sich hiermit, für die Kinder (Vorname) und (Vorname) den gesetzlichen Kindesunterhalt zu zahlen. Der Unterhalt berechnet sich nach den jeweiligen Sätzen der Düsseldorfer Tabelle. Auf der Seite von Herrn . . . . . . (Ehemann) wurde ein anrechenbares monatliches Nettoeinkommen (Jahresbrutto minus gesetzliche Abzüge unter Berücksichtigung von Steuernachzahlungen und Steuerrückzahlungen minus 5 % für berufsbedingte Aufwendungen geteilt durch 12) von . . . . . . EUR zugrunde gelegt. Die danach einschlägige Einkommensgruppe . . . . . . wurde um eine Stufe herabgesetzt, weil Herr (Ehemann) neben einem Ehegatten zwei Kindern gegenüber unterhaltspflichtig ist. Der Kindesunterhalt ist dynamisiert. Er beträgt . . . . . . % des Mindestunterhalts, und zwar für das Kind (Vorname) bis zum (Datum) nach der 1. Altersstufe, das sind derzeit . . . . . . EUR vom (Datum) bis zum (Datum) nach der 2. Altersstufe und vom (Datum) an nach der 3. Altersstufe, jeweils abzüglich der Hälfte des auf das Kind entfallenden Kindergeldanteils. Für das Kind (Vorname) bestimmt sich der Kindesunterhalt bis zum (Datum) nach der 2. Altersstufe, das sind derzeit . . . . . . EUR und vom (Datum) an nach der 3. Altersstufe, jeweils abzüglich der Hälfte des auf das Kind entfallenden Kindergeldanteils. Für den Fall einer Änderung des Einkommens von Herrn (Ehemann) bleiben die gesetzlichen Vorschriften bezüglich der Abänderung des Unterhalts unberührt.

2. Für den Ehegattenunterhalt gelten die gesetzlichen Vorschriften. Herr (Ehemann) verpflichtet sich danach, an Frau (Ehefrau) derzeit Unterhalt wegen Kindesbetreuung gem. § 1570 Abs. 1 BGB in Höhe von monatlich ...... EUR zu bezahlen. Eheprägend und damit Grundlage dieser Unterhaltsvereinbarung ist das Einkommen von Herrn (Ehemann), wie es in obiger Ziff. 1. errechnet wurde. Die Quote von drei Siebtel hieraus ergibt den Unterhaltsanspruch von Frau (Ehefrau) in Höhe von ...... EUR. Für eine Herabsetzung und zeitliche Begrenzung sowie eine sonstige Änderung des Unterhalts gelten die gesetzlichen Vorschriften.
3. Der Kindes- und Ehegattenunterhalt ist jeweils am Ersten eines Monats im Voraus fällig und muss an diesem Tag auf dem von Frau (Ehefrau) angegebenen Konto eingegangen sein. Der Unterhaltsanspruch ist vom Tag der Fälligkeit an mit mindestens 8 % p. a. zu verzinsen.

III. Ehewohnung

1. Die Beteiligten sind darüber einig, dass die Ehewohnung in der ...... ab Rechtskraft der Scheidung ausschließlich Frau (Ehefrau) zur weiteren Nutzung zusteht. Frau (Ehefrau) tritt hiermit anstelle von Herrn (Ehemann) in ein von diesem eingegangenes Mietverhältnis ein (oder setzt ein von beiden Ehegatten eingegangenes Mietverhältnis allein fort). Herr (Ehemann) verpflichtet sich hiermit gegenüber Frau (Ehefrau), die genannte Wohnung innerhalb eines Monats ab der Rechtskraft der Scheidung zu verlassen und mit sämtlichen Schlüsseln an sie zu übergeben. Herr (Ehemann) verzichtet hiermit auf jedwede Form des Räumungsschutzes, soweit rechtlich zulässig.
2. Herr (Ehemann) und Frau (Ehefrau) verpflichten sich hiermit, diese Änderung innerhalb von ...... Wochen nach Rechtskraft der Scheidung dem Vermieter mitzuteilen.
3. Herr (Ehemann) verpflichtet sich hiermit, bis zu seinem tatsächlichen Auszug aus der Ehewohnung die Miete und die Nebenkostenvorauszahlung für die genannte Wohnung zu leisten. Eine Verrechnung der Mietzahlung mit anderen Forderungen oder ein Erstattungsanspruch gegenüber Frau (Ehefrau) steht Herrn (Ehemann) nicht zu. Eine Endabrechnung der Nebenkosten findet nicht statt.
4. Frau (Ehefrau) übernimmt die mietvertraglichen Pflichten der Wohnungsrenovierung und stellt Herrn (Ehemann) insoweit gegenüber dem Vermieter frei.
5. Frau (Ehefrau) steht die Mietkaution in Höhe von ...... EUR nebst etwaiger Zinsen zu. Eine Anrechnung auf den Zugewinn erfolgt nicht.

IV. Haushaltsgegenstände

Die Parteien sind darüber einig, dass die dieser Vereinbarung beigefügten Listen 1 und 2 für die Auseinandersetzung der Haushaltsgegenstände maßgeblich sind. Danach stehen die in der Liste 1 aufgeführten Gegenstände Frau (Ehefrau) zu, die in der Liste 2 Herrn (Ehemann). Sie verpflichten sich hiermit, die danach dem jeweiligen Ehegatten zustehenden Gegenstände an ihn herauszugeben. Sie sind darüber einig und bestätigen hiermit, dass die dem jeweiligen Ehegatten zustehenden und die bereits in seinem Besitz befindlichen Gegenstände in sein alleiniges Eigentum übergehen bzw. in seinem alleinigen Eigentum stehen.

V. Kosten

Die Kosten des Ehescheidungsverfahrens einschließlich dieser Scheidungsvereinbarung werden gegeneinander aufgehoben.[4]

......, den ......

......

(Unterschriften der Eheleute und der beiderseitigen Rechtsanwälte)

Anmerkungen

1. Die Vorlage einer Scheidungsvereinbarung ist für eine Scheidung, auch eine einvernehmliche Scheidung iSv § 1566 Abs. 1 BGB, nicht erforderlich. Nach § 133 Abs. 1 Nr. 2 FamFG ist lediglich zu erklären, ob die Ehegatten über die in dieser Vorschrift genannten Gegenstände eine Regelung getroffen haben. Dazu sind die Einzelheiten in den nachfolgenden Kapiteln zu entnehmen.

2. Es ist auch sinnvoll, über die Vereinbarungen, die einer Titulierung zugänglich sind, einen vollstreckbaren Schuldtitel zu schaffen. Am häufigsten erfolgt die Titulierung in Form eines Scheidungsfolgenvergleichs (§ 794 Abs. 1 Nr. 1 ZPO); hierfür müssen beide Parteien durch **Rechtsanwälte** vertreten sein. Ein Schuldtitel kann auch in Form einer notariellen Urkunde (§ 794 Abs. 1 Nr. 5 ZPO) oder eines Anwaltvergleichs mit anschließender Vollstreckungserklärung (§ 796a ZPO) geschaffen werden. Wegen weiterer Titulierungsmöglichkeiten s. *Bergschneider,* Verträge in Familiensachen, Rn. 127 ff.; Zöller/*Philippi* § 630 Rn. 15).

3. Zu beachten ist jedoch die Formvorschrift des § 1585c BGB, wonach eine **Vereinbarung über nachehelichen Unterhalt**, die vor der Rechtskraft der Scheidung getroffen wird, der notariellen Beurkundung bedarf. Die notarielle Beurkundung kann durch ein gerichtliches Protokoll ersetzt werden.

4. Das obige Muster enthält nur diejenigen Punkte, die in § 137 FamFG als Folgesachen bezeichnet sind. In einem Scheidungsfolgenvergleich können jedoch Vereinbarungen über alle Streitpunkte aufgenommen werden, unabhängig davon, ob sie Folgesachen sein können oder nicht, ob sie in die Zuständigkeit des Familiengerichts fallen oder nicht. Dies gilt insb. einschließlich der im vorstehenden Muster genannten Gegenstände für
- Scheidungsmodalitäten
- elterliche Sorge
- Umgangsregelung
- Kindesunterhalt
- Ehegattenunterhalt
- Güterrecht
- Vermögensauseinandersetzung (insb. Miteigentum, Gesamtgläubigerschaft, Gesamtschuldnerschaft, ehebedingte Zuwendungen)
- Bankkonten
- Bausparkonten
- Vollmachten
- Schulden
- Freistellungen, Schuldentlassungen
- Digitale Fragen (Passwörter, Facebook, E-Mail-Postfächer, digitale Signaturen, Onlinekäufe)
- Ansprüche und Verpflichtungen gegenüber Schwiegereltern und anderen Verwandten und Verschwägerten mit etwaiger Freistellung
- Versicherungen allgemein
- Lebensversicherung
- Hausratversicherung
- Versorgungsausgleich
- Ehewohnung
- Haushaltsgegenstände
- Persönliche Gegenstände
- Geschenke

- Ausgleich von Zuwendungen
- Namensrecht
- Gesellschaftsrechtlicher Ausgleich (Ehegatten-Innengesellschaft)
- Arbeitsverträge
- Ausgleich von Arbeitszeit
- Steuerfragen
- Steuerschulden, Steuerrückerstattungen
- erbrechtliche Konsequenzen
- Kosten

Es ist ratsam, in die Scheidungsvereinbarung – in welcher Form sie auch immer abgeschlossen wird – nach Möglichkeit alle irgendwie in Frage kommenden Gegenstände vollständig zu regeln. Ggf. sollte festgestellt werden, dass beiderseitige Ansprüche etwa auf Zugewinnausgleich nicht bestehen, vorsorglich sollte beiderseits darauf verzichtet werden. Schließlich sollte eine Abgeltungsklausel aufgenommen werden. Wird ein Gegenstand bewusst ausgespart, sollte dies ausdrücklich festgestellt werden. Zur Vertragsgestaltung s. *Bergschneider,* Verträge in Familiensachen; *Krenzler,* Vereinbarungen bei Trennung und Scheidung; *Langenfeld,* Handbuch der Eheverträge und Scheidungsvereinbarungen.

2. Scheidungsvereinbarung (Kurzform)

Zwischen

Herrn . . . . . .,

vertreten durch Rechtsanwalt/Rechtsanwältin . . . . . .,

und

Frau . . . . . .,

vertreten durch Rechtsanwalt/Rechtsanwältin . . . . . .,

kommt hiermit für den Fall der Scheidung ihrer Ehe folgende

Vereinbarung[1, 2]

zustande:

1. **Herr (Familienname) und Frau (Familienname) verzichten hiermit auf nachehelichen Unterhalt in allen Lebenslagen einschließlich dem Fall der Not und nehmen diesen Verzicht hiermit wechselseitig an. Dieser Verzicht gilt auch für den Fall einer Gesetzesänderung und einer Änderung der Rechtsprechung.**
2. **Die Eheleute stellen hiermit übereinstimmend fest, dass die Ehewohnung aufgelöst ist und insoweit weder gegenseitige Ansprüche noch Verpflichtungen gegenüber dem Vermieter der Ehewohnung bestehen.**
3. **Die Eheleute stellen hiermit übereinstimmend fest, dass die Haushaltsgegenstände endgültig auseinandergesetzt sind. Sie sind weiter darüber einig, dass jeder von ihnen Alleineigentümer derjenigen Gegenstände bleiben bzw. werden soll, die sich gegenwärtig in seinem Besitz befinden.**

Ort, den . . . . . .

. . . . . .

(Unterschriften der Beteiligten)

Anmerkungen

1. Sachverhalt: Dem Formular liegt als Sachverhalt zugrunde, dass keine gemeinschaftlichen Kinder vorhanden sind.

2. Ein **Schuldtitel** ist bei einer solchen Vereinbarung entbehrlich, weil es nichts zu vollstrecken gibt. Wird vor Rechtskraft der Scheidung auf nachehelichen Unterhalt verzichtet, bedarf eine solche Vereinbarung gem. § 1585c BGB der notariellen oder gerichtlichen Beurkundung; im letzteren Fall müssen beide Ehegatten anwaltlich vertreten sein (→ Form. C.II.1 Anm. 3).

D. Eheliche Lebensgemeinschaft

I. Vereinbarungen zur Erwerbstätigkeit

1. Allgemeine Regelungen zur Erwerbstätigkeit

Herr ......

und

Frau ......

schließen folgende Vereinbarung:[1]

Der (künftige) Ehemann ...... ist berufstätig als Arzt in eigener Praxis. Die (künftige) Ehefrau ...... ist ausgebildete OP-Krankenschwester und derzeit berufstätig als Organisationsleiterin einer ärztlichen Gemeinschaftspraxis mit angeschlossener Tagesklinik.[2] Wir gehen davon aus, dass jeder von uns seine Berufstätigkeit fortführt.[3] Soweit die Haushaltsführung nicht durch Angestellte oder die Beauftragung von Dienstleistungsunternehmen erfolgt, werden wir die verbleibenden Aufgaben unter uns verteilen, wobei die zeitliche Belastung des jeweiligen Ehepartners durch seine Berufstätigkeit zu berücksichtigen ist. Wenn wir Kinder haben,[4] werden wir einvernehmlich das Erforderliche (ggf. auch durch Anstellung von Haus-/Kinderpersonal) unternehmen, damit die Ehefrau nach der Mutterschutzzeit und ggf. einer weiteren Pause/zeitlichen Beschränkung ihrer Berufsausübung während der ersten drei Lebensjahre der Kinder wieder ihren Beruf ausüben kann. Falls wir gemeinsame Kinder haben, werden wir jedoch beiderseitig unsere Berufstätigkeit so zu organisieren versuchen, dass jeden Abend spätestens ab 17 : 30 mindestens ein Elternteil sich den Kindern widmen kann. Keiner von uns wird ohne Einwilligung des jeweils anderen Ehepartners eine Arbeitsstelle annehmen oder seinen Betrieb verlagern, wenn dies dazu führt, dass der übliche Weg zwischen Wohnung und Arbeitsplatz länger als 45 Minuten dauert.

Wir sind uns insbesondere darüber einig, dass wir es für besser halten, wenn die Ehefrau nicht in der Praxis des Ehemannes mitarbeitet (unbeschadet etwaiger geringfügiger gelegentlicher Unterstützungstätigkeiten in Ausnahmefällen). Wenn wir diese Ansicht einvernehmlich ändern sollten, werden wir hieraus sich ergebende Folgen, insbesondere auch in finanzieller Hinsicht, schriftlich und durch ausdrückliche Vereinbarung regeln.[5]

......

(Unterschriften der Beteiligten)

Anmerkungen

1. **Sachverhalt.** Siehe Formularbeginn.

2. **Regelungen zur ehelichen Lebensgemeinschaft.** Die „eheliche Grundnorm“ des § 1353 BGB (vgl. hierzu auch Schröder/Bergschneider/*Schröder* Familienvermögensrecht Rn. 2.2. ff.) und diejenige des § 1356 BGB bilden das gesetzgeberische Grundverständnis ab, wonach es keinen rechtlich vorgegebenen Ehetyp mehr gibt, es vielmehr den Ehepartnern umfassend obliegt, die Fragen der Lebensgestaltung und Rollenverteilung einvernehmlich zu regeln. Die Rechtsnatur solcher Regelungen ist bereits heftig umstritten (vgl. Bamberger/Roth/*Hahn* § 1356 Rn. 4 mwN.; zur Problematik von Sanktionsregelungen vgl. Münch/Bergschneider/*Wolf* Familienrecht in der Notar- und Gestaltungspraxis, § 7 Rn. 127 ff.). Auch über die Zweckmäßigkeit solcher Regelungen kann man mit Recht unterschiedlicher Auffassung sein. Die Durchsetzung einmal getroffener Vereinbarungen gegen den hartnäckig geänderten Willen des anderen Ehepartners wird im Regelfall nicht in Betracht kommen, so dass jede Regelung jeweils nur den Status quo und aktuellen Stand der Übereinstimmung wiedergibt. Rechtsfolgen im Falle späterer Nichteinigung sind allenfalls denkbar, wenn sich aus solchen Vereinbarungen ergibt, dass ein Ehegatte im Vertrauen auf den Bestand einer Regelung Dispositionen (zB beruflicher Art) vorgenommen hat, die nach dem Scheitern der Vereinbarung (Lösung des anderen Partners hiervon wegen Veränderung der Verhältnisse, aus sonstigem wichtigen Grund oder wegen schlichtweg anderer persönlicher Präferenzen) oder nach dem Scheitern der Ehe insgesamt zu einem fortdauernden Schaden führen. Ob über Bereiche der ehelichen Lebensgemeinschaft, Lebensplanung, Rollenverteilung also überhaupt ausdrückliche Regelungen vorgenommen werden sollen, ist eine Frage des Einzelfalls und oft auch der Psychologie. Deshalb sind nachfolgend auch nur spezielle Einzelaspekte dargestellt, da die Vielzahl möglicher Themen einer „Einigung" der Ehegatten auch nicht annähernd abgebildet werden kann.

3. Erwerbstätigkeit. Das bei einem Verständnis von gleichberechtigten Ehepartnern selbstverständliche Recht zur Aufnahme und Fortführung einer Erwerbstätigkeit ist in § 1356 Abs. 2 S. 1 BGB normiert. Auch dieses Recht steht, wie Satz 2 klarstellt, unter der Schranke des Gebots zur Rücksichtnahme auf den Partner und die Familie. Insoweit können Regelungen nur Konkretisierungen dieser Vorgaben sein. Naturgemäß ist hier die Anfälligkeit für Störungen der gemeinsamen Erwartungen/Planungen durch nicht erwartete Ereignisse besonders groß (Wegfall eines bestimmten Arbeitsplatzes, überraschende Karrierechance eines Ehepartners mit Ortswechsel, Pflegebedürftigkeit eines Kindes; Überbelastung eines Partners durch Doppelaufgabe, u. a.). Demgemäß dürfte jede derartige „Regelung" unter dem Vorbehalt der clausula rebus sic stantibus stehen.

4. Elterliche Sorge. Auch die konkrete Ausformung der Ausübung der elterlichen Sorge obliegt der Einigung der Elternteile (§ 1627 BGB). Ob hierfür der Weg der – sei es auch vorübergehenden – Hausmanns-/Hausfrauenehe gewählt wird, ob die Ehegatten jeweils den Umfang ihrer Erwerbstätigkeit beschränken, ob Verwandte („rüstige Oma") eingebunden werden können, oder ob Kinderfrauen/Au pair-Mädchen/Krippenbetreuung als taugliche Lösung angesehen werden, unterliegt der Einschätzung der Eltern und wird oft – jedenfalls auch – wirtschaftlich determiniert sein. Hieraus leiten sich Folgerungen für die Planung der Berufstätigkeit ab, die dann unter dem Rücksichtnahmegebot stehen.

5. Mitarbeitspflicht. Eine besondere Nähe der Berufsfelder der Ehegatten macht es erwägenswert, die Frage einer Mitarbeit/Mitarbeitspflicht/Vergütung etc ausdrücklich zu regeln (→ Form. D.I.3, → Form. D.I.4).

2. Ausgleichsvereinbarung zur Studien-/Ausbildungsfinanzierung

Herr . . . . . .

und

Frau . . . . . .

schließen folgende Vereinbarung:

Zur pauschalen Abgeltung der Ansprüche der künftigen Ehefrau dafür, dass sie während der letzten beiden Jahre unseres Zusammenlebens allein die Lebensunterhaltungskosten aus ihrem Arbeitsentgelt finanziert hat und deshalb keine Ersparnisse aufbauen konnte sowie dafür, dass sie dies auch nach der demnächst erfolgenden Eheschließung tun wird, während umgekehrt der Ehemann durch sein Studium seine zukünftigen Erwerbschancen verbessert, ohne für seinen Lebensunterhalt selbst aufkommen zu müssen,[2] vereinbaren wir:

(1) Der Ehemann zahlt an die Ehefrau zur Abgeltung aller bisher erfolgter und bis zur Eheschließung folgenden Zahlungen für Lebenshaltungskosten im weitesten Sinn einen Betrag in Höhe von . . . . . . EUR sowie für jedes vollendete Jahr ab Eheschließung bis zu dem Monat, in dem die Einkünfte des Ehemannes es diesem ermöglichen, einen Geldbetrag in Höhe von mindestens 40 % der gesamten Lebenshaltungskosten der Ehegatten beizutragen, einen Betrag in Höhe von . . . . . . EUR.[3]

(2) Die Zahlung hat in monatlichen unmittelbar aufeinander folgenden Raten zu erfolgen, welche mindestens 15 % des Nettoeinkommens des Ehemannes bis zu 2.000,– EUR, mindestens 30 % des darüber liegenden Nettoeinkommens betragen.[4]

(3) Die Ehefrau wird diese Beträge fortlaufend zur Vermögensbildung verwenden (Aktien-, Renten- oder gemischte Fonds oder direkte Anlage in Renten). Sie wird diese Ersparnisse vor Vollendung des . . . . . . Lebensjahres nur mit Zustimmung des Ehemannes angreifen.[5]

(4) Das nach Vorstehendem gebildete und nicht gemäß § 1380 BGB anzurechnende Vermögen und etwa noch offene Ansprüche hieraus gegen den Ehemann werden bei der Durchführung eines etwaigen Zugewinnausgleichs behandelt, als wenn sie Anfangsvermögen der Ehefrau gewesen wären, andererseits werden noch offene Zahlungsverpflichtungen des Ehemannes bei der Berechnung weder des Anfangs- noch des Endvermögens des Ehemannes berücksichtigt.[6]

. . . . . .

(Notarieller Urkundenausgang)[7]

Anmerkungen

1. Sachverhalt. Nicht verheiratete Partner leben seit zwei Jahren zusammen; sie beabsichtigen, zu heiraten. Der Ehemann studiert, ohne dass er selbst eigene Einkünfte hat. Die Ehefrau hat während des bisherigen Zusammenlebens allein den Unterhalt des Paares aus ihrem Arbeitseinkommen finanziert und wird dies auch weiterhin bis zum Studienabschluss des Ehemannes tun. Die Beteiligten gehen davon aus, dass der Ehemann innerhalb relativ kurzer Zeit nach Beendigung seines Studiums ein deutlich höheres Einkommen als die Ehefrau erzielen wird. Dafür, dass der Ehefrau während der Dauer der alleinigen Finanzierung des gemeinschaftlichen Haushalts keine Vermögensbildung möglich ist, soll ein Ausgleich geschaffen werden, welcher der Ehefrau auch im Falle einer Scheidung allein verbleibt.

2. Unterhaltspflicht während des Studiums. Haben Ehegatten vereinbart, dass einer von ihnen zunächst sein Studium abschließen solle, dann ist der Studierende so lange von Unterhaltspflichten befreit; der andere hat allein auch ihn zu unterhalten und auch die Ausbildungskosten mitzutragen (vgl. BGH NJW 1985, 803 = FamRZ 1985, 353; MünchKommBGB/*Weber-Monecke* § 1360 Rn. 12, § 1360a Rn. 8). Dies erscheint unter

Gerechtigkeitsaspekten zumindest dann fraglich, wenn die dem studierenden Ehegatten dann erwachsenden höheren Verdienstchancen durch relativ baldige Trennung allein ihm zugutekommen.

3. Höhe der Zahlungen. Die Aufwendungen in der Vergangenheit sind der Höhe nach bekannt, so dass sie pauschal beziffert werden können. Die Restdauer des Studiums und die Zeit danach, während der der Ehemann keine oder als Berufsanfänger erst relativ geringe Einkünfte erzielt, sind der Länge nach nicht exakt bestimmbar, so dass sich eine von der Zeitdauer abhängige Festlegung der Höhe der Zahlungen empfiehlt. Eine exakt hälftige Beteiligung an dem gemeinsamen Unterhaltsaufwand wird nicht abgewartet, da umgekehrt voraussichtlich später der Ehemann höhere Beiträge leisten wird.

4. Fälligkeit. Die Zahlungen sollen so erfolgen, dass genügend Mittel für den laufenden Lebensunterhalt zur Verfügung bleiben, andererseits die Zahlungen nicht unnötig lange dauern. Die Festlegung der Raten wird von dem Lebenszuschnitt der Ehegatten und dem Wunsch abhängen, nach der Verfügungsmöglichkeit über ein zweites Einkommen den Konsum zu steigern. Statt fester Raten sind wie hier vom Einkommen abhängige Raten in Erwägung zu ziehen.

5. Verwendung/Vermögensbildung. Da die Zahlungen als Ausgleich für entgangene Vermögensbildung gedacht sind, auch im Hinblick auf eine Altersvorsorge, wird diese Zweckbestimmung festgelegt. Insbesondere dann, wenn wie in Abschnitt (4) besondere Regelungen zum Zugewinnausgleich getroffen werden, hat der zahlende Ehepartner ein Interesse daran, dass das durch die Zahlungen gebildete Vermögen bei Durchführung eines eventuellen Zugewinnausgleichs noch vorhanden ist.

6. Zugewinnausgleichsregelung. Während im Falle von Gütertrennung keine besonderen Regelungen erforderlich sind, ist im gesetzlichen Güterstand der Mechanismus des Zugewinnausgleichs (§§ 1372 ff. BGB) zu berücksichtigen, der in vielen, nicht aber in allen Fällen dazu führt, dass eine Vermögensverschiebung zwischen den Ehegatten wertmäßig in voller Höhe zurückgeführt wird: das Endvermögen des leistenden Ehegatten vermindert sich um denselben Betrag, um welchen sich das Endvermögen des empfangenden Ehegatten erhöht. Dadurch erhöht sich die Differenz zwischen beiden Zugewinnen um das Doppelte des zugewandten Betrages, was zur Folge hat, dass sich die Zugewinnausgleichspflicht des Zuwendenden um den Wert des Zugewandten verringert bzw. sein Ausgleichsanspruch entsprechend steigt. Auf Grund der Regelung in § 1373 BGB (kein negativer Zugewinn) und in § 1378 Abs. 2 BGB (Begrenzung der Ausgleichsforderung auf den Wert des Vermögens) wird bei der hier beschriebenen Sachverhaltskonstellation kaum eine gänzliche Berücksichtigung der Zuwendung über den Zugewinn stattfinden. Das genaue Ergebnis hängt jedoch stets von den konkreten Relationen der Vermögenszuwächse im Übrigen ab. Zur Behandlung nicht anzurechnender Zuwendungen unter Ehegatten vgl. Bamberger/Roth/*Cziupka* Rn. 17.

7. Form. Wenn eine Vereinbarung getroffen wird, welche in den Zugewinnausgleich eingreift, liegt eine ehevertragliche Regelung gemäß § 1408 Abs. 1 BGB vor, welche zur Beurkundungsbedürftigkeit nach § 1410 BGB führt. Andernfalls käme eine Beurkundungsbedürftigkeit durch Verknüpfung mit sonstigen beurkundungsbedürftigen Abreden in Betracht. Mangels Unentgeltlichkeit wird § 518 Abs. 1 BGB bei realistischer Festlegung der Beträge im Regelfall nicht anwendbar sein, auch wenn während der Ehezeit die Unterhaltsleistung gesetzlich geschuldet sein kann (→ Anm. 2).

3. Bestehende Mitarbeit im Unternehmen des Ehegatten

Herr ......

und

Frau ......

schließen folgende Vereinbarung:

Wir haben zu Urkunde des Notars ...... vom ...... URNr. ...... ehevertragliche Regelungen getroffen und hierbei auch den Güterstand der Gütertrennung vereinbart.[1]

Die Ehefrau hat am ...... begonnen, im Unternehmen der ...... GmbH, die (mehrheitlich) im Eigentum des Ehemannes steht, mitzuarbeiten. Diese Mitarbeit beruht nicht auf einer eherechtlichen Verpflichtung.[2] Seit ...... ist die Ehefrau mit einer regelmäßigen Wochenarbeitszeit von ...... Stunden und einem derzeitigen Monatsgehalt von ...... EUR brutto sozialversicherungspflichtig bei der ...... GmbH angestellt.

Wir sind uns darüber einig, dass Ansprüche der Ehefrau aus Mitarbeit im Unternehmen hiermit vollständig vergütet sind[3] und dass insbesondere auch diesbezüglich keine Ehegatteninnengesellschaft[4] besteht und keine Ehegattenzuwendung oder ein familienrechtlicher Kooperationsvertrag vorliegt.[5] Sollte eine weitergehende Tätigkeit betrieblich erforderlich werden und die Ehefrau dem zustimmen, so werden der Ehemann und die Ehefrau einvernehmlich darauf hinwirken und von ihrer Seite ggf. erforderliche Erklärungen abgeben, um den Arbeitsvertrag und die Vergütungsregelung entsprechend anzupassen. Sonstige Ansprüche sind ausgeschlossen.

......

(Unterschriften der Beteiligten)

Anmerkungen

1. Sachverhalt. Eheleute haben Gütertrennung vereinbart. Die Ehefrau ist angestellt bei einer GmbH, deren (Mehrheits-)Gesellschafter der Ehemann ist. Ausgeschlossen werden sollen Ansprüche der Ehefrau, welche über die Vergütungsansprüche hinausgehen.

2. Mitarbeitsverpflichtung. Auch ohne ausdrückliche gesetzliche Regelung kann sich in besonderen Situationen eine Verpflichtung eines Ehegatten zur Mitarbeit im Beruf oder im Geschäft des anderen Ehegatten ergeben, zB aus der Pflicht, zum Familienunterhalt beizutragen, wenn sich das Unternehmen, das die Lebensgrundlage der Familie schafft, als Kleinbetrieb in der Aufbauphase nur bei Mitarbeit von Familienangehörigen tragen würde, oder in Notlagen (Bamberger/Roth/*Hahn* § 1353 Rn. 31, § 1356 Rn. 20 ff.).

3. Angemessenheit der Vergütung. Die Festlegung einer angemessenen Vergütung obliegt – wie auch unter Dritten – dem Arbeitgeber und dem Arbeitnehmer, soweit hierzu keine zwingenden Vorgaben, zB aufgrund tarifvertraglicher Bindung bestehen. Außerhalb dieser arbeitsrechtlichen Sphäre wird hier jedoch in familienrechtlicher Hinsicht festgehalten, dass auch die Ehepartner dies als angemessen ansehen (was von noch größerer Bedeutung wäre, wenn ein Ehepartner als Einzelunternehmer persönlich Unternehmensträger ist). Eine „Differenz“ zwischen einer aus anderen Gründen (zB sozialversicherungsrechtlich oder steuerlich oder unter Berücksichtigung des Ertrags motiviert) abweichend festgelegten Vergütung und einer der Arbeitsleistung entsprechenden höheren Vergütung besteht somit nicht. Der

Arbeitsvertrag sollte schon aus steuerlichen Gründen einem „Drittvergleich" standhalten, was auch umgekehrt einer überhöhten Vergütung entgegensteht.

4. Ehegattengesellschaft. Das Institut einer konkludent vereinbarten Ehegatteninnengesellschaft nutzt die Rechtsprechung zur Korrektur von als ansonsten als unbillig erscheinenden Vermögenszuordnungen insbesondere im Falle der Mitarbeit im Unternehmen des anderen Ehegatten (BGHZ 8, 249 = NJW 1953, 418), jedoch auch im Falle von Vermögenszuwendungen (vgl. BGHZ 142, 137 = NJW 1999, 2962; BGH NJW 2012, 3374). Hierzu eingehend Münch/Schlünder/*Geißler*, Familienrecht, § 18 Rn. 205 ff.

5. Arbeitsleistung. Die Rechtsprechung beschränkt den Vertragstyp „unbenannte Zuwendung" auf die Zuwendung von Vermögen. Arbeitsleistungen, welche den Vermögenserwerb des anderen Ehegatten fördern, werden auch als Gegenstand eines „familienrechtlichen Kooperationsvertrages" (BGHZ 127, 48 = NJW 1994, 2545) erfasst. Zu den Voraussetzungen → Form. D.I.4 Anm. 3.

4. Familienrechtlicher Ausgleich der Belastung durch Mitarbeit

Herr . . . . . .

und

Frau . . . . . .

schließen folgende Vereinbarung:[1]

Die Ehefrau hat den Neubau des Anwesens . . . . . . Straße . . . . . . auf dem von ihren Eltern geschenkten Grundstück begonnen. Nach Fertigstellung wird die Familie dort einziehen. Hinsichtlich der vom Ehemann zur Verfügung gestellten Geldmittel haben die Ehegatten unter dem . . . . . . einen Darlehensvertrag[2] abgeschlossen; dieser bleibt unberührt. Im Hinblick darauf, dass die Ehegatten Gütertrennung vereinbart haben und somit eine Teilhabe des Ehemannes an der Wertschöpfung nicht güterrechtlich erfolgt und im Hinblick darauf, dass, was die Ehegatten hiermit ausdrücklich übereinstimmend festhalten, auch keine Ehegatteninnengesellschaft vereinbart wurde, kommen die Ehegatten wie folgt überein:

Der Ehemann, der gelernter Schlossermeister ist, jedoch im Hauptberuf als Justizvollzugsbeamter tätig ist, hat im Rahmen der Bauarbeiten bislang mindestens . . . . . . Arbeitsstunden geleistet. Die Ehegatten gehen davon aus, dass die weitere Mitarbeit bis zur Fertigstellung mindestens weitere . . . . . . Stunden erfordert, und dass auch hierdurch Facharbeiterstunden erspart werden.[3] Sollte die weitere Arbeitsleistung wesentlich unter oder über dieser Annahme liegen (Änderungen um bis zu 15 v. H. bleiben außer Betracht), werden die Beteiligten die nachfolgende Vereinbarung entsprechend anpassen, darüber hinaus gehende weitere Ansprüche bestehen in diesen Fällen nicht.[4]

Zur vollständigen Abgeltung der gesamten Mitarbeit des Ehemannes bei der Erstellung des vorbezeichneten Anwesens steht diesem ein hiermit vereinbarter Anspruch auf Zahlung eines Betrages in Höhe von . . . . . . EUR (in Worten . . . . . . EUR) zu. Dieser Betrag ist fällig je zur Hälfte sechs Monate und dreißig Monate nach Rechtskraft der Scheidung der Ehe der Vertragsteile oder nach dem Tod des Ehemannes, je nachdem, was früher eintritt. Bis zur Fälligkeit ist dieser Betrag nicht zu verzinsen. Eine Wertsicherung durch Anknüpfung an einen Lebenshaltungskostenindex erfolgt nicht; bei einer wesentli-

chen Veränderung der Kaufkraftverhältnisse sind die Beteiligten einander zu einer angemessenen Anpassung verpflichtet.[5] Sicherheit kann nicht verlangt werden.

……

(Unterschriften der Beteiligten)

Anmerkungen

1. Sachverhalt. Das Familieneigenheim steht im Eigentum eines Ehegatten. Eine hälftige Beteiligung kommt wegen der Herkunft des Grundstücks aus der Familie der Ehefrau und der hieran anknüpfenden Wünsche der Schenker nicht in Betracht. Die Vermögenssituation der Ehegatten lässt auch einen sofortigen Ausgleich der Mitarbeit des Ehemannes in Geld nicht zu. Wegen des Güterstandes der Gütertrennung und auch des ausdrücklichen Willens, dass keine Teilhabe durch Vereinbarung einer Ehegatteninnengesellschaft (→ Form. D.I.3 Anm. 4 mwN.) erfolgen soll, bleibt nur der Weg eines „familienrechtlichen Kooperationsvertrages" (hierzu eingehend Münch/*Herr*, Familienrecht, § 6 Rdrn. 237 ff.).

2. Geldmittel. Will man die nicht genau abschätzbaren Ergebnisse der Rechtsprechung hinsichtlich der Rückabwicklung einer Ehegattenzuwendung im Falle des Scheiterns der Ehe unter dem Gesichtspunkt der Störung der Geschäftsgrundlage vermeiden, empfiehlt sich die ausdrückliche Regelung durch eine Darlehensvereinbarung. Falls noch nicht geschlossen, könnte dies auch in den Kooperationsvertrag mit einbezogen werden.

3. Voraussetzungen für einen „familienrechtlichen Kooperationsvertrag". Nach der Rspr. (insbes. BGHZ 84, 361 = FamRZ 1982, 910 und BGHZ 127, 48 = NJW 1994, 2545 = FamRZ 1994, 1167) kann ein familienrechtlicher Kooperationsvertrag konkludent zustande kommen, wenn die Mitarbeit (im Geschäftsbetrieb oder in Bezug auf einen Vermögensgegenstand des anderen Ehegatten) einen Umfang überschreitet, der sich als bloße Gefälligkeit oder Erfüllung der Unterhaltspflicht nach § 1360 BGB darstellt. Die Mitarbeit muss eine hinreichende Dauer haben (insbesondere bei Mitarbeit im Geschäftsbetrieb). Die Mitarbeit muss zu einem messbaren und noch vorhandenen Vermögenszuwachs beim anderen Ehegatten führen. Schließlich ist ein Kooperationsvertrag nachrangig zu anderen Ausgleichsarten (Zugewinnausgleich, Ehegatteninnengesellschaft). Vgl. hierzu eingehend Münch/*Herr*, Familienrecht, § 6 Rdrn. 237 ff.; BGHZ 142, 137 = FamRZ 1999, 1580 = NJW 1999, 2962).

4. Ausschluss sonstiger Ansprüche. Ziel des Kooperationsvertrages ist die abschließende Regelung der Ansprüche des Ehemannes aus der Mitarbeit. Falls die Annahmen zum Umfang wesentlich überschritten werden, sollen insbesondere Ansprüche aus einer Innengesellschaft weiterhin ausgeschlossen bleiben. Die Vereinbarung eines Arbeitsverhältnisses ist bei Mitarbeit im Unternehmen eine Alternative (→ Form. D.I.3), regelmäßig jedoch nicht bei der Mitarbeit am Familienheim.

5. Verzinsung/Wertsicherung. Bei der Frage, ob das Risiko der Geldentwertung dem Ausgleichspflichtigen oder dem Ausgleichsberechtigten auferlegt wird (eine Abgeltung durch endfällige pauschale Verzinsung käme ebenfalls in Betracht), sind die beiderseitigen Interessen abzuwägen und die Zulässigkeit einer Indexklausel nach PreisklauselG zu beachten (→ Form. P.V.1).

II. Vereinbarungen über den Familienunterhalt während des Zusammenlebens

1. Stark divergierendes Einkommen

Herr ......

und

Frau ......

schließen folgende Vereinbarung:

In Ausgestaltung der gesetzlichen Verpflichtungen[2] nach §§ 1360, 1360a BGB kommen wir wie folgt überein:[3]

(1) Im Hinblick auf die deutlich stärkere zeitliche Belastung der Ehefrau[1] durch ihre Berufstätigkeit wird den Haushalt überwiegend der Ehemann führen. Er trägt außer durch seine eigene Berufstätigkeit auch hierdurch zum Familienunterhalt bei. Wir sind einig, dass die Ehefrau (solange keine gänzlich neuen Aspekte zutage treten, wie der Umstand, dass die Gesundheit der Ehefrau leidet, dass wir gemeinsame Kinder haben, dass die Beziehung durch Entfremdung oder überstarke psychische Belastung gefährdet wird, dass die „Überarbeit" nicht mehr mit einem deutlich erhöhten Einkommen verbunden ist o. Ä.) auch weiterhin in dem bisherigen zeitlichen Rahmen (ca. 60–70 Stunden wöchentlich) ihrer selbstständigen beruflichen Tätigkeit nachgeht, solange sie dies selbst wünscht und als zumutbar empfindet.

(2) Unsere bisherigen Nettoeinkommen (bei Versteuerung durch jeden nicht verheirateten Partner allein) verhielten sich wie folgt ......:

Wir gehen davon aus, dass dies in etwa so bleiben wird und sich die Schere eher weiter öffnen wird.[4]

(3) Wir sind uns einig, dass der Ehemann künftig mindestens 50 v. H. seines Nettoeinkommens (bei fiktiver Versteuerung in Steuerklasse IV) zur Vermögensbildung einsetzt, und dass die Ehefrau mindestens das Zweifache dieses Betrages zur Vermögensbildung einsetzt. Den Rest seines Nettoeinkommens kann der Ehemann für eigene Bedürfnisse[5] verwenden. Die Kosten des gemeinsamen Lebensunterhalts werden aus dem Einkommen der Ehefrau bestritten.

(4) Jeder von uns kann für die Zukunft eine Änderung dieser von uns derzeit als angemessen erachteten Regelung verlangen, wenn diese unbillig ist oder wird oder wenn sich die Verhältnisse wesentlich ändern oder wenn unsere zugrunde gelegten Annahmen sich als unzutreffend oder unvollständig herausstellen.

......

(Unterschriften der Beteiligten)

Anmerkungen

1. Sachverhalt. Die Ehefrau ist selbstständig tätig mit hoher zeitlicher Beanspruchung. Der Ehemann erzielt Einkünfte aus nichtselbstständiger Tätigkeit und genießt die Segnungen kurzer tarifvertraglich festgelegter Wochenarbeitszeiten und darüber hinaus das Glück, dass seine Tätigkeit auch nicht mit großen psychischen oder sonstigen Belastungen verbunden ist. Auch die Stabilität seines Arbeitsverhältnisses ist nicht dadurch gefährdet, dass er seine berufliche Tätigkeit auf exakt den geschuldeten zeitlichen Rahmen begrenzt. Die Ehefrau genießt die Entlastung, die sie hierdurch im Bereich der Haushaltsführung gegenüber ihrem früheren Single-Dasein erfährt und ist bereit, dies auch materiell zu vergelten. Sie ist (unter Fürsorgeaspekten, aber auch im Hinblick auf mögliche spätere Unterhaltsverpflichtung im Falle der Trennung – bei unterlassener Vereinbarung zur Gütertrennung oder Modifizierung der Zugewinngemeinschaft auch im Hinblick auf einen Zugewinnausgleich –) daran interessiert, dass auch der Ehemann eigenes Vermögen aufbaut.

2. Familienunterhalt bei häuslicher Gemeinschaft. Während der Anspruch auf Getrenntlebensunterhalt (§ 1361 BGB) und der Anspruch auf nachehelichen Unterhalt (§§ 1569 ff. BGB) auf Zahlung einer Geldrente gerichtet sind, ist der Familienunterhalt nach §§ 1360 f. BGB nach hM vorrangig in Naturalleistungen zu erbringen, wobei allerdings auch das entsprechende Einkommen, zB als Wirtschafts- oder Taschengeld zur Verfügung zu stellen ist (vgl. Bamberger/Roth/*Beutler* § 1360a Rn. 4 ff.). Der Kern der gesetzlichen Bestimmungen ist zwingend, so dass etwa ein Verzicht auf Unterhalt für die Zukunft stets unwirksam ist (§§ 1360a Abs. 3, 1614 Abs. 1 BGB). Die völlige Beschränkung eines Ehegatten auf bloße Zahlung einer Geldrente wäre mit den Regelungen der §§ 1353, 1360 BGB wohl nicht vereinbar. Eine Ausgestaltung gesetzlicher Regelungen durch Vereinbarung der Ehegatten ohne Beeinträchtigung des Kerns gesetzlicher Verpflichtungen erscheint dennoch als rechtlich möglich.

3. Zweckmäßigkeit von Regelungen zum Familienunterhalt. Eine Klage aus Unterhaltsvereinbarungen scheidet wohl trotz der vorstehend bejahten – eingeschränkten – Zulässigkeit generell aus, soweit dabei auch über die Ausgestaltung der persönlichen Beziehungen inzident mitentschieden werden müsste (MünchKommBGB/*Weber-Monecke* § 1360 Rn. 21 mwN). Dies stellt insgesamt die Frage nach der Zweckmäßigkeit ausdrücklicher Abreden der Ehegatten über Einzelbereiche des Familienunterhalts. Die beiderseitige Neigung zu Regelungen, bei denen sich die Frage der Klagbarkeit nicht stellt, weil grundlegenden, durch Kompromiss nicht überbrückbaren Differenzen für die Zukunft entweder das leidende Nachgeben eines Beteiligten oder die Trennung der Ehegatten (oder beides nacheinander) folgt, dürfte meist gering sein. Sehr präzise Festlegungen werden meist an nicht hinreichend genau abschätzbaren tatsächlichen und rechtlichen Entwicklungen scheitern. Darüber hinaus wird ein zu „großzügiges" ausdrückliches Nachgeben des wirtschaftlich stärkeren Partners möglicher Weise später bei der Definition der ehelichen Lebensverhältnisse für die Höhe nachehelichen Unterhalts gegen ihn gewendet. Im Einzelfall mag dennoch ein überwiegendes Interesse der Beteiligten an einer schriftlichen Niederlegung ihrer tatsächlich gelebten Abreden bestehen.

4. Wirtschaftliche Geschäftsgrundlage. Die Angabe der wirtschaftlichen Geschäftsgrundlage der Vereinbarungen (sei es durch absolute Beträge oder durch die Relation der Einkommen) ist in jedem Fall zweckmäßig, um später die Frage einer wesentlichen Veränderung der Verhältnisse leichter prüfen zu können.

5. Taschengeld. Außer in Not- und Mangelsituationen wird für die Befriedigung von Privatinteressen i. d. R. ein Taschengeld der Ehegatten in Höhe von jeweils 5 v. H. bis 7 v. H. des gemeinsamen Nettoeinkommens nach Vorwegabzug von Schulden als angemessen erachtet (BGH NJW 1998, 1553; BGH FamRZ 2014, 1990 = NJW 2014, 3514; Bamberger/Roth/*Beutler* § 1360a Rn. 6).

2. Liquides Einkommen/Vermögenszuwachs

Herr ......

und

Frau ......

schließen folgende Vereinbarung:

(1) Wir erzielen beide außer unseren Einkünften aus nichtselbstständiger Arbeit auch Einkünfte aus Kapitalvermögen, der Ehemann darüber hinaus auch aus Gewerbebetrieb. Während die Erträge der Einkommensquellen der Ehefrau weitestgehend periodisch zufließen bzw. ausgeschüttet werden, bleiben infolge der Allokation einerseits, der vom Ehemann nicht allein beeinflussbaren Gewinnverwendungsgepflogenheiten der Gesellschaft, an der er beteiligt ist, andererseits, die Einkünfte weitgehend thesauriert, soweit sie nicht für Steuern auf die Beteiligung benötigt werden.

(2) Wir sind uns einig,[2] dass die von der Ehefrau bezogenen Zinsen und Dividenden (nach Abzug der hierauf entfallenden Steuern) für den Lebensunterhalt der Familie mit eingesetzt werden. Da die Vermögensmehrung des Ehemannes durch Thesaurierung der Ehefrau im Falle einer Trennung der Ehegatten infolge der vereinbarten Gütertrennung[1] nicht mit zugute käme, sind wir darüber einig, dass die Hälfte der nach Abzug von Kapitalertragsteuer, Solidaritätszuschlag und Kirchensteuer verbleibenden Nettoerträge der Ehefrau aus Kapitalvermögen[3] dem Ehemann als zinsloses Darlehen zur Verfügung gestellt wird. Diese Beträge werden wir jeweils im ersten Quartal für das vergangene Kalenderjahr einvernehmlich schriftlich festhalten. Das Darlehen ist bis zur Kündigung unverzinslich. Es kann im Falle, dass wir länger als sechs Monate getrennt leben, mit einer Frist von drei Monaten zur Hälfte gekündigt werden.[4] Die zweite Hälfte ist zur Zahlung fällig mit Rechtskraft der Scheidung. Der insgesamt noch offene Betrag ist ab dem Tage der Kündigung mit 2,5 v. H. über dem Basiszinssatz gemäß § 247 BGB zu verzinsen. Vorzeitige Tilgung ist zulässig. Sicherheit kann nicht verlangt werden.

......

(Unterschriften der Beteiligten)

Anmerkungen

1. Sachverhalt. Siehe Abschnitt (1). Die Ehegatten haben Gütertrennung vereinbart. Nun stellt sich heraus, dass die Ehefrau Vermögenseinkünfte zum Unterhalt einsetzt, während der Ehemann seinen durch Thesaurierung anwachsenden Vermögensstamm nicht angreifen möchte oder infolge gesellschaftsvertraglicher Regelungen auch nicht hinsichtlich des Zuwachses angreifen kann. Dies soll für den Fall einer Trennung ausgeglichen werden.

2. Zweckmäßigkeit der Regelung. Zur Zweckmäßigkeit von Regelungen zum Familienunterhalt bei intakter Ehe allgemein → Form. D.II.1 Anm. 3. Leben die Ehegatten im gesetzlichen Güterstand oder sind die von der Ehefrau eingesetzten Vermögenseinkünfte gering oder werden sie durch deutlich höhere sonstige zum Familienunterhalt eingesetzte Einkünfte des Ehemann aufgewogen, dürfte die Regelung insgesamt nicht erforderlich sein.

3. Berücksichtigung der Steuerbelastung. Für den Familienunterhalt stehen nur die Netto-Einkünfte zur Verfügung. I. d. R. gelangen zum Abzug die Kapitalertragsteuer als Abgeltungssteuer (§ 43 Abs. 5 EStG) in Höhe von 25 % (§ 43a Abs. 1 EStG), sowie der Solidaritätszuschlag in Höhe von 5,5 % (§§ 3 Abs. 1 Nr. 5, 4 SolZG) und eine evtl. Kirchensteuer (§ 51a Abs. 2b EStG).

4. Fälligkeit/Kündbarkeit. Bei der Festlegung der Fälligkeit sind die Möglichkeit des Schuldners zur Mittelbeschaffung und der mögliche Bedarf des Gläubigers an Liquidität abzuwägen. Denkbar wäre es auch, feste Beträge in unterschiedlicher Weise fällig zu stellen.

3. Mittel zum Aufbau eigener Versorgung

Herr ......

und

Frau ......

schließen folgende Vereinbarung:

In Ausgestaltung bzw. Ergänzung[1] der Verpflichtung zum Familienunterhalt[2] kommen wir wie folgt überein:[3]

(1) Die Ehefrau als Versicherungsnehmerin schließt zur Stärkung ihrer eigenen Altersversorgung bei der ...... Versicherung eine Rentenversicherung nach Tarif ...... über ...... ab (Beginn der Rentenleistung: am ......). Die jährlich im Vorhinein zu zahlende Prämie hierfür beträgt ...... Die Ehefrau benennt den Ehemann als Bezugsberechtigten für die nach dem Versicherungsvertrag zu zahlenden Abfindungsleistungen, falls die Ehefrau vor Beginn der Rentenleistung bzw. vor dem ...... verstirbt.

(2) Die erste, bei Abschluss des Vertrages fällige Jahresprämie begleicht die Ehefrau aus ihren Ersparnissen. Der Ehemann verpflichtet sich, die weiteren Jahresprämien aus seinen Mitteln zu bezahlen.

(3) Die Verpflichtung zur Zahlung nach Ziffer (2) Satz 2 entfällt, wenn die Nettoeinkünfte des Ehemannes im Vorjahr der Prämienfälligkeit und einem der beiden Kalenderjahre vor dem Vorjahr jeweils niedriger als ...... waren. Der Ehemann kann eine angemessene Herabsetzung der Zahlungspflicht verlangen, wenn sein zu versteuerndes Einkommen innerhalb dreier aufeinanderfolgender Kalenderjahre um mindestens ...... v. H. niedriger ist als im Kalenderjahr vor Abschluss dieser Vereinbarung. Die Zahlungsverpflichtung nach Ziffer (2) Satz 2 endet, sobald die Ehegatten iSd § 1567 BGB getrennt leben.[4]

......

(Unterschriften der Beteiligten bzw. notarielle Beurkundung)

Anmerkungen

1. Sachverhalt. Das Einkommen des Ehemannes liegt deutlich über dem der Ehefrau. Auch die zu erwartende aus eigener Berufstätigkeit folgende Altersversorgung der Ehefrau wird sehr niedrig sein. Die finanziellen Verhältnisse der Familie lassen Spielraum für den Aufbau einer zusätzlichen Altersversorgung. Die Ehepartner halten eine Rentenversicherung für wirtschaftlich vorzugswürdig gegenüber anderen Anlagealternativen.

2. Familienunterhalt. Zum Familienunterhalt bei intakter Ehe → Form. D.II.1 Anm. 2.

3. Zweckmäßigkeit. Zu Schranken und zur Zweckmäßigkeit von Regelungen → Form. D.II.1 Anm. 3.

4. Der Familienunterhalt gemäß § 1360 BGB endet nach den gesetzlichen Bestimmungen, sobald die Ehegatten getrennt leben (vgl. Bamberger/Roth/*Beutler* § 1360 Rn. 1), sodass die ausdrückliche Befristung nicht zwingend notwendig ist, gleichwohl zweckmäßig erscheint.

4. Mittel zur persönlichen Verwendung

Herr . . . . . .

und

Frau . . . . . .

schließen folgende Vereinbarung:

Wir sind uns beide darüber einig,[2] dass unser gemeinsames Ziel, das im letzten Monat bezogene, gemeinsam angeschaffte Familienheim möglichst schnell, insbesondere vor der Zeit, in welcher die Ausbildung unserer Kinder einen höheren Mitteleinsatz erfordert, abzuzahlen, beiderseitigen Konsumverzicht auf anderen Bereichen erfordert.[1] Deshalb sind wir uns darüber einig, dass – solange sich die Einkommenssituation nicht um mindestens . . . . . . EUR netto monatlich verbessert – jeder von uns lediglich . . . . . . EUR jährlich, somit monatlich durchschnittlich . . . . . . EUR als Taschengeld für persönliche Bedürfnisse[3] verwendet. Das nach auch im Übrigen sparsamer Haushaltsführung verbleibende Nettoeinkommen wird zunächst zum Aufbau einer „Notreserve" in Höhe von . . . . . . EUR verwendet, sodann zur Tilgung unserer gemeinsamen Verbindlichkeiten bei der . . . . . .

. . . . . .

(Unterschriften der Beteiligten)

Anmerkungen

1. Sachverhalt. Ein Ehepaar hat sich bis an die Grenzen seiner Möglichkeiten verschuldet, um aufgrund eines gemeinsamen Entschlusses ein Reihenhaus (zum Miteigentum je zur Hälfte) zu erwerben. Die von der hM für den Regelfall angenommene Höhe eines Taschengeldes von je 5 v. H. bis 7 v. H. des Nettoeinkommens (nach Zinszahlung und Regeltilgung) – → Form. D.II.1 Anm. 5 – wird übereinstimmend als zu hoch angesehen.

2. Familienunterhalt. Zum Familienunterhalt und zur Zweckmäßigkeit von Regelungen → Form. D.II.1 Anm. 2, 3.

3. Mindesttaschengeld. Ein rechtlich bindender Verzicht für die Zukunft auf ein Mindesttaschengeld als notwendiger Bestandteil des Ehegattenunterhalts wäre nichtig (§§ 1360a Abs. 3, 1614 Abs. 1 BGB). Ob jedoch der Regelsatz von 5–7 v. H. des Nettoeinkommens zwingend ist, erscheint fraglich, jedenfalls wenn dies übereinstimmende langfristige finanzielle Dispositionen der Ehepartner gefährden würde. Außerdem beeinflusst eine einvernehmliche „Tilgungsabrede" die Höhe des „verfügbaren" Nettoeinkommens. Zur Zulässigkeit von Regelungen zur Angemessenheit vgl. MünchKommBGB/*Born* § 1614 Rn. 8.

5. Mittel zur Tilgung vorehelich begründeter Verbindlichkeiten

Herr . . . . . .

und

Frau . . . . . .

schließen folgende Vereinbarung:

Der Ehemann hat aus der Zeit vor der Eheschließung Verbindlichkeiten in Höhe von insgesamt . . . . . . EUR, denen keine damit finanzierten Vermögenswerte gegenüberstehen.[1] Wir sind uns darüber einig, dass der Umfang der Zahlungen der Ehefrau das Maß weit überschreitet, bis zu dem ein Ehepartner zur Hilfe verpflichtet wäre.

Die Ehefrau gewährt dem Ehemann ein Darlehen[2] in Höhe von zunächst . . . . . . EUR; für den Fall, dass das Darlehen bei . . . . . . gekündigt wird oder sonst rückzahlbar ist, gewährt sie ihm ein weiteres Darlehen in Höhe von . . . . . . EUR. Die Darlehensvaluten werden ausschließlich zur Tilgung der Fremdverbindlichkeiten verwendet.

Die von der Ehefrau gewährten Darlehen sind nicht verzinslich, eine Sicherheit ist nicht zu stellen. In dieser Zinslosigkeit liegt ein Beitrag der Ehefrau zur Verwirklichung der ehelichen Lebensgemeinschaft.[3] Künftige Ersparnisse des Ehemannes sind zur Hälfte zur Tilgung einzusetzen. Die Darlehen sind ohne Kündigung rückzahlbar[4] bei Rechtskraft der Scheidung der Ehe. Die Ehefrau kann die Darlehen kündigen, wenn der Ehemann ohne Zustimmung der Ehefrau neue Verbindlichkeiten gegenüber Dritten in Höhe von mehr als . . . . . . EUR begründet, oder wenn die Ehegatten länger als drei Monate getrennt leben. Ab der Kündigung ist das Darlehen mit 3 Prozentpunkten über dem Basiszinssatz zu verzinsen; die Zinsen sind monatlich im Nachhinein fällig.

Alternative:

Der Ehemann hat aus der Zeit vor der Eheschließung Verbindlichkeiten in Höhe von insgesamt . . . . . . EUR, denen keine damit finanzierten Vermögenswerte gegenüberstehen.

Die Ehefrau tilgt diese Darlehen für Rechnung des Ehemannes und macht diesem hierdurch eine ehebezogene Zuwendung[5] aufgrund der eherechtlichen Verpflichtung zu vermögensrechtlichem Beistand.[6] Eine Rückforderung der Zahlungen der Ehefrau – gleich aus welchem Grunde, auch bei Scheidung – ist ausgeschlossen. Die Zuwendung ist auf einen eventuellen Zugewinnausgleichsanspruch des Ehemannes nicht anzurechnen.[7] Für den Zugewinnausgleich im Übrigen soll es bei den gesetzlichen Bestimmungen verbleiben.[8]

Ergänzungsalternative:

Die Zuwendung der Ehefrau ist auf einen eventuellen Zugewinnausgleichsanspruch des Ehemannes anzurechnen.

. . . . . .

(notarieller Urkundenausgang)

Anmerkungen

1. Sachverhalt. Der Ehemann ist bei Eheschließung überschuldet. Die seinerzeit damit finanzierten Anschaffungen, soweit es nicht ohnehin Kredite für Konsumzwecke waren, sind wertlos geworden. Weil die Gläubiger auf Regulierung drängen und der Weg über die Verbraucherinsolvenz mit Restschuldbefreiung nicht gegangen werden soll oder weil die Darlehenskonditionen ungünstig sind, ist die Ehefrau bereit, die Tilgung der Verbindlichkeiten aus eigenen Mitteln zu ermöglichen. Sie möchte den Verlust im Falle einer Trennung jedoch nicht oder jedenfalls nicht ganz tragen.

2. Darlehen. Eine Darlehensgewährung unter Ehegatten ist nicht ausgeschlossen. Im Hinblick auf die Abgrenzung zur Leistung infolge der Ehegattenbeistandspflicht (§ 1353 BGB) oder zur Leistung als Ehegattenzuwendung (vgl. Alternative nachfolgend) ist eine ausdrückliche Regelung dringend empfehlenswert. Die Rechtsprechung sieht bei einer Geldhingabe an den Partner und Tilgung seiner Verbindlichkeiten mangels weiterer zweifelsfreier Indizien durchaus die Möglichkeit, dass nicht von einer Rückzahlbarkeit auszugehen ist (OLG Schleswig FamRZ 1988, 165). Von besonderer Bedeutung kann die Dokumentierung der Rechtsverhältnisse auch gegenüber Erben des erstversterbenden Ehepartners werden. Soll eine Rückforderung durch die Erben des Darlehensgebers oder des Zuwendenden abschließend ausgeschlossen werden, empfiehlt sich zusätzlich die Errichtung einer Verfügung von Todes wegen, welche dem überlebenden Ehepartner die Darlehensvaluta als Vermächtnis belässt (falls der Ehepartner nicht Alleinerbe wird). Ist hingegen eine (teilweise) Rückforderung durch die Erben des Darlehensgebers gewünscht, empfiehlt sich, die Rückzahlbarkeit auch für diesen Fall präzise zu regeln.

3. Zinslosigkeit. Eine zinslose Belassung dürfte sich bei nicht zu hohen Beträgen als Ausgestaltung der familienrechtlichen Solidaritätspflicht darstellen, so dass eine steuerpflichtige freigebige Zuwendung ausscheidet. Steuerrechtliche Abklärung ist jedoch im Einzelfall empfehlenswert.

4. Rückzahlbarkeit. Der Ausgestaltung der Rückzahlbarkeit ist besondere Aufmerksamkeit zuzuwenden. Im Fall des Scheiterns der Ehe will die Ehefrau ihre Mittel in angemessener Zeit zurückbekommen, die wirtschaftlichen Möglichkeiten des Darlehensnehmers können dem jedoch entgegenstehen.

5. Ehegattenzuwendung. Zur rechtlichen Qualifikation und zur Rückabwicklung von Ehegattenzuwendungen vgl. allgemein *Langenfeld* Rn. 709 ff., 713 ff., 721 ff.; Schröder/Bergschneider/*Wever* Rn. 5.312 ff. Das reichliche Konfliktpotential bei der Frage der Rückgewährpflicht der Zuwendungen eines Ehegatten, insbesondere bei Scheidung, lässt eine ausdrückliche Regelung angeraten sein. Seit der Entscheidung des BGH zur objektiven Unentgeltlichkeit „unbenannter" Zuwendungen (BGH NJW 1992, 504) ist i.d.R. auch steuerrechtlich von der Anwendbarkeit des § 7 Abs. 1 Nr. 1 ErbStG auszugehen (BFH NJW 1994, 2044); der Gesetzgeber hat durch § 13 Abs. 1 Nr. 4a ErbStG nur in Bezug auf ein „Familienheim" punktuell eine Ausnahme geschaffen. Regelmäßig dürften sich die Aufwendungen jedoch innerhalb des Freibetrags des § 16 Abs. 1 Nr. 1 ErbStG halten (500.000,– EUR).

6. Beistandspflicht im Vermögensbereich. Das aus § 1353 BGB fließende Solidaritätsgebot (hierzu Schröder/Bergschneider/*Schröder* Rn. 2.9 ff.) erstreckt sich auch auf den vermögensrechtlichen Bereich. Dies kann – im Rahmen der Möglichkeiten und wirtschaftlichen Verhältnisse der Ehegatten – auch eine Verpflichtung zur Hilfe bei der Tilgung von Verbindlichkeiten bedeuten. Liegt die Leistung innerhalb dieser Rechtspflicht, so kann sie allerdings auch nicht als unentgeltlich (freigebig) bewertet werden.

7. Berücksichtigung im Zugewinnausgleich. Der ausdrückliche Ausschluss der Anrechenbarkeit (oder umgekehrt die ausdrückliche Anordnung der Anrechenbarkeit) im Sinne von § 1380 Abs. 1 S. 1 BGB beugt späteren Konflikten über die Vermutung des § 1380 Abs. 1 S. 2 BGB vor. Der Ausschluss der Anrechnungspflicht ist bis zur Zuwendung wohl formlos möglich, danach beurkundungsbedürftig gem. § 1410 bzw. § 1378 Abs. 3 S. 2 BGB (vgl. Bamberger/Roth/*J. Mayer* § 1380 Rn. 4; MünchKommBGB/*Koch* § 1380 Rn. 3 f.; aA Staudinger/*Thiele* (2007) § 1378 Rn. 15); Beurkundung ist jedoch unter dem Gesichtspunkt des „sichersten Weges" dringend zu empfehlen. Der Berechnungsmodus (vgl. BGHZ 82, 227, 234 f. = NJW 1982, 1093, 1094) führt jedoch je nach den konkreten Vermögensverhältnissen und Vermögensentwicklungen zu manchmal überraschenden Ergebnissen (vgl. hierzu eingehend Bamberger/Roth/*J. Mayer* § 1380 Rn. 6 ff.). Vorzuziehen ist daher eine Lösung über einen Darlehensvertrag einerseits, eine nicht rückzahlbare und im Zugewinnausgleich als nicht anrechnungspflichtige zu berücksichtigende Zuwendung andererseits.

8. Negatives Anfangsvermögen. Infolge der Streichung des früheren § 1374 Abs. 1 Halbs. 2 BGB ist ein negatives Anfangsvermögen zu berücksichtigen. Eine Überforderung wird ggf. durch § 1378 Abs. 2 BGB verhindert. Zu den Auswirkungen von Vermögensverschiebungen zwischen Ehegatten auf den Zugewinnausgleich → Form. D.I.2 Anm. 6

6. Mittel zum Unterhalt für voreheliche Kinder

Herr ......

und

Frau ......

schließen folgende Vereinbarung:

Wir sind uns über Folgendes einig:[1]

(1) Der minderjährige nichtehelich geborene Sohn der Ehefrau, ..., geb. am ...... wird in unserem gemeinsamen Haushalt leben (bei normalem Verlauf bis zum Beginn eines Studiums oder der Beendigung einer Lehre).

(2) Die minderjährige Tochter des Ehemannes aus erster Ehe, ..., geb. am ......, wird in unserem gemeinsamen Haushalt leben (bei normalem Verlauf bis zum Beginn eines Studiums oder der Beendigung einer Lehre).[2]

(3) Die Ehefrau wird der bisher ausgeübten Berufstätigkeit – wie mit ihrem Arbeitgeber bereits abgestimmt – auch nach unserer Heirat, jedoch von einer Dreiviertelstelle reduziert auf eine Halbtagsbeschäftigung nachgehen (vorbehaltlich einer wesentlichen Veränderung der Verhältnisse wie Hinzutreten von Kindern, Pflegebedürftigkeit eines Kindes durch Krankheit oder Unfall etc). Sie wird sich darüber hinaus weitgehend und verantwortlich um die Haushaltsführung und um die nachmittägliche Betreuung der beiden unter Ziffer (1) und (2) bezeichneten Kinder kümmern.[3]

(4) Der Ehemann wird im Rahmen des gemeinsamen Haushalts der Partner mit ihren (nicht gemeinsamen und eventuell hinzu kommenden gemeinsamen) Kindern[4] die ihm wirtschaftlich möglichen und erforderlichen Mittel zum Unterhalt zur Verfügung stellen.

(5) Ansprüche der Kinder werden mit dieser Abrede der Ehepartner nicht begründet.[5]

......

(Unterschriften der Beteiligten)

Anmerkungen

1. Sachverhalt. Eine Patchwork-Familie entsteht: jeder der Ehegatten hat ein nicht aus dieser Verbindung hervorgegangenes, minderjähriges Kind in seinem Haushalt. Die Kinder sind bereits im Schulalter. Eine sofortige „Abschiebung" in Internate ist derzeit nicht beabsichtigt. Die künftige Ehefrau soll – einvernehmlich geplant – ihre Berufstätigkeit nicht aufgeben, aber um ein Drittel gegenüber dem bisherigen Stand reduzieren, und dafür federführend die Haushaltsführung übernehmen (§ 1356 Abs. 1 S. 2 BGB).

2. Gesetzliche Unterhaltsregelung. Gemäß §§ 1360a Abs. 1, 1601 ff. BGB sind unterhaltsberechtigt nur die gemeinsamen Kinder. Gegenüber Stiefkindern besteht wie auch zu sonstigen Verschwägerten keine rechtliche Verpflichtung zur Unterhaltsgewährung (vgl. MünchKommBGB/*Weber-Monecke* § 1360a Rn. 10). Aus einem tatsächlichen, durch Respekt vor dem Partner oder Mitgefühl gegenüber dessen Kindern motivierten Verhalten kann nicht per se auf einen Rechtsbindungswillen geschlossen werden (MünchKommBGB/*Weber-Monecke* § 1360a Rn. 12). Die Aufnahme in die eheliche Wohnung, die Zulassung zu den gemeinsamen Mahlzeiten etc stellen also keine rechtsgeschäftliche Verpflichtung zur weiteren Unterhaltsgewährung dar (OLG Nürnberg FamRZ 1965, 217). Somit bestehen keine Ansprüche des Ehepartners gegenüber dem anderen auf Unterhaltsgewährung für das Stiefkind (siehe auch *Münch*, Familienrecht, § 11 Rn. 89 ff.). Dem Elternteil ist lediglich das Recht vorbehalten, seinen eigenen Beitrag zum Familienunterhalt zu kürzen, wenn er auch einseitige minderjährige unverheiratete Kinder bzw. gemäß § 1603 BGB gleichgestellte Kinder unterhalten muss: diese gehen nach § 1609 Nr. 1 BGB dem Ehegatten vor.

3. Verpflichtung zur Betreuung auch des Stiefkindes. Die nicht voll berufstätige Partnerin übernimmt gegenüber dem Vater des Stiefkindes die Pflicht zur Mitbetreuung dessen Kindes.

4. Verpflichtung zur Unterhaltsleistung für Stiefkinder. Bereits in einer Abrede, dass ein Ehegatte mit einseitigem Kind seine Berufstätigkeit reduziert, um sich dem Haushalt der Ehepartner stärker widmen zu können, kann eine konkludente Verpflichtung des anderen Partners enthalten sein, dann auch für das Stiefkind Unterhaltsbeiträge zu leisten. Dies hängt jedoch von den Umständen und den wirtschaftlichen Verhältnissen im Einzelfall ab. Die ausdrückliche Verpflichtung stellt dies klar.

5. Ansprüche und Rechte der Stiefkinder. Ein echter Vertrag zugunsten Dritter ist i. d. R. zumindest vom Verpflichteten nicht gewollt und wegen einer nicht mit Sicherheit ausschließbaren Auswirkung auf die Ansprüche gegen den anderen rechtlichen Elternteil auch unzweckmäßig. Darüber hinaus wird eine derartige Vereinbarung stets auch unter dem Vorbehalt einer wesentlichen Veränderung der Verhältnisse stehen. Eigene Rechte der Stiefkinder sieht der Gesetzgeber nur im Rahmen des § 1371 Abs. 4 BGB vor (vgl. Bamberger/Roth/*J. Mayer* § 1371 Rn. 36 ff.).

7. Regelungen zur unterschiedlichen Risikobereitschaft im Anlageverhalten

Herr . . . . . .

und

Frau . . . . . .

schließen folgende Vereinbarung:

(1) Jeder von uns legt bislang die ihm nach Abzug der anteiligen Kosten des Familienunterhalts verbleibenden Mittel selbstständig für sich an bzw. erteilt Dritten Weisung hierzu.[1] Dies hat in den Jahren 2004 bis 2012 – periodenunterschiedlich – zu stark divergierenden Ergebnissen geführt. Wir haben Chancen und Risiken über Jahre hinweg immer wieder kontrovers diskutiert und haben uns geeinigt, den Disput hierüber zu beenden. Wir kommen nunmehr wie folgt überein:

(2) Jeder von uns legt die Hälfte[2] seiner für eine Kapitalanlage zur Verfügung stehenden Mittel in Renten (auch Unternehmensanleihen der Bonität mindestens . . . . . .), jedoch nur in den Währungen EUR, ... und . . . . . ., in „Blue Chips“ aus dem Bereich Deutschland, Europäischer Wirtschaftsraum und USA sowie in . . . . . . und in . . . . . . an (sei es direkt oder über entsprechende aktive oder passive Fonds). Über die Verwendung der anderen Hälfte des Anlagekapitals entscheidet jeder selbst. Er kann hier auch hochvolatile und riskante Anlageformen wählen bzw. wählen lassen, wenn er dies für zweckmäßig erachtet.

(3) Die Performance-Differenz (nach Ertragsteuern/Solidaritätszuschlag/Kirchensteuer) zwischen der ersten und der zweiten Anlage-Hälfte trägt im Falle der Durchführung eines Zugewinnausgleichs (außer im Falle der Beendigung der Ehe durch Tod) der jeweils anlegende Ehegatte allein.[3] Der (positive oder negative) Wertunterschied zwischen den beiden „Anlage-Hälften“ ist somit dem Endvermögen hinzuzurechnen oder von ihm abzuziehen.[4]

. . . . . .

(Notarieller Urkundenausgang)

Anmerkungen

1. Sachverhalt. Ehegatten widmen sich entweder ausnahmsweise beide mit Hingabe der Kapitalanlage oder vertrauen auf unterschiedlich geprägte Berater. Im Übrigen siehe Abschnitt (1). Die zur Anlage zur Verfügung stehenden Mittel bestehen nicht aus (geerbtem oder vor der Eheschließung erwirtschaftetem) Anfangsvermögen, sondern entwickeln sich aus dem gehobenen anderweitigen Einkommen, soweit es nicht für Konsumzwecke verwendet wird. Um jedem Ehepartner (auch) die Möglichkeit zu geben, seinen Leidenschaften zu frönen bzw. ohne schlechtes Gewissen mögliche Chancen durch Risikovermeidung auszulassen, einigen sich die Partner auf eine (vergleichsweise) risikoärmere Basisanlage einerseits, eine frei entscheidbare Anlageentscheidung jedes Partners andererseits. Die Chancen und Risiken dieser wechselseitig nicht geteilten Einstellungen sollen dann aber nur den jeweils entscheidenden Partner treffen. Demgemäß sollen die jeweiligen Ergebnisse dann auch in einem Zugewinnausgleich nicht korrigiert werden. Dies führt entweder zur Vereinbarung von Gütertrennung, oder zu einer speziellen Form der Herausnahme von Vermögenspositionen aus dem Zugewinnausgleich (vgl. hierzu unten *Münch* → Form. G.II.1, → Form. G.II.2).

2. Anlagestruktur. Da nicht feststeht, dass beide Ehepartner im Ergebnis genau gleich viel Mittel zur Verfügung haben, wird nicht der Weg gegangen, die Kapitalvermögen insgesamt aus dem Zugewinnausgleich herauszunehmen. Die einvernehmliche Festlegung einer hälftigen „konservativen“ Anlagepolitik dient der Befriedigung der Sicherungsbedürfnisse für eine gemeinsame Zukunft. Das Beispiel ist jedoch willkürlich und bedarf der Anpassung an die konkreten wirtschaftlichen Verhältnisse und die Interessen und

Bedürfnisse der Partner. Auch der vorgegebene Rahmen ermöglicht durch unterschiedliche Schwerpunktsetzung immer noch weit divergierendes Anlageverhalten; hier könnte auch ein engerer Rahmen gezogen werden.

3. Korrektur des Zugewinnausgleichs. Damit der andere Ehepartner am Überertrag oder an der Unter-Performance nicht hälftig beteiligt wird, ist das tatsächliche Endvermögen um diesen Posten zu bereinigen. Hierbei kommt zum einen in Betracht, die zweite, „freie" Anlagehälfte gänzlich zu eliminieren. Dies würde aber auch über die unterschiedliche Wertentwicklung hinaus die unterschiedliche wirtschaftliche Möglichkeit der Partner nur dem stärkeren zurechnen. Als Alternative, wie hier im Form. Abschnitt (3), kommt in Betracht, eine Benchmark zu wählen, welche als fiktive Normalentwicklung verwendet wird. Nur die Abweichung des tatsächlichen Ergebnisses hiervon wird dann aus dem Zugewinnausgleich durch Korrektur des Endvermögens herausgenommen. Als Benchmark wird hier kein objektiver Maßstab gewählt (Entwicklung eines Indexes o. Ä.), sondern die konkrete Entwicklung der immer noch von den Wertungen des jeweiligen Ehepartners beeinflussten anderen „Anlagehälfte". Deren Entwicklung spiegelt diejenigen Präferenzen des anlegenden Ehepartners wieder, welche der andere als noch „hinnehmbar" ansieht.

4. Form. Der Eingriff in den gesetzlichen Zugewinnausgleich ist ehevertragliche Regelung im Sinne von § 1408 BGB und führt zur Beurkundungsbedürftigkeit nach § 1410 BGB.

III. Vereinbarungen zu steuerlichen Dispositionen

1. Steuerklassenwahl

Herr ......

und

Frau ......

schließen folgende Vereinbarung:

Wir sind uns darüber einig, bei der Gemeinde eine Änderung der Eintragungen auf unseren Lohnsteuerkarten zum nächstmöglichen Zeitpunkt zu beantragen,[2] wonach der Ehemann in die Steuerklasse V, die Ehefrau demzufolge in die Steuerklasse III eingereiht wird.[1] Bei einer wesentlichen Änderung der Verhältnisse, insbesondere einer deutlichen Verringerung des Einkommensunterschiedes, ist ggf. wieder die Einreichung in Steuerklasse IV/IV zu beantragen. Eine sich aufgrund der Steuerklassenwahl ergebende Nachzahlung[3] hat in jedem Fall die Ehefrau zu tragen.

Das Faktorverfahren[4] gemäß § 39f EStG wählen wir derzeit nicht. Auf jederzeit mögliches Verlangen eines von uns werden wir jedoch einen Antrag hierauf stellen.

......

(Unterschriften der Beteiligten)

Anmerkungen

1. Sachverhalt. Ehepartner, welche beide Arbeitslohn beziehen, wollen den Lohnsteuerabzug als Vorauszahlung auf die Einkommensteuerschuld dadurch mindern, dass sie nicht mehr beide in Steuerklasse IV, sondern in Steuerklasse III/V eingereiht werden. Regelungen zur Verteilung der Gesamtjahressteuer enthält das Formular nicht, weil der Lohnsteuerabzug nur eine Vorauszahlung auf die für den Veranlagungszeitraum zu leistende Steuer darstellt. Werden hierzu Vereinbarungen gewünscht, ist dies im Zusammenhang mit der Steuerklassenwahl zu regeln (→ Form. D.III.2).

2. Antrag auf Einreihung in Steuerklasse V. Ein Antrag auf Einreihung eines Ehegatten in die (für diesen ungünstigere) Steuerklasse V führt kraft Gesetzes (§ 38b S. 2 Nr. 3 a) bb) EStG) dazu, dass der andere Ehegatte in die Steuerklasse III gehört. Voraussetzung für einen solchen Antrag ist, dass beide Ehegatten unbeschränkt einkommensteuerpflichtig sind und nicht dauernd getrennt leben. Eine Einreihung in Steuerklasse IV/IV führt bei unterschiedlich hohen Einkünften i. d. R. zu Überzahlungen, was Nachzahlungen (sofern sie nicht aus anderen Einkunftsarten herrühren) ausschließt. Die Lohnsteuertabellen nach Steuerklasse III/V führen zu einer annähernd „richtigen" Zahlung bei einem Einkommensverhältnis von 60 : 40, bei höherer Differenz ebenfalls zu (allerdings niedrigeren) Überzahlungen. Ehegatten, die beide in einem Arbeitsverhältnis stehen, können bei der zur Zeit der Antragstellung örtlich zuständigen Gemeinde einmal im Kalenderjahr bis zum 30. 11. einen Steuerklassenwechsel beantragen (Schmidt/*Krüger* EStG § 39 Rn. 7).

3. Nachzahlungspflicht. Für die Einkommensteuer haften die Ehegatten als Gesamtschuldner (§ 44 Abs. 1 AO). Wenn die Einkommen näher beieinander liegen als 60 : 40, führt die Steuerklassenwahl zu einer Nachzahlung am Jahresende, deren Begleichung im Innenverhältnis dem Ehegatten mit dem höheren Einkommen, also dem durch die Steuerklassenwahl Begünstigten auferlegt wird.

4. Faktorverfahren. Seit dem Jahr 2010 können Ehegatten beim Lohnsteuerabzug nicht nur wie bis 2009 zwischen den Steuerklassenkombinationen IV/IV und III/V wählen, sondern statt dessen zum Faktorverfahren optieren, das – bei richtiger Prognose der zu erwartenden Bruttolöhne – zu einer präziseren Berechnung und Zuordnung des Steuerabzugs führt und sich auch auf die Höhe von Lohnersatzleistungen auswirken kann. Zu Einzelheiten vgl. Schmidt/*Krüger* EStG § 39 f. Rn. 1.

2. Zusammenveranlagung

Herr . . . . . .

und

Frau . . . . . .

schließen folgende Vereinbarung:

Die Ehepartner sind sich einig, ab dem laufenden Veranlagungszeitraum Zusammenveranlagung (§ 26b EStG) zu wählen.[1, 2]

Da dem Ehemann infolge seines geringeren zu versteuernden Einkommens hieraus eine Mehrbelastung (gegenüber seiner eigenen fiktiven steuerlichen Belastung bei getrennter Veranlagung) erwächst, verpflichtet sich die Ehefrau, dem Ehemann diese Mehrbelastung (Einkommensteuer, Solidaritätszuschlag und Kirchensteuer) zu erstatten.[3]

Darüber hinaus verpflichtet sich die Ehefrau, die Hälfte des ihr nach Zahlung gemäß Satz 2 verbleibenden Steuervorteils[4] (gegenüber ihrer eigenen fiktiven steuerlichen Belastung bei getrennter Veranlagung) als Sondertilgung auf das Bauspardarlehen Nr. . . . . . . des Ehemannes bei der . . . . . . einzuzahlen.[5] Diese Zahlung erfolgt als ehebezogene Leistung zur Verwirklichung der Lebensgemeinschaft und zusätzlichen Stärkung der eigenen Einkünfte und Altersversorgung des Ehemannes. Eine Rückforderung, gleich aus welchem Rechtsgrund, auch im Falle der Scheidung, ist ausgeschlossen.

. . . . . .

(Unterschriften der Beteiligten)

Anmerkungen

1. Sachverhalt. Die Ehefrau, welche über ein höheres Einkommen verfügt, möchte die Zusammenveranlagung im Sinne von § 26b EStG wählen, was für das Ehepaar zusammen i. d. R. zu einer geringeren steuerlichen Belastung führt, solange nicht jeder Ehepartner mit seinem zu versteuernden Einkommen den Spitzensteuersatz erreicht hat. In Ausnahmefällen, zB beim Verlustrücktrag nach § 10d EStG, bei Anwendung von § 46 Abs. 2 Nr. 1 EStG und besonderer Sätze, etwa beim Progressionsvorbehalt, § 32b EStG (vgl. Schmidt/*Seeger* EStG § 26 Rn. 17) durch einen Ehegatten, kann jedoch getrennte Veranlagung vorteilhaft sein. Trägt im Innenverhältnis jeder Ehepartner die steuerliche

Belastung in dem Verhältnis, in welchem die Steuerzahlungen bei fiktiver Getrenntveranlagung zueinander stehen (vgl. § 270 AO), oder im Verhältnis des jeweiligen zu versteuernden Einkommens, so trifft den einkommensschwächeren Ehepartner i. d. R. eine Mehrbelastung. Diese wird durch die Regelung in Satz 2 ausgeglichen. Darüber hinaus wird durch die Regelung in Satz 3 dem einkommensschwächeren Ehepartner (ohne gesetzliche Verpflichtung) auch eine Beteiligung an dem verbleibenden Steuervorteil des anderen Ehepartners eingeräumt.

2. Wahlrecht. Das Wahlrecht zwischen beiden Veranlagungsarten steht nach § 26 Abs. 1 S. 1 EStG i. d. R. Ehegatten zu, welche unbeschränkt einkommensteuerpflichtig sind und nicht dauernd getrennt leben. Für getrennte Veranlagung genügt nach § 26 Abs. 2 S. 1 EStG die Wahl durch einen Ehegatten. Während unter rein steuerrechtlichem Blickwinkel jeder Ehegatte in seiner Entscheidung frei ist, folgert die hM aus § 1353 Abs. 1 S. 2 BGB eine familienrechtliche Verpflichtung zur Mitwirkung bei der vom anderen Ehegatten gewünschten Zusammenveranlagung jedenfalls dann, wenn jener den finanziell schwächeren Ehepartner von hierdurch entstehenden Nachteilen freistellt (vgl. BGH FamRZ 2010, 269; NJW 1977, 378; OLG Karlsruhe FamRZ 1991, 441; OLG Köln FamRZ 1993, 806; Bamberger/Roth/*Lohmann* § 1353 Rn. 22). Die gesamtschuldnerische Haftung der Ehepartner (§ 44 Abs. 1 AO) kann jedenfalls faktisch durch den Antrag auf Vollstreckungsbeschränkung nach § 44 Abs. 2 S. 4, § 268 AO begrenzt werden.

3. Erstattungsverpflichtung. Die Erstattung steuerlicher Nachteile ist nach hM Voraussetzung für die Verpflichtung zur Mitwirkung bei der Zusammenveranlagung (→ Anm. 2). Insoweit präzisiert Satz 2 lediglich eine gesetzliche Verpflichtung.

4. Erstattungsanspruch gegenüber dem Finanzamt. Hat die Ehefrau oder haben die Ehegatten zunächst zu hohe Vorauszahlungen geleistet, so sind sie trotz ihrer Gesamtschuldnerschaft hinsichtlich der Steuer nicht Gesamtgläubiger in Bezug auf den Erstattungsanspruch (vgl. Gerhardt/Heintschel-Heinegg/Klein/*Kuckenburg/Perleberg/Kölbel* Kap. 13 Rn. 273 f.). Nach § 37 Abs. 2 AO hätte das Finanzamt die Erstattung grds. im Verhältnis der geleisteten Zahlungen aufzuteilen. Eine Zahlung des Finanzamtes an einen Ehegatten wirkt jedoch nach § 36 Abs. 4 S. 3 EStG auch für und gegen den anderen Ehegatten.

5. Teilhabe am Steuervorteil. Eine Teilhabe des anderen Ehegatten am Steuervorteil des wirtschaftlich stärkeren Ehegatten ergibt sich aus dem Gesetz allenfalls indirekt dadurch, dass dies einen späteren Zugewinnausgleichsanspruch erhöhen kann oder das Maß für einen zu leistenden Unterhalt. Eine unmittelbare gesetzliche Verpflichtung zur (teilweisen) Erstattung besteht nicht. Demgemäß kann in der Vereinbarung nach S. 3 eine unentgeltliche und/oder ehebezogene Leistung zu sehen sein, deren Schicksal für den Fall des Scheiterns der Ehe zweckmäßiger Weise zu regeln ist.

IV. Regelungen zur Kindeserziehung und Namensführung

1. (Unverbindliche) Absichtserklärung zur religiösen Erziehung

Herr ……

und

Frau ……

schließen folgende Vereinbarung:

Der Verlobte gehört derzeit keiner religiösen Gemeinschaft an, ist jedoch evangelisch-lutherisch getauft. Die Verlobte ist praktizierende Angehörige der römischkatholischen Kirche. Im Hinblick darauf, dass nach unserer Lebensplanung die Erziehung der von uns gewünschten Kinder faktisch mehr durch die Mutter als durch den Vater erfolgen wird und unter Rücksichtnahme auf die Wünsche der Verlobten erklären wir beide unsere Absicht und sind darüber einig, aus unserer Ehe hervorgehende Kinder römischkatholisch taufen zu lassen und in diesem Bekenntnis zu erziehen.[1,2] Dabei ist jedoch dem Gedanken der Toleranz gegenüber Andersgläubigen und Nichtgläubigen besonders Rechnung zu tragen. Wünsche und Überzeugungen des Kindes sind altersentsprechend fortschreitend zu berücksichtigen.[3]

Wir haben Kenntnis vom Gesetz über die religiöse Kindererziehung und wissen, dass diese „Einigung" nach § 1 dieses Gesetzes jederzeit widerruflich ist und dass nach § 4 des Gesetzes Verträge über die religiöse Erziehung eines Kindes „ohne bürgerliche Wirkung", also unwirksam sind.[4]

……

(Unterschriften der Beteiligten)

Anmerkungen

Zur religiösen Erziehung → Form. E.I.2.

1. Sachverhalt. Mindestens einer der künftigen Ehegatten wünscht (uU auch aufgrund von Bindungen, die er aufgrund von Regeln seiner Glaubensgemeinschaft beachten will, zB Can. 1125 Nr. 1 CIC 1983), die religiöse Erziehung eines konkret oder abstrakt erwarteten Kindes zu regeln. Einer rechtlich bindenden Abmachung stehen die Vorschriften des Gesetzes über die religiöse Kindererziehung (RelKErzG) vom 15.7.1921 (RGBl. S. 939; BGBl. III 404–9; abgedruckt auch in MünchKommBGB Anhang zu § 1631), welches als Bundesrecht fortgilt, entgegen.

2. Religiöse Kindererziehung. Das Recht, auch über die religiöse Erziehung des Kindes zu entscheiden, ist Bestandteil des aus der Personensorge herrührenden allgemeinen Erziehungsrechtes, § 1631 Abs. 1 BGB. Die Befugnis steht den personensorgeberechtigten Elternteilen zu, § 1 S. 1 RelKErzG. Sind beide Elternteile sorgeberechtigt, bedarf es einer Einigung, die nach gesetzlicher Regelung jederzeit frei widerruflich ist, § 1 S. 2 RelKErzG.

3. Entscheidungsrecht des Kindes. Zu einem Bekenntniswechsel ist nach gesetzlicher Regelung bereits ab dem vollendeten 12. Lebensjahr die Zustimmung des Kindes erforderlich; ab Vollendung des 14. Lebensjahres kann das Kind, beschränkte Geschäftsfähigkeit vorausgesetzt, selbst über Fragen der religiösen Erziehung entscheiden, § 5 RelKErzG.

4. Motivlage. Außer einer empfundenen eigenen religiösen Verpflichtung kann auch der Wunsch nach einem vor der Eheschließung abgehakten „Wegräumen von Konfliktpotenzial" zu einer Abrede führen. Dass sich Beteiligte auch an als rechtlich nicht bindend erkannte Vereinbarungen halten, ist auch eine Erfahrung aus anderen Lebensbereichen. Eine erste Einigung und daraus folgend der Beginn der Erziehung eines Kindes in einem Bekenntnis oder einer nicht bekenntnismäßigen Weltanschauung (§ 6 RelKErzG) hat jedoch insofern faktische Bindungswirkung, als eine spätere Änderung dann nur mit Zustimmung beider sorgeberechtigter Elternteile erfolgen kann. Diese Zustimmung kann durch familiengerichtliche Entscheidung ersetzt werden, § 2 Abs. 3 RelKErzG.

2. Vereinbarung über den Familiennamen des Kindes

Herr ......

und

Frau ......

schließen folgende Vereinbarung:

Wir führen keinen Ehenamen[2] und haben auch nicht vor, eine Erklärung über die Bestimmung des Ehenamens abzugeben. Wir sind uns darüber einig, dem Kind, das wir erwarten und für das uns die elterliche Sorge gemeinsam zustehen wird,[3] den Namen zu geben, welchen die Ehefrau derzeit führt und erwartungsgemäß auch nach der Geburt des Kindes führen wird,[4] also „......". Wir wissen, dass eine solche Bestimmung, die binnen eines Monats nach der Geburt zu treffen ist,[5] auch für unsere weiteren Kinder gelten wird.[1,6]

......

(Unterschriften der Beteiligten)

Anmerkungen

1. Sachverhalt. Ein Ehepaar, welches entgegen der Sollbestimmung des § 1355 Abs. 1 S. 1 BGB keinen gemeinsamen Familiennamen (Ehenamen) bestimmt hat, möchte sich übereinstimmend auf den künftigen (Familien-)Namen des Kindes festlegen.

2. Fehlen eines Ehenamens der Eltern. Der Gesetzgeber knüpft in § 1617 Abs. 1 S. 1 BGB ausschließlich daran an, dass die Eltern keinen gemeinsamen Ehenamen führen und dass ihnen die Sorge (für das Kind) gemeinsam zusteht. Eine Differenzierung danach, ob die Eltern verheiratet sind, nimmt der Gesetzgeber nicht mehr vor: auch nicht verheiratete Eltern, denen das Sorgerecht gemeinsam zusteht (§ 1626a Abs. 1 Nr. 1, 3 BGB), können eine solche Bestimmung wahlweise unter Anknüpfung an den Namen der Mutter oder des Vaters vornehmen; es spielt auch keine Rolle, ob die Eltern getrennt leben, oder ob sie voneinander geschieden sind (wenn nur keine Alleinsorgeberechtigung etwa aufgrund einer Gerichtsentscheidung nach § 1671 BGB vorliegt).

3. Gemeinsames Sorgerecht. Die elterliche Sorge steht Eltern, die bei der Geburt des Kindes verheiratet sind, gemeinsam zu, wie sich indirekt aus § 1626a Abs. 1 BGB ergibt (vgl. Bamberger/Roth/*Veit* § 1626 Rn. 17).

4. Namensbestimmung. Unter den Voraussetzungen des § 1617 Abs. 1 S. 1 BGB (siehe Anm. 2, 3) können die Eltern (durch Erklärung gegenüber dem Standesamt) den Namen zum Geburtsnamen des Kindes bestimmen, welchen der Vater oder die Mutter zum Zeitpunkt der Abgabe der Erklärung führt. Die übereinstimmende Erklärung erfolgt formlos gegenüber dem Standesamt vor oder im Zusammenhang mit der Beurkundung der Geburt, danach bedarf sie der öffentlichen Beglaubigung, § 1617 Abs. 1 S. 2 BGB. Zuständig für die hierzu erforderliche Beglaubigung der Unterschrift ist der Notar (§ 129 Abs. 1 S. 1 BGB, § 2 Abs. 1 S. 3 PStG) und jeder deutsche Standesbeamte (§§ 45 Abs. 1 S. 1 Nr. 1, 2 Abs. 1 S. 1 PStG). Der zu bestimmende Name ist unter dem Gesichtspunkt wenigstens teilweiser Namensidentität zwischen Eltern und Kind aus den beiden aktuell geführten Namen der Eltern zu wählen, die nicht den jeweiligen Geburtsnamen entsprechen müssen, also auch (echter) Doppelname oder Name mit Begleitname aus früherer Ehe. Ein aus beiden (aktuellen) Elternnamen gebildeter Doppelname ist kein zulässiger Name des Kindes (vgl. Bamberger/Roth/*Veit* § 1617 Rn. 6).

5. Bestimmungsfrist, Ersatzregelung. Für den Fall, dass die Eltern binnen eines Monats nach der Geburt des Kindes keine Bestimmung treffen, ist nach § 1617 Abs. 2 BGB vorgesehen, dass das Familiengericht das Bestimmungsrecht einem Elternteil überträgt und diesem eine Frist für die Ausübung des Bestimmungsrechts setzen kann. Nach fruchtlosem Ablauf dieser Frist erhält das Kind ggf. den Namen des Elternteils, dem das Bestimmungsrecht übertragen ist, § 1617 Abs. 2 S. 4 BGB. Kommt es – entgegen der vorherigen Abrede – nicht zu einer Bestimmung, ist die Vereinbarung der gerichtlichen Entscheidung gemäß § 1617 Abs. 2 BGB zugrunde zu legen, ggf. auch bei einer Entscheidung nach § 1618 S. 4 BGB in die Abwägung der Kindeswohlinteressen einzubeziehen (*Bergschneider* Rn. 223 f.).

6. Erstreckung auf weitere Kinder. Das durch die gesetzliche Regelung nur teilweise zu verwirklichende Ziel der Namensidentität innerhalb einer Familie soll wenigstens zwischen Vollgeschwistern dadurch erreicht werden, dass § 1617 Abs. 1 S. 3 BGB anordnet, dass die Bestimmung der Eltern zum Familiennamen eines Kindes auch für ihre weiteren Kinder gilt. Die Nachnamenbildung eines Kindes nach der Mutter, des anderen Kindes nach dem Vater ist somit ausgeschlossen. Die Bindungswirkung tritt ohne Rücksicht darauf ein, ob die Namensbildung auf übereinstimmender Erklärung beider Elternteile, der Kompetenzentscheidung des Familiengerichts oder dem Ablauf der Frist für eine Entscheidung beruht. (vgl. Bamberger/Roth/*Veit* § 1617 Rn. 13). Keine Bindungswirkung tritt ein, wenn ein Geschwisterkind den Namen kraft Gesetzes nach §§ 1616, 1617a Abs. 1 BGB oder durch die Gestaltungserklärung der Mutter nach § 1617a Abs. 2 erhält sowie, wenn die Namensbestimmung eines älteren Kindes auf der Rechtswahl nach Art. 47 oder Art. 48 EGBGB beruht (vgl. Bamberger/Roth/*Veit* § 1617 Rn. 15).

3. Vereinbarung über die Bestimmung des Ehenamens

Herr . . . . . .

und

Frau . . . . . .

schließen folgende Vereinbarung:

Wir verpflichten[2] uns wechselseitig, als Ehenamen den Geburtsnamen der Ehefrau zu bestimmen[1, 3] und die hierfür erforderlichen Erklärungen gegenüber dem Standesamt bei Eheschließung abzugeben.[4] Der Ehemann behält sich seine Befugnis[5] vor, seinen Geburtsnamen anzufügen. Er verpflichtet sich, den Geburtsnamen nicht voranzustellen.[6]

. . . . . .

(Unterschriften der Beteiligten)

Anmerkungen

1. Sachverhalt. Die Verlobten wollen im Innenverhältnis die künftige Namensführung bereits vor Eheschließung (teilweise) festlegen und dem gemäß einige Möglichkeiten des § 1355 Abs. 1, 2 BGB (sowie auch von Abs. 4) ausschließen. Entsprechendes gilt gemäß § 3 LPartG für Lebenspartner.

2. Verpflichtungsmöglichkeit. Ob und inwieweit verpflichtende Verträge über die Ausübung der Wahlmöglichkeiten zur Namensführung für Ehegatten einer vertraglichen Verpflichtung zugänglich sind, ist im Einzelnen umstritten (offen gelassen in BGH NJW 2008, 1528, 1529, 1530; bejahend MünchKommBGB/*v. Sachsen Gessaphe* § 1355 Rn. 36; *Langenfeld* Rn. 156; *Diederichsen* NJW 1976, 1169, 1170; *Bergschneider* Rn. 221; ablehnend Bamberger/Roth/*Hahn* § 1355 Rn. 8; *Ruthe* FamRZ 1976, 409). Für die grundsätzliche Zulässigkeit einer Vereinbarung der Ehegatten spricht, dass die Ausübung der vom Gesetzgeber vorgegebenen Wahlmöglichkeiten der Disposition der Ehegatten unterliegt und hierbei keine öffentlichen Interessen erkennbar sind, diese Entscheidung nicht bereits vor der Abgabe der Bestimmungserklärung selbst gegenüber dem Standesbeamten treffen zu können. Die grundsätzliche Bejahung der Zulässigkeit schließt nicht aus, dass einer Bindung hinsichtlich der künftigen Namensführung im Einzelfall ein Verstoß gegen die guten Sitten (§ 138 BGB) entgegenstehen kann (so bereits RGZ 86, 114, 117). Dass eine Vollstreckung einer solchen Vereinbarung (sofern überhaupt wegen § 888 Abs. 3 ZPO analog bzw. § 120 Abs. 3 FamFG analog zulässig) nicht der Regelfall ist und praktisch bei einem sich offenbarenden Dissens die Eheschließung unterbleiben wird, ist ein empirischer Befund, welcher nachvollziehbare Interessen von Ehepartnern zu einer solchen Regelung in anderen Fällen nicht per se ausschließt.

3. Wahlmöglichkeit. Gemäß § 1355 Abs. 2 BGB können Ehegatten zum Ehenamen den Geburtsnamen eines von ihnen bestimmen. Dies ist nach der Legaldefinition in § 1355 Abs. 6 BGB der Name, der in der Geburtsurkunde zum Zeitpunkt der Erklärung gegenüber dem Standesamt einzutragen ist. Somit kann dies auch ein später etwa infolge Annahme an Kindes statt (§ 1757 BGB) oder durch Namenserteilung nach §§ 1617 a ff. BGB geänderter Geburtsname sein. Außerdem lässt § 1355 Abs. 2 BGB auch die Bestimmung des zu diesem Zeitpunkt von einem Ehepartner (etwa aufgrund früherer Ehe) geführten Namens zu, der wiederum durch – ggf. gestufte – Erklärungen gemäß § 1355 Abs. 5 BGB bei mehreren Vorehen noch gestaltbar ist (vgl. MünchKommBGB/*v. Sachsen Gessaphe* § 1355 Rn. 16).

4. Erklärung gegenüber dem Standesamt. Gemäß § 1355 Abs. 3 S. 1 BGB soll die Erklärung bei der Eheschließung abgegeben werden. Eine später abgegebene Erklärung bedarf der öffentlichen Beglaubigung, § 1355 Abs. 3 S. 2 BGB (→ Form. D.IV.2 Anm. 4).

5. Begleitname. Der Ehegatte, dessen Geburtsname nicht Familienname wird, kann gemäß § 1355 Abs. 4 S. 1 BGB dem Familiennamen (durch Bindestrich verbunden) voranstellen oder anfügen seinen Geburtsnamen oder den zum Zeitpunkt der Erklärung über die

Bestimmung des Ehenamens geführten Namen (handelt es sich hierbei um einen Doppelnamen, dann darf nur einer dieser Bestandteile verwendet werden). Diese Erklärung ist nicht fristgebunden, nur einmal möglich und kann einmal widerrufen werden, § 1355 Abs. 4 S. 4 BGB. Die Erklärungen bedürfen der öffentlichen Beglaubigung, § 1355 Abs. 4 S. 5 BGB.

6. Ausschluss der Voranstellung. Die Einschränkung der Wahlmöglichkeit ist durch den Wunsch nach stärkerer „optischer" Identität der Namen motiviert, zur Zulässigkeit der Verpflichtung → Anm. 2. Die Wahrscheinlichkeit eines späteren Dissenses ist hier größer, wenn der Ehegatte zunächst auf eine Erklärung zum Begleitnamen verzichtet, aber später im Laufe der Ehezeit dann doch seinen früheren Namen voranstellen will. Hier wird im Wege der Einzelfallprüfung eine Prüfung insbesondere am Maßstab der §§ 138, 242 BGB vorzunehmen sein, wobei der grundrechtliche Schutz der Namensführungsfreiheit aus Art. 2 Abs. 1 iVm Art. 1 Abs. 1 GG (vgl. BVerfG NJW 2004, 1155) zugunsten einer Lösungsmöglichkeit von der früheren Vereinbarung spricht, andererseits eine längere Nichtausübung einer Möglichkeit zur Wahl eines Begleitnamens den Eingriff es uU zumutbar macht, es hierbei oder bei der bloßen Anfügung des früheren Namens zu belassen. Größere Rechtssicherheit erhält der andere Ehegatte dann, wenn sofort bei Eheschließung von der Möglichkeit des Anfügens Gebrauch gemacht wird, da dann das Wahlrecht „verbraucht" ist.

4. Vereinbarung über das Ablegen des Ehenamens im Scheidungsfall

Herr ......

und

Frau ......

schließen folgende Vereinbarung:

Wir haben zum Ehenamen bestimmt/werden zum Ehenamen bestimmen den Geburtsnamen der Ehefrau[2] „......". Der Ehemann verpflichtet[3] sich, innerhalb von drei Monaten nach Rechtskraft einer Ehescheidung eine Namensbestimmung zu treffen, die dazu führt, dass dieser Ehename nicht mehr Bestandteil seines Namens ist.[1, 4]

Für den Fall einer schuldhaften Verletzung verpflichtet sich der Ehemann zur Zahlung einer Vertragsstrafe in Höhe von ...... EUR (i.W ...... EUR) für jeden angefangenen Monat, in welchem er seiner verstehend vereinbarten Verpflichtung zuwiderhandelt.

......

(Unterschriften der Beteiligten)

Anmerkungen

1. Sachverhalt. Der Ehegatte, dessen Geburtsname Ehename geworden ist, möchte verhindern, dass der andere Ehegatte nach einer Scheidung den infolge Ehenamensbestimmung erlangten Namen fortführt. Er möchte hierzu vertraglich eine bindende Verpflichtung herbeiführen.

2. Ehenamensbestimmung. → Form. D.IV.3.

3. Zulässigkeit vertraglicher Bindung. Ebenso wie die Möglichkeit, vertraglich bindend eine Verpflichtung zum Tragen eines bestimmten Namens einzugehen, ist auch die Zulässigkeit einer Verpflichtung, einen bestimmten Namen nicht zu führen, umstritten (→ Form. D.IV.3 Anm. 2). Die Entscheidung des Reichsgerichts vom 14.1.1915 (RGZ 85, 114), welche dies bejaht, erging zwar noch zur vorkonstitutionellen Rechtslage im BGB, wägt aber bereits die Interessen der beteiligten (geschiedenen) Ehegatten durchaus gegeneinander ab und entscheidet (mit der zweiten und gegen die erste Instanz) für die Möglichkeit, gesetzlich eingeräumte Namenswahloptionen vertraglich bindend aufzugeben. In der Entscheidung vom 18.2.2004 (NJW 2004, 1155) betonte das BVerfG, dass auch der durch Ehenamenswahl erworbene Familienname den vollen Schutz aus Art. 2 Abs. 1 iVm Art. 1 Abs. 1 GG erfährt, und dass dieser Schutz nicht auf die Ehezeit begrenzt ist (BVerfG NJW 2004, 1155, 1156). Bei der Frage der Zulässigkeit der vertraglichen Bindung geht es nicht um einen einfachgesetzlichen Eingriff in ein Grundrecht, sondern um die Frage, ob die vertragliche Verpflichtung einen derart schwerwiegenden Eingriff in das im Schutzbereich des allgemeinen Persönlichkeitsrechts gelegene Namensrecht bedeutet, dass ihr entweder unter dem Aspekt des § 138 BGB oder des § 242 BGB die Anerkennung durch die Rechtsordnung zu versagen ist. Dies ist im Einzelfall unter Abwägung aller Umstände zu prüfen (vgl. zur Inhaltskontrolle allgemein BGH NJW 2004, 930 = FamRZ 2004, 60). Mit der hM (vgl. Bamberger/Roth/*Hahn* § 1355 Rn. 17 mwN.) ist jedoch die Zulässigkeit einer Verpflichtung nicht von vorne herein generell auszuschließen (LG Bonn MittBayNot 2008, 134; *Bergschneider* Rn. 218; vgl. Palandt/*Brudermüller* § 1355 Rn. 14 mwN.). Im Urteil vom 6.2.2008 (BGHZ 175, 173 = NJW 2008, 1528 = FamRZ 2008, 859) hat der BGH nun die Auffassung der hM bestätigt. Hiernach ist die Verpflichtung, im Fall der Auflösung der Ehe den Geburtsnamen oder den bis zur Bestimmung des Ehenamens geführten Namen wieder anzunehmen, nicht generell sittenwidrig; auch eine lange Ehedauer und das Vorhandensein gemeinsamer Kinder macht eine Berufung des anderen Ehegatten auf diese Vereinbarung nicht ohne Weiteres rechtsmissbräuchlich (hierzu eingehend auch *v. Oertzen/Engelmeier* FamRZ 2008, 1333 ff.).

4. Neue Namensbestimmung. Die Formulierung verpflichtet nicht zur Wiederannahme des Geburtsnamens oder des sonst bei Eheschließung geführten Namens (die Optionsmöglichkeiten des betroffenen Ehegatten sollen nicht weiter eingeschränkt werden als zur Erreichung des Interesses des anderen Ehegatten erforderlich). Innerhalb der in § 1355 Abs. 5 BGB vorgesehenen Möglichkeiten oder im Rahmen einer Ehenamensbestimmung in einer neuen Ehe hat der betroffene Ehegatte lediglich dafür zu sorgen, dass der vorherige Ehename nicht mehr Bestandteil seines Namens ist. Im Hinblick auf eine evtl. Vollstreckbarkeit eines Titels gemäß § 120 Abs. 1 FamFG iVm § 888 Abs. 1 oder § 894 Abs. 1 ZPO wäre eine Festlegung zu erwägen (hierfür *v. Oertzen/Engelmeier* FamRZ 2008, 1133, 1136 ff.). Da eine Erklärung zum „Ablegen" oder „Verzicht auf das Fortführen" eines Namens oder Namensbestandteils im Gesetz nicht vorgesehen ist (vgl. hierzu auch Bamberger/Roth/*Hahn* § 1355 Rn. 17 mwN.), werden diese Begriffe auch im Text der Vereinbarung nicht verwendet. Die relativ kurze Frist und das Vertragsstrafenversprechen vermindern das Risiko, dass der änderungspflichtige Ehegatte bei schneller Wiederverheiratung durch entsprechende Bestimmung des Ehenamens „vollendete Tatsachen" entgegen der vertraglichen Verpflichtung schafft.

V. Sonstige Regelungen

1. Regelung zur Deckung des Lebensbedarfs („Schlüsselgewalt")

Ich, ..., schließe die Berechtigung[2] meines Ehemannes . . . . . ., geb. am . . . . . ., derzeit wohnhaft . . . . . ., Geschäfte zur angemessenen Deckung des Lebensbedarfs der Familie[3] mit Wirkung auch für mich[4] zu besorgen, aus.[1, 5]

Ich, ..., schließe die Berechtigung meiner Ehefrau . . . . . ., geb. am . . . . . ., derzeit wohnhaft . . . . . ., Geschäfte zur angemessenen Deckung des Lebensbedarfs der Familie mit Wirkung auch für mich zu besorgen, aus.

Jeder von uns beantragt gegenüber dem Amtsgericht . . . . . ., den vorstehenden Ausschluss in das Güterrechtsregister einzutragen.[6]

. . . . . .

(Unterschriften, Beglaubigungsvermerk[7]).[8]

Anmerkungen

1. Sachverhalt. Die Ehegatten wünschen, die kraft Gesetzes gemäß § 1357 Abs. 1 S. 2 BGB eintretende wechselseitige Verpflichtung (und Berechtigung) auszuschließen.

2. Verpflichtungs- (und Berechtigungs-)Befugnis. Die Vorschrift des § 1357 Abs. 1 BGB ist nach dem Abgehen vom Leitbild der Hausfrauenehe und einem sich hieraus ergebenden Schutzbedürfnis in ihrer Legitimation und Zielsetzung umstritten (vgl. Bamberger/Roth/*Hahn* § 1357 Rn. 1, 2; MünchKommBGB/*Roth* § 1357 Rn. 1 bis 5; je mwN.), aber vom BVerfG als verfassungsmäßig bestätigt (BVerfGE 81, 1 = NJW 1990, 175). Sie wirkt im Ergebnis jedenfalls gläubigerschützend, während die Schutzwirkung für die Selbständigkeit des Ehegatten schwieriger zu begründen ist.

3. Umfang der gesetzlichen Befugnis. Die Grenzen der Geschäfte, welche zu dem erfassten Kreis gehören, ist in den Randbereichen außerhalb des „Kerns" des Begriffs streitig und Gegenstand eingehender Kasuistik (zu Einzelfällen vgl. Bamberger/Roth/*Hahn* § 1357 Rn. 17 ff.). Es handelt sich um Geschäfte, die wenigstens in der Regel – mit Differenzierung nach Bevölkerungskreisen – von einem Ehegatten selbstständig erledigt zu werden pflegen (vgl. BGHZ 94, 1, 8 = NJW 1985, 1394, 1396), wobei auf den Lebenszuschnitt der Eheleute oder der Familie abzustellen ist, wie er nach außen in Erscheinung tritt (Bamberger/Roth/*Hahn* § 1357 Rn. 12). Die Befugnis des anderen Ehegatten kann nach § 1357 Abs. 2 S. 1 BGB nicht nur – wie hier im Form. – gänzlich ausgeschlossen werden, sondern auch für bestimmte Geschäfte „beschränkt" werden (MünchKommBGB/*Roth* § 1357 Rn. 46).

4. Rechtsfolge eines Geschäfts zur angemessenen Deckung des Lebensbedarfs. Liegt ein Geschäft im Sinne von § 1357 Abs. 1 S. 1 BGB vor, so werden hieraus gemäß S. 2 grds. im Außenverhältnis beide Ehegatten gesamtschuldnerisch verpflichtet, umgekehrt sind sie nach überwiegender Ansicht Gesamtgläubiger gem. § 428 BGB (Bamberger/Roth/*Hahn* § 1357 Rn. 30 mwN; offen gelassen, ob statt dessen § 432 BGB anwendbar ist

Palandt/*Brudermüller* § 1357 Rn. 21). Diese Rechtsfolgen sind güterstandsunabhängig; die Befugnis endet jedoch, wenn die Ehegatten getrennt leben (§ 1357 Abs. 3 BGB).

5. Ausschluss der Befugnis zur Geschäftsbesorgung. Die Ausschluss- bzw. Beschränkungsbefugnis ist – ebenso wie die Geschäftsbesorgungsbefugnis selbst – zwingend; sie kann ihrerseits nicht etwa durch Ehevertrag ausgeschlossen, begrenzt oder erweitert werden (OLG Schleswig FamRZ 1994, 444; Bamberger/Roth/*Hahn* § 1357 Rn. 5). Die Befugnis zum Ausschluss selbst steht jedem Ehegatten jeweils in Bezug auf den anderen Ehegatten zu. Der erklärte Ausschluss der Geschäftsbesorgungsbefugnis ist zunächst wirksam, auch wenn kein ausreichender Grund vorliegt. Zwar ist ein vertraglicher Ausschluss wegen des zwingenden Charakters unzulässig, praktisch kommt dem jedoch der wechselseitige Ausschluss, wie im Formular vorgesehen, nahe (ohne hierdurch selbst unzulässig zu werden, vgl. OLG Schleswig NJW 1954, 155 zum alten Recht; *Bergschneider* Rn. 204 f.). Jedem Ehegatten verbleibt jedoch trotz dieser abgestimmten Erklärung die Möglichkeit, nach § 1357 Abs. 2 S. 1 Halbs. 2 BGB beim Familiengericht die Aufhebung der ihn betreffenden Beschränkung mit der Begründung zu beantragen, dass hierfür kein ausreichender Grund bestehe. Die Ausschlusserklärung als solche bedarf keiner Form, kann also gegenüber dem Ehegatten formlos abgegeben werden, oder gegenüber einem (potentiellen) Geschäftspartner, oder gegenüber der Öffentlichkeit, etwa durch Anzeige in einer Zeitung oder einem Anzeigenblatt oder durch Aushang (wegen des i. d. R. scheiternden Nachweises der Kenntnisnahme jedoch allenfalls zur Befriedigung von Konfliktgelüsten tauglich).

6. Eintragung in das Güterrechtsregister. Zur Wirksamkeit gegenüber Dritten verweist § 1357 Abs. 2 S. 2 BGB auf § 1412 BGB. Dies bedeutet, dass einem Dritten gegenüber Einwendungen aus der Ausschlusserklärung nur entgegengehalten werden können, wenn ihm dies zum Zeitpunkt der Vornahme des Geschäfts bekannt war, oder wenn zu diesem Zeitpunkt die Eintragung im Güterrechtsregister des zuständigen Amtsgerichts erfolgt war. Auf die öffentliche Bekanntmachung nach § 1562 BGB kommt es nicht an (MünchKommBGB/*Roth* § 1357 Rn. 44; Bamberger/Roth/*Hahn* § 1357 Rn. 38). Nach § 1558 BGB ist die Eintragung bei jedem Amtsgericht erforderlich, in dessen Bezirk einer der Ehegatten seinen gewöhnlichen Aufenthalt hat. Bei Verlegung des Aufenthalts in einen anderen Gerichtsbezirk ist die Eintragung dort erneut zu beantragen, § 1559 S. 1 BGB. Für die Eintragung gilt der Antragsgrundsatz, § 1560 S. 1 BGB.

7. Beglaubigung. Im Gegensatz zur formlos möglichen Erklärung des Ausschlusses selbst bedarf der Eintragungsantrag der öffentlichen Beglaubigung, § 1560 S. 2 BGB. Die Beglaubigung der Unterschrift nach § 129 Abs. 1 BGB nimmt der Notar vor, § 20 Abs. 1 S. 1 BNotO, § 40 BeurkG.

8. Kosten. Beim Notar fällt nach dem GNotKG bei Entwurfsfertigung eine Gebühr in Höhe von 0,3 bis 0,5 gem. Nr. 24.102 KV (iVm Nr. 21201 KV und § 92 Abs. 1 GNotKG an (mindestens 30 EUR). Der Geschäftswert ist gem. § 36 Abs. 1 GNotKG nach billigem Ermessen zu bestimmen, was gem. § 36 Abs. 3 GNotKG zum Wert von EUR 5.000 führen kann. Die Bestimmung des § 100 Abs. 1 Nr. 2 GNotKG ist ihrem Wortlaut nicht unmittelbar anwendbar, da es sich nicht um einen „Ehevertrag" handelt (→ Anm. 5). Auch § 51 Abs. 2 GNotKG ist vom Wortlaut her nicht anwendbar. Diese Regelungen dürften jedoch Anhaltspunkte für die nach billigem Ermessen zu treffende Bestimmung geben. Bei Beglaubigung ohne Entwurf fällt an eine Gebühr in Höhe von 0,2 gem. Nr. 25100 KV (mindestens EUR 20, höchstens EUR 70). Für die Eintragung fällt beim Gericht eine Gebühr gem. Nr. 13201 KV in Höhe von EUR 50 an, für die öffentliche Bekanntmachung zusätzlich die entstehenden Auslagen in voller Höhe gem. Nr. 31004 KV.

2. Innenausgleich und Freistellung bei Sicherheitenbestellung

Herr ......

und

Frau ......

schließen folgende Vereinbarung:[1]

(1) Die Eltern des Ehemannes haben diesem das Zweifamilienhaus in ......, ...-Straße ...... (Grundstück Flst.Nr. ...... Gemarkung ......, vorgetragen im Grundbuch des Amtsgerichts ...... von ...... Blatt ...... lfd. Nr. ......) unter Zurückbehaltung eines Wohnungsrechts an der Wohnung im Dachgeschoss im Wege der vorweggenommenen Erbfolge überlassen; sie haben sich die Rückforderung für bestimmte Fälle, insbesondere bei Vorversterben des Erwerbers vor einem Veräußerer und bei Belastung des Grundbesitzes ohne Zustimmung beider Veräußerer vorbehalten. In der Wohnung im Erd- und Obergeschoss werden die Ehegatten mit ihren Kindern wohnen. Alleineigentümer ist der Ehemann. Dieser hat sich verpflichtet, zur Abfindung möglicher Pflichtteilsergänzungsansprüche an seine Geschwister Beträge in Höhe von insgesamt ...... EUR zu leisten. Die Zahlungen wurden geleistet in Höhe von ...... EUR von einem dem Ehemann gehörenden Festgeldkonto und in Höhe von ...... EUR durch ein vom Ehemann aufgenommenes Darlehen bei der ......-Bank, Vertragsnummer ...... Zins und Tilgung wird der Ehemann ausschließlich aus eigenen Mitteln (künftigem Einkommen bzw. Ersparnissen) leisten.

(2) Die Ehefrau hat in der Urkunde des Notars ...... URNr. ...... an der ihr gehörenden Eigentumswohnung (......) eine gem. § 800 ZPO vollstreckbare Buchgrundschuld in Höhe von ...... EUR zuzüglich 18 v. H. Zinsen jährlich ab dem ...... bestellt und – gesamtschuldnerisch mit dem Ehemann – ein vollstreckbares Schuldversprechen in gleicher Höhe abgegeben. In der Zweckbestimmungserklärung[2] ist festgelegt, dass sowohl die Grundschuld als auch jedes Schuldversprechen zur Sicherung aller Ansprüche der Gläubigerin aus dem vorstehend bezeichneten Darlehensvertrag dient.[3]

(3) Der Ehemann verpflichtet[4] sich gegenüber der Ehefrau, diese von jeglicher Inanspruchnahme aus den von ihr gestellten Sicherheiten freizuhalten und freizustellen. Er verpflichtet sich weiter, frühestmöglich dafür zu sorgen, dass die Gläubigerin die Sicherheiten der Ehefrau wieder freigibt.

(4) Insbesondere hat der Ehemann unverzüglich nach dem Ableben seiner Eltern und dem dadurch erfolgenden Wegfall der im Grundbuch zu deren Gunsten eingetragenen Belastungen (Wohnungsrecht, Rückübereignungsvormerkung) eine erstrangige Grundschuld zugunsten der Bank zu bestellen und dafür Sorge zu tragen, dass die Grundschuld am Wohnungseigentum der Ehefrau nach deren Wahl entweder gelöscht wird oder durch Änderung der Zweckbestimmungserklärung nicht mehr zur Sicherung von Ansprüchen gegen den Ehemann dient.[5] Im Hinblick auf die Werthaltigkeit des Zweifamilienhausgrundstücks hat der Ehemann dann auch darauf hinzuwirken, dass die Sicherungsabrede bezüglich des von der Ehefrau abgegebenen Schuldversprechens entsprechend geändert wird.

......

(Unterschriften der Beteiligten)

Anmerkungen

1. Sachverhalt. Siehe Abschnitt (1) und (2). Infolge der Vorbehaltsrechte der schenkenden Eltern und deren Interesse daran, dass im Rang vor ihrem Wohnungsrecht und den Vormerkungen zur Sicherung der (bedingten) Rückübereignungsansprüche keine Verwertungsrechte zugunsten der Bank eingetragen werden, war zum einen die Werthaltigkeit bereits durch das Nutzungsrecht beeinträchtigt, zum anderen war durch die Vormerkung im Ergebnis (§§ 883 Abs. 2, 888 Abs. 1 BGB) eine Grundschuld zumindest potentiell wertlos. Die Wirkung des § 883 BGB tritt auch ein, wenn der Bedingungseintritt des durch die Vormerkung gesicherten Rückübertragungsanspruchs indirekt von einer Maßnahme abhängt, über deren Vornahme der Eigentümer selbst entscheiden kann (BGHZ 134, 182, 188; Bamberger/Roth/*Eckert* § 883 Rn. 26), so zB wenn Bedingung des Anspruchs das Zuwiderhandeln des Eigentümers gegen eine Verfügungsunterlassungsverpflichtung ist.

2. Sicherungsvereinbarung. Da im Gegensatz zu Hypothek und Bürgschaft weder die Grundschuld noch das Schuldversprechen (Staudinger/*Wolfsteiner* Vorb. §§ 1191 ff. Rn. 185) akzessorisch ist, bedarf es im Verhältnis Bank/Sicherungsgeber einer schuldrechtlichen Verknüpfung zwischen Darlehensforderung und Sicherheit (hierzu eingehend Staudinger/*Wolfsteiner* Vorb. §§ 1191 ff. Rn. 24 ff., 149 ff.; 53 ff. zur Inhaltskontrolle).

3. Sicherungszweck. Im Hinblick auf die gegenüber der Sicherheitenbestellung durch Ehegatten immer kritischere Rechtsprechung des BGH wurde eine individuelle Zweckbestimmungsvereinbarung ausschließlich in Bezug auf das konkret bezeichnete Darlehen getroffen, das Anlass für die Bestellung der Sicherheiten war (zur Tragweite von §§ 305c Abs. 1, 307 BGB in Bezug auf Zweckbestimmungsvereinbarungen vgl. Bamberger/Roth/*Rohe* § 1192 Rn. 108 ff.). Wenn das eigene Vermögen der Ehefrau, insbesondere das zu belastende Wohnungseigentum das abzusichernde Darlehen nicht nur geringfügig übersteigt, dürften die von der Rechtsprechung entwickelten Grundsätze zur Unwirksamkeit der Bürgschaftsübernahme eines überforderten Ehegatten (vgl. BGHZ 120, 272 = NJW 1993, 322; BGHZ 125, 206 = NJW 1994, 1278; BGHZ 132, 6 = NJW 1996, 924; BGHZ 137, 329 = NJW 1998, 597; BGHZ 140, 395 = NJW 1999, 2372; BVerfGE 89, 214 = NJW 1994, 36) auch in Bezug auf das Schuldversprechen (§ 780 BGB) nicht anwendbar sein. Die Verwendung des Darlehens zum Erwerb des „Familienheims" dürfte jedenfalls eine „Verwerflichkeit" des Heranziehens des Ehegatten zur Sicherheitenbestellung ausschließen (zur Problemstellung Grundschuldbestellung durch Ehegatten vgl. Staudinger/*Wolfsteiner* Vorbem. §§ 1191 ff. Rn. 62 ff., 143; zum Schuldanerkenntnis durch Ehegatten *ders.* Rn. 191 f.). Auch sonstige qualifizierende Umstände, welche zu einem Verstoß gegen die guten Sitten führen würden (vgl. hierzu Bamberger/Roth/*Rohe* § 765 Rn. 47 ff.), sind hier nicht erkennbar.

4. Verhältnis Darlehensnehmer/Sicherheitengeber. Da spezielle gesetzliche Regelungen wie für die Bürgschaft (§§ 774, 412, 401 BGB) fehlen, kommt i. d. R. allgemeines Auftragsrecht zur Anwendung. Die hier getroffenen Vereinbarungen dienen einer ausdrücklichen Klarstellung auch für den Fall, dass nur eine Gefälligkeit angenommen werden sollte. Sie stellen darüber hinaus klar, dass die Darlehensverbindlichkeiten ausschließlich den Ehemann als Eigentümer treffen, auch wenn das erworbene Objekt faktisch als Familienheim beiden Ehegatten dient.

5. Verpflichtung zur Bestellung von Ersatzsicherheiten. Wenn das Hindernis für eine werthaltige Absicherung der Darlehensverbindlichkeiten an dem im Eigentum des Ehemannes stehenden Grundstück wegfällt, entfällt im Verhältnis der Eheleute die Notwendigkeit jedenfalls der dinglichen Sicherung am Eigentum der Ehefrau. Nach Löschung der vorrangigen Belastungen steht das Grundstück des Ehemannes als Sicherungsobjekt zur

Verfügung. Falls erreichbar, sollte bereits im Zusammenhang mit Abschluss von Darlehensvertrag/Sicherungsabrede eine Verpflichtung der Bank begründet werden, einem solchen Austausch der Sicherheiten zuzustimmen. Ob dann auch das Bedürfnis für ein Schuldversprechen der Ehefrau wegfällt, ist eine Frage des Einzelfalls, insbesondere der Werthaltigkeit des Grundstücks des Ehemannes und dessen persönlicher Solvenz. In Hinblick auf die Haftung mit dem gesamten Vermögen (einschließlich Immobilien) aus dem persönlichen Schuldversprechen der Ehefrau, sollte auch auf die diesbezügliche Haftentlassung hingewirkt werden.

3. Rahmenregelung zu Haushaltsgegenständen/Ersatzbeschaffung

Herr . . . . . .

und

Frau . . . . . .

schließen folgende Vereinbarung:[1]

Für unsere Ehe wird – ggf. mit den oben in Abschnitt . . . . . . vereinbarten Modifizierungen – der gesetzliche Güterstand gelten.[2] Bezüglich der Haushaltsgegenstände[3] treffen wir folgende klarstellende bzw. von der gesetzlichen Regelung abweichende Vereinbarung:[4]

a) Die Einbauküche samt eingebauten Elektrogeräten und Zubehör sowie die sonstige Kücheneinrichtung in der Eigentumswohnung . . . . . ., welche der Ehemann von seinen Eltern geschenkt erhalten hat, steht in dessen Alleineigentum (unabhängig davon, inwieweit es sich um Bestandteile bzw. Zubehör des Wohnungseigentums[5] handelt). Der . . . . . .-Flügel, welcher derzeit noch im Haus der Eltern der Ehefrau steht, aber demnächst in unsere künftige gemeinsame Wohnung verbracht wird, sowie das Bild „. . . . . .“ des Künstlers . . . . . . stehen im Alleineigentum der Ehefrau. Auch Antiquitäten und Kunstgegenstände, welche ein Ehepartner künftig von Dritten geschenkt erhält oder von Todes wegen erwirbt, stehen ggf. im Alleineigentum des Beschenkten.
b) Für Gegenstände im Sinne von Abschnitt a) gelten die nachfolgenden Bestimmungen nicht;[6] die gesetzlichen Verfügungsbeschränkungen der §§ 1365, 1369 BGB werden in Bezug auf diese Gegenstände (auch die Immobilie) ausgeschlossen, so dass insoweit jeder Ehegatte über diese jetzt oder künftig in seinem Alleineigentum stehenden Gegenstände ohne Einwilligung des anderen Ehegatten verfügen kann.[7]
c) Die übrigen Gegenstände unseres künftigen gemeinsamen Haushalts stehen zunächst im Alleineigentum des Ehegatten, der sie einbringt;[8] die Aufnahme eines Verzeichnisses zu dieser Urkunde wünschen wir nicht. Jeder von uns erklärt, dass die in seinem Besitz befindlichen Gegenstände derzeit in seinem Alleineigentum stehen, und dass hieran keine Rechte Dritter bestehen.
d) Wir sind uns darüber einig,[9] dass alle Geschenke, welche wir erhalten und die als Haushaltsgegenstände zu qualifizieren sind (insbesondere auch solche, welche wir aus Anlass der Hochzeit aus der von uns gemeinsam aufgestellten Hochzeitsliste erhalten) oder Haushaltsgegenstände, welche einer von uns von Todes wegen erwirbt, mit Einbringung in unsere künftige gemeinsame Wohnung in unser Miteigentum je zur Hälfte übergehen, auch wenn sie ein Schenker zunächst nur einem Ehegatten zuwenden sollte; wir werden den Mitbesitz gemeinsam ausüben.
e) Wir erteilen uns wechselseitig unter Befreiung von den Beschränkungen des § 181 BGB die – unabhängig vom sonstigen Bestand dieses Vertrages – jederzeit frei widerrufliche

Vollmacht, über Gegenstände unseres Haushalts zu verfügen, Verpflichtungen zu solchen Verfügungen einzugehen und in solche Maßnahmen des Ehegatten einzuwilligen.[10]

f) Haushaltsgegenstände, welche an Stelle von nicht mehr vorhandenen oder wertlos gewordenen Gegenständen angeschafft werden, werden Eigentum beider Ehegatten (je zum Miteigentum zur Hälfte).[11] Wir verpflichten uns wechselseitig, dies jeweils durch entsprechende Erklärung beim Erwerbsgeschäft sicherzustellen (auch zu solchem Erwerb bevollmächtigen wir uns hiermit wechselseitig), hilfsweise durch nachfolgend erklärte Einigung herbeizuführen. Wir sind uns vorsorglich bereits jetzt umfassend darüber einig, dass künftig während der Ehe bis zu einem etwaigen Getrenntleben angeschaffte Haushaltsgegenstände in das Miteigentum beider Ehegatten übergehen. Der Besitz ist durch beide Ehegatten auszuüben.

. . . . . .

(Unterschriften der Beteiligten – sofern nicht Teil einer notariellen Urkunde)[7]

Anmerkungen

1. Sachverhalt. Künftig im gesetzlichen Güterstand lebende Ehegatten führen zwei Haushalte zusammen. Die Ausstattung ist aufgrund des bisherigen Lebenszuschnitts (Studenten bzw. Berufsanfänger) eher einfach. Aufgrund der familiären Situation, erwarteter Hochzeitsgeschenke und der absehbar künftig sich stark verbessernden wirtschaftlichen Situation durch nun erzielbare Einkünfte ist von einer starken Wertverbesserung durch Erhöhung des Standards auszugehen. Der angestrebte Ersatz von Nadelholz-Studentenmöbeln durch Designer-Ausstattungen konnte nach § 1370 BGB aF für vor dem 1.9.2009 angeschaffte Haushaltsgegenstände (Art. 229 § 20 Abs. 1 EGBGB) zu nicht gerechtfertigten Wertzuwächsen führen.

2. Gesetzliche Regelungen. Im gesetzlichen Güterstand kann ein Ehegatte nach § 1369 BGB über ihm gehörende Gegenstände des ehelichen Haushalts (unabhängig davon, ob es sich hierbei um sein wesentliches Vermögen im Sinne von § 1365 BGB handelt) nur mit Einwilligung des anderen Ehegatten verfügen und sich zu einer solchen Verfügung auch nur mit dessen Einwilligung verpflichten. Zweck dieser Norm ist die Sicherung der wirtschaftlichen Grundlagen des ehelichen Haushalts gegen einseitige Maßnahmen eines Ehegatten (Bamberger/Roth/*J. Mayer* § 1369 Rn. 1). Der darüber hinaus bestehende Zweck der Sicherung der Zugewinnausgleichsforderung (OLG Hamm FamRZ 1972, 297; BayObLGZ 1980, 81, 83 f.) dürfte nur geringfügig erreicht werden.

3. Haushaltsgegenstände. Gegenstände des ehelichen Haushalts sind die im Eigentum eines oder beider Ehegatten stehenden beweglichen Sachen (auch Anwartschaftsrechte hieran), einschließlich der Haustiere und Freizeitgegenstände, die nach den Vermögens- und Lebensverhältnissen der Ehegatten für die gemeinsame Wohnung und Hauswirtschaft und für das familiäre Zusammenleben bestimmt sind. Entscheidend ist die tatsächliche Widmung der Ehegatten, auf den Wert kommt es nicht an (Bamberger/Roth/*J. Mayer* § 1369 Rn. 3). Ausgenommen von dieser weiten Begriffsfassung sind Gegenstände, welche ausschließlich dem persönlichen Gebrauch, der Berufsausübung oder der Vermögensanlage dienen. Bei gemischt genutzten Gegenständen kommt es auf den Schwerpunkt an.

4. Form. Als im Voraus und generell vereinbarte Abweichung von den in §§ 1369 und 1365 BGB enthaltenen Bestimmungen für den gesetzlichen Güterstand bedarf die Regelung als Ehevertrag der notariellen Beurkundung, § 1410 BGB. Eine konkrete Verfügungseinwilligung im Einzelfall ist jedoch durch vorherige formlose Vereinbarung der Ehegatten möglich (BayObLGZ 1969, 220, 223).

5. Zubehöreigenschaft von Einrichtungsgegenständen. Vgl. hierzu eingehend *Schulte-Thoma,* Zubehörveräußerung bei Grundstückskaufverträgen, RNotZ 2004, 61, 62 ff.).

6. Ausnahmebestimmung. Auf besonders wertvolle Gegenstände im bisherigen Alleineigentum eines künftigen Ehegatten passt die Motivation der Vertragsteile, dass künftiger Hausrat ihnen gemeinsam gehören soll, weil er im Wesentlichen gemeinsam angeschafft wird, nicht. Auch die wechselseitige Verfügungsbefugnis soll hierauf keine Anwendung finden. Eine entsprechende Klarstellung unter möglichst genauer Aufzählung der betroffenen Gegenstände ist deshalb erforderlich. Für diese gelten dann die gesetzlichen Bestimmungen.

7. Modifizierung der gesetzlichen Verfügungsbeschränkung. Enthält der Ehevertrag keine sonstige, allgemeine Modifizierung der im gesetzlichen Güterstand bestehenden Verfügungsbeschränkungen, ist es erwägenswert, eine solche uU für die besonders werthaltigen Gegenstände zu vereinbaren, welche nach dem Willen der Ehegatten nicht ihrem „Gemeinschaftsregime" unterliegen sollen. Die Regelung ist gemäß § 1410 BGB beurkundungsbedürftig.

8. Eigentum an bisherigen Haushaltsgegenständen. Hier handelt es sich nur um einen Hinweis auf die gesetzliche Regelung. Bei einem schon vor der Eheschließung bestehenden gemeinsamen Haushalt kann eine abweichende oder anderes klarstellende Regelung zweckmäßig sein.

9. Übereignung. In Abschnitt c) ist eine aufschiebend bedingte Übereignung enthalten, so dass es auf die – widerlegliche – Vermutung des § 1568b Abs. 2 BGB nicht mehr ankommt und die Vermutung des § 1362 BGB widerlegt sein kann. Die Sachen, auf welche sich diese Übereignungserklärung bezieht, sind hinreichend bestimmt. Im Regelfall gelangen die Sachen aufgrund der dort bezeichneten Erwerbsvorgänge nicht unmittelbar in das Miteigentum der Ehegatten, es sei denn, diese werden gemeinschaftlich beschenkt oder erben gemeinschaftlich. Deshalb findet hier rechtsgeschäftlicher Durchgangserwerb statt.

10. Vollmacht zur Einwilligung. Da die in Abschnitt b) enthaltene Modifizierung der gesetzlichen Verfügungsbeschränkung sich nicht auf die „gemeinsamen" Hausratsgegenstände bezieht, gilt hierfür das Einwilligungserfordernis des § 1369 Abs. 1 BGB. Bei entsprechendem Vertrauen der Ehegatten zueinander erleichtert die Zustimmung die Veräußerung gebrauchter Gegenstände; andernfalls kann diese Regelung auch entfallen.

11. Erwerbsverhältnis von anzuschaffenden Gegenständen. Nach hM führt § 1357 Abs. 1 S. 2 BGB (der gemäß § 8 Abs. 2 LPartG auch auf Lebenspartner anzuwenden ist) nicht zu einer unmittelbar dinglich wirkenden Zuordnung von im Rahmen des § 1357 Abs. 1 S. 1 BGB erworbenen Sachen (BGHZ 114, 74, 75, 78), wenngleich eine „Übereignung an den, den es angeht" oft zu demselben Ergebnis kommen mag (vgl. Bamberger/Roth/*Hahn* § 1357 Rn. 33). Da jedoch nicht ausgeschlossen werden kann, dass aufgrund des konkreten Erwerbsgeschäftes dann doch nicht unmittelbar das Eigentum auf beide Ehegatten je zur Hälfte übergeht, wird ergänzend eine Übertragungsverpflichtung und Einigung erklärt.

4. Vereinbarungen im Hinblick auf § 1362 BGB, § 739 ZPO

Herr . . . . . .

und

Frau . . . . . .

schließen folgende Vereinbarung:[1]

Wir, ... (Ehefrau) und . . . . . . (Ehemann) sind uns darüber einig,[2] dass die nachfolgend in Abschnitt (1) bezeichneten Sachen im Alleineigentum[3] der Ehefrau stehen, während die in Abschnitt (2) bezeichneten Sachen im Alleineigentum des Ehemannes stehen.[4] Die in Abschnitt (3) bezeichneten Sachen stehen im Miteigentum beider Ehegatten zu gleichen Bruchteilen. Die in Abschnitt (4) bezeichneten Sachen stehen im Eigentum Dritter.

Jeder Ehegatte übt an seinen Gegenständen Alleinbesitz aus, an gemeinschaftlichen oder gemeinschaftlich gemieteten/geleasten Gegenständen Mitbesitz.

Die Erwerbstatbestände/Rechtsverhältnisse[5] und ggf. Beweismittel hierzu sind nachfolgend bei den einzelnen Sachen jeweils aufgeführt und wie folgt abgekürzt:

AvE (Datum)	Anschaffung zu Alleineigentum vor Eheschließung aus eigenen Mitteln (am . . . . . .)
AnE (Datum)	Anschaffung zu Alleineigentum nach Eheschließung aus eigenen Mitteln (am . . . . . .)
S (Datum)	Schenkung zu Alleineigentum durch Dritte (am . . . . . .)
SE (Datum)	Schenkung durch Ehegatten (am . . . . . .) nach Anschaffung
VE (Datum)	(Vorerwerb) durch den anderen Ehegatten (am . . . . . .)
T (Datum)	Tauschweise Auseinandersetzung bislang gemeinschaftlicher Gegenstände durch die Ehegatten (am . . . . . .)
M (Datum)	Miet- oder Leasinggegenstände (Vertrag vom . . . . . .)
EV (Datum)	Eigentumsvorbehalt des . . . . . .(Vertrag vom . . . . . .)
SÜ (Datum)	Sicherungsübereignung an . . . . . . (Vertrag vom . . . . . .)
Z (. . . . . .)	Zeuge (Name, Anschrift)
R (. . . . . .)	Rechnung (Verkäufer)

Wir verpflichten uns wechselseitig, dieses Verzeichnis hinsichtlich nicht gänzlich unwesentlicher Gegenstände fortlaufend zu aktualisieren und Beweisdokumente in einer zeitlich geordneten beigefügten Mappe aufzubewahren, solange die Gegenstände nicht wertlos geworden sind.

(1) . . . . . .

(Beispiel: LCD-Fernseher 108 cm Bildschirmdiagonale Hersteller . . . . . .; Typ . . . . . .; Geräte-Nr. . . . . . .; AnE (2.12.2007); R (Elektronikmarkt . . . . . .)

(2) . . . . . .
(3) . . . . . .
(4) . . . . . .

. . . . . .

(Unterschriften; ggf. Beglaubigungsvermerk)[6]

Anmerkungen

1. **Sachverhalt.** Ein Ehepaar will den gesetzlichen Eigentums-, Gewahrsams- und Besitzvermutungen der §§ 1362 BGB, 739 ZPO entgegenwirken. Dies ist zum einen denkbar rein abstrakt vorbeugend (in wirtschaftlich stabiler Situation), dann wird das Verzeichnis uU relativ kurz sein und nur besonders werthaltige Sachen oder solche mit besonderem Affektionsinteresse umfassen. Andererseits kommt eine solche Maßnahme möglicherweise erst dann zustande, wenn bereits konkrete Gefahren (Vollstreckungsrisiken) erkennbar sind.

2. Einigung/Übereignung. Die Vereinbarung der Ehegatten hat – wenn es sich nicht um ein beiderseitiges Scheingeschäft handelt – im Verhältnis der Ehegatten zueinander ohne Weiteres rechtliche Wirkung. Ein zuvor anders bestehender rechtlicher Zustand wird durch Übereignung nach § 929 BGB ggf. geändert. Was die Wirkung im Verhältnis zu Dritten angeht, so handelt es sich zum einen um die Feststellung der Rechtsansicht der Ehepartner, zum anderen um eine Maßnahme, welche eine spätere Beweiserleichterung ermöglichen soll. Soweit die Vereinbarungen nicht lediglich deklaratorischen Charakter haben (Feststellung der Rechtsansicht), sind die Vorschriften der §§ 3 ff. AnfG zu beachten, wonach Rechtshandlungen eines Schuldners, die seine Gläubiger benachteiligen, anfechtbar sein können.

3. Gesetzliche Regelung. Damit eine Zwangsvollstreckung (§§ 803, 808 ZPO) in bewegliche Gegenstände eines verheirateten lebenden Schuldners oder die Durchsetzung von Herausgabeansprüchen gegen diesen (§ 883 ZPO) nicht regelmäßig am Einwand scheitert, die Sache stehe im Eigentum/Gewahrsam/Besitz des Ehegatten, der nicht Vollstreckungsschuldner ist (den Beweis des Eigentums/Alleingewahrsams des Vollstreckungsschuldners kann der Gläubiger in solchen Fällen i.d.R. nur schwer führen), beinhaltet § 1362 Abs. 1 BGB (entsprechend § 8 Abs. 1 LPartG) in Bezug auf das Eigentum eine Rechtsvermutung zugunsten der Gläubiger eines Ehegatten. Die Vermutung gilt nach § 1362 Abs. 1 S. 2 BGB nicht für Gegenstände im Besitz des Nichtschuldners, wenn die Ehegatten getrennt leben. Für ausschließlich zum persönlichen Gebrauch eines Ehegatten bestimmte Sachen wird nach § 1362 Abs. 2 BGB vermutet, dass diese dem Ehegatten gehören, für dessen Gebrauch sie bestimmt sind; diese Vermutung gilt abweichend von derjenigen des Abs. 1 auch im Verhältnis der Ehegatten.

An die Vermutung des § 1362 BGB bzw. § 8 Abs. 1 LPartG knüpft dann § 739 ZPO die Fiktion des Allein-Gewahrsams und Allein-Besitzes. Diese Ergänzung ist notwendig, denn trotz vermuteten Eigentums würde Besitz oder Mitbesitz des nicht schuldenden Partners der Pfändung (§ 809 ZPO) bzw. Wegnahme (§ 886 ZPO) entgegenstehen (vgl. Zöller/*Stöber* § 739 Rn. 1).

4. Eigentumsklarstellung. Die Rechtsvermutung des § 1362 BGB ist widerleglich. Hat der Gläubiger die Voraussetzungen des § 1362 BGB bewiesen, obliegt dem Ehegatten, der nicht Schuldner ist und geltend macht, die Sache gehöre ihm, der Beweis seines Eigentums. Die gesetzliche Vermutung wirkt zum einen in der Zwangsvollstreckung, zum anderen auch in der Insolvenz, im Verfahren zur Versicherung der Richtigkeit eines Vermögensverzeichnisses an Eides statt (§ 807 ZPO), zum anderen aber auch in sonstigen Verfahren, bei denen die Eigentumsverhältnisse für einen Gläubiger eines Ehegatten von Bedeutung sind (vgl. Bamberger/Roth/*Beutler* § 1362 Rn. 3 f.).

5. Erwerbstatbestand. Wie (entgeltlich/unentgeltlich) und von wem (insbesondere bei auch nur teilweisem Erwerb vom Schuldner-Ehegatten) der Ehegatte Eigentum erworben hat, ist zum einen von Bedeutung für die Relevanz möglicher weiterer Beweismittel, zum anderen auch für die Fristen einer möglichen Anfechtung (§§ 3–8 AnfG, §§ 130–140 InsO). Von Bedeutung ist dann ggf. auch, dass der Erwerb nicht verdeckt mit Mitteln des Schuldner-Ehegatten erfolgt ist.

6. Beweiswirkung, Form. Will der Nichtschuldner-Ehegatte sein Eigentum beweisen, um Vollstreckungsmaßnahmen zu verhindern oder aufheben zu lassen, so gelten hierfür die allgemeinen Bestimmungen der ZPO (§§ 355 ff. ZPO). Um wenigstens die Wirkungen des § 416 ZPO herbeizuführen, wird die Regelung/Feststellung jedenfalls schriftlich erfolgen. Jedenfalls im Hinblick auf eine mögliche Anfechtung innerhalb (§§ 129 ff. InsO) und außerhalb (§§ 1 ff. AnfG) des Insolvenzverfahrens wird regelmäßig auch der Zeitpunkt, zu dem die Erklärungen (spätestens) abgegeben wurden, von Bedeutung sein. Die notarielle Beglaubigung einer Unterschrift beweist gem. § 418 Abs. 1 ZPO, § 40 Abs. 1 BeurkG nur die Tatsache und den Zeitpunkt der Vollziehung bzw. Anerkennung einer Unterschrift; infolge von § 40 Abs. 5 BeurkG lässt sich ein Schluss dahingehend ziehen, dass vor der Unterschrift ein Text vorhanden war, ein Beweis, insbesondere im Hinblick auf einen bestimmten Text, kann jedoch nicht geführt werden. Ein Zeugnis über das Vorliegen einer Privaturkunde oder die Beglaubigung einer Abschrift einer Privaturkunde (§ 39 BeurkG) würden darüber hinaus gemäß § 418 Abs. 1 ZPO das Datum der Existenz einer solchen bzw. die Übereinstimmung der Abschrift mit der Vorlage zu einem bestimmten Zeitpunkt beweisen. Soll auch die Abgabe der Erklärungen selbst durch öffentliche Urkunde beweisbar sein, ist gemäß § 415 Abs. 1 ZPO die Errichtung einer Niederschrift nach §§ 8 ff. BeurkG erforderlich. In all diesen Fällen (und auch wenn die Abgabe und der Zeitpunkt der Erklärungen in sonstiger Weise, zB durch Zeugen, §§ 373 ff. ZPO, nachgewiesen werden kann) erstreckt sich die Beweiskraft nur auf die Erklärung der Ehegatten selbst. Dass diese inhaltlich richtig sind, ist eine weitere Tatsache. Deshalb ist darüber hinaus in kritischen oder potentiell kritischen Fällen auf eine weitere möglichst dichte Dokumentation zu achten. Dies können insbesondere sonstige Privaturkunden (Rechnungen, Kaufverträge, Überweisungsbelege etc) sowie Zeugen (Eltern die geschenkt haben, Geschwister, welche die Schenkung durch Eltern mit wahrgenommen haben usw.) sein. Somit ist die Klarstellung bzw. Regelung unter den Ehegatten zunächst für diese untereinander von Bedeutung, im Verhältnis zu Dritten jedoch ggf. nur Anknüpfungspunkt für weitere Beweissammlung.

E. Elterliche Sorge und Regelung des Umgangs

I. Ausübung des elterlichen Sorgerechts

1. Schulische Erziehung/Betreuung

Wir, die Eheleute Maria und Klaus M., haben am . . . . . . in . . . . . . die Ehe geschlossen. Aus unserer Ehe ist unser Sohn Kevin, geb. am . . . . . . (jetzt $4^1/_2$ Jahre alt), hervorgegangen.[1] Für Kevin wünschen wir beide gemeinsam die bestmögliche Ausbildung als Vorbereitung für seinen späteren Beruf.[2, 3] Deshalb soll er, sobald er die notwendigen Voraussetzungen[4] erfüllt, in die International School in . . . . . . eingeschult werden und dort zum Abschluss kommen.[5] Sonstige Entscheidungen für die schulische Entwicklung unseres Sohnes wollen wir stets im gegenseitigen Einvernehmen treffen.[6] Dabei soll für uns allein das Wohl von Kevin entscheidend sein. Unsere Absprachen sollen auch gelten, wenn wir uns trennen und/oder unsere Ehe geschieden wird.[7] Schon jetzt legen wir zudem fest, dass vorrangig der Elternteil die elterliche Sorge erhalten soll, der am Schulort von Kevin wohnt; entsprechende gerichtliche Sorgeanträge (insoweit) werden wir beide unterstützen. Sonst soll, wenn das möglich ist, vorrangig bei Trennung bzw. nach Scheidung unserer Ehe die elterliche Sorge für Kevin gemeinsam erhalten bleiben. Auch dann soll aber der Lebensmittelpunkt[8] unseres Sohnes bei dem Elternteil liegen, der sich besser und mit größerem Einsatz um seine Ausbildung kümmern kann. Wird einer von uns danach allein sorgebefugt oder lebt Kevin bei ihm, verpflichtet er sich, den anderen in regelmäßigen Abständen, mindestens aber alle drei Monate, über die Entwicklung von Kevin in der Schule zu unterrichten und Schulbescheinigungen und Zeugnisse vorzulegen. Ohnehin werden wir uns stets gemeinsam um Schulveranstaltungen kümmern und unter uns regeln, wer dort hingeht, also zu Elterntreffen, Elternversammlungen u.Ä. Auf Wunsch erteilt der sorgeberechtigte Elternteil dem anderen – beschränkte – Vollmacht; die Schule informieren wir im Voraus.

Die Kosten[9] für die International School in . . . . . . belaufen sich gegenwärtig auf (rd.) 2.200,– EUR im Monat; hinzu kommen Aufwendungen für sonstige schulische Veranstaltungen, Arbeitsmaterialien, Schulreisen und Klassenfahrten sowie Auslandsaufenthalte, insbesondere

- für drei Monate in Frankreich in Klasse x
- und neun Monate in den USA in Klasse y.

Diese Kosten übernimmt Herr M. allein; er ist berufstätig und verdient (Sommer 2017) . . . . . . 12.000,– EUR netto (wird im Einzelnen erläutert), während Frau M. aus einer teilschichtigen Erwerbstätigkeit 1.500,– EUR netto an Einkünften hat. Sobald Frau M. wieder arbeitet, und wir haben abgesprochen, dass sie dies nach Vollendung des 10. Lebensjahres von Kevin zunächst halbtags,[10] ab Vollendung des 14. Lebensjahres ganztätig soll/muss, wird sie sich ab einem Verdienst von . . . . . . angemessen an den Schulkosten beteiligen (Maßstäbe folgen gleich), selbst wenn so in ihre unterhaltsrechtlichen Selbstbehalte eingegriffen würde. Dabei haben wir uns im Einzelnen wie folgt verständigt:

- Verdient Frau M. (insgesamt) weniger als 1.500,– EUR netto (wird erläutert) im Monat, leistet sie für die Schulkosten von Kevin keine Beiträge.
- Bei einem Verdienst zwischen 1.500,– und 2.000,– EUR netto im Monat muss sie 300,– EUR von diesen Kosten übernehmen und bezahlen,
- und bei einem Verdienst von über 2.000,– EUR netto im Monat trägt sie 450,– EUR.
- Verdient sie mehr als 3.000,– EUR netto im Monat, beteiligt sie sich mit der Hälfte an den Schulkosten für Kevin, gegenwärtig begrenzt auf höchstens 650,– EUR. Für jeden weiteren Mehrverdienst von jeweils 1.000,– EUR muss sie im Übrigen einen zusätzlichen Beitrag von 200,– EUR für die Schul- und Ausbildungskosten von Kevin übernehmen und tragen.
- Sollten sich die Schulkosten erhöhen, werden wir die jeweilige Beteiligung entsprechend anpassen.

Diese Regelung gilt auch für unsere Trennung und die nachfolgende Zeit oder bei Scheidung unserer Ehe, wiederum unabhängig von sonstigen unterhaltsrechtlichen Verpflichtungen untereinander und gegenüber Kevin. Mögliche Unterhaltsansprüche von Frau M. für sich nach Rechtskraft des Scheidungsurteils begrenzen wir auf insgesamt 2.500,– EUR im Monat für Elementar-, Vorsorge- und Altersvorsorgeunterhalt, wobei Erwerbseinkommen bzw. sonstiger Verdienst von Frau M. bis (gegenwärtig) 1.500,– EUR netto im Monat unberücksichtigt bleibt und ihr zusätzlich in vollem Umfang zur Verfügung stehen soll (ehelicher Lebensbedarf für Frau M. = gegenwärtig 2.500,– EUR),[11] während weitergehende Einkünfte bei einem Verdienst bis 2.500,– EUR zur Hälfte, über diesen Betrag hinaus dann in vollem Umfang zur Anrechnung gebracht werden. Frau M. hat eine gute Ausbildung; die Eheleute M. gehen daher davon aus, dass sie in Kürze wieder arbeiten gehen und mehr als 2.500,– EUR im Monat netto verdienen und ihren ehelichen Lebensbedarf dann selbst sicherstellen kann. Hilfsweise verzichtet Frau M. auf weitere Unterhaltsansprüche gegen Herrn M. (über diese Beträge hinaus und gleich aus welchem Rechtsgrund sowie für den Fall der Not, des Notbedarfs und der Änderung der maßgeblichen Rechtsprechung und der Gesetzgebung); Herr M. nimmt ihre Verzichtserklärung an. Herr M. verzichtet für die Zeit nach Rechtskraft des Ehescheidungsbeschlusses für sich auf jeden Unterhaltsanspruch gegen seine Frau, auch wenn er Kevin betreut und ihm die elterliche Sorge zustehen sollte, denn er wird weiterhin berufstätig sein; Frau M. nimmt diese Verzichterklärung ihres Mannes an. Unterhaltsansprüche für Kevin bleiben von dieser Vereinbarung unberührt.[12, 13] Bei Volljährigkeit von Kevin werden beide Ehegatten – dann – Vereinbarungen treffen, die sich an den gesetzlichen Regeln orientieren (Aufteilung des Unterhalts im Verhältnis der Einkünfte der Eltern zueinander, abzüglich der jeweiligen Selbstbehalte).

Variante 1:

Der Vater stellt die Mutter insgesamt oder zu im Einzelnen bezeichneten Teilbeträgen vom Unterhalt für Kevin frei).

. . . .

Maria M. Klaus M.

Variante 2:

In ihrer Vereinbarung legen die Eheleute M. alleinige Entscheidungsbefugnisse des Vaters in „allen Fragen der schulischen Ausbildung, der Wahl des Schultyps bzw. der Fächerkombination in der Schule sowie der Mitwirkung in schulischen Gremien" für das gemeinsame Kind fest.[14, 15] Für den Unterhalt untereinander und für Kevin soll die zwischen ihnen sonst abgesprochene Regelung gleichwohl gelten.

Variante 3:

Einige Zeit nach ihren Vereinbarungen treffen sich die Eheleute M. wieder. Kevin lebt im Wesentlichen bei der Mutter, und seinen Vater besucht er alle zwei Wochen übers Wochenende. Klaus verdient nicht mehr so gut wie früher. Auch deshalb „reut" ihn seine bisherige Großzügigkeit. Im Übrigen ist er von den schulischen Leistungen seines Sohnes enttäuscht. Schließlich meint er, dass seine früheren Vorbehalte gegen öffentliche Schulen so nicht begründet sind. Jedenfalls möchte er, dass Kevin in das X.-Gymnasium in ...... wechselt, das 700 m von der Wohnung der Mutter entfernt und daher einfach für ihn zu erreichen ist. – Seiner Frau teilt Klaus mit, dass er für die hohen Schulkosten für Kevin nicht mehr aufkommen will; sie kann und will diese Kosten aber nicht allein zahlen.[16, 17]

Anmerkungen

1. Sachverhalt. Klaus M. ist Diplom-Chemiker, 46 Jahre alt, und geschäftsführender Gesellschafter eines größeren pharmazeutischen Unternehmens. Seit rd. sechs Jahren ist er mit Maria (34 Jahre alt) verheiratet, die früher und bis zur Heirat mit Klaus als Diplom-Übersetzerin in einem Verlagshaus beschäftigt war. Schon mit der Eheschließung hat sie auf nachdrücklichen Wunsch von Klaus, dann aber auch selbst überzeugt, ihre Erwerbstätigkeit aufgegeben – beide Eheleute sind sich andererseits einig, dass Maria später wieder berufstätig sein soll, wenn Kevin sie nicht mehr (so) braucht, und Einzelheiten wollen sie nun in ihrer Vereinbarung für sich und ihr Kind festlegen.

Klaus hat in den USA studiert, während Maria zu längeren Auslandsaufenthalten in Frankreich und in Italien war; beiden Elternteilen ist daher eine „vernünftige Fremdsprachenausbildung" von Kevin wichtig. Außerdem, das sagen sie offen, sind sie mit vielen Entwicklungen, die sie so sehen, im deutschen öffentlichen Schulsystem nicht einverstanden.

2. Eltern haben die elterliche Sorge zum Wohl des Kindes auszuüben, § 1627 BGB. Eigene Vorstellungen haben sie dabei zumindest zu Teilen zurückzustellen. Im Übrigen haben sie nach Einverständnis und Absprachen zu suchen. Nur wenn ihre Bemühungen scheitern, kann das FamG (zum Ablauf gleich → Anm. 3, 5) eingreifen, falls Angelegenheiten zu regeln sind, die „für das Kind erhebliche Bedeutung haben", **§ 1628 S. 1 BGB**, zur Verteilung von Sorgerechtsbefugnissen nach Trennung und Scheidung vgl. **§ 1687 BGB**, zu Einzelheiten dabei schon *Schwab* FamRZ 1998, 457 → Form. E.I.1, → Form. E.IV Anm. 7 mit Nachw.; zur Geltendmachung von Unterhaltsansprüchen beim **Wechselmodell** BGH FamRZ 2006, 1015, zur Abgrenzung BGH FamRZ 2007, 707 und FamRZ 2007, 1859, aber eine gerichtl. Entscheidung (in dieser Form – Wechsel der Betreuungszeiten) „ohne" ausdrückliche Zustimmung der Eltern oder gar gegen sie so kaum ergehen, da ihr Einverständnis nötig ist, dazu OLG Stuttgart FamRB 2007, 205 mit Anm. *Luthin* und OLG Düsseldorf NJW-Spezial, 2011, 485; OLG Dresden FamRZ 2011, 1741 (LS) und OLG Hamm NJW 2012, 398, wobei nach BGH NZFam 2017, 206 = FamRZ 2017, 532 mit Anm. *Schwonberg*, Bespr. auch von *Schwamb* NZFam 2017, 253 mit Nachw., weitere Anm. *Soyka* FuR 2017, 410 und *Keuter* FF 2017, 157, solche Regelungen aber über eine entsprechende Ausgestaltung des **Umgangsrechts** erreicht werden können, die einem Wechselmodell nahe kommen oder die im Ergebnis gleichartige Betreuungszeiten erreichen, selbst im Wege der **einstweiligen Anordnung**, anders bei beiden Punkten (wohl) bisher die überwiegende Auffassung in der Rspr. der OLGe, denn dann stehen nicht einmal Rechtsmittel bereit (Umgangsbefugnisse sind, wenn sie so angeordnet werden, nicht im Rechtsmittelzug angreifbar, aber jeder der Beteiligten kann ein Hauptsacheverfahren einleiten), ohne dass die NZFam 2017, 206 BGH in für weitere Folgen in Anspruch genommen werden sollte, denn nach wie vor sind Vorbehalte deutlich, weil die Eltern, das betont der BGH selbst, in besonderer Form kooperationsfähig und kooperationsbereit sein müssen, um zumindest für die Kinder verständigen beide vernünftig zusammenarbeiten zu können, zum Kindesunterhalt beim paritätischen Wechselmodell und der Verteilung des Kindergeldes schließlich s. BGH NZFam 2017, 257 und BGH FamRB 2017, 126 (Erfüllung der Unterhaltsverpflichtung nach einem gerichtlichen Vergleich); OLG Nürnberg, NZFam 2017, 257 und ausf. → Form. E.III.5 Auch längere bzw. weitere Reisen mit dem Kind haben die Eltern gemeinsam zu entscheiden, OLG Köln FamRB 2005, 105 (für Qatar OLG Köln FamRZ 1999, 249 für eine Reise nach Ägypten OLG Naumburg FamRZ 2000, 1241, für Ferien in Kanada, aber zumindest bei getrennt lebenden Eltern sollten Entscheidungsbefugnisse für den bestehen, bei dem sich das Kind gerade aufhält, wenn die Reise nicht ungewöhnlich ist, insbesondere weil das Kind dort weitere Familienangehörige besuchen will, denn Loyalitätspflichten unter den Eltern sind stets zu beachten (wobei eine Rolle spielen sollte, ob das Land, das Ziel des Urlaubs sein soll, dem Haager Abk. zur Internationalen Kindesentführung angehört oder ob Reiseempfehlungen oder Reisewarnungen des Auswärtigen Amts bestehen), vgl. im Übrigen OLG Frankfurt NZFam 2016, 869 und OLG Karlsruhe NZFam 2015, 235 (für eine geplante Urlaubsreise in die Ostukraine – muss im Augenblick ja wohl nicht unbedingt sein), KG LSK 2016, 107594. Schließlich kann das Gericht einem Elternteil die Befugnis einräumen, Reisepapiere zu diesem Zweck zu beantragen, wenn sich der andere widersetzt, OLG Köln FamRB 2005, 105), zum Umzug des Kindes *Finger* FamFR 2009, 134, überholt *Finger* FamRB 2009, 132 (denn auch Kleinkinder brauchen seit Mitte 2012 einen eigenen **Reisepass** bei uns und können nicht mehr in den Ausweispapieren der Eltern eingetragen werden, wobei Streitigkeiten, wenn sie bei Gericht ausgetragen werden, den besonderen Zuständigkeiten aus Art. 3 VO Nr. 2201/2003 folgen können, weil die Begrifflichkeiten dort weit auszulegen sind, dazu EuGH FamRB 2016, 98), OLG Köln BeckRS 2012, 1259, zur Übertragung des Aufenthaltsbestimmungsrechts auf die Mutter, die mit dem Kind zu ihrem jetzigen Lebenspartner nach Südfrankreich ziehen will, KG FamRZ 2010, 135, allgem. zur Übertragung der elterl. Sorge bei (geplantem) Umzug mit dem Kind ins Ausland OLG Koblenz FamRBint 2011, 8 und OLG Köln NJW-RR 2011, 149. Dabei spielt die Beeinträchtigung des Umgangs für sich keine entscheidende Rolle, wenn der Elternteil, der umziehen oder auswandern will, besser geeignet ist, die Sorge für das Kind auszuüben, dazu OLG Köln NJW-RR 2011, 149 (Kanada), denn er kann sich dabei auf seine Freizügigkeit berufen, Art. 2 Abs. 1 GG, wobei ohnehin moderne Technik die Möglichkeit (fast) jederzeitiger Kontaktaufnahme sicherstellen. Entscheidend wird allein das Wohl des Kindes, dazu auch OLG München FamRZ 2009, 1600. Für die Türkei OLG Frankfurt, 5 UF 206/16 (keine Entscheidungsbefugnis eines Elternteils allein nach § 1687 Abs. 1 S. 2 BGB „unter den gegenwärtigen dortigen Verhältnissen“).

3. Können sich die Eheleute über Einzelheiten dieser Art nicht einigen, sind sie vom Familiengericht nach § 1628 BGB zu entscheiden, Antragsmuster FuR 2010, 209, Übersicht bei *Ziegler* FuR 2010, 208, also etwa die Reihenfolge der Sprachen in der Schule, altsprachliches/neusprachliches Gymnasium, musischer Zweig; Waldorf-Schule; Schulwechsel, dazu OLG München FamRZ 1999, 111, 112, wobei das Gericht nicht selbst die gebotenen Anordnungen trifft, sondern die Regelungsbefugnis einem der Elternteile nach Antrag überträgt, der die endgültige Entscheidung vornehmen soll und dann vornimmt (der andere Elternteil kann, wenn er Eigenmächtigkeit des Partners befürchtet, nun eigene Anträge stellen, die ihnen vorgreifen sollen, etwa mit dem Ziel, jeden Wechsel zunächst zu „untersagen“ und von einer gerichtlichen Anordnung nach § 1628 BGB abhängig zu machen), zur Wahl der Schulart schon *Schwab* FamRZ 1998, 457, 459; zum Schulwechsel OLG München FamRZ 1999, 111, 112. **Nachhilfeunterricht** ist nicht einbezogen, dazu OLG Naumburg FamRZ 2006, 1058, weil insoweit (wohl eher) eine Alltagsangelegenheit betroffen ist, § 1687 BGB, vgl. dazu auch OLG Frankfurt FamRZ 2011, 47. Für **Unterhaltsverpflichtungen** die Berechtigung der Eltern bzw. eines Elternteils dabei § 1629 Abs. 2 BGB, zu § 1628 in diesem Zusammenhang → Form E.I. Anm. 5, zu **Mehr-** und **Sonderbedarf** § 1613 BGB und Palandt/*Brudermüller* § 1613 Rn. 11 mit einer Übersicht. Kosten für den **Kindergarten** sind nicht vom Tabellenunterhalt gedeckt; sie haben beide Elternteile daher im Verhältnis ihrer Einkünfte zueinander zu tragen, § 1606 Abs. 3 S. 1 BGB und BGH FamRZ 2008, 1152 und FamRZ 2009, 962; ausf. *Gerhardt/von Heintschel-Heinegg/Klein* 6. Kap. Rn. 184 und ebda *Seiler* Rn. 287 f., insbes. zur Abgrenzung von den sonstigen Betreuungskosten, etwa für Hort, Tagesstätte, Tagesheimschule u.Ä. Stehen pädagogische, schulische oder krankheitsbedingte Gründe (zB Lernbehinderung) im Vordergrund, ist durchgängig von einem Mehrbedarf des Kindes auszugehen, der zwischen den Eltern nach den üblichen Regeln aufzuteilen ist, also im Wesentlichen nach ihren Einkünften abzüglich der jeweiligen Selbstbehalte, gegenwärtig 1300 EUR. Nimmt ein Elternteil besondere Aufwendungen auf sich, um berufstätig werden zu können, sind diese von seinen sonstigen Einkünften abzuziehen, so dass sie unterhaltsrechtlich „relevant" werden, solange der andere leistungspflichtig ist. Verweigern die Eltern für ihre Kinder die Teilnahme am Schulunterricht in einer öffentl. oder zugelassenen Privatschule, weil sie sie zu Hause wegen ihrer Bedenken gegen die Einflussnahme dort behalten und ihr Wissen vermitteln wollen, kann ihnen, § 1666 BGB, die elterl. Sorge für diesen Teilbereich entzogen werden, vgl. im Übrigen *Raack/Raack* FF 2006, 295 und gleich → Form. E.I.1 Anm. 13. Dann wäre auch eine vertragliche Regelung zwischen ihnen unwirksam, weil sie das Wohl des Kindes vernachlässigt und/oder zumindest aus den Augen verliert, → Form. E.I.1 Anm. 5. Nach AG Heidenheim FamRZ 2003, 1404 war eine Flugreise zum Erlernen der englischen Sprache nach Großbritannien angesichts des Irak-Krieges eine Angelegenheit von erheblicher Bedeutung, die beide Elternteile nur einvernehmlich regeln konnten, **§ 1687 BGB** (vgl. auch AG Rosenheim FamRZ 2004, 49 für die Philippinen – dem Vater, der den Urlaub während seiner Besuchszeit plante, ist die Entscheidungsbefugnis für sie übertragen worden, vgl. auch Anm. 2 aE), aber mit dieser Begründung war die Entscheidung wohl schon damals falsch, weil nicht die abstrakte „Terrorgefahr" maßgeblich wird, sondern konkrete Gefährdungen bestehen bleiben oder die längere Abwesenheit des Kindes aus seiner vertrauten Umgebung Schäden mit sich bringen kann.

4. Die sonstigen allgemeinen Anforderungen und die Voraussetzungen, die gerade für diese Schule zu erfüllen sind, müssen für Kevin nachgewiesen werden.

5. **Elternvereinbarungen** zur elterlichen Sorge und zum Umgang schon während bestehender Ehe sind rechtlich zulässig. Allerdings sind sie nur in beschränktem Maß verbindlich, da vorrangig die Entwicklung des Kindes und sein Wohl sind, an der/dem sich die Eltern ausrichten müssen. Daher kann ein Elternteil die Absprachen aufkündigen, wenn er dartun kann, dass nun andere Lösungen notwendig werden und eine Einigung mit dem Partner trotz ernsthafter Versuche nicht gelungen ist, insbesondere also bei fortbestehenden Meinungsverschiedenheiten. Bei Gericht kann er, wenn beide ihre Elternbefugnisse gemeinsam ausüben, beantragen, ihm die Entscheidung für eine bestimmte Angelegenheit oder für bestimmte Angelegenheiten allein zu übertragen, **§ 1628 BGB** und → Form. E.I.1 Anm. 3, auch mit weiteren Auflagen. Dann kann er im Außenverhältnis so wie von ihm gefordert, wenn auch vielleicht mit weiteren gerichtl. verfügten Einschränkungen tätig werden. Im Übrigen könnte ihm der andere Vollmacht erteilen. Für die Zeit nach Trennung und Scheidung ist auch **§ 1687 BGB** zu beachten, dazu BVerfG ZfJ 2003, 233. Regelungen unter den Eltern im Ehevertrag bei Beginn der Ehe oder im weiteren Verlauf sind aber sinnvoll, weil sie die gemeinsamen Überzeugungen und Absichten zu einer Zeit widerspiegeln, zu der sich beide noch gut verstanden haben, so dass spätere gerichtl. Entscheidungen nach § 1671 BGB leichter zu treffen sein können, die sich an ihnen orientieren und die früheren Absprachen zum Maßstab nehmen bzw. von ihnen nur abweichen, wenn überzeugende Gründe vorliegen. Im Übrigen begründen sie persönliche Verbindlichkeit und nehmen beide als Eltern in ihre Verantwortung. Besondere **Formerfordernisse** bestehen nicht, wenn sie nicht sonst schon zu beachten sind, etwa wegen ihrer Aufnahme in eine beurkundungspflichtige Gesamtregelung. Verbindlich bleiben stets die allg. Grenzen für die Wirksamkeit vertraglicher Regelungen bzw. ihre spätere Anpassungsbedürftigkeit, §§ 138, 242 BGB, Wirksamkeits- und Ausübungskontrolle. § 1628 BGB kann schließlich Grundlage sein, wenn sich die Eltern beim Wechselmodell nicht selbst einigen können und dann etwa zum Unterhalt eigene Anträge stellen (wollen), dazu BGH NZFam 2017, 257, bzw. § 1629 Abs. 2 S. 2 BGB wird (vielleicht) maßgeblich, wobei entscheidend ist, welcher Elternteil die tatsächliche Fürsorge ausübt, also Versorgungs- und Erziehungsaufgaben übernimmt (52,5 % für die Mutter reichen, um sie so zu berechtigen).

6. Wiedergabe – aber auch mit einer entsprechenden eigenen Festlegung der Eltern durch Vereinbarung – von §§ 1627, 1628 BGB.

7. Abreden der Eltern zur elterlichen Sorge bei Trennung und Scheidung sind (ebenfalls) zulässig, aber wie sonst nur in beschränktem Maße wirksam bzw. verbindlich, dazu schon Anm. 5. Stellt ein Elternteil abweichende **Sorgerechtsanträge**, ist das Gericht nicht an die frühere Vereinbarung gebunden, vgl. aber § 1671 Abs. 1 und 2 BGB.

8. Im gerichtlichen Verfahren sollten die Eltern spätestens mit der Scheidung festlegen, bei welchem Elternteil das Kind seinen **Lebensmittelpunkt** haben soll, selbst wenn ihre Sorgebefugnisse oder auch nur die Regelung des Aufenthaltsbestimmungsrechts zwischen beiden nicht umstritten ist. Denn so wird auch über weitere Rechtsfolgen entschieden, die zu bestimmen sind wie polizeiliche Anmeldung, Wohnsitznahme, Schulpflichtigkeit, Krankenversicherungspflicht etc Mit der Anordnung, das Kind solle von einem Elternteil tatsächlich betreut werden, ist jedenfalls nicht (auch) das **Aufenthaltsbestimmungsrecht** erfasst (→ Form. E.IV.4), das weiterhin beiden zustehen kann und ohne ausdrückliche Absprachen auch zusteht. Doch kann die gesonderte Übertragung dieser Teilbefugnis oder Regelung durch Elternvereinbarung insbesondere bei einer Ehe mit einem ausl. Partner oder bei einer gewissen Wahrscheinlichkeit sinnvoll sein, dass einer der Eheleute ins Ausland zieht → Form. E.I.1 Anm. 2 aE Dann kann der andere dies durch gerichtl. Entscheidungen verhindern, die er herbeiführt, wenn er rechtzeitig von diesen Absichten erfährt, § 1628 BGB, zum Sorgerecht bei Auslandsbezug → Form. E.III.1 und → Form. E.IX zur Kindesentführung; zum Umzug eines Elternteils ohne Zustimmung des anderen *Finger* FamFR 2009, 134 mit Nachw., vgl. im Übrigen schon Anm. 3. Umgekehrt kann aber auch die elterl. Sorge bzw. das Aufenthaltsbestimmungsrecht dem Elternteil übertragen werden, der auswandern will, dazu OLG Zweibrücken NJW-RR 2004, 1588, damit er alle notwendigen Entscheidungen treffen kann, wiederum → Form. E.I.1 Anm. 2 aE, wenn sonst seine Übersiedlung dorthin mit dem Kind für dessen Entwicklung die besten Voraussetzungen bietet. In der Trennungszeit und durch einstw. Anordnung wird durch die Bestimmung (nur) des Lebensmittelpunkts bei einem Elternteil verhindert, dass schon zu einem frühen Zeitpunkt vollendete Tatsachen geschaffen werden, dazu OLG München FamRZ 1999, 111, 112; wird eine besondere Regelung notwendig, kann sie später immer noch getroffen werden.

9. Auch **Vereinbarungen** zur **Kostenverteilung** und zum **Aufwand** für die Kinder können die Eltern untereinander rechtsverbindlich absprechen. Unmittelbare Auswirkungen im Außenverhältnis und für die Zukunft ergeben sich dabei allerdings nicht, § 1614 Abs. 1 BGB, so dass sie lediglich **Freistellung** im **Innenverhältnis** bewirken, zu den rechtlichen Grenzen dabei BVerfG FamRZ 2001, 313 und → Form. E.III.5 Anm. 6 mit Nachw., zur Auslegung einer solchen Absprache OLG Brandenburg FamRZ 2003, 1965, insbesondere zu den Bemessungskriterien für die Unterhaltsberechnung für den **Mangelfall,** wobei das OLG Brandenburg im Wege der ergänzenden Vertragsauslegung oder nach § 242 BGB, so wohl eher 1966, die Absprachen auf den Inhalt zurückführt, der nach „gängigen Vorstellungen" üblich ist und daher zu erwarten sein könnte, kritisch, wenn auch letztlich zustimmend, *Bergschneider* FamRZ 2003, 1966, zum **Wechselmodell** (ausf. → Form. E. III.5 mit Nachw.) BGH FamRZ 2006, 2015 und (zur Abgrenzung) BGH FamRZ 2007, 707 mit Anm. *Luthin,* ausf. → Form. E.III.5 mit Nachw., zu unterhaltsrechtlichen Folgen vgl. auch *Born* NJW 2007, 1859 und BGH FamRZ 2006, 1015, zur Abgrenzung – keine gleichartigen Betreuungszeiten der Eltern – BGH NJW 2007, 1880, wobei sie auch über eine entsprechende Umgangsregelung nicht festgelegt werden können, dazu OLG Köln NJW-RR 2011, 149; zur Beteiligung des Sorgerechtsinhabers an den Umgangskosten (weil die Gefahr besteht, dass sonst das Umgangsrecht nicht ausgeübt werden kann) *Elden* NJW-Spezial 2010, 132, OLG Brandenburg NJW-RR 2010, 148, nun aber BGH NZFam 2017, 206 und Anm. 2; zu diesen Punkten schon Anm. bei mit Nachw., ausf. → Form. F. III. 5.

10. **Altersphasenmodelle,** die bisher weitgehend üblich waren, sind (nach der Unterhaltsrechtsreform 2009) nicht unmittelbar verbindlich, etwa mit der Verpflichtung zu einer **halbschichtigen Erwerbstätigkeit** des sonst unterhaltsberechtigten Teils bei Einschulung (Ende der dritten Grundschulklasse nach unseren bisherigen Vorstellungen) und Erwerbsarbeit in **vollem Umfang** nach Vollendung des 10. Lebensjahres (bisher: 13. oder zu anderen Zeiten), dazu Palandt/*Brudermüller* § 1570 BGB Rn. 8 bis 10 mit umfangr. Nachw. aus der Rspr., aber als Orientierungspunkt wirken sie manchmal wohl doch fort. Entscheidend sollen vielmehr ohne weitere Festlegung die Umstände des jeweiligen Einzelfalls und die Bedürfnisse des Kindes sein, dazu *Schürmann* FPR 2012, 224 und die Nachw. bei Palandt/*Brudermüller* § 1570 BGB Rn. 10 f. mit einer Übersicht über solche Modelle nach früherem Recht dort Rn. 8, umfangreiche Darstellung im Übrigen Rn. 11 mit vielen Nachw. Allerdings können sich die Eltern untereinander verständigen und damit vereinbaren, etwa in einem Ehevertrag, was für sie untereinander „richtig" sein soll und wie sie ihre Unterhaltsverpflichtungen verstehen. Dabei können sie den Elternteil, der die Kinder betreut, mit aus ihrer Sicht passenden Leistungen bis zu bestimmten Altersgrenzen der Kinder ausstatten, etwa bis zum vollendeten 12. oder bis zum vollendeten 16. Lebensjahr, können aber auf die Grenzen aus § 1570 BGB unterschreiten, wenn dies im Einzelfall zu rechtfertigen ist (drei Jahre).

11. **Unterhaltsrechtliche Selbstbehalte** von Frau M. sind so (noch) nicht berührt. Ohnehin kann sie eigene (Unterhalts-)Forderungen gegen Herrn M. geltend machen, wenn sie die im Vertrag vorgesehenen Voraussetzungen erfüllt oder sich wieder auf ihre Unterhaltsbedürftigkeit wegen der Betreuung des Kindes berufen kann.

12. Zum Anspruch eines Kindes gegen seine Eltern auf Finanzierung eines Studiums, § 1602 Abs. 2 BGB, OVG Bremen NVwZ-RR 2003, 758, zu einem Masterstudiengang nach dem Bachelor-Examen (sie ist geschuldet) OLG Koblenz FuR 2016, 725, wobei die Leistungsfähigkeit der Eltern für jeden einzelnen von ihnen gesondert zu berechnen ist, dazu OVG Hamburg FuR 2016, 540 mit Nachw. und OLG Brandenburg FamRZ 2011, 1067; vgl. zudem BGH NJW-spezial 2017, 261 (Abitur – Banklehre – Lehramtsstudium).

13. Bei **unregelmäßigem Schulbesuch** der Kinder, veranlasst etwa durch depressive Symptomatik mit Verlustängsten bei der Mutter, kann ein Abänderungsverfahren nach § 1696 BGB eingeleitet werden. Dann können auch im Wege der einstweiligen Anordnung, §§ 49 ff. FamFG, der Mutter das Aufenthaltsbestimmungsrecht zu entziehen und weitere Maßnahmen anzuordnen sein, wenn nur so sichergestellt wird, dass die Kinder zur Schule gehen, zu diesen Einzelheiten AG Saarbrücken FamRZ 2003, 1859, OLG Brandenburg FamRB 2006, 10 mit Anm. *Götsche;* OLG Koblenz FamRZ 2006, 57, einstw. Regelung der elterl. Sorge zur Sicherstellung des Schulbesuchs; OLG Hamm FamRZ 2006, 658; zum Entzug der elterl. Sorge bei **Schulpflichtverletzungen** allg. *Raack/Raack* FF 2006, 295. Wollen beide Eltern nicht, dass die Kinder öffentliche oder zugelassene Privatschulen besuchen und möchten sie sie selbst unterrichten (homeschooling), kann ihnen insoweit die elterliche Sorge nach § 1666 BGB entzogen werden, wobei allerdings die Grenzen eng zu ziehen sind, denn Trennung des Kindes von seinen Eltern ist der stärkste Eingriff in das verfassungsrechtlich geschützte Elternrecht überhaupt, dazu BVerfG FamRZ 2010, 713, zur neueren Rspr. des BVerG zum Entzug der elterlichen Sorge oder der Beschränkung Erkrankt ein Kind im Ausland bei einer Schulfahrt, können Eltern verpflichtet sein, wieder allein (strenge Maßstäbe: Verhältnismäßigkeit, Übersicht bei Palandt/*Brudermüller* § 1666 Rn. 1 und *Heilmann* NJW 2014, 2905 und FamRZ 2015, 92; *Hammer* FF 2014, 42g; nun wieder BVerf NZFam 2017, 670) und tatsächlich die Obhut auszuüben, sobald die Pflicht zur Teilnahme am Unterricht oder an einer sonstigen Schulveranstaltung endet und ihnen dies nach den tatsächlichen Umständen möglich und zumutbar ist, OVG Münster FamFR 2010, 334 (heißt: kommt das Kind ins Krankenhaus und fährt die Klasse sonst zurück, müssen die Eltern für die Behandlung und für die eigene Rückreise sorgen). Deshalb können beide Teile auch keine wirksamen Absprachen treffen, um sich festzulegen. Bei gemeinsamem Sorgerecht ist ein Elternteil im (verwaltungsrechtlichen) einstweiligen Rechtschutzverfahren auf Verpflichtung der Schulbehörde zur Aufnahme des Kindes in eine bestimmte Schule für sich allein nicht antragsbefugt, dazu OVG Berlin-Brandenburg FamRZ 2012, 798.

14. Im Außenverhältnis kann bei Getrenntleben der Eltern der Elternteil Forderungen geltend machen, bei dem sich das Kind aufhält, vgl. dazu § 1629 Abs. 3 BGB; zur **Vertretungsbefugnis** beim **Wechselmodell** → Form. E.III.5 und OLG München NJW-RR 2003, 1010; zur unterhaltsrechtl. Verteilung BGH FamRZ 2006, 2015; BGH NZFam 2017, 270 und OLG Nürnberg NZFam 2017, 257, vgl. im Übrigen → Form. E.I. Anm. 2, 5, insbesondere zu § 1628 BGB.

15. Die Übertragung **sämtlicher Sorgebefugnisse** auf einen Elternteil höhlt die in § 1627 BGB vorausgesetzte Verantwortung beider so weit aus, dass die gerichtliche Anordnung scheitert, Art. 6 Abs. 1 S. 1, Art. 3 Abs. 2 GG, weil kein vernünftiger Rest verbleibt, so dass dem anderen zumindest im Streitfall Antragsbefugnisse nach § 1628 BGB zustehen können, die aber keine eigene Bedeutung als Elternrecht mehr gewinnen. Deshalb müssen sich beide im Interesse des Kindes auf alleinige Sorgebefugnisse eines Teils verständigen. Andernfalls ist gerichtliche Entscheidung notwendig, § 1671 BGB. Unzulässig wäre auch der Versuch, für einen von ihnen Befugnisse zum **Stichentscheid** verbindlich festzulegen, Art. 6 Abs. 2, Art. 3 Abs. 2 GG, wenn sie die elterliche Sorge gemeinsam ausüben. Lebt ein (dt.) Kind bei seinem Vater im Irak, besteht für diesen (und für das Kind) ein berechtigtes Interesse, einen deutschen Reisepass zu erhalten, so dass ihm insoweit die Antragsbefugnis zu übertragen ist, § 1628 BGB, OLG Köln FamRZ 2012, 1502.

16. Dagegen können sich die Eltern Vorrechte oder alleinige Entscheidungsbefugnisse in **Teilausschnitten** einräumen, für die – etwa – einer von ihnen besondere Voraussetzungen mitbringt. Einzelheiten hat das FamG jeweils zu überprüfen. Auch bei Trennung und Scheidung können entsprechende Anordnungen zu treffen sein, vgl. dazu § 1671 Abs. 1 BGB, wobei die Vorstellungen der Eltern bzw. ihre Vereinbarungen wie sonst Anhaltspunkte liefern können. Ohnehin sind die Beschränkungen, die sich – etwa – die Mutter auferlegt, nicht endgültig. Hält sie das Verhalten des Vaters für das Wohl des Kindes für „gefährlich", kann sie nach § 1628 BGB vorgehen und gerichtliche Überprüfung beantragen und erreichen, dass sie in ihre Rechte wieder eingesetzt wird, wenn sich ihre Befürchtungen als gerechtfertigt erweisen. Selbst die gerichtliche Übertragung der elterl. Sorge auf den Vater bei Trennung bzw. Scheidung – auf ihren Antrag oder von Amts wegen – kann nachträglich geändert werden, vgl. **§§ 1696 BGB** und **166 FamFG**, wenn sich die ursprünglichen Annahmen als verfehlt erweisen oder sich die Dinge geändert haben, wobei die Maßstäbe allerdings streng sind (bei einer Sorgerechtsregelung für den nichtehelichen Vater ist das anders, weil sie schon zu erfolgen hat, wenn sie dem Wohl des Kindes nicht widerspricht, **negative Kindeswohlverträglichkeit**). Dagegen kommt eine „Anfechtung" oder „Aufkündigung" der Absprachen der Eltern nicht in Betracht, die sich auch nicht auf „Wegfall der Geschäftsgrundlage" berufen können, OLG Celle FuR 2011, 701. § 1696 reicht insoweit jedenfalls aus.

17. Klaus ist Kevin gegenüber **unterhaltspflichtig** (wie Maria, die ihre Verpflichtungen aber in der Regel durch tatsächliche Betreuung erfüllen wird). Ansprüche können auch durch **vertragliche Zusage** begründet werden und damit über die gesetzlichen Begrenzungen hinausreichen, wobei allerdings fraglich ist, ob das Kind unmittelbar in die Absprachen einbezogen ist, § 328 BGB, oder ob (nicht doch) nur eine Regelung für das Rechtsverhältnis zwischen den Eltern getroffen und die **Unterhaltsverteilung** für sie intern geregelt werden soll (Göppinger/Wax/*Hoffmann* Anm. 1302 mit Nachw.). Denn die Beteiligten wollen mit ihren Vereinbarungen (meist) keine völlige Ablösung des Unterhalts von seinen gesetzlichen Grundlagen herbeiführen, sondern diese lediglich „konkretisieren" und ausfüllen. Stets bleibt dem Unterhaltsschuldner selbst bei vertraglicher Festlegung die Kündigung „aus wichtigem Grund" (Göppinger/Wax/*Hoffmann* Anm. 1304), wenn der andere Teil (hier: die Mutter) zur Aufhebung der Abrede nicht bereit ist, sonst §§ 238, 239 FamFG; solche Gründe können

- erhebliche Veränderungen in der eigenen Leistungsfähigkeit sein,
- aber auch eine nun „neue" eheliche oder nacheheliche Aufgabenverteilung, „neue" Unterhaltsverpflichtungen,
- spätere Einkünfte des Unterhaltsempfängers, etwa nach Aufnahme einer eigenen Erwerbstätigkeit, nach Erbschaft oder in anderer Form,
- „Gefährdung des Familienfriedens" durch das Kind, die Abweichungen von den Elternvereinbarungen fordert,
- bzw. „schwere Erziehbarkeit" (Göppinger/Wax/*Hoffmann* Anm. 1304).
- Schwache **Schulleistungen** des Kindes trotz hoher finanzieller Anstrengungen der Eltern bzw. eines Elternteils sind (rechtlich) ebenso zu behandeln, so dass Klaus, wenn er die notwendigen Nachweise für die Nachlässigkeit von Kevin und damit für das schulische Versagen liefern kann, für die Kosten insoweit nicht mehr einstehen und das Kind zukünftig eine staatliche Schule besuchen „muss". Allerdings hat er vernünftige Übergänge für den Schulwechsel zu schaffen, etwa Schulferien, Schuljahresende u.Ä. Maßstäbe liefern auch insoweit §§ 238 und 239 FamFG.

18. Ansprüche des Kindes auf Herausgabe seiner persönlichen Unterlagen, etwa des Impfpasses oder eines Untersuchungshefts, gegen einen Elternteil leiten sich aus §§ 1601, 1610 Abs. 2 BGB analog her, OLG Nürnberg FamRZ 2016, 563. Streitverfahren sind keine Unterhaltssachen, sondern „sonstige Familiensachen", die einen Anspruch aus dem Eltern-Kind-Verhältnis betreffen. Leben die Eltern getrennt, kann der Teil, der die tatsächliche Obhut ausübt, in **Verfahrensstandschaft** nach § 1629 Abs. 3 BGB gegen den anderen vorgehen und Forderungen des Kindes geltend machen, wobei das Eigentum an den Unterlagen unerheblich ist, OLG Nürnberg FamRZ 2016, 563, vgl. im Übrigen zur Herausgabe der zum persönlichen Gebrauch des Kindes bestimmten Sachen *Götz* FamRZ 2016, 519 und dazu *Wohlgemuth* FamRZ 2016, 1135, Schlusswort *Götz* FamRZ 2016, 1136, zum schlichtwidrigen Zugriff der Eltern auf das Sparvermögen des Kindes OLG Bremen 4 UF 112/14; OLG Frankfurt FamRZ 2016, 147, wonach die Eltern verpflichtet sind, § 1664 BGB, die verwendeten Gelder an die Kinder zurückzuzahlen; zur Verpflichtung der Eltern über das Kindesvermögen bei Ende der elterlichen Sorge Rechenschaft abzulegen, vgl. § 1698 BGB, OLG Koblenz FamRB 2014, 252 (diese Ansprüche sind auch dann nicht verwirkt, wenn seit Eintritt der Volljährigkeit viele Jahre (hier: nahezu 23 Jahre) verstrichen sind. Bei niedrigen Zinserwartungen kann die Anlage in Gold statt in mündelsicherer Form nach § 1807 BGB vertretbar sein, wenn „dies den vermuteten

Wünschen des Betroffenen entspricht und für eine sichere Verwaltung gesorgt ist“, LG Rottweil NZFam 2017, 40.

2. Religiöse Erziehung

Wir, (die Eheleute) Anna und Hans-Joachim M.,[1] wollen am ...... in ...... heiraten. Wir wollen Kinder haben. Für unsere Kinder legen wir uns in dieser Vereinbarung auf eine kirchlich ausgerichtete und kirchlich begleitete Erziehung[2, 3] fest, über die im Einzelnen der Ehemann bestimmen soll, Herr Hans-Joachim M., Mitglied der römisch-katholischen Kirche. Die Ehefrau erteilt schon jetzt die dazu erforderlichen Vollmachten und erklärt, dass sie ihren Mann und die Kinder in ihrer religiösen Entwicklung nicht behindern oder stören oder eigene Befugnisse (störend) geltend machen wird.[4] Sie trägt die Vorstellungen ihres Mannes in vollem Umfang mit.[5, 6]

....

Anna M. Hans-Joachim M.

Variante:

Anna will Hussein heiraten, tunesischer Staatsangehöriger und Muslim. In ihrem Ehevertrag[7] halten beide Eheleute fest, dass Kinder aus ihrer Ehe im „christlichen Bekenntnis katholischen Glaubens“ erzogen werden sollen.[8, 9] Ausdrücklich sollen die Absprachen, die sie treffen, auch für eine Trennung oder Scheidung ihrer Ehe gelten.

Anmerkungen

1. Sachverhalt. Hans-Joachim ist 37 Jahre alt, Gymnasiallehrer, engagierter Christ röm.-kath. Glaubens, der in seiner Kirche angesehene Laienämter ausübt. Anna, 32 Jahre, ist Sozialarbeiterin, ev., aber in ihrer Kirche nicht verankert und insoweit ohne größeres Interesse. Für die Trauung im Einzelnen und ihren Ablauf in der Kirchengemeinde von Hans-Joachim (keine ökumenische Zeremonie, sondern Heirat nach kath. Ritus) haben sich die (künftigen) Eheleute ohne weiteres verständigen können.

2. Rechtliche Grundlagen. Die **Erziehung** ihrer Kinder bestimmen die Eltern im gegenseitigen **Einvernehmen** und in eigener **Verantwortung,** § 1627 BGB, mit ihren jeweils besonderen Beiträgen → Form. E.I.1. Gehören sie unterschiedlichen Religionen an und können sie sich nicht einigen, ob das Kind die **christliche Taufe** erhalten soll, kann die gemeinsame Sorge nur wegen dieses „Konflikts“ nicht aufgehoben und auf die kindesbetreuende Mutter übertragen werden, OLG Schleswig FamRB 2003, 353, wenn die Eltern sonst in anderen Erziehungsfragen einig sind; aber sie können Anträge nach § 1628 BGB stellen, dazu gleich → Form. E.I.2 Anm. 3 und zur Abgrenzung → Form. E.III.6 Anm. 7 und OLG Hamm BeckRS 2012, 02313.

3. Beide Elternteile können sich auf Erziehungsmodelle im Einzelnen und/oder allein auf die grundsätzliche Orientierung für die Betreuung der Kinder etwa in weltanschaulicher Art ohne weitere Festlegungen verständigen. Im Übrigen können sie, Teilausschnitt aus der elterlichen Sorge (→ Form. E.I.1), einem Partner Vorrechte oder auch alleinige Entscheidungsbefugnisse einräumen, ohne ihr Sorgerecht der Substanz nach zu verlieren, Art. 6 Abs. 1, 2 und 4 GG. Nach § 1628 BGB bleibt ohnehin (später) die

Möglichkeit, gerichtliche Anträge zu stellen und die Vorgaben und Anordnungen des anderen überprüfen zu lassen und für einzelne Maßnahmen nun selbst die Befugnis zu erhalten, die Dinge zu regeln, vgl. auch § 1 RKEG. Nach dieser Bestimmung ist die Einigung der Eltern „frei widerruflich". Im Übrigen wird sie durch den Tod eines Elternteils „aufgelöst" und verliert so ihre bisherige (beschränkte) Wirkung, § 2 RKEG. Verträge über die religiöse Erziehung des Kindes sind dabei ohne sonstige rechtliche Folgen, § 4 RKEG, weitere Einzelheiten gleich Anm. 4. Auch für sie liefern die Bestimmungen des RKEG allerdings Vorgaben, an denen sich die Beteiligten ausrichten können, an die sie sich zu halten haben, solange keine Änderung zwischen ihnen abgesprochen oder gerichtlich festgelegt ist. Anordnungen der Eltern treffen im Übrigen, vgl. auch Art. 4 Abs. 1 und 2 GG, früh auf eigene ausgebildete Rechtspositionen des Kindes, Art. 2 GG. Nach § 2 Abs. 2 RKEG kann ohne Zustimmung des Partners, die zwar vorab und „allgemein" erteilt werden kann, aber frei widerruflich ist, § 1 RKEG, das Kind nicht in einem anderen „als dem zur Zeit der Eheschließung gemeinsamen Bekenntnis oder in einem anderen Bekenntnis als bisher erzogen" werden. Für die Änderung der schulischen religiösen Betreuung des Kindes (**Religionsunterricht**) müssen sich die Eltern – unter den genannten Voraussetzungen – ebenfalls einigen; einer allein kann sie jedenfalls nicht bestimmen. Gelingen Absprachen nicht, gilt S. 3, Vermittlung und Entscheidung des Familiengerichts, die gegenüber § 1628 BGB vorrangig ist, dazu AG Weilburg FamRZ 2003, 1308 und OLG Brandenburg FamRB 2005, 74 mit Anm. *Pietrek*. Meinungsverschiedenheiten der Eltern über die religiöse Erziehung des Kindes reichen für sich allein nicht aus, die gemeinsame Elternsorge aufzuheben und die Alleinsorge eines von ihnen zu begründen, wenn sie sich sonst verständigen konnten, vgl. dazu schon Anm. 2 aE und OLG Schleswig FamRB 2003, 353, aber das Gericht kann nach § 1628 BGB vorgehen und die Dinge regeln, vgl. im Übrigen Anm. 6 aE Verstoßen beide gegen Interessen des Kindes, weil sie – etwa – seinen Schulbesuch überhaupt verhindern wollen, um die notwendige Erziehung zu Hause zu leisten, kann ihnen die elterl. Sorge entzogen werden, OLG Brandenburg FamRB 2006, 10 und → Form. E.I.1 Anm. 14; im Übrigen *Ehinger* FPR 2005, 367. Die Bestimmung über die religiöse Erziehung eines Kindes (§ 3 Abs. 2 S. 6 RKEG) kann auch durch schlüssige Handlungen eines früher sorgeberechtigten Elternteils erfolgen oder erfolgt sein, dazu OLG Düsseldorf FamRZ 2013, 140. Nach Vollendung des 14. Lebensjahres steht dem Kind dagegen allein die Entscheidung für sein **religiöses Bekenntnis** zu, ohne dass weitere Festlegungen unter den Eltern zu anderen Ergebnissen bzw. Festlegungen führen könnten, § 5 S. 1 RKEG. Schon nach dem 12. Lebensjahr entscheidet es über einen **Bekenntniswechsel,** denn gegen seinen Willen kann „es nicht . . . . . . in einem anderen Bekenntnis als bisher erzogen werden", § 5 S. 2 RKEG. Die Bestimmungen des RKEG finden „auf die Erziehung eines Kindes in einer nichtbekenntnismäßigen **Weltanschauung** entsprechend Anwendung", § 6 RKEG. Dabei ist diese Regelung „im weitesten Sinn zu verstehen . . . . . . und schließt daher . . . . . . auf der Grundlage der Wertneutralität des Staates eine **freireligiöse Erziehung** ebenso (ein) wie jede sonstige Lehre, (die) Vorstellungen von Zusammenhängen der **Weltordnung** und **Daseinszwecke** zu vermitteln sucht", MünchKommBGB/*Huber* § 1631 Anh. I § 6 RKEG; sonst zur Regelung der elterl. Sorge (§ 1671 BGB) und religiösem Bekenntnis der Eltern *Weychardt* S. 36 f. mit vielen Nachw. (Vortragsmanuskript zur elterl. Verantwortung, abzurufen über www.hefam.de) und BT-Drucks. 13/8170; *Abel* NJW 1996, 91; *ders.* NJW 1997, 426 und NJW 1999, 331; zum Wechsel des religiösen Bekenntnisses bei Auseinandersetzungen der Eltern und gerichtliche Entscheidung nach § 1628 BGB OLG Oldenburg FamRB 2010, 137 mit Anm. *Götsche* → Form. E.III.1 Anm. 2 mit weiteren Nachw. Wächst das Kind in einer (etwa) katholisch geprägten Umgebung bei der Mutter auf, kommt eine Regelung nach § 1628 BGB „für" den Vater allerdings nicht in Betracht, OLG Hamm BeckRS 2012, 02313 (wegen der christlichen Orientierung der Familie und der religiösen Erziehung des Kindes zur christlichen Taufe und der Teilnahme an der katholischen Erstkommunion), weil insoweit triftige Gründe für eine gerichtliche Anordnung fehlen (sollen). Reicht der Streit weiter und tiefer, muss dagegen eine gerichtliche Entscheidung erfolgen Sind die maßgeblichen Altersgrenzen für das Kind erreicht, bleibt § 1628 BGB (Entscheidung unter den Eltern) dagegen ohne Bedeutung, vgl. dazu → Form. E.I.1. Anm. 3. Ist die Kindesmutter aus der Religionsgemeinschaft der Zeugen Jehovas ausgeschlossen, während der Vater dort noch überzeugtes Mitglied ist, kann ihr die alleinige elterliche Sorge (bzw. das Aufenthaltsbestimmungsrecht für das Kind) übertragen werden, wenn sonst nichts gegen sie spricht und das Kind diese gerichtliche Regelung mitträgt, OLG Hamm BeckRS 2011, 07428. Ist das Kind schon seit längerer Zeit bei ihr sozial isoliert, kann der Vater allerdings sorgeberechtigt werden, auch wenn das Kind widerspricht, aber seine Entscheidung eben noch nicht „selbstständig" treffen kann, dazu OLG München FamRZ 2012, 1062. Sonst setzt die teilweise oder gänzliche Aufhebung der gemeinsamen elterlichen Sorge nach § 1671 Abs. 2 Nr. 2 BGB voraus, dass eine gerichtliche Regelung zum Wohl des Kindes notwendig ist, wobei der antragstellende Elternteil die Dinge darzulegen hat. Liegt ein solches Regelungsbedürfnis nicht vor, wird das Verfahren nicht weiterbetrieben und auch kein Verfahrensbeistand bestellt, OLG Naumburg FamRZ 2012, 1062, OLG Schleswig FamRB 2003, 353; zur elterlichen Sorge und Religion *Schwab* FamRZ 2014, 1. Die Teilnahme am Religionsunterricht und an den Schulgottesdiensten kann jedenfalls in der Grundschulzeit auch dann dem Kindeswohl am besten entsprechen, wenn die Eltern sich grundsätzlich über die konfessionslose Erziehung einig sind, sodass ein Elternteil nach § 1628 BGB vorgehen kann und seine Vorstellungen durchsetzt, OLG Köln BeckRS 2013, 069114, wobei andererseits, dazu OLG Hamm NZFam 2014, 1111 nicht unbedingt geboten ist, Kinder bereits frühzeitig durch Taufe und Kommunion in eine Religionsgemeinschaft zu integrieren, wenn die Eltern aus unterschiedlichen Kulturkreisen stammen, zur religiösen Erziehung eines Pflegekindes OLG Koblenz, FamRB 2014, 460; OLG Karlsruhe FamRZ 2016, 1376; OLG Stuttgart NZFam 2016, 716; vgl. auch AG Monschau BeckRS 2012, 16577 (Kind lebt im katholisch geprägten, ländlichen Umfeld und soll am Schulgottesdienst teilnehmen – die Mutter wünscht das nicht, der Vater setzt sich durch, § 1628 BGB). Neu ist § 1631d BGB, **Beschneidung** des männlichen Kindes, über die die Eltern in Ausübung ihrer elterlichen Sorge zu entscheiden haben, dazu AG Düsseldorf (bei Streitigkeiten Grundlage: § 1628 BGB) FamRZ 2014, 1209 und OLG Hamm FamRZ 2013, 1818 (Kenia, Kind: inzwischen – 2013 bei der Entscheidung des Gerichts – sechs Jahre alt). Dann können auch Maßnahmen nach § 1666 BGB gegen den Teil geboten sein, der die Beschneidung durchführen lassen will, während bei entsprechenden Eingriffen bei Mädchen von vorneherein § 1666 BGB Grundlage wird (völlig unverantwortliche Verstümmelung), vgl. im Übrigen gleich → Form. E.I.3 Anm. 5 mit Nachw.

4. Nach § 4 RKEG bleiben Verträge über die religiöse Kindererziehung „ohne bürgerliche Wirkung", sind also unwirksam, MünchKommBGB/*Huber* § 1631 Anh. I § 4 RKEG. Andererseits gibt § 1 RKEG den Eltern das Recht des „freien Widerrufs", ein gewisser Widerspruch. Ohnehin ist die „kirchenrechtliche Bedeutung von Absprachen" (der Eltern) von § 4 RKEG „unberührt". Ehe- und sorgerechtlich sollten dagegen Elternvereinbarungen ihre Bedeutung behalten, denn ausreichend ist, dass beide sie jederzeit widerrufen können, weil sie nicht auf Dauer gebunden sind. Somit ist

- von ihrer (grundsätzlichen) Wirksamkeit,
- aber gleichzeitig von ihrer jederzeitigen Widerruflichkeit auszugehen;
- bis dahin sind Absprachen der Eltern verbindlich, die sich an den Regeln des RKEG orientieren.

5. Verhindern die Eltern den Schulbesuch ihrer Kinder, weil sie sie zu Hause unterrichten wollen, **„Heimunterricht"** (homeschooling), kann ihnen die elterl. Sorge insoweit entzogen werden, dazu → Form. E.I.1 Anm. 14. Art. 4 GG ist jedenfalls nicht verletzt. Eltern haben auch keinen Anspruch auf eine entspr. Befreiung, dazu BVerfG NVwZ 2003, 1113, zu sonstigen „Ausnahmen" vgl. die Nachw. NJW 2003, 3406.

6. Die Kindesmutter, die die Personensorge ausübt, kann von der (angeblich) Großmutter den Widerruf der Taufanzeige gegenüber der örtlichen Kirchengemeinde und dem Pfarrer verlangen, wenn diese eigenmächtig vorgeht oder vorgehen will, AG Hagen NJW-RR 2012, 1410. Die Erklärung ist als Folgenbeseitigungsanspruch (Schadensersatz) und für den Eingriff in das religiöse Selbstbestimmungsrecht der Mutter des Kindes gerechtfertigt und auch von der Kirche zu beachten, AG Hagen FamRZ 2012, 1410.

7. In einem **„islamischen Ehevertrag"** können sich die Eltern darauf verständigen, dass die Frau ihr Sorgerecht in „Vollmacht" des Mannes ausübt, dem sonst Vorrang zukommt. Im Übrigen kann sie (in Deutschland) wie sonst Übertragung der Befugnisse durch gerichtliche Entscheidung erreichen, wenn sich der Vater als ungeeignet erweist, dazu *Rieck* S. 69, 81 f., auch wenn er keinen Unterhalt zahlt, obwohl er sonst leistungsfähig ist. Allerdings sollte sie zunächst in einem gerichtlichen Verfahren versuchen, Ansprüche für das Kind durchzusetzen. Eingriffe in Elternbefugnisse sind auch insoweit „letztes Mittel". Verweigert er Unterhaltsleistungen, kann eine Übertragung der Befugnisse nach gerichtl. Entziehung auf die Mutter folgen, *Rieck* S. 69, 81 f. und *Büchler* S. 57 und 58, wenn er sonst leistungsfähig ist, zu weiteren Einzelheiten gleich → Form. E.I.2 Anm. 8. Der Wunsch einer evangelischen Mutter, ein drei Jahre altes Kind, dessen Vater Moslem ist, christlich taufen zu lassen, rechtfertigt allein nicht die Übertragung der elterlichen Sorge auf sie; denn das Kind erleidet keine Nachteile, falls seine Aufnahme in das kirchliche Leben sonst gesichert ist, wenn die Taufe bis zu seiner Religionsmündigkeit von 14 Jahren unterbleibt (OLG Schleswig FamRZ 2003, 1948).

8. Halten sich die Eltern mit dem Kind in Deutschland auf, beurteilen wir das Rechtsverhältnis zwischen ihnen nach **deutschem Aufenthaltsrecht** (des Kindes), Art. 21 EGBGB bzw. die Regeln des KSÜ, dazu Art. 5 Abs. 1. Auch für die danach notwendigen Anordnungen und für § 1671 BGB (Fortbestand der gemeinsamen elterlichen Sorge ohne gerichtliche Entscheidung) bei Trennung und Scheidung wird deutsches Aufenthaltsrecht (des Kindes) maßgeblich, **KSÜ**, denn nach unserem Verständnis liegt eine Schutzmaßnahme für das Kind nach dessen Regeln vor, wobei inzwischen, Art. 16 KSÜ, auch die Rechtsanwendung durch das Abkommen eigenständig geregelt ist (während das MSA eher unvollständig geblieben ist), zur Anerkennungsfähigkeit eines dt. Scheidungsurteils ohne ausdrückliche Sorgerechtsregelung in der Türkei (sie kann scheitern, wenn die elterliche Sorge nicht gerichtlich festgelegt wird, *Turan-Schnieders/Finger* FuR 2003, 388), bzw. *Krüger* in einem Bericht über die Rspr. des türk. Kassationshofs IPrax 2004, 551, doch kann gem. Art. 40 türk. IPRG ein ausl. Urteil auch „teilweise" anerkannt werden, so dass die elterl. Sorge dort wieder zum Streitpunkt werden kann, wenn die Eltern ihren Wohnsitz in die Türkei verlagern, *Krüger* IPrax 2004, 551, während bei uns kann, nachdem die Eltern erneut umgezogen sind, **Abänderung** unter den eigenen Voraussetzungen erfolgen kann, §§ 1696 BGB, 166 FamFG.

9. Nach tunesischem Recht, das bei einer Ehescheidung dort Grundlage werden könnte (wir würden ebenfalls tunesisches Recht anwenden, wenn die Parteien gemeinsam in Tunesien gelebt haben, sonst aber deutsches Aufenthaltsrecht, vgl. inzwischen die Bestimmungen der VO Nr. 1259/2010, die auch für Angehörige von Drittstaaten gelten, falls nur die Anwendungsvoraussetzungen im Einzelnen für uns und sonst erfüllt sind, etwa durch gemeinsame gewöhnliche Aufenthaltsnahme im Entscheidungsstaat, die vorrangig auf die Rechtswahl abstellt, Art. 5, zur objektiven Anknüpfung sonst Art. 8 – beschränkt allerdings auf die Ehescheidung bzw. auf die Trennung ohne Auflösung des Ehebandes), übt auch die Ehefrau Sorgebefugnisse aus. Bei der Trennung von ihrem

Mann oder Scheidung der Ehe kann sie allerdings, wenn sie einem anderen Bekenntnis angehört als er, die elterl. Sorge nur erhalten, wenn das Kind das 5. Lebensjahr (noch) nicht vollendet hat und kein Anlass zu der Befürchtung besteht, die Erziehung (des Kindes) werde in einer anderen Religion erfolgen als der des Vaters, Art. 59 (tunesisches) G über das Personalstatut, aus unserer Sicht unangemessen und ordre publicwidrig, **Art. 6 EGBGB,** weil Gesichtspunkte des **Kindeswohls** keine oder nur eine untergeordnete Rolle spielen, vgl. ähnlich (für Ägypten) OLG Koblenz – 11 UF 771/03. Gerichte in Tunesien werden sich mit den Vereinbarungen wie sie die Eheleute M. getroffen haben allerdings nicht festlegen lassen, zu den Veränderungen in Marokko gerade zur elterl. Sorge und ihre Verteilung vgl. *Wohlgemuth* FamRZ 2005, 1949, zum Gesetzestext *Nelle* StAZ 2004, 276, Übersicht bei *El Azzouzi/Finger* FamRBint 2013, 16, sonst zu den gesetzlichen Bestimmungen in Maghreb *Nelle* StAZ 2004, 253; zum iran. Recht und zu Sorgebefugnissen der Mutter (Veränderungen in Art. 1129, 1169 iran. ZGB) OLG Koblenz FamRBint 2009, 26 mit Anm. *Yassari.*

3. Ärztlicher Heileingriff/Schwangerschaftsabbruch

Wir, die Eheleute Dr. Michael und Carolina H., haben am 16.12.2001[1] in . . . . . . geheiratet. Aus unserer Ehe sind Martin, geb. am . . . . . . (jetzt zehn Jahre alt), und Zoe, geb. am . . . . . . (jetzt fünfzehn Jahre alt), hervorgegangen. Beide Kinder leben in unserem Haushalt. Wir vereinbaren, dass für ärztliche Heileingriffe,[2] ärztliche Behandlungen, Therapievorschläge und sämtliche anderen Maßnahmen dieser Art allein der Vater, Herr Dr. H., anordnungs- und entscheidungsbefugt sein soll. Frau H. gibt ihrem Mann schon jetzt sämtliche Vollmachten, die er braucht. Ausgenommen von dieser Vereinbarung soll ein möglicher Schwangerschaftsabbruch[3] bei unserer Tochter Zoe sein. Für ihn wollen wir (beide) als Eltern handlungsbefugt bleiben, so dass wir uns entsprechend verständigen müssen,[4, 5, 6] bevor eine endgültige Entscheidung fällt, für die wir uns aber allein am Wohl unserer Tochter ausrichten wollen.

. . . .

Carolina H. **Dr. Michael H.**

Anmerkungen

1. Sachverhalt. Dr. Michael H., 44 Jahre alt, betreibt in der Nähe von H. als Allgemeinmediziner eine Praxis. Carolina, 37 Jahre alt, ist ausgebildete medizinisch-technische Assistentin, seit der Geburt von Zoe aber nicht mehr berufstätig (sondern Hausfrau). Zoe hat gerade ihren „ersten Freund" kennengelernt. Martin leidet seit seiner Geburt an Asthma.

2. Rechtliche Grundlagen. Auch die **medizinische Versorgung** von Kindern kann als Teilausschnitt aus der elterlichen Sorge selbständig geregelt und einem Elternteil zur „vorrangigen/alleinigen" Entscheidung zugewiesen werden (→ Form. E.I.1 Anm. 15 mit Nachw.). Carolina gibt, wenn sie ihren Mann berechtigt, dabei ihre Befugnisse nicht der Substanz nach auf, sondern nur für die jeweilige Ausübung, zum Umfang der medizinischen Versorgung sonst Palandt/*Brudermüller* § 1626 BGB Rn. 10 mit Nachw., OLG Bamberg FamRZ 2003, 1403; Bamberger/Roth/*Veit* § 1626 BGB Rn. 16, im Übrigen § 1687 BGB und → Form. E.IV.7 Anm. 4 mit Nachw. Hat sie die Befürchtung, dass ihr

Mann nicht (mehr) im Interesse der Kinder handelt, kann sie daher selbst tätig werden und eingreifen. Setzt sie sich in den Gesprächen mit ihm nicht durch, weil Michael sich gegen sie wendet, kann sie auch Anträge aus § 1628 BGB bei Gericht stellen. Besteht die gemeinsame elterliche Sorge, haben sich die Eltern abzusprechen; selbst bei Impfungen gegen Tetanus und Kinderkrankheiten kann der Elternteil, der das Kind betreut, nicht allein entscheiden, KG FamRB 2006, 141, und muss sich die Regelungsbefugnis für die gerade anstehende Maßnahme übertragen lassen. Auf diese Antragsrechte können sie dabei nicht wirksam und endgültig verzichten. Übt ein Elternteil – mit Zustimmung des anderen oder nach gerichtlicher Entscheidung – die Gesundheitsvorsorge für das Kind aus, kommen Änderung und Rückübertragung auf den anderen Elternteil nicht schon deshalb in Betracht, weil der Verdacht „der Transsexualität des Kindes" besteht, dazu KG BeckRS 2012, 10138. – Erteilt sie ihrem Mann Vollmacht, kann sie diese ohnehin jederzeit widerrufen. Dann sind beide wie sonst oder voher schon sorgebefugt.

3. Entscheidungen über den **Schwangerschaftsabbruch** bei ihrer Tochter haben die Eheleute H. aus ihrer Vereinbarung ausgenommen. Insoweit bleiben sie weiterhin beide zuständig. Maßgeblich für sie soll allein das Wohl des Kindes/der Schwangeren sein, an dem sie sich ausrichten wollen, doch müssen sich die Eltern nicht (deshalb) an ihren früher einmal erklärten Absichten festhalten (lassen), sondern haben die maßgeblichen Gesichtspunkte nach ihren verantwortlichen Vorstellungen abzuwägen, auf die jeweilige Situation zu beziehen und spätere Entwicklungen des Kindes zu berücksichtigen. Grenzen ergeben sich erst aus § 1666 BGB, Staudinger/*Coester* § 1666 BGB Rn. 106; vgl. auch die Nachw. bei Palandt/*Brudermüller* § 1626 BGB Rn. 13, dort allerdings mit teilw. abweichender Gewichtsverteilung; aus der (durchgängig älteren) Rspr. LG München I NJW 1980, 646; AG Schlüchtern NJW 1998, 832; OLG Hamm NJW 1998, 3424; zur einstweiligen Verfügung „gegen" die Schwangere mit dem Ziel, den Schwangerschaftsabbruch zu verhindern Palandt/*Brudermüller* § 1626 BGB Rn. 13; *Coester-Waltjen* NJW 1985, 2175. Klar ist jedenfalls, dass die Tochter die Entscheidung nicht für sich selbst treffen und wirksam Verträge mit einem Arzt/Krankenhaus abschließen kann. Jedenfalls kann die (künftige) Mutter selbst zur Beendigung der Schwangerschaft nicht „gezwungen werden", etwa durch Entscheidung der Eltern oder des Pflegers oder Vormunds, der für sie tätig wird, wenn sie das Kind austragen will.

4. Nach § 1633 BGB beschränkt sich die Personensorge für verheiratete Minderjährige auf die **Vertretung** „in den **persönlichen Angelegenheiten**", aber die sonstige tatsächliche Fürsorge für sie ist durch die Eheschließung eingeschränkt, Palandt/*Brudermüller* § 1633 BGB Rn. 3 mit Nachw.; LG Darmstadt NJW 1965, 1235. Heirat macht also – teilweise – frei, aber zu weiten Teilen bestehen elterliche Verantwortlichkeiten fort. Selbst Rechtsgeschäfte des Kindes bedürfen wie sonst Zustimmung der Eltern (nicht etwa des Ehemannes).

5. Droht die Gefahr, dass ein Mädchen (etwa) mit gambischer Staatsangehörigkeit bei einem Aufenthalt in seinem Heimatland oder beim Urlaub (hier: Gambia) beschnitten werden soll, ist der Mutter das Aufenthaltsbestimmungsrecht zu entziehen, auch wenn sie sonst „erziehungsgeeignet" erscheint, aber Eingriffe in die elterliche Sorge insgesamt und ihre Übertragung auf einen Dritten sowie die Unterbringung des Kindes in einer deutschen **Pflegefamilie** wären unverhältnismäßig, wobei sie allerdings eine gewisse Einsicht zeigen sollte, denn sonst drohen weitere Gefahren, vgl. OLG Dresden FamRZ 2003, 1862, bestätigt durch BGH FamRZ 2005, 344, dazu auch *Wüstenberg* FamRZ 2007, 692; vgl. OLG Karlsruhe FamRZ 2009, 1599, AG Bremen ZKJ 2008, 338 und AG Bonn ZKJ 2008, 256; zur Beschneidung von Jungen BVerfG FamRZ 2012, 1421 mit Anm. *Spickhoff*; zu § 1631d BGB vgl. BGBl. 2012 I 2749 und die Bespr. von *Spickhoff* FamRZ 2013, 337 → Form. E.I.2 Anm. 3. Ist ein afghanisches Mädchen (nun: 14 Jahre alt) nach

Deutschland gekommen, um hier nach schlimmen Verletzungen durch Kriegsereignisse in ihrer Heimat behandelt und medizinisch betreut zu werden, kann die „Pflegefamilie", die zumindest zeitweise Betreuungsaufgaben übernommen hat, nicht den Verbleib des Kindes einfordern und die Rückkehr nach Afghanistan verhindern, § 1632 Abs. 4 BGB, dazu BVerfG 1 BvR 476/04; zu Maßnahmen nach § 1666 BGB bei „defizienten" Eltern Palandt/*Brudermüller* § 1666 BGB Rn. 13, zu psychischen Krankheiten wie Drogensucht, Alkoholismus uÄ dort Rn. 14 mit vielen Nachw., zu sonstigen Erziehungsmängeln Rn. 15, zu Körperverletzungen, die sich ein Elternteil bisher schon vorwerfen lassen musste, Rn. 16.

6. Zur Beschneidung des männlichen Kindes nach § 1631d BGB vgl. auch → Form. E. I.2 Anm. 3 a.E.

4. Unbeschränkte Vollmacht

Hiermit bevollmächtige ich[1] meine Ehefrau/meinen Ehemann . . . . . ., in allen Angelegenheiten betreffend die elterliche Sorge, die wir sonst gemeinsam ausüben, für unser Kind Anna/unsere Kinder Kevin und Zoe (geb . . . . . .) insbesondere in/bei (folgt Aufzählung der einzelnen Bereiche[2]) für mich zu handeln und für das Kind Anna/die Kinder Kevin und Zoe verbindlich tätig zu werden. Diese Vollmacht umfasst ausdrücklich nicht die Befugnis (des Bevollmächtigten), mich, Herrn . . . . . ./Frau . . . . . ., aus eingegangenen Verbindlichkeiten rechtsgeschäftlich zu verpflichten[3] (Variante: . . . . . . mich nur in folgenden Zusammenhängen rechtlich zu verpflichten, folgt die Aufzählung einzelner Geschäftsbereiche/Geschäftsarten etc[4]).

. . . . . .

(Unterschrift)

Variante:

Unser Kind Anna, für das wir beide gemeinsam sorgeberechtigt sind, soll mit seinem Vater/seiner Mutter im Sommer . . . . . . v. 15. 7. bis zum 3. 8. in Urlaub fahren (folgen Land und Urlaubsanschrift). Für alle Handlungen und Maßnahmen, die in Ausübung der elterlichen Sorge für das Kind während dieser Zeit und/oder anlässlich der Urlaubsreise notwendig sind/werden, bevollmächtige ich meinen Ehemann/meine Ehefrau, der/die somit für das Kind allein handlungs- und entscheidungsbefugt sein soll; für folgende Bereiche behalte ich mir andererseits ausdrücklich die Zustimmung vor, die mein Mann/meine Frau zuvor bei mir einzuholen hat, bevor er/sie die Dinge regelt. Einer Weiterreise mit dem Kind in ein anderes Land als (folgt: Ferienland) und der Rückreise über (folgen: Zwischenstationen) widerspreche ich.[5] Die Vollmacht umfasst nicht die Befugnis meines Mannes/meiner Frau, mich rechtsgeschäftlich zu verpflichten[6] (oder: mich zu verpflichten).

. . . . . .

(Unterschrift)

Anmerkungen

1. Die rechtsgeschäftliche **Übertragung** elterlicher **Sorgebefugnisse** mit verbindlichen Rechtswirkungen und in ihrer Substanz ist nicht statthaft/bleibt folgen- und wirkungslos, Art. 6 GG, und lässt sich allenfalls, wenn die sonstigen Voraussetzungen erfüllt sind **und** die Parteien dies so wollen, als **Bevollmächtigung** auslegen/umdeuten. Allerdings können sich die Eltern über Sorgebefugnisse für einen von ihnen verständigen, die er ausüben soll. Ihre Entscheidung gibt immerhin Hinweise in einem gerichtlichen Verfahren, bleibt aber ohne Auswirkungen, wenn die Eltern bisher keine größeren Auseinandersetzungen gehabt haben und einverständlich handeln konnten, dazu OLG Schleswig FamRB 2012, 210 und auch weiterhin einverständlich handeln. Empfehlenswert ist zudem, besondere **Handlungspflichten** → Form. E.I.4 Anm. 4, für den Vollmachtnehmer festzulegen, wenn die Voraussetzungen im Einzelnen dafür nach den Vorstellungen der Beteiligten vorliegen. Zwar werden so bei Untätigkeit keine „Erfüllungs- oder Ersatzansprüche" begründet, aber die Maßstäbe für den **Widerruf** der Vollmacht, die die Übertragung der alleinigen Elternsorge auf den Vollmachtgeber wegen der Ausfälle auf der anderen Seite nahelegt, **§ 1666 BGB,** sind bereits von den Beteiligten vorgegeben, so dass das Gericht auf Antrag entsprechend vorgehen und entscheiden kann, wenn dies im Interesse des Kindes gboten ist, zur **Formbedürftigkeit** bzw. zur grundsätzlichen **Formfreiheit** → Form. E.I.8 Anm. 4. Ergeben sich Umstände, die zur Unwirksamkeit der Vollmachterteilung führen, aus der Urkunde, ist sie unwirksam, wobei selbst ein tauglicher **Rechtsschein** fehlt (oder fehlen kann), der Grundlage für den Schutz eines gutgläubigen Dritten sein könnte, OLG Karlsruhe NJW 2003, 2690, 2691 f.; zur Gestaltung der Sorgerechtsausübung durch Vollmacht *Geiger/Kirsch* FamRZ 2009, 1879.

2. Zur **gegenständlich beschränkten Vollmacht** gleich → Form. E.I.4 Anm. 5.

3. Allenfalls bleibt die Mithaftung mit anderer Grundlage, etwa aus § 1357 BGB, früher: **Schlüsselgewalt,** heute: Geschäfte zur Deckung des **täglichen Lebensbedarfs;** Geschäftsführung ohne Auftrag, insbesondere in Notfällen; **Anscheins-** und **Duldungsvollmacht,** etwa nach vorausgegangenen ähnlichen/inhaltsgleichen Abschlüssen etc Im Übrigen kann § 110 BGB (**Taschengeld**) eingreifen.

4. Die Vollmacht ist jederzeit frei widerruflich (→ Form. E.I.4 Anm. 1). Liegen die sonstigen Voraussetzungen vor, können über den bezeichneten Bereich hinaus **Handlungsbefugnisse** des bisher bevollmächtigten Elternteils „für den Notfall (bezogen auf das Kind)" begründet sein, etwa Nothilfe u.Ä. Doch können die Eltern die Widerruflichkeit inhaltlich beschränken, sodass sonst „Unwiderruflichkeit" entsteht. Allerdings entstehen auch dann keine Bindungen, wenn das Kindeswohl gefährdet erscheint und der Elternteil, der den Widerruf erklärt, sich darauf beruft.

5. Dabei ist die Vollmacht gegenständlich beschränkt → Form. E.I.4 Anm. 5. Im Übrigen sind familienrechtliche Folgen von Pflichtverstößen festgelegt. So kann der Mann/die Frau nicht (etwa) aus seinem/ihrem weiteren Aufenthalt im Ferienland oder der Reise in ein anderes Land im behaupteten Einverständnis mit dem Partner/der Partnerin weitere Rechtbefugnisse für sich herleiten, etwa wegen **Kindesentführung,** dazu BG (CH) FAMPRA.ch 2003, 476, 478; *Schmid* AJP 2002, 1325, 1332 mit Nachw.; *Bruch* S. 43; zur Bestellung eines Verfahrenspflegers für das Kind im Rückführungsverfahren BVerfG FamRBint 2007, 8; zur nachträglichen, konkludenten Genehmigung der „Kindesentziehung" durch den anderen Elternteil OLG Karlsruhe FamRBint 2007, 10 mit Anm. *Schulz;* zur Kindesentführung durch die Mutter (praktischer Regelfall) *Finger* FamRBint 2009, 34; zur Mediation im Rückführungsverfahren *Jametti Greiner* FAMPRA.ch 2008, 277, 278 f. mit Nachw. für die Schweiz. Sonst kann ein Elternteil ohne Zustimmung des anderen mit dem Kind in Ferien fahren, falls nicht gerade so besondere

„Gefahren“ drohen, etwa bei einer weiten Flugreise ohne Unterbrechung, aus sonstigen Geschehnissen oder Ereignissen im gewählten Land selbst u.ä., § 1687 BGB.

6. → Form. E.I.4 Anm. 3.

5. Beschränkte Vollmacht

Hiermit bevollmächtige ich meinen Mann, Herrn . . . . . ., für den anstehenden medizinischen Eingriff (folgt Beschreibung) nach den ärztlichen Feststellungen von Herrn Dr. X. v . . . . . . (folgt Wiedergabe wesentlicher Einzelheiten) bei unserer Tochter Meike, für die wir gemeinsam sorgeberechtigt sind, alle Erklärungen abzugeben, Handlungen vorzunehmen und Maßnahmen zu treffen, die für die beste Versorgung für sie notwendig sind. Für weitergehende Erklärungen, Handlungen und Maßnahmen, insbesondere (folgen Angaben), ist dagegen meine vorherige Zustimmung erforderlich, die mein Mann vor seiner Entscheidung oder einer sonstigen Festlegung einzuholen hat,[1] denn wir sind insoweit gemeinsam sorgeberechtigt. Die Vollmacht umfasst die Befugnis meines Mannes, mich aus den bei der Versorgung unseres Kindes eingegangenen Verbindlichkeiten rechtsgeschäftlich zu verpflichten (oder: Diese Vollmacht umfasst nicht die Befugnis meines Mannes, mich aus der bei der Versorgung unseres Kindes eingegangenen Verbindlichkeit rechtsgeschäftlich zu verpflichten).[2]

. . . . . .

(Unterschrift)

Anmerkungen

1. Die Vollmacht sollte der Einrichtung, in der das Kind betreut wird, bzw. den behandelnden Ärzten rechtzeitig zugesandt werden, wobei sich beide Elternteile den Empfang bzw. die Entgegennahme nachweisen lassen sollten. In **Notsituationen** bleiben stets eigene Befugnisse, sowohl für die Ärzte (**Nothilfe,** Geschäftsführung ohne Auftrag) wie für einen Elternteil (**Nothilfe,** Geschäftsführung ohne Auftrag), → Form. E.I.5 Anm. 4 für das vorangegangene Muster.

2. Für **„Notfälle“** → gerade Form. E.I.5 Anm. 1. Rechtsgeschäftlich wird dann der andere Elternteil aus **Geschäftsführung ohne Auftrag** verpflichtet, wenn deren Voraussetzungen vorliegen, ohne dass die vertraglichen Absprachen zwischen ihnen eine Rolle spielen, vgl. auch § 1357 BGB, dazu Palandt/*Brudermüller* § 1357 BGB Rn. 17 mit Nachw.; zu dieser Bestimmung bei der Behandlung des anderen Ehegatten *Peter* NJW 1993, 1949.

6. Unbeschränkte Absprachen der Eltern zur Vermögenssorge

Wir, die Eheleute Maria und Klaus M., haben am . . . . . . in . . . . . . die Ehe geschlossen; aus unserer Ehe ist Kevin hervorgegangen, geb. am . . . . . . (jetzt 13 Jahre alt).[1] Wir vereinbaren, dass in allen Fragen der Vermögenssorge, die Kevin betreffen, der Vater, Herr Klaus M., allein handlungs- und entscheidungsbefugt sein soll. Ich, Frau M., gebe meinem Mann daher alle notwendigen Vollmachten (dazu gleich 7). Klaus ist im Geschäftsleben erfahren; wir wollen so das Beste für unser Kind erreichen und Kevin für

seine Zukunft gut versorgen. Ich, Maria, traue mir dabei eigene Entscheidungen zwar zu, aber mein Mann wird, so hoffe ich auch, bessere Ergebnisse erzielen.[2]

. . . .

Maria M. Klaus M.

Anmerkungen

1. Sachverhalt. Klaus M. ist Vermögensberater bei einer großen deutschen Bank, Frau M. Hausfrau. Kevin hat vor zwei Jahren von seinem Großvater rund 400.000,– EUR geerbt, die Klaus nach entsprechenden Vorgaben des Erblassers verwaltet. Im Übrigen hat Klaus für seinen Sohn aus seinem Vermögen im Laufe der Zeit in verschiedenen Wertpapieren rund 150.000,– EUR angelegt, einen Sparplan bei seiner Bank mit monatlichen Einzahlungen von 150,– EUR und bei einer mit der Bank verbundenen Gesellschaft eine Ausbildungsversicherung mit einem Auszahlungsbetrag von 40.000,– EUR abgeschlossen, fällig bei Vollendung des 18. Lebensjahres von Kevin. Die Ehe der Eheleute M. ist bisher (im Wesentlichen) ungestört. Frau M. hat in vermögensrechtlichen Angelegenheiten volles Vertrauen zu ihrem Mann, der auch ihr Vermögen verwaltet.

2. Rechtliche Grundlagen. Zum Umfang der „üblichen“ Befugnisse → Form. E.I.1 und → Form. E.I.7 Anm. 2. Angelegenheiten der **Vermögenssorge** können von der elterlichen Sorge abgespalten werden. Gerade bei Trennung und Scheidung kann für sie sogar eine eigenständige Rechtsübertragung in Betracht kommen, dazu Form. E. IV. 5. Weitere Rechtsverluste sind für Frau M. nicht zu befürchten, denn sie kann sich von den Absprachen mit Wirkung für die Zukunft wieder lösen, weil die Vollmacht **widerruflich** ist. Im Übrigen kann sie wie sonst nach **§ 1628 BGB** vorgehen (wobei Widerruf der Vollmacht vorrangig ist und das Rechtschutzbedürfnis für Anträge nach § 1628 BGB entfallen lässt → Form. E.I.1. Anm. 3), wenn ihr einzelne Pläne ihres Mannes, von denen sie erfährt, zu gewagt erscheinen oder ihr Vertrauen in anderer Form/aus anderen Gründen nicht fortbesteht oder gestört ist, zur Beschränkung der Versorgungssorge bei Lebensversicherungen *Wedemann* FamRZ 2009, 1197. Liegen die Voraussetzungen aus §§ 1696 BGB, 166 FamFG vor, kann die Mutter sogar Abänderung verlangen, wenn eine gerichtliche Entscheidung bereits ergangen ist. Nach § 1666 Abs. 2 BGB kann (dem Inhaber oder Mitinhaber) die Vermögenssorge zu entziehen sein, wenn er seine Unterhaltsverpflichtungen gegenüber dem Kind nachhaltig verletzt, dazu OLG Karlsruhe Streit 2010, 159, und zu befürchten ist, dass so Interessen des Kindes gefährdet werden.

7. Vollmacht für die Vermögenssorge

Hiermit bevollmächtige ich meinen Mann, Herrn Klaus M., für unseren Sohn Kevin, geb. am . . . . . . in . . . . . ., für den wir sonst die gemeinsame elterliche Sorge ausüben, alle Handlungen vorzunehmen, Erklärungen abzugeben, Rechtsgeschäfte abzuschließen und Maßnahmen zu treffen, die sich auf die Vermögensverwaltung des Kindes beziehen.[1] Die Vollmacht umfasst nicht die Befugnis meines Mannes, mich aus dabei eingegangenen Verbindlichkeiten rechtsgeschäftlich zu verpflichten; verantwortlich für diese Folgen soll er vielmehr allein sein (bzw. das Kindesvermögen).[2, 3]

Im Übrigen bleiben wir beide in vollem Umfang sorgeberechtigt.

. . . . . .

Maria M.

Anmerkungen

1. Besondere **Formvorschriften** sind für die **Vollmacht** nicht einzuhalten, wenn sie nicht ohnehin schon maßgeblich sind, etwa für einen **Ehevertrag,** der diesen Zusatz enthält, oder für ein anderes, für sich formbedürftigen Rechtsgeschäft.

2. Diese Beschränkung liegt nahe. M. kann also nur
- das **Kindesvermögen** verpflichten,
- aber nicht seine Frau,
- wobei auch **Geschäftsführung ohne Auftrag,** § 1357 BGB bzw. Anscheins- oder Duldungsvollmacht kaum (eigene) Verbindlichkeiten für sie schaffen werden, weil insoweit durchgängig die notwendigen Voraussetzungen fehlen.

3. Für einige Geschäfte braucht der Vater zusätzlich die Genehmigung des FamG, vgl. dazu § 1643 Abs. 1 BGB, Verweis auf §§ 1821 und 1822 Nr. 1, 3, 5, 8 und 9 BGB. Das gleiche gilt für die **Ausschlagung** einer **Erbschaft** und eines Vermächtnisses sowie für den Verzicht auf ein Pflichtteil, § 1643 Abs. 2 S. 1 BGB. Daran ändert auch die Vollmachtserteilung durch die Ehefrau/Mutter des gemeinsamen Kindes nichts. Fällt das Vermögen an das Kind erst durch die Ausschlagung eines Elternteil an, der das Kind allein oder gemeinsam mit dem anderen Elternteil vertritt, ist die familiengerichtliche Genehmigung nur erforderlich, wenn dieser neben dem Kind berufen ist, S. 2. Bei erheblichen Interessengegensätzen zwischen Eltern und Kind ist ohnehin die Bestellung eines **Ergänzungspflegers** notwendig, die durch die Einschaltung eines Verfahrensbeistandes nicht ersetzt werden kann, OLG Zweibrücken NJW-RR 2012, 1287 im Anschluss an BGH FamRZ 2011, 1788.

8. Beschränkte Absprachen der Eltern mit Vollmacht – Gesellschaftsbeteiligung

(sonst wie 6.)

(tatsächlich wie zuvor)

Kevin ist in der X.-KG (Familiengesellschaft) als Kommanditist mit einem Anteil von ...... beteiligt, wobei er $^1/_2$ dieses Anteils bei seiner Geburt von seinem Vater aus dessen gesellschaftsrechtlicher Beteiligung erhalten und ein weiteres $^1/_2$ von seinem Großvater Michael M. 2009 geerbt hat. Für die Verwaltung dieser Beteiligung vereinbaren die Eheleute Maria und Klaus M., auch wenn sie sonst die elterliche Sorge für Kevin einschließlich der Vermögenssorge gemeinsam ausüben, alleinige Handlungsbefugnisse des Vaters, der damit sämtliche Maßnahmen treffen und Erklärungen abgeben kann, die für Kevin notwendig sind,[1] wobei Frau M. ihrem Mann entsprechende Vollmacht einräumt. Doch behält sie sich ihre vorherige Zustimmung für folgende Geschäftsbereiche/Geschäfte vor (wird ausgeführt).[2] Dann darf Herr M. nicht allein für Kevin handeln. Aus den Maßnahmen, Tätigkeiten und Erklärungen von Herrn M. für Kevin wird Frau M. rechtsgeschäftlich oder in anderer Form nicht verpflichtet[3] für sämtliche Folgen tritt vielmehr Herr M. allein ein und entlastet seine Frau bzw. stellt sie im Innenverhältnis frei.[4, 5]

....

Maria M. Klaus M.

Anmerkungen

1. Weitere Erklärungen sind möglich. Zweckmäßig sind allerdings eher Einschränkungen, die näher zu beschreiben sind → Form. E.I.8 Anm. 2.

2. Etwa die Aufgabe der gesellschaftsrechtlichen Beteiligung, ihre Abtretung zu Sicherungszwecken, die Veräußerung etc, sonstige Belastungen. Dabei sollten die Einschränkungen von Befugnissen von Kevin bzw. die Handlungsmöglichkeiten des Vaters an mögliche Geschäftspartner bekanntgegeben, etwa Banken und ihre Vorlage dort, und den anderen (etwa) Gesellschaftern mitgeteilt werden, die aber in der Familien-KG durchgängig ohnehin unterrichtet sind. Kenntnisnahme bzw. Empfang sollten sich die Eltern bestätigen lassen.

3. Allenfalls können die allgemeinen Regeln zu anderen Ergebnissen führen, **Anscheins-** bzw. **Duldungsvollmacht,** während § 1357 BGB ebensowenig erfüllt sein wird wie die Voraussetzungen der Geschäftsführung ohne Auftrag (nicht) vorliegen, → Form. E.I.8 Anm. 4 des vorausgegangenen Musters.

4. Vollmachtserteilung ist wie sonst **formfrei,** wenn sie sich auf ein Geschäft bezieht, das selbst nicht formbedürftig ist, dazu Palandt/*Ellenberger* § 167 BGB Rn. 2 mit Nachw., auch zu Ausnahmen, etwa zu §§ 1484 Abs. 2, 1945 Abs. 3 BGB, Abs. 2 GmbHG, §§ 134 Abs. 3, 135 AktG; für die **Vorsorgevollmacht** vgl. §§ 1904 Abs. 2 und 1906 Abs. 5 BGB. Die Vollmacht ist jederzeit frei widerruflich; die Folgen des **Widerrufs** wirken allerdings nur in die Zukunft.

5. Aus den Maßnahmen ihres Mannes wird die Ehefrau nicht verpflichtet; zu ihrer Absicherung sollte Klaus zusätzlich erklären, dass er sie in vollem Umfang entlastet bzw. freistellt.

9. Ererbtes Vermögen

(Sonst wie 6. und 7 . . . . . .)

„ordne ich, Michael M. (als Erblasser in der Form einer letztwilligen Verfügung oder bei der Zuwendung festgelegt), an, dass für die Verwaltung des Vermögens bzw. der Vermögensteile, die ich von Todes wegen meinem Enkel Kevin zuwende, Frau M., die Mutter, von sämtlichen Verwaltungsbefugnissen und sonstigen Maßnahmen für sie ausgeschlossen sein soll.[1] Verwaltungsbefugt und handlungsberechtigt ist vielmehr allein mein Sohn Klaus, der Vater des Kindes".[2]

. . . . . .

Michael M.

Anmerkungen

1. Nach § 1638 Abs. 1 BGB erstreckt sich die **Vermögenssorge** nicht auf das Vermögen, das das Kind von Todes wegen erwirbt oder das „ihm unter Lebenden unentgeltlich zugewendet wird, wenn der Erblasser durch letztwillige Verfügung oder der Zuwendende bei der Zuwendung bestimmt hat, dass die Eltern das Vermögen nicht verwalten sollen". Ist nur ein Elternteil ausgeschlossen, „so verwaltet (das Vermögen) der andere Elternteil",

§ 1638 Abs. 3 BGB → Form. E.X.2 Anm. 2. Ohne Einschaltung eines Ergänzungspflegers sind Eltern als Sorgerechtsinhaber berechtigt, ihr minderjähriges Kind bei der Auflassungserklärung zu vertreten, wenn ein Großelternteil ihm ein Grundstück vermacht hat, auch wenn so weitere Nachteile entstehen können, soweit sie aus den gesetzlichen Regeln folgen oder sich als Beschränkung des Vermächtnisses darstellen, dazu BayObLG FamRB 2005, 79 mit Anm. *Rohling*. Allerdings müssen die sonstigen Vorteile deutlich überwiegen.

2. Ist der Vater eines (minderjährigen) Erben zum **Testamentsvollstrecker** bestellt, kommt die Anordnung einer Ergänzungspflegschaft zur Wahrnehmung der Rechte des Erben aus den in den Nachlass fallenden Gesellschaftsanteilen (oder sonstigen Vermögenswerten) nur dann in Betracht, wenn Interessenkonflikte sichtbar sind, sonst nicht, dazu BGH NJW-Spezial 2008, 423 mit Anm. *Klinger*.

10. Vermögensverzeichnis, § 1648 BGB

(wie 6. oder 8./9.)

Wir, die Eheleute M., haben (gesondert) vereinbart, dass Herr M. die Vermögenssorge für unseren Sohn Kevin (. . . . . .), für den wir sonst unsere Elternbefugnisse in Absprache allein/beschränkt (in den einzelnen Bereichen, vgl. 6. bzw. 8./9.) ausüben sollen, auch wenn wir sonst gemeinsame Elternbefugnisse haben und behalten wollen. Deshalb verpflichtet sich Herr M., das in § 1648 BGB vorgesehene Vermögensverzeichnis aufzustellen und beim FamG vorzulegen, doch wird er seine Frau nach Fertigstellung unterrichten und ihr eine Ausfertigung überlassen. Aufwendungsersatz[1] soll ihm in der üblichen Form zustehen (wird ausgeführt; auch Beschränkungen sind möglich). Für Folgen und Schäden, die aus seinen Handlungen für Kevin entstehen,[2] haftet er selbst, wobei er im Innenverhältnis seine Frau von allen rechtlichen Verantwortlichkeiten freistellt.[3]

. . . . . . **. . . . . .**

Maria M. **Klaus M.**

Anmerkungen

1. Dazu § 1648 BGB.

2. Vgl. § 1664 BGB, insbesondere Abs. 2.

3. Sonst haften Eltern als Gesamtschuldner, aber ob tatsächlich schon ein abweichender Verteilungsmaßstab festgelegt ist, wenn sie sich über die Ausübung der Vermögenssorge durch Absprachen verständigen, § 426 Abs. 1 S. 1 und 2 BGB, ist zweifelhaft, so dass jedenfalls ausdrückliche (zusätzliche) **Haftungsfreistellung** empfehlenswert ist, um sichere Ergebnisse zu erzielen.. Für Pflichtverletzungen bei der Auswahl oder Überwachung des anderen sowie sonstigen Nachlässigkeiten oder eigene Verantwortungslosigkeit muss jeder Elternteil ohnehin selbst einstehen. **Haftungsmaßstab** ist § 1664 Abs. 1 BGB.

II. Rechtsbeziehungen zu Pflegeeltern

1. Pflegevereinbarung

Wir, die Eheleute Carla und Moritz M., sind die Eltern der Kinder Jan, zwei Jahre alt, und Michaela, sechs Monate alt. Wir haben am . . . . . . in . . . . . . geheiratet. Auf dringendes Anraten des für uns zuständigen Jugendamtes, das uns seit rund zwei Jahren unterstützt und uns in unserer Familie hilft, auch um die Bedingungen zu verbessern, die Kinder wieder zu uns nehmen zu können, vereinbaren wir mit den Eheleuten Chr. (im Folgenden: Pflegeeltern):[1]

§ 1 Aufenthalt des Kindes; Obhut; Pflege

Die (leiblichen) Eltern sind damit einverstanden, dass die Kinder Jan (. . . . . .) und Michaela (. . . . . .) ab sofort und auf dringende Empfehlung des zuständigen Jugendamtes und zur Vermeidung einer In-Obhutnahme[2] in der Pflegefamilie (Chr.) aufgenommen und bis auf weiteres dort leben werden. Geplant ist zunächst eine Aufenthaltsdauer von (etwa) einem Jahr.

§ 2 Übertragung von Sorgebefugnissen

Die Eltern werden einen von den Pflegeeltern beim zuständigen FamG gestellten Antrag auf Übertragung von einzelnen Sorgebefugnissen unterstützen.[3] Insbesondere sollen die Eheleute Chr. das Aufenthaltsbestimmungsrecht für Jan und Michaela und das Recht erhalten, nach Absprache mit dem Jugendamt und den Eltern über ärztliche Behandlungen/Heileingriffe zu entscheiden. Bis zur endgültigen Regelung durch das angerufene Gericht erteilen die Eltern den Pflegeeltern anliegende Vollmacht für die dort geregelten Befugnisse.[4]

Im Übrigen behalten die Eltern ihre elterliche Sorge; sie sind weiterhin und ohne Einschränkungen für ihre Kinder verantwortlich[5] (Variante: entsprechende Einschränkungen, etwa für die schulische Ausbildung, den Abschluss von Lehrverträgen bzw. – etwa – ärztliche Heileingriffe uÄ).

§ 3 Entscheidungsbefugnis in Angelegenheiten des täglichen Lebens

Im Einverständnis mit den Eltern stehen den Pflegeeltern Entscheidungen für Jan und Michaela in allen Angelegenheiten des täglichen Lebens zu; sie dürfen im Übrigen Unterhalts- (vgl. aber § 6), Versicherungs-, Versorgungs- und sonstige Sozialleistungen für die Kinder Jan und Michaela geltend machen, in Empfang nehmen, verwalten und nach jeweiliger Absprache mit dem Jugendamt einsetzen.[5] Die Pflegeeltern werden Pflegegeld erhalten. Antrag ist bereits gestellt.[6] Die Eltern sind im Augenblick nicht in der Lage, sich am Unterhalt der Kinder zu beteiligen. Deshalb stellen die Pflegeeltern sie von allen weiteren Verpflichtungen frei, auch gegenüber öffentlichen Leistungsträgern, wobei sie für Rückgriffsforderungen selbst aufkommen, vgl. allerdings § 6.

§ 4 Hilfeplan

Den Pflegeeltern ist bewusst, dass Jan und Michaela zunächst nur auf Zeit, keinesfalls auf Dauer, bei ihnen leben sollen. Ausdrücklich versichern sie nochmals diese Kenntnis (und ihre Absicht, sich an ihre Zusagen zu halten).[7] Eltern und Pflegeeltern werden mit dem Jugendamt einen Hilfeplan erarbeiten, der sich an § 36 SGB VIII ausrichten soll und im Verlauf angepasst und geändert wird. Beide Seiten verpflichten sich, die Ergebnisse dieses Hilfeplans in ihre alltägliche Erziehungsarbeit umzusetzen und auch sonst den Ratschlägen und Empfehlungen des Jugendamtes zu folgen. Verabredungen zu weiteren Treffen und zur Zusammenarbeit werden sie einhalten. Eltern, Pflegeeltern und Jugendamt wirken im Übrigen darauf hin, dass Jan und Michaela wieder in die leibliche Familie zurückkehren können, wenn die notwendigen Voraussetzungen erfüllt sind.[8] Das Jugendamt wird durch intensive Arbeit mit den Eltern (M.) sicherstellen, dass die Bedingungen dort verbessert werden, so dass sie Jan und Michaela (wieder) selbst erziehen können.[9] Erst wenn diese Bemühungen scheitern, kommt eine dauerhafte Betreuung der Kinder in Familienpflege vorzugsweise bei den bereits ausgewählten Pflegeeltern in Betracht.[10] Einzelheiten wird das Jugendamt mit den Eltern und den Pflegeeltern erörtern und erst danach eine verbindliche Entscheidung treffen.

§ 5 Herausgabeverlangen

Die Eltern erklären, bis zum . . . . . . (wird festgelegt; Variante: ohne die zusätzliche Beschränkung) keine Anträge auf Herausgabe von Jan und Michaela gegen die Pflegeeltern beim zuständigen FamG zu stellen.[11] Sie werden die Kinder auch nicht in anderer Form in ihren Haushalt zurückführen.[12] Besuchskontakte sind in § 7 geregelt. Kommen Jan und Michaela zu ihnen, den Eltern, ohne dass Besuchsrechte vereinbart sind, werden sie beide Kinder zu den Pflegeeltern zurückbringen und das Jugendamt informieren.

§ 6 Unterhalt; Pflegeaufwand

Die leiblichen Eltern beziehen gegenwärtig öffentliche Unterstützungsleistungen. Sie sind daher nicht in der Lage, für ihre Kinder Unterhalt zu zahlen oder sich am Pflegeaufwand für sie zu beteiligen. Andererseits verpflichten sie sich, die Aufnahme einer Erwerbstätigkeit und die Höhe ihrer Entgelte/der Vergütung unverzüglich dem Jugendamt anzuzeigen und dann nach ihren finanziellen Möglichkeiten für die Kosten für Jan und Michaela aufzukommen. Einzelheiten werden sie mit dem Jugendamt unmittelbar regeln. Die Pflegeeltern stellen die Eltern von sämtlichen Forderungen für die Kinder frei, die bei ihnen leben, vgl. dazu § 3 Abs. 2, insbes. gegenüber öffentlichen Leistungsträgern und ähnlichen Stellen, die in Vorlage treten.

§ 7 Besuchskontakte

Die Eltern haben die Befugnis, alle zwei Wochen Samstags oder Sonntags in der Zeit zwischen 10.00 und 16.00 Uhr nach vorheriger Absprache (spätestens 7 Tage zuvor) mit den Pflegeeltern mit Jan und Michaela zusammen zu sein und die Besuchszeiten nach ihren Vorstellungen mit ihnen zu gestalten; sie dürfen die Kinder auch mit sich nehmen. Um 10.00 Uhr haben sie die Kinder bei den Pflegeeltern abzuholen und spätestens um 16.00 Uhr zu ihnen zurückzubringen. Die Pflegeeltern verpflichten sich, die Besuchswünsche und -zeiten der Eltern zu respektieren und Kontakte zwischen Eltern und Kindern nach Kräften zu fördern; sie sichern im Übrigen zu, nicht ohne Rücksprache mit dem Jugendamt Regelungsanträge zum Besuchsrecht beim FamG zu stellen.[13] Eltern und Pflegeeltern werden alles unterlassen, was das Verhältnis der Kinder zur jeweils anderen Seite (Eltern bzw. Pflegeeltern) beeinträchtigen oder die Erziehung erschweren könnte.[14]

§ 8 Ferien; Feiertage

Im Jahre . . . . . . werden die Pflegeeltern in der Zeit von . . . . . . bis . . . . . . mit Jan und Michaela und ihrer Tochter in Urlaub fahren. Besuche der Eltern in dieser Zeit fallen ersatzlos aus und werden auch nicht nachgeholt (Variante: Ersatzzeiten werden festgelegt). Im Übrigen vereinbaren die Beteiligten für die Feiertage (Ostern/Pfingsten/Weihnachten – Geburtstage der Eltern/Pflegeeltern, der Kinder) ......[15]

§ 9 Gegenseitige Unterrichtung[16]

Eltern und Pflegeeltern werden sich gegenseitig ohne Verzögerungen über wichtige Einzelheiten der Entwicklung von Jan und Michaela unterrichten; das Jugendamt werden sie jeweils in geeigneter Form informieren. Gespräche zwischen ihnen über (wichtige) Erziehungsfragen sollen mindestens alle zwei Wochen erfolgen.[17, 18]

....

Carla und Moritz M. Eheleute Chr.

Für das Jugendamt

......

Anmerkungen

1. Sachverhalt. Carla ist 21 Jahre alt, ohne Ausbildung und ohne Beruf; Moritz hat gerade das 22. Lebensjahr vollendet und ist seit längerem arbeitslos. Inzwischen lebt die Familie von öffentlichen Unterstützungsleistungen. Aus verschiedenen Anschaffungskrediten haben sie hohe Schulden, die sie nur mit geringen Beträgen zurückführen können. Das Jugendamt berät sie seit längerem, da sie mit der Erziehung ihrer Kinder überfordert erscheinen. Fehlentwicklungen mit Auswirkungen für die Kinder sind jedenfalls zu befürchten, die auch durch öffentliche Unterstützung in der Familie nicht (mehr) auszugleichen sind. Nachbarn berichten von häufigen, heftigen Streitigkeiten zwischen Carla und Moritz. Dabei wirft der Ehemann seiner Frau vor, nicht mit (dem wenigen) Geld haushalten zu können, das der Familie zur Verfügung steht. Carla wiederum beklagt sich über die Untätigkeit, die berufliche Gleichgültigkeit ihres Mannes und zunehmend über seinen Alkoholkonsum. – Die Pflegeeltern sind seit 22 Jahren miteinander verheiratet. Sie haben zwei erwachsene Kinder, die nicht mehr im elterlichen Haushalt leben, und eine 15-jährige Tochter, die von ihnen versorgt wird. Im Übrigen betreuen sie immer wieder für das Jugendamt und zeitlich befristet Pflegekinder.

2. Rechtliche Grundlagen. Mit ihrem Einverständnis verhindern die Eltern weitergehende Eingriffe etwa durch das Jugendamt, aber auch durch das FamG von Amts wegen in ihre Sorgebefugnisse, § 1666 BGB. Für eine **In-Obhutnahme**, dazu § 36 SGB VIII, der Kinder fehlen nach den vorgesehenen Absprachen zwischen den Beteiligten und dem Jugendamt bisher die Voraussetzungen, aber wenn sich die Eltern „verweigern“, kommt auch sie in Betracht, denn weitere Gefahren sind nicht mehr auszuschließen bzw. „drohen“ → Form. E.II.1 Anm. 12. – Pflegeeltern haben keinen Anspruch auf **Elterngeld**, LSG Nordrhein Westfalen, L 13 EG 37/11.

3. § 1630 Abs. 3 BGB.

4. → Form. E.I.4.

5. Vgl. § 1688 Abs. 1 BGB; zusätzliche Vereinbarungen empfehlen sich gleichwohl, um die Elternverantwortung der Eheleute M. zu betonen.

6. → Form. E.I.10.

7. Vereinbarte **Vollzeitpflege,** § 33 SGB VIII.

8. Zu den gesetzlichen Voraussetzungen § 38 KJHG; wiederum ist eine zusätzliche Abrede zweckmäßig, um die Beteiligten in die Pflicht zu nehmen und sie auf die Situation und mögliche Eingriffe deutlich hinzuweisen.

9. § 37 Abs. 1 SGB VIII Einzelheiten müssen Eltern und Jugendamt miteinander klären und festlegen.

10. § 37 Abs. 1 S. 4 SGB VIII.

11. § 1632 Abs. 1 BGB. Zwar soll der Pflegeperson nach den Vorstellungen der Beteiligten das **Aufenthaltsbestimmungsrecht** für die Kinder Jan und Michaela übertragen werden, aber sorgeberechtigt sind weiterhin die Eltern M., die damit auch Herausgabeanträge stellen können, wobei sie auf entsprechende Befugnisse auch nicht **verbindlich verzichten** können, Art. 6 GG. Doch können

- die Pflegeeltern, § 1632 Abs. 4 BGB,
- und/oder das Jugendamt bei weiteren Fehlentwicklungen sofort tätig werden und das Kind schützen, §§ 1632 Abs. 4, 1666 BGB,
- falls die Eltern doch nach § 1632 Abs. 1 BGB vorgehen sollten.
- Schließlich ist sogar eine Entscheidung des FamG von Amts wegen möglich, § 1632 Abs. 4 BGB.
- Wie sonst kommt eine Inobhutnahme der Kinder in Betracht, wenn die Voraussetzungen für sie vorliegen, vgl. Anm. 2 und 12.

12. Die Pflegeeltern können nach **§ 1632 Abs. 4 BGB** vorgehen und gerichtliche Verbleibensanordnung unter den dort genannten Voraussetzungen beantragen. Im Übrigen kann das Jugendamt die Kinder, wenn ihnen im Haushalt der leiblichen Eltern Gefahren drohen, in **Obhut** nehmen, **§ 42 SGB VIII,** oder Entzug der elterlichen Sorge betreiben bzw. entsprechende Anträge beim FamG stellen, **§ 1666 BGB,** zur Reichweite der Bestimmung und zu Voraussetzungen für eine Rückführung in die Pflegefamilie Nachw. bei Palandt/*Götz* § 1632 Rn. 15 f.; LG Frankfurt FamRZ 1984, 729, 730 – **Heimpflege** ist keine Familienpflege; sonst zu den Voraussetzungen für die Rückführung OLG Hamburg ZfJ 2003, 155. Ist ein Kind aus Afghanistan zur medizinischen Versorgung und zur Behandlung nach Deutschland gekommen, können dt. Pflegeeltern, die bei seiner Aufnahme ohnehin erklären mussten, jederzeit mit einer Rückkehr nach Afghanistan einverstanden zu sein, nicht nach § 1632 Abs. 4 BGB vorgehen und verlangen, dass das Kind in der Pflegefamilie verbleibt. Maßnahmen nach § 1632 Abs. 4 BGB können auch für den nichtehelichen Vater getroffen werden, wenn sich das Kind bei ihm aufhält, aber eine Übertragung der elterlichen Sorge auf ihn nicht in Betracht kommt, BVerfG NJW-Spezial 2011, 37, wenn sein Vorgehen dem Kindeswohl nicht widerspricht. Auch Pflegeeltern fallen in den Schutzbereich des Familienlebens nach Art. 8 Abs. 1 EMRK, wenn zwischen ihnen und dem Pflegekind eine familienähnliche Beziehung besteht, dazu EuGHMR FamRZ 2012, 429, allg. zu den Rechtsbeziehungen zwischen Kindern, leiblichen Eltern und Pflegeeltern *Clausius* juris (April 2015), 147; zur Kindeswohlgefährdung durch Herausnahme des Kindes aus dem Elternhaus und bei Wegnahme aus der Pflegefamilie *Balloff* FPR 2013, 208; zu den Voraussetzungen einer Verbleibensanordnung mit Abwägung der verfassungsrechtliche geschützten Interessen der Beteiligten OLG Hamm FamRZ 2013, 1228. Nach früheren Vorstellungen konnte auch der nichteheliche Vater Pflegeperson sein und so Schutz des Kindes über § 1632 Abs. 2 BGB zu erreichen versuchen. Inzwischen ist dieser „Umweg" allerding nicht mehr notwendig, vgl. die gesetzlichen Veränderungen in §§ 1626 a ff. BGB, denn er hat die Möglichkeit (wie die Mutter auch, wenn sie nicht sorgeberechtigt sein sollte), sich durch gerichtlichen Antrag an der elterlichen Sorge beteiligen zu lassen oder sie vielleicht sogar ganz zugesprochen zu erhalten, insbesondere dann, wenn die Mutter (bzw. der Vater) insoweit ausfällt. Das Elternteil, dem (u.a.) das Aufenthaltsbestimmungsrecht entzogen worden ist, der aber noch über (andere) Teilbereiche des Sorgerechts verfügt, ist in dem von den Pflegeeltern und (vielleicht) dem Ergänzungspfleger geführten Verfahren auf gerichtliche Anordnung auf Verbleibs des Kindes in der Pflegefamilie zu beteiligen, dazu BGH XII ZB 353/13.

13. § 1684 Abs. 3 und 4 BGB.

14. § 1684 Abs. 2 BGB; zur Vollstreckbarkeit von Umgangsregelungen → Form. E.V.1.

15. Mit einer ins Einzelne gehenden **Umgangsregelung,** ausführlich dazu auch *Salgo* ZfJ 2003, 361. Beide Seiten wohnen in derselben Stadt nicht weit voneinander entfernt.

16. Angelehnt an § 1686 BGB, zu den Voraussetzungen → Form. E.V.3.

17. Mit den Leistungen aus § 39 Abs. 4 SGB VIII wird der Aufwand von Pflegeeltern nur zum Teil abgegolten, zu den steuerlichen Entlastungen §§ 32 Abs. 1 Nr. 2 EStG und 177 Abs. 4 der EStR, wobei Nachweise für den tatsächlichen Aufwand häufig so nicht geführt werden können, dazu PFAD 2003, 118 und die knappen Hinweise in FamRB 2003, 416.

18. Übertragung des Sorgerechts auf eine dritte Person, etwa die Großmutter des Kindes, wirkt während der Dauer des Pflegeverhältnisses nicht zu Lasten der Pflegeeltern, die ohnehin dabei nicht beteiligt sind. Ihrem Herausgabeverlangen (Großmutter) ist nur stattzugeben (Grundlage: § 1632 Abs. 4 BGB), wenn eine Gefährdung des Kindeswohls sicher ausgeschlossen ist, OLG Hamm FamRZ 2003, 1858, insbesondere eine „Weitergabe" an die leiblichen Eltern, die mit der Erziehung bisher überfordert waren. Ist ein Großelternteil **Vormund,** kann er sich auf Elternrechte berufen, Art. 6 Abs. 1 S. 1 GG, wenn das Kind aus einer Pflegefamilie herausgenommen werden und in seine Obhut wechseln soll, soweit die Interessen des Kindes nicht entgegenstehen, sondern so gerade gefördert werden, BVerfG FamRZ 2004, 771, → Form. E.II.1 Anm. 12, wobei Eltern- und Kindeswillen bei der Bestellung zum Vormund zu beteiligen sind, BVerfG FamRZ 2014, 1843 mit Bespr. *Scherpe* FamRZ 2014, 1821, auch wenn sie sonst bei der Auswahl vorrangig sind bzw. sein können, dazu BVerfG FF 2014, 494 (und die gegenüber dem Träger der Jugendhilfe einen Anspruch auf Übernahme der Aufwendungen für die Vollzeitpflege von Enkelkindern haben können, §§ 27 Abs. 1, 33 Abs. 1 SGB VIII, wenn sie das Jugendamt nicht ernsthaft vor die Wahl stellt, für ihre Entlohnung zu sorgen oder auf ihre Betreuungsdienste zu verzichten. Die übergangslose Wegnahme der Kinder aus dem Haushalt der Pflegeeltern nach über zwei Jahren dort kann ihr Wohl gefährden, dazu § 1632 Abs. 4 BGB, und so den weiteren Verbleib der Kinder in der Pflegefamilie rechtfertigen, sodass entsprechende gerichtliche Anordnung zu ergehen hat, OLG Frankfurt FamRZ 2011, 382. Sonst kommt die Rückführung zu den leiblichen Eltern nicht (mehr) in Betracht, wenn unter Berücksichtigung der Umstände des Einzelfalls mit überwiegender Wahrscheinlichkeit nicht auszuschließen ist, dass die Trennung des Kindes von seinen Pflegeeltern psychische oder physische Schädigungen des Kindes und eine Gefährdung seiner weiteren Entwicklung nach sich zieht, OLG Frankfurt FamRZ 2011, 382; sonst AG Wuppertal FamRZ 2011, 1665; OLG Hamm FamFR 2010, 332; OLG Hamm BeckRS 2011, 25705 und OLG Saarbrücken BeckRS 2011, 24807 → Form. E.II.3 Anm. 4.

2. Antrag auf Erteilung einer Pflegeerlaubnis

An das Jugendamt

. . . . . .

Sehr geehrte Damen und Herren!

Wir[1] beziehen uns auf unser ausführliches Gespräch mit Frau . . . . . . im Jugendamt . . . . . . am . . . . . . Gern sind wir bereit, Pflegekinder in unsere Familie aufzunehmen, in der nach dem Auszug unserer beiden erwachsenen Kinder noch unsere 15-jährige Tochter Angela lebt. Wie Sie wissen, sind wir für das Jugendamt . . . . . . schon häufiger eingesprungen und haben – kurzfristig und in Notfällen – Kinder mit besonderen Schwierigkeiten aufgenommen und betreut. Mit den leiblichen Eltern werden wir, wenn das Jugendamt dies für richtig hält, Gespräche führen und zusammenarbeiten, selbst wenn sicherlich manches dabei auch für uns mühsam sein wird. Besuche der Kinder bei ihnen werden wir fördern. Weiterhin bauen wir auf Rat, Hilfe und sonstige Unterstützung durch das Jugendamt. An Absprachen und sonstigen Vorgaben von dort werden wir uns halten; damit werden auch wir ein Stück entlastet. Uns ist klar, dass das Pflegeverhältnis jeweils nur auf Zeit angelegt ist; das nehmen wir so hin, selbst wenn uns die Trennung von den anderen Pflegekindern, die bei uns gelebt haben, stets schwer gefallen ist (folgt eine Schilderung der noch vorhandenen Beziehungen zu ihnen/den leiblichen Eltern).

Deshalb beantragen wir die nach § 44 SGB VIII notwendige Pflegeerlaubnis,[2, 3] damit wir für weitere Kinder und das Jugendamt tätig werden können.[4] Pflegegeld werden wir nach den gesetzlichen Voraussetzungen beantragen und in Anspruch nehmen.[5]

. . . . . .

(Unterschriften)

Anmerkungen

1. Antragsteller sind die künftigen Pflegeeltern, die eine **Pflegeerlaubnis** erhalten wollen (zu Einschränkungen → Form. E.II.2 Anm. 2).

2. Die notwendigen Voraussetzungen sind in § 44 Abs. 1 und 3 SGB VIII genannt. Die Versagung des Antrags richtet sich nach Abs. 2; die Erlaubnis kann nicht erteilt werden, wenn das Wohl des Kindes oder des Jugendlichen in der Pflegefamilie nicht gewährleistet ist.

3. Eine Pflegeerlaubnis ist in den Fällen des § 44 Abs. 1 S. 2 SGB VIII nicht notwendig, nämlich für die dort beschriebene **Kurzzeitpflege,** bei der **Verwandtenpflege** bis zum dritten Grad, der **Betreuung** durch einen **Vormund** oder **Pfleger** im Rahmen seines Wirkungskreises und bei **Vermittlung** durch das **Jugendamt.**

4. Wichtig und sinnvoll ist die Pflegeerlaubnis ist vor allem, wenn Pflegeeltern ihre Aufgaben mit vollem Einsatz und unter Aufgabe ihrer sonstigen beruflichen Tätigkeit übernehmen wollen. Dann müssen sie vielfältige organisatorische Voraussetzungen schaffen. Auch finanzielle Absicherung wird notwendig. **Heimpflege** ist keine **Familienpflege,** § 1632 Abs. 4 BGB. Ob die Betreiber eines **Kleinstheims** mit familienähnlicher Struktur Rechte aus § 1632 Abs. 4 BGB in Anspruch nehmen können, ist umstritten, dazu LG Frankfurt FamRZ 1984, 729, 730; *Finger* FuR 1998, 37 und 80; jedenfalls fällt die Abgrenzung schwer.

5. → Form. E.II.2 Anm. 17 mit Nachw.

3. Herausgabeverlangen der leiblichen Eltern

Sehr geehrte Frau ......!

Sehr geehrter Herr ......!

Ich vertrete, und auf mich lautende Vollmacht füge ich bei, die Eheleute Eugen und Dragana M., die Eltern des Kindes Elizabeta M., geb ......, die seit ($1^1/_2$ Jahren) bei Ihnen in der Pflegefamilie lebt. Wie Sie wissen, haben meine Mandanten bisher eng mit dem Jugendamt zusammengearbeitet, alle Absprachen eingehalten und auch sonst den Hilfeplan erfüllt, den sie mit dem Jugendamt, aber auch mit Ihnen gemeinsam entwickelt haben. Ihnen war klar, wie Sie immer wieder bestätigt haben, dass Elizabeta nur auf Zeit bei Ihnen bleiben soll. Meine Mandanten sind nun davon überzeugt, und in dieser Einschätzung werden sie vom Jugendamt bestätigt, dass Elizabeta am besten in ihrem Haushalt aufgehoben ist. Dort leben, wie Sie wissen, die Geschwister Anna und Zlatko, mit denen sich Elizabeta gut versteht. Im Übrigen war schon die Herausnahme des Kindes aus der Familie rechtswidrig und in der Sache unberechtigt.[1] Das Jugendamt hat zuvor seine Verpflichtungen zur Unterstützung meiner Mandanten nicht erfüllt, und auch die für sie notwendige Hilfe in der Familie haben meine Mandanten nicht erhalten. Beide haben sich zwar bisher nicht zur Wehr gesetzt,[2] sondern die Dinge so hingenommen wie sie nun einmal waren, auch um Elizabeta weitere Auseinandersetzungen zu ersparen. Daraus können ihnen aber nun keine weiteren Nachteile erwachsen. Elizabeta war regelmäßig zu Besuch bei ihren Eltern. Diese Besuche haben Sie durchaus gefördert, wie auch die Eltern sehen und würdigen. Zunehmend häufiger erklärt Elizabeta aber nun, sie wolle „wieder zurückkommen“, denn sie wolle in „ihrer Familie“ leben und insbesondere mit ihren Geschwistern zusammen sein. Bei Ihnen gehe es ihr zwar gut, aber „Familie sei eben Familie“.[3] Deshalb habe ich Sie unter Fristsetzung auf den

......

aufzufordern, Elizabeta an meine Mandanten herauszugeben, wobei wir sicherlich eine vernünftige Lösung für den Übergang und die weitere Zusammenarbeit in Gesprächen untereinander vereinbaren können, um Elizabeta die Dinge möglichst einfach zu machen.[4] Zumindest für einige Zeit sind meine Mandanten bereit, Besuche zwischen Ihnen und Elizabeta festzulegen und zu fördern. Sagen Sie mir bitte Bescheid, wie Sie sich die Regelung vorstellen. Soweit wie möglich wollen meine Mandanten auf Ihre Vorstellungen eingehen. Höre ich nichts von Ihnen oder sollten Sie die Herausgabe von Elizabeta ablehnen, muss ich für meine Mandanten nach § 1632 Abs. 1 BGB vorgehen[5] und gerichtliche Herausgabeanträge stellen[6] die bereits vorbereitet sind.

Mit vorzüglicher Hochachtung

......

(Unterschrift)

Anmerkungen

1. Nachgebildet OLG Frankfurt FamRZ 1983, 1163, dazu auch *Salgo* FamRZ 1985, 413 = Bespr. von BVerfG NJW 1985, 421.

2. In OLG Frankfurt FamRZ 1983, 1163 haben sich die Eltern gewehrt, sind aber durch die Instanzen erfolglos geblieben, vgl. die Schilderungen in OLG Frankfurt FamRZ 1983, 1163.

3. Elizabeta ist inzwischen fünf Jahre alt.

4. Übergangslose Wegnahme der Kinder aus dem Haushalt der Pflegeeltern nach über zwei Jahren in der Familie dort gefährdet das Kindeswohl, OLG Frankfurt FamRZ 2011, 382, aber eine dauerhafte Verbleibensanordnung für die Pflegeeltern kommt erst in Betracht, wenn eine andere Lösung im Interesse des Kindes nicht gelingt. Dabei wird entscheidend, ob die Trennung von den Pflegeeltern für das Kind psychische oder physische Schädigungen nach sich ziehen wird (oder: kann, so OLG Frankfurt FamRZ 2011, 382), denn sein Wohl steht im Vordergrund. Will die Mutter den Wechsel „von heute auf morgen" und entwickelt keine überzeugenden Vorstellungen davon, wie sie dem Kind den Wechsel im Einzelnen erleichtern kann und so seine gute Entwicklung sicherstellt, ist eine Verbleibensanordnung zugunsten der Pflegeeltern zu treffen, OLG Frankfurt FamRZ 2011, 382 → Form. E.II.3 Anm. 4 und → Form. E.II.2 Anm. 18, zu den Voraussetzungen aus § 1632 Abs. 4 BGB vgl. gleich im folgenden Anm. 6 und → Form. E.II.1

5. Den Eltern ist die elterliche Sorge nicht entzogen, so dass sie nach § 1632 Abs. 1 BGB vorgehen könnten. Entscheidungsbefugnisse oder „Mitspracherechte" des Jugendamtes bestehen nicht, aber das Jugendamt kann Anträge „für die Pflegeeltern" nach § 1632 Abs. 4 BGB stellen oder **Sorgerechtsentziehung** betreiben, § 1666 BGB. Das FamG kann auch von Amts wegen tätig werden; im Übrigen können die Pflegeeltern nach § 1632 Abs. 4 BGB vorgehen und den Verbleib des Kindes in ihrer Familie bei Gericht beantragen → Form. E.II.3 Anm. 6.

6. Die Pflegeeltern können beim FamG beantragen, den weiteren Verbleib des Pflegekindes in ihrer Pflegefamilie anzuordnen, § 1632 Abs. 4 BGB, zu den Voraussetzungen dabei ausführlich Bamberger/Roth/*Veit* § 1632 Rn. 21 mit umfangreichen Nachw.

III. Gemeinsame elterliche Sorge und Umgang

1. Auslandsbezug (Türkei)

Wir, die Eheleute Ayse und Kamil X., führen beim Amtsgericht in Frankfurt auf Antrag des Mannes und im Einverständnis der Ehefrau das Scheidungsverfahren.[1] Aus unserer Ehe sind die Kinder Can, geboren ...... (jetzt 6 Jahre) und Zümrüt, geboren ...... (jetzt 4 Jahre), hervorgegangen, die bei der Mutter leben und dort bleiben sollen. Für die Kinder wollen wir weiterhin nach unserer Trennung und Scheidung der Ehe die elterliche Sorge gemeinsam ausüben.[2, 3] Die Antragsgegnerin im Scheidungsverfahren wird einen entsprechenden Regelungsantrag des Antragstellers, ihres Ehemannes Kamil, unterstützen; wir beide werden auf eine gerichtliche Anordnung des deutschen FamG drängen, soweit sie rechtlich möglich ist.

....

Ayse X. Kamil X.

......, den ......

Variante (Iran):

Beim FamG in Frankfurt betreibt Simine, Iranerin, das Scheidungsverfahren gegen Mehdi, ebenfalls iranischer Staatsangehöriger. Aus der Ehe sind die Kinder Shahzad, geb ...... (jetzt vier Jahre alt), und Soheila, geb ...... (jetzt zwei Jahre alt), hervorgegangen. Auch nach der Scheidung wollen beide Elternteile wie bisher gemeinsam Verantwortung für die Kinder tragen und die elterliche Sorge für sie ausüben. Entsprechende Regelungsanträge stellen sie im Scheidungsverfahren beim (dt.) FamG, und dazu verpflichten sie sich in dieser besonderen getrennten Vereinbarung.[4, 5]

Anmerkungen

1. Für das Scheidungsverfahren in Deutschland war bisher wegen der gemeinsamen Staatsangehörigkeit der Ehegatten türkisches Recht maßgeblich, **Art. 14 Abs. 1 Nr. 1, 17 Abs. 1 S. 1 EGBGB, Art. 166 Abs. 3 türkisches ZGB** für die einvernehmliche Ehescheidung bzw. für die Ehescheidung, der der Antragsgegner/die Antragsgegnerin zustimmte. Einseitiger Wechsel der Staatsangehörigkeit nach der Eheschließung blieb aus unserer Sicht ohne Auswirkungen, aber die Türkei – wir verweisen über die genannten Vorschriften, **Gesamtverweisung,** zunächst auf türkisches IPR, vgl. dazu Art. 4 Abs. 1 S. 1 EGBGB – entschied anders und brachte Aufenthaltsrecht und damit im Ergebnis deutsches Recht zur Anwendung, zur **Unwandelbarkeit** des Güterrechtsstatuts aus türk. Sicht vgl. Art. 15 türk. IPRG nF, wobei eine Ausnahme allerdings bestand, wenn der Ehegatte, der in eine fremde Staatsangehörigkeit wechselte, weiterhin (auch) türkischer Staatsangehöriger war, dazu Art. 4 b) türk. IPRG und OLG Hamm FamRBint 2002 mit Anm. *Odendahl.* Bei **doppelter Staatsangehörigkeit** halten/hielten wir die Zugehörigkeit zu Deutschland für vorrangig, Art. 5 Abs. 1 S. 2 EGBGB, unabhängig von ihrer (sonstigen) **Effektivität;** ebenso entscheidet aber auch (spiegelbildlich) die Türkei, so dass eine Abstimmung nötig wird (wenn nicht die Parteien gerade deshalb türkisches Recht wählen), denn sonst ist der Widerspruch unauflöslich. Inzwischen sind allerdings für Scheidungsverfahren, die nach dem 21.6.2012 beim dt. FamG eingeleitet werden, die europarechtlichen Vorschriften der **VO Nr. 1259/2010** maßgeblich, die für alle gelten, die sich in einem (teilnehmenden) Mitgliedsstaat aufhalten, wenn sie die sonstigen Anwendungsvoraussetzungen erfüllen, durchgängig durch gewöhnliche Aufenthaltsnahme in dem Staat, in dem das gerichtliche Verfahren geführt werden soll, also auch für Türken, die bei uns leben. Erste Priorität hat danach die Rechtswahl der **Beteiligten** für die Ehescheidung (ohne notwendigen Zusammenhang wie bisher zu den allgem. Ehewirkungen, Art. 46d EGBGB), Art. 5, während – zweite Wertigkeit, dazu Art. 8a) – gemeinsames gewöhnliches oder letztes gemeinsames gewöhnliches **Aufenthaltsrecht** zur Anwendung kommt, wenn der Umzug des anderen Gatten nicht länger als ein Jahr zurückliegt, und erst danach die Staatsangehörigkeit bzw. das Recht des Gerichtes Grundlage wird, bei dem das Scheidungsverfahren betrieben wird, **lex fori**. Häufig gelten daher §§ 1565, 1566 BGB, so dass türk. Eheleute das bei uns übliche Trennungsjahr abwarten müssen, obwohl nach türk. Recht dies bei der einverständlichen Ehescheidung so nicht vorgesehen ist, *Finger*/IntFamR Art. 17 EGBGB/Anhang Rz. 26a und *ders.* FamRBint 2013, 37 mit Nachw. Im Verhältnis zur Türkei werden die Bestimmungen des KSÜ nicht Grundlage, sodass weiterhin das MSA (Haager Minderjährigenschutzabk.) maßgeblich bleibt, dazu OLG Stuttgart FamRBint 2012, 88 mit Anm. *Finger)*. Allerdings ist der Fortbestand der gemeinsamen elterlichen Sorge dort so nicht vorgesehen, dazu *Krüger* IPrax 2004, 550, Art. 38 c) türk. IPRG. Doch ist in der Türkei zulässig, eine ausl. gerichtl. Entscheidung nur „teilweise anzuerkennen". Dann wird „das Sorgerecht wieder ...... Streitgegenstand", wenn die Eltern ihren Wohnsitz dorthin verlegen, dazu *Krüger* IPRax 2004, 550, 551 und *Süß/Ring/Kilic* Länderbericht Türkei, S. 1285 (1315 mit Nachw.). Ziehen die Eltern (später) nach Deutschland, kann eine türkische Regelung (umgekehrt) bei uns abgeändert werden, §§ 1696 BGB, 166 FamFG, wenn die Voraussetzungen für sie vorliegen, wobei unerheblich/unentschieden bleiben kann, ob die frühere Regelung in der Türkei für uns überhaupt anerkennungsfähig ist (Neuregelung oder Anerkennungsverfahren). Über sämtliche Einzelheiten der beantragten Ehescheidung hat sich der Richter ein Bild zu machen, wenn türkisches Recht Grundlage wird (etwa: nach **Rechtswahl** der Parteien, die sie insbesondere vornehmen können, um die Anerkennung im Herkunftsland sicherzustellen, Art. 5 VO Nr. 1259/2010). Wenigstens in Grundzügen muss in seinem Urteil daher erkennbar werden, aus welchen Gründen er dem Antrag stattgibt und die Ehe scheidet. **Internat. Zuständigkeiten** für die Verfahrensführung bei uns richten sich nach den Regeln der VO Nr. 2201/2003 der EU, die seit 1.3.2003 an die Stelle der EheGVO (VO Nr. 1347/2000) getreten sind, wobei wir andererseits die Türkei mit unseren bzw. den europäischen Verfahrensregeln nicht binden können, die daher nach ihren eigenen Vorschriften vorgeht und ihre Entscheidungen trifft, wenn das Verfahren dort geführt wird. Mit der Wahl für türkisches Recht legen die Eheleute allerdings auch fest, dass türkische Bestimmungen zum Unterhalt entscheidend werden, dazu Art. 8 HUÜ 1973 und Art. 18 HUP, wobei – vielleicht ein Vorteil – so auch § 1578b BGB ausgeschaltet wird, **Befristung** des Unterhaltsanspruchs und **inhaltliche Beschränkung** nach dt. Recht.

2. Folgt: **Umgangsregelung** → Form. E.V.1.

3. Im Scheidungsverfahren iran. Eheleute in Deutschland kommt weiterhin (allein) iranisches Recht zur Anwendung, wobei wir aber nicht unsere sonstigen Anknüpfungsregeln herangezogen haben, sondern von den Bestimmungen des deutschiranischen Niederlassungsabkommens 1929 ausgegangen sind. Danach bleiben andere spätere völkerrechtl. Vereinbarungen für die Vertragsstaaten (Deutschland und den Iran) bedeutungslos. Doch ist das Abk. nicht anwendbar, wenn zu der iranischen eine andere Staatsangehörigkeit hinzutrat, ohne dass Effektivitätsgesichtspunkte entscheidend sind, vgl. zuletzt OLG Hamm FamRZ 2012, 1498 mit Anm. *Henrich* 1500 (zur ordre public-Widrigkeit der dortigen Verstoßensscheidung). War die Zugehörigkeit zum Iran allerdings effektiv, weil die andere Staatsangehörigkeit zurücktritt, war/ist iran. Recht nach Art. 17 Abs. 1 S. 1 EGBGB berufen, also nach unseren allg. Regeln, nicht nach den Vorschriften des dt.-iran. Abk., sodass wir nicht weiter festgelegt sind, sondern wie sonst vorgehen und – nun – nach den Bestimmungen der VO Nr. 1259/2010 zu entscheiden haben. Sonst bleibt das Abkommen für uns verbindlich, selbst wenn wir durch die europarechtl. Regelungen (VO Nr. 1259/2010) festgelegt sind, ebenso Art. 19 Abs. 1 HUP (Haager Unterhaltsprotokoll für den Unterhalt), beide somit gegenüber dem dt.-iran. Niederlassungsabk. nachrangig bzw. verdrängt.

4. Die Eheleute wollen geschieden werden, so dass (mögliche) **ordre public-Widrigkeiten** des iranischen Rechts – **gleichberechtigungswidrig,** da dort die Verstoßensscheidung durch den Mann vorgesehen ist – unerheblich bleiben sollten, Art. 3 Abs. 2 GG, 6 EGBGB, Übersicht bei *Scholz* StAZ 2003, 311, 324, weil die Ehefrau nicht schutzbedürftig ist, wenn sie selbst keinen Schutz von uns will oder diesen sogar ablehnt; aus der Rspr. als Beispiel OLG Köln FamRZ 1996, 1147; OLG Köln 27 WF 104/01 für Algerien; zum iran. Recht sonst *Yassari/Rastin/Tehrani* FamRB 2005, 87; OLG Hamm FamRZ 2012, 1498, 1500 mit Anm. *Henrich*. Auch über die elterliche Sorge bestimmen wir nach Heimatrecht, weil wir im Verhältnis zum Iran das **MSA** nicht anwenden (und auch das KSÜ folgenlos bleibt) → Anm. 1 a. E. Iranische Rechtsregeln bevorzugten bisher einseitig den Vater. Sie erschienen uns daher unangemessen, **Art. 6 EGBGB** (ordre public), doch hat sich inzwischen vieles geändert, vgl. dazu die Neufassung von § 1169 iran. ZGB und OLG Koblenz FamRBint 2009, 26 mit Anm. *Yassari.* **Wenden** wir deutsches Recht an, Art. 6 EGBGB, gefährden wir andererseits die Anerkennung unserer Entscheidung im Iran, **hinkende Rechtsverhältnisse**. Deshalb können wir im Wege der Anpassung/Angleichung Folgen zu entwickeln haben, die unserem Verständnis für die (gemeinsamen) elterl. Befugnisse nahe kommen, Art. 3 Abs. 2 GG, die Voraussetzungen des iran. Recht aber ebenfalls erfüllen, dazu im Einzelnen OLG Bremen NJW-RR 1992, 1288 und OLG Bremen FamRZ 1999, 1520 (Verknüpfung von Personensorge und Vermögenssorge), ebenso im Ergebnis OLG Düsseldorf FamRZ 2003, 379, 380, zu **ehevertraglichen Regelungen** → Form. E.I.2 Anm. 6 mit Nachw.); zum Ganzen auch *Yassari/Rastin/Tehrani* FamRB 2005, 87, zur Morgengabe BGH FamRZ 2013, 511 (inhaltlicher Gleichlauf für die Rechtsanwendung, hergestellt durch Art. 14 Abs. 1 Nr. 1 EGBGB, aber diese Bestimmung hat viel von ihrer Bedeutung verloren), Einzelheiten bei *Finger* FuR 2017, 182, wobei wir insbesondere darauf achten sollten, dass nachträglicher Wechsel oder Hinzuerwerb einer weiteren Staatsangehörigkeit einen der Beteiligten nicht besonders bevorzugt, gerade zum Nachteil des anderen, etwa durch dt. **Unterhaltsrecht**, dt. Recht des **Versorgungsausgleichs***und* iran. Recht für die **Morgengabe**, Anpassung nach **§ 313 BGB** oder Anpassung/Kontrolle ehevertraglicher Absprachen nach unseren allg. Regeln, wiederum *Finger* FuR 2017, 182. Erst wenn wir keinen „Restbestand" im ausländischen Recht mehr vorfinden, der eine kindgerechte und verfassungsgemäße Regelung bei uns ermöglichen würde, legen wir dt. Recht als „Ersatzrecht" zugrunde (und nehmen die damit entstehenden Folgen hin, hinkende Rechtsverhältnisse wegen der fehlenden Anerkennungsfähigkeit im Ausland (in kindschaftsrechtlichen Angelegenheiten) ohnehin zweitrangig, denn wir schützen die Kinder, die bei uns leben.

5. Zur Regelung der elterlichen Sorge in einem **islamischen Ehevertrag** → Form. E.I.2 Anm. 6 und *Büchler* S. 57 f.

2. Abänderung einer früheren Sorgerechtsentscheidung, §§ 1696 BGB, 166 FamFG

Wir, die Eheleute Maria und Klaus M., sind seit . . . . . . durch Urteil des FamG X. rechtskräftig geschieden. Dabei wurde die elterliche Sorge für unsere Kinder Kevin, geb . . . . . ., und Zoe, geb . . . . . ., allein der Mutter zugesprochen.[1] Inzwischen ist unser Verhältnis zueinander wieder besser, so dass wir in gegenseitiger Verantwortung Erziehungsfragen für unsere Kinder gemeinsam regeln können (wird ausgeführt, Einzelheiten aus der unmittelbaren Vergangenheit werden geschildert). Daher möchten wir die Entscheidung zum Sorgerecht aus dem Scheidungsurteil ändern bzw. geändert haben und von nun an (wieder) gemeinsame Sorgebefugnisse für Kevin und Zoe ausüben. Regelungsanträge des Vaters beim FamG wird Frau M. unterstützen.[2]

. . . . . . **. . . . . .**

Maria M. **Klaus M.**

Variante:

Die Eltern haben in ihren Absprachen gemeinsame elterliche Sorgebefugnisse für ihre Kinder festgelegt, aber die Übertragung des alleinigen Sorgerechts auf den Vater vereinbart, falls (die Mutter erneut heiratet, einen bestimmten Mann heiratet, in fester Partnerschaft lebt, insbesondere wenn die Kinder mit diesem Mann nicht auskommen können, aus F. wegzieht oder in anderer Form den dauernden Kontakt vom Vater zu seinen Kindern erschwert, ihren Wohnsitz nach Italien[3] – als Beispiel – verlegt oder sonst auswandert), Abrufklauseln.[4, 5, 6]

Anmerkungen

1. Sachverhalt. Beide Eheleute haben ihren (ersten) gegenseitigen Grimm überwunden. Klaus M. hat sich damit abfinden können, dass ihn Maria verlassen hat und nun in einer neuen Partnerschaft lebt. Pünktlich zahlt er Unterhalt für die Kinder nach den Regelsätzen der Düsseldorfer Tabelle, aber nicht mehr, und darauf haben sich die Parteien verständigt, für seine Frau (Maria). Die vereinbarten Besuchsbefugnisse bei Kevin und Zoe nimmt er regelmäßig wahr. Mit dem neuen Partner von Maria kommt er aus, wenn auch nach einigen Anlaufschwierigkeiten. Seit über acht Monaten planen und regeln die Eltern für ihre Kinder wichtige Einzelheiten in gegenseitiger Absprache. – Maria ist wieder schwanger.

2. Rechtliche Grundlagen. Grundlage der Regelung sind **§§ 1696 BGB, 166 FamFG.** Ist eine Sorgerechtsentscheidung bereits ergangen, muss sie gerichtlich aufgehoben werden, bevor die Eltern wiederum gemeinsam die elterl. Sorge ausüben können, denn Absprachen zwischen ihnen reichen allein nicht aus, um dieses Ergebnis zu bewirken, zu Einzelheiten *Schwab* FamRZ 1998, 459, 471. **Abänderung** im Inland nach diesen Bestimmungen kann auch erfolgen, wenn ein ausländisches Gericht Anordnungen zur elterl. Sorge getroffen hat, die nun angepasst werden sollen (bzw. müssen), wobei nicht entscheidend ist, ob im Ausland eine solche Veränderung überhaupt statthaft wäre (und auch keine Rolle spielt, ob die ausl. Entscheidung anerkennungsfähig ist oder nicht → dazu Form. E.III.1. Anm. 1a. E.). An die erklärten Absichten der Eltern ist das Gericht im Verfahren nach §§ 1696 BGB, 166 FamFG wie sonst, vgl. § 1671 Abs. 2 BGB, gebunden, AG Erfurt FamRZ 1995, 54, 55. **Vereinbarungen** der Eltern können dagegen auf diesem Weg nicht abgeändert werden. Insoweit wäre zunächst ein Erstantrag zur Regelung der elterlichen Sorge bei Gericht zu stellen, für den die üblichen Vorschriften gelten. Erst danach könnten die Eltern nach §§ 1696 BGB, 166 FamFG vorgehen, insgesamt ein umständliches Verfahren, zu Einzelheiten MünchKommBGB/*Finger* § 1696 Rn. 7 und 8 mit Nachw.

3. Zur Regelung des **Aufenthaltsbestimmungsrechts** → Form. E.IV.4.

4. Eltern können in dieser Form, **Abrufklauseln,** zu Einzelheiten MünchKommBGB/*Finger* § 1696 Rn. 43 mit Nachw., Gerichte im Abänderungsverfahren zwar nicht binden – falls ein solches Verfahren geführt wird und geführt werden kann, zu Erstanträgen bei vorausgegangenen Elternvereinbarungen → Form. E.III.2 Anm. 2 –, denn ihnen fehlt dabei die **Befugnis,** über den „Verhandlungsgegenstand" zu verfügen, aber ihre Vorschläge können wichtige Hinweise in der Sache liefern, die dann auch zu berücksichtigen sind.

5. Bei einer gerichtlichen Entscheidung über die elterliche Sorge für einen nichtehelichen Elternteil sind die Angriffsschwellen aus § 1696 BGB dabei niedriger, vgl. dazu Abs. 2 S. 2, denn insoweit gilt der „offene Maßstab" aus § 1671 Abs. 1, dazu ebenfalls § 1696 Abs. 1 S. 2 BGB.

6. Ausl. Sorgerechtsentscheidungen können bei uns geändert werden, wenn die Voraussetzungen nach § 1696 BGB vorliegen, also „triftige Gründe", die zum Schutz des Kindes eine andere Regelung erfordern. Internationale Zuständigkeiten deutscher Gerichte ergeben sich aus Art. 8 denn sie liegen nicht – mehr – bei den Ausgangsgerichten, dazu EuGH FamRZ 2017, 734 Anm. *Mankowski* 738; vgl. in diesem Zusammenhang auch *Rensch/Weller* IPrax 2017, 262 zu EuGH IPrax 2017, 282 (bei einer Sorgerechtsregelung unter den Mitgliedstaaten der europ. Gesetzgebung kann die Anerkennung in einem anderen Mitgliedstaat nicht versagt werden, wenn nicht unter Berücksichtigung des Wohls des Kindes eine offensichtliche Verletzung einer in der Rechtsordnung eines Mitgliedstaats als wesentlich geltenden Rechtsform oder eines dort als grundlegend anerkannten Rechts vorliegt).

3. Absprachen der Eltern im Scheidungsverfahren und zur Abtrennung nach § 140 FamFG

Wir, die Eheleute Maria und Klaus M., führen das Scheidungsverfahren[1] beim FamG F. Über die Regelung der elterlichen Sorge für unsere Kinder Kevin, geb . . . . ., und Zoe, geb . . . . ., haben wir uns bisher nicht verständigen können. Frau M. beansprucht die alleinige elterliche Sorge für sich, aber Herr M. ist, insbesondere wegen des aus seiner Sicht schädlichen Einflusses des neuen Lebenspartners von Frau M. auf die Kinder, der Ansicht, dass beide bei ihm am besten aufgehoben sind und leben sollten, so dass er entsprechende Regelungsanträge beim FamG gestellt hat. – Wir sind uns schon jetzt darüber einig, dass die elterlichen Befugnisse von uns nur mit der Ehescheidung (zusammen) gerichtlich geregelt werden sollen, so dass unsere Ehe erst geschieden wird, wenn alle sorgerechtlichen Einzelheiten geklärt und gerichtl. festgelegt sind.[2] Vorherige Abtrennung wollen wir nicht.

. . . .

Maria M. **Klaus M.**

Anmerkungen

1. Elternvereinbarungen können auch **verfahrensrechtliche Einzelheiten** umfassen. Doch sind sie nicht verbindlich, denn das Gericht kann, wenn dies (**Kindeswohl**) notwendig ist, die Dinge abweichend regeln.

2. Elterliche Sorge und Ehescheidung werden im **Verbund** geführt. Anträge, die bisher im isolierten Verfahren zu behandeln waren, gehen mit Anhängigkeit des Scheidungsverfahrens ins Verbundverfahren über und sind in der Zuständigkeit des Scheidungsgerichts zu verhandeln und zu entscheiden, dazu § 153 FamFG. Nach § 140 FamFG **trennt** das Gericht wie sonst auf Antrag einer Partei und eben nicht mehr verbindlich festgelegt wie bisher in § 623 Abs. 2 S. 2 ZPO Folgesachen von der Hauptsache (Ehescheidung) ab, die damit behandelt werden wie die anderen Folgesachen auch, früher § 628 ZPO. Dann wird die Angelegenheit als **selbständige Familiensache** fortgeführt. Eltern können sich anders entscheiden; zumindest in Grenzen – übersichtlicher Verfahrensablauf – legen sie damit auch das FamG fest → Form. E.III.3 Anm. 1.

4. Verbindung mit anderen Absprachen

Wir, die Eheleute Maria und Klaus M.,[1] sind uns einig, dass wir nach der Scheidung unserer Ehe gemeinsam die elterliche Sorge für unsere Kinder Kevin (. . . . . .) und Zoe (. . . . . .) ausüben wollen. Allerdings soll der Lebensmittelpunkt[2] beider Kinder bei der Mutter liegen.

Unter diesen Voraussetzungen stimmt Frau M. dem Scheidungsantrag ihres Mannes zu.[3]

Für die Kinder zahlt Herr M. aus einem durchschnittlichen monatlichen Nettoverdienst von 10.000,– EUR (wird ausgeführt) Unterhalt in Höhe von . . . . . .% der für den Bereich des zuständigen Gerichts maßgeblichen Tabelle (gegenwärtig . . . . . . EUR), wobei er zusagt, weitere Leistungen zu erbringen, wenn er dazu in der Lage ist (sollte ausgeführt werden, denn die Entscheidung kann ihm nicht allein überlassen bleiben; im Übrigen sollten seine Verpflichtungen in vollstreckbarer Form erfolgen). Das gesetzliche Kindergeld, das Frau M. erhält, bleibt anrechnungsfrei, weil ihr diese Leistungen nach den gemeinsamen Vorstellungen der Eheleute ungekürzt zufließen sollen. Ohnehin übernimmt Herr M. die Kosten für die Krankenkasse der Kinder und bezahlt die Gebühren für den Kindergarten (Hort/Tagesmutter) . . . . . . in Höhe von . . . . . . EUR monatlich. Zudem kommt er für die Ausgaben für die Kinder für Sport, Musikunterricht, Ballett u.ä. Freizeitvergnügen auf, wenn ihm Frau M. Einzelheiten nachweist (wobei beide allerdings die wesentlichen Teile regeln sollten, damit der Ehemann nicht auf einfache Erklärungen seiner Frau angewiesen ist).

Frau M. ist nicht berufstätig. Solange sie die Kinder Kevin und Zoe betreut, längstens aber bis zum Auszug des jüngeren Kindes aus dem Haushalt der Mutter/der Vollendung des 14. Lebensjahres des jüngeren Kindes/im Jahr . . . . . ., zahlt Herr M. Ehegattenunterhalt (Elementarunterhalt, Krankenvorsorgeunterhalt/Altersvorsorgeunterhalt,[4] wird ausgeführt) in Höhe von 2.000,– EUR im Monat (wird ausgeführt), bezogen auf seine Einkünfte/die Lebensverhältnisse der Eheleute im Jahre . . . . . . Abänderung nach §§ 238, 239 FamFG schließen wir sonst aus (Variante: Wir legen uns auf eine Wertsicherung nach den entspr. Preisindizes des Statistischen Bundesamtes fest. Abänderung der Unterhaltsleistungen nach §§ 238, 239 FamFG soll nicht statthaft sein, Variante: beschränkt auf besondere Fälle, etwa Arbeitslosigkeit, Erwerbsunfähigkeit, geringere Einkünfte über einen bestimmten Betrag x hinaus u.ä..

. . . .

Maria M. Klaus M.

Variante 1:

Herr M. verpflichtet sich (wiederum: in vollstreckbarer Form) zu Unterhaltszahlungen von 1.000,– EUR an seine Frau im Monat. Abänderungsbefugnisse für ihn bei Einkommensveränderungen (sonst aber nicht, wobei die Parteien auch strengere Regelungen treffen können, etwa beschränkt auf Arbeitslosigkeit, Erwerbsunfähigkeit u.ä.) schließen beide aus, §§ 238, 239 FamFG. Auf weitergehende Unterhaltsforderungen verzichtet Frau M., wobei sie erklärt, dass mit den Zahlungen ihres Mannes auch der Vorsorgeunterhalt nach § 1578 Abs. 2 und 3 BGB abgegolten ist, für den sie selbst aus den erhaltenen Leistungen und ihrem Verdienst aufkommt. Herr M. nimmt diese Verzichtserklärung seiner Frau an. Beide Parteien sind sich im Übrigen darüber einig, dass Unterhaltsansprüche von Herrn M. gegenüber seiner Ehefrau nicht bestehen. Deshalb verzichtet Herr M. auf entspr. Forderungen, und Frau M. nimmt die Verzichtserklärung ihres Mannes an.

Variante 2:

Herr M. verpflichtet sich seiner Frau gegenüber (in vollstreckbarer Form) zu Unterhaltszahlungen von 4.000,– EUR im Monat (sonst wie Variante 1), und zwar (wird ausgeführt) für Elementarunterhalt . . . . ., Krankenvorsorgeunterhalt . . . . ., Altersvorsorgeunterhalt . . . . . . (§ 1578 Abs. 2 und 3 BGB). Im Übrigen vereinbaren die Parteien, dass Frau M.

- uneingeschränkt hinzuverdienen darf (oder – wird ausgeführt – Zuverdienst im ersten Jahr nach der Scheidung in Höhe von . . . . . . EUR anrechnungsfrei bleibt, im zweiten Jahr nach der Scheidung in Höhe von . . . . . . EUR usw.),
- sie Zinseinnahmen ohne Anrechnung behält, die sie aus ererbtem Vermögen bezieht (bzw. Abweichungen und andere Regelungen), und
- im Hause wohnen bleibt (wird ausgeführt), das im Eigentum von Herrn M. steht, ohne dafür Nutzungsentschädigung oder Miete zahlen zu müssen (oder: wobei sie Nutzungsentschädigung bzw. Miete in Höhe von . . . . . . EUR zu entrichten hat, die Herr M. bei seinen Unterhaltszahlungen in Abzug bringen kann), folgen Regelungen für die interne Verteilung von Zins- und Tilgungsaufwendungen des Mannes, Gesamtschuldnerausgleich u.ä, wobei sich die Parteien auf Abweichungen zu § 426 Abs. 2 BGB verständigen können, denn als Miteigentümerin schuldet auch Frau M. entsprechende Beiträge gegenüber ihrem Mann.
- Frau M. muss am . . . . . . ausziehen (oder abweichende Regelung), ergänzt um eine vollstreckbare Verpflichtungserklärung zur Räumung und zur Herausgabe der Räumlichkeiten an den Ehemann.[5]
- Bis dahin verzichten die Beteiligten auf Anträge zur Teilungsversteigerung.

Variante 3:

Frau M. verzichtet auf Unterhalt gegenüber ihrem Mann Klaus, obwohl sie unterhaltsberechtigt wäre (sonst wie Variante 1 und 2). Klaus nimmt ihre Verzichtserklärung an. Im Übrigen verzichtet er auf Unterhalt ihr gegenüber; Frau M. nimmt diese Erklärung ihres Mannes an. Schließlich stellt Frau M. ihren Mann von Unterhaltsansprüchen der Kinder frei. Sie verfügt über mtl. Einkünfte von etwa 1.400,– EUR aus Kapitalvermögen (Zinseinnahmen) und lebt in einem großen Haus (geerbt von den Eltern) in einem Vorort von F. mietfrei und muss keine weiteren Belastungen abtragen.[6, 7] Klaus hat einen unterhaltsrechtlich relevanten Monatsverdienst von 1.500,– EUR.

Variante 4:

Herr M. verpflichtet sich, für den Mehrbedarf der Kinder, wobei er im Übrigen seine Frau von einer Beteiligung an den Kosten für sie ausdrücklich freistellt, monatlich für jedes Kind 100 EUR (oder eine andere Summe; denkbar ist auch eine halbjährliche Verteilung oder eine jährliche Zahlung) zu zahlen, wobei sich Frau M. verpflichtet, im (halbjährlichen oder jährlichen) Abstand über die Verwendung im Einzelnen zu berichten (oder ihrem Mann Belege vorzulegen, beides kann vereinbart werden).

Anmerkungen

1. Die Absprachen der Eheleute M. werden, und so ist das auch vorgesehen, nicht dem Gericht vorgelegt; denn sie wollen gerade keine verbindliche **Sorgerechtsregelung**, § 1671 BGB, sondern sich lediglich untereinander verständigen. Dann wird das FamG für die elterliche Sorge im Scheidungsverfahren nichts weiter veranlassen und keine eigene Regelung vornehmen, wenn sie nicht gerade notwendig wird, um das **Wohl des Kindes** sicherzustellen.

2. → Form. E.IV.4.

3. Insoweit kann sich Frau M. vertraglich nicht festlegen. Sie kann daher jederzeit ihre **Zustimmung** verweigern bzw. sie im Verfahren widerrufen, wenn sie sie bereits erteilt hat, zu Einzelheiten Palandt/*Brudermüller* § 1566 BGB Rn. 2 mit Nachw., zur **einverständlichen Ehescheidung** im Übrigen **§ 133 FamFG,** wobei nach Abs. 1 Nr. 2 nur noch die **Erklärung** der Ehegatten notwendig ist, ob sie eine Regelung über die elterliche Sorge, den Umgang und die Unterhaltspflicht gegenüber den gemeinsamen minderjährigen Kindern sowie die durch die Ehe begründete gesetzliche Unterhaltspflicht, Rechtsverhältnisse an der Ehewohnung und an den Haushaltsgegenständen getroffen haben, anders als früher § **630 ZPO,** denn diese Bestimmung verlangte auch eine **Regelung** in der **Sache.**

4. Unterhaltsansprüche und sonstige Forderungen der Kinder sind wie sonst berechnet und mit genauer **Berechnungsgrundlage** festzuhalten, da nur so spätere Änderungen etwa im Rahmen von §§ 238, 239 FamFG erfolgen können und die Beteiligten im Übrigen an die frühere Rechnung festgehalten werden.

5. Lebt die Ehefrau in einem gemieteten Haus, für das beide Eheleute Mieter sind/ waren, sollte eine Verpflichtung für sie festgelegt werden, die dem Ehemann unter im Einzelnen festgelegten Bedingungen die **Kündigung** des Mietvertrages ermöglicht. Sonst bleibt ihm nur der langwierige Weg, sie zu verklagen und mit dem gerichtlichen Beschluss, der ihre Mitwirkung ersetzt, die Kündigung auszusprechen. Gleichzeitig sollten die Eheleute verbindlich regeln, dass die Ehefrau zur Herausgabe der Räumlichkeiten an ihn verpflichtet ist, und zwar in vollstreckbarer Form, damit er dann gegenüber dem Vermieter entsprechend tätig werden kann. Bis dahin haftet er weiterhin aus dem Vertrag insbesondere auf Zahlung des Mietzinses fort, wobei die Ehefrau ihm allerdings ersatzpflichtig werden kann, insbesondere dann, wenn Unterhaltspflichten bestanden, die zeitlich befristet worden sind, § 1578b BGB und die der Ehemann durch Zahlung des Mietzinses bis zum vereinbarten/ausgeurteilten Datum durch Leistungen an den Vermieter erfüllen konnte, wenn die Frist abgelaufen ist.

6. Frau M. erhält damit deutlich „mehr" als ihr nach den ehelichen Lebensverhältnissen zustehen würde. Herr M. ist vermögend und wegen der ihm vorteilhaften Sorgerechtsregelung zu Zugeständnissen bereit, ohne dass so die Grenzen zu § 138 BGB überschritten wären. Anders sind die Dinge zu beurteilen, wenn ein unzulässiges **Koppelungsgeschäft** vorliegt, also das Entgegenkommen der einen Seite bei den Sorgebefugnissen und ihre Regelung im Einzelnen von Zugeständnissen der anderen Seite beim

Unterhalt oder bei sonstigen finanziellen Fragen abhängig gemacht wird, dazu ausführlich Göppinger/Wax/*Hoffmann* Anm. 1325 mit Nachw.

7. Dabei sollten die Parteien regeln, für welche Zeiten der Ehefrau Unterhalt zustehen soll, vgl. § 1578b BGB. Hat sie ehebedingte Nachteile erlitten, sollten auch sie berücksichtigt werden, wobei die Beteiligten im Einzelnen festhalten sollten, wie sie sie verstehen und welche Verpflichtungen beide eingehen wollen (zur Leistung, zur Ausweitung einer Erwerbstätigkeit und den Fristen dabei, zum Hinzuverdienst des Anspruchstellers u.ä.), zur Neufassung von § 1578b BGB und zu den Auswirkungen der Ehe für sich auf Unterhaltsforderungen eines Ehegatten vgl. erste Übersicht bei *Kemper* FamRB 2013, 1. Eine Verteilung der Nachteile zwischen Ehemann und Ehefrau im Laufe der Jahre kommt nicht in Betracht, denn wenn sie ehebedingte Nachteile hat, hat sie sie, und der Ehemann kann nicht besser gestellt werden, weil sie nun für diese Zeit Unterhalt verlangen kann, dazu BGH FamRZ 2016, 1345 (sollten Unterhaltsforderungen der Höhe nach beschränkt werden, so etwa im Bezirk des OLG Frankfurt mit der dort maßgeblichen relativen Sättigungsgrenze, gegenwärtig 2500,– EUR, leuchtet nicht ein, der Ehefrau Ansprüche zu versagen, weil dieser Betrag erreicht oder überschritten ist, denn wenn sie ehebedingte Nachteile hat, hätte sie höhere Einkünfte gehabt, fiktiver, aus der Ehe hergeleiteter Lebensbedarf nach den ehelichen Lebensverhältnissen, wobei konkrete Bedarfsberechnung ohnehin immer möglich bleibt. Dieser Betrag, **2500,– EUR** im **Jahre 2017**, kann andererseits zur Grundlage für Unterhaltsverpflichtungen durch Parteiabsprache gewählt werden, dann vielleicht wertgesichert oder angepasst an die Fortentwicklungen, wobei gleichzeitig festgehalten sollte, was geschieht, wenn sich die Dinge ändern oder der Anspruchsberechtigte wegzieht, sodass er nicht mehr durch diese Regel gebunden ist).

5. Wechselmodell

Wir, die Eheleute Christa und Manfred H., haben am . . . . . . 2004 die Ehe geschlossen, aus der die beiden Kinder Carolina, 7 Jahre alt, und Peter, 12 Jahre, hervorgegangen sind. Seit . . . . . . (Trennung vor acht Monaten) leben wir getrennt in eigenen Wohnungen. Wir haben beide neue Partner.[1] Für unsere Kinder und für uns vereinbaren wir:

- **Auch nach der Trennung und einer anschließenden Scheidung unserer Ehe wollen wir die elterliche Sorge für Carolina, geb . . . . . ., und Peter, geb . . . . . ., gemeinsam ausüben. Bei unseren Entscheidungen für unsere Kinder werden wir uns allein am Kindeswohl ausrichten. Sämtliche Einzelheiten für sie werden wir im gegenseitigen Einvernehmen regeln.**
- **Für die Schulferien der Kinder werden wir jeweils besondere Abreden treffen, um möglichst gleiche Zeiten für jeden Elternteil festzulegen, die er dann mit den Kindern zusammen sein und verbringen kann (vgl. sonst Form. E. V.); dabei werden wir sehen, dass einmal der eine Elternteil die erste Hälfte mit den Kindern zusammen ist, das andere Mal der andere. In gleicher Form werden wir uns über die Verteilung der Feiertage übers Jahr (Ostern, Pfingsten, Weihnachten, Silvester und Neujahr; Eltern- und Kindergeburtstage; Geburtstage von Großeltern, Jubiläumsfeiern uÄ) verständigen.[2]**
- **Im Übrigen sind wir uns darüber einig, dass Carolina und Peter in einer Woche jeweils Montags bis Mittwochs abends beim Vater, danach bis Sonntag abends/Montag vormittags bei der Mutter sind, während sie in der nächsten Woche Montags bis Donnerstags zu den genannten Zeiten bei der Mutter, danach bis Sonntags abends/bis Montags vormittags beim Vater sein und leben sollen. Übergabezeiten und sonstige Einzelheiten der Besuche/Aufenthaltszeiten werden wir von Fall zu Fall festlegen.[3, 4]**

- **Für die Kosten der Krankenversicherung und des Horts/der sonstigen Betreuung für beide Kinder kommt Herr H. auf. Das gesetzliche Kindergeld, das (noch) die Mutter erhält, soll zwischen den Eltern geteilt bzw. beim Unterhalt verrechnet werden. Kindesunterhalt leistet Herr H. nach seinen Einkünften (. . . . . . EUR) nach der Düsseldorfer Tabelle aus Gruppe . . . . . ., allerdings nur in Höhe von . . . . . . EUR (insgesamt mehr als die Hälfte des Tabellensatzes,[5] weil die Kinder eben auch längere Zeiten bei ihm leben und von ihm versorgt werden). Von weitergehenden Unterhaltsansprüchen der Kinder stellt er Frau H. frei.[6, 7]**

. . . .

Christa H.   Manfred H.

Variante:

Die Eltern einigen sich über den Fortbestand der elterlichen Sorge, legen (aber) den Lebensmittelpunkt[8, 9] des Kindes/der Kinder bei der Mutter fest.

Anmerkungen

1. Sachverhalt. Frau H. ist 39 Jahre alt und Sozialpädagogin. Sie versorgt seit der Geburt von Carolina nur noch die Kinder. Herr H. ist 42 Jahre und angestellter Unternehmensberater mit einem Einkommen von durchschnittlich 8.000,– EUR monatlich netto. Frau H. bewohnt in der Nähe von F. eine $3^1/_2$-Zimmer-Mietwohnung. Herr H. ist im Haus geblieben, das früher von der Familie bewohnt wurde und das in seinem Alleineigentum steht. Beide Wohnungen liegen etwa 3 km Luftlinie voneinander entfernt.

2. Rechtliche Grundlagen. Die Eltern haben sich für den **Fortbestand** der gemeinsamen elterlichen Sorge entschieden. Entsprechende Regelungsanträge müssen sie aber nicht bei Gericht stellen, weil sie ohnehin, falls nicht eine abweichende Entscheidung nach der Trennung oder bei der Scheidung notwendig wird, § 1671 Abs. 2 und 3 BGB, in ihrer elterlichen Verantwortung in dieser Form verbunden bleiben. Gleichwohl sind Vereinbarungen zwischen ihnen über die Versorgung der Kinder und über die Ausgestaltung im Einzelnen sinnvoll, denn über den Wechsel (die Kinder/das Kind sind/ist wechselnde Zeiten bei einem, dann beim anderen Elternteil) können sich (nur) die Eltern verständigen, dazu ausführlich *Bergschneider* Anm. 202; OLG Dresden NJW-RR 2005, 7; ablehnend auch OLG Brandenburg FF 2012, 457; Übersicht bei *Coester* FF 2010, 10. Allerdings kann nicht etwa die elterl. Sorge jeweils wechselnd zugewiesen bzw. aufgelöst werden, so dass Sorgebefugnisse für jeden Elternteil für sich und allein für die Zeit der Betreuung begründet sind, die dann danach wieder auf den anderen übergehen. Zum einen fehlt ihnen die Befugnis, über ihre jeweiligen Anteile verbindlich zu bestimmen, zu Einzelheiten vgl. gleich Anm. 5, zur **Unterhaltsverteilung** Anm. 7, zu Vollmachten E.I.4.

3. Kaum eine Rolle spielt bei uns das **Nestmodell.** Dabei lebt das Kind in einer eigenen Wohnung, während die Eltern zu wechselnden Zeiten jeweils hinzukommen und mit ihm zusammen wohnen, im Übrigen aber in eigenen Räumen wohnen und sich dort aufhalten. Sorgebefugnisse könnten dann für beide ohne weitere Einschränkungen fortbestehen; sonst zum Wechselmodell Palandt/*Götz* § 1687 Rn. 3 mit Nachw.; *Kaiser* FPR 2008, 143; zu optimistisch wohl *Weber* NJW 2007, 3042, realistischer *Kostka* FAMPRA.ch 2009, 634 sowie inzwischen BGH FamRB 2017, 126 und BGH NZFam 2017, 270; OLG Nürnberg NZFam 2017, 257, auch zum familienrechtlichen Ausgleichsanspruch/Ausgleichszahlung und der Verrechnung mit Kindergeldanteilen, vgl. Anm. 5.

4. Frau H. hat keine Einkünfte. Sie lebt von Ersparnissen und Zuwendungen ihres neuen Lebenspartners. Unterhaltsansprüche gegen ihren geschiedenen Mann macht sie nicht geltend, obwohl sie ihr zustehen könnten, zur Verteilung des Kindesunterhalts im Wechselmodell BGH FamRZ 2006, 1015 und BGH FamRZ 2007, 707; BGH FamRZ 2007, 1859 und gleich im Folgenden Anm. 5. Weitere Absprachen wollen die Ehegatten allerdings nicht treffen (auch keinen Verzicht erklären, denn ob Frau H. öffentliche Leistungen beziehen muss, ist nicht absehbar).

5. Zum Wechselmodell und Kindergeld *Kleinwegener* FuR 2012, 165 im Anschluss an *Horndasch* FuR 2011, 593, OLG München FamRZ 2008, 1103; *Sünderhauf* FamRB 2013; *dies.* FamRB 2013, 327; *Jokisch* FuR 2013, 679; *ders.* FuR 2014, 25; Salzgeber FamPra.ch 2014, 66 bes. ausf.; zu Hinweisen des DFGT FF 2014, 46. Wichtig geworden ist die Entscheidung des BGH NZFam 2017, 206, ausf. Bespr. *Schwamb* NZFam 2017, 253, die einige Punkte klärt, die bisher str. gewesen sind, aber sie reicht weniger weit als dies vielleicht angenommen werden könnte:

- Gerichtl. Festlegung des Wechselmodells ist auch gegen den Willen eines Elternteils möglich, wenn sonst beide für das Kind/die Kinder gut zusammenarbeiten können, dazu aA besonders entschieden KG FPR 2013, 334; OLG München FamRZ 2014, 401.
- Sie kann im Rahmen eines Umgangsverfahrens erfolgen, sodass keine gesetzliche Neuregelung erforderlich ist, dass die bleibt, ob §§ 1671 oder 1672 BGB schon eine ausreichende Grundlage bilden, früher ebenso AG Erfurt FamRZ 2015, 339 und OLG Hamm NZFam 2014, 567 für eine Entscheidung im Wege der einstw. Anordnung, die wie sonst nach § 57 S. 2 Nr. 1 FamFG nicht anfechtbar ist, NZFam 2014, 567,
- aber vernünftige Zusammenarbeit zwischen den Eltern muss gesichert sein, denn dem Kindeswohl entspricht jedenfalls nicht, ein Wechselmodell zu dem Zweck anzuordnen, die Kommunikations- und Kooperationsfähigkeit zwischen den Eltern erst herbeizuführen, dazu schon BGH FamRZ 2016, 1439 mit Anm. *Lack*, zur Unterhaltsberechnung und zur Verteilung des Kindesgeldes gleich Anm. 7. Betreuungszeiten von 52,5 % zu 47,5 % ändern nichts daran, dass die Verteilung „paritätisch" ist, dazu OLG Nürnberg NZFam 2017, 257. Ist der Betreuungsanteil eines Elternteils geringer, aber höher als dies bei der sonstigen Verteilung von Bar- und Betreuungsunterhalt vorausgesetzt wird, kann seine Unterhaltspflicht aus einer niedrigeren Einkommensstufe der Düsseldorfer Tabelle entnommen werden als dies seinen sonstigen Einkünften entsprechen würde, dazu OLG Frankfurt FamRZ 2014, 46.
- **Kindergeld** ist auch beim Wechselmodell zunächst hälftig zu verteilen wie das § 1612b Abs. 1 S. 2 BGB vorsieht. Die andere Hälfte wird auf den Bedarf angerechnet und kommt damit beiden Eltern im Ergebnis entsprechend ihren Beteiligungsquoten zugute. Anträge zur Zahlung kann ein Teil gegen den anderen stellen, wenn ihm nach § 1628 BGB dazu die Befugnis übertragen worden ist, aber auch § 1629 Abs. 2 S. 2 BGB kann bei Abweichungen von der Halbteilung der Betreuungsleistungen eine geeignete Grundlage sein, dazu OLG Nürnberg NZFam 2017, 257, wobei die tatsächliche Fürsorge, also die Übernahme von Versorgungs- und Erziehungsaufgaben, wesentlich wird, letztlich also der zeitliche Einsatz der Eltern für ihre Kinder, wiederum OLG Nürnberg NZFam 2017, 257, zu § 1628 BGB in diesem Zusammenhang schon → E.I.1 Anm. 3 und OLG Hamburg NJW 2015, 416 im Anschluss an BGH NJW 2006, 2258. Dabei kann die gerichtl. Entscheidung auch durch einstw. Anordnung erfolgen, wiederum OLG Hamburg NJW 2015, 416; zu verschiedenen Arten des Wechselmodells und unterhaltsrechtlichen Aspekten dabei *Wohlgemuth* FamRZ 2014, 84; früher schon *Scheiwe* FF 2013, 280; Rechenbeispiele im Einzelnen bei *Jokisch* FuR 2014, 25, 28 f.; zum Kindergeldausgleich beim Wechselmodell auch *Graba* NZFam 2016, 842, zu einem Ausgleichsanspruch beim Wechsel des Kindes zum anderen Elternteil OLG Brandenburg NJW-RR 2016, 72. Mehrbedarf ist jeweils konkret darzulegen, dazu

BGH NZFam 2017, 206 = FamRZ 2017, 532; zu Sonderbedarf und Mehrbedarf allg. *Viefhues* FuR 2016, 71; *ders.* FuR 2016, 138; *Ebert* NZFam 2016, 438.

6. Dabei sollten sich die Partner über die wesentlichen, tatsächlichen Einzelheiten verständigen und sich festlegen, zur Anmeldung des Kindes, zu Sozialleistungen beim Wechselmodell und zur Kindergeldberechnung vgl. im Übrigen *Hennemann* NZFam 2016, 825; vgl. im Übrigen schon Anm. 5.

7. **Unterhaltsfreistellung** für die Mutter durch den Vater ist zulässig, BGH NJW 2004, 930. Dann übernimmt er ihre Anteile, aber das Kind bleibt weiterhin Rechtsträger, zu weiteren Einzelheiten schon Anm. 5. Unterhaltsforderungen für das Kind sind aus den zusammengerechneten Einkünften der Eltern zu ermitteln, wie sonst gekürzt um den Selbstbehalt von 1300,– EUR. Durch den regelmäßigen Aufenthalt in zwei Haushalten entstehen jedenfalls höhere Kosten. Der Elternteil mit den besseren Einkünften muss sich folglich mit anderen Beiträgen am Barunterhalt des Kindes beteiligen als der mit dem geringeren Verdienst, dazu OLG Nürnberg NZFam 2015, 257 und, vor allem, BGH NZFam 2017, 206 mit Bespr. *Schwamb* NZFam 2017, 253.

8. **Wichtige Erziehungsfragen** müssen die Eheleute H. weiterhin miteinander absprechen und entscheiden, § 1687 Abs. 1 BGB, denn sie üben ihre elterlichen Befugnisse **gemeinsam** aus. Über **alltägliche Angelegenheiten** entscheidet dagegen während seiner Betreuungszeit jeder Elternteil allein, vgl. § 1687 Abs. 1 S. 2 BGB. Doch sind rechtzeitige, klärende Absprachen hilfreich, zu den Entscheidungsmaßstäben nach §§ 1687 Abs. 2 BGB, 1628 BGB *Schwab* FamRZ 1998, 457, 458 f. Betroffen ist allerdings nur das **Innenverhältnis**, während im **Außenverhältnis** die alleinige Handlungskompetenz wie sonst aus § 1687 BGB jedes Elternteils erhalten bleibt, bei dem das Kind seinen gewöhnlichen Aufenthalt hat, dazu *Schwab* Vereinbarungen über die Elternschaft und elterl. Verantwortung S. 35, 49. **Tauftermin** und **Einschulung** sind keine Angelegenheiten von weitreichender Bedeutung, AG Lübeck FamRZ 2003, 1035 mit Anm. *Söpper*, aber wenn die Familie christlich orientiert ist und mit diesen Lebensmaßstäben lebt, kann anders zu entscheiden sein, um dem Kind Ausfälle und Enttäuschungen zu ersparen, **Kindeswohl**, vgl. OLG Hamm BeckRS 2012, 02313 und → Form. E.I.2 (zu § 1628 BGB).

9. Schließlich sollten sich die Eltern über den **Lebensmittelpunkt** des Kindes verständigen, selbst wenn Sorgebefugnisse weiterhin beiden gemeinsam zustehen sollen und sie das „Wechselmodell" praktizieren können, denn so werden weitere, wichtige Folgen festgelegt wie Kindergeldzahlungen, steuerliche Eingruppierung, Versicherungspflichten, Schulfragen/Einschulung, Empfangsberechtigung für staatl. Unterstützungs- und Sozialleistungen etc, vgl. etwa § 64 Abs. 2 S. 1 EStG u. ä., Regelungen, die meist auf das „Leben im Haushalt eines Elternteils" abstellen, dazu auch *Hennemann* NZFam 2016, 825 (Sozialleistungen u.ä.), vgl. dazu schon Anm. 6 BFH FamRZ 2005, 1246 (leben die Kinder bei beiden Elternteilen, wird das Kindergeld an den Empfänger ausgezahlt, den die Eltern durch ihre Absprachen bestimmt haben, dazu auch BFH BeckRS 2004). Aus dem Schulverhältnis ergibt sich die Pflicht der Eltern, ihr Kind von der Schule in ihre alleinige Obhut zurück zu übernehmen, soweit seine Teilnahmepflicht am Unterricht oder an einer sonstigen Schulveranstaltung (Klassenfahrt) endet, so dass sie für die Kosten dafür selbst aufkommen müssen und keinen Aufwendungsersatzanspruch gegen die Schule aus öffentlichrechtlicher Geschäftsführung ohne Auftrag haben, OVG Münster FamFR 2010, 334. Mit dieser Bestimmung ist allerdings nicht das **Aufenthaltsbestimmungsrecht** selbst erfasst, das beiden gemeinsam zusteht, wenn sie sich nicht ausdrücklich anders festgelegt haben bzw. das Gericht eine Entscheidung treffen musste → Form. E. IV.4 mit Nachw.; ausführlich Schwab/*Motzer* III Anm. 63 f., zur Übertragung des Aufenthaltsbestimmungsrechts auf die Mutter, die mit dem Kind zu ihrem jetzigen Lebenspartner nach Südfrankreich umziehen möchte KG FamRZ 2010, 135. Will der Sorgerechtsinhaber mit dem gemeinsamen Kind auswandern (etwa nach Mexiko), muss er für seinen Wegzug triftige Gründe haben, die schwerer wiegen als die Umgangsinteressen von Kind und anderem Elternteil, OLG München FamRZ 2009, 1600, zur Abgrenzung OLG München (Peru) NJW-RR 2009, 512 → Form. E.I.1 Anm. 8 mit weiteren Nachw. Der („bloß") umgangsberechtigte Vater kann für seine Tochter, die nur einige Tage im Monat bei ihm lebt, keine Ansprüche auf Schülerbeförderung geltend machen; hält sich ein Kind getrennt lebender Eltern abwechselnd bei der sorgeberechtigten Mutter oder dem Umgangsberechtigten Vater auf, findet diese (Erstattung von Fahrtkosten) nur von und zu derjenigen Wohnung statt, nach der auch die zuständige Schule bestimmt (worden) ist, nicht aber auch zusätzlich von und zu der Wohnung des anderen Elternteils, VG Oldenburg BeckRS 2012, 46142.

6. Vereinbarungen zum Umgang

Wir, die Eheleute Gloria P. und Peter F., verheiratet seit . . . . . ., haben uns am . . . . . . getrennt.[1] Gloria ist mit den Kindern Denise, geb . . . . . . (6 Jahre), und Irina, geb . . . . . . (4 Jahre), ausgezogen. Sie lebt nun in einer eigenen Wohnung in F. Wir wollen die elterliche Sorge für beide Kinder weiterhin gemeinsam ausüben. Der Lebensmittelpunkt für sie soll aber bei der Mutter liegen.[2] Für den Umgang des Vaters vereinbaren wir folgende Regelung:[3, 4]

- **Besuchszeiten während der Woche,**
- **(Ferien),**
- **(Feiertage), vgl. ausführlich die Vereinbarung in → Form. E.V.1.**

. . . .

Gloria P. Peter F.

Anmerkungen

1. Sachverhalt. Peter, Deutscher, ist Rechtsanwalt in F. und verdient gut. Gloria ist US-amerikanische Staatsangehörige. Sie war früher als Flugbegleiterin bei einer großen deutschen Luftfahrtgesellschaft beschäftigt, versorgt nun aber „nur" die Kinder aus der Ehe mit Peter. Peter zahlt für seine Frau angemessenen Unterhalt, wie auch Gloria findet. Deshalb wollen die Eheleute insoweit keine eigene Regelung treffen.

2. Rechtliche Grundlagen. Peter legt Wert auf den Fortbestand der gemeinsamen elterlichen Sorge für seine Kinder, die auch US-amerikanische Staatsangehörige sind. Insbesondere ist ihm seine Beteiligung an der Befugnis wichtig, ihren Aufenthaltsort mit Gloria zu bestimmen, denn er möchte Verbindung zu ihnen halten und verhindern, dass die Mutter ohne seine Zustimmung in die USA zurückkehrt wie sie das zumindest im Streit schon einmal angekündigt hat. Denise und Irina sollen zunächst in Deutschland in die Schule gehen. Dabei sind sich die Eltern aber einig, dass beide Kinder anschließend, wenn sie die notwendigen Voraussetzungen erfüllen und das so wollen, in Deutschland und den USA studieren oder ihre sonstigen Ausbildungszeiten verbringen sollen. **Zweisprachigkeit** ist in der Familie gesichert; sie ist den Eltern wichtig.

3. Auch bei gemeinsamer Elternsorge müssen sich die Eltern über **Umgangsbefugnisse** verständigen, **§ 1684 BGB**, zu weiteren Einzelheiten → Form. E.V.1; zur Beteiligung des Sorgerechtsinhabers an den Umgangskosten (weil die Gefahr besteht, dass sonst das Umgangsrecht nicht ausgeübt werden kann) OLG Brandenburg NJW-RR 2010, 148.

4. Trifft das Gericht lediglich eine allgemeine Umgangsregelung, ohne nähere Einzelheiten festzulegen bzw. Ge- und Verbote für die Eltern anzuordnen, scheidet die zwangsweise Regelung aus, weil ihr ein vollstreckbarer Inhalt fehlt, OLG Frankfurt, FamRZ 2010, 740; vgl. auch *Heilmann* NJW 2012, 887 nach *ders.* NJW 2012, 16; *Spangenberg/Spangenberg* FamRZ 2011, 1704, ausführlich zu einer Umgangsvereinbarung → Form. E.IV.7. Deshalb ist die Umgangsvereinbarung, die die Eltern in einem **gerichtlichen Verfahren** treffen, wenn sie für sich zulässig ist und dem Kindeswohl zu entsprechen scheint, gerichtlich zu billigen, wobei Hinweise auf und Belehrungen nach § 89 Abs. 2 FamFG zu erfolgen haben. Stets ist Voraussetzung, dass der Umgangstitel einen vollstreckungsfähigen Inhalt hat.

IV. Alleinige elterliche Sorge eines Elternteils und weitere Absprachen der Eltern

1. Übertragung der Alleinsorge auf ein Elternteil gem. § 1671 Abs. 2 BGB

Wir, die Eheleute Michael H. und Carolina M., haben am ..... geheiratet. Aus unserer Ehe sind die Kinder Tim, geb ....., und Eva, geb ....., hervorgegangen,[1] die seit unserer Trennung (vor ca. 8 Monaten) bei der Mutter leben und von ihr versorgt werden. Wir haben uns verständigt, dass Frau M. für die weitere Trennungszeit und nach der Ehescheidung alleinige Sorgebefugnisse für Tim und Eva haben soll. Im Scheidungsverfahren wird sie entsprechende Regelungsanträge stellen. Herr H. wird sich ihrer Antragstellung anschließen bzw. sie unterstützen.[2] Frau M. kann ihre gesamte Zeit für die Pflege und Erziehung der Kinder einsetzen; sie ist nicht berufstätig. Herr H. ist Krankenhausarzt mit hohem beruflichen Einsatz; er plant im Übrigen, innerhalb der nächsten drei Jahre eine Praxis in X. (dort kommt er her, 400 km entfernt vom Wohnort der Parteien in F.) zu übernehmen. Schließlich haben wir eingesehen, dass uns alltägliche Absprachen für die Kinder schwer fallen, gerade wegen des starken beruflichen Engagements von Herrn H. Dann ist es ehrlicher und besser, insgesamt Entscheidungsbefugnisse für die Kinder für Frau M. zu begründen. Frau M. sichert ihrem Mann andererseits zu, ihn bei wichtigen Fragen für die Erziehung der Kinder (folgt Aufzählung) zu beteiligen, insbesondere ihn nach seinen Vorstellungen zu fragen und diese in angemessener Form zu berücksichtigen,[3] selbst wenn er nicht sorgeberechtigt ist.[4, 5]

......	......
Michael H.	Carolina M.

Anmerkungen

1. Sachverhalt. Herr H., 38 Jahre alt, arbeitet am städtischen Krankenhaus in F. als Oberarzt. Frau M. ist nicht (mehr) berufstätig; früher war sie Röntgenassistentin. Die Spannungen in ihrer Ehe sind beträchtlich, aber beide Gatten bemühen sich um Verständigung und Ausgleich wenigstens bei der Erziehung der Kinder. Während der Trennungszeit haben sie beim zuständigen FamG in F. – mit wechselnden Rollen – mehrere Verfahren (Hauptsache und einstweilige Anordnung) geführt, weil sie sich über die Einschulung von Eva und Tim und ihre Teilnahme an den Schulfeiern nicht verständigen bzw. Ferienzeiten für den Vater nicht regeln konnten. Zudem gerieten sie immer wieder in Streit wegen der medizinischen Versorgung, obwohl weder Tim noch Eva ernstlich krank sind und ihre Unstimmigkeiten letztlich eher Nebensächlichkeiten betrafen. Carolina ist der Auffassung, dass Michael „übertrieben" fürsorglich ist und vieles zu ernst nimmt. Auch Absprachen zu den Besuchszeiten des Vaters gelangen nicht oder erst nach größeren Streitigkeiten, der wegen seiner beruflichen Belastung allerdings auch häufig kurzfristig absagen und um Ersatztermine bitten musste. Inzwischen haben die Eltern (Besuche, Ferien uÄ) aber – im Wesentlichen – eine einvernehmliche Regelung finden können, die ihnen tragfähig erscheint.

2. Rechtliche Grundlagen. Für die gemeinsame elterliche Sorge nach Trennung und Scheidung ist stets ein gewisses Maß an **Verständigungs-** und **Kooperationsbereitschaft** notwendig, vgl. dazu die Nachweise bei MünchKommBGB/*Finger* § 1671 Anm. 71 f.; grundlegend BGH NJW 2000, 203 mit Besprechung *Born* FamRZ 2000, 296, Anm. *Coester* DEuFamR 2003, 53 und *Oelkers* MDR 2000, 31; Palandt/*Götz* § 1671 BGB Rn. 20 ff. mit umfangr. Nachw.; OLG Brandenburg BeckRS 2011, 23527 und OLG Hamm BeckRS 2011, 19119 (für den nichtehelichen Vater bei fehlender Verständigungsmöglichkeit der Eltern); etwas einschränkender OLG Frankfurt BeckRS 2012, 10983 (die gemeinsame elterliche Sorge kann fortbestehen, wenn die fehlenden Absprachen zwischen den Eltern keine Auswirkungen auf das Befinden bzw. Empfinden des Kindes haben). Hat der Vater der Mutter umfassende Vollmachten zur Regelung der Angelegenheiten des gemeinsamen Kindes erteilt und treten sonst keine Unstimmigkeiten bei der Ausübung des Sorgerechts auf, kann die Sorge in dieser Form nicht aufgehoben und allein auf die Mutter übertragen werden, selbst wenn er sonst keinen oder praktisch keinen Kontakt zum Kind hat, OLG Schleswig NJW-RR 2012, 520, aber die Eltern können auch etwas anderes vereinbaren. – Beide Elternteile haben (wohl) erkannt, dass sie nicht wirklich zur vertrauensvollen Zusammenarbeit in der Lage sind. Zudem fühlt sich Herr H. durch seine hohe berufliche Belastung besonders angespannt und will in Kürze an einen Ort umziehen, der vom bisherigen Wohnort der Parteien recht weit entfernt ist, so dass ständige Verbindungen mit den Kindern nicht mehr möglich sind. Deshalb legen sich die Eltern in einer zwischen ihnen abgesprochenen und angepassten Form fest, um weitere Auseinandersetzungen, vielleicht sogar endgültige und weitreichende Rechtsverluste für die eine oder andere Seite zu vermeiden und den Kindern ihren Streit zu ersparen bzw. dafür zu sorgen, dass sie einen Ausgleich untereinander finden, der für Tim und Eva eine künftige, gute Entwicklung verspricht. Die **Zustimmung** eines Elternteils im Verfahren zu Regelungsanträgen der anderen Seite bindet das Gericht im Rahmen von § 1671 Abs. 2 BGB, dazu ausführlich gleich → Form. V.2, Abweichungen sind nur möglich, wenn dies im Interesse des Kindes geboten ist. Andererseits ist sie bis zum Abschluss und zur endgültigen gerichtlichen Entscheidung ohnehin frei **widerruflich**, dazu *Schwab* FamRZ 1998, 457, 461 und MünchKommBGB/*Finger* § 1671 Rn. 62 und 63 mit Nachw. Sonstige (**inhaltliche**) **Kontrollbefugnisse** stehen dem FamG dagegen ebenso wenig wie offenes **Auswahlermessen** zu, etwa in der Form, dass eine Entscheidung ohne die Grenzen aus § 1671 Abs. 3 BGB für den einen und/oder gegen den anderen ergeht. Liegen Anhaltspunkte dafür vor, dass die Eltern sachfremd handeln, muss das Gericht eine eigene Entscheidung treffen und ist nicht an die Absprache der Eltern gebunden, wenn sie im Interesse des Kindes notwendig wird, §§ 1671 Abs. 3 bzw. 1666 BGB, zu den Maßstäben dabei MünchKommBGB/*Finger* § 1671 Rn. 63. Herr H. kann jedenfalls, ohne durch seine vorherige Zustimmung gehindert oder in anderer Form festgelegt zu sein, gegen eine Gerichtsentscheidung Rechtsmittel einlegen (soweit sie statthaft sind) und später Abänderung beantragen, **§§ 1696 BGB** und **166 FamFG**, wenn die Voraussetzungen dieser Bestimmungen erfüllt sind (mit unterschiedlichen Maßstäben für eheliche und für nichteheliche Kinder, dazu schon → Form. E.III.2 Anm. 5).

3. Auch Versprechungen und Zusagen eines Elternteils, den anderen – trotz Übertragung der elterlichen Sorge auf ihn – zu beteiligen, sind rechtlich zulässig, verpflichten aber nur zur Information und zur grundsätzlichen Rücksichtsnahme auf dessen Vorstellungen. Erst im Abänderungsverfahren, §§ 1696 BGB und 166 FamFG, können Verstöße eine Rolle spielen, die aber nicht nur allein das Verhältnis der Eheleute untereinander berühren dürfen, etwa weil sich einer von ihnen übergangen fühlt, sondern nachweisbare Beeinträchtigungen „für"/gegen das Kind zumindest befürchten lassen müssen, falls sie nicht bereits eingetreten sind, **Kindeswohl** als bindender Entscheidungsmaßstab.

4. Nach den zwischen den Parteien getroffenen Vereinbarungen kann Frau M. Regelungsanträge bei Gericht stellen, vgl. dazu § 1671 Abs. 2 BGB (das kann sie auch sonst).

Nach Einleitung des Scheidungsverfahrens kann sie auch im Wege der einstweiligen Anordnung nach § 49 FamFG vorgehen, wobei allerdings nicht zu sehen ist, wie sie die Voraussetzungen dieser Bestimmung (dringendes Bedürfnis für eine abweichende Regelung) erfüllen soll, zur **Abtrennung** des Verfahrens **§ 140 FamFG** (anders als früher sind Abtrennungsanträge nach **§ 623 ZPO** nicht mehr „verbindlich" und führen nicht so schon zu einer Bindung der Gerichte); zu weitergehenden Absprachen bei § 1687 BGB → Form. E.III.5 Anm. 7 mit Nachw. Bei Streitigkeiten kann ein Elternteil „mangels einer gesetzlichen Grundlage" nicht gezwungen werden, sich körperlich oder psychiatrisch/psychologisch untersuchen zu lassen und zu diesem Zweck bei einem Sachverständigen zu erscheinen, BGH FuR 2010, 406, zu Mustern mit Erläuterungen zu einem Antrag auf Übertragung der elterl. Sorge aus Gründen des Kindeswohls *Ziegler* FuR 2010, 149.

5. Zur Entwicklung der Rspr. zur elterlichen Sorge und zum Umgangsrecht ab 2012 *Büte* FuR 2013, 418; *Wanitzek* FamRZ 2013, 1169; *Schmid* FamRB 2014, 184. Auch der weniger oder nicht berufstätige Elternteil hat im Hinblick auf den **Förderungsgrundsatz** keinen grundsätzlichen Vorrang gegenüber dem anderen, dazu OLG Brandenburg FuR 2017, 213. Bei gerichtlichen Entscheidungen, insbesondere bei Eingriffen in die elterliche Sorge, ist in besonderem Maße auf Verhältnismäßigkeitsgrundsätze zu achten, die auch verfassungsrechtliche Bedeutung haben, dazu die Übersicht bei Palandt/*Götz* § 1666 BGB Rn. 31 mit vielen Nachw. gerade aus der Rspr. des BVerfG; zum Sorgerechtsentzug im Eilverfahren BVerfG FF 2014, 302, allg. zu den notwendigen Anforderungen bei Eingriffen in die elterliche Sorge BVerfG FamRZ 2014, 1772 und die Übersicht bei *Hammer* FF 2014, 428; *Heilmann* NJW 2014, 2904, zudem → Form. E. I.1 Anm. 13 mit Nachw.

2. Aufteilung der Kinder

Wir, die Eheleute Volker und Christina G., haben am . . . . . . (2007) geheiratet;[1] aus unserer Ehe sind die Kinder Milena, geb . . . . . . (8 Jahre), und Friederike, geb . . . . . . (10 Jahre), hervorgegangen. Seit $1^1/_2$ Jahren leben wir getrennt voneinander. Herr G. ist an seinem früheren Wohnort (Familienwohnung) geblieben, während Frau G. mit ihrem neuen Lebenspartner nach K. gezogen ist. Seit unserer Trennung lebt Milena beim Vater, während Friederike bei der Mutter wohnt. Diese Lösung wollen wir weiterhin beibehalten. Deshalb verpflichten wir uns, entsprechende Regelungsanträge bei Gericht zu stellen bzw. Anträge der Gegenseite zu unterstützen (folgt Schilderung über die Hintergründe der Absprache gerade unter dem Blickwinkel des Kindeswohls und über die Lebensverhältnisse der Kinder beim jeweils betreuenden Elternteil).[2, 3]

. . . .

Volker G. Christina G.

Anmerkungen

1. Sachverhalt. Herr G., 39 Jahre alt, ist Gymnasiallehrer in B. Frau G., 37 Jahre, war bisher als Lehrerin im hessischen Schuldienst beschäftigt (zuletzt $^1/_2$ Stelle), hat ihre Tätigkeit nun aber aufgegeben, da sie mit ihrem neuen Lebenspartner eine christlich orientierte Privatschule an ihrem jetzigen Wohnsitz gründen möchte, für die sie gerade die

Konzeption entwirft und das staatl. Genehmigungsverfahren vorbereitet, dazu auch OLG Naumburg BeckRS 2011, 27394 und OLG Nürnberg FuR 2011, 480.

2. Rechtliche Grundlagen. Die von den Eheleuten G. beabsichtigte „Aufteilung" der Kinder ist für sich schon fragwürdig, so dass ihre Absprachen besonders guter Begründung gerade unter dem Blickwinkel des Kindeswohls bedürfen, dazu auch OLG Brandenburg FamRZ 2003, 1953. Friederike ist nur knapp zwei Jahre älter als Milena. Beide Kinder haben keinen Streit miteinander, verstehen sich auch sonst gut und haben ein freundschaftliches und liebevolles Verhältnis, das ihnen gerade in der schwierigen Trennungsphase ihrer Eltern weitergeholfen hat, zum größeren Altersabstand und heftigen Streit unter den Kindern (ausreichend für eine entspr. Sorgerechtsregelung mit Aufteilung) MünchKommBGB/*Finger* § 1671 Rn. 45 mit Nachw. **Geschwisterbindungen** sind bei der Trennung der Eltern und für die Sorgerechtsentscheidung häufig besonders wichtig, da sie Sicherheit und Kontinuität in einer ohnehin schwierigen Zeit vermitteln. Jedenfalls sollten sich die Eltern nicht zu einer „Aufteilung" entschließen, um ihre eigenen Verluste möglichst klein zu halten und „wenigstens ein Kind" bei sich zu haben, zur Absicherung von Umgangsbefugnissen bei Trennung der Kinder gleich im Folgenden. Bei seiner Entscheidung wird das FamG, vgl. § 1671 Abs. 2 BGB, diese Einzelheiten bewerten und abwägen müssen, **Amtsermittlung,** § 26 FamFG; Kindesanhörung ist geboten, §§ 34, 159 FamFG. Andererseits ist zu berücksichtigen, dass die Eltern diese Lösung nun schon seit rd. $1^1/_2$ Jahren praktizieren und, wie sie schildern, durch verabredete Besuche sicherstellen, dass sich beide Kinder beim jeweils anderen Elternteil ständig übers Wochenende sehen. Eingriffe des FamG nach § 1671 Abs. 2 BGB sind nicht schon deshalb erforderlich, weil die Regelung, die die Eltern getroffen haben, nicht ohne weiteres einsichtig ist; vielmehr ist die Schwelle wesentlich höher, Art. 6 GG → Form. E.IV.1 Anm. 2. Gegen ihre fortdauernde gemeinsame Überzeugung und ihren Widerstand wäre allerdings wenig auszurichten, und auch diese Überlegungen hat das FamG zu berücksichtigen, selbst wenn die Schwellen aus § 1671 Abs. 2 BGB noch nicht überschritten sind. Unzulässig ist dagegen die „Trennung" der Kinder zur „Absicherung" von Umgangsbefugnissen des jeweils anderen Teils, wenn diese Regelung nicht sonst gerade „wegen der Kinder" geboten ist, so früher einmal OLG Frankfurt DAVorm. 1980, 944; dazu auch *Finger* FuR 2006, 299, 305 → Form. E.V.1 Anm. 18 mit weiteren Nachw.

3. Unterhalt für alle Beteiligten ist geregelt, zu § 1629 Abs. 2 S. 2 BGB (Geltendmachung von Ansprüchen aber auch § 1628 BGB kommt in Betracht) und zur Berechnung im Einzelnen beim **Wechselmodell** → Form. E.III.5 zur Unterhaltsberechnung und zur Verteilung des Kindergeldes dort Anm. 7.

3. Alleinige Elternsorge mit eigener Regelung für einzelne Sorgebefugnisse; Funktionsteilung

Wir, die Eheleute Maria und Klaus M., sind uns darüber einig, nach unserer Trennung und einer späteren Scheidung die elterliche Sorge[1] für unsere beiden Kinder Kevin, geb ...... (9 Jahre alt), und Zoe, geb ...... (7 Jahre), weiterhin gemeinsam auszuüben. Für Angelegenheiten der medizinischen Betreuung soll dem Vater ein vorrangiges Entscheidungsrecht zustehen, ohne dass wir dabei unsere gemeinsamen Elternbefugnisse und -verantwortlichkeiten sonst verändern wollen. Frau M. soll alle Schulfragen und Fragen, die damit in unmittelbarem Zusammenhang stehen, ebenso vorrangig entscheiden[2] dürfen,

wobei wir uns zusagen, wenn das möglich ist, den anderen vor unseren Entschlüssen für die Kinder jeweils zu unterrichten und auf seine Vorstellungen Rücksicht zu nehmen.

…… ……

Maria M. Klaus M.

Variante:

Wie Ausgangsfall, aber die Eltern wollen für die angesprochenen Teilbereiche allein zuständig sein und eigene Sorgebefugnisse (für den jeweiligen Teilausschnitt) für sich begründen. Entsprechende Regelungsanträge wollen sie abgestimmt bei Gericht stellen bzw. jeweils unterstützen).[3]

Anmerkungen

1. Sachverhalt. Herr M., 45 Jahre alt, ist Arzt und betreibt in H. in der Nähe von F. eine Allgemeinpraxis; in diesem Ort hat die Familie bisher gelebt. Frau M. ist Lehrerin im hessischen Schuldienst.

2. Rechtliche Grundlagen. Mit ihrer Vereinbarung wollen die Eltern jeweils vorrangige Entscheidungsbefugnisse für einen von ihnen begründen, ohne tatsächlich abgespaltene, alleinige Sorge für die ausgegliederten Teilbereiche für den anderen Teil zu schaffen → Form. E.IV.3 Anm. 3. **Funktionsteilung** dieser Art ist statthaft, stößt allerdings schnell an Grenzen. So hängt (etwa) die **„schulische Versorgung"** häufig mit dem **Aufenthaltsbestimmungsrecht** zusammen, wenn am Wohnort des Kindes eine weiterführende Schule nicht verfügbar ist. Auch sonst können Überschneidungen und damit einhergehende Verwicklungen entstehen. Im Rahmen von § 1671 Abs. 2 BGB sind Übereinkünfte der Eltern für das Gericht wie sonst bindend, wenn beide (oder einer von ihnen) dort Regelungsanträge gestellt haben (hat). Falls unter dem Blickwinkel des Kindeswohls eine abweichende Anordnung des Gerichts geboten erscheint, muss sie allerdings erfolgen, und dann spielen die Abreden der Eltern keine Rolle mehr, zu diesen Punkten schon → Form. E.II Anm. 1, 2, zur Abgrenzung wichtiger Erziehungsfragen von alltäglichen Angelegenheiten *Schwab* FamRZ 1998, 457, 468 f. Im Übrigen können sich die Eltern für **Teilbereiche** jeweils **alleinige Sorgebefugnisse** zugestehen. Wiederum gelten für ihre Absprachen dabei die Voraussetzungen aus § 1671 Abs. 2 BGB für einen gerichtlichen Eingriff. Dann müssen sie sich weitergehend als bei der (hier) gewünschten Funktionsteilung, die von fortbestehenden Gemeinsamkeiten ausgeht, auf eine **getrennte, gleichwohl abgestimmte Aufgabenverteilung** verständigen und verständigen können → Form. E.IV.3 Anm. 3, und das Gericht von ihrer (richtigen) Entscheidung überzeugen.

3. Für einzelne Ausschnitte können die Eltern, die sonst gemeinsam die elterliche Sorge für ihre Kinder ausüben, jeweils ausgegliederte, alleinige Zuständigkeiten für den einen oder anderen Teil begründen, zu weiteren Einzelheiten → Form. E.IV.5. Sie können aber auch die alleinige elterliche Sorge und Verantwortung einem von ihnen übertragen, dem anderen in Ausschnitten Befugnisse einräumen und für den „Rest", der im Einzelnen gekennzeichnet werden muss, **Gemeinsamkeiten** beibehalten → Form. E.IV.4, wobei ein solcher Rest aber auch tatsächlich verbleiben muss, für den sie beide verantwortlich sind. Im Übrigen können die Eltern ihre Aufgaben so aufteilen, dass kein Bereich mehr zur gemeinsamen Entscheidung verbleibt. Dabei wird das FamG im Streitverfahren stets zu prüfen haben, ob nicht abweichende Anordnungen zu treffen sind, § 1671 Abs. 2 BGB, denn sonderlich sinnvoll ist eine solche Regelung nicht unbedingt (Aufteilung ohne Gemeinsamkeiten), aber das kann auch anders sein.

4. Alleinige elterliche Sorge mit gemeinsamen Befugnissen (Aufenthaltsbestimmungsrecht)

Wir, die Eheleute Maria Lourdes M., portugiesische Staatsangehörige, und Klaus M., Deutscher, sind uns darüber einig, dass nach unserer Trennung und einer späteren Scheidung unserer Ehe die Kinder Anibal, geb ...... (6 Jahre), und Ana-Carina, geb ...... (9 Monate), bei der Mutter bleiben und allein von ihr versorgt werden sollen; so ist das am besten (wird ausgeführt). Frau M. wird schon jetzt entsprechende Regelungsanträge beim zuständigen FamG stellen. Herr M. wird diese Anträge unterstützen/befürworten. Die elterliche Sorge der Mutter soll sich auf alle Angelegenheiten beziehen.[1, 2] Einigkeit besteht zwischen uns aber auch, dass das Aufenthaltsbestimmungsrecht für beide Kinder weiterhin uns beiden als Eltern zustehen soll und (nur) gemeinsam von uns ausgeübt werden kann,[3, 4] selbst wenn der Lebensmittelpunkt[5] der Kinder bei der Mutter liegen soll.

....

Maria Lourdes M. Klaus M.

Variante:

Das Aufenthaltsbestimmungsrecht für die beiden Kinder soll beim Vater liegen.

Anmerkungen

1. Herr M. ist beruflich stark beansprucht. Als Monteur arbeitet er oft monatelang auf Baustellen im entfernten Ausland und kann daher an Absprachen für die Betreuung oder Erziehung der Kinder nicht immer mitwirken. Maria Lourdes ist Hausfrau.

2. Vereinbarungen über (zumindest) nachträgliche **Informationsverpflichtungen** von Frau M. gegenüber ihrem Mann sind sinnvoll, aber nur in Grenzen bindend, vgl. § 1686 BGB. Um Streit zu vermeiden, sollten sich die Eltern jedenfalls festlegen, welche Teilbereiche (Schule usw.) sie jeweils meinen.

3. Diese Aufteilung ist rechtlich möglich. Sie kann auch vernünftig sein, gerade bei Zugehörigkeit eines Elternteils zu einem anderen Staat, um seine **Übersiedlung** ins Ausland, namentlich in sein Heimatland, mit dem Kind zumindest zu erschweren; vgl. auch BVerfG FamRZ 2003, 1731, bzw. den anderen Ehegatten an dieser wichtigen Frage gerade zu beteiligen. Andererseits kann das **Aufenthaltsbestimmungsrecht** aber gerade auf den Elternteil übertragen werden, der auswandern will, OLG Zweibrücken NJW-RR 2004, 1588, um ihm alle notwendigen Entscheidungsbefugnisse zu ermöglichen, zum Umzug *Finger* FamFR 2009, 134. Kommt eine Einigung der Eltern nicht zustande, kann das Aufenthaltsbestimmungsrecht dem deutschen Teil bzw. dem Teil, der in Deutschland bleiben will, zugesprochen werden, selbst wenn der andere sonst sorgeberechtigt ist. Zieht bei gemeinsamem Sorgerecht das Kind mit Zustimmung des anderen in den Haushalt eines Elternteils, liegt hierin eine zumindest stillschweigende Absprache für seine **Wohnsitznahme.** Nachträgliche Änderung ist dann nur wieder in Absprache mit dem anderen möglich, dazu OLG Celle FamRZ 2003, 1657. Fürchtet ein Elternteil **Kindesentführung** (ins Ausland) und kann sich dabei auf nachvollziehbare Anhaltspunkte stützen, kann er **Eilantrag** beim FamG stellen, Grundlage: § 1666 BGB. Dann kann ein Ausreiseverbot festzulegen sein. Gleichzeitig sollte eine möglichst **schengenweite Grenzsperre** verhängt werden, gerichtliche Anordnung notwendig, Musterantrag bei *Vomberg/Nehls* S. 109, wobei zur Entgegennahme dieser Ersuchen in Deutschland, die einen Eintrag des Kindes und des Entführers in das INPOL-System und in das **Schengener Informationssystem** (SIS) zu veranlassen hat, zu weiteren Einzelheiten Motzer/*Kugler* Anm. 467, Einzelheiten zur Kindesentführung unten → Form. E.IX.

4. Auch bei einer geplanten Übersiedlung ins weit entfernte Ausland, hier: Brasilien, kann der Mutter die alleinige elterliche Sorge zu übertragen sein, ohne dass das **Umgangsrecht** des Vaters entgegensteht, wenn sonst keine Bedenken gegen sie und die Betreuung des Kindes durch sie bzw. die Versorgung in Brasilien bestehen, dazu AG Essen Streit 2003, 118, damit sie alle notwendigen Entscheidungen treffen kann, sonst OLG Zweibrücken NJW-RR 2004, 1588, zur Übertragung des Aufenthaltsbestimmungsrechts dabei KG BeckRS 2011, 1990 und OLG Hamm BeckRS 2011, 14619; zur elterlichen Sorge OLG Koblenz FamRBint 2011, 8 und OLG Köln NJW-RR 2011, 149; OLG Hamm FF 2011, 416 mit ausführlicher Begründung. Stets sind allerdings die Rechte des anderen Elternteils, der immerhin Besuchsbefugnisse hat, bei einer gerichtlichen Entscheidung mit der gebotenen Aufmerksamkeit zu berücksichtigen, BVerfG FamRZ 2003, 1731, vgl. für den Teil der umziehen will, allerdings auch Art. 2 GG (Freizügigkeit); zu weiteren Einzelheiten OLG Brandenburg NJW 2003, 978; zur **Strafbarkeit** eines Elternteils, der dem anderen – trotz seines Sorgerechts – den Umgang mit dem Kind vorenthält, BGH NJW 1999, 1344; zum **Sorgerechtsentzug** wegen eines interkulturellen Konflikts zwischen den Eltern AG Korbach FPR 2003, 334; zu den geplanten eur. Regeln zum Umgangsrechts vgl. *Schulz* ERA-Forum 2003, 73, 95 f. mit Nachw.; zu Verhältnismäßigkeitsgrundsätzen dabei insbesondere nach der Praxis des BVerfG → Form. E.IV.1 Anm. 5 mit vielen Nachw.; zu § 1628 BGB bzw. § 1687 BGB (Befugnisse des Elternteils, bei dem sich das Kind aufhält) insbesondere bei Reisen u.ä. vgl. schon → Form. E.I.1 Anm. 2, 5.

5. Damit kann der Vater, denn er ist sonst nicht sorgeberechtigt, weil sich die Eltern so verständigt haben und das Gericht entschieden hat, den Umzug der Mutter mit den Kindern ins Ausland verhindern, wenn so Gefährdungen oder sonstige Nachteile für die Kinder „drohen", vgl. auch *Finger* FamFR 2009, 134. Bei gemeinsamer elterlicher Sorge kann er, wenn der andere Staat Mitgliedstaat des Haager Abk. über die zivilrechtlichen Aspekte internat. Kindesentführung ist, nach dessen Regelungen vorgehen, falls die Mutter ausgereist sein sollte, denn ausreichend ist auch ein Eingriff in sein „Mitsorgerecht", zur **internationalen Kindesentführung** → Form. E.IX.

5. Gemeinsame elterliche Sorge mit alleinigen Sorgebefugnissen für einen Elternteil in Ausschnitten (hier: Vermögenssorge)

Wir, die Eheleute Maria und Klaus M., sind uns einig, auch nach unserer Trennung und einer (späteren) Scheidung die elterliche Sorge für unsere Kinder Kevin und Zoe (wird ausgeführt) gemeinsam auszuüben. Der Lebensmittelpunkt für beide soll bei der Mutter liegen.[1] Der Vater soll aber in allen Angelegenheiten die Vermögenssorge der Kinder betr. allein handlungs- und entscheidungsbefugt sein. Insoweit soll ihm daher auch die elterliche Sorge (allein) zustehen. Beim FamG wird er entsprechenden Regelungsantrag stellen; die Mutter wird zustimmen bzw. den Antrag des Vaters unterstützen.[2]

. . . . . . **. . . . . .**

Maria M. **Klaus M.**

Variante:

Kevin hat Gesellschaftsbeteiligungen/Geschäftsanteile an einem Familienbetrieb von seinem Großvater geerbt bzw. bei seiner Geburt von seinem Vater Klaus übertragen erhalten. Für sie vereinbaren die Eltern die gesonderte/teilweise Zuweisung der Vermögenssorge auf den Vater.[3]

Anmerkungen

1. → Form. E.III.5 Anm. 8 mit Nachw.

2. → Form. E.I.6 mit Variante. Die **Abspaltung** der **Vermögenssorge** und ihre eigenständige Regelung ist verbreitet und sinnvoll, etwa wenn ein Elternteil jung und ohne größere Kenntnisse in wirtschaftlichen bzw. finanziellen Dingen ist, der andere aber über erhebliche Geschäftserfahrungen verfügt, vgl. ausführlich MünchKommBGB/*Finger* § 1671 Rn. 20; zur **Anordnung** eines **Großelternteils** für die Verwaltung des vererbten Vermögens → Form. E.X.2.

3. Diese Regelung ist statthaft → Form. E.I.6 mit Nachw., insbesondere Anm. 8. Das FamG ist an die Anträge der Eltern wie sonst nach § 1671 Abs. 2 BGB gebunden, allerdings eben auch nur in diesen Grenzen.

6. Widerspruch des 14 Jahre alten Kindes gegen die Absprachen seiner Eltern zur elterlichen Sorge

Wie 3. bis 5., aber Zoe ist 15 Jahre alt und widersetzt sich den Absprachen ihrer Eltern. Dann hat das FamG die Vereinbarungen, die das Kind betreffen, auf ihre Sachgerechtigkeit und inhaltliche Richtigkeit zu überprüfen. Sprechen die besseren Gründe für die beantragte Regelung, ist sie so wie sonst beabsichtigt vorzunehmen, § 1697a BGB. Mit seinem Widerspruch beseitigt das mindestens 14 Jahre alte Kind also lediglich die Bindungswirkungen aus den Vereinbarungen seiner Eltern, kann aber nicht selbst seine Vorstellungen nach seinen Wünschen durchsetzen; doch spielen sie, falls sie nur zielorientiert, nachvollziehbar und gut begründet sind, für die gerichtliche Entscheidung eine wesentliche Rolle, zur Bedeutung von Kindeswünschen und -vorstellungen bei der Sorgerechtsregelung auch MünchKommBGB/*Finger* § 1671 Rn. 49 und 87; Schwab/*Motzer* III Anm. 161 f.

7. Vereinbarung geschiedener Ehegatten zum Umgang

Unsere Ehe ist seit ...... (2 Jahre) rechtskräftig geschieden. Herr J., US-amerikanischer Staatsangehöriger, wird nach der Beendigung seines Beschäftigungsverhältnisses bei der X.-Bank in F. in die USA zurückkehren und zunächst in Philadelphia/Pa. wohnen.[1] Frau J., Deutsche, Hausfrau, wird in Deutschland in F. bleiben und die aus der Ehe hervorgegangenen Kinder Gloria und Isabella (weiterhin) betreuen.[2] Wir sind uns darüber einig, dass der Vater auch in Zukunft und insbesondere nach seiner Übersiedlung in die USA großzügig Kontakt mit Gloria, geb ...... (14 Jahre), und Isabella, geb ...... (12 Jahre), haben soll (folgt Beschreibung der bisherigen Besuche). Beide Kinder gehen in F. zur Schule. Einmal im Jahr wird Herr J. nach vorheriger Absprache mit der Mutter und den

Kindern für (voraussichtlich) 7 bis 10 Tage nach Deutschland kommen, um hier mit ihnen zusammen zu sein und Urlaubszeiten zu verbringen. Im Sommer jeden Jahres werden beide Kinder auf seine Kosten sechs Wochen zu ihm in die USA reisen und dort leben.[3] Im Übrigen sind wir, die Eheleute J., einig, dass Gloria und Isabella nach der Vollendung ihres (jeweils) 16. Lebensjahres nach unseren Verabredungen und in Absprache mit der Schule im zweijährigen Wechsel je dreimonatige Schulaufenthalte an einer von uns gemeinsam zu bestimmenden Schule in den USA verbringen und dabei beim Vater wohnen sollen. Sämtliche Kosten übernimmt der Vater, der in dieser Zeit die sonstigen Unterhaltszahlungen für das Kind/die Kinder an die Mutter aussetzen darf (Variante: Weiterhin übernimmt der Vater bestimmte fixe Kosten in vollem Umfang oder wenigstens anteilig). Frau J. beteiligt sich am Aufwand in den USA nicht. Nach Abschluss ihrer Schulausbildung sollen Gloria und/oder Isabella in den USA studieren (oder eine andere Ausbildung wählen), wenn sie das wollen.[4] Schon jetzt verpflichtet sich Herr J., alle dabei anfallenden Kosten zu übernehmen und die Mutter von Unterhaltsansprüchen und sonstigen Forderungen der Töchter nach Volljährigkeit freizustellen.[5, 6]

. . . .

Frau J.   Herr J.

Anmerkungen

1. Zur ausführlichen Umgangsregelung → Form. E.V.1. Nach bisherigem Recht kamen für den biologischen Vater, wenn der rechtliche Vater von seinem Recht auf Anfechtung seiner Vaterschaft keinen Gebrauch gemacht hat, nur Umgangsbefugnisse nach § 1685 Abs. 2 BGB in Betracht wenn eine sozialfamiliäre Beziehung bestand und der Umgang dem Kindeswohl dienlich war, dazu KG FuR 2012, 193, zu § 1686a BGB (Rechte des leiblichen, nichtrechtlichen Vaters zum Umgang) Anm. 7.

2. Über den **Unterhalt** haben die Parteien keine Regelung getroffen. Sonst wären Einzelheiten auszuführen. Bei der Scheidung hat Frau J. ein bisher im beiderseitigen Eigentum stehendes unbelastetes Haus in der Nähe von F. zu Eigentum erhalten (**Grundbucheintragung**), in dem sie mit den Kindern „mietfrei" lebt, also keine **Nutzungsentschädigung** an ihren Mann zahlen muss, der mit ihr Eigentümer ist. Herrn J. ist ihr entgegengekommen und hat für die Übertragung auf sie keinen Gegenwert verlangt. Für die tatsächlichen (verbrauchsabhängigen und sonstigen) Kosten muss Frau J. allerdings selbst einstehen.

3. Wenn Mutter und Kinder diese Regelung später nicht mehr wünschen, wird dem Vater die Vereinbarung wenig helfen, vgl. § 1684 BGB, zur **Vollstreckbarkeit** gleich → Form. E.V.1 Anm. 13.

4. → Form. E.IV.7 Anm. 3.

5. Dabei hat der Elternteil, der die Kinder betreut, nicht etwa die Pflicht, das Kind zur Ausübung des Umgangs zum anderen zu bringen, sondern dieser muss selbst kommen und das Kind/die Kinder auch zurückbringen, dazu OLG Nürnberg FamFR 2010, 163, ausführlich → Form. E.V.1 Anm. 10, wobei die Eltern allerdings Ausnahmen begründen können etwa beim Umzug in eine andere Stadt, besondere widrige Verhältnisse beim Umgangsberechtigten, aber einfachen Möglichkeiten beim anderen Elternteil uÄ, dazu OLG Nürnberg FamRZ 2010, 163 mit Anm. *Niederl.* Häufig trägt zur Entspannung bei, wenn sich die Eltern auch in diesem Zusammenhang verständigen und nicht – etwa – dem Umgangsberechtigten alle Kosten aufzubürden. Im Übrigen können sie sich auch auf weniger strenge „Formalien" für die Übergabe einigen, etwa darauf, dass die Mutter, die

20 Kilometer vom Bahnhof einer Großstadt entfernt lebt, das Kind dorthin bringt, der Vater dann die Weiterfahrt begleitet (und umgekehrt bei der Rückfahrt).

6. Zum Ausschluss von Umgangskontakten mit dem in der rechtsradikalen Szene aktiven Vater wegen akuter Gefahr für körperliche Unversehrtheit und Leben der Mutter als „Hauptbezugsperson der betroffenen Kinder“, wenn sie selbst aus dieser Szene ausgestiegen ist, BVerfG FamRZ 2013, 433 mit Anm. *Salgo* FamRZ 2013, 531, vollständiger Text in Jurion RS 2012, 25875 (anders noch die vorausgegangene Entscheidung des OLG Dresden, dann aber nach den Vorgaben des BVerfG FamRZ 2013, 433 „berichtigt“, FamRZ 2014, 577); zu Umgangsbeschränkungen für die leiblichen Eltern mit ihrem in einer Pflegefamilie lebenden zwölfjährigen Sohn BVerfG FF 2013, 67; grundsätzlich zu **Umgangsmodellen** *Schmid* NZFam 2014, 881; zum begleiteten Umgang bei Besitz von Kinderpornographie OLG Schleswig NZFam 2014, 910. Umgangsanträge können mutwillig erfolgt sein, sodass VKH nicht gewährt werden kann, dazu OLG Brandenburg NZFam 2015, 471, insbesondere, wenn sich die Eltern nicht vorher untereinander um eine Lösung bemüht oder das Jugendamt eingeschaltet haben, dazu ebenso OLG Hamm NZFam 2015, 510. Bei der Entscheidungsfindung hat das FamG darauf zu achten, dass sie auch vollstreckbar ist, dazu insbesondere § 89 Abs. 2 FamFG für gerichtlich gebilligte Vergleiche, vgl. – fehlerhafte Fassung – OLG Bamberg FamRB 2013, 213; OLG Saarbrücken FF 2013, 456; OLG Frankfurt FuR 2014, 182; KG NJW-RR 2015, 579; zu Umgangsregelungen in den Ferien *Bruns* FamFR 2013, 553; zur Umgangspflegschaft OLG Frankfurt 4 UF 159/13; OLG Stuttgart NJW 2014, 3525 (das Recht zur Bestimmung von Art und Umfang des Umgangs kann nicht auf einen Ergänzungspfleger übertragen werden); zu den Anforderungen an eine gerichtliche Entscheidung bei der Anordnung von Umgangspflegschaft OLG Frankfurt FamRB 2013, 319 (die Bestellung eines Umgangspflegers ohne gleichzeitige Anordnung eines Umgangs in zeitlicher Hinsicht ist eine unzulässige Teilregelung); zu § 1666 BGB in diesem Zusammenhang *Obermann* NZFam 2014, 976, im Übrigen *Heilmann* FamRZ 2014, 1752.

7. Nach § 1686a BGB kann auch der leibliche, nicht rechtliche Vater, der ernsthaftes Interesse an seinem Kind gezeigt hat, ein Recht auf Umgang mit dem Kind haben, wenn dieser Umgang dem Kindeswohl dient, bzw. Auskunft vom anderen Elternteil über die persönlichen Verhältnisse des Kindes verlangen, soweit er ein berechtigtes Interesse daran hat und die Auskunftserteilung dem Wohl des Kindes nicht widerspricht, § 1686a Abs. 1 BGB. Dabei ist die Reihenfolge für die Prüfung der einzelnen Tatbestandsmerkmale nicht festgelegt. Ist offensichtlich, dass sich der Vater bisher nicht um das Kind gekümmert hat, ist folglich nicht zunächst zu prüfen, ob er tatsächlich dessen Erzeuger ist, dazu OLG Bremen FamRZ 2015, 266 und OLG Koblenz FamRZ 2013, 798; BVerfG FamRZ 2015, 119 und die Nachw. bei Palandt/*Götz* § 1686a Rn. 6 . Doch bleiben die Maßstäbe hoch, gerade für den Umgang, denn allein schon durch das Verfahren kann das gesicherte Leben des Kindes in „seiner“ tatsächlichen Familie schwer gestört werden, vgl. zu den verfahrensrechtlichen Voraussetzungen § 167a FamFG; jetzt aber OLG Karlsruhe NZFam 2015, 776 und BGH NJW 2017, 160. Weitere Rechte oder Verpflichtungen hat der biologische Vater dagegen nicht, auch wenn er seinen Umgang ausübt, also etwa zum Unterhalt oder in erbrechtlichen Zusammenhängen (sodass gar nicht erst das Verhältnis zwischen ihm und dem tatsächlichen/rechtlichen Vater zu klären ist); zu Ansprüchen aus Geschäftsführung ohne Auftrag für den Umgang für ihn und gegen den rechtlichen Vater *Löhnig* FamRZ 2013, 1866; entschieden aA *Spangenberg* FamRZ 2014, 355 und *Wohlgemuth* FamRZ 2014, 356, nochmalige Erwiderung von *Löhnig* FamRZ 2014, 357.

Zur erbschaftsteuerlichen Einstufung von Zuwendungen an das Kind FinG Hessen ZEV 2017, 288.

V. Umgangsregelung und Auskunftserteilung

1. Ausführliche Vereinbarung zum Umgang unter verheirateten Eltern für die Zeit nach Trennung und Scheidung

Wir, die Eheleute Maria und Klaus M., sind uns einig, dass wir nach der Trennung und einer späteren Scheidung[1] unserer Ehe die gemeinsame elterliche Sorge für unsere beiden Kinder Kevin, geb . . . . . . (7 Jahre), und Zoe, geb . . . . . . (4 Jahre), beibehalten und in gegenseitiger Verantwortung ausüben wollen. Der Lebensmittelpunkt der Kinder liegt im beiderseitigen Einverständnis bei der Mutter. Als Umgangsregelung vereinbaren wir:

§ 1 Übliche Umgangszeiten; Handy

Wir, die Eheleute Maria und Klaus M. legen fest, dass unsere Kinder Kevin und Zoe, die ihren Lebensmittelpunkt bei der Mutter haben sollen und dort leben, alle zwei Wochen übers Wochenende beim Vater sind und dort bleiben sollen, erstes Wochenende am (. . . . . .) von . . . . . . bis . . . . . . Die Besuche beginnen freitags um 18.00 Uhr und dauern bis sonntags 16.30 Uhr, aber während der Wintermonate, also von Oktober bis einschl. März, von freitags 16.30 Uhr bis sonntags 16.30 Uhr. Für seine Besuche bestimmt der Vater alltägliche Angelegenheiten für die Kinder allein (folgt Aufzählung, denn so werden die Streitfragen zwischen den Eltern wenigstens eingeschränkt, oder eine andere Regelung). Ohne Rücksprache mit der Mutter trifft er keine weitergehenden Entscheidungen und bespricht im Übrigen alle wesentlichen Erziehungsfragen wie sonst mit ihr.[2] Sämtliche Maßnahmen, die er für das Kind für richtig gehalten hat, teilt er ihr nach Besuchsende jedenfalls mit und erörtert sie mit ihr, wenn ihr das notwendig zu sein scheint. Ausfallende Besuchszeiten werden nachgeholt (wird ausgeführt – oder auch gerade nicht).[3]

Während der Besuche wird die Mutter keinen telefonischen Kontakt zu ihren Kindern haben (oder Ausnahmen). Wenn sie mit ihnen in Verbindung treten will, wird sie den Vater anrufen. Insbesondere wird sie den Kindern auch kein Handy mitgeben oder sie über E-Mail anschreiben oder anzuschreiben versuchen (gilt entsprechend für den Vater zu den sonstigen Zeiten, zu denen die Kinder nicht bei ihm sind – im Übrigen sollten die Eltern für sie ebenfalls besondere Absprachen treffen).[4]

Teure Geschenke wird der Vater den Kindern nicht machen. Einzelheiten wird er im Übrigen mit der Mutter jeweils abstimmen (oder Ausnahmen; möglich ist auch, eine Wertgrenze festzulegen, die 20,– EUR nicht überschreiten sollte). Der Vater verpflichtet sich, in seiner neuen Wohnung in . . . . . . für die Kinder ein eigenes Zimmer einzurichten, für sie bereitzuhalten und mit den notwendigen Möbeln und sonstigen Gegenständen auszustatten, die sie brauchen (folgt Aufzählung). Für die Kinder hat er in ausreichendem Maße Spielzeug anzuschaffen und dafür zu sorgen, dass wichtige Ersatzkleidung verfügbar ist (folgt Aufzählung). Andererseits sagt die Mutter zu, den Kindern alle Dinge mitzugeben, auf die sie während der Besuchszeiten beim Vater angewiesen sind, also Ersatzkleidung, Hefte und Bücher für die Schule, Medikamente sowie Sportsachen, wenn während der Besuchszeiten tatsächlich sportliche Aktivitäten anstehen uÄ, vgl. im Übrigen § 4.

§ 2

Für die Ferienzeiten, denn auch Zoe kommt bald in die Schule, vereinbaren die Eheleute M. Folgendes:

a) In den (hessischen/bayerischen) Sommerferien verbringen die Kinder Kevin und Zoe in geraden Jahren die erste, in ungeraden Jahren die zweite Hälfte (die ersten zwei Wochen/die letzten zwei Wochen o. Ä.) der Ferien bei einem, im nächsten Jahr dann beim anderen Elternteil/beim Vater, der mit ihnen nach seiner Wahl in Urlaub fahren kann. Urlaubsziel und Urlaubsanschrift (Telefonnummer etc) haben die Eltern sich spätestens zwei Wochen vor der geplanten Abreise gegenseitig mitzuteilen. Im Übrigen hat der Vater der Mutter gegenüber bis zum 31. 3. des laufenden Jahres zu erklären, ob er von seinen Befugnissen, die Ferien mit den Kindern zu verbringen, Gebrauch machen will oder nicht (und für welche Zeiten). Sämtliche Kosten für die Kinder während des Urlaubs, den sie mit ihm verbringen, trägt der Vater; er ist nicht berechtigt, vom sonstigen Kindesunterhalt, den er der Mutter leistet, Abzüge anzubringen (oder: Ausnahmen).[5] Für ihren Urlaub und den Unterhalt der Kinder muss die Mutter mit den sonstigen Zahlungen auskommen; weitere Forderungen kann sie nur stellen, wenn dies sonst rechtlich begründet (Mehrbedarf) oder mit dem Vater abgesprochen ist.[6]
b) Für die Osterferien eines jeden Jahres vereinbaren die Eltern ......,
   für Pfingsten ......,
   für die Herbstferien ......
   und für die Weihnachtsferien (jeweils Besuchszeiten mit dem Vater). Diese Regelung über die Ferien, die die Kinder mit dem Vater verleben, beginnt mit den Sommerferien im Jahre ...... Für das laufende Jahr legen sich die Eltern wie folgt fest: Vom 1. 7. bis zum 3. 8. sind die Kinder beim Vater, der mit ihnen in Ferien fahren kann, für die restliche Ferienzeit bei der Mutter. Für die Kosten gilt a.). Besuchstermine in den Ferien fallen ebenso aus wie Besuche unmittelbar vor oder nach der Ferienzeit (Beispiel: ......)
   oder andere Regelungen, wenn besondere Ferienzeiten bestehen, etwa Faschingsferien, Winterferien unabhängig von Weihnachten u.ä., eigene Ferien bei besonderen Schulformen, etwa bei internationalen Schulen u.ä.). Festlegen sollten sie dabei auch, welcher Tag „erster Ferientag" ist und wann die Kinder genau zurückgebracht werden sollten, und wie die sonstige Zählung der Umgangswochenenden erfolgt, also durchgängig übers Jahr – dann kann ein Umgangswochenende dem letzten Wochenende in den Ferien folgen – oder mit Neuzählung vom Ferienende an).[7] Durch die Ferien ausfallende Termine werden auch nicht nachgeholt. Urlaubsziel und Urlaubsanschrift (Telefonnummer u.ä.) teilt der Vater, (und die Mutter, für sie gilt das auch, selbst wenn das Kind bei ihr seinen Lebensmittelpunkt gefunden hat, Ausnahmen: § 1687 BGB) rechtzeitig mit.
c) Im Übrigen vereinbaren die Eltern, dass jeder von ihnen einmal im Jahr nach vorheriger Absprache (drei Monate zuvor) drei Wochen ohne die Kinder in Urlaub fahren kann, wobei sich der andere Elternteil verpflichtet, in dieser Zeit Kevin und Zoe zu sich zu nehmen und für sie zu sorgen.

§ 3 Feiertage

Für die Feiertage (folgt Aufzählung, auch persönliche Feiertage, Geburtstage u.ä.) vereinbaren die Eltern zusätzlich ...... (folgt: Regelung).[8] Besondere Geschenke (insbesondere Tiere, Handy uÄ, folgen weitere Beispiele, insbes. mit Auswirkungen auf die alltägliche Lebensführung beim anderen Elternteil)[9] anlässlich der Feiertage (Geburtstage; Weihnachten uÄ), sprechen sie untereinander ab.

§ 4 Äußerer Ablauf

Zu den vereinbarten Besuchszeiten holt Herr M. die Kinder bei seiner Frau an deren Wohnort (oder andere Regelung) ab und bringt sie nach Ablauf dorthin pünktlich zurück.[10] In seinem Kraftfahrzeug wird Herr M. passende Kindersitze einbauen, die den üblichen Sicherheitsstandards entsprechen. Die Mutter hat die Kinder jeweils bereitzuhalten und auf die Besuche vorzubereiten;[11] sie gibt ihnen insbesondere mit (folgt Aufzählung wichtiger persönlicher Ausstattungen, Medikamente, Sportgeräte uÄ).[12] Können die vorgesehenen Umgangszeiten ausnahmsweise nicht eingehalten werden, hat jeder Elternteil den anderen unverzüglich zu informieren. Sind die Kinder bereits beim Vater und ist er etwa in Folge besonderer beruflicher Beanspruchung nicht in der Lage, sie weiterhin in der vorgesehenen Form zu betreuen, bringt er sie ohne Verzögerungen zur Mutter zurück oder sorgt dafür, dass dies geschieht.[13] Voraussichtliche Verspätungen beim Abholen oder Zurückbringen der Kinder muss er möglichst umgehend der Mutter mitteilen.

§ 5 Wohlverhalten

Beide Elternteile werden alles unterlassen, was den jeweils anderen in den Augen der Kinder herabsetzen könnte. Insbesondere werden sie die Trennung und Scheidung nicht erwähnen oder Einzelheiten für sie und ihren Verlauf mit den Kindern erörtern oder die Anwaltskorrespondenz vorlegen und mit (oder ohne sie) durchlesen/vorlesen. Über die weitere Entwicklung unterrichten sie sich nur gegenseitig und werden nicht etwa mit den Kindern zur Vorbereitung Einzelheiten besprechen. Auch später werden sie nicht über ihre Gespräche untereinander mit ihnen reden. Im Übrigen werden sie sich über

- die Vorbereitung der Besuche und das Verhalten der Kinder,
- den Ablauf der Besuche und
- die Rückkehr vom anderen Elternteil und das Verhalten der Kinder nach den Besuchen unterrichten und Einzelheiten im Interesse der Kinder miteinander austauschen, aber über diese Gespräche den Kindern später keine Mitteilung machen.

§ 6 Anwesenheit anderer Personen

Frau M. ist einverstanden, dass der Vater während der Besuchszeiten seine Eltern in Y. (seinen Bruder, seine Schwester, X.) besucht und die Kinder dorthin mitnimmt. Herr M. sichert andererseits zu, sich auch dann selbst um die Kinder zu kümmern und die (notwendige) Betreuung nicht diesen oder anderen Personen zu überlassen. Frau Z., die neue Lebenspartnerin von Herrn M., ist bei den Besuchen der Kinder beim Vater nicht zugegen (übernachtet in dieser Zeit nicht in der Wohnung von Herrn M.; fährt nicht mit Herrn M. und den Kindern gemeinsam in Urlaub uÄ – oder anders: sie kann das alles, und nach einer längeren Zeit sollte ihre Anwesenheit bei den Aufenthalten der Kinder beim Vater keine Rolle mehr spielen bzw. selbstverständlich sein).[14]

§ 7 Wohlverhaltensklausel

Im Übrigen verpflichten sich die Eltern bei Unstimmigkeiten beim Umgang, vor Einleitung eines (weiteren) Gerichtsverfahrens Beratung und Hilfe durch (das Jugendamt, die Erziehungsberatung uÄ) in Anspruch zu nehmen.

Während der Umgangszeiten verpflichtet sich Herr M., keine Schwierigkeiten mit seiner Frau mit dem Kind/den Kindern zu besprechen. Frau M. wird die Kinder vorbereiten und auf die Besuche einrichten, wobei § 5 auch insoweit gilt.

Variante:

Gerichtliches Vermittlungsverfahren, § 165 FamFG[15]

Im Verfahren beim FamG F., Az ....., legen die Parteien diese Vereinbarung vor und beantragen gerichtliche Billigung, § 156 Abs. 2 FamFG.[16, 17]

Nochmalige Variante:

Verpflichtung zur Mediation, auch gefasst als „Verfahrenshindernis", sodass die Einleitung einer gerichtlichen Auseinandersetzung ohne vorausgegangene Mediation nicht zulässig sein könnte.

Klaus M. lebt

§ 8 Schadensersatz[18, 19, 20, 21]

Weitere Variante: Grenzüberschreitende Umgangsrechte

Klaus M. lebt in Frankreich (Montpellier), Maria M. in Deutschland. Klaus möchte die Kinder in den Ferien zu sich nach Frankreich nehmen, doch fürchtet Frau M., dass er sie nicht zurückbringt (und vertraut dem Haager Abk. zur Kindesentführung nicht, dazu Form. X.).[22, 23]

Anmerkungen

1. Bei einer **Umgangsvereinbarung** ist unerheblich, ob die Eltern die elterliche Sorge – und in welcher Form – aufgeteilt haben, sie gemeinsam ausüben oder ob sämtliche Einzelbefugnisse einem von ihnen allein zustehen, vgl. **§ 1684 BGB**, denn auch dann bleibt der andere Elternteil berechtigt, persönlichen Kontakt mit dem Kind zu haben. Können sie sich nicht einigen, kann und muss das Gericht die Dinge regeln. Erfolgt die Entscheidung im einstw. Anordnungsverfahren, kann sie nicht mit der Beschwerde angefochten werden (die in der Sache sofortige Beschwerde ist, vgl. § 63 Abs. 2 FamFG), § 57 FamFG, weil so die elterliche Sorge nicht selbst erfasst ist. Regelungen können im Wege der einstweiligen Anordnung oder in der Hauptsache getroffen werden. Vorrang- und Beschleunigungsgebote gelten für beide Verfahren. Ist die Entscheidung zur einstw. Anordnung ohne mündliche Verhandlung ergangen, ist diese auf besonderen Antrag nachzuholen bzw. anzuordnen, **§ 54 Abs. 2 FamFG.** Im Übrigen kann Aufhebung oder Abänderung erfolgen, § 54 Abs. 1 FamFG, wobei der Antragsteller triftige Gründe vorzubringen hat, die zu einer Änderung der gerichtlichen Entscheidung führen sollen oder sie zumindest angezeigt erscheinen lassen. Rechtsmittel stehen nicht bereit. Erfolgt die Regelung zum Umgang, steht, wenn einstw. Anordnung ergeht, die sofortige Beschwerde nicht bereit. Dann ist auch für Nebenentscheidungen kein Rechtsmittelzug eröffnet, etwa für die (bei Abänderung beantragte) einstweilige Einstellung der Zwangsvollstreckung (faktisches wesentlich: bei einer Verpflichtung zum Unterhalt). Im Hauptsacheverfahren ist das anders. Absprachen zum Umgangsrecht können die Beteiligten auch bei der **Adoption** treffen, allerdings wohl mit selteneren Besuchen für die leiblichen Eltern, da sonst die Ziele der Annahme als Kind gefährdet sein könnten. Sind Kinder in einer Pflegefamilie untergebracht, können sich die Eltern, wenn nicht das Wohl des Kindes beeinträchtigt zu sein scheint, gleichfalls auf **§ 1684 BGB** für ihre Besuche berufen. Wird das Kind wieder in seiner leiblichen Familie aufgenommen, können umgekehrt Besuche für die Pflegeeltern – zumindest für Übergangszeiten – festgelegt werden, wenn sie für die Entwicklung des Kindes wesentlich sind (und die Beteiligten können sich ohnehin in abweichender Form verständigen).

2. Dabei können sich die Eltern auch auf andere Besuchszeiten festlegen, können **Übernachtungen** zumindest zunächst ausschließen oder von weiteren Voraussetzungen abhängig machen, Verabredungen für den **Besuchsablauf** und die **Freizeitplanung** treffen oder befürchtete Aktivitäten eines Elternteils regeln wie etwa Boxtraining für den Sohn ohne Zustimmung der Mutter, für die Tochter ohne Zustimmung des Vaters uÄ. Verständigen sie sich auf das jeweils 1. und 3. (oder 2. und 4.) Wochenende, können die Zeiten übers Jahr geplant und müssen nicht Monat für Monat durchgezählt werden, ein gewisser Vorteil, dessen Bedeutung aber vielleicht nicht überschätzt werden sollte, denn Nachteile dieser Regelung sind offensichtlich. Fünfte Wochenenden sind dann eben nicht einbezogen, so dass sie „ausfallen", dazu OLG Zweibrücken FamRB 2003, 290. Sind die Voraussetzungen für den Umgang in einer gerichtlichen Regelung bestimmt oder ist die Vereinbarung der Eltern durch das FamG **gebilligt,** ist sie vollstreckbar, zur **Vollstreckbarkeit** sonst unten Rn. 16; zu Besuchszeiten während der Strafhaft BVerfG FamRZ 2006, 1822. Übernachtungen beim andern Elternteil sind bei einem Alter des Kindes von etwa drei oder vier Jahren an (fast) selbstverständlich; das gilt auch dann, wenn die häuslichen Verhältnisse dort – die Wohnung ist klein und beengt, ein Kinderbett fehlt, kalter Zigarettenrauch stört – schwierig oder ungünstig sind, KG FuR 2011, 332.

3. Auch in diesem Punkt sollten die Eltern alle wichtigen Punkte näher regeln. Sind die Kinder (etwa) krank und fallen deshalb zwei Wochenenden nacheinander für den Vater aus, kann er sie kaum die nächsten vier oder fünf Wochen zu sich nehmen, da dann ihr gesamter Lebensrhythmus unterbrochen ist, denn sie sind in dieser Zeit zumindest an den Wochenenden nicht bei der Mutter. Im Übrigen können die Eltern weitere Besuche vereinbaren, etwa für einen Nachmittag oder einen Tag in der Woche. Gerade bei älteren Kindern können sie auch neben einem allgemeinen Rahmen, den sie selbst schaffen, weitere Einzelheiten dem Vater und den Kindern überlassen, die sich dann selbst miteinander verabreden. **Telefonzeiten** können die Eltern ebenfalls bestimmen. An dieser Regelung muss sich dann der Vater halten bzw. die Mutter, wenn die Kinder beim Vater zu Besuch sind.

4. Während der Besuchszeiten muss der Vater keine Kleidung der Kinder waschen oder sonst sauber halten; auch deshalb sollten sich die Eltern im Einzelnen festlegen, welche Ersatzstücke die Kinder für die Besuche mitnehmen, OLG Brandenburg NJW-RR 2016, 1347.

5. Dazu MünchKommBGB/*Finger* § 1684 Rn. 31 mit Nachw.; zu weiteren Einzelheiten *Höflinger* ZfJ 2003, 24.

6. Unterhalt darf er auch sonst nicht kürzen, MünchKommBGB/*Finger* § 1684 Rn. 41, dazu auch OLG Frankfurt FF 2003, 183. Allenfalls können von der anderen Seite veranlasste Aufwendungen, etwa bei einem „unberechtigten" Umzug in eine weit entfernte Stadt, bei der Berechnung des Ehegattenunterhalts als Abzugsposition Berücksichtigung finden, dazu BGH FF 2003, 49, zu den **Umgangskosten** sonst *Elden* NJW-Spezial 2010, 132 und *Liceni-Kierstein* FamRBint 2012, 347; ausführlich *Weychardt* FPR, 2006, 333; zu steuerlichen Einzelheiten AnwKomm/*Heimann* Anh. zu § 1684 BGB, weil die Gefahr besteht, dass sonst der Berechtigte seinen Umgang nicht wahrnehmen kann, OLG Brandenburg NJW-RR 2010, 148, BGH FF 2012, 67. Ausnahmen können auch bei „längeren Auslandsaufenthalten" oder anderen ausgedehnten Besuchen in Betracht kommen, dazu die Nachw. bei MünchKommBGB/*Finger* § 1684 Rn. 49, OLG Hamm FamRZ 1994, 529. Schließlich kann der Selbstbehalt angehoben werden, insbesondere dann, wenn einem Elternteil bei der Berechnung des Kindesunterhalts nicht das Kindergeld in vollem Umfang zur Verfügung steht; zum sorgerechtlichen **Wechselmodell** mit seinen unterhaltsrechtlichen

Auswirkungen → Form. E.III.5, insbesondere → Form. E.III.5 Anm. 5 und OLG Düsseldorf NJW-RR 2001, 3344, 3345 f.; BGH FamRZ 2006, 1015 und BGH FamRZ 2007, 707; FamRZ 2007, 1859 und OLG Stuttgart FamRB 2007, 205 mit Anm. *Luthin (*gegen den Willen der Elternteile kann keine gerichtliche Entscheidung ergehen) Aufwendungen eines Elternteils für Besuche seiner bei dem anderen lebenden Kinder sind nicht als außergewöhnliche Belastung steuerlich verwendbar, dazu BFH FamRZ 2008, 151. Schließlich können öffentl. Leistungsträger verpflichtet sein, zu den Umgangskosten beizutragen oder sie zu übernehmen, wenn persönliche Kontakte zwischen einem Elternteil (oder beiden) und dem Kind/den Kindern notwendig erscheinen, selbst wenn eine Inobhutnahme erfolgt ist und die Kinder in einer eher entfernten und für die Eltern schlecht erreichbaren Einrichtung leben, um so – vielleicht – ihre Rückführung in die Familie vorzubereiten, die stets Ziel bleibt und bleiben muss.

7. **Sonderbedarf,** dazu § 1613 Abs. 1 BGB, kann für **Sprachreisen** oder Aufenthalte mit sportlichem Hintergrund in Anspruch genommen werden, wenn die Kinder (etwa) im Einverständnis mit den Eltern Leistungssport betreiben, für Fahrten im Zusammenhang mit einer musikalischen Ausbildung uÄ, zum Sonderbedarf sonst Palandt/*Brudermüller* § 1613 BGB Rn. 11.

8. Der Vater fährt am 16. 7. mit den Kindern in die Ferien, aber am 14. 7./15. 7. wäre ein Besuchswochenende für ihn, das dann ausfällt oder anders geregelt werden muss/ kann; am 3. 8. sind die Kinder zurück, aber am 4. 8./5. 8. hätte er sie turnusgemäß, so dass er an diesem Wochenende die Kinder wiederum nicht sieht, aber die Parteien können auch etwas anderes vereinbaren. Schließlich kann sinnvoll sein, die Kinder zunächst auf die Fahrt in die Ferien vorzubereiten (bzw. ihnen bei der Rückkehr eine Übergangszeit zu lassen, in der sie sich auf das Leben bei der Mutter oder auf die Schule wieder einstellen können). Jedenfalls müssen die Eltern klare Absprachen treffen, vgl. auch → Form. E.I.1 Anm. 2, 5.

9. Zu **Ferien** und **Feiertagen** ohne Elternvereinbarung MünchKommBGB/*Finger* § 1684 Rn. 27 und 28 mit Nachw.

10. Dazu *Höflinger* ZfJ 2003, 24.

11. Liegen die Wohnorte der Eltern weit auseinander, kann eine umgangsrechtliche Verpflichtung des sorgeberechtigten Teils bestehen, die Kinder zum **Flughafen** an seinem Wohnort zu bringen und sie dort wieder abzuholen; zur Kostenverteilung → Form. E. VII.4 Anm. 2 Abs. 2 mit Nachw. und gerade → Form. E.VII.4 Anm. 5, → Form. E. V Anm. 5 und OLG Nürnberg FamFR 2010, 163 mit Anm. *Niederl.* Können sich die Eltern nicht verständigen, kann eine andere Regelung zur Übergabe getroffen werden; insbesondere kann das Jugendamt eine Person „bestimmen", die diese Aufgaben wahrnimmt, dazu OLG München BeckRS 2011, 21902.

12. Auf Einzelheiten dabei sollten sich die Parteien verständigen, um Streit zu vermeiden, selbst wenn die Mutter die Kinder ohnehin schon so ausstatten muss. Aber auch der Vater kann verpflichtet sein, weitere Kleidung, Medikamente uÄ bei sich bereitzuhalten bzw. anzuschaffen. Besuche können nicht mit der Begründung abgesagt werden, die Kinder „wollten" nicht zum anderen, denn der Elternteil, der sie alltäglich betreut, hat sich auf den Umgang einzustellen und entsprechend vorzubereiten. **Zwang** scheidet allerdings aus, so dass besonders **heftiger Widerstand** eben doch dazu führt, dass die Besuche ausfallen. Vollstreckbar mit Zwangsmitteln gegen die Kinder sind Umgangsbefugnisse jedenfalls nicht, dazu § 90 Abs. 2 FamFG, sonst § 89 Abs. 2 FamFG, wobei das Gericht bei einem gebilligten Vergleich oder auch sonst bei einer Entscheidung auf die besonderen Folgen ausdrücklich hinzuweisen hat, vgl. im Übrigen Rn. 16.

13. Dazu MünchKommBGB/*Finger* § 1684 Rn. 34 mit Nachw.

14. Muss die Mutter absagen, sollten die Eltern **Ersatztermine** vereinbaren, wenn sie sich so verständigt haben, vgl. § 1 (der Vereinbarung) aE; im Übrigen OLG Saarbrücken FF 2012, 170.

15. Fragwürdig wäre der völlige Ausschluss der Partnerin von den Besuchen, denn sie gehört zum „neuen Leben" des Vaters. Allerdings sind abweichende/vorbereitende Vereinbarungen möglich und erleichtern vielleicht zunächst zumindest Besuche der Kinder bei ihm oder schaffen überhaupt erst die Voraussetzungen für sie. Verstöße bleiben gleichwohl weitgehend folgenlos, wenn sich nicht gerade so unmittelbare Auswirkungen für die Kinder ergeben, die die neue Partnerin nicht leiden können oder in Loyalitätskonflikte mit der Mutter geraten, die sie nicht aushalten; aA OLG Köln FamRZ 1982, 1236 „für" eine entsprechende gerichtliche Einschränkung im Trennungsjahr, wenn sich der andere Gatte der Scheidung widersetzt, an der Ehe festhält und die Verbindung des anderen mit seinem Partner/seiner Partnerin als „Scheidungsgrund" ansieht.

16. Gerichtliche Vermittlung nach § 165 FamFG knüpft an ein vorausgegangenes Umgangsverfahren an, das zu einer gerichtlichen Entscheidung geführt hat. Ausreichend ist allerdings auch die gebilligte Umgangsvereinbarung der Eltern, dazu Anm. 16. Haben beide später dann wiederum ihre früheren Absprachen angepasst, ist der Zugang zu § 165 FamFG und damit zu einer erneuten gerichtlichen Vermittlung allerdings versperrt, zur Kostenregelung OLG Brandenburg FamRZ 2006, 1859, auch OLG Brandenburg, FamRZ 2010, 740 (wenn der umgangsberechtigte Vater nach seinem Umzug weit vom Wohnort des Kindes entfernt lebt, ist der bisherige zweiwöchige Umgangsrhythmus nicht mehr einzuhalten).

17. Nur mit dieser **gerichtl. Billigung** kann die Vereinbarung **Vollstreckungsgrundlage** sein, dazu auch OLG Frankfurt FamRZ 2010, 740 und → Form. E.III.6; maßgeblich wird § 156 Abs. 2 FamFG, zur Vollstreckung § 90 Abs. 2 FamFG, zu den Ordnungsmitteln sonst § 89 FamFG. Sie setzt eine „hinreichend bestimmte und konkrete Regelung" der Befugnisse des Umgangsberechtigten voraus, wobei eine genaue und erschöpfende Bestimmung über Art, Ort und Zeit des Umgangs erforderlich ist, BGH FamRB 2012, 143, allerdings keine „detailliert bezeichneten Verpflichtungen des betreuenden Elternteils etwa zum Bereithalten und Abholen des Kindes", BGH FamRB 2012, 143. **Zwangsmittel** sind **Zwangshaft** und **unmittelbarer Zwang,** aber für Besuchsbefugnisse kann keine **„Gewalt"** gegen das Kind ausgeübt werden, dazu auch OLG Frankfurt – 1 UF 103/00, zugänglich unter www.hefam.de, hergeleitet aus Art. 2 Abs. 1 GG, vgl. im Übrigen § 90 Abs. 2 FamFG; zum Schadensersatz beim **Umgangsboykott,** Anm. 18 und MünchKommBGB/*Finger* § 1684 Rn. 73 f., insbesondere 77 mit Nachw.; *ders.* FuR 2006, 299, 305 f. Gerichtliche Billigung ist bei einer Einigung der Eltern zu versagen, wenn ihre Absprachen dem Wohl des Kindes widersprechen, dazu AG Saarbrücken FamRZ 2003, 1200 (wobei das Gericht schon darauf hinwirken sollte, dass die Eltern keine Vereinbarung treffen, die nicht gebilligt werden kann). Ob Eingriffe von Amts wegen notwendig sind, entscheidet sich nach den allg. Regeln, etwa § 1666 BGB. Auch Ordnungsmittel stehen bereit, um den anderen zur Einhaltung seiner Verpflichtungen anzuhalten, dazu § 89 FamFG, nämlich **Ordnungsgeld** und **Ordnungshaft**. Betreuter Umgang kann nur für eine Übergangszeit stattfinden, um die Verhältnisse zwischen den Beteiligten zu entspannen oder Besuche überhaupt erst zu ermöglichen, wenn sie längere Zeit unterbrochen waren. Lehnt ihn der umgangsberechtigte Elternteil in dieser Form allerdings weiterhin ab, obwohl nur so das Kindeswohl ausreichend gewahrt erscheint, werden Besuche (wohl) überhaupt unterbleiben müssen, OLG Brandenburg FamRZ 2010, 740, wenn nicht eine andere Regelung im Interesse des Kindes dringend geboten erscheint.

18. Können sich die Eltern nicht verständigen, kann zur Vermittlung (gerichtl.) ein **Umgangspfleger** eingesetzt werden, zu Einzelheiten Palandt/*Diederichsen* § 1684 BGB Rn. 18 bis 20 und *Gottschalk* FPR 2007, 308, dazu auch *Willutzki* ZKJ 2009, 261 und *Stötzel* FPR 2009, 29; OLG Düsseldorf FamRZ 2011, 822, vgl. dazu auch OLG Oldenburg FuR 2017, 41. Dabei darf die Entscheidung, ob ein begleiteter oder unbegleiteter Umgang erfolgen soll sowie dessen Häufigkeit, Dauer und Umfang nicht diesem Pfleger überantwortet werden, sondern ist vom FamG selbst zu treffen. Für untergeordnete Aspekte und den Ablauf im Einzelnen kann sich das FamG allerdings auf die Vorgabe von Höchstgrenzen bzw. eines ausfüllungsfähigen Rahmens beschränken, den die Beteiligten dann ausfüllen müssen, und die „Feinabstimmung" zur Maßgabe der Verhältnisse vor Ort offen lassen, dazu KG FamRZ 2013, 308. Bei gerichtlichen Streitverfahren wird das Gericht meist einen **Verfahrensbeistand** einzusetzen haben, zu den Voraussetzungen dabei § 158 FamFG. Eltern können nicht zur „psychologischen/psychiatrischen" Untersuchung gezwungen werden, um die Verhältnisse ausreichend aufzuklären, dazu BGH FuR 2010, 406; OLG Hamm BeckRS 2012, 10098.

19. Die Be- oder Verhinderung von Umgangsbefugnissen oder ihre Verletzung kann **Schadensersatzansprüche** für den Besuchsberechtigten begründen, denn das Umgangsrecht ist als „sonstiges Recht" nach § 823 Abs. 1 BGB anzusehen oder als (allgemein) familienrechtlich **geschützte Position,** dann wohl § 280 BGB, dazu BGH NJW 2002, 2566, 2567; OLG Frankfurt NJW-RR 2005, 1339; kritisch *Schwab* FamRZ 2002, 1297; *Miesen* FS Groß, S. 151 f. Streitverfahren waren bisher nicht beim FamG, sondern beim allg. Zivilgericht zu führen, dazu *Gottschalk* FPR 2007, 308, 311 mit Nachw. wegen des engen Zusammenhangs mit den zugrunde liegenden familienrechtlichen Beziehungen der Beteiligten, ebenso OLG Karlsruhe FamRZ 2002, 1056, aber nun gilt § 266 FamFG (sonstige **Familiensachen** Abs. 1 Nr. 5 FamFG). Als Schadenspositionen können vergebliche **Reiseaufwendungen** und andere Kosten auszugleichen sein, die der Berechtigte auf sich nehmen muss. Im Übrigen können sich weitere Auswirkungen für **Unterhaltsforderungen** ergeben, allerdings nicht für das Kind, sondern nur für den Ehegatten, der Ansprüche hat, vgl. § 1579 BGB und dabei insbesondere Nr. 6 und 7, wobei ihm allerdings immer die Beträge bleiben müssen, die er für die Betreuung des Kindes unbedingt braucht. Selbst eine **Neuregelung** der elterlichen Sorge ist nicht ausgeschlossen, insbesondere dann, wenn der andere Elternteil „Bindungstoleranz" zusagt und versichert, seinerseits Umgangsbefugnisse des anderen zu fördern. Doch darf das Recht der elterl. Sorge nicht instrumentalisiert und zu anderen Zwecken missbraucht werden. Denn nach wie vor ist allein das **Wohl** des Kindes maßgeblich, fragwürdig daher OLG Frankfurt FamRZ 2005, 1700 mit Anm. *Luthin*; dazu auch *Finger* FuR 2006, 299, 305 f., dazu auch Finger, OLG Brandenburg FamRB 2011, 168 und OLG Saarbrücken FamRZ 2012, 884 und wiederum → Form. E. I.1 Anm. 13 und → Form. E.IV.1 Anm. 5. Verhältnismäßigkeitsgesichtspunkte sind stets zu beachten, BVerfG Streit 2012, 131. Daher muss jedenfalls feststehen, dass die Trennung – hier: von der Mutter, die den Umgang verweigert – nicht nur geeignet ist, das Kind/die Kinder ihrem negativen Einfluss zu entziehen und ihnen den Zugang zum Vater zu ermöglichen, sondern die Auswirkungen der Herausnahme aus der gewohnten Umgebung sowie der Trennung der für sie bisher wichtigsten Person und die vorübergehende Unterbringung in einer Pflegestelle müssen zu den (negativen) Folgen eines weiteren Verbleibens der Kinder bei der Mutter ins Verhältnis gesetzt werden, wobei ohnehin klar ist, dass mildere Mittel zunächst geprüft und ausprobiert werden müssen, BVerfG Streit 2012, 133. Verfehlt ist jedenfalls, da nicht am Kindeswohl orientiert, die zwischen den Eltern abgesprochene Trennung von Geschwistern, wenn sie nicht aus anderen Gründen geboten ist, etwa weil die Kinder untereinander heftig zerstritten sind, nur um das Umgangsrecht des jeweils anderen Elternteils zu sichern, so früher einmal OLG Frankfurt DAVorm. 1980, 944; kritisch *Finger* FuR 2006, 299, 305, so dass das Gericht nach

§ 1671 Abs. 2 BGB eine andere Entscheidung zu treffen hat, dazu auch OLG Saarbrücken FamRZ 2012, 884 (dem betreuenden Elternteil kann sogar die alleinige elterliche Sorge zu übertragen sein, obwohl er den Umgang des Kindes mit dem anderen Elternteil hintertreibt, denn dessen Rechte sind vollstreckbar, und im Übrigen können unterhaltsrechtliche Folgen eintreten, zumindest teilweise Verwirkung der Unterhaltsansprüche), dazu im Übrigen BVerfG FF 2012, 250. Nach BGH NJW 2012, 151 reicht für den Entzug des Sorgerechts auch im Falle des **Umgangsboykotts** für die sorgeberechtigte Mutter nicht eine „irgendwie geartete Kindeswohlgefährdung aus; vielmehr muss eine erhebliche Schädigung mit ziemlicher Sicherheit zu erwarten sein, sodass darzulegen ist, worin genau die schwerwiegende Entwicklungsgefahr für die Kinder besteht". Ohnehin und wiederum ist unter dem Blickwinkel der Verhältnismäßigkeit nach milderen Angriffen zu suchen, etwa nach anderen Maßnahmen, die der Wiederaufnahme des Umgangs des Vaters mit den Kindern dienen oder sie ermöglichen (sonst: Zwangsmittel, Einrichtung einer Umgangspflegschaft, Therapieauflage – aber kein „Zwang" gegen das Kind). Bei Umgangsverweigerung kommt daher ein Sorgerechtsentzug nur in ganz seltenen Fällen in Betracht, falls der andere Elternteil die deutlich besseren Möglichkeiten für die Betreuung des Kindes bietet (und nicht nur zusagt, nun seinerseits für den ungestörten Umgang zu sorgen), dazu OLG Frankfurt 6 UF 302/12. Im Übrigen können bei Umgangsverweigerung Schadensersatzverpflichtungen begründet sein, § 823 Abs. 1 BGB oder § 280 BGB (vertragsähnliche Rechtsbeziehung), dazu OLG Frankfurt, NZFam 2016, 572, wobei ersatzfähige Positionen Fahrtkosten und Verdienstausfall sein können, dazu *Elden* NJW-spezial 2016, 388, und auch eine Kürzung des Unterhalts für den betreuenden Elternteil nach § 1579 Nr. 7 oder 8 kommt in Betracht.

20. § 1684 BGB legt „gegen den Willen" beider Teile **Umgangspflichten** nicht nur für Kinder, sondern auch für **Eltern** fest. Gegen den Willen beider Teile oder ohne ihre ausdrückliche Zustimmung kann eine gerichtliche Anordnung allerdings nicht ergehen, die festlegt, dass der Vater das Kind besuchen „muss", AG Hann.-Münden FamRZ 2000, 1599, 1600. Ohnehin wird dieser Umgang des Kindes mit ihm, falls er nur mit Zwangsmitteln durchgesetzt werden kann, in der Regel nicht seinem Wohl dienen, dazu FamRZ 2008, 845 mit Anm. *Luthin*, 853; *Zempel* FF 2010, 238; *Horndasch* FPR 2012, 208, vielleicht ein wenig enttäuschend, denn so wird der Vater gar nicht erst veranlasst, vielleicht doch Verbindung zum Kind zu suchen, die sich im weiteren Verlauf bereits tragfähig erweisen könnte, sodass seine „erstmalige" Verpflichtung vielleicht doch gerichtlich ausgesprochen werden kann.

21. **Wechselnde Betreuungszeiten**, die einem **Wechselmodell** bei der elterlichen Sorge nahe kommen, können (zunächst nur) die Eltern jedenfalls selbst festlegen, auch wenn sonst Umgangsbefugnisse vielleicht nicht der „gleichmäßigen Teilhabe" des umgangsberechtigten Elternteils dienen → Form. E.III.5 Anm. 5, 7, zu weiteren Einzelheiten Anm. 20. Dabei hat der BGH in der Zwischenzeit festgehalten, dass gerichtliche Regelungen auch in einem **Umgangsverfahren** getroffen werden können, selbst durch **einstw. Anordnung**, obwohl hier unmittelbar keine Rechtsmittel bereitstehen, aber jeder der Beteiligten ein Hauptsacheverfahren einleiten kann, dazu → Form. E.III.5. Vorstellungen und Wünsche des Kindes sind bei der gerichtlichen Entscheidung zu berücksichtigen, dazu OLG Saarbrücken NJW-Spezial 2011, 6, zu Umgangsbefugnissen anderer Verwandter → Form. E.V.2 (etwa für die Großmutter); zum Umgangsrecht des „Samenspenders" für eine in einer eingetragenen Lebenspartnerschaft lebenden Frau bei Anerkennung seiner Vaterschaft OLG Celle FamFR 2010, 453 (wird bejaht); *Mandla* NJW 2011, 278. Wird eines von zwei leiblichen minderjährigen Geschwistern adoptiert, erlischt nach § 1755 Abs. 2 S. 1 BGB das wechselseitige Umgangsrecht nach § 1685 Abs. 1 BGB; Befugnisse des Kindes, das nicht angenommen worden ist, ergeben sich weder aus einer analogen Anwendung von § 1685 Abs. 2 BGB noch aus der möglichen

Gefährdung seines Wohls (oder des Wohls des anderen) nach § 1666 Abs. 4 BGB, dazu OLG Dresden BeckRS 2011, 29014.

22. Auch das „beabsichtigte Familienleben“ zwischen dem leiblichen Vater und seinen Kindern kann durch **Art. 8 EMRK** geschützt sein. Deshalb haben die Ausländerbehörden bei aufenthaltsbeendenden Maßnahmen alle Einzelheiten zu berücksichtigen, auch denn, wenn der Vater bisher noch keinen Umgang ausgeübt hat, ihm Einzelheiten aber nicht zugerechnet werden können, so dass „in solchen Fällen ...... vor allem sein Interesse an den Kindern und sein Bekenntnis zu ihnen“ entscheidend wird, EGMR NJW 2011, 3569. Maßgeblich ist dabei, ob der Umgang des Vaters mit den Kindern deren Wohl dienen würde, wobei die Dinge zu beurteilen sind wie für jeden anderen Vater auch, §§ 1684, 1685 BGB, EGMR NJW 2011, 3565. Lebt das Kind in einer sozialfamiliären und damit schützenswerten Beziehung, dazu § 1600 Abs. 1 Nr. 2 und Abs. 2 BGB, kann der biologische Vater Umgangsbefugnisse haben, wenn diese für das Kind wichtig sind, wobei auch die „Kenntnis der eigenen Abstammung“ wesentlich wird und gefördert werden muss, EGMR No. 17080/07 und *Finger* FuR 2011, 649. Umgangsanträge eines in seinem Heimatland abgeschobenen Elternteils können nicht schon deshalb zurückgewiesen werden, weil sich nicht absehen lässt, ob dieser in der Lage sein wird, Termine mit seinem Kind auch tatsächlich wahrzunehmen, OLG Bremen NJW-RR 2011, 1084. Ist die Anfechtung der Vaterschaft nicht rechtzeitig betrieben, können für den „Vater“ Umgangsbefugnisse allenfalls aus § 1685 Abs. 2 BGB herzuleiten sein, wenn eine sozialfamiliäre Beziehung zum Kind bestand und der Umgang mit ihm dem Kindeswohl dient, aber insoweit sind strenge Voraussetzungen zu erfüllen, KG FamRZ 2012, 647.

23. Internat. Zuständigkeiten zur gerichtlichen Regelung von Umgangsbefugnissen mit Bezügen ins Ausland ergeben sich aus der VO Nr. 2201/2003, insbesondere Art. 9, nämlich für eine **Übergangszeit** von sechs Monaten, bei der **Kindesentführung** von einem Jahr, Voraussetzungen in Art. 10, wobei das Kind dann allerdings noch keinen neuen gewöhnlichen Aufenthalt im Zufluchtsstaat begründet haben darf. Dänemark nimmt an dieser Gesetzgebung wie sonst nicht teil. Das Ver. Königreich und Irland entscheiden jeweils von Fall zu Fall, haben sich bisher aber für die Mitwirkung ausgesprochen (und sind in die VO Nr. 2201/2003 eingebunden), wobei allerdings nach dem Austritt des Vereinigten Königreichs aus der EU eine Neuregelung zu erfolgen hat.

2. Vereinbarungen mit anderen Verwandten (hier: Großmutter bei nichtehelicher Kindschaft)

Ich, Ana Maria G, bin (nichteheliche) Mutter von Catarina G., geb ...... ($5^1/_2$ Jahre). Sorgeerklärungen[1] mit dem Vater habe ich nicht abgegeben, weil ich mit ihm in ständigem Streit lebe. Mir steht daher die elterliche Sorge für Catarina allein zu. So soll das nach meinen Vorstellungen auch bleiben.[2] Allerdings habe ich mit dem Vater eine Umgangsregelung für Catarina getroffen (folgen Einzelheiten).[3] Mit seiner Mutter, Frau Gr., die ein herzliches Verhältnis zu Catarina hat, vereinbare ich im Übrigen folgendes, wobei unsere Absprachen selbständig sind und unabhängig von den sonstigen Regelungen mit meinem ehemaligen Partner, etwa zum Unterhalt, gelten. Frau Gr. hat bisher schon Catarina stundenweise zu Zeiten bei sich gehabt, zu denen ich mit dem Vater Besuche festgelegt hatte Über sein Verhalten habe ich mich zunächst geärgert, bin aber mit der Entwicklung nun ganz zufrieden, weil ich meine, dass so alles gut für Catarina geregelt ist:

a) Frau Gr. holt Catarina dienstags und donnerstags gegen 14.30 Uhr im Kindergarten ab und bringt sie anschließend zu mir nach Hause. Sie kann dann noch etwa eine halbe Stunde bei mir in der Wohnung sein und sich mit Catarina beschäftigen.
b) Jeden vierten[4] Sonntag – wenn Catarina nicht beim Vater ist, sonst jeden dritten Sonntag – im Monat holt Frau Gr. Catarina gegen 11.30 Uhr bei mir ab und bringt Catarina bis 16.30 Uhr zu mir zurück. Bis dahin kann sie mit ihr zusammen sein und Unternehmungen planen und dann entsprechend tätig werden, die sie allerdings mit mir vorher abzusprechen hat. Nach den Besuchen wird sie mich über wichtige Einzelheiten unterrichten.
c) Eigene Ferienzeiten mit dem Kind stehen der Großmutter (die Parteien können allerdings etwas anderes vereinbaren) nicht zu. Für die Feiertage (Ostern, Pfingsten, Weihnachten, Geburtstage) behalten wir uns allerdings eigene Vereinbarungen vor. Später und wenn Catarina älter ist kann das anders sein, insbesondere weil sie ebenfalls äußern kann. Dann kann, wenn Catarina einverstanden ist, Frau Gr. mit ihr auch wegfahren und Ferienzeiten verbringen, wobei sie auf die Wünsche und Vorstellungen von Catarina eingehen muss.
d) Diese Vereinbarung wird hinfällig, wenn Catarina in die Schule kommt, weil sich die Bedürfnisse des Kindes ändern (Ausnahme vielleicht: Ferienregelung nach c). Schon jetzt verpflichte ich mich allerdings, mit Frau Gr. neue Abreden zu treffen, wobei bei den Besuchszeiten/Besuchen, die wir dann festlegen wollen, die Bedürfnisse des Kindes auch in seiner schulischen Entwicklung besonders zu berücksichtigen sind. Sämtliche Kosten für Catarina während der Besuche trägt die Frau Gr.[5]

....

Ana Maria G. Frau Gr.

Anmerkungen

1. → Form. E.V.1.

2. Nach § 1626a Abs. 2 S. 1 BGB hat das Familiengericht auf Antrag eines Elternteils die elterliche Sorge oder einen Teil der elterlichen Sorge beiden Eltern gemeinsam zu übertragen, wenn die Übertragung dem Kindeswohl nicht widerspricht, vgl. auch → Form. E. VII.1 und 2.

3. Ähnlich wie → Form. E.V.1, allerdings mit nur einer Übernachtung im Monat und wesentlich kürzeren Ferienzeiten.

4. Grundlage ist **§ 1685 Abs. 1** und **2 BGB.** Besuche des Kindes bei anderen Berechtigten sind an seine jeweilige Vertrautheit mit ihm und die Bedeutung der Kontakte anzupassen. Für **Großmutter** und **Großvater** können (vielleicht) längere Besuche in Betracht kommen als für andere, denn gerade sie werden während der schwierigen Trennungszeit der Eltern oft zum ruhenden Pol für die Kinder und vermitteln ihnen besonderes Vertrauen. Sonst ist allenfalls ein Besuch im Monat für einige Stunden oder in noch längeren Abständen vorzusehen, wenn das FamG entscheiden muss und die Beteiligten sich nicht auf andere Regelungen verständigt haben, die im Interesse des Kindes liegen, zum Auskunftsanspruch des „Scheinvaters" beim **Unterhaltsregress** gegen die Mutter auf Benennung des leiblichen Vaters OLG Jena FPR 2011, 412 (noch verneint), dazu *Neumann* FPR 2011, 366; nun aber anders BGH NJW 2012, 852. Allerdings können die Verwandten des Kindes, die in § 1685 BGB genannt sind, ihren Antrag auf Umgang nicht darauf stützen, eine – noch nicht bestehende – sozialfamiliäre Beziehung i.S. von § 1685 Abs. 2 BGB (erst) aufbauen zu wollen, OLG Bremen BeckRS 2012, 19246 mit Anm. *Grandke*.

5. Ist das Verhältnis zur Mutter des Kindes gestört, haben die Großeltern kein Umgangsrecht, OLG Brandenburg FamRZ 2010, 1991, wenn nicht gerade im Interesse des Kindes eine andere Regelung notwendig wird, zum Umgangsrecht von Großeltern, wenn sie mit der Fremdunterbringung ihrer Enkelkinder nicht einverstanden sind, OLG Köln FamRZ 2013, 1748 – kein Ausschluss, wenn von ihnen sonst keine weitere Gefährdung für das Kind ausgeht. In Verfahren nach § 1666 BGB gegen die Eltern sind die **Großeltern** nicht Beteiligte i. S. von § 7 Abs. 2 Nr. 1 FamFG, da sie nicht unmittelbar betroffen sind, dazu auch BGH FamRZ 2011, 552. Bei der Auswahl eines Vormundes sind sie ebenfalls nicht zu beteiligen, sondern lediglich anzuhören, § 1779 Abs. 3 BGB. Deshalb steht ihnen auch keine Beschwerdebefugnis zu, wenn eine Anordnung erfolgt ist, die ihren Vorstellungen nicht entspricht, Brandenburgische Verfassung (wenn sie betroffen ist), OLG Hamm BeckRS 2012, 02307.

3. Vereinbarung zur Auskunftserteilung gem-. § 1686 BGB

Wir, die Eheleute Maria und Hans M. leben seit . . . . . . (8 Monaten) voneinander getrennt. Wir wollen uns (später) scheiden lassen. Unsere Kinder Kevin und Zoe (folgen Daten) sind bei der Mutter in der (ehemaligen) Ehewohnung geblieben. Sorgebefugnisse üben wir weiterhin gemeinsam aus. Tatsächlich liegt der Lebensmittelpunkt beider Kinder aber bei der Mutter. Umgangsrechte des Vaters haben wir in einer eigenen Vereinbarung festgelegt.[1] Zusätzlich legen wir fest:

a) Frau M. erteilt ihrem Mann regelmäßig, aber mindestens alle zwei Monate, auf seine besondere Anforderung, Auskunft über die Entwicklung der Kinder (folgt eine Aufzählung).

b) Zoe ist Allergikerin. Frau M. wird ihrem Mann spätestens alle sechs Monate und ohne Nachfragen über den gesundheitlichen Zustand der Tochter berichten und ihm ärztliche Untersuchungsergebnisse vorlegen. Werden weitere ärztliche Maßnahmen notwendig als die bisherige Versorgung, in die Herr M. bereits einbezogen ist, wird sich Frau M. mit ihrem Mann in Verbindung setzen und sämtliche Einzelheiten mit ihm besprechen (folgt Aufzählung).

c) Für Kevin, der schon zur Schule geht, wird Frau M. dem Vater jeweils Zeugnisse – halbjährlich – übersenden. Über wichtige Veränderungen bei seinen Leistungen und allg. Entwicklungen wird sie auch sonst regelmäßig berichten (unabhängig von diesem Zeitraum), folgt Aufzählung.[2]

d) Im Übrigen wird Frau M. ihrem Mann in überschaubaren Abständen – spätestens alle sechs Monate – aktuelle Lichtbilder von beiden Kindern schicken.[3, 4]

. . . .

Maria M. Hans M.[5, 6, 7]

Anmerkungen

1. Ausf. Vereinbarung → Form. E.V.1.

2. Nach § 1686 BGB hat ein Elternteil dem anderen **Auskunft** über (etwa) den **Gesundheitszustand** der Kinder und deren schulische **Leistungen** zu erteilen. Auch (aktuelle) **Fotos** kann der andere verlangen, dazu (ohne Vereinbarung der Eltern) OLG Hamm FuR 2010, 172. Doch dürfen Auskunftsansprüche nicht zur „Kontrolle“ und zur Überwachung des erziehungsberechtigten Elternteils missbraucht werden. **Ärztliche Befundberichte** für die Kinder muss ein Ehegatte nach § 1686 BGB zwar nicht vorlegen, aber die Parteien können sich auf ihre Weitergabe verständigen (dem Arzt sollte man das sagen). **Impfzeugnisse** sind herauszugeben und dem anderen Elternteil zu übermitteln, etwa wenn ihr Nachweis für eine geplante und abgesprochene Ferienreise mit den Kindern notwendig wird. § 1686 BGB kann schließlich eine Auskunftspflicht der Mutter dem Vater gegenüber für die Geburt eines (gemeinsamen) Kindes begründen, wenn dieser bisher davon noch nichts weiß, sowie für dessen weiteres Schicksal und die (mögliche) Freigabe durch sie zur **Adoption,** dazu OLG Brandenburg FamRZ 2007, 2003, Auskunftsanspruch des leiblichen, nichtrechtlichen Vaters nach § 1686a BGB → Form. E.IV.7 Anm. 7.

3. Festsetzung von **Zwangs-** oder **Ordnungsgeldern** gegen einen im Ausland ansässigen Schuldner, der seiner rechtskräftig festgestellten Pflicht – wenn die Parteien sich über entsprechende Einzelheiten streiten – zur **Auskunftserteilung** nicht nachkommt, stellt eine zulässige inländische Zwangsvollstreckungsmaßnahme dar und verletzt deshalb keine fremden Hoheitsrechte, OLG Köln OLGReport Köln 2002, 445.

4. Auskunftsansprüche über weitere Familienangehörige können sich im Übrigen aus der gegenseitigen allgemeinen Beistands- und Rücksichtspflicht ergeben, **§ 1618a BGB,** dazu schon LG Münster NJW 1999, 726; AG Lüdinghausen FamRZ 2013, 633 – die Kenntnis (etwa) der Person der Großmutter ist für die Entwicklung des Kindes von großer Bedeutung, vgl. BVerfG FamRZ 1997, 869.

5. Zu Auskunftsansprüchen des leiblichen, nicht rechtlichen Vaters in diesem Zusammenhang vgl. § 1686a BGB, im Übrigen und ausf. → Form. E.VII.

6. Ein berechtigtes Interesse des Vaters für eine Auskunft über die persönlichen Verhältnisse seiner Kinder besteht nicht für zurückliegende Zeiträume, in denen Kontakt stattgefunden hat und in denen er die jetzt gewünschten Informationen (hier: zu schulischen Leistungen) im Gespräch mit den Kindern hätte erlangen können, dazu OLG Köln FamRZ 2017, 385. Der von einem 15-jährigen Kind geäußerte Wille, Auskünfte aus dem Bereich höchstpersönlicher Angelegenheiten wie seinem Gesundheitszustand, nicht an den Vater weiterzugeben, ist bei ausreichender Reife und Fähigkeit zur Selbstbestimmung zu respektieren und begrenzt aus Gründen des Kindeswohls den Auskunftsanspruch, wiederum OLG Köln FamRZ 2017, 385.

7. Vollstreckung aus einer gerichtlich festgelegten Auskunftsverpflichtung nach § 1686 BGB erfolgt durch Zwangsgeld, nicht durch Ordnungsgeld, sodass keine Pflicht besteht, auf die besonderen Folgen hinzuweisen, § 89 Abs. 2 FamFG.

VI. Vereinbarung zur Sorge bzw. zur Beteiligung an der Sorge

Wir, die Eheleute Maria K. geschiedene M., und Michael K. vereinbaren für die in unserem Haushalt lebenden Kinder Kevin und Zoe M., die Frau K. nach der Scheidung von ihrem ersten Ehemann allein versorgt und betreut (Sorgerechtsentscheidung v . . . . . ., Az . . . . . .):[1]

a) Frau K. ermächtigt ihren Mann, Herrn Michael K., sie in folgenden Angelegenheiten für die Kinder Kevin und Zoe zu vertreten, und sie erteilt ihm entsprechende Vollmacht (folgt eine Aufzählung der einzelnen Bereiche).[2]
b) In alltäglichen Angelegenheiten (oder für folgende Maßnahmen . . . . . .) soll Herr K. für Kevin und Zoe entscheiden, soweit Frau K. dies sonst könnte (verbunden wiederum mit einer entsprechenden Vollmacht durch Frau K.).[3, 4]

. . . .

Maria K.   Michael K.

Anmerkungen

1. Grundlage ist § 1687b BGB, **„kleines Sorgerecht"** des **Stiefelternteils** zur Mitentscheidung in Angelegenheiten des täglichen Lebens des Kindes, wenn sein Lebenspartner das alleinige Sorgerecht hat. Entsprechende Befugnisse stehen auch dem **registrierten Lebenspartner,** § 9 LPartG zu, für Kinder, die im Haushalt mit ihm und dem anderen leben und von diesem abstammen. Bei **gemeinsamer Sorge** der Eltern nach Scheidung einer Vorehe oder Aufhebung einer registrierten Lebenspartnerschaft hat der neue Partner dagegen keinerlei Entscheidungsrechte für die Kinder, damit er das Sorgerecht des anderen Elternteils nicht beeinträchtigt, das fortbesteht, denn eine vernünftige Abgrenzung gelingt kaum. Für rechtsgeschäftliche Verpflichtungen, die Frau K. für die Kinder eingehen kann, kann sie auch insoweit ihrem neuen Ehemann/Partner (Partnerin) **Vollmachten** erteilen oder sonstige **Handlungsmacht** einräumen.

2. Diese Regelung ist zulässig. Frau K. überträgt auf ihren Ehemann/Partner (Partnerin) keine Sorgebefugnisse der Substanz nach, sondern ermöglicht ihm lediglich, für sie so wie sie das könnte tätig zu werden, zu entsprechenden **Vollmachten** → Form. I.1.2. – Herr M., der geschiedene Partner, kann allenfalls eine Änderung der **Sorgerechtsregelung** beantragen, §§ 1696 BGB und 166 FamFG. Nach § 9 LPartG bestehen entsprechende Rechte auch in der registrierten Lebenspartnerschaft.

3. Grundlage ist wiederum § 1687b BGB. Nach Abs. 1 hat – Angelegenheiten des **täglichen Lebens** – der Ehegatte die Befugnis zur alleinigen Entscheidung, bei dem sich die Kinder jeweils aufhalten. Diese Handlungsmöglichkeiten kann er anderen übertragen, → Form. E.I.1 und → Form. E.I.2. Für den registrierten Lebenspartner gilt § 9 LPartG → Form. V.2 Anm. 5.

4. Während der Besuchszeiten gilt § 1687 b BGB für den **Umgangsberechtigten**, der damit allein über Angelegenheiten der alltäglichen Sorge entscheidet, aber die von ihm getroffenen Maßnahmen mit dem anderen Elternteil absprechen sollte, damit dieser informiert ist (und keine Missverständnisse entstehen).

VII. Sorgeerklärungen bei nichtehelicher Kindschaft

Wir, Frau Ana Maria G. und Herr Michael T., sind nicht miteinander verheiratet. Wir leben aber seit . . . . . . zusammen. Aus unserer Verbindung ist unsere Tochter Catarina hervorgegangen, geb . . . . . . (9 Monate alt). Herr T. hat die Vaterschaft rechtswirksam anerkannt (folgen Einzelheiten). Catarina wird von uns beiden in unserem gemeinsamen Haushalt betreut. Deshalb wollen wir für sie beide gemeinsam die elterliche Sorge ausüben.[1] Wir geben daher die beiliegende

Sorgeerklärung[2, 3]

ab.

. . . .

Ana Maria G. Michael T.

Anmerkungen

1. Vereinbarungen nichtehelicher Eltern zur Abgabe einer **Sorgeerklärung** oder zur Begründung der gemeinsamen elterlichen Sorge für ihr Kind/ihre Kinder sind (zumindest zunächst) unverbindlich. Deshalb kann sich die Mutter später anders entscheiden (der Vater natürlich auch), solange sie (oder er) sich nicht in der notwendigen Form (**Sorgeerklärung**) festgelegt hat. Wie bei verheirateten Partner kann die **elterliche Sorge**, die so begründet ist, später aufgehoben werden. Dabei gilt § 1671 BGB entsprechend. Ob eine geschäftsunfähige oder eine Mutter, der die elterliche Sorge insgesamt oder in Ausschnitten entzogen ist, § 1666 BGB, mit dem Vater Sorgeerklärungen abgeben und ihn so in Befugnisse einbeziehen kann, ist umstritten, dazu *Kranz,* Elterliche Kooperation und Sorgerechtsvereinbarungen, S. 168 f. mit umfangreichen Nachw. Schließlich „überträgt" sie dabei ihre Rechte auf ihn; das kann sie aber nicht, wenn sie sie selbst nicht ausübt oder ausüben kann → Form. E.VII Anm. 2. Im Übrigen können dem Vater Sorgebefugnisse einzuräumen sein, wenn sie der Mutter entzogen sind, soweit § 1666 BGB erfüllt ist (war auch schon früher so), wobei allerdings zunächst seine Beteiligung an der elterlichen Sorge notwendig wird, § 1626a Abs. 2 S. 1 BGB. Lebt das Kind bei ihm, konnte er bisher nach § 1632 Abs. 4 BGB (vielleicht) vorgehen, wenn er den Nachweis führen konnte, dass er insoweit „Pflegestelle" und wie ein Pflegevater zu behandeln war, aber dieser Weg erscheint inzwischen nach der gesetzlichen Neuregelung verstellt, vgl. dazu Anm. 4 aE; im Übrigen → Form. E.VII Anm. 2, 1. Ist eine gerichtliche Entscheidung erfolgt, wird § 1696 BGB maßgeblich, wobei andererseits bei nichtehelichen anders als bei ehelichen Kindern, für die triftige Gründe festgestellt werden müssen, der offene Maßstab aus § 1671 BGB gilt, dazu § 1696 Abs. 1 S. 2 BGB.

2. **Sorgeerklärungen** der Eltern bedürfen der **öffentlichen Beurkundung**, § 1626a Abs. 1 BGB; sie müssen von beiden Teilen persönlich abgegeben werden, aber gleichzeitige Anwesenheit im Beurkundungstermin ist nicht notwendig, § 1626c Abs. 1, 2 BGB zu den Möglichkeiten eines beschränkt geschäftsfähigen Elternteils; zur Geschäftsfähigkeit in diesem Zusammenhang – besondere Elterngeschäftsfähigkeit bei „vernünftiger Parallelwürdigung" – Palandt/*Ellenberger* § 104 BGB Rn. 6 mit Nachw. und gerade Anm. 1.

3. Sorgeerklärungen müssen, → Form. E.VII Anm. 2, öffentlich beurkundet werden, zu weiteren Einzelheiten § 1626a Abs. 1 BGB. Die beurkundende Stelle, und auch das **Jugendamt** kann dabei tätig werden, die das besondere Formular „für die Ausübung der gemeinsamen elterlichen Sorge nach § 1626a Abs. 1 Nr. 2 BGB" bereithält, hat dabei **Mitteilungspflichten** aus § 1626d Abs. 2 BGB zu erfüllen. Will die Mutter ihr Sorgerecht nachweisen und erhält sie sonst keine offizielle Bestätigung, muss sie sich dort ein „**Negativattest**" geben lassen.

4. Können sich die Eltern auf die Sorgeerklärung nicht verständigen, ist die Mutter alleine sorgeberechtigt, § 1626a Abs. 3 BGB. Im Übrigen kann ihnen das FamG die elterliche Sorge gemeinsam übertragen, Abs. 2, nämlich dann, wenn diese Übertragung dem Kindeswohl nicht widerspricht, **negative Kindeswohlverträglichkeit**. Trägt der andere Elternteil keine Gründe vor, die der Übertragung der gemeinsamen elterlichen Sorge entgegenstehen können und sind solche Gründe auch nicht ersichtlich, wird vermutet, dass die gemeinsame elterliche Sorge dem Kindeswohl nicht widerspricht, § 1626a Abs. 2 S. 2 BGB, zur Abänderung einer solchen Entscheidung § 1696 Abs. 1 S. 2 BGB und gerade → Anm. 1.

VIII. Vereinbarungen nicht verheirateter Eltern zur Ausübung der elterlichen Sorge und zum Umgang

1. Vereinbarung nicht verheirateter Eltern zur Ausübung der elterlichen Sorge und zum Umgang während der Partnerschaft

Wir, Ana Maria G. und Michael T., sind nichteheliche Eltern von Catarina (geb . . . . . .); für sie hat der Vater die Vaterschaft anerkannt (folgt Beschreibung). Wir haben im Übrigen für unser Kind gemeinsam die notwendigen Sorgeerklärungen abgegeben.

Nun vereinbaren wir . . . . . .[1]

Variante:

Ohne Sorgeerklärung.[2, 3]

. . . .

Ana Maria G. Michael T.

Anmerkungen

1. Wie andere Eltern können nichteheliche Eltern Vereinbarungen über die Ausübung ihrer Sorgebefugnisse für ihre Kinder treffen → Form. E.I.1 Anm. 6, 2, 4 für die Vollmachtserteilung, allgemein *Kranz* S. 58 f. Voraussetzung ist allerdings, dass die Partner gemeinsam sorgeberechtigt sind, dazu Anm. 3. Haben sich die Eltern so entschieden, können sie allerdings nicht durch Absprachen die alleinige elterliche Sorgebefugnisse der Mutter (wieder) herstellen, sondern sie müssen Abänderung beantragen, **§§ 1696 BGB, 166 FamFG**, ein nicht unbedingt einsichtiger Umweg, denn für die Begründung der elterlichen Sorge reicht eine gemeinsame Erklärung aus.

2. → Form. E.VI. und → Form. E.VII.

3. Dabei können nichteheliche Eltern nach **§§ 1626 a ff. BGB** das **gemeinsame elterliche Sorgerecht** durch Sorgeerklärung herstellen oder die Alleinsorge (dann der Mutter) eintreten lassen, § 1626a Abs. 3 S. 1 BGB. Der Vater (oder die Mutter, die nicht an der elterlichen Sorge beteiligt sein sollte) kann dagegen die elterliche Sorge (allein oder zusammen mit der Mutter) nur durch gerichtliche Entscheidung erhalten, zur Abänderung gleich → Form. E.VIII.3. Voraussetzung ist, dass diese Regelung (oder die alleinige Ausübung von Sorgebefugnissen durch ihn) dem Wohl des Kindes nicht widerspricht, vgl. dazu schon EuGHMR FamRZ 2010, 103 und BVerfG FamRZ 2010, 1403, Übersicht bei Palandt/*Götz* § 1626a Rz. 1 mit der Entwicklung seitdem. Trägt der andere Elternteil keine Gründe vor, die der Übertragung von Sorgebefugnissen entgegenstehen können, und sind solche Gründe auch sonst für das Gericht nicht ersichtlich, wird vermutet, dass die gemeinsame elterliche Sorge dem Kindeswohl nicht widerspricht, § 1626a Abs. 2 S. 2 BGB. Insgesamt ist damit zwar kein Verhältnis von Regel und Ausnahme hergestellt, dazu Palandt/*Götz* § 1626a Rn. 1 mit Nachw., aber letztlich ist ein „Leitbild" geschaffen, nämlich der gesetzlichen Sorgegemeinsamkeit, nach dem die gemeinsame elterliche Sorge „grundsätzlich" dem Bedürfnis des Kindes nach Beziehung zu beiden Elternteilen entspricht und verdeutlicht, dass beide eben auch gemeinsame Verantwortung tragen, BGH FamRZ 2016, 1439 und Palandt/*Götz* § 1626a Rn. 1. Andererseits kann, wenn zwischen den Eltern heftiger Streit besteht, sodass keine tragfähige Grundlage fehlt, weiterhin kein gemeinsames Sorgerecht eingerichtet werden, OLG Karlsruhe NZFam 2014, 431. Dabei rechtfertigt der bloße Verdacht der Kindesmutter auf sexuellen Missbrauch des Kindes durch den Vater nicht seinen Ausschluss von der gemeinsamen elterlichen Sorge, OLG Dresden FamRZ 2013, 1747 (die Untersuchung mit einem Polygraphen soll im Sorge- und Umgangsrechtsverfahren ein geeignetes Mittel sein, einen Unschuldigen zu entlasten); auch bloße Ablehnung durch die Kindesmutter rechtfertigt nicht die weiterhin fortbestehende alleinige elterliche Sorge für sie, wenn der Vater Anträge gestellt hat, ihn zu beteiligen, dazu OLG Celle, NJW 2014, 1309; wie sonst können Teile aus der elterlichen Sorge auf den Vater übertragen werden, wenn die gesetzlichen Voraussetzungen dafür vorliegen, wiederum OLG Celle NJW 2014, 1309 (hier: Gesundheitssorge für die Tochter) und AG Melsungen FamRZ 2014, 953 (für das Aufenthaltsbestimmungsrecht).

2. Vereinbarung nicht verheirateter Eltern zur Ausübung der elterlichen Sorge und zum Umgang nach der Trennung

(Sachverhalt → Form. E.VIII.1)

Wir[1] vereinbaren nach unserer Trennung, für die wir uns auf den Fortbestand der gemeinsamen elterlichen Sorge verständigt haben

a) (etwa: Aufteilung insgesamt, Funktionsteilung, → Form. E.IV.2, → Form. E.IV.3. . . . . ., wobei die Eltern im Einzelnen festlegen sollten, welche Absprachen sie treffen wollen).

b) Wir haben uns getrennt. Frau G. ist aus der bisher gemeinsamen Wohnung ausgezogen und lebt nun mit einem neuen Partner, Herrn Roberto C., zusammen, den sie schon seit längerer Zeit kennt. Catarina, geb . . . . . . (5 Jahre alt), ist beim Vater geblieben; das soll nach unseren Vorstellungen auch so bleiben. Denn wir sind uns einig, dass Catarina dort gut aufgehoben ist und vom Vater liebevoll betreut und versorgt wird. Frau G. will mit Herrn C., wie sie spanischer Herkunft, wieder in ihr Heimatland zurückkehren. Catarina hat bisher aber keine Verbindungen nach Spanien. Auch ihre gesamte (sonstige) Familie lebt in Deutschland, insbesondere der Großvater K., zu dem Catarina eine herzliche Beziehung unterhält und den sie regelmäßig besucht. Beide Elternteile sind daher überein gekommen, dass der Vater, Herr T. die alleinige elterliche Sorge für Catarina ausüben soll. Deshalb wird er entsprechende Regelungsanträge bei Gericht stellen, die Frau G. unterstützt und zu denen sie ihre Zustimmung[1] erteilen wird,[2] gerade um die Kontakte zu K. zu erhalten, die für Catarina wichtig sind (oder: Verständigung über den Lebensmittelpunkt des Kindes, Aufenthaltsbestimmungsrecht, Erklärung der Mutter, ohne vorherige Absprache mit dem Vater nicht mit dem Kind nach Spanien umzuziehen bzw. sein vorheriges Einverständnis zu suchen, keine Anträge nach § 1628 BGB zu stellen oder ihn vorher zu informieren, damit er sich rechtzeitig zur Wehr setzen kann, zuzusagen, den Aufenthaltsort des Kindes jedenfalls nicht einseitig zu verändern u.ä.).

. . . .
Frau G. Herr T.

Anmerkungen

1. Haben die Eltern gemeinsame Sorgeerklärungen abgegeben oder sind sie sonst durch gerichtliche Entscheidung gemeinsam sorgeberechtigt, üben sie wie Eheleute ihre Befugnisse in gegenseitiger Absprache und Verantwortung aus. Hat die Mutter ihre Zustimmung bisher nur angekündigt, kann sie sie jederzeit frei widerrufen, wenn die Dinge noch nicht festgelegt sind. Sonst kann der Vater nach § 1626a Abs. 2 S. 1 BGB vorgehen und gerichtliche Übertragung der elterliche Sorge ganz oder zu Teilen (auch mit der Mutter gemeinsam) beantragen, wenn diese Entscheidung dem Wohl des Kindes nicht widerspricht, **negative Kindeswohlverträglichkeit**, die vermutet wird, wenn der Antragsgegner keine Einwände vorbringt oder keine Gründe ersichtlich sind, die gegen eine solche gerichtliche Entscheidung sprechen könnten, § 1626a Abs. 2 S. 2 BGB vgl. im Übrigen gerade → Form. E.VIII.1.

2. Mit der Entscheidung des Gerichts üben beide Elternteile die elterliche Sorge gemeinsam aus. Für die Abänderung gilt § 1696a Abs. 1 S. 2 BGB. Ist dem Vater die elterliche Sorge allein übertragen, ist sie von weiteren Befugnissen ausgeschlossen. Auch insoweit kann sie allerdings nach § 1696a Abs. 1 S. 2 BGB vorgehen. Wird der Antrag des Vaters abgewiesen und liegen keine Sorgeerklärungen der Eltern vor, ist die Mutter dagegen wie zuvor (wieder) allein sorgeberechtigt. Haben sich die Eltern zur gemeinsamen Sorge verständigt, können sie in dieser Form ihre Befugnisse nicht durch Erklärung „beenden", weil gerichtliche Entscheidung notwendig wird, dazu → Form. E.VIII.1 und gleich 3.

3. Vereinbarung nicht verheirateter Eltern zur Ausübung der elterlichen Sorge und zum Umgang – Abänderung gem. § 1626a BGB

Sachverhalt → Form. E.II.4 b, → Form. E.VIII.2, aber die Eltern wollen ihre Absprachen, die zu einer Sorgerechtsregelung für Herrn T. geführt haben, wieder ändern. Ana Maria hat sich von Roberto C. getrennt und lebt weiterhin in Deutschland; sie will nun auch hier bleiben.

Anmerkungen

Wie sonst können sich die Eltern über die elterliche Sorge bei ihrer Trennung verständigen; aber sie können die gemeinsame elterliche Sorge nach vorangegangener Zuweisung an einen von ihnen nicht durch erneute **Sorgeerklärung** begründen. Vielmehr ist, dazu gerade → Form. E.VIII.2,

- die vorausgegangene Gerichtsentscheidung auf ihren **Änderungsantrag,** §§ 1696 BGB, 166 FamFG, aufzuheben,
- und die gemeinsame elterliche Sorge durch gerichtliche Entscheidung festzulegen, wenn dies dem Wohl des Kindes nicht widerspricht. An übereinstimmende Erklärungen der Eltern ist das Gericht anders als in § 1671 BGB nicht gebunden, OLG Hamm FamRZ 1981, 600. Sorgeerklärungen können formwirksam nach § 1626d BGB auch in einer gerichtlich gebilligten Elternvereinbarung erfolgen, dazu BGH FamRB 2011, 171.
- Die Maßstäbe für die Abänderung sind für eheliche und für nichteheliche Kinder unterschiedlich, vgl. dazu § 1696 Abs. 1 S. 1 und 2 BGB, Verweis auf die Maßstäbe wie für eine erstmalige Gerichtsentscheidung. Für Entscheidungen für eheliche Kinder

sind triftige, das Wohl des Kindes nachhaltig berührende Gründe Voraussetzung für ein Abänderung, aber Regelungen nach § 1626a Abs. 2 BGB können nach § 1671 Abs. 1 BGB abgeändert werden, sodass die gerichtliche Entscheidung wie bei einer „Erstregelung“ erfolgt und sich allein am Wohl des Kindes auszurichten hat.

- Eine Übertragung der Alleinsorge auf die Mutter kommt nicht in Betracht, wenn diese lediglich Gründe vorträgt, die sich überwiegend auf das noch immer konfliktbelastete Verhältnis der Eltern beziehen, beiden aber gelungen ist, sich in Angelegenheiten zu verständigen, die das gemeinsame Kind betreffen, OLG München FamRZ 2013, 1747, vgl. im Übrigen → Form. E.VIII.2.

IX. Vereinbarung zum Vorgehen nach einer Kindesentführung gem. HKindEntÜ – Undertakings

Wir, die Eheleute Lisa und Ronald H.,[1] vereinbaren[2] für das Verfahren in Deutschland nach in England angeordneter Rückführung des Kindes nach den Regeln des HKindEntÜ folgendes:[3, 4, 5]

- Herr H. übernimmt für seine Frau, Lisa H., und das gemeinsame Kind Isabella die Flugkosten von L./England nach Frankfurt (sonstige Kosten? Auch sie sollten geregelt werden).
- und holt beide, wenn Frau H. das wünscht, bei der Ankunft in Frankfurt am Flughafen ab.
- Herr H. wird das Kind nach der Rückführung nach Deutschland nicht an einen anderen Ort,
- insbesondere nicht ins Ausland verbringen.
- Vorläufig hat er folgende Besuchszeiten mit dem Kind, das sich dann wieder in Deutschland aufhält (wird ausgeführt).
- Endgültig werden seine Besuche wie die elterliche Sorge im Verfahren in F. geklärt. Hier haben alle Beteiligten bisher gelebt. Bis dahin sagt er seiner Frau zu, keine weiteren Maßnahmen gegen sie zu ergreifen, insbesondere keine Strafanzeige zu erstatten bzw. Strafanzeigen, die er bereits erstattet hat, zurückzunehmen und auch sonst alles zu tun, um das Strafverfahren in Deutschland (oder in einem anderen Land, wird ausgeführt ......) zu beenden oder dazu beizutragen, soweit er das kann.
- Herr H. überlässt seiner Frau mit dem gemeinsamen Kind vorläufig und zur alleinigen Nutzung die frühere Ehewohnung in F.,
- wenn Frau H. dies möchte.
- Die Kosten für die Wohnung zahlt Herr H. bis ...... (spätestens bis zum Abschluss des Verfahrens in Deutschland).
- Herr H. verpflichtet sich, über die Zeiten, die er mit seiner Frau abgesprochen hat, hinaus keinen weiteren Kontakt mit Isabella bzw. ihr selbst zu suchen.
- Herr H. zahlt bis zum ...... monatlichen Unterhalt von vorläufig 1.800,– EUR für seine Ehefrau und das gemeinsame Kind zzgl. zu den Kosten, die er für die Wohnung trägt, wobei der Unterhalt, der durch gerichtliche Entscheidung für die Trennungszeit oder bei der Scheidung noch zu regeln ist, so allerdings nicht festgelegt werden soll, sondern einer eigenen Regelung vorbehalten bleibt. Allerdings sind dann die bisherigen Zahlungen als Vorschüsse abzurechnen, wobei Frau H. auf Rechte aus § 818 Abs. 3 BGB (Wegfall der Bereicherung) verzichtet, soweit die Sache in Deutschland geführt wird.
- Herr H. verzichtet auf Rückforderungen, soweit sich ergeben sollte, dass seine bisherigen Leistungen höher liegen als der gerichtl. ausgeurteilte Unterhalt. Er übernimmt zudem die Kosten für ein Kindermädchen in F. (an drei Tagen in der Woche)
- sowie die Kosten für den privaten Kindergarten, den Isabella schon früher besucht hat, eingerichtet von der Bank, bei der Herr H. beschäftigt ist, wenn die Bank sie nicht tragen sollte.
- Herr H. ermöglicht seiner Frau, wenn sie das möchte, die Teilnahme an einem Deutschkurs in F., für den er die Kosten zahlt.
- Herr H. wird keine weiteren zivil- oder strafrechtlichen Folgen aus der (angeblichen) Kindesentführung von Isabella durch Frau H. (wird geschildert) herleiten. Mit dieser Vereinbarung und den Gerichtsentscheidungen, die zu erwarten sind (zur Rückführung

des Kindes bzw. zur endgültigen Regelung der elterlichen Sorge und der Besuchsrechte) soll die Angelegenheit vielmehr (insoweit) aus seiner Sicht beendet sein.

- **Beide Parteien werden die Entscheidung durch das zuständige Gericht in Deutschland hinnehmen. Rechtsmittel im üblichen Rechtsmittelzug behalten sie sich aber vor. Herr H. erklärt zudem schon jetzt, dass er mit einer „Rückkehr" von Isabella nach L./ England oder einen anderen Ort, den die Mutter wählt, einverstanden ist, wenn das deutsche Gericht der Mutter abschließend und bestandskräftig die elterliche Sorge übertragen sollte.[6]**

. . . . . . **. . . . . .**

Frau H. **Herr H.**

Variante: Undertakings für den Fall der Rückführung

Anmerkungen

1. Sachverhalt. Lisa ist Australierin, Ronald englischer Staatsangehöriger. Nach heftigsten Streitereien und körperlichen Auseinandersetzungen mit ihrem Mann ist Lisa mit ihrer Tochter Isabella von einer mit ihm abgesprochenen Reise zu ihren Eltern nach Australien nicht nach Frankfurt, dem bisherigen Wohnort der Familie, zurückgekehrt, sondern nach London geflogen, um dort wie früher zu leben, denn die Familie hatte dort ihren Lebensmittelpunkt vor der gemeinsamen Übersiedlung nach Deutschland. Herr H. setzt sich nach den Bestimmungen des Haager Abkommens über die zivilrechtlichen Aspekte internationaler Kindesentführung (**HKindEntÜ**) **in England** zur Wehr. Dort hat er eine (für ihn) günstige Entscheidung des zuständigen Gerichts erwirkt. Danach muss Lisa mit Isabella, $1^1/_2$ Jahre alt, nach Deutschland zurückkehren. Erst hier kann die elterliche Sorge auf Antrag einer Partei geregelt und zugewiesen werden. Das dortige Gericht jedenfalls ist davon ausgegangen, dass die Voraussetzungen für eine internat. Kindesentführung vorliegen, vgl. zu Einzelheiten für die endgültige Entscheidung in Deutschland **Art. 16 HKindEntÜ**, sonst zu den Voraussetzungen für den Ausschluss der Rückkehr Art. 12 und 13 HKindEntÜ.

2. Rechtliche Grundlagen. Über weitere Einzelheiten im Verfahren oder zur Rückführung haben sich die Eltern nicht verständigen können. Sie streiten vielmehr heftig weiter. Rechtlich war vor allem zunächst unklar, ob die Mutter mit dem gemeinsamen Kind in Deutschland schon einen neuen **gewöhnlichen Aufenthaltsort** als notwendige Voraussetzung für die internat. Zuständigkeit des deutschen Gerichts und für die Anwendbarkeit des Haager Abkommens begründet hat, *Bach/Gildenast* Rn. 63 und 64.

3. Diese Vereinbarungen der Eltern hat das englische Gericht, und dort sind sie auf mehr oder weniger starken Druck des Richters zustande gekommen, in seine Rücknahmeentscheidung aufgenommen, **undertakings.** Beide Parteien sollen sich an die ausgehandelten Regeln halten, aber vollstreckbar sind ihre Abreden damit noch nicht, *Vomberg/ Nehls* S. 49, Formulierungsbeispiel dort S. 158 f., soweit nicht ausdrücklich eine gerichtl. Anordnung getroffen wird (auch das ist möglich, soweit sich eine rechtliche Grundlage findet), vgl. dazu Anm. 5, zur **Mediation** in Entführungsverfahren vgl. *Jametti/Greiner* FAMPRA.ch 2008, 277 und *Finger* FamRBint 2009, 34, 37 f.

4. Angelehnt an High Court of Justice, Family Division FB, 03 P 00812 v. 30.7.2003.

5. Mit der Gerichtsentscheidung werden die weiteren Anordnungen (undertakings) zu deren inhaltlichem Bestandteil, zu den Anweisungen an den Gerichtsvollzieher bei einer Rückführungsentscheidung aus Deutschland vgl. OLG Zweibrücken BeckRS 2005, 12352.

6. Internationale Zuständigkeiten können allerdings unter den Mitgliedstaaten der Europäischen Gesetzgebung zunächst zumindest auch beim Gericht des Herkunftsstaates liegen, Art. 10 Abs. 1 VO Nr. 2201/2003, nämlich für eine Übergangszeit von einem Jahr nach der Entführung des Kindes. Entscheidend ist der Wegzug des Entführers mit dem Kind, denn der verletzte Elternteil hat von diesen Umständen ohne weitere Verzögerung Kenntnis, sodass er seine eigenen Gerichte einschalten kann. Allerdings ist zusätzliche Voraussetzung, dass das Kind im Zufluchtsstaat noch keinen neuen **gewöhnlichen Aufenthaltsort** begründet hat. Ist das der Fall, gelten allein die üblichen Regeln für Verfahren nach dem HKindEntÜ, die für das Rückführungsverfahren von gerichtlichen Zuständigkeiten im Entführungsstaat ausgehen. Ohnehin ist die Vollstreckung gegen das Kind dort auch leichter, wenn die Gerichte dieses Staates entscheiden, zu weiteren Einzelheiten OLG Hamburg NZFam 2014, 843 (auch bei der Rückführung müssen die Voraussetzungen des HKindEntÜ vorliegen, insbesondere noch Art. 13 HKindEntÜ, sodass sich Verfahrensverzögerungen im Verlauf zum Nachteil des verletzten Elternteils auswirken können). Erfolgt die Entscheidung im Herkunftsstaat, muss sie im Zufluchtsstaat anerkannt und vollstreckt werden, und dazu gelten die Regeln der VO Nr. 2201/2003, etwa Art. 21 ff. VO Nr. 2201/2003, wobei allerdings die in einem Mitgliedstaat ergangene Entscheidung in den anderen Mitgliedstaaten ohne Weiteres anerkannt wird, ohne dass für sie ein besonderes Verfahren erforderlich ist, doch kann, wenn ein besonderes Interesse an der vorherigen Anerkennung besteht, ein solches Verfahren selbstständig geführt werden, zu den Gründen für eine Nichtanerkennung einer Entscheidung über die elterliche Verantwortung im Übrigen Art. 13 HKindEntÜ, zur Vollstreckbarerklärung Art. 28 ff. VO Nr. 2201/2003, zu den Rechtsbehelfen Art. 33 f. dieser VO.

X. Letztwillige Anordnungen

1. Letztwillige Anordnungen von Eheleuten für die elterliche Sorge

a) Grundfall

Wir, die Eheleute Maria und Klaus M., üben gemeinsam die elterliche Sorge für unsere Kinder Kevin, geb ...... (6 Jahre) und Zoe, geb ...... (4 Jahre), aus.[1] Wir sind beide berufstätig. Sterben wir oder stirbt einer von uns und sind unsere Kinder dann noch minderjährig, soll

- die elterliche Sorge dem überlebenden Teil allein zustehen.
- Sonst und vor allem für den Fall des gemeinsamen Todes benennen wir dem FamG gegenüber die Schwester von Frau M. als Vormund, die nach ihrer Bestellung für Kevin und Zoe sorgen wird wie wir das getan haben[2] (wird ausgeführt, insbes. zu den guten Verbindungen zwischen den Kindern und ihr).

....

Maria M. Klaus M.

b) Variante 1:[3]

Meine Frau Gloria M. ist (2008) verstorben. Seitdem übe ich, Michael F., die elterliche Sorge für die Kinder Denise, geb ...... (12 Jahre alt), und Michael jr., geb ...... (14 Jahre), allein aus. Seit kurzem weiß ich, dass ich schwer erkrankt bin. Deshalb benenne ich für den Fall meines Todes Frau Isabella M., die Schwester meiner verstorbenen Ehefrau, zum Vormund (wird ausgeführt).[4]

......

Michael F.

c) Variante 2:[5]

Seit 2008 bin ich von meiner Frau Gloria M. geschieden. Bei der Ehescheidung ist mir die elterliche Sorge für unsere Kinder Denise und Michael jr. (wie Variante 1) allein übertragen worden (folgen die Daten der Sorgeentscheidung). Meine geschiedene Frau unterhält seitdem regelmäßige Besuchskontakte zu den Kindern. Nach einem Arztbesuch vor etwa drei Wochen weiß ich, dass ich schwer krank bin. Für den Fall meines Todes benenne ich daher Frau Karin M.-U., meine Schwester, zum Vormund für die Kinder, die ich nach meinem Tod zu bestellen bitte. Meiner geschiedenen Frau Gloria möchte ich auf keinen Fall Sorgebefugnisse für die Kinder übertragen/einräumen[6] (folgt genauere Beschreibung der Gründe für diesen Entschluss).

......

(Unterschrift)

Anmerkungen

1. Die Anordnungen der Eltern erfordern **Testamentsform** bzw. Form einer letztwilligen Verfügung.

2. **Rechtliche Grundlage** ist **§ 1680 Abs. 1 BGB** bei gemeinsamer Sorge der Eltern, vgl. gleich b) und c). Sonst besteht für die Eltern die Möglichkeit, einen **Vormund** zu benennen, zu Einzelheiten §§ 1776 Abs. 1 und 2, 1777 Abs. 3 BGB und wiederum b) und c), dazu *Müller* ZEV 2012, 298.

3. Notwendig ist **Testamentsform** bzw. **Form** einer **letztwilligen Verfügung.**

4. Nach dem Tod seiner Frau ist Herr M. allein sorgeberechtigt, § 1680 Abs. 1 BGB. Dann kann er, denn sonst müssen beide sorgeberechtigten Eltern zusammen handeln, einen **Vormund** benennen, den das FamG einzusetzen hat, §§ 1777 Abs. 3, 1776 Abs. 1 BGB, wobei Ausnahmen in § 1778 BGB festgelegt sind. Ohne diese Benennung gilt § 1779 BGB → Form. E.V.1 Anm. 1, 2.

5. Für die Anordnungen ist **Testamentsform** oder **Form** einer sonstigen **letztwilligen Verfügung** erforderlich, dazu gerade → Form. E.X.1 a) Anm. 1.

6. Dabei sind die gesetzlichen Bestimmungen, die eingreifen können, widersprüchlich. Michael hat einen Vormund benannt, § 1777 Abs. 3 BGB, aber wirksam werden seine Anordnungen erst mit seiner Bestellung durch das Familiengericht, § 1774 BGB, selbst wenn die Benennung durch ihn als Erblasser (in Grenzen) Bindungen auslöst. Gloria als geschiedene Ehefrau hat dagegen bereits mit dem Tode ihres Mannes die Befugnisse aus **§ 1680 Abs. 2 S. 2 BGB**. Wenn eine Regelung nach dieser Vorschrift dem Wohl des Kindes nicht widerspricht, hat das FamG ihr die elterliche Sorge folglich zu übertragen. Sind für das Kind Befugnisse für die Mutter bereits begründet, scheidet wiederum die Bestellung eines Vormunds aus (Scholz/Stein/*Fröhlich* E Anm. 200 – wer zuerst kommt, mahlt zuerst?). Gerade unter verfassungsrechtlichem Blickwinkel, Art. 6 Abs. 2 GG, sollte dem überlebenden Elternteil, der sich für die familiengerichtliche Entscheidung besonders bewähren muss, vgl. dazu § 1680 Abs. 1 S. 2 BGB, wohl ein Vorrang zukommen, so auch Scholz/Stein/*Fröhlich* E Anm. 200 mit Nachw., so dass er sich durchsetzt und die Bestellung eines Vormundes trotz Anordnung durch den Erblasser/sorgeberechtigten Elternteil ausgeschlossen ist, wenn nicht **schwerwiegende Gründe** gegen ihn sprechen, die sich aus dem **Wohl** des **Kindes** herleiten.

2. Letztwillige Anordnung eines Ehegatten für die Vermögenssorge

Für den Fall meines Todes ordne ich, Michael K., an:[1]

Meine Kinder Denise und Michael jr. erhalten (folgt Aufzählung der einzelnen Positionen, die der Vater seinen Kindern erbrechtlich zuwenden will). Für diese Vermögenswerte schließe ich die Verwaltungsbefugnis meiner Frau Gloria aus und übertrage sie meinem Bruder Roger.[2, 3, 4, 5, 6]

. . . . . .

Michael K.

Anmerkungen

1. Notwendig ist **Testamentsform** oder die **Form** einer sonstigen **letztwilligen Verfügung** → Form. E.X.1 a) und b) Anm. 1. Bei Anordnungen nach § 1638 Abs. 1 BGB, zu weiteren Vorschlägen für die Gestaltung der Anordnung *Waldner* FamRB 2003, 411, 412, hat der Elternteil, der von der Verwaltung ausgeschlossen ist, alle Erwerbsvorgänge unverzüglich dem FamG anzuzeigen, das insoweit einen **Pfleger** zu bestellen hat, § 1909 Abs. 1 und 2 BGB. Ist nur eine einzelne Maßnahme von den Anordnungen des Erblassers nach § 1638 Abs. 1 BGB erfasst, etwa bei Zuwendungen des Großvaters an sein Enkelkind, der wünscht, dass dabei die Mutter nicht tätig wird, hat der andere die notwendigen Verwaltungsaufgaben zu erfüllen. Einbezogen sind Ersatzstücke, Surrogate, § 1639 Abs. 2 BGB, wobei die Beteiligten den Umfang jeweils beschreiben sollten. Auch der Pfleger, der bestellt werden muss, kann vom Zuwendenden benannt werden, § 1917 Abs. 1 BGB; **§ 1778 BGB** gilt entsprechend, zu Beschränkungen des elterlichen Verwaltungsrechts durch den Erblasser *Ott* NJW 2014, 3473; zur Testamentsgestaltung für Eltern von minderjährigen Kindern *Horn* ZEV 2013, 297; zu Vermächtnissen zugunsten Minderjähriger und deren Erfüllung *Friedrich-Büttner/Wiese* ZEV 2014, 513, zur Erbschaftsübertragung OLG Frankfurt NJW-RR 2015, 842; zur analogen Anwendbarkeit von § 1643 Abs. 2 S. 2 BGB bei der **Erbschaftsausschlagung** durch einen Elternteil als Betreuer seines volljährigen, aber geschäftsunfähigen Kindes *Becker* FamRZ 2014, 1090. In einem familiengerichtlichen Verfahren für die Genehmigung eines notariellen Kaufvertrages nach § 1643 BGB (iVm § 1821 Abs. 1 Nr. 1 BGB) darf die Einholung eines vom Familiengericht als notwendig erachteten Sachverständigengutachtens nicht von der vorherigen Einzahlung eines Kostenvorschusses abhängig gemacht werden, OLG Hamm 2 WF 95/13, dazu auch OLG Schleswig FamRZ 2013, 2000 (nicht ausreichend sind allein gerichtsinterne Nachfragen bei verschiedenen Abteilungen des Gerichts, wenn Anhaltspunkte für eine Überschuldung des Nachlasses bestehen, etwa durch vorausgegangene Erklärung zur Erbschaftsausschlagung näherer Verwandter des Kindes, sodass das Gericht seine Amtsermittlungspflicht nach § 26 FamFG nachkommen und die notwendigen, am Kindeswohl ausgerichteten Ermittlungen selbst durchzuführen hat); OLG Koblenz NJW-RR 2002, 432; zu gesellschaftsrechtlichen Abfindungsvereinbarungen mit minderjährigen Erben OLG Bremen NJW 2013, 2527, Anm. *Neumayer/Ruß* ZEV 2013, 463 und Praxishinweis *Burandt* FuR 2014, 56.

2. **§ 1638 Abs. 1 und 3 BGB.** Dann ist für die Kinder ein **Pfleger** zu bestellen, den der Erblasser benennen bzw. für dessen Auswahl er Vorschläge machen kann, Scholz/Stein/*Fröhlich* E Anm. 197 mit Nachw., dort auch zur Anordnung von **Testamentsvollstreckung**; weitere Einzelheiten LG Bonn FamRZ 1995, 1533. Allerdings kann die Ausschließung auch inhaltlich beschränkt werden, zB auf die Befugnis zur Verwendung der Vermögenseinkünfte für den **Unterhalt** des Kindes oder der Familie. Erfasst sind sämtliche Erwerbsvorgänge, also die gesetzliche oder die gewillkürte Erbfolge, Vermächtnisanordnungen oder Pflichtteilsberechtigung. Doch müssen die Regelungen nach § 1638 Abs. 1 und 3 BGB „letztwillig" – nicht unbedingt ausdrücklich – bei der Zuwendung festgelegt sein, dazu Palandt/*Diederichsen* § 1638 BGB Rn. 2 und 3 mit Nachw.; BayObLG FamRZ 2004, 1304. Der „Ausschluss des überlebenden Elternteils von der Nutznießung des Nachlasses" genügt für sich daher nicht, LG Dortmund NJW 1959, 2264, weil so lediglich Verwaltungsbefugnisse nach § 1639 BGB beschränkt sind, BayObLG Rpfleger 1982, 180, ohne dass sich nun ausdrücklich Bezüge für die Verwaltung des weiteren Vermögens gerade des Kindes feststellen lassen. Soll die Anordnung des Erblassers (etwa des Großvaters) nur einen Elternteil treffen, ist dieser ausgeschlossen, aber der andere bleibt handlungsbefugt, OLG Karlsruhe NJW-RR 2004, 370 mit Nachw., § 1638 Abs. 3 BGB, im Übrigen gleich Anm. 3 und 4.

3. Ob der Erblasser, der von seiner Frau geschieden ist, seine Kinder als Vorerben bedenken und gleichzeitig die Anordnung treffen kann, Nacherbe solle werden, wer von diesen später eingesetzt wird, **Dieterle-Klausel**, ist umstritten, vgl. dazu *Dieterle* BWNotZ 1971, 14, 17 und *Helms* ZEV 2007, 1; dagegen (§ 2065 Abs. 2 BGB steht im Weg) OLG Frankfurt FamRZ 2000, 1607 und *Ivo* DNotZ 2002, 260 sowie *Kanzleiter* ZEV 2001, 316; nun auch OLG München NJW 2013, 2977. Sinnvoll ist die Verfügung ohnehin nicht – was ist, wenn die Kinder ihre Mutter ausdrücklich bedenken und damit die Anordnungen des Vaters unterlaufen?

4. Wird dem sorgeberechtigten Elternteil nach § 1643 Abs. 2 BGB familiengerichtliche Genehmigung erteilt, die Erbschaft eines minderjährigen Kindes wegen **Überschuldung** des Nachlasses auszuschlagen, ist damit gleichzeitig die Genehmigung für eine erforderlich werdende **Anfechtung** der versäumten **Ausschlagungsfrist** nach § 1956 BGB für die Erbschaft erfolgt, sodass eine erneute familiengerichtliche Genehmigung nach § 1643 Abs. 2 nicht notwendig ist, dazu OLG Celle ZEV 2013, 201; zur „selektiven" Erbausschlagung durch Eltern minderjähriger Kinder (die Erklärung eines Elternteils, durch die dieser im Anschluss an die eigene Ausschlagung als gesetzlicher Vertreter für eines von mehreren minderjährigen Kindern die Erbschaft ausschlägt, bedarf der familiengerichtlichen Genehmigung, ohne dass wesentlich wird, ob Hinweise auf eine gezielte Bevorzugung oder Benachteiligung einzelner Kinder bestehen) OLG Hamm NJW-RR 2014, 779; zur Gefährdung des Kindeswohls durch unterlassene Erbausschlagung OLG Brandenburg FamRB 2014, 291; zur Beschwerde gegen die Genehmigung der Erbausschlagung durch das Kind OLG Koblenz NJW-RR 2014, 902; in einem Verfahren auf Genehmigung einer Erbausschlagung für ein minderjähriges Kind ist diesem zur Entgegennahme des Genehmigungsbeschlusses nach § 41 Abs. 3 FamFG nur dann ein Ergänzungspfleger zu bestellen, wenn die Voraussetzungen für eine Entziehung der Vertretungsmacht für die Eltern nach § 1796 BGB vorliegen, dazu BGH NJW-RR 2014, 900, wobei das FamG allein zu prüfen hat, ob die vorgesehenen Maßnahmen dem Interesse des Kindes dienen, während die Entscheidung, ob die Ausschlagung wirksam erklärt oder die Annahme rechtswirksam angefochten ist, dagegen dem Nachlassgericht vorbehalten ist, OLG Celle ZEV 2013, 201. Ist ein Ergänzungspfleger bestellt, dessen Aufgaben auf die Regelung der Erbauseinandersetzung des Kindes mit der sonst allein sorgeberechtigten Mutter beschränkt sind, gehört die Aufnahme eines Darlehens zur Finanzierung der Erbschaftssteuer und zur Finanzierung der Erbauseinandersetzung zu seinem Wirkungskreis, OLG Hamm FamRZ 2016, 1862, während der Abschluss eines Darlehensvertrages durch eine BGB-Gesellschaft, an der das minderjährige Kind beteiligt ist, der familiengerichtlichen Genehmigung bedarf. Legt der Altersunterschied zwischen Erblasser und dem zu dessen gesetzlichen Erben berufenen minderjährigen Kind nahe, dass das Kind seine Erbenstelle in Folge der Ausschlagung vorrangig berufener Erben erlangt haben könnte, darf das FamG die Genehmigung für die vom gesetzlichen Vertreter für das Kind wegen mutmaßlicher Überschuldung des Nachlasses abgegebene Ausschlagungserklärung nicht ohne Heranziehung der Nachlassakten und ohne weitere Ermittlung zu den Gründen der Erbausschlagungen versagen, dazu OLG Zweibrücken ZEV 2016, 699, zu Pflichtteilsansprüchen dabei Horn NJW 2017, 1083, 1084, vgl. im Übrigen zu sonstigen Pflichten, Einzelheiten zu überprüfen, schon Anm. 1.

5. Zu sonstigen Verpflichtungen der Eltern den Kindern gegenüber bei der Verwaltung des Vermögens und zur Herausgabe persönlicher Gegenstände (etwa) vgl. → Form. E. V. 3 Anm. 5 mit Nachw.

6. Zur pflichtwidrigen Abhebung vom **Sparbuch** der Kinder *Becker* FamRZ 2016, 869.

F. Unterhalt

I. Unterhalt für ein minderjähriges Kind

1. Aufforderung zur Erteilung von Auskunft

Herrn . . . . . .

Sehr geehrter Herr . . . . . .,

ich zeige an, dass ich Ihre Ehefrau, Frau . . . . . ., anwaltlich vertrete. Sie hat mich beauftragt, den Unterhaltsanspruch Ihres gemeinsamen bei meiner Mandantin lebenden Kindes . . . . . . geltend zu machen.[1, 2]

Um den Unterhaltsanspruch für Ihr gemeinsames Kind korrekt ermitteln zu können, habe ich Sie aufzufordern, Auskunft über Ihr gesamtes Einkommen in der Zeit von . . . . . . bis . . . . . . [beim Angestellten die letzten 12 Kalendermonate vor der Geltendmachung des Auskunftsanspruchs, beim Selbstständigen die letzten 3 abgeschlossenen Kalenderjahre] in Form eines nach Einnahmen und Ausgaben geordneten Verzeichnisses zu erteilen. Sie sind ebenfalls verpflichtet, Ihr Einkommen zu belegen, und zwar hinsichtlich Ihrer Erwerbseinkünfte durch Vorlage sämtlicher Gehaltsabrechnungen, die Sie in der genannten Zeit erhalten haben [beim Selbstständigen durch Vorlage der vollständigen Bilanzen und/oder Gewinn- und Verlustrechnungen, der vollständigen Einkommenssteuererklärungen sowie der Einkommenssteuerbescheide für die letzten 3 Jahre].[3] Auch Steuererstattungen stellen Einkommen dar, so dass Sie eine im genannten Zeitraum erfolgte Steuererstattung anzugeben und durch Vorlage des Steuerbescheides zu belegen haben. Soweit Sie Einkünfte aus Vermögen erzielen (zB Zinsen, Dividenden, Mieteinnahmen usw.), müssen diese für den Auskunftszeitraum angegeben und belegt werden.[4, 5, 6, 7, 8] Die genaue Bezeichnung der Belege erfolgt, sobald mir Ihre Auskunft vorliegt.

Wenn Sie Belastungen berücksichtigt haben möchten, müssen auch diese von Ihnen aufgeführt und mit Belegen nachgewiesen werden.

Der guten Ordnung halber weise ich Sie darauf hin, dass Sie sich mit Anfang dieses Monats in Höhe des Unterhaltsbetrages für Ihr Kind im Verzug befinden, der sich auf der Basis Ihres Einkommens gemäß der Düsseldorfer Tabelle ergibt. Eine genaue Bezifferung erfolgt, sobald Sie mir die Auskunft über Ihr Einkommen erteilt und belegt haben.[9]

Nachdem Sie zur Auskunftserteilung und Belegvorlage gesetzlich verpflichtet sind, gehe ich davon aus, dass mir diese bis zum . . . . . . erteilt wird.

Mit freundlichen Grüßen

. . . . . .

Rechtsanwalt/Rechtsanwältin

Anmerkungen

1. Nach § 1605 BGB sind sich Verwandte in gerader Linie, insbesondere also Eltern gegenüber ihren Kindern verpflichtet, **auf Verlangen** über ihre Einkünfte und ihr Vermögen Auskunft zu erteilen.

2. **Zweck der Auskunft** ist es, sich die Grundlagen für die Unterhaltsberechnung zu beschaffen. Ein Auskunftsanspruch **entfällt,** wenn die Auskunft die Unterhaltsverpflichtung auf keinen Fall beeinflussen kann. Dies ist beim Kindesunterhalt der Fall, wenn sich der Pflichtige für unbegrenzt leistungsfähig erklärt und es nur um die Ermittlung des konkreten, über den Sätzen der Düsseldorfer Tabelle liegenden Bedarfs geht (Johannsen/Henrich/*Graba/Mayer*, 6. Aufl., § 1605 Rn. 4).

3. Auskunft- und Beleganspruch sind **zwei getrennte Ansprüche nach § 1605 Abs. 1 S. 1 und 2 BGB,** die in der Praxis häufig miteinander vermengt werden. Der Anspruch auf Vorlage von Belegen ist dabei der Wichtigere, da nur mittels Belegen zum Einkommen die erteilte Auskunft überprüft werden kann. Beide Ansprüche beziehen sich grundsätzlich auf die Einkünfte. Streitig ist, ob im Rahmen des Auskunftsanspruchs über das Einkommen auch eine **Auskunft zum Vermögen** geschuldet ist. Eine Auskunft zum Vermögen kommt in erster Linie dann in Betracht, wenn das Einkommen nicht zur Bedarfsdeckung bzw. Leistungsfähigkeit ausreicht. Dies ergibt sich nach ständiger Rechtsprechung aus der Systematik des Unterhaltsrechts. Da es sich bei der Nutzung des Vermögens um Einkünfte handelt (Zinsen, Wohnwert usw.), geht es bei der Vermögensauskunft im Ergebnis nur um die Verwertung des Vermögensstammes, bzw. um eine Vermögensumschichtung. Wird für die Unterhaltsberechnung nur das Einkommen benötigt, was in der Praxis der Regelfall ist, ist daher keine Verpflichtung zum Erteilen einer Auskunft über das Vermögen gegeben. Hat zB der Pflichtige ein Einkommen, aus dem er Kindesunterhalt nach Gruppe 5 der Düsseldorfer Tabelle zu leisten hat, ändert ein vorhandener Vermögensstamm an dieser Verpflichtung nichts, da er die Nutzung dieses Vermögens bereits bei der Einkommensauskunft darlegen musste. Die Auskunft zum Vermögen muss den Bestand des Vermögens zu einem bestimmten Stichtag auflisten.

4. Auskunft kann **grundsätzlich nur alle 2 Jahre** verlangt werden, § 1605 Abs. 2 BGB, außer wenn dargelegt werden kann, dass grundlegende Änderungen eingetreten sind und der Auskunftspflichtige wesentlich höhere Einkünfte erzielt oder weiteres Vermögen erworben hat. Für die Berechnung der Sperrfrist ist auf die Erteilung der letzten Auskunft abzustellen, nicht auf den Tag der letzten Tatsachenverhandlung (OLG Hamm FamRZ 2005, 1585; OLG Köln FamRZ 2003, 1916). Die Sperrfrist des § 1605 Abs. 2 BGB gilt nicht, wenn bei längerer Verfahrensdauer im Laufe eines Verfahrens das Auskunftsbegehren zeitlich erweitert wird, bevor das Auskunftsverlangen prozessual erledigt ist (OLG Düsseldorf FamRZ 1997, 1281).

5. Die Auskunft ist eine **Wissenserklärung,** die der Schriftform bedarf, § 260 Abs. 1 BGB. Sie muss gemäß § 260 BGB als schriftliches Bestandverzeichnis erteilt werden. Dies kann auch im Schriftsatz eines Rechtsanwaltes geschehen, eine persönliche Unterzeichnung der Auskunftserklärung durch den Auskunftsschuldner ist nicht notwendig, der Schuldner ist aber für seine Urheberschaft beweispflichtig (BGH FamRZ 2008, 600). Diese Form ist notwendig, da Vollständigkeit und Richtigkeit der Auskunft gegebenenfalls gemäß § 259 Abs. 2 BGB an Eides statt zu versichern sind. Inhalt des Anspruchs ist eine systematische, in sich geschlossene Zusammenstellung mit allen erforderlichen Angaben, um dem Gegner ohne übermäßigen Arbeitsaufwand die Einkommensberechnung zu ermöglichen. Eine auf mehrere Schriftsätze verteilte Auskunft genügt diesen Anforderungen nicht, da es an einer klaren Gesamterklärung fehlt (OLG

Hamm FamRZ 2006, 865). Übertriebene Kleinlichkeit sollte allerdings zumindest beim Angestellten vermieden werden, um das Auskunftsverfahren schnell abzuschließen.

6. Die Auskunftspflicht erstreckt sich bei der Einkommensermittlung beim Nichtselbstständigen und Rentner auf das Einkommen eines Jahres, beim Selbstständigen, Gewerbetreibenden und sonstigen schwankenden Einkünften wie aus Vermietung und Verpachtung, sowie aus Kapital auf das Einkommen von drei Jahren. Bei Selbstständigen und Gewerbetreibenden kann die Auskunft nur für volle Kalenderjahre (OLG München FamRZ 1999, 453) und für das abgelaufene Jahr frühestens nach 6 Monaten, d. h. ab 1. 7. geltend gemacht werden (OLG München FamRZ 1992, 1207). Ausnahmsweise können die Einkünfte der letzten 3 Jahre dann nicht für eine Einkommensprognose zugrunde gelegt werden, wenn sie durch außergewöhnliche Ereignisse oder steuerliche Sondereinflüsse verzerrt sind, die sich innerhalb des Dreijahreszeitraumes nicht ausgleichen (BGH FamRZ 2004, 1177). Dies kann der Fall sein, wenn nach einer Betriebsprüfung innerhalb des Dreijahreszeitraumes erhebliche Steuernachzahlungen oder Steuererstattungen für Vorjahre anfallen.

7. Zu den Belegen, die vorgelegt werden müssen, gehören insbesondere Steuererklärungen, Steuerbescheide, Bilanzen, Gewinn- und Verlustrechnungen, die Verdienstabrechnungen, Gutschriften und Ausschüttungsbescheinigungen über Kapitalerträge. In Einzelfällen kann auch die Vorlage eines Dienst- oder Arbeitsvertrages begehrt werden (BGH FamRZ 1994, 2829).

8. Ausnahmsweise kann sich der **Auskunftsanspruch** auch **gegen den betreuenden Elternteil** richten, nämlich dann, wenn der betreuende Elternteil ebenfalls ganz oder teilweise zum Barunterhalt herangezogen werden kann. Dies ist immer dann der Fall, wenn dem nichtbetreuenden Elternteil bei Erfüllung seiner Barunterhaltsverpflichtung weniger als sein eigener notwendiger Selbstbehalt verbleibt (nach Anm. A 5 der Düsseldorfer Tabelle Stand 1.1.2017 1.080,– EUR bei einem Erwerbstätigen bzw. 880,– EUR bei einem Nichterwerbstätigen), er seinen eigenen angemessenen Bedarf gefährden würde, während der betreuende Elternteil über ein deutlich höheres Einkommen verfügt und deshalb neben der Betreuung auch den Barunterhalt ganz oder zum Teil aufbringen kann. Grundsätzlich gilt dies auch bei einem wesentlichen Ungleichgewicht der wirtschaftlichen Verhältnisse (OLG Brandenburg FamRZ 2006, 1780; BGH FamRZ 2011, 1041).

9. Nach § 1613 BGB kann Unterhalt für die Vergangenheit von dem Zeitpunkt an gefordert werden, zu dem der unterhaltsverpflichtete Elternteil zum Zwecke der Geltendmachung des Unterhaltsanspruchs aufgefordert worden ist, über seine Einkünfte Auskunft zu erteilen. Der Unterhalt kann in diesem Fall ab dem 1. des Monats verlangt werden, in dem der Elternteil aufgefordert worden oder er in Verzug gekommen ist, wenn der Unterhaltsanspruch dem Grunde nach in diesem Monat bereits entstanden ist.

2. Bezifferung der Unterhaltsverpflichtung

Herrn . . . . . .

Sehr geehrter Herr . . . . . .,

ich bestätige den Erhalt Ihres Schreibens vom . . . . . . und bedanke mich für die fristgerechte Erteilung der Auskunft und Vorlage der Belege.

Nach den mir vorliegenden Unterlagen beträgt Ihr monatliches Durchschnittseinkommen . . . . . . EUR. Hierbei bin ich von Ihrem Jahreseinkommen einschließlich der Sonderzuwendungen ausgegangen und habe dieses durch 12 dividiert. Die von Ihnen belegten, bei der Unterhaltsberechnung anzusetzenden Ausgaben habe ich berücksichtigt, nämlich den Beitrag für die private Krankenversicherung für Sie und Ihr Kind in Höhe von . . . . . . EUR, sowie die Einzahlungen in eine zusätzliche Altersversorgung in Höhe von . . . . . . EUR. Das verbleibende Einkommen ist noch um eine Pauschale von 5 % für berufsbedingte Aufwendungen zu bereinigen, also . . . . . . EUR, so dass ein monatliches bereinigtes Nettoeinkommen aus Erwerbstätigkeit in Höhe von . . . . . . EUR verbleibt.

Weiter haben Sie im Jahr . . . . . . eine Steuererstattung in Höhe von . . . . . . EUR erhalten. Umgelegt auf den Monat ergibt sich ein Betrag in Höhe von . . . . . . EUR, so dass von einem Gesamteinkommen in Höhe von . . . . . . EUR auszugehen ist.[4]

Der von Ihnen zu zahlende Unterhalt richtet sich nach den Sätzen der Düsseldorfer Tabelle.[1] Sie sind in Einkommensgruppe 5 der Düsseldorfer Tabelle einzuordnen, dies entspricht 120 % des Mindestunterhalts. Die Düsseldorfer Tabelle weist einen monatlichen Unterhaltsbedarf, bezogen auf 2 Unterhaltsberechtigte aus. Da Sie nur einem Kind gegenüber zum Unterhalt verpflichtet sind, erfolgt eine Höherstufung[2] in die nächst höhere Einkommensgruppe, dies entspricht 128 % des Mindestunterhalts.

Ich habe Sie somit aufzufordern, ab . . . . . ., zu Händen meiner Mandantin für Ihr Kind . . . . . . einen monatlichen, monatlich im Voraus fälligen Kindesunterhalt in Höhe von 128 % des Mindestunterhalts der Düsseldorfer Tabelle für die zweite Altersstufe abzüglich des hälftigen gesetzlichen Kindergeldes zu bezahlen. Der monatliche Kindesunterhalt beträgt somit . . . . . . EUR[3] abzüglich hälftiges Kindergeld . . . . . . EUR, somit . . . . . . EUR.

Der Tabellenunterhalt umfasst noch nicht die Kosten für die Krankenvorsorge für Ihr Kind.[4] Ihr Kind ist privat krankenversichert. Der Beitrag hierfür in Höhe von . . . . . . EUR, den ich bereits einkommensmindernd bei der Einkommensberechnung berücksichtigt habe, ist zusätzlich zu dem Tabellenbetrag zu bezahlen.

Meine Mandantin hat einen Anspruch darauf, dass über den Kindesunterhalt eine vollstreckbare Urkunde geschaffen wird. Das können Sie kostenfrei erledigen, indem sie die Unterhaltsverpflichtung bei dem für Sie zuständigen Jugendamt anerkennen. Sie werden deshalb hiermit aufgefordert, bis zum

. . . . . .

den Kindesunterhalt in der geltend gemachten Höhe auf diese Weise oder in anderer Form, zB vor einem Notar, vollstreckbar anzuerkennen. Sollten Sie das nicht tun, so müssen Sie damit rechnen, dass bei einer etwaigen gerichtlichen Auseinandersetzung der Unterhalt in voller Höhe geltend gemacht wird. Auch wenn Sie Unterhalt freiwillig leisten und Ihre Unterhaltspflicht erst im gerichtlichen Verfahren anerkennen sollten, wird Ihnen das Gericht auch insoweit die gesamten Kosten des Verfahrens auferlegen.[5]

Mit freundlichen Grüßen

. . . . . .

Rechtsanwalt/Rechtsanwältin[6]

Anmerkungen

1. Mit der am 1.1.2008 in Kraft getretenen Unterhaltsrechtsreform wurde der Unterhalt minderjähriger Kinder neu gefasst. Mit dieser Neuregelung kommt der Gesetzgeber auch einer Forderung des Bundesverfassungsgerichts (BVerfG FamRZ 2003, 1370) nach, wonach Normen so klar zu formulieren sind, dass sie der Normadressat auch verstehen kann. Das Bundesverfassungsgericht hat hierbei insbesondere die fehlende gesetzliche Definition eines Existenzminimums bei gleichzeitigem Rückgriff auf die Regelbetragsverordnung gerügt. Die wohl bedeutendsten Änderungen für die Praxis sind die Abschaffung der Regelbetragsverordnung und die Koppelung des Kindesunterhalts an das steuerliche Existenzminimum. Außerdem wurde der Mindestunterhalt wieder eingeführt. Es gibt auch keine Differenzierung mehr zwischen Ost- und Westdeutschland. Der Mindestunterhalt entspricht dem steuerlichen sächlichen Existenzminimum gemäß § 32 Abs. 6 S. 1 StGB. Der Mindestunterhalt in § 1612a Abs. 3 S. 1 BGB wird als der zwölfte Teil des doppelten Kinderfreibetrages ausgewiesen (hierzu ausführlich *Hamm,* Strategien im Unterhaltsrecht, § 6 Rn. 23 ff.). Die Höhe des zu zahlenden Unterhalts ist anhand des Alters und der Zahl der Kinder und des bereinigten Nettoeinkommens des barunterhaltspflichtigen Elternteils der Düsseldorfer Tabelle zu entnehmen. Die in der Tabelle ausgewiesenen Richtsätze lassen sich als Erfahrungswerte verstehen, die den Lebensbedarf des Kindes auf der Grundlage durchschnittlicher Lebenshaltungskosten typisieren. Auch der Tabellenunterhalt nach der höchsten Einkommensstufe deckt keinen zum Mindestunterhalt wesensverschiedenen Aufwand, sondern zielt auf eine Bedarfsdeckung auf höherem Niveau ab (OLG Hamm FamRZ 2013, 139). In Einzelfällen kann auch ein Unterhaltsbedarf über die höchste Einkommensstufe der Düsseldorfer Tabelle hinaus geltend gemacht werden. Hierzu ist der konkrete Bedarf des Kindes substantiiert darzulegen.

2. Die seit dem 1.1.2013 geltenden Düsseldorfer Tabellen gehen davon aus, dass sich die Tabellenbeträge auf 2, und nicht mehr wie früher auf 3 Unterhaltsberechtigte beziehen. Bei einer größeren bzw. geringeren Anzahl der Unterhaltsberechtigten ist ein Ab- oder ein Zuschlag in die nächst niedrigere oder höhere Gruppe vorzunehmen (Anm. A 1 der Düsseldorfer Tabelle vom 1.1.2017).

3. Für die **Vergangenheit** kann Unterhalt nur geltend gemacht werden, wenn der Schuldner in Verzug gekommen ist (§ 1613 BGB). Verzug liegt bei bekanntem Schuldnereinkommen nur vor, wenn er ab einem bestimmten Zeitpunkt zur Zahlung eines bezifferten Unterhalts aufgefordert worden ist § 286 BGB.

4. Die Kosten einer privaten Krankenversicherung minderjähriger Kinder sind in den Sätzen der Düsseldorfer Tabelle nicht mit enthalten und als angemessener Unterhalt zusätzlich geschuldet, wenn diese seit ihrer Geburt privat versichert sind und nicht gewährleistet ist, dass im Falle eines Wechsels in die kostenfreie gesetzliche Krankenversicherung des anderen Elternteils (gegebenenfalls mit einer privaten Zusatzversicherung) Versicherungsleistungen im selben Umfang erbracht werden, also in der Krankenversicherung der Kinder keine Nachteile entstehen (OLG Frankfurt FamRZ 2013, 138).

5. Das minderjährige Kind hat einen **Titulierungsanspruch,** den der Schuldner kostenfrei durch Errichtung einer Verpflichtungserklärung beim Jugendamt (§§ 59, 60 SGB VII) erfüllen kann oder in Gestalt einer Urkunde des Notars. Kommt der Unterhaltsschuldner der Aufforderung zur Titulierung nicht nach, war es streitig, ob er Veranlassung zur Verfahrenseinleitung gegeben hat, wenn der Unterhalt freiwillig, pünktlich und ohne Vorbehalt bezahlt wird, was inzwischen in der Rechtsprechung überwiegend bejaht wird (BGH FamRZ 2010, 195; BGH FamRZ 1998, 1165; OLG Hamm FamRZ 1992, 831; OLG Stuttgart FamRZ 1990, 1368; OLG Düsseldorf FamRZ 1990, 1369). Bejaht man richtigerweise, dass der Unterhaltsschuldner, der einer Aufforderung zur außergerichtlichen Titulierung nicht nachgekommen ist, Anlass zur Erhebung eines Antrages gegeben hat, hat dies zur Folge, dass der Unterhaltsschuldner die Kosten des Verfahrens zu tragen hat, selbst wenn er den Anspruch nach Erhebung eines Antrages anerkennt. Die Berufung auf § 243 Nr. 4 FamFG iVm § 93 ZPO ist dem Unterhaltsschuldner in diesem Fall verwehrt. Unklar ist nach der Rechtsprechung, wer die Kosten der Titulierung zu tragen hat, was beim Kindesunterhalt aufgrund der Möglichkeit der kostenlosen Titulierung gemäß §§ 59, 60 SGB VIII dahingestellt bleiben kann.

6. Die Einkommensteuererstattung/-nachzahlung ist dem Einkommen immer für das Jahr zuzurechnen, in welchem der Betrag geflossen ist. Nicht maßgeblich ist dagegen, für welches Jahr (Veranlagungszeitraum) die Erstattung/Nachzahlung erfolgte.

3. Kindergeldanrechnung

Herrn . . . . . .

Sehr geehrter Herr . . . . . .

Nach den mir vorliegenden Unterlagen beträgt Ihr monatliches Durchschnittseinkommen 2.100,– EUR. Der für Ihre beiden Kinder . . . . . . und . . . . . . zu zahlende Unterhalt richtet sich nach den Sätzen der Düsseldorfer Tabelle, wobei sie in die 3. Einkommensgruppe, entsprechend 110 % des Mindestunterhalts, einzustufen sind.

Danach beträgt der Tabellenbetrag für Ihr 7-jähriges Kind . . . . . . und Ihr 9-jähriges Kind . . . . . . jeweils 433,– EUR. Nachdem Ihre Ehefrau für beide Kinder das Kindergeld bezieht, ist die Hälfte des Kindergeldes, also jeweils 96,– EUR bedarfsdeckend auf die Tabellenbeträge anzurechnen, so dass sich ein Unterhaltsanspruch von 337,– EUR monatlich pro Kind ergibt.[1, 2, 3]

Ich habe Sie deshalb aufzufordern, den errechneten Kindesunterhalt zu Händen meiner Mandantin für den Monat . . . . . . sofort und zukünftig jeweils monatlich im Voraus zu bezahlen.

Mit freundlichen Grüßen

. . . . . .

Rechtsanwalt/Rechtsanwältin

Anmerkungen

1. Aufgrund des seit 1.1.2008 geltenden § 1612b BGB entfällt die frühere, komplizierte Anrechnung des Kindergelds. Das Kindergeld wird vorweg vom Tabellenbetrag hälftig in Abzug gebracht und wirkt sich somit bedarfsmindernd auf den Barunterhaltsanspruch des Kindes aus. Anstelle von Anrechnung des Kindergeldes spricht das Gesetz von einer Deckung des Barbedarfs. Die Formulierung in § 1612b BGB „verwenden" weißt darauf hin, dass dem Kind entweder ein Anspruch auf Auszahlung des Kindergeldes oder die Erbringung von entsprechenden Naturalleistungen zusteht. Diese sind von demjenigen zu erbringen, der das Kindergeld erhält. Dies entspricht der neueren Rechtsprechung des BGH, die die Gesetzesänderung insoweit schon vorweggenommen hatte (BGH FamRZ 2006, 99; *Dose* FamRZ 2007, 1289).

2. Gemäß § 1612b Abs. 1 S. 1 Nr. 1 BGB wird bei einem minderjährigen, unverheirateten Kind, das von einem Elternteil betreut wird, der auch das Kindergeld bezieht, dieses hälftig vom Unterhaltsbedarf des Kindes in Abzug gebracht. Dies entspricht dem Grundsatz der Gleichwertigkeit von Betreuungs- und Barunterhalt; das gesetzliche Kindergeld soll also sowohl den betreuenden, als auch den zahlenden Elternteil gleichermaßen entlasten.

Gemäß § 1612b Abs. 1 S. 1 Nr. 2 BGB wird in Fällen, in denen das Kind keiner Betreuung mehr bedarf, oder die Betreuung durch keines der Elternteile erfolgt und deshalb nur Barunterhalt zu leisten ist, in voller Höhe auf den Bedarf des Kindes angerechnet. Der Restbedarf ist von beiden Eltern anteilig (§ 1606 Abs. 3 S. 1 BGB) unter Berücksichtigung der jeweiligen Leistungsfähigkeit zu leisten. Dies gilt für minderjährige Kinder, welche sich in einer Fremdbetreuung befinden.

3. Gemäß § 63 Abs. 1 Nr. 1 EStG haben grundsätzlich beide Eltern Anspruch auf das Kindergeld. Die Auszahlung erfolgt gemäß § 64 EStG nach dem Vorrangsprinzip. Gibt es mehrere Kindergeldberechtigte, so wird das Kindergeld demjenigen ausgezahlt, der das Kind in seinem Haushalt aufgenommen hat, § 64 Abs. 2 S. 1 EStG (Obhutsprinzip).

4. Kind in der Berufsausbildung mit eigenem Einkommen

Herrn ......

Sehr geehrter Herr ......,

ich zeige an, dass Ihre Ehefrau ...... von mir anwaltlich vertreten wird. Sie hat mich beauftragt, den Unterhaltsanspruch für das gemeinsame Kind ...... geltend zu machen.

Nach den mir vorliegenden Einkommensunterlagen verfügen Sie über ein monatliches Nettoeinkommen in Höhe von ...... EUR. Hierbei bin ich von Ihrem Jahreseinkommen einschließlich der Sonderzuwendungen ausgegangen und habe dieses durch 12 dividiert. Weiter habe ich die von Ihnen erhaltene Steuererstattung auf den Monat umgelegt. Die mir bekannten, für die Unterhaltsberechnung anzusetzenden Ausgaben habe ich bereits berücksichtigt, nämlich ......

Der von Ihnen zu zahlende Unterhalt richtet sich nach den Sätzen der Düsseldorfer Tabelle. Hiernach sind Sie in Einkommensgruppe 7 der Düsseldorfer Tabelle einzuordnen, so dass sich für Ihr 17-jähriges Kind ein monatlicher Tabellenbetrag in Höhe von ...... EUR ergibt. Auf diesen Betrag ist zunächst die Hälfte des von meiner Mandantin bezogenen gesetzlichen Kindergeldes bedarfsdeckend anzurechnen, also 96,– EUR.[1] Weiter erzielt Ihr Kind eine monatliche Ausbildungsvergütung[2] in Höhe von netto ...... EUR, wie Sie der beigefügten Verdienstabrechnung entnehmen können. Davon sind zunächst die mit der Ausbildung verbundenen Kosten in Abzug zu bringen. Die Gerichte lassen deshalb bei der Unterhaltsberechnung ...... EUR der Ausbildungsvergütung unberücksichtigt. Der verbleibenden Restbetrag von ...... EUR kann wegen der Gleichwertigkeit von Barunterhalt und Betreuungsunterhalt auf Ihre Unterhaltsverpflichtung nach ständiger Rechtsprechung nur zur Hälfte angerechnet werden. Danach verbleibt ein Betrag von ...... EUR, um den sich der für Ihr Kind zu zahlende Unterhalt reduziert.

Ich fordere Sie hiermit auf, ab ...... zu Händen meiner Mandantin für das Kind ...... einen monatlichen, monatlich im Voraus fälligen Unterhalt in Höhe von ...... EUR zu bezahlen.

Ich bitte um schriftliche Bestätigung bis zum . . . . . ., dass Sie den geltend gemachten Betrag regelmäßig bezahlen werden. Liegt mir diese Bestätigung nicht fristgerecht vor, so muss ich meiner Mandantin raten, den geltend gemachten Unterhalt gerichtlich durchzusetzen.

Meine Mandantin hat einen Anspruch darauf, dass über den Kindesunterhalt eine vollstreckbare Urkunde geschaffen wird.[3] Das können Sie kostenfrei erledigen, indem sie die Unterhaltsverpflichtung bei dem für Sie zuständigen Jugendamt anerkennen. Sie werden deshalb hiermit aufgefordert, bis zum . . . . . . den Kindesunterhalt in der geltend gemachten Höhe auf diese Weise oder in anderer Form, zB vor einem Notar, vollstreckbar anzuerkennen. Sollten Sie das nicht tun, so müssen Sie damit rechnen, dass bei einer etwaigen gerichtlichen Auseinandersetzung der Unterhalt in voller Höhe geltend gemacht wird. Auch wenn Sie den Unterhalt freiwillig leisten und Ihre Unterhaltspflicht erst im gerichtlichen Verfahren anerkennen sollten, kann Ihnen das Gericht auch insoweit die gesamten Kosten des Verfahrens auferlegen.

Mit freundlichen Grüßen

. . . . . .

Rechtsanwalt/Rechtsanwältin

Anmerkungen

1. → Form. F.I.3.

2. Von der **Ausbildungsvergütung** ist der mit der Berufsausbildung verbundenen **ausbildungsbedingte Mehrbedarf** abzuziehen. In Betracht kommen Kosten für die Fahrt zur Arbeit und zurück, Berufskleidung, Lehrmaterialien, Werkzeug etc Insoweit nimmt die Rechtsprechung weitgehend eine Pauschalierung vor (gemäß Anm. 8 der Düsseldorfer Tabelle Stand 1.1.2017 90,– EUR). Bei Minderjährigen wird das dann verbleibende bereinigte Nettoeinkommen je zur Hälfte mit dem Bar- und Naturalunterhalt verrechnet (BGH FamRZ 1981, 541, 543; 1988, 59, 161). Dies ist die Folge der Gleichwertigkeit von Betreuungs- und Barunterhalt, die sich aus § 1606 Abs. 3 S. 2 BGB ergibt.

3. → Form. F.I.2 Anm. 5.

5. Sonderbedarf und Mehrbedarf

Herrn . . . . . .

Sehr geehrter Herr . . . . . .,

meine Mandantin hat mir mitgeteilt, dass der laufende Unterhalt für das gemeinsame Kind . . . . . ., geboren am . . . . . . in Höhe von monatlich . . . . . . EUR nunmehr von Ihnen erfreulicherweise regelmäßig geleistet wird.

Die ebenfalls geltend gemachten Beiträge für die private Krankenversicherung[1] Ihres Kindes . . . . . . in Höhe von monatlich . . . . . . EUR werden dagegen von Ihnen nach wie vor nicht bezahlt. Ihre Auffassung, wonach Sie diese Beträge nicht noch zusätzlich zu den Sätzen der Düsseldorfer Tabelle zu leisten hätten, ist rechtlich nicht haltbar. Ich darf Sie darauf hinweisen, dass die Düsseldorfer Tabelle grundsätzlich davon ausgeht, dass die Kinder in der gesetzlichen Familienversicherung kostenfrei mitversichert sind. Die Beiträge für die private Krankenversicherung sind in den Tabellensätzen der Düsseldorfer Tabelle nicht mit enthalten und deshalb von Ihnen gesondert zu bezahlen. Da Sie als Selbständiger privat versichert sind, wäre es auch überhaupt nicht möglich, dass Ihr Kind kostenfrei in einer Familienversicherung mitversichert wird.[3]

Ich habe Sie daher nochmals aufzufordern, den Krankenversicherungsbeitrag in Höhe von . . . . . . EUR zusätzlich zum bisher schon bezahlten Kindesunterhalt zu überweisen.

Wie mir meine Mandantin weiter mitgeteilt hat, haben Sie sich nach wie vor nicht an den Kosten der bereits stattgefundenen Klassenfahrt nach England Ihres Kindes . . . . . . beteiligt.[4] Nach der Rechtsprechung handelt es sich bei den Kosten einer schulischen Klassenfahrt um Sonderbedarf, der nach den gesetzlichen Vorschriften von beiden Eltern gemäß Ihrer Einkommens- und Vermögensverhältnisse zu bezahlen ist. Wie meine Mandantin Ihnen bereits mitgeteilt hat, sind für die Klassenfahrt insgesamt Kosten in Höhe von . . . . . . EUR angefallen. Die entsprechenden Abrechnungen können Ihnen gerne vorgelegt werden.[2]

Als Entgegenkommen hat Ihnen meine Mandantin bereits angeboten, dass Sie lediglich die Hälfte dieser Kosten bezahlen müssen. Gemäß Ihren Einkommens- und Vermögensverhältnissen und den Einkommens- und Vermögensverhältnissen meiner Mandantin müssten Sie nach der gesetzlichen Regelung für einen deutlich größeren Betrag aufkommen. Ich habe Sie daher aufzufordern, meiner Mandantin den Betrag von . . . . . . EUR bis spätestens zum . . . . . . zur Verfügung zu stellen. Andernfalls werde ich meiner Mandantin bedauerlicherweise raten müssen, ihren Anspruch gerichtlich geltend zu machen.

Mit freundlichen Grüßen

. . . . . .

Rechtsanwalt/Rechtsanwältin

Anmerkungen

1. **Sonderbedarf** (unregelmäßiger, außergewöhnlich hoher Bedarf) und **Mehrbedarf** (dauernd erhöhter Bedarf) kann neben dem laufenden Unterhalt verlangt werden, beides ist in den Sätzen der Düsseldorfer Tabelle nicht enthalten.

2. **Beispiele für einen Sonderbedarf** sind unvorhergesehene Krankheitskosten oder kieferorthopädische Behandlung, Erstausstattung eines Säuglings. Schwierig und zum Teil streitig sind Fälle wie Klassenfahrten und Konfirmationskosten. Insoweit wird teilweise vertreten, dass diese Kosten vorhersehbar waren und deshalb vom Tabellenunterhalt Rücklagen gebildet werden konnten (OLG Zweibrücken FamRZ 2001, 444; OLG Stuttgart FamRZ 1982, 1114; OLG Hamm FamRZ 2007, 77; aA bei Auslandsklassenfahrt OLG Hamm FamRZ 1992, 346; OLG Hamm FamRZ 2003, 1585; Kammergericht FamRZ 2003, 1584; OLG Bremen FamRZ 2003, 1585). Bezüglich der lang umstrittenen Frage, ob **Konfirmations- oder Kommunionskosten** Sonderbedarf darstellen, hat der BGH entschieden, dass die Kosten für eine Konfirmation spätestens mit Beginn des Konfirmandenunterrichts absehbar und deshalb nicht überraschend im Sinne von § 1613 Abs. 2 Nr. 1 BGB sind (BGH FamRZ 2006, 612). Sonderbedarf ist nach der Legaldefinition des § 1613 Abs. 2 Nr. 1 BGB ein unregelmäßiger außergewöhnlich hoher Bedarf, d.h. grundsätzlich einmalig auftretende Zahlungen. Es muss sich um einen Bedarf handeln, der **überraschend** und der Höhe nach nicht abschätzbar ist, so dass er bei der Bemessung der laufenden Unterhaltsrente nicht berücksichtigt werden konnte (BGH FamRZ 2001, 1603, 1605) bzw. in den Sätzen der Düsseldorfer Tabelle nicht enthalten ist. Zu berücksichtigen ist insoweit auch, seit wann die Eltern getrennt leben. Während bestehender Ehe wird man meistens keine Rücklagen für derartige Auslagen bilden. Wenige Monate nach der Trennung können dann noch keine solchen Rücklagen gebildet worden sein. Die Eltern haften grundsätzlich anteilig gemäß § 1606 Abs. 3 Satz 1 BGB (BGH FamRZ 1998, 286, 288), § 1606 Abs. 3 S. 2 BGB gilt nicht. Sonderbedarf kann gemäß § 1613 Abs. 2 BGB **noch bis zu einem Jahr nach seiner Entstehung** geltend gemacht werden. Ein älterer Sonderbedarf kann nur dann verlangt werden, wenn der Schuldner sich im Verzug befindet. Insoweit muss also, wenn der Untergang des Unterhaltsanspruchs gemäß § 1613 Abs. 1 BGB verhindert werden soll, der Schuldner unter Bezug auf den Unterhalt zur Auskunft aufgefordert oder zur Zahlung gemahnt oder verklagt werden.

3. Im Gegensatz zum Sonderbedarf handelt es sich beim **Mehrbedarf** um laufend anfallende Kosten wie zB die Unterbringung in einer Privatschule, Nachhilfeunterricht, Behinderung des Kindes., aber auch für Hobbys wie Reit- und Klavierunterricht (OLG Hamm FamRZ 2013, 139). Der häufigste Fall des Mehrbedarfs sind Kosten für die private Krankenversicherung des Kindes. In den Sätzen der Düsseldorfer Tabelle sind keine Beiträge zur Krankenversicherung für das Kind enthalten, wenn dieses nicht in der gesetzlichen Familienversicherung mitversichert ist (vgl. Anmerkung 9 der Düsseldorfer Tabelle (Stand 1.1.2017), Süddeutsche Leitlinien Anmerkung 11.1). Die Kosten einer privaten Krankenversicherung minderjähriger Kinder sind als angemessener Unterhalt geschuldet, wenn diese seit ihrer Geburt privat versichert sind und nicht gewährleistet ist, dass im Falle eines Wechsels in die kostenfreie gesetzliche Krankenversicherung des anderen Elternteils (gegebenenfalls mit einer privaten Zusatzversicherung) Versicherungsleistungen im selben Umfang erbracht werden, also in der Krankenversicherung der Kinder keine Nachteile entstehen (OLG Frankfurt/Main FamRZ 2013, 138). Mehrbedarf kann bedarfserhöhend angesetzt werden, wenn die kostenverursachende Maßnahme sachlich begründet ist (vgl. BGH FamRZ 1983, 48, 49) oder beide Elternteile mit den Mehrkosten einverstanden sind (vgl. Wendl/Staudigl/*Scholz* § 3 Rn. 320 ff.). Für den Mehrbedarf sind beide Elternteile anteilig nach § 1606 Abs. 3 S. 1 BGB heranzuziehen (vgl. Palandt/*Diedrichsen* § 1606 Rn. 16), soweit sie beide leistungsfähig sind. Die Regelung des § 1606 Abs. 3 S. 2 BGB, wonach der betreuende Elternteil seine Unterhaltsverpflichtung durch Pflege und Erziehung erfüllt, gilt nicht.

4. Im Einzelfall kann es schwierig sein, den Mehrbedarf des Kindes von berufsbedingten Aufwendungen des kinderbetreuenden erwerbstätigen Elternteil abzugrenzen, zB Hortkosten, Unterbringung in einer Tagesheimschule. Stehen pädagogische, schulische oder krankheitsbedingte Gründe im Vordergrund, handelt es sich i. d. R. um Mehrbedarf des Kindes (vgl. hierzu näher Wendl/Staudigl/*Scholz* § 2 Rn. 317 ff.). Der BGH hat klar entschieden, dass Kindergartenkosten Mehrbedarf des Kindes darstellen (BGH FamRZ 2008, 1152; FamRZ 2009, 962). Hierfür haften die Eltern nach § 1606 Abs. 3 S. 1 BGB anteilig.

6. Unterhalt bei teilweiser Mitbetreuung durch den barunterhaltspflichtigen Elternteil

Herrn ......

Sehr geehrter Herr ......,

meine Mandantin hat mir mitgeteilt, dass Sie den Ihren Einkommensverhältnissen entsprechenden Unterhalt für Ihr gemeinsames Kind um $^{1}/_{3}$ gekürzt haben mit der Begründung, das Kind halte sich über das übliche Maß im Rahmen des Umgangsrechtes bei Ihnen auf.

Ich darf Sie darauf aufmerksam machen, dass sich dadurch an Ihrer Barunterhaltsverpflichtung nichts ändert, zumal Sie sich am Unterhaltsbedarf des Kindes nicht in sonstiger Weise, etwa durch Kauf von benötigter Kleidung etc beteiligen.[3]

Vielmehr drängt sich bei meiner Mandantin der Eindruck auf, dass Hintergrund der von Ihnen akribisch aufgelisteten Umgangszeiten das Anliegen ist, sich teilweise Ihrer Barunterhaltsverpflichtung zu entledigen. Ich weise Sie deshalb darauf hin, dass nach höchstrichterlicher Rechtsprechung lediglich bei einem echten Wechselmodel eine andere unterhaltsrechtliche Beurteilung gerechtfertigt ist.[1] Im vorliegenden Fall, in dem jedoch das deutliche Schwergewicht der Betreuung Ihres Kindes bei meiner Mandantin liegt, sind Sie zur Bezahlung des vollen Barunterhaltes verpflichtet.[2]

Ich gehe davon aus, dass der einbehaltene Unterhalt unverzüglich nachbezahlt wird, und dass Sie in Zukunft Ihrer Unterhaltsverpflichtung gegenüber Ihrem gemeinsamen Kind wieder vollständig nachkommen.

Im Hinblick auf die eindeutige Rechtslage hoffe ich, dass sich eine gerichtliche Auseinandersetzung vermeiden lässt.

Mit freundlichen Grüßen

……

Rechtsanwalt/Rechtsanwältin

Anmerkungen

1. Betreuen beide Elternteile das Kind, schulden auch beide Barunterhalt. Wird ein hälftiges Wechselmodel praktiziert, richtet sich die Höhe des Unterhaltsbedarfs des Kindes nach den beiderseitigen, zusammengerechneten Einkünften der Eltern. Wechselmodel heißt, dass sich das Kind gleich viel bei dem einen und dem anderen Elternteil aufhält. Zum Unterhaltsbedarf hinzuzurechnen sind dann Mehrkosten wie etwa Wohn- und Fahrtkosten, die dadurch entstehen, dass das Kind nicht nur in einer Wohnung, sondern in getrennten Haushalten versorgt wird. Für diesen Bedarf müssen die Eltern anteilig nach ihren Einkommensverhältnissen und unter Berücksichtigung der erbrachten Naturalunterhaltsleistungen aufkommen (BGH FamRZ 2015,236; BGH FamRZ 2016, 1053).

2. Dies gilt jedoch nicht, wenn nicht auch tatsächlich ein Wechselmodel vorliegt. Dies hat der BGH (BGH FamRZ 2006, 1015) für eine Betreuung, die etwa zu $^1/_3$ von dem einen und zu $^2/_3$ von dem anderen Elternteil übernommen wird, entschieden. Der Elternteil, der mehr betreut, kommt seiner Unterhaltspflicht gemäß § 1606 Abs. 3 S. 2 BGB durch die Betreuung des Kindes nach. Nur der andere Elternteil ist im vollen Umfang barunterhaltspflichtig. Nimmt der barunterhaltspflichtige Elternteil ein weit über das übliche Maß hinausgehendes Umgangsrecht wahr, können allerdings die in diesem Zusammenhang getätigten außergewöhnlichen hohen Aufwendungen, die als reiner Mehraufwand für die Ausübung des erweiterten Umgangsrechts dem Anspruch des Kindes auf Zahlung von Unterhalt nicht bedarfsdeckend entgegengehalten werden können (vor allem Fahrt- und Unterbringungskosten), zu einer Herabstufung um eine oder mehrere Einkommensgruppen der Düsseldorfer Tabelle führen (BGH FamRZ 2014, 917) führen.

3. Zu einer Reduzierung der Höhe des Barunterhaltsanspruchs kann allerdings führen, wenn der Unterhaltsbedarf des Kindes teilweise, etwa durch die Gewährung von Kleidung und Verpflegung erfüllt wird (BGH FamRZ 2007, 707). In dieser Entscheidung hat der BGH ergänzend klargestellt, dass die Aufteilung von Bar- und Betreuungsunterhalt solange nicht in Frage zu stellen ist, wie das deutliche Schwergewicht der Betreuung bei einem Elternteil liegt, dieser mithin die Hauptverantwortung für ein Kind trägt. Das ist grundsätzlich nach BGH auch dann der Fall, wenn sich ein Kind im Rahmen eines über das übliche Maß hinaus wahrgenommenen Umgangsrechts bei einem Elternteil aufhält und sich die Ausgestaltung des Umgangs bereits einer Mitbetreuung annähert.

7. Vereinbarung über einen dynamischen Kindesunterhalt

Vereinbarung

zwischen

Frau ......

und

Herrn ......

Der Vater, Herr ...... verpflichtet sich, zu Händen von Frau ...... für das Kind ......, geboren ...... einen monatlichen Kindesunterhalt von ......% des Mindestunterhalts der jeweils gültigen Düsseldorfer Tabelle gemäß der jeweiligen Altersstufe des Kindes zu bezahlen. Hierauf ist die Hälfte des gesetzlichen Kindergeldes, derzeit ......,– EUR bedarfsdeckend anzurechnen, so dass sich ein monatlicher Unterhaltsbetrag in Höhe von ...... EUR ergibt.[1] Zusätzlich verpflichtet sich der Vater, die Kosten für die private Krankenversicherung für das Kind zu bezahlen, dies sind derzeit ...... EUR.

Die Festsetzung des Unterhalts erfolgte auf der Grundlage eines bereinigten monatlichen Nettoeinkommens von ...... EUR (Jahresbrutto abzüglich gesetzlicher Abzüge unter Berücksichtigung von Steuernachzahlungen und Steuerrückzahlungen minus 5 % für berufsbedingte Aufwendungen: 12).[2, 3] Die danach einschlägige Einkommensgruppe ...... wurde um eine Stufe erhöht, da die Unterhaltspflicht nur gegenüber einem Kind besteht.[4]

......

(Unterschriften der Beteiligten)

Anmerkungen

1. Der Anspruch auf Kindesunterhalt gilt während der gesamten Minderjährigkeit des Kindes, weshalb das Kind einen Anspruch auf Dynamisierung seines Unterhaltes hat. Der konkret geschuldete Unterhalt wird zum Zweck der Dynamisierung als Prozentsatz des jeweiligen Mindestunterhalts ausgedrückt. Nach § 1612a Abs. 1 S. 1 BGB kann ein minderjähriges Kind von demjenigen Elternteil, mit dem es nicht in einem Haushalt lebt, den Unterhalt als Prozentsatz des nunmehr in Abs. 1 S. 2 gesetzlich definierten Mindestunterhalts verlangen und zwar gemäß Abs. 1 S. 3 gestaffelt nach 3 Altersstufen. § 1612 Abs. 1 S. 2 BGB erfüllt die gleiche Funktion wie schon bisher: Der Mindestunterhalt bleibt auch weiterhin eine Rechengröße, der die Dynamisierung des Individualunterhalts minderjähriger Kinder ermöglicht. Anstelle des Regelbetrages ist als neue Bezugsgröße der Mindestunterhalt getreten.

2. Die Einkommensgruppen der Düsseldorfer Tabelle beziehen sich auf das sog. **bereinigte Nettoeinkommen,** d. h. das Bruttoeinkommen abzüglich Einkommens- und Kirchensteuer, Vorsorgeaufwendungen für Alter und Krankheit, berufsbedingte Aufwendungen

Nichtselbstständiger, konkreten Mehrbedarf wegen Krankheit oder Alters und berücksichtigungswürdige Schulden (Einzelheiten vgl. Gerhardt/Heintschel-Heinegg/Klein/*Gerhardt* 6. Kap. Rn. 67 ff.).

3. Unabhängig von der Änderung des Mindestunterhalts und der Altersgruppe der Kinder können natürlich auch bei der dynamisierten Unterhaltsregelung andere unterhaltsbestimmende Änderungen, wie beispielsweise die Erhöhung des Einkommens durch ein Abänderungsverfahren geltend gemacht werden. Es sind deshalb die Bemessungsgrundlagen im Hinblick auf etwaige künftige Abänderungsverfahren festzuhalten. Die Änderungen sind dann jeweils nach den §§ 238, 239 FamFG geltend zu machen. Nachdem das Kinderunterhaltsgesetz 1998 in § 1612a BGB den dynamisierten Kindesunterhalt eingeführt hat, sollte dieses Verfahren die Ausnahme werden. Bei dynamisiertem Kindesunterhalt wird der Abänderungsantrag bei künftiger Änderung der Altersstufe des Kindes und der Eurobeträge der Düsseldorfer Tabelle durch die Festsetzung des Unterhalts entsprechend dem Mindestunterhalt in Verbindung mit dem Prozentsatz des Mindestunterhalts entbehrlich.

4. Die Tabellenbeträge gehen von einer Unterhaltsverpflichtung **gegenüber zwei Unterhaltsberechtigten** aus. Bei einer größeren oder geringeren Anzahl Unterhaltsberechtigter sind Ab- oder Zuschläge durch Einstufung in eine niedrigere bzw. höhere Einkommensgruppe vorzunehmen. (Anm. A 1 der Düsseldorfer Tabelle Stand 1.1.2017)

8. Freistellungsvereinbarung

Vereinbarung

zwischen

Frau ......

und

Herrn ......

Herr ......und Frau ...... vereinbaren[3, 4, 5, 6] hiermit, dass die Ehefrau den Ehemann für die Dauer von zwei Jahren nach Abschluss dieser Vereinbarung von Kindesunterhaltsansprüchen des Sohnes ......, geboren am ...... freistellt,[1, 2] weil sich der Ehemann zur Rückzahlung der gemeinsamen Schulden gemäß Darlehensvertrag ...... bei der ...... Bank verpflichtet hat. Der Ehemann nimmt die Freistellung an.

......

(Unterschriften der Beteiligten)

Anmerkungen

1. Ein **Verzicht** auf Kindesunterhalt **für die Zukunft ist nicht zulässig** (§§ 1614 Abs. 1, 134 BGB), auch nicht teilweise. Dies bedeutet auch, dass eine Unterhaltsvereinbarung unwirksam ist, nach welcher der Kindesunterhalt unabhängig von den Einkommensverhältnissen des Barunterhaltspflichtigen lediglich an bestimmte Mindestunterhaltstabellensätze gebunden sein soll (OLG Celle FamRZ 1994, 1131). Wie sich aus der Formulierung von § 1614 Abs. 1 BGB ergibt, kann aber auf rückständigen Unterhalt verzichtet werden.

2. Ein gewisser **Ermessensspielraum** wird von der Rechtsprechung jedoch zugestanden. So soll nach einer verbreiteten Meinung eine unterlassene Höherstufung eine Vereinbarung nicht nichtig machen (OLG Hamm FamRZ 1981, 869). Vereinbarungen, wonach der Kindesunterhalt vom Barunterhaltspflichtigen nicht in voller Höhe zu zahlen ist, sind nichtig, wenn die Tabellensätze des geschuldeten Unterhalts um ca. 20 % unterschritten werden (OLG Köln FamRZ 1983, 750; OLG Hamm FamRZ 2001, *Bergschneider* FamRZ 2003, 1966; 1023; OLG Hamm FamRZ 2010, 2080).

3. Zulässig sind jedoch sog. **Freistellungsvereinbarungen** zwischen den Eltern, d. h. ein Elternteil übernimmt im Innenverhältnis die Unterhaltsverpflichtung des Anderen und stellt diesen von Ansprüchen des Kindes frei (BGH FamRZ 1986, 444). Die Freistellung darf aber keine Wirkung zu Lasten der Kinder haben, da sie sonst einen unwirksamen Unterhaltsverzicht darstellt (vgl. KG FamRZ 1997, 627). Vereinbarungen der Eltern für ihre Kinder auf Zahlung von Unterhalt können nur zu Gunsten der Kinder erfolgen; Verträge zu Lasten Dritter sind nicht zulässig, was sich schon aus § 328 BGB ergibt (BGH FamRZ 1980, 342).

4. Nach einer Entscheidung des OLG Brandenburg kann eine Vereinbarung, in der geringerer als der gesetzliche Kindesunterhalt vereinbart ist, unter bestimmten Umständen als teilweise Freistellung ausgelegt werden (OLG Brandenburg FamRZ 2003, 1965, m. Anm. *Bergschneider* FamRZ 2003, 1966).

5. Freistellungsvereinbarungen können jedoch sittenwidrig sein, wenn sie der Kommerzialisierung familienrechtlicher Beziehungen dienen (vgl. *Bergschneider,* Verträge in Familiensachen, Rn. 120). Zudem ist auch die Rechtsprechung des Bundesverfassungsgerichts zur richterlichen Inhaltskontrolle zu beachten. Danach ist eine – auch nur teilweise – Freistellung vom Kindesunterhalt nur wirksam, wenn der an sich nicht barunterhaltspflichtige Elternteil, der die Verpflichtung aus der Freistellung übernimmt, über die finanziellen Mittel verfügt, den freigestellten Teil des Kinderunterhaltes aufzubringen (vgl. BVerfG FamRZ 2001, 343, 348m. Anm. *Schwab* FamRZ 2001, 349).

6. Die Freistellungsvereinbarung hindert das Kind, beispielsweise vertreten durch die Mutter, selbstverständlich nicht, den Kindesunterhalt gegen den freigestellten Vater geltend zu machen. Der Vater hat dann die Möglichkeit, die Mutter auf Freistellung in Anspruch zu nehmen. Er kann seinen Freistellungsanspruch jedoch nicht im Wege eines Widerantrags gegen die Mutter geltend machen, weil hier keiner der Ausnahmefälle vorliegt, in denen die von der Rechtsprechung entwickelte sog. isolierte Drittwiderklage zulässig wäre (OLG Düsseldorf FamRZ 1999, 1665). Vielmehr ist dem freistellenden Elternteil der Streit zu verkünden.

II. Unterhalt für ein volljähriges Kind

1. Auskunftsbegehren Kind gegen Elternteil

Herrn ......

Sehr geehrter Herr ......,

Ihre Tochter ...... hat mich beauftragt, ihren Unterhaltsanspruch gegen Sie geltend zu machen.

Meine Mandantin hat mich darüber informiert, dass Sie mit Ende dieses Schuljahres, welches meine Mandantin erfreulicherweise mit einem sehr guten Abitur abgeschlossen hat, Ihre Unterhaltszahlungen eingestellt haben, mit der Begründung, meine Mandantin bekäme eine Ausbildungsvergütung und könne sich selbst unterhalten. Diese Auffassung ist rechtlich nicht haltbar.

Für den Unterhalt eines volljährigen Kindes haften beide Eltern anteilig nach ihren Erwerbs- und Vermögensverhältnissen.[2] Da Ihre Tochter noch im Haushalt der Mutter wohnt, bemisst sich ihr Unterhalt nach der vierten Altersstufe der Düsseldorfer Tabelle. Wenn wie vorliegend beide Eltern erwerbstätig sind, ist für die Ermittlung der Einkommensgruppe der Tabelle das zusammengerechnete Einkommen beider Eltern maßgebend. Auf den sich sodann ergebenden Tabellenunterhalt ist sowohl das gesetzliche Kindergeld[6] als auch die Nettoausbildungsvergütung ihrer Tochter anzurechnen, wobei die Ausbildungsvergütung eines noch im Haushalt eines Elternteils lebenden Kindes nach der Düsseldorfer Tabelle vorweg um einen Betrag von ...... EUR für ausbildungsbedingten Mehrbedarf zu kürzen ist.

Es kann deshalb nicht davon ausgegangen werden, dass Sie zu dem Unterhalt Ihrer Tochter nichts mehr beitragen müssen. Richtig ist lediglich, dass sich der Unterhaltsanspruch Ihrer Tochter ab Beginn der Volljährigkeit nicht nur gegen Sie, sondern auch gegen die Mutter richtet.[2] Insoweit teile ich Ihnen mit, dass die Mutter meiner Mandantin über ein durchschnittliches Nettoeinkommen in Höhe von ...... EUR verfügt. Dies können Sie den beigefügten Gehaltsabrechnungen der letzten 12 Monate entnehmen.[4] Meine Mandantin selbst erhält eine monatliche Ausbildungsvergütung von ...... EUR netto. Insoweit füge ich den Ausbildungsvertrag und die erste Gehaltsabrechnung bei.[4]

Um Ihren Haftungsanteil an dem Ihrer Tochter zustehenden Unterhalt berechnen zu können, benötige ich aktuelle Angaben und Belege über die Höhe Ihrer Einkünfte. Zur Erteilung der entsprechenden Auskunft und zur Vorlage der entsprechenden Belege sind Sie Ihrer Tochter gegenüber gemäß § 1605 Abs. 1, S. 1 BGB verpflichtet. Ich fordere Sie deshalb hiermit auf, Auskunft über Ihr gesamtes Einkommen in der Zeit von ...... bis ...... [beim Angestellten die letzten 12 Kalendermonate vor der Geltendmachung des Auskunftsanspruchs, beim Selbstständigen die letzten 3 abgeschlossenen Jahre] in Form einer nach Einnahmen und Ausgaben geordneten Aufstellung zu erteilen. Sie sind ebenfalls verpflichtet, Ihr Einkommen zu belegen, und zwar hinsichtlich Ihrer Erwerbseinkünfte durch Vorlage sämtlicher Verdienstabrechnungen, die Sie in der genannten Zeit erhalten haben [beim Selbstständigen durch Vorlage der vollständigen Bilanzen und/oder Gewinn- und Verlustrechnungen, der vollständigen Einkommenssteuererklärungen sowie der Einkommenssteuerbescheide für die letzten 3 Jahre]. Auch Steuererstattungen stellen Einkommen dar, so dass Sie eine im genannten Zeitraum erfolgte Steuererstattung anzugeben und durch

Vorlage des Steuerbescheides zu belegen haben. Soweit Sie Einkünfte aus Vermögen erzielen (zB Zinsen, Dividenden, Mieteinnahmen usw.), müssen diese für den Zeitraum des letzten Kalenderjahres angegeben und belegt werden.[1, 3]

Wenn Sie Belastungen berücksichtigt haben möchten, müssen auch diese von Ihnen aufgeführt und mit Belegen nachgewiesen werden.

Vorsorglich weise ich darauf hin, dass Sie sich mit Beginn dieses Monats mit dem Unterhalt, der sich auf der Grundlage Ihrer Einkünfte und der Einkünfte Ihrer geschiedenen Ehefrau, sowie nach Anrechnung der Ausbildungsvergütung meiner Mandantin ergibt, im Verzug befinden. Sobald Sie vollständig Auskunft erteilt und alle Belege vorgelegt haben, werde ich die auf Sie entfallende Unterhaltsquote berechnen.[5] Ihrer Auskunftserteilung und Belegvorlage sehe ich binnen 2 Wochen entgegen.

Mit freundlichen Grüßen

. . . . . .

Rechtsanwalt/Rechtsanwältin

Anmerkungen

1. Siehe zunächst die → Form. F.I.1 Anm. 1–7, → Form. F.I.1 Anm. 9.

2. Soweit ein volljähriges Kind noch im Haushalt eines Elternteils lebt und noch keine Ausbildung abgeschlossen hat, leitet es seine Lebensstellung weiterhin von den Eltern ab. Entsprechend ergibt sich der nach der Lebensstellung zu bemessende Unterhaltsbedarf aus der 4. Altersstufe der Düsseldorfer Tabelle (BGH FamRZ 2008, 137 ff.). Da mit der Volljährigkeit des Kindes zugleich dessen Betreuungsbedarf entfällt, schulden ihm ab dann beide Elternteile nur noch Barunterhalt (BGH FamRZ 2006, 99 ff.; FamRZ 2007, 542 ff.). Der abgeleitete Barunterhaltsbedarf des volljährigen Kindes und somit die Einordnung in die jeweilige Einkommensgruppe der Düsseldorfer Tabelle bemisst sich nach dem zusammengerechneten Einkommen beider Eltern. Die Eltern haften gemäß § 1606 Abs. 3 S. 1 BGB für den verbleibenden Barunterhaltsbedarf anteilig nach ihren Einkommensverhältnissen. Die Berechnung der Haftungsquote erfolgt nach den in den unterhaltsrechtlichen Leitlinien aufgenommenen Formeln, für Süddeutschland Ziffer 13.3. Etwas anderes gilt nur, wenn ein Elternteil nicht leistungsfähig ist und es deswegen der alleinigen Haftung des anderen Elternteils bedarf. In diesem Fall wird das Einkommen der Elternteile nicht zusammengerechnet, sondern es wird nur das Einkommen des alleinbarunterhaltspflichtigen Elternteils herangezogen (BGH FamRZ 2006, 99 ff.). Jeder Elternteil muss also maximal den Unterhaltsbetrag der 4. Altersstufe leisten, der sich nach seinem eigenen Einkommen errechnet.

3. Zur Feststellung seines Anspruchs auf anteiligen Barunterhalt gegen seine Eltern hat das volljährige Kind nach § 1605 Abs. 1 S. 1 und 2 BGB gegen jeden Elternteil einen Anspruch auf Auskunft über die Einkünfte des Elternteils und auf Vorlage von Belegen über die Höhe der Einkünfte. Die Belege, deren Vorlage das Kind begehrt, sollten auch bereits bei der außergerichtlichen Aufforderung genau bezeichnet werden.

4. Die Angaben zu den eigenen Einkünften des Kindes und den Einkünften des anderen Elternteils – möglichst mit entsprechenden Belegen – sollten zum frühestmöglichen Zeitpunkt erfolgen, da das Kind insoweit darlegungs- und beweispflichtig ist. Anders als bei minderjährigen Kindern ist die Ausbildungsvergütung des Kindes nach Bereinigung um den Ausbildungsfreibetrag in voller Höhe auf den Unterhaltsbedarf des Kindes anzurechnen.

5. Um den Schuldner in Verzug zu setzen, so dass gemäß § 1613 BGB später auch noch rückwirkend ab dem Monatsanfang vor Zugang des Schreibens Unterhalt verlangt werden kann, genügt es, zur Ermittlung des Unterhaltsanspruchs Auskunft über das Einkommen zu verlangen. Es empfiehlt sich trotzdem in einem ersten Schreiben, mit dem ein noch nicht anwaltlich vertretener Unterhaltspflichtiger zur Auskunft aufgefordert wird, darauf hinzuweisen, dass er sich mit diesem Auskunftsverlangen auch mit der sich daraus ergebenden Unterhaltsverpflichtung ab Beginn des Monats, in dem ihm das Auskunftsverlangen zugeht, im Verzug befindet. Um die Wirkung des Verzuges aufrecht zu erhalten, muss nach Erteilung der Auskunft der Unterhaltsanspruch zeitnah beziffert werden (BGH FamRZ 2007, 453).

6. Bei einem volljährigen, noch im Haushalt lebenden Kind, für das noch ein Kindergeldanspruch besteht, ist gemäß § 1612b Abs. 1 S. 1 Nr. 2 BGB das Kindergeld voll auf dessen Bedarf anzurechnen. Die Haftungsanteile der Eltern ermitteln sich aus dem verbleibenden Restbedarf des Kindes.

2. Auskunftsbegehren Elternteil gegen Kind

Frau . . . . . .

Sehr geehrte Frau . . . . . .,

ich zeige an, dass ich Ihren Vater, Herrn . . . . . . anwaltlich vertrete. Mein Mandant hat mir berichtet, dass das Verhältnis zwischen Ihnen beiden bedauerlicherweise sehr angespannt ist, weshalb er mich gebeten hat, auf Sie zuzugehen. Sie haben meinen Mandanten zwar wissen lassen, dass Sie einen Ausbildungsplatz gefunden haben. Mein Mandant weiß jedoch weder, was für eine Ausbildung Sie absolvieren werden, noch wann diese beginnt. Während Ihrer Ausbildung werden Sie eine Ausbildungsvergütung erhalten, die sich auf Ihren Unterhaltsbedarf auswirkt, wodurch sich Ihr Unterhaltsanspruch gegen Ihren Vater, aber auch gegen Ihre Mutter, vermindern wird.[3]

Um den von meinem Mandanten in Zukunft an Sie zu zahlenden Unterhalt berechnen zu können, bin ich auf entsprechende Angaben von Ihnen angewiesen. Ich darf Sie daher bitten, mir binnen eines Monats Auskunft über Ihre Ausbildungsvergütung zu erteilen, sowie Ihren Arbeitsvertrag, aus dem sich die Höhe der Bruttovergütung für den Zeitraum Ihrer Ausbildung ergibt, und Ihre erste Vergütungsabrechnung zu übersenden.[1, 2, 4]

Der guten Ordnung halber weise ich darauf hin, dass Ihr Vater gegen Sie einen rechtlichen Anspruch auf Erteilung dieser Auskunft und auf Vorlage der genannten Belege hat (§ 1605 Abs. 1 S. 1 und S. 2 BGB).

Mit freundlichen Grüßen

. . . . . .

Rechtsanwalt/Rechtsanwältin

Anmerkungen

1. Zur Auskunft allgemein siehe zunächst die → Form. F.I.1 Anm. 1–7.

2. Eltern haben gegen das Kind nach § 1605 Abs. 1 S. 1 und S. 2 BGB einen Anspruch auf Auskunft über die Einkünfte und das Vermögen des Kindes und auf Vorlage von Belegen über die Höhe der Einkünfte.

3. Einkünfte und Vermögen des volljährigen Kindes können dessen Bedürftigkeit und damit den Unterhaltsanspruch mindern. Zur Frage der Anrechnung der Ausbildungsvergütung → Form. F.I.4.

4. Die Ausbildungsvergütung erhöht sich i.d.R. zu Beginn eines jeden neuen Ausbildungsjahres, die jeweilige Höhe der Bruttovergütung im Ausbildungszeitraum wird üblicherweise im Berufsausbildungsvertrag ausgewiesen. Es ist deshalb sinnvoll, zu Beginn der Ausbildung nicht nur um Vorlage einer Vergütungsbescheinigung, sondern auch um Vorlage des Ausbildungsvertrages zu erbitten.

3. Auskunft Elternteil gegen Elternteil

Frau ......

Sehr geehrte Frau ......,

ich zeige an, dass ich nach wie vor Ihren geschiedenen Ehemann vertrete. Mein Mandant hat sich wieder an mich gewandt, weil sich die Unterhaltsbelastung für meinen Mandanten aufgrund der Volljährigkeit Ihres gemeinsamen Sohnes im nächsten Monat ändert. Zwar lebt Ihr Sohn nach wie vor in Ihrem Haushalt und besucht das Gymnasium, doch hat der Eintritt der Volljährigkeit eines Kindes zur Folge, dass die bisherige Unterhaltsleistung durch Betreuung des Kindes entfällt und Sie neben dem anderen Elternteil zur Leistung von Barunterhalt an das Kind verpflichtet sind.[1]

Die Höhe des Unterhaltsbedarfs eines volljährigen Kindes, das noch im Haushalt eines Elternteils lebt und sich in der allgemeinen Schulausbildung befindet, ergibt sich bei Leistungsfähigkeit beider Elternteile aus der Einkommensgruppe der Düsseldorfer Tabelle, in welche die zusammengerechneten Einkünfte der Eltern einzuordnen sind. Für diesen Unterhaltsbedarf Ihres Kindes haften beide Eltern anteilig nach ihren Erwerbs- und Vermögensverhältnissen (§ 1606 Abs. 3 S. 1 BGB). Die Unterhaltsverpflichtung meines Mandanten hängt somit nicht mehr ausschließlich von seinem eigenen Einkommen ab, sondern richtet sich auch nach Ihrem Einkommen.[1, 2]

Ich habe Sie deshalb aufzufordern, Auskunft über Ihr Einkommen in der Zeit von ...... bis ...... in Form eines nach Einnahmen und Ausgaben geordneten Verzeichnisses zu erteilen und diese Einkünfte durch Vorlage Ihrer Verdienstabrechnungen von ...... bis ...... zu belegen. Weiter bitte ich, die Steuererklärung des Jahres ...... sowie den im oben genannten Zeitraum ergangenen Steuerbescheid vorzulegen.

Sollten Sie Verbindlichkeiten bedienen, die Sie von Ihrem Einkommen in Abzug gebracht haben wollen, müssen diese Verbindlichkeiten von Ihnen im Einzelnen dargelegt und deren Zahlung anhand von Belegen nachgewiesen werden.

Der Erteilung Ihrer Auskunft und der Vorlage der erbetenen Belege sehe ich binnen 2 Wochen entgegen.

Zur Vermeidung eines entsprechenden Auskunftsbegehren Ihrerseits teile ich Ihnen mit, dass sich das unterhaltsrechtlich relevante Einkommen meines Mandanten seit dem Zeitpunkt der letzten Anpassung des Unterhaltes für Ihren Sohn vor zwei Jahren aufgrund einer geringfügigen Gehaltserhöhung verändert hat. Die Einkünfte meines Mandanten betragen einschließlich der Berücksichtigung der Steuererstattung und nach Abzug der berufsbedingten Aufwendungen nicht mehr ...... EUR monatlich, sondern

...... EUR monatlich. Die Gehaltsabrechnungen meines Mandanten und den Steuerbescheid, jeweils für das vergangene Jahr, füge ich bei. Über sonstige Einkünfte sowie Vermögen verfügt mein Mandant nicht.[3]

Sobald die Auskunft Ihrerseits erteilt wurde, werde ich den Haftungsanteil meines Mandanten zum Unterhalt Ihres Sohnes berechnen. Mein Mandant hofft, dass sich dies – wie auch in der Vergangenheit – einvernehmlich regeln lässt.

Mit freundlichen Grüßen

......

Rechtsanwalt/Rechtsanwältin

Anmerkungen

1. Beide Elternteile schulden dem Kind ab dem Zeitpunkt seiner Volljährigkeit Unterhalt in Form des **Barunterhalts,** dies gilt auch für die sog. privilegierten Volljährigen iSv § 1603 Abs. 2 S. 2 BGB.

2. Für den Bedarf jedes volljährigen Kindes, bzw. für den Restbedarf eines Kindes mit eigenen Einkünften, haften beide Elternteile entsprechend ihrer Leistungsfähigkeit nach § 1606 Abs. 3 S. 1 BGB als **Teilschuldner** anteilig nach ihren Erwerbs- und Vermögensverhältnissen.

3. Soweit ein volljähriges Kind Unterhalt begehrt, gehört die **Mitteilung des Einkommens beider Elternteile** bereits zum schlüssigen Sachvortrag, da der Haftungsanteil des in Anspruch genommenen Elternteils ansonsten nicht berechnet werden kann. Die notwendigen Auskünfte zum Einkommen sind daher vom Volljährigen gemäß § 1605 BGB zu erholen (→ Form. F.II.1). Will dagegen ein Elternteil seinen Unterhaltsanspruch gegenüber seinem volljährigen Kind klären, muss er vorab zur Feststellung seines Haftungsanteils nach § 1606 Abs. 3 S. 1 BGB das Einkommen des anderen Elternteils klären, wofür ihm ein Auskunftsanspruch nach § 242 BGB zusteht. Eine unmittelbare gesetzliche Regelung fehlt insoweit. Nach der Rechtsprechung ist aber nach Treu und Glauben ein Auskunftsanspruch gegeben, wenn zwischen den Beteiligten rechtliche Beziehungen bestehen (hier: § 1606 Abs. 3 S. 1 BGB), bei denen der Auskunftsbegehrende entschuldbar über die Höhe seiner Verpflichtung im Unklaren und deshalb auf die Auskunft des anderen Elternteils angewiesen ist (st. Rspr. vgl. BGH FamRZ 1988, 268 ff.; BGH NJW 1995, 387; BGH NJW 2007, 1806). Das OLG Karsruhe legt den Rahmen für eine Auskunftsverpflichtung nach dem BGH sehr eng aus. Danach kommt eine Auskunftsverpflichtung über § 242 BGB nur dann in Betracht, wenn bereits erkennbar ist, dass ein Elternteil dem Kind gegenüber nicht auskunftswillig ist. Hat der Elternteil aber bereits außergerichtlich seine Bereitschaft zur Auskunft über das Kind signalisiert, ist nach Ansicht des OLG Karlsruhe kein Raum mehr für einen Auskunftsanspruch nach § 242 BGB (OLG Karlsruhe Beck-RS 2009, 24408). Auch das OLG Hamm lehnt eine Auskunftspflicht der Eltern untereinander nach § 242 BGB dann ab, wenn das volljährige Kind ohnehin bereits in die Auseinandersetzung einbezogen ist, beispielsweise weil der auskunftsbegehrende Elternteil ein Abänderungsverfahren gegen das Kind eingeleitet hat (OLG Hamm Beck-RS 2012, 20746). Der BGH begründet die Auskunftspflicht der Eltern untereinander aus § 242 BGB gerade damit, dass das Kind nach Möglichkeit nicht in eine Auseinandersetzung mit dem nichtauskunftswilligen Elternteil gedrängt wird. Ist bereits ein Abänderungsverfahren anhängig, ist das Kind ohnehin schon mit in die Auseinandersetzung einbezogen.

4. Unterhaltsanspruch für einen Schüler

Herrn ......

Sehr geehrter Herr ......,

ich bestätige den Erhalt Ihres Schreibens vom ...... nebst der geforderten Auskunft und den Belegen zu Ihren Einkommensverhältnissen. Hieraus errechnet sich ein monatliches durchschnittliches Nettoeinkommen von ...... EUR. Hierbei bin ich von Ihrem Jahreseinkommen einschließlich der Sonderzuwendungen ausgegangen und habe dieses auf den Monat umgelegt. Die mir bekannten, bei der Unterhaltsberechnung anzusetzenden Ausgaben habe ich berücksichtigt, nämlich ...... EUR.

Der Unterhaltsanspruch meines Mandanten richtet sich sowohl gegen Sie als auch gegen seine Mutter. Diese hat ein monatliches durchschnittliches Nettoeinkommen in Höhe von ...... EUR. Ich füge insoweit die Verdienstabrechnungen der letzten 12 Monate bei.[3, 5]

Die Höhe des Unterhalts ergibt sich aus den Sätzen der Düsseldorfer Tabelle.[3] Da die Eltern zusammen ...... EUR netto im Monatsdurchschnitt verdienen, mein Mandant im Haushalt seiner Mutter lebt und es ansonsten für beide Eltern nur noch eine Unterhaltsverpflichtung gegenüber dem weiteren gemeinsamen Kind ...... gibt, kann mein Mandant von beiden Eltern Unterhalt in Höhe von insgesamt ...... EUR verlangen. Auf diesen Betrag ist zunächst das gesetzliche Kindergeld in voller Höhe bedarfsdeckend anzurechnen.[4] Es verbleibt dann ein Bedarf in Höhe von ...... EUR.

Dieser Bedarf ist auf die Eltern folgendermaßen aufzuteilen:

Jedem Elternteil steht gegenüber einem volljährigen Schüler der notwendige Selbstbehalt von derzeit ...... EUR zu. Nur das darüber hinausgehende Einkommen wird bei der Aufteilung der Unterhaltsquoten berücksichtigt. Bei Ihnen würde an sich zusätzlich Ihre vorrangige Unterhaltsverpflichtung gegenüber dem minderjährigen Kind ...... in Höhe von ...... EUR von Ihrem Einkommen abgezogen. Solange mein Mandant noch zur Schule geht und nicht 21 Jahre alt ist, kann jedoch wegen § 1603 Abs. 2 S. 2 BGB für beide Eltern nur ein Selbstbehalt von je ...... EUR angesetzt und der Unterhalt für ...... jedenfalls nicht vorrangig berücksichtigt werden.[1, 2] Es verbleibt bei Ihnen somit ein unterhaltsrechtlich relevantes Einkommen in Höhe von ...... EUR. Das Einkommen Ihrer geschiedenen Frau ist ebenfalls um den Selbstbehalt in Höhe von ...... EUR zu bereinigen, so dass noch ein Betrag von ...... EUR für die Ermittlung der Unterhaltsquote zur Verfügung steht.

Ich habe Sie deshalb aufzufordern, meinem Mandanten ab ...... einen monatlichen, monatlich im voraus fälligen Unterhalt in Höhe von ...... EUR zu bezahlen, und zwar auf das Konto meines Mandanten bei der ...... Bank, Kontonummer ......

Ich bitte um Bestätigung binnen 2 Wochen, dass dieser Betrag regelmäßig bezahlt wird.

Liegt mir eine solche Bestätigung nicht fristgerecht vor, müsste mein Mandant seinen Unterhaltsanspruch bedauerlicherweise gerichtlich geltend machen.[6]

Mit freundlichen Grüßen

......

Rechtsanwalt/Rechtsanwältin

Anmerkungen

1. Ein **volljähriger Schüler bis 21 Jahre,** der noch im Haushalt eines Elternteils lebt, ist seit 1.7.1998 dem Rang nach einem minderjährigen Kind und dem Ehegatten gleichgestellt (§ 1609 Nr. 1 BGB). Deshalb gilt ihm gegenüber auch die erhöhte Leistungsverpflichtung wie bei minderjährigen Kindern (§ 1603 Abs. 2 S. 2 BGB).

2. Der **Begriff der allgemeinen Schulausbildung** richtet sich nach den in § 2 Abs. 1 Nr. 1 Bafög entwickelten Grundsätzen (BGH NJW 2001, 2633). Danach gehört zur allgemeinen Schulausbildung das schulische Berufsgrundbildungsjahr, wenn es dem Erwerb des Hauptschulabschlusses dient (OLG Celle FamRZ 2004, 301), die höhere Berufsfachschule (höhere Handelsschule), auch wenn sie nur mittelbar zum Erwerb der Fachhochschulreife führt (BGH NJW 2002, 2026), gegebenenfalls ein Berufskolleg (OLG Köln FamRZ 2003, 179), die Schulausbildung mit Realschulabschluss (OLG Naumburg FamRZ 2007, 497). Es muss eine Stetigkeit und Regelmäßigkeit der Ausbildung gewährleistet sein, wie sie dem herkömmlichen Schulbesuch entspricht, die Teilnahme darf also nicht dem Schüler überlassen sein (BGH FamRZ 2002, 815). Nach einer Entscheidung des OLG Stuttgart (Beck-RS 2012, 21631) zählt der Besuch des Besuchskollegs für Praktikantinnen und Praktikanten und der Fachschule für Sozialpädagogik in Baden-Württemberg nicht zur allgemeinen Schulausbildung im Sinne des § 1603 Abs. 2 S. 2 BGB. Die Entscheidung zeigt, dass aufgrund der Vielzahl der Schulformen und möglichen Schulabschlüssen die Rechtslage unübersichtlich ist. Aufgrund der Kulturhoheit der Länder besteht auch kein einheitliches Schulsystem. In der Praxis ist es deshalb sinnvoll, durch eine Auskunft der Schule zu klären, ob die Voraussetzungen für eine allgemeine Schulausbildung vorliegen.

3. Da es gegenüber Volljährigen **keiner Betreuungsleistung** mehr bedarf, sind beide Elternteile nach § 1606 Abs. 3 S. 1 BGB anteilig **barunterhaltspflichtig.** Der Bedarf richtet sich, weil volljährige noch in Ausbildung befindliche und noch bei einem Elternteil lebende Kinder keine eigene Lebensstellung haben, nach dem zusammengerechneten Einkommen beider Eltern und Altersstufe 4 der Düsseldorfer Tabelle.

4. Die **Formel der Berechnung** der Unterhaltsquote findet sich in Nr. 13.3. der Süddeutschen Leitlinien. Zu beachten ist, dass auf den Unterhaltsbedarf des Kindes zunächst gemäß § 1612 Abs. 1 Nr. 2 BGB das gesetzliche Kindergeld in voller Höhe anzurechnen ist.

5. Wegen der **erhöhten Erwerbsobliegenheit** ist zu beachten, dass auch der bisher das Kind betreuende Elternteil regelmäßig barunterhaltspflichtig wird. Verfügt er über kein Einkommen, ist bei Verstoß gegen die erhöhte Erwerbsobliegenheit ein fiktives Einkommen anzusetzen, wobei unterstellt werden kann, dass der errechnete Haftungsanteil mit dem Kostgeldanspruch des Elternteils verrechnet wird.

6. Sofern bereits ein **Titel über die Unterhaltsverpflichtung aus der Zeit der Minderjährigkeit** existiert, gilt dieser auch nach Eintritt der Volljährigkeit des Kindes fort (BGH FamRZ 1994, 696 ff.; OLG Saarbrücken FamRZ 2007, 1829). Grundsätzlich kann also aus diesem Titel auch nach Volljährigkeit des Kindes weiter vollstreckt werden. Etwas anderes gilt, wenn der Titel ausdrücklich auf die Zeit bis zur Volljährigkeit des Kindes befristet worden ist (OLG Brandenburg FamRZ 2004, 1886), wie dies bei Urkunden des Jugendamtes vielfach der Fall ist. Allerdings ist, wenn ein solcher Titel von einem Elternteil in Verfahrensstandschaft gem. § 1629 BGB erwirkt worden ist, eine Umschreibung des Titels auf den Volljährigen nach § 727 ZPO erforderlich (OLG Brandenburg FamRZ 1997, 509). Anders als Trennungs- und nachehelicher Unterhalt sind der Verwandtenunterhalt des Minderjährigen und des Volljährigen identisch. Der ursprünglich allein zum Barunterhalt verpflichtete Elternteil muss daher wegen der nun eintretenden anteiligen Barunterhaltsverpflichtung einen Abänderungsantrag stellen, der regelmäßig mit einem Antrag auf einstweilige Einstellung der Zwangsvollstreckung verbunden wird.

5. Unterhaltsanspruch für einen Studenten

Herrn . . . . . .

Sehr geehrter Herr . . . . . .,

ich zeige an, dass mich Ihr Sohn . . . . . . mit der Vertretung seiner Interessen beauftragt hat. Mein Mandant hat mich darüber informiert, dass Sie sich weigern, ihm Unterhalt für die Zeit seines Betriebswirtschaftsstudiums zu bezahlen, welches mein Mandant im Wintersemester dieses Jahres begonnen hat.[1]

Rechtlich sind Sie verpflichtet, meinem Mandanten auch für die Zeit des Studiums Unterhalt zu leisten. Dass mein Mandant bereits eine abgeschlossene Banklehre absolviert hat, steht dem nicht entgegen. Nach der Rechtsprechung besteht auch im Anschluss an diese Ausbildung ein Unterhaltsanspruch für ein danach aufgenommenes Studium, wenn es in einem zeitlichen und sachlichen Zusammenhang mit der ursprünglichen Ausbildung steht. Mein Mandant hat den Entschluss, das Studium aufzunehmen, noch während seiner Ausbildung gefasst. Aufgrund seiner überdurchschnittlichen Befähigung hat ihm sein Ausbilder zu diesem Schritt geraten. Mein Mandant bedauert, dass dies bei Ihnen auf kein Anerkenntnis stößt. Auch ist bei der hier vorliegenden Kombination Banklehre und Betriebswirtschaftsstudium ein sachlicher Zusammenhang gegeben. Ihr weiterer Einwand, unser Mandant sei zu alt für ein Studium, greift rechtlich auch nicht durch. Es ist vielmehr zu berücksichtigen, dass mein Mandant nach dem Abitur zunächst ein soziales Jahr absolviert hat und sofort im Anschluss daran seine Banklehre begonnen hat.[2] Nachdem Sie somit auf jeden Fall verpflichtet sind, Unterhalt zu leisten, hofft mein Mandant, dass sich die Angelegenheit doch noch einvernehmlich regeln lässt.

Die Höhe des von Ihnen zu leistenden Unterhalts bemisst sich nach Anmerkung A Ziff. 7 der Düsseldorfer Tabelle. Danach hat mein Mandant einen Bedarf von . . . . . . EUR monatlich. Hierauf hat er sich das gesetzliche Kindergeld in Höhe von . . . . . . EUR anrechnen zu lassen, so dass ein Restbedarf von . . . . . . EUR verbleibt. Für diesen Bedarf haben Sie und Ihre geschiedene Ehefrau anteilig entsprechend den jeweiligen Einkommensverhältnissen aufzukommen. Das Einkommen Ihrer geschiedenen Ehefrau beträgt monatlich netto . . . . . . EUR. Sie können dies den beiliegenden Gehaltsabrechnungen der letzten 12 Monate entnehmen. Hinsichtlich Ihres Einkommens bin ich von den mir noch bekannten Zahlen aus dem Scheidungsverfahren ausgegangen und lege einen monatlichen Nettobetrag in Höhe von . . . . . . EUR zugrunde.

Ihr Haftungsanteil berechnet sich nach folgender Formel:

Ihr bereinigtes Nettoeinkommen (abzüglich angemessener Selbstbehalt derzeit . . . . . . EUR) mal Restbedarf meines Mandanten geteilt durch die (um den Selbstbehalt bereinigten) Nettoeinkommen von Ihnen und der Mutter meines Mandanten.

Mein Mandant hat Sie anlässlich eines zwischen Ihnen und meinem Mandanten geführten Telefonat am . . . . . . aufgefordert, Unterhalt zu bezahlen. Sie befinden sich deshalb seit dem Telefonat am . . . . . . mit dem Unterhaltsbetrag in Verzug.

Ich habe Sie deshalb aufzufordern, den oben errechneten Unterhaltsbetrag von monatlich . . . . . . EUR ab dem folgenden Monat jeweils monatlich im Voraus an meinen Mandanten zu bezahlen. Darüber hinaus sind Sie verpflichtet, den rückständigen Unterhalt für die Monate . . . . . . bis . . . . . . in Höhe von insgesamt . . . . . . EUR zu bezahlen. Ich gehe davon aus, dass die rückständigen Beträge Anfang des Monats mit dem regelmäßigen Unterhalt ausgeglichen werden.

Rein vorsorglich weise ich Sie noch darauf hin, dass die Tatsache, dass mein Mandant derzeit keinen Kontakt zu Ihnen hält, keine Auswirkungen auf den Unterhaltsanspruch hat. Sie sollten bedenken, dass mein Mandant nicht einseitig und grundlos den Kontakt zu Ihnen abgebrochen hat . . . . . ., so dass eine Verwirkung des Unterhaltsanspruchs nicht in Betracht kommt.[3]

Nachdem rechtlich an dem Unterhaltsanspruch meines Mandanten gegen Sie keine Zweifel bestehen, gehe ich davon aus, dass nun auch Sie eine einvernehmliche Regelung anstreben. Sollte die Zahlungen jedoch nicht pünktlich bei meinem Mandanten eingehen, werde ich meinem Mandanten raten, den Unterhalt gerichtlich regeln zu lassen.

Mit freundlichen Grüßen

. . . . . .

Rechtsanwalt/Rechtsanwältin

Anmerkungen

1. Vgl. zunächst → Form. F.II.4 Anm. 3–5 und → Form. F.II.3 Anm. 1–3. Für volljährige Kinder in der Ausbildung gehen die Oberlandesgerichte in ihren Leitlinien (vgl. Ziff. 13.1.2) von einem festen Unterhaltsbedarf aus, der zur Zeit mit monatlich 735,– EUR (Anm. A Ziff. 7 der Düsseldorfer Tabelle Stand 1.1.2017) zuzüglich eventueller Beiträge zur Kranken- und Pflegeversicherung und Studiengebühren gemessen wird. Für diesen festen Unterhaltsbedarf haften die Eltern anteilig nach ihren Einkommens- und Vermögensverhältnissen.

2. Nach § 1610 Abs. 2 BGB sind Eltern nur verpflichtet, ihren Kindern eine einzige Berufsausbildung zu finanzieren. Dazu zählt in der Regel entweder eine Lehre oder ein Studium. Unter engen Voraussetzungen sind die Eltern jedoch auch zum Weiterbildungsunterhalt verpflichtet, also wenn nach der abgeschlossenen Berufsausbildung noch eine höhere Qualifikation erworben werden soll, insbesondere bei der Kombination Lehre-Studium. Dafür gelten jedoch drei Voraussetzungen:

- Die Weiterbildung muss den Fähigkeiten und Neigungen des Kindes entsprechen. Dieses Merkmal fehlt, wenn die Grundausbildung nur durch Wiederholungen oder erst nach langer Zeit erreicht wurde.
- Zwischen beiden Ausbildungen muss ein enger sachlicher Zusammenhang bestehen. Die beiden Lerngebiete müssen, wenn sie nicht der selben Berufssparte angehören, so aufeinander bezogen sein, dass das eine für das andere eine fachliche Ergänzung, Weiterführung oder Vertiefung bedeutet, bzw. dass eine praktische Ausbildung eine sinnvolle Vorbereitung auf das Studium darstellt (BGH FamRZ 2001, 1601). Von der Rechtsprechung bejaht wurden etwa die Kombinationen Banklehre und Jura (BGH NJW 1992, 501) bzw. BWL (OLG Bremen FamRZ 1989, 892) oder Bauzeichner und Architekt (BGH FamRZ 1989, 853). Verneint wurden dagegen die Kombination Finanzbeamter und Psychologie-Studium (BGH FamRZ 1981, 344; s. hierzu eingehend Palandt/*Diedrichsen* § 1610, Rn. 30 ff.).

- Der Ausbildungsgang muss sich auch in zeitlicher Hinsicht als Einheit darstellen. Wird die Ausbildung für mehrere Jahre unterbrochen, etwa weil im erlernten Beruf gearbeitet wurde, liegt kein zeitlicher Zusammenhang mehr vor.

Auch ein Wechsel der Ausbildung ist zulässig, da jungen Menschen zuzubilligen ist, dass sie sich über ihre Fähigkeiten geirrt haben oder falsche Vorstellungen über den gewählten Beruf haben. Ihnen steht daher eine Orientierungsphase zu (BGH FamRZ 2001, 757). Ein Bummelstudium müssen die Eltern nicht finanzieren, dies bedeutet aber nicht, dass beim Studium die Mindeststudienzeit maßgeblich ist (OLG Köln FanmRZ 1999, 1162).

3. Eine **Verwirkung des Unterhaltsanspruchs,** etwa weil kein Kontakt mehr zwischen Kind und Elternteil besteht, wird nach den engen Voraussetzungen des § 1611 BGB regelmäßig nicht in Betracht kommen. Der Unterhaltsanspruch hängt nicht vom Wohlverhalten des Unterhaltsberechtigten ab, weshalb nur **schwere Verfehlungen** gegen den Unterhaltspflichtigen oder einer seiner nahen Angehörigen zur Verwirkung gemäß § 1611 BGB führen können. Beim Verwandtenunterhalt ist die Hürde der Verwirkung höher aufgehängt als etwa beim nachehelichen Unterhalt, für den es mit § 1579 BGB eine weiterreichende Beschränkungsmöglichkeit gibt (vgl. hierzu *Budde* FuR 2007, 348).

6. Unterhaltsanspruch für einen Auszubildenden

Herrn Rechtsanwalt ......

Sehr geehrter Herr Kollege ......,

ich erlaube mir anzuzeigen, dass ich Frau ...... vertrete. Ihr Schreiben vom ......, in welchem Sie die Vertretung des Sohnes meiner Mandantin angezeigt und Unterhalt von ihr gefordert haben, liegt mir vor. Ich kann meiner Mandantin gleichwohl nicht empfehlen, den von Ihnen geforderten Unterhaltsanspruch anzuerkennen. Allein der Wunsch Ihres Mandanten, mit Beginn seiner Volljährigkeit und Antritt seiner Lehrstelle, eine eigene Wohnung zu beziehen, rechtfertigt noch keinen Unterhaltsanspruch gegen meine Mandantin.

Meine Mandantin hat Ihrem Mandanten in der Vergangenheit stets angeboten, dass dieser in der Wohnung meiner Mandantin in der ...... Straße in ...... weiterhin in seinem Zimmer wohnen kann. Meine Mandantin bietet ihrem Sohn dies auch in Zukunft weiterhin ausdrücklich an. Ferner hat meine Mandantin Ihrem Mandanten gegenüber auch in der Vergangenheit stets klargemacht, dass sie bereit ist, auch in Zukunft Versorgungsleistungen in Form von freier Kost und ähnlichem zu erbringen.

Meine Mandantin hat insoweit eine Bestimmung hinsichtlich der Art und Weise getroffen, wie Ihrem Mandanten Unterhalt zu gewähren ist.[1] Auf die Belange Ihres Mandanten hat sie dabei ausreichend Rücksicht genommen. Ich weise in diesem Zusammenhang darauf hin, dass sich die Ausbildungsstelle Ihres Mandanten im selben Ort wie die Wohnung meiner Mandantin befindet und dass Ihr Mandant für seinen täglichen Arbeitsweg lediglich eine viertel Stunde braucht. Das Zimmer, welches Ihr Mandant in der Wohnung meiner Mandantin bis zu seinem 18. Lebensjahr genutzt hat, ist über 25 qm groß und verfügt zudem über ein eigenes Bad. Ihr Mandant besitzt außerdem einen eigenen Wohnungsschlüssel, so dass er zu jeder Tages- und Nachtzeit die Wohnung betreten und verlassen kann.[2]

Meine Mandantin sieht daher nicht ein, dass sie ihrem unverheirateten Sohn bereits während dessen Ausbildung eine eigene Wohnung und einen eigenen Lebensstand finanzieren soll. Unabhängig davon, dass der Barunterhaltsanspruch bereits dem Grunde nach bestritten wird, erscheint mir auch die Höhe des errechneten Unterhaltsanspruches

nicht korrekt. Insbesondere die Ausbildungsvergütung Ihres Mandanten mindert nach Abzug des ausbildungsbedingten Mehrbedarfs seinen Unterhaltsbedarf.[3] Auch das gesetzliche Kindergeld ist bedarfsdeckend anzurechnen.

Mit freundlichen kollegialen Grüßen

. . . . . .

Rechtsanwalt/Rechtsanwältin

Anmerkungen

1. Auch bei volljährigen unverheirateten Kindern können die Eltern nach § 1612 Abs. 2 S. 1 eine Bestimmung treffen, in welcher Art und für welche Zeit im Voraus Unterhalt gewährt werden soll. Dabei ist auf die Belange des Kindes Rücksicht zu nehmen. Insoweit eine umfassende Würdigung der beiderseitigen Interessen vorzunehmen (OLG Karlsruhe FamRZ 2004, 655). Einerseits ist zu berücksichtigen, dass die Eltern wirtschaftlich nicht überfordert werden sollen, weshalb einem volljährigen Kind zugemutet werden kann, weiterhin im Elternhaus zu wohnen, wenn nicht gewichtige Gründe entgegenstehen, beispielsweise eine weite Entfernung zum Ausbildungsbetrieb.

2. Durch das Unterhaltsänderungsgesetz ist das früher sehr umständliche FGG-Verfahren bei Streit über das Unterhaltsbestimmungsrecht weggefallen. Die Überprüfung der von den Eltern getroffenen Unterhaltsbestimmung ist nunmehr im Rahmen des Unterhaltsverfahrens durch eine einheitliche Entscheidung des Familiengerichts möglich, § 1612 Abs. 2 S. 2 BGB. Das Kind, welches die elterliche Unterhaltsbestimmung nicht hinnehmen will, hat einen entsprechenden Einwand im Unterhaltsprozess geltend zu machen.

3. Zur Bereinigung der Ausbildungsvergütung um den ausbildungsbedingten Mehrbedarf → Form. F.I.4 Anm. 1.

7. Vereinbarung über Volljährigenunterhalt zwischen den Eltern

Vereinbarung

zwischen

Frau . . . . . .

und

Herrn . . . . . .

Soweit und solange unser Sohn . . . . . . (geboren . . . . . .) ab Eintritt seiner Volljährigkeit einen Unterhaltsanspruch hat und in einem eigenen Hausstand lebt, weil er auswärts studiert, verpflichten wir, der Vater . . . . . . und die Mutter . . . . . . uns bereits jetzt, an ihn Unterhalt in Höhe der Regelbedarfssätze zu bezahlen, wie sie in den unterhaltsrechtlichen Leitlinien der Familiensenate in Süddeutschland in der jeweils gültigen Fassung enthalten sind.[2, 3] Wir legen bereits heute verbindlich die Haftungsquoten wie folgt fest: Der Vater . . . . . . bezahlt . . . . . . % und die Mutter . . . . . . %.[2] Wir sind uns darüber einig, dass unser Sohn aus der vorstehenden Regelung bezüglich des Kinderunterhalts unmittelbar das Recht erwerben soll, den Unterhalt gegen uns, seine Eltern, zu fordern.[1]

. . . . . .

(Unterschriften der Beteiligten)

Anmerkungen

1. Ein zwischen den Eltern geschlossener **Vergleich** über den Volljährigenunterhalt ist nur dann unmittelbar wirksam für das Kind, wenn es entweder ein gerichtlich geschlossener Vergleich ist, oder aber ein Vertrag zugunsten Dritter (*Bergschneider*, Verträge in Familiensachen, Rn. 255 ff.).

2. Treffen die Eltern eine **Aufteilungsvereinbarung**, wonach beispielsweise der Vater 80 %, die Mutter 20 % des geschuldeten Unterhalts für das volljährige Kind bezahlt, ist das Kind an diese Vereinbarung nur insoweit gebunden, als es keinen Verzicht gegenüber einem der Elternteile enthält (§ 1614 BGB) (→ Form. F.I.7 Anm. 1). Nimmt das Kind einen Elternteil erfolgreich zu einem höheren als dem vereinbarten Prozentsatz in Anspruch, beispielsweise die Mutter in Höhe von 50 %, dürfte die Vereinbarung im Innenverhältnis der Eltern insoweit als Freistellungsvereinbarung auszulegen sein. Die Mutter kann also vom Vater die Freistellung in Höhe von 30 % verlangen.

3. Eine **Aufteilung** zwischen Barunterhalt und Betreuungsunterhalt gemäß § 1606 Abs. 3 S. 2 BGB gilt für volljährige Kinder in aller Regel nicht mehr (vgl. BGH FamRZ 1997, 542 ff.; FamRZ 2006, 99 ff.). Soll die Wirkung des § 1606 Abs. 3 S. 2 BGB über das 18. Lebensjahr hinaus erstreckt werden, kann darüber eine entsprechende Vereinbarung getroffen werden, wobei es sich im Rechtssinn um eine Freistellung handelt.

8. Freistellungsvereinbarung der Eltern über Volljährigenunterhalt

Vereinbarung

zwischen

Frau . . . . . .

und

Herrn . . . . . .

Die Eltern sind sich darüber einig, dass der Vater bis zur Vollendung des 20. Lebensjahres des Sohnes . . . . . . , geboren . . . . . . , den gesamten Barunterhalt bezahlt, wenn der Sohn bis dahin bei der Mutter wohnt und von ihr versorgt wird.[1] Für diese Zeit stellt der Vater die Mutter von Barunterhaltsansprüchen des Kindes frei. Die Mutter nimmt die Freistellung an. Für das gesetzliche Kindergeld gilt das gleiche wie für die Zeit der Minderjährigkeit. Ab Vollendung des 20. Lebensjahres des Sohnes . . . . . . gelten für die anteilige Barunterhaltspflicht der Eltern und die Behandlung des Kindergeldes die gesetzlichen Vorschriften.[2]

. . . . . .

(Unterschriften der Beteiligten)

Anmerkungen

1. Auf Kindesunterhalt kann für die Zukunft nicht verzichtet werden, auch nicht teilweise (§ 1614 Abs. 1 BGB) (→ Form. F.I.7 Anm. 1). Zulässig sind jedoch **Freistellungsvereinbarungen** der Eltern, durch die ein Elternteil gegenüber dem anderen die Erfüllung der Unterhaltsverpflichtung für ein Kind übernimmt. Durch eine solche Vereinbarung bleibt der Unterhaltsanspruch des Kindes unberührt. Das Kind ist an eine solche Freistellungsvereinbarung nicht gebunden, und kann auch gegen den freigestellten Elternteil seinen gesetzlichen Unterhaltsanspruch geltend machen (vgl. Wendl/Staudigl/*Scholz* § 2 Rn. 525). Die zwischen den Eltern verabredete Freistellung von Unterhaltsansprüchen des Kindes beinhaltet rechtlich eine Erfüllungsübernahme. Aufgrund einer solchen Abrede kann der vom Kind in Anspruch genommene Elternteil vom anderen verlangen, dass dieser den Anspruch des Kindes befriedigt (BGH FamRZ 86, 444).

2. Die Freistellung soll sich nach dem Willen der Beteiligten, auch wenn sie unbefristet erteilt wurde, in aller Regel nur auf den Ausbildungsunterhalt iSv § 1612 Abs. 2 BGB beziehen, dagegen nicht auf einen eventuellen Unterhaltsanspruch in anderen Lebenslagen. Dabei ist insbesondere an den Fall einer später auftretenden Behinderung des Kindes zu denken. Um dann nicht etwa das Sozialamt zu der Auslegung zu veranlassen, dass mit einer solchen Vereinbarung ein (vertraglicher) Anspruch des Kindes auf Behindertenunterhalt begründet würde, empfehlt sich folgende Formulierung:

Herr …… stellt hiermit Frau …… vom Kindesunterhalt des Sohnes ……, geboren …… frei, es sei denn, der Sohn …… erhielte einen Unterhaltsanspruch aufgrund einer Behinderung, die ihn arbeitsunfähig macht. Ein Unterhaltsanspruch des Sohnes gegen seine Eltern wird mit diesem Vorbehalt nicht begründet.

III. Unterhalt für einen getrennt lebenden Ehegatten

1. Aufforderung zur Erteilung von Auskunft/Stufenmahnung

Herrn . . . . . .

Sehr geehrter Herr . . . . . .,

ich zeige an, dass mich Ihre Ehefrau mit ihrer Vertretung beauftragt hat. Meine Mandantin hat mir mitgeteilt, dass es seit längerer Zeit erhebliche Probleme in Ihrer Ehe gibt, weshalb sich meine Mandantin entschlossen hat, ab sofort von Ihnen getrennt zu leben. Meine Mandantin wird in Kürze aus der gemeinsamen Wohnung ausziehen.[2] Sie ist derzeit mit der Wohnungssuche befasst.

Ich bin beauftragt, den Unterhaltsanspruch meiner Mandantin für die Zeit der Trennung gegen Sie geltend zu machen. Wie Sie wissen, verfügt meine Mandantin weder über eigenes Einkommen, noch über Vermögen. Meine Mandantin ist jedenfalls derzeit noch nicht verpflichtet, eine Erwerbstätigkeit aufzunehmen. Eine derartige Verpflichtung ergibt sich erst, wenn seit der Trennung ein Jahr vergangen ist.

Die Höhe des Unterhaltsanspruches meine Mandantin hängt von Ihrem Einkommen ab. Ich fordere Sie deshalb hiermit auf, Auskunft über Ihr gesamtes Einkommen in der Zeit von . . . . . . bis . . . . . . [beim Angestellten die letzten 12 Kalendermonate vor der Geltendmachung des Auskunftsanspruchs, beim Selbstständigen die letzten 3 abgeschlossenen Kalenderjahre] in Form einer nach Einnahmen und Ausgaben geordneten Verzeichnisses zu erteilen.[1, 3] Sie sind ebenfalls verpflichtet, Ihr Einkommen zu belegen, und zwar hinsichtlich Ihrer Erwerbseinkünfte durch Vorlage sämtlicher Verdienstabrechnungen, die Sie in dem genannten Zeitraum erhalten haben [beim Selbstständigen durch Vorlage der vollständigen Bilanzen und/oder Gewinn- und Verlustrechnungen, der vollständigen Einkommenssteuererklärungen sowie der Einkommenssteuerbescheide für die letzten 3 Jahre]. Auch Steuererstattungen stellen Einkommen dar, so dass Sie eine im genannten Zeitraum erhaltene Steuererstattung anzugeben und durch Vorlage des Steuerbescheides zu belegen haben. Soweit Sie Einkünfte aus Vermögen[4] erzielen (zB Zinsen, Dividenden, Mieteinnahmen usw.), müssen diese für den Zeitraum des letzten Kalenderjahres angegeben und belegt werden.[5]

Wenn Sie Belastungen berücksichtigt wissen wollen, müssen auch diese von Ihnen aufgeführt und mit Belegen nachgewiesen werden.

Nach meinen Informationen verfügen Sie über ein monatliches Nettoeinkommen in Höhe von ca . . . . . . Der sich hieraus ergebende Unterhaltsanspruch meiner Mandantin ermittelt sich wie folgt: . . . . . .

Ich habe Sie somit aufzufordern, den vorläufig berechneten Betrag für diesen Monat sofort und ab dem Folgemonat jeweils monatlich im Voraus an meine Mandantin zu bezahlen. Eine Neuberechnung des Unterhaltsanspruchs bleibt selbstverständlich für den Fall vorbehalten, dass die von Ihnen zu erteilende Auskunft ein anderes Einkommen, als von mir zugrunde gelegt, ergibt. Rein vorsorglich weise ich Sie darauf hin, dass Sie sich mit dem aus Ihrer Auskunft ergebenden Unterhaltsanspruch aufgrund meines Schreibens bereits ab Anfang dieses Monats in Verzug befinden.[6]

Nachdem Sie zur Auskunftserteilung und Belegvorlage gesetzlich verpflichtet sind, gehe ich davon aus, dass Ihre Auskunft und die dazugehörenden Belege bei mir bis zum . . . . . . eingegangen sind.[7] Meiner Mandantin ist grundsätzlich an einer einvernehmlichen Regelung des Trennungsunterhaltes gelegen. Sollten Sie diese Frist jedoch nicht einhalten, werde ich meiner Mandantin raten, ihre Ansprüche gerichtlich regeln zu lassen.

Mit freundlichen Grüßen

. . . . . .

Rechtsanwalt/Rechtsanwältin

Anmerkungen

1. Vgl. zunächst → Form. F.I.1 Anm. 1–7.

2. Voraussetzung für den Anspruch auf Trennungsunterhalt ist ein **vollständiges Getrenntleben der Eheleute** iSV § 1567 Abs. 1 BGB. Der Trennungsunterhalt ist mit dem Familienunterhalt, an dessen Stelle er nach Auflösung der ehelichen Lebensgemeinschaft tritt, nicht identisch (OLG Düsseldorf FamRZ 1992, 943; OLG Hamm FamRZ 1999, 30). Demnach löst eine Inverzugsetzung im Hinblick auf den Anspruch auf Familienunterhalt keinen Verzug hinsichtlich des Trennungsunterhaltes aus. Ebenso wenig wie Trennungsunterhalt und nachehelicher Unterhalt identisch sind (in st. Rspr. BGH NJW 81, 978), ist auch hier eine separate Inverzugsetzung erforderlich. Der Trennungsunterhalt beginnt mit der vollständigen Trennung der Ehepartner und endet mit dem Tag der Rechtskraft der Scheidung (vgl. BGH FamRZ 1988, 370; 1992, 920). Er endet auch, wenn die Ehegatten nicht nur vorübergehend wieder zusammenleben (OLG Düsseldorf FamRZ 1992, 43; OLG Hamm FamRZ 1999, 30). Eine Trennung kann auch innerhalb der ehelichen Wohnung erfolgen. Voraussetzung ist, dass kein gemeinsamer Haushalt geführt wird und zwischen den Ehegatten keine wesentlichen persönlichen Beziehungen mehr bestehen („Trennung von Tisch und Bett"). Das Getrenntleben erfordert einen Trennungswillen, der nach außen erkennbar ist. Die bloße Aufnahme eines Ehegatten in ein Pflegeheim führt allein noch nicht zu einer Trennung im Sinne des § 1567 BGB, so dass sich Unterhaltsansprüche nach wie vor aus § 1360 BGB ergeben und sich nicht nach § 1361 Abs. 1 BGB richten, die Bedarfsgemeinschaft im Sinne von § 19 SGB XII besteht fort (BGH FamRZ 2016, 1142; OLG Celle FamRZ 2016, 824).

3. Der Anspruch auf Trennungsunterhalt richtet sich nach den **wirtschaftlichen Verhältnissen beider Ehegatten,** weshalb ein **wechselseitiger Auskunftsanspruch** besteht. Eine Auskunftspflicht besteht, wenn und soweit die Auskunft für die Unterhaltsbemessung von Bedeutung ist. Die Auskunft muss sich auf den jeweils maßgeblichen Prüfungszeitraum (bei Angestellten 1 Jahr, bei Selbstständigen 3 Jahre) beziehen. Bei Selbständigen ist ein möglichst zeitnaher Mehrjahresdurchschnitt zu bilden, möglichst also das Kalenderjahr, für das der Unterhalt beansprucht wird, sowie für die diesen vorausgehenden 2 Kalenderjahren (OLG Saarbrücken FamRZ 2008, 1736). Ausnahmsweise kann auch ein längerer Zeitraum zugrunde gelegt werden, beispielsweise wenn außergewöhnliche Ereignisse oder steuerliche Sondereinflüsse das Einkommen in dem Dreijahreszeitraum verzerrt, weil diese innerhalb dieses Zeitraums nicht ausgeglichen werden (BGH FamRZ 2004, 1177). Die Auskunft betrifft dem Wortlaut nach zwar nur das Einkommen und Vermögen, gilt aber darüber hinaus sinngemäß als Ausfluss von § 242 BGB (vgl. BGH FamRZ 1983, 473; FamRZ 1982, 680) für alle Umstände, deren Kenntnis zur Bemessung des Unterhaltsanspruchs notwendig ist, zB auch für eine Fortdauer der die Arbeitsunfähigkeit begründenden Beschwerden oder über Steuererstattungen (vgl. Wendl/Staudigl/*Dose* § 1 Rn. 661 a).

4. Eine Verpflichtung zur Auskunft zum Vermögenstand zu einem **Stichtag** selbst wird teilweise bejaht (vgl. Wendl/Staudigl/*Dose* § 1 Rn. 663; andere und überzeugendere Auffassung Gerhardt/Heintschel-Heinegg/Klein/*Gerhardt,* 10. Aufl., Kap. 6, Rn. 512 a). In der Praxis spielt diese Verpflichtung jedoch nur eine marginale Rolle, da in der Regel eine Vermögensumschichtung während der Trennungszeit nicht gefordert werden kann und etwaige fiktive Erträge aus diesem Vermögen für die ehelichen Lebensverhältnisse nicht prägend gewesen sein können, da diese schlichtweg nicht zur Verfügung standen.

5. Auskunft muss auch darüber erteilt werden, wie das bei der Vermögensauseinandersetzung erhaltene **Kapital angelegt** wurde (OLG Karlsruhe FamRZ 1990, 756). Dies wird in erster Linie beim nachehelichen Unterhalt eine Rolle spielen.

6. Um den Schuldner in **Verzug** zu setzen, so dass gemäß § 1613 BGB später auch noch rückwirkend ab Zugang des Schreibens Unterhalt verlangt werden kann, reicht es ab dem 1.7.1998 wegen der Verweisung in §§ 1361 Abs. 4 S. 4, 1360a Abs. 3 BGB, mit Bezug auf den Unterhalt Auskunft zu verlangen. Eine Stufenmahnung analog der Stufenklage gemäß § 254 ZPO ist beim Trennungsunterhalt nicht mehr nötig, als Hinweis für den Schuldner aber hilfreich. Es ist allerdings bereits beim Auskunftsverlangen anzugeben, worauf der Auskunftsanspruch und auch der sich daraus ergebende Unterhaltsanspruch gestützt wird (OLG Hamm FamRZ 2005, 1839).

7. Eine **Verpflichtung zur Erteilung der Auskunft** besteht – sofern nicht wesentlich höhere Einkünfte oder weiteres Vermögen glaubhaft gemacht werden – über den Verweis des § 1361 Abs. 4 S. 4 BGB auf § 1605 BGB **grundsätzlich nur alle zwei Jahre.** Diese Sperrfrist gilt grundsätzlich auch für Abänderungsanträge, nicht jedoch für Unterhaltsanträge aus einem anderen Rechtsgrund (etwa wegen der Nichtidentität bei Trennungs- und nachehelicher Unterhalt). Sofern zur Klärung des Trennungsunterhaltes Auskunft für einen bestimmten Zeitraum erteilt wurde, besteht kein Rechtsschutzbedürfnis für ein erneutes Auskunftsbegehren wegen nachehelichen Unterhalt für diesen Zeitraum (vgl. Johannsen/Henrich/*Borth* IV Rn. 707).

2. Bezifferung der Unterhaltsverpflichtung/Quotenunterhalt

Herrn ......

Sehr geehrter Herr ......,

ich zeige an, dass ich Ihre Ehefrau vertrete. Meine Mandantin hat mich beauftragt, Ihnen mitzuteilen, dass sie sich von Ihnen trennen wird und die eheliche Gemeinschaft mit Ihnen nicht weiter fortsetzen möchte. Sie hat sich diese Entscheidung insbesondere im Hinblick auf das noch kleine gemeinsame Kind nicht leicht gemacht, ist jedoch zum Ergebnis gekommen, dass Ihre Ehe keine Zukunft mehr hat.

Meiner Mandantin ist sehr daran gelegen, sämtliche mit der Trennung zu klärenden Angelegenheiten einvernehmlich zu regeln. Klärungsbedürftig ist vorrangig der Unterhalt für das gemeinsame Kind und der Unterhalt meiner Mandantin während der Trennungszeit.[1] Meine Mandantin hat mir Ihre Gehaltsabrechnungen für die Zeit von ...... bis ...... vorgelegt. Hieraus ergibt sich ein monatliches Nettoeinkommen in Höhe von ...... EUR. Abzugsfähig sind die Krankenversicherungsbeiträge für die private Krankenversicherung für Sie, meine Mandantin und das gemeinsame Kind in Höhe von insgesamt ...... EUR monatlich, so dass ein monatliches Nettoeinkommen in Höhe von ...... EUR verbleibt. Zusätzlich stellt Ihnen Ihr Arbeitgeber einen Geschäftswagen der oberen Mittelklasse der Marke ...... zu Verfügung, der von Ihnen auch privat genutzt werden kann. Dieser geldwerte Vorteil ist zu schätzen und Ihnen nach der Rechtsprechung ebenfalls als Einkommen anzurechnen. Im Hinblick auf die Größe und Ausstattung des Fahrzeuges gehe ich von einem monatlichen Betrag von 300,– EUR aus.

Aufgrund der Zurverfügungstellung des Firmen-Pkws ist der sonst übliche Abzug einer Pauschale von 5 % für berufsbedingte Aufwendungen nicht vorzunehmen, da davon ausgegangen werden kann, dass Ihnen keine weiteren Aufwendungen entstehen und die Fahrtkosten ersetzt werden.[7] Sollten Sie gleichwohl der Ansicht sein, weitere berufsbedingte Aufwendungen zu haben, bitte ich um entsprechende Nachweise.

Weiter haben Sie im Jahr ...... eine Steuererstattung in Höhe von ...... EUR erhalten. Diese ist monatlich umzulegen, so dass sich ein Gesamteinkommen in Höhe von ...... EUR ergibt.

Der Kinderunterhalt für das Kind ......, 6 Jahre beträgt nach der Düsseldorfer Tabelle, Stand ...... EUR. Das gesetzliche Kindergeld für das Kind erhält meine Mandantin und ist hälftig vom Tabellenunterhalt in Abzug zu bringen. Sie sind ebenfalls verpflichtet, die Beiträge für die private Krankenversicherung des Kindes und meine Mandantin in Höhe von ...... EUR monatlich weiter zu bezahlen.[4]

Meine Mandantin verfügt über kein eigenes Einkommen und ist innerhalb des ersten Trennungsjahres auch noch nicht verpflichtet, eine Erwerbstätigkeit aufzunehmen.[8]

Der Unterhaltsanspruch meiner Mandantin berechnet sich wie folgt:

Ihr bereinigtes Nettoeinkommen	...... EUR
abzüglich der um das hälftige Kindergeld bereinigte Kindesunterhalt	...... EUR
abzüglich $^{1}/_{10}$ Erwerbsanreiz	...... EUR
(aus Erwerbseinkommen ohne Steuererstattung)	
Summe	...... EUR

Daraus die Hälfte ist der Bedarf meiner Mandantin, also ...... EUR. Nachdem meine Mandantin über kein eigenes Einkommen verfügt, entspricht dies auch ihrem Unterhaltsanspruch.

Zum Zwecke der Inverzugsetzung habe ich Sie aufzufordern, für meine Mandantin ab ...... einen monatlichen monatlich im Voraus fälligen Unterhalt in Höhe von ...... EUR, sowie für das Kind ...... zu Händen meiner Mandantin einen monatlichen, monatlich im Voraus fälligen Unterhalt in Höhe von ...... EUR, jeweils zuzüglich des Krankenkassenbeitrags in Höhe von ...... EUR zu bezahlen.[2, 3, 5]

Ich bitte Sie, mir bis zum ...... schriftlich zu bestätigen, dass Sie die errechneten Unterhaltsbeträge regelmäßig bezahlen werden. Sollte mir eine solche Bestätigung nicht fristgerecht vorliegen, müsste die Unterhaltsfrage zum Bedauern meiner Mandantin gerichtlich geregelt werden.[6]

Mit freundlichen Grüßen

......

Rechtsanwalt/Rechtsanwältin

Anmerkungen

1. Eine **gesetzliche Regelung zur Unterhaltshöhe gibt es nicht.** § 1361 Abs. 1 BGB bestimmt nur, dass der nach den ehelichen Lebensverhältnissen und den Einkommens- und Vermögensverhältnissen angemessene Unterhalt geschuldet ist. Bei der Ermittlung der Höhe des Trennungsunterhalts müssen deshalb in erster Linie die von den Familiensenaten der verschiedenen Oberlandesgerichte erarbeiteten **unterhaltsrechtlichen Leitlinien** herangezogen werden. Diese Leitlinien, die seit 2003 allesamt die gleiche Nummerierung aufweisen, gehen dabei von dem Brutto-Einkommen des Unterhaltspflichtigen aus, welches um Steuern, Sozialabgaben und/oder Vorsorgeaufwendungen zu bereinigen ist. Bei Nichtselbstständigen wird zudem eine Pauschale von 5 % berufsbedingter Aufwendungen abgezogen. Die berufsbedingten Aufwendungen entsprechen dabei den Werbungskosten im Steuerrecht. Bei einem Einkommen aus Erwerbstätigkeit wird zudem ein Erwerbsanreiz (zB bei den Süddeutschen Leitlinien von $^{1}/_{10}$) in Abzug gebracht. Dadurch soll die Tatsache, dass der Unterhaltsverpflichtete einer Arbeit nachgeht, honoriert werden. Die einzelnen unterhaltsrechtlichen Leitlinien unterscheiden sich in Bezug auf Berechnungsmethode und Quoten teilweise.

2. Der Anspruch auf **Trennungsunterhalt** umfasst zum einen den Elementarunterhalt, den Krankheitsvorsorgeunterhalt und ab Rechtshängigkeit des Scheidungsverfahrens auch den Altersvorsorgeunterhalt. Durch den Versorgungsausgleich wird eine Teilhabe an der Altersversorgung des Unterhaltsverpflichteten nur bis zur Zeit der Rechtshängigkeit des Scheidungsverfahrens gewährleistet, ab diesem Zeitpunkt ist die Geltendmachung des Altersvorsorgeunterhaltes als Teil des Trennungsunterhaltes möglich.

3. Die Ansprüche auf **Krankheit- und Altersvorsorgeunterhalt** sind unselbstständige Teile des einheitlichen Unterhaltsanspruchs. Sie müssen gesondert neben dem laufenden Unterhalt geltend gemacht werden. Altersvorsorgeunterhalt ist als unselbständiger Bestandteil des Unterhaltsanspruchs ab dem Zeitpunkt geschuldet, zu dem die Unterhaltsberechtigte nicht mehr am Versorgungsausgleich teilhat, somit ab Rechtshängigkeit eines Scheidungsverfahrens (BGH FamRZ 2007, 193).

4. Wenn nicht jeder Ehegatte über eine eigene **Krankenversicherung** verfügt, so kann ein Ehegatte nach § 10 Abs. 1 SGB V ohne Zahlung eigener Beiträge beim anderen mitversichert bleiben, wenn er nur ein geringes eigenes Gesamteinkommen hat. Hier ist zu beachten, dass nach dem Bundessozialgericht (BSG FamRZ 1994, 1239) auch die im Rahmen des begrenzten Realsplittings gewährten Leistungen zum Gesamteinkommen nach § 10 Abs. 1 Nr. 5 SGB V gehören. Das auch bei Getrenntleben mögliche begrenzte Realsplitting ist deshalb mit der Mitversicherung abzustimmen (vgl. dazu *Böhmel* FamRZ 1995, 270). Bei privater Versicherung sind für die Krankenversicherung aufgewendete Beträge Sonderausgaben des vertraglichen Schuldners. Ansprüche auf Krankheit- und Altersvorsorgeunterhalt sind unselbstständige Teile des einheitlichen Unterhaltsanspruchs. Sie müssen gesondert neben dem laufenden Unterhalt geltend gemacht werden.

5. Zur **Berechnung des Vorsorgeunterhalts** → Form. F.IV.9.

6. Auch beim Trennungsunterhalt können die Verwirkungstatbestände des §§ 1579 Nr. 2 bis 8 BGB über die Verweisung aus § 1361 Abs. 3 BGB greifen. Nicht umfasst ist jedoch § 1579 Nr. 1 BGB, allerdings ist hierbei § 1361 Abs. 2 BGB zu beachten.

7. Auch **geldwerte Vorteile** wie beispielsweise ein privat genutzter Firmenwagen sind Einkommen im Sinne des Unterhaltsrechts, soweit sie entsprechende Eigenaufwendungen ersparen vgl. Ziff. 4. Süddeutsche Leitlinien. Der unterhaltsrechtliche Wert dieser Nutzung ist nach § 287 Abs. 1 ZPO zu schätzen. Er ist nicht identisch mit dem steuerlichen Gehaltsanteil (1 % des Anschaffungspreises zuzüglich Fahrtkostenpauschale (OLG Bamberg FamRZ 2007, 1818) und wird durch die mit ihm verbundene Steuermehrbelastung nicht erschöpft (OLG München FamRZ 1999, 1350). Er entspricht vielmehr dem Betrag, den der Unterhaltspflichtige an Kosten für Anschaffung und Unterhaltung eines eigenen Fahrzeuges spart (OLG Karlsruhe FamRZ 2006, 1759). Der Wert kann pauschaliert werden. Je nach Größe und Umfang der Nutzungsmöglichkeit setzt die Rechtsprechung hier einen Nettowert zwischen 250,– EUR und 400,– EUR an, wobei die Steuermehrbelastung bereits berücksichtigt ist. Nach einer Entscheidung des OLG Hamm soll die steuerliche Pauschalierung von 1 % des Bruttoanschaffungspreises doch eine geeignete Schätzgrundlage für die unterhaltsrechtliche Bewertung des Gebrauchsvorteils darstellen, da sie in angemessener Weise auf Größe, Komfort und Ausstattung des Pkws abstellt (OLG Hamm FamRZ 2008, 281). Der Nutzwert muss allerdings in einem angemessenen Verhältnis zum Einkommen und der Lebensverhältnisse stehen. Bei einem Firmenwagen entfällt in der Regel die ansonsten abzugsfähige 5 %-Pauschale für berufsbedingte Aufwendungen, weil berufliche Fahrtkosten der wichtigste Fall der berufsbedingten Aufwendungen sind. Auch bei einem Selbstständigen sind keine berufsbedingten Aufwendungen pauschal abzuziehen, da diese bereits bei den Betriebskosten in der Gewinnermittlung berücksichtigt werden.

8. Gemäß § 1361 Abs. 2 BGB kann der bei der Trennung nicht erwerbstätige Ehegatte nur dann darauf verwiesen werden, seinen Unterhalt durch Erwerbstätigkeit ganz oder teilweise selbst zu verdienen, wenn dies von ihm nach seinen persönlichen Verhältnissen erwartet werden kann. Im Regelfall wird man vor Ablauf des Trennungsjahres von einem nicht berufstätigen Ehegatten noch keine Aufnahme einer Erwerbstätigkeit verlangen können. Dies ist jedoch nur als Grundregel zu verstehen, so dass Kriterien wie kurze Ehedauer und relativ junges Alter der Unterhaltsberechtigten hiervon Ausnahmen zulassen können (BGH FamRZ 2001, 315; OLG München FamRZ 2007, 471).

3. Bezifferung der Unterhaltsverpflichtung bei konkretem Bedarf

Herrn . . . . . .

Sehr geehrter Herr . . . . . .,

ich zeige an, dass ich Ihre Ehefrau berate und vertrete. Meine Mandantin hat sich an mich gewandt, da die bisherigen Bemühungen, mit Ihnen direkt eine Einigung zu erzielen, leider zu keinem Erfolg geführt haben.

Meine Mandantin hat mir mitgeteilt, dass Sie sich voneinander getrennt haben und keiner von Ihnen beabsichtigt, die eheliche Lebensgemeinschaft wieder aufzunehmen. Meiner Mandantin ist nach wie vor sehr daran gelegen, für alle mit der Trennung zu regelnden Angelegenheiten mit Ihnen eine einvernehmliche Regelung zu finden.

Wie Ihnen bekannt ist, hat meine Mandantin zwischenzeitlich eine eigene Wohnung angemietet, die sie im Laufe des nächsten Monats gemeinsam mit den drei Kindern beziehen wird. Der Unterhalt für meine Mandantin und die drei gemeinsamen Kinder ist deshalb vorrangig klärungsbedürftig.

Meine Mandantin hat mich darüber informiert, dass die ehelichen Lebensverhältnisse durch ein überdurchschnittlich hohes Einkommen und auch Vermögen Ihrerseits geprägt sind. Ich gehe deshalb davon aus, dass sich der Kinderunterhalt nach der höchsten Einkommensgruppe der Düsseldorfer Tabelle bemisst und der Ehegattenunterhalt nach dem konkreten Bedarf meiner Mandantin entsprechend den ehelichen Lebensverhältnissen.[1]

Der Kinderunterhalt für die Zwillinge . . . . . . und . . . . . ., geb. am . . . . . . beträgt nach der Düsseldorfer Tabelle je . . . . . . EUR, der Unterhalt für . . . . . ., geb. am . . . . . . EUR. Ich gehe davon aus, dass auf die Anrechnung des hälftigen gesetzlichen Kindergeldes, welches an meine Mandantin ausbezahlt wird, im Hinblick auf Ihre außerordentlich guten wirtschaftlichen Verhältnisse verzichtet wird.

Der guten Ordnung halber habe ich Sie aufzufordern, die oben dargelegten Unterhaltsbeträge für die drei Kinder zu Händen meiner Mandantin ab . . . . . . jeweils monatlich im Voraus zu bezahlen.

Der konkrete Unterhaltsbedarf meiner Mandantin setzt sich wie folgt zusammen:[2, 3, 6]

I. Wohnbedarf	monatlich
1. Kaltmiete/Finanzierungskosten	EUR
2. Strom (Vorauszahlung)	EUR
3. Gas (Vorauszahlung)	EUR
4. Heizöl (Vorauszahlung)	EUR
5. Wasser/Müllabfuhr	EUR
6. Grundsteuer	EUR
7. Schornsteinfeger	EUR
8. sonstige Umlagen	EUR
9. Telefon/Telefax	EUR
10. Mobiltelefon	EUR
11. Rundfunk/TV (Kabelgebühren)	EUR
12. Internet	EUR
13. Wohnungseinrichtung	EUR
14. Wohnungsdekoration	EUR
15. Zimmerpflanzen/Blumen	EUR
16. Handwerker	EUR
17. Haushaltshilfe	EUR
18. Gartenpflege	EUR
Gesamt	EUR

II. Autokosten	monatlich
1. Versicherung	EUR
2. Steuer	EUR
3. Benzin	EUR
4. Reparaturen/Zubehör	EUR
5. Rücklagen, Neuanschaffung	EUR
6. Raten/Leasingkosten	EUR

7. ADAC/AVD Mitgliedsbeitrag	EUR
Gesamt	EUR

III. Versicherungen	monatlich
1. Krankenkasse[5]	EUR
2. Krankenversicherung Selbstbehalt	EUR
3. Krankenzusatzversicherung	EUR
4. Lebensversicherung	EUR
5. Unfallversicherung	EUR
6. Rechtsschutzversicherung	EUR
7. Haftpflichtversicherung	EUR
8 . . . . . . versicherung	EUR
9 . . . . . . versicherung	EUR
10 . . . . . versicherung	EUR
Gesamt	EUR

IV. Sonstige Aufwendungen	monatlich
1. Verpflegung	EUR
2. Kleidung/Schuhe/Wäsche	EUR
3. Reinigung/Wäscherei	EUR
4. Geschenke (Einladungen)	EUR
5. Friseur	EUR
6. Kosmetikerin	EUR
7. Kosmetika	EUR
8. Urlaub	EUR
9. Sport/Fitness (Beiträge)	EUR
10. Sportgeräte/-kleidung	EUR
11. Sauna/Schwimmbad	EUR
12. Vereinsmitgliedschaften	EUR
13. Kulturelle Veranstaltungen (Oper/Theater/Konzert/Kino)	EUR
14. Med. Hilfsmittel (Brille etc)	EUR
15. Hundesteuer und -kosten	EUR
16. Zeitungen/Zeitschriften Abonnements	EUR
17. Bücher	EUR
18. Computer-Hardware	EUR

19. Computer-Programme	EUR	
20. CD´s/DVD	EUR	
21. Persönliche Weiterbildung	EUR	
22. Vorsorgeaufwendungen Alter	EUR	
23. Steuerberater	EUR	
24. Weihnachts-/Geburtstagsgeschenke	EUR	
25. Restaurantbesuche	EUR	
26. Bankgebühren	EUR	
27. Beiträge zu Vereinigungen	EUR	
Gesamt		

Gesamtsumme	EUR	

Auch insoweit habe ich Sie aufzufordern, diesen Unterhalt meiner Mandantin ab ...... jeweils monatlich im Voraus zu bezahlen.[4]

Für den Fall, dass Sie der Auffassung sind, insoweit nicht leistungsfähig zu sein, bitte ich Sie, Auskunft über Ihr gesamtes Einkommen durch Vorlage eines systematischen Verzeichnisses über a) Ihr Vermögen am 31.12.. . . . . ., b) sämtliche Brutto- und Nettoeinkünfte einschließlich aller Nebeneinkünfte aus selbstständiger und nichtselbstständiger Tätigkeit sowie aus anderer Herkunft in der Zeit von ...... bis einschließlich ...... c) sämtliche Einnahmen und Aufwendungen aus Kapitalvermögen, aus Vermietung und Verpachtung sowie aus anderer Herkunft zu erteilen. Weiter fordere ich Sie auf, die erteilte Auskunft zu belegen durch Vorlage der Einkommenssteuererklärung sowie etwaiger Bilanzen neben den Gewinn- und Verlustrechnungen bzw. der etwaigen Einnahmen-Überschuss-Rechnungen für die Jahre ......, sowie die Einkommenssteuerbescheide dieser Jahre, soweit sie schon ergangen sind. Hinsichtlich Ihrer Geschäftsführereinkommen bitte ich um Vorlage der im oben genannten Zeitraum ergangenen Gehaltsabrechnungen.

Wenn auf der Basis des oben dargelegten Unterhaltsanspruchs meiner Mandantin eine Einigung herbeigeführt werden kann, erübrigt sich natürlich das Auskunftsverlangen. Anderenfalls bitte ich um Erteilung der Auskunft und Vorlage der bezeichneten Belege bis zum ......

Sollte die oben genannte Frist fruchtlos verstreichen, muss ich davon ausgehen, dass sich eine einvernehmliche und außergerichtliche Regelung des Unterhaltsanspruches nicht erzielen lässt. Ich werde meiner Mandantin dann raten, ihren Unterhaltsanspruch gerichtlich regeln zu lassen.

Mit freundlichen Grüßen

......

Rechtsanwalt/Rechtsanwältin

Anmerkungen

1. Eine konkrete Unterhaltsbemessung ist vor allem dann gerechtfertigt, wenn die **Einkünfte des Verpflichteten überdurchschnittlich hoch** sind, weil in solchen Fällen das Einkommen während des Zusammenlebens nicht ausschließlich für die Lebenshaltungskosten verwendet worden ist, sondern teilweise auch der Vermögensbildung oder anderen Zwecken gedient hat (vgl. BGH NJW 2010, 3372). Die Gerichtspraxis hat gezeigt, dass in etwa bei einem Nettoeinkommen von 10.000,– EUR monatlich jedenfalls neben einer quotalen Berechnung auch der konkrete Bedarf darzulegen ist. Daneben kommt sie auch bei schwer durchschaubaren Einkommensverhältnissen, zB durch ineinander verschachtelte unternehmerische Tätigkeiten oder hohen Negativeinkünften zur einseitigen Vermögensbildung in Betracht (vgl. OLG Hamm FamRZ 1995, 1578).

2. Bei einer solchen Unterhaltsbemessung sind alle zur Aufrechterhaltung des bisherigen Lebensstandards benötigten **Lebenshaltungskosten konkret zu ermitteln.** Zum Umfang der dazugehörigen Positionen vgl. BGH FamRZ 1990, 280; BGH FamRZ 1987, 691; OLG Hamm FamRZ 2006, 1603). Hierbei genügt es, dass die in den einzelnen Lebensbereichen anfallenden Kosten überschlägig dargestellt werden, so dass sie nach § 278 ZPO geschätzt werden können. Sie müssen nicht in allen Punkten konkret nachgewiesen werden (OLG Hamm FamRZ 1999, 729; BGH FamRZ 1990, 280). Abzustellen ist dabei nicht nur auf den Bedarf während des Zusammenlebens, sondern auch auf den aktuellen Lebenszuschnitt (siehe vertiefend hierzu *Hamm*, Strategien im Unterhaltsrecht, 2. Aufl., § 3 Rn. 31 ff.).

3. Bei der konkreten Bedarfsbemessung ist ein **objektiver Maßstab** anzusetzen, d.h. es ist weder ein übertriebener Aufwand zu berücksichtigen, noch muss sich der Unterhaltsberechtigte übertriebenen Geiz entgegenhalten lassen (BGH FamRZ 1985, 582; OLG Brandenburg FamRZ 2007, 472; BGH FamRZ 2007, 1532). Eine Sättigungsgrenze hat der BGH bisher bei seinen Entscheidungen nicht angenommen. Lediglich in seltenen Ausnahmefällen bei besonders hohen Einkünften soll sich der Unterhalt auf die Mittel beschränken, die eine Einzelperson auch bei Berücksichtigung hoher Ansprüche für billigenswerten Lebensbedarf sinnvoll ausgeben kann. Bei sehr guten Einkommensverhältnissen und entsprechend hohen Lebenshaltungskosten kann der Bedarf durchaus über 5.000,– EUR monatlich liegen (vgl. zB OLG Hamm FamRZ 1999, 723, OLG Frankfurt FamRZ 1997, 353).

4. Eine konkrete Bedarfsbemessung verstößt nicht gegen den **Halbteilungsgrundsatz,** wenn dem Verpflichteten zur Deckung seines Unterhaltsbedarfs ein mindestens gleich hoher Betrag verbleibt.

5. Bei einer konkreten Bedarfsbemessung **entfällt,** soweit Krankenvorsorge- und Altersvorsorgeunterhalt geltend gemacht wird, eine **zweistufige Berechnung des Elementarunterhalts** (BGH FamRZ 1999, 372; BGH FamRZ 2007, 1117). Wird Altersvorsorgeunterhalt bei einer Unterhaltsberechnung nach konkretem Bedarf geltend gemacht, so ist dessen Höhe nicht durch die Beitragsbemessungsgrenze zur gesetzlichen Rentenversicherung begrenzt (BGH FamRZ 2007, 117, 1117).

6. Bei einer konkreten Bedarfsbemessung bleibt der **Unterhalt auch für spätere Zeiten auf den festgesetzten Bedarf fixiert.** Eine Abänderung kommt deshalb nicht bei einer Einkommenserhöhung des Unterhaltspflichtigen in Betracht (BGH FamRZ 1990, 280). Möglich ist jedoch eine Abänderung zum Zweck der Anpassung des Unterhalts an allgemein gestiegene Lebenshaltungskosten. Eine Abänderung nach unten ist möglich, wenn sich die Einkommensverhältnisse des Pflichtigen erheblich verringern. Nach der Rechtsprechung des BGH zu den **wandelbaren ehelichen Lebensverhältnissen** ist eine nacheheliche Verringerung des verfügbaren Einkommens regelmäßig zu berücksichtigen. Sie findet ihre Grenze erst in der nachehelichen Solidarität. Nur bei einem unterhaltsrechtlich leichtfertigen Verhalten ist deshalb bei der Unterhaltsbemessung nach den ehelichen Lebensverhältnissen entgegen den tatsächlichen Umständen von einem fiktiv höheren Einkommen auszugehen (BGH FamRZ 2008, 968).

4. Sonderbedarf und Mehrbedarf, Verfahrenskostenvorschuss

Herrn . . . . . .

Sehr geehrter Herr . . . . . .,

ich zeige an, dass ich Ihre Ehefrau vertrete. Meine Mandantin hat mich darüber informiert, dass Sie nunmehr seit einem Jahr voneinander getrennt leben und dass an eine Wiederherstellung der ehelichen Lebensgemeinschaft weder von Ihnen, noch von meiner Mandantin gedacht wird.

Meine Mandantin hat mich deshalb beauftragt, beim zuständigen Familiengericht das Scheidungsverfahren einzuleiten. Meine Mandantin ist außerstande, die hierfür anfallenden Gerichts- und Anwaltskosten selbst zu tragen. Im Rahmen Ihrer Unterhaltsverpflichtung sind Sie deshalb auch verpflichtet, gemäß §§ 1361, 1360a BGB einen Verfahrenskostenvorschuss zu bezahlen.[1, 2] Meine Mandantin hat uns über Ihre wirtschaftlichen Verhältnisse informiert, so dass an Ihrer Leistungsfähigkeit kein Zweifel besteht, insbesondere deshalb, da Sie neben Ihrem hohen Einkommen auch über erhebliches Vermögen verfügen.[3]

Die Höhe des Anspruchs richtet sich nach den voraussichtlich entstehenden Gebühren und Auslagen einschließlich der Mehrwertsteuer, die im Scheidungsverfahren anfallen. Ich gehe zunächst davon aus, dass es nicht erforderlich sein wird, die Folgesachen wie Zugewinnausgleich und nachehelicher Unterhalt[4] anhängig zu machen, so dass zunächst nur ein Verfahrenskostenvorschuss für die Scheidungsangelegenheit selbst geltend gemacht wird. Im Falle der Erforderlichkeit von Anhängigmachen von Folgesachen hat meine Mandantin auch für die hierfür voraussichtlich entstehenden Gebühren einen Anspruch auf Verfahrenskostenvorschuss.

Die Höhe des Verfahrenskostenvorschusses ermittelt sich wie folgt:

Ihr Einkommen aus angestellter Tätigkeit beträgt monatlich . . . . . . EUR netto. Ihr Vermögen beträgt nach Angaben meiner Mandantin . . . . . . EUR. Der Verfahrenswert der Ehescheidung errechnet sich aus dem dreifachen monatlichen Einkommen, dies sind . . . . . . EUR. Das Nettovermögen ist zu bereinigen um einen Freibetrag in Höhe von . . . . . . EUR. Von dem Restbetrag werden weitere 5 % dem Verfahrenswert hinzugerechnet. Für die Ehesache ist somit von einem Verfahrenswert von . . . . . . EUR auszugehen. Für den durchzuführenden Versorgungsausgleich setze ich zunächst abgeleitet von der zu erwartenden Anzahl der auszugleichenden Anwartschaften einen Betrag von . . . . . . EUR an. Daraus ermitteln sich folgende Gebühren:

1,3 Verfahrensgebühr gem. Nr. 3100 VV RVG	...... EUR
1,2 Terminsgebühr gem. Nr. 3104 VV RVG	...... EUR
	...... EUR
Auslagenpauschale gem. Nr. 7002 VV RVG	...... EUR
19 % Mehrwertsteuer gem. Nr. 7008 VV RVG	...... EUR
Summe	...... EUR
zuzüglich vorzulegender Gerichtskosten	...... EUR
insgesamt	...... EUR

Ich habe Sie aufzufordern, den vorgenannten Betrag bis zum ...... auf eines meiner unten genannten Konten zu überweisen. Sollte diese Frist fruchtlos verstreichen, werde ich den Verfahrenskostenvorschuss im Wege einer einstweiligen Anordnung im Scheidungsverfahren geltend machen.

Ich hoffe jedoch, dass dies nicht erforderlich sein wird.

Mit freundlichen Grüßen

......

Rechtsanwalt/Rechtsanwältin

Anmerkungen

1. Ein **wichtiger Fall des Sonderbedarfs** ist der Anspruch auf **Verfahrenskostenvorschuss.** Der Verfahrenskostenvorschuss ist somit Ausfluss der Unterhaltsverpflichtung, setzt also das Bestehen eines Unterhaltsanspruchs voraus (BGH FamRZ 2005, 1164; FamRZ 2004, 1633). Dieser Anspruch ergibt sich für getrennt lebende Ehegatten aus §§ 1361 Abs. 4 S. 3, 1360a Abs. 4 BGB.

2. Der Anspruch auf Verfahrenskostenvorschuss unterliegt folgenden **Voraussetzungen:**

- der Berechtigte **muss** bedürftig sein. Bedürftigkeit ist dann zu bejahen, wenn die vorhandenen Eigenmittel nicht ausreichen, um das Verfahren zu führen. Hierbei muss der Anspruchsteller zunächst eigenes Vermögen angreifen, bevor er den anderen Ehegatten auf Zahlung in Anspruch nimmt. Die Bedürftigkeit ist jedoch unter Berücksichtigung der Leistungsfähigkeit des anderen Ehegatten zu beurteilen. Je leistungsfähiger der verpflichtete Ehegatte ist, umso geringere Anforderungen sind an die Bedürftigkeit zu stellen (vgl. OLG Hamm NJW-RR 2002, 1585). Gegebenenfalls hat der Berechtigte auch den Stamm seines Vermögens für die Finanzierung des Rechtstreites einzusetzen (vgl. BGH FamRZ 1985, 360), zB wenn der Anspruchssteller aus der Veräußerung des Familienheims ausreichende Mittel erhalten hat.
- der **Schuldner** muss leistungsfähig sein. Daran fehlt es in aller Regel, wenn er den Verfahrenskostenvorschuss nur mit Hilfe eines Kredits aufbringen kann. Wer selbst, wenn auch gegen Raten, Verfahrenskostenhilfe erhalten könnte, braucht keinen Verfahrenskostenvorschuss zu leisten (vgl. OLG München FamRZ 1993, 714; OLG Koblenz FamRZ 1991, 364 und OLG Zweibrücken FamRZ 1997, 757). Richtet sich der Rechtsstreit, den der Berechtigte führen will, gegen den Verpflichteten, kommt ein Verfahrenskostenvorschuss ohnehin nur in Betracht, wenn der Verpflichtete zunächst seine eigenen Kosten aufgebracht hat. Schulden sind mindestens in dem Rahmen zu berücksichtigen, in dem sie bei der Bewilligung von Verfahrenskostenhilfe anzuerken-

nen wären (§ 115 Abs. 1 S. 3 Nr. 4 ZPO). Es besteht kein Vorrang des Verfahrenskostenvorschusses vor der Tilgung von Schulden, Wendl/Staudigl/*Scholz* § 6 Rn. 27, aA OLG Hamm FamRZ 1996, 1013.

- der beabsichtigte Rechtsstreit muss eine persönliche Angelegenheit betreffen, also eine **genügend** enge Verbindung zur Person des betreffenden Ehegatten haben (BGH FamRZ 1964, 197, 199; OLG Karlsruhe FamRZ 2005, 1744).
- wie auch im Verfahrenskostenhilfeverfahren muss der Rechtsstreit, für den der Verfahrenskostenvorschuss verlangt wird, Aussicht auf Erfolg haben (BGH FamRZ 2001, 1363).

3. Bei durchschnittlichen Einkünften des Pflichtigen besteht in der Regel keine Leistungsfähigkeit für einen Verfahrenskostenvorschuss, wenn die gemeinsamen Einkünfte der Eheleute über den Unterhalt hälftig verteilt werden (OLG München FamRZ 2006, 791). Nachdem sich der Unterhalt nach dem Halbteilungsgrundsatz berechnet, haben mit Ausnahme des Erwerbstätigenbonus beide Ehegatten gleich hohe finanzielle Mittel zur Verfügung. Würde man dem Unterhaltspflichtigen auch noch die Zahlung eines Verfahrenskostenvorschusses aufbürden, wäre der **Halbteilungsgrundsatz** verletzt.

4. Zur Abgrenzung Sonderbedarf/Mehrbedarf → Form. F.I.5 Anm. 1–3.

5. Vereinbarungen zum Getrenntlebensunterhalt

Unterhaltsvereinbarung

zwischen

Herrn ......

und

Frau ......

Wir haben am ...... die Ehe miteinander geschlossen. Wir leben seit ...... im Rechtssinne voneinander getrennt. Für die Zeit unserer Trennung schließen wir folgende Unterhaltsvereinbarung:

Herr ...... verpflichtet sich, ab ...... an Frau ...... für die Zeit der Trennung einen monatlichen, monatlich im Voraus fälligen Elementarunterhalt in Höhe von ...... EUR zu bezahlen.[1, 2]

Weiter verpflichtet sich Herr ......, für Frau ...... die monatlichen Krankenkassenbeiträge bei der ...... Versicherung in Höhe von derzeit ...... EUR zu bezahlen.

Bei dieser Vereinbarung gehen die Eheleute davon aus, dass Frau ...... keine eigenen Einkünfte aus beruflicher Tätigkeit erzielt. Sollte Frau ...... in Zukunft über eigenes Einkommen aus beruflicher Tätigkeit verfügen, so besteht Einigkeit darüber, dass dieses keinen Einfluss auf die festgelegte Unterhaltszahlung haben soll.

Frau ...... stimmt dem begrenzten Ehegattenrealsplitting zu.[3] Sie verpflichtet sich, alle hierfür erforderlichen Erklärungen abzugeben, insbesondere die sog. Anlage U zur Einkommensteuererklärung zu unterzeichnen. Herr ...... verpflichtet sich, Frau ...... alle ihr durch diese Zustimmung entstehenden Nachteile zu ersetzen, insbesondere die entstehende Steuerlast zu erstatten. Die Erstattungspflicht umfasst auch eventuelle Steuervorauszahlungen und die Kosten eines Steuerberaters, wenn dessen Hinzuziehung erforderlich ist.

Diese Unterhaltsvereinbarung gilt bis zur rechtskräftigen Scheidung[4] der Ehe, längstens jedoch bis ...... Für die sich danach etwa anschließende Zeit der Trennung und für den nachehelichen Unterhalt gelten die gesetzlichen Vorschriften. Die heutige Vereinbarung stellt keine Grundlage für die etwaige Neufestsetzung des Unterhalts dar.

......

Unterschriften der Beteiligten

Anmerkungen

1. Ein **Verzicht** auf Getrenntlebensunterhalt ist gemäß §§ 1361 Abs. 4 S. 4, 1360a Abs. 3, 1614 Abs. 1, 134 BGB für die Zukunft nicht möglich, sondern lediglich für die Vergangenheit. Eine Vereinbarung ist deshalb nichtig, soweit sie deutlich die Grenze der Angemessenheit nach § 1361 Abs. 1 S. 1 BGB unterschreitet. Wie beim Kindesunterhalt wird jedoch ein gewisser Ermessensspielraum zugestanden (vgl. *Bergschneider* Rn. 279 ff.). Die Grenze, ab der ein unzulässiger Verzicht angenommen wird, liegt bei etwa 20 % des an sich geschuldeten Unterhalts (vgl. OLG Düsseldorf FamRZ 2001, 1148). Nach einer Entscheidung des OLG Hamm liegt ein unzulässiger Teilverzicht jedenfalls dann vor, wenn der gesetzliche Unterhalt um 1/3 oder mehr reduziert wird (OLG Hamm OLGR 2000, 70). Zum Verzicht → Form. F.I.8 Anm. 1, 2 bei Kindesunterhalt.

2. Bei **Eheverträgen bzw. Trennungs- und Scheidungsvereinbarungen,** die auch den Trennungsunterhalt regeln, ist das Verbot des Verzichts auf Trennungsunterhalt ganz besonders zu bedenken. Zu beachten ist insoweit die Problematik von § 139 BGB. Soweit sich in einer Gesamtvereinbarung auch Regelungen zum Trennungsunterhalt befinden, die wegen eines Verzichts oder teilweisen Verzichts rechtsunwirksam und damit nichtig sind, kann diese Nichtigkeit einer Teilregelung dann auch die anderen in der Vereinbarung getroffenen Regelungen über § 139 BGB erfassen (vgl. *Hamm,* Strategien im Unterhaltsrecht, § 3 Rn. 335). Um hinsichtlich einer Regelung des nachehelichen Unterhaltes nicht in die Problematik des § 139 BGB zu kommen, ist es sinnvoll, bei diesen Eheverträgen keine Regelung über den Trennungsunterhalt zu treffen, die tatsächlich einen Verzicht bedeutet.

3. Ein Verzicht ist **auch nicht gegen Abfindung** möglich (vgl. *Johannsen/Graba* § 1614 Rn. 2). Auch eine Vereinbarung über die Nichtgeltendmachung des Trennungsunterhalts mit der Sanktion, dass die vereinbarte Gegenleistung für die Nichtgeltendmachung entfällt, wenn dennoch der gesetzliche Trennungsunterhalt verlangt wird, dürfte gegen § 1614 BGB verstoßen (streitig). Wird Trennungsunterhalt nicht geltend gemacht, weil der Unterhaltsschuldner gemeinsame Schulden allein abträgt, liegt darin nicht ohne weiteres ein auf Dauer wirksamer Verzicht (BGH FamRZ 2005, 1236). Wird dennoch Trennungsunterhalt geltend gemacht, ist zu prüfen, ob dies rechtsmissbräuchlich ist. Bei Vereinbarungen, keinen Trennungsunterhalt geltend zu machen, sollte deshalb unbedingt festgelegt werden, aus welchen Gründen Trennungsunterhalt derzeit nicht geltend gemacht wird.

4. Nach § 1923 BGB ist das **Erbrecht des überlebenden Ehegatten ausgeschlossen,** wenn zur Zeit des Todes des Erblassers die Scheidungsvoraussetzungen gegeben waren und der Erblasser die Scheidung beantragt oder ihr zugestimmt hat. S. 3 dieser Vorschrift schafft für diesen Ausschluss des Ehegattenerbrechts einen unterhaltsrechtlichen Ausgleich in der Weise, dass er auf das nacheheliche Unterhaltsrecht verweist und damit auch auf § 1586b BGB. Damit wird der Trennungsunterhalt gleichsam in nachehelichen Unterhalt umgewandelt (quasi nachehelicher Unterhalt, so Wendl/Staudigl/*Pauling,* Das

Unterhaltsrecht in der familienrichterlichen Praxis, § 4 Rn. 60 a). Zur Beseitigung dieser Unterhaltslast wird von Teilen der Literatur ein vorbehaltsloser Erb- und Pflichtteilsverzicht empfohlen (vgl. Staudinger/*Werner* § 1933 Rn. 14; *Bergschneider,* Nahtstellen Familien-/Erbrecht, 1999, S. 3, 7 ff.). Da aber schon beim nachehelichen Unterhalt umstritten ist, ob sich ein Erb- und Pflichtteilsverzicht auf den Unterhalt erstreckt (s. *Bergschneider,* Verträge in Familiensachen, Rn. 14) ist dieser Lösungsvorschlag nicht unproblematisch. Dem Vertragsjuristen stellt sich aufgrund dieser Streitfrage jedenfalls die Aufgabe, eine entsprechende Vorsorge durch einen klaren Unterhaltsverzicht zu treffen.

IV. Unterhalt für einen geschiedenen Ehegatten

1. Zeitlicher Basisunterhalt wegen Kindesbetreuung (§ 1570 Abs. 1 S. 1 BGB)

Herrn . . . . . .

Sehr geehrter Herr . . . . . .,

wie Sie wissen, vertrete ich Ihre Ehefrau im Scheidungsverfahren. Sie hat mich ebenfalls beauftragt, ihren Anspruch auf nachehelichen Unterhalt geltend zu machen.

Ihre Frau hat auch ab rechtskräftiger Scheidung Ihrer Ehe einen Unterhaltsanspruch gegen Sie gemäß § 1570 Abs. 1 S. 1 BGB, da sie nach wie vor das gemeinsame minderjährige Kind betreut. Da Ihr Kind erst 2 Jahre alt ist, ist meine Mandantin an sich zu einer Erwerbstätigkeit noch nicht verpflichtet.[1, 2]

Meine Mandantin hat dennoch in diesem Monat eine Tätigkeit bei der Firma . . . . . . aufgenommen.[3] Sie arbeitet hier im Rahmen einer versicherungsfreien Tätigkeit, um sich langsam wieder in das Erwerbsleben einzugliedern. Die Einkünfte meiner Mandantin hieraus betragen monatlich netto . . . . . . EUR. Sowie meiner Mandantin die erste Gehaltsabrechnung vorliegt, werde ich diese an Sie weiterleiten. Dieser Betrag ist zu bereinigen um 5 % für berufsbedingte Aufwendungen, also . . . . . . EUR, so dass ein monatliches bereinigtes Einkommen in Höhe von . . . . . . EUR verbleibt. Um diese Tätigkeit ausüben zu können, hat meine Mandantin Kinderbetreuungskosten. Diese betragen . . . . . . EUR. Da es sich um überobligatorisches Einkommen handelt, wird meiner Mandantin nach den Süddeutschen Leitlinien Ziffer 10.3. ein Betreuungsbonus in Höhe von . . . . . . EUR in Abzug gebracht. Außerdem wäre das Einkommen um einen Erwerbstätigenbonus von $^{1}/_{10}$, nämlich . . . . . ., zu bereinigen. Tatsächlich verbleibt somit auf Seiten meiner Mandantin kein unterhaltsrechtlich zu berücksichtigendes Einkommen.[4]

Nach den uns noch aus der Ermittlung des Trennungsunterhalts vorliegenden Unterlagen beträgt Ihr monatliches Durchschnittsnettoeinkommen . . . . . . EUR.

Für das gemeinsame Kind bezahlen Sie den Unterhalt gemäß Düsseldorfer Tabelle, nämlich . . . . . . EUR abzüglich hälftiges Kindergeld, somit . . . . . . EUR. Nach Abzug des Kinderunterhalts bleibt Ihnen noch ein monatliches Nettoeinkommen in Höhe von . . . . . . EUR. Dies ist wiederum zu bereinigen um einen Erwerbsanreiz von 10 %, also . . . . . . EUR, so dass für die Berechnung des Unterhaltsanspruchs meiner Mandantin ein Einkommen in Höhe von . . . . . . EUR verbleibt.

Hieraus die Hälfte ist der Bedarf meiner Mandantin, also . . . . . . EUR. Mangels eigenem Einkommen entspricht dies auch ihrem Unterhaltsanspruch.

Bitte teilen Sie mir mit, ob Sie bereit sind, den oben errechneten Unterhalt für meine Mandantin ab Rechtskraft der Scheidung zu bezahlen. Ich bitte um Mitteilung innerhalb von 2 Wochen. Sollte ich bis dahin nichts von Ihnen hören, werde ich den nachehelichen Unterhalt im Scheidungsverfahren als Folgesache anhängig machen.

Mit freundlichen Grüßen

. . . . . .

Rechtsanwalt/Rechtsanwältin

Anmerkungen

1. Nach § 1570 Abs. 1 S. 1 BGB kann ein geschiedener Ehegatte von dem anderen wegen der Pflege oder Erziehung eines gemeinschaftlichen Kindes für **mindestens 3 Jahre** nach der Geburt des Kindes Unterhalt verlangen. Der betreuende Elternteil hat die freie Entscheidung, ob er das Kind in dessen ersten 3 Lebensjahren selbst erziehen oder andere Betreuungsmöglichkeiten in Anspruch nehmen will. Ein während dieser Zeit erzieltes Einkommen ist somit stets überobligatorisch und der betreuende Elternteil kann eine bestehende Erwerbstätigkeit jederzeit wieder aufgeben, um sich voll der Erziehung und Betreuung des Kindes zu widmen (BGH FamRZ 2010, 357). Belässt er es aber bei der (teilweisen) Fremdbetreuung kann das überobligatorisch erzielte Einkommen nach ständiger Rechtsprechung des BGH nicht völlig unberücksichtigt bleiben. Nichtgemeinschaftlich ist ein Pflegekind, auch wenn es von beiden Ehegatten gemeinschaftlich in die Familie aufgenommen worden ist (BGH FamRZ 1984, 361). Nichtgemeinschaftlich sind außerdem Stiefkinder sowie vor- und außereheliche Kinder eines Ehegatten. Insoweit kann eventuell ein Unterhaltsanspruch nach § 1576 BGB bestehen (BGH FamRZ 1984, 361, 363). § 1570 BGB gilt auch nicht, wenn die geschiedenen Ehegatten später ein gemeinschaftliches nichteheliches Kind bekommen. Die betreuende Mutter muss sich in diesem Fall mit dem Anspruch nach § 1615l BGB begnügen (BGH FamRZ 1998, 426).

2. Liegen keine besonderen Gründe vor, ist der betreuende Elternteil mit dem 3. Lebensjahr des Kindes, somit mit Erreichen des Kindergartenalters, verpflichtet, eine Erwerbstätigkeit aufzunehmen. Innerhalb der ersten 3 Jahre ist der betreuende Elternteil völlig frei in seiner Entscheidung, das Kind selbst zu betreuen, auch dann, wenn eine Versorgung durch Dritte möglich wäre, und grundsätzlich auch, wenn er vor der Trennung der Eheleute berufstätig war. Der im Gesetz norminierte 3-Jahreszeitraum bedeutet nicht, dass dieser zeitliche Basisunterhaltgemäß § 1570 Abs. 1 S. 1 BGB von Anfang an einer zeitlichen Begrenzung unterliegt. Es handelt sich bei § 1570 BGB nach wie vor um einen einheitlichen Unterhaltsanspruch. Es obliegt dem Unterhaltspflichtigen, einzuwenden, bzw. einen Abänderungsantrag zu stellen, wenn die Erwerbsverpflichtung beim Unterhaltsbedürftigen eintritt oder sich erweitert (vgl. *Hamm,* Strategien im Unterhaltsrecht, § 3 Rn. 76 ff.).

3. Nach der Neuregelung des § 1570 BGB kann von überobligatorischen Einkommen grundsätzlich nur noch bis zum 3. Lebensjahr des zu betreuenden Kindes auszugehen sein (BGH FamRZ 2010, 357). Entscheidet sich der betreuende Elternteil innerhalb der ersten 3 Jahre dafür, das Kind auf andere Weise betreuen zu lassen und erzielt eigene Einkünfte, ist das überobligatorisch erzielte Einkommen nach den Umständen des Einzelfalles, gegebenenfalls als überobligatorisches Einkommen teilweise zu berücksichtigen (BGH FamRZ 2005, 1154 ff.; FamRZ 2009, 1391 ff.; FamRZ 2009, 1124 ff.; FamRZ 2009, 770 ff.). Nach dem 3. Lebensjahr kann nach wie vor der Umfang der Erwerbstätigkeit überobligatorisch sein. Die Beurteilung hängt im Einzelfall maßgeblich nach der Rechtsprechung des BGH davon ab, wie etwa die Kinderbetreuung mit dem konkreten Arbeitszeiten unter Berücksichtigung erforderlicher Fahrzeiten zu vereinbaren ist und ob und gegebenenfalls zu welchen Zeiten die Kinder aufgrund einer Fremdbetreuung zeitweise die Betreuung ohnehin nicht bedürfen (BGH FamRZ 2005, 1154). In seiner Entscheidung vom 16.7.2008 (BGH FamRZ 2008, 1639) hat der BGH diese Kriterien noch vervollständigt, in dem er darauf abstellt, dass selbst bei einer Ganztagesfremdbetreuung des Kindes bei kleineren Kindern eine vollschichtige Erwerbstätigkeit überobligatorisch sein kann, da gerade kleinere Kinder noch die Betreuung rund um die Uhr benötigen, mit der Folge, dass vom arbeitenden Elternteil, wenn er nach Hause kommt, weitere Betreuungsleistungen erbracht werden müssen (vgl. hierzu ausführlich *Maurer* FamRZ 2008, 101). Bezüglich der Anrechnung von überobligatorischen Einkünften stellt der BGH auf die

Umstände des Einzelfalles ab und zieht von dem wegen der Kinderbetreuung überobligatorischen Einkommen des Berechtigten zunächst nur konkrete Betreuungskosten ab. Welcher Betrag darüber hinaus anrechnungsfrei verbleibt, soll im Einzelfall nach den oben genannten Kriterien ermittelt werden. Entgegen der Übung vieler Oberlandesgericht, steht der BGH den Berechtigten als Ausgleich für den Betreuungsaufwand keinen pauschalen Bonus zu (vgl. BGH FamRZ 2005, 1154; BGH FamRZ 2006, 341).

4. Der Anspruch nach § 1570 BGB ist in mehrfacher Hinsicht gegenüber anderen Unterhaltsansprüchen **privilegiert:** Es gibt keinen Einsatzzeitpunkt, d.h. der Anspruch entsteht originär, wenn wegen einer notwendigen Kindesbetreuung eine Erwerbsobliegenheit nicht oder nur teilweise ausgeübt werden kann. Dem Unterhaltspflichtigen wird teilweise eine gesteigerte Erwerbsverpflichtung wie gegenüber den minderjährigen Kindern auch bezüglich des Betreuungsunterhaltes auferlegt (OLG Karlsruhe FamRZ 1998, 560). Dies gilt insbesondere innerhalb der ersten 3 Lebensjahre des jüngsten zu betreuenden Kindes, da in dieser Zeit vom betreuenden Elternteil die Aufnahme einer Erwerbstätigkeit nicht erwartet werden kann (SüdL 17.1). Die Verwirkungstatbestände des § 1579 Nr. 1 bis 8 BGB greifen beim Betreuungsunterhalt nur eingeschränkt, da selbst bei Vorliegen der Härtegründe im Interesse des Wohles der betreuten Kinder trotz Fehlverhaltens des betreuenden Ehegatten diesem gleichwohl die Wahrnehmung seiner Elternverantwortung gesichert und gewährleistet sein soll. Es ist im Einzelfall zu prüfen, inwieweit der eheangemessene Unterhalt reduziert werden kann, ohne das zur Kinderbetreuung erforderliche Maß zu unterschreiten. Das OLG München hat in einem besonders krassen Fall der Verwirkung (wegen fortdauernder beleidigender Anschuldigungen und wegen hartnäckiger Umgangsverweigerung) trotz Betreuung eines Kindes den Unterhaltsanspruch völlig versagt (OLG München FamRZ 2006, 1605). In aller Regel wird jedoch bei der Betreuung eines gemeinsamen Kindes eine Reduzierung des Unterhalts auf den Mindestunterhalt in Betracht kommen. Außerdem hat der BGH in seiner Grundsatzentscheidung (BGH FamRZ 2004, 601) klargestellt, dass der Unterhaltsanspruch nach § 1570 BGB zum Kernbereich des Scheidungsfolgenrechts gehört, weshalb sich der Pflichtige bei Vorliegen der Tatbestandsvoraussetzungen nicht auf einen Unterhaltsverzicht berufen kann. Vielmehr ist er nach § 242 BGB daran gehindert, sofern sich der Ehevertrag wegen Verstoß gegen § 138 Abs. 1 BGB nicht sogar insgesamt unwirksam ist.

2. Verlängerter Unterhaltsanspruch wegen Kindesbetreuung (§ 1570 Abs. 1 S. 2, 3 BGB)

Herrn . . . . . .

Sehr geehrter Herr . . . . . .,

ich zeige an, dass ich Ihre geschiedene Ehefrau, Frau . . . . . . anwaltlich vertrete.

Meine Mandantin hat mich darüber informiert, dass Sie die Unterhaltszahlungen an meine Mandantin eingestellt haben mit der Begründung, sie sei aufgrund der Tatsache, dass Ihr jüngstes gemeinsames Kind nunmehr 3 Jahre alt geworden ist, verpflichtet, einer Erwerbstätigkeit nachzugehen und für ihren Lebensunterhalt selbst aufzukommen.

Leider ist es meiner Mandantin bisher trotz intensiver Suche nicht gelungen, einen Kindergartenplatz für Ihren jüngeren Sohn . . . . . . zu finden.[1] Meine Mandantin steht bei allen Kindergärten und Kinderbetreuungsstätten, die sich noch in zumutbarer Entfernung zu der Wohnung meiner Mandantin befinden, seit Monaten auf der Warteliste. Sie hat bis heute keine Zusage bekommen. Sobald auch für Ihren jüngeren Sohn eine

zuverlässige Kinderbetreuungsmöglichkeit zur Verfügung steht, wird sich meine Mandantin selbstverständlich umgehend um eine Erwerbstätigkeit bemühen.[2]

Ich kann Ihnen aber schon jetzt mitteilen, dass dadurch Ihre Unterhaltsverpflichtung gegenüber meiner Mandantin nicht gänzlich entfällt, da meiner Mandantin, die 2 Kinder im Alter von 3 und 6 Jahren betreut, keine Vollzeiterwerbstätigkeit zuzumuten ist. Der Umfang ihrer Erwerbsverpflichtung richtet sich unter anderem nach den Kindergartenzeiten. Meine Mandantin hofft, wenigstens eine Betreuung bis in den Nachmittag hinein zu erhalten, da auch Ihre ältere Tochter bis Nachmittag in der Mittagsbetreuung der Grundschule betreut wird.[3]

Ich gehe deshalb davon aus, dass Sie Ihre Unterhaltszahlungen an meine Mandantin unverzüglich wieder aufnehmen. Sobald sich die Sachlage ändert, werde ich unaufgefordert wieder auf Sie zukommen, damit der Unterhaltsanspruch meiner Mandantin dann neu berechnet werden kann.

Mit freundlichen Grüßen

. . . . . .

Rechtsanwalt/Rechtsanwältin

Anmerkungen

1. Der zeitliche Basisunterhalt ist nach § 1570 Abs. 1 S. 2 und 3 BGB zu verlängern **solange und soweit** dies der Billigkeit entspricht. Maßstab für eine Verlängerung sind **kinderbezogene Gründe**, insbesondere wenn keine geeignete Kinderbetreuungsmöglichkeit zur Verfügung steht. In dem Umfang, in dem das Kind nach Vollendung des 3. Lebensjahres eine kindgerechte Einrichtung besucht oder unter Berücksichtigung der individuellen Verhältnisse besuchen könnte, kann sich der betreuende Elternteil grundsätzlich nicht mehr auf die Notwendigkeit einer persönlichen Betreuung des Kindes und somit nicht mehr auf kindbezogene Verlängerungsgründe im Sinne von § 1570 Abs. 1 S. 3 BGB berufen. Die Belange des Kindes sind aber immer dann berührt, wenn das Kind in besonderem Maße betreuungsbedürftig ist, beispielsweise wegen einer dauerhaften Erkrankung, einer Behinderung oder einer schweren Entwicklungsstörung. In einer Entscheidung vom 18.4.2012 stellt der BGH klar, dass **keine überzogenen Anforderungen** an die Gründe für eine Verlängerung des Betreuungsunterhalts, insbesondere an die darzulegenden kindsbezogenen Gründe zu stellen sind (BGH NJW 2012, 1868).

2. Die Möglichkeit der Kinderbetreuung muss **tatsächlich bestehen, zumutbar und verlässlich** sein und **mit dem Kindeswohl im Einklang stehen.** Aus dem Kriterium verlässlich kann entnommen werden, dass es sich weitgehend um **institutionelle Kinderbetreuung** handeln sollte. Grundsätzlich besteht keine Verpflichtung, Betreuungshilfen von Großeltern, Verwandten und Freunden in Anspruch zu nehmen, wenn dies mit einem ständigen Wechsel der Betreuungsperson für die Kinder verbunden ist. Steht die Betreuung durch Großeltern, was in der Praxis häufig der Fall ist, zuverlässig zur Verfügung, so ist diese auch zumutbar. Erfolgt diese kostenfrei, handelt es sich um freiwillige Leistungen, die von ihrer Zielrichtung her nicht den Unterhaltspflichtigen entlasten sollen. Es sind deshalb fiktiv angemesse Betreuungskosten hierfür anzusetzen (OLG Hamm FuR 2007, 177). Bietet der barunterhaltspflichtige Elternteil eine Mitbetreuung eines gemeinsamen Kindes an, kommt diese in Betracht, wenn sie als ernsthaft und verlässlich anzusehen ist (BGH FamRZ 2011, 791). Maßgeblich ist das Kindeswohl, hinter dem rein unterhaltsrechtliche Erwägungen zurücktreten müssen. Die Möglichkeiten der Kinderbetreuung sind somit stets konkret darzulegen, damit eine Überprüfung des Verlängerungstatbestandes einzelfallbezogen erfolgen kann.

Das frühere Altersphasenmodel hat der BGH zu Recht grundsätzlich abgelehnt (BGH FamRZ 2009, 1361 ff.; FamRZ 2009, 1124 ff.; FamRZ 2009, 770 ff.). Die Betreuungsbedürftigkeit ist vielmehr nach den individuellen Verhältnissen des Kindes zu ermitteln. Erst wenn die Kinder ein Alter erreicht haben, in dem sie auch zeitweise sich selbst überlassen werden können, kommt es bei der Prüfung von kindbezogenen Gründen nicht mehr vorrangig auf die Betreuungseinrichtungen an (BGH FamRZ 2009, 1391 ff.; BGH FamRZ 2009, 1124 ff.; FamRZ 2009, 770 ff.; BGH FamRZ 2008, 1739 ff.). Steht der Umfang einer Fremdbetreuung fest, ist zu prüfen, inwieweit die mögliche Erwerbstätigkeit mit den Zeiten der Kinderbetreuung einschließlich Fahrzeiten vereinbar ist und in dem dadurch vorgegebenen zeitlichen Rahmen zumutbar ist.

3. Auch nach der Neuregelung des § 1570 BGB kann kein abrupter übergangsloser Wechsel von der elterlichen Betreuung zur Vollzeittätigkeit verlangt werden (BT-Drucks. 16/6980v. 7.11.2007, S. 18). Der Umfang der Erwerbstätigkeit kann nicht mehr an dem bisher geltenden Altersphasenmodel gemessen werden, vielmehr ist eine Einzelfallbetrachtung vorzunehmen, wie etwa die Kinderbetreuung mit den konkreten Arbeitszeiten unter Berücksichtigung erforderlicher Fahrzeiten zu vereinbaren ist und ob und gegebenenfalls zu welchen Zeiten die Kinder in Folge eines Kindergartens- oder Schulbesuchs zeitweise die Betreuung durch den Elternteil ohnehin nicht bedürfen (BGH FamRZ 2005, 1154). Insoweit bedarf es der Darlegung und Feststellung der individuellen Lebensverhältnisse (BGH FamRZ 2009, 1124 ff.; FamRZ 2009, 770 ff.; FamRZ 2009, 1391 ff.).

3. Betreuungsunterhaltsanspruch gemäß § 1570 Abs. 2 BGB

Herrn ......

Sehr geehrter Herr ......,

ich zeige an, dass ich Ihre geschiedene Ehefrau, Frau ...... vertrete. Meine Mandantin hat sich an mich gewandt, weil Sie bereits angekündigt haben, die Unterhaltszahlungen an meine Mandantin nicht weiter leisten zu wollen, da Sie der Auffassung sind, meine Mandantin sei im Hinblick darauf, dass nun auch das jüngste Ihrer 3 Kinder einen Platz in der Mittagsbetreuung an der besuchten Schule erhalten hat, verpflichtet, ihren Lebensunterhalt selbst zu verdienen.

Wie Ihnen bekannt ist, hat meine Mandantin Jura studiert und noch während der Schwangerschaft mit Ihrem ersten gemeinsamen Kind das 1. Staatsexamen absolviert. Da Sie von Anfang an geplant haben, weitere Kinder zu bekommen und sich dieser Plan glücklicherweise auch verwirklicht hat, haben Sie damals gemeinsam beschlossen, dass unsere Mandantin das Referendariat und das sich daran anschließende 2. juristische Staatsexamen nicht absolvieren soll. Vielmehr war geplant, dass meine Mandantin sich dauerhaft um den Haushalt und die Kinder kümmert, während Sie ihrer beruflichen Karriere nachgehen können, was Ihnen ebenfalls bestens gelungen ist.[2, 3]

Meine Mandantin hat somit nicht einmal eine Berufsausbildung und war während der 17-jährigen Ehezeit niemals erwerbstätig.[1] Im Hinblick darauf, dass meine Mandantin nach wie vor 3 Kinder betreut, wovon das jüngste nunmehr gerade 7 Jahre alt ist, steht ihr im Hinblick auf die während Ihrer Ehe praktizierten Rollenverteilung nach wie vor ein Unterhalt wegen Kinderbetreuung zu.

Ich gehe deshalb davon aus, dass Sie Ihrer Unterhaltsverpflichtung auch weiterhin nachkommen werden. Meine Mandantin wird sich ihrerseits zeitnah erkundigen, welche Fortbildungsmöglichkeiten für sie bestehen, um in absehbarer Zeit im Erwerbsleben Fuß zu fassen.[4] Unabhängig davon, welche Möglichkeiten sich auftun werden, kann ich Ihnen jedoch schon jetzt mitteilen, dass kaum davon auszugehen sein wird, dass meine Mandantin damit ihren Unterhaltsbedarf voll abdecken kann, weshalb sie sich schon jetzt darauf einstellen sollten, auch langfristig für meine Mandantin Unterhalt zahlen zu müssen.

Mit freundlichen Grüßen

. . . . . .

Rechtsanwalt/Rechtsanwältin

Anmerkungen

1. Die mit § 1570 Abs. 2 BGB geschaffene Möglichkeit, die Dauer des Unterhaltsanspruchs weiter zu verlängern, berücksichtigt die bei geschiedenen Ehen im Einzelfall aus Gründen der nachehelichen Solidarität gerechtfertigte weitere Verlängerung des Unterhaltsanspruchs aus **elternbezogenen Gründen.** Insoweit ist also ausdrücklich auch ein Vertrauenstatbestand zu berücksichtigen, der sich aus den Nachwirkungen der Ehe ergeben kann und den verfassungsrechtlichen Vorgaben aus Art. 1 Abs. 1 GG entspricht (BGH FamRZ 2009, 1391 ff.; FamRZ 2009, 1124 ff.; FamRZ 2009, 770 ff.; FamRZ 2008, 1739 ff.). Der Anspruch auf Betreuungsunterhalt aus elternbezogenen Gründen besteht aber nur solange wie der betreuende Elternteil das Kind auch tatsächlich betreut (BGH Urt. v. 21.4.2010 – XII ZR 134/08, NJW 2010, 2277).

2. Auch für diesen Verlängerungstatbestand ist eine konkrete Einzelfallbetrachtung vorzunehmen. Maßgeblich bei der Beurteilung ist die in der Ehe vereinbarte und praktizierte Rollenverteilung und die gemeinsame Ausgestaltung der Kinderbetreuung. So kann einem geschiedenen Ehegatten, der im Interesse der Kindererziehung seine Erwerbstätigkeit dauerhaft aufgegeben oder zurückgestellt hat, ein längerer Anspruch auf Betreuungsunterhalt zustehen. Insoweit spielt die **Dauer der Ehe** eine entscheidende Rolle. Zu berücksichtigen ist in diesem Zusammenhang natürlich auch, wie viele Kinder aus der Ehe hervorgegangen sind. Weiter kommt bei der Bewertung der elternbezogenen Gründe die Frage einer überobligatorischen Belastung des betreuenden Elternteils zum Tragen. Eine solche kann sich ergeben, wenn ein betreuender Elternteil neben seiner vollschichtigen Erwerbstätigkeit nach Beendigung der Fremdbetreuung in den Abendstunden die weitere Erziehung und Betreuung des/der Kinder übernehmen muss (BGH FamRZ 2011, 791; BGH FamRZ 2010, 1880).

3. Der Unterhaltsberechtigte, der einen Betreuungsunterhalt aus elternbezogenen Gründen geltend macht, muss diese Gründe konkret darlegen und beweisen (BGH FamRZ 2009, 1391 ff.; FamRZ 2009, 770 ff.; FamRZ 2008, 1739 ff.). Es geht hier um den Ausgleich ehebedingter Nachteile, der beim Betreuungsunterhalt impliziert ist.

4. Selbst wenn zum Zeitpunkt, als der Betreuungsunterhalt geltend gemacht und zugesprochen wurde, solche ehebedingten Gründe vorgelegen haben, können diese nach einer gewissen Zeit wegfallen, beispielsweise dadurch, dass der betreuende Elternteil trotz langer Berufspause wieder eine Vollzeittätigkeit bekommt. In solchen Fällen muss der Unterhaltspflichtige die Abänderung begehren. Er muss im Rahmen der Abänderung auch darlegen, dass der Unterhaltsberechtigte nunmehr keinen ehebedingten Nachteil mehr hinzunehmen hat.

4. Unterhalt wegen Arbeitslosigkeit

Herrn ......

Sehr geehrter Herr ......,

ich zeige an, dass ich Ihre geschiedene Ehefrau, Frau ...... anwaltlich vertrete.

Meine Mandantin hat mich darüber informiert, dass Sie im vergangenen Monat die Unterhaltszahlungen für meine Mandantin eingestellt haben mit der Begründung, sie sei aufgrund des Alters Ihrer gemeinsamen Kinder nunmehr verpflichtet, einer vollschichtigen Erwerbstätigkeit nachzugehen, weshalb Sie keinen Unterhalt mehr zu bezahlen hätten.

Meine Mandantin ist seit über einem halben Jahr intensiv auf der Suche, nach einer angemessenen Arbeitsstelle, bedauerlicherweise ohne Erfolg.[2] Sie hat hierbei alle Möglichkeiten ausgeschöpft, wieder eine Anstellung in ihrem Beruf als Reisekauffrau zu bekommen, den sie auch vor der Zeit der Kinderbetreuung ausgeübt hat.[1] Meine Mandantin hat in beiliegender Mappe sämtliche Stellenanzeigen, auf die sie reagiert hat, die dazugehörigen Bewerbungsschreiben sowie die schriftlichen Reaktionen des jeweiligen Inserenten aufbewahrt und zusammengestellt. Darüber hinaus hat meine Mandantin zahlreiche Blindbewerbungen verschickt. Auch diese Bewerbungsschreiben sind als Anlage mit beigefügt, genauso sind die von meiner Mandantin wahrgenommenen Vorstellungsgespräche dokumentiert. Selbstverständlich hat sich meine Mandantin auch beim zuständigen Arbeitsamt gemeldet.[3]

Aus den beiliegenden Bewerbungsunterlagen können Sie entnehmen, dass meine Mandantin täglich intensiv mit der Arbeitssuche beschäftigt war. Dass sie trotzdem keine Stelle bekommen hat, hat seinen Grund in erster Linie in der durch die Kinderbetreuung bedingten langen Berufspause.[4]

Gemäß § 1573 BGB hat meine Mandantin daher auch weiterhin einen Anspruch auf Unterhalt in Höhe von ......

Ich gebe Ihnen die Gelegenheit, mir binnen zwei Wochen schriftlich zu bestätigen, dass Sie auch in Zukunft wieder Unterhalt an meine Mandantin zahlen werden. Sollte die oben genannte Frist fruchtlos verstreichen, werde ich meiner Mandantin raten, ihren Unterhaltsanspruch gerichtlich regeln zu lassen.

Mit freundlichen Grüßen

......

Rechtsanwalt/Rechtsanwältin

Anmerkungen

1. Der geschiedene Ehegatte kann einen Unterhaltsanspruch gemäß § 1573 Abs. 1 BGB wegen Erwerbslosigkeit haben, solange und soweit er nach der Scheidung keine angemessene Erwerbstätigkeit zu finden vermag. Die Angemessenheit der Erwerbstätigkeit ergibt sich aus § 1574 Abs. 2 BGB. Durch die Neufassung des § 1574 Abs. 2 BGB zum 1.1.2008 ist die sog. Lebensstandardgarantie abgeschafft worden. In § 1574 Abs. 2 BGB werden 5 objektive Merkmale dargestellt, welche Erwerbstätigkeit angemessen ist und deshalb vom Ehegatten erwartet werden kann, nämlich **Ausbildung, Fähigkeiten und frühere Erwerbstätigkeit, sowie Lebensalter und Gesundheitszustand.** Der BGH hat schon vor der Neufassung des § 1574 Abs. 2 BGB bei der Frage der Angemessenheit der Erwerbstätigkeit an eine früher ausgeübte Tätigkeit angeknüpft (BGH FamRZ 2005, 23). Das OlG Karlsruhe hat bei einem früheren Aupair-Mädchen eine Tätigkeit als Zimmermädchen oder Haushälterin als angemessene Tätigkeit im Sinne des § 1574 Abs. 2 BGB gewertet (OLG Karlsruhe FamRZ 2009, 120). Dem Unterhaltsberechtigten bleibt dann die Einwendung, dass die Ausübung einer mit Hilfe dieser Merkmale ermittelten Erwerbstätigkeit aufgrund der ehelichen Lebensverhältnisse unbillig ist (BGH NJW 2012, 1144; BGH NJW 2012, 3434).

2. Den eigentlichen Unterhaltstatbestand, nämlich den Unterhalt wegen Erwerbslosigkeit gemäß § 1573 Abs. 1 BGB lässt die Neuregelung des § 1574 Abs. 2 BGB unberührt. Das Risiko, dass der bedürftige Ehegatte keinen Arbeitsplatz findet und deshalb auf Unterhalt angewiesen ist, trägt nach wie vor der andere Ehegatte. In der Regel ist davon auszugehen, dass bei einer Erwerbstätigkeit des Unterhaltsberechtigten der Unterhaltsbedarf nach Ablauf von 2 Jahren als nachhaltig gesichert anzusehen ist und erst danach das Arbeitsplatzrisiko vom Unterhaltsberechtigten selbst zu tragen ist (OLG Köln FamRZ 2005, 1912).

3. An die **Erwerbsbemühungen des Unterhaltsberechtigten** stellt die Rechtsprechung hohe Anforderungen. Dies gilt um so mehr, als das seit 1.1.2008 geltende Unterhaltsrecht weitaus stärker durch den Grundsatz der Eigenverantwortung geprägt ist. Das OLG Naumburg geht davon aus, dass neben der **Meldung beim Arbeitsamt** etwa **20 eigene Bewerbungen pro Monat** erforderlich sind (OLG Naumburg FamRZ 2005, 2089). Unabhängig von den erforderlichen Erwerbsbemühungen ist zu prüfen, ob die Unterhaltsberechtigte überhaupt eine reale Beschäftigungschance hat (OLG Hamm FamFR 2010, 178). Der unterhaltsberechtigte Ehegatte trägt die Darlegungs- und Beweislast nicht nur dafür, dass er keine reale Chance auf eine Vollzeitarbeitsstelle hat, sondern auch dafür, dass dies in gleicher Weise für eine geringfügige Beschäftigung (sog. Minijob) und auch für eine Erwerbstätigkeit im Rahmen der Gleitzone nach § 20 Abs. 2 SGB IV (sog. Midijob) zutrifft (BGH NJW 2012, 1144). Eine angemesse Erwerbstätigkeit im Sinne von § 1574 BGB kann auch in der Ausübung von 2 Teilzeitbeschäftigungen bestehen. Genügt der Unterhaltsberechtigte seiner aktuellen Erwerbsobliegenheit, kann ihm für die Vergangenheit nicht vorgehalten werden, er hätte konkrete Bewerbungsbemühungen entfalten müssen, um wieder im erlernten Beruf tätig zu werden (BGH NJW 2013, 528).

4. **Fiktive Einkünfte** sind nur dann zu berücksichtigen, wenn sie unter Berücksichtigung der Arbeitsmarktlage und der persönlichen Erwerbsbiographie realistischerweise erzielbar sind, also für den Unterhaltsberechtigten auch eine **reale Beschäftigungschance** besteht (BGH FamRZ 2008, 2104). Regelmäßig indiziert das Fehlen ausreichender Erwerbsbemühungen die reale Beschäftigungschance. Dennoch ist nach der Entscheidung des OLG Hamm trotz fehlender Erwerbsbemühungen stets zu prüfen, ob die Unterhaltsberechtigte nach ihren persönlichen Eigenschaften, wie Ausbildung, Gesundheit und Berufserfahrung, aber auch nach der Entwicklung auf dem Arbeitsmarkt überhaupt die Möglichkeit hat, eine geeignete Stelle zu bekommen (OLG Hamm FamFR 2010, 178). Fiktive Einkünfte sind im Wege der Additions- bzw. Differenzmethode in die Unterhaltsberechnung mit einzubeziehen (BGH FamRZ 2003, 434; BGH FamRZ 2005, 1579). Zu berücksichtigen ist aber stets, dass fiktive Einkünfte nur dann anzusetzen sind, wenn dem Unterhaltsgläubiger ein **unterhaltsrechtlich vorwerfbares Verhalten** anzulasten ist.

5. Aufstockungsunterhalt

Herrn Rechtsanwalt . . . . . .

Sehr geehrter Herr Kollege . . . . . .,

ich zeige an,, dass ich nach wie vor Frau . . . . . . vertrete. Nachdem Sie für Ihren Mandanten den Antrag auf Ehescheidung eingereicht haben, hat mich meine Mandantin beauftragt, ihren Unterhaltsanspruch ab Rechtskraft der Scheidung geltend zu machen.

Meine Mandantin hat zwar nach Ablauf des Trennungsjahres wieder eine Erwerbstätigkeit aufgenommen, sie arbeitet in ihrem alten Beruf als . . . . . .[4] auch ganztags, dennoch verdient sie deutlich weniger als Ihr Mandant, weshalb meine Mandantin einen Aufstockungsunterhaltsanspruch gemäß § 1573 Abs. 2 BGB hat.[1, 2]

Das monatliche durchschnittliche Nettoeinkommen meiner Mandantin aus ihrer Tätigkeit beträgt . . . . . . EUR. Zum Nachweis hierfür lege ich als Anlage die Gehaltsabrechnungen meiner Mandantin aus dem vergangenen Kalenderjahr vor.

Nach Abzug einer Pauschale von 5 % für berufsbedingte Aufwendungen, also . . . . . . EUR, sowie $^1/_{10}$ Erwerbsanreiz, also . . . . . . EUR verbleibt auf Seiten meiner Mandantin ein zu berücksichtigendes Einkommen in Höhe von . . . . . . EUR.[3]

Nach den mir vorliegenden Unterlagen verfügt Ihr Mandant über ein monatliches durchschnittliches Nettoeinkommen in Höhe von . . . . . . EUR. Hierbei bin ich von seinem Jahreseinkommen einschließlich der Sonderzuwendungen ausgegangen und habe dieses durch 12 dividiert. Weiter ist Ihrem Mandanten ein Einkommen für die Möglichkeit der privaten Nutzung des ihm zustehenden Firmen-Pkws in Ansatz zu bringen. Entsprechend der Rechtsprechung wird dieser geldwerte Vorteil geschätzt und mit einer Pauschale von 300,– EUR monatlich in Ansatz gebracht. Da der Arbeitgeber Ihres Mandanten auch die Benzinkosten übernimmt, entfällt der Ansatz der Pauschale für berufsbedingte Aufwendungen.[5]

Das Einkommen Ihres Mandanten ist noch zu bereinigen um einen Erwerbsanreiz von 10 %, also . . . . . . EUR, so dass zur Unterhaltsberechnung ein Betrag von monatlich . . . . . . EUR verbleibt.

Der Unterhaltsanspruch meiner Mandantin errechnet sich wie folgt: . . . . . .

Ihr Mandant hat meiner Mandantin bereits mitgeteilt, dass er nicht bereit ist, einen unbefristeten Unterhalt zu bezahlen. Im Hinblick darauf, dass die Ehe lediglich 12 Jahre gedauert hat, gemeinsame Kinder aus der Ehe nicht hervorgegangen sind und sich meine Mandantin wieder voll in ihrem alten Beruf etabliert hat, bin ich im Hinblick auf § 1578b BGB sowie die aktuelle Rechtsprechung des Bundesgerichtshofs bereit, trotz der erheblichen Einkommensunterschiede über eine zeitliche Begrenzung zu verhandeln.[6] Im Hinblick auf die Überschaubarkeit der Unterhaltsansprüche könnte auch über eine Abfindung nachgedacht werden.[7]

Bitte teilen Sie mir mit, ob Ihr Mandant den von mir errechneten Unterhaltsanspruch meiner Mandantin dem Grunde und der Höhe nach anerkennt. Anderenfalls muss ich den nachehelichen Unterhalt im laufenden Scheidungsverfahren rechtshängig machen. Sollte Ihr Mandant an einer Abfindungsregelung interessiert sein, teilen Sie mir dies bitte ebenfalls mit, damit wir uns über die Höhe einer solchen Abfindung verständigen können.

Mit freundlichen kollegialen Grüßen

. . . . . .

Rechtsanwalt/Rechtsanwältin

Anmerkungen

1. Aufstockungsunterhalts kann beansprucht werden, wenn folgende Voraussetzungen erfüllt sind:
- es darf kein anderweitiger Anspruch auf vollen Unterhalt nach den §§ 1570, 1571, 1572 oder 1573 Abs. 1 BGB bestehen,
- der Bedürftige muss bereits eine angemessene Erwerbstätigkeit ausüben oder zugerechnet erhalten,
- die tatsächlichen oder fiktiven Einkünfte aus der angemessenen Erwerbstätigkeit decken nicht den vollen Unterhalt,
- die Voraussetzungen müssen zu den maßgeblichen Einsatzzeitpunkten vorliegen.

2. Es muss ein wesentlicher Einkommensunterschied bestehen. In der Rechtsprechung der Oberlandesgerichte hat sich mehr und mehr die Auffassung durchgefsetzt, dass nicht jede Einkommensdifferenz der Eheleute zu einer Bejahung des Tatbestandes des § 1573 Abs. 2 BGB führen kann. Dies ist Ausdruck der Stärkung der Eigenverantwortung. Nach Auffassung des OLG München kommt der Aufstockungsunterhaltsanspruch nur dann in Betracht, wenn er 10 % des bereinigten Nettoeinkommens des Berechtigten übersteigt (OLG München FamRZ 2004, 1208; so auch OLG Koblenz FamRZ 2006, 704).

3. Der **Aufstockungsunterhalt erlischt,** wenn die Einkünfte aus der angemessenen Erwerbstätigkeit den vollen Unterhalt decken. Wenn sich später wieder Unterschiede zwischen dem vollen Unterhalt und den eigenen Erwerbseinkünften ergeben, sind diese nicht mehr auszugleichen, wenn der volle Unterhalt inzwischen durch die Erwerbstätigkeit nachhaltig gesichert war. Ein Anspruch auf Aufstockungsunterhalt kann allerdings erneut als Anschlussunterhalt entstehen. Nach § 1573 Abs. 3 BGB sind weitere Einsatzzeitpunkte für den Aufstockungsunterhalt der Wegfall der Voraussetzungen eines Unterhaltsanspruchs nach den §§ 1570, 1571, 1572 und 1575 BGB. Beim Anschlussunterhalt ist zu beachten, dass dieser nur in dem Umfang weiter besteht, wie er im Zeitpunkt des wegfallenden Vortatbestandes bestanden hatte (vgl. Wendl/Staudigl/*Pauling* § 4 Rn. 126). Der Aufstockungsunterhalt kann allerdings auch erst zu einem späteren Zeitpunkt geltend gemacht werden, wenn die Anspruchsvoraussetzungen zur Zeit der Scheidung vorgelegen haben (BGH FamRZ 2005, 1817).

4. Der Berechtigte muss eine **angemessene Erwerbstätigkeit** im Sinne von § 1574 Abs. 2 BGB ausüben, oder es müssen ihm wegen der Nichtausübung einer zumutbaren Erwerbstätigkeit **fiktiv erzielbare Einkünfte** (BGH FamRZ 1990, 979) zugerechnet werden (→ Form. F.IV.4 Anm. 4). Es wird sich i. d. R. hierbei um eine Vollbeschäftigung handeln (BGH FamRZ 1988, 265). Geht der Unterhaltsberechtigte, der an sich zu einer Vollerwerbstätigkeit verpflichtet wäre, nur einer Teilzeitbeschäftigung nach, weil er aufgrund der Arbeitsmarktlage trotz ausreichender Bemühungen keine angemessene Vollerwerbstätigkeit gefunden hat, dann besteht kein Anspruch auf Aufstockungsunterhalt, sondern ein Anspruch nach § 1573 Abs. 1 BGB, weil er umfangmäßig keine angemessene Erwerbstätigkeit ausübt.

5. Zum Abzug der 5 %-Pauschale für berufsbedingte Aufwendungen und einem Firmenwagen → Form. F.I.7.

6. Auch vor der Einführung des neuen § 1578b BGB war beim Aufstockungsunterhalt stets an die zeitliche Befristung zu denken. Der BGH hat in seiner neueren Rechtsprechung mehrfach entschieden, dass es nicht mehr entscheidend auf die Ehedauer ankommt, sondern darauf, ob sich eine nacheheliche Einkommensdifferenz, die den Anspruch auf Aufstockungsunterhalt begründen könnte, als ein ehebedingter

Nachteil darstellt, der einen dauerhaften unterhaltsrechtlichen Ausgleich zu Gunsten des bedürftigen Ehegatten rechtfertigen kann (BGH FamRZ 2006, 1008; BGH FamRZ 2007, 793; BGH FamRZ 2007, 2049). Der Anspruch auf Aufstockungsunterhalt nach § 1573 Abs. 2 BGB bietet deswegen keine – von ehebedingten Nachteilen unabhängige – Lebensstandardgarantie. Ist die nacheheliche Einkommensdifferenz nicht auf ehebedingte Nachteile, sondern darauf zurückzuführen, dass beide Ehegatten schon vorehelich in Folge ihrer Berufsausbildung einen unterschiedlichen Lebensstandard erreicht haben, kann es im Einzelfall dem unterhaltsberechtigten Ehegatten nach einer Übergangszeit zumutbar sein, auf seinen Lebensstandard nach den ehelichen Lebensverhältnissen zu verzichten und sich mit dem Lebensstandard zu begnügen, den er auch ohne die Ehe erreicht hätte. Grundsätzlich ist festzuhalten, dass ungelernte Unterhaltsberechtigte regelmäßig keinen ehebedingten Nachteil haben. Die Berufung auf beruflichen Aufstieg ohne Kinder und Kindererziehung muss an objektivierbaren Entwicklungen festgemacht werden. Unrichtige bzw. geschönte Angaben zu wirtschaftlichen Verhältnissen können leicht zur Anwendung des § 1579 BGB führen (KG Beck-RS 2012, 02368). Die Begrenzungsmöglichkeiten des § 1578b BGB, der im Übrigen alle Unterhaltstatbestände umfasst, sehen neben der Möglichkeit der zeitlichen Befristung auch eine Herabsetzung des Unterhaltsanspruchs oder die Kombination von beidem vor. Die Kombination einer zeitlichen Befristung verbunden mit einer gestaffelten Reduzierung des Unterhalts (sog. Unterhaltsentwöhnung) gemäß § 1578b Abs 3 BGB ist gerade bei längeren Ehen sinnvoll. Zwischenzeitlich gibt es vielfältige höchstrichterliche Entscheidungen zur Begrenzung und Befristung (BGH FamRZ 2008, 1334; BGH FamRZ 2008, 1325; BGH FamRZ 2008, 1508; BGH FamRZ 2009, 406; BGH FamRZ 2009, 1207; BGH FPR 2010, 183; BGH BeckRS 2010, 10363). Der Verlust des Unterhaltsanspruches durch neue Heirat ist kein ehebedingter Nachteil (BGH FamFR 2012, 6). Der Bundesgerichtshof geht weiter davon aus, dass bestehende ehebedingte Nachteile in Form von Rentennachteilen grundsätzlich durch die Durchführung des Versorgungsausgleichs ausgeglichen werden (BGH FamRZ 2012, 951). Zu beachten ist bei der Darlegung eines ehebedingten Nachteils die Rechtsprechung des Bundesgerichtshofs zur sekundären Beweislast (BGH FamRZ 2012, 93; s. ausführlich *Grandel/Stockmann/Hamm* SWK FamR 2012, Darlegungs- und Beweislast beim Unterhalt, Rn. 18 ff.).

7. Der zeitlich begrenzte Aufstockungsunterhaltsanspruch eignet sich für eine **Abfindungsregelung** in Form einer einmaligen Zahlung. Zur Berechnung der Abfindungssumme vgl. *Hamm* § 3 Rn. 169 ff.

6. Unterhalt wegen Krankheit/Alters

Herrn Rechtsanwalt . . . . . .

Sehr geehrter Herr Kollege . . . . . .,

ich zeige an, dass ich Frau . . . . . . vertrete. Meine Mandantin ist am . . . . . . der von Ihnen für Ihren Mandanten eingereichte Scheidungsantrag zugestellt worden. Meine Mandantin hat mich beauftragt, die Scheidungsfolgesachen zu regeln.

Insbesondere klärungsbedürftig ist der nacheheliche Unterhalt. Ihr Mandant hat meiner Mandantin bereits direkt erklärt, sie könne arbeiten gehen, weshalb er keinen Unterhalt zahlen müsste. Die Aufnahme einer Erwerbstätigkeit ist meiner Mandantin jedoch nicht

möglich. Sie ist schwer erkrankt.[11] Sie leidet, wie Sie dem beigefügten ärztlichen Attest entnehmen können, an folgenden Erkrankungen: . . . . . .[6, 7, 10]

Wegen dieser Erkrankung befindet sie sich schon seit . . . . . ., also noch während des Zusammenlebens der Ehegatten in ärztlicher Behandlung bei . . . . . .[8, 9] Trotz dieser Behandlung ist bisher weder in der Vergangenheit eine Besserung eingetreten, noch ist mit einer Besserung für die Zukunft zu rechnen. Aufgrund dieser Erkrankungen ist meine Mandantin erwerbsunfähig.[6]

Hinzu kommt, dass meiner Mandantin unabhängig von der Frage der Erwerbsfähigkeit auch wegen ihres Alters von mittlerweile 58 Jahren[4] eine Erwerbstätigkeit nicht mehr zugemutet werden kann.[1, 2, 3, 5] Sie war zuletzt im Jahre . . . . . . als . . . . . . erwerbstätig und hat seit der Geburt des ältesten gemeinsamen Kindes der Parteien vor 25 Jahren im Einvernehmen mit Ihrem Mandanten ihre Erwerbstätigkeit aufgegeben, den Haushalt geführt und die gemeinsamen Kinder betreut und versorgt.[4] Aufgrund dieser einvernehmlichen Aufgabenverteilung in der Ehe und auch angesichts der gesicherten wirtschaftlichen Verhältnisse Ihres Mandanten ist es meiner Mandantin in ihrem Alter nicht mehr zumutbar, eine Erwerbstätigkeit aufzunehmen. Abgesehen davon ist sie aufgrund der langen Berufspause auf dem Arbeitsmarkt gar nicht mehr vermittelbar.

Nach den mir vorliegenden Informationen verfügt Ihr Mandant über ein monatliches Nettoeinkommen in Höhe von . . . . . . EUR. Hierbei bin ich von dem Jahreseinkommen einschließlich der Sonderzuwendungen ausgegangen und habe dieses durch 12 dividiert. Nach Abzug von einer Pauschale von 5 % für berufsbedingte Aufwendungen, sowie $^{1}/_{10}$ Erwerbsanreiz, verbleibt für die Unterhaltsberechnung ein Einkommen in Höhe von . . . . . . EUR.

Da meine Mandantin über kein eigenes Einkommen verfügt, beträgt ihr Unterhaltsanspruch die Hälfte, somit . . . . . . EUR.

Bitte teilen Sie mir innerhalb von 2 Wochen mit, ob der nacheheliche Unterhalt so geregelt werden kann. Anderenfalls muss ich den Unterhaltsanspruch im laufenden Scheidungsverfahren als Folgesache rechtshängig machen.

Mit freundlichen kollegialen Grüßen

. . . . . .

Rechtsanwalt/Rechtsanwältin

Anmerkungen

1. Ein Unterhaltsanspruch wegen Alters gemäß **§ 1571 BGB** hat derjenige, der aus Altersgründen zu bestimmten Einsatzzeitpunkten durch eine angemessene eigene Erwerbstätigkeit seinen Lebensbedarf nicht mehr decken kann. Für den Anspruch nach § 1571 BGB ist keine Ehebedingtheit der Unterhaltsbedürftigkeit erforderlich. Der Anspruch besteht auch dann, wenn der Unterhaltsberechtigte bei Eheschließung wegen seines Alters keiner Erwerbstätigkeit mehr nachgehen konnte oder bereits Rentenempfänger war (BGH FamRZ 1983, 150, 151; FamRZ 1982, 28), sog. **Altersehe.** Ist eine uneingeschränkte Unterhaltsleistung unangemessen, stellt § 1578b BGB ein gewisses Korrektiv dar. Der Umfang einer geschuldeten nachehelichen Solidarität bemisst sich u.a. nach der Dauer, der Pflege oder Erziehung gemeinsamer Kinder, der Gestaltung von Haushaltsführung und Erwerbstätigkeit während der Ehe, sowie auch nach der Ehedauer (OLG Düsseldorf Beck-RS 2009, 07441; OLG Koblenz NJW 2009, 3215).

2. Nach § 1571 Nr. 1 BGB kommt es darauf an, ob von dem geschiedenen Ehegatten **im Zeitpunkt der Scheidung wegen seines Alters eine Erwerbstätigkeit nicht mehr erwartet** werden kann. Das ist nicht nur im Hinblick auf das Lebensalter des unterhaltbegehrenden Ehegatten von Bedeutung. Der Berechtigte muss sich hier nur auf eine angemessene Erwerbstätigkeit im Sinne von § 1574 Abs. 2 BGB verweisen lassen.

3. Für den Anspruch aus § 1571 BGB ist erforderlich, dass das **Alter kausal** dafür sein muss, dass eine angemessene Erwerbstätigkeit nicht mehr zu erwarten ist. Hier kann es Abgrenzungsprobleme geben, wenn ein in der Ehezeit nicht berufstätiger Ehegatte Probleme, auch altersbedingter Art, mit der Wiedereingliederung in die Arbeitswelt trotz ausreichender Bemühungen hat. Liegt der Schwerpunkt seiner Schwierigkeiten mehr in seinem Alter, besteht ein Anspruch auf Altersunterhalt. Liegt er mehr darin, dass wegen der schlechten Arbeitsmarktlage keine reale Beschäftigungschance besteht, kann ein Erwerbslosigkeitsunterhalt nach § 1573 Abs. 1 BGB in Frage kommen (vgl. BGH FamRZ 1999, 708, 709; OLG Hamm FamFR 2010, 178). Maßgebend ist, ob typischerweise in diesem Alter und der in Betracht kommenden Berufssparte keine angemessene Arbeit mehr gefunden werden kann – dann ist § 1571 BGB einschlägig. Scheitert die Arbeitsaufnahme nur aufgrund der konkreten Einzelfallumstände aufgrund des Alters, dann gilt § 1573 Abs. 1 BGB.

4. Der Gesetzgeber hat bewusst **keine feste Altersgrenze** festgelegt. Als objektives Kriterium ist zu prüfen, ob ein bestimmter Beruf im Alter noch ausgeübt werden kann, zB Tänzerin, Mannequin, falls nur diese Tätigkeit angemessen ist. Nach Eintritt des Rentenalters besteht keine Erwerbsobliegenheit mehr. Erzielt ein Rentner noch Einkünfte, sind diese in vollem Umfang überobligatorisch (BGH NJW 2013, 461). Als subjektives Kriterium ist die Gesamtentwicklung der Eheleute bis zum Einsatzpunkt zu betrachten. Bei langer Ehedauer und ausschließlicher Haushaltstätigkeit oder langer Kinderbetreuung der Frau sowie guter beruflicher Stellung des Mannes kommt ein Anspruch nach § 1571 BGB schon bei einem unter 55 Jahre liegenden Alter in Betracht (vgl. Gerhardt/Heintschel-Heinegg/Klein/*Gerhardt* 6. Kap. Rn. 366, 367 mwN). Auch der Altersunterhalt ist nach § 1578b BGB der Befristung und Begrenzung zugänglich. Dies ist in der Regel dann der Fall, wenn aufgrund der Durchführung des Versorgungsausgleichs ehebedingte Nachteile in der Altersvorsorge während der Ehezeit durch Aufgabe oder Unterbrechung der Erwerbstätigkeit ausgeglichen werden (BGH NJW 2008, 2581; NJW 2010, 3097). In diesem Zusammenhang ist zu prüfen, ob der unterhaltspflichtige Ehegatte über die gesamte Ehezeit Rentenanwartschaften erworben hat oder ob der Unterhaltsberechtigte allein aufgrund des Versorgungsausgleichs noch nicht die Voraussetzungen für eine Rente wegen Erwerbsminderung erfüllt, während dies ohne ehebedingte Berufsunterbrechung der Fall gewesen wäre (BGH NJW 2011, 1284). Zu prüfen ist aber weiter, ob derartige Nachteile durch scheidungsbedingte Vorteile kompensiert werden (BGH NJW 2012, 2028; 2011, 2512).

5. Voraussetzung des Unterhaltstatbestandes des § 1571 BGB ist das Vorliegen der **Einsatzzeit** Scheidung, Beendigung der Kinderbetreuung oder Wegfall des Unterhaltsanspruchs nach den §§ 1572 und 1573 Abs. 1 BGB.

6. Nach § 1572 BGB kann jemand Unterhalt verlangen, von dem wegen Krankheit, anderer Gebrechen oder Schwäche der körperlichen oder geistigen Kräfte eine angemessene Erwerbstätigkeit iSV § 1574 Abs. 2 S. 1 BGB nicht erwartet werden kann. Der Gesetzeswortlaut ist eine **Umschreibung des Begriffs der Erwerbsunfähigkeit,** d.h. übliche körperliche Abnutzungserscheinungen und Unpässlichkeiten reichen nicht aus (BGH FamRZ 1984, 353, 356). Wird trotz behaupteter gesundheitlicher Beeinträchtigung eine Tätigkeit ausgeübt, kann sich der Bedürftige in Höhe des hierfür erzielten Einkommens nicht auf eine überobligatorische Tätigkeit berufen (BGH NJW 1998, 2821, 2822).

7. Krankheit iSV § 1572 BGB ist auch eine bis zur Krankheit gesteigerte Alkohol- oder Tablettenabhängigkeit, wenn dies zur Folge hat, dass der Betroffene in Folge krankhafter Willensschwäche keine geregelte Erwerbstätigkeit durchhalten kann. Gleiches gilt für Drogenabhängige sowie für Personen die in Folge einer seelischen Störung zB Neurose erwerbsunfähig sind (OLG Bamberg FamRZ 2000, 231, 232).

8. Auch beim Krankheitsunterhalt müssen die Einsatzzeitpunkte gewahrt sein. Es genügt jedoch, wenn zum Einsatzzeitpunkt die Erwerbsunfähigkeit begründende Krankheit **latent vorhanden** ist und noch in einem zeitlichen Zusammenhang zur Erwerbsunfähigkeit führt (OLG Schleswig FuR 2006, 283; BGH FamRZ 2001, 1291; OLG Koblenz FuR 2006, 45). Nach einer Entscheidung des OLG Koblenz (FuR 2006, 45) kann eine 21 Monate nach Rechtskraft der Scheidung ausgebrochene Erkrankung nicht mehr der Ehe zugerechnet werden, auch wenn sie bei Scheidung latent vorhanden gewesen ist. Hat jedoch in der Zwischenzeit ein Anspruch auf Aufstockungsunterhalt bestanden, kann sich an diesen ein Anspruch auf Krankenunterhalt anschließen, auch wenn der Aufstockungsunterhaltsanspruch nicht geltend gemacht wurde.

9. Der krankheitsbedingt Erwerbsunfähige hat die **Pflicht,** sich einer notwendigen **ärztlichen Heilbehandlung** zu unterziehen und aktiv an seiner Genesung mitzuarbeiten. Unterlässt er die notwendigen und zumutbaren therapeutischen Maßnahmen, so kann darin ein Verhalten liegen, das den Tatbestand des § 1579 Nr. 4 BGB erfüllt (vgl. BGH FamRZ 1988, 375, 377; BGH FamRZ 1981, 1042, 1043 ff.; OLG Naumburg FamRZ 2007, 472). Dies gilt insbesondere bei einer sog. **Unterhaltsneurose,** wenn keine ärztliche Hilfe in Anspruch genommen und keine Therapie durchgeführt wird (OLG Hamm FamRZ 1999, 237).

10. Der Unterhaltsberechtigte hat die Erkrankung als solche und ihre Auswirkungen auf die Erwerbsfähigkeit **substantiiert darzulegen.** Die bloße Behauptung, der Unterhaltsberechtigte sei krankheitsbedingt nicht arbeitsfähig, reicht nicht. Es empfiehlt sich, ein detailliertes ärztliches Attest vorzulegen, aus dem sich Diagnose, Dauer der Erkrankung, Art der Behandlung und die Auswirkungen der Krankheit auf die Erwerbsfähigkeit ergeben, ferner die Prognose. Dies gilt im besonderen Maße bei psychischen Erkrankungen, insbesondere Depressionen; Stichwort Renten- oder Unterhaltsneurose. Dagegen ist der unterhaltspflichtige Ehegatte aber darlegungs- und beweispflichtig hinsichtlich einer behaupteten Genesung des Berechtigten von einer schweren Erkrankung (BGH NJW-RR 2005, 1450; BGH FamRZ 2005, 879). Eine festgestellte Schwerbehinderung und die Bewilligung einer dauerhaften Erwerbsunfähigkeitsrente ist ein entscheidendes Indiz für die Fortdauer der Erkrankung.

11. Es spielt keine Rolle, ob die Krankheit erst in der Ehe entstanden ist oder bereits bei Eheschließung bestand (BGH FamRZ 1994, 566, 1995, 1405). In Extremfällen kann jedoch § 1579 Ziff. 8 BGB eingreifen, nämlich wenn der Unterhaltsberechtigte seine Erkrankung bei Eheschließung bewusst verschwiegen hat (vgl. OLG Brandenburg FamRZ 1996, 866). Zu denken ist auch hier an die Begrenzungsmöglichkeiten des § 1578b BGB (vgl. hierzu OLG Düsseldorf FamFR 2010, 227). Insoweit hat der BGH entschieden, dass in Bezug auf die Bedeutung einer Krankheit für die Frage des ehebedingten Nachteils die zeitliche Komponente keine entscheidende Rolle spielt. Ein solcher Nachteil kann also nicht schon deshalb angenommen werden, weil die Krankheit während der Ehe eingetreten ist (BGH FPR 2009, 126; Beck-RS 2009, 14806). Bei der Billigkeitsabwägung im Rahmen von § 1578b BGB ist von Bedeutung, dass der Gesetzgeber mit dem Anspruch des § 1572 BGB ein besonderes Maß an nachehelicher Solidarität festgeschrieben hat.

7. Unterhalt wegen Ausbildung

Herrn ......

Sehr geehrter Herr ......,

ich zeige an, dass Ihre Ehefrau von mir vertreten wird. Meine Mandantin hat mir mitgeteilt, dass Sie in Kürze bereits 1 Jahr voneinander getrennt leben und Ihrerseits beabsichtigt ist, das Scheidungsverfahren einzuleiten. Meine Mandantin hat mich deshalb beauftragt, ihren nachehelichen Unterhalt zu klären.

Wie Ihnen bekannt ist, hat meine Mandantin mit der Eheschließung ihre damalige Ausbildung zur Industriekauffrau auf Ihren Wunsch und zugunsten Ihrer Karriere aufgegeben. Hintergrund war, dass es Ihre Position bei der Firma ...... mit sich brachte, dass häufigere Auslandsaufenthalte anstanden, zu denen sie meine Mandantin begleitet hat. Meine Mandantin hat dies auch immer gern getan.[3]

Mit dem Scheitern Ihrer Ehe muss meine Mandantin ihr Leben neu ordnen, dies gilt insbesondere für den beruflichen Werdegang meiner Mandantin. Sie hat deshalb ein privates Institut gefunden, an dem sie ihre Ausbildung zur Industriekauffrau wieder aufnehmen und beenden kann. Aufgrund des Alters meiner Mandantin war es nicht möglich, dass meine Mandantin einen Ausbildungsplatz in einem Unternehmen einnehmen konnte.[2] Hier werden nur Auszubildende genommen, die direkt von der Schule kommen.

Als Anlage übermittele ich Ihnen eine Bestätigung des von meiner Mandantin besuchten Instituts, dem Sie entnehmen können, dass die normale Ausbildungsdauer 2 Jahre beträgt.[1] Meine Mandantin erlangt den Abschluss einer Industriekauffrau. Weiter können Sie der Bestätigung entnehmen, dass für dieses Institut Kosten in Höhe von ...... EUR monatlich entstehen.

Gemäß § 1575 Abs. 1 BGB hat meine Mandantin für die Dauer ihrer Ausbildung einen Anspruch auf Unterhalt gegen Sie. Weiter sind Sie verpflichtet, die Ausbildungskosten zu tragen.[6]

Der Unterhaltsanspruch meiner Mandantin ermittelt sich wie folgt:

Nach meinen Informationen verfügen Sie über ein monatliches Nettoeinkommen in Höhe von ...... EUR.

Hiervon ist eine Pauschale von 5 % für berufsbedingte Aufwendungen in Abzug zu bringen, also ...... EUR. Weiterhin abzugsfähig sind die von Ihnen zu bezahlenden Ausbildungskosten meiner Mandantin in Höhe von monatlich ...... EUR. Nach Bereinigung um den Ihnen verbleibenden Erwerbstätigenbonus in Höhe von 10 %, verbleibt zur Berechnung des Unterhalts ein Einkommen in Höhe von ...... EUR.

Hieraus die Hälfte ist der Bedarf meiner Mandantin und mangels eigenem Einkommens auch ihr Unterhaltsanspruch.

Ich bitte um Mitteilung binnen 2 Wochen, ob Sie freiwillig bereit sind, diesen Unterhalt zu bezahlen. Andernfalls muss ich meiner Mandantin raten, ihren Unterhaltsanspruch im Rahmen des Scheidungsverfahrens gerichtlich regeln zu lassen.

Sie sollten in Ihre Überlegungen mit einbeziehen, dass es mittelfristig auch Ihnen zugute kommt, dass meine Mandantin diese Ausbildung absolviert.[4, 5] Meine Mandantin wird

nur so in die Lage gesetzt, eine angemessene Erwerbstätigkeit aufnehmen zu können, mit der sie dann selbst zum Bestreiten ihres Lebensunterhaltes beitragen kann.

Mit freundlichen Grüßen

......

Rechtsanwalt/Rechtsanwältin

Anmerkungen

1. Ein geschiedener Ehegatte kann einen Unterhaltsanspruch gemäß § 1575 BGB auf Ausbildungsunterhalt haben, wenn er entweder

- im Hinblick auf die bevorstehende Ehe eine Schul- oder Berufsausbildung nicht aufgenommen oder abgebrochen hat (BGH FamRZ 2001, 350)
- während der Ehe eine Schul- oder Berufsausbildung nicht aufgenommen oder abgebrochen hat
- oder sich zum Ausgleich ehebedingter Nachteile fortbilden oder umschulen lässt.

Dieser Anspruch soll den Bedürftigen einen besseren Ausbildungsstand und damit anspruchsvollere Erwerbstätigkeiten ermöglichen, als es angemessene Erwerbstätigkeiten iSv § 1574 Abs. 2 BGB wären. Die Bestimmung hat nämlich auch den **Ausgleich von Nachteilen** zum Ziel, die ein Ehegatte in seinem beruflichen Fortkommen mit Rücksicht auf die Ehe auf sich genommen hat (vgl. BGH FamRZ 1985, 782, BGH FamRZ 1987, 333; OLG Karlsruhe FamRZ 2009, 120).

2. Der Anspruch aus Ausbildungsunterhalt setzt darüber hinaus voraus, dass die **Ausbildung notwendig** ist, damit im Anschluss daran eine angemessene Erwerbstätigkeit ausgeübt werden kann. Es muss außerdem eine einigermaßen sichere Aussicht bestehen, dass die notwendige Ausbildung erfolgreich abgeschlossen werden wird (BGH FamRZ 1986, 553). Der Bedürftige ist deshalb verpflichtet, seine Ausbildung zielstrebig, intensiv und mit Fleiß zu betreiben. Ziel der Ausbildung muss immer die wirtschaftliche Selbstständigkeit des Unterhaltsberechtigten sein, also dass der erfolgreiche Abschluss der Ausbildung zu erwarten ist und dass es sich bei dem erstrebten Abschluss um einen solchen handelt, der anschließend eine Erwerbstätigkeit erwarten lässt, die den Unterhalt nachhaltig sichert (OLG Karlsruhe FamRZ 2009, 120).

3. Ist eine **Ausbildung vor der Ehe abgebrochen** worden, muss der Bedürftige die Ehebedingtheit des Abbruchs darlegen und beweisen. Wird die Ausbildung dagegen erst während der Ehe abgebrochen, muss der Abbruch nicht wegen der Ehe erfolgt sein (BGH FamRZ 1980, 126).

4. Die Ausbildung bzw. Fortbildung oder Umschulung muss **ohne schuldhafte Verzögerung** nach der Scheidung oder dem Ende des Betreuungs- oder Krankheitsunterhalts **aufgenommen** werden (vgl. Gerhardt/Heintschel-Heinegg/*Gerhardt* 6. Kap. Rn. 389). Der Anspruch ist zeitlich befristet auf die Dauer der Ausbildung und richtet sich nach der üblichen Ausbildungs- bzw. Studienzeit (§ 1575 Abs. 1 S. 2 BGB). Der Anspruch besteht nur für eine Erstausbildung. Die Finanzierung einer Zweitausbildung geht über den Bereich ehelicher Solidarität hinaus (BGH FamRZ 1985, 782, 784).

5. Voraussetzung ist stets, dass mit der angestrebten Ausbildung eine **echte Arbeitsplatzchance** erreicht wird. Der Anspruch entfällt daher, wenn die Ausbildung wegen des Alters des Bedürftigen nicht mehr sinnvoll ist (BGH FamRZ 1987, 601).

6. Der Anspruch umfasst auch die **Ausbildungskosten** (§ 1578 Abs. 2 BGB).

8. Unterhalt aus Billigkeitsgründen

Herrn ......

Sehr geehrter Herr ......,

ich zeige an, dass ich Ihre geschiedene Ehefrau vertrete. Wie Ihnen bekannt ist, ist meine Mandantin derartig schwer erkrankt, dass sie nicht in der Lage ist, ihre selbstständige Tätigkeit, aus der sie bisher ihren Unterhalt bestritten hat, weiter fortzuführen. Meine Mandantin hat mich deshalb gebeten, ihren Unterhaltsanspruch gegen Sie geltend zu machen. Ihre Auffassung, dass Sie die Krankheit Ihrer geschiedenen Ehefrau aufgrund der Tatsache, dass diese erst nach der Scheidung eingetreten ist, unterhaltsrechtlich nichts mehr angeht, ist nicht haltbar. Das Gesetz billigt bei Vorliegen von schwerwiegenden Gründen auch in solchen Fällen nach § 1576 BGB noch einen Unterhaltsanspruch zu.[1]

Dies gilt umso mehr, als Sie in außerordentlich günstigen wirtschaftlichen Verhältnissen leben und meine Mandantin auch immer in dem Glauben gelassen haben, im Notfall auch nach der Scheidung für sie da zu sein. Ich muss in diesem Zusammenhang auch darauf hinweisen, dass meine Mandantin Sie während der Ehe, als Sie selbst in Folge Ihrer Krankheit lange Zeit arbeitsunfähig waren, über ein Jahr lang gepflegt hat. Sie hat in diesem Zusammenhang außerdem für die damals bei Ihnen erforderliche Therapie nahezu ihr gesamtes Vermögen aufgebraucht.[2]

Nachdem meine Mandantin jetzt unerwartet so schwer erkrankt ist, wäre eine Nichtgewährung von Unterhalt grob unbillig.[3] Ich bitte um Mitteilung bis zum ......, ob Sie freiwillig bereit sind, an meine Mandantin einen Unterhalt in Höhe von[4]...... zu bezahlen. Andernfalls muss ich meiner Mandantin raten, ihren Unterhaltsanspruch gerichtlich regeln zu lassen.

Mit freundlichen Grüßen

......

Rechtsanwalt/Rechtsanwältin

Anmerkungen

1. Wenn keiner der in §§ 1570 bis 1575 BGB enumarativ aufgeführten Unterhaltstatbestände – mehr – erfüllt sind und sich die Bedürftige aus anderen schwerwiegenden Gründen nicht selbst unterhalten kann, kann ausnahmsweise ein **Unterhaltsanspruch aus Billigkeitsgründen** gemäß § 1576 BGB gegeben sein. Hierbei handelt es sich **nicht** um eine Art unterhaltsrechtliche Generalklausel, sondern um einen auf äußerste Ausnahmefälle beschränkten Auffangtatbestand für den Fall, dass ein Ehegatte zwar keinen der oben genannten Unterhaltstatbestände erfüllt, es aber dem Gerechtigkeitsgefühl unerträglich widerspräche, ihm Unterhalt zu verweigern (BGH FamRZ 1983, 800, 1994, 361; BGH FamRZ 2003, 1734).

2. Solche **schwerwiegenden Gründe** können sein:
- Betreuung von Pflegekindern, wenn die Aufnahme in den früheren gemeinsamen Haushalt einvernehmlich erfolgt und die Kinder über einen längeren Zeitraum in diesem Umfeld gelebt haben (OLG Stuttgart FamRZ 1983, 503, aber auch OLG Hamm FamRZ 1996, 1417)

- Betreuung von Kindern des Verpflichteten, wenn sie auch in der Ehe betreut worden sind (OLG Stuttgart FamRZ 1983, 503; OLG Düsseldorf FamRZ 1999, 1274). Nach einer Entscheidung des OLG Koblenz (OLG Koblenz FamRZ 2005, 1997) reicht allein die Tatsache, dass die Unterhaltsberechtigte 4 Kinder aus erster Ehe betreut, nicht aus, vielmehr müssen noch **gewichtige besondere Umstände** hinzukommen.
- Betreuung eines pflegebedürftigen nahen Angehörigen (OLG Düsseldorf FamRZ 1980, 56)
- Pflege und Erziehung eines Enkelkindes der Ehegatten, dessen Eltern für die Betreuung ausscheiden (Amtsgericht Herne-Wanne FamRZ 1996, 1016)
- schwere Erkrankung des Berechtigten, wenn ein Krankheitsunterhalt nur am Einsatzpunkt scheitert (BGH FamRZ 1990, 496, 499; OLG Zweibrücken FamRZ 2002, 821, 822)

3. Es muss dann eine **Billigkeitsprüfung und Abwägung aller Umstände anhand des konkreten Falles** durchgeführt werden (BGH FamRZ 1984, 361, 363). Zu berücksichtigen sind hierbei besondere Leistungen für den anderen Ehegatten. Je entsagungsvoller das im Rahmen von § 1567 BGB angeführte Verhalten des geschiedenen Ehegatten ist, desto eher ist dem anderen Ehegatten eine nacheheliche Unterhaltsbelastung zumutbar.

4. Bei der Ermittlung des Billigkeitsunterhaltsanspruchs kommt nur ausnahmsweise der volle Unterhalt zum Tragen. Es ist vielmehr der **notwendige Bedarf** zu ermitteln, nicht der tatsächliche. Diese notwendigen Kosten sind dann zu übernehmen. Oft wird auch eine zeitliche Befristung für eine Übergangszeit in Betracht kommen (BGH FamRZ 1984, 769).

9. Kranken- und Altersvorsorgeunterhalt

Herrn Rechtsanwalt . . . . . .

Sehr geehrter Herr Kollege . . . . . .,

ich zeige an, dass ich Frau . . . . . . vertrete. Meine Mandantin ist mittlerweile Ihr Scheidungsantrag vom . . . . . . zugestellt worden. Meine Mandantin hat mich nunmehr beauftragt, die Scheidungsfolgesachen zu regeln. Insbesondere ist der nacheheliche Unterhalt zu klären.

Zum Unterhaltsanspruch meiner Mandantin, den diese auch nach der Scheidung wegen der Betreuung des noch sehr kleinen gemeinsamen Kindes der Parteien hat, gehören neben dem Elementarunterhalt ebenfalls die Kosten für eine angemessene[2] Kranken- und Pflegeversicherung sowie der Altersvorsorgeunterhalt.[3] Meine Mandantin erzielt aus Zinseinkünften monatlich 350,– EUR, der entsprechende Bankbeleg ist beigefügt.

Als Anlage übermittele ich außerdem die aktuelle Bescheinigung der Krankenversicherung von meiner Mandantin, aus der Sie die Kosten für die Kranken- und Pflegeversicherung meiner Mandantin entnehmen können.[1, 4]

Das Einkommen Ihres Mandanten beträgt nach meinen Informationen 5.156,– EUR. Davon ist eine Pauschale von 5 % für berufsbedingte Aufwendungen, somit 258,– EUR abzuziehen, zur Unterhaltsberechnung verbleibt ein bereinigtes Nettoeinkommen in Höhe von 4.898,– EUR monatlich.

Der Unterhaltsanspruch meiner Mandantin errechnet sich wie folgt:

bereinigtes Nettoeinkommen Ihres Mandanten:	4.898,– EUR
abzüglich Kranken- und Pflegeversicherung meiner Mandantin:[5, 6]	300,– EUR
abzüglich Kindesunterhalt für . . . . . . 2 Jahre alt	452,– EUR
Zwischenergebnis:	4.146,– EUR

Der Elementarunterhaltanspruch zur Ermittlung des Altersvorsorgeunterhalts errechnet sich vorläufig wie folgt:

verbleibendes Einkommen Ihres Mandanten	4.228,– EUR
abzüglich 10 % Erwerbsanreiz	./. 415,– EUR
zuzüglich eigenes Einkommen meiner Mandantin	350,– EUR
Zwischenergebnis	4.081,– EUR
daraus die Hälfte ist der Bedarf meiner Mandantin	2.040,50 EUR

Nach Abzug der eigenen Einkünfte meiner Mandantin errechnet sich ein vorläufiger Unterhaltsanspruch von 1.690,50 EUR.

Nach der Bremer Tabelle (Stand 1.1.2017) errechnet sich der Altersvorsorgeunterhalt wie folgt:[7]

Rohunterhalt:	1.690,50 EUR
fiktives Brutto: 1.690,50 + 28 % =	2.164,– EUR
Altersvorsorgeunterhalt: 2.164,– EUR × 18,7 % =	405,– EUR

Nun ist das um Kindesunterhalt und Krankenversicherungsbeiträge bereinigte Einkommen Ihres Mandanten um den Altersvorsorgeunterhalt zu bereinigen:

Einkommen:	4.146,– EUR
abzüglich Altersvorsorgeunterhalt:	./. 405,– EUR
Zwischenergebnis	3.741,– EUR
abzüglich Erwerbstätigenbonus 10 % aus 3.741,– EUR:	./. 374,– EUR
Ergebnis	3.367,– EUR

Damit errechnet sich der Elementarunterhaltanspruch meiner Mandantin wie folgt:

verbleibendes Einkommen Ihres Mandanten	3367,– EUR
zuzüglich eigenes Einkommen meiner Mandantin	350,– EUR
Zwischenergebnis	3.717,– EUR
daraus die Hälfte ist der Bedarf meiner Mandantin	1.859,– EUR

Nach Abzug des eigenen Einkommens meiner Mandantin errechnet sich ein Anspruch auf Elementarunterhalt in Höhe von 1.509,– EUR.

Ich fordere Ihren Mandanten deshalb auf, ab Rechtskraft der Scheidung einen monatlichen Elementarunterhalt in Höhe von 1.509,– EUR, einen monatlichen Krankenvorsor-

geunterhalt in Höhe von 300,– EUR sowie einen monatlichen Altersvorsorgeunterhalt in Höhe von 405,– EUR zu bezahlen.[8]

Mit freundlichen kollegialen Grüßen

. . . . . .

Rechtsanwalt/Rechtsanwältin

Anmerkungen

1. Ab Rechtskraft des Scheidungsurteils ist der nicht sozialversicherungspflichtig tätige Unterhaltsberechtigte nicht mehr über die gesetzliche **Krankenversicherung** des anderen Ehegatten mit versichert (§ 9 SGB V). Ein etwaiger privater Krankenversicherungsvertrag wird durch die Scheidung nicht berührt. Eine für den Unterhaltsberechtigten gegebenenfalls bisher bestehende Beihilfeberechtigung endet allerdings, so dass der Umfang des Versicherungsschutzes ausgeweitet werden muss. Zum Unterhalt gehören deshalb gemäß § 1578 Abs. 2 BGB auch die Krankenversicherungskosten. Der Betrag zur Krankenvorsorge einschließlich der Pflegevorsorge ist nicht in der Quote des Elementarunterhalts mit enthalten.

2. Angemessen sind die Kosten, die erforderlich sind, um einen Krankenversicherungsschutz zu erreichen, der den ehelichen Lebensverhältnissen entspricht. Der Unterhaltsberechtigte muss allerdings, wenn die Leistungen vergleichbar sind, die preiswerteste Versicherung wählen (BGH FamRZ 1983, 888). Krankenvorsorgeunterhalt kann der Höhe nach gemäß § 1578b BGB begrenzt werden, wenn ein den ehelichen Lebensverhältnissen entsprechender Versicherungsschutz in der privaten Krankenversicherung nur mit einem unverhältnismäßig hohen Beitrag zu erreichen ist (BGH FPR 2010, 183).

3. Muss sich der Unterhaltsberechtigte ein **fiktives Erwerbseinkommen** anrechnen lassen und wäre er, die Existenz des Arbeitsverhältnisses unterstellt, sozialversicherungspflichtig, so wird kein Krankenvorsorgeunterhalt geschuldet. Denn mit der fiktiven Erwerbstätigkeit wäre ein Versicherungsschutz in der gesetzlichen Krankenversicherung verbunden (OLG Hamm FamRZ 1994, 107).

4. War der Unterhaltsberechtigte in der Ehe über den anderen Ehegatten im Rahmen der **Familienversicherung** mit versichert (§ 10 Abs. 5 SGB V), so kann er nur binnen einer Frist von 3 Monaten ab Rechtskraft der Scheidung diese Versicherung als freiwilliges Mitglied fortführen (§§ 9 Abs. 1 Ziff. 2, 9 Abs. 2, 188 SGB V). Eine andere Möglichkeit, ohne sozialversicherungspflichtige Tätigkeit in die gesetzliche Krankenversicherung zu kommen, besteht nicht.

5. Die für den Unterhaltspflichtigen anfallenden **Krankenversicherungsbeiträge** sind bei der Unterhaltsberechnung **vorweg vom Einkommen des Schuldners abzuziehen.** Im wirtschaftlichen Ergebnis trägt der Gläubiger also über eine Kürzung seines Elementarunterhalts die Krankenversicherungskosten in Höhe der Quote mit der sein Elementarunterhalt berechnet wird (BGH FamRZ 1985, 357).

6. Dasselbe gilt für die **Pflegeversicherung.** Die Kosten der Pflegeversicherung sind zwar in § 1578 Abs. 2 und 3 BGB nicht genannt. Da die Pflegeversicherung jedoch mit der Kranken- und Altersversicherung vergleichbar ist, wird § 1578 BGB entsprechend angewandt.

Altersvorsorge wird in der Trennungszeit gemäß §§ 1361 Abs. 1 S. 2 BGB, 1587 Abs. 2 BGB für die Zeit ab dem Monatsende vor Zustellung des Scheidungsantrages geschuldet. Ab Rechtskraft der Scheidung ergibt sich der Anspruch aus § 1578 Abs. 3 BGB. Voraussetzung ist auch hier, dass ein Anspruch auf Unterhalt dem Grunde nach überhaupt besteht. Besteht nur ein Anspruch auf Zahlung von Ausbildungsunterhalt gemäß § 1575 BGB, gibt es wegen des Verweises aus § 1578 Abs. 3 BGB keinen Altersvorsorgeunterhalt, allerdings kann nach allgemeinen Regeln Krankenvorsorgeunterhalt verlangt werden.

7. **Altersvorsorgeunterhalt** ist grundsätzlich **ab Rechtshängigkeit des Scheidungsverfahrens** geschuldet, da der Unterhaltsberechtigte ab diesem Zeitpunkt nicht mehr über den Versorgungsausgleich an den bezahlten Beiträgen für die Altersversorgung profitiert. Die Höhe des Altersvorsorgeunterhalts richtet sich dabei nach der Höhe des Elementarunterhalts und wird in einer zweistufigen Berechnung mittels der Bremer Tabelle ermittelt. Zunächst ist aus dem bereinigten Nettoeinkommen des Unterhaltspflichtigen der Elementarunterhalt zu ermitteln. Dieser wird anhand der Bremer Tabelle auf ein fiktives Bruttoeinkommen hochgerechnet, aus dem der Beitrag in Höhe des jeweiligen Rentensatzes für die gesetzliche Rentenversicherung (derzeit 19,9 %) errechnet wird. In der zweiten Stufe wird der so ermittelte fiktive Beitrag zur gesetzlichen Rentenversicherung (= Altersvorsorgeunterhalt) vom bereinigten Nettoeinkommen des Unterhaltspflichtigen abgezogen und anschließend erneut eine Unterhaltsberechnung vorgenommen. Im Ergebnis teilen sich Unterhaltspflichtiger und Unterhaltsberechtigte somit den Altersvorsorgeunterhalt. Wird Altersvorsorgeunterhalt bei einer Unterhaltsberechnung nach konkretem Bedarf geltend gemacht, so ist dessen Höhe weder durch die Beitragsbemessungsgrenze begrenzt, noch ist die zweistufige Berechnung erforderlich (BGH FamRZ 2007, 1017; OLG Hamm FamRZ 2008, 1184).

8. Der Unterhaltspflichtige hat den Vorsorgeunterhalt **grundsätzlich an den Berechtigten selbst zu zahlen,** nicht an einen Versicherungsträger (BGH FamRZ 1982, 1197). Allerdings kann der Unterhaltspflichtige dann Zahlung an einen Versicherungsträger verlangen, wenn besondere Umstände dies erfordern, beispielsweise wenn begründete Zweifel bestehen, dass der Unterhaltsberechtigte die an ihn gezahlten Vorsorgebeträge auch zweckentsprechend verwendet (BGH FamRZ 1987, 684). Verwendet der Unterhaltsberechtigte den an ihn gezahlten Vorsorgeunterhalt bestimmungswidrig für seinen allgemeinen Lebensbedarf und beruht seine spätere Unterhaltsbedürftigkeit jedenfalls auch darauf, dass er in Folge der zweckfremden Verwendung keinen entsprechenden Versicherungsschutz hat, so kann der Unterhaltsverpflichtete einem Unterhaltsbegehren den Einwand des § 1579 Nr. 4 BGB entgegenhalten (BGH FamRZ 1987, 684). (Vgl. zu den Rechtsfolgen zweckwidriger Verwendung von Vorsorgeunterhalt ausführlich *Finke* FamFR 2013, 1).

10. Verwirkung

Frau ......

Sehr geehrte Frau ......,

ich zeige an, dass ich Ihren geschiedenen Ehemann Herrn ...... vertrete.

Nachdem es zwischen Ihnen und meinem Mandanten nicht möglich war, eine einvernehmliche Regelung über die Abänderung des Ehegattenunterhaltes zu treffen, hat mich mein Mandant beauftragt, ihn in dieser Angelegenheit zu vertreten. Grundlage der Unterhaltsregelung ist die im Scheidungsverfahren vor dem Amtsgericht ...... am ...... getroffene Vereinbarung, Aktenzeichen ...... Gemäß Ziffer ...... der Vereinbarung ist die dort getroffene Unterhaltsregelung dann abänderbar, wenn mein Mandant in den

Ruhestand tritt. Dies ist zu Beginn dieses Jahres eingetreten, so dass sich schon aus diesem Grund eine Unterhaltsabänderung ergäbe.

Selbst wenn sich mit dem reduzierten Einkommen meines Mandanten noch rechnerisch ein Unterhaltsanspruch ergeben würde, haben Sie diesen jedoch nach der Rechtsprechung des BGH gemäß § 1579 Nr. 2 BGB verwirkt, weil Sie seit über vier Jahren mit Frau ...... in einer derart verfestigten Beziehung leben, die als eheähnlich anzusehen ist.[1, 2] Hierbei macht es nach der Rechtsprechung keinen Unterschied, dass es sich um eine gleichgeschlechtliche Partnerschaft handelt.[3] Sie wohnen seit ...... gemeinsam in dem Haus ...... und haben dort ein gemeinsames Schlafzimmer. Sie haben Ihre Lebensverhältnisse so aufeinander abgestellt, dass Sie wechselseitig füreinander einstehen und Ihr Zusammenleben ähnlich gestalten, wie dies sich aufgrund der nach außen dringenden Gegebenheiten auch in einer Ehe darstellt. Dies zeigt sich insbesondere daran, dass Sie an Festen und Familienfeiern stets gemeinsam teilnehmen, wie auch bei der Hochzeit Ihres gemeinsamen Sohnes am ...... Sie treten nicht nur im Familienkreis, sondern auch im weiteren Umfeld ganz selbstverständlich als gleichgeschlechtliches Paar auf.

Meinen Mandanten hat diese Wendung in Ihrem Leben, welche auch Grund für die Trennung und Scheidung war, damals sehr getroffen. Mittlerweile hat er sich hiermit abgefunden, ist jedoch, nachdem sich diese Beziehung auch von der Zeitdauer her so verfestigt hat, nicht mehr bereit, Ihre Lebensgemeinschaft durch seine Unterhaltszahlungen mit zu finanzieren.

Um die Rechte meines Mandanten zu wahren, habe ich Sie aufzufordern, auf Ihre Rechte aus Ziffer ...... der vor dem Amtsgericht ...... geschlossenen Vereinbarung vom ......, Aktenzeichen ...... ab sofort zu verzichten.[4, 5, 6, 7, 8, 9] Sollte mir eine solche Erklärung nicht binnen 2 Wochen zugehen, sehe ich mich gezwungen, für meinen Mandanten einen gerichtlichen Abänderungsantrag zu stellen. Mein Mandant wird letztmalig für den Monat ...... den ursprünglichen Unterhalt bezahlen, allerdings unter Vorbehalt der Rückforderung.

Mit freundlichen Grüßen

......

Rechtsanwalt/Rechtsanwältin

Anmerkungen

1. Die Tatbestände des § 1579 Ziff. 1 bis 8 BGB sind **in zwei Stufen zu prüfen.** Zunächst ist der konkrete Verwirkungstatbestand, also zB Nr. 3 und Nr. 5 etwa bei Verschweigen von eigenen Einkünften zu prüfen. Sodann ist eine Billigkeitsprüfung vorzunehmen, ob die Inanspruchnahme des Unterhaltspflichtigen aufgrund des Verwirkungstatbestandes als grob unbillig anzusehen ist. Hierbei sind die Belange der gemeinschaftlichen Kinder zu wahren. Rechtsfolge des § 1579 BGB ist die Herabsetzung, Befristung oder Versagung des Unterhalts.

2. **§ 1579 Nr. 2 BGB** ist der in der Praxis **am häufigsten auftretende Verwirkungstatbestand.** Der BGH hat in einer Entscheidung vom 5.10.2011 (BGH FamRZ 2011, 1854) klargestellt, dass mit der Übernahme der verfestigten Lebensgemeinschaft als eigenständigen Härtegrund in das Gesetz keine Änderung der Rechtslage verbunden ist. Zweck der seit 1.1.2008 geltenden gesetzlichen Neuregelung in § 1579 Nr. 2 BGB ist es, rein objektive Gegebenheiten bzw. Veränderungen in den Lebensverhältnissen des bedürftigen Ehegatten zu erfassen, die eine dauerhafte Unterhaltsleistung unzumutbar erscheinen lassen. Nach ständiger Rechtsprechung des BGH sind dem Unterhaltspflichtigen weitere Zahlungen dann nicht zumutbar und grob unbillig, wenn der Unterhaltsberechtigte nach der Scheidung in einem eheähnlichen Verhältnis mit einem Dritten zusammenlebt. Hierbei muss es sich um ein länger dauerndes Verhältnis des Unterhaltsberechtigten zu einem anderen Partner handeln, dass sich in einem solchen Maße verfestigt hat, dass es als eheähnliches Zusammenleben anzusehen und gleichsam an Stelle einer Ehe getreten ist (st. Rspr. seit BGH FamRZ 1984, 989; BGH FamRZ 1987, 671; BGH FamRZ 1989, 487; BGH FamRZ 1995, 540; BGH FamRZ 1997, 671; BGH FamRZ 2002, 23). Bei einer Verfestigung muss die Beziehung auch eine gewisse zeitliche Dauer haben, in der Regel nicht unter 2 Jahren (BGH FamRZ 2002, 23). § 1579 Ziff. 2 BGB ist auch auf den Trennungsunterhalt anwendbar (BGH FamRZ 2002, 810). Ausnahmsweise kann der Tatbestand auch schon bei kürzeren Zeiträumen bejaht werden, beispielsweise dann, wenn die Beteiligten durch einen Hauskauf zu erkennen gegeben haben, dass schon vorher eine Verfestigung eingetreten ist (OLG Köln FamRZ 2000, 290; OLG Hamburg FamRZ 2002, 1038; OLG Schleswig FamRZ 2005, 277; OLG Schleswig FamRZ 2006, 945).

3. Der BGH hat ausdrücklich klargestellt, dass es für eine solche verfestigte Beziehung keinen Unterschied macht, ob es sich um eine gemischte oder um eine gleichgeschlechtliche Partnerschaft handelt (vgl. BGH FamRZ 2008, 1414). Entscheidend ist nur die gegenseitige Versorgung der Partner, also wie sich das Verhältnis nach der Natur des Zusammenlebens darstellt. Die Tatsache, dass die Partner aus rechtlichen Gründen zusammen keine Ehe eingehen können, ist jedenfalls kein Anlass einen Härtegrund zu verneinen (BGH FamRZ 2002, 810).

4. Ein weiterer wichtiger Verwirkungsgrund ist der **Verfahrensbetrug,** und zwar durch Verschweigen von Einkünften (bzw. einer Erwerbstätigkeit überhaupt) einer Rentenzahlung oder der Aufnahme einer Lebensgemeinschaft. Ein versuchter oder vollendeter Verfahrensbetrug nach § 263 StGB erfüllt grundsätzlich die Voraussetzungen des § 1579 Nr. 3 BGB. Aus dem Tatbestandsmerkmal schweres Vergehen folgt, dass der durch die Erschleichung von Unterhaltsleistungen angerichtete wirtschaftliche Schaden den Verpflichteten empfindlich treffen muss. Insofern trifft den oder die Unterhaltsberechtigte eine Offenbarungspflicht, die sich aus der nachehelichen Solidarität ergibt.

5. In der Praxis relevant sind **Unterhaltsvereinbarungen,** bei denen dem Unterhaltsberechtigten Einkünfte bis zu einer gewissen Höhe anrechnungsfrei verbleiben sollen. Bei einer solchen Vereinbarung besteht für den Unterhaltsberechtigten die Verpflichtung, den Unterhaltsverpflichteten unaufgefordert zu informieren, sobald die Einkünfte den vereinbarten anrechnungsfreien Betrag übersteigen. Sollte dies unterlassen werden, so tritt eine Verwirkung des Unterhaltsanspruchs insgesamt ein, da das Verschweigen des Überschreitens des anrechnungsfreien Betrages ebenfalls einen strafbaren **Betrug** gemäß § 263 StGB darstellt und somit zur Verwirkung gemäß § 1579 Ziff. 3 BGB führt (BGH FamRZ 1997, 483; BGH FamRZ 2000, 153; OLG Hamm FamRZ 2007, 215).

6. Hinsichtlich § 1579 Ziffer 4 BGB, **mutwillige Herbeiführung der Bedürftigkeit,** → Form. F.IV.6 Anm. 9 und BGH FamRZ 1987, 684; FamRZ 1990, 1095.

7. Zur Gesamtdarstellung der einzelnen Verwirkungstatbestände des § 1579 BGB vgl. *Hamm*, Strategien im Unterhaltsrecht, 2. Aufl., § 3 Rn. 234 ff.

8. Wird ein Unterhaltsanspruch trotz Kenntnis des Verwirkungsgrundes außergerichtlich anerkannt, entfällt i. d. R. eine grobe Unbilligkeit (OLG Nürnberg FamRZ 1992, 673). Das Gleiche gilt wenn trotz Kenntnis eines Verwirkungsgrundes der Unterhalt jahrelang bezahlt wird (OLG Düsseldorf FamRZ 1997, 1159; OLG Hamm FamRZ 1994, 702, 705).

9. Über die Verweisung des § 1361 Abs. 3 BGB auf die §§ 1579 Nr. 2 bis 8 BGB gelten die Verwirkungstatbestände bis auf § 1579 Nr. 1 BGB auch für den Trennungsunterhalt.

11. Vereinbarung über nachehelichen Unterhalt mit einer Obergrenze

Vereinbarung

zwischen

Frau ......

und

Herrn ......

Bei der gesetzlichen Regelung des nachehelichen Unterhalts soll es grundsätzlich verbleiben. Jedoch begrenzen wir hiermit die Höhe etwaiger Ansprüche eines geschiedenen Ehegatten gegen den anderen auf nachehelichen Unterhalt wie folgt:

Der monatlich geschuldete nacheheliche Unterhalt beträgt höchstens ...... EUR.[1] In diesem Höchstbetrag ist sowohl Krankenvorsorge- als auch Altersvorsorgeunterhalt mit umfasst.[2]

Den Höchstbetrag legen wir nach den heutigen Lebenshaltungskosten fest. Wir vereinbaren deshalb, dass sich der Höchstbetrag nach oben oder unten im gleichen prozentualen Verhältnis verändert, wie sich der vom statistischen Bundesamt festgestellte Preisindex für die Lebenshaltung aller privaten Haushalte nach oben oder unten verändert. Die erste Anpassung erfolgt bei Rechtskraft der Ehescheidung durch den Vergleich des heute festgestellten Preisindex mit dem dann geltenden Preisindex. Jede weitere Anpassung erfolgt dann im zweijährigen Abstand bei Veröffentlichung des neuen Preisindex durch das statistische Bundesamt.

Mit der Vereinbarung dieser wertgesicherten Höchstgrenze ist kein Anspruch auf Zahlung von nachehelichen Unterhalt in dieser Höhe verbunden.[3] Vielmehr verbleibt es bezüglich Grund und Höhe eines etwaigen Unterhaltsanspruchs bei den gesetzlichen Bestimmungen. Nur wenn sich nach diesen ein höherer Unterhaltsanspruch eines geschiedenen Ehegatten gegen den anderen ergeben sollte, treten obige Höchstgrenzen in Kraft.

......

(Unterschriften der Beteiligten)

Anmerkungen

1. Bei großzügigen ehelichen Lebensverhältnissen, etwa bei konkreter Bedarfsberechnung, bei denen in der Literatur eine Sättigungsgrenze diskutiert wird, kann auch eine **zahlenmäßige Begrenzung des nachehelichen Unterhalts mit entsprechender Wertsicherung** zweckmäßig sein. Nach der Rechtsprechung gibt es allerdings eine solche **Sättigungsgrenze** nicht (st. Rspr. des BGH FamRZ 1990, 290; FamRZ 1983, 150; FamRZ 1982, 151).

2. **Das Unterhaltsmaß kann vielfältig begrenzt werden,** zB auch durch Ausschluss des Sonderbedarfs gemäß § 1613 Abs. 2 BGB. Ebenso können ausgeschlossen werden der Krankenversicherungsunterhalt des § 1578 Abs. 2 BGB und der Vorsorgeunterhalt des § 1578 Abs. 3 BGB. In der Praxis häufig verwandt ist auch eine Abänderung der Bezugsgrößen für die Ermittlung des angemessenen Unterhalts. Statt mit dem Gesetz auf die ehelichen Lebensverhältnisse abzustellen, kann zB auf die berufliche Stellung des Unterhaltsberechtigten abgehoben werden.

3. Bei Unterhaltsvereinbarungen über den nachehelichen Unterhalt, **die vor Rechtskraft der Scheidung** getroffen werden, ist gemäß des neu gefassten § 1587c S. 2 BGB zu beachten, dass für die Wirksamkeit die notarielle Urkunde oder die gerichtliche Protokollierung erforderlich ist.

12. Vereinbarung über einen zeitlich beschränkten nachehelichen Ehegattenunterhalt

Vereinbarung

zwischen

Frau ......

und

Herrn ......

Die Verpflichtung zur Zahlung von Ehegattenunterhalt ist auf die Dauer von 3 Jahren ab Rechtskraft der Scheidung befristet. Für die sich daran anschließende Zeit verzichten die Beteiligten wechselseitig auf nachehelichen Unterhalt in jeder Form und in allen Lebenslagen einschließlich dem Fall der Not und nehmen diesen Verzicht wechselseitig an. Dieser Verzicht gilt auch für jeden Fall der Änderung der Rechtsprechung oder einer Gesetzesänderung.[1]

......

(Unterschriften der Beteiligten)

Alternative:

Der Ehemann verpflichtet sich hiermit, der Ehefrau gesetzlichen Aufstockungsunterhalt zu bezahlen und zwar in Höhe von monatlich ...... EUR für die Zeit vom ...... bis ...... und monatlich ...... EUR für die Zeit vom ...... bis ......[2] ***Hierbei handelt es sich um einen Festbetrag, der für die Beteiligten während seiner Laufzeit nicht abänderbar ist. Für die Zeit ab ...... verzichten die Beteiligten wechselseitig schon jetzt auf nachehelichen Unterhalt in jeder Form und in allen Lebenslagen einschließlich dem Fall der Not und nehmen diesen Verzicht wechselseitig an.***[3] ***Dieser Verzicht gilt auch für jeden Fall der Änderung der Rechtsprechung oder einer Gesetzesänderung.***

......

(Unterschriften der Beteiligten)

Anmerkungen

1. Bei Vereinbarungen über einen zeitlich befristeten Unterhalt ist dringend zu raten, die Frist mit einem **Unterhaltsverzicht** zu verbinden (vgl. OLG München FamRZ 2002, 405). Anderenfalls können solche Vertragsbestimmungen zu Auslegungsproblemen führen, wenn es beispielsweise heißt, der Ehemann bezahle auf die Dauer von 5 Jahren einen bestimmten monatlichen Betrag, weil daraus nicht klar hervorgeht, ob es sich nur um eine zeitlich befristete Unabänderlichkeit oder eine befristete Unterhaltsverpflichtung handelt.

2. Bei einem Aufstockungsunterhaltsanspruch bietet sich die **Vereinbarung eines zeitlich befristeten Unterhalts mit anschließendem Verzicht** besonders an. Hierbei ist insbesondere zu beachten, dass ansonsten unter Umständen eine Präklusion hinsichtlich des Vorbringens der zeitlichen Begrenzung eintreten kann. Dies ist dann der Fall, wenn zum Zeitpunkt des Vergleichsschlusses bereits Umstände vorlagen, die zu einer Begrenzung oder Befristung des nachehelichen Unterhaltes geführt hätten. Diese Umstände müssen noch nicht zwingend eingetreten, aber zuverlässig voraussehbar gewesen sein (vgl. BGH FamRZ 2007, 1232 ff.; FamRZ 2007, 200 ff.; FamRZ 2007, 2049 ff.; BGH FamRZ 2008, 134 ff.).

3. Bei Unterhaltsvereinbarungen über den nachehelichen Unterhalt, **die vor Rechtskraft der Scheidung** getroffen werden, ist gemäß des neu gefassten § 1587c S. 2 BGB zu beachten, dass für die Wirksamkeit die notarielle Urkunde oder die gerichtliche Protokollierung erforderlich ist.

13. Vereinbarung eines Festbetrages als nachehelichen Ehegattenunterhalt mit Wertsicherung

Vereinbarung

zwischen

Frau ......

und

Herrn ......

Der Ehemann verpflichtet sich, an die Ehefrau einen monatlichen, monatlich im Voraus fälligen nachehelichen Unterhalt in Höhe von ...... EUR zu bezahlen.

Die Eheleute sind sich darüber einig, dass in diesem Betrag die Kosten für die Altersvorsorge und Krankenversicherung mit enthalten sind. Über diesen Betrag hinaus wird kein Unterhalt an die Ehefrau geschuldet.[1]

Der Unterhaltsbetrag in Höhe von ...... EUR monatlich wird nach den heutigen Lebenshaltungskosten festgelegt. Die Ehegatten vereinbaren deshalb, dass sich dieser Unterhaltsbetrag nach oben oder unten im gleichen prozentualen Verhältnis verändert, wie sich der vom Statistischen Bundesamt festgelegte Preisindex für die Lebenshaltung aller privaten Haushalte nach oben oder unten verändert. Die erste Anpassung erfolgt zum Zeitpunkt der Rechtskraft der Scheidung durch den Vergleich des heute festgestellten Preisindex mit dem dann geltenden Preisindex. Jede weitere Anpassung erfolgt dann im zweijährigen Abstand.[2]

Eigenes Einkommen der Ehefrau ist grundsätzlich beim Unterhalt zu berücksichtigen und führt zu einer Abänderung dieser Vereinbarung. Es besteht jedoch Einigkeit darüber, dass ihr ein Betrag von monatlich netto ...... EUR anrechnungsfrei verbleibt.[3] Der anrechnungsfreie Betrag unterliegt ebenfalls der Anpassung an den Lebenshaltungsindex.

Darüber hinaus ist die Unterhaltsvereinbarung abänderbar, wenn der Ehemann in den Ruhestand geht. Im Falle der Abänderung ist der Unterhalt neu nach den dann gegebenen

tatsächlichen und gesetzlichen Grundlagen ohne Bindungswirkung an diese Vereinbarung zu ermitteln. Im Hinblick auf die lange Ehedauer verzichtet der Ehemann auf die Einwendungen der zeitlichen Befristung oder Begrenzung des Ehegattenunterhalts.[4]

. . . . . .

(Unterschriften der Beteiligten)

Anmerkungen

1. Die Festlegung eines Festbetrages mit Wertsicherung ist sinnvoll, weil sich die Parteien zukünftig erneute Auskunftsbegehren zur Überprüfung des Unterhaltsanspruchs der Höhe nach ersparen.

2. Ein Festbetrag kann genehmigungsfrei wertgesichert werden, da er der Sachwertabhängigkeit des Unterhalts Rechnung trägt.

3. Zur Frage der Verwirkung bei teilweise anrechnungsfrei bleibendem Einkommen → Form. F.IV.8 Anm. 4.

4. Bei Unterhaltsvereinbarungen über den nachehelichen Unterhalt, **die vor Rechtskraft der Scheidung** getroffen werden, ist gemäß des neu gefassten § 1587c S. 2 BGB zu beachten, dass für die Wirksamkeit die notarielle Urkunde oder die gerichtliche Protokollierung erforderlich ist.

14. Verzicht/Abfindung

Vereinbarung

zwischen

Frau . . . . . .

und

Herrn . . . . . .

Die Ehegatten verzichten wechselseitig auf nachehelichen Unterhalt in allen Lebenslagen, also auch für den Fall der Not[6] **und nehmen diesen Verzicht wechselseitig an.**[1, 7] **Der Verzicht gilt auch im Falle einer Gesetzesänderung oder der Änderung der Rechtsprechung.**[2]

Als Abfindung für den Verzicht erhält die Ehefrau einen Betrag von insgesamt . . . . . . EUR.[3]

Die Abfindung ist zahlbar in 3 Raten à . . . . . . EUR zum . . . . . ., zum . . . . . . und zum . . . . . .[4]

Sollte der Ehemann mit der Zahlung der Raten ganz oder teilweise länger als einen Monat in Rückstand geraten, ist der gesamte noch ausstehende Betrag sofort fällig.

Die Ehefrau verpflichtet sich für die Jahre . . . . ., also für die Dauer der Unterhaltsabfindungsleistung, die nach § 10 Abs. 1 Nr. 1 EStG erforderliche Zustimmung zum begrenzten Realsplitting zu geben.[5] Der Ehemann ist verpflichtet, die Ehefrau von den ihr entstehenden steuerlichen Nachteilen freizustellen.

. . . . . .

(Unterschriften der Beteiligten)

Anmerkungen

1. Der Unterhaltsverzicht, der sich gleichermaßen in Eheverträgen wie in Scheidungsvereinbarungen findet und auch schon vor der Ehe vereinbart werden kann (vgl. BGH FamRZ 1985, 788), wird oft von sehr erheblicher Tragweite sein. Dies bedeutet jedoch nicht, dass er besonders wortreich formuliert werden müsste. Lediglich in besonderen Fällen kann es geboten sein, diese Formulierung noch mehr zu konkretisieren (vgl. *Bergschneider,* Verträge in Familiensachen, S. 381 ff. sowie oben → Form. C). Wenn davon auch nicht die Wirksamkeit des Unterhaltsverzichts abhängt, sollte doch der Formulierungsbrauch beibehalten bleiben, dass der Unterhaltsverzicht auch in Fällen der Not gilt. Zum einen wird den Parteien dadurch die große Tragweite des Unterhaltsverzichts vor Augen geführt und zum anderen kommt dann niemand auf den Gedanken, aus dem Fehlen dieser sonst allgemein üblichen Klausel den Umkehrschluss zu ziehen und anzunehmen, die nicht ausdrückliche Erstreckung auf den Notfall bedeutet, dass der Unterhaltsverzicht nicht für Fälle der Not gelte.

2. Den Verzicht auf die **Änderung der Rechtsprechung oder einer Gesetzesänderung** zu erstrecken, erscheint deshalb überlegenswert, weil der Unterhaltsverzicht und die dafür erforderliche Form immer wieder in die rechtspolitische Diskussion geraten. Da bei einer eventuellen Gesetzesänderung die Übergangsvorschriften nicht vorhersehbar und Rückwirkungen nicht ausgeschlossen sind, sollte bereits jetzt entsprechend Vorsorge getroffen werden. Gleiches gilt für den Fall einer Änderung der Rechtsprechung, da eine solche unter besonderen Umständen zu einer ergänzenden Vertragsauslegung führen kann (vgl. BGH FamRZ 1977, 461; Zöller/*Philippi* § 323 ZPO Rn. 32).

3. In der Praxis wird häufig im Rahmen des Scheidungsverfahrens eine **Abgeltung des nachehelichen Unterhalts durch eine Abfindung** vereinbart. Über die Bemessung der Abfindung besagt § 1585 Abs. 2 BGB nichts. Sie ist schon wegen der unsicheren Wiederverheiratung meist spekulativ. Es gibt auch kaum veröffentlichte Rechtsprechung. Ausgangspunkt ist jedenfalls die Höhe des Unterhalts. Daneben können bedeutsam sein die mutmaßliche Entwicklung der Unterhaltshöhe, die Unterhaltsdauer sowie der Zinsvorteil (vgl. AG Glückstadt FamRZ 1978, 781; *Bergschneider,* Die Ehescheidung und ihre Folgen, S. 129). Einen gewissen Ausgangspunkt für Verhandlungen kann die Praxis der Haftpflichtversicherungen bei der Kapitalisierung von Hinterbliebenenrenten (§ 844 Abs. 2 BGB) bieten. Von ihnen wurden u. a. Kapitalisierungsfaktoren für Witwenrente unter Berücksichtigung der Wiederverheiratungsmöglichkeit erarbeitet (vgl. *Geigel,* Der Haftpflichtprozess, Anh. I, II). Hierbei handelt es sich allerdings um allgemeine statistische Werte. Daneben sind immer auch sämtliche Umstände des zu regelnden Einzelfalls zu berücksichtigen, in erster Linie wie sich der abzufindende Unterhaltsanspruch dem Grunde und der Höhe nach weiterentwickeln wird, die Möglichkeit einer Wiederverheiratung, die Aufnahme einer neuen Partnerschaft, die beiderseitige Einkommensentwicklung, die Geldentwertung, die individuelle Lebenserwartung usw. (vgl. *Schöppe-Fredenburg* FuR 1999, 1).

4. Bei Abfindungszahlungen sollte auch die Möglichkeit des begrenzten Realsplittings gemäß § 10 Abs. 1 Nr. 1 EStG bedacht werden. Dabei ist auch eine Verteilung auf 2 oder eventuell 3 Jahre zu überlegen, damit der Jahresbetrag nicht nur einmal ausgenutzt wird. Verhandlungen mit Finanzbehörden haben gezeigt, dass jedenfalls ab dem 3. Jahr die steuerliche Anerkennung nur sehr zurückhaltend erfolgt. Manche Steuerberater raten deshalb dazu, sich noch zu einer befristeten Unterhaltszahlung, beispielsweise auf 5 Jahre zu verpflichten und den Unterhaltsverzicht – aufschiebend bedingt gemäß § 158 Abs. 1 BGB – erst nach Ablauf dieser Frist wirksam werden zu lassen.

5. Die Abfindung muss **nicht unbedingt in Form einer Geldzahlung** erfolgen. Die Parteien können sich auch auf andere Werte einigen, beispielsweise auf eine Immobilie, den Abschluss oder die Abtretung einer Lebensversicherung oder ein Leibrentenstammrecht iSv § 761 BGB. Durch die Überlassung eines Leibrentenstammrechts ist der gesetzliche Unterhaltsanspruch abgegolten. Die einzelnen Renten entfließen dem Stammrecht als Rechtsfrüchte. Sie haben nicht den Charakter gesetzlicher Unterhaltsrenten. Das Leibrentenstammrecht begründet Ansprüche auf regelmäßige wiederkehrende Leistungen ohne Rücksicht auf Bedürftigkeit und Leistungsfähigkeit.

6. Die Vorschriften über die **Sittenwidrigkeit** und die unzulässige Rechtsausübung sind auch hier zu berücksichtigen (vgl. hierzu ausführlich *Bergschneider* Rn. 381 ff.) sowie oben → Vorbem. zu C.

7. Auch die **Anfechtbarkeit einer Abfindungsvereinbarung** kann in Frage kommen, wobei in der Praxis wohl nur eine solche aufgrund arglistiger Täuschung gemäß § 123 Abs. 1 BGB von Bedeutung sein dürfte (vgl. *Bergschneider* Rn. 130 ff.) – beispielsweise wenn der Unterhaltsberechtigte in einem Rechtsstreit, der zu einem Unterhaltsvergleich führt, eine größere Geldzuwendung verschweigt (vgl. BGH NJW 1999, 2804). Die Anfechtung wegen arglistiger Täuschung, die auf die unmittelbar nach der Vereinbarung erfolgte neue Eheschließung des Unterhaltsberechtigten gestützt wird, ist zwar grundsätzlich möglich, dürfte aber meist an der Darlegungs- und Beweislast des Anfechtenden scheitern (vgl. Palandt/*Sprau* § 779 Rn. 27). Ein Abfindungsvergleich kann unter den Voraussetzungen des § 779 BGB unwirksam sein (siehe *Bergschneider* Rn. 136 a).

15. Verzicht außer im Falle der Kinderbetreuung

Vereinbarung

zwischen

Frau ……

und

Herrn ……

Die Ehegatten verzichten wechselseitig auf nachehelichen Unterhalt in allen Lebenslagen, also auch für den Fall der Not und nehmen diesen Verzicht wechselseitig an. Dieser Verzicht gilt auch für jeden Fall der Änderung der Rechtsprechung oder einer Gesetzesänderung.

Dieser Unterhaltsverzicht gilt jedoch nicht, soweit und solange einer der Ehegatten ohne den vorstehenden Verzicht Unterhalt wegen Kindesbetreuung gemäß § 1570 BGB verlangen könnte.[1] In einem solchen Fall gelten die gesetzlichen Vorschriften mit folgender Modifikation:

Mit Vollendung des 13. Lebensjahres des jüngsten gemeinsamen Kindes ...... entfällt ein Unterhaltsanspruch. Die Parteien verzichten hiermit ab diesem Zeitpunkt auf den nachehelichen Unterhalt und nehmen diesen Verzicht gegenseitig an. Wenn sich jedoch nach Beendigung des Unterhaltsanspruchs wegen Pflege und Erziehung des Kindes ein Anschlussunterhalt wegen Alters oder Krankheit für einen der Ehegatten ergibt, so gilt dieser Verzicht nicht.

......

(Unterschriften der Beteiligten)[2]

Anmerkungen

1. Seitdem der BGH in seiner Entscheidung vom 11.2.2004 (BGH FamRZ 2004, 601) klargestellt hat, dass der Unterhaltsanspruch nach § 1570 BGB zum Kernbereich des Scheidungsfolgenrechts gehört, dürfte sich ein Verzicht auf den Unterhalt wegen Kindesbetreuung in der Regel als unzulässige Rechtsausübung darstellen, wenn nicht sogar der gesamte Vertrag nichtig ist. In Zukunft werden daher Regelungen, mit denen auf Unterhalt mit Ausnahme des Unterhalts nach § 1570 BGB verzichtet wird, an Bedeutung gewinnen. Dies gilt ebenfalls für den Unterhalt wegen Krankheit oder Alters.

2. Zum Urteil des BGH ausführlich vgl. *Bergschneider*→ Vorbem. zu Form. C. I.

16. Verzicht im Falle des Versterbens des Unterhaltsschuldners

Vereinbarung

zwischen

Frau ......

und

Herrn ......

Der Ehemann verpflichtet sich an die Ehefrau ab Rechtskraft der Scheidung einen monatlichen, monatlich im Voraus fälligen Aufstockungsunterhalt in Höhe von ...... EUR zu bezahlen.

Für den Fall des Todes des Ehemannes verzichten die Eheleute gegenseitig auf nachehelichen Unterhalt und nehmen diesen Verzicht gegenseitig an.[1, 2, 3, 4]

......

(Unterschriften der Beteiligten)

Anmerkungen

1. Sollte es nicht zu einem umfassenden Unterhaltsverzicht kommen, sollte zumindest überprüft werden, ob nicht ein **Unterhaltsverzicht für den Fall des Todes des Verpflichteten** vereinbart werden sollte, da sonst nach § 1586b BGB die Unterhaltspflicht auf den Erben als **Nachlassverbindlichkeit** übergeht. Zudem ist streitig, ob ein Pflichtteilsverzicht des Unterhaltsgläubigers sich auf den nachehelichen Unterhalt erstreckt (vgl. *Bergschneider,* Nahtstellen Familien-/Erbrecht, 1999, S. 3, 6 ff.; *Bergschneider* FamRZ 2003, 1049, 1056 ff.).

2. Haben die Eheleute umfassend auf nachehelichen Unterhalt verzichtet, wie dies in der Praxis ja häufig geschieht, erstreckt sich dieser Verzicht selbstverständlich **auch auf das Recht gegen den Erben** des verstorbenen geschiedenen Ehegatten. Besteht kein umfassender Verzicht auf nachehelichen Unterhalt, besteht die Auswirkung des § 1586b BGB häufig darin, dass sich der Unterhaltsberechtigte mit seinen nachehelichen Unterhaltsansprüchen an die gemeinsamen Kinder wenden muss, was bei der Scheidung möglicherweise nicht bedacht wird.

3. In bestimmten Fällen kann auch der **sozialhilferechtliche Aspekt** von Bedeutung sein. Kommt beispielsweise die geschiedene Ehefrau aufgrund Pflegebedürftigkeit in ein Heim, nachdem der unterhaltspflichtige Ehemann gestorben ist, tritt die Sozialhilfe ein, wenn die gesetzliche Rente und das Pflegegeld die Kosten des Pflegeheims nicht abdecken. Ist bei einer solchen Konstellation der Unterhaltsanspruch aufgrund eines aus § 1586b BGB beschränkten Unterhaltsverzichts weggefallen, kann sich das Sozialamt nicht an die Erben wenden. Es können zwar Unterhaltsansprüche gegen die Kinder aus dem Gesichtspunkt des Verwandtenunterhalts (§§ 1601 ff. BGB) in Betracht kommen. Aufgrund der höheren Freibeträge beim Verwandtenunterhalt kann sich aber eine im Vergleich zum Ehegattenunterhalt geringere Beanspruchung ergeben (vgl. Gerhardt/Heintschel-Heinegg/*Gerhardt* 6. Kap. Rn. 207 ff.; siehe auch BGH FamRZ 2002, 1698). Zu beachten ist allerdings, dass der Unterhaltsverzicht nicht erkennbar zur Sozialhilfebedürftigkeit des Verzichtenden führen darf, da sonst ein Fall der Sittenwidrigkeit gemäß § 138 BGB vorliegen kann (vgl. BGH FamRZ 1983, 137).

4. Zwischen den Eheleuten kann natürlich auch vereinbart werden, dass § 1586b BGB **ohne die Beschränkung auf die Höhe des Pflichtteils** gelten soll, also auch nach dem Tode des Unterhaltspflichtigen unbeschränkt Unterhalt zu zahlen ist. Ferner kann auch eine Befristung aufgenommen werden, beispielsweise für eine Übergangszeit. Schließlich besteht die Möglichkeit, zwischen den Eheleuten eine Vereinbarung dahingehend abzuschließen, dass die Unterhaltspflicht nach § 1586b BGB durch eine Lebensversicherung auf Rentenbasis abgelöst und im Übrigen auf Unterhalt verzichtet wird.

V. Unterhaltsansprüche nicht miteinander verheirateter Eltern

1. Unterhalt der Mutter während der Mutterschutzfrist

Herrn ......

Sehr geehrter Herr ......,

ich zeige an, dass mich Frau ...... mit ihrer Vertretung beauftragt hat.

Wie Ihnen bekannt ist, erwartet meine Mandantin ein Kind, dessen Vater Sie sind. Das Kind wird voraussichtlich am ...... geboren werden.

Meine Mandantin macht gemäß § 1615l BGB gegen Sie Unterhaltsansprüche geltend.[1, 5]

Wie Sie wissen, war meine Mandantin nur auf freiberuflicher Basis tätig mit der Folge, dass sie während der Zeit von 6 Wochen vor bis 8 Wochen nach der Entbindung keinen Anspruch auf Mutterschaftsgeld oder Arbeitsentgelt hat.[2] Da meine Mandantin jedoch nicht verpflichtet ist, während des Zeitraums von 6 Wochen vor bis 8 Wochen nach der Entbindung zu arbeiten, sind Sie für diese Zeit auf jeden Fall unterhaltspflichtig.[3] Ob meine Mandantin danach einen Unterhaltsanspruch wegen der Betreuung des Kindes geltend machen wird, wird Ihnen rechtzeitig mitgeteilt.

Der Unterhaltsbedarf richtet sich primär nach den Einkünften, die meine Mandantin erzielen könnte, wenn sie weiter erwerbstätig wäre.

Als Anlage übermittele ich Ihnen die Rechnungen, die meine Mandantin in den letzten 12 Monaten in ihrer freiberuflichen Tätigkeit erstellt hat. Nach Abzug der darin enthaltenen Umsatzsteuer, der Kosten für die Krankenversicherung und Altersvorsorge meiner Mandantin verbleibt ein Einkommen von ...... EUR. Dies ist zu bereinigen um die darauf entfallende Einkommenssteuer in Höhe von ...... EUR, so dass ein Nettoeinkommen in Höhe von ...... EUR, also monatlich ...... EUR verbleibt.

Diesen Unterhalt schulden Sie beginnend 6 Wochen vor der voraussichtlichen Entbindung. Der Beginn dieser 6-Wochen-Frist richtet sich nach dem ärztlich errechneten voraussichtlichen Entbindungstermin, dies ist der ......, so dass die 6-Wochen-Frist am ...... beginnt.[4]

Ich habe Sie deshalb aufzufordern, ab ...... an meine Mandantin jeweils monatlich im Voraus einen Unterhalt in Höhe von ...... EUR monatlich zu entrichten.

Nach meinen Informationen verfügen Sie selbst über ein monatliches Nettoeinkommen in Höhe von ...... EUR, so dass Sie in Höhe des Unterhaltsanspruches auf jeden Fall leistungsfähig sind.

Ich bitte um Rückäußerung bis zum ......, ob diese Unterhaltsforderung von Ihnen anerkannt wird. Anderenfalls muss der Unterhaltsanspruch gerichtlich geltend gemacht werden.

Mit freundlichen Grüßen

......

Rechtsanwalt/Rechtsanwältin

Anmerkungen

1. Die **praktische Bedeutung** des **§ 1615l Abs. 1 S. 1 BGB** beschränkt sich im wesentlichen auf den Fall, dass die Mutter freiberuflich oder nicht bzw. nicht versicherungspflichtig erwerbstätig war und ihren Bedarf auch nicht aus ihrem Vermögen sicherstellen kann. Eine Erwerbstätigkeit kann der Mutter in diesem Zeitraum nicht zugemutet werden, sie unterliegt sogar dem Beschäftigungsverbot nach §§ 3 Abs. 2, 6 Abs. 1 Mutterschutzgesetz. Dieser Anspruch beruht allein auf der Geburt des Kindes. Er umfasst auch **die Kosten der Schwangerschaft und Entbindung.** An sich ist der Abs. 1 durch die neue Rechtslage überflüssig geworden und spielt nur noch eine Rolle für die Kosten der Schwangerschaft und Entbindung. Ansonsten normiert § 1615l BGB, wie auch § 1570 BGB einen **einheitlichen Unterhaltsanspruch wegen Kindesbetreuung.**

2. Eventuelles **Einkommen aus selbstständiger Tätigkeit** in dieser Zeit ist als Einkommen aus unzumutbarer Erwerbstätigkeit zu behandeln (vgl. Staudinger/*Engler* § 1615l Rn. 20).

3. Der Anspruch verlangt nicht, dass die Schwangerschaft bzw. Entbindung für die Bedürftigkeit **kausal** ist (BGH FamRZ 1998, 541, 542). Unerheblich ist daher, ob die Mutter ohnehin nicht erwerbstätig gewesen wäre. Der Anspruch setzt auch nicht voraus, dass die Mutter das Kind betreut. Sie kann den Anspruch deshalb selbst dann geltend machen, wenn sie das Kind unmittelbar nach der Geburt in die Obhut künftiger Adoptiveltern gibt (OLG Hamm FamRZ 1991, 979).

4. Der Beginn der **6-Wochen-Frist** vor der Geburt richtet sich nach dem ärztlich errechneten voraussichtlichen Entbindungstermin, während für die **8-Wochen-Frist** nach der Geburt ausgehend vom tatsächlichen Entbindungstermin zu rechnen ist. Auf diese Weise verkürzt oder verlängert sich bei früherer oder späterer Geburt die Unterhaltsdauer entsprechend.

5. Unterhalt gemäß § 1615l kann ohne die verzugsbegründenden Voraussetzungen des § 1613 Abs. 1 BGB **rückwirkend für ein Jahr seit Entstehung des Anspruchs** geltend gemacht werden (vgl. OLG Schleswig FamRZ 2004, 563 f.).

2. Unterhalt der Mutter wegen Kindesbetreuung

Herrn . . . . . .

Sehr geehrter Herr . . . . . .,

ich zeige an, dass ich Frau . . . . . . vertrete. Meine Mandantin hat mich darüber informiert, dass Sie sich voneinander getrennt haben. Sie bezahlen zwar einen angemessenen Kindesunterhalt für Ihre gemeinsame Tochter . . . . . ., sind jedoch nach meinen Informationen nicht bereit, auch für meine Mandantin Unterhalt zu bezahlen mit dem Hinweis, Sie seien schließlich nicht verheiratet.

Ihre Auffassung ist rechtlich nicht haltbar. Meine Mandantin hat gegen Sie einen Unterhaltsanspruch gemäß § 1615l Abs. 2 S. 2 BGB für mindestens 3 Jahre seit der Geburt ihrer Tochter, da sie wegen der Betreuung des erst einjährigen Kindes nicht berufstätig ist.[1] Die Höhe des Unterhaltes für meine Mandantin richtet sich nach der Höhe des Nettoeinkommens, welches meine Mandantin vor Geburt des Kindes erzielt hat.[2, 3, 4, 5, 6, 7] Als Anlage übermittele ich Ihnen die Gehaltsabrechnungen meiner Mandantin aus dem Jahr . . . . . ., denen Sie entnehmen können, dass meine Mandantin vor der Geburt

ein monatliches durchschnittliches Nettoeinkommen in Höhe von ...... EUR erzielt hat. Derzeit hat meine Mandantin kein Einkommen mehr. Sie verfügt lediglich über Elterngeld in Höhe von ...... EUR, wovon 300,– EUR anrechnungsfrei verbleiben, so dass der Restbetrag in Höhe von ...... EUR einkommensmindernd bei meiner Mandantin anzurechnen ist.[8] Es verbleibt somit ein ungedeckter Bedarf in Höhe von ...... EUR.

Nach meinen Informationen sind Sie in der Lage, den oben genannten Unterhalt auch zu bezahlen. Meine Mandantin hat mich darüber informiert, dass Sie als leitender Angestellter bei der Firma ...... tätig sind und über ein durchschnittliches monatliches Nettoeinkommen von ca ...... EUR verfügen.

Ich habe Sie deshalb aufzufordern, für meine Mandantin ab ...... einen monatlichen, monatlich im Voraus fälligen Unterhalt in Höhe von ...... EUR zu bezahlen.

Ich bitte Sie, mir gegenüber schriftlich bis zum ...... mitzuteilen, ob Sie den geltend gemachten Unterhalt anerkennen. Anderenfalls werde ich meiner Mandantin raten, den Unterhalt gerichtlich geltend zu machen.

Mit freundlichen Grüßen

......

Rechtsanwalt/Rechtsanwältin

Anmerkungen

1. Nach der bis zum 31.12.2007 geltenden Fassung des § 1615l BGB wurden nicht verheiratete kinderbetreuende Elternteile unterschiedlich behandelt wie geschiedene kinderbetreuende Elternteile. Dem hat das Bundesverfassungsgericht in seinem Beschluss vom 28.2.2007 (BVerfG FamRZ 2007, 965) die Grundlage entzogen, weshalb nach der Neufassung der Unterhaltstatbestände für geschiedene und nichtverheiratete betreuende Elternteile in gleicher Weise mindestens für die Zeit bis zur Vollendung des 3. Lebensjahres des Kindes Unterhalt zu gewähren ist. Der nichtverheiratete kinderbetreuende Elternteil hat gemäß § 1615l Abs. 2 S. 2 BGB einen Unterhaltsanspruch gegen den Kindsvater wegen Kindesbetreuung oder wegen Krankheit. Dies bedeutet, dass es der nichtverheirateten Mutter innerhalb der ersten 3 Jahre freisteht, selbst für die Betreuung da zu sein. Sie kann in dieser Zeit nicht auf eine Erwerbstätigkeit verwiesen werden. Es ist in diesen ersten 3 Jahren auch unerheblich, ob der betreuende Elternteil auch aus anderen Gründen an einer Erwerbstätigkeit gehindert ist, zB weil er erwerbsunfähig ist, keine Arbeitsstelle findet oder ein weiteres minderjähriges Kind zu betreuen hat. Der Wille zur Erwerbstätigkeit ist keine Voraussetzung für den Betreuungsunterhaltsanspruch (OLG Frankfurt Beck-RS 2012, 12854). Ist sie innerhalb der ersten 3 Jahre dennoch berufstätig, handelt es sich bei dem daraus erzielten Einkommen um überobligatorisches Einkommen (OLG München OLG-Report 2006, 258).

2. Da nach § 1615l Abs. 3 S. 1 BGB auf diesen Unterhaltsanspruch die Vorschriften über die Unterhaltspflicht zwischen Verwandten entsprechend anzuwenden sind, richtet sich die Unterhaltshöhe gemäß § 1610 Abs. 1 BGB nach der **Lebensstellung der Mutter.** Eine Teilhabe an der Lebensstellung des Kindsvaters besteht nicht (BGH FamRZ 2005, 357; BGH FamRZ 2006, 362). Abzustellen ist auf die eigenen Lebensverhältnisse der Mutter zum Zeitpunkt der Geburt. Der Unterhaltsbedarf der Kindsmutter ist in der Höhe durch den Grundsatz der Halbteilung begrenzt (BGH FamRZ 2005, 442; aA OLG Düsseldorf FamRZ 2008, 87). Es besteht jedoch kein Anspruch auf die Unterhaltshöhe nach dem Halbteilungsgrundsatz, wenn der tatsächliche Bedarf der Kindsmutter aufgrund ihrer eigenen Lebensstellung geringer ist. Der Grundsatz der Halbteilung ist bereits beim Bedarf zu beachten und nicht nur bei der Leistungsfähigkeit.

3. Auch in dem Fall, in dem die Eltern des nichtehelichen Kindes zusammengelebt haben, sind die wirtschaftlichen Verhältnisse des unterhaltspflichtigen Elternteils, anders als beim Trennungsunterhalt oder beim nachehelichen Unterhalt, für die Bedarfsbemessung nicht maßgebend. Ausschlaggebend ist allein, wie sich die wirtschaftlichen Verhältnisse des unterhaltsberechtigten Elternteils bis zur Geburt des gemeinsamen Kindes entwickelt hatten (BGH FamRZ 2010, 357). Für die Höhe des Unterhaltsanspruchs ist deswegen darauf abzustellen, welches Einkommen der Unterhaltsberechtigte ohne die Geburt des Kindes erzielen würde. Bis zu der Grundsatzentscheidung des BGH vom 16.7.2008 (FamRZ 2008, 1739 ff.) war es streitig, ob sich bei einer nichtehelichen Lebensgemeinschaft der Elternteile nicht ein Quotenunterhalt nach dem Einkommen des unterhaltspflichtigen Elternteil ergibt (so zB OLG Zweibrücken FuR 2000, 286; OLG Düsseldorf FamRZ 2005, 1773). Der BGH hat in dieser Entscheidung darauf hingewiesen, dass ein Unterhaltsrechtsverhältnis nicht schon mit Aufnahme einer nichtehelichen Lebensgemeinschaft, sondern erst aus Anlass der Geburt des gemeinsamen Kindes entsteht. Der Unterhaltsanspruch nach § 1615l Abs. 3 S. 1 iVm § 1610 Abs. 1 BGB muss nach der neuesten Rechtsprechung des BGH **das Existenzminimum** des Unterhaltsberechtigten sicherstellen. Der Unterhaltsbedarf muss deswegen jedenfalls einen Mindestbedarf erreichen, der mit dem notwendigen Selbstbehalt für nichterwerbstätige Unterhaltspflichtige von zur Zeit 770,– EUR pauschaliert werden darf (BGH FamRZ 2010, 357 ff.).

4. Die Kosten der **Kranken- und Pflegeversicherung** sind im Gesetz nicht ausdrücklich erwähnt. Sie gehören aber zum allgemeinen Lebensbedarf und stehen daher der Mutter in ihrer Lebensstellung angemessenen Höhe zu (OLG Bremen FamRZ 2000, 636). Nicht umfasst sind die Kosten der Altersvorsorge. Eine Altersvorsorge wird bereits deshalb für die ersten 3 Jahre nicht geschuldet, weil die Mutter des Kindes in dieser Zeit Rentenbeiträge wegen Kinderbetreuungszeiten erhält (OLG München FamRZ 2006, 812).

5. Lange umstritten war auch die Frage der **Konkurrenzen zwischen § 1615l und anderen Unterhaltsansprüchen,** insbesondere wenn Vater des nichtehelichen Kindes und Ehemann der Mutter zusammentreffen, also zB der Fall vorliegt, dass ein eheliches und ein nichteheliches Kind von der Mutter betreut werden. Der BGH (BGH FamRZ 1998, 541) hat den Streit dahingehend entschieden, dass es kein Rangverhältnis zwischen dem Ehemann und dem Vater des nichtehelichen Kindes gibt, sondern dass beide Väter anteilig in entsprechender Anwendung von § 1606 Abs. 3 S. 1 BGB eintreten müssen, also als Teilschuldner. Dies gilt sowohl, wenn der Unterhalt gemäß § 1615l BGB mit Trennungsunterhalt (§ 1361 BGB) zusammentrifft, als auch bei einem Zusammentreffen mit nachehelichem Unterhalt (§ 1570 BGB).

Bei der Bestimmung der Haftungsanteile wird jedoch anders als bei strenger Anwendung von § 1606 Abs. 3 S. 1 BGB nicht allein auf die Einkommens- und Vermögensverhältnisse abgestellt, vielmehr sind daneben auch andere Umstände zu berücksichtigen, insbesondere Anzahl, Alter, Entwicklung und Betreuungsbedürftigkeit der jeweiligen Kinder. Im Prozess um Trennungs- oder nachehelichen Unterhalt muss die Mutter zum Einkommen des Vaters des nichtehelichen Kindes vortragen. Sie trägt die Darlegungs- und Beweislast für die Voraussetzungen ihres Unterhaltsanspruchs aus § 1615l BGB einschließlich der Leistungsfähigkeit des daraus Verpflichteten (BGH FamRZ 1998, 541, 544; OLG Zweibrücken FamRZ 2001, 29). Entsprechendes gilt, wenn sie im Prozess ihren Unterhaltsanspruch nach § 1615l BGB geltend macht.

6. Ist **einer der beiden Väter nicht leistungsfähig** und damit nicht unterhaltspflichtig, muss der andere allein für den Unterhalt der Mutter aufkommen. Weiter soll der Vater des nichtehelichen Kindes allein haften, wenn die Mutter gegenüber dem geschiedenen Ehegatten wirksam auf nachehelichen Unterhalt aus § 1570 BGB verzichtet hat. Ob diese Rechtsprechung auch nach dem Urteil des BGH vom 11.2.2004 aufrecht zu erhalten ist, erscheint zumindest fraglich. Problematisch ist insbesondere, wie sich ein solcher Verzicht auf die anteilige Haftung beider Väter auswirkt, wenn der Ehemann sich im Fall, dass die Frau keinen Unterhaltsanspruch aus § 1615l BGB hat, zB wegen mangelnder Leistungsfähigkeit des daraus Verpflichteten, auf den vereinbarten Verzicht nach § 242 BGB nicht berufen könnte, weil schutzwürdige Interessen des zu betreuenden Kindes dem entgegenstünden (vgl. hierzu BGH FamRZ 1995, 291, 1992, 1403; OLG Koblenz FamRZ 2001, 227).

7. Die vom BGH entwickelten Grundsätze zur anteiligen Haftung gelten auch, wenn eine Mutter Kinder verschiedener Väter betreut, mit denen sie nicht verheiratet ist oder war, die also jeweils Unterhalt aus § 1615l BGB schulden (OLG Zweibrücken FuR 2000, 286, 288).

8. Elterngeld ist Einkommen, soweit es über den Sockelbetrag in Höhe von 300,– EUR, bei verlängerndem Bezugsrecht über 150,– EUR hinausgeht (SüdL 1.1.2017 Nr. 2.5).

3. Betreuung des Kindes über das 3. Lebensjahr hinaus

Herrn ......

Sehr geehrter Herr ......,

ich zeige an, dass ich Frau ...... vertrete.

Meine Mandantin betreut nach wie vor Ihre beiden gemeinsamen Kinder ......, wovon Ihre jüngere Tochter im nächsten Monat 3 Jahre alt wird. Meine Mandantin hat mich darüber informiert, dass Sie angekündigt haben, die Unterhaltszahlungen für meine Mandantin mit dem 3. Geburtstag des Kindes einzustellen, da nach Ihrer Auffassung Ihre gesetzliche Unterhaltspflicht gegenüber meiner Mandantin an diesem Tag endet, weil Sie nicht miteinander verheiratet waren.[1]

Die Tatsache, dass nach dem Gesetz ab dem 3. Lebensjahr eine Erwerbsverpflichtung meiner Mandantin beginnt, bedeutet jedoch nicht, dass der Unterhaltsanspruch meiner Mandantin damit völlig zum Wegfall kommt.

Meine Mandantin hat auch für Ihr jüngeres Kind einen Kindergartenplatz erhalten und nimmt im nächsten Monat wieder ihre frühere Tätigkeit als ...... auf. Aufgrund der Tatsache, dass das Kind zunächst nur einen Halbtageskindergartenplatz hat und sich auch erst im Kindergarten eingewöhnen muss, kann auch meine Mandantin zunächst nur stundenweise arbeiten. Beide Kinder stehen auf der Warteliste für einen Ganztageskindergartenplatz, der es dann auch meiner Mandantin ermöglichen wird, ihre Erwerbstätigkeit sukzessive auszuweiten.[2, 3, 5]

Sobald meine Mandantin ihr erstes Gehalt erhält und eine entsprechende Gehaltsabrechnung vorliegt, werde ich diese an Sie weiterleiten und gleichzeitig berechnen, in welcher Höhe von Ihnen noch Unterhalt für meine Mandantin zu bezahlen ist.

Bis dahin schulden Sie nach wie vor den vollen Unterhalt, so wie er damals vor dem Amtsgericht ...... geregelt wurde.

Ich hoffe, dass wir die Änderung der damaligen Unterhaltsregelung einvernehmlich und außergerichtlich regeln können.[4]

Mit freundlichen Grüßen

. . . . . .

Rechtsanwalt/Rechtsanwältin

Anmerkungen

1. Die Verfassungsmäßigkeit der früheren sehr strikten Dreijahresgrenze war lange streitig. Das Bundesverfassungsgericht hat sie in seiner Grundsatzentscheidung vom 28.2.2007 (BVerfG FamRZ 2007, 965) grundsätzlich bestätigt, und zwar für eheliche als auch für nichteheliche zu betreuende Kinder gleichermaßen mit Verlängerungsmöglichkeiten für beide Unterhaltstatbestände. Die nichtverheiratete Mutter hat somit genauso wie die verheiratete Mutter über den zeitlich begrenzten Basisunterhalt von 3 Jahren einen verlängerten Unterhaltsanspruch, solange und soweit dies der Billigkeit entspricht.

2. Der Gesetzeswortlaut stellt ausdrücklich auf die **Belange des Kindes** und die bestehenden Möglichkeiten der **Kinderbetreuung** ab. Aus dem Wort „insbesondere“ ist allerdings zu entnehmen, dass auch andere Gründe eine Rolle spielen können, die in der Person der Eltern liegen. Kinderbezogene Gründe liegen beispielsweise vor, wenn das Kind behindert, dauerhaft krank oder schwer in seiner Entwicklung gestört ist und deshalb auf weitere Betreuung durch die Mutter angewiesen ist (OLG Celle FamRZ 2002, 636; OLG Düsseldorf FamRZ 2003, 189; OLG Celle FamRZ 2003, 636; OLG Düsseldorf FamRZ 2003, 184; OLG Hamm NJW 2005, 297; OLG Schleswig FamRZ 2004, 975; BGH FamRZ 2006, 1362). Außerdem wenn keine angemessene andere Betreuungsmöglichkeit für das Kind besteht. **Elternbezogene Gründe** liegen insbesondere vor, wenn die Eltern in einer eheähnlichen Lebensgemeinschaft gelebt haben, wenn mehrere Kinder aus dieser Lebensgemeinschaft hervorgegangen sind, die auch auf ausdrücklichen Wunsch des Kindsvaters entstanden sind (BGH FamRZ 2006, 1363; OLG Düsseldorf FamRZ 2005, 1772; OLG Karlsruhe FamRZ 2004, 974; OLG Düsseldorf FamRZ 2005, 234).

3. Der Umfang der Erwerbsverpflichtung richtet sich nach den gleichen Maßstäben wie beim § 1570 BGB. Man wird auch im Fall des § 1615l BGB nicht nach Ablauf der 3 Jahre von Anfang an eine Vollzeiterwerbstätigkeit erwarten können. Vielmehr ist bei Kindergartenkindern von einer Teilzeiterwerbsverpflichtung auszugehen, die sukzessive je nach Alter der Kinder, nach Anzahl der Kinder sowie der Möglichkeiten der Kinderbetreuung ausgebaut werden muss. Insoweit ist wie auch bei § 1570 BGB der konkrete Einzelfall zu prüfen. Der BGH hat mit seiner Grundsatzentscheidung vom 16.7.2008 (BGH FamRZ 2008, 1639) die Kriterien zum Umfang der Erwerbsverpflichtung noch vervollständigt. Er stellt darauf ab, dass selbst bei einer Ganztagesbetreuung des Kindes eine vollschichtige Erwerbstätigkeit überobligatorisch sein kann, da gerade kleinere Kinder noch der Betreuung rund um die Uhr benötigen. Mit der Folge, dass wenn der arbeitende Elternteil nach Hause kommt, von ihm dort weitere Betreuungsleistungen abverlangt werden. Insoweit ist weiter zu berücksichtigen, dass die Betreuung durch einen alleinerziehenden Elternteil ein deutliches Mehr an Anstrengung bedeutet, als in einer sog. intaktiven Familie (→ Form. F.IV.2 Anm. 1–3).

4. Nach dem Wortlaut des Gesetzes ist dieser Betreuungsunterhaltsanspruch entgegen der früheren Handhabung nicht mehr bis zum 3. Lebensjahr des Kindes zeitlich zu befristen (OLG Köln Beck-RS 2012, 09297). Vielmehr handelt es sich um einen **ein-**

heitlichen Unterhaltsanspruch. Für den Fall, dass das Kind zum Zeitpunkt der letzten gerichtlichen Entscheidung bereits älter als 3 Jahre war, hat die betreuende Mutter die Darlegungs- und Beweislast für das weitere Bestehen des Unterhaltsanspruchs (BGH NJW 2010, 1138). Das bedeutet, dass im Falle des Vorliegens einer unbegrenzten Unterhaltsregelung der Unterhaltspflichtige gehalten ist, die Abänderung der Regelung zu begehren, wenn er der Meinung ist, der Unterhaltsanspruch sei nicht mehr oder nicht mehr in diesem Umfang geschuldet.

5. Gemäß § 1615l Abs. 5 BGB hat bei **Betreuung des Kindes durch den Vater** dieser den Anspruch gemäß § 1615l Abs. 2 BGB gegen die Kindsmutter. Damit wird **die Gleichberechtigung zwischen Mann und Frau** gewährleistet. Maßgeblich ist allein die Frage der Betreuung durch einen Elternteil.

4. Unterhaltsvereinbarung

Unterhaltsvereinbarung

zwischen Herrn . . . . . .

und Frau . . . . . .

Wir sind Eltern des am . . . . . . geborenen Kindes. Wir sind nicht miteinander verheiratet. Der Vater hat die Vaterschaft mit Urkunde vom . . . . . . anerkannt.

Der Vater verpflichtet sich, an die Mutter im Rahmen seiner gesetzlichen Unterhaltsverpflichtung gemäß § 1615l Abs. 2 S. 2 BGB einen monatlichen, monatlich im Voraus fälligen Unterhalt in Höhe von . . . . . . EUR zu bezahlen.[1, 2]

Die Beteiligten sind sich darüber einig, dass dieser Unterhaltsanspruch unabänderbar ist bis zum 3. Lebensjahr des gemeinsamen Kindes, also bis zum . . . . . . Sollte die Mutter in dieser Zeit Einkünfte erzielen, so werden diese auf ihren Unterhalt innerhalb der ersten 3 Lebensjahre des gemeinsamen Kindes nicht angerechnet.

. . . . . .

(Unterschriften der Beteiligten)

Anmerkungen

1. § 1615l Abs. 3 S. 1 BGB verweist auf die **Vorschriften des Verwandtenunterhalts,** und somit auch auf § 1614 BGB. Deshalb kann zwar auf rückständigen, nicht aber auf künftigen Unterhalt verzichtet werden (BGH FamRZ 1992, 1403, 1404). Dies gilt auch für einen Teilverzicht. Hierbei ist von dem gleichen Spielraum bei der Unterhaltsvereinbarung auszugehen, wie auch beim Trennungs- und Verwandtenunterhalt (vgl. DEuFamR 1999, 84, 88).

2. Die **Gestaltungsmöglichkeiten** im Hinblick auf Einschränkungen dieses Unterhaltsanspruches sind deshalb **gering.** Aufgrund der besonderen Konstellation bei nicht miteinander verheirateten Eltern, die häufig nicht einmal zusammengelebt haben, wird auch die Erweiterung eines Anspruchs nach § 1615l BGB in der Praxis relativ selten vereinbart. Zu einer Unterhaltsvereinbarung für einen Unterhaltsanspruch, der über die Verpflichtung des § 1615l BGB hinausgeht → Form. N.II.4.

VI. Elternunterhalt

1. Elternunterhalt wegen Heimunterbringung

An den . . . . . . (Vertretung der Stadt/des Landkreises/des überörtlichen Sozialhilfeträgers)[1]

Betrifft Unterhaltsangelegenheit Stadt . . . . . ./Landkreis . . . . . ./. . . . . .Verband

Name des auf Elternunterhalts in Anspruch genommenen Kindes

Ihr Zeichen . . . . . .

Sehr geehrte Damen und Herren,

in der genannten Unterhaltsangelegenheit vertrete ich Herrn . . . . . . Eine auf mich lautende Vollmacht füge ich bei.

Mit Schreiben vom . . . . . . machen Sie gegen meinen Mandanten nach § 91 BSHG aus übergegangenem Recht Unterhaltsansprüche geltend, da Sie für die Mutter meines Mandanten im Rahmen der Sozialhilfe die Heimkosten übernehmen. Um die Berechtigung Ihrer Forderung prüfen zu können, bitte ich zum einen um Mitteilung, in welchem Umfang die Mutter meines Mandanten Grundsicherung gemäß § 42 SGB XII erhält. Diese Leistung ist nämlich auf den Unterhaltsbedarf voll anzurechnen, da es sich um keine subsidäre Sozialleistung handelt.[2] Darüber hinaus erhält die Mutter meines Mandanten eine Rente. Die Höhe der Rente bitte ich durch Vorlage eines aktuellen Rentenbescheides darzulegen. Weiter bitte ich um Darlegung der Notwendigkeit einer Heimunterbringung sowie um eine Aufschlüsselung der Heimkosten, damit diese auf ihre Notwendigkeit und Angemessenheit hin überprüft werden können.[3, 4]

Sobald mir diese Angaben vorliegen, werde ich zu einer etwaigen Unterhaltsverpflichtung meines Mandanten gesondert Stellung nehmen.

Mit freundlichen Grüßen

. . . . . .

Rechtsanwalt/Rechtsanwältin

Anmerkungen

1. Die **Unterhaltsansprüche von Eltern** werden in der Praxis nicht von den Eltern selbst, sondern nach **§ 91 BSHG** von den öffentlichen Trägern geltend gemacht, der ihnen Sozialhilfe leistet. Dies ist am häufigsten der Fall bei einer Heimunterbringung, wenn die Kosten vom Sozialhilfeträger übernommen werden müssen. Nach § 91 BSHG geht der Unterhaltsanspruch eines Sozialhilfeempfängers jeweils bis zu der Höhe, der Sozialhilfe gewährt wird, für die Zeit der Sozialhilfegewährung auf den Träger der Sozialhilfe über. An der materiellen Unterhaltsberechtigung des Sozialhilfeempfängers ändert sich somit für die Zukunft nichts. Für die Vergangenheit kann er allerdings wegen des Forderungsübergangs in dem Umfang, wie Sozialhilfe gewährt worden ist, den Unterhaltsanspruch nicht mehr durchsetzen (zum Anspruchsübergang auf den Sozialhilfeträger s. *Hampel* FamRZ 1996, 513).

Da der **Sozialhilfeanspruch dem Unterhaltsanspruch gegenüber subsidiär** ist, wirkt sich die gewährte Sozialhilfe nicht auf den Unterhalt aus. Der Unterhaltsverpflichtete kann den Berechtigten also nicht darauf verweisen, er solle Sozialhilfe in Anspruch nehmen (BGH FamRZ 1984, 364; 1992, 41). Beim gerichtlichen Verfahren ist § 91 Abs. 4 BSHG zu beachten (vgl. hierzu *Finger* FuR 1997, 287).

2. Das Inkrafttreten des **Grundsicherungsgesetzes** über eine bedarfsorientierte Grundsicherung im Alter am 1.1.2003 führte zumindest zu einer teilweisen Entlastung der Unterhaltspflichtigen. Anders als bei der Sozialhilfe handelt es sich bei der Grundsicherung nicht um eine subsidäre Sozialleistung. Es gibt deshalb auch keinen Anspruchsübergang wie in § 91 BSHG.

3. Ist der unterhaltsberechtigte Elternteil in einem Heim untergebracht, bestimmt sich sein Unterhaltsbedarf nach ständiger Rechtsprechung des BGH regelmäßig einerseits aus den dort anfallenden Kosten, soweit sie notwendig sind, und andererseits aus einem nach Sozialhilferecht zu bestimmenden Barbetrag (BGH FamRZ 2013, 363).

Krankheitsbedingter Mehrbedarf erhöht den elterlichen Bedarf. Im Falle einer **Heimunterbringung** reicht die Grundsicherung alleine nicht aus. Hier ist eine individuelle Bedarfsbestimmung notwendig, die sich nach den Heimunterbringungskosten richtet. Die Aufwendungen für die Heimunterbringung gehören zum Lebensunterhalt gemäß § 1610 Abs. 2 BGB. Die Heimkosten müssen notwendig und angemessen sein (BGH FamRZ 2002, 1698; BGH FamRZ 2004, 186). Für die Angemessenheit der Heimkosten können im Rahmen des Unterhaltsregresses des Sozialhilfeträgers zwar sozialhilferechtliche Kriterien einen Anhalt bieten (BGH FamRZ 2004, 1184). Aus der sozialhilferechtlichen Anerkennung der Kosten folgt indessen noch nicht zwingend auch deren unterhaltsrechtliche Notwendigkeit. Unterhaltsrechtlich ergibt sich der angemessene Lebensbedarf des Elternteils aus dessen konkreter aktueller Lebenssituation. Eine früher höhere Lebensstellung des Elternteils hat auf die Angemessenheit im Sinne des § 1610 Abs. 1 BGB keine Auswirkung. Ist der Elternteil im Alter sozialhilfebedürftig geworden, beschränkt sich sein angemessener Lebensbedarf vielmehr auf das Existenzminimum, mithin auf eine ihm zumutbare einfache und kostengünstige Heimunterbringung (BGH FamRZ 2013, 203). Wohnt der unterhaltsberechtigte Elternteil nicht in dem preisgünstigsten Heim, kann das unterhaltspflichtige Kind nur dann zur Erstattung der höheren Kosten verpflichtet werden, wenn dem Elternteil die Wahl des preisgünstigeren Heimes nicht zumutbar war.

4. Der Unterhaltsverpflichtete ist berechtigt, die **Aufschlüsselung der Heimkosten** zu verlangen, um diese gegebenenfalls auf ihre Notwendigkeit und Angemessenheit hin zu überprüfen. Den Berechtigten trifft die Pflicht, die Kosten der Heimunterbringung im Rahmen des Zumutbaren so gering wie möglich zu halten. Bei der Überprüfung ist eine Orientierung an der Pflegestatistik des Statistischen Bundesamts hilfreich, welche im Internet zur Einsicht zur Verfügung steht.

2. Unterhaltsbedürftigkeit von Eltern

Herrn Rechtsanwalt . . . . . .

Sehr geehrter Herr Kollege . . . . . .,

ich zeige an, dass ich Herrn . . . . . . vertrete. Ihr Schreiben vom . . . . . ., in welchem Sie die Vertretung des Vaters meines Mandanten angezeigt und Unterhalt von ihm gefordert haben, liegt mir vor.

Mein Mandant lässt insbesondere darauf hinweisen, dass Ihr Mandant noch bis letztes Jahr selbstständig als Unternehmensberater gearbeitet und dabei ein erhebliches Einkommen erzielt hat. Es verwundert daher schon, wenn Ihr Mandant angeblich arbeitslos geworden sein will und keinerlei Einkünfte mehr erzielt. Nachdem Ihr Mandant außerdem erst 56 Jahre alt ist, hinsichtlich seiner angeblichen Arbeitsunfähigkeit wegen seiner Rückenschmerzen bisher von Ihnen substantiiert nichts vorgetragen worden ist, und Ihr Mandant bisher sehr gut verdient hat, liegt eine Unterhaltsverpflichtung meines Mandanten ganz offensichtlich nicht vor.[1, 3, 4]

Ich weise zudem darauf hin, dass vorrangig einmal das ganz beträchtliche Vermögen Ihres Mandanten für seinen Unterhalt verwertet werden müsste.[2] Nach Wissen meines Mandanten verfügt Ihr Mandant weiterhin über ein Haus in . . . . . ., ein Aktiendepot bei der . . . . . . Bank und über eine Kapitallebensversicherung bei der . . . . . . AG. An die Anforderungen zur Aufnahme einer Arbeit sind bei Ihrem Mandanten ferner hohe Ansprüche zu stellen. Die Rechtsprechung verlangt es von ihm, dass er jegliche, auch deutlich unterhalb seines Ausbildungsniveaus liegende Tätigkeiten annimmt.

Höchst vorsorglich weise ich darauf hin, dass mein Mandant hinsichtlich des geforderten Unterhalts zudem nicht leistungsfähig ist. Wie auch Ihrem Mandanten bekannt sein dürfte, hat mein Mandant 3 minderjährige Kinder und eine Ehefrau, die er zusätzlich versorgen muss. Er verdient als kaufmännischer Angestellter netto . . . . . . EUR und hat zudem wegen den finanziellen sehr knappen Verhältnissen der Familie einen Nebenjob annehmen müssen. Allein aus diesem Grund erscheint ein Anspruch Ihres Mandanten ausgeschlossen.

Mit freundlichen kollegialen Grüßen

. . . . . .

Rechtsanwalt/Rechtsanwältin

Anmerkungen

1. Eine **Bedürftigkeit der Eltern gemäß § 1602 Abs. 1 BGB** kann insbesondere entstehen, wenn sie über keine ausreichende Altersversorgung verfügen und/oder die Rente, Pension nicht für die oft sehr hohen Kosten eines Alters- und Pflegeheimes ausreichen.

2. **Vorhandenes Vermögen** außer Schonvermögen ist vorab zu verwerten (vgl. Wendl/Staudigl/*Pauling* § 2 Rn. 614). Unter Schonvermögen fällt i. d. R. nur noch der kleine Sparbetrag, ca. 2.000,– EUR bis 2.500,– EUR, der auch bei Heimaufenthalten für unvorhergesehene Ausgaben zu belassen ist (Wendl/Staudigl/*Pauling* § 2 Rn. 614; BGH FamRZ 2004, 370). Nicht unter das Schonvermögen fällt dagegen das vor dem Heimaufenthalt selbst genutzte Eigenheim. Schenkungen sind gegebenenfalls nach § 528 BGB rückgängig zu machen (vgl. BGH FamRZ 2000, 84; 2001, 21).

3. Bei **Aufenthalten in Altersheimen** ist vorab zu prüfen, ob dieser sachlich geboten war, weil sich der Bedürftige nicht mehr selbst versorgen konnte (vgl. BGH FamRZ 2000, 84, 86).

4. In **sonstigen Fällen,** in denen die Eltern wegen Arbeitslosigkeit Ansprüche stellen, sind an ihre Erwerbsobliegenheit hohe Anforderungen zu stellen. Sie müssen jede Tätigkeit, auch unterhalb des Ausbildungsniveaus annehmen (BGH FamRZ 1985, 273). Häufig scheidet im Rahmen des Elternunterhalts eine Erwerbsobliegenheit krankheits- oder altersbedingt aus. Sollte sie dennoch vorliegen und wird ein Erwerbseinkommen angerechnet, wird eine Werbungskostenpauschale nur anerkannt, sofern der Unterhaltsberechtigte konkrete Anhaltspunkte für berufsbedingte Aufwendungen darlegt (BGH FamRZ 2003, 860).

3. Leistungsfähigkeit im Rahmen des Elternunterhalts

An den ...... (Vertretung der Stadt/des Landkreises/des überörtlichen Sozialhilfeträgers)[1]

Betrifft Unterhaltsangelegenheit Stadt ....../Landkreis ....../......Verband

Name des auf Elternunterhalts in Anspruch genommenen Kindes

Ihr Zeichen ......

Sehr geehrte Damen und Herren,

ich nehme Bezug auf Ihr Schreiben vom ...... Hierin haben Sie den Unterhaltsanspruch des Vaters meines Mandanten mit ...... EUR beziffert.

Als Anlage übergebe ich für meinen Mandanten seine Gehaltsabrechnungen für die Zeit von ...... bis ......, seine letzte Einkommensteuererklärung, sowie den Einkommensteuerbescheid vom ......[1]

Aus diesen Unterlagen können Sie entnehmen, dass mein Mandant in den letzten 12 Monaten ein durchschnittliches Erwerbseinkommen in Höhe von ...... EUR erzielt hat. Dies ist zu bereinigen um eine Pauschale von 5 % für berufsbedingte Aufwendungen somit ...... EUR, so dass ein bereinigtes Erwerbseinkommen in Höhe von monatlich ...... EUR verbleibt. Zusätzlich zur gesetzlichen Rentenversicherung betreibt mein Mandant auch privat Vorsorge für sein Alter. Er bezahlt monatlich einen Betrag von ...... EUR in eine private Rentenversicherung ein, die einkommensmindernd zu berücksichtigen ist. Nach höchstrichterlicher Rechtsprechung ist mein Mandant berechtigt, insgesamt 25 % seines Bruttoeinkommens für die Altersvorsorge zu verwenden. Mit der zusätzlichen Rentenversicherung liegt er noch unter dieser Grenze.[2]

Weiter hat mein Mandant eine kleine Steuererstattung erhalten, die Sie beiliegendem Steuerbescheid entnehmen können. Über weitere Einkünfte verfügt mein Mandant nicht. Mein Mandant hat jedoch vorrangige Unterhaltsverpflichtungen gegenüber seinen 2 Kindern sowie seiner geschiedenen Ehefrau in folgender Höhe:[3]

......

Der Selbstbehalt meines Mandanten beträgt nach den SüdL Nr. 21.3.3 mindestens 1.800,– EUR. Dieser ist bereits nach Berücksichtigung der oben dargelegten Belastungen meines Mandanten nicht gewahrt, so dass die Durchsetzung des geltend gemachten Unterhaltsanspruchs an der Leistungsfähigkeit scheitert.[4]

Mit freundlichen Grüßen

......

Rechtsanwalt/Rechtsanwältin

Anmerkungen

1. Bei der Einkommensermittlung des zum Elternunterhalt verpflichteten gelten zunächst die Grundsätze, die auch bei der Unterhaltsbemessung des Ehegatten und volljähriger Kinder Anwendung finden.

2. Die eigene Altersvorsorge geht dem Elternunterhalt im Rang grundsätzlich vor, da hier vorrangig die Sicherung des eigenen angemessenen Unterhalts des Verpflichteten gewährleistet wird (BGH FamRZ 2003, 1179; BGH FamRZ 2006, 1511). Weiter hat der BGH entschieden, dass eine zusätzliche Altersvorsorgeaufwendung in Höhe von 5 % des sozialversicherungspflichtigen Einkommens als abzugsfähig zu berücksichtigen ist (BGH FamRZ 2004, 792). Hierbei ist der Unterhaltsberechtigte in der Wahl der Altersvorsorge frei. Sie kann durch Kapitalbildung in verschiedenster Form betrieben werden. Teilweise wird sogar vertreten, eine noch höhere Altersvorsorge beim Elternunterhalt für abzugsfähig zu halten, nämlich bis zu 8 % (*Büttner* FamRZ 2004, 1918). Zur Frage der Höhe des Schonvermögens des Unterhaltspflichtigen vgl. OLG Nürnberg Beck-RS 2012, 10580.

3. Vorrangige Unterhaltsverpflichtungen, also vor allem gegenüber eigenen Kindern und früheren Ehegatten, kann der Unterhaltspflichtige von seinem Einkommen vorab in Abzug bringen.

4. Gegenüber Eltern beträgt der angemessene Selbstbehalt nach Nr. 21.3.3 der SüdL mindestens 1.800,– EUR. Außerdem bleibt die Hälfte des diesen Mindestbetrag übersteigenden Einkommens des Pflichtigen grundsätzlich zusätzlich anrechnungsfrei.

G. Zugewinngemeinschaft

I. Ausschluss des Zugewinns im Scheidungsfalle

1. Ausschluss für andere Fälle als den Tod

URNr. . . . . .

Vom . . . . . .

Ehevertrag

– Modifizierte Zugewinngemeinschaft –

Heute, den . . . . . .

erschienen vor mir,

. . . . . .

Notar in . . . . . .:

1. Herr . . . . . .,
   geboren am . . . . . . in . . . . . .
   als Sohn von . . . . . .,
   Letztere eine geborene . . . . . .,
2. dessen Ehefrau,
   Frau . . . . . ., geborene . . . . . .
   geboren am . . . . . . in . . . . . .
   als Tochter von . . . . . .,
   Letztere eine geborene . . . . . .,

beide wohnhaft in . . . . . .,

nach Angabe im gesetzlichen Güterstand der Zugewinngemeinschaft verheiratet.

Die Erschienenen sind mir, dem Notar, persönlich bekannt.

Der Notar hat das Mitwirkungsverbot nach § 3 Abs. 1 Nr. 7 BeurkG erläutert. Seine Frage nach einer Vorbefassung im Sinne dieser Vorschrift wurde verneint.

Die Erschienenen wollen einen

Ehevertrag

errichten.

Sie erklären bei gleichzeitiger[1] Anwesenheit gemeinsam mündlich mit dem Ersuchen um Beurkundung was folgt:

I. Allgemeines

Wir sind in beiderseits erster Ehe verheiratet.

Unsere Ehe haben wir am . . . . . . vor dem Standesbeamten in . . . . . . geschlossen.

Wir sind beide deutsche Staatsangehörige.[2]

Wir haben bisher keinen Ehevertrag geschlossen und sind insoweit im gesetzlichen Güterstand der Zugewinngemeinschaft verheiratet.

II. Ehevertragliche Vereinbarungen

Ehevertraglich vereinbaren wir was folgt:

1. Für den Fall der Beendigung der Ehe durch den Tod[3] eines Ehegatten soll es beim Zugewinnausgleich durch Erbteilserhöhung oder güterrechtliche Lösung[4] verbleiben.[5]
2. Wird jedoch die Ehe auf andere Weise als durch den Tod eines Ehegatten beendet, so findet kein Zugewinnausgleich statt. Dies gilt auch für den vorzeitigen Zugewinnausgleich.[6]
   Auf den Ausgleich eines Zugewinnes wird insoweit gegenseitig verzichtet. Den Verzicht nehmen wir hiermit gegenseitig an.
   Dies gilt auch für einen etwa bisher bereits entstandenen Zugewinn.[7]
3. Durch diese Vereinbarung soll jedoch ausdrücklich keine Gütertrennung eintreten.[8]
4. Zuwendungen eines Ehegatten an den anderen können bei Scheidung der Ehe nicht zurückgefordert werden, auch nicht wegen Störung der Geschäftsgrundlage, es sei denn die Rückforderung ist auf gesonderter vertraglicher Grundlage vorbehalten. Dies gilt unabhängig vom Verschulden am Scheitern der Ehe.[9]
   Wir stellen ferner klar, dass andere Ausgleichsansprüche nicht bestehen sollen; insbesondere entsteht nicht etwa durch Mitarbeit im Betrieb eines Ehegatten oder durch das gemeinsame Halten von Vermögensgegenständen eine Ehegatteninnengesellschaft,[10] wenn wir dies nicht ausdrücklich vereinbaren.
   Wir verpflichten uns, bei etwaigen Gesamthaftungen das Innenverhältnis des Gesamtschuldnerausgleichs ausdrücklich zu regeln.[11]
   Der Verzicht auf Zugewinn stellt nicht selbst eine ehebedingte Zuwendung dar.[12]
5. Für unsere Ehe schließen wir hiermit ferner die Verfügungsbeschränkungen der §§ 1365 ff. BGB gegenseitig aus.[13]
6. Die vorstehenden ehevertraglichen Vereinbarungen nehmen wir hiermit gegenseitig an. Weitere ehevertragliche oder erbvertragliche Regelungen wollen wir heute nicht treffen.[14]

III. Belehrungen, Hinweise

Über die rechtliche Tragweite unserer vorstehenden Erklärungen wurden wir vom Notar eingehend belehrt. Insbesondere wurden wir auf die Bedeutung und das Wesen des vereinbarten Güterstandes auch für das Erbrecht hingewiesen.

Der Notar hat auf die Rechtsprechung des Bundesverfassungsgerichtes zur Inhaltskontrolle von Eheverträgen hingewiesen und erläutert, dass ehevertragliche Regelungen bei einer besonders einseitigen Aufbürdung von vertraglichen Lasten und einer erheblich ungleichen Verhandlungsposition unwirksam sein können.[15]

Die Vertragsteile erklären, dass sie nach einer Vorbesprechung und dem Erhalt eines Vertragsentwurfes die rechtlichen Regelungen dieses Vertrages umfassend erörtert haben und diese Regelungen ihrem gemeinsamen Wunsch nach Gestaltung ihrer ehelichen Verhältnisse entsprechen.

Der Notar hat darauf hingewiesen, dass bei einer Änderung des Ehetyps die Regelungen auch nachträglich unwirksam werden können. Er hat geraten, in diesem Falle den Vertrag der veränderten Situation anzupassen.

IV. Schlussbestimmungen

Wir beantragen die Erteilung je einer Ausfertigung dieser Urkunde.

Die Kosten dieser Urkunde tragen wir gemeinsam.[16]

Vom Notar vorgelesen,
von den Erschienenen genehmigt
und eigenhändig unterschrieben

....

(Unterschrift Beteiligter) (Unterschrift Beteiligter)

......

(Unterschrift Notar) Siegel

Anmerkungen

1. Form. Für den Ehevertrag schreibt § 1410 BGB die notarielle Beurkundung bei gleichzeitiger Anwesenheit beider Teile vor. Gleichzeitige Anwesenheit verbietet den sukzessiven Abschluss durch Angebot und Annahme, verlangt aber nicht persönliche Anwesenheit, so dass Bevollmächtigung und Genehmigung zulässig sind. Der BGH hat ausgesprochen, dass eine Vollmacht, die nicht unwiderruflich ausgestaltet ist, formfrei erteilt werden kann (BGH DNotZ 1999, 46; zu Recht krit.: *Wegmann* Rn. 74). Gleichfalls soll eine Befreiung von den Beschränkungen des § 181 BGB und damit eine Bevollmächtigung des anderen Ehegatten zulässig sein (*Bergschneider* Rn. 121; MünchKommBGB/*Kanzleiter* § 1410 Rn. 4, der aber darauf hinweist, dass in diesen Fällen häufig schon eine Bindungswirkung gegeben sei, die zur Beurkundungsbedürftigkeit der Vollmacht führe).

Allerdings wird man nunmehr aufgrund der Rechtsprechung des BVerfG (BVerfG DNotZ 2001, 222; DNotZ 2001, 708) und des BGH (NJW 2004, 930 f.; NJW 2005, 137; NJW 2005, 139; NJW 2005, 1370; NJW 2005, 2386; NJW 2005, 2391; NJW 2006, 2331; NJW 2006, 3142; NJW 2007, 904; NJW 2007, 2851; NJW 2008, 1076; NJW 2008, 1080; NJW 2008, 3426; NJW 2009, 842; NJW 2009, 2124; NJW 2011, 2669; NJW 2013, 380; NJW 2013, 457; NJW 2013, 1359 – zu diesen Urteilen *C. Münch* FamRB 2013, 160 ff. –, NJW 2013, 2753; NJW 2015, 52 – hierzu *C. Münch*, NJW 2015, 288 f.) zur Inhaltskontrolle von Eheverträgen (hierzu ausführlich *Bergschneider*, Richterliche Inhaltskontrolle von Eheverträgen und Scheidungsvereinbarungen, 2008; *C. Münch*, Ehebezogene Rechtsgeschäfte, Rn. 703 ff.; *ders.* MittBayNot 2003, 107; *ders.* ZNotP 2004, 122 ff.; *ders.* FamRZ 2005, 570 ff.; *ders.* DNotZ 2005, 819 ff.) der Vertretung eines Ehegatten durch den anderen kritischer gegenüberstehen, stützt doch das BVerfG die Notwendigkeit der Inhaltskontrolle gerade auf die ungleiche Verhandlungsposition und die Dominanz eines Ehepartners. Eine solche kann aber später bei der Vertretung des einen Ehepartners durch den anderen unter Befreiung von den Beschränkungen des § 181 BGB sehr leicht vorgetragen werden. Der vorsichtige Notar wird daher auf der persönlichen Anwesenheit bestehen, weil er nur so sachgerecht seiner Aufklärungspflicht nachkommen kann.

2. Ausländische Beteiligte/Auslandsbezug. Zu notwendigen Regelungen bei Beteiligung ausländischer Vertragsschließender siehe die Formulare in Teil V sowie die dortigen Anmerkungen; siehe auch *C. Münch*, Ehebezogene Rechtsgeschäfte, Rn. 4402 ff. Mit der zunehmenden Europäisierung des Familienrechts sind allerdings ausländische Rechtswirkungen immer öfter mitzudenken. So sieht etwa Art. 3 des HUP (Haager Protokoll vom

23.7.2007 über das auf Unterhaltspflichten anzuwendende Recht), das quasi als Bestandteil der EU-UntVO gilt (C. Münch/*Süß*, Familienrecht in der Notar- und Gestaltungspraxis, § 20, Rn. 42 ff. ; umgesetzt durch das Auslandsunterhaltsgesetz, BGBl. 2011 I, 898) grundsätzlich die Geltung des Rechts desjenigen Staates vor, indem die unterhaltsberechtigte Person ihren gewöhnlichen Aufenthalt hat. Künftig wird daher die Wahl zur Anwendung deutschen Rechts sehr häufig in Unterhaltsvereinbarungen zum festen Bestandteil gehören (*Süß*. aaO, Rn. 51).

Die **neu erlassene EUGüVO** (Verordnung (EU) 2016/1103 v. 24.7.2016, ABl. 2016 L 183/1) wird ab 29. Januar 2019 die internationale Zuständigkeit und das anwendbare Recht in Gütersachen regeln, auch für modifizierte Güterstände. Eine erste Einschätzung hierzu geben *Dutta* FamRZ 2016, 1973; *Weber* DNotZ 2016, 659 ff.; *Kroll-Ludwigs* NZFam 2016, 1061 f.

Die neue Verordnung führt insofern zu einem Paradigmenwechsel, als es nun für die Anknüpfung ohne Rechtswahl nach Art. 26 EUGüVO primär auf den gemeinsamen gewöhnlichen Aufenthalt nach Eheschließung ankommt und nicht mehr auf die Staatsangehörigkeit. Die gemeinsame Staatsangehörigkeit ist erst sekundär maßgeblich, gefolgt von der gemeinsamen engsten Verbindung.

Die Neuregelung sollte bereits jetzt beim Abschluss von Eheverträgen mitbedacht werden. Insbesondere in Fällen, in denen der erste gemeinsame gewöhnliche Aufenthalt nach Eheschließung nicht in Deutschland ist, wird eine Rechtswahl ratsam, auch wenn es sich um deutsche Staatsangehörige handelt. Allerdings gilt die neue EUGüVO nur für Ehegatten, die nach dem 29.1.2019 die Ehe eingegangen sind oder die nach diesem Datum eine güterrechtliche Rechtswahl treffen (Art. 69 Abs. 3 EUGüVO).

Eine Rechtswahl ist nach Art. 22 EUGüVO möglich, allerdings ist der Kreis der wählbaren Rechte eingeschränkt. Gewählt werden kann danach das Recht des Staates, in dem die Ehegatten oder einer von ihnen zur Zeit der Rechtswahl den gewöhnlichen Aufenthalt hat, oder das Recht des Staates, dessen Staatsangehörigkeit wenigstens einer der Ehegatten hat. Die Rechtswahl ist auch schon vor der Eheschließung möglich und bedarf in Deutschland der Ehevertragsform des § 1410 BGB (hierzu näher *Weber* DNotZ 2016, 659, 678 f.). Eine Rechtswahl zugunsten des Rechts der belegenen Sache ist nach der EUGüVO anders als nach Art. 15 Abs. 2 Nr. 3 EGBGB nicht mehr möglich (*Dutta* FamRZ 2016, 1973, 1981).

Eine Rechtswahl, die in der Übergangszeit jetzt formuliert ist und vorsorglich alle Fälle abdecken soll, kann neutral formuliert so lauten:

Alternative: Güterrechtliche Rechtswahl

Für die güterrechtlichen Wirkungen unserer Ehe wählen wir hiermit das Recht der Bundesrepublik Deutschland.

. . . . . . ist/wir sind beide deutsche Staatsangehörige. Wir werden unseren ersten gewöhnlichen Aufenthalt nach Eheschließung in . . . . . . haben.

Diese Rechtswahl soll ab heute gelten.

Die Rechtswahl soll, soweit rechtlich möglich, weltweit gelten und auch Immobilien erfassen, die nicht in Deutschland belegen sind. Der Notar soll aber derzeit keine Schritte unternehmen, um eine Gültigkeit der Rechtswahl im Ausland zu erreichen.

Eine etwaige Unwirksamkeit der Rechtswahl soll sich nach Möglichkeit nicht auf die Wirksamkeit des Vertrages im Übrigen auswirken.

Der Notar hat über folgendes belehrt:

- **über das deutsche Güterrecht und die Auswirkungen des gesetzlichen Güterstandes sowie die Möglichkeit ehevertraglich Abweichungen von der gesetzlichen Regelung zu bestimmen;**
- **über den Umstand, dass nach derzeit gültigem deutschen bzw. europäischen und für Deutschland anwendbaren IPR ausländisches Recht anwendbar sein könnte;**

- **über ausländisches Recht hat der Notar nicht belehrt und auch insoweit keine Beratung oder Betreuung übernommen. Der Notar hat den Beteiligten geraten, sich Klarheit über Auslandsrechtsfragen zu verschaffen, insbesondere soweit dies zu einem Vergleich der güterrechtlichen Folgen erforderlich ist. Unabhängig davon geht die Rechtswahl von den Beteiligten aus, welche die Beurkundung jetzt und in dieser Form wollen. Sie stellen den Notar von jeder Haftung für ausländisches Recht frei.**
- **darüber, dass für die Bereiche Unterhalt und Versorgungsausgleich bzw. über das Scheidungsstatut eine zusätzliche Rechtswahl getroffen werden kann.**

3. Anwendungsbereich – Erbschaftsteuer. Der Zugewinnausgleich findet bei Scheidung der Ehe, Aufhebung der Ehe nach §§ 1313 ff. BGB, vorzeitiger Aufhebung der Zugewinngemeinschaft nach §§ 1385 ff. BGB und im Todesfalle statt. Außerdem können die Ehegatten den Güterstand wechseln, so dass auch in diesem Falle der Zugewinn ausgeglichen wird (siehe hierzu → Form. H.I.3 und → Form. H.II.4 zur Güterstandsschaukel). Mit der hier vorgelegten Modifikation des gesetzlichen Zugewinns soll erreicht werden, dass ein Zugewinn nur noch im Todesfalle ausgeglichen wird. Alle anderen Fälle des Zugewinnausgleichs bei einem Ende der Ehe sind damit ausgeschlossen. Da das Formular nicht mehr auf das Ende des Güterstandes abstellt, ist ein Zugewinnausgleich bei Wechsel des Güterstandes durch diese Formulierung jedoch nicht mehr ausgeschlossen.

Diese Art der Modifizierung des gesetzlichen Güterstandes setzt sich gegenüber der Gütertrennung immer mehr durch. Sie kann dann verwendet werden, wenn im Todesfalle Zugewinnansprüche nach Ansicht der Ehegatten bestehen bleiben sollen; etwa dann, wenn der Ehepartner ohnehin als Erbe vorgesehen ist. Der Grund für die immer häufigere Verwendung dieser Gestaltung im Vergleich zur Gütertrennung ist in § 5 ErbStG zu sehen, der ganz erhebliche erbschaftsteuerliche Vorteile für den Ausgleich des Zugewinns anordnet (*C. Münch* Familiensteuerrecht Rn. 357 ff:, *C. Münch/Schlünder/Geißler*, Familienrecht in der Notar- und Gestaltungspraxis, 2. Aufl., § 18, Rn. 1 ff.; gegenläufig Bayer/Koch/*Kanzleiter*, Schranken der Vertragsfreiheit, 2007, 65, 70).

§ 5 Abs. 1 ErbStG stellt im Todesfalle, wenn der Zugewinn über das erbrechtliche Viertel des § 1371 Abs. 1 BGB ausgeglichen wird, eine fiktive Zugewinnausgleichsforderung, wie sie sich nach § 1371 Abs. 2 BGB errechnet, steuerfrei. Danach ist zwar eine fiktive Zugewinnausgleichsforderung zu berechnen, wie sie sich bei Durchführung der güterrechtlichen Lösung ergäbe, jedoch enthält § 5 Abs. 1 ErbStG zahlreiche Anordnungen zur steuerlich abweichenden Berechnung dieser fiktiven Zugewinnausgleichsforderungen (ergänzend ErbStR 2011, R E 5.1.; danach wird insbesondere der Kaufkraftschwund aus dem Zugewinn nunmehr auch für die Erbschaftsteuer herausgerechnet. Hierzu *Meincke* in FS Wacke, S. 267 ff.; *Piltz* ZEV 1999, 98 f.):

- Abweichende vertragliche Regelungen des Güterstandes werden nicht berücksichtigt. Danach ist zum einen durch Ehevertrag eine Erhöhung der Zugewinnausgleichsforderung steuerwirksam nicht möglich, zum anderen bleiben aber auch nach der erbschaftsteuerlichen Literatur diejenigen güterrechtlichen Verträge unberücksichtigt, welche den Zugewinn verringern. So kann zB die Herausnahme des Betriebsvermögens aus dem Zugewinn dazu führen, dass zivilrechtlich nur noch ein geringer Zugewinn ausgleichungspflichtig bleibt. Erbschaftsteuerlich wird aber nach § 5 Abs. 1 ErbStG der Zugewinn unter Einbeziehung der herausgenommenen Vermögenswerte berechnet (*Götz* INF 2001, 417, 460, 461; *Troll/Gebel/Jülicher/Gottschalk* § 5 Rn. 197 iVm 163; *Meincke* § 5 Rn. 26; *Scherer* BB-Spezial 5/04 mwN; *Hamdan/Quernheim* ZFE 2005, 228, 232; *Jülicher* ZEV 2006, 338, 341; *Schlünder/Geißler* FamRZ 2006, 1655 f.; *Christ* FamRB 2007, 218, 219; Höland/Sethe/*Weckerle*, Eheverträge und Scheidungsfolgenvereinbarungen, 2006, 70; C. Münch/*Schlünder/Geißler*, Familienrecht in der Notar- und Gestaltungspraxis, § 18 Rn. 6 ff.; dem folgend nun auch *Langenfeld/Milzer* Rn. 247; ob man so weit gehen kann, den Freibetrag nach § 5 Abs. 1 ErbStG sogar noch dann zu bejahen, wenn der Zugewinn komplett ausgeschlossen wurde, so *Grund* MittBayNot 2008, 19, 20 mit Nachweisen auch zur Gegenmeinung, darüber bestehen verschiedene Ansichten. Der Vertragsgestalter sollte daher den sichersten Weg gehen und einen Zugewinn bestehen lassen). Dies kann ganz erhebliche Steuervorteile zur Folge haben.

- Die Vermutung des § 1377 Abs. 3 BGB, wonach das Endvermögen dem Zugewinn entspricht, gilt nicht. Das bedeutet, dass dem Finanzamt gegenüber zur Geltendmachung der Erbschaftsteuerfreistellung des fiktiven Zugewinnausgleichsbetrages der Zugewinn nachgewiesen werden muss. Hier ist die Aufnahme eines Verzeichnisses über das Anfangsvermögen ratsam. Den steuerlichen Beratern wird damit die Erbschaftsteuererklärung sehr erleichtert. Dieser Rat kann nunmehr noch verstärkt erteilt werden. Mit der Möglichkeit negativen Anfangsvermögens seit der Reform des Zugewinnausgleichs, die dennoch den § 1377 Abs. 3 BGB nicht abgeschafft hat, werden solche Verzeichnisse immer bedeutsamer.
- Eine „rückwirkende Vereinbarung" der Zugewinngemeinschaft wirkt erbschaftsteuerlich nicht. Der BFH hat bestätigt, dass die Rückwirkung auch für solche Eheverträge ausgeschlossen werden konnte, die vor Inkrafttreten der Vorschrift geschlossen wurden (BFH ZEV 2006, 85 und DStRE 2006, 541).
- Soweit das Endvermögen mit einem höheren als dem steuerlichen Wert angesetzt wurde, bleibt höchstens der dem Steuerwert des Endvermögens (Änderung des § 5 Abs. 1 ErbStG mit der Erbschaftsteuerreform 2009; hierzu FinMin BW ZEV 2009, 154) entsprechende Betrag steuerfrei. Die Finanzverwaltung geht davon aus, dass es zu einer Umrechnung der fiktiven Ausgleichsforderung in den steuerfreien Betrag kommen soll, wobei die Ausgleichsforderung entsprechend dem Verhältnis von Steuerwert und Verkehrswert des dem Erblasser zuzurechnenden Endvermögens auf den steuerfreien Betrag zu begrenzen ist (ErbStR 2011, R E 5.1., Abs. 5 S. 4); hierbei ist das nach § 13a ErbStG begünstigte Vermögen mit seinem Steuerwert vor Abzug des Freibetrages und des Bewertungsabschlages (Bruttowert) einzubeziehen (ErbStR 2011, R E 5.1., Abs. 5 S. 3).

Demgegenüber stellt **§ 5 Abs. 2 ErbStG** die reale Zugewinnausgleichsforderung steuerfrei, etwa dann, wenn durch Ehevertrag vom gesetzlichen Güterstand zur Gütertrennung übergegangen wird, aber auch im Todesfalle, wenn die güterrechtliche Lösung zum Tragen kommt. § 5 Abs. 2 ErbStG hat nach überwiegender Meinung keinen eigenständigen Regelungsgehalt, sondern wiederholt nur klarstellend, dass dann, wenn auf den Zugewinn ein Rechtsanspruch nach Familienrecht besteht, keine freigiebige Zuwendung nach den §§ 3, 7 ErbStG vorliegt (BFH BStBl. 1993 II, 510 f.; *Götz* INF 2001, 417, 421; *Kruse* StuW 1993, 3; *Meincke* § 5 Rn. 38; *Viskorf* NWB Fach 10, 1243, 1252). Dies ist bei der Auslegung der Vorschrift zu beachten. Für die Anwendung des § 5 Abs. 2 ErbStG ist bedeutsam, dass die beiden Absätze des § 5 ErbStG getrennt zu betrachten sind, so dass die Einschränkungen des ersten Absatzes den zweiten nicht treffen, denn der Gesetzgeber hatte solches zwar erwogen, aber nicht umgesetzt (*Götz* FamRB 2005, 245, 246; *Geck* ZEV 2006, 62, 65; *Schlünder/Geißler* FamRZ 2005, 149, 156). In der Nichtanwendung dieser Einschränkungen können ganz erhebliche Steuervorteile liegen.

Das bedeutet im Einzelnen:

- Die Vermutung des § 1377 Abs. 3 BGB gilt im Rahmen des § 5 Abs. 2 ErbStG.
- Abweichende ehevertragliche Vereinbarungen werden der Bemessung des Zugewinnausgleichsanspruches nach § 5 Abs. 2 ErbStG zugrunde gelegt. C. Münch/*Schlünder/Geißler*, Familienrecht in der Notar- und Gestaltungspraxis, § 18 Rn. 22, 26.
- Es bleibt steuerfrei der Zugewinnausgleich aus dem wahren Wert der Vermögensgüter ohne verhältnismäßige Begrenzung auf den Steuerwert (*Meincke* § 5 Rn. 46).
- Bei einer ehevertraglichen Rückbeziehung des Anfangsvermögens auf den Tag der Eheschließung ist diese zu beachten.

Was die rückwirkende Vereinbarung von Zugewinngemeinschaft anbelangt, so hat der BFH zunächst die Vereinbarung einer sog. Güterstandsschaukel anerkannt, d.h. die Vereinbarung von Gütertrennung mit steuerfreiem Ausgleich des Zugewinns und anschließender Rückkehr in den gesetzlichen Güterstand (BFH ZEV 2005, 490 m. Anm. *Münch*). Sodann hat der BFH im Zusammenhang mit der Anerkennung des § 5 Abs. 1 S. 4 ErbStG ausdrücklich auf diese anerkannte Güterstandsschaukel (hierzu → Form. H.I.3 und → Form. H.II.4) hingewiesen und den Ehegatten diese Handlungsalternative förmlich aufgezeigt. Nach diesem Hinweis des BFH sind die rückwirkende Vereinbarung von Zugewinngemeinschaft und ein anschließender vertraglicher Ausgleich des Zugewinns mit Vereinbarung der Gütertrennung schenkungsteuerfrei möglich (BFH/NV 2006, 948, letzter Absatz; hierzu *Wefers* ErbStB 2006, 117). Die Literatur folgert daraus „mit der natürlich gebotenen Vorsicht" (*Geck* ZEV 2006, 62, 63; *J. Mayer* FPR 2006, 129, 135; *Schlünder/Geißler* NJW 2007, 482), dass abweichende ehevertragliche Gestaltungen auch mit Rückwirkung im Rahmen des § 5 Abs. 2 ErbStG anzuerkennen sind. Das FG Düsseldorf hat diese für den Fall der güterrechtlichen Lösung im Todesfalle ausgesprochen für einen Fall, in dem zuvor die Zugewinngemeinschaft rückwirkend vereinbart worden war (FG Düsseldorf EFG 2006, 1447). Dies kann dann für die ehevertragliche Vereinbarung von Gütertrennung mit Zugewinnausgleich nicht anders sein. Auch die Finanzverwaltung hatte dies zwischenzeitlich anerkannt und eine Änderung der ErbStR angekündigt (BayLAfSt DStZ 2006, 782 und OFD Rheinland und Münster ErbStB 2007, 73).

Die Änderung der Erbschaftsteuerrichtlinien in ErbStR 2011 R E 5.2. hat dies aber nur sehr unvollkommen umgesetzt. Zwar wurde eingefügt, dass die Nichtsteuerbarkeit der durch Ehevertrag oder Scheidungsvereinbarung modifizierten Zugewinnausgleichsforderung Ausfluss der bürgerlichrechtlichen Gestaltungsfreiheit der Ehegatten bei der Ausgestaltung des Zugewinns sei. Dann aber wird weiterhin und unverändert ausgeführt, dass – soweit durch Ehevertrag einem Ehegatten eine erhöhte güterrechtliche Ausgleichsforderung verschafft wird – hierin eine Schenkung zu sehen ist, wenn „nicht in erster Linie güterrechtliche, sondern erbrechtliche Wirkungen herbeigeführt werden sollen". Sofern ein vor dem Zeitpunkt des Vertragsschlusses liegender Beginn des Güterstandes vereinbart wird, nahm die bisherige Fassung zwingend eine überhöhte Zugewinnausgleichsforderung an. Die Neufassung begnügt sich mit der Feststellung, dass in diesen Fällen eine überhöhte Zugewinnausgleichsforderung vorliegen kann. Sie fügt ferner hinzu, dass aus der rückwirkenden Vereinbarung allein sich noch keine erhöhte güterrechtliche Ausgleichsforderung ergibt. Der bisherige Automatismus, dass eine Rückwirkung automatisch zu einer erhöhten Ausgleichsforderung führt, ist also durchbrochen. Die Finanzverwaltung will sich aber offensichtlich eine Würdigung des Einzelfalles weiterhin vorbehalten. Ansonsten interpretieren die Richtlinien die Vorschrift des § 5 Abs. 2 ErbStG in folgender Weise:

- Die Vorschrift ist nicht anwendbar, wenn zwar durch Ehevertrag der bisherige Zugewinn ausgeglichen, aber dieser Güterstand nicht beendet wird.
- Beim Verzicht auf Zugewinn gegen Abfindung ist diese ebenfalls steuerfrei.
- Beim Verzicht auf eine geltend gemachte Ausgleichsforderung kann eine Schenkung unter Lebenden vorliegen.

4. Zugewinn im Todesfalle. Im Todesfalle erhöht sich der gesetzliche Erbteil des überlebenden Ehegatten um ein Viertel. Damit ist der Zugewinn pauschal abgegolten, unabhängig von der Entstehung eines tatsächlichen Zugewinns. Die Erhöhung tritt also auch dann ein, wenn nur der überlebende Ehegatte Zugewinn erzielt hat (so ausdrücklich OLG Bamberg OLG-R 1999, 265; Bergschneider/*Bergschneider* Rn. 4.127). Sie führt zu einer entsprechenden Reduzierung der Kinderpflichtteile. Zuwendungen, die der überlebende Ehegatte erhalten hat, werden anders als bei § 1380 BGB auf den erhöhten Erbteil nicht angerechnet (Palandt/*Brudermüller* § 1371 Rn. 5). Diese Erhöhung kommt aber nur in Betracht, wenn der überlebende Ehegatte gesetzlicher oder durch Verfügung von Todes wegen berufener Erbe oder Vermächtnisnehmer ist (*Reimann/Bengel/Mayer* A. 151). In diesem Falle kann er, sofern noch Pflichtteilsansprüche oder Pflichtteilsergänzungsansprüche bestehen, den großen Pflichtteil aus dem erhöhten gesetzlichen Erbteil verlangen, jedoch keinen weiteren Zugewinn (*Reimann/Bengel/Mayer* A. 151). Der Erblasser kann somit, indem er dem Ehegatten wenigstens ein Vermächtnis zuwendet, diesem immer den großen Pflichtteil verschaffen und damit zugleich die Pflichtteilsansprüche anderer Pflichtteilsberechtigter vermindern.

Ist der überlebende Ehegatte weder Erbe noch Vermächtnisnehmer, so greift die güterrechtliche Lösung nach § 1371 Abs. 2 BGB. Er erhält in diesem Falle neben dem Zugewinn nur den kleinen, d.h. aus dem nicht erhöhten Erbteil berechneten Pflichtteil.

Der überlebende Ehegatte hat im gesetzlichen Güterstand immer das Recht, den Erbteil auszuschlagen und stattdessen – entgegen den sonstigen Regelungen zum Pflichtteil – den Pflichtteil und den tatsächlichen Zugewinn, § 1371 Abs. 2, 3 BGB zu verlangen. Hierbei erhält er aber ebenfalls nur den kleinen Pflichtteil (BGH DNotZ 1983, 187 mit Anm. *Wolfsteiner*), der sich aus dem nicht erhöhten Ehegattenerbteil berechnet (vgl. *Nieder/Kössinger* § 1 Rn. 29 f. zur Berechnung, welche Lösung für den überlebenden Ehegatten die günstigere ist). Durch diese Ausschlagung kommt zugleich anstelle des § 5 Abs. 1 ErbStG der § 5 Abs. 2 ErbStG zur Anwendung. Dies kann eine erhebliche steuerliche Änderung bewirken, wie dies soeben dargestellt wurde.

5. Erbrecht. Zu beachten ist, dass der Zugewinn im Todesfalle bestehen bleibt. Sollen also im Erbfalle keine Ansprüche des Ehegatten bestehen, auch keine Ansprüche auf den güterrechtlichen Zugewinn nach § 1371 Abs. 2 BGB, so muss der Zugewinn vollständig ausgeschlossen werden. Eine zusätzliche Enterbung, Pflichtteilsentziehung oder ein Pflichtteilsverzicht genügt in diesen Fällen daher nicht. Möglich ist es auch, den Zugewinn nach der güterrechtlichen Lösung (§ 1371 Abs. 2 BGB) auszuschließen, nach der erbrechtlichen (§ 1371 Abs. 1 BGB) hingegen nicht oder den güterrechtlichen Zugewinn mit einer Höchstgrenze zu versehen (vgl. *C. Münch*, Ehebezogene Rechtsgeschäfte, Rn. 1150 ff.).

6. Vorzeitiger Zugewinnausgleich. In dieser Fassung bedeutet der letzte Satz nur eine Klarstellung, da der Zugewinn in allen Fällen außer dem Tod ausgeschlossen ist (*Müller* Kap. 3, Rn. 282). Zwar wird weithin vertreten, dass ein Verzicht auf den vorzeitigen Zugewinn nicht zulässig sei (Bergschneider/*Bergschneider* Rn. 4.496). Dies ist jedoch dahin zu relativieren, dass bei einem Verzicht auf Zugewinn auch der vorzeitige Zugewinn ausgeschlossen werden kann. Demnach wäre allein der isolierte Verzicht auf den vorzeitigen Zugewinn unzulässig, weil er den berechtigten Ehegatten zur Scheidung zwingen würde (*Müller* Kap. 3, Rn. 284). Der vorzeitige Zugewinn ist durch das Gesetz zur Änderung des Zugewinnausgleichs und Vormundschaftsrechts geändert worden. Nach dem neuen § 1385 BGB hat der Ehegatte bei Vorliegen der Voraussetzungen einen Anspruch auf Zahlung des Zugewinnausgleichs, den er zusammen mit dem Anspruch auf Aufhebung der Zugewinngemeinschaft geltend machen kann, so dass es nunmehr möglich ist, sofort Leistungsklage zu erheben und diesen Anspruch nach § 916 ZPO durch Arrest zu sichern, nachdem der umstrittene § 1389 BGB aufgehoben wurde. Nach § 1386 BGB bleibt aber auch die Möglichkeit, sich auf die Gestaltungsklage zu beschränken. Die Voraussetzungen für den vorzeitigen Zugewinn wurden leicht erweitert, insbesondere genügt künftig schon, dass Handlungen nach § 1365 BGB oder nach § 1375 Abs. 2 BGB nur zu befürchten sind. § 1387 BGB verlegt den Zeitpunkt für die Berechnung des Endvermögens und für die Vermögenswertbegrenzung in beiden Fällen auf die entsprechende Klageerhebung.

7. Zugewinn vor Vertragsschluss. Sofern ein solcher Ehevertrag nicht von Verlobten, sondern von Ehegatten geschlossen wird, empfiehlt sich eine Klarstellung auch für die Vergangenheit. Es sollte in der Regel vermieden werden, den Zugewinn hinsichtlich der Vergangenheit im Rahmen einer bloßen Modifikation der Zugewinngemeinschaft auszugleichen, weil in diesem Rahmen § 5 Abs. 2 ErbStG nach Meinung der Finanzverwaltung (ErbStR 2011, E R 5 2 Abs. 3) und des BFH (ZEV 2006, 41 m. Anm. C. *Münch*) nicht greift, so dass der Ausgleich des Zugewinns zu diesem Zeitpunkt nicht schenkungsteuerfrei ist (Münch/*Schlünder/Geißler*, Familienrecht in der Notar- und Gestaltungspraxis, § 18 Rn. 34 ff.).

8. Keine Gütertrennung. Es handelt sich um eine Klarstellung. Nachdem § 1414 S. 2 BGB den Eintritt der Gütertrennung schon an den Ausschluss des Zugewinns knüpft, ist eine solche empfehlenswert.

9. Ausschluss richterlicher Korrektur von Vermögenstransfers. Diese Vertragsgestaltung stellt quasi eine „Gütertrennung" für den Scheidungsfall dar. Damit steht sie in der Gefahr, in gleicher Weise von der richterlichen Korrektur von Vermögenstransfers betroffen zu werden wie die Gütertrennung selbst. Werden trotz – oder gerade wegen – des Ausschlusses des Zugewinns im Scheidungsfalle zwischen den Ehegatten Vermögenstransfers vorgenommen, so handelt es sich oft um sogenannte ehebedingte Zuwendungen, d. h. die Ehegatten sind sich nicht über die Unentgeltlichkeit einig, sondern erbringen die Zuwendung „um der Ehe willen", d. h. als Beitrag zur Verwirklichung, Ausgestaltung, Erhaltung und Sicherung der ehelichen Lebensgemeinschaft (BGH FamRZ 1980, 664; BGH FamRZ 1982, 910; BGH MittBayNot 1990, 178; BGH NJW 1994, 2545; *Kleinle* FamRZ 1987, 1383). Scheitert die Ehe, so kann nach der Rechtsprechung des BGH die Geschäftsgrundlage für die Zuwendung wegfallen mit der Folge, dass ein Ausgleichsanspruch entsteht oder gar eine dingliche Rückforderung verlangt werden kann (vgl. *Wever* Rn. 398 ff.). Im Rahmen der Gütertrennung – die gleichen Maßstäbe müssen für einen völligen Ausschluss des Zugewinns im Scheidungsfalle gelten – kann ein Ausgleich schon dann verlangt werden, wenn die Beibehaltung der Vermögensverhältnisse dem benachteiligten Ehegatten nach Treu und Glauben nicht zumutbar ist (BGH FamRZ 1982, 910). Da hier das Ausgleichssystem des Zugewinns fehlt, sieht die Rechtsprechung die Voraussetzungen nicht so streng wie im gesetzlichen Güterstand (vgl. *C. Münch*, Ehebezogene Rechtsgeschäfte, Rn. 1625 ff., 1648 f.).

Befragt man die Ehegatten zu dem Zeitpunkt, zu dem sie die Modifikation der Zugewinngemeinschaft vereinbaren, so wollen diese sehr oft eine Trennung ihrer Vermögensgüter auch für den Fall von Vermögensübertragungen. Man sollte sie daher nicht der richterlichen Korrektur aussetzen, sondern eine Vereinbarung treffen, wie sie hier vorgesehen ist, dass nämlich eine Rückforderung und Ausgleichsansprüche ausgeschlossen sind, sofern sie nicht im Rahmen der Einzelübertragung ausdrücklich vorgesehen werden. Dies zwingt die Ehegatten zu einer gewissen Regelungsdisziplin bei den späteren Zuwendungen und lässt ihnen die Möglichkeit offen, für jede Zuwendung individuelle Scheidungsfolgen zu vereinbaren (krit. insoweit *Grziwotz* ZIP 2006, 9, 10). Eine solche Lösung ist einem generellen Rückforderungsrecht (so vorgeschlagen zB von *Joosten* ZFE 2002, 125) vorzuziehen. Mit Spannung wird erwartet, ob die Rechtsprechungswende des BGH im Zusammenhang mit Schwiegerelternzuwendungen (BGH NJW 2010, 2201; BGH NJW 2010, 2884; BGH NJW 2012, 523; BGH, NJW 2015, 690; BGH, NJW 2015, 1014), die zu ehebezogenen Schenkungen geführt hat, auch Auswirkungen auf die Zuwendungen unter Ehegatten haben wird. Immerhin öffnet sich der BGH – wie auch bei nicht verheirateten Partnern – für Ansprüche wegen Zweckverfehlung nach § 812 Abs. 1 S. 2, 2. Alt. BGB, so dass fraglich ist, ob er dies auch auf Ehegatten ausdehnt (*Wever,* in: FS Hahne, 191, 197).

10. Ehegatteninnengesellschaft. Seit dem Grundsatzurteil BGH aus dem Jahre 1999 (FamRZ 1999, 1580 = NJW 1999, 2962) stellt die Rechtsprechung gegenüber der ehebedingten Zuwendung die Ehegatteninnengesellschaft wieder in den Vordergrund, so dass diese jedenfalls bei einer Mehrzahl von Zuwendungen zur zentralen Anspruchsgrundlage für Ausgleichsansprüche außerhalb des Güterrechts wird, zumal der BGH nunmehr eine Ehegatteninnengesellschaft auch bei rein finanziellen Zuwendungen ohne

Mitarbeit anwendet (vgl. zur Ehegatteninnengesellschaft → Form. J.III sowie *C. Münch*, Ehebezogene Rechtsgeschäfte, Rn. 1671 f.; *ders.* FamRZ 2004, 233; OLG Köln FamRZ 2010, 1738). In einigen weiteren Urteilen hat der BGH einmal Fragen der Zusammenveranlagung unter Rückgriff auf die Ehegatteninnengesellschaft gelöst (BGH FamRZ 2003, 1454 = DStR 2003, 1805) und zum anderen betont, dass die Ansprüche aus Ehegatteninnengesellschaft nicht subsidiär gegenüber dem Zugewinnausgleich sind (BGH FamRZ 2006, 607, hierzu *C. Münch* MittBayNot 2006, 423), ferner hat er klargestellt, dass vor einer Halbteilung nach § 722 BGB Gewinnverteilungsabreden durch Auslegung zu ermitteln sind (BGH, NZG 2016, 547). Aufgrund dieser Rechtsprechungsänderung (*Jaeger* in FS Henrich, 2000, 323, 328: starke, in ihren Auswirkungen noch nicht vorhersehbare Änderungen) werden die ehebedingten Zuwendungen in Zukunft wohl vor allem noch für Zuwendungen des Familienwohnheims Bedeutung erlangen (so *Grziwotz* DNotZ 2000, 486, 495). Besteht eine Ehegatteninnengesellschaft, so steht dem Nichteigentümer-Ehegatten im Falle der Scheidung ein Ausgleichsanspruch nach gesellschaftsrechtlichen Grundsätzen zu, der sich nach seiner Beteiligungsquote und damit nach dem Verhältnis der geleisteten Beiträge richtet. Lassen sich diese nicht feststellen, so bestehen im Zweifel nach § 722 BGB für jeden Ehegatten gleich hohe Anteile (BGH NJW 1999, 2962 f.). Diesen Vorteil einfacher Ermittlung hat der BGH aber inzwischen wieder relativiert, indem er entschieden hat, es müssten zuvor – auch konkludent getroffene – abweichende Gewinnverteilungsabreden ermittelt werden (BGH, NZG 2016, 547). Die Ehegatteninnengesellschaft kann auch zu einer Nachschusspflicht führen. Eine dem § 1378 Abs. 2 BGB entsprechende Kappungsgrenze gibt es nicht (*Herr* FamRB 2011, 86, 87). Die Ansprüche aus Ehegatteninnengesellschaft werden ihrerseits im Zugewinn wieder berücksichtigt, dennoch können sich erheblich unterschiedliche Auswirkungen ergeben (eingehend *Wall* FamRB 2010, 348 f.).

Aus diesem Grunde erscheint es ratsam, im Zusammenhang mit dem Ausschluss des Zugewinns im Scheidungsfalle auch zu diesen Ansprüchen Stellung zu nehmen. Ein Ausschluss von Ansprüchen aus Ehegatteninnengesellschaft wird mittlerweile von einigen Stimmen aber auch kritisch betrachtet (*Kogel* FamRZ 2006, 1177; *Dauner-Lieb* FuR 2009, 361, 370; *Brambring* Rn. 107). Andererseits sprach sich der Arbeitskreis 18 des 17. DFGT 2007 dafür aus, den Anwendungsbereich der Ehegatteninnengesellschaft einzuschränken und der Gütertrennung Vorrang einzuräumen (vgl. in den Empfehlungen des Vorstandes B. II.1.b, FamRZ 2007, 2040). Schließlich ist dazu anzumerken, dass eine Ehegatteninngesellschaft kein gesetzlich eintretendes Rechtsinstitut ist, sondern einen Gesellschaftsvertrag zwischen den Ehegatten voraussetzt, der ihnen freilich oft im Nachhinein unterstellt wird. Dann müssen aber Ehegatten im Vorhinein sagen können, erst gar keine Ehegatteninnengesellschaft schließen zu wollen.

11. Gesamtschuld. Wenn Ehegatten für den Scheidungsfall eine komplette Trennung ihrer Güter wünschen, so ist ihnen zu empfehlen, dass sie nach Möglichkeit schon gar keine gesamtschuldnerischen Haftungen begründen. Wo dies unvermeidlich ist, will die Klausel erreichen, dass die Ehegatten zumindest das Innenverhältnis näher bestimmen, so dass im Scheidungsfalle die Verteilung der Verbindlichkeiten vorgezeichnet ist (vgl. zur Gesamtschuld eingehend *Wever* Rn. 265 ff.). Der BGH (FamRZ 2011, 25) berücksichtigt die Gesamtschuld im Zugewinnausgleich und stellt darauf ab, ob der Ausgleichsanspruch nach § 426 BGB realisierbar ist, was er schon dann annimmt, wenn die interne Ausgleichungspflicht erst aufgrund der Zahlung des Zugewinns realisierbar ist.

12. Verzicht nicht selbst eine ehebedingte Zuwendung. Der BGH hat in einem Urteil (FamRZ 1997, 933 = NJW 1997, 2727) angedeutet, auch der Verzicht auf Zugewinn selbst könne als ehebedingte Zuwendung mittels der Grundsätze des Wegfalls der Geschäftsgrundlage einer Anpassung unterliegen. Zwar ist es bisher bei dieser Andeutung geblieben, aber die Folgen einer solchen Einschätzung wären für die Betroffenen unabsehbar, wird doch mit dem Ehevertrag eine rechtssichere und endgültige Regelung angestrebt. Aus diesem Grunde wurde eine Formulierung aufgenommen, die eine solche Anpassung ausschließen soll.

13. Ausschluss von Verfügungsbeschränkungen. Ein Ausschluss der Verfügungsbeschränkungen kann in diesem Zusammenhang vereinbart werden, ohne dass dies zwingend wäre. Es entspricht aber regelmäßig dem Interesse der Vertragsparteien, dass mit dem Ausschluss des Zugewinnausgleichs im Scheidungsfalle auch die Verfügungsbeschränkungen abbedungen werden. Sofern die Ehegatten weiterhin eine Schutzfunktion im Hinblick auf einen Zugewinnausgleich im Todesfalle sehen, können die Beschränkungen auch beibehalten werden.

14. Weitere Vereinbarungen. Regelungen zu Ehegattenunterhalt und Versorgungsausgleich können hier ebenso aufgenommen werden wie erbrechtliche Anordnungen. Allerdings ist die kostenrechtliche Privilegierung hierfür mit Inkrafttreten des GNotKG abgeschafft worden. Vielmehr bestimmt § 111 Nr. 2 GNotKG, dass Eheverträge stets als besondere Beurkundungsgegenstände gelten. Die Werte für Ehevertrag und Erbvertrag sind somit künftig gesondert zu ermitteln. Sie werden sodann addiert. Ihr Gesamtwert bildet den Verfahrenswert, aus dem die 2,0 Gebühr nach Nr. 21100 KV (mindestens 120,– EUR) zu berechnen ist (*Wudy* NotBZ 2013, 201, 244). Konsequenz wird sein, dass in vielen Fällen nun der Ehevertrag isoliert beurkundet wird. Zum einen muss man in dem häufig gegebenen zeitlichen Stress vor der Heirat nicht auch noch alle Erbfragen klären. Zum anderen gerade in Unternehmerehen ein einseitiges Testament des Unternehmers die vorgezogene Lösung, die nun auch kostenrechtlich günstiger ist. Schließlich hat der isolierte Erbvertrag den Vorteil, dass er im Gegensatz zum Ehe- und Erbvertrag aus der amtlichen Verwahrung nach § 2300 Abs. 2 BGB zurückgenommen werden kann.

15. Inhaltskontrolle. Mit zwei Entscheidungen hat das BVerfG (BVerfG DNotZ 2001, 222 und DNotZ 2001, 708) der Vertragsfreiheit im Bereich der Eheverträge Grenzen gesetzt und eine Inhaltskontrolle von Eheverträgen (hierzu ausführlich C. *Münch*, Ehebezogene Rechtsgeschäfte, Rn. 703 ff.; *ders.* ZNotP 2004, 122; *ders.* FamRZ 2005, 570) eingeführt. Der BGH hat mit einem Grundsatzurteil (BGH NJW 2004, 930 und weiteren Folgeurteilen – → Anm. 1) diese Rechtsprechung umgesetzt. Hierzu detailliert → Abschnitt C. Vorbemerkung 4. *(Bergschneider)*. Zu beobachten war, dass sich die Stimmen verstärkten, die weitergehend als der BGH eine Inhaltskontrolle auch im güterrechtlichen Bereich befürworteten (*Bergschneider* FamRZ 2010, 2010, 1857 ff.; *ders.* Festschrift Hahne, 113 ff.; *Dauner-Lieb* FF 2011, 382 ff.; *Dauner-Lieb* AcP 2010, 580 ff.; *Dethloff*, Familienrecht, 30. Aufl., 2012, § 5 Rn. 29). Dem ist der BGH entgegengetreten (BGH NJW 2013, 380; BGH NJW 2013, 457). Er hält an der Kernbereichsferne des Güterstands fest (hierzu C. *Münch* FamRB 2013, 160 ff.)

16. Kosten. Das **GNotKG** behandelt den Ehevertrag nach § 1408 Abs. 1 BGB in § 100 GNotKG. Danach ist für jeden Ehegatten das sog. **modifizierte Reinvermögen** festzustellen. Dabei sind zunächst die Positiva eines jeden Ehegatten zu ermitteln. Die Passiva eines Ehegatten dürfen nur von dessen eigenem Vermögen in Abzug gebracht werden, Ferner darf ein Abzug nicht unter den halben Aktivwert vorgenommen werden. Dieser Geschäftswert soll auch für ehevertragliche Vereinbarung von Modifikationen der Zugewinngemeinschaft gelten (Diehn, Notarkostenberechnungen, 4. Aufl., 2016, Rn. 1557) mit Ausnahme des bloßen Ausschlusses der Verfügungsbeschränkungen nach §§ 1365, 1369 BGB, der nach § 51 Abs. 2 GNotKG nur mit 30 % des Wertes der betroffenen Gegenstände zu bewerten ist. Vorliegend wäre daher auf das modifizierte Reinvermögen abzustellen. Auf der Grundlage dieses Geschäftswertes fällt eine 2,0 Gebühr nach 21100 KV (mindestens 120,– EUR) an.

2. Vorbehalt ehevertraglichen Zugewinnausgleichs

(Urkundseingang wie → Form. G.I.1)

. . . . . .

II. Ehevertragliche Vereinbarungen

Ehevertraglich vereinbaren wir was folgt:

1. Für den Fall der Beendigung des Güterstandes durch Scheidung oder Aufhebung der Ehe sowie in den Fällen der §§ 1385, 1386 BGB[1] findet kein Zugewinnausgleich statt.[2] Gleiches gilt für etwaige künftige gesetzliche Formen der hoheitlichen Aufhebung der Ehe, auf welche ein Zugewinnausgleich folgen würde.[3]
2. Für den Fall des Todes bleibt es jedoch beim Zugewinnausgleich durch Erbteilserhöhung oder güterrechtliche Lösung. Auch im Falle einer Beendigung des Güterstandes durch Ehevertrag[4] verbleibt es beim Zugewinnausgleich.
3. Auf den Ausgleich eines Zugewinnes wird insoweit gegenseitig verzichtet. Den Verzicht nehmen wir hiermit gegenseitig an.
   Dies gilt auch für einen etwa bisher bereits entstandenen Zugewinn.[5]

. . . . . . (weitere Ausführungen wie in → Form. G.I.1)

Anmerkungen

1. Vorzeitiger Zugewinnausgleich. Da hier wegen des Vorbehaltes ehevertraglichen Zugewinnausgleichs die Fälle positiv genannt sind, bei denen ein Zugewinnausgleich ausgeschlossen ist, empfiehlt sich in jedem Falle die Nennung des vorzeitigen Zugewinnausgleichs. Der vorzeitige Zugewinn ist durch das Gesetz zur Änderung des Zugewinnausgleichs und Vormundschaftsrechts geändert worden (→ Form. G.I.1 Anm. 6).

2. Anwendungsbereich. Bisher wurde beim Ausschluss des Zugewinns im Scheidungsfalle zumeist formuliert, dass bei einer Beendigung des Güterstandes auf andere Weise als durch den Tod der Zugewinn ausgeschlossen sei. Mit dieser Formulierung ist bewirkt, dass im Todesfalle ein Zugewinn stattfindet, jedoch in allen anderen Fällen des Endes einer Ehe bzw. des Endes der Zugewinngemeinschaft ein Zugewinnanspruch ausgeschlossen ist. Aufgrund des Wechsels der gesetzlichen Gründe, aus denen eine Ehe außer im Scheidungsfalle aufgelöst oder ihre Nichtigkeit statuiert wurde, wollte man diese Gründe nicht einzeln aufführen (vgl. etwa die Aufhebung des Ehegesetzes zum 1.7.1998; hierzu *Bosch* NJW 1998, 2004). Die nachfolgende Problematik ergibt sich hingegen nicht, wenn von vorneherein auf das Ende der Ehe in anderen Fällen als dem Tod abgestellt wird, denn dann ist bei einem Güterstandswechsel der Zugewinnausgleich nicht ausgeschlossen.

Nun wurde aber bereits dargelegt (→ Form. G.I.1 Anm. 3), dass maßgeblich für die Wahl des Güterstandes zunehmend auch die erbschaftsteuerlichen Überlegungen im Rahmen des § 5 Abs. 1 bzw. Abs. 2 ErbStG sind. Die herkömmliche Formulierung führt dazu, dass diese Vergünstigungen nur im Todesfalle zur Anwendung gelangen. Nicht berücksichtigt ist dabei, dass der Zugewinn auch unter Lebenden ausgeglichen werden kann, wenn der Güterstand gewechselt wird, wenn also die Ehegatten später Gütertrennung vereinbaren und den in der bisherigen Ehe angefallenen Zugewinn ausgleichen. Auch diese Form des Zugewinnausgleichs kann nach § 5 Abs. 2 ErbStG schenkungsteuerfrei geschehen und wird daher als Gestaltung vorgeschlagen (*Brambring* ZEV 1996, 248, 252 f.).

Wichtig ist **erstens**, dass der Ausgleich des Zugewinns mit einem **Wechsel des Güterstandes** verbunden wird, denn nur dann entsteht die Zugewinnausgleichsforderung. In Fällen einer bloßen Modifizierung des Güterstandes kommt die Zugewinnausgleichsforderung nicht zum Entstehen, so dass die Anwendung des § 5 Abs. 2 ErbStG in diesen Fällen abgelehnt wird (BFH ZEV 2006, 41 m. Anm. C. *Münch*; FG Köln EFG 2002, 1254; ErbStR 2011, RE 5.2 Abs. 3). Die Ehegatten können nach verbreiteter Ansicht nach Ausgleich des Zugewinns später erneut zum Güterstand der Zugewinngemeinschaft zurückkehren (Vertragsgestaltung durch doppelten Güterstandswechsel, BFH ZEV 2005, 490 m. Anm. C. *Münch;* vgl. *Schotten* NJW 1990, 2481, 2486; *Hayler* DNotZ 2000, 681; *Kruse* StuW 1993, 3, 6; skeptisch *Doetsch* DStR 1994, 638, 642; *Sasse* BB 1995, 1613). Die Vereinbarung der späteren Zugewinngemeinschaft noch in der gleichen Urkunde hat der BFH (ZEV 2006, 490) zwar gebilligt, sich hierbei jedoch an die Beurteilung der Vorinstanz gebunden gefühlt. Der Wechsel sollte jedoch stets so sein, dass für eine Weile Gütertrennung besteht (hierzu näher bei der Güterstandsschaukel unter → Form. H.I.3, → Form. H.II.4).

Entscheidend ist **zweitens**, dass bei Wechsel des Güterstandes auch ein **Zugewinnausgleichsanspruch entsteht**. Wenn nun der Zugewinn in allen Fällen des Endes des Güterstandes außer dem Tod ausgeschlossen ist, so könnte diese Formulierung auch den Zugewinnanspruch bei einem Güterstandswechsel ausschließen. In einem solchen Falle würde § 5 Abs. 2 ErbStG keine Anwendung finden. Daher führt dieses Formular die Tatbestände der Ehe- bzw. Güterstandsbeendigung einzeln auf, für die ein Zugewinn ausgeschlossen ist, und behält den Zugewinn neben dem Todesfall ausdrücklich auch für den ehevertraglichen Güterstandswechsel vor.

Ist daher von vorneherein geplant, in Zugewinngemeinschaft zu leben, um zwischenzeitlich den Zugewinn durch Güterstandswechsel bei fortbestehender Ehe schenkungsteuerfrei ausgleichen zu können, so sollte die obige – erweiterte – Formulierung Verwendung finden. Interessant ist in diesem Zusammenhang noch, dass im Rahmen des § 5 Abs. 2 ErbStG sogar die rückwirkende Vereinbarung der Zugewinngemeinschaft (korrekt formuliert: die ehevertragliche Rückbeziehung des Anfangsvermögens auf den Tag der Eheschließung, vgl. DNotI-Report 1996, 133) Anerkennung findet (hierzu näher bei der Güterstandsschaukel unter → Form. H.I.3 und → Form. H.II.4).

Eine andere Möglichkeit, den Anspruch auf Zugewinnausgleich auch für den Fall ehevertraglichen Güterstandswechsels zu bewahren liegt darin, nicht auf die Beendigung des Güterstandes abzustellen, sondern auf das Ende der Ehe. Wird der Zugewinn für das Ende der Ehe aus anderen Gründen außer dem Tod ausgeschlossen, so bleibt er beim Güterstandswechsel erhalten, denn dieser führt nicht zum Ende der Ehe (hierzu *Wachter* FR 2006, 43).

3. Im Hinblick auf mögliche künftige Gesetzesänderungen.

4. Kombination mit anderen Modifikationen. Ein solcher Vorbehalt ehevertraglichen Zugewinnausgleichs ist nicht nur beim Komplettausschluss des Zugewinns sinnvoll, sondern ggf. auch bei anderen Modifikationen des Zugewinns, etwa beim Ausschluss betrieblichen Vermögens vom Zugewinn. Hier ist allerdings zu bedenken, dass der Zugewinn im Scheidungsfalle nicht komplett ausgeschlossen ist, so dass es vorkommen kann, dass später im Zusammenhang mit einer Scheidung ein den Güterstand der Zugewinngemeinschaft beendender Ehevertrag geschlossen wird (etwa im Hinblick auf die Stichtagsproblematik des § 1378 Abs. 2 BGB). Aus einem solchen Ehevertrag sollen sich aber dann keine kompletten Zugewinnausgleichsansprüche ergeben. Daher würde die Formulierung für solche Fälle lauten:

Alternative

Gleiches gilt für den Fall einer Beendigung des Güterstandes durch Ehevertrag, außer ein solcher wird im Zusammenhang mit einer Trennung oder Scheidung abgeschlossen.

5. → Form. G.I.1 Anm. 7.

3. Erwerbsvereinbarung bei verschuldetem Ehepartner

(Urkundseingang wie → Form. G.I.1)

. . . . . .

II. Ehevertragliche Vereinbarungen

Ehevertraglich vereinbaren wir was folgt:[1]

1. . . . . . .
   Wir stellen fest und bestätigen wechselseitig, dass diejenigen Gegenstände, welche in der Anlage 1 aufgeführt sind, der Ehefrau A gehören und ihr Anfangsvermögen darstellen. Lediglich die in der Anlage 2 aufgeführten Gegenstände sind Eigentum und Anfangsvermögen des Ehemannes B. Die Anlagen, auf die hiermit verwiesen wird, sind wesentlicher Bestandteil und damit Inhalt und Gegenstand dieser Urkunde. Sie wurden vom Notar mit vorgelesen.
   Künftig wird Haushaltsgegenstände nur Ehefrau A im eigenen Namen erwerben. Wir verpflichten uns gegenseitig, hieran in jeder etwa erforderlichen Form mitzuwirken.[2]
   Der Notar hat darauf hingewiesen, dass eine solche Vereinbarung eine konkret anders getroffene Abrede im Einzelfall dennoch zulässt. Er hat ferner geraten, bei jeder wichtigen Anschaffung zusammen mit dem Verkäufer eine Rechnung zu erstellen und aufzubewahren, welche die Ehefrau A als Erwerberin und Eigentümerin ausweist.[3]
2. Wir sind uns darüber einig, dass für Zwecke des Zugewinnausgleichs das Anfangsvermögen des Ehemannes im Sinne des § 1374 Abs. 1 BGB mit minus . . . . . . EUR und dasjenige der Ehefrau mit . . . . . . EUR zu bewerten ist.
3. Die vorstehende ehevertragliche Vereinbarung nehmen wir hiermit ausdrücklich an.

. . . . . . (ggf. weitere ehevertragliche oder erbrechtliche Regelungen) . . . . . .

. . . . . . (weitere Belehrungen und Schlussbestimmungen wie in → Form. G.I.1) . . . . . .[4]

Anmerkungen

1. Anwendungsbereich. Nach der Reform des Zugewinnausgleichsrechts sieht § 1374 Abs. 1 S. 2 BGB ausdrücklich auch die Möglichkeit negativen Anfangsvermögens vor. Dieses kann nach § 1374 Abs. 3 BGB auch durch den Erwerb negativen privilegierten Vermögens entstehen. Daher wird es künftig bei Heirat eines verschuldeten Ehegatten nicht mehr erforderlich sein, einen Ehevertrag zu schließen, der das negative Anfangsvermögen vertraglich festsetzt. Auch das Endvermögen kann nach § 1375 Abs. 1 S. 2 BGB negativ sein. Einen negativen Zugewinn aber gibt es nach wie vor nicht. Denn es soll vermieden werden, dass ein Ehegatte über den Zugewinn für die Verbindlichkeiten des anderen Ehegatten mit haftet (*C. Münch* MittBayNot 2009, 261, 262; *Kogel* FamRZ 2010, 2036; BGH DNotZ 2011, 303; aA *Braeuer* FamRZ 2010, 1614).

Nachdem aber trotz dieser Neuregelung die Vermutung des § 1377 Abs. 3 BGB beibehalten wurde, nach welcher sich das Anfangsvermögen auf 0,– EUR beläuft, ergibt sich auch weiterhin die Notwendigkeit, das Anfangsvermögen festzustellen, um später ein negatives Vermögen nachweisen zu können.

Häufig möchten Ehegatten bei Heirat eines verschuldeten Partners einen sog. Haftungsehevertrag schließen, der bewirken soll, dass Gläubiger nicht auf eheliches Vermögen zugreifen können. Zu diesem Zweck werden entsprechende Vermögensverzeichnisse beurkundet, die nachweisen sollen, dass dem nicht verschuldeten Ehepartner das Eigentum zusteht. Sofern sich die Ehegatten erst zuvor über diese Art der Eigentumsverteilung einig geworden sind, wird man eine Eigentumsübertragung annehmen müssen, die nach allgemeinen Vorschriften der Anfechtung bzw. Insolvenzanfechtung unterliegt. Sofern sogar strafrechtliche Folgen zu bedenken sind, muss sich der Notar ggf. einer Mitwirkung enthalten (Würzburger Notarhandbuch/*J. Mayer* Teil 3 Kap. 1 Rn. 112).

2. Künftige Erwerbe. Hierzu ist darauf hinzuweisen, dass die ehevertragliche Vereinbarung nicht die Übereignung beeinflussen kann, wie sie zwischen dem Verkäufer einer Ware und dem kaufenden Ehegatten stattfindet. Die Ehegatten müssen also darauf achten, dass beim jeweiligen Eigentumserwerb dieser zugunsten des nicht verschuldeten Ehegatten geschieht.

Zudem wäre eine bindende ehevertragliche Abrede, von der nicht abgewichen werden könnte, wohl dem Verdikt der Sittenwidrigkeit ausgesetzt. Aus diesem Grunde sind im Einzelfall abweichende Erwerbsformen sehr wohl denkbar.

Daher ist eine solche vertragliche Gestaltung nicht geeignet, die Eigentumsvermutungen des § 1362 BGB bzw. des § 1568b Abs. 2 BGB zu widerlegen (*Bergschneider* Rn. 214). Mit dem Gesetz zur Änderung des Zugewinnausgleichs und Vormundschaftsrechts wurde § 1370 BGB (Surrogation von Haushaltsgegenständen) gestrichen. Damit ist auch der Schluss vom gegenwärtigen Eigentum an Haushaltsgegenständen auf das zukünftige Eigentum nicht mehr möglich.

Gleichwohl stellt die Praxis fest, dass solche Vereinbarungen offensichtlich des Öfteren tatsächlich von einer Pfändung abhalten (so *Langenfeld* Rn. 480); sie werden aus diesem Grunde noch immer nachgefragt.

3. Belehrung. Die Belehrung sollte deutlich machen, dass durch diese generelle Vereinbarung nicht alles geregelt ist, sondern dass die Ehegatten bei jedem einzelnen Eigentumserwerb darauf achten müssen, wer von ihnen erwerben soll.

4. Kosten. → Form. G.IV.2.

II. Herausnahme von Vermögensgegenständen aus dem Zugewinn

1. Ausschluss des betrieblichen Vermögens vom Zugewinn

(Urkundseingang wie → Form. G.I.1)

. . . . . .

II. Ehevertragliche Vereinbarungen (Herausnahme des Betriebsvermögens aus dem Zugewinn[1])

Ehevertraglich vereinbaren wir was folgt:

Den gesetzlichen Güterstand der Zugewinngemeinschaft wollen wir für unsere künftige Ehe ausdrücklich aufrecht erhalten, ihn allerdings wie folgt modifizieren:

1. Der Ehemann ist Inhaber des folgenden Betriebes:[2]
   . . . . . . (nähere Bezeichnung) . . . . . .
   Dieser Betrieb soll beim Zugewinnausgleich bei Beendigung der Ehe aus anderen Gründen als dem Tod[3] eines Ehegatten in keiner Weise berücksichtigt werden.[4] Dies gilt auch für den vorzeitigen Zugewinnausgleich.
   Dieses betriebliche Vermögen einschließlich des gewillkürten Betriebsvermögens und etwaigen Sonderbetriebsvermögens sowie etwaiger bestehender Gesellschafterdarlehen[5] soll also weder bei der Berechnung des Anfangsvermögens noch bei der Berechnung des Endvermögens des Ehemannes berücksichtigt werden, und zwar auch dann nicht, wenn sich ein negativer Betrag ergibt. Gleiches gilt für Wertsteigerungen oder Verluste dieses Vermögens.
   Auch die diese Vermögenswerte betreffenden und ihnen dienenden[6] Verbindlichkeiten sollen im Zugewinnausgleich keine Berücksichtigung finden.
   Surrogate der aus dem Zugewinnausgleich herausgenommenen Vermögenswerte sollen nicht ausgleichungspflichtiges Vermögen sein. Sie werden also bei der Berechnung des Endvermögens auch nicht berücksichtigt. Jeder Ehegatte kann verlangen, dass über solche Ersatzvermögenswerte ein Verzeichnis angelegt und fortgeführt wird. Auf Verlangen hat dies in notarieller Form zu erfolgen.[7]
2. Dies gilt in gleicher Weise für jedes Nachfolgeunternehmen oder jede Nachfolgebeteiligung und jedes Tochterunternehmen, unabhängig von der verwendeten Rechtsform,[8] auch bei Aufnahme weiterer Gesellschafter und auch wenn die Nachfolgebeteiligung in Form von Kapitalgesellschaftsanteilen gehalten wird, die ihrerseits zum Privatvermögen gehören.
   In gleicher Weise ausgeschlossen ist bei einer etwa bestehenden Betriebsaufspaltung[9] oder auch ohne eine solche dasjenige Vermögen, das an den Betrieb im obigen Sinne langfristig zur Nutzung überlassen und ihm zu dienen bestimmt ist,[10] sofern die entsprechenden Verträge jeweils vor mehr als zwei Jahren vor Rechtshängigkeit eines Scheidungsantrages abgeschlossen wurden.[11]
3. Erträge[12] aus diesem vom Zugewinn ausgeschlossenen Vermögen sind gleichfalls vom Zugewinn ausgeschlossen, sofern sie entweder

a) den betrieblichen Bereich noch nicht verlassen haben; insofern sind insbesondere ausgenommen Guthaben auf Kapital-, Darlehens-, Verrechnungskonten[13] sowie stehengelassene Gewinne, Gewinnvorträge oder -rücklagen oder
b) wieder auf die ausgeschlossenen Vermögenswerte verwendet werden, soweit die Verwendung nicht in den letzten beiden Jahren vor Rechtshängigkeit eines Scheidungsantrages erfolgt ist. Unter Verwendung verstehen wir auch die Tilgung von Verbindlichkeiten sowie Einlagen in das Betriebsvermögen.
Macht jedoch ein Ehegatte aus seinem sonstigen Vermögen Verwendungen auf die vom Zugewinnausgleich ausgeschlossenen Vermögenswerte, werden diese Verwendungen mit ihrem Wert zum Zeitpunkt der Verwendung dem Endvermögen desjenigen Ehegatten zugerechnet, der Eigentümer dieser Vermögenswerte ist.
Derartige Verwenungen unterliegen also – ggf. um den Geldwertverfall berichtigt – dem Zugewinnausgleich.
Entsprechendes gilt für Verwendungen des anderen Ehegatten auf die vom Zugewinnausgleich ausgenommenen Vermögenswerte.[14]

4. Zur Befriedigung der sich etwa ergebenden Zugewinnausgleichsforderung gilt das vom Zugewinn ausgenommene Vermögen als vorhandenes Vermögen im Sinne des § 1378 Abs. 2 BGB.
Eine Vollstreckung in das vom Zugewinnausgleich ausgeschlossene Vermögen ist erst zulässig, wenn die Vollstreckung in das ausgleichspflichtige Vermögen nicht zum Erfolg geführt hat.[15]
Ein Ehegatte ist nicht verpflichtet, seinen Zugewinn auszugleichen, wenn er unter Berücksichtigung des vom Zugewinn ausgenommenen Vermögens des anderen Ehegatten nicht zur Ausgleichung verpflichtet wäre.[16]
5. Die güterrechtlichen Verfügungsbeschränkungen sollen bei zu diesem Vermögen gehörenden Gegenständen nicht gelten.[17]
6. Wir sind uns darüber einig, dass hinsichtlich des vorgenannten betrieblichen Vermögens auch bei Mitarbeit der Ehefrau keine Ehegatteninnengesellschaft vorliegt, sondern eine rein arbeitsrechtliche Gestaltung. Wir verpflichten uns insoweit, eine erschöpfende vertragliche Regelung zu treffen, über die hinaus keine Ansprüche bestehen sollen, egal aus welchem Rechtsgrunde sie hergeleitet werden könnten, insbesondere nicht aus Ehegatteninnengesellschaft und nicht wegen Wegfalls der Geschäftsgrundlage.[18]

Die vorstehenden ehevertraglichen Vereinbarungen nehmen wir hiermit gegenseitig an.

III. Pflichtteilsverzicht

Wir verzichten hiermit gegenseitig auf unser gesetzliches Pflichtteilsrecht in bezug auf das nach vorstehender Ziffer II vom Zugewinn ausgenommene Vermögen. Wir nehmen diesen Verzicht wechselseitig an.[19]

IV. Belehrungen, Hinweise

Über die rechtliche Tragweite unserer vorstehenden Erklärungen wurden wir vom Notar eingehend belehrt, insbesondere darüber, dass die Abgrenzung der herausgenommenen Vermögenswerte zu Schwierigkeiten führen kann, dass etwa gewillkürtes Betriebsvermögen gebildet werden kann oder Verwendungen aus dem Privatvermögen in das Betriebsvermögen vorgenommen werden können. Er empfiehlt daher eine strikte Trennung der Vermögensmassen und Aufzeichnungen über Bewegung zwischen den Vermögensmassen.

...... (weitere Belehrungen und Schlussbestimmungen wie in → Form. G.I.1) ......[20]

Anmerkungen

1. Anwendungsbereich. Die Herausnahme von Betriebsvermögen aus dem Zugewinn wird in der Literatur sehr stark empfohlen (zB *Brambring* Rn. 131 ff.; *Langenfeld/Milzer* Rn. 283; MünchKommBGB/*Kanzleiter* § 1408 Rn. 14, FN 44) und ist inzwischen auch durch den BGH (FamRZ 1997, 800 = NJW 1997, 2239) gebilligt. Sie entspricht zB in Österreich der gesetzlichen Rechtslage aufgrund § 91 Österreichisches Ehegesetz (hierzu *Battes,* FS Henrich, 2000, 13, 24 ff.). Aufgrund der bestehenden Abgrenzungsschwierigkeiten und Umgehungsgefahren wird die Gestaltung aber durchaus auch mit kritischen Anmerkungen begleitet (*N. Mayer* DStR 1993, 991; *Wegmann* Rn. 121 ff.). *Bergschneider* (Rn. 709) meint gar, die gängigen Vertragsmuster vermöchten die Probleme der streitigen Abwicklung eines solchen partiellen Zugewinnausgleichs bei Betriebsvermögen meist nicht befriedigend zu lösen.

Dass der Unternehmer seinen Betrieb nicht ohne Modifizierung dem Zugewinn aussetzen kann, zeigt die **Bewertung eines Unternehmens** im Zugewinn (vgl. *C. Münch,* Unternehmerehe, Rn. 73 ff.). Eine solche Bewertung hat einschließlich des Geschäftswertes (BGHZ 75, 195, 199; *Reimann* FamRZ 1989, 1248) und des good wills (*Diederichsen* 143 ff.) zu erfolgen. Es ist also der wirkliche, am Markt erzielbare Verkehrswert zu ermitteln einschließlich aller stillen Reserven. Auch wenn sich der BGH zunächst auf die Formel zurückzog, die Wertermittlungsmethode sei durch den sachverständig beratenen Tatrichter sachverhaltsspezifisch zu bestimmen (BGH FamRZ 1991, 43, 44), so wird der Wertermittlung zumeist die Ertragswertmethode zugrunde gelegt (Palandt/*Brudermüller* § 1376 Rn. 45; *Hülsmann* ZIP 2001, 450, 452), die auch der BGH nunmehr favorisiert (BGH NJW 2011, 2572; kritisch zum Ansatz des BGH *Koch* FamRZ 2012, 1521, 1522). Der Liquidationswert kommt nur dann in Betracht, wenn der Betrieb aufgrund des Zugewinnausgleichs liquidiert werden muss oder keinen positiven Ertragswert hat (BGH NJW 1992, 2441). Diese Schilderung der Unternehmensbewertung zeigt, dass der Scheidungsfall mit einem vollen Zugewinnausgleich für den Unternehmer zu einer ganz erheblichen Belastung führt. Wenn er den wirklichen Wert seines Unternehmens oder – wenn das Unternehmen selbst aufgrund familiärer Zuwendung Anfangsvermögen ist – wenigstens die Wertsteigerung desselben hälftig teilen muss, so wird dies häufig aufgrund mangelnder Liquidität das Ende des Unternehmens bedeuten. Es besteht also die Notwendigkeit einer abweichenden vertraglichen Regelung.

2. Bezeichnung des Betriebsvermögens. Hier sollte das derzeit bestehende betriebliche Vermögen genau bezeichnet werden, also die Firmen mit Sitz und Handelsregisternummer. Die korrekte Bezeichnung des vom Zugewinn ausgenommenen Vermögens stellt an den Vertragsgestalter hohe Ansprüche. Denn die momentan existierende Firmengestaltung wird sich – zumeist aufgrund steuerlicher Rahmenbedingungen – im Laufe der Gültigkeit des Ehevertrages voraussichtlich mehrfach ändern. Solche Änderungen sollen aber von der vertraglichen Ausschlussklausel jeweils mit erfasst sein.

3. Erbschaftsteuer. Man beachte, dass nach Meinung der Literatur trotz der Herausnahme des Betriebsvermögens im Rahmen des § 5 Abs. 1 ErbStG die dort gewährten Steuervorteile auch den rechnerischen Zugewinn aus dem Betriebsvermögen erfassen, da ehevertragliche Abweichungen im Rahmen des § 5 Abs. 1 ErbStG unbeachtlich sind (so einhellig die steuerrechtliche Literatur: *Christ* FamRB 2007, 218, 219; *Götz* INF 2001, 417 ff., 460 f.; *ders.* NWB 2007, Fach 10, 1599, 1607; *Jülicher* ZEV 2006, 338, 341; Troll/Gebel/Jülicher/*Gottschalk* § 5 Rn. 197 iVm 163; *Meincke* § 5 Rn. 26; *Scherer* BB-Spezial 5/04 mwN; *Schlünder/Geißler* FamRZ 2006, 1655 f.; dem folgend nun auch *Langenfeld/Milzer* Rn. 247).

4. Ausschluss auch bei Tod. Diese Formulierung passt dann, wenn der Betrieb nur im Rahmen einer Scheidung nicht in den Zugewinn fallen soll, im Todesfalle, wenn also die Ehe bis dahin intakt war, jedoch der Zugewinn komplett ausgeglichen werden soll. Ist es gewünscht, dass der Ehegatte auch nicht Erbe des Betriebes sein soll und auch keinen Anspruch nach § 1371 Abs. 2 BGB haben soll, so wäre der Betrieb aus dem Zugewinn vollständig herauszunehmen. Die Formulierung kann dann folgendermaßen lauten:

Alternative – völliger Ausschluss des Betriebes

Dieser Betrieb soll beim Zugewinnausgleich in keiner Weise berücksichtigt werden, und zwar weder bei lebzeitiger Beendigung des Güterstandes noch bei Beendigung des Güterstandes durch den Tod eines von uns.

5. Streichen, soweit aufgrund Rechtsform oder sonst nicht erforderlich.

6. Zu dieser Formulierung *Plate* MittRhNotK 1999, 257, 264.

7. Surrogate. Eine solche Formulierung ist bei Ausschluss von Vermögensmassen aus dem Zugewinn grundsätzlich zu empfehlen. Sie kann bei Betriebsvermögen ggf. wegfallen, da die Surrogate regelmäßig erneut Betriebsvermögen sind. Dies gilt auch für den Fortführungsnachweis, da das Betriebsvermögen regelmäßig in der Buchhaltung bzw. einem Anlageverzeichnis erfasst sein wird.

Bedenkenswert ist, ob die Regelung auch Geltung beanspruchen soll für Surrogate, die anlässlich der Betriebsaufgabe dann im Privatvermögen anfallen, so wenn zB bei einer Veräußerung des gesamten Betriebes der Erlös als Surrogat anzusehen ist, der sodann Privatvermögen bildet. Wenn der Betrieb von den Eltern übernommen wurde und größtenteils ohnehin Anfangsvermögen bildet, so mag es vertretbar sein, auch das Surrogat bei der Betriebsaufgabe vom Zugewinn auszunehmen. Wurde der Betrieb in der Ehe aufgebaut und die Herausnahme aus dem Zugewinn vor allem zum Schutz des Betriebes vereinbart, so könnte der Erlös dem Zugewinn unterworfen werden, ggf. mit einer Modifizierung, also zB einer abweichenden Quote. Eine solche Formulierung könnte lauten:

Alternative – Surrogat im Privatvermögen ausgleichungspflichtig

Surrogate der aus dem Zugewinnausgleich herausgenommenen Vermögenswerte sollen nicht ausgleichungspflichtiges Vermögen sein. Sie werden also bei der Berechnung des Endvermögens auch nicht berücksichtigt. Sofern jedoch der vom Zugewinnausgleich ausgenommene Betrieb durch Veräußerung aufgegeben wird, unterfallen Veräußerungserlöse, die nicht mehr betriebliches Vermögen sind, dem Zugewinnausgleich, sind also dem Endvermögen hinzuzurechnen. Der ausgenommene Betrieb ist dann, soweit er Anfangsvermögen war, beim Anfangsvermögen zu berücksichtigen.

Wenn der Zugewinn in einem solchen Falle nicht zur Gänze ausgeglichen werden soll wäre noch folgende Modifikation denkbar:

Alternative – geringere Quote bei Surrogat im Privatvermögen

Allerdings vereinbaren wir folgende Modifikation: Die Wertansätze, mit denen der Betrieb im Anfangs- und der Erlös im Endvermögen unter Berücksichtigung der Geldentwertung anzusetzen ist, sind zu vergleichen. Der Differenzbetrag wird bei Einstellung in das Endvermögen halbiert. So wird zB ein Betrieb, der mit 200.000,– EUR im Anfangsvermögen zu werten ist und für den ein Veräußerungserlös von netto 1.000.000,– EUR erzielt wurde mit 600.000,– EUR im Endvermögen angesetzt.

8. Jegliches Betriebsvermögen. Das Formular ist so aufgebaut, dass der betroffene Betrieb konkret bezeichnet wird und auch die Wandlungen der Rechtsform erfasst sind. Ferner sind steuerliche Konstruktionen berücksichtigt, mit denen der Betriebsinhaber etwa bei der Betriebsaufspaltung oder bei sonstigen Überlassungen von Sonderbetriebsvermögen oder auch privatem Vermögen (so werden etwa Wirtschaftsgüter, die langfristig an eine beherrschte GmbH überlassen sind, nicht in jedem Falle betriebliches Vermögen, Schmidt/*Heinicke* § 4 Rn. 171) an die Firma einen betrieblichen Zusammenhang herstellt, dem häufig auch eine steuerliche Einstufung als betriebliches Vermögen folgt. Hier soll auch solches Vermögen vom Zugewinn ausgenommen sein.

Zuweilen finden sich Formulierungen, dass **„jegliches Betriebsvermögen"** vom Zugewinn ausgeschlossen sei (*Stenger* ZEV 2000, 51, 54). Damit verweist der Vertragsgestalter auf die steuerliche Begrifflichkeit für die betrieblichen Einkunftsarten des § 2 Abs. 1 Nr. 1 bis 3 EStG, denn das Zivilrecht kennt keinen Begriff des Betriebsvermögens in diesem Sinne (der Begriff des Unternehmers in § 14 BGB vermag hier nicht zu helfen). Sich auf diese steuerliche Begrifflichkeit zu verlassen, ist aber nicht ratsam, denn erstens ist der Begriff auch im Steuerrecht definitorisch unscharf, zweitens sind seine Grenzen verschiebbar und drittens ist die steuerliche Attraktivität des Betriebsvermögens wandelbar.

Abgesehen davon, dass es in verschiedenen Steuergesetzen unterschiedliche Betriebsvermögensbegriffe gibt, hat auch das Einkommensteuerrecht Einordnungsschwierigkeiten, wie die detaillierten Regelungen in EStR (2012) R 4.2 und H 4.2 zeigen. So sind etwa Kapitalgesellschaftsanteile steuerlich sehr häufig Privatvermögen, sollen aber vom Ausschluss erfasst sein, sofern sie nicht ausschließlich der Kapitalanlage dienen (vgl. *Pezzer* DStJG, Band 25, 2002, 37, 38 ff. „Anteilseigner als Kapitalanleger oder Unternehmer"). Gebäude lassen sich je nach Nutzung in völlig verschiedene Wirtschaftsgüter zerlegen (vgl. EStR 2012 R 4.2. Abs. 3). Wie soll das Gebäude im Zugewinn behandelt werden? Privater Grundbesitz wird durch das Überschreiten der sog. Drei-Objekt-Grenze zum Betriebsvermögen eines gewerblichen Grundstückshandels (vgl. detailliert BMF DStR 2004, 632).

Bei der Gewinnermittlung durch Betriebsvermögensvergleich kann gewillkürtes Betriebsvermögen gebildet werden. Nach EStR (2012) R 4.2 Abs. 1 kann bei betrieblicher Nutzung zwischen 10 % und 50 % der Steuerpflichtige wählen, ob Betriebsvermögen vorliegt oder nicht.

Schließlich lässt sich je nach steuerlicher Attraktivität völlig unabhängig von familienrechtlichen Überlegungen ein Trend hin zum Betriebsvermögen erkennen, so etwa nach Einführung des § 13a ErbStG und § 105 Abs. 2 HGB zur Bildung von Grundstücks-GmbH & Co. KGs, die aufgrund ihrer gewerblichen Prägung nach früherem Erbschaftsteuerrecht begünstigt waren und Einkünfte nach § 15 EStG erzielen konnten.

Insoweit wirft die Verwendung des Begriffes „jegliches Betriebsvermögen" Probleme auf und bedarf zusätzlicher Abgrenzungen. Eine hiermit jedoch nicht empfohlene **Formulierung, die generell auf das Betriebsvermögen abstellt,** könnte dann folgendermaßen lauten:

Alternative – Ausschluss jeglichen Betriebsvermögens

Jegliches Betriebsvermögen eines von uns beiden soll beim Zugewinnausgleich bei Beendigung der Ehe aus anderen Gründen als dem Tod eines Ehegatten (. . . . . . sowie bei lebzeitiger Beendigung der Zugewinngemeinschaft . . . . . .) in keiner Weise berücksichtigt werden. Dies gilt auch für den vorzeitigen Zugewinnausgleich. Unter Betriebsvermögen in diesem Sinne verstehen wir auch gewillkürtes Betriebsvermögen und Sonderbetriebsvermögen sowie Vermögen, das dem Betrieb langfristig zur Nutzung überlassen und ihm zu dienen bestimmt ist. Zum Betriebsvermögen in diesem Sinne gehören auch steuerlich im Privatvermögen gehaltene Kapitalanteile, soweit sie nicht der reinen Kapitalanlage dienen. Letzteres ist jedenfalls immer dann der Fall, wenn die Kapitalgesellschaft lediglich eigenes Vermögen verwaltet oder wenn die Beteiligungsquote des Ehegatten nicht größer als 10 % ist.

Nicht zum Betriebsvermögen gehören Gesellschaftsbeteiligungen an Gesellschaften, die nur eigenes Vermögen verwalten und die lediglich durch ihre gewerbliche Prägung gewerbliche Einkünfte erzielen.

. . . . . . Schiedsgutachterklausel, wenn gewünscht. . . . . . (→ Form. P.II)

Zur Abgrenzung der reinen Kapitalanlage wurde die Grenze herangezogen, welche das BMF zur Abgrenzung des gewerblichen Grundstückshandels gezogen hat (BMF Schreiben vom 26.3.2004 DStR 2004, 632, Rn. 14). Auch bei der bloßen Verwaltung eigenen Vermögens bleiben Abgrenzungsprobleme, wenn zusätzlich ein Scheingegenstand aufgenommen wird.

9. Wiesbadener Modell. Besondere Regelungsnotwendigkeiten stellen sich beim sog. „Wiesbadener Modell", wenn also die persönliche Verflechtung der Betriebsaufspaltung gerade dadurch vermieden wird, dass ein Ehegatte am Betriebs- und der andere am Besitzunternehmen beteiligt ist. Hier wird man Übertragungsansprüche für den Scheidungsfall begründen müssen (ggf. auch an Dritte, um die persönliche Verflechtung nicht eintreten zu lassen, zB an Kinder, dann aber zumeist auch wieder mit Übertragungsrechten für Vorversterben, Veräußerung etc) und eine Regelung finden, dass das betroffene Vermögen gleichfalls vom Zugewinn ausgenommen ist. Da ein Wiesbadener Modell zumeist mit gezielten Vermögenstransfers bzw. Erwerbsgestaltungen begründet wird, sollten die notwendigen Regelungen in diesem Zusammenhang mit getroffen werden (detailliert *C. Münch*, Ehebezogene Rechtsgeschäfte, Rn. 2075 ff.; *Kesseler* DStR 2015, 1189 ff.).

10. Satzteile streichen, die nicht benötigt werden.

11. Manipulationsklausel. Der letzte Halbsatz kann eingefügt werden, um Manipulationen durch den Abschluss von Verträgen in einer ehelichen Krisensituation zu verhindern. Eine solche starre Frist erfasst sicher auch betriebsnotwendige Verträge, die ohne Rücksicht auf eine familiäre Krisensituation getroffen wurden, sie verhindert aber immerhin kurzfristige Manipulationen (sie entspricht der Frist des § 91 Abs. 1 Österreichisches Ehegesetz für Hinzurechnungen; krit. *N. Mayer* DStR 1993, 991, 994).

12. Erträge. Die Behandlung der Erträge aus dem ausgenommenen Vermögen ist zumeist ein zentraler Punkt bei der Besprechung einer solchen ehevertraglichen Regelung. Dies gilt insbesondere dann, wenn das betriebliche Vermögen das wesentliche Vermögen des Ehegatten darstellt und die Ehegatten darauf angewiesen sind, von den Erträgen des Betriebes zu leben. Welche Regelung für die Behandlung der Erträge letztlich gefunden wird, hängt von der individuellen Lebenssituation der Ehegatten ab. So können etwa auch einzelne Bestandteile wie etwa Geschäftsführervergütungen oder Gewinnausschüttungen im Zugewinn belassen werden, wenn sie die private Lebensgrundlage bilden.

13. Passus streichen, soweit nicht erforderlich.

14. Erträge – Alternativen. Diese Regelung der Ertragsbehandlung will einmal diejenigen Erträge ausnehmen, die im Betrieb geblieben sind. Da sie noch dem Betrieb zur Verfügung stehen und in der Regel im betrieblichen Zusammenhang benötigt werden, sollen sie nicht dem Zugewinn unterliegen (vgl. etwa *Wegmann* Rn. 190).

Ferner sind ausgeschlossen diejenigen Erträge, die zwar in das Privatvermögen entnommen wurden, aber unter Einhaltung der im Vertrag festgelegten Regelungen wieder in das Betriebsvermögen transferiert wurden.

Zu dieser Regelung lassen sich verschiedene Alternativen denken. Zum einen können die Erträge voll dem Zugewinn unterfallen und sind dann ausgleichungspflichtig. Die entsprechende Formulierung würde lauten:

Alternative – Erträge sind Zugewinn

Erträge aus diesem vom Zugewinn ausgeschlossenen Vermögen unterliegen dem Zugewinnausgleich.

Um auch für den nicht entnehmenden Unternehmer dennoch zu einer gerechten Lösung im Zugewinnausgleich zu kommen, könnte angeordnet werden, dass ein fiktiver Netto-Unternehmerlohn, der seiner Tätigkeit entspricht, seinem Endvermögen hinzuzuzählen ist, so dass er so gestellt wird wie ein abhängig Beschäftigter in gleicher Tätigkeit. Von einer solchen fiktiven Summe sind freilich die tatsächlich in das Privatvermögen getätigten und damit dem Zugewinn schon unterliegenden Entnahmen abzuziehen. Problematisch an einer solchen Lösung ist, dass sie auch dann zu einem Ausgleich führt, wenn aus rein wirtschaftlichen Gründen Entnahmen nicht getätigt werden konnten. Eine solche Regelung könnte folgendermaßen lauten:

Alternative – kalkulatorischer Unternehmerlohn

Jedoch wird ein kalkulatorischer Unternehmerlohn, welcher der Tätigkeit des Unternehmer-Ehegatten als ...... (Beschreibung der Tätigkeit) ...... entspricht, für die Zeit von heute bis zur Rechtshängigkeit eines Scheidungsantrages/nur für die letzten fünf Jahre vor Rechtshängigkeit/dem Endvermögen des Unternehmerehegatten hinzugerechnet. Dieser Betrag ist zu vermindern um die Beträge, welche in dieser Zeit den betrieblichen Bereich durch Entnahme in das Privatvermögen verlassen haben, und um einen Steuersatz von ......%.

...... Schiedsgutachterklausel, wenn gewünscht. ...... (→ Form. P.II)

Manche Formulierungsvorschläge stellen darauf ab, dass das Verhalten der Rücklagenbildung oder der Vergabe von Gesellschafterdarlehen den Grundsätzen ordnungsgemäßer Unternehmensführung entspricht. Damit wird versucht, Missbräuchen und Manipulationen in einer Ehekrise entgegenzuwirken. Allerdings wird es schwer sein, auf der Grundlage dieser unbestimmten Rechtsbegriffe trennscharfe und justiziable Unterscheidungen zu finden, denn die Grundsätze ordnungsgemäßer Unternehmensführung sind nicht in einem nachprüfbaren Kodex enthalten (auch der Deutsche Corporate Governance Kodex leistet dies nicht; vgl. *Vetter* DNotZ 2003, 748 f.), sie bilden daher nur eine scheinbare Grenze. So wird man zB dem Unternehmer, der Gewinne in der GmbH belässt, um die niedrigeren Steuersätze zu nutzen, kaum einen Verstoß gegen die Grundsätze ordnungsgemäßer Unternehmensführung vorwerfen können. Der nachfolgende in der Literatur (*Langenfeld/Milzer* Rn. 999) gegebene Vorschlag sieht ferner vor, dass endgültig entnommene Beträge auch bei Reinvestition nicht mehr unter den Ausschluss des Zugewinnausgleichs fallen.

Alternative – Ordnungsgemäße Unternehmensführung

Erträge des Unternehmens, die den Rücklagen zugeführt werden und Gesellschafterdarlehen sind ebenfalls vom Zugewinn ausgenommen, soweit dies den Grundsätzen einer ordnungsgemäßen Unternehmensführung entspricht. Im Streitfall entscheidet der Schiedsgutachter. Werden jedoch bereits endgültig entnommene Gewinne wieder in das Unternehmen transferiert, so unterliegen sie dem Zugewinnausgleich.

Denkbar sind ferner Regelungen, dass Erträge auf gesonderten Konten verwaltet und dann wieder zu Verwendungen dienen können und dem Zugewinn unterliegen, soweit sie nicht für Verwendungen benötigt wurden (vgl. etwa *Wegmann* Rn. 150).

Das Formular geht davon aus, dass alle Erträge, auch solche, die endgültig in das Privatvermögen überführt worden waren, bei einer Reinvestition dem Zugewinn entzogen sind, soweit sie nicht in der Krisenphase der letzten beiden Jahre vor Rechtshängigkeit getätigt wurden. Dies setzt zur Erfassung voraus, dass die Erträge in nachweisbarer Form verwaltet werden.

Sonstige Verwendungen aus zugewinnausgleichspflichtigem Vermögen in das vom Zugewinn ausgenommene Vermögen unterliegen jedoch nach dem Formular weiterhin dem Zugewinnausgleich. Wer dies auch hier auf solche Verwendungen eingrenzen will, die in einer Krisenphase vorgenommen werden, der kann formulieren:

Alternative – Manipulationsklauseln

Dies gilt jedoch nur für solche Verwendungen, die in den letzten beiden Jahren vor der Rechtshängigkeit eines Scheidungsantrages erfolgt sind.

oder

Dies gilt jedoch nur für solche Verwendungen, die nach der Trennung erfolgt sind, wenn diese Trennung durch eine Mitteilung per Einschreiben an den anderen Vertragsteil dokumentiert war.

Probleme bereiten oft Verwendungen, die im „Ehealltag" der andere Ehegatte in den Betrieb seines Partners tätigt. Für solche Verwendungen bietet sich die nachfolgende Regelung an, die auf schuldrechtliche Sonderreglungen verweist und damit zugleich klarstellt, dass solche Verwendungen im Zugewinnausgleich ihre Berücksichtigung finden.

Alternative – Verwendungen des anderen Ehegatten

Verwendungen des anderen Ehegatten auf die vom Zugewinnausgleich ausgenommenen Vermögenswerte werden wir durch gesonderten Darlehensvertrag regeln und sichern.

Dem Urteil, in dem der BGH den Ausschluss des Zugewinns für das Firmenvermögen billigte (BGH NJW 1997, 2239), lag sogar noch eine erweiterte Regelung zugrunde. Danach waren sämtliche Verwendungen, auch solche, die aus zuvor ausgleichungspflichtigem Vermögen erfolgten, vom Zugewinnausgleich ausgenommen. Im Streitfall hatten diese Verwendungen eine ganz erhebliche Höhe erreicht. Der BGH hat dennoch die Klausel gehalten und zwar nicht zuletzt wegen der in der Urkunde festgehaltenen notariellen Belehrung, die dem vertragsschließenden Ehegatten die Bedeutung der Vereinbarung deutlich vor Augen geführt hatte. Eine solche Regelung kann nicht zu genereller, formelhafter Verwendung empfohlen werden. Wird sie im Einzelfall benötigt, kann sie folgendermaßen formuliert werden:

Alternative – Ausschluss aller Verwendungen

Macht ein Ehegatte aus seinem sonstigen Vermögen Verwendungen auf die vom Zugewinnausgleich ausgenommenen Vermögenswerte, so sind diese Verwendungen gleichfalls vom Zugewinn ausgeschlossen, das bedeutet, dass auch diese aus dem ausgleichungspflichtigen Vermögen stammenden Verwendungen nicht mehr ausgleichungspflichtig sind. Der Notar hat über die Auswirkungen dieser Vereinbarung eingehend belehrt.

15. Regelung zu § 1378 Abs. 2 BGB. Es wird allgemein vorgeschlagen, eine solche Bestimmung aufzunehmen, die insbesondere dann Bedeutung hat, wenn Verwendungen aus dem ausgleichspflichtigen in das ausgleichsfreie Vermögen getätigt wurden, die dem Endvermögen wieder hinzuzurechnen sind. Hier kann es sein, dass das ausgleichungspflichtige Vermögen den Zugewinnanspruch nicht mehr abdeckt. Der ausgleichungspflichtige Ehegatte soll sich hier nicht darauf berufen können, dass er nach § 1378 Abs. 2 BGB nicht zur Zahlung des Zugewinnausgleiches verpflichtet sei. Gleichwohl soll eine Vollstreckung in das ausgleichsfreie betriebliche Vermögen nicht unmittelbar möglich sein.

Mit der Reform des Zugewinnausgleichsrechts (BGBl. 2009 I, 1696 f.) ist § 1378 Abs. 2 BGB geändert worden. Es ist dabei geblieben, dass die Ausgleichswertbegrenzung sich auf das volle noch vorhandene Vermögen bezieht. Hinzugerechnet wird jedoch nach § 1378 Abs. 2 S. 2 BGB der volle Betrag des illoyal verwendeten Vermögens, jeweils nach § 1384 BGB bezogen auf den Zeitpunkt der Rechtshängigkeit des Scheidungsverfahrens (*Johannsen/Henrich/Jaeger* § 1378 Rn. 4 ff.). An der Regelungsnotwendigkeit im Rahmen des Ehevertrages ändert sich dadurch nichts.

16. Ausschluss einer Anspruchsumkehr. Schließlich soll durch die Herausnahme nicht bewirkt werden, dass bei Vergleich der jeweils ausgleichspflichtigen Vermögensmassen nunmehr der Ehegatte, der insgesamt weit weniger Zugewinn erzielt hat, sogar noch dem anderen Teil ausgleichungspflichtig wird, die Ausgleichsrichtung sich also dreht. Einen solchen Fall ohne eine entsprechende Klausel hatte der BGH zu beurteilen (BGH FamRZ 2013, 1543 m. Anm. *Bergschneider*). Er hielt den Vertrag gleichwohl für wirksam.

Allerdings ist bei den vorgeschlagenen Formulierungen Vorsicht vor einem Fall geboten: Sie führen nämlich bei der Alternative, dass das ausgenommene Vermögen negativ wird, dazu, dass der Unternehmer, der dieses Risiko selbst tragen sollte, von seiner Ausgleichspflicht, die er bei Betrachtung nur der jeweils ausgleichspflichtigen Vermögensmassen hätte, wieder frei wird. Wichtig ist daher die Formulierung „. . . . . . des anderen Ehegatten . . . . . .“. Fehlt diese Formulierung ergäben sich zB Auswirkungen in folgendem Fallbeispiel: Anfangsvermögen jeweils 0. Endvermögen EM (= Unternehmer): – 100 ausgleichsfrei und + 60 ausgleichspflichtig. Endvermögen EF + 40 ausgleichungspflichtig. Der Anspruch von Zugewinnausgleich 10 der EF gegen EM entfiele bei einer Formulierung ohne den Einschub „. . . . . . des anderen Ehegatten“ (so zB in BeckFormB/ErbR/*Brambring*, 2. Aufl., → Form. V.7 und → Form. V.17; anders *Stenger* ZEV 2000, 51, 54).

17. Verfügungsbeschränkungen. In der Regel werden die Bestimmungen der §§ 1365 ff. BGB bei einer solchen Modifikation abbedungen, da der Unternehmer-Ehegatte über das betriebliche Vermögen alleine bestimmen soll, ohne dass Ehegattenzustimmungen erforderlich werden (eingehend zu den Verfügungsbeschränkungen Bergschneider/*Bergschneider* Rn. 4.5. ff.).

18. Ehegatteninnengesellschaft. Nachdem die schuldrechtlichen Ansprüche neben den familienrechtlichen zunehmend an Bedeutung gewinnen, ist eine solche Klarstellung empfehlenswert. Die Mitarbeit von Ehegatten nimmt aus steuerlichen Gründen einen immer breiteren, wenngleich mit der Anrechnung der Gewerbesteuer zeitweilig wieder nachlassenden Raum ein (vgl. *C. Münch*, Ehebezogene Rechtsgeschäfte, Rn. 2050 ff.). Da die Rechtsprechung Ansprüche aus einer Ehegatteninnengesellschaft gerade bei Mitarbeit einräumt, kann es sonst vorkommen, dass trotz einer Herausnahme aus dem Zugewinn doch Forderungen gegen den Betrieb gerichtet werden können. Vgl. zur Ehegatteninnengesellschaft → Form. J.III.

19. Pflichtteilsverzicht. Der Pflichtteilsverzicht ist dann aufzunehmen, wenn Ehegatten ihr Vermögen auch für den Todesfall getrennt vererben wollen, etwa nur an leibliche Abkömmlinge im Rahmen eines Familienbetriebes oder an Kinder aus früheren Ehen (vgl. auch → Anm. 4). Ggf. sind ergänzend als Gegenleistung für den Pflichtteilsverzicht einige bindende erbvertragliche Regelungen hinzuzufügen, wie zB die Einräumung eines Wohnrechtsvermächtnisses zumindest für eine Übergangszeit, ggf. ergänzt um einen lebenslangen Nießbrauch an den in der Ehewohnung befindlichen beweglichen Gegenständen oder auch die Zuwendung genau bestimmter Vermögensteile, die unbeschadet der Erbenstellung der Kinder an den Ehepartner erfolgen soll. In jedem Falle sollte anlässlich der Beurkundung des Ehevertrages die erbrechtliche Situation angesprochen werden.

20. Kosten. → Form. G.I.1 Anm. 16. Nach § 100 Abs. 2 GNotKG ist bei einem Ehevertrag, der sich auf einen bestimmten Vermögensgegenstand bezieht, dessen Wert maßgebend, höchstens jedoch der modifizierte Reinwert des Vermögens (→ Form. G.I.1. Anm. 16). Die allgemeinen Bewertungsvorschriften des GNotKG schreiben in § 46 Abs. 1 eine Bewertung zum Verkehrswert vor und enthalten in § 54 GNotKG Maßgaben für die Bewertung von Anteilen an Kapitalgesellschaften und Kommanditbeteiligungen.

Wird der Ehevertrag vor der beabsichtigten Übertragung des Betriebes geschlossen, so ist § 100 Abs. 3 GNotKG einschlägig, wonach Vermögenswerte, die noch nicht zum Vermögen des Ehegatten gehören, aber im Ehevertrag eine konkrete Regelung erfahren haben, mit 30 % ihre Wertes zu berücksichtigen sind. Dabei handelt es sich um eine reine Hinzurechnungsvorschrift, so dass die Hinzurechnung erst nach Ermittlung des modifizierten Reinvermögens erfolgt, mit anderen Worten werden von diesem Wert keine Verbindlichkeiten mehr abgezogen (*Diehn*, Notarkostenberechnungen, 4. Aufl., 2016, Rn. 1567).

2. Ausschluss von Wertsteigerungen des Anfangsvermögens vom Zugewinn

(Urkundseingang wie → Form. G.I.1)

......

II. Ehevertragliche Vereinbarungen

Ehevertraglich vereinbaren wir was folgt:

Den gesetzlichen Güterstand der Zugewinngemeinschaft wollen wir für unsere künftige Ehe ausdrücklich aufrecht erhalten, ihn allerdings wie folgt modifizieren:[1]

1. Sämtliche Vermögenswerte, die ein jeder Ehegatte in der Vergangenheit oder zukünftig von Todes wegen oder mit Rücksicht auf ein künftiges Erbrecht, durch Schenkung oder als Ausstattung erwirbt, sollen beim Zugewinnausgleich bei Beendigung der Ehe aus anderen Gründen als durch den Tod eines Ehegatten[2] in keiner Weise berücksichtigt werden. Soweit solche Vermögenswerte bisher auf diese Weise erworben wurden, sind sie in der Anlage 1 zu dieser Urkunde niedergelegt. Gleiches gilt für die in der Anlage 2 aufgeführten Vermögensgegenstände des Anfangsvermögens eines jeden Ehegatten nach § 1374 Abs. 1 BGB.
   Solche Vermögenswerte sollen also weder bei der Berechnung des Anfangsvermögens noch bei der Berechnung des Endvermögens des entsprechenden Ehegatten berücksichtigt werden, und zwar auch dann nicht, wenn sich ein negativer Betrag ergibt. Dies gilt insbesondere für Wertsteigerungen oder Verluste dieses Vermögens.
   Für dieses Vermögen sollen die güterrechtlichen Verfügungsbeschränkungen nicht gelten.[3]

...... (Regelungen für Erträge/Verbindlichkeiten/Surrogate/Verwendungen etc → Form. G.II.1)[4]......[5]

Anmerkungen

1. Anwendungsbereich. § 1374 Abs. 2 BGB sieht für Erwerbe von Todes wegen, mit Rücksicht auf ein künftiges Erbrecht, durch Ausstattung oder Schenkung eine Privilegierung dergestalt vor, dass sie in das Anfangsvermögen fallen. Allerdings sind echte Wertsteigerungen, die sich nach dem Erwerb ereignen, nicht in gleicher Weise privilegiert, sondern unterfallen dem Zugewinn (hierzu *Muscheler* FamRZ 1998, 266 ff.). Dies wird vielfach als ungerecht empfunden, wenn die Wertsteigerung nicht auf Leistungen des Ehegatten beruht; dennoch wurde diese Rechtslage auch durch die Reform des Zugewinnausgleichs nicht geändert. Einen großen Anwendungsbereich gewinnt diese Regelung durch die neue Rechtsprechung des BGH (FamRZ 2007, 978 ff.) über den gleitenden Erwerb, weil vorbehaltene Rechte bei einer Übergabe allein durch das fortschreitende Alter des Übergebers weniger wert werden. Diese Rechtsprechung, die letztlich bei jedem Scheidungsfall zu einem teuren Gutachterstreit und damit zu einer teuer bezahlten Scheingenauigkeit führt (so schon *C. Münch* DNotZ 2007, 795, 799) ist abzulehnen, umso mehr als man nach der gesetzlichen Regelung eines negativen Zugewinns wieder zu einem einfacheren Verfahren zurückkehren könnte. Inzwischen hat der BGH (DNotZ 2015, 621) allerdings seine Rechtsprechung erneut korrigiert (hierzu *C. Münch* FamRZ 2015, 1270) und sieht nicht mehr die Notwendigkeit der

Berechnung eines gleitenden Vermögenszuwachses. Allerdings will der BGH marktbedingte Steigerungen des Nießbrauchsrechtes weiterhin berücksichtigt wissen, so dass im Regelfall nach wie vor keine einfache Berechnung stattfinden kann. Daher wird in der Praxis die vorweggenommene Übergabe häufig mit entsprechenden ehevertraglichen Verzichten begleitet (zum Ganzen *Langheim* FF 2011, 481 ff.).

Eine andere Regelung ist aber in Art. 9 Abs. 2 des deutschfranzösischen Wahlgüterstandes für Immobilien getroffen. Demnach werden sie mit dem Wert bei Ende des Güterstands in das Anfangsvermögen eingestellt (BGBL. 2012 II, 178 ff.)

Die Ehegatten können jedoch ehevertraglich wie in diesem Formular vorgesehen, die Wertsteigerungen des Anfangsvermögens – und zwar desjenigen nach § 1374 Abs. 2 BGB ebenso wie desjenigen nach § 1374 Abs. 1 BGB – vom Zugewinn ausnehmen. Die künftigen privilegierten Erwerbe sind hier in allgemeiner Form aufgeführt. Für das bei Eintritt in die Ehe bzw. Vertragsschluss vorhandene Anfangsvermögen nach § 1374 Abs. 1 BGB und die bereits getätigten Erwerbe nach § 1374 Abs. 2 BGB sind getrennte Anlagen vorgesehen.

2. Herausnahme im Scheidungs- und im Todesfall. Sofern die Wertsteigerungen nicht nur im Scheidungsfall, sondern auch im Todesfall vom Zugewinn ausgeschlossen sein sollen – etwa dann, wenn eine ungeschmälerte Vererbung ausschließlich an Abkömminge gewünscht ist – ist die Formulierung so zu fassen:

Alternative – Ausschluss auch im Todesfall

. . . . . . erwirbt, sollen beim Zugewinnausgleich bei Beendigung der Ehe zu Lebzeiten oder im Falle des Todes eines Ehegatten in keiner Weise berücksichtigt werden.

3. Verfügungsbeschränkungen. In der Regel wird der Ausschluss der Verfügungsbeschränkungen für Vermögenswerte gewünscht, die aus dem Zugewinn ausgeklammert wurden.

4. Verwendungsregelungsprivileg bei Objekten gemeinsamer Lebensführung. Sofern dies notwendig ist, können in gleicher Weise wie beim Ausschluss des Betriebsvermögens nach → Form. G.II.1. Regelungen über Erträge, Verbindlichkeiten, Surrogate und Verwendungen getroffen werden.

Erwähnenswert sind in diesem Zusammenhang Vorschläge, die bei solchen Regelungen danach differenzieren, ob das ausgeschlossene Vermögen der gemeinsamen Lebensführung der Ehegatten dient, da in solchen Fällen die Herausnahme von Verwendungen aus dem Zugewinn großzügiger gehandhabt werden könne, weil die Verwendungen der gemeinsamen Lebensführung zugute gekommen seien. Hieraus ergibt sich nach *Wegmann* Rn. 150 folgender Formulierungsvorschlag:

Alternative – Alle Verwendungen ausgeschlossen bei Objekten der gemeinsamen Lebensführung

Dient privilegiertes Vermögen nicht der gemeinsamen Lebensführung, so werden Erträge auf einem Sonderkonto angesammelt. Mit diesen Geldern kann der Inhaber Verwendungen auf das privilegierte Vermögen einschließlich Schuldentilgungen vornehmen. Guthaben und Verbindlichkeiten dieses Kontos sind gleichfalls vom Zugewinn ausgenommen. Verwendungen hierauf aus anderem, nicht privilegierten Vermögen sind jedoch ausgleichungspflichtig und zu dokumentieren.

Dient dagegen das privilegierte Vermögen der gemeinsamen Lebensführung, so können Verwendungen bis zur Grenze des § 1375 Abs. 2 BGB auch aus nicht privilegiertem Vermögen erfolgen.

5. Kosten. → Form. G.II.1.

III. Stichtage, Bedingungen, Fristen

1. Abweichender Stichtag für die Berechnung des Anfangsvermögens

(Urkundseingang wie → Form. G.I.1)

. . . . . .

II. Ehevertragliche Vereinbarungen

Ehevertraglich vereinbaren wir was folgt:

Den gesetzlichen Güterstand der Zugewinngemeinschaft wollen wir für unsere künftige Ehe ausdrücklich aufrecht erhalten, ihn allerdings wie folgt modifizieren:[1]

1. Wir sind uns darüber einig, dass für die Berechnung des Zugewinns nicht der Tag der Eheschließung, sondern der . . . . . . (Datum) . . . . . . Anfangstermin im Sinne des § 1374 Abs. 1 BGB ist.[2]
   Dies soll sowohl dann gelten, wenn der Güterstand auf andere Weise als durch den Tod beendet wird wie auch – soweit gesetzlich zulässig – beim Ende des Güterstandes durch den Tod eines Ehegatten.[3]
   Der Notar hat darüber belehrt, dass die Vorverlegung des Anfangstermins nur schuldrechtliche Bedeutung hat, der Güterstand der Zugewinngemeinschaft also dennoch erst bei Eheschließung beginnt.[4]
2. Die vorstehende ehevertragliche Vereinbarung nehmen wir hiermit ausdrücklich an.

. . . . . . (ggf. weitere ehevertragliche oder erbrechtliche Regelungen) . . . . . .

. . . . . . (weitere Belehrungen und Schlussbestimmungen wie in → Form. G.I.1) . . . . . .[5]

. . . . . .

(Unterschriften der Beteiligten)

Anmerkungen

1. Anwendungsbereich. Wenn Ehegatten heiraten und in Zugewinngemeinschaft leben, so ist Stichtag für die Berechnung des Zugewinns im Scheidungs- und im Todesfalle die Eheschließung. Nun ist es aber häufig so, dass Ehegatten zunächst einmal unverheiratet zusammenleben, sich ggf. verloben und schlussendlich heiraten. Während dieser Zeit **vor der Heirat** werden aber oft **schon gemeinsame Investitionen** vorgenommen. In der Notariatspraxis häufig ist der Bau eines Eigenheimes schon vor der Hochzeit (vgl. die instruktive Fallschilderung bei *Grziwotz* DNotZ 2000, 486, 488). Dabei wird das Grundstück entweder erworben oder von einer Seite eingebracht, Verwendungen erfolgen und Verbindlichkeiten werden gemeinsam aufgenommen. Bei späterer Heirat passt deshalb der Stichtag der Eheschließung nicht für die Zugewinnberechnung. Gehört etwa das Baugrundstück einem Partner, der andere jedoch investiert einen erheblichen Geldbetrag für den Rohbau und die Partner heiraten nach dem Richtfest, so gehört nach den gesetzlichen Regeln das Grundstück samt Rohbau zum Anfangsvermögen des Grundstückseigentümer-Ehegatten, während das Anfangsvermögen des anderen Ehegatten um den Investitionsbetrag gemindert ist.

Lediglich für **Verlobte** hat der BGH eine Interessenlage vergleichbar der unbenannten Zuwendung unter Ehegatten bei Gütertrennung gesehen und ein besonderes familienrechtliches Rechtsverhältnis angenommen, dessen Geschäftsgrundlage der Bestand der späteren Ehe ist. Fällt diese Geschäftsgrundlage weg, so entsteht nach BGH ein **ergänzender Ausgleichsanspruch**. Der BGH will eine Besserstellung gegenüber einer Zuwendung während der Ehe vermeiden und bildet daher einen hypothetischen Zugewinn als wäre die Zuwendung erst nach der Eheschließung ausgeführt worden (BGH NJW 1992, 427 = DNotZ 1993, 515; vgl. OLG Koblenz FamRZ 2002, 1404 mit Anm. *Wever; Schulz/Hauß,* Rn. 1711 ff.). Der Nachweis, ob die Vertragsteile zum Zeitpunkt der Zuwendung schon verlobt waren oder nicht, wird aber häufig nur schwer zu erbringen sein.

Für die Zeit vor einer Verlobung, also eine Zeit nichtehelichen Zusammenlebens hat der BGH seine Rechtsprechung grundlegend geändert und nunmehr entschieden, dass nicht nur Ansprüche auf gesellschaftsrechtlicher Grundlage, sondern auch aus ungerechtfertigter Bereicherung oder Wegfall der Geschäftsgrundlage in Betracht kommen (BGH DNotZ 2009, 52; BGH NJW 2011, 2880; BGH NJW 2012, 3374; vgl. *Hoppenz* FPR 2012, 84 f. kritisch zum Rückgewähranspruch bei Gütertrennung, hier sei die Inhaltskontrolle vorrangig). Der BGH geht damit den Schritt hin zur „Zusammenlebensrechtsgemeinschaft" (*Grziwotz* FamRZ 2008, 1829; zustimmend *Löhnig* DNotZ 2009, 59, 60). Nach dieser Rechtsprechung sind nunmehr Ansprüche vorstellbar, wenn der Zweck der Zuwendung – das längerfristige Partizipieren während eines längerfristigen Zusammenlebens – nicht erreicht wird. Dies müsste auch für eine nur vorübergehende nichteheliche Partnerschaft gelten, für die geplant ist, bald in eine Ehe überzugehen, denn die längerfristige Nutzung des Vermögensgegenstandes ist in diesen Fällen gleichermaßen Zweck und Grundlage der Zuwendung. Man wird daher nunmehr zu einer einheitlichen Rechtslage kommen, zumal der BGH selbst betont, dass Rückgewähransprüche grundsätzlich vergleichbaren Regeln folgen sollten (NJW 2012, 3374, Tz. 23).

Gleichwohl ist den Ehegatten zu raten, eine eindeutige vertragliche Regelung vorzunehmen, die hier vorgestellt wird, denn sie hat gegenüber den bei Wegfall der Geschäftsgrundlage durchzuführenden Abwägungen (vgl. nur beispielhaft BGH NJW 2012, 3374 f.) den Vorteil der Rechtssicherheit für sich.

2. Mögliche Regelungen. Zur Lösung dieser Problematik werden mehrere Gestaltungen diskutiert (*N. Mayer* ZEV 1999, 384 f., 435; *ders.* ZEV 2003, 453). Zunächst wäre daran zu denken, von vorneherein, also auch **schon vor der Heirat, Miteigentum** entsprechend der Beteiligungsquote zu bilden. Dies scheitert zumeist an den grunderwerb- oder schenkungsteuerlichen Folgen einer Übertragung. Möglich bleibt in diesen Fällen eine sog. „aufgeschobene Miteigentumslösung", wonach der Miteigentumsanteil aufschiebend bedingt durch die spätere Heirat übertragen wird (*Grziwotz* 105 f.).

Eine weitere Möglichkeit besteht darin, dass die Zuwendungen des Nichteigentümer-Ehegatten aus dem (späteren) Anfangsvermögen als **Darlehen** gegeben und diese Darlehen auch bis Eheschließung aufrechterhalten werden, so dass sie das Anfangsvermögen des jeweiligen Ehegatten prägen. Problematisch hieran ist, dass Darlehen sich vererben und bei Unverzinslichkeit die Annahme einer Schenkung befürchtet werden muss (*C. Münch*, Ehebezogene Rechtsgeschäfte, Rn. 1731 ff.; *Everts* MittBayNot 2012, 258 ff. u. 337 ff).

Eine **gesellschaftsrechtliche Lösung,** die den Geld gebenden Partner mit dem Eigentümer in eine Gesellschaft einbindet, hat den Vorteil, dass auch Wertsteigerungen allgemeiner Art oder durch Arbeitsleistung erfasst werden. Sie wird gleichwohl eher selten praktiziert.

Im Vordergrund steht daher die vorstehende ehevertragliche Regelung, die für die Berechnung des Anfangsvermögens auf den Zeitpunkt abstellt, zu dem die Ehegatten mit dem Hausbau begonnen haben, so dass als Anfangsvermögen eines jeden Ehegatten dasjenige Vermögen zählt, das ein jeder von ihnen vor Beginn des Hausbaus hatte.

Diese **Vorverlegung des Stichtages für die Berechnung des Anfangsvermögens** kann man dann empfehlen, wenn der Beginn des Hausbaus und die spätere Heirat nicht allzu weit auseinander liegen, aber die entscheidenden Vermögensverschiebungen gerade in diesem Zeitraum stattgefunden haben. Da die Verschiebung des rechnerischen Stichtages für das Anfangsvermögen aber sämtliches Anfangsvermögen umfasst, geht die Formulierung zu weit, wenn zwischen Beginn des Hausbaus und späterer Heirat längere Zeit vergeht, da die Formulierung dann auch andere Entwicklungen erfasst. Eine solche Vereinbarung wird mittlerweile allgemein als zulässig angesehen (OLG Hamburg NJW 1964, 1076; Palandt/*Brudermüller* § 1374 Rn. 3; MünchKommBGB/*Koch* § 1374 Rn. 35; anders noch MünchKommBGB/*Gernhuber* (3. Aufl.) § 1374 Rn. 3).

Ist der Zeitraum zwischen Hausbau und Heirat zu lange, lässt sich mit einer Definition der Anfangsvermögensbestände arbeiten, in welcher das Haus ausdrücklich entsprechend mitbewertet wird (*Langenfeld/Milzer* Rn. 1058).

Neuere Entscheidungen liegen vor zur Schenkung privilegierten Vermögens, in das der nicht beschenkte Ehegatte vor Schenkung investiert hat. Hier will das OLG München (FamRZ 2003, 312) nur den Wert des Grundstücks ohne Baumaßnahmen im Anfangsvermögen ansetzen, wenn sich nicht feststellen lässt, ob die Investition vor oder nach Schenkung stattgefunden hat. Der BGH (FamRZ 2005, 1974) als Revisionsinstanz hat die Zuwendung insoweit nicht als unentgeltlich angesehen, als sie zuvor von den Ehegatten bewirkte Wertsteigerungen ausgleicht. Insoweit gehöre sie daher auch nicht zum Anfangsvermögen.

3. Zugewinn im Todesfalle. Wichtigster Anwendungsbereich ist der Zugewinnausgleich nach Scheidung der Ehe. Hier ist vorgesehen, dass die Berechnung jedoch auch beim güterrechtlichen Zugewinnausgleich im Todesfalle gelten soll. Die Einschränkung „soweit gesetzlich zulässig“ wurde aufgenommen, da es zu den Auswirkungen in dieser Konstellation – soweit ersichtlich – noch keine Stellungnahmen gibt, vielmehr die Vereinbarung zumeist im Hinblick auf den Zugewinn im Scheidungsfalle beurteilt wurde. Da die Zugewinnausgleichsforderung anderen Nachlassverbindlichkeiten wie Pflichtteilen, Vermächtnissen oder Auflagen im Range vorgeht (Palandt/*Brudermüller* § 1371 Rn. 17), sind schon Fälle denkbar, in denen die Pflichtteilsforderung der Erben durch die Vereinbarung einer überhöhten Zugewinnausgleichsforderung gemindert würde. Dies wird teilweise als unzulässig angesehen (zB MünchKommBGB/*Kanzleiter* § 1408 Rn. 14).

4. Schuldrechtliche Auswirkung. Die Formulierung stellt klar, dass zwar für die Berechnung des Anfangsvermögens hier eine Vorverlegung angeordnet wird, dass aber die Zugewinngemeinschaft selbst unabhängig davon erst mit Heirat entsteht. Dies bedeutet zB dass die Verfügungsverbote der §§ 1365 f. BGB erst mit Eheschließung greifen und nicht schon ab dem Termin für die Berechnung des Anfangsvermögens.

5. Kosten. Unter Geltung des GNotKG ist die Vorverlegung des Stichtages als Modifizierung des gesetzlichen Güterstandes zu sehen und nach dem modifizierten Reinwert (→ Form. G.I.1.Anm. 16) zu bewerten, der auch für bloße Modifikationen gilt (*Diehn*, Notarkostenberechnungen, 4. Aufl., 2016, Rn. 1557). Allenfalls, wenn eine konkrete Investitionsmaßnahme bezeichnet wäre, die noch in die Berechnung des Zugewinns hineingenommen werden soll, könnte man für den Anwendungsbereich des § 100 Abs. 2 GNotKG plädieren (Wertbemessung nach dem konkreten Gegenstand). Eine solche Formulierung ist aber zivilrechtlich kaum ratsam, im Gegenteil wird ein einheitlicher Stichtag zu den Grundzügen des Zugewinnausgleichs gehören, von denen man nicht abweichen sollte.

2. Abweichender Stichtag für die Berechnung des Endvermögens

(Urkundseingang wie → Form. G.I.1)

......

II. Ehevertragliche Vereinbarungen

Ehevertraglich vereinbaren wir was folgt:

Den gesetzlichen Güterstand der Zugewinngemeinschaft wollen wir für unsere künftige Ehe ausdrücklich aufrecht erhalten, ihn allerdings wie folgt modifizieren:[1]

1. Wir sind uns darüber einig, dass für die Berechnung des Zugewinns nicht der Tag der Rechtshängigkeit eines Scheidungsantrages für die Berechnung des Endvermögens maßgeblich ist, sondern derjenige Tag, zu dem ein Ehegatte dem anderen per Einschreibebrief[2] mitteilt, dass er getrennt lebt. Hierbei entscheidet der Zugang dieses Briefes. Der Notar hat darüber belehrt, dass trotz dieser Vereinbarung die Vorschriften der §§ 1378 Abs. 2, 1384 BGB den Zugewinn auf das bei Rechtshängigkeit eines Scheidungsantrages vorhandene Vermögen, vermehrt um illoyale Verwendungen seit Trennung nach § 1375 Abs. 2 S. 2 BGB begrenzt.[3] Ein Veränderung dieses Stichtages lässt sich nur durch einen Güterstandswechsel bei Trennung erreichen.[4]
2. Die vorstehende ehevertragliche Vereinbarung nehmen wir hiermit ausdrücklich an.

...... (ggf. weitere ehevertragliche oder erbrechtliche Regelungen) ......

...... (weitere Belehrungen und Schlussbestimmungen wie in → Form. G.I.1) ......[5]

Anmerkungen

1. Anwendungsbereich. Nach § 1378 Abs. 3 S. 1 BGB entsteht die Zugewinnausgleichsforderung erst mit Beendigung des Güterstandes, also mit Rechtskraft der Scheidung. Für die Berechnung des Zugewinns ordnet allerdings § 1384 BGB an, dass entscheidender Zeitpunkt für die Feststellung des Endvermögens die Rechtshängigkeit des Scheidungsantrages ist. Aber selbst dieser Stichtag ist in vielen Fällen nicht passend, denn das gemeinsame Wirtschaften endet mit der Trennung. Während des Trennungsjahres bleibt das Vermögen daher vielerlei Manipulationen zugänglich. Aus diesem Grunde kann es ratsam sein, diesen Stichtag für die Berechnung des Endvermögens und damit des Zugewinns noch weiter nach vorne zu legen und auf die Trennung abzustellen.

2. Trennung. Die Trennung der Ehegatten muss in geeigneter Weise dokumentiert sein, damit der Stichtag sicher feststeht. Aus diesem Grunde wird nicht auf die tatsächliche Trennung abgestellt, sondern auf einen formalen Akt, hier den Zugang eines eingeschriebenen Briefes. Andere Vorschläge gehen auf die Übersendung eines Anwaltsbriefes (*Bergschneider* Rn. 634).

3. Zwingende Regelung. Die zitierten Bestimmungen sind als Gläubigerschutzvorschrift nicht disponibel. Auch im Falle eines vorverlegten Stichtages kann sich also zwar eine höhere Zugewinnforderung durch die abweichenden Stichtage errechnen, die Ausgleichsforderung wird jedoch begrenzt durch das bei Rechtshängigkeit eines Scheidgungsantrages vorhandene Vermögen. Allerdings stellt der neue § 1375 Abs. 2 S. 2 BGB nunmehr eine Vermutung dafür auf, dass Vermögen, das sich nach der Trennung vermindert hat, als illoyal verwendet gilt, wenn nicht der vormalige Eigentümer anderes darlegt. Dieses Vermögen wird dann dem vorhandenen hinzugerechnet. Damit sind Manipulationen in großem Umfang verhindert. Nun ist es umgekehrt wichtig, Vermögensabgänge nach Trennung zu dokumentieren, die nicht auf illoyalem Verhalten beruhen. Das Reformgesetz wertet also den Trennungszeitpunkt sehr auf. Dies spricht dafür, dass die Ehegatten möglichst auch in dieser frühen Phase der Trennung eine Vereinbarung suchen, die eine endgültige Regelung enthält.

4. Frühere Begrenzung. Ein früherer Stichtag auch für die Begrenzung der Zugewinnausgleichsforderung lässt sich nur dadurch erreichen, dass der Güterstand durch Ehevertrag im Zusammenhang mit der Trennung beendet wird. Dann ist diese Beendigung entscheidender Stichtag für die Begrenzungsvorschrift des § 1378 Abs. 2 BGB.

5. Kosten. Unter Geltung des GNotKG ist die Modifizierung der Zugewinngemeinschaft durch Vereinbarungen eines abweichenden Stichtages für die Berechnung des Endvermögens nach dem modifizierten Reinwert (→ Form. G.I.1 Anm. 16) zu bewerten, der auch für bloße Modifikationen gilt (*Diehn*, Notarkostenberechnungen, Rn. 1557).

3. Auflösend bedingter Ausschluss des Zugewinns

(Urkundseingang wie → Form. G.I.1)

. . . . . .

Ehevertraglich vereinbaren wir was folgt:

1. **Für den Fall der Beendigung der Ehe durch den Tod eines Ehegatten soll es beim Zugewinnausgleich durch Erbteilserhöhung oder güterrechtliche Lösung verbleiben.**
2. **Wird jedoch die Ehe auf andere Weise als durch den Tod eines Ehegatten beendet, so findet kein Zugewinnausgleich statt. Dies gilt auch für den vorzeitigen Zugewinnausgleich.**
   Auf den Ausgleich eines Zugewinnes wird insoweit gegenseitig verzichtet. Den Verzicht nehmen wir hiermit gegenseitig an.
   Dies gilt auch für einen etwa bisher bereits entstandenen Zugewinn.
3. **Durch diese Vereinbarung soll jedoch ausdrücklich keine Gütertrennung eintreten.**
4. **Der vorstehende Ausschluss des Zugewinnausgleichs unter Lebenden entfällt, wenn ein gemeinsames Kind geboren oder angenommen wird[1] und ein Ehegatte für die Betreuung dieses Kindes seine Berufstätigkeit ganz oder teilweise aufgibt.[2]**
   In einem solchen Falle gilt der Ausschluss des Zugewinns für die gesamte Ehezeit nicht.[3]
   Bei Eintritt dieser Bedingung gilt hinsichtlich der übrigen Regelungen dieses Vertrages Folgendes: . . . . . .[4]
5. **Die vorstehende ehevertragliche Vereinbarung nehmen wir hiermit ausdrücklich an.**

. . . . . . (ggf. weitere ehevertragliche oder erbrechtliche Regelungen) . . . . . .

. . . . . . (weitere Belehrungen und Schlussbestimmungen wie in → Form. G.I.1) . . . . . .[5]

Anmerkungen

1. Anwendungsbereich. Der Ausschluss des Zugewinns unter Lebenden wird häufig dann vereinbart, wenn beide Ehegatten planen, im Verlauf ihres Ehelebens berufstätig zu bleiben. Die Lehre von den Ehetypen (*Langenfeld* FamRZ 1987, 9; *Langenfeld/Milzer* Rn. 959 ff.) sieht in der Änderung dieser Vorstellung durch die Geburt gemeinsamer

Kinder ein gewichtiges, wenngleich kein zwingendes Kriterium, auch die ehevertragliche Regelung zu ändern. Aus diesem Grunde ist die Geburt eines gemeinsamen Kindes als auflösende Bedingung des Verzichts auf Zugewinn konstruiert. Wenn die hierin liegende Automatik nicht gewünscht wird, dann ist besser mit einem Rücktrittsrecht zu arbeiten (→ Form. G.III.4). Die Verwendung wird empfohlen für die junge Ehe mit möglichem Kinderwunsch (*Langenfeld/Milzer* Rn. 317; *Kanzleiter/Wegmann* Rn. 98 f.).

2. Berufsaufgabe. Allerdings wird zu Recht eingewandt, dass allein die Geburt eines Kindes den Ehetyp noch nicht verändert (*Plate* MittRhNotK 1999, 257, 262). Sofern nämlich beide Ehegatten ihre berufliche Tätigkeit nicht einschränken, bleibt die Grundannahme einer wirtschaftlichen Selbständigkeit eines jeden Ehegatten bestehen. Daher wird für das Entfallen des Ausschlusses zusätzlich gefordert, dass ein Ehegatte für die Betreuung des Kindes seine Berufstätigkeit ganz oder teilweise aufgibt.

3. Umfang der auflösenden Bedingung. Nach der gegebenen Formulierung wird der Ausschluss des Zugewinns in vollem Umfange unwirksam, d.h. für die gesamte Ehezeit, auch die zurückliegende Zeit, in der beide Ehegatten wirtschaftlich unabhängig voneinander gewirtschaftet haben. Häufig ist hier eine andere Regelung gewollt; zB dergestalt, dass nur für die Zeit ab der Geburt des Kindes der Zugewinn stattfindet, für die Zeit davor aber der Ausschluss Bestand hat. Hier könnte die Formulierung lauten:

Alternative – Auflösung des Ausschlusses nur für die Zukunft

In einem solchen Falle ist der Zugewinn ausgeschlossen bis zu einem Zeitpunkt, der sechs Monate vor der Geburt unseres ersten gemeinsamen Kindes liegt. Für die restliche Ehezeit hingegen findet der Zugewinn statt.

Wir verpflichten uns, zu diesem Zeitpunkt ein Vermögensverzeichnis zu erstellen, das unser dann vorhandenes Vermögen aufweist. Dieses Vermögen gilt als Anfangsvermögen.

Zu beachten ist, dass der genannte Einsatzzeitpunkt später nochmals überprüft wird, zB daraufhin ob Investitionen vor diesem Zeitpunkt stattgefunden haben (etwa gemeinsamer Hausbau), die eine Veränderung des Stichtages nahelegen (→ Form. G.III.1).

Eine weitere Alternative ist die Aufhebung des Zugewinnausschlusses nur für die Zeit, in welcher der die Kinder erziehende Ehegatte seine berufliche Tätigkeit eingeschränkt hat, so dass der Zugewinnausschluss danach wieder greift.

Alternative – Auflösung des Ausschlusses nur für die Zeit der Berufspause

In einem solchen Falle ist der Zugewinn ausgeschlossen bis zu einem Zeitpunkt der sechs Monate vor der Geburt unseres ersten gemeinsamen Kindes liegt. Der Ausschluss des Zugewinns beginnt dann erneut mit der Wiederaufnahme der vollen Berufstätigkeit. Für die restliche Ehezeit hingegen findet der Zugewinn statt.

Wir verpflichten uns, für diese Zeitpunkte jeweils ein Vermögensverzeichnis zu erstellen, das unser dann vorhandenes Vermögen aufweist.

4. Restlicher Vertragsinhalt. Es ist empfehlenswert festzuhalten, wie sich die auflösende Bedingung für den Ausschluss des Zugewinns auf die übrigen Vertragsinhalte auswirkt. Insbesondere ist es wichtig anzugeben, ob eventuelle Verzichte auf Unterhalt und Versorgungsausgleich in gleicher Weise betroffen sind. Möglicherweise soll aber der Eintritt der Bedingung auch Auswirkungen auf erbrechtliche Regelungen dieses Vertrages haben.

5. Kosten. → Form. G.I.1 Anm. 16. Die auflösende Bedingung hat kostenrechtlich kein eigenes Gewicht.

4. Ausschluss des Zugewinns mit Rücktrittsrecht

(Urkundseingang wie → Form. G.I.1)

......

II. Ehevertragliche Vereinbarungen

Ehevertraglich vereinbaren wir was folgt:

1. Für den Fall der Beendigung der Ehe durch den Tod eines Ehegatten soll es beim Zugewinnausgleich durch Erbteilserhöhung oder güterrechtliche Lösung verbleiben.
2. Wird jedoch die Ehe auf andere Weise als durch den Tod eines Ehegatten beendet, so findet kein Zugewinnausgleich statt. Dies gilt auch für den vorzeitigen Zugewinnausgleich.
   Auf den Ausgleich eines Zugewinnes wird insoweit gegenseitig verzichtet. Den Verzicht nehmen wir hiermit gegenseitig an.
   Dies gilt auch für einen etwa bisher bereits entstandenen Zugewinn.
3. Durch diese Vereinbarung soll jedoch ausdrücklich keine Gütertrennung eintreten.
4. Wird ein gemeinsames Kind geboren oder angenommen, so ist derjenige von uns, der für die Pflege und Erziehung dieses Kindes seine Berufstätigkeit ganz oder teilweise aufgibt, zum Rücktritt von dieser Vereinbarung berechtigt.[1] Der Rücktritt ist zur Urkunde eines Notars zu erklären und dem anderen Teil zuzustellen. Der Rücktritt muss binnen eines Jahres seit der Geburt unseres ersten gemeinsamen Kindes zugestellt sein, ansonsten erlischt das Rücktrittsrecht.[2]
   In einem solchen Falle gilt der Ausschluss des Zugewinns für die gesamte Ehezeit nicht.[3]
   Bei Ausübung dieses Rücktrittsrechtes gilt hinsichtlich der übrigen Regelungen dieses Vertrages folgendes: ......[4]
5. Die vorstehende ehevertragliche Vereinbarung nehmen wir hiermit ausdrücklich an.

...... (ggf. weitere ehevertragliche oder erbrechtliche Regelungen) ......

...... (weitere Belehrungen und Schlussbestimmungen wie in → Form. G.I.1) ......[5]

Anmerkungen

1. Anwendungsbereich. → Form. G.III.3 Anm. 1. Hier ist jedoch keine automatisch wirkende auflösende Bedingung vereinbart, sondern ein flexibles Rücktrittsrecht, so dass der betroffene Ehegatte eine Überlegungsfrist hat und entscheiden kann, ob er an der Vereinbarung festhalten will oder nicht. Die Rücktrittsberechtigung ist hier für beide Partner vorgesehen, abhängig davon, wer seine berufliche Tätigkeit für die Pflege und Erziehung des Kindes aufgibt. Viele Formulierungsvorschläge sehen ausschließlich ein Rücktrittsrecht der Mutter vor (zB *Bergschneider* Rn. 672). Knüpft man hingegen das Rücktrittsrecht nicht nur an die Geburt, sondern an die Aufgabe der beruflichen Tätigkeit, dann sollte es beiden Partnern zustehen.

2. Formalitäten. Der Rücktritt von dieser Vereinbarung ist ein wichtiges Ereignis, das sicher nachweisbar sein muss. Daher sind die Formalitäten für den Rücktritt an § 2296 Abs. 2 BGB angelehnt. Dadurch ist auch sichergestellt, dass vor Ausübung des Rücktrittsrechts noch eine Beratung stattfindet, insbesondere im Hinblick auf die weiteren

Folgewirkungen dieses Rücktrittes. Die Angabe einer Rücktrittsfrist ist ratsam. Wird die Möglichkeit des Rücktritts ohne Befristung vorgesehen (zB *Langenfeld/Milzer* Rn. 319), so könnte ein Rücktritt – von den vagen Grenzen der Verwirkung einmal abgesehen – selbst im Scheidungsverfahren noch erklärt werden, obwohl man Jahre oder Jahrzehnte nach der Geburt eines Kindes noch von der Fortgeltung der Vereinbarung ausging.

3. Umfang der Rücktrittswirkung. → Form. G.III.3. Dort auch mögliche Alternativformulierungen, die hier in gleicher Weise zur Anwendung gelangen können.

4. Restlicher Vertragsinhalt. Es ist auch bei Vereinbarung eines Rücktrittsrechtes empfehlenswert festzuhalten, wie sich der Rücktritt vom Ausschluss des Zugewinns auf die übrigen Vertragsinhalte auswirkt. Ggf. muss auch für die Verzichte auf Unterhalt und Versorgungsausgleich in gleicher Weise ein Rücktrittsrecht vereinbart werden. Es kann aber auch angeordnet werden, dass mit einem Rücktritt vom Zugewinnausgleichsverzicht diese weiteren Verzichte mit entfallen sollen. Möglicherweise soll aber der Rücktritt auch Auswirkungen auf erbrechtliche Regelungen dieses Vertrages haben.

5. Kosten. → Form. G.I.1 Anm. 16. Das Rücktrittsrecht hat kostenrechtlich kein eigenes Gewicht.

5. Abhängigkeit des Zugewinns von der Ehedauer

(Urkundseingang wie → Form. G.I.1)

. . . . . .

II. Ehevertragliche Vereinbarungen

Ehevertraglich vereinbaren wir was folgt:[1]

1. Dauerte unsere Ehe zwischen Eheschließung und Rechtshängigkeit[2] eines Scheidungsantrags, der zur Scheidung der Ehe führt,[3] nicht länger als fünf Jahre, so findet ein Zugewinnausgleich nicht statt.
Dauerte unsere Ehe demgemäß länger als fünf Jahre, aber nicht länger als zehn Jahre, so beträgt die Ausgleichsquote abweichend von § 1378 Abs. 1 BGB nur 25 % des Überschusses.
Dauerte unsere Ehe demgemäß länger als zehn Jahre, so findet der Zugewinnausgleich für die gesamte Ehedauer entsprechend den gesetzlichen Vorschriften statt.

2. Die vorstehende ehevertragliche Vereinbarung nehmen wir hiermit ausdrücklich an.

. . . . . . (ggf. weitere ehevertragliche oder erbrechtliche Regelungen) . . . . . .

. . . . . . (weitere Belehrungen und Schlussbestimmungen wie in → Form. G.I.1) . . . . . .[4]

Anmerkungen

1. Anwendungsbereich. Die vorstehende Formulierung gibt die Möglichkeit, den Zugewinnausgleich nach der Ehedauer zu bemessen, so dass in einer kurzen Ehe gar kein Zugewinn anfällt, in einer weiteren Phase ein geringerer Zugewinn und nach Ablauf von 10 Jahren der Zugewinn in voller Höhe gezahlt wird.

2. Ende des Bemessungszeitraumes. Das Ende des Bemessungszeitraumes sollte nicht die Scheidung selbst sein (so würde sich etwa die Formulierung auswirken „dauert unsere

Ehe länger als fünf Jahre"), ansonsten gäbe man Anreiz, das Scheidungsverfahren nach Möglichkeit in die Länge zu ziehen, wenn damit eine Erhöhung des Zugewinnausgleichs erreicht werden könnte. Daher ist auf den Rechtshängigkeit des Scheidungsantrages abzustellen (vgl. *Bergschneider* Rn. 103 f.).

3. Entscheidender Antrag. Wenn man zuvor für das Ende des Bemessungszeitraums bereits auf die Rechtshängigkeit des Scheidungsantrages abstellt, so darf man nur einen solchen Scheidungsantrag werten, der dann auch zur Scheidung der Ehe führt. Sonst böte sich umgekehrt Anreiz, die Fristen durch verfrühte Anträge zu unterlaufen.

4. Kosten. → Form. G.I.1 Anm. 16.

IV. Vereinbarungen zum Anfangsvermögen

1. Vereinbarungen über den Wert des Anfangsvermögens

(Urkundseingang wie → Form. G.I.1)

. . . . . .

II. Ehevertragliche Vereinbarungen

Ehevertraglich vereinbaren wir was folgt:[1]

1. Wir sind uns darüber einig, dass für Zwecke des Zugewinnausgleichs das Anfangsvermögen des Ehemannes im Sinne des § 1374 Abs. 1 BGB[2] mit . . . . . . EUR und dasjenige der Ehefrau mit . . . . . . EUR zu bewerten ist.
2. Die vorstehende ehevertragliche Vereinbarung nehmen wir hiermit ausdrücklich an.

. . . . . . (ggf. weitere ehevertragliche oder erbrechtliche Regelungen) . . . . . .

. . . . . . (weitere Belehrungen und Schlussbestimmungen wie in → Form. G.I.1) . . . . . .[3]

Anmerkungen

1. Anwendungsbereich. Nachdem die Berechnung des Zugewinns das Anfangsvermögen nicht gegenständlich erfassen muss, dieses vielmehr eine reine Rechengröße bildet, genügt es, wenn die Ehegatten einvernehmlich eine Bewertung des Anfangsvermögens vornehmen. Sie ersparen sich damit später eine aufwendige Bewertung der verschiedenen Vermögensgegenstände. Dies gilt umso mehr, als nach neuem Güterrecht nunmehr das Anfangsvermögen auch negativ sein kann, die Vermutung des § 1377 Abs. 3 BGB, wonach das Anfangsvermögen 0 beträgt, aber dennoch beibehalten wurde.

2. Vorhandenes Anfangsvermögen. Von der Wertfestlegung ist nur das bei Eheschließung vorhandene Anfangsvermögen im Sinne des § 1374 Abs. 1 BGB betroffen. Spätere Hinzurechnungen zum Anfangsvermögen aufgrund des § 1374 Abs. 2 BGB erhöhen also diesen Wert.

3. Kosten. → Form. G.I.1 Anm. 16. Mit der Wertfestsetzung sind nicht bestimmte Vermögensgegenstände betroffen, so dass sich der Wertansatz nach dem modifizierten Reinvermögen bemisst.

2. Verzeichnis über das Anfangsvermögen

(Urkundseingang wie → Form. G.I.1)

. . . . . .

II. Ehevertragliche Vereinbarungen

Ehevertraglich vereinbaren wir was folgt:[1]

1. . . . . . .
   Unser derzeitiges wesentliches Vermögen ist jeweils in einem dieser Urkunde als Bestandteil beigeschlossenen Vermögensverzeichnis näher aufgeführt. Die Anlagen, auf die hiermit verwiesen wird, sind wesentlicher Bestandteil und damit Inhalt und Gegenstand dieser Urkunde. Sie wurden vom Notar mit vorgelesen. Das in diesen Anlagen genannte Vermögen stellt abschließend unser Anfangsvermögen im Sinne des § 1374 Abs. 1 BGB dar.[2]
2. Die vorstehende ehevertragliche Vereinbarung nehmen wir hiermit ausdrücklich an.

. . . . . . (ggf. weitere ehevertragliche oder erbrechtliche Regelungen) . . . . . .

. . . . . . (weitere Belehrungen und Schlussbestimmungen wie in → Form. G.I.1) . . . . . .[3]

Anmerkungen

1. Anwendungsbereich. Nach § 1377 Abs. 3 BGB wird vermutet, dass das Endvermögen eines Ehegatten seinen Zugewinn darstellt, sofern kein Verzeichnis aufgenommen wurde. Damit wird als Anfangsvermögen 0 vermutet, obwohl nach dem neuen Güterrecht das Anfangsvermögen auch negativ sein kann. In der Praxis sollten daher – mehr als dies bisher üblich ist – Vermögensverzeichnisse über das Anfangsvermögen erstellt werden. Vor allem mit Rücksicht darauf, dass die Vermutung des § 1377 Abs. 3 BGB im Rahmen des § 5 Abs. 1 ErbStG nicht gilt, müssen steuerliche Berater dem Finanzamt gegenüber den Zugewinn und damit insbesondere das Anfangsvermögen nachweisen. Dies gestaltet sich nach mehreren Ehejahrzehnten oft sehr schwierig. Hier könnte ein Verzeichnis über das Anfangsvermögen hilfreich sein.

2. Vorhandenes Anfangsvermögen. Die Verzeichnisse dienen zur Festlegung des Anfangsvermögens nach § 1374 Abs. 1 BGB. Spätere Hinzurechnungen nach § 1374 Abs. 2 BGB sind dadurch nicht ausgeschlossen.

3. Kosten. → Form. G.I.1 Anm. 16, da das Formular davon ausgeht, dass die Verzeichnisse im Rahmen eines Gesamtehevertrages festgestellt werden. Möglich ist auch die reine Erstellung eines Verzeichnisses. Das GNotKG regelt die reine Erstellung eines Vermögensverzeichnisses in § 115 und sieht als Geschäftswert den Wert der verzeichneten Gegenstände vor. Hierfür fällt nach KV 23500 eine 2,0 Gebühr an, hätte der Notar nur mitgewirkt eine 1,0 Gebühr nach KV 23502.

V. Bewertungsvereinbarungen

1. Betriebsvermögen

(Urkundseingang wie → Form. G.I.1)

……

II. Ehevertragliche Vereinbarungen

Ehevertraglich vereinbaren wir was folgt:[1]

Den gesetzlichen Güterstand der Zugewinngemeinschaft wollen wir für unsere künftige Ehe ausdrücklich aufrecht erhalten, ihn allerdings wie folgt modifizieren:

1. Der Ehemann ist Inhaber des folgenden Betriebes:
   …… (nähere Bezeichnung) ……[2]
   Dieser Betrieb soll beim Zugewinnausgleich[3] so bewertet werden, dass die Bewertung sich nach dem Fachgutachten des IDW (IDW S 1) in seiner zum Stichtag der Endvermögensfeststellung[4] gültigen Fassung richtet. Hierbei soll das Ertragswertverfahren[5] zur Anwendung kommen.
   Ergänzend sollen die Grundsätze des IDW S 13 zu den Besonderheiten bei der Unternehmensbewertung zur Bestimmung von Ansprüchen im Familien- und Erbrecht in der zum oben genannten Stichtag gültigen Fassung herangezogen werden.[6]
   …… (Schiedsgutachterklausel) ……[7]
2. Die vorstehende ehevertragliche Vereinbarung nehmen wir hiermit ausdrücklich an.

…… (ggf. weitere ehevertragliche oder erbrechtliche Regelungen) ……

…… (weitere Belehrungen und Schlussbestimmungen wie in → Form. G.I.1) ……[8]

Anmerkungen

1. Anwendungsbereich. Sofern ein Ehegatte über Betriebsvermögen verfügt, werden häufig Modifikationen des gesetzlichen Güterstandes vereinbart, um auch im Scheidungsfalle den Betrieb erhalten zu können. Sofern man sich auf eine Herausnahme des Betriebsvermögens aus dem Zugewinn – ggf. gegen Kompensationen – nicht einigen kann (→ Form. G.II.1), kann eine Vereinbarung über die Art der Bewertung des Betriebsvermögens sinnvoll sein, um im Falle des Zugewinnausgleichs Streitigkeiten über die Wertfestlegung zu vermeiden. Hierbei ist es empfehlenswert, auf allgemein anerkannte Bewertungsverfahren zu verweisen, die auch zum Zeitpunkt eines späteren Zugewinnausgleichs noch Gültigkeit haben (vgl. zu den herkömmlichen Bewertungsverfahren in Bergschneider/*Wolf* Rn. 4.247 ff.). Bei der Verwendung von zuweilen durch die Vertragsteile vorgetragenen eigenen Bewertungskriterien ist jedoch zur Vorsicht zu raten.

In Betracht kommen neben dem hier vorgestellten Bewertungsverfahren des IDW (vgl. Schrifttumsverzeichnis) etwa eine Verweisung auf das vereinfachte Ertragswertverfahren nach § 200 BewG. Allerdings zeigt die wiederholte Diskussion um die Verfassungswidrigkeit der Erbschaftsteuer (BVerfG NJW 2007, 573 und BFH DStR 2012, 2063; BVerfG NJW 2015, 303), wie gefährlich eine solche dynamische Verweisung auf Vorschriften und Bewertungsmethoden des Steuerrechts sein kann, weil sich diese ganz plötzlich ändern und zu völlig anderen Ergebnissen führen können, so etwa durch die Änderung des § 203 BewG im Zuge der jüngsten Erbschaftsteuerreform. Zudem wird gerade dieses vereinfachte Bewertungsverfahren in der Praxis oft kritisiert, weil es zu nicht mit der Wirklichkeit übereinstimmenden Werten führe (vgl. *Kohl* ZEV 2009, 554 ff.).

2. Bezeichnung des Betriebsvermögens. → Form. G.II.1 Anm. 2, 6.

3. Bewertung in allen Fällen des Zugewinnausgleichs. Die Vertragsklausel ist so gefasst, dass die Bewertungsvereinbarung sowohl den Zugewinnausgleich im Todesfalle wie auch im Scheidungsfalle erfasst. Soll die Regelung nur für den Fall der Scheidung oder Aufhebung der Ehe gelten, so kann formuliert werden:

Alternative: Bewertungsvereinbarung nur für Scheidung oder Aufhebung der Ehe

...... soll beim Zugewinnausgleich bei Beendigung der Ehe aus anderen Gründen als dem Tod eines Ehegatten so bewertet werden ......

4. Bewertung des Anfangsvermögens. Da die Berechnung des Zugewinns einen Vergleich von Anfangs- und Endvermögen erfordert, sind die erforderlichen Daten über das Betriebsvermögen auch zum Stichtag der Bewertung des Anfangsvermögens festzuhalten, sonst sind diese Daten häufig später nicht mehr vorhanden. Die Bewertungsverfahren werden von Zeit zu Zeit an neue Erkenntnisse angepasst (derzeitige Fassung des Standards IDW-S 1 vgl. Schrifttumsverzeichnis; hierzu detailliert *C. Münch,* Unternehmerehe, Rn. 71 ff.). Daher sollte die Vereinbarung auch vorsehen, dass das zum Stichtag der Endvermögensberechnung gültige Verfahren Anwendung findet. Mit den Parametern dieses Verfahrens sollten dann auch die vom Anfangsvermögen erhobenen Daten gerechnet werden.

5. Discounted Cash Flow Verfahren. Als weiteres Verfahren auf der Grundlage des IDW-Gutachtens kann das sog. Discounted Cash Flow Verfahren zur Anwendung gelangen. Allerdings ist diese Art der Wertfeststellung bisher – soweit ersichtlich – noch nicht durch obergerichtliche Rechtsprechung bestätigt, so dass teilweise Bedenken gegen ihre Verwendung geäußert werden (*Hülsmann* ZIP 2001, 450, 451). Nähere Ausführungen zu diesem Verfahren finden sich etwa bei *Peemöller/Kunowski/Hiller* Wpg 1999, 621 f. oder bei *Großfeld/Egger/Tönnes,* Recht der Unternehmensbewertung, 8. Aufl., 2016, Rn. 303 ff. Die Formulierung müsste dann folgendermaßen lauten:

Alternative: Discounted Cash Flow Verfahren

...... Hierbei soll das Discounted Cash Flow Verfahren zur Anwendung gelangen ......

6. Ergänzende Bewertungsgrundsätze. Die Grundsätze des HFA des IDW zur Unternehmensbewertung aus dem Jahre 1995 (abgedruckt in WPg 1995, 522) wurden aktuell durch den neuen Bewertungsstandard IDW S 13 abgelöst. Der neue IDW S 13 (IDW Prüfungsstandards IDW Stellungnahmen zur Rechnungslegung, Loseblattsammlung, 58. Erg. Lief. Stand August 2016 und IDW-Life 2016, 548 ff.; hierzu Ihlau/Kohl, WPG 2016, 163 ff.) befasst sich mit den Besonderheiten bei der Unternehmensbewertung zur Bestimmung von Ansprüchen im Familien- und Erbrecht. Auch hier wird an die Unternehmensbewertung ein zweiter Schritt angehängt. Anders als in der Stellungnahme von 1995 geht es aber nicht um die Überleitung auf einen fairen Einigungswert, sondern um die Überleitung auf einen Ausgleichs- oder Auseinandersetzungswert (IDW S 13, Rn. 7; *Ballhorn/König* BB 2015, 1899). Es gibt dazu keine Bewertung mit vom IDW S1 abweichenden Bewertungsregelungen, sondern eine anzuhängende zweite Stufe (IDW S 13, Rn. 2 f.).

Mit dem neuen Standard geht die Bewertungspraxis auf die Rechtsprechung des BGH zur Unternehmensbewertung im Familienrecht ein und setzt diese in die Bewertungspraxis um. So nimmt IDW S 13 etwa die Rechtsprechung des BGH auf, dass es für die Unternehmensbewertung nur auf die übertragbare Ertragskraft ankomme. Eine solche

Übertragbarkeit ist dann bei personenbezogenen Unternehmen eingeschränkt. Für die Berücksichtigung des Unternehmerlohnes folgt IDW S 13 dem BGH, dass nicht ein kalkulatorischer, sondern der konkret gerechtfertigte individuelle Unternehmerlohn zu berücksichtigen ist (BGH NJW 2008, 1221; BGH NJW 2011, 2572 ff. unter Berufung auf C. *Münch* FamRZ 2006, 1164, 1170 und C. *Münch* NJW 2008, 1201).

Auch auf die Rechtsprechung zur latenten Ertragsteuer geht IDW S 13 ein (Rn. 38 f.). Der Standard merkt an, dass einem Abzug latenter Ertragsteuer aber auch etwaige tax amortisation benefits gegenüberzustellen sind (Rn. 39; hierzu Ballhorn/König, FamRB 2017 33 f.). Schließlich trifft das IDW noch die Aussage, dass Abfindungsklauseln, welche bei Ausscheiden aus einer Gesellschaft eine Abfindung unterhalb des Verkehrswertes vorsehen, nicht zu berücksichtigen sind, es sei denn, die Gesellschaft ist bereits gekündigt (Rn. 45).

7. Schiedsgutachterklauseln. → Form. P.II.

8. Kosten. Unter Geltung des GNotKG ist die Modifizierung der Zugewinngemeinschaft durch Vereinbarungen einer abweichenden Bewertung des Betriebsvermögens nach § 100 Abs. 2 GNotKG mit dem Wert des Betriebes anzusetzen, höchstens jedoch mit dem modifizierten Reinwert (→ Form. G.I.1 Anm. 16).

2. Landwirtschaft

(Urkundseingang wie → Form. G.I.1)

……

II. Ehevertragliche Vereinbarungen

Ehevertraglich vereinbaren wir was folgt:[1]

Den gesetzlichen Güterstand der Zugewinngemeinschaft wollen wir für unsere künftige Ehe ausdrücklich aufrecht erhalten, ihn allerdings wie folgt modifizieren:

1. Für die Bewertung des landwirtschaftlichen Betriebes verbleibt es bei den allgemeinen Regeln. § 1376 Abs. 4 BGB wird abbedungen.
   Hinsichtlich der Fälligkeit der Zugewinnausgleichsforderung wird vereinbart, dass diese in fünf gleichen Jahresraten zu zahlen ist. Die erste Rate ist binnen sechs Monaten nach Rechtskraft der Scheidung zur Zahlung fällig. Die restlichen Raten jeweils ein Jahr danach. Gerät der Schuldner mit einer Rate länger als 14 Tage in Verzug, so ist die gesamte Restforderung sofort in einer Summe zur Zahlung fällig.[2]

Alternative

Sofern und soweit Grundbesitz und landwirtschaftliches Betriebsvermögen sowohl im Anfangs- als auch weiterhin mit landwirtschaftlicher Zweckbestimmung im Endvermögen enthalten ist, sollen jedoch jeweils nur 50 % der so ermittelten Werte in das Anfangs- und Endvermögen eingestellt werden.[3] Dies gilt auch für Grundstücke, die im Tauschwege, durch Umlegung oder Flurbereinigung erworben wurden. Der Zugewinn darf jedoch nicht geringer sein als unter Anwendung des § 1376 Abs. 4 BGB.

2. Die vorstehende ehevertragliche Vereinbarung nehmen wir hiermit ausdrücklich an.

…… (ggf. weitere ehevertragliche oder erbrechtliche Regelungen) ……

...... (weitere Belehrungen und Schlussbestimmungen wie in → Form. G.I.1) ......[4]

Anmerkungen

1. Anwendungsbereich. Die einzige gesetzlich ausgeformte Bewertungsregel im Bereich des Zugewinns gibt das Gesetz mit § 1376 Abs. 4 BGB vor. Danach ist ein land- oder forstwirtschaftlicher Betrieb bei der Zugewinnberechnung mit dem Ertragswert anzusetzen, wenn die Weiterführung oder Wiederaufnahme des Betriebes durch den Eigentümer oder einen Abkömmling erwartet werden kann (BGH FamRZ 1989, 1276) und der Betrieb sowohl beim Anfangs- als auch beim Endvermögen zu berücksichtigen ist. Dies gilt allerdings nur, wenn der Inhaber in Anspruch genommen wird, nicht aber in den Fällen, in denen der Hofinhaber seinerseits Zugewinn geltend macht. Die Bestimmung des Ertragswertes erfolgt nach § 2049 Abs. 2 BGB iVm Art. 137 EGBGB und den landesrechtlichen Vorschriften, die in der Regel den 25fachen oder 18fachen jährlichen Reinertrag als Ertragswert vorsehen. Zuerworbene Grundstücke sind also von dieser Regelung nicht betroffen, es sei denn der Erwerb war zur Erhaltung des Betriebes erforderlich (BGHZ 113, 325). Ebenso wenig Grundstücke, die während der Ehe verkauft wurden. Sie sind dann im Anfangsvermögen mit dem Verkehrswert zu erfassen. Werden landwirtschaftliche Grundstücke Bauland und ließen sie sich aus dem Betrieb ausgliedern, ohne die Betriebsfortführung zu gefährden, so sind diese Grundstücke mit dem Verkehrswert zu erfassen (BGHZ 98, 382, 388 für Pflichtteilsansprüche; *Büte* Rn. 133). Auch insoweit kann die im Muster empfohlene Alternative von Nutzen sein. Angemerkt sei, dass die soeben besprochene Bestimmung bei Gütergemeinschaft nicht entsprechend angewendet wird (BGH FamRZ 1986, 776).

Da sich in den letzten Jahren die Ertragswerte sehr häufig nicht nach oben bewegt haben, bedeutet das für die meisten Ehen von Landwirten, die ihren Betrieb in die Ehe eingebracht haben oder durch eine Zuwendung im Sinne des § 1374 Abs. 2 BGB in das Anfangsvermögen erhalten haben, dass ein Zugewinn praktisch nicht anfällt. Zumeist steht der landwirtschaftliche Betrieb so im Zentrum aller Erwerbsbemühungen, dass auch außerhalb des Betriebes kein weiterer Zugewinn erzielt werden wird. Die Vorschrift, die zur Erhaltung der bäuerlichen Betriebe bestimmt ist, wird insbesondere dann als ungerecht empfunden, wenn der andere Ehegatte, der nicht Eigentümer des Hofes ist, während vieler Ehejahre auf dem Hof – im äußersten Fall sogar ohne gesonderte Entlohnung – mitgearbeitet hat. Daher ist in diesen Fällen zuweilen ein Abbedingen dieser gesetzlichen Regelung erwägenswert. Eine abweichende Regelung ist auch angebracht für landwirtschaftliche Großbetriebe, die den Charakter eines bäuerlichen Familienbetriebs längst verloren haben. Hier sind Regelungen angemessener, wie sie sonst bei Betriebsvermögen getroffen werden.

Um dem Anliegen des Bestandsschutzes der bäuerlichen Familienbetriebe gerecht zu werden, kann eine solche Vereinbarung kombiniert werden mit einer gestreckten Auszahlung des Zugewinns oder auch mit der Vereinbarung einer Höchstbegrenzung des Zugewinns (→ Form. G.VI.2).

Vorgeschlagen wird in diesen Fällen auch eine pauschale Abfindung nach Ehejahren (*Grziwotz* FamRB 2006, 316, 319).

2. Sicherheiten. Es kann zusätzlich noch vereinbart werden, dass der ausgleichungspflichtige Ehegatte wegen der Stundung des Zugewinns Sicherheiten zu stellen hat, etwa in Form einer Hypothek am Grundbesitz.

3. Grundbesitz im Zugewinn. Wenn durch Abbedingen des § 1376 Abs. 4 BGB der Zugewinn nicht nach dem Ertragswert bemessen wird, sondern nach den allgemeinen Regeln, dann fallen Wertsteigerungen des Grundbesitzes in den Zugewinn, auch wenn der Grundbesitz selbst Anfangsvermögen darstellt. Dies wird häufig nicht in vollem Umfange gewollt, weil es außerhalb des Grundbesitzes an Liquidität fehlt. Aus diesem Grunde sieht die Alternative nur eine jeweils hälftige Einstellung der Werte in das Anfangs- und Endvermögen vor (zur Einbeziehung von Tauschgrundstücken vgl. *Grziwotz* FamRB 2006, 316, 318; in den landwirtschaftlichen Eheverträgen: *Grziwotz*, Eheverträge in der Landwirtschaft, 2012).

4. **Kosten.** → Form. G.V.1. Das GNotKG hat Eheverträge nicht in das Landwirtschaftsprivileg nach § 48 Abs. 1 GNotKG aufgenommen, da nur die „Zuwendung" eines Betriebes begünstigt wird. Der Bewertung ist also der wahre Wert zugrunde zu legen.

3. Grundbesitz

(Urkundseingang wie → Form. G.I.1)

. . . . . .

II. Ehevertragliche Vereinbarungen

Ehevertraglich vereinbaren wir was folgt:[1]

Den gesetzlichen Güterstand der Zugewinngemeinschaft wollen wir für unsere künftige Ehe ausdrücklich aufrecht erhalten, ihn allerdings wie folgt modifizieren:

1. Die Wertfestsetzung für Grundbesitz und Gebäude beider Ehegatten soll verbindlich und endgültig durch ein Gutachten des jeweils örtlich für den Grundbesitz zuständigen Gutachterausschusses erfolgen.[2]

Alternative 1

Die Wertfestsetzung für Grundbesitz und Gebäude beider Ehegatten soll nach der Verordnung über Grundsätze für die Ermittlung der Verkehrswerte von Grundstücken erfolgen[3] (Immobilienwertermittlungsverordnung – ImmoWertV BGBl. 2010 I, 639 ff., maßgeblich ist für alle Bewertungen die jeweils zum Stichtag der Endvermögensbewertung gültige Fassung und die etwa dazu erlassenen Wertermittlungsrichtlinien).[4]

Alternative 2

Sofern und soweit Grundbesitz und landwirtschaftliches Betriebsvermögen sowohl im Anfangs- als auch unverändert im Endvermögen enthalten ist, sollen jedoch jeweils nur 50 % der so ermittelten Werte in das Anfangs- und Endvermögen eingestellt werden.[5]

Alternative 3

Die Wertfestsetzung für Grundbesitz und Gebäude soll nach den zum Stichtag der Endvermögensfeststellung für die Erbschaftsteuer maßgeblichen Bestimmungen erfolgen.[6]

2. Die vorstehende ehevertragliche Vereinbarung nehmen wir hiermit ausdrücklich an.

. . . . . . (ggf. weitere ehevertragliche oder erbrechtliche Regelungen) . . . . . .

. . . . . . (weitere Belehrungen und Schlussbestimmungen wie → Form. G.I.1) . . . . . .[7]

Anmerkungen

1. Anwendungsbereich. Die Bewertung von Grundbesitz birgt vielerlei Unsicherheiten. So sei nur als ein Beispiel aufgeführt, dass die Rechtsprechung Grundbesitz, der in vorweggenommener Erbfolge erworben wurde und mit einem Rückerwerbsrecht für den Fall des Vorversterbens des Erwerbers oder der Veräußerung durch diesen belastet ist, im Rahmen des Zugewinnausgleichs nur mit einem Drittel des Verkehrswertes im Anfangs- und Endvermögen in Ansatz bringt (OLG München MittBayNot 2001, 85). Problematisch wird hier sein, ob bei Vorversterben der Übergeber vor dem Stichtag zur Endvermögensberechnung und damit Wegfall der Belastungen das Grundstück im Endvermögen dann mit einem höheren Wert anzusetzen ist, so dass sich allein durch den Wegfall der Klausel ein Zugewinn ergibt. So hatte der BGH in zwei Urteilen auch für eine vorbehaltene Leibrente (BGH DNotZ 2006, 127 = FamRZ 2005, 1974) und für vorbehaltene Nutzungsrechte (BGH NJW 2007, 2245 = DNotZ 2007, 849; hierzu C. *Münch* DNotZ 2007, 795) entschieden. Auch wenn das Gericht mit der Entscheidung DNotZ 2015, 621 wieder von dieser Ansicht abgewichen ist, so wird dennoch vermehrt bei vorbehaltenen Rechten ein Ausschluss der Wertsteigerung des Anfangsvermögens in Betracht zu ziehen sein (→ Form. G.II.2).

Zugleich stellt der Grundbesitz vielfach einen Großteil des ehelichen Zugewinns dar. Aus diesem Grunde sind ehevertragliche Vereinbarungen über die Bewertung des Grundbesitzes im Zugewinnausgleich durchaus sinnvoll. Hier sollen verschiedene mögliche Alternativen vorgestellt werden.

2. Gutachterausschüsse. Die Gutachterausschüsse sind nach §§ 192 ff. BauGB eingerichtet. Sie unterhalten eine Kaufpreissammlung zur Bestimmung von Grundstückswerten und fertigen Einzelgutachten an. Auf ein solches wird hier abgestellt. Es soll der für das jeweilige Grundstück zuständige Ausschuss angerufen werden, um örtliche Besonderheiten angemessen berücksichtigen zu können.

3. ImmoWertV. Auf der Grundlage des § 199 Abs. 1 BauGB wurde die genannte Verordnung erlassen. Danach kommen als Wertermittlungsverfahren das **Vergleichswertverfahren** (§ 15 ImmoWertV), das **Ertragswertverfahren** (§§ 17–20 ImmoWertV) oder das **Sachwertverfahren** (§§ 21–23 ImmoWertV) in Betracht. § 8 ImmoWertV ordnet an, dass eines oder mehrere dieser Verfahren zur Wertermittlung heranzuziehen sind. Die Wahl hat nach Art und Gegenstand der Wertermittlung unter Berücksichtigung der im Geschäftsverkehr bestehenden Gepflogenheiten zu erfolgen. Dem Charakter des Objekts kommt also entscheidende Bedeutung zu (OLG Saarbrücken FamRZ 1998, 235).

Hiernach werden unbebaute Grundstücke in der Regel nach dem Vergleichswertverfahren unter Heranziehung der Bodenrichtwerte nach § 196 BBauG bewertet. Allerdings müssen aus der Kaufpreissammlung Verkaufsfälle ausgesondert werden, wenn Zweifel an der Vergleichbarkeit bestehen (BGH FamRZ 1992, 918, 920). Dies wird umso mehr gelten, je geringer die Datenbasis der jeweiligen Gutachterausschüsse ist. Bodenrichtwerte beruhen manchmal auf einigen wenigen Verkäufen, deren Aussagekraft dann zweifelhaft sein kann, wenn darin noch Verwandtenverkäufe eingeschlossen sind.

Bei eigengenutzten Ein- und Zweifamilienhäusern wird zumeist das Sachwertverfahren angewandt (BGH FamRZ 1992, 918, 919; OLG Düsseldorf FamRZ 1989, 280). Der Sachwert setzt sich aus dem Bodenwert sowie dem Gebäudewert und dem Wert der Außenanlagen nach Herstellungswerten zusammen (§ 21 ImmoWertV). Hierbei ist ein Altersabschlag entsprechend dem Verhältnis der Restnutzungsdauer zur Gesamtnutzungsdauer vorzunehmen (§ 23 ImmoWertV).

Bei Renditeobjekten wird das Ertragswertverfahren sachgerecht sein (BGHZ 17, 236, 240; OLG Frankfurt FamRZ 1980, 576; *Büte* Rn. 134). Hierbei ist der Wert der

Gebäude getrennt vom Bodenwert (§ 16 ImmoWertV) auf der Grundlage des Ertrages zu ermitteln (§ 17 ImmoWertV). Basis der Wertermittlung nach dem Ertragswert (§§ 17 f. ImmoWertV) ist der nachhaltig erzielbare kapitalisierte Reinertrag (= Rohertrag abzgl. Bewirtschaftungskosten). Dieser ist um eine angemessene Bodenwertverzinsung zu vermindern und mit einem Vervielfältiger zu multiplizieren. Der Bodenwert ist nach der Vergleichswertmethode unter Berücksichtigung der Besonderheiten nach § 16 ImmoWertV zu ermitteln und hinzuzuzählen (Berechnungsbeispiel bei *Büte* Rn. 134).

4. Wertermittlungsrichtlinien. Vgl. etwa Richtlinie vom 11.1.2011 zur Ermittlung von Bodenrichtwerten nach § 10 ImmoWertVO, BAnz 2011, 597; abgedruckt bei Simon/*Busse*, Bayerische Bauordnung, Anhang Nr. 137a.

5. Grundbesitz im Zugewinn. Mit dieser Klausel wird erreicht, dass sich Wertsteigerungen des Grundbesitzes nur vermindert im Zugewinn auswirken. Dies ist zuweilen gewünscht, wenn der Grundbesitz bei ansonsten geringer Liquidität das Hauptvermögen darstellt. Allerdings sollte dies möglichst nur dann gelten, wenn der Grundbesitz unverändert sowohl im Anfangs- als auch im Endvermögen vorhanden ist. Insbesondere bauliche Maßnahmen und Investitionen führen also dazu, dass die dadurch bedingte Wertsteigerung vom Zugewinn in voller Höhe erfasst wird.

6. Erbschaftsteuerwerte. Die Verweisung auf die erbschaftsteuerlichen Werte ist zwar eine Verweisung auf ein vorhandenes gesetzliches Bewertungsschema, so dass Differenzen über die Methoden der Wertfeststellung ausgeschlossen sind; allerdings ist die dynamische Verweisung problematisch, da sich die erbschaftsteuerliche Bewertung in ganz erheblicher Weise ändern kann, wie die Diskussion um die Verfassungswidrigkeit des früheren (BVerfG NJW 2007, 753) und auch des gerade abgeänderten (BFH DStR 2012, 2063; BVerfG NJW 2015, 303) Erbschaftsteuerrechts gezeigt hat. Empfehlenswert ist es dann, für die Berechnung von Anfangs- und Endvermögen auf ein einheitliches Verfahren abzustellen – hier das bei Berechnung des Endvermögens gültige – sonst kann Zugewinn rechnerisch allein daraus resultieren, dass die erbschaftsteuerliche Bewertung geändert wurde.

7. Kosten. → Form. G.V.1. Im Gegensatz zur dort vorgestellten Bewertung des Betriebsvermögens ist jedoch bei vorliegendem Formulierungsvorschlag kein konkretes Grundstück betroffen, sondern es erfolgt eine Vereinbarung über die Bewertung von Grundbesitz allgemein. Daher dürfte § 100 Abs. 2 GNotKG nicht anwendbar sein, sondern es wäre eine Bewertung nach dem modifizierten Reinwert (→ Form. G.I.1 Anm. 16) vorzunehmen.

4. Kapitallebensversicherung

(Urkundseingang wie → Form. G.I.1)

. . . . . .

II. Ehevertragliche Vereinbarungen

Ehevertraglich vereinbaren wir was folgt:[1]

Den gesetzlichen Güterstand der Zugewinngemeinschaft wollen wir für unsere künftige Ehe ausdrücklich aufrecht erhalten, ihn allerdings wie folgt modifizieren:

1. Die Kapitallebensversicherungen beider Ehegatten sind mit einem Zeitwert[2] zu bewerten, der sich folgendermaßen bestimmt: garantiertes Deckungskapital zuzüglich gutgeschriebener Gewinnanteile zuzüglich der zum Bewertungsstichtag erreichten Anwartschaft auf Schlussgewinnanteile ohne Stornoabschläge. Kann die Versicherung jedoch nicht mehr fortgeführt werden, so sind die Stornoabschläge abzusetzen.
Jedenfalls kann eine Kapitallebensversicherung im Endvermögen nicht mit einem niedrigeren Wert angesetzt werden als im Anfangsvermögen – zuzüglich Geldentwertung –.[3]
2. Die vorstehende ehevertragliche Vereinbarung nehmen wir hiermit ausdrücklich an.

. . . . . . (ggf. weitere ehevertragliche oder erbrechtliche Regelungen) . . . . . .

. . . . . . (weitere Belehrungen und Schlussbestimmungen wie in → Form. G.I.1) . . . . . .[4]

Anmerkungen

1. Anwendungsbereich. Vorstehend wird eine Bewertungsvereinbarung für Kapitallebensversicherungen im Zugewinnausgleich vorgeschlagen. Lebensversicherungen auf Rentenbasis unterfallen nicht dem Zugewinnausgleich. Kapitallebensversicherungen mit Rentenwahlrecht unterfallen dann nicht dem Zugewinnausgleich, wenn das Rentenwahlrecht bis zur Rechtshängigkeit (BGH FamRZ 1984, 156 stellt auf diesen Zeitpunkt ab, nicht auf das Ehezeitende) ausgeübt wurde. Rentenlebensversicherungen mit Kapitalwahlrecht unterfallen grundsätzlich dem Versorgungsausgleich, es sei denn, ein Kapitalwahlrecht wäre bereits vor Rechthängigkeit ausgeübt worden. Nach neuer Rechtsprechung bewirkt jedoch auch die Ausübung des Kapitalwahlrechtes nach Rechtshängigkeit des Scheidungsantrages, dass die Versicherung in den Zugewinnausgleich fällt, da der Versorgungsausgleich keinen Ausgleichsmechanismus für Kapitalforderungen habe (BGH DNotZ 2003, 842 und 844 mit Anm. *Zimmermann* = FamRZ 2003, 664 mit abl. Anm. *Deisenhofer* FamRZ 2003, 745); ein Argument, das zweifelhaft geworden ist, nachdem nunmehr § 2 Abs. 2 Nr. 3 VersAusglG auch Kapitalforderungen im Versorgungsausgleich berücksichtigt. Der BGH sieht diese Zweifel jedoch nicht und hat entschieden, dass auch nach der Reform des Versorgungsausgleichsrechts die Ausübung des Kapitalwahlrechts dazu führt, dass die Versicherung im Versorgungsausgleich nicht mehr zu berücksichtigen ist (BGH NJW-RR 211, 1633; BGH NJW-RR 2012, 769). Nach dem BGH kann das Kapital trotz Ausübung des Wahlrechts nach dem Stichtag der Endvermögensberechnung gemäß § 1384 BGB noch im Zugewinn berücksichtigt werden. Rechtsschutzlücken bleiben allerdings bestehen, wenn das Zugewinnausgleichsverfahren bereits rechtswirksam abgeschlossen ist (*Lipp* JZ 2003, 903). Gleiches gilt für vertragliche Vereinbarungen über den Zugewinn bei Vorbehalt des Versorgungsausgleichs. Hier müssten solche Versicherungen erfragt und einer gesonderten Regelung zugeführt werden (etwa Nachberechnung des Zugewinns). Sonst könnte sogar eine Anpassung der güterrechtlichen Regelung wegen Störung der Geschäftsgrundlage drohen (so *Zimmermann* DNotZ 2003, 546, 549).

Reine Kapitallebensversicherungen unterfallen stets dem Zugewinnausgleich (vgl. näher *Büte* Rn. 157 ff.).

Nach der Rechtsprechung (BGH FamRZ 1995, 1270 f.) ist bei der Bewertung von Kapitallebensversicherungen zu differenzieren: Ist zum Stichtag die Fortführung der Versicherung nicht zu erwarten und auch durch Stundung der Ausgleichsforderung nicht sicherzustellen, so wird die Versicherung mit dem Rückkaufswert angesetzt. Bei positiver Fortführungsprognose ist hingegen ein nach wirtschaftlichen Gesichtspunkten zu bemessender Zeitwert festzustellen, da der Rückkaufswert lediglich einen ungünstigen Liquidationswert darstellt, dessen Ansatz nicht gerechtfertigt ist, wenn die Kündigung des Versicherungsverhältnisses weder tatsächlich erfolgt noch zwangsläufige Folge des Zugewinnausgleichs ist (*Büte* Rn. 162).

Zur Feststellung des Zeitwertes legt sich die Rechtsprechung nicht auf eine bestimmte Wertermittlungsmethode fest. Gebilligt hat sie zB die Heranziehung des kurze Zeit später tatsächlich ausgezahlten Betrages mit einem Wertabschlag. Ansonsten sei die Wertfeststellung Sache des sachverständig beratenen Tatrichters. Daher kann es durchaus ratsam sein, bei Bestehen bedeutsamer Lebensversicherungen deren Bewertung für den Fall des Zugewinnausgleichs vertraglich festzuschreiben. In Zusammenhang mit seiner Rechtsprechung zum Pflichtteilsrecht hat der BGH ebenfalls einen vom Rückkaufswert verschiedenen höheren Zweitmarktwert angenommen (BGH ZEV 2010, 305).

2. Zeitwert. Für die Bewertung mit dem Zeitwert wird vorgeschlagen, zum Rückkaufswert der individuell gutgeschriebenen Versicherungsleistung ohne Stornoabschläge die am Stichtag erreichte Anwartschaft auf die Schlussgewinnanteile hinzuzuzählen (*Büte* Rn. 154; Johannsen/Henrich/*Jaeger* § 1376 Rn. 13). Das bedeutet es ist das geschäftsplanmäßige Deckungskapital inklusive gutgeschriebener Gewinnanteile einschließlich des Ansammlungsguthabens anzusetzen und die erreichte Anwartschaft auf die Schlussgewinnanteile hinzuzuzählen (*Büte* Rn. 154 m. Bsp.; *Schwolow* FuR 1997, 17, 19; *Raube/Eitelberg* FamRZ 1997, 1322, 1326 – dort auch zu verschiedenen anderen Berechnungsmöglichkeiten). Inzwischen sieht seit 2008 auch das VVG in § 169 Abs. 7 vor, dass zu dem reinen Rückkaufswert die bereits zugeteilten Überschussanteile (soweit nicht schon einberechnet) und ein für den Fall der Kündigung zugestandener Schlussüberschussanteil hinzuzurechnen sind.

3. Anfangsvermögen. Die Rechtsprechung zur Bewertung von Lebensversicherungen erging zumeist zur Bewertung im Endvermögen. Die Lebensversicherung ist aber in entsprechender Weise auch im Anfangsvermögen zu bewerten. Die Klausel soll verhindern, dass insbesondere bei kurzer Ehedauer und im Endvermögen negativer Fortführungsprognose für die Versicherung der Rückkaufswert im Endvermögen niedriger anzusetzen ist als der Zeitwert im Anfangsvermögen (hierzu *Schwolow* FuR 1997, 17), so dass trotz Prämienzahlung während der Ehe noch ein Negativsaldo entsteht. Dies wird zumeist nicht gewünscht sein. Daher ist angeordnet, dass in solchen Fällen im Endvermögen der Wert des Anfangsvermögens unter Berücksichtigung der Geldentwertung übernommen wird.

4. Kosten. → Form. G.V.1.

VI. Vereinbarungen zur Höhe und Fälligkeit des Zugewinns

1. Abweichende Ausgleichsquote

(Urkundseingang wie → Form. G.I.1)

......

II. Ehevertragliche Vereinbarungen

Ehevertraglich vereinbaren wir was folgt:

Den gesetzlichen Güterstand der Zugewinngemeinschaft wollen wir für unsere künftige Ehe ausdrücklich aufrecht erhalten, ihn allerdings wie folgt modifizieren.[1]

1. Endet die Ehe auf andere Weise als durch den Tod eines Ehegatten,[2] so beträgt die Ausgleichsquote abweichend von § 1378 Abs. 1 BGB nicht ein Halb, sondern nur 20 %. Dies gilt auch für den vorzeitigen Zugewinnausgleich. Auf weiteren Zugewinn wird verzichtet. Den Verzicht nehmen wir gegenseitig an.

...... (weitere Belehrungen und Schlussbestimmungen wie in → Form. G.I.1) ......[3]

Anmerkungen

1. Anwendungsbereich. Als Alternative zu Regelungen, die bestimmte Vermögensgüter aus dem Zugewinn herausnehmen oder Wertfestlegungen des Anfangs- bzw. Endvermögens vornehmen, kann eine Ehevertragsbestimmung auch direkt bei der Ausgleichsquote ansetzen und diese herauf- oder herabsetzen. Während an der Zulässigkeit solcher Regelung keine Zweifel geäußert werden, gehen die Meinungen auseinander, ob eine solche Quotenänderung sinnvoll eingesetzt werden kann (zweifelnd zB *Langenfeld/Milzer* Rn. 345).

Denkbar ist auch, für jeden Ehegatten eine **unterschiedlich hohe Ausgleichsquote** festzusetzen. Ein solcher Vorschlag wird zB unterbreitet für den Fall, dass ein Ehegatte dem anderen aus Haftungsgründen Vermögen übertragen hat, das auch im Scheidungsfalle bei diesem verbleiben soll. Über die Festsetzung einer erhöhten Ausgleichsquote für den zuwendenden Ehegatten kann hier ein Ausgleich herbeigeführt werden (*Bergschneider* Rn. 679).

Nachteil dieser Lösung ist es, dass nach wie vor das Anfangs- und das Endvermögen bewertet werden müssen. Erst wenn der Überschuss im Sinne des § 1378 Abs. 1 BGB festgestellt wurde, greift die vertragliche Regelung. Damit bleiben alle Auskunftsansprüche und Bewertungsprobleme bestehen, so dass die Kürzung der Ausgleichsquote zwar Liquidität schont, aber noch keine einfache Handhabung verspricht, weshalb sie allein etwa im Bereich des Betriebsvermögens noch keine geeignete Lösung darstellt.

2. Quote im Todesfalle. Wenn die Quote auch beim Zugewinnausgleich im Todesfalle geringer sein soll, so kann auch dies entsprechend angeordnet werden. Jedenfalls dann, wenn die Quote geringer wird, kann sogar das erbrechtliche Viertel des § 1371 Abs. 1 BGB geändert werden (*Langenfeld*, 4. Aufl., Rn. 350 ff.). Sofern man auch eine Erhöhung der Quote für rechtlich zulässig hält (MünchKommBGB/*Kanzleiter* § 1408 Rn. 14 am Ende, Fn. 45), können dadurch jedenfalls keine Pflichtteilsansprüche geschmälert werden.

3. Kosten. Unter Geltung des GNotKG ist die Modifizierung der Zugewinngemeinschaft durch Vereinbarungen abweichender Ausgleichsquote nach dem modifizierten Reinwert (→ Form. G.I.1 Anm. 16) zu bewerten, der auch für bloße Modifikationen gilt (*Diehn*, Notarkostenberechnungen, 4. Aufl., 2016, Rn. 1557).

2. Höchstgrenze des Zugewinns

(Urkundseingang wie → Form. G.I.1)

. . . . . .

II. Ehevertragliche Vereinbarungen

Ehevertraglich vereinbaren wir was folgt:

Den gesetzlichen Güterstand der Zugewinngemeinschaft wollen wir für unsere künftige Ehe ausdrücklich aufrecht erhalten, ihn allerdings wie folgt modifizieren:[1]

1. Endet die Ehe auf andere Weise als durch den Tod eines Ehegatten, so muss als Zugewinn höchstens[2] ein Betrag von 500.000,– EUR[3] gezahlt werden. Dies gilt auch für den vorzeitigen Zugewinnausgleich.
   Der Höchstbetrag von 500.000,– EUR soll wertbeständig[4] sein.
   Der Höchstbetrag errechnet sich demnach wie folgt:
   500.000,– EUR – i.W. fünfhunderttausend EUR –
   vervielfacht
   um den Verbraucherpreisindex für Deutschland, wie dieser Index vom Statistischen Bundesamt in Wiesbaden für den Monat festgestellt wird, in dem der Scheidungsantrag rechtshängig wird, der zur Scheidung der Ehe führt,
   geteilt
   durch den Verbraucherpreisindex für Deutschland, wie er im Monat der heutigen Beurkundung bestimmt wird (Basis 2010 = 100).

Auf einen weitergehenden Zugewinnausgleich wird verzichtet. Der Verzicht wird gegenseitig angenommen.

. . . . . . (weitere Belehrungen und Schlussbestimmungen wie in → Form. G.I.1) . . . . . .[5]

Anmerkungen

1. Anwendungsbereich. Die vorstehende Vertragsklausel sieht die Beibehaltung des gesetzlichen Güterstandes vor, begrenzt allerdings die Zugewinnausgleichsforderung durch eine Höchstgrenze. Eine solche Vereinbarung bietet sich insbesondere an bei Ehen, die von einer großen Disparität der Einkommensverhältnisse geprägt sind. Hier können durchaus hohe und auskömmliche Höchstgrenzen vereinbart werden, die ggf. auch den vorehelichen Lebensstandard des ausgleichsberechtigten Ehegatten weit übersteigen, aber dennoch nicht die gesetzliche Quote erreichen. In der Praxis hat sich gezeigt, dass solche Vereinbarungen durchaus befriedende Wirkung haben.

2. Höchstbetrag/Festbetrag. Der Vorteil einer Höchstgrenze liegt darin, dass bei Zahlung eines Betrages, welcher der Höchstgrenze entspricht, ein Auskunftsanspruch und eine Bewertung beider Vermögensmassen entfallen.

Ein weiterer Vorteil ist, dass bei der Höchstgrenze – im Gegensatz zu einem festen Kompensationsbetrag für den Verzicht auf Zugewinn – der Zahlungspflichtige auch nachweisen kann, dass nur ein geringerer Zugewinn angefallen ist. Er muss dann nach konkreter Berechnung des Zugewinns auch nur entsprechend geringere Zahlungen leisten.

3. Fester Höchstbetrag/Gestaffelte Höchstbeträge. Hier wird ein fester Höchstbetrag vereinbart, der unabhängig von der Ehedauer zu zahlen ist. Bei sehr kurzer Ehe kann dieser Betrag zu hoch sein, so dass doch wieder der Zugewinn konkret berechnet werden muss. Wird dies nicht gewünscht, so bieten sich alternative Formulierungen an, die auf die Ehedauer abstellen. Zum einen können mehrere von der Ehedauer abhängige Höchstbeträge vereinbart werden. Hierbei ist für die Bemessung der Ehedauer auf den Zeitpunkt der Rechtshängigkeit des Scheidungsantrages abzustellen, um Missbräuchen einer Verlängerung des Scheidungsverfahrens im Hinblick auf das Erreichen höherer Grenzen vorzubeugen (*Bergschneider* Rn. 103, 104).

Alternative – Höchstbetrag gestuft nach Ehedauer

Endet die Ehe auf andere Weise als durch den Tod eines Ehegatten, so wird der Zugewinn nach folgender Maßgabe ausgeglichen (auch bei vorzeitigem Zugewinnausgleich):

- **Dauerte unsere Ehe zwischen Eheschließung und Rechtshängigkeit eines Scheidungsantrags nicht länger als fünf Jahre, so findet ein Zugewinnausgleich nicht statt.**
- **Dauerte unsere Ehe demgemäß länger als fünf Jahre, aber nicht länger als zehn Jahre, so ist als Zugewinn höchstens ein Betrag von 200.000,– EUR zu zahlen.**
- **Dauerte unsere Ehe demgemäß länger als zehn Jahre, aber nicht länger als zwanzig Jahre, so ist als Zugewinn höchstens ein Betrag von 500.000,– EUR zu zahlen.**
- **Dauert unsere Ehe demgemäß länger als zwanzig Jahre, so ist als Zugewinn höchstens ein Betrag von 800.000,– EUR zu zahlen.**

. . . . . . (Indexklausel wie oben) . . . . . .

Ferner kann ein Jahreshöchstbetrag vereinbart werden, der dann mit der Anzahl der Ehejahre multipliziert werden muss, um den Gesamthöchstbetrag zu erhalten:

Alternative – Ehedauer mal Jahresbetrag

Endet die Ehe auf andere Weise als durch den Tod eines Ehegatten, so wird der Zugewinn nach folgender Maßgabe ausgeglichen (auch bei vorzeitigem Zugewinnausgleich):

Für jedes vollendete Ehejahr – gemessen von der Eheschließung bis zur Rechtshängigkeit eines Scheidungsantrages – ist höchstens ein Betrag in Höhe von 25.000,– EUR als Zugewinn zu zahlen. Für nicht vollendete Jahre ist der Betrag anteilig zu ermitteln.

. . . . . . (Indexklausel wie oben) . . . . . .

4. Wertsicherung. Da die Höchstbeträge häufig erst nach sehr langer Zeit zur Anwendung kommen, kann eine **Indexierung** dieser Höchstbeträge angemessen sein, um die Kaufkraft, die dem anspruchsberechtigten Ehegatten durch die Zahlung zugute kommen soll, im Laufe der Zeit zu erhalten. Hierbei sollte der nunmehr vereinheitliche „Verbraucherpreisindex für Deutschland" zur Anwendung kommen (vgl. zur Umstellung der Preisindices ab 2003 *Winkler* NWB Fach 15, 721; *Reul* DNotZ 2003, 92). Als Basisjahr findet zur Zeit 2010 = 100 Anwendung (aktuelle Information unter www. destatis.de).

Die Vereinbarung einer Indexklausel ist nunmehr im Preisklauselgesetz (BGBl. I 2007, 2246 f.) geregelt. Das Genehmigungserfordernis wurde abgeschafft. Das Gesetz enthält vielmehr direkte Verbote bestimmter Klauseln, die den bisher angewandten Grundsätzen entsprechen (hierzu *Reul* MittBayNot 2007, 445).

5. **Kosten.** Unter Geltung des GNotKG ist die Modifizierung der Zugewinngemeinschaft durch Vereinbarungen einer Höchstgrenze des Zugewinns nach dem modifizierten Reinwert (→ Form. G.I.1 Anm. 16) zu bewerten, der auch für bloße Modifikationen gilt (*Diehn*, Notarkostenberechnungen, 4. Aufl., 2016, Rn. 1557).

3. Vereinbarung zur Fälligkeit des Zugewinns

(Urkundseingang wie → Form. G.I.1)

. . . . . .

II. Ehevertragliche Vereinbarungen

Ehevertraglich vereinbaren wir was folgt:

Den gesetzlichen Güterstand der Zugewinngemeinschaft wollen wir für unsere künftige Ehe ausdrücklich aufrecht erhalten, ihn allerdings wie folgt modifizieren.[1]

1. Hinsichtlich der Fälligkeit der Zugewinnausgleichsforderung wird für den Fall, dass die Ehe auf andere Weise als durch den Tod eines Ehegatten endet,[2] vereinbart, dass die Zugewinnausgleichsforderung in fünf gleichen Jahresraten zu zahlen ist. Dies gilt auch bei vorzeitigem Zugewinnausgleich. Die erste Rate ist binnen sechs Monaten nach Rechtskraft der Scheidung zur Zahlung fällig. Die restlichen Raten jeweils ein Jahr danach.
   Gerät der Schuldner mit einer Rate länger als 14 Tage in Verzug, so ist die gesamte Restforderung sofort in einer Summe zur Zahlung fällig.[3]
   Die noch geschuldeten Raten sind mit 2 % über dem Basiszinssatz nach § 247 BGB zu verzinsen.[4] Die Zinsen sind jeweils mit der Zahlung der nächsten Rate für den bis dahin abgelaufenen Zeitraum zur Zahlung fällig.
   Dem Zahlungsverpflichteten ist es jederzeit gestattet, die Forderung ganz oder teilweise vorzeitig zu begleichen. Teilzahlungen müssen durch 1.000 teilbar sein.[5]
   Der Zahlungsverpflichtete hat dem Berechtigten durch Gestellung einer erstrangigen Sicherungshypothek unter Einhaltung der Beleihungsgrenzen des § 14 PfandbriefG Sicherheit für die obengenannte Forderung zu leisten, und zwar binnen zwei Monaten nach Rechtskraft der Scheidung. Kommt er dieser Verpflichtung in der genannten Frist nicht nach, so wird die gesamte Zugewinnausgleichsforderung sofort in einer Summe zur Zahlung fällig.[6]
   Kommt es zu einem Rechtsstreit über den Zugewinn, so verbleibt es bei den gesetzlichen Fälligkeitsvoraussetzungen.[7]

. . . . . . ggf. weitere ehevertragliche Vereinbarungen[8]

. . . . . . (weitere Belehrungen und Schlussbestimmungen wie in → Form. G.I.1) . . . . . .[9]

Anmerkungen

1. **Anwendungsbereich.** Die vorstehende Vertragsklausel sieht die Beibehaltung des gesetzlichen Güterstandes und auch der gesetzlichen Höhe der Zugewinnausgleichsforderung vor, regelt allerdings eine abweichende Fälligkeit. In der Praxis kommt es durchaus vor, dass Ehegatten mit der Höhe des Zugewinns einverstanden sind, allerdings über Vermögenswerte verfügen, die sich im Falle einer Ehescheidung nicht sofort realisieren lassen, so dass Liquiditätsengpässe zu befürchten sind, wenn der Zugewinn in einer Summe und sofort geltend gemacht wird. Der ausgleichsberechtigte Ehegatte erhält durch die vorgeschlagenen Formulierungen sowohl Sicherheiten wie auch eine angemessene Verzinsung, so dass die Regelung für beide Seiten ausgewogen sein sollte.

2. Scheidungsklausel. Die vorstehende Regelung wird nur für den Scheidungsfall gewollt sein. Im Todesfalle spielt die Stundung in der Regel keine Rolle, wenn der Ehepartner ohnehin als Erbe vorgesehen ist. Ist er dies nicht, so könnte an eine Vereinbarung über eine Stundung des Pflichtteils gedacht werden, die sich dann als (teilweiser) Pflichtteilsverzicht darstellt.

3. Verzug. Nachdem sich die Ehegatten mit Abschluss dieser Vereinbarung auf die anstehenden Zahlungen einstellen können, sollte der dennoch eintretende Verzug mit der Sanktion versehen sein, dass dann die Wohltat der Stundung entfällt.

4. Verzinsung. Mit der Regelung, dass die gestundeten Beträge verzinslich sind, wird den Interessen des Ausgleichsberechtigten Rechnung getragen. Die Anknüpfung an den Basiszinssatz nach § 247 BGB sorgt dafür, dass der Zinssatz entsprechend dem Marktzins beweglich bleibt. Die Höhe der Zinsen kann den Wünschen der Ehegatten angepasst werden. Die gewählte Verzinsung von 2 % über dem Basiszinssatz soll in etwa den Marktgegebenheiten entsprechen, indem sie zwischen dem Anlage- und dem Kreditzins liegt.

5. Vorzeitige Zahlung. Nachdem hier Zinsen vereinbart wurden, sollte auch die Möglichkeit vorzeitiger Zahlung der Forderung geregelt werden, damit sich der andere Ehegatte demgegenüber nicht auf seinen Zinsanspruch berufen kann.

6. Sicherheiten. Wenn die Ausgleichsforderung über längere Zeit gestundet wird, so ist es für den Ausgleichsberechtigten wichtig, über werthaltige Sicherheiten zu verfügen. Das Formular sieht ein erstrangige Sicherungshypothek vor und lehnt sich mit der Beleihungsgrenze an das Pfandbriefgesetz an, um die Werthaltigkeit sicherzustellen. Werden die versprochenen Sicherheiten nicht fristgerecht bestellt, führt dies erneut dazu, dass die Forderung in voller Höhe fällig wird.

7. Rechtsstreit. Kommt es zu einem Rechtsstreit über den Zugewinn, dann ist die Grundlage für die einvernehmliche Stundung nicht mehr gegeben, so dass für solche Fälle empfohlen wird, die Ausgleichsforderung sofort fällig zu stellen (*Bergschneider* Rn. 684).

8. Gesamtvertrag. Die Vereinbarung über die Fälligkeit der Zugewinnausgleichsforderung kann kombiniert werden mit sehr vielen anderen in diesem Abschnitt vorgestellten Vereinbarungen, um der Situation knapper Liquidität Rechnung zu tragen.

9. Kosten. Unter Geltung des GNotKG ist die Modifizierung der Zugewinngemeinschaft durch Vereinbarungen einer Stundung des Zugewinnausgleichs nach dem modifizierten Reinwert (→ Form. G.I.1 Anm. 16) zu bewerten, der auch für bloße Modifikationen gilt (*Diehn*, Notarkostenberechnungen, 4. Aufl., 2016, Rn. 1557).

VII. Vereinbarung über Ersatzleistungen

1. Vereinbarung der Übertragung von Grundbesitz als Zugewinnausgleich

(Urkundseingang wie → Form. G.I.1)

. . . . . .

I. Vorbemerkung

Der Ehemann ist Eigentümer der folgenden Eigentumswohnung in . . . . . .:

. . . . . ./100 Miteigentumsanteil am Grundstück FlurNr. . . . . ., ...-Straße . . . . . ., Gebäude und Freifläche zu . . . . . . qm verbunden mit dem Sondereigentum an der Wohnung im . . . . . . geschoss . . . . . . des Hauses . . . . . . mit Keller und Garage. Zugeordnet ist ferner der Stellplatz Nr. . . . . . . im Freien. Der Grundbesitz ist lastenfrei eingetragen im Wohnungsgrundbuch des Amtsgerichts . . . . . . für . . . . . ., Blatt . . . . . .

II. Ehevertragliche Vereinbarungen

Ehevertraglich vereinbaren wir was folgt:

1. Den gesetzlichen Güterstand der Zugewinngemeinschaft wollen wir für unsere künftige Ehe ausdrücklich aufrecht erhalten, ihn allerdings wie folgt modifizieren:[1]
   Der Zugewinnausgleich, den die Ehefrau ggf. beanspruchen kann, soll in dem Falle, dass die Ehe auf andere Weise als durch den Tod beendet wird, nicht ausschließlich in Geld ausgeglichen werden, sondern dadurch, dass der Ehemann ihr seine in Ziffer I dieser Urkunde bezeichnete Eigentumswohnung lastenfrei übereignet.[2] Dies gilt auch bei vorzeitigem Zugewinnausgleich.
2. Die Vertragsteile nehmen den Wert dieser Eigentumswohnung mit 300.000,– EUR an.[3] Sie soll im Zugewinnausgleich folgendermaßen bewertet werden:[4]
   Die Wertfestsetzung für diese Eigentumswohnung soll verbindlich und endgültig durch ein Gutachten des örtlich zuständigen Gutachterausschusses erfolgen. Dabei soll der heute von uns festgelegte Wert als Ausgangswert dienen und entsprechend der Entwicklung der Immobilienpreise seit heute auf dieser Basis eine Anpassung erfolgen.
3. Der Ehemann verpflichtet sich bereits heute, den Zugewinnausgleich auf diese Weise durchzuführen, sofern der Zugewinnausgleichsanspruch die Höhe des Wohnungswertes nach 2. erreicht. Die Ehefrau erklärt sich hiermit einverstanden. Die Vertragsteile sind sich darüber einig, dass mit der Übertragung des vorgenannten Grundbesitzes der Zugewinnausgleich in Höhe des Wertes nach 2. durchgeführt ist.[5]
   Die Ehefrau kann die Übertragung des Wohnungseigentums auch dann verlangen, wenn der Zugewinn den Wohnungswert nach 2. nicht erreicht, wenn sie sich im Übertragungsvertrag zur Aufzahlung des entsprechenden Restbetrages verpflichtet und seine Finanzierung nachweist.[6]

. . . . . . (ggf. weitere ehevertragliche Vereinbarungen) . . . . . .

. . . . . . (weitere Belehrungen und Schlussbestimmungen wie in → Form. G.I.1) . . . . . .[7]

Anmerkungen

1. Anwendungsbereich. Der Zugewinn ist grundsätzlich in Geld auszugleichen, § 1378 Abs. 1 BGB. Der Anspruch des Zugewinnausgleichsberechtigten auf Abfindung nach den Voraussetzungen des § 1383 BGB hat in der Praxis nur einen geringen Anwendungsbereich. Die vorstehende Vertragsklausel enthält deshalb eine Einigung der Ehegatten über den (teilweisen) Ausgleich des Zugewinns durch Übertragung einer Eigentumswohnung. Hieran kann sowohl der – in diesem Falle – zugewinnausgleichspflichtige Ehemann ein Interesse haben, um seine Liquidität zu schonen, als auch die ausgleichsberechtigte Ehefrau, wenn es ihr auf den Erhalt der genannten Wohnung oder auf den Erwerb zum Zwecke der Wohnungsbegründung dort ankommt (zu anderen Möglichkeiten den Zugewinn auszugleichen, etwa durch Begründung einer stillen Gesellschaft, vgl. *C. Münch*, Ehebezogene Rechtsgeschäfte, Rn. 1306 f.).

2. Einkommensteuer. Die Übertragung von Grundbesitz an Erfüllungs Statt, die ansonsten vorwiegend in Scheidungsvereinbarungen anzutreffen ist, muss steuerlich zuvor geprüft werden. Nach OFD Frankfurt (FR 2001, 322) liegt somit eine entgeltliche Veräußerung vor, die zur Steuerbarkeit nach § 23 EStG führen kann (vgl. auch BFH DStR 2005, 449 f.; *Noll* DStR 2002, 842, 843. Dagegen überzeugend *Tiedtke* DB 2003, 1971. Eingehend hierzu *C. Münch*, Ehebezogene Rechtsgeschäfte, Rn. 4134 ff.).

3. Wertfestlegung. Es empfiehlt sich, dass die Vertragsparteien anlässlich dieser Einigung die Wertfestsetzung für die Wohnung miteinander treffen, da die Wohnungsübertragung vorliegend nicht zur Abgeltung des gesamten Zugewinns geschieht, sondern zu ihrem Wert auf den Zugewinnanspruch angerechnet werden soll.

4. Wertanpassung. Der Wert, auf den sich die Eheleute heute einigen, muss nicht mit dem Wert übereinstimmen, denn die Wohnung im Zeitpunkt der Scheidung hat. Daher muss ein Wertanpassung überlegt werden.

Eine Anlehnung an den Lebenshaltungskostenindex ist nicht immer interessengerecht. Bei einem langen Zeitraum zwischen der ehevertraglichen Abrede und der Fälligkeit des Zugewinns kann die Immobilie durch Abnutzung deutlich weniger wert geworden sein oder aufgrund der allgemeinen Entwicklung der Immobilienpreise stärker im Wert gestiegen sein. Daher bevorzugt die vorgeschlagene Klausel eine gutachterliche Wertfeststellung, die von dem Einigungswert ausgeht und die seitherige allgemeine Wertentwicklung wie auch den Zustand der betroffenen Immobilie einbezieht.

5. Anspruch auf Übertragung. Mit dieser Formulierung erhält die Ehefrau einen Anspruch auf Übertragung des Wohnungseigentums. Gleichzeitig wird klargestellt, dass in Höhe des als maßgeblich erklärten Wertes der Zugewinnausgleichsanspruch erfüllt ist.

6. Anspruch bei geringerem Zugewinn. Diese Klausel gibt der Ehefrau einen Anspruch auf Übertragung auch dann, wenn der Zugewinnausgleichsanspruch geringer ist als der maßgebliche Wert des Wohnungseigentums. Sie muss sich dann verpflichten, den Restbetrag aufzuzahlen. Ihr ist ferner ein Nachweis der Finanzierung auferlegt. Ein solcher Anspruch sollte dann begründet werden, wenn die Ehefrau auf die genannte Wohnung etwa für die Begründung eines neuen Wohnsitzes angewiesen ist (vgl. Bergschneider/*Bergschneider* Rn. 4.435 f.).

7. Kosten. Als Geschäftswert sollte nach § 100 Abs. 2 GNotKG der Wert der Wohnung maßgeblich sein. Die Begrenzung auf höchstens den modifizierten Reinwert des Vermögens dürfte nicht greifen, da ein Anspruch auf die Wohnung besteht, ggf. auch im Wege der Aufzahlung.

2. Kompensationsvereinbarung

(Urkundseingang wie → Form. G.I.1)

. . . . . .

II. Ehevertragliche Vereinbarungen

Ehevertraglich vereinbaren wir was folgt:

1. Den gesetzlichen Güterstand der Zugewinngemeinschaft wollen wir für unsere künftige Ehe ausdrücklich aufrecht erhalten, ihn allerdings wie folgt modifizieren.[1]
2. Für den Fall der Beendigung der Ehe durch den Tod eines Ehegatten soll es beim Zugewinnausgleich durch Erbteilserhöhung oder güterrechtliche Lösung verbleiben.
3. Wird jedoch die Ehe auf andere Weise als durch den Tod eines Ehegatten beendet, so findet kein Zugewinnausgleich statt. Dies gilt auch für den vorzeitigen Ausgleich bei Getrenntleben.
   Auf den Ausgleich eines Zugewinnes wird insoweit gegenseitig verzichtet. Den Verzicht nehmen wir hiermit gegenseitig an.
   Dies gilt auch für einen etwa bisher bereits entstandenen Zugewinn.[2]
   Durch diese Vereinbarung soll jedoch ausdrücklich keine Gütertrennung eintreten.
4. Als Ausgleich für den Verzicht auf Zugewinn im Falle der Beendigung des Güterstandes auf andere Weise als durch den Tod eines Ehegatten verpflichtet sich der Ehemann hiermit für diesen Fall zur Zahlung des folgenden Betrages:[3]
   300.000,– EUR – i. W. dreihunderttausend EUR –[4]
   vervielfacht
   um den Verbraucherpreisindex für Deutschland, wie dieser Index vom Statistischen Bundesamt in Wiesbaden für den Monat festgestellt wird, in dem der Scheidungsantrag rechtshängig wird, der zur Scheidung der Ehe führt,
   geteilt
   durch den Verbraucherpreisindex für Deutschland, wie er im Monat der heutigen Beurkundung bestimmt wird (Basis 2010 = 100).[5]
   Der entsprechende Geldbetrag ist zahlbar binnen zwei Monaten nach Rechtskraft der Scheidung und bis dahin nicht zu verzinsen.
   Der Ehemann unterwirft sich wegen des Anspruchs auf Zahlung des entsprechenden Betrages der sofortigen Zwangsvollstreckung aus dieser Urkunde in sein gesamtes Vermögen. Vollstreckbare Ausfertigung kann ohne weitere Nachweise erteilt werden, den Nachweis der Rechtskraft der Scheidung allerdings vorausgesetzt.
   In Ansehung der nachbestellten Hypothek unterwirft sich der Ehemann ferner der sofortigen Zwangsvollstreckung aus dieser Urkunde im Hinblick auf den nachgenannten Grundbesitz in der Weise, dass die Zwangsvollstreckung gegen den jeweiligen Eigentümer des zu belastenden Grundbesitzes zulässig ist.
5. Der Ehemann bestellt nunmehr zur Sicherung der vorgenannten Zahlungsforderung in der festen Höhe von 300.000,– EUR[6] eine unverzinsliche Sicherungshypothek in Höhe von 300.000,– EUR am Grundbesitz . . . . . . und bewilligt und beantragt deren Eintragung samt dinglicher Zwangsvollstreckungsunterwerfung. Die Hypothek erhält in Abteilung III erste Rangstelle. Der Notar ist zur Bestimmung einer abweichenden Rangstelle ermächtigt. Allen zur Rangbeschaffung etwa erforderlichen Erklärungen wird unter Vollzugsantrag zugestimmt.
6. Zuwendungen des Ehemannes an die Ehefrau während der Ehe werden auf diese Zahlungsverpflichtung angerechnet, wenn dies einschließlich des Wertes, mit dem die

Anrechnung zu erfolgen hat, bei der Zuwendung bestimmt wurde.[7] Überschreitet die Zuwendung die Zahlungsverpflichtung, hat durch die Ehefrau kein Ausgleich zu erfolgen, es sei denn, dieser wird vorbehalten.[8]

...... (ggf. weitere ehevertragliche Vereinbarungen) ......

...... (weitere Belehrungen[9] und Schlussbestimmungen wie in → Form. G.I.1) ......[10]

Anmerkungen

1. Anwendungsbereich. Für die Formulierungen zum Ausgleich des Zugewinns im Scheidungsfalle → Form. G.I.1.

2. Schenkungsteuer. Wird hier der Zugewinn der Vergangenheit ausgeglichen, kann es zu Schenkungsteuerfolgen kommen (→ Form. G.I.1 Anm. 7).

3. Kompensation. Während die bereits geschilderte Begrenzung der Zugewinnforderung durch eine Höchstgrenze (→ Form. G.VI.2) lediglich eine Obergrenze festlegt, aber die konkrete Zugewinnberechnung bei niedrigerem Anspruch nicht ausschließt, enthält eine Kompensationsvereinbarung eine festgelegte Verpflichtung des durch einen Verzicht begünstigten Vertragsteils, der gegenüber man später nicht einwenden kann, der Zugewinn sei in Wirklichkeit viel niedriger ausgefallen. Die Leistung kann entweder sogleich erbracht werden oder sie wird für den Scheidungsfall versprochen und für den anderen Ehegatten abgesichert, zB durch Bestellung einer Sicherungshypothek.

Solche Kompensationsvereinbarungen werden zumeist bei der Vereinbarung von Gütertrennung getroffen, können aber auch bei Verzicht auf Zugewinn im Scheidungsfalle angebracht sein. Grenzen solcher Vereinbarungen wird man dort sehen müssen, wo die Kompensationspflicht nicht mehr dem Ausgleich für einen Verzicht dient, sondern den zahlungspflichtigen Ehegatten davon abhalten würde, die Ehescheidung zu beantragen. Das Verbot der Perplexität vertraglicher Regelung steht einer Vereinbarung entgegen, mit welcher zwar Gütertrennung gewählt wird, aber andererseits eine zugewinnausgleichsähnliche Kompensationen versprochen wird (DNotI-Report 2000, 191).

Kompensationsvereinbarungen bergen für den Verpflichteten das Risiko, mehr zahlen bzw. leisten zu müssen, als es seiner Pflicht nach den Zugewinnausgleichsregelungen entspricht. Sie geben ihm andererseits die Sicherheit – von der Inhaltskontrolle einmal abgesehen –, dass der Zugewinn im Scheidungsfalle mit dieser Leistung ausgeschlossen ist. Sie ersparen aber vor allem den Nachweis und die Bewertung des Vermögens.

Gerade bei Eheschließungen von Vertragsteilen, die sehr vermögend sind und daher Kompensationsleistungen gut darstellen können, erreicht eine solche Vereinbarung oft ein große Befriedungswirkung.

Im vorstehenden Formulierungsvorschlag wurde zur Kompensation eine Geldzahlung vorgesehen. Die Kompensation kann ebenso gut auch in anderer Weise geschehen, etwa durch Übertragung eines Grundstücks. Dies lässt sich folgendermaßen formulieren:

Alternative – Grundstücksübertragung als Kompensation

Als Ausgleich für den Verzicht auf Zugewinn im Falle der Beendigung des Güterstandes auf andere Weise als durch den Tod eines Ehegatten verpflichtet sich der Ehemann hiermit, auf die Ehefrau das Grundstück der Gemarkung ...... Flur-Nr. ...... einschließlich sämtlicher Gebäulichkeiten zu übertragen. Die Übertragung erfolgt hiermit bereits heute mit Abschluss dieses Vertrages. Eine Rückforderung im Scheidungsfalle erfolgt nicht, da die Übertragung für den Verzicht auf Zugewinn erfolgt ...... Auflassung und weitere Regelungen der Überlassung ......

4. Laufende Zahlungen. Neben dieser Einmalzahlung werden auch laufende Zahlungen als Kompensation vorgeschlagen oder Leistungen in eine Versicherung, bei welcher der andere Ehegatte Vertragspartner und Versicherungsnehmer sein sollte (*Kanzleiter/Wegmann* Rn. 114). Allerdings unterliegen solche laufenden Zahlungen der Gefahr einer Schenkungsbesteuerung (*Kanzleiter/Wegmann* Rn. 129).

5. Wertsicherung. → Form. G.VI.2 Anm. 5.

6. Sicherungshypothek. Es könnte zusätzlich im Hinblick auf den wertgesicherten Betrag eine Höchstbetragshypothek an nächster Rangstelle eingetragen werden zu einem angegebenen Höchstbetrag, soweit die Gesamtforderung den Betrag von 300.000,– EUR übersteigt, für welche die erste Hypothek eingetragen wurde. Für den feststehenden Betrag wurde eine gesonderte Hypothek vorgesehen, um die dingliche Zwangsvollstreckungsunterwerfung zu erreichen (vgl. zur Aufspaltung *Schöner/Stöber* Rn. 2126).

7. Anrechnungsbestimmung. Wenn ein fester Kompensationsbetrag nach Rechtskraft der Scheidung bezahlt werden soll, dann empfiehlt sich eine Anordnung, wie Zuwendungen an den hiernach berechtigten Ehegatten zu werten sind, die gerade dann vorkommen, wenn der Ehevertrag am Beginn der Ehe abgeschlossen wurde. Hier ist bestimmt, dass eine Anrechnung nur dann erfolgt, wenn sie bei der Zuwendung angeordnet wurde. Damit ist sichergestellt, dass – ähnlich wie bei der Pflichtteilsanrechnung – der Zuwendungsempfänger von der Anrechnung weiß und die Zuwendung ablehnen kann, wenn er die Anrechnung nicht wünscht. Dies zwingt die Parteien zu einer gewissen Regelungsdisziplin. Außerdem ist festgelegt, dass eine Anrechnung nur wirksam angeordnet wurde, wenn auch der Wert der Zuwendung bei der Anrechnung bestimmt ist. Dies vermeidet spätere Streitigkeiten. Die Zuwendung wird dann später mit dem bestimmten Anrechnungswert von dem wertgesicherten Zahlungsbetrag abgezogen.

8. Zuwendung über Kompensationsbetrag. Diese letztere Klausel ist zur Sicherheit aufgenommen, denn nach Verzicht auf Zugewinn im Scheidungsfalle greift § 1380 BGB wohl nicht mehr ein.

9. Schenkungsteuer. Auch die Einmalzahlungen sollen dann, wenn der Güterstand nicht geändert wird, nicht schon nach § 5 Abs. 2 ErbstG schenkungsteuerfrei gestellt sein (BFH ZEV 2007, 500 m. Anm. *C. Münch; Troll/Gebel/Jülicher/Gottschalk* § 5 Rn. 285; optimistischer noch *Kanzleiter/Wegmann* Rn. 128), obwohl die Erbschaftsteuerrichtlinien (2011) in R E 5.2. Abs. 1 S. 3 eine Abfindung gegen Zugewinnverzicht für steuerfrei erklären. Zwar hat der BFH dies nunmehr ausdrücklich für den vorsorgenden Verzicht auf Zugewinnausgleich mit Kompensation ausgesprochen (BFH ZEV 2007, 500 m. Anm. *C. Münch*). Dieses Urteil ist aber durchaus kritisch zu sehen, denn familienrechtlich verlangt die Rechtsprechung zur Inhaltskontrolle für den Verzicht häufig eine Kompensation. Es widerspricht der Einheit der Rechtsordnung, wenn das Schenkungsteuerrecht daraus nun eine Schenkung macht (hierzu *C. Münch* DStR 2008, 26; *C. Münch* FPR 2012, 302). Der Verzicht als solcher wäre nach § 517 BGB wohl nicht als Schenkung anzusehen (*Troll/Gebel/Jülicher/Gottschalk* § 5 Rn. 286; *Viskorf* NWB Fach 10, 1243, 1252). Zu verbindlicher Auskunft rät insoweit *Sontheimer* NJW 2001, 1315, 1319. Diesem Rat kann man sich anschließen.

10. Kosten. Die Urkunde enthält einen Zugewinnverzicht im Austausch gegen eine Kompensationszahlung. Hinsichtlich der Bewertung des Zugewinnausgleichsverzichtes kann auf → Form. G.I.1 Anm. 16 verwiesen werden. Dem steht gegenüber die Verpflichtung zur Zahlung der Kompensation, deren Wert sich urkundlich ergibt. Nach § 97 Abs. 3 GNotKG ist der höhere Wert maßgeblich. Zumeist dürfte der Verzicht den höheren Wert haben.

VIII. Anwaltskorrespondenz zum Zugewinnausgleich

1. Aufforderungen zur Auskunft über den Bestand des Trennungsvermögens

Persönlich/privat

Herrn ......

Sehr geehrter Herr ......,

unter Vorlage

– einer auf unsr lautenden Vollmacht

zeigen wir an, dass wir Ihre Ehefrau anwaltlich vertreten. Unserer Information nach leben Sie und unsere Mandantin seit ...... getrennt, da unsere Mandantin an diesem Tag aus der ehelichen Wohnung ausgezogen ist.[2] Da in Ihrer Ehe der Güterstand der Zugewinngemeinschaft besteht, sind Sie nach § 1379 Abs. 2 BGB verpflichtet, Auskunft über Ihr Vermögen zum Zeitpunkt der Trennung zu erteilen.[1]

Namens und im Auftrag unserer Mandantin fordern wir Sie deshalb auf, genau zum ...... Auskunft über Ihr Vermögen zu erteilen. Diese Auskunft hat in Form eines geordneten, übersichtlichen und nachprüfbaren Bestandsverzeichnisses zu erfolgen; ferner ist jede einzelne Position zu belegen, wobei zunächst Kopien genügen.

Dem Eingang dieses Bestandsverzeichnisses samt Belegen sehen wir bis

......

spätestens entgegen.3

Mit freundlichen Grüßen

Rechtsanwalt/Rechtsanwältin

Anmerkungen

1. Die Ehegatten können gem. § 1379 Abs. 2 BGB von dem anderen Ehegatten Auskunft über das Vermögen zum Zeitpunkt der Trennung (sogenanntes Trennungsvermögen) verlangen und dazu Belege anfordern (§ 1379 Abs. 1 S. 2 BGB). Dieser Anspruch kann ab der Trennung geltend gemacht werden und auch noch während eines Scheidungsverfahrens. Die praktische Bedeutung dieses Anspruchs besteht zum einen darin, dass er den Schutz des ausgleichsberechtigten Ehegatten vor Vermögensmanipulationen verbessern soll. Zum anderen wird der Differenzbetrag dem Endvermögen hinzugerechnet, wenn das Endvermögen eines Ehegatten geringer ist als das Vermögen, das er in der Auskunft zum Trennungszeitpunkt angegeben hat; es sei denn, er kann beweisen, dass die Vermögensminderung nicht auf Handlungen i. S. des § 1375 Abs. 2 S. 1 Nr. 1 bis 3 und S. 2 BGB zurückzuführen ist (vgl. Ermann/*Budzikiewicz* § 1379 BGB Rn. 2, 1375 BGB Rn. 13; *Bergschneider* FamRZ 2011, 1713, 1715).

2. Der Tag der Trennung sollte möglichst genau angegeben werden. Da dieser Zeitpunkt oft nicht ganz eindeutig und nicht selten streitig ist, sollte bei Beratungen vor der Trennung auf die Möglichkeit einer Dokumentation in Form eines Anwaltsbriefs, einer polizeilichen Ummeldung, eines Zeugenbeweises usw. hingewiesen werden. Derjenige Ehegatte, der Auskunft über das Trennungsvermögen verlangt, ist für den Trennungszeitpunkt darlegungs- und beweispflichtig (vgl. *Bergschneider* FamRZ 2011, 1713, 1714).

2. Aufforderung zur Auskunft über den Bestand des Anfangs-, Trennungs- und Endvermögens (Kurzform)

Herrn/Frau

Rechtsanwalt/Rechtsanwältin . . . . . .

Sehr verehrte Frau Kollegin . . . . . .,

sehr geehrter Herr Kollege . . . . . .,

Als anwaltliche Vertreter von Frau . . . . . . fordern wir Ihren Mandanten hiermit auf, Auskunft über den Bestand seines Endvermögens zum . . . . . ., seines Trennungsvermögens zum . . . . . . und seines Anfangsvermögens zu erteilen und diese Auskunft zu belegen. Bitte machen Sie Ihren Mandanten darauf aufmerksam, dass er die Auskunft in Form eines geordneten, übersichtlichen und nachprüfbaren Bestandsverzeichnisses zu erteilen und jede einzelne Position zu belegen hat. Bei Zurechnungen zum Anfangsvermögen (inbesondere aufgrund von Schenkungen und Erbschaften) ist auch das Datum der Zuwendung bzw. der entsprechende Todestag anzugeben. Der Auskunftserteilung samt Belegung sehen wir bis . . . . . . entgegen.

Mit kollegialen Grüßen

. . . . . .

(Rechtsanwalt/Rechtsanwältin)

Anmerkungen

Siehe Anmerkungen zu 3. („Langform")→ Form. 2.G.VIII.3 Anm. 1–5

3. Aufforderung zur Auskunft über den Bestand des Anfangs-, Trennungs- und Endvermögens (Langform)

Herrn/Frau

Rechtsanwalt/Rechtsanwältin . . . . . .

Sehr verehrte Frau Kollegin . . . . . .,

sehr geehrter Herr Kollege . . . . . .,

Als anwaltliche Vertreter von Frau . . . . . . fordern wir Ihren Mandanten auf, Auskunft über den Bestand seines Endvermögens zum . . . . . ., seines Vermögens zum Tag der

Trennung am . . . . . . und seines Anfangsvermögens zu erteilen und diese Auskunft zu belegen.[1, 2, 3, 6, 10] Bitte machen Sie Ihren Mandanten darauf aufmerksam, dass er zur Erfüllung seiner Auskunfts- und Belegverpflichtung folgende Punkte zu erledigen hat:

- Es ist ein geordnetes, übersichtliches und nachprüfbares Bestandverzeichnis vorzulegen.
- Die Vermögensgegenstände müssen hinreichend spezifiziert und nach Aktiva und Passiva getrennt ausgewiesen sein.
- Die Vermögensgegenstände sind nach Anzahl, Art und wertbildenden Faktoren einzeln aufzuführen. Dabei sind für Einzelgegenstände Angaben zu machen, die eine Bewertung ermöglichen und im Verkehr üblicherweise mitgeteilt werden.
- Die Auskunft über sämtliche Vermögensgegenstände ist mit lückenlosen Belegen zu versehen.
- Da sich unserer Information nach im Vermögen Ihres Mandanten eine Unternehmensbeteiligung befindet, hat Ihr Mandant die Bilanzen und die Gewinn- und Verlustrechnungen des Unternehmens für die letzten fünf Jahre, also die Jahre . . . . . . bis . . . . . . vorzulegen.[4, 5]

Wir behalten uns ausdrücklich vor, eine Ergänzung der Auskunft sowie der Belege und der sonstigen Unterlagen zu verlangen. Ebenso bleibt die Geltendmachung des Anspruchs auf Abgabe der eidesstattlichen Versicherung[7] und auf Wertermittlung[8] vorbehalten.

Der Auskunftserteilung und Belegung sehen wir bis . . . . . . entgegen.[9]

Mit kollegialen Grüßen

. . . . . .

(Rechtsanwalt/Rechtsanwältin)

Anmerkungen

1. Sachverhalt: Beide Formulare gehen davon aus, dass ein Scheidungsverfahren **rechtshängig** ist.

2. Anspruchsgrundlage für die Auskunft und Belegung ist § 1379 BGB. Der Auskunfts- und Belegungsanspruch entsteht zum Zeitpunkt der Rechtshängigkeit des Scheidungsantrags (Endtermin) und wird gleichzeitig fällig (§§ 1379 Abs. 2, 1379 Abs. 1 S. 1, 1384 BGB; MünchKommBGB/*Koch* § 1379 Rn. 11). Beim vorzeitigen Ausgleich des Zugewinns ist die Rechtshängigkeit des Ausgleichsantrags der maßgebende Zeitpunkt (§ 1387 BGB). Zur Eheaufhebung s. §§ 1379 Abs. 2, 1318 Abs. 1 und Abs. 3 BGB. **Stichtag** für die Erfüllung des Auskunfts- und Belegungsanspruchs zum Endvermögen ist der Tag der Rechtshängigkeit des Scheidungsantrags (§ 1384 BGB) bzw. des Antrags auf vorzeitigen Zugewinnausgleich (§ 1387 BGB). Zum Anfangsvermögen ist dies regelmäßig der Tag der Eheschließung und der Tag der Wirksamkeit der Zuwendung oder des Erbanspruchs. Zusätzlich kann noch Auskunft über das Vermögen zum Zeitpunkt der **Trennung** und die entsprechende Belegung verlangt werden (§ 1379 Abs. 2 BGB); dieser Anspruch setzt keinen Scheidungsantrag voraus (→ Form. G.VIII.1).

3. Der Auskunftsanspruch betrifft insbesondere den Bestand des **Endvermögens** und des **Anfangsvermögens.** Das bedeutet, dass zwischen dem Anfangstermin und dem Endtermin oder nach dem Endtermin eingetretene Veränderungen regelmäßig nicht Gegenstand der Auskunftspflicht sind. Da diejenigen Haushaltsgegenstände, welche § 1568b BGB unterfallen, nicht zum Endvermögen zählen, brauchen sie auch nicht in die Auskunft aufgenommen zu werden; deshalb müssen die nach der Trennung angeschafften Haushaltsgegenstände in die Auskunft aufgenommen werden (BGH FamRZ 1984, 144; vgl. *Kogel* FF 2011, 445).

Auch nach § 1375 Abs. 2 BGB dem Endvermögen hinzuzurechnende (**illoyale**) **Vermögensminderungen** sind Gegenstand der Auskunfts- und Belegpflicht (siehe dazu *Bergschneider* FamRZ 2009, 1713). Einen solchen Auskunftsanspruch wird man im ersten Auskunftsverlangen nur dann geltend machen, wenn ein konkreter Verdacht auf das Vorliegen einer illoyalen Vermögensminderung besteht.

4. Die Auskunft hat den Anforderungen an ein Bestandsverzeichnis nach § 260 Abs. 1 BGB zu genügen, ist also so zu **spezifizieren,** dass sie eine ausreichende Berechnungsgrundlage zur Ermittlung des gegnerischen Endvermögens bietet. Zu den Einzelheiten siehe Palandt/*Brudermüller* § 1379 Rn. 5 und 9; Bamberger/Roth/*J. Mayer* § 1379 Rdnr 5 ff. Eine besondere **formale Ausgestaltung** der Auskunft ist nicht erforderlich. Das Bestandsverzeichnis muss auch nicht unterzeichnet sein (BGH NJW 2008, 917).

5. Nach § 1379 Abs. 1 S. 2 BGB sind auf Anforderung **Belege** vorzulegen (siehe im Einzelnen Palandt/*Brudermüller* § 1379 Rn. 12).

6. Die Belegpflicht gilt für das Endvermögen und Anfangsvermögen, aber auch für das Trennungsvermögen.

7. Ist die Auskunftsverpflichtung und Belegung in formeller Hinsicht erfüllt, besteht aber Grund zu der Annahme, dass das Verzeichnis nicht mit der erforderlichen Sorgfalt aufgestellt worden ist, kann der Auskunftsgläubiger gemäß § 260 Abs. 2 BGB die **eidesstattliche Versicherung** verlangen (s. im Einzelnen Bamberger/Roth/*J. Mayer* § 1379 Rn. 14 f.; MünchKommBGB/*Koch* § 1379 Rn. 28 f. und die Kommentierungen zu § 260 BGB).

8. Bei der **Wertermittlung** ist zu unterscheiden:

- Die Wertermittlung ist zunächst gemäß § 1379 Abs. 1 S. 3 BGB vom Auskunftsschuldner selbst durchzuführen. Dazu ist er jedoch nur insoweit verpflichtet, als er selbst dazu im Stande ist, auf Grund vorhandener Unterlagen und Gutachten, der Erholung von Auskünften usw. die Werte anzugeben. Beispiel: Bei einer Kommanditgesellschaft hat er Angaben bezüglich der Gewinnanteile, der Prokuristenvergütung, der Entnahme- und Provisionsansprüche usw. zu machen (vgl. OLGR Schleswig 1998, 412). Die dabei entstehenden Kosten hat der Auskunftsschuldner selbst zu zahlen (Palandt/*Brudermüller* § 1379 Rn. 15; Bamberger/Roth/*J. Mayer* § 1379 Rn. 12).
- § 1379 BGB wird allgemein dahingehend ausgelegt, dass der Auskunftsberechtigte eine Wertermittlung durch Hinzuziehung eines Sachverständigen verlangen kann, wenn andernfalls eine zuverlässige Bewertung nicht möglich ist (vgl. BGHZ 64, 63, 66 f. = NJW 1975, 1021; Palandt/*Brudermüller* § 1379 Rn. 16; MünchKommBGB/*Koch* § 1379 Rn. 32; Schwab/*Schwab,* HdB Scheidungsrecht, VII Rn. 340 f.). Der Auskunftsschuldner hat die Wertermittlung durch den Sachverständigen zu dulden und ihm die erforderlichen Unterlagen zur Verfügung zu stellen. Der Auskunftsgläubiger kann dabei einen Gutachter seines Vertrauens beauftragen. Bei Immobilien werden diese Voraussetzungen häufig, bei Unternehmen und freiberuflichen Praxen regelmäßig vorliegen. Die hierbei anfallenden Kosten hat der Auskunftsberechtigte selbst zu tragen.

Tipp für die Anwaltspraxis: Liegen die Voraussetzungen einer Wertermittlung durch Heranziehung eines Sachverständigen vor, sollte diese Möglichkeit für den Ausgleichsgläubiger ernsthaft erwogen werden, insbesondere weil der Sachverständige selbst benannt werden kann (und man weiß, dass insbesondere bei Unternehmensbewertungen ein erheblicher Beurteilungsspielraum besteht). Auch wenn dieses Gutachten als Privatgutachten im Prozess nicht „bindend" ist (vgl. Musielak/*Huber* § 402 Rn. 4 ff.), sollte der taktische Vorteil vor allem bei außergerichtlichen Auseinandersetzungen nicht außer Acht gelassen werden. Hingegen bringt dem Ausgleichsgläubiger die Wertermittlung durch den Auskunftsschuldner (außer der Kostentragung) meist keinen Vorteil, eher ist sie nachteilig, weil der Auskunftsschuldner die Werte vorgeben kann.

Streitig ist, ob und inwieweit die Kosten der Wertermittlung – sei es durch den Auskunftsschuldner, sei es durch Hinzuziehung eines Sachverständigen – Prozesskosten nach § 150 Abs. 1 FamFG sind (siehe dazu MünchKommBGB/*Koch* § 1379 Rn. 33).

9. Die **Zuziehung** des Auskunftsgläubigers bei der Aufnahme des Bestandsverzeichnisses und die Ausnahme des Verzeichnisses durch einen **Notar** bringen meist keine Vorteile und sind nur zeitraubend (vgl. dazu MünchKommBGB/*Koch* § 1379 Rn. 31). Allenfalls kann mit einer formal ordnungsgemäßen Auskunft gerechnet werden.

10. Der Auskunftsanspruch, der Belegungsanspruch und der Anspruch auf Abgabe der eidesstattlichen Versicherung können gemeinsam mit dem Zahlungsanspruch im Wege eines **Stufenantrags** gemäß § 113 Abs. 1 S. 2 FamFG, § 254 ZPO geltend gemacht werden. Ist ein Ehescheidungsverfahren anhängig, kommen diese in den Verbund (§ 137 FamFG). Wird nur der Anspruch auf Auskunft (und/oder eidesstattlicher Versicherung) eingeklagt, kommt der Antrag nicht in den Verbund (BGH FamRZ 1997, 811).

4. Schreiben an den eigenen Mandanten mit Anleitung zur Auskunft über sein Endvermögen

Herrn/Frau . . . . . .

. . . . . .

Ehesache; hier Zugewinnausgleich

Sehr verehrte Frau/sehr geehrter Herr . . . . . .

Anbei übergebe ich

Schreiben des – Rechtsanwalts . . . . . . vom . . . . . . in Kopie.

Diesem Schreiben können Sie entnehmen, dass die Gegenseite von Ihnen Auskunft über den Bestand Ihres Endvermögens samt Belegung verlangt.[1] Zur Erteilung dieser Auskunft und zur Belegung sind Sie gesetzlich verpflichtet (§ 1379 BGB).[2] Selbstverständlich können wir eine solche Auskunft auch von der Gegenseite verlangen.

Nach der einschlägigen Rechtsprechung ist als Auskunft ein Bestandsverzeichnis vorzulegen, in dem die Aktiva und Passiva Ihres Endvermögens per . . . . . . geordnet und übersichtlich zusammengestellt sind. Die zum Endvermögen zählenden Vermögenswerte sind dabei nach Anzahl, Art und wertbildenden Faktoren, Geldbeträgen (bei Konten, sonstigen Forderungen und Verbindlichkeiten usw.) einzeln aufzuführen, sodass der Gegenseite eine Bewertung möglich ist. In der Regel ist es sinnvoll, Ihre Wertvorstellung bezüglich derjenigen Objekte anzugeben, deren Wert sich nicht von sich aus ergibt (zB Kraftfahrzeuge, Immobilien). Als Belege kommen insbesondere Kontoauszüge, Bausparverträge, Bestätigungen über den Zeitwert von Lebensversicherungen, Bilanzen und Gewinn- und Verlustrechnungen oder Überschussrechnungen für die letzten fünf Jahre, Grundbuchauszüge, Kfz-Scheine, Darlehensverträge, Steuerbescheide usw. in Betracht.[3]

Ein solches Bestandsverzeichnis[4] kann etwa folgendermaßen gegliedert werden, wobei selbstverständlich die individuellen Verhältnisse Ihres Endvermögen zu berücksichtigen sind:

Aktiva:

- Bargeld
- Bankguthaben (Girokonto, Sparkonto, Festgeldkonto usw. unter Angabe des Instituts und der Kontonummer)
- Bausparguthaben (Bausparkasse, Kontonummer)
- Wertpapiere (Einzelauflistung der Wertschriften mit Kurswert)
- Lebensversicherung (Versicherungsgesellschaft, Versicherungsnummer, Zeitwert)
- Kraftfahrzeug (Marke, Typ, Sonderausstattung, Baujahr, Kilometerleistung, Anschaffungsjahr, Kaufpreis)
- Immobilien (Adresse, Grundbuchstelle, Grundstücksgröße, Wohn- und Nutzfläche, verkehrsübliche Beschreibung)
- Nach der Trennung angeschaffte Haushaltsgegenstände[5]
- Sammlungen (Beschreibung der Einzelgegenstände in der für die jeweilige Sammlung üblichen Weise)
- Gewerbeunternehmen, Unternehmensbeteiligung, freiberufliche Praxis (Kurzbeschreibung und Vorlage der Bilanzen, Gewinn- und Verlustrechnungen, Überschussrechnungen der letzten fünf Jahre)
- Erstattungsansprüche gegen das Finanzamt (Veranlagungsjahr)
- Darlehensforderungen samt etwaiger offener Zinsforderungen (Schuldner)
- Schadenersatzansprüche (Art der Ansprüche, Schuldner, Versicherungsgesellschaft)
- Miet- und Pachtforderungen (Schuldner, Objekt)
- Ansprüche aus einem Arbeitsverhältnis, Beteiligungsverhältnis usw. (Arbeitgeber, Firma)
- Anspruch auf Rückzahlung einer Mietkaution (Vermieter, Wohnung)
- Erstattungsanspruch gegen Ehegatten (nähere Bezeichnung des Schuldverhältnisses)
- usw.

Passiva:

- Bankschulden (Girokonto, Bankkredit unter Angabe des Instituts und der Kontonummer)
- Bausparschulden (Bausparkasse, Kontonummer)
- Verbindlichkeiten gegenüber Lebensversicherungen (Art der Verbindlichkeit, Versicherungsgesellschaft, Versicherungsnummer)
- Kraftfahrzeugfinanzierung (Gläubiger)
- Verbindlichkeiten, die auf Immobilien gesichert sind (Adresse der Immobilie, Grundbuchstelle, Art der Verbindlichkeit, Gläubiger, zum Stichtag geschuldeter Betrag)
- Verbindlichkeiten gegenüber dem Finanzamt (Veranlagungsjahr)
- Darlehensverbindlichkeiten samt etwaiger Zinsrückstände (Gläubiger)
- Schadenersatzverpflichtungen (Art der Verpflichtung, Gläubiger)
- Miet- und Pachtschulden (Schuldner, Objekt)
- Anspruch auf Zahlung einer Mietkaution (Mieter, Wohnung)
- Erstattungsverpflichtung gegenüber Ehegatten (nähere Bezeichnung des Schuldverhältnisses)
- Schulden gegenüber Handwerkern, Ärzten, Rechtsanwälten (Gläubiger, Gegenstand der Verbindlichkeit)
- usw.

Diese Liste ist lediglich als Beispiel gedacht; sie ist einerseits nicht vollständig und enthält möglicherweise andererseits Gegenstände, die sich nicht in Ihrem Endvermögen befinden.

Rechtlich sind Sie auch verpflichtet, Auskunft über Ihr Anfangsvermögen zu erteilen. Ich rate Ihnen deshalb, auch Ihr Anfangsvermögen unter Zugrundelegung der obigen Gliederung aufzulisten und die einschlägigen Belege beizufügen. Anfangsvermögen ist einmal dasjenige Vermögen, das Sie am Tag der Eheschließung hatten, aber auch dasjenige Vermögen, das Sie während der Ehe geerbt und geschenkt erhalten haben. Bitte führen Sie deshalb in Ihrer Auskunft diejenigen Gegenstände, die Sie zum Zeitpunkt der Eheschließung hatten, getrennt von den geschenkten und geerbten Gegenständen auf, und zwar unter Angabe des Datums der Schenkung oder der Erbschaft (Todestag). Die Auskunft über Ihr Anfangsvermögen ist grundsätzlich in gleicher Weise zu belegen wie Ihr Endvermögen, wobei ich mir vorstellen kann, dass Sie nicht mehr für alle damaligen Vermögensgegenstände über einschlägige Unterlagen verfügen. Da die Darstellung eines möglichst hohen Anfangsvermögens die Höhe Ihres Zugewinns mindert, also in Ihrem Interesse liegt, sollte Ihre diesbezügliche Auskunft und Belegung möglichst umfassend sein.

Da die Gegenseite auch Auskunft über Ihr Trennungsvermögen verlangt, sind Sie auch verpflichtet, in entsprechender Weise wie zu Ihrem Anfangs- und Endvermögen Auskunft zum Zeitpunkt der Trennung, also zum . . . . . . zu erteilen und diese Auskunft zu belegen.

Ich könnte mir vorstellen, dass Sie zur Auskunft Fragen haben. Bitte rufen Sie mich zur Beantwortung Ihrer Fragen an.

Mit freundlichen Grüßen

. . . . . .

(Rechtsanwalt/Rechtsanwältin)

Anmerkungen

1. Das Formular geht davon aus, dass eine Aufforderung der Gegenseite zur Auskunftserteilung über den Bestand des Endvermögens, des Anfangsvermögens und des Trennungsvermögens samt Belegung vorliegt. Es ist aber sinnvoll, den Mandanten bereits frühzeitig nach Eintritt der Rechtshängigkeit des Scheidungsantrags (§ 1384 BGB) zur **Vorbereitung** der Auskunft und Belegung zu veranlassen. Insbesondere bei mittleren und größeren Vermögen nimmt die Anfertigung der Vermögensauskunft meist längere Zeit in Anspruch. Es kann nämlich sonst die von der Gegenseite gesetzte Frist oft nicht eingehalten werden, sodass es zu unnötigen Auskunftsanträgen beim Familiengericht kommt.

2. Zur **Anspruchsgrundlage** → Form. G.VIII.3 Anm. 2–6.

3. Zur **Ausgestaltung** der Auskunft → Form. G.VIII.3 Anm. 2, 3.

4. Zu den einzelnen Vermögensgegenständen siehe den alphabetischen **Katalog** bei *Haußleiter/Schulz* Kap. 1 Rn. 189 ff.

5. **Haushaltsgegenstände,** die nach der Trennung angeschafft worden sind, zählen zum Zugewinn; auf sie erstreckt sich damit auch der Auskunftsanspruch samt Belegungsanspruch aus § 1379 BGB (BGH FamRZ 1984, 144; vgl. Palandt/*Brudermüller* §§ 1375/1376 Rn. 74 f.).

5. Aufforderung zur Unterrichtung als Vorbereitung des vorzeitigen Zugewinnausgleichs

Einschreiben

Herrn

. . . . . .

Sehr geehrter Herr . . . . . .

Unter Vorlage einer auf uns lautenden Vollmacht zeigen wir hiermit an, dass wir Ihre Ehefrau anwaltlich vertreten. Namens und im Auftrag unserer Mandantin fordern wir Sie hiermit auf, uns in schriftlicher Form über den Bestand Ihres Vermögen per . . . . . . zu unterrichten.[2, 4] Der Unterrichtungsanspruch unserer Mandantin ergibt sich nach der Rechtsprechung aus § 1353 BGB.[1] Der Erledigung dieser Aufforderung sehen wir bis . . . . . . entgegen.[3]

Mit vorzüglicher Hochachtung

. . . . . .

(Rechtsanwalt/Rechtsanwältin)

Anmerkungen

1. Das Muster geht davon aus, dass die Ehegatten noch nicht getrennt leben. Die **Voraussetzungen** für einen Antrag auf vorzeitigen Zugewinn finden sich in den §§ 1385, 1386 BGB. Danach kann jeder Ehegatte den vorzeitigen Ausgleich des Zugewinns plus vorzeitiger Aufhebung der Zugewinngemeinschaft (§ 1385 BGB) oder (nur) die vorzeitige Aufhebung der Zugewinngemeinschft (§ 1386 BGB) verlangen. Die Voraussetzungen sind für beide Bestimmungen gleich, liegen in der Praxis jedoch selten vor. Lediglich § 1385 Nr. 4 BGB gibt unter Umständen durch geschicktes Vorgehen die Möglichkeit, die Voraussetzungen für einen vorzeitigen Zugewinn zu begründen – nämlich dann, wenn der andere Ehegatte sich ohne ausreichenden Grund beharrlich weigert, ihn über den Bestand seines Vermögens zu unterrichten. Mit dem Unterrichtungsanspruch kann nur eine Information in großen Zügen, so dass sich der andere Ehegatte ein ungefähres Bild machen kann, verlangt werden (vergl. Palandt/*Brudermüller* §§ 1385, 1386 BGB Rn. 8). Anspruchsgrundlage ist § 1353 BGB (BGH FamRZ 1976, 516; vgl. Palandt/*Brudermüller* §§ 1385, 1386 BGB Rn. 8).

2. Der **Unterrichtungsanspruch** bedeutet ein Minus gegenüber dem Auskunftsanspruch nach § 1379 BGB. Dieser Unterrichtungsanspruch soll dem Ehegatten ein ungefähres Bild vom gegenwärtigen Bestand des Vermögens des anderen Ehegatten vermitteln; detaillierte Ausführungen werden ebenso wenig geschuldet wie ein Verzeichnis oder die Vorlage von Belegen oder Geschäftsbüchern („Überblick mit groben Rastern" so MünchKommBGB/*Koch* §§ 1385, 1386 BGB Rn. 25).

3. Da § 1386 Abs. 3 BGB ein beharrliches Verweigern der Unterrichtung verlangt, empfiehlt es sich, diese Aufforderung noch etwa zweimal zu **wiederholen.** Es sei denn, der Unterrichtungsschuldner verweigere die Unterrichtung bereits vorher definitiv (vgl. MPFB FamR/*Bergschneider*, D. V. 3 mit Klageformular).

4. Die Verweigerung der Auskunft über das **Trennungsvermögen** (§ 1379 Abs. 1 S. 1 Nr. 1 und Abs. 2 BGB) kann jedoch die Voraussetzungen eines vorzeitigen Ausgleichs des Zugewinns oder der vorzeitigen Aufhebung der Zugewinngemeinschaft nach §§ 1385 Nr. 4, 1386 BGB nicht begründen (BGH FamRZ 2015, 32 m. Anm. *Koch*).

H. Gütertrennung

I. Begründung der Gütertrennung

1. Vereinbarung der Gütertrennung

URNr.

Vom . . . . . .

Ehevertrag

– Gütertrennung –

Heute, den . . . . . .

erschienen vor mir,

. . . . . .

Notar in . . . . . .:

1. Herr . . . . . .,
   geboren am . . . . . . in . . . . . .
   als Sohn von . . . . . .,
   Letztere eine geborene . . . . . .,
2. dessen Ehefrau,
   Frau . . . . . ., geborene . . . . . .
   geboren am . . . . . . in . . . . . .
   als Tochter von . . . . . .,
   Letztere eine geborene . . . . . .,

beide wohnhaft in . . . . . .,

nach Angabe im gesetzlichen Güterstand der Zugewinngemeinschaft verheiratet.

Die Erschienenen sind mir, dem Notar, persönlich bekannt.

Der Notar hat das Mitwirkungsverbot nach § 3 Abs. 1 Nr. 7 BeurkG erläutert. Seine Frage nach einer Vorbefassung im Sinne dieser Vorschrift wurde verneint.

Die Erschienenen wollen einen

Ehevertrag

errichten.

Sie erklären bei gleichzeitiger[1] Anwesenheit gemeinsam mündlich mit dem Ersuchen um Beurkundung was folgt:

I. Allgemeines

Wir sind in beiderseits erster Ehe verheiratet.

Unsere Ehe haben wir am . . . . . . vor dem Standesbeamten in . . . . . . geschlossen.

Wir sind beide deutsche Staatsangehörige.

Ich, der Ehemann, bin geboren in . . . . . . (StANr.: . . . . . ./. . . . . .) und ich, die Ehefrau, bin geboren in . . . . . . (StANr.: . . . . . ./. . . . . .).

Wir haben bisher keinen Ehevertrag geschlossen und sind insoweit im gesetzlichen Güterstand der Zugewinngemeinschaft verheiratet.

II. Ehevertragliche Vereinbarungen

Ehevertraglich vereinbaren wir was folgt:

1. Als Güterstand für unsere Ehe soll die Gütertrennung[2, 5] nach Maßgabe des Bürgerlichen Gesetzbuches gelten. Uns ist bekannt, dass durch die Vereinbarung der Gütertrennung
   a) keine Haftungsbeschränkung gegenüber Gläubigern eintritt,
   b) jeder Ehegatte über sein Vermögen frei verfügen kann,
   c) beim Tode eines von uns beiden das Erb- und Pflichtteilsrecht des Überlebenden am Nachlass des Zuerstversterbenden sich vermindern und das Erb- und Pflichtteilsrecht der Kinder oder sonstiger Abkömmlinge sich erhöhen kann,
   d) bei Auflösung der Ehe kein Zugewinnausgleich stattfindet.
   e) die Privilegierung des § 5 ErbStG keine Anwendung findet.

   Die Gütertrennung soll derzeit nicht in das Güterrechtsregister eingetragen werden. Jeder von uns beiden ist jedoch berechtigt, den Eintragungsantrag jetzt oder künftig alleine zu stellen.
2. Auf den Ausgleich eines etwa bisher entstandenen Zugewinnes wird gegenseitig verzichtet. Den Verzicht nehmen wir hiermit gegenseitig an.
3. Nach Belehrung durch den Notar verzichten wir auf die Erstellung eines Vermögensverzeichnisses.

Alternative

Wir stellen ferner klar, dass unser derzeitiges wesentliches Vermögen jeweils in einem, dieser Urkunde als wesentlicher Bestandteil beigeschlossenen Vermögensverzeichnis näher aufgeführt ist.

Die Anlage, auf die hiermit verwiesen wird, ist wesentlicher Bestandteil und damit Inhalt und Gegenstand dieser Urkunde. Sie wurde vom Notar mitverlesen.

4. Zuwendungen eines Ehegatten an den anderen können bei Scheidung der Ehe nicht zurückgefordert werden, auch nicht wegen Störung der Geschäftsgrundlage, es sei denn die Rückforderung ist auf gesonderter vertraglicher Grundlage vorbehalten. Dies gilt unabhängig vom Verschulden am Scheitern der Ehe.
   Wir stellen ferner klar, dass andere Ausgleichsansprüche nicht bestehen sollen; insbesondere entsteht nicht etwa durch Mitarbeit im Betrieb eines Ehegatten oder durch das gemeinsame Halten von Vermögensgegenständen eine Ehegatteninnengesellschaft, wenn wir dies nicht ausdrücklich vereinbaren.[3]
   Wir verpflichten uns, bei etwaigen Gesamthaftungen das Innenverhältnis des Gesamtschuldnerausgleichs ausdrücklich zu regeln.
   Der Verzicht auf Zugewinn stellt nicht selbst eine ehebedingte Zuwendung dar.
5. Hinsichtlich des Versorgungsausgleiches und des Ehegattenunterhaltes bei einer etwaigen Scheidung unserer Ehe verbleibt es bei den gesetzlichen Bestimmungen; hiervon abweichende Vereinbarungen wollen wir derzeit nicht treffen.

Alternative

Wir stellen klar, dass dieser Güterstand auch dann bestehen bleibt, wenn der nachfolgend vereinbarte Ausschluss des Versorgungsausgleiches oder der nachstehend vereinbarte Unterhaltsverzicht unwirksam sein oder unanwendbar werden sollten.

6. Die vorstehenden ehevertraglichen Vereinbarungen nehmen wir hiermit gegenseitig an.

III. Pflichtteilsverzicht

Wir verzichten hiermit gegenseitig auf unser gesetzliches Pflichtteilsrecht. Wir nehmen diesen Verzicht wechselseitig an.[4]

IV. Belehrungen, Hinweise

Über die rechtliche Tragweite unserer vorstehenden Erklärungen wurden wir vom Notar eingehend belehrt.

Insbesondere wurden wir auf die Bedeutung und das Wesen des vereinbarten Güterstandes der Gütertrennung, auch in erbrechtlicher Hinsicht, sowie auf den Pflichtteilsverzicht hingewiesen.

V. Schlussbestimmungen

Wir beantragen die Erteilung je einer Ausfertigung dieser Urkunde.

Der Notar benachrichtigt das Zentrale Testamentsregister.

Die Kosten dieser Urkunde tragen wir gemeinsam.

Vom Notar vorgelesen,
von den Erschienenen genehmigt
und eigenhändig unterschrieben

. . . .
(Unterschrift Beteiligter)   (Unterschrift Beteiligter)

. . . . . .
(Unterschrift Notar) Siegel

Anmerkungen

1. Vertragsbeteiligte. Für den Ehevertrag schreibt § 1410 BGB die notarielle Beurkundung bei gleichzeitiger Anwesenheit beider Teile vor. Gleichzeitige Anwesenheit verbietet den sukzessiven Abschluss durch Angebot und Annahme, verlangt aber nicht persönliche Anwesenheit, so dass Bevollmächtigung und Genehmigung zulässig sind. Der BGH hat ausgesprochen, dass eine Vollmacht, die nicht unwiderruflich ausgestaltet ist, formfrei erteilt werden kann (BGH DNotZ 1999, 46; zu Recht krit.: *Wegmann,* Eheverträge, Rn. 74). Gleichfalls soll eine Befreiung von den Beschränkungen des § 181 BGB und damit eine Bevollmächtigung des anderen Ehegatten zulässig sein (*Bergschneider,* Verträge in Familiensachen, Rn. 121; MünchKommBGB/*Kanzleiter* § 1410 Rn. 4, der aber darauf hinweist, dass in diesen Fällen häufig schon eine Bindungswirkung gegeben sei, die zur Beurkundungsbedürftigkeit der Vollmacht führe).

Allerdings wird man nunmehr aufgrund der Rechtsprechung des BVerfG (DNotZ 2001, 222 und DNotZ 2001, 708) zur Inhaltskontrolle von Eheverträgen (hierzu ausführlich *Bergschneider,* Inhaltskontrolle; *C. Münch,* Ehebezogene Rechtsgeschäfte, Rn. 703 ff.; *ders.* MittBayNot 2003, 107; *ders.* ZNotP 2004, 122; *ders.* FamRZ 2005, 570 f.) der Vertretung eines Ehegatten durch den anderen kritischer gegenüberstehen, stützt doch das BVerfG die Notwendigkeit der Inhaltskontrolle gerade auf die ungleiche Verhandlungsposition und die Dominanz eines Ehepartners. Eine solche kann aber später bei der Vertretung des einen Ehepartners durch den anderen unter Befreiung von den Beschränkungen des § 181 BGB sehr leicht vorgetragen werden. Der vorsichtige Notar wird daher auf der persönlichen Anwesenheit bestehen, weil er nur so sachgerecht seiner Aufklärungspflicht nachkommen kann.

2. Wahl der Gütertrennung. Bei der Frage, ob die Wahl der Gütertrennung sinnvoll ist, gehen die Meinungen auseinander. Ihr wird einerseits der Vorteil der Klarheit und Einfachheit zugeschrieben (MünchKommBGB/*Kanzleiter* vor § 1414 Rn. 6), so dass die Gütertrennung ein verbreiteter Güterstand gerade bei Unternehmern ist (ausdrücklich als passend für den Unternehmer wertet das OLG München FamRZ 2003, 376 mit Anm. *Bergschneider* die Gütertrennung). Dies mag nicht zuletzt seinen Grund darin haben, dass viele Gesellschaftsverträge für die Gesellschafter die Vereinbarung dieses Güterstandes vorsehen. Die Gütertrennung mag auch bei Wiederverheiratung älterer Eheleute, deren Erben allein die jeweiligen Kinder sein sollen (so *Langenfeld/Milzer* Rn. 1050) oder für beiderseits vermögende und berufstätige Ehegatten, die zu individualistischer Vermögenstrennung neigen (so MünchKommBGB/*Kanzleiter* vor § 1414 Rn. 7), der richtige Güterstand sein.

Dem steht andererseits die Einschätzung gegenüber, es gebe eine erhebliche Anzahl unsinniger Eheverträge mit Gütertrennung (*Brambring,* Eheverträge und Vermögenszuwendungen, Rn. 65). Diese Kritik ist deshalb durchaus begründet, weil die Gütertrennung zwei erhebliche Nachteile aufweist. Zum einen schließt sie häufig weit mehr Ansprüche aus, als das Regelungsziel der Eheleute erfordern würde. Die zahlreichen Modifikationen der Zugewinngemeinschaft zeigen, dass hier sehr genau entsprechenden den Wünschen der Ehegatten Vereinbarungen getroffen werden können. Zum anderen hat sie erhebliche erbschaftsteuerliche Nachteile → Form. G.I.1 Anm. 3 und nachstehend → Form. H.I.3., die bei fortschreitender Anhebung der Steuerwerte zunehmend an Bedeutung gewinnen. Aus diesem Grunde ist festzustellen, dass in der Praxis nach entsprechender Beratung die modifizierte Zugewinngemeinschaft weitaus häufiger vereinbart wird als die Gütertrennung.

3. Ausschluss von Ansprüchen der „Zweiten Spur". → Form. G.I.1 Anm. 10.

4. Pflichtteilsverzicht. Während das OLG Koblenz bei einem mit dem Ehevertrag verbundenen Pflichtteilsverzicht Ehevertragsfreiheit in vollem Umfange bejaht (FamRZ 2004, 805), will das LG Ravensburg (ZEV 2008, 598 f.) den zusätzlich zum Ehevertrag vereinbarten Erb- und Pflichtteilsverzicht als weitere einseitige Lastenverteilung im Rahmen der Gesamtwürdigung berücksichtigen. Es wurde bereits ausführlich begründet (*C. Münch* ZEV 2008, 571 f.), dass daraus kein Schluss auf die Unwirksamkeit des Ehevertrages zulässig ist, sondern allenfalls eine Ausübungskontrolle, wenn man der Auffassung sein sollte, der Verzicht lasse unverzichtbare Unterhaltsansprüche entfallen. Das OLG Hamm (BeckRS 2016, 21302) sieht einen Erbverzicht als sittenwidrig an bei einem erheblichen Ungleichgewicht zu Lasten eines Verzichtenden (gerade volljährig; Gegenleistung Sportwagen; aber nur unter diversen Bedingungen; Verzicht unbedingt)

5. Gütertrennung und Inhaltskontrolle. In der Kernbereichslehre des BGH rangiert der Güterstand an letzter Stelle, so dass nach Auffassung des BGH eine güterrechtliche Regelung weitgehend zulässig ist, insbesondere stuft die Rechtsprechung die Gütertrennung als sachgerechten Güterstand für Unternehmen ein. In der Literatur besteht aber gegenwärtig die Tendenz, weitergehend als der BGH eine Inhaltskontrolle auch im güterrechtlichen Bereich zu befürworten (*Bergschneider* FamRZ 2010, 2010, 1857 ff.; *Dauner-Lieb* FF 2011, 382 ff.; *Dauner-Lieb* AcP 2010, 580 ff.; *Dethloff*, Familienrecht, 31. Aufl. 2015, § 5 Rn. 29). Dem ist der BGH inzwischen entgegengetreten (BGH NJW 2013, 380; BGH NJW 2013, 457). Er hält an der Kernbereichsferne des Güterstandes fest (hierzu *C. Münch* FamRB 2013, 160 ff.).

2. Vereinbarung der Gütertrennung verbunden mit dem Ausgleich des Zugewinns

(Urkundseingang → Form. H.I.1.)

. . . . . .

II. Ehevertragliche Vereinbarungen

Ehevertraglich vereinbaren wir was folgt:

1. Als Güterstand für unsere Ehe soll die Gütertrennung[1] nach Maßgabe des Bürgerlichen Gesetzbuches gelten. Uns ist bekannt, dass durch die Vereinbarung der Gütertrennung
   a) keine Haftungsbeschränkung gegenüber Gläubigern eintritt,
   b) jeder Ehegatte über sein Vermögen frei verfügen kann,
   c) beim Tode eines von uns beiden das Erb- und Pflichtteilsrecht des Überlebenden am Nachlass des Zuerstversterbenden sich vermindern und das Erb- und Pflichtteilsrecht der Kinder oder sonstiger Abkömmlinge sich erhöhen kann,
   d) bei Auflösung der Ehe kein Zugewinnausgleich stattfindet.
   e) die Privilegierung des § 5 ErbStG keine Anwendung findet.
   Die Gütertrennung soll derzeit nicht in das Güterrechtsregister eingetragen werden. Jeder von uns beiden ist jedoch berechtigt, den Eintragungsantrag jetzt oder künftig alleine zu stellen.[2]
2. Der bisher erzielte Zugewinn soll ausgeglichen werden. Hierzu stellen wir fest, dass sich der Zugewinn des Ehemannes seit Eheschließung bis heute unter Anwendung der §§ 1372 ff. BGB auf 1.500.000,– EUR beläuft. Der Zugewinn der Ehefrau beträgt im gleichen Zeitraum 300.000,– EUR. Somit hat die Ehefrau einen Anspruch auf Zugewinnausgleich in Höhe von 600.000,– EUR.[3]
3. Der Ehemann verpflichtet sich hiermit, zur Erfüllung des Zugewinnausgleichsanspruches die in seinem Eigentum stehende Eigentumswohnung in . . . . ., eingetragen im Grundbuch des Amtsgerichts . . . . . . auf seine Ehefrau zu übertragen, die dies annimmt.[4]
   Der vorstehend genannte Grundbesitz ist in Abteilungen II und III des Grundbuches lastenfrei vorgetragen.
   Die Erschienen sind über den Eigentumsübergang hinsichtlich des vorgenannten Grundbesitzes einig und bewilligen und beantragen die Eigentumsumschreibung im Grundbuch.
   Vollzugsmitteilung wird erbeten.
   Besitz, Nutzen, Lasten, Haftung und Gefahr gehen mit dem heutigen Tage auf die Ehefrau über.
   . . . . . .
4. Die Vertragsteile sind sich darüber einig, dass mit der Übertragung des vorgenannten Grundbesitzes der Zugewinnausgleich vollständig durchgeführt ist und keine weiteren gegenseitigen Ansprüche in Bezug auf den Zugewinnausgleich bestehen.[5]

5. Ansprüche auf Versorgungsausgleich und Unterhalt bleiben unberührt.
6. . . . . . . Es folgen die Anordnungen → Form. H.I.1. unter Ziffer II. 4 ff.

. . . . . . (weitere Belehrungen und Schlussbestimmungen → Form. H.I.1.) . . . . . .[6]

Anmerkungen

1. Gütertrennung mit Durchführung des Zugewinnausgleichs. Wird die Gütertrennung bei bestehender Ehe vereinbart, so sollte zugleich über die Durchführung des Zugewinns eine Vereinbarung getroffen werden, denn mit Beendigung des Güterstandes entsteht nach § 1378 Abs. 3 BGB die Ausgleichsforderung. Die vorstehende Formulierung kann insbesondere auch dann Verwendung finden, wenn unter Ausnutzung des § 5 Abs. 2 ErbStG Vermögen im Rahmen des Zugewinnausgleichs schenkungsteuerfrei übertragen werden soll (hierzu etwa *Arens* FPR 2003, 426, 431 f.). Insofern muss jedoch, wenn zuvor ein modifizierter gesetzlicher Güterstand bestand, der Zugewinnausgleich bei ehevertraglicher Beendigung des Güterstandes vorbehalten gewesen sein (→ Form. G.I.2; hierzu detailliert *C. Münch,* Ehebezogene Rechtsgeschäfte, Rn. 575 f.).

2. Gütertrennung. Zu den Vereinbarungen und Belehrungen im Rahmen der Gütertrennung → Form. H.I.1.

3. Zugewinnausgleich. Die Vereinbarung zur Durchführung des Zugewinnausgleichs sieht zunächst eine einvernehmliche Festlegung des jeweils erzielten Zugewinns vor, welche die Vertragsteile für sich verbindlich treffen können. Im Rahmen des § 5 Abs. 2 ErbStG ist aber dem Finanzamt der jeweilige Zugewinn nachzuweisen.

4. Erfüllung. Zwar ist der Zugewinn eigentlich in Geld auszugleichen, § 1378 BGB; hier sehen die Vertragsteile jedoch einvernehmlich vor, die Zugewinnausgleichsverbindlichkeit durch Übertragung einer Eigentumswohnung zu erfüllen. Wenn auf diese Weise die Eigentumswohnung in Erfüllung der bzw. unter Anrechnung auf die Zugewinnausgleichsforderung übertragen wird, so ist auch diese Übertragung nach § 5 Abs. 2 ErbStG von der Schenkungsteuer befreit (BFH BStBl. 1993 II, 368). R E 5.2. Abs. 1 S. 4 ErbStR (2011) sieht dies zwar nur für die Fälle einer gerichtlichen Anordnung nach § 1383 BGB vor, es muss aber auch für jede andere Erfüllung der Zugewinnausgleichsforderung gelten. Dies ergibt sich schon aus § 29 Abs. 1 Nr. 3 ErbStG. Einkommensteuerrechtlich ist zu prüfen, ob aufgrund einer Entgeltlichkeit der Abgeltung des Zugewinns eine Veräußerungsgewinnbesteuerung in Betracht kommt (vgl. BFH DStR 2005, 449 f.; *Noll* DStR 2002, 842, 843; → Form. G.VII.1 Anm. 2).

5. Abgeltungsklausel. Wenn der Zugewinn nicht in Geld ausgeglichen wird, ist zur Klarstellung eine solche Abgeltungsklausel zu empfehlen.

6. Kosten. Unter Geltung des GNotKG verdrängt § 111 Nr. 2 GNotKG, wonach Eheverträge stets gesonderte Beurkundungsgegenstände sind, die allgemeine Grundnorm des § 109 Abs. 1 GNotKG, so dass Übertragungsgeschäfte stets einen anderen Gegenstand haben, und zwar auch dann, wenn sie der Durchführung und Erfüllung eines Zugewinnausgleichsanspruches dienen (*Diehn*, Notarkostenberechnungen, 4. Aufl., 2016, Rn. 1601 f.). Die Werte des Zugewinnausgleichs (hier der Wert der Wohnung) sind also zu dem modifizierten Reinwert des Vermögens (→ Form. G.I.1 Anm. 16) zu addieren nach § 35 Abs. 1 GNotKG. Dies ergibt den Geschäftswert, aus dem eine 2,0 Gebühr nach KV 21100 (mindestens 120,– EUR) anfällt.

3. Die Güterstandsschaukel

(Urkundseingang → Form. H.I.1)

. . . . . .

II. Ehevertragliche Vereinbarungen

Ehevertraglich vereinbaren wir was folgt:

1. Als Güterstand für unsere Ehe soll die Gütertrennung[1] nach Maßgabe des Bürgerlichen Gesetzbuches gelten. Uns ist bekannt, dass durch die Vereinbarung der Gütertrennung
   a) keine Haftungsbeschränkung gegenüber Gläubigern eintritt,
   b) jeder Ehegatte über sein Vermögen frei verfügen kann,
   c) beim Tode eines von uns beiden das Erb- und Pflichtteilsrecht des Überlebenden am Nachlass des Zuerstversterbenden sich vermindern und das Erb- und Pflichtteilsrecht der Kinder oder sonstiger Abkömmlinge sich erhöhen kann,
   d) bei Auflösung der Ehe kein Zugewinnausgleich stattfindet,
   e) die Privilegierung des § 5 ErbStG keine Anwendung findet.

   Die Gütertrennung soll derzeit nicht in das Güterrechtsregister eingetragen werden. Jeder von uns beiden ist jedoch berechtigt, den Eintragungsantrag jetzt oder künftig alleine zu stellen.
2. Der bisher erzielte Zugewinn[2] soll ausgeglichen werden.[3] Hierzu stellen wir fest, dass sich der Zugewinn des Ehemannes seit Eheschließung bis heute unter Anwendung der §§ 1372 ff. BGB auf 500.000,– EUR beläuft. Der Zugewinn der Ehefrau beträgt im gleichen Zeitraum 300.000,– EUR. Somit hat die Ehefrau einen Anspruch auf Zugewinnausgleich in Höhe von 100.000,– EUR.
3. Der Ehemann verpflichtet sich hiermit seiner Ehefrau gegenüber zur Zahlung des entsprechenden Betrages binnen vier Wochen von heute an. Der Ehemann unterwirft sich wegen des Anspruchs auf Zahlung von 100.000,– EUR der

   sofortigen Zwangsvollstreckung

   aus dieser Urkunde in sein gesamtes Vermögen. Vollstreckbare Ausfertigung kann ohne

   jeden Nachweis erteilt werden.[4]
4. Die Vertragsteile sind sich darüber einig, dass damit der Zugewinnausgleich für die gesamte Ehezeit bis heute vollständig durchgeführt ist und keine weiteren gegenseitigen Ansprüche in Bezug auf den Zugewinnausgleich bestehen.[5]
5. Ansprüche auf Versorgungsausgleich und Unterhalt bleiben unberührt.
6. . . . . . . Es folgen die Anordnungen → Form. H.I.1 unter Ziffer II. 4 ff.

. . . . . . (weitere Belehrungen und Schlussbestimmungen → Form. H.I.1) . . . . . .[6]

Alternative

1. *Der bisher erzielte Zugewinn soll ausgeglichen werden. Hierzu stellen wir fest, dass sich der Zugewinn des Ehemannes seit Eheschließung bis heute unter Anwendung der §§ 1372 ff. BGB auf 1.500.000,– EUR beläuft. Der Zugewinn der Ehefrau beträgt im gleichen Zeitraum 300.000,– EUR. Somit hat die Ehefrau einen Anspruch auf Zugewinnausgleich in Höhe von 600.000,– EUR.*

2. *Der Ehemann verpflichtet sich hiermit seiner Ehefrau gegenüber zur Erfüllung des Zugewinnausgleichsanspruches die in seinem Eigentum stehende Eigentumswohnung in . . . . ., eingetragen im Grundbuch des Amtsgerichts . . . . . . auf seine Ehefrau zu übertragen, die dies annimmt.*[7]
Der vorstehend genannte Grundbesitz ist in Abteilungen II und III des Grundbuches lastenfrei vorgetragen.
Die Erschienen sind über den Eigentumsübergang hinsichtlich des vorgenannten Grundbesitzes einig und bewilligen und beantragen die Eigentumsumschreibung im Grundbuch.
Vollzugsmitteilung wird erbeten.
Besitz, Nutzen, Lasten, Haftung und Gefahr gehen mit dem heutigen Tage auf die Ehefrau über.
. . . . . .
3. *Die Vertragsteile sind sich darüber einig, dass mit der Übertragung des vorgenannten Grundbesitzes der Zugewinnausgleich vollständig durchgeführt ist und keine weiteren gegenseitigen Ansprüche in Bezug auf den Zugewinnausgleich bestehen.*[8]

Alternative

4. *Sofern der Zugewinn den Wert der heute zur Übertragung vorgesehenen Immobilie übersteigt, ist der Restbetrag gestundet. Er ist mit 3 % jährlich zu verzinsen und auf Aufforderung binnen zwei Jahren zur Zahlung fällig. Der Schuldner kann den Restbetrag jederzeit zahlen.*
Sofern der Zugewinn den Wert der heute zur Übertragung vorgesehenen Immobilie nicht erreicht, sind überschießende Beträge als Darlehen gewährt und mit jährlich 3 % zu verzinsen und auf Aufforderung hin binnen zweier Jahre zur Zahlung fällig. Der Schuldner kann den Restbetrag jederzeit zahlen.[9]

Anmerkungen

1. Gütertrennung. Zur Gütertrennung und den damit verbundenen Vereinbarungen → Form. H.I.1 und → Form. H.I.2.

2. Güterstandsschaukel. Wenn die Ehegatten Gütertrennung vereinbaren und damit den gesetzlichen Güterstand der Zugewinngemeinschaft ehevertraglich beenden, löst dies zwingend die gesetzlichen Zugewinnausgleichsansprüche nach § 1378 Abs. 3 S. 1 BGB aus. Nach § 1408 BGB ist die Vereinbarung der Gütertrennung jederzeit möglich. Damit haben die Ehegatten die Voraussetzungen des § 5 Abs. 2 ErbStG geschaffen, so dass die Erfüllung der Zugewinnausgleichsforderung schenkungsteuerfrei möglich ist. Dies ist somit eine anerkannte und sichere Möglichkeit, Vermögen schenkungsteuerfrei auf den anderen Ehegatten zu verlagern (so schon *Brambring* ZEV 1996, 248, 252 ff.).

Wenn die Ehegatten es bei dieser Gütertrennung aber nicht belassen, sondern wieder zur Zugewinngemeinschaft zurückkehren wollen, weil sie dieses Instrumentarium mehrmals anwenden wollen oder weil sie diesen Güterstand favorisieren, dann kann dies durch erneute Vereinbarung von Zugewinngemeinschaft in einer zweiten Urkunde (Vertragsgestaltung durch doppelten Güterstandswechsel) geschehen (hierzu *Schotten* NJW 1990, 2481, 2486; *Hayler* DNotZ 2000, 681) oder durch Festlegung in der gleichen Urkunde, dass sie zu einem bestimmten Termin die Gütertrennung wieder aufheben und zum gesetzlichen Güterstand zurückkehren (so der Fall des FG Köln DStRE 2002, 1248). Hier stellte sich die Frage, ob dies schenkungsteuerlich und zivilrechtlich im Bereich des Pflichtteils- und Anfechtungsrechts anerkannt wird.

Der BFH (ZEV 2005, 490 m. Anm. C. *Münch*) hat in der Revisionsentscheidung zum oben genannten Urteil des FG Köln die sog. Güterstandsschaukel gebilligt. Im zugrunde liegenden Fall war nur eine Urkunde errichtet worden, die sowohl die Vereinbarung der Gütertrennung mit Zugewinnausgleich enthielt als auch die erneute Rückkehr zum gesetzlichen Güterstand. Der BFH hat in diesem Falle die Schenkungsteuerfreiheit nach § 5 Abs. 2 ErbStG gewährt. Die Gründe liegen für den BFH darin, dass dem begünstigten Ehegatten die Ausgleichsforderung nicht vertraglich zugewendet werde, sondern kraft Gesetzes mit der Gütertrennung entstehe. Das Schenkungsteuerrecht müsse die ehevertragliche Gestaltungsfreiheit insoweit anerkennen, wenn es tatsächlich zu einer güterrechtlichen Abwicklung, d.h. mindestens zur Ermittlung der Ausgleichsforderung komme. Diese Voraussetzung leitet der BFH aus BT-Drs. VI/3418, 63 her. Hier dürfte freilich nur der Gegensatz zur Freistellung des fiktiven Zugewinns nach § 5 Abs. 1 ErbStG gemeint gewesen sein.

Nach BFH lässt sich aus § 5 Abs. 2 ErbStG eine Einschränkung dergestalt, dass der Übertritt in die Gütertrennung endgültig sein müsse, nicht herleiten, so dass die Rückkehr in den gesetzlichen Güterstand schenkungsteuerlich unschädlich sei. Auf Argumente, es sei rechtsmissbräuchlich, wenn in der gleichen Urkunde Gütertrennung und Rückkehr zur Zugewinngemeinschaft vereinbart werde – zumal im entschiedenen Fall nicht einmal die berühmte juristische Sekunde verblieb, für welche die Gütertrennung hätte gelten können (hierzu C. *Münch* StB 2003, 130) und die Abtretung der gestundeten Ausgleichsforderung unwirksam ausgeschlossen war – ging der BFH nicht ein. In seiner mit Spannung erwarteten Entscheidung billigte der BFH somit die Güterstandsschaukel ausgerechnet in einem Grenzfall. Wenn schon in einem solchen Fall der BFH die Schenkungsteuerfreiheit zugesteht, dann wird die Güterstandsschaukel künftig rechtssicher vereinbart werden können.

Zur Vereinbarung der Gütertrennung gibt es schenkungsteuerrechtlich keine Alternative, denn der BFH hat inzwischen auch entschieden, dass der sog. fliegende Zugewinnausgleich, also das Errechnen und Ausgleichen des Zugewinns unter Beibehaltung des gesetzlichen Güterstandes bei neu definiertem Anfangsvermögen, nicht von der Privilegierung des § 5 Abs. 2 ErbStG erfasst wird, da es ohne die Gütertrennung nicht zum gesetzlichen Entstehen der Ausgleichsforderung kommt (BFH ZEV 2006, 40 m. Anm. C. *Münch*); vgl. hierzu auch R E 5.2. Abs. 3 der ErbStR (2011).

3. Zahl der Urkunden. In diesem Falle wird der vorsichtige Berater jedoch noch immer bedenken, dass der BFH betont hat, er müsse über die Frage der tatsächlichen Beendigung des Güterstandes nicht selbst entscheiden, sondern sich an die Entscheidung des FG Köln gebunden gesehen hat. Aus diesem Grunde sollte man trotz der Entscheidung des BFH alles tun, um die Urkunde nicht einem Missbrauchsvorwurf auszusetzen. Empfehlenswert ist es daher – unabhängig von der Zahl der Urkunden –, die Gütertrennung wirklich für einen bestimmten Zeitraum eintreten zu lassen (zust. *Zugmaier/Wälzholz* NWB Fach 10, 1521, 1522) und die Rückkehr in den gesetzlichen Güterstand erst nach Ablauf dieser dann befristeten Gütertrennung zu vereinbaren.

Geteilt sind die Ansichten, ob man die Güterstandsschaukel in einer Urkunde vereinbaren soll oder ob besser zwei Urkunden errichtet werden. Auch hier ist zu bedenken, dass der BFH insoweit den Fall nicht selbst entschieden hat, sondern nur darauf verwiesen hat, das FG Köln habe den Vertrag für den BFH bindend so ausgelegt, dass der gesetzliche Güterstand beendet worden sei. Ein anderes FG könnte also bei der Gestaltung in einer Urkunde durchaus noch zu einem anderen Ergebnis kommen. Es bleibt also die Vereinbarung in zwei Urkunden in jedem Falle sicherer als eine Gesamtvereinbarung in einer Urkunde (für Gestaltung in zwei Urkunden mit einem gewissen zeitlichen Abstand *Wachter* FR 2006, 42, 44; Beurkundung in einem Vertrag halten für ausreichend: *Pluskat/Pluskat* ZFE 2006, 124, 125). Gegen die Errichtung von zwei Urkunden werden vor allem die dadurch entstehenden Mehrkosten ins Feld geführt. Aus diesem Grunde wird in der Praxis häufig die Güterstandsschaukel in einer Urkunde vereinbart. Restrisiken sind hier aber nicht ausgeschlossen. Daher ist eine entsprechende Belehrung bei Gestaltung in einer Urkunde unverzichtbar. Ob das Kostenargument bei Geltung des GNotKG noch trägt, wird man der weiteren Rechtsprechungsentwicklung zu entnehmen haben.

Für die Gestaltung in zwei Urkunden sprechen andererseits die zivilrechtlichen Folgewirkungen. Wem es bei der Durchführung der Güterstandsschaukel auf Pflichtteilsfestigkeit und verringerte Anfechtbarkeit ankommt, der ist besser beraten, die Güterstandsschaukel in zwei Urkunden zu vereinbaren. Der Ausgleich des Zugewinns im Zusammenhang mit der Vereinbarung der Gütertrennung wird auch als pflichtteilsfest angesehen (*Brambring* ZEV 1996, 248, 252; *von Oertzen* ErbStB 2005, 71, 72; Münch/*Schlünder/Geißler*, Familienrecht in der Notar- und Gestaltungspraxis, § 18, Rn. 46), denn auch im Todesfalle würde die Zugewinnausgleichsforderung nach der güterrechtlichen Lösung iSV § 1371 Abs. 2 BGB vor Berechnung der Pflichtteile vom Nachlass abgezogen werden müssen (BGHZ 37, 64). Allerdings hat der BGH beim Wechsel in die Gütergemeinschaft entschieden, dass bei einem zweimaligen Wechsel des Güterstandes nach einheitlichem Plan ein Missbrauch gegeben sein kann (BGH NJW 1992, 558 f.). Soweit es den Beteiligten also auch auf Pflichtteilsfestigkeit ankommt, ist die Vereinbarung in zwei Urkunden zu empfehlen. Da hier die zweite Urkunde immer eines neuen Entschlusses bedarf, dürfte ein Gesamtplan nur schwer nachzuweisen sein. Abschließend hat der BGH über die Pflichtteilsfestigkeit der Güterstandsschaukel, mit der zunächst Gütertrennung und dann Zugewinngemeinschaft vereinbart wird, noch nicht entschieden (daher skeptisch *Wachter* FR 2006, 43 und *Herrler* JA 2007, 120, 125).

Die Anfechtbarkeit von Zuwendungen unter Ehegatten und die Anfechtbarkeit von Vermögensübertragungen im Rahmen des Zugewinnausgleichs ist nicht abschließend geklärt (vgl. etwa OLG Hamm ZIP 1992, 1755 für unentgeltliche Zuwendung; eingehend zu dieser Problematik *C. Münch*, Handbuch Familiensteuerrecht, 2015, Rn. 24 f.). Die anfechtungsrechtliche Literatur will teilweise selbst Vermögensübertragungen im Rahmen des Zugewinnausgleichs als unentgeltlich ansehen (*Huber*, Anfechtungsgesetz § 4 Rn. 35; MünchKommInsO/*Kirchhof*, 3. Aufl., 2013, § 134 Rn. 36), weil der Begriff der Unentgeltlichkeit nach § 4 AnfG und § 134 InsO wesentlich weiter sei als im Schenkungsrecht (hierzu BGH NJW 1978, 1326, 1327). Hier wird argumentiert, der Ehevertrag könne entgeltlich sein, dann sei aber ggf. das Vollzugsgeschäft unentgeltlich. Ferner wird darauf hingewiesen, dass bei drohender Insolvenz regelmäßig kein Endvermögen und damit kein ausgleichungsfähiger Zugewinn vorliegen (OLG München NJW-RR 1998, 1144) – ein Argument, das bei der neuerdings bestehenden Möglichkeit negativen Anfangs- und Endvermögens nicht mehr verfängt. Auch die Vermögenswertbegrenzung muss nicht eingreifen, wenn sie durch illoyale Verwendungen nach § 1375 Abs. 2 S. 2 BGB erhöht wird. Zur Unentgeltlichkeit kommt man auch bei der Auffassung, die Güterstandsschaukel in unmittelbarem zeitlichem Zusammenhang diene der Verfolgung ehewidriger Zwecke. Auch dann gelangt man wegen der Unwirksamkeit der Verträge zur Unentgeltlichkeit (C. Münch/*Herrler*, Familienrecht in der Notar- und Gestaltungspraxis, § 19 Rn. 73).

Dem ist entgegenzuhalten, dass die Rechtsprechung sowohl des BGH im Rahmen der Inhaltskontrolle von Eheverträgen wie auch des BFH im Rahmen der Güterstandsschaukel inzwischen klar entschieden hat, dass die Ehevertragsfreiheit ein hohes Gut ist und daher Güterstandswechsel nicht in irgendeiner Weise zu missbilligen sind. Wenn die Gütertrennung aber vereinbart ist, dann ist die anschließende Erfüllung des Zugewinnausgleichs nicht unentgeltlich, da auf sie ein Rechtsanspruch besteht. Dies müssen auch Anfechtungsgläubiger gegen sich gelten lassen (zum Vorrang der Ehevertragsfreiheit gegenüber dem Gläubigerschutz *Scherer/Kirchhain* ZErb 2006, 106). Somit ist von einer Entgeltlichkeit auszugehen, die nur im Rahmen des § 3 Abs. 2 AnfG zur Anfechtung berechtigt. Neben der für die Ehegatten günstigeren Zwei-Jahres-Frist erfordert die Anfechtbarkeit hiernach eine unmittelbare Gläubigerbenachteiligung, die mit guten Gründen beim Güterstandswechsel verneint werden kann (*Wälzholz* FamRB 2006, 380, 383, der freilich auch betont, dass dies nicht gegen eine Vorsatzanfechtung schütze). Fraglich ist, wie sich hierauf die in einer

Urkunde vereinbarte Güterstandsschaukel auswirkt. Es steht zu befürchten, dass hier anfechtungsrechtlich die Ernsthaftigkeit der ehevertraglichen Wahl eines anderen Güterstandes in Zweifel gezogen wird, weil die Beteiligten nach einem Gesamtplan handeln. Dementsprechend empfiehlt die Literatur in solcher Situation den Abschluss getrennter Urkunden, ja sogar den Ablauf erheblicher Zeit zwischen beiden Urkunden (*Ponath* ZEV 2006, 49, 51, 53, der eine Rückkehr in den gesetzlichen Güterstand innerhalb eines Zeitraumes von zwei Jahren als schädlich ansieht). Der BGH hat sich inzwischen klar dafür ausgesprochen, dass güterrechtliche Verträge nach den allgemeinen Grundsätzen der Anfechtung unterliegen, so dass Gläubigerbenachteiligungsvorsatz und Kenntnis des anderen Ehegatten hiervon widerleglich vermutet werden. Das Einkleiden von Vermögensverschiebungen in güterrechtliche Verträge ändert hieran nach Auffassung des BGH (NZI 2010, 738 = MittBayNot 2010, 493 m. Anm. *Lotter*) nichts.

Wer dennoch den doppelten Güterstandswechsel in einer Urkunde vereinbaren möchte, der kann im Anschluss an die Vereinbarung der Gütertrennung und den Ausgleich des Zugewinns so formulieren:

Alternative – Güterstandsschaukel in einer Urkunde

Mit Wirkung von zwei Monaten von heute an heben wir den Güterstand der Gütertrennung auf und vereinbaren für unsere Ehe erneut den Güterstand der Zugewinngemeinschaft. Als Anfangsvermögen eines jeden Ehegatten gilt dasjenige Vermögen, das ihm an diesem Tag gehört. Der Notar hat uns auf die Risiken und Folgen der Vereinbarung von Gütertrennung und zugleich ihrer Aufhebung in einer Urkunde hingewiesen. Wir wünschen aber ausdrücklich diese Vorgehensweise.

4. Zugewinnausgleich/Urkundsgestaltung. In diesem Falle wird der Zugewinn sogleich in Geld ausgeglichen. Im Falle der vom BFH entschiedenen Güterstandsschaukel wurde die Zugewinnausgleichsforderung nur errechnet und sodann gestundet.

In jedem Falle muss für die Inanspruchnahme des § 5 Abs. 2 ErbStG die Zugewinnausgleichsforderung für das Finanzamt genau berechnet werden (zu den Einzelheiten *C. Münch,* Ehebezogene Rechtsgeschäfte, Rn. 614 ff.), denn steuerrechtlich begünstigt ist nach § 5 Abs. 2 ErbStG nur der wirklich erzielte Zugewinn. Wenn sich an die Rechtsprechung des BFH zur Güterstandsschaukel freilich die Interpretation anschließt, die Ermittlung der Ausgleichsforderung müsse aus dem Text der Urkunde über den Güterstandswechsel ersichtlich sein (*Schlünder/Geißler* NJW 2007, 482, 484), so überspannt dies die Anforderungen an die vom BFH geforderte tatsächliche Durchführung des Zugewinnausgleichs (nicht mehr gefordert in C. Münch/*Schlünder/Geißler,* Familienrecht in der Notar- und Gestaltungspraxis, § 18, Rn. 53 ff.). Der BFH nimmt insoweit Bezug auf die Gesetzesbegründung. Liest man dort nach, so wird deutlich, dass hier von Fällen die Rede ist, „in denen es tatsächlich zu einer güterrechtlichen Abwicklung der Zugewinngemeinschaft kommt“ (BT-Drucks. VI/3418, S. 63). Damit soll aber Absatz 2 abgegrenzt werden zu dem damals neu eingeführten Absatz 1 des § 5 ErbStG mit seiner fiktiven Berechnung des tatsächlich nicht durchgeführten güterrechtlichen Zugewinnausgleichs. Aus dieser Bezugnahme ergeben sich daher keine weitergehenden Anforderungen zum Inhalt des Ehevertrages, mit dem die Gütertrennung vereinbart wird. Die Mandanten wollen in der Regel nicht, dass die notarielle Urkunde ihre komplette Vermögensbilanz einschließlich ihrer Zugewinnausgleichsrechnung enthält. Entscheidend ist, dass die Ehegatten ihre Zugewinnausgleichsbilanz gezogen und die Zugewinnausgleichsforderung errechnet haben. Eine Aufnahme der Zugewinnberechnung im Einzelnen in die Urkunde ist nicht erforderlich.

Werden Vermögenswerte als Zugewinnausgleich übertragen, so ist alles zu vermeiden, was den Vorgang dennoch in die Nähe einer unentgeltlichen Zuwendung rückt. So passen insbesondere Rückforderungsrechte hinsichtlich der übertragenen Vermögenswerte für den Scheidungsfall nicht zu einem Ausgleich des Zugewinns, da auf diesen gerade ein Rechtsanspruch besteht (*Geck* ZEV 2006, 62, 65 auch für Widerrufs- oder Rückfallklauseln im Todesfalle).

5. Abgeltungsklausel. Wenn der Zugewinn auch mit Blick auf die gewollte steuerliche Regelung eindeutig berechnet werden konnte, so sollte die Zahlung den kompletten Zugewinnanspruch erledigt haben. Alternativ wären Stundungen zu vereinbaren.

6. Kosten. → Form. H.I.2 Anm. 6. Neben der bereits besprochenen Addition der Werte von Zugewinnausgleich und modifiziertem Reinvermögen unter Geltung des GNotKG dürfte die Vorschrift des § 111 Nr. 2 GNotKG zudem so zu verstehen sein, dass bei zweimaligem Güterstandswechsel in einer Urkunde zusätzlich der modifizierte Reinwert ein weiteres Mal zu addieren ist, so dass sich der Gesamtgeschäftswert nach § 35 Abs. 1 GNotKG aus dem doppelten modifizierten Reinwert und dem Betrag des Zugewinnausgleichs bildet. Damit ist das Kostenargument für die Zusammenfassung in einer Urkunde entfallen (str. aA Leipziger Kostenkommentar, 2. Aufl., § 100, Rn. 19 f. ohne Begründung; Korintenberg/Tiedtke, Gerichts- und Notarkostengesetz, § 100, Rn. 13; m. E. entgegen der Systematik des neuen GNotKG).

7. Leistung an Erfüllungs Statt. → Form. H.I.2 Anm. 4.

8. Abgeltungsklausel. So zu verwenden bei eindeutiger Berechnung des Zugewinns und endgültigem Ausgleich.

9. Stundung/Darlehen. In der Praxis gibt es viele Fälle, in denen dem Notar angesonnen wird, eine Güterstandsschaukel zu beurkunden, ohne dass der Zugewinn noch genau ausgerechnet wäre. Probleme ergeben sich bei der Berechnung des Zugewinns vor allem,

- wenn die Bewertung von Firmenanteilen oder Immobilien im Anfangs- und Endvermögen schwierig ist (zB aufgrund der gleitenden Bewertung von Vorbehaltsrechten, BGH NJW 2007, 2245; hierzu *C. Münch* DNotZ 2007, 795 f.; nun erneut anders BGH, DNotZ 2015, 621),
- wenn der Zugewinnausgleich nicht durch Geld, sondern an Erfüllungs Statt durch Übertragung von Immobilien oder Gesellschaftsanteilen erfüllt wird, die ihrerseits Bewertungsunsicherheiten in sich tragen,
- wenn ein Ehepartner bereits im Wege der vorweggenommenen Erbfolge Vermögensgüter weiter an Kinder übertragen hat und nicht klar ist, ob der andere Ehepartner nach § 1375 Abs. 3 BGB zugestimmt hatte.

In den geschilderten Fällen von Bewertungsunsicherheiten gilt es, in die notarielle Urkunde Ausgleichsregelungen aufzunehmen hinsichtlich der restlichen Erfüllung des Zugewinnausgleichsanspruchs. Wenn sich herausstellt, dass dieser größer ist als der Wert des vorgenommenen Ausgleichs, so sollte eine Regelung darüber enthalten sein, wie die überschießende Forderung auszugleichen ist. In gleicher Weise ist regelungsbedürftig, wie der Fall zu behandeln ist, dass ein übertragener Vermögensgegenstand nach endgültiger Bewertung mehr wert ist als der Zugewinnausgleichsanspruch. Die Empfehlung geht hier dahin, eine Stundung des Restzugewinnausgleichsanspruchs und eine darlehensweise Gewährung einer überschießenden Zuwendung vorzusehen.

II. Aufhebung der Gütertrennung

1. Aufhebung der Gütertrennung mit Vereinbarung der Zugewinngemeinschaft ab Ehebeginn – Vorbereitung für späteren Zugewinnausgleich –

(Urkundseingang → Form. H.I.1)

......

II. Ehevertragliche Vereinbarungen

Ehevertraglich vereinbaren wir was folgt:[1]

1. Mit Ehevertrag des Notars ...... in ...... vom ...... haben wir den Güterstand der Gütertrennung vereinbart, in dem wir heute noch leben. Eine Eintragung in das Güterrechtsregister war nicht erfolgt.
2. Hiermit heben wir diesen Güterstand der Gütertrennung auf und vereinbaren für unsere Ehe den Güterstand der Zugewinngemeinschaft. Dabei soll das Anfangsvermögen eines jeden Ehegatten jedoch so berechnet werden, als hätten wir seit unserer Eheschließung im gesetzlichen Güterstand der Zugewinngemeinschaft gelebt, so dass die Vereinbarung der Zugewinngemeinschaft in dieser Weise zurückwirkt.
3. ...... ggf. Modifikationen der Zugewinnregelung[2]
4. Hinsichtlich des Versorgungsausgleiches und des Ehegattenunterhaltes bei einer etwaigen Scheidung unserer Ehe verbleibt es bei den gesetzlichen Bestimmungen; hiervon abweichende Vereinbarungen wollen wir derzeit nicht treffen.[3]
5. Die vorstehenden ehevertraglichen Vereinbarungen nehmen wir hiermit gegenseitig an.

...... (Belehrungen und Schlussbestimmungen → Form. H.I.1) ......[4]

Anmerkungen

1. Anwendungsbereich – Erbschafts- und Schenkungsteuer. Bei der Vorstellung der modifizierten Zugewinngemeinschaft (→ Form. G.I.1 Anm. 3) war bereits darauf hingewiesen worden, dass diese verbreiteter und im Lichte des § 5 ErbStG günstiger ist als die Gütertrennung. Nun existieren aber noch viele Gütertrennungsverträge, die zu Beginn der jeweiligen Ehe geschlossen worden waren und seitdem nicht mehr überprüft wurden. Zumeist anlässlich einer erbrechtlichen Beratung stellt sich dann heraus, dass es günstiger wäre, zum gesetzlichen Güterstand überzugehen. Ziel kann ferner sein, die Voraussetzungen für einen späteren Zugewinnausgleich unter Lebenden unter Ausnutzung des § 5 Abs. 2 ErbStG zu schaffen, nachdem der BFH (ZEV 2005, 490 m. Anm. *C. Münch*) die Güterstandsschaukel anerkannt hat (→ Form. H.I.3 Anm. 2).

Das vorstehende Vertragsmuster sieht diesen Übergang von der Gütertrennung zum gesetzlichen Güterstand vor. Hierbei kann der Übergang entweder mit Wirkung ab dem Tage des Vertragsschlusses vereinbart werden oder auch mit Rückwirkung auf den Zeitpunkt der Eheschließung. **Zivilrechtlich** kann eine **Rückwirkung** etwa angezeigt sein, wenn die Gründe für die Vereinbarung der Gütertrennung weggefallen sind, so zB bei älteren Eheleuten, die in junger Ehe Gütertrennung vereinbart hatten, aber nunmehr nach langem gemeinsamem Leben eine Scheidungsgefahr für sich ausschließen und den Zugewinnausgleich für die ganze Ehezeit wünschen. Eine solche Rückwirkung ist zivilrechtlich zulässig (BGH NJW 1998, 1857; Palandt/*Brudermüller* § 1374 Rn. 3; *Müller* Rn. Kap. 3, 270). Die genaue zivilrechtliche Terminologie für diesen Vorgang wäre jedoch nicht die rückwirkende Vereinbarung der Zugewinngemeinschaft, da diese insbesondere wegen der in der Vergangenheit nicht beachteten Verfügungsbeschränkungen so nicht zulässig wäre, sondern die Festlegung des Anfangsvermögens auf den Zeitpunkt der standesamtlichen Eheschließung (DNotI-Report 1996, 133; BGH NJW 1998, 1857; *Sontheimer* NJW 2001, 1315, 1316; dies missversteht *Reich* ZEV 2011, 59, 60: Es geht nicht darum, für die Vergangenheit Ausnahmen von § 1365 BGB zu regeln; vielmehr galt die Verfügungsbeschränkung nicht, so dass die Verfügungen wirksam stattgefunden haben, dies kann sich durch rückwirkende Einführung der Zugewinngemeinschaft nicht ändern).

So klar die Zulässigkeit dieser Gestaltung inzwischen zivilrechtlich beurteilt wird, so wechselvoll ist die **steuerrechtliche** Geschichte der Auffassungen und Regelungen zur Vereinbarung der Zugewinngemeinschaft mit **Rückwirkung** im Rahmen des § 5 ErbStG. Nachdem der BFH in mehreren Urteilen die auch erbschaftsteuerliche Zulässigkeit einer solchen Rückbeziehung anerkannt hatte (BFH BStBl. 1989 II S. 897; BFH BStBl. 1993 II S. 739) konnte die Finanzverwaltung ihren Nichtanwendungserlass (BStBl. 1989 I S. 429) nicht mehr aufrechterhalten (BStBl. 1993 I S. 804). Die Finanzverwaltung konnte schließlich den Gesetzgeber veranlassen, durch das StMBG (BGBl. 1993 I S. 2310) gesetzlich der Auffassung der Finanzverwaltung zum Durchbruch zu verhelfen. Obwohl nach den Urteilen des BFH die Praxis vielfach von der Möglichkeit eines rückwirkenden Güterstandswechsels Gebrauch gemacht hatte, lehnt die Finanzverwaltung eine Übergangsregelung für Eheverträge, welche vor der Gesetzesänderung geschlossen wurden, ab (OFD München/Nürnberg UVR 1994, 349). Dies hat der BFH inzwischen für rechtmäßig erachtet (BFH/NV 2006, 948); und so regelt **§ 5 Abs. 1 ErbStG** nunmehr, dass, wenn der Güterstand der Zugewinngemeinschaft durch Ehevertrag vereinbart wird, als Zeitpunkt des Eintritts des Güterstandes (§ 1374 Abs. 1 BGB) der Tag des Vertragsabschlusses gilt. Damit schließt das Gesetz die steuerliche Rückwirkung im Rahmen der fiktiven Zugewinnausgleichsforderung nach § 5 Abs. 1 ErbStG aus.

Die Festlegung des Anfangsvermögens auf den Zeitpunkt der Eheschließung kann allerdings weiterhin auch erbschaftsteuerliche Bedeutung erlangen im Rahmen des **§ 5 Abs. 2 ErbStG**, der die steuerliche Anerkennung nicht versagt. So könnte etwa durch späteren ehevertraglichen Ausgleich oder Wahl der güterrechtlichen Lösung im Todesfalle über § 5 Abs. 2 ErbStG die Rückwirkung steuerlich brauchbar umgesetzt werden. Die Finanzverwaltung will die **Verschaffung einer erhöhten güterrechtlichen Ausgleichsforderung selbst als steuerpflichtige Schenkung** werten, **wenn** mit den Vereinbarungen nicht in erster Linie güterrechtliche, sondern **erbrechtliche Wirkungen** herbeigeführt werden sollen (R E 5.2. Abs. 2 S. 2 ErbStR 2011). Dabei nannten die Erbschaftsteuerrichtlinien in der Fassung 2003 ausdrücklich die Vereinbarung eines vor dem Zeitpunkt des Vertragsschlusses liegenden Beginns des Güterstands oder eines abweichenden Anfangsvermögens als Beispiel für die Verschaffung einer erhöhten güterrechtlichen Ausgleichsforderung (R 12 Abs. 2 S. 3 ErbStR 2003). Nun aber hat der BFH in dem Urteil, mit welchem er die Rückwirkungssperre des § 5 Abs. 1 S. 4 billigte (BFH/NV 2006, 948 f.) aber ausdrücklich darauf verwiesen, dass dies rechtmäßig sei, weil die Rückwirkung im Bereich des § 5 Abs. 2 ErbStG ihre Bedeutung behalte. In diesem Zusammenhang nennt der BFH ausdrücklich die von ihm gebilligte Güterstandsschaukel und die Enterbung oder Ausschlagung als Möglichkeiten, die güterrechtliche Lösung zu erreichen und damit die rückwirkende Vereinbarung von Zugewinngemeinschaft zur Geltung zu bringen. Der BFH hat den Steuerpflichtigen somit die Handlungsalternativen förmlich aufgezeigt. Eine entscheidungserhebliche Fallkonstellation hatte er freilich noch nicht zu beurteilen. Die Rechtsprechung folgt jedoch dem BFH. So hat das FG Düsseldorf (EFG 2006, 1447) entschieden, dass bei Vereinbarung der Zugewinngemeinschaft „rückwirkend vom Beginn der Ehe an" die Zugewinnausgleichsforderung von Todes wegen vollkommen steuerfrei bleibt, wenn der Ehegatte anschließend nicht Erbe oder Vermächtnisnehmer wird. Das FG Düsseldorf sagt ausdrücklich, hierin sei nicht die Schaffung einer erhöhten Ausgleichsforderung zu sehen. Dieser Rechtsprechung hat sich nunmehr auch die Finanzverwaltung angeschlossen. Das bayerische Landesamt für Steuern hat die Rückwirkung anerkannt und angeordnet, das Urteil des FG Düsseldorf in gleich gelagerten Fällen anzuwenden. Zugleich wurde eine Überarbeitung von R 12 Abs. 2 S. 3 ErbStR angekündigt (BayLAfSt DStZ 2006, 782 = DStR 2007, 26; ebenso OFD Rheinland und OFD Münster ErbStB 2007, 73). Diese Änderungen wurden in der Überarbeitung der Erbschaftsteuerrichtlinien 2011 insoweit aufgenommen, als nunmehr die bürgerlichrechtliche Gestaltungsfreiheit der Ehegatten betont wird. Aus dem rückwirkenden Güterstandsbeginn folgt ferner nicht mehr zwingend die überhöhte güterrechtliche Ausgleichsforderung, in solchen Fällen kann nach den Richtlinien eine überhöhte güterrechtliche Ausgleichsforderung vorliegen, sie ergibt sich jedoch nicht aus der Rückwirkung allein (R E 5.2. Abs. 2 ErbStR 2011). Damit stehen die Richtlinien zwar nicht mehr der Rechtsprechung entgegen, sie behalten sich aber dennoch eine Betrachtung jedes einzelnen Falles vor. Hier wäre eine deutlichere Stellungnahme wünschenswert gewesen (für unzureichend halten die Änderung *Tiedtke/Szczesny* FPR 2012, 107, 112). Die Literatur folgert aus der Rechtsprechung denn auch „mit der natürlich gebotenen Vorsicht" (*Geck* ZEV 2006, 62, 63 f.; *J. Mayer* FPR 2006, 129, 135; *Schlünder/Geißler* NJW 2007, 482; detailliert *C. Münch* FamRB 2007, 281), dass abweichende ehevertragliche Gestaltungen im Rahmen des § 5 Abs. 2 ErbStG nunmehr anzuerkennen sind, so dass nach der rückwirkenden Vereinbarung von Zugewinngemeinschaft mit der Vereinbarung der Gütertrennung der Zugewinn während der gesamten Ehezeit unter Inanspruchnahme der Schenkungsteuerfreiheit ausgeglichen werden kann (*von Oertzen* FPR 2012, 103, 106).

2. Zugewinn – Modifikationen. Der Übergang in den gesetzlichen Güterstand erfolgt gelegentlich so, dass auch für diesen Güterstand wiederum bestimmte Modifikationen vereinbart werden (→ Form. G). Mit Blick auf eine später geplante Güterstandsschaukel kann es sinnvoll sein, Modifikationen zu vereinbaren, denn mit der Vereinbarung der späteren Gütertrennung muss der Zugewinn insgesamt berechnet und ausgeglichen werden, um das Steuerprivileg des § 5 Abs. 2 ErbStG nutzbar machen zu können. Hier kann ggf. mit einer Modifikation der Zugewinngemeinschaft zunächst die Höhe des Zugewinns feingesteuert werden.

3. Sonstige Vereinbarungen. → Form. H.I.1 Anm. 12.

4. Kosten. → Form. H.I.2 Anm. 6. Die Aufhebung eines Ehevertrages ist nach GNotKG nicht privilegiert. Vielmehr fällt. da es sich um eine sog. rechtserzeugende Aufhebung handelt, eine 2,0 Gebühr nach KV 21100 an und nicht die 1,0 Gebühr nach KV 21102 Nr. 2 (*Diehn*, Notarkostenberechnungen, 4. Aufl., 2016, Rn. 1586 f.).

2. Aufhebung der Gütertrennung mit Vereinbarung der Zugewinngemeinschaft ab Vertragsschluss

(Urkundseingang → Form. H.I.1)

......

II. Ehevertragliche Vereinbarungen

Ehevertraglich vereinbaren wir was folgt:

1. Mit Ehevertrag des Notars ...... in ...... vom ...... haben wir den Güterstand der Gütertrennung vereinbart, in dem wir heute noch leben. Eine Eintragung in das Güterrechtsregister war nicht erfolgt.
2. Hiermit heben wir diesen Güterstand der Gütertrennung auf und vereinbaren für unsere Ehe den Güterstand der Zugewinngemeinschaft. Die Aufhebung der Gütertrennung wirkt ab dem heutigen Tage.[1]
   Das wesentliche Vermögen eines jeden von uns ist jeweils in einem, dieser Urkunde als wesentlicher Bestandteil beigeschlossenen Vermögensverzeichnis näher aufgeführt. Dieses Vermögen gilt jeweils als Anfangsvermögen.
   Die Anlage, auf die hiermit verwiesen wird, ist wesentlicher Bestandteil und damit Inhalt und Gegenstand dieser Urkunde. Sie wurde vom Notar mitverlesen.[2]
3. ...... ggf. Modifikationen der Zugewinnregelung[3]
4. Hinsichtlich des Versorgungsausgleiches und des Ehegattenunterhaltes bei einer etwaigen Scheidung unserer Ehe verbleibt es bei den gesetzlichen Bestimmungen; hiervon abweichende Vereinbarungen wollen wir derzeit nicht treffen.[4]
5. Die vorstehenden ehevertraglichen Vereinbarungen nehmen wir hiermit gegenseitig an.

...... (Belehrungen und Schlussbestimmungen → Form. H.I.1) ......[5]

Anmerkungen

1. Aufhebung ohne Rückwirkung. Dieses Formular zeigt die Aufhebung der Gütertrennung mit sofortiger Wirkung. Eine Rückwirkung – etwa zur Vorbereitung einer Güterstandsschaukel → Form. H.II.1) – ist hier nicht vorgesehen. Diese Formulierung findet daher Anwendung, wenn es „nur“ um den Wechsel des Güterstandes geht, etwa weil der Pflichtteil im Todesfalle reduziert werden soll (zur Aufhebung in zweiter Urkunde nach Zugewinnausgleich → Form. H.II.4).

2. Vermögensverzeichnis. Beim Übergang in den gesetzlichen Güterstand mit Wirkung ab Vertragsschluss kann das Vermögensverzeichnis empfehlenswert sein, um das Anfangsvermögen nach § 1374 Abs. 1 BGB im Rahmen des Zugewinnausgleichs festzustellen.

3. Zugewinn – Modifikationen. Der Übergang in den gesetzlichen Güterstand erfolgt gelegentlich so, dass auch für diesen Güterstand wiederum bestimmte Modifikationen vereinbart werden (→ Form. G).

4. Sonstige Vereinbarungen. → Form. H.I.1 Anm. 12.

5. Kosten. → Form. H.I.2 Anm. 6 und → Form. H.II.1 Anm. 4.

3. Aufhebung der Gütertrennung und Ausschluss aller sonstigen Ansprüche

(Urkundseingang → Form. H.I.1)

……

II. Ehevertragliche Vereinbarungen

Ehevertraglich vereinbaren wir was folgt:

1. Mit Ehevertrag des Notars …… in …… vom …… haben wir den Güterstand der Gütertrennung vereinbart, in dem wir heute noch leben. Eine Eintragung in das Güterrechtsregister war nicht erfolgt.
2. Hiermit heben wir diesen Güterstand der Gütertrennung auf und vereinbaren für unsere Ehe den Güterstand der Zugewinngemeinschaft. Die Aufhebung der Gütertrennung wirkt ab dem heutigen Tage.
   Das wesentliche Vermögen eines jeden von uns ist jeweils in einem, dieser Urkunde als wesentlicher Bestandteil beigeschlossenen Vermögensverzeichnis näher aufgeführt. Dieses Vermögen gilt jeweils als Anfangsvermögen.
   Die Anlage, auf die hiermit verwiesen wird, ist wesentlicher Bestandteil und damit Inhalt und Gegenstand dieser Urkunde. Sie wurde vom Notar mitverlesen.[1]
3. …… ggf. Modifikationen der Zugewinnregelung[2]
4. Wir sind uns darüber einig, dass mit Abschluss und Durchführung dieses Vertrages derzeit keinerlei güterrechtliche oder vermögensrechtliche Ansprüche der Vertragsbeteiligten gegeneinander mehr bestehen, gleich aus welchem Rechtsgrund sie hergeleitet werden mögen, insbesondere keine Ansprüche wegen Wegfalls der Geschäftsgrundlage oder aus Ehegatteninnengesellschaft sowie aus etwaigem Gesamtschuldnerausgleich.
   Von etwaigen Ansprüchen der Eltern gegen das Schwiegerkind stellen wir uns wechselseitig frei. Dies gilt unabhängig davon, ob die vorstehenden Ansprüche bei Abschluss dieses Vertrages bekannt sind oder nicht.[3]
   Ansprüche auf Unterhalt oder auf Versorgungsausgleich bleiben hiervon jedoch unberührt.[4]
5. Hinsichtlich des Versorgungsausgleiches und des Ehegattenunterhaltes bei einer etwaigen Scheidung unserer Ehe verbleibt es bei den gesetzlichen Bestimmungen; hiervon abweichende Vereinbarungen wollen wir derzeit nicht treffen.[5]
6. Die vorstehenden ehevertraglichen Vereinbarungen nehmen wir hiermit gegenseitig an.

…… (Belehrungen und Schlussbestimmungen → Form. H.I.1) ……[6]

Anmerkungen

1. Vermögensverzeichnis. Beim Übergang in den gesetzlichen Güterstand mit Wirkung ab Vertragsschluss kann das Vermögensverzeichnis empfehlenswert sein, um das Anfangsvermögen nach § 1374 Abs. 1 BGB im Rahmen des Zugewinnausgleichs festzustellen.

2. Zugewinn – Modifikationen. Der Übergang in den gesetzlichen Güterstand erfolgt gelegentlich so, dass auch für diesen Güterstand wiederum bestimmte Modifikationen vereinbart werden (→ Form. G).

3. Schwiegerelternzuwendungen. Der Vorschlag zur wechselseitigen Freistellung von Schwiegerelternansprüchen, der bereits in den letzten Auflagen unterbreitet wurde, ist nunmehr nach der Rechtsprechungsänderung des BGH in diesem Bereich umso notwendiger geworden. In mehreren Urteilen (BGH NJW 2010, 2202; BGH NJW 2010, 2884; BGH NJW 2012, 523; BGH NJW 2015, 690; BGH NJW 2015, 1014) hat der BGH seine Ansicht, dass die Ansprüche der Schwiegereltern im Rahmen der Zugewinnansprüche von Kind und Schwiegerkind mitbehandelt werden, aufgegeben und bejaht nunmehr direkte Ansprüche der Schwiegereltern. Er sieht deren Zuwendung als ehebezogene Schenkung an und gewährt Ansprüche aus Störung der Geschäftsgrundlage. Die Geschäftsgrundlage der Zuwendung sei der Fortbestand der Ehe gewesen, sie sei damit bei Scheidung entfallen, so dass gerichtlich über eine Vertragsanpassung und damit eine (teilweise) Rückgewähr zu entscheiden sei. Da somit diese Ansprüche direkt zwischen Schwiegereltern und beschenktem Schwiegerkind abgewickelt werden, sind bei einer endgültigen Klärung zwischen den Ehegatten diese Ansprüche zusätzlich zu bedenken. Soll jeweils das eigene Kind mit seinen Eltern „abrechnen", so ist eine solche Freistellungsklausel zu erwägen.

Kritisiert wird an der Rechtsprechungswende des BGH, dass dieser die Schwiegerelternschenkung im Anfangs- und Endvermögen einstellt, gemindert um den Rückforderungsanspruch, der aber zum Zeitpunkt der Berechnung des Anfangsvermögens noch gar nicht feststeht, da er unter anderem von der Ehedauer abhängt. So entsteht quasi ein „bewegliches Anfangsvermögen" dessen genaue Größe erst zum Zeitpunkt der Berechnung des Endvermögens feststeht (kritisch *Kogel* FamRB 2010, 309; *Wever* FamRZ 2010, 1047).

4. Abgeltung und Freistellung. Da im Güterstand der Gütertrennung die Bereitschaft zu richterlicher Korrektur ehebezogener Zuwendungen besonders groß ist (→ Form. H. I.1 Anm. 9), sollte überlegt werden, bei einem Wechsel von der Gütertrennung in den gesetzlichen Güterstand klarzustellen, dass aus der Zeit der Gütertrennung und auch der Zeit davor keinerlei sonstige Ansprüche aus der sog. „zweiten Spur" des Eherechtes mehr bestehen (*Bergschneider* Rn. 585 f.). Die gegebene Formulierung geht sehr weit und schließt alle güter- oder vermögensrechtlichen Ansprüche aus. Dies betrifft zum einen etwaige Ansprüche aus Zuwendungen unter Ehegatten, aus Gesamtschuldnerausgleich und Ehegatteninnengesellschaft, aber auch alle sonstigen Ansprüche in diesem Bereich. Es ist daher sorgfältig zu prüfen, ob zwischen den Ehegatten noch aus irgendwelchen besonderen Anspruchsgrundlagen Ansprüche vorzubehalten sind. Vereinbart ist ferner eine Freistellung für etwaige Ansprüche von Schwiegereltern. Eine solche Abgeltungs- und Freistellungsklausel hält die Ehegatten dazu an, anlässlich des Wechsels des Güterstandes etwa noch bestehende Ansprüche zu benennen und ggf. Vereinbarungen über ihren Ausgleich zu treffen. In Verbindung mit dem in der Urkunde enthaltenen Vermögensverzeichnis sind dann die jeweiligen Verhältnisse für die Zukunft klargestellt.

5. Sonstige Vereinbarungen. → Form. H.I.1 Anm. 12.

6. Kosten. → Form. H.I.2 Anm. 16. Neben der Aufhebung des Ehevertrages (→ Form. H.II.1 Anm. 4) dürfte die Freistellung von Schwiegerelternansprüchen wegen § 111 Nr. 2 GNotKG gesondert zu erfassen und zum modifizierten Reinwert des Vermögens zu addieren sein.

4. Güterstandsschaukel – Aufhebung der Gütertrennung in zweiter Urkunde

(Urkundseingang → Form. H.I.1)

. . . . . .

II. Ehevertragliche Vereinbarungen

Ehevertraglich vereinbaren wir was folgt:

1. Wir lebten seit unserer Eheschließung im Güterstand der Zugewinngemeinschaft. Mit Ehevertrag des Notars . . . . . . in . . . . . . vom . . . . . . hatten wir den Güterstand der Gütertrennung vereinbart und den bis dahin angefallenen Zugewinn ausgeglichen. Eine Eintragung in das Güterrechtsregister war nicht erfolgt.[1]
2. Hiermit heben wir diesen Güterstand der Gütertrennung auf und vereinbaren für unsere Ehe den Güterstand der Zugewinngemeinschaft. Die Aufhebung der Gütertrennung wirkt ab dem heutigen Tage.
   Ein Vermögensverzeichnis wollen wir nach Belehrung nicht erstellen.
3. . . . . . . ggf. Modifikationen der Zugewinnregelung
4. Hinsichtlich des Versorgungsausgleiches und des Ehegattenunterhaltes bei einer etwaigen Scheidung unserer Ehe verbleibt es bei den gesetzlichen Bestimmungen; hiervon abweichende Vereinbarungen wollen wir derzeit nicht treffen.
5. Die vorstehenden ehevertraglichen Vereinbarungen nehmen wir hiermit gegenseitig an.

. . . . . . (Belehrungen und Schlussbestimmungen → Form. H.I.1) . . . . . .[2]

Anmerkungen

1. Doppelter Güterstandswechsel. Die Vereinbarung der Gütertrennung mit Zugewinnausgleich als ersten Schritt einer Güterstandsschaukel wurde bereits vorgestellt und kommentiert (→ Form. H.I.3). Wenn nicht in der gleichen Urkunde schon die Wahl zurück in die Zugewinngemeinschaft erfolgt (→ Form. H.I.3 Anm. 3 – Alternative), dann kann später in einer zweiten Urkunde nach obigem Form. die Rückkehr in den gesetzlichen Güterstand vereinbart werden.

Hier sollte die Zugewinngemeinschaft aber nur für die Zukunft gewählt werden, damit wirklich eine gewisse Zeit die Gütertrennung bestand. Rückwirkung verbietet sich, denn es soll nicht für den gleichen Zeitraum mehrfach der gesetzliche Güterstand gewählt sein.

2. Sonstige Vereinbarungen. → Form. H.II.3, → Form. H.II.4.

I. Gütergemeinschaft

I. Begründung und Gestaltung

1. Vorbemerkungen

Die Gütergemeinschaft ist nicht das „Auslaufmodell", als das sie gemeinhin bezeichnet wird. Auch heute noch ist sie vor allem in ländlichen Gebieten Süddeutschlands verbreitet. Darüber hinaus muss der Blick auch in die europäische Zukunft gerichtet werden. Schon bisher ist die Gütergemeinschaft in der Form der Errungenschaftsgemeinschaft der in Europa mit Abstand am weitesten verbreitete gesetzliche Güterstand; wenn es einmal einen einheitlichen europäischen gesetzlichen Güterstand geben sollte, hat die Gütergemeinschaft weitaus bessere Chancen als die Zugewinngemeinschaft (vgl. *Henrich* FamRZ 2002, 1521, 1524); jedenfalls wird sie aller Voraussicht nach eines von zwei zur Wahl gestellten Modellen sein (vgl. *Pintens* FamRZ 2003, 329, 333).

Die Gestaltung der Eheverträge zur Gütergemeinschaft verhält sich **konträr zu der der Zugewinngemeinschaft.** Dort ist die Blickrichtung überwiegend die Ehescheidung und deren Folgen; hier hat man sich jedenfalls bisher fast stets darauf beschränkt, den Status zu begründen und im Übrigen auf die gesetzlichen Regeln zu verweisen. Wenn überhaupt werden die Scheidungsfolgen nur damit angesprochen, dass auf die Bestimmungen des § 1478 BGB verwiesen und vermerkt wird, dass der Notar hierüber belehrt hat.

Das nachfolgend dargestellte Vertragsmuster geht einen von der bisherigen Praxis abweichenden Weg und nutzt Möglichkeiten, die das Gesetz auch bei der Gütergemeinschaft für deren individuelle und zweckmäßige Gestaltung bietet.

In Literatur und notarieller Praxis wird von der Eingehung der Gütergemeinschaft durchgehend abgeraten. Die hierfür vorgebrachten Gründe sind bei näherer Überprüfung nicht stichhaltig, da sie jedenfalls nicht eine derart pauschale Ablehnung stützen. Zutreffend ist, dass die Gütergemeinschaft – jedenfalls in der heute bestehenden Fassung – sich als Güterstand nicht schlechthin eignet; unter bestimmten Voraussetzungen kann sie jedoch dem gesetzlichen Güterstand vorzuziehen sein; auch dann allerdings nur, wenn vertragliche Gestaltungsmöglichkeiten genutzt werden. Zu diesem Ergebnis gelangt auch eine inzwischen vorliegende, eingehende Untersuchung von *Möller*: „Die Gütergemeinschaft im Wandel der Gesellschaft" (Band 5059 der Europäischen Hochschulschriften, Peter Lang Verlag).

Das erste gegen die Gütergemeinschaft ins Feld geführte Argument ist die unzeitgemäße bzw. unhandliche Verwaltung. Die Alleinverwaltung wird jedoch heute kaum mehr vereinbart; sie bietet abgesehen davon auch gegen Verfügungen über Grundbesitz einen besseren Schutz als der gesetzliche Güterstand. Die gemeinschaftliche Verwaltung hat mit dem Gesellschaftsrecht – von der GbR bis zur AG – gemein, dass das gesetzliche Leitbild von einer Gesamtvertretung ausgeht, eine solche jedoch ohne weiteres durch vertragliche Regelung aufgelöst werden kann; ebenso wie beim Gesellschaftsvertrag kann auch beim Ehevertrag eine den praktischen Erfordernissen angepasste Einzelvertretung vereinbart werden. – Als gravierender Nachteil wird die persönliche Haftung beider Eheleute für die Gesamtgutsverbindlichkeiten angesehen. Jedoch tritt in der Praxis auch bei der Zugewinngemeinschaft häufig eine Mithaftung ein, weil vor allem Kreditgeber die Unterschrift beider Ehepartner verlangen, so dass letztlich zu der in der Gütergemeinschaft regelmäßig vereinbarten gemeinschaftlichen Verwaltung kein Unterschied verbleibt. Nur dann, wenn bei Eingehung des Güterstandes einer der Ehepartner erhebliche Verbindlichkeiten hat, haftet der andere für diese mit. – Die teilweise als unlösbar bezeichneten Schwierigkeiten bei der Auseinandersetzung der Gütergemeinschaft relativieren sich ebenfalls im Vergleich zum Gesellschaftsrecht. Die Gütergemeinschaft entspricht in ihrer rechtlichen Konzeption der Gesellschaft bürgerlichen Rechts; sie wird auch wie eine Gesellschaft auseinandergesetzt. Im Unterschied zur Gütergemeinschaft ist im Wirtschaftsleben allerdings noch niemand auf die Idee gekommen, von der Eingehung einer Gesellschaft allein deswegen abzuraten, weil ihre Auseinandersetzung mit Schwierigkeiten verbunden wäre. Wer mit der Auseinandersetzung von Gesellschaften vertraut ist, wird mit der Gütergemeinschaft keine unlösbaren Probleme haben.

Die Gütergemeinschaft ist eine **Ehegesellschaft** und – wie gesagt – wie eine solche konzipiert. Dabei trägt sie den Besonderheiten Rechnung, die nun einmal dadurch gegeben sind, dass die Gesellschafter zugleich Ehepartner sind. Eine jährliche Rechnungslegung, Gewinnermittlung und -verteilung wird nicht verlangt, sondern erst, wenn dies von einem der Ehepartner gewünscht wird. In der Geschäftsführung wird nur für eigenübliche Sorgfalt gehaftet; Ansprüche aus deren Verletzung oder aus Überschreitung der Verfügungsbefugnis werden zur Wahrung des ehelichen Friedens erst in dem Zeitpunkt fällig, zu dem die Ehe ohnehin in die Krise geraten und beendet ist. Vereinfacht ausgedrückt:

Die Gütergemeinschaft empfiehlt sich für alle Konstellationen, in denen die Ehepartner eine Gesellschaft gründen würden, wenn sie nicht miteinander verheiratet wären.

Dann bedarf es auch keiner künstlichen Konstruktion wie die einer Ehegatten-Innengesellschaft; diese Rechtsfigur musste vom BGH ohnehin nur geschaffen werden, um die Unzuträglichkeiten zu beseitigen, die sich in Fällen der ehelichen Zusammenarbeit im gesetzlichen Güterstand ergeben. Besteht dagegen Gütergemeinschaft, ist die Schaffung einer zusätzlich gesellschaftsrechtlichen Verbindung wie die einer GbR entbehrlich (BGH FamRZ 1994, 295, 297).

Wenn also die eheliche Lebensgemeinschaft durch eine berufliche Zusammenarbeit der Eheleute geprägt ist, bietet sich die Gütergemeinschaft als echte Alternative zum gesetzlichen Güterstand an. Die damit verbundene Wertschöpfung tritt wie in der Gesellschaft in eine gesamthänderische Bindung; jeder der Ehepartner ist hieran unmittelbar und ohne Umwege über Hilfskonstruktionen beteiligt. Wenn die Gesellschaft durch Ehescheidung endet, erhält jeder Ehegatte wie ein Gesellschafter seine Einlage zurück, sofern – wie sonst auch – das Gesellschaftsvermögen hierfür ausreicht.

Vor allem dann, wenn die Ehepartner in einem landwirtschaftlichen Betrieb zusammenarbeiten, erscheint die Gütergemeinschaft die dem gesetzlichen Güterstand vorzuziehende Lösung. Ein landwirtschaftlicher Betrieb steht praktisch ausnahmslos bereits zu Beginn des Güterstandes im Eigentum eines der Ehegatten. Wegen § 1376 Abs. 4 BGB wird ein solcher bei Scheidung in der Zugewinngemeinschaft nur mit dem Ertragswert angesetzt. Letzter beträgt regelmäßig nur einen Bruchteil des Verkehrswertes und ist darüber hinaus jedenfalls im letzten Jahrzehnt ständig gesunken; auch wenn die neuen Energien die Ertragssituation der Landwirtschaft verbessern sollen, bleibt eine Wertsteigerung für die Zukunft jedenfalls fraglich. Mangels Wertsteigerung wird im gesetzlichen Güterstand also auch bei jahrzehntelanger Mitarbeit der andere Ehegatte ohne jede Entschädigung bleiben, wenn die Ehe geschieden wird. In der Gütergemeinschaft ist § 1376 Abs. 4 BGB dagegen nicht entsprechend anwendbar. Dort wird ein landwirtschaftlicher Betrieb stattdessen und im Grundsatz mit dem Verkehrswert berücksichtigt. Hierdurch eröffnet sich dem mitarbeitenden Ehegatten im Scheidungsfall zumindest die Chance, an einer während der Ehezeit eingetretenen Wertsteigerung teilzuhaben.

Allerdings führen auch in der Gütergemeinschaft die gesetzlichen Regeln nur dann zu einem Ausgleichsanspruch, wenn während der Ehezeit tatsächlich eine Wertsteigung eingetreten ist. Nachdem das im Bereich der Landwirtschaft sonach überwiegend ausscheidet, wird der falsche Weg eingeschlagen, wenn der Ehevertrag – wie meist immer noch – sich auf den bloßen Verweis auf die gesetzlichen Regeln beschränkt. Ein Ausgleich zwischen den widerstreitenden Interessen der Eheleute kann nur durch eine Abänderung der gesetzlichen Auseinandersetzungsregeln bewirkt werden; das Interesse des mitarbeitenden Ehegatten an einer Vergütung, das des den Hof einbringenden Ehepartners an dessen Erhaltung. Das wird im nachstehenden Formular beispielhaft versucht.

Die rechtliche Begründung vorstehender Thesen wird im einzelnen innerhalb der Anmerkungen zu den Formularen bzw. Checklisten gegeben; ebenso sind die aus der – unzureichenden – gesetzlichen Regelung gebotenen Konsequenzen nachfolgend aufgezeigt.

2. Ehevertrag der Gütergemeinschaft

Die nachstehend vorgeschlagene Fassung beschränkt sich auf den Ehevertrag; natürlich kann sie auch – wie in der Praxis üblich – mit einem Erbvertrag kombiniert werden.

UR. Nr.:

Ehevertrag

Heute, den ......

erscheinen vor mir

Notar[1] in ......

1. Frau ......
2. Herr ......

Die Erschienen zu 1 und 2 haben sich durch ...... ausgewiesen. Auf Ersuchen und bei gleichzeitiger Anwesenheit der Erschienen beurkunde ich ihren Erklärungen gemäß was folgt:

1. Statusvereinbarung, Zugewinnausgleich

Wir haben am ...... geheiratet[2] und sind beide deutsche Staatsangehörige. Einen Ehevertrag haben wir bisher nicht abgeschlossen.

Wir vereinbaren mit Wirkung von heute den Güterstand der

Gütergemeinschaft

nach den Bestimmungen des Bürgerlichen Gesetzbuchs.

Hinsichtlich des hierdurch aufgehobenen gesetzlichen Güterstandes stimmen wir überein, dass der Ehefrau gegenüber dem Ehemann ein Anspruch auf Ausgleich des Zugewinns in Höhe von ...... EUR zusteht.[3]

2. Güterrechtsregister[4]

Wir beantragen, den Güterstand der Gütergemeinschaft sowie die nachstehend getroffene Verwaltungsregelung und ferner den nachfolgend bestimmten Umfang des Vorbehaltsguts[5] in das Güterrechtsregister einzutragen.

3. Verwaltung

Das Gesamtgut verwalten wir gemeinschaftlich.[6] Jedoch hat jeder von uns Vollmacht, den anderen hierbei zu vertreten, ausgenommen Verpflichtungen und Verfügungen über Grundbesitz oder Abschluss von Verträgen, die das Gesamtgut einmalig oder für den

Zeitraum eines Jahres in Höhe von mehr als . . . . . . EUR verpflichten.[7] Die Vollmacht kann jederzeit und ohne Vorliegen eines besonderen Grundes widerrufen werden. Mit Zugang des Widerrufs erlischt auch die Vertretungsbefugnis des Widerrufenden und es gelten die gesetzlichen Regeln über die gemeinschaftliche Verwaltung uneingeschränkt.

4. Vorbehaltsgut[8]

Zum Vorbehaltsgut bestimmen wir alles Vermögen, welches jeder von uns durch Schenkung eines Dritten, von Todes wegen oder mit Rücksicht auf ein künftiges Erbrecht oder als Ausstattung erwirbt, auch wenn eine solche Anordnung durch den Zuwendenden nicht erfolgt ist.[9] Dies gilt für bisherige wie künftige Erwerbe.

Zum Vorbehaltsgut der Ehefrau aus bisherigem Erwerb gehören:[10]. . . . . .

5. Einbringung in das Gesamtgut[11]

In das Gesamtgut haben eingebracht:[12]

Die Ehefrau . . . . . .[13] einschließlich des Zugewinnausgleichsanspruchs[14] gemäß vorstehender Ziffer 1 einen Wert von insgesamt . . . . . .; der Ehemann . . . . . . abzüglich des Betrages der Zugewinnausgleichsverpflichtung einen Wert von insgesamt . . . . . . EUR.

6. Auseinandersetzung bei Ehescheidung[15]

Endet der Güterstand durch Scheidung unserer Ehe,[16] ist die Auseinandersetzung des Gesamtguts in Ergänzung der gesetzlichen Regeln wie folgt durchzuführen:

Stichtag für den Bestand wie die Bewertung des Gesamtguts ist die Zustellung des Scheidungsantrags.[17]

Wird der vom Ehemann eingebrachte landwirtschaftliche Betrieb[18] von ihm zurück übernommen, und ergibt sich hieraus für die Ehefrau ein Ausgleichsanspruch, dessen Auszahlung die Fortsetzung des Betriebes verhindern oder unwirtschaftlich machen würde,[19] kann der Ehemann Herabsetzung oder Stundung seiner Ausgleichsverpflichtung verlangen. Kommt hierüber keine Einigung zustande, wird der Umfang der Herabsetzung oder die Art der Stundung nach billigem Ermessen durch das Schiedsgutachten[20] eines vom . . . . . . Bauernverband benannten, für landwirtschaftliche Bewertungen und Schätzungen öffentlich bestellten und beeidigten Sachverständigen bestimmt. Herabsetzung oder Stundung sind ausgeschlossen, wenn feststeht oder abzusehen ist, dass der Betrieb nicht fortgeführt[21] wird.

Wird der sonach vom Ehemann rückübernommene landwirtschaftliche Betrieb innerhalb von 15 Jahren seit Rechtskraft des Scheidungsurteils ganz oder teilweise veräußert,[22] sind an die Ehefrau für jedes volle Ehejahr zwei Prozent des hierbei erzielten Reinerlöses auszuzahlen, höchstens jedoch 50 Prozent. Reinerlös[23] ist der Betrag, der nach Abzug der betrieblichen Verbindlichkeiten, der Veräußerungskosten einschließlich etwaiger Maklerprovision, sowie der auf Grund der Veräußerung anfallenden Steuern, insbesondere Einkommensteuer,[24] verbleibt. Im Fall der Teilveräußerung entsteht die Verpflichtung nicht, soweit Grundstücke zu Straßenbau oder Flurbereinigungszwecken übertragen oder gegen landwirtschaftliche Grundstücke getauscht werden; sie entfällt, wenn der Erlös innerhalb eines Jahres seit der Veräußerung in den landwirtschaftlichen Betrieb nach Maßgabe der steuerlichen Richtlinien reinvestiert[25] wird. Bei ganz oder teilweiser unentgeltlicher Veräußerung tritt an die Stelle des Veräußerungserlöses der Verkehrswert,[26] ausgenommen, die Überlassung erfolgt an einen gemeinsamen Abkömmling. Soweit die Ehefrau bei der Auseinandersetzung des Gesamtguts eine Ausgleichszahlung erhalten hat, wird diese auf ihren Anteil am Reinerlös angerechnet.[27]

7. Kosten[28]. . . . . .

Vom Notar vorgelesen,
von den Erschienenen genehmigt
und eigenhändig unterschrieben

. . . .

(Unterschrift Beteiligter) (Unterschrift Beteiligter)

. . . . . .

(Unterschrift Notar) Siegel

Anmerkungen

1. Die Begründung der Gütergemeinschaft kann nur durch Ehevertrag und damit ausnahmslos nur in notarieller Form bei gleichzeitiger Anwesenheit beider Eheleute erfolgen, § 1410 BGB. Ehepartner können nach der vorauss. im Oktober 2017 in Kraft tretenden Neufassung des § 1353 Abs. 1 Satz 1 BGB auch Personen gleichen Geschlechts sein.

2. Der Wortlaut stellt auf die heute übliche Handhabung ab, dass der Ehevertrag erst mit oder nach Eheschließung abgeschlossen wird. Seltener erfolgt die Begründung des Güterstandes bereits vor der Heirat. Dann könnte die Formulierung wie folgt lauten: „Wir beabsichtigen die Ehe zu schließen und vereinbaren für diesen Fall den Güterstand der Gütergemeinschaft nach den Bestimmungen des Bürgerlichen Gesetzbuches."

3. Wenn die Eingehung der Gütergemeinschaft der Eheschließung erst einige Zeit nachfolgt und bis dahin der gesetzliche Güterstand gegolten hat, stellt sich mit der hierdurch bewirkten Beendigung die Frage eines Zugewinnausgleichs. Diese erledigt sich keineswegs – was häufig übersehen wird – mit der Begründung der Gütergemeinschaft, jedenfalls dann nicht, wenn der Ehevertrag mit Blickrichtung auf die Folgen einer möglichen Ehescheidung geschlossen wird. Ein – etwa – entstandener Zugewinnausgleichsanspruch hat dann unmittelbare wirtschaftliche Auswirkungen auf die Auseinandersetzung des Gesamtguts (→ Form. I.II.3 Anm. 11). Deswegen empfiehlt es sich im Interesse des ausgleichsberechtigten Ehepartners, das Entstehen und auch den Umfang eines Zugewinnausgleichsanspruchs zu prüfen und vorsorglich im Vertrag festzuhalten.

4. Die Ehegesellschaft Gütergemeinschaft kann wie eine Handelsgesellschaft in einem amtlichen Register, dem Güterrechtsregister, eingetragen werden. Hiervon wird in der Praxis selten Gebrauch gemacht; es findet sich dann im Vertrag die Erklärung: „Eine Eintragung in das Güterrechtsregister wird nicht gewünscht." Das Gegenteil sollte allerdings geschehen. Nach § 1412 BGB muss ein Dritter die sich aus dem Güterstand ergebenden Vertretungsbeschränkungen nur dann gegen sich gelten lassen, wenn er diese entweder kennt oder die Gütergemeinschaft im Güterrechtsregister eingetragen ist (zum Umfang der Eintragung → Anm. 5). Die unterbliebene Eintragung hat daher bei Unkenntnis des Geschäftspartners zur Folge, dass im Außenverhältnis wirksam eine Gesamtgutsverbindlichkeit begründet werden kann, für die beide Ehegatten persönlich haften, und nur im Innenverhältnis dann eine Ersatzforderung des Gesamtguts gegen den Handelnden entsteht, welche bei der Auseinandersetzung – aber erst dann – zu berücksichtigen ist (→ Form. I.II.3 Anm. 6, sowie → Form. I.II.3 Anm. 10).

5. Die Eintragung ins Güterrechtsregister erfasst nicht nur den Güterstand als solchen sondern auch die Verwaltungsart – alleinige oder gemeinschaftliche – sowie auch deren

Änderung; ferner auch die Bestimmung von Vorbehaltsgut, § 1418 Abs. 2 Nr. 1 und Abs. 3 BGB. Auch der Widerruf einer Einwilligung zum selbstständigen Betrieb eines Erwerbsgeschäfts (→ Form. I.II.3 Anm. 10, → Form. I.II.1 Anm. 2) ist ggf. einzutragen. Auch diese Punkte sind wegen der zuvor bereits erörterten Haftung gegenüber Dritten wichtig.

6. Die Eheleute können und sollen bei Abschluss des Vertrages zwischen den beiden vom Gesetz angebotenen Verwaltungsarten – einzelne oder gemeinschaftliche – wählen; unterbleibt eine solche Bestimmung, gilt die gemeinschaftliche Verwaltung, § 1421 BGB. Die Einzelverwaltung wird heute nicht mehr als zeitgemäß angesehen und nur noch selten vereinbart. Zu beiden Verwaltungsformen ergeben sich jedoch Vertretungsbeschränkungen, deren Verletzung zu Ausgleichsansprüchen bei der Auseinandersetzung führen kann (→ Form. I.II.3 Anm. 6).

7. Bei vereinbarter gemeinschaftlicher Verwaltung können die Eheleute nur gemeinsam über das Gesamtgut sowie die einzelnen, zum Gesamtgut gehörenden Gegenstände verfügen, § 1450 BGB. Wie bei Handelsgesellschaften auch empfiehlt es sich, diese starre Regelung durch beschränkte Einzelvertretungsbefugnisse aufzulockern. Der Umfang der jeweils hierzu erteilten Vollmacht lässt sich beliebig bestimmen; das hier vorgeschlagene Modell hat sich als praktikabel erwiesen. Die rechtliche Konstruktion der Vollmachtserteilung bringt den Vorteil, dass eine solche stets widerrufen werden kann, was einen relevanten Unterschied zur Einzelverwaltung ergibt; eine solche kann nämlich nur durch Klage um den Preis der Beendigung des Güterstands herbeigeführt werden, § 1447 BGB. Aus Gründen der Parität empfiehlt es sich ferner, dem Widerruf der Einzelvertretungsmacht des einen Ehepartners das Erlöschen auch der des anderen folgen zu lassen, wie dies durch den im Muster folgenden Nachsatz herbeigeführt wird.

8. Die Eheleute können bestimmte Vermögensgegenstände im Ehevertrag oder auch später (→ Form. I.I.3) aus der gesamthänderischen Bindung des Gesamtguts herausnehmen und in ihrem persönlichen und allein verwalteten Vorbehaltsgut belassen, § 1418 BGB. Hierdurch wird innerhalb der Grenzen des § 1409 BGB die weitestgehende Umgestaltungsmöglichkeit eröffnet. Die Zuweisung zum Vorbehaltsgut kann nicht nur hinsichtlich vorhandener, sondern auch künftig erworbener Gegenstände erfolgen, wobei diese sogar in einem Sachinbegriff oder nach Erwerbsgründen zusammengefasst werden können, nicht jedoch nach einem Bruchteil des Vermögens (Staudinger/*Thiele* § 1418 Rn. 10f.). Das geht soweit, dass das gesamte gegenwärtige, bei Abschluss des Ehevertrages vorhandene Vermögen beider Ehegatten zum Vorbehaltsgut erklärt werden kann (Staudinger/*Thiele* § 1418 Rn. 12), sodass damit im Ergebnis die Wirkungen einer Errungenschaftsgemeinschaft hergestellt werden. Die Grenze der Gestaltungsmöglichkeit liegt nur darin, dass zumindest für die Zukunft das Entstehen von Gesamtgut möglich sein muss. – Eine andere Frage ist allerdings die, ob solche weitgehenden Umgestaltungen Sinn machen. Nach der hier vertretenen Auffassung empfiehlt sich die Gütergemeinschaft, wenn die Eheleute beruflich zusammenarbeiten und als nicht miteinander verheiratete Personen eine Gesellschaft eingehen würden (→ Form. I.I.1: Überlegungen zur Wahl des Güterstandes). Das bei Eingehung des Güterstandes vorhandene Vermögen wird dann wohl benötigt werden, um die beruflichen Ziele umzusetzen, sodass es auch wenig zweckmäßig erscheint, beispielsweise die jeweiligen Erwerbseinkünfte – was möglich wäre – dem Vorbehaltsgut zuzuweisen.

9. Die hier vorgeschlagene konkrete Regelung geht ebenfalls vom Gedanken aus, dass die Eheleute die Ergebnisse ihrer künftigen beruflichen Zusammenarbeit ins Gesellschaftsvermögen/Gesamtgut einbringen wollen. Wenn sonach der Akzent auf der Erwerbstätigkeit liegt, erscheint es angemessen, damit nicht im Zusammenhang stehende Vermögenszuflüsse beim hiervon betroffenen Ehegatten zu belassen. Diese Wirkung tritt bei Zuwendungen durch Dritte nur dann ein, wenn die Zugehörigkeit zum Vorbehaltsgut ausdrücklich angeordnet wird; für den hier vorgesehenen „automatischen" Eingang ins Vorbehaltsgut bedarf es daher der ehevertraglichen Vereinbarung.

10. Zur Bestimmung von Vorbehaltsgut reicht zwar die Nennung eines Sachinbegriffs oder des Erwerbsgrundes aus (→ Anm. 8), jedoch empfiehlt sich zur Klarstellung und darüber hinaus auch wegen der Drittwirkung gemäß § 1412 BGB (→ Form. I.I.2 Anm. 4) die Aufführung der einzelnen Vermögensgegenstände.

11. Mit Eingehung der Gütergemeinschaft wird das bisherige Einzelvermögen der Eheleute „automatisch" Gesamtgut, soweit es nicht zum Vorbehaltsgut bestimmt wird oder Sondergut ist, § 1416 BGB. Unterscheiden sich die Einzelvermögen der Eheleute in ihrem Wert, ist die Einbringung des Ehegatten, der den höheren Vermögenswert hat, als Schenkung an den anderen Ehegatten anzusehen und unterliegt kraft ausdrücklicher gesetzlicher Regelung der Schenkungssteuer, § 7 Abs. 1 S. 4 ErbStG, sofern die nach §§ 16 ff. ErbStG bestehenden Freibeträge überschritten werden. Bei einer vorausgegangen Zugewinngemeinschaft verringert die Zugewinnausgleichsverbindlichkeit (→ Form. II.3 Anm. 11) den Betrag der Schenkung, der sich nach der Hälfte des Differenzbetrages zwischen den jeweiligen Vermögenswerten richtet. Im Hinblick auf diese Regelung übermitteln die Notariate eine Abschrift des die Gütergemeinschaft begründenden Ehevertrages auch der Schenkungssteuerstelle des Finanzamtes.

12. Eine Ausnahme vom Grundsatz des § 1416 BGB, wonach das bei Begründung der Gütergemeinschaft vorhandene Vermögen „automatisch" Gesamtgut wird, kann sich bei Anteilen an einer Personengesellschaft ergeben. Nach BGH (BGHZ 65, 79 = NJW 1975, 1774) ist es rechtlich unmöglich, dass zwei Gesamthandsvermögen nebeneinander bestehen, so dass die Anteile zum Vorbehaltsgut erklärt werden müssen oder Sondergut sind. Allerdings gilt dies – was bisher durchweg übersehen wurde – nur, wenn die Personengesellschaft aus eben diesen beiden Eheleuten besteht. Ist nur einer der Eheleute an einer Personengesellschaft – zusammen mit Dritten – beteiligt, fällt sein Anteil wiederum in das Gesamtgut (OLG München v. 10.9.2009 – 20 W 1961/09; BayObLG DB 1981, 519).

13. Eine Aufzählung der im Zeitpunkt des Ehevertrages jeweils im Eigentum der Eheleute stehenden Vermögensgegenstände und/oder zumindest ihres Wertes ist zwar nicht vorgeschrieben, empfiehlt sich aber, wenn der Ehevertrag auch mit Blick auf die Scheidungsfolgen geschlossen wird. In diesem Fall hat jeder der Ehegatten gemäß § 1478 BGB einen dem des Gesellschafters auf Erstattung seiner Einlage entsprechenden Anspruch auf Ersatz des Wertes des von ihm in das Gesamtgut Eingebrachten, § 1478 BGB (zu den Voraussetzungen und zur Bewertung → Form. I.II.3 Anm. 11). Die Feststellung im Ehevertrag erspart den sonst später oft nur mit Schwierigkeiten zu führenden Nachweis.

14. Die bereits zuvor erwähnte wirtschaftliche Folge einer der Gütergemeinschaft vorausgegangenen Zugewinngemeinschaft wirkt sich auf die nach § 1478 bestehenden Wertersatzforderungen der Eheleute aus. Die Forderung des Ausgleichsberechtigten gilt als von ihm eingebracht; die Ausgleichsverpflichtung des anderen mindert seinen Einbringungswert (BGH NJW 1990, 445 = FamRZ 1990, 256). Auch insoweit empfiehlt sich zur Erleichterung eines späteren Nachweises, die entsprechenden Wertbeträge bereits im Ehevertrag festzuhalten.

15. Die Regeln, die nach Beendigung des Güterstandes die Auseinandersetzung des Gesamtguts bestimmen, sind schon nach dem Wortlaut des Gesetzes zur Disposition der Parteien gestellt, § 1474 BGB. Vereinbarungen hierzu können sowohl zu Beginn als auch während der Auseinandersetzung getroffen werden, ebenso aber auch schon im Ehevertrag mit Blick auf eine mögliche Scheidung. Eine Regelung schon im Ehevertrag empfiehlt sich auch deswegen, weil spätere Änderungen formbedürftig sind (OLG Bremen Beck RS 2010, 335), vor allem, wenn die vom Gesetz in § 1476 Abs. 1 BGB vorgesehene hälftige

Verteilung des Überschusses abgeändert werden soll. – Insbesondere wenn ein landwirtschaftlicher Betrieb in das Gesamtgut eingebracht wird, empfiehlt sich eine solche Abänderung aus den bereits in den Vorbemerkungen sowie nochmals in den nachfolgenden → Anm. 18–23 angegeben Gründen.

16. Eine Klarstellung, dass die vereinbarten Auseinandersetzungsregeln nur für die Ehescheidung gelten, sollte einmal deswegen geschehen, weil die Beendigung des Güterstandes auch durch den Tod eines Ehepartners eintreten kann. Dann aber gelten die gütervertraglichen Auseinandersetzungsregeln nicht; vielmehr fällt der Anteil des Verstorbenen am Gesamtgut in den Nachlass, § 1482 BGB. Tritt der Tod jedoch wiederum nach Beendigung des Güterstandes ein, setzt sich der überlebende Ehegatte mit den Erben nach den gütervertraglichen Regeln auseinander (BGH FamRZ 1980, 989).

17. Im Gegensatz zum gesetzlichen Güterstand gibt es bei der Gütergemeinschaft keinen einheitlichen Stichtag für die Ermittlung und die Bewertung des Gesamtguts; deswegen empfiehlt sich für beides die Vereinbarung eines einheitlichen Stichtages (→ Form. I.II.3 Anm. 4). Die Gründe, die den Gesetzgeber für den Zeitpunkt der Zustellung des Scheidungsantrags bewogen haben, sprechen auch für die Wahl des selben bei der Gütergemeinschaft.

18. Der im Formular wiedergegebene Regelungsvorschlag beruht auf der in der Praxis wohl häufigsten Konstellation einer landwirtschaftlichen Gütergemeinschaft. Auch wenn in einem solchen Fall nach der hier vertretenen Auffassung die Gütergemeinschaft dem gesetzlichen Güterstand vorzuziehen ist, kann deren uneingeschränkte Übernahme gleichwohl zu unbilligen Ergebnissen führen, wie sie durch § 1376 Abs. 4 BGB beim gesetzlichen Güterstand eintreten. Korrekturen sollten daher durch eine spezielle Auseinandersetzungsregelung vorgenommen werden, wie sie im anschließenden Text enthalten und hinsichtlich ihrer Gründe in den folgenden Anmerkungen erläutert ist.

19. Bei der Auseinandersetzung der Gütergemeinschaft werden in Abweichung vom gesetzlichen Güterstand landwirtschaftliche Betriebe im Grundsatz nach dem Verkehrswert bewertet (→ Form. I.II.3 Anm. 7). Wenn während der Ehezeit Teile des landwirtschaftlichen Betriebes Bauland geworden sind, was auch hinsichtlich großer Flächen im Zusammenhang mit Großbauprojekten geschieht, kann die damit verbundene Wertsteigerung bei der Auseinandersetzung zu Ausgleichsansprüchen führen, die aus den Erträgen des Betriebes weder erwirtschaftet noch finanziert werden können. Eine Auseinandersetzung nach den gesetzlichen Regeln würde daher zur Veräußerung oder Liquidation des Betriebes zwingen. Allerdings wäre auch das mit dem gesetzgeberischen Ziel, welches in der Zugewinngemeinschaft durch § 1376 Abs. 4 BGB erreicht werden soll, nicht in Einklang zu bringen, nämlich der Erhaltung leistungsfähiger landwirtschaftlicher Betriebe.

20. Zum Umfang und Einzelheiten einer solchen Herabsetzung oder Stundung lässt sich kein Patentrezept finden; der Inhalt der Regelung wird von den Umständen des Einzelfalles abhängen. Nachdem es hier also nicht um rechtliche sondern um Sachfragen geht, bietet sich deren Festlegung durch die Erholung eines Schiedsgutachtens an.

21. Für die zur Erhaltung des Betriebes vorgesehene Verkürzung des Anspruchs fehlt die Rechtfertigung, wenn mangels dessen Fortführung das Ziel der Erhaltung des Betriebes ohnehin nicht erreicht werden kann; für diesen Fall ist eine Ausschlussregelung vorgesehen.

22. Der zuvor erörterte Ausschluss der Anspruchsbegrenzung sollte im genannten Sinne auf eine weitere Konstellation erweitert werden, als das Regelungsziel der Erhaltung eines Betriebes im Zeitpunkt der Auseinandersetzung des Gesamtguts zwar gewahrt ist, dann aber im Nachhinein vereitelt wird. Der aus dem Erbrecht bekannte Gedanke der Nachabfindung wird hier auf die güterrechtliche Regelung übertragen. Die Grenzziehung bei 15 Jahren ist aus § 17 des Grundstücksverkehrsgesetzes entlehnt, dem eine vergleichbare Fallgestaltung zugrunde liegt. Der Umfang der Nachabfindung kann dabei entweder systematisch bestimmt werden, als der verkürzte Anspruch wieder aufgefüllt wird, oder aber – wie hier vorgeschlagen – an der Dauer der Gesellschaft bzw. der Ehe orientiert werden. – Ein Ausgleich für den weichenden Ehepartner muss aber nicht notwendig an den Fall einer späteren, zweckwidrigen Veräußerung des Hofes anknüpfen. Im Hinblick auf die derzeitige und voraussichtliche wirtschaftliche Situation der Landwirtschaft wird meist eine Wertsteigerung des Gesamtguts in der Ehezeit nicht eingetreten sein, so dass der einheiratende Ehegatte leer ausginge. Eine Entschädigung für die von ihm geleistete Mitarbeit sollte dann aber geringer als dort ausfallen, weil diese aus dem Hof ohne Verkauf nur selten finanziert werden kann.

23. Die Berechnungsgrundlage für die Nachabfindung sollte genau definiert werden. Aufwendungen, welche zwangsläufig mit einer Veräußerung des Betriebes verbunden sind, sollten nicht allein zu Lasten des ausgleichspflichtigen Ehepartners gehen; das gilt insbesondere auch hinsichtlich einer durch die Betriebsveräußerung ausgelösten Einkommensteuerlast (→ Form. I.II.3 Anm. 4).

24. Die so genannte latente Einkommenssteuerlast ist ein Faktor, der auch bei anderen Bewertungsanlässen zu berücksichtigen ist (→ Form. I.II.3 Anm. 4) und demgemäß auch hier Anwendung finden sollte.

25. Als regelungsbedürftig erscheint auch der häufig auftretende Fall einer Teilveräußerung. Nur dann, wenn mit einer solchen ein zweckwidriger Gewinn verbunden ist, sollte dieser der Nachabfindungsverpflichtung unterliegen. Aufwendungen, die der Betriebserhaltung oder -verbesserung dienen, bewegen sich somit im Rahmen des Ziels und sind nicht ausgleichungspflichtig. Wegen in der Praxis schon aufgetretener Streitfragen, welche Aufwendungen in diesem Zusammenhang anerkennenswert sind, hat sich die Verweisung auf die steuerlichen Richtlinien als zweckmäßig erwiesen.

26. Der Verkehrswert als ersatzweise Bemessungsgrundlage soll die Benachteiligung des Nachabfindungsberechtigten durch Unterverbriefungen verhindern.

27. Eine Nachabfindung ist nur dann geboten, wenn und soweit der ausgleichsberechtigte Ehepartner bei der scheidungsbedingten Auseinandersetzung eine Kürzung seines Anspruchs hat hinnehmen müssen. Die hier vorgesehene Anrechnung eines bereits empfangenen Ausgleichsbetrags verhindert, dass eine Besserstellung gegenüber dem Regelfall eintritt.

28. Kosten. Der Gegenstandswert bestimmt sich auch für die Anwaltsgebühren nach §§ 37 ff., 99 ff. GNotKG, da § 23 Abs. 3 S. 1 RVG hierauf ausdrücklich verweist. Maßgebend ist also der zusammen gerechnete Wert des gegenwärtigen Vermögens beider Eheleute nach Abzug der Schulden.

3. Nachträgliche Begründung von Vorbehaltsgut

Vorbehaltsgutvereinbarung

Frau . . . . . . wird mit dieser Urkunde den nachstehend aufgeführten Grundbesitz (Kaufgegenstand) zu Alleineigentum erwerben.[1] Hierzu vereinbaren die Ehegatten Frau . . . . . . und Herr . . . . . . in Ergänzung ihres Ehevertrages, dass Frau . . . . . . diesen Grundbesitz allein als ihr Vorbehaltsgut erwirbt, dieser also Vorbehaltsgut der Ehefrau ist.[2]

Anmerkungen

1. Im Falle eines entgeltlichen Erwerbs von einem Dritten müssten gleich zwei Verträge abgeschlossen werden, um Vorbehaltsgut zu bilden; bei Erwerb eines Grundstücks also zwei notarielle Verträge. Doppelter Aufwand und Kosten lassen sich vermeiden, wenn der andere Ehepartner bereits beim Erwerbsvorgang mitwirkt, was dieser Fassung zugrunde gelegt ist. Die Einbindung in den Erwerbsvertrag sollte so erfolgen, dass die Vorbehaltsgutvereinbarung den Erwerbsregelungen vorangestellt wird. Beim Grundstückskauf beispielsweise nach dem Grundbuchvortrag und vor den Kaufmodalitäten.

2. Ihrem Wortlaut nach lassen die gesetzlichen Bestimmungen die Bildung von Vorbehaltsgut entweder nur bei der Begründung des Güterstandes oder danach durch die Anordnung eines Dritten zu, § 1418 BGB. Sofern die Eheleute nicht schon im Ehevertrag eine Erweiterung vereinbart haben (→ Form. I.I.2 Anm. 4), kann auch nachträglich Vorbehaltsgut gebildet werden, was dann aber für jeden einzelnen Vermögensgegenstand eine Vereinbarung in der Form eines Ehevertrages erfordert. Das gilt sowohl dann, wenn ein bereits vorhandener, zum Gesamtgut gehörender Gegenstand Vorbehaltsgut werden soll (Staudinger/*Thiele* § 1416 Rn. 34), oder aber auch, wenn ein weiterer Vermögensgegenstand erworben wird.

II. Aufhebung und Auseinandersetzung

1. Widerruf der faktischen Alleinverwaltung

Einschreiben/Rückschein

Herrn

. . . . . .

Verwaltung der Gütergemeinschaft[1]

Sehr geehrter Herr . . . . . .,

im Zusammenhang mit der Trennung vertrete ich Ihre Ehefrau auch aus folgendem Anlass:

In der Vergangenheit haben Sie das Gesamtgut allein verwaltet, obwohl im Ehevertrag festgelegt ist, dass nur beide Eheleute gemeinschaftlich verwalten können. Die sich hieraus ergebenden Rechtsfolgen werden zu prüfen sein.[2] Jedenfalls für die Zukunft wird Ihre Ehefrau einseitig von Ihnen durchgeführte Verwaltungsmaßnahmen nicht mehr hinnehmen. Sofern bisher ein Verhalten Ihrer Ehefrau als ausdrückliche oder auch nur stillschweigende Einwilligung angesehen werden könnte, wird eine solche hiermit

widerrufen.

Demgemäß habe ich Sie aufzufordern, ab sofort jedwede einseitige Verwaltungshandlung zu unterlassen und künftig alle Maßnahmen mit Ihrer Ehefrau abzustimmen. Sollten Sie sich hieran nicht halten, wird das Gesamtgut durch solche Maßnahmen nicht verpflichtet und jedenfalls im Innenverhältnis[3] die Haftung aus solchen Geschäften allein Sie persönlich treffen.

Mit freundlichen Grüßen

. . . . . .

Rechtsanwalt/Rechtsanwältin

Anmerkungen

1. Das Muster baut auf der bereits eingangs erwähnten Grundlage auf, dass bei an sich vereinbarter gemeinschaftlicher Verwaltung gleichwohl einer der Ehepartner faktisch die Verwaltung an sich gerissen hat. Soweit in der Praxis ebenso häufig der andere Ehegatte solches – auch stillschweigend – geduldet hat, kann dies als stillschweigend erteilte Vollmacht (vgl. Palandt/*Brudermüller* § 1450 Rn. 2) angesehen werden. Dadurch können sowohl im Außen- wie im Innenverhältnis Gesamtgutsverbindlichkeiten begründet worden sein. Eine abweichende Beurteilung ergibt sich nur dann, wenn der andere Ehegatte sich in Unkenntnis dieser einseitigen Verwaltungsmaßnahmen befunden hat; dann stehen Ersatzansprüche des Gesamtguts gegenüber dem allein verwaltenden Ehegatten wegen Überschreitung der Vertretungsbefugnis oder auch wegen schuldhafter Minderung des Gesamtguts im Raum, und zwar in entsprechender Anwendung des § 1435 S. 3 BGB (BGH FamRZ 1986, 40, 42). Solche sind dann auch bei der Auseinandersetzung zu berücksichtigen (→ Form. I.II.3 Anm. 6). Für die Zukunft gilt es, die genannten Rechtswirkungen oder jedenfalls das Entstehen solcher Ersatzansprüche zu verhindern, was durch den Widerruf einer ausdrücklich oder auch nur stillschweigend erteilten Einwilligung/Vollmacht geschehen kann. Wegen der Voraussetzungen und Folgen eines solchen Widerrufs gegenüber Dritten → Form. I.II.2.

2. Ein gesetzlich geregelter Sonderfall ist bei beiden Verwaltungsformen die Einwilligung zum Betreiben eines Erwerbsgeschäftes durch einen der Ehepartner, §§ 1431 bzw. 1456 BGB. Dieser greift auch dann, wenn der Ehegatte weiß, dass der andere ein Erwerbsgeschäft betreibt, hiergegen aber keinen Einspruch erhebt. Im Gegensatz zur ehevertraglich geregelten Alleinverwaltung kann die ausdrückliche oder stillschweigende Einwilligung zum Betreiben eines solchen Erwerbsgeschäfts jedoch stets und einseitig widerrufen werden, §§ 1431 Abs. 3 bzw. 1456 Abs. 3 BGB. Die im Mustertext enthaltene Widerrufserklärung als solche würde an sich auch für einen solchen Fall ausreichen; jedoch kann es sich unter den gegebenen Voraussetzungen empfehlen, in einem Nachsatz klarzustellen, dass sich der Widerruf auch auf das Betreiben des Erwerbsgeschäftes bezieht.

3. Der Widerruf bisheriger Einwilligung kann jedoch die wirksame Begründung einer Gesamtgutsverbindlichkeit nicht ausschließen, solange die güterrechtliche Vertretungsbeschränkung dem Dritten nicht bekannt war (zu den entsprechenden Maßnahmen → Form. I.II.2). Erlangt die einseitige Verwaltungshandlung mangels Unkenntnis der Vertretungsbeschränkung Wirkung gegenüber dem Gesamtgut, bleibt der handelnde Ehegatte nur im Innenverhältnis gegenüber dem Gesamtgut ersatzpflichtig (→ Form. I.II.3 Anm. 6).

2. Sperrung eines Bankkontos

Einschreiben/Rückschein

. . . . . .-Bank[1]

Konto[2] Nr. . . . . . .

Sehr geehrte Damen und Herren,

ich vertrete gemäß anliegender Vollmacht[3] Frau . . . . . ., welche mit ihrem Ehemann das vorbezeichnete Oder-Konto[4] errichtet hat.

In der bisherigen Handhabung dieses Kontos wurden die güterrechtlich bestehenden Verfügungsbeschränkungen nicht beachtet. Die Eheleute haben gemäß des in beglaubigter Abschrift beigefügten Ehevertrages den Güterstand der Gütergemeinschaft mit gemeinschaftlicher Verwaltung des Gesamtguts vereinbart. Das vorbezeichnete Konto gehört zum Gesamtgut. Verfügungen hierüber können daher gemäß § 1460 BGB rechtswirksam nur gemeinschaftlich erfolgen.

Für die Zukunft wird hiermit jedwede ausdrückliche oder stillschweigende Einwilligung meiner Mandantin hinsichtlich einseitiger Verfügungen durch ihren Ehemann

widerrufen.

Auf Grund des vorstehenden Hinweises hat Ihr Institut im Sinne des § 1412 BGB Kenntnis von der gesetzlichen Verfügungsbeschränkung erlangt. Sollten gleichwohl noch einseitige Verfügungen durch den Ehemann zugelassen werden, wird meine Mandantin den sich hieraus ergebenden Schaden gegenüber Ihrem Institut geltend machen.

Hieran ändert sich auch nichts,[5] wenn nach den Geschäftsbedingungen ein Widerruf der mit Begründung des Oder-Kontos eingeräumten Einzelverfügungsbefugnis nur durch Vereinbarung aller Beteiligten erfolgen kann. Die hierin enthaltene Änderung der güterrechtlichen Verwaltungsregelung ist rechtsunwirksam, nachdem eine solche nur in Form einer notariellen Beurkundung hätte vorgenommen werden können, § 1410 BGB.

Mit freundlichen Grüßen

. . . . . .

Rechtsanwalt/Rechtsanwältin

Anmerkungen

1. Die mit diesem Formular erteilte Widerrufserklärung betrifft das Außenverhältnis. Eine solche kommt nicht nur gegenüber Banken sondern bei allen dauernden Geschäftsverbindungen in Betracht. Die sich für die Gütergemeinschaft aus dem Gesetz ergebenden Verfügungsbeschränkungen entfalten im Außenverhältnis nur dann Wirkung, wenn dem Geschäftsgegner der Bestand der Gütergemeinschaft und die vereinbarte gemeinschaftliche Verwaltung bekannt war oder die Gütergemeinschaft und die gemeinschaftliche Verwaltung im Güterrechtsregister eingetragen sind, § 1412 BGB. Nachdem eine solche Eintragung nur selten geschieht, dient das Formularschreiben der Herbeiführung dieser Kenntnis bei künftigen Geschäftsvorfällen.

2. Insgesamt kommen drei Konstellationen in Betracht: Bei einem so genannten Und-Konto handelt es sich um ein gemeinschaftliches Konto, über das beide Eheleute auch nur gemeinsam verfügen dürfen; die banktechnische Regelung entspricht der gesetzlichen, sodass in einem solchen Fall kein Handlungsbedarf besteht. – Bei einem dem Formulartext zugrunde gelegten so genannten Oder-Konto handelt es sich ebenfalls um ein auf den Namen beider Eheleute errichtetes Konto, über das jedoch jeder Einzelverfügungsbefugnis hat. Das Anschreiben dient dem Widerruf dieser Verfügungsbefugnis; soweit hierzu banktechnische Besonderheiten bestehen, wird hierauf nachstehend näher eingegangen. – Auch wenn allein auf den Namen des anderen Ehegatten ein so genanntes Einzel-Konto geführt wird, sollte und kann ein Widerruf der Verfügungsbefugnis erfolgen. Die bisherige Handhabung kann allenfalls als Einwilligung in ein faktisches Verwalterhandeln gewertet, jedoch dann für die Zukunft widerrufen werden, wenn das EinzelKonto zum Gesamtgut gehört und nicht etwa – was zu prüfen wäre – zum Vorbehaltsgut des anderen Ehegatten erklärt worden ist (→ Form. I.II.3 Anm. 3).

3. Der Widerruf ist eine einseitige Willenserklärung, welche vom Geschäftsgegner zurückgewiesen werden könnte, sofern nicht – wie im Text vorgesehen – eine Vollmacht beigefügt war, § 174 BGB.

4. Wenn abweichend von der Ausgangslage nicht ein Oder-Konto sondern ein Einzel-Konto des anderen Ehegatten besteht, sollte der zweite Halbsatz lauten: „deren Ehemann . . . . . . bei Ihnen das vorbezeichnete Einzelkonto errichtet hat".

5. Die an dieser Stelle anschließende Begründung ist nur erforderlich, wenn ein Oder-Konto besteht; im Falle eines Einzel-Kontos des anderen Ehegatten entfällt sie ersatzlos. – Nach der Rechtsprechung des BGH (NJW 1991, 420) kann ein Oder-Konto nicht durch einseitige Erklärung in ein Und-Konto umgewandelt werden. Diese Rechtsfolge wird daraus abgeleitet, dass nach den Bankbedingungen eine Abänderung der dadurch begründeten Einzelverfügungsbefugnis eine Vereinbarung der beiden Kontoinhaber sowie auch der Bank voraussetzt. Allerdings ist diese Entscheidung offensichtlich nicht zum Fall einer bestehenden Gütergemeinschaft ergangen. Die sich hieraus ergebenden Besonderheiten müssen zu einer abweichenden Beurteilung führen. Die genannten Bankbedingungen enthalten im Ergebnis eine einseitig unwiderrufliche Verteilung der Verwaltungsbefugnis und damit eine Abänderung der ehevertraglichen Verwaltungsregelung. Eine solche kann rechtswirksam jedoch nur in der notariellen Form des Ehevertrages vorgenommen werden (OLG Saarbrücken FamRZ 2002, 1034), selbst wenn die geänderte Regelung an sich nicht formbedürftig gewesen wäre (OLG Bremen Beck RS 2010, 15253). Die Bankbedingungen können hier also keine Rechtswirkung entfalten.

3. Checkliste: Auseinandersetzungsbilanz

Vorbemerkungen

Grundlage jeder Auseinandersetzung ist ein Vermögensstatus der Eheleute. Seine Notwendigkeit erschließt sich sofort, wenn man sich die gesetzlichen Teilungsregeln und vor allem deren Reihenfolge vor Augen führt. Zunächst Berichtigung der Gesamtgutsverbindlichkeiten nach § 1475 BGB; danach Erstattung des Wertes des von den Eheleuten jeweils Eingebrachten, § 1478 BGB; erst als letztes die hälftige Aufteilung eines – etwa – noch verbliebenen Überschusses, § 1476 BGB. Die Summe der Aktiva abzüglich der Summe der Passiva ergibt die Teilungsmasse; einmal hinsichtlich des Wertverhältnisses, in dem der Betrag der Gesamtgutsverbindlichkeiten zum Betrag der Werterstattungsansprüche sowie zu dem Betrag des Überschusses stehen; zum anderen hinsichtlich der einzelnen Vermögensgegenstände, die nach vorrangiger Bedienung der Gesamtgutsverbindlichkeiten noch in der Teilungsmasse verbleiben. Wertersatzanspruch und Überschussanteil ergeben das jeweilige Auseinandersetzungsguthaben des Ehepartners, an dessen Betrag die Zuteilung der nach Berichtigung der Gesamtgutsverbindlichkeiten verbliebenen Vermögensgegenstände auszurichten ist.

Erst aus der hieraus gewonnenen Übersicht lassen sich die die Eheleute interessierenden Fragen beantworten: Welchen Vermögenswert sie bei der Auseinandersetzung zu erwarten haben und auch, ob sie einzelne, in das Gesamtgut eingebrachte Gegenstände, insbesondere eine Immobilie oder einen Betrieb, zurückerhalten können. Jede Verteilungsmaßnahme, die vor Erlangung dieser Übersicht getroffen wird, ist regressträchtig.

Im Einzelnen sollte wie folgt vorgegangen werden:

Checkliste

1. Erfassung aller Vermögenspositionen

Die Gewinnung einer Übersicht erfordert im ersten Schritt die
- **Sammlung aller ersichtlichen Aktiv- und Passivpositionen.**

Hierbei ersichtlich gewordene Lücken können durch
- **Auskunftsansprüche**

geschlossen werden; solche bestehen bei vertraglicher Alleinverwaltung nach § 1435 BGB, bei faktischer in dessen entsprechender Anwendung (BGH FamRZ 1986, 40, 42); im Auseinandersetzungsstadium aus § 1472 BGB (OLG Hamm FamRZ 1979, 810, 811) und erstrecken sich auf den aktuellen Stand des Gesamtguts (OLG Stuttgart FamRZ 1979, 809, 810). – Solche Auskunftsansprüche bestehen allerdings nur zwischen den Eheleuten selbst, nicht aber gegenüber Dritten wie z.B. der Bank (LG Kleve FamRZ 2005, 275).
Vorsorge gegenüber auch danach noch bleibenden Unsicherheiten kann durch die Vereinbarung einer

- **Nachtragsbilanz**

getroffen werden, welche vorsieht, dass bei Übersehen eines Vermögensgegenstandes entweder eine neue Gesamtbilanz erstellt wird, oder aber eine Nachtragsauseinandersetzung nur hinsichtlich dieses Gegenstandes stattfindet.

2. Gliederung der Vermögenspositionen

In Abweichung zur Handels- oder Steuerbilanz ist eine Einordnung in bestimmte Gruppen wie Anlage- oder Umlaufvermögen nicht erforderlich, sondern sogar ungünstig, weil bei der später vorzunehmenden Erstellung eines Teilungsplans solche Gruppierungen erst wieder aufgelöst werden müssten. Es genügt eine Ordnung nach lediglich drei Gesichtspunkten:

- **Trennung nach Aktiva und Passiva,**

was keiner näheren Begründung bedarf. Im weiteren ist danach zu differenzieren, ob die vorhandenen

- **Passiva gegenüber Dritten oder den Eheleuten**

bestehen. Hierdurch soll die Feststellung des Betrages der im ersten Rang zu befriedigenden Verbindlichkeiten ermöglicht werden; eine solche ist auch hinsichtlich des Gesamtbetrags der nachstehend noch näher behandelten Werterstattungsansprüche der Eheleute gemäß § 1478 BGB erforderlich, weil diese verhältnismäßig zu kürzen sind, wenn der Wert des nach Bedienung der Drittverbindlichkeit verbliebenen Vermögens hierzu nicht ausreicht. Als drittes ist eine etwaige Verbindung zwischen Aktiva und Passiva zu beachten und vergleichbar einem Insolvenz-Status nach

- **freien und belasteten Aktiva**

zu unterscheiden, weil Letztere für eine Zuteilung an die Eheleute nicht zur Verfügung stehen.

3. Beschränkung auf das Gesamtgut

Nach dem Aufbau der Bilanz geht es nun an die Feststellung, welche der insgesamt aktuell vorhandenen Vermögensgegenstände ihrer Rechtsnatur nach zum Gesamtgut gehören; auf sie ist die Auseinandersetzung beschränkt, § 1471 Abs. 1 BGB.

Das Gesamtgut lässt sich am einfachsten negativ definieren; ausgenommen hiervon sind

- **das Vorbehaltsgut,**

welches sich dadurch kennzeichnet, dass es nur auf Grund einer Vereinbarung oder Gestaltungserklärung entstehen kann und gemäß § 1418 BGB in drei Formen möglich ist: Vermögensgegenstände, die durch Ehevertrag oder durch Dritte hierzu bestimmt sind, sowie schließlich Surrogate von Gegenständen, die einmal zum Vorbehaltsgut gehört haben. Ausgenommen ist ferner das

- **Sondergut.**

Das sind nach der Definition des § 1417 Abs. 2 BGB Gegenstände, die nicht durch Rechtsgeschäft übertragen werden können, sodass also im Gegensatz zum Vorbehaltsgut kein Gegenstand durch Vereinbarung zum Sondergut gemacht werden kann. Die in der Praxis wichtigsten Fälle: Unpfändbare Forderungen, insbesondere der unpfändbare Teil von Lohn- und Gehaltsansprüchen; Nießbrauch, Ansprüche aus einer persönlichen Dienstbarkeit; Anteile an einer OHG (BGH LM § 260 Nr. 1), der Anteil des phG an einer KG (BGHZ 57, 128), Urheberrechte. Ausgenommen ist schließlich der

- **Hausrat,**

welcher zwar an sich ins Gesamtgut fallen würde, aber als eine unabhängig vom Güterstand anzuwendende vorrangige Regelung nach § 1568b BGB angesehen wird.

Alles was nicht zu den drei vorgenannten Ausnahmen gehört ist also Gesamtgut.

4. Begrenzung in zeitlicher Hinsicht

Die Beschränkung auf das Gesamtgut wird durch eine zeitliche Komponente ergänzt, welche sich grundsätzlich aus der

- **Beendigung des Güterstandes**

ergibt. Diese kann durch Rechtskraft des Scheidungsurteils (BGH FamRZ 1982, 991), Aufhebungsvertrag (§ 1414 S. 2 BGB), durch Rechtskraft eines Aufhebungsurteils (§§ 1449, 1470 BGB) eintreten; auch mit dem Tod eines Ehegatten endet der vereinbarte Güterstand, jedoch folgt dem keine Auseinandersetzung sondern es gelten die erbrechtlichen Regeln (§ 1482 BGB); nur dann, wenn der Tod erst nach vorangegangener Beendigung des Güterstandes eintritt, setzt sich der Überlebende mit den Erben nach den zwischen Ehegatten geltenden Regeln auseinander (BGH FamRZ 1980, 989).

An die Stelle des gesetzlichen Beendigungszeitpunkts kann auch eine

• **Stichtagsvereinbarung**
treten. Eine solche lässt sich grundsätzlich formfrei schließen (BGH NJW 1982, 2327), sofern sie nicht den Güterstand ändert oder eine Verpflichtung zum Erwerb oder Veräußerung eines Grundstücks mitenthält.
Für das sonach auszuscheidende Vermögen der Eheleute gilt: Alles was nach dieser zeitlichen Grenze erworben wird, bleibt Alleineigentum des Erwerbers, wozu insbesondere auch Einkünfte aus Erwerbstätigkeit gehören (vgl. Palandt/*Brudermüller* § 1471 Rn. 2); für Verbindlichkeiten hat derjenige Ehegatte einzustehen, der sie eingegangen ist; Ausnahmen mit der Folge einer Gesamtgutsverbindlichkeit können durch Vereinbarung oder deren Auslegung eintreten (OLG München FamRZ 1996, 290).
Soweit sich diese zeitliche Begrenzung auf die einzelnen Vermögensgegenstände auswirkt, wird das nachstehend näher behandelt.

5. Feststellung der einzelnen Aktiva

Nach den vorstehend aufgezeigten Regeln ist nun hinsichtlich jeder einzelnen Position des Aktivvermögens zu prüfen, ob sie ihrer Rechtsnatur wie des zeitlichen Rahmens zufolge in die Auseinandersetzung einzubeziehen sind. Für die danach ausgeschiedenen ist in einem weiteren Schritt und zusätzlich zu prüfen, ob sie nicht in Ausnahme der vorstehenden Regeln doch noch einzubeziehen sind, was sich nach § 1473 BGB beurteilt. Hinzu gehören
• **auf Grund eines zum Gesamtgut gehörenden Rechts erworbene Gegenstände.**
Das sind beispielsweise Mieteinnahmen einer zum Gesamtgut gehörenden Immobilie (BGH FamRZ 1984, 559, 561). Erfasst sind weiter die
• **als Ersatz für die Zerstörung, die Beschädigung oder Entziehung eines zum Gesamtgut gehörenden Gegenstandes erworbenen.**
Hierzu gehören beispielsweise Versicherungsleistungen. Einzubeziehen sind weiter die
• **durch ein auf das Gesamtgut bezogenes Rechtsgeschäft erworbenen**
Gegenstände, beispielsweise Erlöse aus der Veräußerung eines zum Gesamtgut gehörenden Gegenstandes, was insbesondere auch durch die Auseinandersetzung selbst bewirkt werden kann, als ein Gegenstand zum Zwecke der Aufteilung oder der Befriedigung von Gesamtgutsverbindlichkeiten versilbert werden muss.

6. Ansprüche des Gesamtguts gegen die Eheleute

Zu den einzubeziehenden Aktiva gehört auch eine gütergemeinschaftsspezifische Besonderheit, deren Vorliegen beachtet werden muss.
Das Entstehen dieser Ansprüche wirkt sich während der Gütergemeinschaft nicht aus; sie werden gemäß §§ 1446 bzw. 1468 BGB erst mit Beendigung des Güterstandes fällig; bis dahin ist auch der Eintritt der Verjährung wegen § 207 BGB ausgeschlossen. Zweck dieser Regelung ist die Wahrung des ehelichen Friedens. Die Forderungen sind als Aktiva in die Auseinandersetzungsbilanz aufzunehmen und – zusätzlich – mit dem jeweiligen Guthaben des betroffenen Ehegatten zu verrechnen (BGH FamRZ 1986, 40, 42). Im Einzelnen sind das Ansprüche aus
• **schuldhafter Verminderung des Gesamtguts.**
Eine Haftung des verwaltenden Ehegatten hierfür kann sich aus einer Überschreitung der Verwaltungskompetenz oder durch sonstige, schuldhafte Handlungen ergeben; ersteres bei vereinbarter Alleinverwaltung durch Überschreitung der nach §§ 1423 bis 1425 BGB bestehenden Beschränkung; bei gemeinschaftlicher Verwaltung durch Maßnahmen, die ohne Mitwirkung des anderen vorgenommen werden und die gleichwohl Wirkung für das Gesamtgut haben können, wenn dem Geschäftspartner die gesamthänderische Bindung nicht bekannt war (vgl. § 1412 BGB und die Ausführungen unter Ziffer 10). Zum zweiten schädigende Verwaltungsmaßnahmen, sofern die auch hierfür gemäß § 1359 BGB geltende eigenübliche Sorgfalt verletzt wurde. Anspruchsgrundlage ist § 1435 S. 3 BGB, bei vertragsgemäßer Alleinverwaltung in direkter, bei vereinbarter gemeinschaftlicher Verwaltung und Überschreitung der Kompetenz in entsprechender Anwendung (BGH FamRZ 1986, 40, 42). Ferner gehören hierzu Rechtsgeschäfte, welche nach
• **Widerruf der Vollmacht oder der Einwilligung**
durch den anderen Ehegatten abgeschlossen worden sind. Die zuvor angesprochenen Vertretungsbeschränkungen werden in der Praxis häufig durch ausdrückliche oder stillschweigende Vollmachtserteilung oder Genehmigung durchbrochen; ein gesetzlich geregelter Sonderfall dessen ist der selbständige Betrieb eines Erwerbsgeschäfts, §§ 1431 bzw. 1456 BGB. Der Widerruf

erlangt im Außenverhältnis nur Wirksamkeit, wenn er dem Geschäftspartner auch bekannt war, §§ 170 ff. BGB. Bei fehlender Kenntnis kann also im Außenverhältnis eine Gesamtgutsverbindlichkeit wirksam entstehen, die dann auch dort in die Bilanz aufgenommen werden muss. Hinzu kommen können auch

- **Prozesskosten.**

Die §§ 1441 und 1443 bei Alleinverwaltung bzw. 1463 und 1465 treffen bei gemeinschaftlicher Verwaltung differenzierte Regelungen. Sie erlangen vor allem für das Scheidungsverfahren praktische Bedeutung, weil im Innenverhältnis die Kosten den Ehepartner treffen, der sie nach allgemeinen Vorschriften zu tragen hat. Wurden solche Kosten aus dem Gesamtgut bestritten, ist das bei der Auseinandersetzung auszugleichen. Auch

- **Verwendungen für Vorbehalts- oder Sondergut**

können Ersatzansprüche auslösen, was im Einzelnen in den §§ 1441 bzw. 1467 BGB geregelt ist. Dasselbe gilt für eine

- **übermäßige Ausstattung**

von Kindern, was sich nach §§ 1444 bzw. 1466 BGB beurteilt. Schließlich ist auch zu prüfen, ob in der Vergangenheit

- **unerlaubte Handlungen**

von einem der Ehepartner begangen worden sind, für die im Außenverhältnis zwar das Gesamtgut (Palandt/*Brudermüller* § 1459 Rn. 2) haftet, im Innenverhältnis jedoch der Handelnde allein, §§ 1441 Nr. 1 bzw. 1463 Nr. 1 BGB.

7. Bewertung der Aktiva

Neben einer Sammlung der Vermögensgegenstände ist deren Bewertung unabdingbar. Nur so lässt sich feststellen, ob die im ersten Rang zu befriedigenden Drittverbindlichkeiten durch die Aktiva gedeckt sind; zum zweiten auch, ob die Wertersatzansprüche der Eheleute bedient werden können; und schließlich, ob darüber hinaus auch ein Überschuss vorhanden ist, der zwischen den Eheleuten geteilt werden kann. Wesentlich ist dabei, dass die Bewertungsfeststellungen vor der nächsten Auseinandersetzungsstufe, dem Teilungsplan, getroffen werden.

Im Grundsatz gilt auch hier der Verkehrswert, sodass auf die Ausführungen unter → Form. G.V.1–3 verwiesen werden kann; jedoch bestehen zwei Ausnahmen. Im Gegensatz zur Zugewinngemeinschaft gibt es

- **keinen einheitlichen Bewertungsstichtag;**

maßgebend ist vielmehr der Zeitpunkt, in dem die für den jeweiligen Vermögensgegenstand erforderlichen Übertragungsakte vollzogen werden; bei Immobilien also die Eintragung des Übernehmers in das Grundbuch (BGH FamRZ 1984, 254, 256; 1986, 40, 41). Gerade deswegen empfiehlt es sich, auch hierzu einen einheitlichen Bewertungsstichtag zu vereinbaren (→ Form. I.I.1 Anm. 6).

Die zweite Ausnahme bilden die zum Gesamtgut der Gütergemeinschaft häufig gehörenden

- **landwirtschaftlichen Betriebe.**

§ 1376 Abs. 4 BGB, der für die Zugewinngemeinschaft eine Bewertung nach dem Ertragswert vorsieht, ist für die Gütergemeinschaft nicht entsprechend anwendbar (BGH FamRZ 1986, 776). Vom Ansatz gilt hier wie sonst der Verkehrswert, der jedoch nach der eben zitierten Entscheidung des BGH in der Modifikation des Betriebsfortsetzungswertes ermittelt werden muss. Letzterer bestimmt sich im Wesentlichen nach drei Faktoren: der Betriebseinheit, also dass von einer gedachten Veräußerung des gesamten Betriebes, nicht jedoch der einzelnen Grundstücke im Sinne des Liquidationswertes auszugehen ist; Betriebsfortsetzung, wonach sich der Wert nach dem Preis bestimmt, den ein den Betrieb fortsetzender Landwirt zahlen würde; Ertragslage, die in der Landwirtschaft derzeit und regelmäßig ungünstig ist und dann wohl zu einem Abschlag gegenüber dem allgemeinen Verkehrswert führen muss. Eine einheitliche Bewertungsmethode hat sich bisher nicht entwickelt; der BGH sieht das als „Aufgabe des sachverständig beratenen Tatrichters". Wie bei allen Betrieben wirkt sich auch die latente Einkommenssteuerlast aus, welche auch bei der Auseinandersetzung der Gütergemeinschaft zu berücksichtigen ist (BGH FamRZ 1986, 776, 779); sie ermittelt sich aus der Differenz zwischen dem – gedachten – Veräußerungserlös/Betriebsfortsetzungswert und dem Buchwert des Betriebes (BGH FamRZ 1991, 43, 48); sie ist ein Bewertungsfaktor und also unabhängig davon anzusetzen, ob es tatsächlich auch zu einer Veräußerung des Betriebes kommt (BGH FamRZ 1991, 43, 48). An dieser Rechtsprechung hat der BGH gegen alle Angriffe in der Literatur festgehalten und dabei nochmals herausgestellt, dass der Abzug nicht einmal eine Veräußerungsabsicht voraussetzt und in Abweichung seiner bisherigen Rechtsprechung der Steuersatz nach den zum Stichtag geltenden Voraussetzungen anzuwenden ist und nicht etwa der bei einer gedachten künftigen Veräußerung tatsächlich anfallende (NJW 2011, 2572). Der für eine Veräußerung nach Vollendung des 55. Lebensjahres nach § 34 Abs. 3 EStG geltende halbe Steuersatz gelangt also nicht zur Anwendung, wenn diese Voraussetzung erst nach dem Stichtag erfüllt werden würde.

8. Freie und belastete Aktiva

Im Sinne der eingangs aufgeführten Gliederungspunkte muss jeder einzelne Gegenstand des Aktivvermögens schließlich daraufhin überprüft werden, ob er belastet oder frei ist. Nur freie Vermögensgegenstände können in die „Teilungsmasse" fallen, also in der nächsten Auseinandersetzungsstufe, dem Teilungsplan, den einzelnen Eheleuten unter Anrechnung auf ihr Auseinandersetzungsguthaben zugewiesen oder versilbert werden.
Die sonach mit Vorrang zu prüfende Bindung kann sich zunächst aus einer
- **Belastung zu Gunsten Drittgläubigern**

ergeben, weil der Gegenstand deren Ansprüche sichern soll; also Grundpfandrechte bei Immobilien und im Übrigen Sicherungsübereignung oder -abtretung. Im Weiteren kann sich auch eine Bindung zugunsten der Ehegatten selbst ergeben, als diese ein
- **Rückübernahmerecht**

an einem in das Gesamtgut eingebrachten Gegenstand, insbesondere Immobilien bzw. (landwirtschaftlichen) Betrieben haben. § 1477 Abs. 2 BGB gibt jedem Ehegatten das Recht, bei der Auseinandersetzung Gegenstände zurück zu übernehmen, die er entweder bei Begründung der Gütergemeinschaft eingebracht oder während dieser durch Erbfolge, durch Vermächtnis oder mit Rücksicht auf ein künftiges Erbrecht, durch Schenkung oder als Ausstattung erworben hat. Dieses Rückübernahmerecht bezieht sich im Gegensatz zum nachstehend behandelten Wertersatzanspruch auf den konkreten Vermögensgegenstand und setzt demgemäß voraus, dass dieser im Zeitpunkt der Auseinandersetzung noch im Gesamtgut vorhanden ist; Surrogate werden grundsätzlich nicht erfasst (BGH FamRZ 1998, 817, 818). Veränderungen sind unbeachtlich, soweit sie die Identität des eingebrachten Gegenstandes nicht berühren, beispielsweise Maßnahmen der Flurbereinigung (BGH FamRZ 1998, 817, 818) oder Umbauten der auf dem Grundbesitz vorhandenen Gebäude (OLG Nürnberg OLGZ 82, 375). Der Gegenstand muss grundsätzlich im Alleineigentum zumindest in Anwartschaft (OLG Stuttgart FamRZ 1996, 1474, OLG Düsseldorf FamRZ1993, 194) des Ehegatten gestanden haben; Teilrechte reichen nicht aus, ausgenommen Erwerbe aus einer vorausgegangenen Erbengemeinschaft (BGH FamRZ 1998, 817, 818). Landwirtschaftliche Betriebe gelten auch dann als eingebracht, wenn sie durch einen unter Lebenden abgeschlossenen Übergabevertrag einem Ehegatten vor oder während der Gütergemeinschaft überlassen worden sind (BGH FamRZ 1986, 776).

9. Feststellung der einzelnen Passiva

Bei den Passiva gibt es keine Bewertungsbesonderheiten, da diese zum Nominalbetrag angesetzt werden. Jedoch muss ebenso wie bei bei den Aktiva in zeitlicher Hinsicht jede einzelne Verbindlichkeit geprüft werden, ob sie in die Auseinandersetzungsbilanz aufzunehmen ist oder nicht. Eine Einschränkung kann sich wiederum nach der Rechtsnatur ergeben, als nur
- **Gesamtgutsverbindlichkeiten**

einzubeziehen sind. Nicht jede während der Ehezeit eingegangene Verbindlichkeit muss notwendig eine Gesamtgutsverbindlichkeit sein; Einzelheiten insoweit werden nachstehend behandelt. Das zeitliche Moment kann sich hier in zweierlei Hinsicht und unterschiedlich auswirken; alle zu
- **Beginn des Güterstandes**

vorhandenen Verbindlichkeiten werden zwangsläufig Gesamtgutsverbindlichkeiten, gleichgültig ob sie durch rechtsgeschäftliches Handeln oder auf Grund Gesetzes oder nur in der Person eines der Ehegatten entstanden sind (Palandt/*Brudermüller* § 1459 Rn. 2). Bei der Auseinandersetzung wirken sich solche allerdings nur dann aus, wenn sie dann noch bestehen; dafür kommen langfristige Verbindlichkeiten wie Darlehen in Betracht; aber auch solche zwischen den Eheleuten auf Zugewinnausgleich aus vorangegangenem gesetzlichem Güterstand, welche dann allerdings im Rahmen des Wertersatzanspruchs zu erfassen sind (→ Nr. 11). Den Gegenpol bildet bei der zeitlichen Beschränkung die
- **Beendigung des Güterstandes;**

danach können Gesamtgutsverbindlichkeiten schon begrifflich nicht mehr entstehen (BGH FamRZ 1986, 40, 41). Auch hier gilt eine Ausnahme für Zinsen aus von den Eheleuten vor

Beendigung des Güterstandes aufgenommenen Darlehen (OLG Zweibrücken FamRZ 1992, 821). An die Stelle der Beendigung des Güterstandes kann auch wie bei den Aktiva eine Stichtagsvereinbarung treten (→ Nr. 7). Einzubeziehen sind auch Verbindlichkeiten, die

- **gegenüber den Eheleuten**

bestehen. Das sind neben den bereits zuvor erwähnten Ausgleichsansprüchen aus vorangegangener Zugewinngemeinschaft insbesondere solche auf Wertersatz, die ihrer besonderen Bedeutung wegen → Nr. 11 gesondert behandelt werden.

10. Drittverbindlichkeiten

Sind die relevanten Verbindlichkeiten erfasst, muss zwingend eine Aufteilung dahin vorgenommen werden, ob es sich um solche gegenüber Dritten (echte Gesamtgutsverbindlichkeiten) oder gegenüber den Eheleuten (unechte) handelt. Der Grund hierfür liegt in dem unbedingt zu wahrenden

- **Vorrang der Drittverbindlichkeiten.**

§ 1475 BGB drückt nicht nur aus, dass „zunächst" diese Verbindlichkeiten zu berichtigen sind; eine Verletzung dieses Gebots führt dazu, dass die Eheleute nach der Auseinandersetzung für nicht berichtigte Drittverbindlichkeiten persönlich als Gesamtschuldner haften, § 1480 BGB. Wie diese Berichtigung im Einzelnen zu geschehen hat, wird in der Checkliste Teilungsplan behandelt. Hier soll die Aufteilung eine jeweils zusammenfassende Bewertung der echten wie der unechten Gesamtgutsverbindlichkeiten ermöglichen, um einen weiteren Rang zu berücksichtigen, nämlich das

- **Wertverhältnis zu den Aktiva.**

Reicht nämlich der Wert der nach Berichtigung der Drittverbindlichkeiten verbleibenden Aktiva nicht aus, um auch die gegenüber den Eheleuten bestehenden Verbindlichkeiten zu bedienen, müssen sich die Eheleute eine verhältnismäßige Kürzung ihrer Forderungen gefallen lassen, § 1478 Abs. 1 BGB, weil nun einmal nur das verteilt werden kann, was auch vorhanden ist. In einem solchen Fall muss dann auch der dritte Schritt, die Teilung eines Überschusses, zur Gänze entfallen. Von den sonach aussortierten Drittverbindlichkeiten führen nicht alle zwangsläufig zu einer Haftung des Gesamtguts. Sie müssen vielmehr weiter dahin überprüft werden, ob hierfür eine Haftung des Gesamtguts oder nur die

- **persönliche Haftung eines Ehegatten**

entstanden ist oder aber im Außenverhältnis zwar das Gesamtgut haftet, jedoch hieraus im

- **Innenverhältnis Alleinhaftung**

folgt. Der erste Fall führt dazu, dass die Verbindlichkeit bei der Auseinandersetzung überhaupt unberücksichtigt bleibt; sie muss vom betroffenen Ehegatten allein aus seinem Vorbehalts- oder Sondergut oder dem nach Auseinandersetzung erworbenen Vermögen bedient werden; im zweiten Fall ist aber nicht nur die sich hieraus ergebende Regressforderung in die Bilanz einzusetzen (→ Nr. 6) sondern auch die Verbindlichkeit als Gesamtgutsverbindlichkeit einzubeziehen (BGH FamRZ 1986, 40, 42). Demgemäß können sich je nach Sachverhalt unterschiedliche Voraussetzungen und Folgen ergeben, welche zugleich im Korrelat zu den vorstehend unter → Nr. 6 aufgeführten Ersatzansprüchen stehen. Werden also bei der ehevertraglich vereinbarten

- **Alleinverwaltung**

des Gesamtguts durch einen der Ehepartner die nach §§ 1423 bis 1425 BGB bestehenden Verfügungsbeschränkungen nicht beachtet, haftet nicht das Gesamtgut, sondern der Verwalter persönlich. Bei

- **gemeinschaftlicher Verwaltung**

wird das Gesamtgut gemäß § 1460 nur bei Mitwirkung beider Ehepartner verpflichtet, andernfalls der Handelnde wiederum alleine haftet. In beiden Fällen kann aber durch ausdrückliche oder stillschweigende

- **Einwilligung oder Genehmigung**

doch eine wirksame Gesamtgutsverbindlichkeit herbeigeführt werden. Als Sonderfall dessen ist auch hier wiederum die Einwilligung zum Betrieb eines selbstständigen

- **Erwerbsgeschäfts**

nach §§ 1431 bzw. 1456 BGB zu beachten. In allen Fällen der beschränkten Vertretungsmacht und des Widerrufs einer Einwilligung kann aber gleichwohl bei

- **Unkenntnis des Vertragspartners**

eine Gesamtgutsverbindlichkeit wirksam im Außenverhältnis begründet werden, wenn das Bestehen der Gütergemeinschaft nicht im Güterrechtsregister eingetragen ist, § 1412 BGB. Im

Unterschied dazu wird jedenfalls im Außenverhältnis eine Gesamtgutsverbindlichkeit aus gesetzlichen Tatbeständen stets begründet; dies gilt insbesondere für Verbindlichkeiten aus

- **unerlaubter Handlung,**

für die jedoch im Innenverhältnis allein der Handelnde haftet (→ Nr. 6); ferner auch für

- **Unterhaltsverpflichtungen**

gegenüber Dritten, sofern sie auch nur der in Person eines der Ehepartner entstanden sind, §§ 1420, 1604 BGB, was allerdings hier wegen des Grundsatzes der zeitlichen Begrenzung nur für Unterhaltsrückstände Bedeutung erlangen kann.

11. Verbindlichkeiten gegenüber Ehegatten

Einer gesonderten Prüfung sind auch die Verbindlichkeiten des Gesamtguts zu unterziehen, welche nur bei der Auseinandersetzung und nur dann zu berücksichtigen sind, wenn die nachstehend im einzelnen dargestellten Voraussetzungen vorliegen. § 1478 Abs. 1 BGB gibt einen Wertersatzanspruch, allerdings dem Wortlaut nach nur dann, wenn der Güterstand durch

- **Ehescheidung**

beendet wurde; nach der Begründung des Gesetzgebers (BT-Drucks. 7/650 S. 103) gilt dies jedoch auch, wenn die Auseinandersetzung einer durch Aufhebungsurteil vorausgegangenen Beendigung folgt. Inhaltlich richtet sich der Anspruch auf

- **Wertersatz;**

er gleicht dem Anspruch eines Gesellschafters auf Erstattung seiner Einlage und besteht – im Gegensatz zum Rückübernahmerecht – unabhängig davon, ob der eingebrachte Gegenstand, dessen Wert ersetzt verlangt wird, im Zeitpunkt der Auseinandersetzung noch vorhanden ist oder nicht. Im weiteren Unterschied dazu bezieht er sich nur auf den Wert und nicht auf den Gegenstand selbst. Rückübernahmerecht und Wertersatzanspruch bestehen nebeneinander und können auch unabhängig voneinander geltend gemacht werden (BGH NJW 1952, 1313 = FamRZ 1986, 40, 41). Allerdings zählt nicht jedweder Erwerb als eine den Wertersatzanspruch auslösende Einbringung; die in § 1478 BGB aufgeführten Erwerbstatbestände müssen beachtet werden. Hierzu gehören alle Vermögenswerte eines Ehegatten, die bei

- **Beginn des Güterstandes**

in seinem Eigentum standen, § 1478 Abs. 2 Nr. 1 BGB. Ferner solche, die von Todes wegen oder mit Rücksicht auf ein künftiges

- **Erbrecht**

oder durch

- **Schenkung oder Ausstattung**

erworben wurden, § 1478 Abs. 2 Nr. 2 BGB sowie Rechte, die mit dem Tod eines Ehegatten erlöschen oder deren Erwerb durch den Tod eines Ehegatten bedingt ist, § 1478 Abs. 2 Nr. 3 BGB. Bedeutsam ist ein Unterfall des erbmäßigen Erwerbs, nämlich die

- **Übergabe eines landwirtschaftlichen Betriebes,**

die zwar schon zu Lebzeiten erfolgt, gleichwohl aber als Einbringung im Sinne des § 1478 Abs. 2 BGB anerkannt ist; an dieser Einordnung ändert sich nichts dadurch, dass im Verbund damit Abfindungsleistungen an die so genannten weichenden Erben zu erbringen sind (BGH FamRZ 1986, 883, 884).

Als eingebracht zählt auch ein

- **Zugewinnausgleichsanspruch**

eines Ehepartner aus einer der Gütergemeinschaft vorausgegangenen Zugewinngemeinschaft. Die sich hieraus in der Person des anderen Ehegatten ergebende Verbindlichkeit mindert dessen Wertersatzanspruch (BGH NJW 1990, 445 = FamRZ 1990, 256). Der methodische Ansatz für die Einbeziehung liegt darin, dass die Schlussbilanz der Zugewinngemeinschaft zugleich die Eröffnungsbilanz der Gütergemeinschaft bildet; der im Zugewinnausgleich bereinigte Stand des jeweiligen Endvermögens ergibt zugleich den Wertersatzanspruch, gegebenenfalls ergänzt um den Wert späterer Einbringungen.

Alle Einbringungswerte sind gemäß § 1478 Abs. 3 BGB nach dem Stichtag der Einbringung zu ermitteln und auch bei der Gütergemeinschaft um die seitdem eingetretene Geldentwertung zu bereinigen (BGH FamRZ 1982, 991), was auch für eingebrachtes Barvermögen zu erfolgen hat (BGH FamRZ 1990, 256). Dabei hat die Bewertung nach derselben Methode zu erfolgen, wie sie zum Auseinandersetzungs-Stichtag angewendet wurde. Diesen, in der Literatur seit langem anerkannten Grundsatz hat der BGH inzwischen bestätigt (FamRZ 2016, 1044 Tz. 54).

12. Bilanzbeispiel

Bei der in der Praxis häufig vorkommenden Auseinandersetzung einer landwirtschaftlichen Gütergemeinschaft könnte eine Auseinandersetzungsbilanz wie folgt aussehen:

			Euro
A	**Aktiva**		
	1. Landwirtschaftlicher Betrieb einschließlich Inventar belastet wegen Darlehen B I 1		600.000
	2. Kontokorrentguthaben		20.000
	3. Lebensversicherung		10.000
	4. Privater Pkw		20.000
	5. Forderung gegen Ehemann aus Verwalterhandlung		10.000
	Summe der Aktiva		660.000
B	**Passiva**		
	I. Verbindlichkeiten gegenüber Dritten		
	1. Bankdarlehen – gesichert auf Betrieb A 1 –		400.000
	2. Lieferantenverbindlichkeit		10.000
	Zwischensumme		410.000
	II. Verbindlichkeiten gegenüber Eheleuten		
	1. gegenüber Ehemann		
	a) aus eingebrachtem landwirtschaftlichen Betrieb	300.000	
	b) vermindert um Zugewinnausgleichsschuld gegenüber Ehefrau	40.000	
	Zwischensumme		260.000
	2. gegenüber Ehefrau aus Zugewinnausgleich		40.000
	3. gegenüber Ehefrau aus Bareinbringung		20.000
	Zwischensumme		320.000
Gesamtsumme der Verbindlichkeiten			730.000

Die Auswertung der Bilanz und die Umsetzung der hieraus folgenden Erkenntnisse werden in der **Checkliste Teilungsplan** dargestellt → Form. I.II.4.

4. Checkliste: Teilungsplan

Vorbemerkungen

Den Teilungsplan kann man als spiegelbildliche Fortentwicklung der Auseinandersetzungsbilanz sehen. Wenn dort die einzelnen Vermögenspositionen gesammelt, bewertet und gegliedert wurden, geht es hier um die Auswertung dieser Feststellungen und die Umsetzung der hieraus gewonnen Erkenntnisse in die Verteilung der Vermögensmasse. Blickrichtung sind auch hier wieder die gesetzlichen Teilungsregeln und deren Reihenfolge: Aus den vorhandenen Aktiva müssen zunächst die Drittverbindlichkeiten bedient werden, erst danach kommt eine Erfüllung der Wertersatzansprüche in Betracht und nur wenn dann noch ein Überschuss verbleibt, kann dieser verteilt werden. Hierin eingebunden ist auch die Erfüllung der Rückübernahmerechte der Eheleute an einzelnen Gegenständen, welche wiederum nur mit Rücksicht auf diese Regeln erfolgen kann. Der sonach aufgestellte Teilungsplan ist die unabdingbare Grundlage einer Auseinandersetzungsvereinbarung und bestimmt auch den Antrag im güterrechtlichen Verfahren nach §§ 261 ff. FamFG.

Checkliste

1. Auswertung der Auseinandersetzungsbilanz

Das Verhältnis zwischen dem Wert der Aktiva einerseits und dem Gesamtbetrag der Drittverbindlichkeiten wie auch der Verbindlichkeiten gegenüber Eheleuten andererseits ergibt drei mögliche Grundkonstellationen, an denen sich die Teilung auszurichten hat. Wenn die Summe der Aktiva sowohl die der Drittverbindlichkeiten wie der Wertersatzansprüche übersteigt, kann man das als

- **positive Auseinandersetzungsbilanz**

bezeichnen. Sie lässt sowohl die volle Befriedigung der Drittverbindlichkeiten wie auch der Wertersatzansprüche der Eheleute zu und weist noch einen Überschuss aus, der dann zwischen den Eheleuten hälftig aufgeteilt werden kann. Das nach vorrangiger Berichtigung der Drittverbindlichkeiten verbliebene Auseinandersetzungsguthaben der Eheleute ermittelt sich dann nach der Formel

- **Auseinandersetzungsguthaben = voller Wertersatz + hälftiger Überschuss.**

Übersteigt der Wert der Aktiva den Betrag der Drittverbindlichkeiten, erreicht aber nicht auch den der Wertersatzansprüche, so kann man das eine

- **negative Bilanz erster Stufe**

nennen. Zwar kann der Vorrang der Drittverbindlichkeiten gewahrt werden; jedoch reicht die danach verbliebene Teilungsmasse nicht aus, um die Wertersatzansprüche der Eheleute voll zu bedienen; diese müssen sich daher eine Kürzung gefallen lassen, die im Verhältnis des Wertes ihrer jeweiligen Einbringung erfolgt. Was ihnen bei der Auseinandersetzung zufällt, bestimmt sich nach der Formel:

- **Auseinandersetzungsguthaben = gekürzter Wertersatz**

Ein Fall dessen ist die in → Form. I.II.3 Anm. 12 dargestellte Beispielsbilanz, aus der sich ebenso beispielsweise die Auseinandersetzungsguthaben betragsmäßig wie folgt errechnen: Der Wert der Aktiva beläuft sich auf 660.000,– EUR; dem stehen als Drittverbindlichkeiten insgesamt 410.000,– EUR gegenüber und als Betrag der Wertersatzansprüche 320.000,– EUR. Die Gesamtsumme der Verbindlichkeiten von 730.000,– EUR übersteigt also den Wert der Aktiva um 70.000,– EUR. Dieser Betrag fehlt für die Zuteilung an die Eheleute und muss aufgeteilt und abgezogen werden. Der Ehemann hat 260.000,– EUR eingebracht, die Ehefrau 60.000,– EUR; das steht im Verhältnis zu 320.000,– EUR wie 81 % zu 19 %. Vom Fehlbetrag in Höhe von 70.000,– EUR trägt also der Ehemann 70.000,– EUR × 0,81 = 56.700,– EUR. Um diesen Betrag kürzt sich sein Wertersatzanspruch von ursprünglich 260.000,– EUR, sodass sein Auseinandersetzungsguthaben 203.300,– EUR beträgt. Entsprechend errechnet sich das Guthaben der Ehefrau auf 70.000,– EUR × 0,19 – 60.000,– EUR = 46.700,– EUR. Die Summe aus Drittverbindlichkeiten von 410.000,– EUR sowie die beiden Auseinandersetzungsguthaben 203.300,– EUR bzw. 46.700,– EUR entspricht nun dem Wert der Aktiva von 660.000,– EUR.

Erreicht der Wert der Aktiva nur den Betrag der Drittverbindlichkeiten oder unterschreitet ihn, so liegt eine

- **negative Bilanz zweiter Stufe**

vor. Der Wert der Aktiva lässt gerade oder nicht einmal die Bedienung der Drittverbindlichkeiten zu. Den Ehegatten kann bei der Verteilung nichts zugewiesen werden, sodass ihr

- **Auseinandersetzungsguthaben = Null**

ist. In einem solchen Fall muss die Einleitung eines Insolvenzverfahrens erwogen werden. Für die Gütergemeinschaft eröffnen die §§ 37 bzw. 333 der Insolvenzordnung die entsprechenden Möglichkeiten.

2. Regelung der Drittverbindlichkeiten

Nach Klärung der Wertverhältnisse kann im nächsten Schritt zur Regelung der Drittverbindlichkeiten übergegangen werden. Diese Reihenfolge ist durch den gesetzlichen

- **Vorrang**

nach § 1475 BGB bestimmt, dessen Nichtbeachtung nicht nur zur persönlichen Haftung der Eheleute für die nach Auseinandersetzung verbliebenen, nicht berichtigten Verbindlichkeiten

gemäß § 1480 BGB führt; unabhängig davon kann auch der andere Ehepartner eine Mitwirkung an der weiteren Auseinandersetzung so lange verweigern, bis die Bedienung der Drittverbindlichkeiten gesichert ist (BGH FamRZ 1988, 813, 815).
Inzwischen ist umstritten, ob das zwangsläufig eine
- **Erfüllung**

voraussetzt. Nach einer Entscheidung des OLG Oldenburg (FamRZ 2011, 1059) soll ein schlüssiger Auseinandersetzungsplan die vorherige Erfüllung aller Gesamtgutsverbindlichkeiten erfordern; sind solche streitig, müsse dies in einem gesonderten Verfahren geklärt werden. Diese Auffassung steht allerdings im Widerspruch nicht nur zum Gesetz, sondern auch zur Rechtsprechung des BGH und führt zu wirtschaftlich unsinnigen Ergebnissen. Denn § 1475 Abs. 1 Satz 2 BGB bestimmt: „Ist eine Verbindlichkeit noch nicht fällig oder ist sie streitig, so müssen die Ehegatten zurückbehalten, was zur Berichtigung dieser Verbindlichkeit erforderlich ist“; als genau das Gegenteil dessen, was das OLG Oldenburg fordert. Auch bereits fällige Gesamtsgutverbindlichkeiten müssen nicht zwangsläufig erfüllt werden; nach der im folgenden behandelten ständigen Rechtsprechung des BGH kann an die Stelle der Erfüllung auch eine Schuldübernahme mit Haftungsentlassung oder eine Sicherheitsleistung treten. Jedenfalls wenn langfristige Verbindlichkeiten wie Darlehen bestehen, wäre die Auseinandersetzung des Gesamtguts über Jahre hinweg ausgeschlossen; auch wenn man noch nicht fällige Verbindlichkeiten vorzeitig erfüllen kann, wäre dann eine Vorfälligkeitsentschädigung nach § 490 BGB zu leisten, die je nach Umfang des Darlehens und Laufzeit der Zinsbindung fünfstellige Beträge erreichen kann. Statt dessen sollten weiterhin unter Hinweis auf die Rechtsprechung des BGH Alternativen berücksichtigt werden und zwar zunächst:
- **Schuldübernahme.**

Der vom Gesetz verlangte Vorrang der Befriedigung der Drittgläubiger soll die Ehepartner vor der bereits erwähnten persönlichen Inanspruchnahme gemäß § 1480 BGB schützen; hierzu besteht jedoch kein Anlass, wenn die persönliche Haftung des Ehegatten auf andere Weise wirksam ausgeschlossen werden kann. Das erfordert jedoch eine Vereinbarung mit dem Gläubiger, nach welcher nicht nur die Verbindlichkeit durch einen der Ehepartner übernommen sondern auch der andere Ehegatte aus der Haftung entlassen wird (BGH FamRZ 1985, 903, 905; 1988, 813, 815). Dabei reicht es aus, wenn die Wirkung erst mit Eintragung des übernehmenden Ehepartners als Alleineigentümer im Grundbuch eintreten soll (OLG München Beschluss vom 10.10.2001 12 UF 1192/01). Eine solche Schuldübernahme führt im Ergebnis dazu, dass der übernehmende Ehepartner gemäß § 426 Abs. 2 BGB an die Stelle des bisherigen Gläubigers tritt, sich also die Wertverhältnisse der Bilanz nicht ändern. Das erlangt vor allem im Zusammenhang mit einem Rückübernahmerecht praktische Bedeutung und wird dementsprechend auch nachstehend (→ Nr. 3) noch näher behandelt.
An die Stelle von Erfüllung und Schuldübernahme kann jedoch auch eine
- **Sicherheitsleistung**

durch einen der Ehepartner treten, nachdem nach der Rechtsprechung des BGH dem Sicherungsbedürfnis des anderen Ehegatten vor einer persönlichen Inanspruchnahme durch die Gläubiger „auch auf jede andere Weise“ Rechnung getragen werden kann (BGH FamRZ 1986, 40, 41). Eine solche Sicherheitsleistung kann entweder aus dem Vorbehalts- oder Sondergut oder einem nach dem Auseinandersetzungsstichtag erworbenen Vermögen erbracht werden, oder aber auch unter Belastung eines dem Rückübernahmerecht unterliegenden Gegenstandes; auch hierauf wird nachstehend bei der Behandlung des Übernahmerechts näher eingegangen (→ Nr. 3).
Je nach Lage des Einzelfalls ist also in dieser Stufe festzuhalten, welche der möglichen Regelungen in Betracht kommt und dementsprechend auch die erste Maßnahme des Teilungsplanes festzulegen. Oft wird dies allerdings nur im Zusammenhang mit einem Rückübernahmerecht erfolgen können, sodass auch der nachfolgend behandelte Punkt in die Überlegung miteinbezogen werden muss.

3. Erfüllung von Rückübernahmerechten

Das inhaltlich schon bei der Auseinandersetzungsbilanz (→ Form. I.II.3 Anm. 8) behandelte Rückübernahmerecht eines Ehegatten entspricht in seiner Wirkung dem aus dem Insolvenzverfahren bekannten
- **Aussonderungsrecht.**

Wesentlich für die Wirkung ist dabei, dass sich auf Grund seiner Erfüllung die Wertverhältnisse der Teilungsmasse nicht verschieben (BGH FamRZ 2007, 625, 627); Korrelat zum Rückübernahmerecht ist nach § 1477 Abs. 2 BGB, dass der rückübernehmende Ehegatte den Wert des heraus-

genommenen Gegenstandes dem Gesamtgut erstatten muss (was allerdings auch durch Verrechnung geschehen kann; → Nr. 4). Der Betrag dieses Ausgleichs ist nach dem Wert zum Zeitpunkt der Auseinandersetzung zu berechnen. Das hat zunächst zur Folge, dass der gegen den rückübernehmenden Ehegatten entstehende Ersatzanspruch des Gesamtguts in der Bilanz an die Stelle des rückübernommen Gegenstands einrückt; zum zweiten, dass wegen des – zusätzlich bestehenden – Wertersatzanspruchs und der schon genannten Verrechnungsmöglichkeit sich im wirtschaftlichen Endergebnis nur eine – etwa – während des Güterstandes eingetretene Wertsteigerung auswirkt.
Darüber hinaus steht das Rückübernahmerecht im direkten Zusammenhang mit der zuvor behandelten Regelung der Drittverbindlichkeiten, denen gegenüber es einen

• **Nachrang**

einnimmt. Das Übernahmerecht muss nämlich zurücktreten, wenn – auch – der zurückzuübernehmende Gegenstand benötigt wird, um die Drittverbindlichkeiten zu bedienen (BGH FamRZ 1985, 903, 904; 1988, 813, 815). Deswegen kann auch der andere Ehegatte gegenüber dem Rückübernahmeverlangen ein Zurückbehaltungsrecht ausüben. Ein Ausweg aus diesem Dilemma ergibt sich auch hier daraus, dass der rückübernehmende Ehegatte die vorrangige Regelung der Drittverbindlichkeiten durch Schuldübernahme oder Sicherheitsleistung herbeiführen und auch das Zurückbehaltungsrecht gem. § 273 Abs. 3 BGB abwenden kann; und zwar auch durch Bestellung einer Höchstbetragssicherungshypothek an eben dem zurückzuübernehmenden Gegenstand selbst. Die Höhe der Sicherheit ist mit der Hälfte des Wertes des zurück übernommenen Vermögensgegenstandes zu bemessen (BGH FamRZ 2007, 625).
Je nach Zusammensetzung der Auseinandersetzungsbilanz im Einzelfall ergeben sich die ersten Maßnahmen aus der Bedienung der Drittverbindlichkeiten in Verbindung mit einem etwa ausgeübten Rückübernahmerecht. Konkret dargestellt wird das in dem nachstehend unter 6 aufgezeigten Beispiel.

4. Verrechnung auf Auseinandersetzungsguthaben

Nachdem die zur Regelung der Drittverbindlichkeiten und der Übernahmerechte zu bedienenden Passivpositionen sowie die benötigten Aktivpositionen in der Auseinandersetzungsbilanz „gestrichen" sind, steht fest, welche Aktivpositionen verbleiben, um im nächsten Schritt die Wertersatzansprüche der Eheleute zu erfüllen. Auch deren Umfang steht entsprechend der vorstehend durchgeführten Ermittlung der jeweiligen Auseinandersetzungsguthaben betragsmäßig bereits fest.
Wie bei der Regelung der Drittverbindlichkeiten auch müssen die Auseinandersetzungsguthaben der Eheleute aber nicht zwingend durch Leistung erfüllt werden; es kommen vielmehr Verrechnungssurrogate zum Zuge. Diese erstrecken sich zunächst auf die

• **Wertersatzverpflichtung aus Rückübernahme.**

Die Ausübung des Rückübernahmerechts wäre nämlich in der Praxis fast stets vereitelt, wenn dem gesetzlichen Leitbild zufolge der rückübernehmende Ehegatte entsprechend § 1477 Abs. 2 BGB den Wert des rückübernommen Gegenstandes in das Gesamtgut einzahlen müsste. Deswegen gibt ihm die höchstrichterliche Rechtsprechung die Möglichkeit, diese Wertersatzverpflichtung mit dem nach § 1478 BGB bestehenden, einen Teil des Auseinandersetzungsguthabens bildenden Wertersatzanspruch zu verrechnen (BGH FamRZ 1988, 926, 927); nur soweit sein Wertersatzanspruch nicht ausreicht, muss er ggf. leisten.
Zum Zweiten besteht ein Verrechnungszwang hinsichtlich der

• **Ersatzansprüche des Gesamtguts gegen die Eheleute,**

wie sie bereits zuvor dargestellt wurden (→ Form. I.II.3 Anm. 6, 9). Diese müssen sich die Eheleute nach ausdrücklicher Anordnung in § 1476 Abs. 2 BGB auf ihr Auseinandersetzungsguthaben anrechnen lassen. Nur soweit das Guthaben hierfür nicht ausreicht, muss der Ehegatte leisten, § 1476 Abs. 2 S. 2 BGB.
In dieser Stufe sind also rein „buchmäßige" Maßnahmen auszuführen, welche sich im einzelnen je nach der Zusammensetzung der Auseinandersetzungsbilanz ergeben und in ihrer konkreten Ausführung ebenfalls im nachstehenden Planbeispiel (→ Nr. 6) dargestellt sind.

5. Teilungsreife

Wenn die betragsmäßig ermittelten jeweiligen Auseinandersetzungsguthaben der Eheleute nicht durch die beiden zuvor beschriebenen Verrechnungsformen bedient werden können, ist eine „kritische" Phase der Auseinandersetzung erreicht. Es muss das Vorliegen der Teilungsreife geprüft werden, die darüber entscheidet, ob die Auseinandersetzung ungehindert fortgesetzt oder zunächst durch Verwertungsmaßnahmen unterbrochen wird. Der Betrag der in diesem Stadium noch verbliebenen Auseinandersetzungsguthaben wird so gut wie nie mit den Wertbeträgen der noch verbliebenen Aktivpositionen übereinstimmen; eine betragsmäßig passende Zuteilung wird somit regelmäßig nicht möglich sein. Aus dieser Erkenntnis heraus sieht das Gesetz in § 1477 Abs. 1 BGB eine Teilung nach den Vorschriften der Gemeinschaft, also eine Versilberung vor, § 753 BGB. Auch diese Regelung ist allerdings in der Praxis die Ausnahme, weil wie bei der Regelung der Drittverbindlichkeiten auch Alternativen in Frage kommen, und zwar die

• **freiwillige Übernahme**

eines Gegenstandes unter Verrechnung seines Wertes auf das Auseinandersetzungsguthaben. Eine solche Übernahme kann zwar einem Ehegatten nicht aufgezwungen werden (Palandt/*Brudermüller* § 1475 Rn. 2 unter Hinweis auf RGZ 73, 41; 85, 1). Umgekehrt kann jedoch ein Ehegatte, der zur Vereinfachung der Auseinandersetzung einen Gegenstand zu übernehmen wünscht, diese Übernahme auch gegenüber dem anderen durchsetzen. Auf Grund nachwirkender ehelicher Treuepflicht sind die Ehegatten gehalten, bei der Auseinandersetzung den schonensten Weg zu beschreiten (OLG Düsseldorf FamRZ 1993, 194, 196) und den Wert des Gesamtguts möglichst zu erhalten (BayObLG FamRZ 2004, 109). Dass auch nach Beendigung des Güterstandes eine solche Verpflichtung fortgilt, folgt aus § 1472 Abs. 3 BGB, der auch im Auseinandersetzungsstadium zu einer ordnungsgemäßen Verwaltung und einer Mitwirkung hieran verpflichtet. Nachdem insbesondere bei Grundstücken in der dann vorzunehmenden Teilungsversteigerung deutlich geringere Erlöse erzielt werden als der Verkehrswert oder beispielsweise bei Lebensversicherungen der im Falle der Kündigung geleistete Rückkaufswert deutlich unter einem Fortsetzungswert liegt, wird nur eine solche Übernahme der „schonendste Weg" sein.

Der betreibende Ehegatte hat es also in der Hand, die Teilungsreife dadurch herbeizuführen, dass er sämtliche der verbliebenen Aktiva unter Anrechnung ihres Wertes übernimmt und den anderen in dem Umfang, als der Wert sein eigenes Auseinandersetzungsguthaben übersteigt, auszahlt, sofern und soweit der andere Ehegatte nicht seinerseits Übernahmewünsche äußert. Nur wenn dieser Weg aus irgendwelchen Gründen nicht beschritten werden kann, hat eine

• **Versilberung**

zu erfolgen, also nach den Regeln des Pfandverkaufs bei Mobilien und durch Teilungsversteigerung bei Grundstücken, §§ 753 BGB, 180 ff. ZVG. Bis zu deren Abschluss muss die Auseinandersetzung zurückgestellt werden; nach Durchführung der Verwertung tritt der Erlös an die Stelle des Vermögensgegenstandes und kann im Verhältnis der dann noch verbliebenen Auseinandersetzungsguthaben verteilt werden. Soweit der Erlös den in die Bilanz bisher eingesetzten Wert nicht erreicht, müssen die Auseinandersetzungsguthaben auf dem bereits unter → Nr. 1 beschriebenen Weg nochmals gekürzt werden.

6. Beispiel für Bilanzauswertung und Teilungsplan

Zur Verdeutlichung der vorstehend zur Auswertung der Bilanz und Erstellung eines Teilungsplans beschriebenen Schritte soll beides nochmals anhand des in → Form. I.II.3 Anm. 12 aufgeführten Bilanzbeispiels rechnerisch und mit konkreten Maßnahmen dargestellt werden.

Der Vergleich zwischen dem Gesamtbetrag der Aktiva (660.000,– EUR) und dem Gesamtbetrag der Passiva (730.000,– EUR) zeigt auf, dass die Bilanz negativ ist. Es verbleibt kein Überschuss, der zwischen den Eheleuten aufgeteilt werden könnte. Der Gesamtwert der Aktiva reicht auch nicht aus, um die Werterstattungsansprüche zusätzlich zu den Drittverbindlichkeiten zu bedienen, sodass diese also wie bereits beschrieben (vgl. 1) auf 203.300,– EUR bzw. 46.700,– EUR gekürzt werden müssen. Diese Beträge sind in die Bilanz anstelle der bisherigen Wertersatzansprüche (260.000,– EUR bzw. 40.000,– EUR + 20.000,– EUR) einzusetzen.

Die zunächst im Vorrang zu bedienenden Drittverbindlichkeiten belaufen sich auf insgesamt 410.000,– EUR. Der Wert der freien Aktiva (A 2 bis 5) von insgesamt 60.000,– EUR reicht offensichtlich nicht aus, um diese zu erfüllen. Hierzu müssten dann also auch die belasteten Aktiva (A 1) im Wert von 600.000,– EUR mitverwertet werden.

Im Zusammenhang mit der Regelung der Drittverbindlichkeiten sind auch die Übernahmerechte zu klären (→ Nr. 3). Ein solches kann im Beispielsfall der Ehemann hinsichtlich des landwirtschaftlichen Betriebes (A 1 bzw. B II 1 a) ausüben, da es sich um einen konkreten, im Gesamtgut noch vorhandenen Vermögensgegenstand handelt; nicht jedoch die Ehefrau, da diese nur Geldwerte (B II 1a und 2) eingebracht hat. Geht man nun davon aus, dass der Ehemann sein Übernahmerecht ausüben will, müsste es wegen des auch insoweit geltenden

Vorrangs der Regelung der Drittverbindlichkeiten zurücktreten, also auch der landwirtschaftliche Betrieb versilbert werden. Dies lässt sich vermeiden, wenn der Ehemann auf die beschriebene Alternativmöglichkeit der Schuldübernahme ausweicht, also das Bankdarlehen (B I 1) übernimmt. Dies wird regelmäßig möglich sein, nachdem der Wert von 600.000,– EUR die Belastung von 400.000,– EUR überschreitet. Aus der Entscheidung hierüber ergibt sich die erste Auseinandersetzungsmaßnahme:
Wird die Betriebs- und Schuldübernahme vom Ehemann nicht durchgeführt, muss die Teilungsversteigerung nach §§ 753 BGB, 180 ff. ZVG eingeleitet werden. Andernfalls hat die Ausübung des Übernahmerechts folgende Wirkungen: Anstelle des landwirtschaftlichen Betriebes rückt an die entsprechende Stelle der Bilanz (A 1) der Werterstattungsanspruch des Gesamtguts gemäß § 1477 BGB gegenüber dem Ehemann ein; an die Stelle der übernommenen Bankverbindlichkeit (B I 1) tritt als Gläubiger der Ehemann. Zugleich wird hierdurch eine Verrechnungsmöglichkeit zwischen den Positionen landwirtschaftlicher Betrieb (A 1) und Bankverbindlichkeit (B I 1) und Werterstattungsanspruch (B II 1) geschaffen, da sie die selbe Person betreffen, sodass hinsichtlich aller drei Positionen „Teilungsreife" besteht. Die erste Maßnahme lautet:

- **Der Ehemann erhält den landwirtschaftlichen Betrieb im Wert von 600.000,– EUR zu Alleineigentum unter Verrechnung gegen seine Ausgleichsforderungen aus Übernahme des Bankdarlehens von 400.000,– EUR und Wertersatz von 203.300,– EUR zurück.**
  Danach verbleibt als restliche Drittverbindlichkeit allein noch die Lieferantenschuld (B I 2) zu bedienen. Liquide Mittel hierfür sind in Form des Kontokorrentguthabens (A 2) in ausreichender Höhe von 20.000,– EUR vorhanden, sodass hierdurch eine direkte Erfüllung erfolgen kann, womit die zweite Maßnahme feststeht:
- **Die Lieferantenschuld von 10.000,– EUR wird aus dem Kontokorrentguthaben bezahlt.**
  Nachdem nunmehr sämtliche Drittverbindlichkeiten geregelt sind, kann eine Zuordnung auf die verbliebenen Auseinandersetzungsguthaben vorgenommen werden, wobei zunächst allerdings die durch die bisherigen Maßregeln eingetretenen Veränderungen zu berücksichtigen sind:

Diese betreffen ersichtlich allein den Ehemann. Er hat ein Auseinandersetzungsguthaben in – gekürzter – Höhe von	203.300,– EUR
sowie die auf ihn übergegangene Forderung aus dem Bankdarlehen von	400.000,– EUR
und schuldet demgegenüber dem Gesamtgut aus dem zurück übernommenen landwirtschaftlichen Betrieb dessen Wert von	600.000,– EUR,
sodass sein Guthaben auf	3.300,– EUR
zusammengeschmolzen ist.	

- Zur Verrechnung auf die Guthaben sind zunächst die verbliebenen Aktiva auf weitere liquide Positionen zu untersuchen. Das ist zunächst die Forderung gegen den Ehemann aus Verwalterhandlung (A 5), die gemäß § 1476 Abs. 2 BGB zwingend vorzunehmen ist. Das ist zugleich die nächste Maßnahme:
- **Die Forderung aus Verwalterhandlung in Höhe von 10.000,– EUR wird mit dem Guthaben des Ehemanes verrechnet.**

Danach ergibt sich also eine Schuld des Ehemanns gegenüber dem Gesamtgut in Höhe von	– 6.700,– EUR,
sowie das gekürzte – bisher noch nicht verrechnete – Guthaben der Ehefrau in Höhe von	+ 46.700,– EUR.
Dem stehen zur Verteilung die restlichen Aktivpositionen gegenüber, nämlich der Restbetrag aus dem Kontokorrentguthaben in Höhe von	10.000,– EUR,
die Lebensversicherung mit	10.000,– EUR,
sowie der Pkw mit	20.000,– EUR.

- Von diesen Positionen ist nur das Rest-Kontokorrentguthaben liquide. Nachdem nur die Ehefrau noch ein Auseinandersetzungsguthaben hat, folgt hieraus die nächste Maßnahme:
- **Das restliche Kontokorrentguthaben wird mit 10.000,– EUR an die Ehefrau unter Verrechnung auf deren Auseinandersetzungsguthaben ausbezahlt.**
  Das Auseinandersetzungsguthaben der Ehefrau beläuft sich danach auf 36.700,– EUR.
  Die noch verbliebenen Positionen sind nicht liquide, sodass (→ Nr. 5) die freiwillige Übernahme zur Herstellung der sonst fehlenden Teilungsreife geklärt werden muss.

Will die Ehefrau die vorgenannten verbliebenen Gegenstände übernehmen, erhält sie auf ihr Guthaben einen Wert von 30.000,– EUR und der Ehemann muss entsprechend seiner Schuld von 6.700,– EUR Zahlung an sie leisten. Die letzte Maßnahme lautet in diesem Fall:

- **Die Ehefrau übernimmt unter Anrechnung von 30.000,– EUR die Lebensversicherung und den Pkw; der Ehemann leistet an sie eine Ausgleichszahlung von 6.700,– EUR.**

Geht man davon aus, dass die Ehefrau keinen weiteren Gegenstand übertragen erhalten möchte und der Ehemann zur Förderung der Auseinandersetzung die Übernahme erklärt, ergibt sich alternativ als letzte Maßnahme:

- **Der Ehemann übernimmt Lebensversicherung sowie Pkw und leistet an die Ehefrau eine Ausgleichszahlung von 36.700,– EUR.**

Nachdem die vom Ehemann zu leistende Zahlung dem restlichen Auseinandersetzungsguthaben der Ehefrau entspricht, ist damit die Bilanz „ausgeglichen" und der Teilungsplan vollständig. Dessen Umsetzung in eine vertragliche Regelung wird nachfolgend dargestellt.

5. Auseinandersetzungsvertrag

Vorbemerkung

Als letzte Stufe der Auseinandersetzung muss noch der Teilungsplan in eine vertragliche Regelung gefasst werden. Dabei können wie in der Mathematik die Maßnahmen, welche sich durch Verrechnung gegenseitig aufheben, „herausgekürzt" werden und die Wiedergabe sich auf den „Saldo" beschränken. Wiederum ausgehend von dem zuvor (→ Form. I.II.4 Anm. 6) beispielhaft dargestellten Auseinandersetzungsplan könnte ein solcher Vertrag wie folgt aussehen:

UR. Nr.:

Auseinandersetzung einer Gütergemeinschaft

Heute, den ......

erscheinen vor mir

Notar[1] in ......

1. Frau ......

– nachstehend Ehefrau genannt –

2. Herr ......

– nachstehend Ehemann genannt –.

Die Erschienen zu 1 und 2 haben sich durch ...... ausgewiesen. Auf Ersuchen und bei gleichzeitiger Anwesenheit der Erschienenen beurkunde ich ihren Erklärungen gemäß was folgt:

§ 1 Statusvereinbarung

Wir haben am ...... die Ehe und zur Urkunde des Notars ...... vom ...... UR-NR. ...... einen Ehevertrag geschlossen, in dem der Güterstand der Gütergemeinschaft vereinbart wurde.

Diesen Güterstand heben wir hiermit auf[2] und vereinbaren für die künftige Dauer unserer Ehe den Güterstand der Gütertrennung.

Hinsichtlich des Gesamtguts der Gütergemeinschaft setzen wir uns wie folgt auseinander:

§ 2 Überlassung von Grundbesitz[3]

Wir sind im Grundbuch des Amtsgerichts ...... von ...... Band ...... Blatt ...... als Gesamtberechtigte in Gütergemeinschaft hinsichtlich des folgenden Grundbesitzes eingetragen:

Flur-Nr.:	Beschreibung:	Fläche:
......	......	......

Die Ehefrau überlässt den vorbezeichneten Grundbesitz an den Ehemann zu dessen Alleineigentum. Beide Eheleute sind sich hinsichtlich des Eigentumsübergangs an dem vorstehend aufgeführten Grundbesitz einig; sie bewilligen und beantragen die Eintragung der Rechtsänderung in das Grundbuch.

Die Überlassung geschieht zu folgenden Bedingungen:

Mitüberlassen an den Ehemann ist das gesamte, zu dem aufgeführten Grundbesitz gehörende lebende und tote Inventar sowie alle mit dem landwirtschaftlichen Betrieb zusammenhängenden Rechte, auch soweit sie nicht im Grundbuch eingetragen sind.

Der Ehemann übernimmt die in Abteilung II und III des Grundbuch eingetragenen Belastungen zur weiteren alleinigen dinglichen und persönlichen Haftung.

Besitz, Nutzen, die laufenden öffentlichen Lasten und Abgaben sowie die Gefahr gehen mit dem heutigen Tage auf den Ehemann über.

Im Übrigen sind als Gegenleistung die nachstehenden Regelungen anzusehen.[4]

§ 3 Schuldübernahme[5]

Der Ehemann übernimmt die gegenüber der Sparkasse ...... bestehende Verbindlichkeit aus dem Darlehen Konto Nr. ...... über 400.000,– EUR[6] zur alleinigen weiteren persönlichen Haftung. Er hat bewirkt, dass die Ehefrau durch die genannte Gläubigerin aus der persönlichen Haftung entlassen ist; eine entsprechende Bestätigung ist als Anlage beigefügt.[7]

§ 4 Zahlungsanweisung[8]

Die Eheleute weisen die Sparkasse ...... hiermit übereinstimmend und unwiderruflich an, aus dem dort auf den Namen der Eheleute unter Nr. ...... geführten Konto einen Teilbetrag in Höhe von 10.000,– EUR an die Firma ...... zum Ausgleich deren Rechnung Nr. ...... zu überweisen; einen weiteren Teilbetrag in Höhe von 10.000,– EUR an die Ehefrau auf deren Konto Nr. ...... bei der ...... Bank, BLZ ......

§ 5 Übertragung von Gegenständen[9]

Die Parteien sind sich einig, dass alle Rechte aus der auf seinen Namen und sein Leben bei der ...... Versicherung unter Police Nr. ...... abgeschlossene Lebensversicherung[10] auch im Verhältnis der Parteien zueinander dem Ehemann allein zustehen.

Der Ehemann erhält den in seinem Besitz befindlichen und auf ihn zugelassenen Pkw ......, amtliches Kennzeichen ......, Fahrgestell Nr. ...... zu Alleineigentum.[11]

§ 6 Ausgleichszahlung, Abgeltung

Der Ehemann leistete an die Ehefrau eine Ausgleichszahlung[12] in Höhe von 36.700,– EUR (in Worten: sechsunddreißigtausendsiebenhundert), die binnen ...... ab heute zur Zahlung fällig und im Falle eines Rückstands ab Fälligkeit mit fünf Prozent über dem Basiszinssatz zu verzinsen ist.

Durch die vorstehend vereinbarte Übernahme von Verbindlichkeiten und Übertragung von Vermögensgegenständen sowie die vorstehende Ausgleichszahlung sind vorbehaltlich Ziffer 7 alle gegenseitigen vermögensrechtlichen Ansprüche der Eheleute abgefunden und erledigt,[13] auch soweit sie sich aus dem der Gütergemeinschaft vorausgegangenen gesetzlichen Güterstand ergeben.[14]

§ 7 Nachtragsauseinandersetzung[15]

Die Eheleute gehen übereinstimmend davon aus, dass mit der vorstehenden Regelung alle Vermögenspositionen des Gesamtguts erfasst sind. Sollte sich herausstellen, dass gleichwohl noch ein weitere Vermögenswert oder eine Verbindlichkeit vorhanden ist, wird hierdurch diese Auseinandersetzungsvereinbarung nicht berührt.[16] Vielmehr ist hinsichtlich des oder der weiteren Vermögensgegenstände bzw. Verbindlichkeiten eine gesonderte Nachtragsauseinandersetzung durchzuführen. Dort sind die Vermögenswerte hälftig zwischen den Eheleuten aufzuteilen; Verbindlichkeiten werden von den Eheleuten hälftig getragen. Im Übrigen gelten die gesetzlichen Regeln auch für die Nachtragsauseinandersetzung.

§ 8 Kosten ......[17]

Vom Notar vorgelesen,
von den Erschienenen genehmigt
und eigenhändig unterschrieben

....
(Unterschrift Beteiligter) (Unterschrift Beteiligter)

......
(Unterschrift Notar) Siegel

Anmerkungen

1. Notarielle Beurkundung ist erforderlich, wenn – wie hier – der bisherige Güterstand aufgehoben wird, § 1410 BGB; unabhängig davon auch, wenn – wie ebenfalls hier – Grundbesitz übertragen wird, § 311b BGB. Ansonsten kann ein Auseinandersetzungsvertrag formfrei geschlossen werden; dies gilt auch für eine Vereinbarung über den Auseinandersetzungsstichtag (BGH NJW 1982, 2327). Ehepartner können nunmehr auch Personen gleichen Geschlechts sein (→ Form. I. II.2 Anm. 1).

2. Das Muster geht von einem Fortbestand der Ehe und einer Änderung lediglich des Güterstandes aus. Dabei sollte jedoch bedacht werden, dass ein Ehevertrag häufig auch erbrechtliche Regelungen enthält, die bestehen bleiben würden, wenn es im Zeitpunkt des Todes eines Ehegatten noch nicht zur Ehescheidung gekommen ist. Wenn also die Ehepartner sich jeweils zum Alleinerben eingesetzt haben, würde das, was bei der Auseinandersetzung des Güterstandes dem Verstorbenen zugefallen ist, wieder auf den anderen Ehepartner übergehen. Ob das gewollt ist, sollte geprüft werden; falls nicht sollte formuliert werden: „Diesen Ehe- und Erbvertrag heben wir hiermit zur Gänze auf ......“. Soll der Auseinandersetzungsvertrag geschlossen werden, nachdem die Ehe bereits geschieden und damit der Güterstand beendet ist, kann dieser Satz entfallen; zur Klarstellung sollte jedoch an dessen Stelle aufgeführt werden: „Dieser Güterstand ist durch den am . . . . . . rechtskräftig gewordenen Scheidungsbeschluss des Familiengerichts . . . . . . Aktenzeichen . . . . . . beendet.“

3. Die Überlassung des Grundbesitzes erfolgt hier in Erfüllung eines im Beispielsfall vom Ehemann ausgeübten Rückübernahmerechts nach § 1477 Abs. 2 BGB. Dessen im Gesetz geschriebenen wie auch aus der Rechtsprechung sich ergebenden Voraussetzungen sind → Form. I.II.3 Anm. 11 dargestellt worden. Die allgemeinen, sich auf den Grundbesitz als solchen beziehenden Konditionen sind unter dieser Ziffer geregelt; die Bedingungen im Sinne einer Gegenleistung enthalten die nachfolgenden Ziffern.

4. Mit diesem Satz soll klargestellt werden, dass die Überlassung des Grundbesitzes einerseits und die nachfolgenden Regelungen andererseits in einem Abhängigkeitsverhältnis stehen, was bei etwaigen Streitigkeiten über die Auslegung des Vertrages Bedeutung erlangen kann.

5. Die hier geregelte Schuldübernahme ist der in der Praxis bedeutsamste Fall der vom Gesetz verlangten vorrangigen Regelung der Gesamtgutsverbindlichkeiten, § 1475 BGB. Die Einzelheiten sind → Form. I.II.4 Anm. 2 behandelt.

6. Das vorliegende Muster eines Auseinandersetzungsvertrages ist aus dem Beispielsfall des → Form. I.II.4 Anm. 6 enthaltenen Teilungsplan entwickelt. Soweit das Vertragsmuster die Umsetzung dieses Teilungsplans beinhaltet, sind an dieser Stelle und auch nachfolgend die sich aus den Beispielen ergebenden konkreten Beträge zum „Wiederfinden“ mitaufgeführt.

7. Die Schuldübernahme allein reicht zur Regelung der Gesamtgutsverbindlichkeiten nicht aus; zusätzlich ist die Entlassung des anderen Ehegatten aus der persönlichen Haftung durch den Gläubiger erforderlich. Auch hierzu kann auf die Ausführungen → Form. I.II.4 Anm. 2 verwiesen werden. Wesentlich ist in diesem Zusammenhang, dass die Haftungsentlassungserklärung des Gläubigers spätestens im Zeitpunkt des Auseinandersetzungsvertrages vorliegen muss (BGH FamRZ 1985, 903; 1988, 813); andernfalls die Auseinandersetzung verweigert werden kann.

8. Außer durch Schuldübernahme und Sicherheitsleistung lässt sich die vorrangige Regelung der Drittverbindlichkeiten dem gesetzlichen Leitbild entsprechend auch durch Erfüllung vornehmen. Im hier zugrunde gelegten Beispielsfall wird eine liquide Vermögensposition, nämlich ein Kontokorrentguthaben, teilweise dazu verwendet, die Forderung eines Drittgläubigers zu bedienen; zugleich aber auch, um – was ebenso ohne weiteres möglich ist – das Auseinandersetzungsguthaben eines der Ehepartner teilweise auszugleichen.

9. Die hier enthaltene Übertragung von Gegenständen unterscheidet sich grundlegend von der unter vorangegangener Ziffer 2 des Vertrages behandelten Ausübung eines Rückübernahmerechts. Hier handelt es sich um eine freiwillige Übernahme, die insbesondere dazu benutzt werden kann, um die erforderliche Teilungsreife herbeizuführen. Die Übernahme von Gegenständen unter Anrechnung auf das jeweilige Auseinandersetzungsguthaben wird von dem Ehepartner erklärt werden, der die Auseinandersetzung fördern will. Zu einer Übernahme von Gegenständen kann ein Ehepartner jedoch nicht gezwungen werden. Die Einzelheiten → Form. I.II.4 Anm. 5 dargestellt.

10. Im Sinne der bereits zuvor erwähnten freiwilligen Übernahme sind hier dem Ehemann Rechte aus einer Lebensversicherung übertragen, bei der er ohnehin Versicherungsnehmer und die auf sein Leben abgeschlossen ist. Wenn dagegen im Einzelfall der andere Ehepartner die Rechte unter Anrechnung auf sein Guthaben übernehmen soll, wäre die Konstruktion deutlich komplizierter. Dann müsste eine Aufteilung der Rechte vorgesehen und darüber hinaus auch wohl eine Verpflichtung des Versicherungsnehmers/Ehegatten aufgenommen werden, den Vertrag aufrechtzuerhalten.

11. Im Gegensatz zur Begründung der Gütergemeinschaft, bei der alle Vermögensgegenstände ohne besonderen Übertragungsakt Gesamtgut werden, § 1416 BGB, muss bei der Auseinandersetzung das Eigentum am jeweiligen Vermögensgegenstand durch gesonderten Rechtsakt dem Ehegatten übertragen werden, dem er nach dem Auseinandersetzungsplan zufallen soll. Soweit ein solcher Gegenstand sich bereits im Besitz des Adressaten befindet, ist die bloße Einigung über den Rechtsübergang ausreichend; andernfalls müssen auch die gesetzlichen Regeln über die Besitzverschaffung in §§ 929 ff. BGB beachtet werden.

12. Nachdem nur selten die Werte der in der Teilungsmasse verbliebenen Vermögensgegenstände mit den Auseinandersetzungsguthaben der Eheleute deckungsgleich sind, wird im Regelfall eine Ausgleichszahlung durch einen der Ehepartner vorzunehmen sein, um eine eurogenaue Aufteilung zu ermöglichen; andernfalls verbliebe nur die unter → Form. I.II.4 Anm. 5 aufgezeigte Möglichkeit der Versilberung.

13. Im Zusammenhang mit der Abgeltungsklausel sollte beachtet werden, dass eine salvatorische Klausel in diesen Auseinandersetzungsvertrag nicht mitaufgenommen wird. Alle in den vorangegangenen Ziffern 2 bis 5 getroffenen Regelungen stehen in einem Gegenseitigkeitsverhältnis, wie dies im Einzelnen aus dem Teilungsplan (→ Form. I.II.4 Anm. 6) ersichtlich ist. Der Wegfall einer Teilregelung würde das gesamte Gefüge sprengen, sodass in einem solchen Fall eine neue Gesamtregelung getroffen werden muss.

14. Da nach der Rechtsprechung des BGH auch der Zugewinnausgleichsanspruch aus einer vorangegangenen Zugewinngemeinschaft als eingebracht im Sinne des § 1478 BGB gilt (→ Form. I.II.3 Anm. 11), sollte klargestellt werden, dass auch dieser von der Abgeltung umfasst ist, wenn im konkreten Fall die Gütergemeinschaft erst einige Zeit nach Eheschließung begründet wurde.

15. Bei dieser Regelung handelt es sich um eine reine Vorsorgemaßnahme, → Form. I. II.3 Anm. 1 angesprochen wurde. Das Übersehen eines Vermögensgegenstandes könnte andernfalls die gesamte, oft mühevoll ausgehandelte Vereinbarung zunichtemachen. Zum Regelungsinhalt bieten sich die nachstehend behandelten Alternativen an.

16. Der hier wiedergegebene Textvorschlag beruht auf der Annahme, dass das nachträgliche Auftauchen eines weiteren Vermögensgegenstandes das bisher gefundene Ergebnis nicht beseitigen soll; dementsprechend ist eine zusätzliche, nur auf die weiteren Gegenstände bezogene und insoweit eigenständige Auseinandersetzung vorgesehen. Die wiedergegebene Handhabung stellt den einfachsten Regelungsfall der hälftigen Teilung dar. Es sind aber auch Abweichungen denkbar, also beispielsweise, dass ein nachträglich entdeckter Gegenstand nur einem der Ehepartner zufällt, wenn er von ihm eingebracht worden ist.

Alternativ ist es auch möglich, dass das nachträgliche Auftauchen eines – vor allem wertvollen – Vermögensgegenstandes zu einer völlig anderen Gewichtung führt, sodass die bisherige Verteilung als nicht akzeptabel empfunden wird. Auch für diesen Fall empfiehlt es sich, eine Regelung zu treffen, weil sie den andernfalls erforderlichen Nachweis des Wegfalls der Geschäftsgrundlage oder – bei bewusstem Verschweigen eines Gegenstandes – den eines Anfechtungstatbestandes erübrigt. Dann könnte der zweite Halbsatz des zweiten Satzes lauten: „. . . . . ., wird die vorstehende Regelung unwirksam; unter Einbeziehung des oder der übersehenen Gegenstände muss eine neue Auseinandersetzungsvereinbarung getroffen werden“.

17. **Kosten.** Der Gegenstandswert auch für die Anwaltsgebühren ergibt sich aus §§ 35 ff., 99 ff. GNotKG, da § 23 Abs. 3 S. 1 RVG ausdrücklich hierauf verweist. Danach bilden die Aufhebung des Güterstandes als Ehevertrag und die Auseinandersetzung des Gesamtguts jeweils einen besonderen Gebührengegenstand, § 111 Nr. 2, die zusammenzurechnen sind. Die Aufhebung des Güterstandes berechnet sich aus dem gemeinsamen Aktivvermögen nach Abzug der Verbindlichkeiten, wobei dieser auf die Hälfte des Aktivvermögens begrenzt ist, § 100 Abs. 1 Satz 3. Die Auseinandersetzung des Gesamtguts bemisst sich nach dem Wert der verteilten Aktiva, allerdings ohne Abzug der Verbindlichkeiten, §§ 97 Abs. 1, 46.

In dem vorstehenden Bilanzbeispiel (→ Form. I.II.3 a. E.) ergibt sich hieraus ein Gegenstandswert von gesamt 990.000,00 EUR; Aufhebung des Güterstandes 330.000,00 EUR = ein Halb des Aktivvermögens von 660.000,00 EUR, da die Summe der Drittverbindlichkeiten mit 410.000,00 EUR die Grenze von 330.000,00 EUR überschreitet; zusätzlich Auseinandersetzung des Gesamtguts mit 660.000,00 EUR = Summe der verteilten Aktivposten ohne Abzug von Verbindlichkeiten.

J. Verträge zum Vermögen der Eheleute außerhalb des Güterrechts

I. Zuwendungen unter Ehegatten

1. Ehebedingte Zuwendung mit Rückforderungsrecht und nachfolgendem Zugewinnausgleich

UR. Nr.

Vom . . . . . .

Überlassung

mit Auflassung

– Ehebedingte Zuwendung –

Heute, den . . . . . .

erschienen vor mir,

. . . . . .

Notar in . . . . . .:

1. Herr . . . . . .,
   geboren am . . . . . .
2. dessen Ehefrau,
   Frau . . . . . ., geborene . . . . . .
   geboren am . . . . . .

beide wohnhaft in . . . . . .,

nach Angabe im gesetzlichen Güterstand der Zugewinngemeinschaft verheiratet.

Die Erschienenen sind mir, dem Notar, persönlich bekannt.

Der Notar hat das Mitwirkungsverbot nach § 3 Abs. 1 Nr. 7 BeurkG erläutert. Seine Frage nach einer Vorbefassung im Sinne dieser Vorschrift wurde verneint.

Die Erschienenen wollen einen

Überlassungsvertrag

errichten.[1]

Sie erklären bei gleichzeitiger Anwesenheit gemeinsam mündlich mit dem Ersuchen um Beurkundung was folgt:

I. Grundbuchstand, Vertragsobjekt

Im Grundbuch des Amtsgerichtes . . . . . . für . . . . . . Blatt . . . . . . ist an dem dort vorgetragenen und in der Gemarkung . . . . . . gelegenen Grundbesitz Fl.-Nr. . . . . . . Herr . . . . . . als Alleineigentümer eingetragen.

Der Grundbesitz ist im Grundbuch belastet wie folgt: . . . . . .

II. Überlassung

Herr . . . . . .

– nachfolgend kurz: „der Veräußerer" –

überlässt hiermit das in Abschnitt I dieser Urkunde näher bezeichnete Vertragsobjekt mit allen damit verbundenen Rechten, Bestandteilen und dem Zubehör

an

seine Ehefrau, Frau . . . . . .

– nachfolgend kurz: „die Erwerberin" –

zum Alleineigentum.

Außer etwaigem gesetzlichen Zubehör sind keine beweglichen Gegenstände mitüberlassen.

III. Auflassung und Vormerkung

Die Vertragsteile sind sich darüber

einig,

dass das Eigentum am überlassenen Vertragsobjekt vom Veräußerer auf die Erwerberin zum Alleineigentum übergeht.

Der Veräußerer bewilligt und die Erwerberin

beantragt

die Eintragung der Auflassung im Grundbuch.

Um Vollzugsmitteilung an den amtierenden Notar wird gebeten.

Auf die Eintragung einer Auflassungsvormerkung wurde von den Beteiligten nach Belehrung über deren Bedeutung ausdrücklich verzichtet.

IV. Rechtsgrund

1. Die Überlassung erfolgt als ehebedingte Zuwendung, d.h. im Hinblick auf die eheliche Lebensgemeinschaft und zum Ausgleich für geleistete Mitarbeit und als angemessene Beteiligung an den Früchten des ehelichen Zusammenwirkens.[2]
2. Der zuwendende Ehegatte
– nachfolgend kurz: „der Rückerwerbsberechtigte" –
hat das Recht, im Falle der Scheidung der Ehe die Rückübertragung des Zuwendungsobjektes zu verlangen.[3] Der Rückforderungsanspruch entsteht mit der Rechtshängigkeit des Scheidungsantrages gleich welches Ehegatten. Er erlischt, wenn er bis zur Rechtskraft der Scheidung nicht geltend gemacht wurde.[4, 5]

3. Für den Rückerwerb gelten folgende Bestimmungen:
   a) Der Grundbesitz ist frei von Rechten Dritter zu übertragen.
   Ausnahmen hiervon bilden etwaige Rechte, die in der vorliegenden Urkunde übernommen werden, und etwaige Rechte, die mit Zustimmung des Rückerwerbsberechtigten im Grundbuch eingetragen werden.
   Hinsichtlich eingetragener Grundpfandrechte hat der Rückerwerbsberechtigte auch die zu Grunde liegenden Verbindlichkeiten in persönlicher Haftung mit schuldbefreiender Wirkung zu übernehmen, soweit die Darlehensvaluten für Investitionen auf dem Vertragsgrundbesitz verwendet wurden; ein Erstattungsbetrag gemäß nachfolgender lit. b) ist insoweit nicht zu zahlen.
   b) Der Rückerwerbsberechtigte hat der heutigen Erwerberin die von dieser auf den Vertragsgrundbesitz gemachten Aufwendungen – hierzu gehört auch die Schuldentilgung – zum Zeitwert im Zeitpunkt der Rückübertragung zu ersetzen, sofern diese Aufwendungen aus Anfangsvermögen im Sinne des § 1374 Abs. 1 oder 2 BGB stammen,[6] und zwar Zug um Zug mit der Rückübertragung.
   Im Übrigen hat der Rückerwerbsberechtigte keine Gegenleistung zu erbringen.
   c) Zug um Zug mit der Rückforderung nach Maßgabe obiger Vereinbarungen findet dann auf der Grundlage der nach Rückforderung, Übernahme von Verbindlichkeiten und Rückerstattung von Aufwendungen bestehenden Vermögenslage der gesetzliche Zugewinnausgleich statt.[7] Hierbei sind rückübertragene Vermögensgegenstände und ersetzte Aufwendungen so in das Anfangsvermögen des jeweiligen Ehegatten einzustellen, wie sie vor Übertragung und Aufwendung in dieses einzustellen gewesen wären.[8]
4. Die Kosten der Rückübertragung und durch die Rückübertragung etwa anfallende Verkehrssteuern hat der Rückerwerbsberechtigte zu tragen.[9]
5. Das Rückerwerbsrecht ist für den Rückerwerbsberechtigten von höchstpersönlicher Natur; es ist weder übertragbar noch vererblich.[10]
6. Zur Sicherung aller Ansprüche des Rückerwerbsberechtigten auf Übertragung des Eigentums aus dem vorvereinbarten Rückerwerbsrecht *bewilligen* und
   beantragen
   die Vertragsteile die Eintragung einer (Rückauflassungs-)Vormerkung gemäß § 883 BGB zu Gunsten des Rückerwerbsberechtigten am Vertragsgrundbesitz in das Grundbuch an nächstoffener Rangstelle.[11]
7. Der Notar hat darüber belehrt, dass der Zugewinnausgleich eine Rechnung ist, die das gesamte Vermögen erfasst, sofern dieses noch vorhanden oder hinzurechnungspflichtig ist. Es kommt in diesem Zusammenhang nicht immer zu einem vollen Ausgleich.[12]

V. Besitz, Nutzungen, Lasten und Gefahr

Besitz, Nutzungen, laufende Lasten, die mit dem Vertragsgrundbesitz verbundene private und öffentlichrechtliche Haftung und Verantwortlichkeit sowie die Gefahr zufälligen Untergangs oder Verschlechterung gehen ab sofort auf die Erwerberin über.[13]

Der Veräußerer versichert, dass ihm zugegangene Rechnungen für Erschließungskosten und Anliegerbeiträge im weitesten Sinne bezahlt und nicht gestundet sind. Hierfür ist nichts auszugleichen. Alle diesbezüglichen Bescheide, die heute oder später zugestellt werden, zahlt die Erwerberin, auch für bereits erstellte aber noch nicht abgerechnete Anlagen.

VI. Rechte bei Mängeln

Der Veräußerer schuldet ungehinderten, lastenfreien Besitz- und Eigentumsübergang. Ausgenommen sind die in dieser Urkunde ausdrücklich übernommenen Rechte, nicht eingetragene altrechtliche Dienstbarkeiten oder Rechte, die mit Zustimmung der Erwerberin neu bestellt werden.

Der Veräußerer verpflichtet sich demgemäß zur unverzüglichen Freistellung des Vertragsbesitzes von allen nicht übernommenen Belastungen; der Lastenfreistellung wird mit dem Antrag auf grundbuchamtlichen Vollzug zugestimmt.

Eine weitergehende Haftung, insbes. für die Freiheit von Sachmängeln aller Art, die Grundstücksgröße und den Grundbuchbeschrieb, Flächenmaß, Bodenbeschaffenheit, Verwertbarkeit für die Zwecke der Erwerberin sowie baulichen Zustand ist ausgeschlossen, außer bei Vorsatz. Der Vertragsbesitz geht über in dem Zustand, in dem er sich heute befindet und der der Erwerberin bekannt ist.

Die Erwerberin übernimmt etwa am Vertragsgrundbesitz in Abteilung II eingetragenen Belastungen zur ferneren dinglichen Haftung.[14]

Der Vertragsgrundbesitz ist nicht vermietet oder verpachtet.

VII. Amtliche Hinweise des Notars

Die Vertragsteile wurden vom Notar eingehend hingewiesen

- auf die Bedeutung des Rückforderungsrechtes und des Zugewinnausgleichs,
- auf die Bestimmungen des Erbschaftsteuer- und Grunderwerbsteuergesetzes,
- auf den Zeitpunkt des Eigentumsübergangs,
- auf die Notwendigkeit, dass alle Abreden richtig und vollständig beurkundet werden müssen, da sonst diese Urkunde nichtig sein kann,
- auf die Haftung aller Vertragsteile für Kosten und Steuern sowie die Haftung des jeweiligen Eigentümers für Erschließungsbeiträge, Anliegerleistungen und rückständige öffentliche Lasten und Abgaben,
- auf die Bestimmungen des Baugesetzbuches und des Grundstücksverkehrsgesetzes, soweit einschlägig,
- auf die Bestimmungen über den Pflichtteilsergänzungsanspruch und die Möglichkeit der Anrechnung
- dass es ratsam sein kann, sich anderweitig steuerlich beraten zu lassen.[15]

VIII. Abwicklungsvollmacht

Die Vertragsteile beauftragen den Notar, alle zur Rechtswirksamkeit und zum Vollzug dieses Vertrages notwendigen Erklärungen von Beteiligten oder Behörden einzuholen, und die hierfür notwendigen Anträge (einschl. etwaiger Rechtsmittel) zu stellen. Genehmigungen und Zustimmungen gelten, soweit sie auflagen- und bedingungsfrei erteilt werden, als mit dem Eingang beim Notar allen Beteiligten zugegangen, auf Einlegung von Rechtsmitteln wird für diesen Fall verzichtet. Der Notar und jeder Angestellte der Notarstelle werden unter Befreiung von § 181 BGB jeweils einzeln ermächtigt, Anträge zu stellen, abzuändern oder zurückzunehmen sowie Nachtragserklärungen und Bewilligungen abzugeben.

IX. Kosten, Steuern, Abschriften

1. Die Kosten dieser Urkunde[16] und ihres Vollzugs im Grundbuch, die Kosten etwaiger Genehmigungen und der Katasterfortschreibung sowie etwa anfallende Erwerbsteuern trägt die Erwerberin.
   Etwaige Kosten der Lastenfreistellung, mit welcher der Notar beauftragt wird, trägt der Veräußerer, auch wenn sie Bestandteil einer Vollzugsgebühr sind.
2. Von dieser Urkunde erhalten beglaubigte Abschriften:
   das Grundbuchamt eine
   jeder Vertragsteil sofort je eine
   das Finanzamt – Grunderwerbsteuerstelle – eine

das Finanzamt – Schenkungssteuerstelle – eine
Die Vertragsteile erhalten nach Vollzug noch je eine Ausfertigung.

Vom Notar vorgelesen,

von den Erschienenen genehmigt

und eigenhändig unterschrieben

....

(Unterschrift Beteiligter) (Unterschrift Beteiligter)

......

(Unterschrift Notar) Siegel

Anmerkungen

1. Anwendungsbereich. Die Ehegatten leben im gesetzlichen Güterstand. Ein Grundstück soll vom Ehemann auf die Ehefrau übertragen werden. Im Falle einer Ehescheidung ist das Grundstück zurückzuübertragen. Auf der Basis der Vermögenslage nach Rückübertragung soll dann der Zugewinnausgleich stattfinden.

2. Ehebedingte Zuwendung. Zuwendungen unter Ehegatten hat die Rechtsprechung in verschiedenen Sachverhaltskonstellationen nicht als Schenkung eingeordnet (krit. hiergegen *Koch* FamRZ 1995, 321), sondern als sog. unbenannte Zuwendung. Dem liegt die Annahme zugrunde, dass die Ehegatten subjektiv **nicht** über die **Unentgeltlichkeit** einig sind, **sondern** die **Zuwendung „um der Ehe willen"** erfolgt, d.h. als Beitrag zur Verwirklichung, Ausgestaltung, Erhaltung und Sicherung der ehelichen Lebensgemeinschaft (BGH FamRZ 1980, 664; BGH FamRZ 1982, 910; BGH FamRZ 1990, 600; BGH NJW 1994, 2545; zusammenfassend *Friedrich* JR 1986, 1 ff.; *Kleinle* FamRZ 1987, 1383; krit. *Hepting,* FS Henrich, S. 267 ff. und *Seiler,* FS Henrich, S. 551 ff.). Es handelt sich um Zuwendungen, die über den Bereich des Familienunterhaltes hinausgehen (MVHdB/*Munzig/Stein* V. 7 Anm. 4). Der BGH geht davon aus, dass damit ein familienrechtlicher Vertrag eigener Art zustande kommt (krit. *Rauscher* AcP 186 (1986), 529, 535 ff.; MünchKommBGB/*Koch* vor § 1363 Rn. 22). Der **Bestand der Ehe** ist in diesen Fällen nicht Vertragszweck, sondern **Geschäftsgrundlage,** so dass mit dem Scheitern der Ehe diese Geschäftsgrundlage wegfällt.

Ursprünglich war die unbenannte oder ehebedingte Zuwendung für folgende **Fallgruppen** anerkannt (zusammenfassend *Frank* MittBayNot 1990, 181; *Langenfeld/Milzer* Rn. 770; *Wever* Rn. 405):

(1) Mitbeteiligung am gemeinsamen Familienwohnheim:
- bei Erwerb des gemeinsamen Hauses nur aus Mitteln eines Ehegatten
- Hingabe von Mitteln für den Erwerb allein durch den anderen Ehegatten
- Übertragung eines Miteigentumsanteils;

(2) Einsatz von Vermögen zur Alterssicherung (BGH NJW 1972, 580; BGH MittBayNot 1988, 181; vgl. OLG Schleswig ZEV 2010, 369 zur Behandlung im Erbrecht);

(3) Haftungsmäßig günstige Organisation des Familienvermögens (BGH MittBayNot 1990, 178; krit. hierzu *Hoppenz* MittBayNot 1998, 217, der in diesem Falle eine Zuwendung ablehnt, da eine dem Treuhandverhältnis vergleichbare Konstellation vorliege; zum Treuhandverhältnis ebenso *Arend* MittRhNotK 1990, 65, 68, der die Treuhandabrede in diesem Falle nicht für beurkundungsbedürftig hält).

(4) Vermögensbildung beim Zuwendungsempfänger, wenn ehevertraglich Gütertrennung oder modifizierte Zugewinngemeinschaft vereinbart wurde (BGH MittBayNot 1989, 157 f.).
(5) Vermögenstransfer aus steuerlichen Gründen (etwa zur Begründung eines sog. Wiesbadener Modells oder als Beginn einer für später geplanten Gesamtübertragung auf die Kinder zur Ausnutzung von Freibeträgen. Bestätigt hat diese Fallgruppe BGH NJW-RR 1993, 1410, obwohl im konkreten Fall eine Schenkung vorlag).

Aus diesen Fallgruppen sind Vertragstypen der ehebedingten Zuwendung entwickelt worden (MVHdB/*Munzig/Stein* V. 7 Anm. 4).

Zur **Schenkung** hin ist die Abgrenzung so zu treffen, dass die Schenkung die Einigkeit der Vertragsteile über die Unentgeltlichkeit der Zuwendung fordert, dass aber Unentgeltlichkeit hier nicht nur mit dem Fehlen von Gegenleistungen definiert wird, sondern dadurch, dass der Zuwendung die ehebedingte Grundlage fehlt, mit anderen Worten, dass sie eine echte Freigiebigkeit voraussetzt (*Langenfeld* DNotZ-Sonderheft 1985, 167, 177; MVHdB/*Munzig/Stein*, Band 6, Form. V. 7 Anm. 4). In diesem Sinne wird nur in sehr seltenen Fällen eine echte Schenkung vorliegen. Eine solche sollte dann auch in der Urkunde entsprechend bezeichnet sein. Diese Wertung der Zuwendung unter Ehegatten lässt sich nicht auf andere als familienrechtliche Rechtsbereiche übertragen. So ist die ehebedingte Zuwendung im Erbrecht als Schenkung zu behandeln und löst Pflichtteilsergänzungsansprüche aus (BGH NJW 1992, 564 = DNotZ 1992, 513). Im Bereich des Anfechtungs- und Insolvenzrechts behandelt der BGH die ehebedingte Zuwendung als unentgeltlich (BGH NJW 1991, 1610; BGH NJW 1999, 1033; *Huber,* Anfechtungsgesetz, § 4, Rn. 35). Im Schenkungsteuerrecht sieht der BFH schließlich die ehebedingte Zuwendung regelmäßig als Schenkung an (BFH DStR 1994, 615 in Abkehr von BFH BStBl. 1985 II S. 159).

Nachdem der BGH über lange Zeit Vermögensverlagerungen unter Ehegatten in den Fällen, in denen das Güterrecht keine befriedigende Lösung bot, überwiegend unter Berufung auf die Rechtsfigur der unbenannten Zuwendung mit der Folge einer Störung der Geschäftsgrundlage ausgeglichen hatte, stellt er mit dem Urteil (BGH DNotZ 2000, 514) jedenfalls bei einer Mehrzahl von Zuwendungen wieder die Ehegatteninnengesellschaft in den Vordergrund (zur Rechtsprechungsgeschichte: *Haas* FamRZ 2002, 205 f.; *Wever* Rn. 629 ff.), die bei Scheidung einer Ehe zu Ansprüchen nach §§ 738 ff. BGB führt (eingehend zur Ehegatteninnengesellschaft *C. Münch* FamRZ 2004, 233; → Form. J.III). Der BGH nutzte das Urteil zu grundsätzlichen Ausführungen über die Ehegatteninnengesellschaft und ihre Abgrenzung zu den unbenannten Zuwendungen und betonte, dass die **Ehegatteninnengesellschaft Vorrang** vor der Rechtsfigur der unbenannten Zuwendung habe (BGH DNotZ 2000, 514, 515 „in erster Linie"). Diese Ansicht bestätigt der BGH in weiteren Urteilen (BGH DStR 2003, 1805; BGH FamRZ 2006, 607). Die Literatur sieht hierin einen Wandel der Rechtsprechung, der den Anwendungsbereich der unbenannten Zuwendung künftig nur noch auf den Bau eines Familienwohnheims beschränkt (*Grziwotz* DNotZ 2000, 486, 495).

Was die **Rechtsfolgen** im Hinblick auf die ehebedingte Zuwendung anbelangt, so ist zu differenzieren. Auch wenn mit dem Scheitern der Ehe die Geschäftsgrundlage für diese Zuwendung wegfällt, so ist doch **im gesetzlichen Güterstand** der Zugewinnausgleich der gesetzlich vorgesehene Ausgleichsmechanismus. Dieser erfasst auch die Zuwendungen unter Ehegatten, denn diese fallen nicht unter § 1374 Abs. 2 BGB, sondern werden dem Endvermögen des Zuwendungsempfängers hinzugerechnet und unterliegen insofern dem Zugewinnausgleich (BGH FamRZ 1987, 791). Hier ist darüber hinaus ein Anspruch aus Störung der Geschäftsgrundlage nur dann gegeben, wenn auch nach Durchführung des Zugewinnausgleichs die Vermögenslage **schlechthin unangemessen und untragbar** ist (BGH FamRZ 1989, 147; BGH FamRZ 1991, 1169; BGH FamRZ 1993, 289, 291; BGH MittBayNot 1997, 295). Dies wird nur in seltenen Ausnahmefällen vorliegen, wenn zB der Zuwendungsempfänger nicht mehr über Endvermögen verfügt. Nach der Rechtsprechung des BGH ist diese Grenze selbst dann noch nicht überschritten, wenn der zuwendende Ehegatte im Zugewinn den hälftigen Wert seiner Zuwendung zurückerhält (BGH FamRZ 1995, 1060, 1062). Aber auch wenn sein Ausgleichsanspruch hinter der Hälfte zurückbleibt, „ist eine Korrektur nicht ohne weiteres geboten, weil sich in gewissen Abweichungen von der hälftigen Beteiligung ein noch normal zu nennendes Risiko verwirklicht, wie es im Zugewinnausgleich angelegt ist und vor dem auch der Ehegatte, der die Zuwendung gemacht hat, nicht völlig bewahrt bleiben kann. Um die Unerträglichkeit eines derartigen Ergebnisses und die Unabweisbarkeit seiner Korrektur durch die Anwendung von § 242 BGB zu begründen, müssen vielmehr weitere Gründe hinzutreten, die den Rückgriff auf die verdrängten Regeln über den Wegfall der Geschäftsgrundlage unter Berücksichtigung der übrigen konkreten Umstände des Einzelfalles zwingend gebieten“ (BGH FamRZ 1991, 1169, 1171).

Anders werden hingegen die **Rechtsfolgen** des Scheiterns der Ehe im Güterstand der **Gütertrennung** bewertet. Hier fehlt es an einem vorrangigen Ausgleichsmechanismus des Zugewinnausgleichs. Aus diesem Grunde gewährt die Rechtsprechung hier Ansprüche wegen Störung der Geschäftsgrundlage schon dann, wenn die **Beibehaltung der Vermögenslage nach Treu und Glauben nicht zumutbar** ist (BGHZ 84, 361 = FamRZ 1982, 910). „Für die Unzumutbarkeit muss der Anspruchssteller ganz besondere Umstände zur Dauer der Ehe, zum Alter der Ehegatten, zur Art und zum Umfang der erbrachten Leistungen, zur Höhe der dadurch bedingten und noch vorhandenen Vermögensvermehrung und zu den beiderseitigen Einkommens- und Vermögensverhältnissen sowie zu möglichen Vereinbarungen darlegen. Auch im Fall der Gütertrennung entspricht nämlich eine angemessene Beteiligung beider Ehegatten an dem gemeinsam Erarbeiteten dem Charakter der ehelichen Lebensgemeinschaft als einer Schicksals- und damit auch Risikogemeinschaft. Der von den Parteien frei gewählte Güterstand der Gütertrennung darf jedoch nicht ausgehöhlt, nicht auf Umwegen in eine Zugewinngemeinschaft kraft Richterrechts umgewandelt werden.“ (BGH FamRZ 1990, 855, 856). Die Anforderungen an einen Anspruch aus Störung der Geschäftsgrundlage sind also im Güterstand der Gütertrennung weniger streng als im gesetzlichen Güterstand, führen aber auch hier nur selten zum Ziel.

Sofern ein Anspruch überhaupt besteht, handelt es sich in der Regel um einen **Ausgleichsanspruch in Geld.** Eine **dingliche Rückgewähr** des zugewendeten Gegenstandes kann **nur in ganz besonderen Ausnahmefällen** Zug um Zug gegen Zahlung eines Ausgleichbetrages an den Zuwendungsempfänger verlangt werden (zur Berechnung *Schulz/Hauß* Rn. 1588 f.), etwa dann, wenn ein Ehegatte mit Behinderung auf der Rückgewähr seines behindertengerecht ausgebauten Hauses besteht. Eine solche Verpflichtung ist bei Zugewinngemeinschaft im Endvermögen der Ehegatten zu berücksichtigen (BGH ZNotP 2007, 224).

Zu beachten ist, dass die soeben geschilderten Erwägungen jeweils eine **Gesamtabwägung** der Vermögenslage erforderlich machen und nicht nur eine Abwägung hinsichtlich eines einzelnen zugewendeten Gegenstandes.

Steht daher zum Zeitpunkt der Zuwendung fest, dass ein Rückfall im Scheidungsfall ohne „wenn und aber“ gewünscht ist, dann ist unbedingt eine vertragliche Regelung dieses Rückforderungsrechtes bei der Zuwendung zu empfehlen, sonst wird die unbenannte Zuwendung zur „unbedachten Zuwendung“ (*Grziwotz* MDR 1998, 129). Eine solche Regelung wird hier vorgestellt.

3. Scheidungsklausel. Die Formulierung enthält eine Scheidungsklausel für den Fall, dass die dingliche Rückforderung des Zuwendungsgegenstandes gewollt ist. Eine solche Vertragsgestaltung ist vor allem dort gebräuchlich, wo der Empfänger zur Erstellung des Vertragsobjektes keinen Beitrag geleistet hatte oder wenn der Bauplatz, auf dem die Ehegatten gemeinsam ein Wohnhaus errichten, von den Eltern eines Ehegatten geschenkt wurde und im Umgriff des elterlichen Anwesens liegt. Auch sonst können nachvollziehbare Gründe eine Regelung des dinglichen Schicksals des Vertragsobjektes nahelegen.

Man sollte aber nicht im Standardfall, dass junge Eheleute auf einem Grundstück bauen, das einer von ihnen mit in die Ehe gebracht oder von seinen Eltern erhalten hat, immer ein Rückforderungsrecht des Bauplatzinhabers vorschlagen, wenn dieser eine Hälfte des Bauplatzes überträgt, weil das Hausanwesen beiden Ehegatten gehören soll. In der Regel erbringen nämlich hier beide Ehegatten und häufig sogar die Schwiegereltern die verschiedensten Leistungen, so dass ein Rückforderungsrecht allein deshalb, weil eine Familie den Bauplatz übertragen hat, nicht interessengerecht wäre.

Auch in anderen Fällen von Ehegattenzuwendungen ist die Verwendung einer Scheidungsklausel sorgfältig zu prüfen. Sie passt immer dann nicht, wenn es sich letztlich um vorweggenommenen Zugewinnausgleich handelt, der dem Zuwendungsempfänger im Scheidungsfall auch verbleiben soll.

Im Fall einer Zuwendung aus Haftungsgründen ist die Verwendung einer Rückforderungsklausel wohl zu überlegen, da auch dieses Recht ggf. beschränkt pfändbar sein kann. → Form. J.I.7.

4. Ausübung. Für die Ausübung des Rechtes sollte eine zeitliche Grenze bestimmt sein, damit das Schicksal des Rückforderungsrechtes im Zusammenhang mit dem Scheidungsverfahren geklärt wird, zumal die Rückübertragung und Rückerstattung auf die Berechnung des Zugewinns Einfluss haben soll, vgl. insoweit den Vorschlag von *Langenfeld,* Rn. 939.

5. Veräußerungs- und Belastungsverbot. Häufig wird neben der Scheidungsklausel noch ein Veräußerungs- und Belastungsverbot vereinbart, damit der Zuwendungsempfänger seinen Anteil nicht verkaufen oder beleihen kann ohne Zustimmung des zuwendenden Ehegatten. Eine solche Klausel kann folgenden Wortlaut haben:

Alternative – Veräußerungs- und Belastungsverbot:

Das gleiche Recht steht dem Rückerwerbsberechtigten zu, wenn der Erwerber den Vertragsgrundbesitz ohne seine Zustimmung ganz oder teilweise veräußert oder belastet. In diesem Falle ist das Recht binnen 24 Monaten nach Abschluss des schuldrechtlichen Vertrages, längstens binnen 24 Monaten nach Kenntnis auszuüben.

Die Klausel kann ggf. – je nach Einzelfall – noch um mehrere Rückforderungsgründe erweitert werden; gebräuchlich sind insbesondere noch Insolvenz oder Tod. Vorsicht ist jedoch geboten bei der Vereinbarung freier Rückerwerbsrechte, die ohne festgelegten Grund ausgeübt werden können. Neben der Problematik, dass steuerlich das wirtschaftliche Eigentum ggf. beim Schenker verbleibt (BFH BB 1998, 1039) und bei Betriebsvermögen die Anwendung des § 13a ErbStG entfällt (H E 13b.5 ErbStR 2011), hat der BGH entschieden, dass ein solcher Rückforderungsanspruch pfändbar ist (BGH FamRZ 2003, 858, hierzu *C. Münch* ZFE 2003, 269; → Form. J.I.7).

6. Ersatz von Verwendungen. Hier ist voller **Verwendungsersatz nur** für diejenigen Verwendungen angeordnet, die der Zuwendungsempfänger aus seinem **Anfangsvermögen** getätigt hat. In Verbindung mit der Klausel in Ziffer II. 3 c) des Vertrages, die eine Einstellung des Aufwendungsersatzes wiederum in das Anfangsvermögen des Zuwendungsempfängers anordnet, erstrebt diese Anordnung, dass der Zuwendungsempfänger seine Aufwendungen aus dem Anfangsvermögen ungeschmälert zurückerhält, denn diese würden ansonsten im Zugewinnausgleich ggf. nur teilweise ausgeglichen. Vertritt man die Ansicht, dass derjenige, der Anfangsvermögen in Vermögensgüter seines anderen Ehepartners investiere, dieses Anfangsvermögen zum Gegenstand der ehelichen Vermögensbildung mache, so dass er keinen Anspruch mehr auf den ungeschmälerten Erhalt dieses Anfangsvermögens habe, so kann man die entsprechende Anordnung auch weglassen. Diejenigen Verwendungen, die aus zugewinnausgleichspflichtigem Vermögen getätigt werden, sind hier nicht berücksichtigt, denn sie wachsen mit der Rückübertragung dem zuwendenden Ehegatten in sein Endvermögen zu und unterliegen somit dem Zugewinnausgleich. Allerdings kann es sein, dass der Zuwendungsempfänger je nach Stand des Endvermögens beim zuwendenden Ehegatten diese Verwendungen im Zugewinn nicht ersetzt erhält, da dieser zB trotz Rückforderung kein positives Endvermögen hat. Wer diesen Fall regeln will, kann die Klausel verwenden, die als Alternative zu Ziffer IV. 6) vorgestellt wird (→ Anm. 12) oder aber sämtliche Verwendungen für ausgleichungspflichtig erklären durch folgende Formulierung:

Alternative – Alle Verwendungen ausgleichspflichtig

Der Rückerwerbsberechtigte hat dem heutigen Erwerber die von diesem auf den Vertragsgrundbesitz gemachten Aufwendungen – hierzu gehört auch die Schuldentilgung – zum Zeitwert im Zeitpunkt der Rückübertragung zu ersetzen.

7. Zugewinnausgleich. Die Zuwendung und die Rückübertragung sind in das System des Zugewinnausgleichs einzuordnen. Da hier eine vertragliche Rückforderung vereinbart wurde, ist die Sachlage umgekehrt gegenüber der gesetzlichen Rechtslage. Während bei letzterer zunächst der Zugewinnausgleich berechnet und durchgeführt wird und eine Rückforderung nur greift, wenn dieser zu einer unangemessenen und untragbaren Lösung führt, ist beim vertraglichen Rückforderungsrecht zunächst die Rückforderung abzuwickeln (oder zumindest die entsprechenden gegenseitigen Ansprüche zu berechnen) und auf dieser Basis dann der Zugewinnausgleich durchzuführen.

8. Einstellen der Rückforderung in die Zugewinnrechnung. Wenn die Rückerstattung gegen Ersatz der Aufwendungen erfolgt ist, dann soll jeder Ehegatte bezüglich seines Anfangsvermögens so gestellt sein, als sei die Zuwendung und ihre Rückabwicklung erst gar nicht erfolgt. Sein Anfangsvermögen soll also unverändert als solches gewertet werden. Da die Ermittlung des Anfangsvermögens nur eine Wertfestlegung ist und nicht die Zuweisung bestimmter Gegenstände erfordert, kann das Zuwendungsobjekt auch mit unterschiedlichen Wertanteilen in das Anfangsvermögen eingestellt werden. Hat also zB der Ehemann ein Grundstück mit einem älteren Haus zur Hälfte auf die Ehefrau übertragen und wird dies nach teurer Sanierung wieder auf den Ehemann zurückübertragen, so ist höchstens der Wert in das Anfangsvermögen einzustellen, den das Zuwendungsobjekt zum Zeitpunkt der Zuwendung hatte. An der Umrechnung mit dem Lebenshaltungskostenindex nimmt dieser Wert sodann teil.

9. Kosten der Rückübertragung. Nachdem mit dem Scheitern der Ehe keine Schuldfeststellung verbunden ist, wurden die Kosten hier demjenigen Ehegatten auferlegt, der die Rückforderung betreibt, da er der Veranlassende ist. Man kann eine abweichende Kostentragung anordnen für den Fall, dass die Rückübertragung wegen Verstoßes gegen das Veräußerungs- und Belastungsverbot (→ Anm. 5) geltend gemacht wird.

10. Höchstpersönliches Recht. Das Rückforderungsrecht soll zunächst nur dem zuwendenden Ehegatten eingeräumt sein. Mit dem Abtretungsausschluss ist es dem Rechtsverkehr entzogen. Mit dem Ausschluss der Vererblichkeit soll klargestellt sein, dass mit dem Tode des zuwendenden Ehegatten das Recht zur Rückforderung erlischt. Eine solche Anordnung ist vor allem dann wichtig, wenn neben der Scheidung noch andere Rückforderungsgründe genannt sind. War das Recht ausgeübt worden, so können die damit entstandenen Ansprüche auf Rückübertragung gegen Aufwendungsersatz sehr wohl vererblich sein. Die Höchstpersönlichkeit soll darüber hinaus erreichen, dass die Entscheidung über die Geltendmachung des Rückforderungsrechtes nur vom zuwendenden Ehegatten selbst getroffen werden kann. Dies soll den höchstpersönlichen und zweckgebundenen Charakter im Hinblick auf § 852 Abs. 2 ZPO unterstreichen (vgl. *Langenfeld,* 5. Aufl., Rn. 1179 f.; zweifelnd *Langenfeld/Milzer,* 7. Aufl., Rn. 828; vgl. aber nunmehr zur Pfändbarkeit → Form. J.I.7).

11. Vormerkung. Die Vormerkung ist als Sicherungsmittel für den Zuwendenden zu empfehlen.

12. Belehrung über Zugewinn – Regelung von Zug-um-Zug Verwendungsersatz. Das Formular enthält eine Belehrung darüber, dass der Zugewinn eine Gesamtrechnung ist, deren Folge insbesondere sein kann, dass der zur Rückgabe verpflichtete Zuwendungsempfänger die aus seinem zugewinnausgleichungspflichtigen Vermögen getätigten Verwendungen nicht zurückerhält, wenn nur die Verwendungen aus dem Anfangsvermögen als Zug-um-Zug Leistung nach Ziffer IV. 3 b) der Urkunde vorgesehen sind. Wem die Belehrung über diese Rechtsfolge zu wenig ist, der muss eine Regelung treffen, die dem zuwendenden Ehegatten weitere Zug-um-Zug-Leistungen auferlegt. Eine solche Regelung mag dann interessengerecht sein, wenn die Zuwendung die einzige Vermögensbewegung zwischen den Ehegatten war. Anderenfalls ist fraglich, ob diese Regelung des Einzelfalles im Gesamtgefüge des Zugewinns beider Vertragsteile eine gerechte Lösung darstellt, da es wahrscheinlich auch mit diesem Regelungsvorschlag nicht gelingt, alle möglichen Sachverhaltskonstellationen zu erfassen, zumal auch die Formulierung und Gestaltung einer solchen Regelung durchaus umstritten ist (vgl. die verschiedenen Fassungen bei *Langenfeld,* 4. Aufl., Rn. 877 in den verschiedenen Auflagen und *Arend* MittRhNotK 1990, 65 ff.). Folgende Formulierungen werden von *Langenfeld* aaO vorgeschlagen:

Alternative 1 – Zug-um-Zug Erstattung der Hälfte aller Verwendungen

Erhält der zur Rückgabe Verpflichtete im Zugewinnausgleich, der sich an die Rückforderung anschließt, nicht die Hälfte der Geldbeträge zurück, welche die Eheleute in der Ehezeit aus jenem Vermögen, das dem Zugewinnausgleich unterliegt, auf das Grundstück verwendet haben, so ist die Rückforderung nur zulässig, wenn ihm der Rückerwerbsberechtigte den fehlenden Betrag Zug um Zug gegen Rückforderung zahlt.

Alternative 2 – Rückforderung nur bei ausreichendem Endvermögen

Die Rückforderung ist nur zulässig, wenn das Endvermögen des Rückerwerbsberechtigten nach vollzogener Rückforderung mindestens so hoch ist wie die in der Ehezeit eingetretene Wertsteigerung des Gesamtgrundstücks nach Abzug der dem zur Rückgabe Verpflichteten gemäß Ziffer 3 b) zu erstattenden Aufwendungen.

13. Sonstige Regularien einer Überlassung. Bei diesem ersten Formular des Abschnitts J. I. werden die üblichen Regularien einer Überlassung dargestellt. In den folgenden Mustern wird hierauf nur noch Bezug genommen.

14. Belastungsübernahme. Das Form. geht davon aus, dass der Grundbesitz nicht mit Grundpfandrechten belastet ist. Sofern solche eingetragen sind, ist deren Übernahme und die Übernahme der zugrunde liegenden Schuldverpflichtungen zu regeln.

15. Steuern. Die ehebedingte Zuwendung sieht der BFH als **unentgeltlich** an, so dass sie der **Schenkungsteuer** zu unterwerfen ist. Hierbei steht Ehegatten ein Freibetrag von 500.000,– EUR zu nach § 16 Abs. 1 Nr. 1 ErbStG. Nach § 14 ErbStG steht dieser Freibetrag alle zehn Jahre neu zur Verfügung. Die Bewertung von Immobilien erfolgt dabei nach §§ 176 ff. BewG unter Zugrundlegung des gemeinen Wertes (§ 177 BewG; vgl. gleichlautende Erlasse der obersten Finanzbehörden der Länder BStBl. 2009 I, 546 ff.). § 13d ErbStG gewährt für Mietwohngrundstücke eine 10 %ige Privilegierung.

Handelt es sich um ein ausschließlich selbst genutztes Wohnhaus, so ist die Zuwendung unter Lebenden nach § 13 Abs. 4a ErbStG völlig steuerfrei, wird also auch nicht auf die Freibeträge angerechnet.

Sobald die Zuwendung gegen eine Gegenleistung erfolgt – hierunter kann auch die Schuldübernahme fallen – und nicht eine ausschließlich selbst genutzte Immobilie vorliegt, ist zu prüfen, ob Einkommensteuer nach § 23 EStG anfällt. Vorherige steuerliche Beratung ist in solchen Fällen dringend ratsam.

16. Kosten. Unter Geltung des GNotKG ist bei einer Überlassung der Verkehrswert des Grundstücks nach § 46 GNotKG maßgeblich. Der Rückübertragungsanspruch steht als unechte Gegenleistung in einem Austauschverhältnis nach § 97 Abs. 3 GNotKG und ist daher nicht zusätzlich zu bewerten. Es entsteht eine 2,0 Gebühr nach KV 21100 (mindestens 120,– EUR).

2. Ehebedingte Zuwendung ohne Rückforderungsrecht, Einstellung in den Zugewinn

(Urkundseingang → Form. J.I.1)

. . . . . .

IV. Rechtsgrund[1]

1. Die Überlassung erfolgt als ehebedingte Zuwendung, d.h. im Hinblick auf die eheliche Lebensgemeinschaft und zum Ausgleich für geleistete Mitarbeit und als angemessene Beteiligung an den Früchten des ehelichen Zusammenwirkens.[2]
2. Der Veräußerer behält sich die Rückforderung des Vertragsgegenstandes für den Fall der Ehescheidung nach Hinweis durch den Notar nicht vor.
   Der Erwerber hat sich die Zuwendung gemäß § 1380 BGB auf eine etwaige Zugewinnausgleichsforderung anrechnen zu lassen.[3]
   In gleicher Weise hat sich der Erwerber die Zuwendung auf seinen Pflichtteil nach dem Veräußerer anrechnen zu lassen,[4] soweit eine Anrechnung nicht schon auf die Zugewinnausgleichsforderung erfolgte.[5]
   Der Notar hat über die Bedeutung vorstehender Vereinbarung belehrt und darauf hingewiesen, dass die konkreten Auswirkungen in der Zugewinnberechnung von der Gesamtvermögenssituation abhängen.[6]

Alternative 1 – ergänzende Ausführungen zu § 1374 Abs. 2 BGB

Der heute überlassene Vertragsgegenstand soll nicht zum Anfangsvermögen des Erwerbers gehören, so dass sich durch diese Zuwendung sein Endvermögen und damit sein Zugewinn vergrößert.

Das Endvermögen des Veräußerers hingegen verringert sich um den Wert der Zuwendung, so dass sich auch sein Zugewinn verkleinert, mit der Folge, dass der Veräußerer im Falle der Ehescheidung eine höhere Zugewinnausgleichsforderung gegen den Erwerber haben kann.[7]

Alternative 2 – Mindestrecht auf Ersatz von Anfangsvermögen

Soweit dadurch beim Veräußerer ein Verlust an Anfangsvermögen eintritt, ist dieser vom Erwerber jedoch zu erstatten.[8]

. . . . . .

(weitere Regelungen, Belehrungen und Kostentragung → Form. J.I.1)[9]

Anmerkungen

1. Anwendungsbereich. Die Ehegatten leben im gesetzlichen Güterstand. Ein Grundstück soll vom Ehemann auf die Ehefrau übertragen werden. Für den Fall der Ehescheidung soll kein Rückerwerbsrecht vereinbart sein. Vielmehr wird die Zuwendung nur im

Zugewinnausgleich wieder ausgeglichen, so dass eigentlich auf die gesetzliche Rechtslage insoweit verwiesen wird mit der Folge, dass auch der in → Form. J.I.1 Anm. 2. näher geschilderte Anspruch aus Störung der Geschäftsgrundlage bestehen kann, wenn trotz des Zugewinnausgleichs eine schlechthin unangemessene und untragbare Vermögenssituation verbleibt.

2. Ehebedingte Zuwendung. → Form. J.I.1 Anm. 2.

3. Einstellung in den Zugewinn. Zunächst findet nach gefestigter Rechtsprechung des BGH (noch für Anwendung des § 1374 Abs. 2 BGB: BGHZ 65, 320 = DNotZ 1976, 418; hiergegen dann BGHZ 82, 227, 234 f.; BGH NJW 1982, 1093 = DNotZ 1983, 177; BGHZ 101, 65 = NJW 1987, 2814; aA etwa MünchKommBGB/*Koch* § 1374 Rn. 23) sowohl bei Schenkungen als auch bei unbenannten Zuwendungen unter Ehegatten die Vorschrift des § 1374 Abs. 2 BGB keine Anwendung. Diese Bestimmung sei nur für Zuwendungen von dritter Seite gedacht. Zwischenzeitlich sah der BGH auch Zuwendungen zwischen Schwiegereltern und Schwiegerkindern als gleichzustellende ehebedingte Zuwendungen an (BGH FamRZ 1995, 1060). Von dieser Auffassung ist der BGH jedoch wieder abgerückt und geht von einer Schenkung aus (BGH NJW 2010, 2202; BGH NJW 2010, 2284; BGH NJW 2012, 523; BGH NJW 2015, 690; BGH NJW 2015, 1014).

Auf der Grundlage dieser Ansicht handhabt die Rechtsprechung dann auch die Vorschrift des § 1380 BGB, also die Anrechnung einer Zuwendung auf die Zugewinnausgleichsforderung. § 1380 Abs. 2 BGB ordnet an, dass der Wert der Zuwendung dem Zugewinn des Zuwendenden hinzugerechnet wird. Daraus schließt die Rechtsprechung, dass dieser Wert dann auch vom Zugewinn bzw. Endvermögen des Zuwendungsempfängers in Abzug gebracht werden müsse (BGH NJW 1982, 1093; *Grünewald* NJW 1995, 505, 506; dagegen *Hoppenz* MittBayNot 1998, 217). Anschließend wird die Ausgleichsforderung errechnet und davon die Zuwendung in Abzug gebracht.

Umstritten war ferner die Anwendung des § 1380 BGB, wenn der Wert der Zuwendung die Höhe des Ausgleichsanspruches, der sich ohne Berücksichtigung der Zuwendung ergäbe, übersteigt, also eine sog. überhöhte Vorwegleistung vorliegt (*Netzer* FamRZ 1988, 676, 678; *Jaeger* DNotZ 1991, 431, 452 f.). Ging man früher davon aus, dass § 1380 BGB eine negative Ausschlusswirkung habe, so dass in diesem Falle der Zuwendende keinen Zugewinnausgleich geltend machen könne, da das Gesetz seine Rechte auf die Anrechnung beschränke (*Kühne* FamRZ 1978, 221, 223), so nimmt die Rechtsprechung und herrschende Lehre (BGH NJW 1982, 1093; *Schwab/Schwab* VII Rn. 217 ff.; *Kleinle* FamRZ 1987, 1383, 1387) heute an, der Anwendungsbereich des § 1380 BGB sei gar nicht eröffnet, so dass der gewöhnliche Zugewinnausgleich ohne Rücksicht auf die Anrechnung stattfinde.

Beispiel: Anfangsvermögen jeweils 0,– EUR. Endvermögen M 50.000,– EUR, Endvermögen F 60.000,– EUR. Zuwendung des M an F von 50.000,– EUR. Zieht man die Zuwendung vom Zugewinn der F ab und addiert sie bei M hinzu, so wie die herrschende Ansicht § 1380 BGB versteht, so hätte F einen Zugewinn von 10.000,– EUR und M einen solchen von 100.000,– EUR. Die Zugewinnausgleichsforderung der F beliefe sich auf 45.000,– EUR. Wollte man hierauf die Zuwendung in Höhe von 50.000,– EUR anrechnen, so käme ein Minusbetrag heraus, die Zuwendung war also überhöht. Daher wird im zweiten Schritt nach dem tatsächlichen Vermögen gerechnet. Danach hat M gegen F einen Zugewinnausgleichsanspruch in Höhe von 5.000,– EUR. Im Endergebnis wird der Gesamtzugewinn hälftig geteilt.

Die Anrechnung der Zuwendung kann einseitig angeordnet werden und ist bei Anordnung gleichzeitig mit der Zuwendung formfrei. Für eine Anrechnung der Zuwendung nach ihrer Durchführung hingegen wird überwiegend notarielle Beurkundung verlangt (Bergschneider/*Bergschneider* Rn. 4.302 mwN).

Wie nun die anrechenbare unbenannte Zuwendung im Zugewinnausgleich wirkt, ist anhand einer zweistufigen Berechnung festzustellen (*Arend* MittRhNotK 1990, 65, 71;

Büte Rn. 300 ff.; *Langenfeld* Rn. 776; *Schwab* FamRZ 1984, 525, 528). In der ersten Stufe ist festzustellen, ob dem Zuwendungsempfänger unter Berücksichtigung des § 1380 BGB ein Zugewinnausgleichsanspruch zusteht. Ist dies der Fall, hat es damit sein Bewenden. Ist dies aber nicht der Fall, war also die Zuwendung somit größer als der Ausgleichsanspruch, so ist auf der zweiten Stufe festzustellen, ob nach der tatsächlichen Vermögenslage dem Zuwendenden ein Zugewinnausgleichsanspruch zusteht.

Trotz dieses umständlich klingenden Verfahrens wird im Regelfalle der Gesamtzugewinn hälftig geteilt. Dies ist jedoch durchaus nicht immer der Fall. Wenn die Zuwendung beim Empfänger durch Verbindlichkeiten neutralisiert wird oder aus dem Anfangsvermögen des Zuwendenden erfolgt ist, dann ergeben sich möglicherweise Abweichungen von der hälftigen Teilung des Gesamtzugewinns, die bis zum völligen Verlust der Zuwendung für den Zuwendenden führen können. Dies möge folgendes Beispiel illustrieren: Anfangsvermögen M = 20.000,– EUR, F = 0,– EUR. Endvermögen M = 0,– EUR und F = 0,– EUR. Es erfolgte eine Zuwendung von M an F in Höhe von 20.000,– EUR aus dem Anfangsvermögen. M erhält von dieser Zuwendung nichts wieder.

Es gibt unterschiedliche Ansichten, ob an diesem Ergebnis über § 242 BGB eine Korrektur stattzufinden habe. Demgegenüber vertritt die wohl herrschende Ansicht die Auffassung, dass mit der Zuwendung das Anfangsvermögen in den Zugewinn geraten und damit das Ergebnis hinzunehmen sei (*Grünewald* NJW 1988, 109, 110; *Langenfeld/Milzer* Rn. 774; *Reinicke/Tiedtke* WM 1982, 946, 954).

Als Fazit lässt sich sagen, dass selbst bei Vereinbarung einer Anrechnungsbestimmung kaum vorhersehbar ist, wie sich die unbenannte Zuwendung im Zugewinnausgleich letztlich auswirken wird, da dies von der Entwicklung des Gesamtvermögens beider Ehegatten abhängt.

4. Pflichtteilsanrechnung. Es hängt vom Wunsch der Ehegatten und der Gesamtfamiliensituation ab, ob eine Anrechnung auf den Pflichtteil erfolgen soll. Dies ist zu erfragen und dann entsprechend zu gestalten.

5. Doppelte Anrechnung. Zum Konflikt der Anrechnung auf Zugewinn und Pflichtteil vgl. Bergschneider/*Bergschneider* Rn. 4.316.

6. Zugewinn – Gesamtrechnung. Wie bereits dargelegt wurde (→ Anm. 3) ist der Zugewinn eine Gesamtrechnung, bei der – bezogen auf eine einzelne Zuwendung – nicht sicher vorausgesagt werden kann, ob der Zuwendende einen Teil der Zuwendung wiedererlangt.

7. § 1374 Abs. 2 BGB. Die Rechtsprechung über die Nichtanwendung des § 1374 Abs. 2 BGB ist so gefestigt, dass eine diesbezügliche Regelung derzeit entbehrlich erscheint. Man kann dennoch die entsprechenden Ausführungen der Alternative vorsehen, um den Vertragsbeteiligten die Auswirkungen zu verdeutlichen. Eine solche Anordnung hat ferner den Vorteil, dass sie – neben der Anrechnungsbestimmung des § 1380 BGB – nochmals deutlich macht, dass die Zuwendung nicht unentgeltlich ist, sondern in den Zugewinn eingestellt wird.

8. Ersatz des Anfangsvermögens. Es wird vielfach nicht als gerecht empfunden, wenn der Zuwendende über die Gesamtrechnung des Zugewinns nicht einmal sein eingesetztes Anfangsvermögen zurückbekommt. Für diesen Fall räumt ihm die Alternative einen Anspruch auf Ersatz dieses Anfangsvermögens ein.

9. Kosten. → Form. J.I.1.

3. Ehebedingte Zuwendung ohne Rückforderungsrecht, kein Ausgleich

(Urkundseingang → Form. J.I.1)

. . . . . .

IV. Rechtsgrund

1. Die Überlassung erfolgt als ehebedingte Zuwendung, d. h. im Hinblick auf die eheliche Lebensgemeinschaft und zum Ausgleich für geleistete Mitarbeit und als angemessene Beteiligung an den Früchten des ehelichen Zusammenwirkens.[1]
2. Die heutige Zuwendung soll dem Erwerber auch dann endgültig verbleiben, wenn die Ehe geschieden wird.
Die heutige Zuwendung erfolgt außerhalb des Zugewinnausgleichs, der im Falle der Auflösung der Ehe durch Scheidung oder Tod im Übrigen stattfinden soll, jedoch ohne Berücksichtigung der heutigen Zuwendung. Der Wert der Zuwendung soll im Zugewinnausgleich in keiner Weise berücksichtigt werden, also weder bei der Berechnung des Anfangsvermögens noch des Endvermögens eines Ehegatten einen Rechnungsposten bilden.
Eine Anrechnung auf den Pflichtteil soll gleichfalls nicht erfolgen.[2]
In der heutigen Zuwendung ist jedoch Anfangsvermögen des Veräußerers enthalten. Dieses beziffern die Vertragsteile einvernehmlich mit . . . . . . EUR. Diese Summe hat der Erwerber dem Veräußerer im Scheidungsfalle zu erstatten binnen vier Wochen nach Rechtskraft der Scheidung. Eine Wertsicherung erfolgt ausdrücklich nicht.[3]

. . . . . .

(weitere Regelungen, Belehrungen und Kostentragung → Form. J.I.1)[4]

Anmerkungen

1. Ehebedingte Zuwendung. → Form. J.I.1 Anm. 2.

2. Anwendungsbereich. Die Ehegatten leben im gesetzlichen Güterstand. Ein Grundstück soll vom Ehemann auf die Ehefrau übertragen werden. Für den Fall der Ehescheidung soll kein Rückerwerbsrecht vereinbart sein. Die Zuwendung soll aber auch im Zugewinnausgleich keine Rolle mehr spielen, wird also sowohl aus dem Anfangs wie auch dem Endvermögen beider Ehegatten herausgenommen. Dies kann zB darin begründet liegen, dass der Zuwendungsempfänger zuvor einer Modifikation des Zugewinns zugestimmt hatte. Eine reine Schenkung ist aber dennoch nicht gewünscht, da zumindest der Verlust an Anfangsvermögen beim Zuwendenden ausgeglichen werden soll.

3. Ersatz des Anfangsvermögens. Es wird vielfach nicht als gerecht empfunden, wenn der Zuwendende über die Gesamtrechnung des Zugewinns nicht einmal sein eingesetztes Anfangsvermögen zurückbekommt. Für diesen Fall räumt ihm die Alternative einen Anspruch auf Ersatz dieses Anfangsvermögens ein (vgl. *Langenfeld/Milizer*, Rn. 786 f.). Auf Wertsicherung wurde hier verzichtet. Soll eine Wertsicherung vereinbart werden, kann die Klausel aus → Form. G.VII.2 Verwendung finden.

4. Kosten. → Form. J.I.1.

4. Ehebedingte Zuwendung ohne Rückforderungsrecht bei Gütertrennung

(Urkundseingang → Form. J.I.1)

. . . . . .

IV. Rechtsgrund

1. Die Überlassung erfolgt als ehebedingte Zuwendung, d.h. im Hinblick auf die eheliche Lebensgemeinschaft und zum Ausgleich für geleistete Mitarbeit und als angemessene Beteiligung an den Früchten des ehelichen Zusammenwirkens.[1]
2. Nach Hinweis durch den Notar erklären die Beteiligten: Eine Rückforderung des heute zugewendeten Gegenstandes oder ein sonstiger Ausgleich, aus welchem Rechtsgrunde auch immer, soll nicht möglich sein, insbesondere nicht aufgrund einer Störung der Geschäftsgrundlage bei einer Scheidung der Ehe oder auf Grund des Bestehens einer Ehegatteninnengesellschaft.[2]
   Der Erwerber hat sich die heutige Zuwendung auf seinen Pflichtteil nach dem Veräußerer anrechnen zu lassen.

. . . . . .

(weitere Regelungen, Belehrungen und Kostentragung → Form. J.I.1)[3]

Anmerkungen

1. Ehebedingte Zuwendung. → Form. J.I.1 Anm. 2.

2. **Rückforderung und Ausgleich bei Gütertrennung.** Hier soll eine Zuwendung unter Ehegatten, die in Gütertrennung leben, so erfolgen, dass die Zuwendung dem Empfänger auch im Scheidungsfalle verbleibt. Daher müssen Ansprüche aus Störung der Geschäftsgrundlage, die bestehen könnten, wenn die Vermögenslage nach Treu und Glauben nicht zumutbar ist (→ Form. J.I.1 Anm. 2), ausgeschlossen werden. Da die Rechtsprechung immer mehr auf die Ehegatteninnengesellschaft eingeht, wurde klargestellt, dass auch aus dieser Rechtsfigur keine Ansprüche hergeleitet werden können.

3. **Kosten.** → Form. J.I.1.

5. Ehebedingte Zuwendung bei Gütertrennung mit gesetzlicher Rechtsfolge

(Urkundseingang wie → Form. J.I.1)

. . . . . .

IV. Rechtsgrund

1. Die Überlassung erfolgt als ehebedingte Zuwendung, d.h. im Hinblick auf die eheliche Lebensgemeinschaft und zum Ausgleich für geleistete Mitarbeit und als angemessene Beteiligung an den Früchten des ehelichen Zusammenwirkens.[1]

2. Nach Hinweis durch den Notar erklären die Beteiligten: Für eine Rückforderung des heute zugewendeten Gegenstandes oder für Ausgleichsansprüche in Bezug auf diese Zuwendung nach Scheidung einer Ehe sollen die gesetzlichen Bestimmungen gelten. Ein Ausschluss derartiger Ansprüche wird nicht gewünscht.[2]
Der Erwerber hat sich die heutige Zuwendung auf seinen Pflichtteil nach dem Veräußerer anrechnen zu lassen.[3]
Der Notar hat auf die derzeitige Rechtsprechung zum Ausgleich oder zur Rückforderung von Zuwendung im Bereich der Gütertrennung ausdrücklich hingewiesen.

......

(weitere Regelungen, Belehrungen und Kostentragung wie → Form. J.I.1)[4]

Anmerkungen

1. Ehebedingte Zuwendung. → Form. J.I.1 Anm. 2.

2. Rückforderung und Ausgleich bei Gütertrennung. Hier soll eine Zuwendung unter Ehegatten, die in Gütertrennung leben, so erfolgen, dass die Zuwendung der Rechtsprechung des BGH über den Ausgleich oder die Rückforderung von Zuwendungen bei Scheidung einer Ehe unterliegt, wenn die Vermögenslage nach Treu und Glauben nicht zumutbar ist (→ Form. J.I.1 Anm. 2). Dies kann dann – eher ausnahmsweise – interessengerecht sein, wenn die vertragsgegenständliche Zuwendung eine von vielen ist, die zwischen den Ehegatten getätigt werden und man wirklich die Gesamtabwägung im Falle der Ehescheidung wünscht. Im Regelfalle wird man aber eine vertragliche Absprache über das Schicksal der Zuwendung im Scheidungsfalle der richterlichen Abwägung vorziehen.

In jedem Falle aber sollte bei Zuwendungen von Ehegatten, die in Gütertrennung leben, ein Hinweis auf die Rechtsprechung zum Bestehen der Ausgleichsansprüche im Scheidungsfalle erfolgen, denn die meisten Vertragsbeteiligten denken anders als die Unterscheidung der Rechtsprechung, dass gerade im Güterstand der Gütertrennung ein solcher Anspruch nicht bestehe. Nur durch die entsprechende Belehrung wird die Chance eröffnet, eine abweichende Regelung zu vereinbaren.

3. Pflichtteilsanrechnung. Eine solche Anrechnung kann je nach Wunsch der Parteien aufgenommen werden oder nicht. Wünschen die Beteiligten ausdrücklich keine Anrechnung, so ist es empfehlenswert, auch dies festzuhalten, denn Rechtsprechung und Literatur gehen gerade bei größeren Zuwendungen häufig von einer stillschweigenden Anrechnung aus (Nieder/Kössinger/*Nieder* § 2 Rn. 294; Palandt/*Weidlich* § 2315 Rn. 3).

4. Kosten. Wie → Form. J.I.1.

6. Ehebedingte Zuwendung mit Erwerbsrecht der Kinder im Scheidungsfalle

(Urkundseingang wie → Form. J.I.1)

. . . . . .

IV. Rechtsgrund

1. Die Überlassung erfolgt als ehebedingte Zuwendung, d. h. im Hinblick auf die eheliche Lebensgemeinschaft und zum Ausgleich für geleistete Mitarbeit und als angemessene Beteiligung an den Früchten des ehelichen Zusammenwirkens.[1]
2. Der zuwendende Ehegatte
   – nachfolgend kurz: „der Rückforderungsberechtigte" –
   hat das Recht, im Falle der Scheidung der Ehe vom Erwerber die Übertragung des Zuwendungsobjektes an die gemeinsamen ehelichen Kinder oder eines von ihnen nach seiner Wahl zu verlangen.[2]
   Der Übertragungsanspruch entsteht mit Rechtshängigkeit des Scheidungsantrages gleich welches Ehegatten. Er erlischt, wenn er nicht bis zur Rechtskraft der Scheidung geltend gemacht wurde.[3]
   Für diese Übertragung gilt im einzelnen Folgendes:
   a) Der Grundbesitz ist frei von Rechten Dritter zu übertragen. Ausnahmen hiervon bilden etwaige Rechte, die in der vorliegenden Urkunde übernommen werden, und etwaige Rechte, die mit Zustimmung des Rückforderungsberechtigten im Grundbuch eingetragen werden.
      Sofern Grundpfandrechte eingetragen sind, werden diese zur ferneren dinglichen Haftung übernommen. Die Kinder als Erwerber sind jedoch von jeder persönlichen Haftung freizustellen. Die Verzinsung und Tilgung der zu Grunde liegenden Verbindlichkeiten erfolgt vielmehr folgendermaßen: . . . . . .[4]
   b) Der Erwerber hat das Recht, sich bei der Übertragung an die Kinder einen lebenslangen und unentgeltlichen Nießbrauch am heute zugewendeten Vertragsobjekt vorzubehalten und diesen grundbuchlich an bereitester Rangstelle zu sichern. Er ist in diesem Falle berechtigt und verpflichtet, sämtliche Nutzungen aus dem Vertragsobjekt zu ziehen, aber auch verpflichtet, die auf dem Vertragsobjekt ruhenden privaten und öffentlichen einschließlich der außerordentlichen öffentlichen Lasten zu tragen. Er ist auch verpflichtet, die nach der gesetzlichen Lastenverteilung den Eigentümer treffenden privaten Lasten zu tragen, insbesondere außergewöhnliche Ausbesserungen und Erneuerungen. Für grundbuchlich abgesicherte Verbindlichkeiten gilt die Regelung nach a).[5] Der Nießbrauch kann nicht zur Ausübung einem Dritten überlassen werden.
3. Das Zuwendungsobjekt einschließlich seiner Verbindlichkeiten sowie aller Verwendungen, zu denen auch die Schuldentilgung gehört, wird dann im Zugewinn der Vertragsteile weder im Anfangs- noch im Endvermögen angesetzt, mit Ausnahme noch von einem Ehegatten zu übernehmender Verbindlichkeiten.[6]
4. Die Ehegatten können diese Vereinbarung auch ohne Zustimmung der begünstigten Kinder aufheben oder ändern.[7]
5. Zur Sicherung aller Ansprüche des Rückforderungsberechtigten auf Übertragung des Eigentums aus dem vorvereinbarten Übertragungsrecht auf die gemeinsamen ehelichen Kinder

bewilligen und beantragen

die Vertragsteile die Eintragung einer (Rückauflassungs-)Vormerkung gemäß § 883 BGB zugunsten des Rückforderungsberechtigten[8] am Vertragsgrundbesitz in das Grundbuch an nächstoffener Rangstelle.

……

(weitere Regelungen, Belehrungen und Kostentragung wie → Form. J.I.1)[9]

Anmerkungen

1. Ehebedingte Zuwendung. → Form. J.I.1 Anm. 2.

2. Erwerbsrecht zugunsten der Kinder. Mit dieser Vertragsgestaltung wird nicht dem zuwendenden Ehegatten das Vertragsobjekt im Scheidungsfalle wieder zurückgegeben, sondern die Eltern lösen ihren Konflikt dadurch, dass im Scheidungsfalle das Objekt auf die Kinder übertragen wird. Der zuwendende Ehegatte lässt sich als Versprechensempfänger die Übertragung auf die Kinder versprechen. Nach der Formulierung erlangen die Kinder mit diesem Zuwendungsvertrag noch kein eigenes Recht, sondern das Recht der Kinder soll erst entstehen, wenn der zuwendende Ehegatte die Übertragung auf die Kinder fordert. Hierbei ist der zuwendende Ehegatte auch berechtigt, aus den Kindern den Begünstigten zu bestimmen. Um klarzustellen, dass den Kindern noch kein eigenes Recht zusteht, wurde ferner den Eltern in Absatz 4 das Recht vorbehalten, diese Bestimmung ohne Mitwirkung der Kinder zu ändern (§ 328 Abs. 2 BGB).

Eine solche Vertragsgestaltung kommt etwa dann in Betracht, wenn ein Rückfall auf den zuwendenden Ehegatten aus steuerlichen Gründen vermieden werden soll, zB weil das Grundstück damit betrieblich gebundenes Vermögen würde. Diese Lösung kann aber auch dort Platz greifen, wo sich die Ehegatten nicht auf ein Rückerwerbsrecht für den zuwendenden Ehegatten einigen können, weil der Zuwendungsempfänger ganz erhebliche eigene Investition erbracht hat und das Objekt für die Familie gesichert wissen will.

3. Frist. Für die Ausübung des „Rückforderungsrechtes“ sollte eine vertragliche Frist bestimmt sein. Diese ist hier bis zur Rechtskraft der Scheidung gewählt, damit auch bis zum Ende des Güterstandes die Behandlung des Zuwendungsobjektes geklärt ist. Sollte die Sachlage so sein, dass das „Rückforderungsrecht“ nur als Sicherheit gedacht ist, dass aber der Zuwendungsempfänger auch nach einer Scheidung noch Eigentümer bleiben kann, so kann auch eine längere Frist für die Ausübung bestimmt werden.

4. Übertragung auf Kinder. Die spätere Übertragung auf die Kinder ist hier insoweit vorgezeichnet als der Zuwendungsempfänger den Vertragsgegenstand bei Übertragung auf die Kinder lastenfrei stellen muss mit Ausnahme derjenigen Belastungen, die bereits bei seiner Übernahme bestanden oder mit Einverständnis des zuwendenden Ehegatten neu bestellt wurden. Sofern noch Verbindlichkeiten bestehen, sind diese nicht von den Kindern zu übernehmen. Im Vertragsmuster wäre dann noch festzulegen, wer im Innenverhältnis der Eltern nach Scheidung für die Verbindlichkeiten aufzukommen hat. Wenn wie hier ein Nießbrauch für einen Vertragsteil bestellt wird, liegt es nahe, dass dieser auch die Finanzierung weiterführt. Im Einzelfall kann es aber auch einmal anders sein, wenn zB im Gesamtzusammenhang einer „Paketlösung“ der zuwendende Ehegatte die Durchführung der Finanzierung übernimmt.

5. Nießbrauch. Wenn den Eltern wichtig ist, dass das Eigentum in der absteigenden Linie weitergegeben wird, so wollen sie sich doch häufig die Nutzung zurückbehalten; so etwa dann wenn das vertragsgegenständliche Anwesen im Scheidungsfall als Wohnung des Zuwendungsempfängers dienen oder durch Vermietung seine Einkommenssituation bessern soll. Daher besteht bei der Übertragung das Recht, einen Nießbrauch vorzubehalten. Im Gegenzug muss der Nießbraucher dann alle Kosten des Anwesens tragen. Sofern die Interessenlage dies gebietet, könnte auch die Einräumung eines Nießbrauchs für den zuwendenden Ehegatten vorgesehen werden; allerdings würde es sich hier um einen Zuwendungsnießbrauch handeln, der steuerlich regelmäßig von Nachteil ist.

6. Zugewinn. Wenn das Vertragsobjekt nicht bei einem Elternteil bleibt, so ist es regelmäßig sinnvoll, diesen Vermögensgegenstand aus der Zugewinnberechnung auszuklammern. Das gilt auch für die Verwendungen und Schuldentilgungen, die während der Ehe auf dieses Objekt getätigt wurden. Was die Verbindlichkeiten anbelangt, die bei der Übertragung auf die Kinder noch bestehen und von einem Elternteil nach diesem Vertrag übernommen werden müssen, so spricht vieles dafür, diese Verbindlichkeiten beim Endvermögen desjenigen Ehegatten zu berücksichtigen, der die Tilgung übernommen hat. Da sich dessen Zugewinnausgleichsanspruch dadurch erhöht oder seine Zugewinnausgleichungspflicht verringert, wird auf diese Weise auch der andere Ehegatte wirtschaftlich an der Schuldentilgung beteiligt. Im Einzelfall kann die Interessenlage auch eine völlig andere Regelung gebieten.

7. Vertrag zugunsten Dritter. Da hier ein Vertrag zugunsten der Kinder vorliegt, ist es wichtig, dass die Eltern sich die Befugnis vorbehalten, Änderungen ohne Zustimmung der Kinder vorzunehmen (§ 328 Abs. 2 BGB). Nur so können Eltern auf veränderte Situationen reagieren, liegen doch häufig zwischen dem Abschluss des hier vorgelegten Zuwendungsvertrages und einer etwaigen Scheidung viele Jahre.

8. Vormerkung. Aus diesem Grunde wird auch die Vormerkung nicht für die Kinder als Begünstigte eingetragen, sondern für den zuwendenden Ehegatten als Versprechensempfänger. Dies ist zulässig, denn dem Versprechensempfänger steht nach § 335 BGB ein eigenes Recht auf die Leistung zu (*Schöner/Stöber*, Grundbuchrecht, Rn. 1494). Der BGH hatte eine solche Konstellation zu entscheiden (DNotZ 2007, 829 m. Anm. *Amann*). Im entschiedenen Fall bestand gegenüber einem nachrangigen Recht kein Anspruch auf Löschung, weil die Eigentumsumschreibung auf die Kinder stattgefunden hatte, ohne dass diese einen eigenen Anspruch schon hatten. *Amann* rät daraufhin (DNotZ 2007, 832, 836), die Vormerkung sowohl für die Ehegatten wie auch für die Kinder einzutragen. Problematisch ist in diesem Falle aber – insbesondere bei Minderjährigkeit der Kinder – eine später gewünschte anderweitige Verwendung des Grundbesitzes durch die Eltern.

9. Kosten. Wie → Form. J.I.1. Der Umstand, dass das Erwerbsrecht zugunsten der Kinder bestellt ist, dürfte zum Vorliegen eines eigenen Beurkundungsgegenstandes führen, so dass auch beim GNotKG die Erklärung der Beteiligten zugunsten eines Dritten nicht das Vorliegen desselben Beurkundungsgegenstandes hindert, § 109 Abs. 1 S. 3 GNotKG.

7. Ehebedingte Zuwendung zur Haftungsvermeidung

(Urkundseingang wie → Form. J.I.1)

. . . . . .

IV. Rechtsgrund

1. **Die Überlassung erfolgt als ehebedingte Zuwendung zur Herstellung einer zweckmäßigen ehelichen Vermögensordnung.[1]**

2. Der zuwendende Ehegatte
   – nachfolgend kurz: „Rückerwerbsberechtigter" genannt –
   hat das Recht, die Rückübertragung des Zuwendungsobjektes zu verlangen,[2] wenn
   a) eine der nachfolgenden Voraussetzungen vorliegt
      aa) der Vertragsgrundbesitz ganz oder teilweise ohne seine Zustimmung veräußert oder belastet wird
      oder
      bb) einer der Ehegatten Antrag auf Scheidung der Ehe stellt[3]
      oder
      cc) der Erwerber vor dem Veräußerer ohne Hinterlassung von Abkömmlingen[4] verstirbt[5]
   und

der Veräußerer innerhalb von vierundzwanzig Monaten[6] nach Eintritt der genannten Voraussetzung die Rückforderung durch schriftliche Erklärung gegenüber dem Erwerber oder dessen Rechtsnachfolger im Eigentum des Grundbesitzes verlangt, wobei diese Erklärung nur der Veräußerer abgeben kann, nicht hingegen etwaige Rechtsnachfolger. Es handelt sich somit bei diesem Verlangen um eine Potestativbedingung, ohne deren Eintritt der Anspruch nicht entsteht.

3. Für den Rückerwerb gelten folgende Bestimmungen
   a) Der Grundbesitz ist frei von Rechten Dritter zu übertragen.
      Ausnahmen hiervon bilden etwaige Rechte, die in der vorliegenden Urkunde übernommen werden, und etwaige Rechte, die mit Zustimmung des Rückerwerbsberechtigten im Grundbuch eingetragen werden.
      Hinsichtlich eingetragener Grundpfandrechte hat der Rückerwerbsberechtigte auch die zu Grunde liegenden Verbindlichkeiten in persönlicher Haftung mit schuldbefreiender Wirkung zu übernehmen, soweit die Darlehensvaluten für Investitionen auf dem Vertragsgrundbesitz verwendet wurden; ein Erstattungsbetrag gemäß nachfolgender lit. b) ist insoweit nicht zu zahlen.
   b) Der Rückerwerbsberechtigte hat dem heutigen Erwerber die von diesem auf den Vertragsgrundbesitz gemachten Aufwendungen – hierzu gehört auch die Schuldentilgung – zum Zeitwert im Zeitpunkt der Rückübertragung zu ersetzen, sofern diese Aufwendungen aus Anfangsvermögen im Sinne des § 1374 Abs. 1 oder 2 BGB stammen,[7] und zwar Zug um Zug mit der Rückübertragung. **Format anpassen**
      Im Übrigen hat der Rückerwerbsberechtigte keine Gegenleistung zu erbringen.
      Die Kosten der Rückübertragung und durch die Rückübertragung etwa anfallende Verkehrssteuern hat der Rückerwerbsberechtigte zu tragen.
   c) Zug um Zug mit der Rückforderung nach Maßgabe obiger Vereinbarungen findet dann auf der Grundlage der nach Rückforderung, Übernahme von Verbindlichkeiten und Rückerstattung von Aufwendungen bestehenden Vermögenslage der gesetzliche Zugewinnausgleich statt.[8] Hierbei sind rückübertragene Vermögensgegenstände und ersetzte Aufwendungen so in das Anfangsvermögen des jeweiligen Ehegatten einzustellen, wie sie vor Übertragung und Aufwendung in dieses einzustellen gewesen wären.
4. Zur Sicherung aller Ansprüche des Rückerwerbsberechtigten auf Übertragung des Eigentums aus dem vorvereinbarten Rückerwerbsrecht

   bewilligen und beantragen

   die Vertragsteile die Eintragung einer (Rückauflassungs-)Vormerkung gemäß § 883 BGB zu Gunsten des Rückerwerbsberechtigten am Vertragsgrundbesitz in das Grundbuch an erster Rangstelle.[9]

. . . . . .

(weitere Regelungen, Belehrungen und Kostentragung wie → Form. J.I.1)[10]

Anmerkungen

1. Haftungsvermeidende Zuwendung. Die ehebedingte Zuwendung kann ihren Grund darin haben, dass der zuwendende Ehegatte haftungsgefährdet ist und die Zuwendung daher der haftungsmäßig günstigen Organisation des Familienvermögens dient. Dies ist eine vom BGH (MittBayNot 1990, 178) anerkannte Fallgruppe der ehebedingten Zuwendung. Allerdings wird man abwarten müssen, ob nicht auch diese Fallgruppe, sofern es nicht nur um das Familienwohnheim, sondern um Vermögensbildung geht, nach der Kehrtwende des BGH hin zur Ehegatteninnengesellschaft (hierzu *C. Münch* FamRZ 2004, 233) in den Bereich der Ehegatteninnengesellschaft einbezogen wird.

Bei der Frage nach der Sinnhaftigkeit einer solchen Zuwendung sind die Bestimmungen **des Anfechtungsgesetzes** und der entsprechenden Vorschriften der **Insolvenzordnung** zu beachten. Die Übertragung von Vermögensgütern zur haftungsmäßig günstigen Vermögensverteilung kann der Vorsatzanfechtung nach § 3 Abs. 1 S. 1 AnfG (*Lotter* MittBayNot 1998, 422) unterliegen mit der Folge 10-jähriger Anfechtbarkeit. Vorhandenen Gläubigern wird man also durch eine unbenannte Zuwendung aus Haftungsgründen den Zugriff im Wege der Anfechtung kaum entziehen können (vgl. etwa die Kommentierungen bei *Huber* AnfG, 11. Aufl., 2016, § 4 Rn. 35; *Jaeger* § 29 Rn. 50; MünchKommInsO/*Kirchhof* § 134 Rn. 36; OLG Hamm ZIP 1992, 1755; OLG München NJW-RR 1998, 1144).

Umstritten gewesen ist, ob die Vorsatzanfechtung nur für die bei der Zuwendung bereits vorhandenen Gläubiger möglich ist (so überzeugend *Lotter* MittBayNot 1998, 422) oder auch für künftig erst hinzutretende Gläubiger. *Lotter* hat gut begründet, warum die Neufassung des Anfechtungsgesetzes künftige Schuldner von der Anfechtung ausschließt. Solange jedoch gefestigte Rechtsprechung noch nicht vorlag, musste die Frage als offen bezeichnet werden, zumal mehr und mehr vertreten wurde, auch künftigen Gläubigern stehe ein Anfechtungsrecht zu (*Schumacher-Hey* RNotZ 2004, 543, 544; *Huber* AnfG § 3 Rn. 23; vgl. auch *Uhlenbruck/Hirte* InsO § 133 Rn. 24: grds. Anfechtbarkeit auch für künftige Gläubiger, aber: gerade beim Abschluss von Gütertrennungsverträgen nicht; C. Münch/*Herrler*, Familienrecht in der Notar- und Gestaltungspraxis, § 19 Rn. 48). Nunmehr hat der BGH (DNotZ 2010, 286 f. = NZI 2009, 768 m. Anm. *Huber)* jedoch entschieden, dass eine Vorsatzanfechtung nicht ausgeschlossen sei, weil der Schuldner zum Zeitpunkt der angefochtenen Rechtshandlung noch keine Gläubiger gehabt habe. Denn für die Vorsatzanfechtung nach § 133 Abs. 1 InsO genüge schon eine mittelbare, erst künftig eintretende Gläubigerbenachteiligung. Ein solcher Vorsatz könne sich eben auch gegen nur mögliche künftige Gläubiger richten.

Hingewiesen sei an dieser Stelle noch auf die erweiterten Anfechtungsmöglichkeiten nach der InsO sogar gegen Einzelrechtsnachfolger (hierzu *Schillig* MittBayNot 2002, 347) sowie auf die Anfechtungsmöglichkeiten nach § 4 AnfG bei unentgeltlicher Leistung (4 Jahre) und nach § 3 Abs. 2 AnfG bei entgeltlicher Leistung an nahestehende Personen (2 Jahre). In diesem Zusammenhang wird die Zuwendung unter Ehegatten von der überwiegenden Ansicht unabhängig von der familienrechtlichen Einordnung anfechtungsrechtlich als unentgeltlich angesehen (BGH NJW 1999, 1033; BGH NJW 2012, 1217, jedenfalls wenn gleichzeitig getroffene Vereinbarungen über den Zugewinnausgleich dem übertragenden Ehegatten keinen Vorteil verschaffen; *Wälzholz* FamRB 2006, 382), jedenfalls soweit die Übertragung nicht zum Ausgleich von tatsächlich angefallenem Zugewinn erfolgt. Eine solche Übertragung im Zusammenhang mit der Beendigung des Güterstandes wird hingegen als entgeltlich angesehen. Auch in einem solchen Fall hat der BGH aber eine unmittelbare Gläubigerbenachteiligung angenommen und den Benachteiligungsvorsatz und die Kenntnis des Ehegatten widerleglich vermutet (BGH NZI 2010, 738 = MittBayNot 2010, 493; hierzu *Hörmann* VIA 2010, 77), und dies bei einer Scheidungsvereinbarung getrennt lebender Eheleute. Nicht mehr als entgeltlich wird eine

Zuwendung anzusehen sein, wenn wegen eines drohenden Insolvenzverfahrens sich eigentlich kein Zugewinn mehr errechnet (C. Münch/*Herrler*, Familienrecht in der Notar- und Gestaltungspraxis, § 19 Rn. 41). Droht Insolvenz in nächster Zeit, könnte überlegt werden, einen Ausgleich nach §§ 1385, 1386 BGB herbeizuführen, da der BGH insoweit noch nicht entschieden hat, ob ein solcher Ausgleich über § 133 Abs. 2 S. 2 InsO wieder rückgängig gemacht werden kann (*Janlewing* FamRB 2011, 52).

2. Rückübertragungsrecht. Bei Zuwendungen zur haftungsgünstigen Vermögensverteilung möchte der Zuwendende immer dann, wenn nur die Haftungsvermeidung tragender Gesichtspunkt ist, eine Rückübertragungsklausel für den Scheidungsfall vereinbaren, denn er möchte nicht das Risiko einer Haftung gegen das Risiko einer Scheidung auswechseln (vgl. *Langenfeld* ZEV 2000, 391, 394). Die Problematik, die sich bei Zuwendungen zur Haftungsvermeidung stellt, ist die, ob **Gläubiger auf diesen Rückübertragungsanspruch zugreifen** können, denn dann würde dies auch neuen Gläubigern, die erst nach der Übertragung hinzugekommen sind, den Zugriff auf den Zuwendungsgegenstand eröffnen (hierzu detailliert Reul/Heckschen/Wienberg/*Reul*, Insolvenz in der Gestaltungspraxis, Teil B, Rn. 175 ff.).

Bisher war herrschende Auffassung, dass ein Anspruch pfändbar sei, wenn das Rückübertragungsrecht unmittelbar durch die Auslösung des Rückübertragungsgrundes entsteht. Wenn hingegen die Rückübertragungspflicht erst mit Geltendmachung durch den zuwendenden Ehegatten zur Entstehung gelangt, dann soll ein Gläubiger dies nicht für den Betroffenen geltend machen können. Als höchstpersönliches Recht wäre das Rückforderungsrecht dann unpfändbar (so *Stöber,* Forderungspfändung, 13. Aufl., Rn. 325; MünchKommZPO/*Smid* § 851 Rn. 5; aA MünchKommInsO/*Kirchhof* § 129 Rn. 89). Dementsprechend ist der Aufbau des Formulars so gewählt, dass das Rückübertragungsrecht erst nach Eintritt des Rückforderungsgrundes und der Geltendmachung durch den Zuwendenden entsteht.

Im Jahre 2003 hatte der **BGH** (**FamRZ 2003, 858;** hierzu C. *Münch* ZFE 2003, 269) einen Fall zu entscheiden, in welchem Ehegatten in einem notariellen Ehe- und Übergabevertrag Betriebsvermögen aus dem Zugewinnausgleich ausgeschlossen und das private Wohnhaus des Ehemannes auf die Ehefrau übertragen hatten. Hierbei hatte sich der Ehemann einen Nießbrauch vorbehalten und vertraglich das Recht einräumen lassen, „jederzeit von ihr oder ihren Rechtsnachfolgern ohne Angabe von Gründen die Rückübertragung und Rückauflassung des hier überlassenen Grundbesitzes zu verlangen.“ Ein Gläubiger des Ehemannes pfändete später das Recht des Ehemannes „auf Rückübertragung und Rückauflassung . . . . . . (Recht des Schuldners, jederzeit von der Drittschuldnerin oder ihren Rechtsnachfolgern ohne Angabe von Gründen die Rückübertragung und Rückauflassung . . . . . . zu verlangen)“. Der BGH wertet – übrigens ohne Rückgriff auf die bisher als maßgeblich angesehene Entscheidung BGHZ 130, 314 – das Recht, die Rückübertragung zu verlangen, als Gestaltungsrecht oder als aufschiebende Bedingung. Er zog daraus die Schlussfolgerung, dass der Rückübertragungsanspruch und das Recht, die Rückübertragung zu verlangen, jeweils für sich gepfändet werden müssen. Dies war laut Sachverhalt jedoch nach Ansicht des BGH geschehen. Sodann führt der BGH aus, dass akzessorische Gestaltungsrechte unpfändbar seien, dass die Pfändbarkeit nicht akzessorischer Gestaltungsrechte aber noch nicht abschließend geklärt sei, so dass die Entscheidung über die Pfändbarkeit im Einzelfall zu treffen sei.

Im vorliegenden Falle war für den BGH entscheidend, dass der zuwendende Ehegatte sich des Grundbesitzes noch nicht endgültig und auch nicht vollständig entäußert hatte. Dies begründete er einmal mit dem **Nießbrauchsvorbehalt,** vor allem aber mit dem Recht der Rückforderung auf **jederzeitiges Verlangen.** Ein solches Rückforderungsrecht habe Vermögenswert und sei nicht familienrechtlich überlagert, da es nicht mehr vom Eintritt bestimmter Ereignisse, wie zB einer Ehescheidung, abhänge. Es sei einem Wiederkaufsrecht ähnlich und in vollem Umfange pfändbar. Letztendlich begründet der BGH seine

Entscheidung auch mit Blick auf das Ergebnis. Es sei untragbar, wenn Ehegatten dem Zuwendenden ein in seinem freien Belieben stehendes Rückforderungsrecht vorbehalten und damit den zugewendeten Gegenstand der Pfändung von Seiten der Gläubiger **beider** Ehegatten entziehen könnten.

Auf Grund des freien Rückforderungsrechtes liegt nach Ansicht des BGH **keine ehebezogene Zuwendung** vor, da die Zuwendung gerade nicht auf die Dauer der Ehe angelegt gewesen sei, sondern jederzeit habe zurückgefordert werden können. Eine analoge Anwendung des § 852 Abs. 2 ZPO, für die das OLG Frankfurt als Berufungsinstanz plädiert hatte, komme „allenfalls für einen Ausgleichs- oder Rückforderungsanspruch in Betracht, der sich daraus ergibt, dass die Ehe gescheitert und damit die Geschäftsgrundlage der ehebezogenen Zuwendung entfallen ist. In diesem Falle soll ein Gläubiger nicht in die den Ehegatten vorbehaltene, letztlich auf Billigkeitsgesichtspunkten beruhende Vermögensauseinandersetzung zwischen ihnen eingreifen und sie gegen den Willen des Berechtigten erzwingen können."

Die **Schlussfolgerungen**, die aus dem Urteil des BGH zu ziehen sind, werden noch immer nicht einheitlich beurteilt. Im Einzelnen lässt sich Folgendes sagen:

- Allein die Formulierung als Gestaltungsrecht, welches den Rückübertragungsanspruch erst auf Verlangen hin auslöst, schützt nicht vor der Pfändung.
- Die Vereinbarung des Rückübertragungsrechtes als höchstpersönlich schützt nicht vor Pfändung (Reul/Heckschen/Wienberg/*Reul*, Insolvenzrecht in der Gestaltungspraxis, Teil B, Rn. 189).
- Ein freies Rückforderungsrecht ist für den Zweck der haftungsmäßig günstigen Verteilung des Familienvermögens nicht mehr tauglich.
- Kritisch zu sehen ist wohl auch das Rückforderungsrecht im Falle der Zwangsvollstreckung oder Insolvenz auf Seiten des Zuwendungsempfängers, hat doch der BGH ausdrücklich beanstandet, dass ein Vermögensgegenstand so gestellt wird, dass er von den Gläubigern beider Seiten nicht gepfändet werden kann.
- Aus den das Urteil allerdings nicht tragenden Äußerungen des BGH lässt sich wohl herauslesen, dass jedenfalls das Gestaltungsrecht, **bei Scheidung** der Ehe die Rückforderung verlangen zu können, nur der beschränkten Pfändbarkeit unterliegen soll, da eine **familienrechtliche Überlagerung** vorliegt, welche die analoge Anwendung des § 852 Abs. 2 ZPO rechtfertigt. Für die analoge Anwendung des § 852 Abs. 2 ZPO spricht auch, dass die Ausübung des Rückforderungsrechtes Auswirkungen auf den Zugewinn hat, denn auch dieses Rückforderungsverhältnis ist in das jeweilige Endvermögen der Ehegatten einzustellen. D.h. die Rückforderung des Zuwendenden mindert dessen Zugewinnausgleichsansprüche, die aber nach § 852 Abs. 2 ZPO nur beschränkt pfändbar gewesen wären.
  Die Anwendung des § 852 Abs. 2 ZPO bewirkt, dass die Entscheidung, ob der Anspruch durchgesetzt werden soll, allein dem Zuwendenden überlassen bleibt. Gleiches müsste dann wohl für den von der Rechtsprechung auf Wegfall der Geschäftsgrundlage gestützten Anspruch auf Anpassung bzw. Ausgleich und ausnahmsweise Rückabwicklung oder einen Ausgleichsanspruch aus dem Bestehen einer Ehegatteninnengesellschaft gelten. *Langenfeld* schreibt hierzu (ZEV 2003, 295): „Die für die Vertragsgestaltung entscheidende Erwartung, dass eine reine Scheidungsklausel bei der ehebedingten Zuwendung aus Haftungsgründen als pfändungsfest angesehen werden wird, kann ab sofort gehegt werden, dies auch unter Haftungsgesichtspunkten." Diese Ansicht ist zu unterstützen, gleichwohl sollte die Entwicklung aufmerksam verfolgt und die Beteiligten im Beratungsgespräch über den momentanen Sachstand aufgeklärt werden, damit diejenigen, denen etwa verbleibende Zweifel noch zu viel sind, die Möglichkeit haben, sich Ausweichgestaltungen zu überlegen (zu solchen *C. Münch* ZFE 2003, 269, 273). Bedeutsam ist in diesem Zusammenhang, dass *Stöber* seine Auffassung geändert hat und nunmehr (*Stöber,* Forderungspfändung, seit der 16. Aufl., 2013, Rn. 2054 d) der Auffassung ist, das Gestaltungsrecht auf Verlangen der Rückabwicklung sei pfändbar und könne zur Ein-

ziehung überwiesen werden mit der Folge, dass der Pfändungspfandgläubiger das Gestaltungsrecht ausüben könnte, wenn die rechtlichen Voraussetzungen hierfür vorliegen. Der BGH hat allerdings jüngst zum Pflichtteilsanspruch festgestellt, dass dieser als in seiner zwangsweisen Verwertbarkeit aufschiebend bedingter Anspruch **gepfändet** werden könne. Damit erwirbt der Gläubiger mit Eintritt der Voraussetzungen des § 852 Abs. 1 bzw. 2 ZPO ein vollwertiges Pfandrecht, dessen Rang sich nach der Pfändung bestimmt, also dem frühen Zeitpunkt vor Vorliegen dieser Voraussetzungen. Der BGH empfiehlt den Gerichten, in diesem Zusammenhang einen allgemeinverständlichen Hinweis aufzunehmen, dass die Verwertung erst nach Erfüllung dieser Voraussetzungen möglich ist und hält eine Überweisung zuvor nicht für möglich (BGH ZEV 2009, 247). Solches könnte auch bei Eingreifen des § 852 Abs. 2 ZPO gelten.
Als Ausweichlösung wird etwa die sog. „Verschweigenslösung" genannt (*Koch/J. Mayer* ZEV 2007, 55 ff.), mit der vertraglich festgelegt werden soll, dass bei Schweigen des Schuldners auf die Nachfrage, ob er auf seinem Recht bestehe, dieses Recht ersatzlos erlischt, wenn nicht binnen bestimmter Frist erklärt wird, daran festhalten zu wollen. Das OLG München (ZEV 2009, 352) hat inzwischen geurteilt, dass ein Vormerkungsberechtigter, der sich in Insolvenz befindet, die Löschung der Vormerkung weder bewilligen noch beantragen kann, auch wenn die Übertragung mit Rücksicht auf eine familiäre Verbundenheit stattgefunden hat. Dies dürfte auch einer Löschung nach Verschweigen entgegenstehen, zumal die Ansicht vorherrscht, dass ein Gläubiger das Verschweigen als Unterlassen anfechten und dann den Rückübereignungsanspruch bzw. ersatzweise seinen Wert geltend machen kann (Reul/Heckschen/Wienberg/*Reul*, Insolvenzrecht in der Gestaltungspraxis, Teil B, Rn. 225; *ders.* DNotZ 2010, 902 f.).

- Verf. plädiert hingegen für die Abgabe eines unwiderruflichen Angebots durch den Zuwendungsempfänger, da die Angebotsposition als solche nicht pfändbar ist (vgl. *C. Münch,* Ehebezogene Rechtsgeschäfte, Rn. 1278 ff. mit ausführlicher Begründung und Musterformulierung Rn. 1285; *C. Münch* FamRZ 2004, 1329). Diese Ansicht findet Gefolgschaft (Reul/Heckschen/Wienberg/*Reul*, Insolvenzrecht in der Gestaltungspraxis, Teil B, Rn. 222), allerdings wird darauf hingewiesen, dass es zu diesem Lösungsvorschlag noch keine Rechtsprechung. gibt und dass der BGH möglicherweise zu einer analogen Anwendung des § 852 Abs. 2 ZPO kommen könne. Bedenken werden in der Literatur insoweit erhoben, als beim Angebot möglicherweise kein Fall des § 29 ErbStG im Hinblick auf die Schenkungsteuer vorliegt (*Brambring*, Ehevertrag und Vermögenszuordnung unter Ehegatten, Rn. 158; Reul/Heckschen/Wienberg/*Reul*, Insolvenzrecht in der Gestaltungspraxis, Teil B, Rn. 223). Andererseits ist auch bisher noch keine bessere vertragliche Gestaltungsmöglichkeit zur Vermeidung einer Pfändung aufgezeigt worden, es sei denn man vermeidet den Rückübertragungsanspruch und begnügt sich etwa mit einem Wohnrecht. Aus einem neueren Urteil des BGH, das sich eigentlich damit befasst, ob der Insolvenzverwalter ein an den Gemeinschuldner gerichtetes Angebot annehmen kann, lässt sich auch eine neue Erkenntnis zur Pfändbarkeit gewinnen (BGH, NZI 2015, 376, Tz. 19). Nach Ansicht des BGH ist ein Angebot häufig nur an eine bestimmte Person gerichtet. Eine Abtretbarkeit und damit auch eine Pfändbarkeit komme in solchen Fällen nicht in Betracht. Es ist also letztlich eine Gesamtabwägung vorzunehmen und mit den Beteiligten das Für und Wider ausführlich zu erörtern.
- Offen bleibt, ob bei den sonst häufig vereinbarten Rückforderungsgründen der Veräußerung durch den Empfänger oder des Todes des Empfängers eine Pfändbarkeit bejaht werden wird. Zwar spricht der Gedanke der endgültigen und vollständigen Hergabe gegen ein pfändungsfestes Rückforderungsrecht bei Veräußerung, aber eigentlich ist von der Intention der Vertragsteile her dieses Rückforderungsrecht nur eine Art Sicherungsgeschäft für die im Zentrum stehende Rückforderung bei Scheidung, damit Letzteres nicht ins Leere läuft, weil der Zuwendungsgegenstand zuvor veräußert worden war. Dies spricht dafür, dass – umso mehr noch beim Familienheim – auch dieser Anspruch an der

familienrechtlichen Überlagerung teilhaben kann (so auch Reul/Heckschen/Wienberg/*Reul*, Insolvenzrecht in der Gestaltungspraxis, Teil B, Rn. 194) und dann nach § 852 Abs. 2 ZPO nur beschränkt pfändbar ist. Gleiches sollte für das Rückforderungsrecht im Todesfalle gelten, denn auch dies ist ein familiär bedingtes Recht.

3. Scheidungsantrag. Hier wurde die Rückforderung an den Scheidungsantrag geknüpft, gleich welcher Ehegatte diesen gestellt hat. Dies deshalb, weil die Antragstellung an sich wenig darüber aussagt, wer für die Scheidung letztendlich verantwortlich ist. Bedenken, dass hiermit der Ehegatte durch Stellung eines Scheidungsantrages, der auch jederzeit gestellt werden könnte, in gleicher Weise frei ein Rückübertragungsrecht vorbehalten habe, sind nicht gerechtfertigt (vgl. etwa BFH BB 1998, 1039), denn sie gehen an der sozialen Wirklichkeit vorbei. Wer hier Bedenken hat, der muss zusätzlich fordern, dass auch auf Grund des Antrages die Ehe später geschieden wird.

4. Bezeichnung Abkömmlinge. Zuweilen wird hier noch eine nähere Einschränkung gewünscht wie „eheliche, leibliche Abkömmlinge“.

5. Rückforderung bei Insolvenz des Empfängers. Aus den in → Anm. 2 geschilderten Gründen ist damit zu rechnen, dass der BGH ein Rückforderungsrecht, das sich auf die Insolvenz des Empfängers oder Zwangsvollstreckungsmaßnahmen gegen diesen stützt, als unbeschränkt pfändbar ansehen wird. Aus diesem Grunde wurde eine solche Klausel hier nicht vorgeschlagen. Sofern sie verwendet werden soll, könnte sie folgendermaßen lauten:

Alternative – Rückforderung auch bei Insolvenz des Empfängers

...... hat das Recht, die Rückforderung zu verlangen, wenn ......

dd) über das Vermögen des Erwerbers ein Insolvenzverfahren eröffnet wird oder Zwangsversteigerungs- oder Zwangsvollstreckungsmaßnahmen gegen das Vermögen des Erwerbers durchgeführt werden oder sich die Vermögensverhältnisse des Erwerbers im Sinne des § 490 Abs. 1 BGB verschlechtern ***Format***.

Die Rückforderung bereits an die Vermögensverschlechterung im Sinne des § 490 Abs. 1 BGB (§ 610 BGB aF) zu knüpfen, geht auf einen Vorschlag *Spiegelbergers* (MittBayNot 2000, 1, 8) zurück, der Bedenken äußert, dass die Klausel sonst keinen Schutz bietet, wenn ihre Geltung von der Ausübung abhängt.

6. Frist. Es kann auch eine längere Frist vereinbart werden, wenn die Ausübung des Rechtes nach einer Scheidung noch möglichst lange möglich sein soll.

7. Ersatz von Verwendungen. → Form. J.I.1 Anm. 6.

8. Zugewinnausgleich. Die Zuwendung und die Rückübertragung sind in das System des Zugewinnausgleichs einzuordnen. Da hier eine vertragliche Rückforderung vereinbart wurde, ist die Sachlage umgekehrt gegenüber der gesetzlichen Rechtslage. Während bei letzterer zunächst der Zugewinnausgleich berechnet und durchgeführt wird und eine Rückforderung nur greift, wenn dieser zu einer unangemessenen und untragbaren Lösung führt, ist beim vertraglichen Rückforderungsrecht zunächst die Rückforderung abzuwickeln (oder zumindest die entsprechenden gegenseitigen Ansprüche zu berechnen) und auf dieser Basis dann der Zugewinnausgleich durchzuführen. Zur Einstellung in den Zugewinnausgleich → Form. J.I.1 Anm. 8.

9. Rang der Vormerkung. Um der Sicherungswirkung der Vormerkung willen sollte diese an vorderster Rangstelle allenfalls nach Leitungsdienstbarkeiten oder ähnlichen nicht wertmindernden Rechten eingetragen sein. Vorrangige Grundpfandrechte sollten nicht bestehen bleiben, da sonst auch hier mit der Gefahr von Pfändungen zu rechnen ist.

10. Kosten. Wie → Form. J.I.1.

8. Erwerb durch nicht haftenden Ehegatten mit Erwerbsrecht für den anderen Ehegatten

(Urkundseingang wie → Form. J.I.1)

. . . . . .

I. Grundbuchstand, Vertragsobjekt

Im Grundbuch des Amtsgerichtes . . . . . . für . . . . . . Blatt . . . . . . ist an dem dort vorgetragenen und in der Gemarkung . . . . . . gelegenen Grundbesitz Fl. Nr. . . . . . . Frau . . . . . . als Alleineigentümerin eingetragen.

Der Grundbesitz ist im Grundbuch belastet wie folgt: . . . . . .

Dieses Grundstück wurde mit Mitteln des Ehemannes erworben.[1]

II. Erwerbsrecht

1. Für den Fall, dass einer der Ehegatten Antrag auf Scheidung der Ehe stellt, ist der Ehemann
   – nachfolgend kurz: „Erwerbsberechtigter“ genannt –
   berechtigt, diesen Grundbesitz mit allen Rechten und Pflichten, Bestandteilen und dem gesetzlichen Zubehör zu erwerben.[2]
   Voraussetzung ist, dass der Erwerbsberechtigte innerhalb von vierundzwanzig Monaten nach Eintritt der genannten Voraussetzung den Erwerb durch schriftliche Erklärung gegenüber dem Eigentümer verlangt, wobei diese Erklärung nur der Erwerbsberechtigte abgeben kann, nicht hingegen etwaige Rechtsnachfolger. Es handelt sich also bei diesem Verlangen um eine Potestativbedingung, ohne deren Eintritt der Anspruch nicht entsteht.[3]
   Für den Erwerb gelten folgende Bestimmungen . . . . . .[4]
2. Zur Sicherung aller Ansprüche des Erwerbsberechtigten auf Übertragung des Eigentums aus dem vorvereinbarten Erwerbsrecht
   bewilligen und beantragen
   die Vertragsteile die Eintragung einer Vormerkung gemäß § 883 BGB zugunsten des Erwerbsberechtigten am Vertragsgrundbesitz in das Grundbuch an erster Rangstelle.[5]

. . . . . .

(weitere Regelungen, Belehrungen und Kostentragung wie → Form. J.I.1)[6]

Anmerkungen

1. Anwendungsbereich. Dieses Formular findet dann Anwendung, wenn der finanzierende Ehegatte das Objekt nicht selbst erwirbt und anschließend an den Ehepartner überlässt, sondern wenn der nicht haftende Ehegatte das Objekt von vorneherein selbst auf seinen Namen kauft. Dies kann unterschiedliche Gründe haben. Einmal kann bei einseitigen Pflichtteilen ein Erwerb durch den haftenden Ehegatten nicht gewollt sein, zum anderen kann die Absicht der Ehegatten darin bestehen, Anfechtungen, die einen Zugriff auf das Objekt selbst geben, noch mehr zu erschweren.

2. Erwerbsrecht. Um im Falle einer Scheidung der Ehe das Objekt erhalten zu können, lässt sich der finanzierende Ehegatte ein Erwerbsrecht für den Scheidungsfall einräumen.

3. Geltendmachung. Auch diese Formulierung setzt für die Entstehung des Anspruchs dessen Geltendmachung voraus. Im Hinblick auf die Pfändbarkeit eines solchen Erwerbsrechts dürfte die Sachlage mit dem Rückerwerbsrecht vergleichbar sein. Insoweit kann auf → Form. J.I.7 Anm. 2. verwiesen werden.

4. Bestimmungen für das Erwerbsrecht. → Form. J.I.1 Anm. 6. Die dort für das Rückerwerbsrecht beschriebenen Grundsätze sind auf das Erwerbsrecht entsprechend übertragbar.

5. Rang der Vormerkung. Um der Sicherungswirkung der Vormerkung willen sollte diese an vorderster Rangstelle allenfalls nach Leitungsdienstbarkeiten oder ähnlichen nicht wertmindernden Rechten eingetragen sein. Vorrangige Grundpfandrechte sollten nicht bestehen bleiben, da sonst auch hier mit der Gefahr von Pfändungen zu rechnen ist.

6. Kosten. Das GNotKG bestimmt in § 51 Abs. 1, dass der Wert eines Erwerbsrechts nach dem Wert des betroffenen Gegenstandes festzusetzen sei. Einen Abschlag für ein bedingtes Erwerbsrecht sieht die Vorschrift nicht vor, aber eine Billigkeitsklausel nach § 51 Abs. 3 GNotKG.

9. Schenkung

(Urkundseingang wie → Form. J.I.1)

......

IV. Rechtsgrund

1. Die Überlassung erfolgt unentgeltlich als freigiebige Zuwendung.[1] Eine Gegenleistung ist nicht zu erbringen. Eine Rückforderung wird nicht vertraglich vorbehalten. Es gelten die gesetzlichen Vorschriften des Schenkungsrechts, insbesondere auch die Widerrufsgründe.[2]
2. Die Zuwendung ist auf den Pflichtteil nach dem Veräußerer anzurechnen. Eine Anrechnung auf den Zugewinnausgleichsanspruch soll nicht erfolgen. Vielmehr sollen die heute geschenkten Vermögensgegenstände bei der Berechnung des Zugewinns vollständig außer Betracht bleiben, also weder beim Anfangs- noch beim Endvermögen eines Ehepartners mitgerechnet werden.[3]
3. Der Notar hat darüber belehrt, dass die Zuwendung im Scheidungsfalle nicht zurückgefordert werden kann. Er hat ferner darauf hingewiesen, was es bedeutet, dass die Zuwendung nach vorstehendem Absatz 2 auf den Zugewinn nicht angerechnet werden soll.[4] Schließlich wurden die Vertragsteile über die gesetzlichen Widerrufsgründe des Schenkers belehrt.

......

(weitere Regelungen, Belehrungen und Kostentragung wie → Form. J.I.1)[5]

Anmerkungen

1. Schenkung. Wenn die Ehegatten sich über die Unentgeltlichkeit der Zuwendung einig sind, dann kann eine echte Schenkung vorliegen, die nicht als ehebedingte Zuwendung anzusehen ist, für die also auch nicht mit einem Scheitern der Ehe die Geschäftsgrundlage gestört wird. Wesentlicher Aspekt der Schenkung ist es also, dass sie nicht um der Ehe willen erfolgt, sondern im echten Sinne freigiebig (*Langenfeld* DNotZ-Sonderheft

1985, 167, 177; *Wever* Rn. 419; für eine Erweiterung des Anwendungsbereichs der Schenkung: *Rauscher* AcP 186 (1986), 529, 549 ff.). In diesem Sinne bedeutet Schenkung unter Ehegatten mehr als die bloße Abwesenheit von Gegenleistungen (denn diese fehlen in der Regel auch bei der ehebedingten Zuwendung), nämlich die bewusst fehlende Verknüpfung mit dem Fortbestand der Ehe.

Solche Schenkungen sind etwa relevant, wenn sich Ehegatten im Güterstand der Gütertrennung oder der modifizierten Zugewinngemeinschaft – nicht zuletzt zum Ausgleich für die fehlende vermögensrechtliche Beteiligung – Zuwendungen machen.

2. Widerrufsgründe. Für die Schenkung enthält das Gesetz verschiedene Widerrufsgründe. Die Nichtvollziehung einer Auflage (§ 527 BGB) und der Notbedarf des Schenkers (§ 528 BGB) kommen eher selten als Widerrufsgründe zwischen Ehegatten in Betracht. Beim Scheitern der Ehe wird hingegen öfters versucht, einen Widerruf nach § 530 BGB wegen groben Undanks durchzusetzen. Der Scheidungsantrag selbst stellt noch keine schwere Verfehlung im Sinne des § 530 Abs. 1 BGB dar. Die Verletzung der ehelichen Treuepflicht hingegen kann eine schwere Verfehlung darstellen (BGH FamRZ 1983, 351 f. mit Anm. *Seutemann*). Maßgebend dafür, ob grober Undank angenommen werden kann, ist jedoch das Gesamtverhalten beider Ehegatten, das zu gewichten ist. Hiernach führt ein Schenkungswiderruf wegen groben Undanks nur ausnahmsweise einmal zum Erfolg (*Wever* Rn. 440 ff. mit Rechtsprechungshinweisen: *Wever* FamRZ 2003, 565, 571).

3. Zugewinnausgleich. Nach BGH FamRZ 1989, 791 unterfallen Schenkungen – ebenso wie ehebedingte Zuwendungen – unter Ehegatten nicht der Bestimmung des § 1374 Abs. 2 BGB, sondern sie sind dem Endvermögen des Zuwendungsempfängers zuzurechnen. Auf solche Schenkungen findet vielmehr nach Ansicht des BGH die Bestimmung des § 1380 BGB Anwendung. Nach diesem Konzept wird also die Schenkung später im Zugewinnausgleich berücksichtigt. Wenn solches nicht gewünscht wird, dann muss dies in der Schenkungsvereinbarung zum Ausdruck gebracht werden. Dementsprechend sieht das Formular vor, dass die Zuwendung weder auf die Zugewinnausgleichsforderung anzurechnen ist (zu den noch nicht vollständig geklärten Folgen der Anordnung einer Nichtanrechnung vgl. *C. Münch*, Ehebezogene Rechtsgeschäfte, Rn. 1398 ff.) noch – wenn der Zuwendende einen Ausgleichsanspruch hat – die Zuwendung in das Endvermögen des Empfängers eingestellt und damit – teilweise – wieder ausgeglichen wird. Wenn eine Berücksichtigung im Zugewinn erfolgen soll, was insbesondere dann nahe liegt, wenn etwa Anfangsvermögen verschenkt wird, so wäre alternativ die nachfolgende Formulierung zu verwenden:

Alternative – Berücksichtigung der Schenkung im Zugewinnausgleich

Die Zuwendung ist in das Endvermögen des Erwerbers einzustellen und auf einen etwaigen Zugewinnausgleichsanspruch des Erwerbers anzurechnen.

4. Belehrung anpassen. Wird die in → Anm. 3 geschilderte Alternativformulierung verwendet, so ist auch der Belehrungsvermerk entsprechend anzupassen.

Alternative – Belehrungsvermerk bei Berücksichtigung im Zugewinn

Er hat ferner darauf hingewiesen, dass die Schenkung in den Zugewinn eingestellt wird und daher ggf. im Zugewinnausgleich teilweise zurückzugewähren sein kann.

5. Kosten. Wie → Form. J.I.1.

II. Zuwendungen Dritter mit Scheidungsvorsorge

1. Elternzuwendung mit Scheidungsvorsorge durch Rückübertragungsklausel

UR. Nr.

Vom . . . . . .

Überlassung

mit Auflassung

Heute, den . . . . . .

erschienen vor mir,

. . . . . .

Notar in . . . . . .:

1. Herr . . . . . .,
   geboren am . . . . . .
   und dessen Ehefrau
   Frau . . . . . ., geborene . . . . . .,
   geboren am . . . . . .
   beide wohnhaft in . . . . . .
   nach Angabe verheiratet . . . . . .
2. deren Tochter,
   Frau . . . . . ., geborene . . . . . .
   geboren am . . . . . .
   wohnhaft in . . . . . .

nach Angabe im gesetzlichen Güterstand der Zugewinngemeinschaft verheiratet.

Die Erschienenen sind mir, dem Notar, persönlich bekannt.

Der Notar hat das Mitwirkungsverbot nach § 3 Abs. 1 Nr. 7 BeurkG erläutert. Seine Frage nach einer Vorbefassung im Sinne dieser Vorschrift wurde verneint.

Die Erschienenen wollen einen

Überlassungsvertrag

errichten.[1]

Sie erklären bei gleichzeitiger Anwesenheit gemeinsam mündlich mit dem Ersuchen um Beurkundung was folgt:

. . . . . . (Fortsetzung wie in → Form. J.I.1) . . . . . .

IV. Rechtsgrund

1. Die vorstehende Überlassung erfolgt im Wege der vorweggenommenen Erbfolge.[2]
2. Die Gegenleistungen des Erwerbers ergeben sich aus den nachfolgenden Bestimmungen der Ziffer V.

Weitere Gegenleistungen als die in dieser Urkunde aufgeführten sind nicht zu erbringen.

3. Soweit der Wert des überlassenen Vertragsobjektes den Wert der Gegenleistungen übersteigt, hat sich der Erwerber diesen Wert auf seinen Pflichtteil nach dem Veräußerer anrechnen zu lassen.
   Eine etwa bestehende Ausgleichungspflicht gemäß §§ 2050 ff. BGB wird erlassen bzw. eine solche wird ausdrücklich nicht angeordnet.[3]

V. Veräußerungsverbot, Rückerwerbsrecht

1. Der Erwerber verpflichtet sich gegenüber dem Veräußerer, den Vertragsgrundbesitz oder Teile hiervon ohne seine Zustimmung weder zu veräußern, noch zu belasten. Auf die Bestimmung des § 137 BGB wurde hingewiesen.[4]
2. Für den Fall der Zuwiderhandlung gegen das vereinbarte Veräußerungs- und Belastungsverbot sind die Erschienen zu 1.
   – nachfolgend kurz: „Rückerwerbsberechtigter" genannt –
   berechtigt, den heutigen Vertragsgrundbesitz mit allen Rechten und Pflichten, Bestandteilen und dem gesetzlichen Zubehör zurück zu erwerben.[5]
3. Das gleiche Recht steht dem Rückerwerbsberechtigten zu, wenn
   a) über das Vermögen des Erwerbers ein Insolvenzverfahren eröffnet wird oder Zwangsversteigerungs- oder Zwangsvollstreckungsmaßnahmen gegen das Vermögen des Erwerbers durchgeführt werden oder eine Verschlechterung der Vermögenslage im Sinne des § 490 Abs. 1 BGB eintritt[6]
   oder
   b) der Erwerber vor dem Längerlebenden seiner Eltern verstirbt und der Vertragsgrundbesitz nicht im Wege der Erbfolge oder Vermächtniserfüllung oder durch Übertragung seitens des Erben des Erwerbers auf die Kinder oder eines der Kinder des Erwerbers übergeht[7]
   oder
   c) der Erwerber oder sein Ehepartner Antrag auf Scheidung der Ehe gestellt hat.[8]
4. Dieses Rückerwerbsrecht ist höchstpersönlich.
   Bei mehreren Berechtigten steht das Rückerwerbsrecht nach dem Tode eines Berechtigten dem Überlebenden alleine zu. Ansonsten ist das Rückerwerbsrecht nicht vererblich und nicht übertragbar.
   Es ist innerhalb von 24 Monaten nach Kenntnis vom Eintritt der Voraussetzung durch schriftliche Erklärung gegenüber dem Eigentümer bzw. dessen Erben auszuüben. Entscheidend für die Einhaltung der Frist ist die Absendung durch den Erklärenden.
5. Für den Rückerwerb gelten folgende Bestimmungen:[9]
   a) Der Grundbesitz ist frei von Rechten Dritter zu übertragen. Ausnahmen hiervon bilden etwaige Rechte, die in der vorliegenden Urkunde übernommen werden, und etwaige Rechte, die mit Zustimmung des Rückerwerbsberechtigten im Grundbuch eingetragen werden. Hinsichtlich eingetragener Grundpfandrechte hat der Rückerwerbsberechtigte auch die zugrundeliegenden Verbindlichkeiten in persönlicher Haftung mit schuldbefreiender Wirkung zu übernehmen, soweit die Darlehensvaluten für Investitionen auf dem Vertragsgrundbesitz verwendet wurden; ein Erstattungsbetrag gemäß nachfolgender lit. b) ist insoweit nicht zu zahlen.
   b) Der Rückerwerbsberechtigte hat dem heutigen Erwerber die von diesem auf den Vertragsgrundbesitz gemachten Aufwendungen – hierzu zählen auch Schuldentilgungen – zum Zeitwert im Zeitpunkt der Rückübertragung zu ersetzen. Nicht zu ersetzen sind Aufwendungen zur gewöhnlichen Erhaltung oder Arbeitsleistung des Erwerbers. Im Übrigen hat der Rückerwerbsberechtigte keine Gegenleistung zu erbringen.
   c) Die Kosten der Rückübertragung und durch die Rückübertragung etwa anfallende Verkehrssteuern hat der Rückerwerbsberechtigte zu tragen.**Format**

6. Zur Sicherung aller Ansprüche der Rückerwerbsberechtigten als Gesamtberechtigte auf Übertragung des Eigentums aus dem vorvereinbarten Rückerwerbsrecht

bewilligen und beantragen

die Vertragsteile die Eintragung einer

(Rückauflassungs-)Vormerkung gemäß § 883 BGB

zugunsten der Rückerwerbsberechtigten als Gesamtberechtigte gem. § 428 BGB am Vertragsgrundbesitz in das Grundbuch an nächstoffener Rangstelle.

. . . . . .

(ggf. Rangvorbehalt, Löschungsvollmacht bei Tod) . . . . . .[10]

. . . . . .

(Fortsetzung der Regelungen, Belehrungen und Kostentragung[11]**) wie → Form. J.I.1.**

Anmerkungen

1. Anwendungsbereich. Übertragen Eltern ihrem Kind im Wege der vorweggenommenen Erbfolge als Ausstattung oder auch als Schenkung Grundbesitz, so möchten Sie nicht, dass im Falle einer Scheidung des Kindes dessen Ehepartner an dem übertragenen Vermögen partizipiert. Auch wenn es sich bei dem übertragenen Vermögen nach § 1374 Abs. 2 BGB um Anfangsvermögen handelt, so halten die meisten schon eine Teilnahme des Schwiegerkindes an Wertsteigerungen dieses Vermögens im Gegensatz zur gesetzlichen Wertung nicht für gerechtfertigt. Außerdem befürchten Eltern, dass das Kind seinem Ehepartner als unbenannte Zuwendung einen Anteil am übertragenen Vermögen einräumt, so dass es je nach Konstellation zum (teilweisen) Verlust des Anfangsvermögens kommt, den auch der Zugewinn nicht ausgleicht. Ganz abgesehen davon wird in letzterem Falle auch die dingliche Mitberechtigung des geschiedenen „Schwiegerkindes" ohne Zustimmung der Eltern regelmäßig nicht gewünscht; dies gilt besonders dann, wenn die Eltern ein Anwesen übertragen, in dem sie selbst wohnen.

Aus diesem Grunde wird oftmals die Vereinbarung einer Rückübertragungsklausel zu Gunsten der Eltern gefordert, die eine Veräußerung ohne Zustimmung untersagt und im Scheidungsfalle ein Rückerwerbsrecht gibt. Zumeist soll diese auch die Fälle vorzeitigen Todes des Kindes sowie seiner Insolvenz abdecken. Aus diesem Grunde erfolgt die Sicherung durch eine Rückauflassungsvormerkung zugunsten der Eltern. Sie ist jedenfalls dann zu empfehlen, wenn ein Anwesen übertragen wird, in dem die Eltern selbst wohnen. Die Eintragung einer Rückauflassungsvormerkung sollte hingegen dann nicht der Regelfall sein, wenn Eltern einen Bauplatz übertragen, den ihr Kind gemeinsam mit seinem Ehepartner später bebaut, so dass das Haus den Hauptwert darstellt; dies gilt erst recht, wenn für den Bau eine Finanzierungsgrundschuld eingetragen werden muss, so dass die Rückauflassungsvormerkung keine vordere Rangstelle erhält.

Der Rückübertragungsanspruch der Eltern unterliegt nach der neueren Rechtsprechung des BGH der Gefahr einer Pfändung durch Gläubiger der Eltern, auch dann, wenn das Rückforderungsrecht als Gestaltungsrecht formuliert ist (BGH FamRZ 2003, 858; *Münch* ZFE 2003, 269). Sofern also die Übertragung aus Haftungsgründen auf die Kinder erfolgt, sollte auf die Vereinbarung eines Rückerwerbsrechtes ggf. verzichtet werden. Hier wäre vielmehr die Bestellung dinglicher Nutzungsrechte erwägenswert, insbesondere eines Wohnungsrechtes, das nicht zur Ausübung überlassen werden kann und eine Wegzugsklausel enthält, so dass bei Aufgabe des Wohnungsrechtes kein Geldersatz droht (Reul/Heckschen/Wienberg/*Reul*, Insolvenzrecht in der Gestaltungspraxis, Teil B, Rn. 205 ff.).

2. Vorweggenommene Erbfolge. Die Überlassung kann auch als Ausstattung ausgestaltet sein, wenn die Voraussetzungen des § 1624 BGB vorliegen. Die Ausstattung hat den Vorteil, dass sie, soweit ihre Voraussetzungen vorliegen und die Ausstattung nicht die Vermögensverhältnisse übersteigt, vom Gesetz von den Schenkungsregeln ausgenommen wird. Nach *Langenfeld*, 5. Aufl., Rn. 1196 unterfällt die Ausstattung damit nicht den Pflichtteilsergänzungsvorschriften des § 2325 BGB. Nachteil der Ausstattung ist, dass sie im Rahmen des § 2316 iVm § 2050 Abs. 1 BGB zu einer Pflichtteilsberechnung auf der Grundlage einer hypothetischen Ausgleichslage führt.

3. Anrechnung/Ausgleichung. Diese Regelung ist je nach Wunsch der Vertragsteile zu fassen. Bei vorweggenommener Erbfolge wird in der Regel eine Anrechnung auf den Pflichtteil gewünscht. Eine Ausgleichung wurde hier ausgeschlossen. Eine solche Anordnung ist insbesondere bei der Ausstattung wichtig, denn im Gegensatz zu den sonstigen Zuwendungen (§ 2050 Abs. 3 BGB) ordnet § 2050 Abs. 1 BGB für die Ausstattung die Ausgleichung an, wenn sie nicht vom Zuwendenden ausdrücklich ausgeschlossen wird. Dies ist dann zu empfehlen, wenn in ähnlicher Weise auch die anderen Geschwister Zuwendungen erhalten; jedenfalls sind die Anordnungen für alle Geschwister insoweit zu harmonisieren.

4. Veräußerungs- und Belastungsverbot. Ein solches mit der Sanktion der Rückübertragung versehenes und durch Vormerkung geschütztes Recht verhindert den Verkauf ebenso wie die Weiterübertragung unter Ehegatten ohne Zustimmung der Eltern.

Sofern das Grundstück sogleich oder später an den Ehegatten des Kindes zur Hälfte weiterübertragen werden soll, wird die Übertragung schon aus schenkungsteuerlichen Gründen zunächst an das eigene Kind als Erwerber und dann im Wege der Kettenübertragung (hierzu *Münch* StB 2003, 130, 131) von diesem an den Ehegatten übertragen werden. Die Eltern können diese Weiterübertragung gesondert gestatten und werden in der Regel verlangen, dass die Pflichten aus dem Rückübertragungsrecht auch vom Schwiegerkind übernommen werden. Aus steuerlichen Gründen wird die Weiterübertragung auf das Schwiegerkind nunmehr zumeist in einer zweiten Urkunde vollzogen, da nach strengerer Rechtsprechung des BFH (ZEV 2005, 262) die Aufnahme in eine Urkunde vom BFH möglicherweise nicht mehr anerkannt wird. Dies geschieht aus Sicherheitsgründen. Inhaltlich sind die Bedenken unbegründet. Wenn zwei hintereinander geschaltete Kettenschenkungen mit zwei Auflassungen und Herausarbeiten der Entscheidungsbefugnis des Ersterwerbers sowie des Rechtsgrundes für den Zweiterwerb beurkundet werden, halte ich dies auch bei Aufnahme in einer Urkunde für ausreichend (detailliert C. *Münch* FamRB 2006, 283). In einem neuen Urteil hat der BFH (DStR 2012, 1652 ff.) nunmehr eine klare Auffassung vertreten. Danach liegt schenkungsteuerlich regelmäßig keine Zuwendung der Eltern an das Schwiegerkind vor, wenn die Eltern ein Grundstück schenkweise auf ihr Kind übertragen und das Kind unmittelbar im Anschluss an die ausgeführte Schenkung einen Miteigentumsanteil an seinen Ehegatten überträgt, wenn das Kind nicht zur Weiterübertragung verpflichtet ist und die Eltern die Weitergabe nicht veranlasst haben.

5. Verlangen der Übertragung auf Enkel aus dem Stamme des Empfängers. Wenn der Erwerber ganz erhebliche eigene Aufwendungen in das Vertragsobjekt tätigt und Geschwisterabfindungen leistet, so wird häufig nur schwer Einigkeit zu erzielen sein über die Vereinbarung einer Rückforderungsklausel, nach welcher das Vertragsobjekt wieder an die Eltern zurückfällt und von dort aus auch an Geschwister des zunächst vorgesehenen Erwerbers übertragen werden könnte. Hier kann man ausweichen auf eine Vereinbarung, wonach zwar die Eltern die Übertragung verlangen können, aber nicht auf sich selbst, sondern auf Kinder des Erwerbers, so dass sichergestellt ist, dass das Vermögen in der

Linie verbleibt. Dies erleichtert nicht zuletzt dem Ehegatten des Erwerbers die Zustimmung in den meisten Fällen erheblich. Eine solche Klausel lässt sich so formulieren:

Alternative – Recht, die Übertragung auf Enkel zu verlangen:
Für den Fall der Zuwiderhandlung gegen das vereinbarte Veräußerungs- und Belastungsverbot sind die Erschienenen zu 1. berechtigt, die Übertragung des heutigen Vertragsgrundbesitzes mit allen Rechten und Pflichten, Bestandteilen und dem gesetzlichen Zubehör auf die Kinder des heutigen Erwerbers . . . . . . oder eines dieser Kinder zu verlangen.
Die Bestimmung kann vom Rückerwerbsberechtigten und dem Erwerber ohne Zustimmung der Kinder abgeändert werden.

6. Insolvenz. Die Vorverlegung des Rückerwerbsrecht auf ein Stadium der Vermögensverschlechterung rät *Spiegelberger* MittBayNot 2000, 1.

7. Früher Tod des Übernehmers. Diese Klausel gibt den Eltern immer dann ein Rückerwerbsrecht, wenn nach dem Tode des Kindes zu Lebzeiten noch mindestens eines Elternteiles andere als Abkömmlinge zur Erbfolge gelangen und der Grundbesitz auch nicht durch Vermächtniserfüllung oder aber durch freiwillige Übertragung seitens des Erben auf die Abkömmlinge übergeht. Damit ist das Rückerwerbsrecht insbesondere auch dann ausübbar, wenn das Schwiegerkind als Erbe Eigentümer wird. Die Möglichkeit der Übertragung seitens des Erben wurde vorgesehen, um den Beteiligten eine einvernehmliche Gestaltung zu ermöglichen, ohne sofort zum Rückerwerbsrecht greifen zu müssen.

Zum Teil wird – insbesondere von Erwerberseite – ein so weitgehendes Rückerwerbsrecht nicht gewünscht. Hier liegt häufig das Interesse so, dass der Ehegatte Eigentümer sein soll, wenn gemeinsame Kinder vorhanden sind. Eine Klausel die dies vorsieht, kann so lauten:

Alternative – Rückerwerbsrecht nur wenn Tod ohne Abkömmlinge
. . . . . . wenn der Erwerber vor dem Längerlebenden seiner Eltern ohne Hinterlassung von Abkömmlingen verstirbt . . . . . .

Eine weitere Möglichkeit, die Interessen des Ehegatten des Erwerbers zu berücksichtigen, besteht darin, den Eltern für den Fall der Ausübung des Rückerwerbsrechtes zur Pflicht zu machen, dem Ehegatten des Erwerbers ein Nießbrauchs- oder Wohnungsrecht am Vertragsanwesen zu bestellen. Diese Alternative kann dann verwendet werden, wenn der Erwerber und sein Ehegatte ihren Lebensmittelpunkt im übertragenen Anwesen haben, der Ehegatte des Erwerbers keine eigenen Investitionen vornehmen muss und daher nicht Miteigentümer wird, der Erwerber aber seinem Ehegatten die Wohnung auf Lebenszeit oder für eine Übergangszeit erhalten will. Dass Schwiegerkinder hier ein eigenes Recht erhalten, kann Konflikte entschärfen, wenn sie eigentlich die Mitübertragung des Grundbesitzes anstreben. Eine solche Verpflichtung kann folgendermaßen formuliert werden:

Alternative – Wohnungsrecht für Erwerberehegatten bei Rückerwerb
In diesem Falle kann – wenn der heutige Erwerber seinen Ehegatten zum Alleinerben eingesetzt hatte – das Rückerwerbsrecht nur ausgeübt werden, wenn dem Ehegatten des heutigen Erwerbers ein lebenslanges/auf fünf Jahre vom Todestag des Erwerbers an begrenztes/unentgeltliches Wohnungsrecht in der Wohnung . . . . . . am Vertragsgrundbesitz eingeräumt wird. Nebenkosten sowie Kosten der Schönheitsreparaturen sind in diesem Falle vom Wohnungsberechtigten zu tragen.

8. Rückerwerb im Scheidungsfalle. Eltern wollen auf diese Weise zugewendetes Vermögen aus dem Zugewinnausgleich ihres Kindes herauslösen können. Wenn es sich auch bei dem übertragenen Vermögen um Anfangsvermögen im Sinne des § 1374 Abs. 2 BGB handelt, so sehen doch des Öfteren Eltern selbst eine Teilnahme des Schwiegerkindes an den Wertsteigerungen des übertragenen Vermögens nicht als gerechtfertigt an und haben

Bedenken, dass ihr Kind Ausgleich leisten und deshalb ggf. gar den Zuwendungsgegenstand verwerten muss. Aus diesem Grunde wird eine Rückerwerbsklausel auch für den Scheidungsfall häufiger gewünscht. Das Rückerwerbsrecht sollte schon durch den Scheidungsantrag ausgelöst werden, damit es in der Zugewinnberechnung noch berücksichtigt werden kann. Hinzuweisen ist in diesem Zusammenhang schließlich noch darauf, dass bestehende Rückübertragungsklauseln schon den Wert des Grundstücks bei der Zugewinnberechnung mindern (OLG München FamRZ 2000, 1152).

Das Rückerwerbsrecht für den Scheidungsfall wird in Zukunft wohl zunehmend vereinbart werden müssen, nachdem der BGH seine Rechtsprechung zur Bewertung von Vorbehaltsrechten wie Nießbrauch oder Wohnungsrecht im Zugewinn geändert hat. Der Wertverlust dieser Rechte durch das Altern des Übergebers muss nunmehr im Zugewinnrechtsstreit gutachterlich festgestellt werden (BGH DNotZ 2007, 849 – hierzu C. *Münch* DNotZ 2007, 795). Dies führt zu einem erheblichen Streitpotential und löst Kosten aus. Zwar hat der BGH inzwischen seine Rechtsprechung erneut revidiert, er hat jedoch betont, dass bei gegenläufiger Wertentwicklung eines vorbehaltenen Nießbrauchs nach wie vor eine gesonderte Wertfeststellung erforderlich ist (BGH DNotZ 2015, 621). Daher wird neben einer ehevertraglichen Herausnahme solchen Vermögens aus dem Zugewinn, die aber die Eltern nicht überwachen können, die Rückerwerbsklausel im Scheidungsfall weiterhin das Mittel der Wahl sein, um das Entstehen von Zugewinn in solchen Fällen zu verhindern.

Manche Eltern wollen mit dem Rückübertragungsrecht noch früher ansetzen und lassen dieses bereits dann entstehen, wenn ihr Kind heiratet und den zugewendeten Gegenstand seinerseits nicht ehevertraglich vom Zugewinn ausnimmt. Solches kommt vor allem bei „dynastisch" übertragenem Familienvermögen oder bei zu einem Firmenvermögen gehörenden Grundbesitz in Betracht. Eine solche Rückübertragungsklausel ist vormerkungsfähig (BayObLG MittBayNot 2002, 396) und kann auch gegenüber einem Minderjährigen vormundschaftsgerichtlich genehmigt werden (LG München I MittBayNot 2002, 404). Die Formulierung kann folgendermaßen lauten:

Alternative – Rückübertragungsrecht bei Heirat ohne ehevertraglichen Ausschluss

. . . . . . wenn der Erwerber eine Ehe eingeht und nicht ehevertraglich entweder Gütertrennung vereinbart oder das Vertragsobjekt samt seiner Wertsteigerungen vom Zugewinn ausgeschlossen hat, nachdem er vom Veräußerer hierzu aufgefordert wurde und seit der Aufforderung drei Monate vergangen sind.

9. Rückerwerbsbedingungen. Üblicherweise wird vereinbart, dass die zuwendenden Eltern im Falle des Rückerwerbs die für das Vertragsobjekt aufgewendeten Investitionen ersetzen müssen, sei es durch Schuldübernahme, sei es durch Aufwendungsersatz. Im Hinblick auf die Schuldübernahme sind die Eltern dadurch ausreichend geschützt, dass eine Belastung nur mit ihrer Zustimmung erfolgen darf. Bei Aufwendungen wird zuweilen ein gesonderter Schutz gegen „Luxusaufwendungen" und deren Erstattung gewünscht. Dieser kann dadurch erzielt werden, dass auch Aufwendungen ab einer gewissen Höhe jedenfalls dann der Zustimmung der Eltern unterliegen, wenn sie bei einem Rückfall ausgeglichen werden sollen. Werden solche Aufwendungen dann ohne Zustimmung getätigt, so entfällt eine Ersatzpflicht der Eltern.

Bei der Zuwendung von Eltern ist noch zu berücksichtigen, dass diese häufig eingebettet ist in ein Gesamtabfindungsgefüge sämtlicher Kinder. Das bedeutet, dass der Zuwendungsempfänger eventuell Abfindungen an seine Geschwister leisten muss und dass entweder diese in Bezug auf das überlassene Vertragsobjekt oder der Zuwendungsempfänger in Bezug auf restliches Vermögen der Eltern einen Pflichtteilsverzicht abgeben. Mit der Rückübertragung ist auch das Schicksal dieser Leistungen bzw. Verzichte zu klären. In der Regel sollen auch sie „rückabgewickelt" werden. Hierzu dienen die folgenden Formulierungen, die auch einzeln und unabhängig voneinander Verwendung finden können.

Alternative – Rückübertragung von Abfindungen, Unwirksamkeit von Pflichtteilsverzichten

Zu ersetzen sind auch gemäß dieser Urkunde erbrachte Abfindungsleistungen.

Ein erklärter Pflichtteilsverzicht des Erwerbers im Hinblick auf diese Überlassung verliert mit Rückforderung seine Gültigkeit.

10. Rangvorbehalt und Löschungsvollmacht. Wenn bekannt ist, dass demnächst eine Finanzierung auf dem übertragenen Objekt durch den Erwerber ansteht und die Eltern damit einverstanden sind, so kann ein Rangvorbehalt eingetragen werden, der den Eltern eine weitere spätere Mitwirkung erspart und dem Zuwendungsempfänger einen gewünschten Freiraum verschafft. Da die Rechte der Eltern, die nachrangig eingetragen werden, bei einer Zwangsversteigerung gefährdet sind, muss die Höhe des Rangvorbehaltes im Lichte des Vertrauens der Eltern in die Zahlungsfähigkeit des Kindes festgelegt werden. Die entsprechende Klausel lautet folgendermaßen:

Alternative – Rangvorbehalt

Der Erwerber behält sich das Recht vor, im Range vor sämtlichen in dieser Urkunde bestellten Rechten Grundpfandrechte bis zum Gesamtbetrag von ...... EUR

– i. W. .... EUR –

zuzüglich Zinsen bis zu 18 % jährlich und zuzüglich einer einmaligen Nebenleistung bis zu 6 % des jeweiligen Grundschuldkapitals, zu Gunsten beliebiger Gläubiger eintragen zu lassen. Eine weitere Zustimmung zu einer diesen Rangvorbehalt ausnutzenden Belastung ist nicht erforderlich, die Ausnutzung des Rangvorbehaltes verstößt also nicht gegen das Belastungsverbot.

Der Rangvorbehalt darf seinem gesamten Umfang nach nur einmal voll ausgenutzt werden.

Verzinsungsbeginn ist der Tag der Beurkundung des den Vorrang ausnutzenden Grundpfandrechts.

Die Eintragung dieses Rangvorbehaltes gemäß § 881 BGB in das Grundbuch wird bewilligt und beantragt.

Vollzugsnachricht wird erbeten.

Nachdem die Rechtsprechung eine Vorlöschungsklausel bei der Vormerkung nicht zulässt (BGH NJW 1996, 59; *Schöner/Stöber* Rn. 1544 ff.), werden nunmehr Löschungsvollmachten verwendet, die dann benötigt werden, wenn der Zuwendungsempfänger nicht Alleinerbe der zuwendenden Eltern sein wird. Es soll mit der Löschungsvollmacht verhindert werden, dass der Zuwendungsempfänger auf Unterschriften der Erben/Miterben für die Löschung angewiesen ist. Eine solche Löschungsvollmacht kann folgendermaßen lauten (grundlegend *Wufka* MittBayNot 1996, 156 f., 160):

Alternative – Löschungsvollmacht

Jeder Veräußerer bevollmächtigt den Erwerber und jeden im Zeitpunkt der Einreichung der Löschungsbewilligung eingetragenen Grundstückseigentümer oder dessen gesetzlichen Vertreter einzeln, unter Vorlage der Sterbeurkunde des betreffenden Veräußerers die Löschung der zu dessen Gunsten im Grundbuch eingetragenen Auflassungsvormerkung zu bewilligen und zu beantragen. Die Vollmacht ist widerruflich. Der Bevollmächtigte ist von den Beschränkungen des § 181 BGB ausdrücklich befreit.

11. Kosten. Nach GNotKG bestimmt sich der Geschäftswert gemäß § 46 Abs. 1 aus dem Verkehrswert der übertragenen Immobilie. Das Rückerwerbsrecht steht im Sinne eines Austauschvertrages nach § 97 Abs. 3 GNotKG diesem Wert gegenüber. Es bestimmt sich bei einem Verfügungsverbot nach § 50 Nr. 1 GNotKG aus 10 % des Wertes des betroffenen Grundbesitzes. Daher fällt regelmäßig eine 2,0 Gebühr nach KV 21100 aus dem Wert der Immobilie an.

2. Zuwendung von Schwiegereltern

(Eingang wie in → Form. J.II.1 unter Ergänzung des Schwiegerkindes)

......

IV. Rechtsgrund

1. Die Eltern[1] wenden hiermit ihrem Sohn einen Betrag von 100.000,– EUR im Wege der vorweggenommenen Erbfolge[2] zu, der dies annimmt.
2. Die Ehefrau ist alleinige Eigentümerin des Anwesens ...... eingetragen im Grundbuch von ...... für ...... Blatt ...... An diesem Anwesen lastet in Abteilung III Nr. ...... eine Grundschuld ohne Brief über 100.000,– EUR für die ...... Bank.
Der Ehemann wird den ihm zugewendeten Betrag über 100.000,– EUR verwenden, um die der oben genannten Grundschuld zugrunde liegenden Verbindlichkeiten bei der genannten Bank zu tilgen. Hierin liegt eine ehebedingte Zuwendung[3] des Ehemannes an die Ehefrau. Die Ehegatten vereinbaren in Bezug auf diese Zuwendung Folgendes:
Sollte ein Ehegatte Antrag auf Scheidung der Ehe stellen, so hat die Ehefrau diesen Geldbetrag binnen drei Monaten nach Rechtshängigkeit an den Ehemann zurückzuerstatten. Eine Verzinsung findet nicht statt, ebenso wenig eine Wertsicherung.[4] Der zurückerstattete Betrag fällt in das Anfangsvermögen des Ehemannes.[5] Hierüber sind sich die Vertragsteile einig.
Zur Sicherung des Rückerstattungsanspruches verpflichtet sich die Ehefrau, für eine Abtretung der vorgenannten Grundschuld an den Ehemann zu sorgen, allerdings unter Ausschluss der Weiterabtretbarkeit.[6]

...... (weitere Bestimmungen) ......[7]

......

Anmerkungen

1. Zuwendung von Schwiegereltern. In den letzten Jahren beschäftigen zunehmend Fälle die Gerichte, bei denen Zuwendungen an Schwiegerkinder eine Rolle spielen. Regelmäßig haben Eltern eine Zuwendung gemeinschaftlich an Kind und Schwiegerkind geleistet und wollen nach einer Ehescheidung den auf das Schwiegerkind entfallenden Anteil wieder zurück. Der BGH hatte solche Zuwendungen zunächst den ehebedingten unbenannten Zuwendungen gleichgestellt (BGH DNotZ 1995, 937 = FamRZ 1995, 1060; vgl. auch OLG Köln ZEV 2002, 197, wo diese Rechtsprechung auch für den Fall der Kettenschenkung angewendet wird). Damit beruhte die Zuwendung auf einem besonderen familienrechtlichen Rechtsverhältnis und war aus diesem Grunde nicht dem Anfangsvermögen des Schwiegerkindes zuzurechnen. Die Entscheidung des OLG Nürnberg (FamRZ 2006, 38), welche auch die Zuwendung an das eigene Kind als ehebedingte Zuwendung eingestuft hat, ist zu Recht vereinzelt geblieben und unterliegt erheblicher Kritik (*Koch* FamRZ 2006, 585, 588; *C. Münch* MittBayNot 2006, 338 f.; *Schröder* FamRZ 2006, 40; *Scherer/Lehmann* ZEV 2006, 331). Die OLG Rechtsprechung folgt ihr nicht (OLG Koblenz FamRZ 2006, 1839).

Als Konsequenz entschied der BGH bisher über die Frage einer Rückerstattung der Zuwendung nach den Grundsätzen über den Wegfall der Geschäftsgrundlage. Eine Korrektur erfolgte daher nur dann, wenn die Vermögensverteilung unter Berücksichtigung des Zugewinnausgleichs ansonsten unzumutbar und unangemessen wäre, und zwar aus der Sicht des Kindes. Jedenfalls sofern das Kind daher über den Zugewinn die Hälfte der Zuwendung, welche an das Schwiegerkind ging, zurückerhielt, entstand nach den Grundsätzen des Wegfalls der Geschäftsgrundlage kein Ausgleichs- oder Rückgewähranspruch. Die Grundsätze dieser Entscheidung hatte der BGH später bekräftigt (BGH FamRZ 1998, 669; BGH FamRZ 1999, 365; vgl. auch OLG Celle ZEV 2003, 295). Dieses Ergebnis der Rechtsprechung – Verlust der Zuwendung zur Hälfte – werden die Schwiegereltern, befragte man sie zuvor, regelmäßig nicht wollen.

Ein Rückgewähranspruch der zuwendenden Schwiegereltern kam daher bisher nur ausnahmsweise in Betracht, nämlich dann, wenn ein güterrechtlicher Ausgleich nicht stattfand – etwa bei Gütertrennung – oder wenn die Schwiegereltern mit der Zuwendung eigene Interessen verfolgten, etwa die Aufnahme in das übertragene Hausanwesen bei Pflegebedürftigkeit (*Wever* Rn. 498 ff.; BGH FamRZ 1998, 669).

Diese **bisherige Rechtsprechung hat der BGH nunmehr ausdrücklich aufgegeben** und erklärt, er sehe nunmehr eine Zuwendung der Schwiegereltern an das Schwiegerkind als **Schenkung** an und nicht mehr als ein Rechtsverhältnis eigener Art, das der unbenannten Zuwendung entspricht (BGH NJW 2010, 2202, BGH NJW 2010, 2884; BGH NJW 2012, 523; BGH NJW 2015, 690; BGH NJW 2015, 1014; zu Übergangsproblemen *Schulz* FamRZ 2011, 12; zur Folgerungen aus der neuen Rechtsprechung *Schulz* FPR 2012, 79). Auf diese Schenkung will der BGH weiterhin die Grundsätze des Wegfalls der Geschäftsgrundlage anwenden. Als Geschäftsgrundlage sieht der BGH regelmäßig an, dass die Ehe und ihre damit verbundene Lebensgemeinschaft zwischen Kind und Schwiegerkind fortdauert und das eigene Kind somit dauerhaft in den Genuss der Schenkung kommt. Mit dem Scheitern der Ehe entfällt diese Geschäftsgrundlage, so dass der Richter im Wege einer Vertragsanpassung über eine Rückgewähr zu entscheiden hat. Diese Rückgewähr muss nicht in vollem Umfange erfolgen, sondern kann sich auf eine teilweise Rückgewähr beschränken, insbesondere wenn dem Kind die Zuwendung über eine längere Ehezeit hinweg schon zugute gekommen ist.

Neu ist, dass diese Rückabwicklung zwischen Schwiegereltern und Schwiegerkind nunmehr unabhängig von güterrechtlichen Erwägungen zu erfolgen hat, also nicht durch den Zugewinnausgleich beeinflusst, sondern in der direkten Abwicklung zwischen den Parteien der Schenkung vorgenommen wird. Sie ist somit leichter möglich und wird nicht durch die zugewinnausgleichsrechtlichen Folgen gegenüber dem Kind gehindert.

Eine Doppelinanspruchnahme schließt der BGH dadurch aus, dass er die Schenkung beim Schwiegerkind – vermindert um den Rückforderungsanspruch in Anfangs- und Endvermögen einstellt. Der BGH wendet also § 1374 Abs. 2 BGB auf diese Schenkung an. Der Rückforderungsanspruch soll bei dieser Berechnung genau in der Höhe eingestellt werden, in welcher er später tatsächlich entsteht, da die Höhe zum Zeitpunkt der Zuwendung noch nicht absehbar ist. Dagegen wendet sich erhebliche Kritik, das dieses Vorgehen letztlich zu einem „beweglichen“ Anfangsvermögen führt, das im Zeitpunkt der Eingehung der Ehe oder der Zuwendung noch nicht feststeht (kritisch etwa *Braeuer* FPR 2011, 75 f.; *Kogel* FamRB 2010, 309; *ders.* FF 2011, 247 f.; *Wever* FamRZ 2010, 1629; befürwortend *Hoppenz* FamRZ 2010, 1718). Außerdem wird kritisiert, dass viele Probleme noch nicht gelöst sind, so etwa die Frage, ob der (latente) Rückforderungsanspruch vererblich ist oder wie er den Zugewinn des Kindes beeinflusst, wenn durch den Anspruch die Vermögenswertbegrenzung des § 1378 Abs. 2 BGB ausgelöst wird.

Die Rückgewähr wird sich in erster Linie als Geldausgleichsanspruch darstellen. Eine Rückgewähr in Natur hat dann aber nur Zug um Zug gegen Zahlung eines finanziellen Ausgleichs an das Schwiegerkind zu erfolgen. Grundlage für diesen Ausgleich ist eine Gesamtwürdigung aller Umstände unter Billigkeitsgesichtspunkten. Demzufolge sind nicht nur Wertsteigerungen zu ersetzen, sondern auch Investitionen und Arbeitsleistungen zur Werterhaltung und Verschönerung des Anwesens (BGH FamRZ 1998, 669). Die Eltern haben hierbei dem Schwiegerkind den Ausgleichsbetrag anzubieten bzw. ihre

Vorstellungen darzulegen und können die Festsetzung in das gerichtliche Ermessen stellen (BGH FamRZ 1999, 365).

Hingewiesen sei in diesem Zusammenhang ferner auf ein Urteil des BGH zur **Erbeinsetzung des Schwiegerkindes.** Eine solche Erbeinsetzung wird nicht etwa analog § 2077 BGB unwirksam, wenn die Ehe von Kind und Schwiegerkind geschieden wird (BGH FamRZ 2003, 670). Hier besteht also dringender Handlungsbedarf, wenn das Schwiegerkind nichts erben soll! Da dies im Regelfalle dem Willen des Erblassers entsprechen wird, ist ratsam, die Erb- oder Vermächtniseinsetzung des Schwiegerkindes an eine entsprechende Bedingung zu knüpfen (vgl. näher *Keim* NJW 2003, 3248 f.; *Litzenburger* ZEV 2003, 385).

Gestaltungsempfehlungen müssen angesichts dieser Rechtsprechung und ihrer Auswirkungen dahin gehen, eine direkte Zuwendung an das Schwiegerkind nach Möglichkeit zu vermeiden. Vielmehr sollte die Zuwendung nur an das eigene Kind erfolgen und – soweit dies gewollt ist – von diesem weiter an seinen Ehegatten. Dieser Weg empfiehlt sich schon aus schenkungsteuerlichen Gründen angesichts der geringen Freibeträge von Schwiegerkindern. Bei der ehebedingten Zuwendung zwischen den Ehegatten können diese dann das Schicksal der Zuwendung im Scheidungsfalle detailliert regeln und ggf. Rückübertragungsrechte vorsehen (→ Form. J.I.1). Die Eltern können ihre Zustimmung zur Weiterübertragung von einer solchen Gestaltung abhängig machen. Die Vorschläge, für den Todesfall des Schwiegerkindes Übertragungsrechte der Eltern bei einer Geldzuwendung der Eltern zu vereinbaren (*Langenfeld,* 4. Aufl., Rn. 877), sind sehr weitgehend. Hier würde auch eine Erbvermächtnislösung ausreichen, in welche die Eltern eingebunden sein könnten, wenn sie eine Bindungswirkung wollten.

Der vorliegende Formulierungsvorschlag stellt auf der Basis eines Vorschlages von *Langenfeld/Milzer* Rn. 945(vgl. auch *Langenfeld* ZEV 1995, 289) eine Lösung vor, bei welcher das Kind die Geldzuwendung von den Eltern erhält und als ehebedingte Zuwendung an seinen Ehegatten weitergibt mit einem Rückforderungsrecht im Scheidungsfalle.

2. Vorweggenommene Erbfolge. Die Überlassung kann auch als Ausstattung ausgestaltet sein, wenn die Voraussetzungen des § 1624 BGB vorliegen. Die Ausstattung hat den Vorteil, dass sie, soweit ihre Voraussetzungen vorliegen und die Ausstattung nicht die Vermögensverhältnisse übersteigt, vom Gesetz von den Schenkungsregeln ausgenommen wird. Nach *Langenfeld,* (5. Aufl., Rn. 1196) unterfällt die Ausstattung damit nicht den Pflichtteilsergänzungsvorschriften des § 2325 BGB. Nachteil der Ausstattung ist, dass sie im Rahmen des § 2316 iVm § 2050 Abs. 1 BGB zu einer Pflichtteilsberechnung auf der Grundlage einer hypothetischen Ausgleichslage führt.

3. Ehebedingte Zuwendung. → Form. J.I.1 Anm. 2.

4. Verzinsung/Wertsicherung. Eine Verzinsung des investierten Geldes ist wohl dann nicht notwendig, wenn die Ehegatten das Anwesen bewohnen, zu dessen Schuldentilgung der Ehemann beigetragen hat, da der Ehemann in diesem Fall von dem Wohnvorteil profitiert.

Eine Wertsicherung wurde nicht vorgesehen, ebenso wenig eine Zeitwertklausel, nach welcher der Betrag nur noch in der Höhe zurückzugewähren ist, die dem Zeitwert der vorgenommenen Investitionen entspricht. Die Rückerstattung des Nominalbetrages ist eine einfache und vermittelnde Lösung.

5. Anfangsvermögen. Der zurückerstattete Betrag soll so behandelt werden, als habe der Ehemann ihn von seinen Eltern bekommen und behalten. Daher ist angeordnet, dass er zum Anfangsvermögen des Ehemannes zählt.

6. Besicherung. Der Rückübertragungsanspruch des Ehemannes kann im Grundbuch abgesichert werden. Dies kann durch eine originäre Hypothek geschehen. Wird eine Schuld abgelöst, für die der Bank eine Grundschuld bestellt war, so kann dies auch durch Abtretung der entsprechenden Grundschuld an den Ehemann geschehen, wenn keine Rechte anderer eingetragener Gläubiger entgegenstehen.

7. Kosten. Nach GNotKG bestimmt sich der Geschäftswert des Schenkungsvertrages, der nach § 518 Abs. 1 BGB beurkundet werden muss, gemäß § 46 Abs. 1 aus dem Verkehrswert der übertragenen Immobilie. Aus diesem Wert wird eine 2,0 Gebühr nach KV 21100 (mindestens 120,– EUR) erhoben.

III. Ehegatteninnengesellschaft bürgerlichen Rechts

UR. Nr.

Vom . . . . . .

Ehegatteninnengesellschaft

Heute, den . . . . . .

erschienen vor mir,

. . . . . .

Notar in . . . . . .:

1. Herr . . . . . .,
   geboren am . . . . . .
2. dessen Ehefrau,
   Frau . . . . . ., geborene . . . . . .
   geboren am . . . . . .

beide wohnhaft in . . . . . .,

nach Angabe in Gütertrennung/im gesetzlichen Güterstand der Zugewinngemeinschaft verheiratet.

Die Erschienenen sind mir, dem Notar, persönlich bekannt.

Der Notar hat das Mitwirkungsverbot nach § 3 Abs. 1 Nr. 7 BeurkG erläutert. Seine Frage nach einer Vorbefassung im Sinne dieser Vorschrift wurde verneint.

Die Erschienenen wollen eine

Ehegatteninnengesellschaft

errichten.[1]

Sie erklären bei gleichzeitiger Anwesenheit gemeinsam mündlich mit dem Ersuchen um Beurkundung[2] was folgt:

Wir leben im Güterstand der Gütertrennung/im gesetzlichen Güterstand der Zugewinngemeinschaft.[3]

Den nachfolgend in Anlage 1 für mich, den Ehemann, und Anlage 2 für mich, die Ehefrau, genannten Grundbesitz hielten wir jeweils bereits bei Eheschließung zu Alleineigentum. Er soll von den nachfolgenden Regelungen des Gesellschaftsvertrages nicht betroffen sein. Auf die Anlagen 1 und 2 wird verwiesen. Sie sind wesentliche Bestandteile und Inhalt dieser Urkunde. Sie werden vom Notar mit vorgelesen.

Wir vereinbaren miteinander den folgenden Vertrag einer

Ehegatteninnengesellschaft

des bürgerlichen Rechts

§ 1 Rechtsform

(1) Die Gesellschaft ist eine Gesellschaft bürgerlichen Rechts.

(2) Sie ist eine Innengesellschaft,[4] die nicht nach außen auftritt und kein Gesamthandsvermögen[5] hat.

§ 2 Zweck

Zweck der Gesellschaft ist die gemeinsame Vermögensbildung[6] dergestalt, dass unabhängig von der Zuordnung zum Alleineigentum eines Ehegatten oder zum Miteigentum beider Ehegatten[7] das von diesem Vertrag betroffene Vermögen einschließlich seiner Verbindlichkeiten wirtschaftlich beiden Ehegatten im Verhältnis ihrer Beteiligung nach § 3 dieses Vertrages zustehen soll.

§ 3 Gesellschafter und Anteile

(1) Gesellschafter sind die Erschienen zu 1. und 2.

(2) Die Gesellschafter sind zu gleichen Teilen an der Gesellschaft beteiligt.[8]

§ 4 Einlagen

Einlagen in das Gesellschaftsvermögen sind nicht zu leisten. Im Innenverhältnis der Gesellschafter werden sämtlicher Grundbesitz beider Ehegatten ohne Rücksicht auf die im Grundbuch eingetragenen Eigentumsverhältnisse jedoch mit Ausnahme

- des Grundbesitzes gemäß Anlagen 1 und 2[9] sowie
- des Grundbesitzes, den ein jeder von uns auf eine in § 1374 Abs. 2 BGB beschriebene Weise[10] erwirbt[11]

und sämtliche diesen Grundbesitz betreffenden Verbindlichkeiten[12] als Gegenstände gemeinsamer Vermögensbildung angesehen und unterliegen daher im Trennungsfalle der Verteilung bzw. dem Ausgleich gemäß diesem Vertrag.

Nicht dem Ausgleich nach diesem Vertrag unterliegen Erträge aus diesem Grundbesitz, es sei denn sie werden auf den Grundbesitz verwendet.[13]

§ 5 Veräußerung von Grundbesitz

(1) Unbeschadet der Verfügungsbefugnis jedes Gesellschafters entsprechend seiner Eigentümerstellung hinsichtlich des Grundbesitzes im Außenverhältnis vereinbaren die Gesellschafter Folgendes:

Jede Verfügung über Grundbesitz, der unter den Zweck dieser Gesellschaft fällt, bedarf zuvor eines einstimmigen Gesellschafterbeschlusses. Verfügt ein Gesellschafter ohne einen solchen Gesellschafterbeschluss, so unterliegen die durch die Verfügung erlangten Surrogate ebenfalls der Ausgleichsregelung dieses Vertrages.[14]

(2) Ferner hat ein Gesellschafter, der Grundbesitz veräußern möchte, der den Regelungen dieser Gesellschaft unterfällt, diesen zunächst dem anderen Gesellschafter zum Erwerb anzubieten, und zwar zu dem Wert, wie er in nachfolgendem § 6 Abs. 4 festgelegt ist.

§ 6 Auseinandersetzung

(1) Die Gesellschaft ist auf unbestimmte Dauer eingegangen. Jeder Gesellschafter kann die Gesellschaft mit einer Frist von 24 Monaten zum Ende eines Kalenderjahres kündigen.[15] Die Kündigung hat per eingeschriebenem Brief zu erfolgen.

(2) Mit der Trennung der Ehegatten kann jeder Gesellschafter die sofortige Auflösung der Gesellschaft verlangen.[16] Gleiches gilt bei einer Verfügung über Grundbesitz durch den anderen Gesellschafter ohne Zustimmung der Gesellschafterversammlung. Mit dem Verlangen ist die Gesellschaft aufgelöst. Wir legen fest, dass eine Trennung als erfolgt gilt, wenn der eine Ehegatte sie dem anderen Ehegatten per Einschreiben mitgeteilt hat.

(3) Die Gesellschaft ist mit Wirksamwerden der Kündigung oder Auflösung beendet.

(4) Das nach § 4 dem Ausgleich unterliegende Vermögen wird durch einen öffentlich bestellten Grundstückssachverständigen, den die örtlich zuständige IHK ernennt, verbindlich als Schiedsgutachter auf den Zeitpunkt der Beendigung geschätzt. Jeder Ehegatte behält den Grundbesitz, den er zu Alleineigentum hat. Die Hälfte[17] der Wertdifferenz steht demjenigen Ehegatten, der den Grundbesitz mit geringerem Wert hat, als Ausgleichsanspruch zu. Der Ausgleichsanspruch ist fällig binnen drei Monaten nach Bekanntgabe durch den Schiedsgutachter und bis dahin nicht zu verzinsen und nicht dinglich zu sichern.[18]

(5) Kosten des Ausgleichsverfahrens tragen die Gesellschafter entsprechend ihren Anteilen nach § 3 dieses Vertrages.[19]

§ 7 Tod

Durch den Tod eines Gesellschafters wird die Gesellschaft aufgelöst. Der Ausgleich hat zwischen dem überlebenden Gesellschafter und den Erben nach § 6 Abs. 4 zu erfolgen.[20]

§ 8 Salvatorische Klausel

Sollten einzelne Bestimmungen dieses Vertrages unwirksam sein oder werden oder sollte sich im Vertrag eine Regelungslücke zeigen, so wird die Wirksamkeit der übrigen Bestimmungen hierdurch nicht berührt. Gleiches gilt bei nicht beurkundeten Nebenabreden. Die Beteiligten sind dann verpflichtet, eine ersetzende Bestimmung zu vereinbaren, die dem wirtschaftlichen Sinn der unwirksamen Bestimmung im Gesamtzusammenhang der getroffenen Regelung in rechtlich zulässiger Weise am nächsten kommt, oder eine neue Bestimmung zu treffen, welche die Regelungslücke des Vertrages so schließt, als hätten sie diesen Punkt von vorneherein bedacht.

. . . . . . (allgemeine Regularien[21]) . . . . . .

Anmerkungen

1. **Ehegatteninnengesellschaft als Instrument des Ausgleichs unter Ehegatten.** Der Ehegatteninnengesellschaft hat sich die Rechtsprechung seit den fünfziger Jahren bedient, um Ehegatten bei Mitarbeit im Betrieb des anderen im Scheidungsfalle Ausgleichsansprüche zusprechen zu können (BGHZ 8, 249; BGH FamRZ 1954, 136; BGH FamRZ 1961, 519; BGH FamRZ 1967, 320; zur Geschichte der Ehegatteninnengesellschaft: *Haas* FamRZ 2002, 205 f.). Der BGH begründete dies damit, dass ein Ehegatte für Mitarbeit über das unterhaltsrechtlich geschuldete Maß hinaus eine Teilhabe am wirtschaftlichen Gesamtergebnis erwarten könne. In der Zwischenzeit nahm der BGH für die Fälle der Mitarbeit einen familienrechtlichen Kooperationsvertrag an, dessen Geschäftsgrundlage die Ehe sei. In gleicher Weise löste der BGH die Fälle von Zuwendungen unter Ehegatten. Im Falle der Scheidung falle die Geschäftsgrundlage weg, so dass ein Ausgleichsanspruch bestehen könne, wenn das Güterrecht keine befriedigende Lösung biete (BGH FamRZ 1982, 910; BGH FamRZ 1984, 1167). Seit einem Urteil des **BGH** (FamRZ 1999, 1580 = DNotZ 2000, 514) steht nun wieder die Ehegatteninnengesellschaft im Zentrum der Überlegungen. Mit diesem Urteil nimmt der BGH das Bestehen einer Ehegatteninnengesellschaft an in einem Fall, in dem Immobilienvermögen über Jahre hinweg auf den Namen der Ehefrau erworben worden war, der Ehemann jedoch hierzu erhebliche eigene Beiträge geleistet hatte. Damit stellt der BGH auch für den Fall finanzieller Zuwendungen die Ehegatteninnengesellschaft in den Mittelpunkt seiner Überlegungen. Er nutzt dieses Urteil zu sehr grundlegenden Ausführungen über die Ehegatteninnengesellschaft und zur Abgrenzung von anderen Rechtsinstituten. Mit einem weiteren Urteil (DStR 2003, 1805) hat der **BGH** diese Rechtsprechung bekräftigt und das Vorliegen einer Ehegatteninnengesellschaft in einer aus steuerlichen Gründen so gewählten Konstellation bejaht, dass die Ehefrau zivilrechtlich Eigentümerin einer Immobilie war, deren Aufwendungen der Ehemann im Innenverhältnis getragen hatte und deren Nutzung dem Ehemann auf Grund entsprechender Miet- und Pachtverträge zustand. Letztlich leitete der BGH aus dieser Konstellation einen Anspruch auf Zustimmung zur gemeinsamen Veranlagung her. In einem dritten Urteil (BGH FamRZ 2006, 607) hebt der BGH dann hervor, dass die Ansprüche aus Ehegatteninnengesellschaft nicht subsidiär gegenüber dem Zugewinnausgleichsanspruch seien. Mit diesem Urteil droht eine weitere Ausweitung des Anwendungsbereiches der Ehegatteninnengesellschaft (*Volmer* FamRZ 2006, 844, 845: „familienpolitisch nicht wünschenswert"; aA *Kogel* FamRZ 2006, 1177 f.). Ein Musterbeispiel einer Ehegatteninnengesellschaft hatte das OLG Köln (FamRZ 2010, 1738) zu beurteilen. Weil der Ehemann als Beschäftigter des öffentlichen Dienstes nebenher keine Tätigkeit aufnehmen durfte, wurde die Ehefrau als Unternehmensinhaberin aufgeführt. Alle handwerklichen Tätigkeiten aber erledigte der Ehemann, der die Firma auch in der Scheidungsvereinbarung übernahm.

Die Abgrenzung zur bisherigen ehebedingten Zuwendung trifft der BGH so, dass die Ehegatteninnengesellschaft sich nach ihrem Gesellschaftszweck nicht in der Verwirklichung der ehelichen Lebensgemeinschaft erschöpft, sondern darüber hinausgeht, während die ehebedingte Zuwendung um der Ehe willen geschieht, ihren Zweck also gerade in der Verwirklichung der ehelichen Lebensgemeinschaft findet. Viele Fallgestaltungen, die bisher als ehebedingte Zuwendung charakterisiert wurden, werden daher künftig unter die Ehegatteninnengesellschaft zu subsumieren sein. *Grziwotz* (DNotZ 2000, 486, 495) sieht die ehebedingte Zuwendung damit eigentlich nur noch auf Zuwendungen im Zusammengang mit dem Familienwohnheim begrenzt.

Fragt man nach den Gründen, warum die Rechtsprechung nunmehr wieder die Ehegatteninnengesellschaft in das Zentrum der Überlegungen rückt, so lassen sich diese aus den für das Bestehen einer Innengesellschaft angenommenen Rechtsfolgen gewinnen. Die Rechtsprechung nimmt einen **Ausgleichsanspruch** an, der mit Beendigung der Innengesellschaft entsteht. Diese Beendigung knüpft der BGH an die Trennung der Ehegatten. Ausreichend is nach OLG Hamm (FamRZ 2010, 1737) jedenfalls, dass ein Ehegatte bei Trennung zu erkennen gibt, nicht mehr an der gemeinsamen Zweckverfolgung festzuhalten. Ein Gesamthandsvermögen besteht bei der Ehegatteninnengesellschaft regelmäßig nicht. Der anspruchsberechtigte Ehegatte wird daher am Vermögen des anderen Mitgesellschafters finanziell beteiligt. Ihm steht kein Anspruch auf dingliche Beteiligung zu, sondern ein Ausgleichsanspruch, der sich nach der Höhe seiner Beteiligung bemisst. Diese wiederum richtet sich nach der Größe seines Beitrages. Lassen sich nun die einzelnen Beiträge nach längerer Ehe nicht mehr im Einzelnen nachvollziehen, so zieht der BGH (FamRZ 1999, 1580 f.) **§ 722 Abs. 1 BGB** heran und folgert, dass die Ehegatten in einem solchen Falle zu gleichen Teilen beteiligt sind. Die bedeutet einen Ausgleichsanspruch in Höhe des hälftigen Wertes. Dies ist eine für die Rechtsprechung sehr praktikable Lösung, denn danach müssen nicht mehr einzelne Zuwendungen und ihr Schicksal nachvollzogen werden. Beachtlich ist, dass es statt eines Ausgleichsanspruchs auch eine Nachschusspflicht geben kann, die anders als im Zugewinn nicht durch ein dem § 1378 Abs. 2 BGB entsprechende Kappungsgrenze gedeckelt ist (hierzu *Herr* FamRB 2011, 86 f.). Allerdings geht diese Praktikabilität nun mit einem neuen Judikat des BGH (BGH NZG 2016, 547) verloren. Der BGH hat hier entschieden, dass bei Fehlen ausdrücklicher Absprachen über die Gewinnverteilung – und dies ist bei einer regelmäßig konkludent geschlossenen Ehegatteninnengesellschaft die Regel – zu prüfen sei, ob aus anderen feststellbaren Umständen sich Hinweise auf eine bestimmte Verteilungsabsicht ergeben, bevor man auf die Halbteilungsregelung des § 722 BGB zurückgreife. Arbeitsleistung oder Finanzmittel, die erheblich über einer hälftigen Quote liegen, sprechen danach gegen eine hälftige Beteiligung.

Hätte man die betroffenen Ehegatten im Vorfeld gefragt, so wäre ihnen diese Lösung über die Ehegatteninnengesellschaft sicher als überraschend erschienen. In vielen Fällen hätten sie eine solche Lösung auch gar nicht gewollt. Die Rechtsprechung lässt es genügen, dass die Ehegatten die Vorstellung hatten, bestimmte Vermögensgegenstände sollten auch bei formal dinglicher Zuordnung zum Eigentum eines Ehegatten wirtschaftlich beiden gehören. Weitere bewusste Vorstellungen über die Bildung einer Gesellschaft sollen nicht erforderlich sein. Hieran entzündet sich auch die Kritik an der Rechtsprechung (zB *Grziwotz* DNotZ 2000, 486, 495; *Haas* FamRZ 2002, 205, 207; *Herr,* Kritik der konkludenten Ehegatteninnengesellschaft). Inzwischen wird sogar erörtert, ob nicht durch die Ausübungskontrolle von Gütertrennungsverträgen die Ehegatteninnengesellschaft obsolet wird (*Hoppenz* FamRZ 2011, 1697 f.).

Der vorgelegte Formulierungsvorschlag einer Ehegatteninnengesellschaft ist dann anzuwenden, wenn Ehegatten ihr wirtschaftliches Handeln von vorneherein dem Reglement der Ehegatteninnengesellschaft unterstellen wollen. Diese Fälle gibt es; je mehr man aber die Folgen der Ansprüche aus Ehegatteninnengesellschaft im Detail bedenkt, die auch in den nachfolgenden Anmerkungen dargestellt sind, desto seltener werden diese Fälle werden. Mit dem vorgestellten Vertragsmuster ist also durchaus kein Plädoyer für eine breite Anwendung verbunden, sondern nur die Hilfestellung in den Fällen, für die der Abschluss eines solchen Gesellschaftsvertrages gewünscht wird oder zweckdienlich erscheint.

2. Beurkundung. Wenn die Ehegatteninnengesellschaft ohne Grundstücksübertragungsverpflichtung geschlossen wird mit einer reinen Wertausgleichsvereinbarung, so wird eine notarielle Beurkundung nicht erforderlich sein (vgl. BGH NJW 1974, 2278). So hat ja auch der BGH einen konkludenten und somit formfreien Abschluss der Gesellschaft angenommen. Wenn aber im Zuge der Auflösung der Gesellschaft bindende Übertragungsverpflichtungen bestehen oder eine Angebotspflicht bei Veräußerung – so hier in § 5 Abs. 2 des Vertrages – dann ist eine notarielle Beurkundung nach § 311b Abs. 1 BGB erforderlich.

3. Zugewinngemeinschaft. Eine Ehegatteninnengesellschaft – jedenfalls die nach der Rechtsprechung von den Ehegatten konkludent abgeschlossene – kommt in erster Linie in Ehen mit Gütertrennung vor. Die Innengesellschaft kann aber auch beim Güterstand der Zugewinngemeinschaft vorliegen, wenngleich sie hier weitaus seltener auftritt. Über das Verhältnis der Ansprüche aus Ehegatteninnengesellschaft zu den güterrechtlichen Regelungen hat sich noch keine einheitliche Meinung gebildet. Der BGH gewährte Ansprüche aus Ehegatteninnengesellschaft zunächst dann, wenn das Güterrecht keine befriedigende Lösung bietet (BGH DNotZ 2000, 514, 516). Dies spricht für eine Nachrangigkeit der Ehegatteninnengesellschaft. Dem stimmt die Literatur teilweise zu (MünchKommBGB/*Ulmer/Schäfer* vor § 705 Rn. 79; *Langenfeld* ZEV 2000, 14). *Grziwotz* (DNotZ 2000, 486, 492) bezweifelt dies und *Wever* (Rn. 659) tritt für einen Vorrang der Regeln der Ehegatteninnengesellschaft ein. In seinen weiteren Urteilen hat der BGH (DStR 2003, 1805 und FamRZ 2006, 607) jedoch dann ausdrücklich ausgesprochen, dass Ansprüche aus Ehegatteninnengesellschaft keineswegs nur subsidiär gegenüber dem Güterrecht bestehen. Die Praxis muss daher von einer Gleichrangigkeit ausgehen. Die Ehegatteninnengesellschaft ist nicht mehr bloß Lückenfüller für Defizite im familienrechtlichen Ausgleich (*K. Schmidt* Jus 2006, 754, 756).

Wenn – so wie im Formular vorgesehen – die Ehegatteninnengesellschaft ausdrücklich begründet wird, dann muss man wohl das davon betroffene Vermögen auch zunächst nach den Regeln der Ehegatteninnengesellschaft behandeln und darf erst mit dem Ergebnis dieser Abwicklung der Ehegatteninnengesellschaft in den Zugewinnausgleich hineingehen. Um dies klarzustellen, enthält § 6 einen alternativ zu verwendenden Absatz 6 (→ Anm. 19), in dem die entsprechenden Rechtsfolgen ausdrücklich angeordnet werden.

4. Innengesellschaft. Da es sich um eine Innengesellschaft handelt, ist die Gesellschaft als solche nicht rechtsfähig. Das Urteil des BGH NJW 2001, 1056 f. betrifft nur die Außengesellschaft. Aus diesem Grunde sind bei der Gestaltung die Elemente einer rechtsfähigen Gesellschaft wie Namensgebung, Sitz, organschaftliche Vertretung nicht berücksichtigt (vgl. *Langenfeld,* Gesellschaft, S. 5).

5. Gesamthandsvermögen. Das Fehlen von Gesamthandsvermögen ist keine zwingende Konsequenz der Ehegatteninnengesellschaft. Auch bei dieser kann es ausnahmsweise zu Gesamthandsvermögen kommen (*Schmidt K.* § 58 II.2. mwN; MünchKommBGB/*Ulmer/Schäfer* § 705 Rn. 280). Bei den hier besprochenen Konstellationen wird es jedoch regelmäßig an Gesamthandsvermögen fehlen. Daher sind auch nach § 4 des Gesellschaftsvertrages keine Einlagen in die Gesellschaft zu erbringen.

6. Gesellschaftszweck. Es sollte nicht die bloße Abwicklung als Gesellschaftszweck benannt sein (so jetzt auch *Langenfeld/Milzer,* Eheverträge, Rn. 822), da zweifelhaft ist, ob dies einen förderungsfähigen Gesellschaftszweck darstellen kann. Ein solcher ist aber konstitutives Element eines jeden Gesellschaftsvertrages (MünchKommBGB/*Ulmer/Schäfer* § 705 Rn. 142; *Roßmann* FuR 2011, 670, 671). Daher wurde hier die gemeinsame Vermögensbildung als Gesellschaftszweck aufgenommen (zur Ehegatteninnengesellschaft mit Freiberuflern vgl. *Herr* FamRB 2011, 221)..

7. Eigentumsverhältnisse. Im Regelfall wird ein Ehegatte Eigentümer des betroffenen Grundbesitzes sein und der andere dazu Beiträge leisten. Die Gründe, warum der Grundbesitz nach außen hin nur einem Ehegatten gehören soll, können vielfältig sein. Es kann sich um die Vermögensverteilung wegen einer Haftungsgefahr handeln, es kann sich um einseitige Kinder handeln, die keinen Pflichtteil an den betroffenen Vermögenswerten erlangen sollen, es kann sich aber auch um steuerliche Gründe handeln, die das Eigentum eines Ehegatten erfordern, damit beim anderen Ehegatten kein Betriebsvermögen vorliegt (vgl. BGH DStR 2003, 1805). Es sei an dieser Stelle betont, dass die meisten der von diesen Gründen ausgehend gewünschten Rechtsfolgen beim Vorliegen einer Ehegatteninnengesellschaft entgegen der Erwartung der Beteiligten nicht eintreten werden, und zwar auf Grund des Ausgleichsanspruchs, der bei Beendigung der Gesellschaft im Trennungsfalle und ggf. auch im Todesfalle entsteht (*Jaeger,* in: FS Henrich, S. 323, 330 f.). Dies wird zu wenig beachtet. Zudem ist die Annahme einer Innengesellschaft durch den BGH zumeist für die Beteiligten überraschend. Wird die Ehegatteninnengesellschaft vertraglich vereinbart, so muss hierauf aber von Anfang an hingewiesen werden.

Die Formulierung der Innengesellschaft lässt auch die Möglichkeit offen, dass beide Ehegatten nach außen hin Alleineigentümer oder sogar einmal Miteigentümer von Grundbesitz sein können, welcher den Regelungen der Innengesellschaft unterliegt. Dies kann auch bei Miteigentum sinnvoll sein, wenn die Beiträge abweichend zur Miteigentumsquote sind oder wenn der in Miteigentum gehaltene Vermögensgegenstand nur einer von vielen ist, die der Gesellschaft unterliegen.

8. Beteiligung. Im Normalfall der Ehegatteninnengesellschaft wird eine hälftige Beteiligung gewünscht sein. Dies ordnet auch die Auffangvorschrift des § 722 Abs. 1 BGB an. Vor Anwendung dieser Vorschrift müssen aber nach BGH (NZG 2016, 547) anderweitige Umstände geprüft werden. Es können aber bei einer vertraglichen Abrede schon von Anbeginn an oder auch später abweichende Beteiligungsquoten vereinbart sein. Dann müsste folgendermaßen formuliert werden:

Alternative – abweichende Beteiligungsquote:
An der Gesellschaft ist die Ehefrau zu 70 % und der Ehemann zu 30 % beteiligt.

Schließlich wäre es auch möglich, die Beteiligung an die Beiträge zur Gesellschaft zu knüpfen und damit variabel zu gestalten. Dies ist aber unpraktikabel, da es mit häufigen Bewertungsproblemen verbunden ist, und wird in Gesellschaftsverträgen vermieden. Hier wäre es empfehlenswert, in den Fällen, in denen die Beiträge erheblich von den Beteiligungsquoten abweichen, die feste Beteiligung des Gesellschaftsvertrages jeweils anzupassen.

9. Betroffener Grundbesitz. Bei Abschluss des Gesellschaftsvertrages sollte der betroffene Grundbesitz möglichst genau bezeichnet werden. Hierbei besteht eine Möglichkeit darin, allen gegenwärtigen oder künftigen Grundbesitz einzubeziehen (so *Langenfeld/Milzer,* Eheverträge, Rn. 822). Dies ist jedoch nicht immer interessengerecht. Die Musterformulierung gibt den Ehegatten die Möglichkeit, bestimmten Grundbesitz aus dem Anwendungsbereich der Ehegatteninnengesellschaft auszuklammern, der dann bei Vertragsabschluss in den Anlagen 1 und 2 für jeden Ehegatten niederzulegen ist. Hierunter wird insbesondere das Anfangsvermögen im Sinne des § 1374 Abs. 1 BGB zu fassen sein, aber auch jeder sonstige Grundbesitz, den die Ehegatten nicht einbezogen haben möchten.

10. Anfangsvermögen. Nach der regelmäßigen Interessenlage der Ehegatten wird bei der Zugewinngemeinschaft auch dasjenige Vermögen, das ein Ehegatte später auf die in § 1374 Abs. 2 BGB beschriebene Weise erwirbt und das bei ihm zum Anfangsvermögen zählt, nicht vom Ausgleich umfasst sein sollen. Zwar kennt die Gütertrennung kein Anfangsvermögen, aber die Interessenlage für den solchermaßen erworbenen Grundbesitz ist die gleiche, so dass auch bei Gütertrennung der Ausschluss des Vermögens gewünscht sein wird, das ein Ehegatte auf diese Weise erworben hat.

11. Alternativen. Andere Formulierungen zur Abgrenzung des betroffenen Grundbesitzes können auf sämtlichen Grundbesitz Bezug nehmen und zu den Ausnahmen noch das Familienwohnheim zählen. Von der Definition der Ehegatteninnengesellschaft durch den BGH würde das Familienwohnheim wohl ohnehin nicht erfasst, da es keinem über die Ehe hinausgehenden Zweck dient. Bei der vertraglichen Begründung einer solchen Gesellschaft könnte es aber einbezogen werden. Daher ist es ratsam es auszunehmen, wenn sämtlicher Grundbesitz ansonsten in Bezug genommen ist.

Alternative – Herausnahme des Familienwohnheims:
...... jedoch mit Ausnahme ...... des Familienwohnheims in ......

Eine andere Herangehensweise an die Definition des betroffenen Grundbesitzes besteht darin, eine „Positivliste" zu erarbeiten, das heißt den jeweils betroffenen Grundbesitz genau zu bezeichnen und für später hinzukommenden Grundbesitz eine Ergänzung des Vertragswerkes vorzusehen. Dies kann so formuliert werden:

Alternative – Positivliste des betroffenen Grundbesitzes:
Im Innenverhältnis der Gesellschafter wird derjenige Grundbesitz beider Ehegatten samt den diesen Grundbesitz betreffenden Verbindlichkeiten ohne Rücksicht auf die im Grundbuch eingetragenen Eigentumsverhältnisse als Gegenstand gemeinsamer Vermögensbildung angesehen, den die Ehegatten in dieser Urkunde und in jeweiligen Nachträgen als solchen bezeichnen. Der betroffene Grundbesitz ist in einem Vermögensverzeichnis festzuhalten, das nach der jeweiligen Veränderung fortzuschreiben ist. Dieser Grundbesitz unterliegt daher im Trennungsfalle der Verteilung bzw. dem Ausgleich gemäß diesem Vertrag. Gegenwärtig ist dies der folgende Grundbesitz: ......

12. Verbindlichkeiten. Wenn der Grundbesitz den Regeln dieser Ehegatteninnengesellschaft unterliegt, dann muss dies auch für die korrespondierenden Verbindlichkeiten gelten. Dies sollte zur Klarstellung erwähnt sein.

13. Erträge. Der Vertragstext geht davon aus, dass die Erträge aus dem betroffenen Grundbesitz nicht der Ehegatteninnengesellschaft unterliegen. In einer langjährigen Ehe wird in der Regel über die Erträge aus einzelnen Objekten nicht gesondert Buch geführt. Daher ist es kaum nachvollziehbar, die Erträge noch den verschiedenen Vermögensgütern zuzuordnen. Diese haben sich aus dem Kontext des betroffenen Vermögens gelöst und sind dann nicht mehr auszugleichen. Ausgenommen wurden diejenigen Erträge, die in die betroffenen Objekte investiert wurden, so dass sie weiterhin zum betroffenen Vermögen gehören.

Wer die Erträge gleichwohl in vollem Umfange den Regularien der Ehegatteninnengesellschaft unterstellen will, kann dies auf folgende Weise tun:

Alternative – Alle Erträge in der Ehegatteninnengesellschaft

Für die Erträge aus dem betroffenen Grundbesitz wird ein Sonderkonto eingerichtet, aus dem der Inhaber Verwendungen auf die betroffenen Vermögenswerte einschließlich Schuldentilgung vornehmen wird. Guthaben auf diesem Konto unterliegen gleichfalls den Regelungen dieser Ehegatteninnengesellschaft.

14. Veräußerung von Grundbesitz. Da die Innengesellschaft kein Gesamthandsvermögen hat, ist der dingliche Alleineigentümer des Grundbesitzes auch allein verfügungsbefugt. Daran ändert auch dieser Gesellschaftsvertrag nichts. Allerdings sollte der Nichteigentümer-Ehegatte vor Verfügungen geschützt sein, die gerade im Hinblick auf eine mögliche Trennung und damit Beendigung der Ehegatteninnengesellschaft geschehen. Würde nur der noch vorhandene Grundbesitz dem Ausgleichsanspruch unterliegen, so könnten die Regularien der Ehegatteninnengesellschaft leicht umgangen werden. Aus diesem Grunde ordnet dieser Gesellschaftsvertrag an, dass derjenige Eigentümer, der veräußern möchte, zuvor einen Gesellschafterbeschluss herbeiführen muss. Tut er dies nicht, so unterliegt der Veräußerungserlös als Surrogat den Regeln dieses Gesellschaftsvertrages. Ferner ist als Konsequenz nach § 6 Abs. 2 des Gesellschaftsvertrages ein Auflösungsverlangen des Nichteigentümer-Ehegatten möglich. Begleitend ist eine Angebotspflicht des Eigentümer-Ehegatten an den anderen Ehegatten festgelegt. Auf diese Weise sind die Interessen der betroffenen Ehegatten umfassend gewahrt.

Hält man sich vor Augen, welche Konsequenzen aus der Annahme oder Vereinbarung einer Ehegatteninnengesellschaft folgen, so wird die Kritik schon verständlich, die beanstandet, dass mit dieser Rechtsfigur eine der Errungenschaftsgemeinschaft ähnliche Ausgleichsordnung neben dem Güterrecht errichtet wird (*Jaeger,* in: FS Henrich, S. 323, 334).

15. Kündigung. Es ist eine längere Kündigungsfrist vorgesehen, damit sich die Ehegatten darauf einstellen und eine Finanzierung der Ausgleichsansprüche darstellen können. Eine Unkündbarkeit außer im Falle der Trennung ist nach § 723 BGB nicht zulässig (MükoBGB/*Schäfer* § 723 Rn. 70 f.) und könnte die Ehegatten zur Trennung zwingen, nur um die Gesellschaft beenden zu können. Man wird daher insoweit auch keine eherechtliche Überlagerung annehmen können. In der zwingenden Möglichkeit der Kündigung liegt zugleich ein Punkt, der bedacht sein muss, wenn die Ehegatteninnengesellschaft zur Haftungsvermeidung eingesetzt werden soll. Dieses Ziel geht nämlich ins Leere, wenn Gläubiger des Nichteigentümer-Ehegatten den Ausgleichsanspruch pfänden und die Gesellschaft daraufhin nach § 725 BGB kündigen können (*Jaeger,* in: FS Henrich, S. 323, 332).

16. Auflösungsverlangen. Die Trennung ist nach der Rechtsprechung des BGH der entscheidende Zeitpunkt für die Beendigung der Gesellschaft. Da es sich um eine Innengesellschaft ohne Gesamthandsvermögen handelt, kommt es nicht zu einer Auseinandersetzung nach den §§ 730 bis 735 BGB, sondern die Trennung der Ehegatten führt zur Auflösung und sogleich zur Vollbeendigung (BGH DNotZ 2000, 514, 524). Die Formulierung des Gesellschaftsvertrages versucht, diese Automatik der Auflösung zu verhindern und knüpft daher die Auflösung an das Verlangen eines Gesellschafters. Erst mit diesem Verlangen soll die Auflösung eintreten. Dies gibt den Gesellschaftern die Gelegenheit, zuvor eine einvernehmliche Abwicklung oder auch eine Bereinigung der Situation durchzuführen. Dass Stichtag nicht automatisch die Trennung sein muss, sondern die Beendigung der Zusammenarbeit vertritt auch *Wever* (Rn. 647).

17. Beteiligungsquote. Liegt eine andere Beteiligungsquote als die Hälfte vor, so ist auch an dieser Stelle eine dementsprechend andere Quote zu wählen.

18. Verteilungsverfahren. Der BGH geht davon aus, dass dem Nichteigentümer-Ehegatten ein Ausgleichsanspruch in Geld zusteht. Dementsprechend sieht das Formular vor, dass dann, wenn beiden Ehegatten Eigentum zusteht, das den Regelungen dieses Gesellschaftsvertrages unterfällt, zunächst jeder sein Eigentum behält und die Differenz in Geld ausgeglichen wird. Hat nur ein Ehegatte Eigentum, so könnte dieser sein Eigentum behalten und dem anderen Ehegatten Ausgleich in Geld leisten.

Wenn dies nicht gewünscht ist, kommt ggf. auch das in der Literatur (*Langenfeld/Milzer*, Eheverträge Rn. 822) vorgeschlagene Verteilungsverfahren in Betracht, nach dem ein Übernahmerecht nach Los besteht und eine Verpflichtung zum Ausgleich der Enddifferenz.

19. Regelung bei gesetzlichem Güterstand. Sind die Ehegatten im gesetzlichen Güterstand verheiratet, so ist umstritten, ob die Regelungen der Innengesellschaft oder die güterrechtlichen Vorschriften den Vorrang haben. Nach der jüngsten Rechtsprechung des BGH besteht keine Subsidiarität der Ansprüche aus Ehegatteninnengesellschaft (FamRZ 2006, 607). Daher ist eine Regelung dieses Konfliktes ratsam, etwa dahingehend, dass nach Auflösung und Ausgleich der Innengesellschaft der gesetzliche Zugewinnausgleich stattfindet.

Alternative – Zusätzliche Regelung bei Zugewinngemeinschaft:

(6) Nach Auseinandersetzung und Ausgleich gemäß dieser Regelung findet auf der Grundlage der dann bestehenden Vermögenslage der Zugewinnausgleich statt.

Möglich wäre auch eine Regelung, dass die Vermögensgegenstände, welche der Regelung der Ehegatteninnengesellschaft unterliegen, ebenso wie die Ausgleichssumme beim Zugewinnausgleich keine Rolle mehr spielen soll:

Alternative – Herausnahme aus dem Zugewinn:

(6) Nach Auseinandersetzung und Ausgleich gemäß dieser Regelung bleiben die von diesem Gesellschaftsvertrag betroffenen Vermögenswerte ebenso wie die Ausgleichssumme bei der Bemessung des Zugewinns außer Betracht. Sie werden also weder im Anfangs- noch im Endvermögen eines Ehegatten berücksichtigt.

Ob es ratsam ist, Ansprüche aus Ehegatteninnengesellschaft und Zugewinn nebeneinander zu verfolgen, das ist vorher durch eine Kontrollrechnung zu prüfen (*Schulz/Hauß* Rn. 1681 ff.). Dass die Regelungen zur Ehegatteninnengesellschaft auch nach der Reform der Zugewinngemeinschaft noch zu anderen Ergebnissen führen kann, hat *Wall* (FamRB 2010, 348 ff.) dargelegt (hierzu auch *Herr* FamRB 2011, 258 f.).

20. Tod eines Gesellschafters. In der Regel wird der Tod eines Gesellschafters die Auflösung der Gesellschaft zur Folge haben sollen, da diese nicht mit Erben fortgesetzt werden wird. Beerben sich die Ehegatten wechselseitig, so entfällt ein Ausgleich auf Grund Konfusion. Wird der erstverstorbene Ehegatte von anderen, etwa den gemeinsamen Kindern beerbt, dann erben diese beim Tod des Eigentümer-Ehegatten das Vermögen, belastet mit dem Ausgleichsanspruch, und beim Tod des Nichteigentümer-Ehegatten den Ausgleichsanspruch.

Wenn dies nicht gewünscht ist, so könnte ein Ausgleich für den Todesfall auch ausgeschlossen werden:

Alternative – Ausschluss des Ausgleichs im Todesfalle:

Außer im Falle des § 1933 BGB findet ein Ausgleich im Todesfalle nicht statt.

Noch wenig erörtert sind die erbschaftsteuerlichen Konsequenzen der Ehegatteninnengesellschaft. Sie könnten für die Ehegatten durchaus von Vorteil sein, wenn etwa die Gesellschaft mit dem Tod endet und der Ausgleichsanspruch dem Erbe gegengerechnet werden kann (vgl. detailliert *Wall* ZEV 2007, 249).

21. **Kosten.** Für die Gründung einer BGB-Gesellschaft richten sich die Kosten bei notarieller Beurkundung in der Regel nach den Einlagen. Nun sind hier keine Einlagen zu erbringen. Eine Kostenrechtsentscheidung zu diesem Problemkreis ist nicht ersichtlich. Die Situation ist kostenrechtlich aber vergleichbar mit einem atypisch stillen Gesellschafter, der ebenfalls kein Gesamthandsvermögen innehat, der aber einen Ausgleichsanspruch bezogen auf das Gesamtvermögen der Gesellschaft hat. In einem solchen Falle aber richtet sich die Wertfestlegung nicht nur nach der Einlage, sondern auch nach der Höhe des späteren Auseinandersetzungsanspruchs (vgl. BayObLG MittBayNot 1983, 31, 33). Dieser Wert wird auf der Grundlage der bereits vorhandenen Vermögenswerte zu schätzen sein. Die Gebühr für die Beurkundung von Gesellschaftsverträgen ist nach § 107 Abs. 1 S. 1 GNotKG aus einem Geschäftswert von mindestens 30.000,– EUR und höchstens 10.000.000,– EUR zu bestimmen. Aus diesem Wert wird eine 2,0 Gebühr nach KV 21100 (mindestens 120,– EUR) erhoben.

K. Versorgungsausgleich

I. Vorbemerkungen

Der Gesetzgeber hat mit der Reform des Versorgungsausgleichs den Eheleuten weit mehr Gestaltungsspielraum geschaffen, den Versorgungsausgleich sowohl in vorsorgenden Eheverträgen wie auch in Scheidungsfolgenvereinbarungen außergerichtlich zu regeln. In § 6 VersAusglG bringt der Gesetzgeber zum Ausdruck, dass Vereinbarungen grundsätzlich erwünscht sind und die Vertragsfreiheit erweitert wurde (BT-Drucks. 16/1044, S. 51).

Der Versorgungsausgleich hat das Ziel der gleichen Teilhabe an den in der Ehezeit erwirtschafteten Versorgungsanrechten (BVerfG FamRZ 2003, 1173). Indem der Berechtigte in der Regel ein eigenes Anrecht in dem Versorgungssystem des Verpflichteten erhält, ist er vom Pflichtigen vollständig entkoppelt. Er erhält eine eigenständige soziale Sicherung.

Die bisherigen gesetzlichen Vorschriften im Rahmen der Vereinbarungen zum Versorgungsausgleich, die §§ 1408 Abs. 2 sowie 1587o BGB aF wurden ersatzlos gestrichen.

Damit entfällt insbesondere der Genehmigungsvorbehalt des Familiengerichts im Rahmen des § 1587o BGB aF Auch die Jahresvorschrift des § 1408 Abs. 2 BGB aF ist damit hinfällig. Die nähere Inhalts- und Ausübungskontrolle einer geschlossenen VA-Vereinbarung ist von den Gerichten nur dann i. S. eines Veranlassungsprinzips wahrzunehmen, wenn ein Beteiligter die materiellrechtliche Unwirksamkeit der Vereinbarung rügt oder wenn tatsächliche Anhaltspunkte für eine Unwirksamkeit bestehen (OLG Brandenburg FamRZ 2013, 1729). Angesichts der Vertragsautonomie darf das Familiengericht nicht von sich aus nach Unwirksamkeitsgründen forschen. Damit gebietet es die Amtsermittlungspflicht regelmäßig auch nicht, zur Vorbereitung der Prüfung erst die erforderlichen Auskünfte zum VA einzuholen (OLG Rostock FamRZ 2015, 410 m. krit. Anm. Borth; OLG Brandenburg FamRZ 2013, 1729).

Der Gesetzgeber hat nunmehr in den §§ 6 bis 8 VersAusglG die Voraussetzungen der Vereinbarungen zum Versorgungsausgleich geregelt. Bereits durch ihre Position im Gesetz signalisiert der Gesetzgeber die Wichtigkeit im Rahmen des neuen Versorgungsausgleichs. Es besteht der ausdrückliche Wunsch, möglichst häufig und darüber hinaus kreativ Vereinbarungen zum Versorgungsausgleich zu schließen.

Die Formvorschrift des § 7 VersAusglG sowie die nunmehr in § 8 VersAusglG manifestierte Inhalts- und Ausübungskontrolle bieten den erforderlichen Schutz der Eheleute.

Nach § 6 Abs. 1 S. 2 VersAusglG können die Parteien insbesondere

- den Versorgungsausgleich ganz oder teilweise ausschließen (OLG Hamm FamRZ 2012, 232; 2012, 710)
- eine kombinierte Regelung zum Versorgungs- und Zugewinnausgleich treffen sowie
- den Versorgungsausgleich gänzlich dem schuldrechtlichen Ausgleich der §§ 20 bis 24 VersAusglG vorbehalten.

Es ist ein vollständiger Ausschluss oder aber auch nur ein Teilausschluss im Rahmen der Vereinbarung möglich. Der vollständige Ausschluss des Versorgungsausgleichs stellt sich dabei als Ausschluss mit oder ohne Gegenleistung dar.

Im Rahmen des vollständigen Ausschlusses ohne Gegenleistung ist zu prüfen, ob er einer Inhalts- und Ausübungskontrolle nach § 8 VersAusglG genügt. Sofern ein solcher Ausschluss nach langer Ehedauer oder ohne einen anderweitigen Ausgleich erfolgt, ist er in der Regel unwirksam, wenn der auf den Ausgleich verzichtende Ehegatte keine Absicherung seiner Altersversorgung in der Ehe erworben hat (OLG Karlsruhe FamRZ

2012, 1942). Solche Vereinbarungen zu Lasten der Grundsicherung sind nach § 138 BGB unwirksam (BVerfG FamRZ 2001, 343; BGH FamRZ 2004, 601).

Ein Teilausschluss kann sich auf

- zeitabhängige (vgl. OLG Zweibrücken FamRZ 2014, 1111; FamRZ 2012, 232),
- ereignisabhängige,
- anrechtsbezogene oder
- Mischformen

beziehen. Er kann mit oder ohne Gegenleistung vereinbart werden.

Damit werden weitestgehend inhaltliche Beschränkungen im Rahmen der Vereinbarung aufgehoben. Der Gesetzgeber weist vielmehr ausdrücklich darauf hin, dass insbesondere die Einbeziehung des Versorgungsausgleichs in eine Gesamtvermögensauseinandersetzung, aber auch der gänzliche Ausschluss des Versorgungsausgleichs grundsätzlich zulässig ist.

Es wird für die Ehegatten verschiedene Gründe geben, künftig Vereinbarungen innerhalb des Versorgungsausgleichs zu treffen. Häufig verfügen die Ehegatten über eine gemeinsame schuldenfreie Immobilie, die nunmehr anlässlich der Scheidung im Rahmen der Vermögensauseinandersetzung aufgeteilt werden soll. Waren bisher die liquiden Mittel für einen Ausgleichsbetrag nicht vorhanden, kann nunmehr durch Einbeziehung der Versorgungsanrechte eines der beiden Ehegatten eine Regelung herbeigeführt werden. Dabei kann es sowohl zu einem vollkommenen Ausschluss des Versorgungsausgleichs kommen, als auch zu Teilausschlüssen. Die Wertbestimmung eines mit dem Zugewinn oder im Rahmen einer Vermögensauseinandersetzung zu verrechnenden Versorgungsanrechts sollte gem. § 47 Abs. 5 mit Hilfe des versicherungsmathematischen Barwerts erfolgen. Die Rechnungsgrundlagen der gesetzlichen Rentenversicherung gem. § 187 SGB VI sind im Rahmen einer solchen Verrechnung nicht geeignet.

Auch sei darauf hingewiesen, dass bei einer Verrechnung im Rahmen des Zugewinnausgleichs nur Nettobeträge in Anrechnung kommen. Der versicherungsmathematische Barwert setzt sich hingegen aus einem *Brutto*-Betrag zusammen, der zumindest teilweise der Besteuerung unterliegt und von dem Beitragszahlungen zur Krankenversicherung, zur Pflegeversicherung und vergleichbare weitere Aufwendungen in Abzug zu bringen sind.

Auch für den Fall, dass zugunsten eines Beamten gesetzliche Rentenanwartschaften begründet werden sollen, kann der Ausgleich unwirtschaftlich sein, sofern für den Berechtigten nicht ausreichend Entgeltpunkte für die Erfüllung der Wartezeit in der gesetzlichen Rentenversicherung nachgewiesen sind. Hier ist an einen anderweitigen Ausgleich der Rentenanwartschaften zu denken.

Schließlich kann im Falle der Verweisung auf den schuldrechtlichen Versorgungsausgleich im Rahmen der Unwirtschaftlichkeit (§ 19 Abs. 2 VersAusglG) eine anderweitige Lösung einen interessengerechten Ausgleich darstellen.

Der Abschluss von Vereinbarungen unter Einbezug des Versorgungsausgleichs bleibt weiterhin kompliziert. Er setzt zum Teil versicherungsmathematische Kenntnisse voraus, die bei Konzeption der Vereinbarungen schon im Hinblick auf die Haftung des beteiligten Rechtsanwalts oder Notars die Beiziehung eines Rentensachverständigen oder Versicherungsmathematikers durchaus ratsam erscheinen lassen. Dennoch sollte dem Wunsch des Gesetzgebers nach individuellen Lösungen nachgekommen werden, zumal diese den beteiligten Ehegatten gerechter werden können als die strenge Durchführung des Versorgungsausgleichs wie er vom Gesetzgeber vorgesehen ist.

II. Völliger oder teilweiser Ausschluss des Versorgungsausgleichs durch Ehevertrag oder Scheidungsvereinbarung

1. Gegenseitiger kompletter Verzicht

Notarieller Urkundeneingang[2]......

Für den Fall der Scheidung unserer Ehe verzichten wir auf die Durchführung des Versorgungsausgleichs nach § 6 VersAusglG. Die Parteien sind sich darüber einig, dass dieser Verzicht sich auch auf eine mögliche spätere Abänderung des Versorgungsausgleichs erstreckt (§ 227 FamFG). Sie nehmen diesen Verzicht wechselseitig an.[1]

Sollte der vorstehende Verzicht als unzulässige Rechtsausübung beanstandet werden, dann sind bezüglich der Anrechte in der gesetzlichen Rentenversicherung die fiktiven Versorgungsanrechte des berechtigten Ehegatten in der Weise zu ermitteln, dass diejenigen Entgelte, die er bei gedachter Weiterführung der Erwerbstätigkeit in der Zeit der ehebedingten Berufspause hätte erzielen können, zu den in dieser Zeit jeweils gegebenen Durchschnittsentgelten aller Versicherten ins Verhältnis zu setzten um damit die jährlichen Entgeltpunkte und daraus die erzielbaren Rentenanwartschaften errechnet werden. Bei anderen Anrechten ist in möglichst vergleichbarer Weise zu verfahren. Ist die Durchführung des Versorgungsausgleichs auf diesem Wege im Hinblick auf die Regelung des § 8 Abs. 2 VersAusglG nicht möglich, ist sie unwirtschaftlich, nicht ermittelbar oder entspricht sie nicht dem Ziel der Ausübungskontrolle, so bestimmt das Familiengericht den Ausgleich nach billigem Ermessen.[3]

Notarieller Urkundenausgang ......

Anmerkungen

1. Anwendungsbereich. Im alten Recht war zwischen einer Vereinbarung zum Versorgungsausgleich im Rahmen eines Ehevertrages und einer solchen Vereinbarung anlässlich der Scheidung zu unterscheiden. Nach § 1408 Abs. 2 BGB aF war es möglich, im Rahmen eines Ehevertrages auf den Versorgungsausgleich komplett zu verzichten oder ihn zu modifizieren. Eine solche Vereinbarung hatte zum einen die Konsequenz, dass bei völligem Ausschluss des Versorgungsausgleichs nach § 1414 S. 2 BGB aF Gütertrennung eintrat. Die Ehegatten konnten allerdings vereinbaren, dass die Gütertrennung entfällt, da es sich insoweit nicht um zwingendes Recht handelte.

Daneben bestand die Einjahresfrist, die zur Konsequenz hatte, dass bei Rechtshängigkeit des Scheidungsantrages binnen Jahresfrist ab Beurkundung der Vereinbarung diese wirkungslos wurde. Daher waren viele ehevertragliche Komplettausschlüsse des Versorgungsausgleichs in Wahrheit „getarnte" Scheidungsfolgenvereinbarungen, da es nach Überschreiten der Jahresfrist unbeachtlich war, ob der Vertrag tatsächlich schon in Scheidungsabsicht geschlossen wurde. Nach Einreichung des Scheidungsantrages oder vor Ablauf der Jahresfrist konnte ein Ausschlusss des Versorgungsausgleichs nur im Rahmen des § 1587o BGB aF erfolgen. Zur Wirksamkeit einer solchen Vereinbarung war jedoch die Genehmigung des Familiengerichts notwendig. Diese durfte durch das Familiengericht nicht erteilt werden, wenn die Vereinbarung nicht für eine dem Ziel des Versorgungsausgleichs entsprechenden

Sicherung des Berechtigten geeignet war oder zu einem nach Art und Höhe angemessenen Ausgleich unter dem Ehegatten führte (§ 1597o Abs. 2 S. 4 BGB aF).

Der Gesetzgeber hat im Versorgungsausgleichsgesetz sowohl auf die Jahresfrist, die Konsequenz der Gütertrennung wie auch die Genehmigungserfordernis durch das Familiengericht verzichtet. Insbesondere der Verzicht auf den Genehmigungsvorbehalt nach § 1587o BGB aF erlaubt es den Beteiligten nunmehr umfangreiche Regelungen abzuschließen ohne die Gefahr einer „Blockade" durch das Familiengericht eingehen zu müssen.

2. Formelle Wirksamkeitsvoraussetzungen. Für den Fall, dass die Eheleute vor oder während ihrer Scheidung Vereinbarungen über den Versorgungsausgleich im Rahmen eines Ehevertrages schließen, ist dieser Vertrag bei gleichzeitiger Anwesenheit beider Ehegatten zur Niederschrift eines Notars zu schließen, §§ 1410 BGB, 7 Abs. 3 VersAusglG. Auch die Änderung oder Aufhebung einer solchen Vereinbarung bedarf wiederum der Form des § 1410 BGB.

Eine sonstige Vereinbarung über den Versorgungsausgleich, die vor Rechtskraft der Entscheidung üder den öffentlichrechtlichen Versorgungsausgleich geschlossen wird, muss entweder die Form der notariellen Beurkundung beachten oder die eines gerichtlichen Vergleichs, vgl. §§ 127a BGB, 7 Abs. 1 und 2 VersAusglG. Entscheidend ist, dass die vorgegebene äußere Form eingehalten wird. Im Rahmen der gerichtlichen Protokollierung muss die Erklärung der Ehegatten in der Vorschriften der ZPO (§§ 159 ff.) entsprechend im Protokoll aufgenommen werden (vgl. BGH FamRZ 91, 679; 94, 96).

Diese Protokollierung innerhalb der mündlichen Verhandlung kann nicht ersetzt werden durch einen Vergleichsabschluss im schriftlichen Verfahren nach § 278 Abs. 6 ZPO (a.A: OLG München FamRB 2010, 362). Auch ein Anwaltsvergleich nach § 796a ZPO reicht hierfür nicht aus (vgl. *Hahne* FamRZ 2009, 2041, 2043; OLG Brandenburg FamRZ 2008, 1192).

Für den Fall, dass eine Regelung über den Versorgungsausgleich im Rahmen des Scheidungsverbundverfahrens protokolliert wird, ist die Vertretung beider Ehegatten zwingend notwendig (§ 114 Abs. 1 FamFG). Bei Nichtberücksichtigung dieser Formvorschriften ist die Vereinbarung gem. § 125 BGB formunwirksam und damit nichtig (vgl. OLG Düsseldorf FamRZ 1987, 1160).

Die bisher in Rechtsprechung und Literatur höchst umstrittene Frage, ob eine solche Vereinbarung auch im Beschlussweg nach § 278 Abs. 6 ZPO getroffen werden kann, hat der BGH entschieden (BGH FamRZ 2017, 603 m. Anm. Bergschneider). Danach findet auf einen gerichtlich festgestellten Vergleich n § 278 Abs. 6 ZPO die Vorschrift des § 127a BGB entsprechende Anwendung. Damit besteht nunmehr auch die Möglichkeit, Vereinbarungen zum Versorgungsausgleich im schriftlichen Verfahren wirksam zu schließen.

Vereinbarungen, die nach Rechtskraft der Entscheidung über den Versorgungsausgleich bei der Scheidung geschlossen werden, sind formfrei möglich. Es ist jedoch zu beachten, dass die Eheleute Anrechte, die im Rahmen der öffentlichrechtlichen Regelsicherungssysteme ausgeglichen wurden, nicht nachträglich durch Vereinbarung korrigieren können.

Vereinbarungen im Rahmen des schuldrechtlichen Versorgungsausgleichs (§§ 20 ff. VersAusglG bzw. 1587 ff. BGB aF) können jederzeit von den Ehegatten formfrei geschlossen werden.

3. Materielle Wirksamkeitsvoraussetzungen. In § 8 VersAusglG hat der Gesetzgeber die bereits durch das BVerfG und den BGH (BGH FamRZ 2001, 343; BGH FamRZ 2004, 601) manifestierte Rechtsprechung zur Inhalts- und Ausübungskontrolle ins Gesetz aufgenommen. Nur in den Fällen, in denen die Vereinbarung einer solchen Kontrolle standhalten kann, entsteht eine Bindungswirkung für das Gericht nach § 6 Abs. 2 VersAusglG.

Die Inhalts- und Ausübungskontrolle ist nicht zu verwechseln mit der Genehmigungsverpflichtung des Gerichts nach § 1587o BGB aF (vgl. *Hahne* FamRZ 2009, 2041, 2043). Damit ist die Schwelle der Wirksamkeit erst bei konkreten Anhaltspunkten für eine vorliegende Sittenwidrigkeit nach § 138 BGB oder einer Anpassungsbedürftigkeit gegeben. Zwar unterliegt der Versorgungsausgleich den Amtsermittlungsmaximen. Es ist jedoch Sache des Betroffenen, eine solche angebliche Benachteiligung vorzutragen, um das Gericht in die Prüfung eintreten zu lassen (*Wick* FPR 2009, 219, 220).

Damit muss sich die Vereinbarung an den Vorgaben der Entscheidungen des BVerfG und des BGH messen lassen.

- Die gesetzlichen Regelungen bezüglich Unterhalt, Zugewinn und Versorgungsausgleich unterliegen grundsätzlich der Vertragsfreiheit der Ehegatten.
- Diese grundsätzliche Disponibilität darf aber nicht dazu führen, dass der Schutzzweck der gesetzlichen Regelungen durch einen Ehevertrag oder eine Scheidungsfolgenvereinbarung beliebig unterlaufen werden kann. Dies ist in der Regel dann der Fall, wenn durch die Vereinbarung eine evident einseitige und durch die individuelle Gestaltung der ehelichen Lebensverhältnisse nicht gerechtfertigte Lastenverteilung entsteht, die der belastete Ehegatte – auch bei angemessener Berücksichtigung der Belange des Anderen und dessen Vertrauens in die Gültigkeit der Abrede – nicht hinnehmen muss (*Hahne* FamRZ 2009, 2041, 2044). Hierbei ist von besonderer Bedeutung der sogenannte Kernbereich des Scheidungsfolgenrechts. Je stärker durch die Vereinbarung hier eingegriffen wird, desto kritischer ist die Wirksamkeit zu bewerten.
- Zu diesem „Kernbereich" gehört der Betreuungsunterhalt (§ 1570 BGB), der Krankheits- (§ 1572 BGB) und Altersunterhalt (§ 1571 BGB). Die Absicherung des laufenden Unterhalts in diesen verschiedenen Lebenslagen des Berechtigten ist erforderlich, wenn eigene Einkünfte von ihm nicht erwirtschaftet werden können. Auf derselben Stufe wie den Altersunterhalt stellen die Gerichte den Versorgungsausgleich, da er als vorweggenommener Altersunterhalt zu werten ist. Anders als der Unterhalt wegen Erwerbslosigkeit, Ausbildung und insbesondere der Aufstockungsunterhalt sowie der Zugewinnausgleich steht er damit vertraglicher Vereinbarung nur begrenzt offen.
- Im Rahmen der Prüfung der Unwirksamkeit (§ 138 BGB) oder der unzulässigen Berufung auf die Vereinbarung (§ 242 BGB) ist immer eine Gesamtwürdigung der in der Vereinbarung getroffenen Regelungen vorzunehmen. Hierbei sind insbesondere die Gründe und Umstände ihres Zustandekommens zu überprüfen. Der BGH (FamRZ 2005, 1449) weist darauf hin, dass jede Vereinbarung hinsichtlich ihrer Grundlagen und der Vorstellungen der Ehegatten zu beurteilen ist und damit eine isolierte Betrachtung lediglich der Versorgungsausgleichsregelung ausscheidet.

Der BGH zählt den Versorgungsausgleich zum Kernbereich des Scheidungsfolgenrechts. Der vollständige Verzicht auf die Durchführung des Ausgleichs kann bereits zur Sittenwidrigkeit des Ehevertrages nach § 138 BGB und damit zur Nichtigkeit führen (vgl. zum Folgenden *Bergschneider*, Richterliche Inhaltskontrolle von Eheverträgen und Scheidungsvereinbarungen). In der Regel wird ein solcher Verzicht bereits an der Bestandskontrolle scheitern, sofern neben dem Versorgungsausgleich auch auf Unterhaltsansprüche gänzlich verzichtet wird. Schließen die Ehegatten den Versorgungsausgleich durch Vereinbarung nach langer Ehedauer ohne einen anderweitigen Ausgleich aus, so ist diese unwirksam, wenn der auf den Versorgungsausgleich verzichtende Ehegatte keine Absicherung seiner Versorgung im Alter anderweitig in der Ehe erworben hat (OLG Karlsruhe FamRZ 2012, 1942).

Im Rahmen der Ausübungskontrolle kann ein vollständiger oder teilweiser Verzicht auf den Versorgungsausgleich zur Anpassung im Rahmen des § 242 BGB führen. Speziell zum Versorgungsausgleich sind die nachfolgenden Entscheidungen des BGH zu beachten:

a) **Beschlüsse vom 6.10.2004 (BGH FamRZ 2005, 26 und 185 beide mit Anmerkung *Bergschneider*)**. Beide Eheverträge werden im Rahmen der Wirksamkeit und anschließend der Ausübungskontrolle geprüft. Bei der Prüfung der Sittenwidrigkeit stellt der BGH auf den Zeitpunkt der Vereinbarung ab, auf die damaligen subjektiven Umstände und darauf, ob sich die Regelung bezüglich des VA als eine gravierende Verletzung der den Versorgungsausgleich zugrundeliegenden ehelichen Solidarität herausstellt. Von wesentlicher Bedeutung ist bei der Prüfung, ob sich ein Ehegatte einvernehmlich der Betreuung gemeinsamer Kinder gewidmet und damit auf eine versorgungsbegründende Erwerbstätigkeit in der Ehe verzichtet hat. Entscheidende Frage ist, ob beim Verzicht eine adäquate Gegenleistung hierfür vereinbart wurde. Ergibt die Prüfung, dass die Vereinbarung sittenwidrig ist, ist der VA nach den gesetzlichen Vorschriften durchzuführen. Bei einer Beanstandung im Rahmen der Ausübungskontrolle, wobei hier die Verhältnisse im Zeitpunkt des Scheiterns der Lebensgemeinschaft maßgebend sind, beschränkt sich die Korrektur des Versorgungsausgleichs auf die ehebedingten Nachteile. Es erfolgt eine fiktive Betrachtung im Hinblick darauf, welche Versorgungsanrechte der Ehegatte ohne Kinderbetreuung erworben hätte.

b) **Urteil vom 12.1.2005 (BGH FamRZ 2005, 691 mit Anmerkung *Bergschneider*).** Dem Fall liegt eine Vereinbarung über Gütertrennung und den vollständigen Ausschluss des Versorgungsausgleichs zugrunde. Darüber hinaus haben die Eheleute einen nachehelichen Unterhaltsverzicht vereinbart, wobei sich der Ehemann zu einer Kompensation in der Weise verpflichtete, dass er für jedes vollendete Ehejahr eine Abfindung in Höhe von 10.000,– DM, begrenzt auf 80.000,– DM zahlen wird. Darüber hinaus verpflichtete er sich, im Fall der Scheidung Beiträge zur gesetzlichen Rentenversicherung der Ehefrau auf der Grundlage eines monatlichen Bruttoentgelts von 2.000,– DM zu entrichten, falls die Ehefrau keiner Erwerbstätigkeit nachgehen kann. Der BGH hat weder den Ausschluss des Versorgungsausgleichs noch den restlichen Ehevertrag beanstandet, dies insbesondere im Hinblick darauf, dass die Ehefrau bereits zum Zeitpunkt der Heirat einen Teil der Altersversorgung erworben hatte und diese in der Ehe weiter ausbauen konnte.

c) **Urteil vom 9.7.2008 (BGH FamRZ 2008, 2011 mit Anmerkung *Bergschneider*).** Die Parteien schlossen kurz vor der Hochzeit einen Ehevertrag, in dem Gütertrennung und der Verzicht auf den Versorgungsausgleich vereinbart wurde. Darüber hinaus enthielt der Ehevertrag eine die Ehefrau stark benachteiligende Unterhaltsregelung. Die Ehefrau war bei Vertragsabschluss im 9. Monat schwanger, ihr wurde der notarielle Vertragsentwurf vor der Beurkundung nicht zugeleitet, der Vertrag wurde nicht vorbesprochen und der Ehefrau sonst nicht rechtzeitig zur Kenntnis gebracht. Der BGH hat den Vertrag bei umfassender Würdigung aus objektiven und subjektiven Gesichtspunkten als sittenwidrig angesehen. Insbesondere der Verzicht auf den Versorgungsausgleich, aufgrund dessen die Ehefrau wegen der vorhersehbaren Betreuung gemeinsamer Kinder keine Versorgungsanwartschaften aufbauen konnte, führte zur Beanstandung.

d) **Beschluss vom 18.3.2009 (BGH FamRZ 2009, 1041 mit Anmerkung *Bergschneider*).** Der Ehevertrag enthielt die Gütertrennung und den Ausschluss des Versorgungsausgleichs. Der BGH entschied, dass ein im Ehevertrag kompensationslos vereinbarter Ausschluss des Versorgungsausgleichs nach § 138 Abs. 1 BGB nichtig ist, wenn die Ehefrau bei Abschluss des Vertrages schwanger war und die Ehegatten bewusst in Kauf nahmen, dass die Berechtigte wegen Kindesbetreuung alsbald aus dem Berufsleben ausscheiden und bis auf weiteres keine eigenen Versorgungsanrechte erwerben wird.

- Es kann damit festgehalten werden, dass ein Verzicht auf den Versorgungsausgleich insbesondere dann problematisch ist, wenn wegen der Betreuung gemeinsamer Kinder keine Altersversorgung durch die Ehefrau aufgebaut oder weitergeführt werden kann bzw. die Altersversorgung nicht anderweitig gesichert ist. Ist dies bereits bei Vertragsabschluss absehbar, kommt eine Sittenwidrigkeit des Vertrages in Betracht. Stellt sich erst zu einem späteren Zeitpunkt bei abweichendem Eheverlauf dieser Nachteil heraus, korrigiert der BGH dies im Rahmen der Ausübungskontrolle. Entstehen andererseits während der Ehe keine ehebedingten Versorgungsnachteile, ist ein Verzicht auf den VA in aller Regel nicht zu beanstanden.
- Ist die Vereinbarung zum Versorgungsausgleich als sittenwidrig angesehen, muss der Versorgungsausgleich nach den gesetzlichen Vorschriften derart durchgeführt

werden, als wenn keine Vereinbarung getroffen worden wäre. Wird die entsprechende Vereinbarung im Rahmen der Ausübungskontrolle beanstandet, sind die ehebedingten Nachteile auszugleichen, d.h. der benachteiligte Ehegatte ist versorgungsmäßig so zu stellen, wie wenn er seine Versorgungsbiografie unbeeinflusst fortgesetzt hätte (BGH FamRZ 2005, 185).

- Die Inhalts- und Ausübungskontrolle umfasst auch die Prüfung, ob die Vereinbarung nicht zu Lasten der Sozialhilfe geht, da eine solche Vereinbarung gegen § 138 Abs. 1 BGB verstößt.

2. Einseitiger kompletter Verzicht

Notarieller Urkundeneingang ......

Im Fall der Scheidung unserer Ehe verzichten wir auf die Durchführung des Versorgungsausgleichs nach § 6 VersAusglG, sofern der Ehemann insgesamt ausgleichsberechtigt ist.[1]

Wir gehen davon aus, dass eine solche insgesamte Ausgleichsberechtigung dann vorliegt, wenn die Kapitalwerte bzw. korrespondierenden Kapitalwerte (§ 47 Abs. 1 VersAusglG) aller Versorgungen des Ehemanns die gesamten Anrechte der Ehefrau übersteigen.

Hinsichtlich der Ermittlung der korrespondierenden Kapitalwerte[2] soll ein Gutachten eines Rentensachverständigen eingeholt werden, welches die einzelnen Barwerte nach versicherungsmathematischen Grundsätzen ermittelt (§ 47 Abs. 5 VersAusglG).

Diesen Verzicht nehmen wir wechselseitig an.

Notarieller Urkundenausgang ......

Anmerkungen

1. Anwendungsbereich. Insbesondere in den Fällen, in denen einer der beiden Ehepartner seine Altersversorgung nicht auf der Basis von Rentenanwartschaften aufgebaut hat, die im Versorgungsausgleich Berücksichtigung finden, kann an einen einseitigen Ausschluss gedacht werden. Gerade in Unternehmerfällen oder im Fall von Selbständigen ist die Altersversorgung häufig auf Vermögenswerten aufgebaut, die dem Zugewinnausgleich unterliegen. Dabei ist in diesen Fällen der Zugewinnausgleich jedoch häufig aufgrund eines Ehevertrages ausgeschlossen. Es würde dem Halbteilungsgrundsatz widersprechen, wenn der andere Ehegatte in diesen Fällen die Hälfte seiner in der Ehezeit erworbenen Altersversorgung abgeben müsste. Bei dieser Konstellation bietet sich ein einseitiger Verzicht zu seinen Gunsten an.

Da ein Einmalausgleich im neuen Versorgungsausgleichsrecht nicht mehr vorgesehen ist, sind die einzelnen Versorgungsanwartschaften zusammenzurechnen, um einen insgesamt Ausgleichspflichtigen zu ermitteln. Hierzu bietet sich der korrespondierende Kapitalwert des § 47 VersAusglG an.

2. Korrespondierende Kapitalwerte. Für den Versorgungsausgleich wird für jedes Anrecht, dessen Ausgleichswert nicht bereits nach § 5 Abs. 3 VersAusglG als Kapitalbetrag bestimmt ist, der sogenannte korrespondierende Kapitalwert ermittelt und mitgeteilt. Der korrespondierende Kapitalwert ist eine Hilfsgröße, die es den beteiligten Eheleuten ermöglichen soll, ein Versorgungsanrecht wertmäßig mit anderen Versorgungsanrechten oder Vermögensgegenständen zu vergleichen und ggf. miteinander zu verrechnen. Damit kommt dem korrespondierenden Kapitalwert insbesondere bei Vereinbarungen zum Versorgungsausgleich eine wichtige Funktion zu. Er drückt den „Einkaufspreis" aus, zu dem der ausgleichspflichtige Ehegatte (nicht etwa der ausgleichsberechtigte Ehegatte) bei seinem eigenen Versorgungsträger ein Anrecht in Höhe des Ausgleichswerts in diesem Versorgungssystem erwerben könnte.

Es ist jedoch zu berücksichtigen, dass aufgrund der sehr unterschiedlichen Finanzierungssysteme die Werte verschiedener Versorgungssysteme nicht direkt vergleichbar sind. Man muss sich bei der Verwendung des korrespondierenden Kapitalwerts unbedingt der Tatsache bewusst zu sein, dass es sich hierbei, wie es auch das Gesetz in § 47 Abs. 1 VersAusglG ausdrücklich zum Ausdruck bringt, nur um eine Hilfsgröße handelt. In Abhängigkeit von der Art des Anrechts wird der korrespondierende Kapitalwert auf sehr unterschiedliche Weise ermittelt, und entsprechend unterschiedlich sind auch die Ergebnisse, selbst wenn sich die zugrunde liegenden Anrechte bezüglich der gewährten Leistungen nicht oder nur wenig unterscheiden. Lässt sich beim Versorgungsträger des Ausgleichspflichtigen ein Anrecht durch Beitragszahlung begründen, so ist der korrespondierende Kapitalwert der Beitrag, der zum Ende der Ehezeit aufzubringen wäre, um für den Ausgleichspflichtigen ein Anrecht in Höhe des Ausgleichswerts zu begründen (§ 47 Abs. 2 VersAusglG). Die Bestimmung des korrespondierenden Kapitalwerts als Beitrag ist vorrangig vor allen anderen Berechnungsformen. Klassisches Beispiel hierfür ist die gesetzliche Rentenversicherung.

Bei einem Anrecht im Sinne des § 44 Abs. 1 VersAusglG, also bei einem Anrecht aus einem Beamtenverhältnis oder einem anderen öffentlichrechtlichen Dienstverhältnis oder bei einem Anrecht aus einem Arbeitsverhältnis, bei dem eine Versorgung nach beamtenrechtlichen Vorschriften oder Grundsätzen gewährt wird, ist der korrespondierende Kapitalwert ebenfalls mit den Rechnungsgrundlagen der gesetzlichen Rentenversicherung zu ermitteln (§ 47 Abs. 3 VersAusglG).

Für Anrechte der betrieblichen Altersversorgung gibt es eine Sondervorschrift in § 47 Abs. 4 VersAusglG. Danach ist bei diesen Anrechten als korrespondierender Kapitalwert der Übertragungswert nach § 5 Abs. 5 BetrAVG anzusetzen. Der Übertragungswert ist entweder ein versicherungsmathematischer Barwert oder ein ehezeitliches Deckungskapital.

In allen Fällen, in denen eine Berechnung des korrespondierenden Kapitalwerts nach § 47 Abs. 2–4 VersAusglG nicht möglich ist, ist eine nach versicherungsmathematischen Grundsätzen zu ermittelnder Barwert anzusetzen.

Aus alledem ergibt sich, dass der korrespondierende Kapitalwert im Rahmen einer Verrechnung mit entsprechender Vorsicht zu verwenden ist und nur bedingt geeignet ist einen tatsächlichen Wertvergleich darzustellen. Der Gesetzgeber hat deshalb in § 47 Abs. 6 VersAusglG vorgesehen, dass nicht nur die Kapitalwerte oder korrespondierenden Kapitalwerte, sondern auch die weiteren Faktoren der Anrechte zu berücksichtigen sind, die sich auf die Versorgung auswirken. Damit besteht für die Beteiligten die Möglichkeit, für einen Wertvergleich die Anrechte zu bewerten oder bewerten zu lassen, wie es bei dem jeweiligen Anrecht oder für eine evtl. Verrechnung im Einzelfall sachgerecht ist.

Der Gesetzgeber legt in den §§ 6 ff. VersAusglG besonderen Wert auf den Abschluss von Vereinbarungen. Da er innerhalb dieser gesetzlichen Regelungen den Eheleuten eine weitgehende Dispositonsbefugnis einräumt, besteht selbstverständlich für sie auch die Möglichkeit, Verrechnungen mit Versorgungsanrechten vorzunehmen, auch wenn die Gegenleistung bezogen auf ihren Kapitalwert nicht unbedingt übereinstimmt.

Hinweis: Für alle Anrechte sollte im Falle der Verrechnung mit anderen Werten aus Gründen der Vergleichbarkeit der versicherungsmathematische Barwert ermittelt werden (vgl. *Glockner/Hoenes/Weil* § 9 Rn. 14).

3. Ausschluss bei kurzer Ehezeit (§ 3 VersAusglG)

Notarieller Urkundeneingang ......

Für den Fall der Scheidung unserer Ehe verzichten wir auf die Durchführung des Versorgungsausgleichs. Der Ausschluss steht jedoch unter der auflösenden Bedingung, dass er mit Wirkung vom Beginn der Ehezeit an entfällt, wenn die Ehe mindestens drei Jahre bestanden hat.[1]

Notarieller Urkundenausgang ......[2]

Anmerkungen

1. Anwendungsbereich. Die Ehegatten können insbesondere im Hinblick auf § 3 Abs. 3 VersAusglG regeln, dass ein Versorgungsausgleich im Fall einer Ehezeit bis zu drei Jahren nicht stattfinden soll.

Nach der Bestimmung des § 3 Abs. 3 VersAusglG findet ein Versorgungsausgleich nicht statt, es sei denn, er wird von einem Ehegatten beantragt. Es ist damit nicht so, dass automatisch bei kurzen Ehen der Versorgungsausgleich nicht stattfindet. Die Ehegatten können dies aber im Rahmen einer Vereinbarung regeln.

2. Form, Unwirksamkeit, Sittenwidrigkeit. Siehe hierzu → Form. K.I.1.

4. Ausschluss für den Fall der Kindererziehung

Notarieller Urkundeneingang ......

Für den Fall der Scheidung unserer Ehe verzichten wir auf die Durchführung des Versorgungsausgleichs und nehmen diesen Verzicht wechselseitig an.

Sollte ein Ehegatte wegen der Erziehung eines gemeinsamen Kindes seine Berufstätigkeit aufgeben oder einschränken, dann sind bezüglich der Anrechte in der gesetzlichen Rentenversicherung die fiktiven Versorgungsanrechte des berechtigten Ehegatten in der Weise zu ermitteln, dass diejenigen Entgelte, die er bei gedachter Weiterführung der Erwerbstätigkeit in der Zeit der ehebedingten Berufspause hätte erzielen können, zu denen in dieser Zeit jeweils gegebenen Durchschnittsentgelten aller Versicherten ins Verhältnis gesetzt und damit die jährlichen Entgeltpunkte und daraus die erzielbaren Rentenanwartschaften errechnet werden.[1]

Notarieller Urkundenausgang ......[2]

Anmerkungen

1. Anwendungsbereich. Im Hinblick darauf, dass der Verzicht auf den Versorgungsausgleich dann besonders problematisch ist, wenn wegen der Betreuung gemeinsamer Kinder keine Altersversorgung aufgebaut oder weitergeführt werden kann, sollte hier eine Kompensationsmöglichkeit geschaffen werden.

2. Form, Unwirksamkeit, Sittenwidrigkeit. Siehe hierzu: → Form. K.I.1.

5. Ausschluss aller Anrechte mit Ausnahmen

Notarieller Urkundeneingang ......

Für den Fall der Scheidung unserer Ehe verzichten wir auf die Durchführung des Versorgungsausgleichs im Hinblick auf sämtliche Versorgungsanrechte außerhalb der gesetzlichen Rentenversicherung.[1]

Wir nehmen diesen Verzicht wechselseitig an.

Notarieller Urkundenausgang ......[2]

Anmerkungen

1. Anwendungsbereich. Das alte Versorgungsausgleichsrecht kannte den sogenannten „Einmalausgleich" nach § 1587b Abs. 3 S. 2 BGB. Der Ausgleich sollte primär über die gesetzliche Rentenversicherung erfolgen, so dass bestimmt werden musste, welcher Wert über die gesetzliche Rentenversicherung auszugleichen war. Die Bestimmung des auszugleichenden Werts setzte voraus, dass alle Anrechte in einer Versorgungsausgleichsbilanz einzustellen und zu saldieren waren.

Nach der Bestimmung des § 1 Abs. 1 VersAusglG tritt an die Stelle des Einmalausgleichs der Einzelausgleich. Da jedes in den Versorgungsausgleich einzubeziehende Anrecht individuell ausgeglichen wird, kommt es, sofern wie üblich auf beiden Seiten der Beteiligten auszugleichende Anrechte vorliegen, zu einem Hin- und Her-Ausgleich.

Insbesondere aufgrund des Einzelausgleichs bei der Gegenüberstellung mehrerer Anrechte der Eheleute ist in aller Regel zu prüfen, ob ein anderweitiger Teilausgleich oder ein vollständiger Ausschluss von einzelnen Anrechten deswegen anzuraten ist, weil unterschiedliche Risiken hinsichtlich des Todes oder der Invalidität in der Nachehezeit für beide Eheleute von Bedeutung sind, wenn also beispielsweise beiden Eheleuten jeweils ein bestimmtes ehezeitliches Anrecht in gleicher oder nahezu gleicher Höhe vorliegt, wobei aber aus diesen der Höhe nach gleichen Anrechten unterschiedliche Leistungen resultieren.

Da eine Insgesamtsaldierung nicht erfolgt, besteht auch die Möglichkeit einzelne Anrechte aus dem Versorgungsausgleich herauszunehmen.

2. Form, Unwirksamkeit, Sittenwidrigkeit. Siehe hierzu: → Form. K.I.1.

6. Ausschluss einzelner Anrechte

Notarieller Urkundeneingang ......

Für unsere Ehe soll der Versorgungsausgleich nach dem VersAusglG durchgeführt werden.

Die Beteiligten sind darüber einig, dass im Rahmen des Versorgungsausgleichs lediglich die beiderseitigen gesetzlichen Rentenanwartschaften ausgeglichen werden sollen.

Sie schließen den Versorgungsausgleich nach § 6 VersAusglG bezüglich der vom Ehemann erworbenen betrieblichen Altersversorgung bei der ...... vollständig aus. Eine Gegenleistung soll hierfür nicht erbracht werden.

Die Ehefrau verzichtet insoweit auf die Durchführung des Versorgungsausgleichs. Der Ehemann nimmt diesen Verzicht an.[1]

Notarieller Urkundenausgang ......[2]

Anmerkungen

1. Anwendungsbereich. Die Ehegatten sind berechtigt, einzelne Versorgungen aus dem Versorgungsausgleich auszunehmen. Aufgrund der prinzipiellen internen Teilung besteht auch nicht die Gefahr, dass ein Verstoß gegen das Supersplittingverbot eintritt. Insbesondere bei kleinen Bagatellversorgungen oder solchen, die in jedem Fall bei einem der beiden Ehepartner verbleiben sollen, wie zB eine betriebliche Altersversorgung, bietet sich die Herausnahme einzelner Anrechte aus dem Ausgleich an. Dies kann ohne Gegenleistung, aber auch mit einer solchen erfolgen. Hier wäre als Bezugsgröße der korrespondierende Kapitalwert nach § 47 VersAusglG heranzuziehen (→ Form. K.I.2 Anm. 1).

2. Form, Unwirksamkeit, Sittenwidrigkeit. Siehe hierzu: → Form. K.I.1.

7. Herausnahme von kapitalfinanzierten und bereits zum Zeitpunkt der Eheschließung vorhandenen Altersversorgungen

Notarieller Urkundeneingang ......

Der Ehemann hat zum Zeitpunkt der Eheschließung im Rahmen der betrieblichen Altersversorgung der Firma ...... Kapitalbausteine in Höhe von ...... EUR erworben.

Bei diesem Kapitalwert handelt es sich um „Anfangsvermögen" analog § 1374 Abs. 2 BGB.

Alternativ:

Der Ehemann hat zum Zeitpunkt der Eheschließung eine Lebensversicherung auf Rentenbasis bei der ...... mit einem Kapitalwert in Höhe von ...... EUR

Bei diesem Kapitalwert handelt es sich um „Anfangsvermögen" analog § 1374 Abs. 2 BGB.

Für den Fall der Scheidung verzichten die Eheleute auf die Durchführung des Versorgungsausgleichs nach § 6 VersAusglG hinsichtlich der Versorgungsanrechte bei der betrieblichen Altersversorgung (alternativ: bei der Lebensversicherung) des Ehemannes. Im Übrigen bleibt es bei der Durchführung des Versorgungsausgleichs.

Die Beteiligten vereinbaren den Ausgleich dieser Werte im Rahmen des Zugewinnausgleichs, wobei die jeweiligen Werte im Anfangs- und Endvermögen des Ehemannes zu berücksichtigen sind.[1]

Notarieller Urkundenausgang ......[2]

Anmerkungen

1. Anwendungsbereich. Nach § 3 Abs. 2 VersAusglG sind alle in der Ehezeit erworbenen Anrechte beim Versorgungsausgleich einzubeziehen. Nach der Bestimmung des § 2 Abs. 2 Nr. 1 VersAusglG muss das auszugleichende Anrecht durch Arbeit oder Vermögen eines Ehegatten erworben worden sein.

Im Rahmen des „In-Prinzips" ist maßgebend für die Einbeziehung eines Anrechts der Zahlungszeitpunkt. Umgekehrt bleiben diejenigen Anrechte beim Versorgungsausgleich außen vor, die „für" ehezeitliche Zeiträume erworben wurden (vgl. *Glockner/Hoenes/Weil* § 5 Rn. 45 ff.).

Da der Versorgungsausgleich eine vergleichbare Regelung des § 1374 Abs. 2 BGB wie im Zugewinnausgleich nicht kennt, sind auch Versorgungsanrechte, die aufgrund bereits zur Eheschließung vorhandenen Kapitalvermögens erworben wurden, im Versorgungsausgleich zu berücksichtigen. Dies gilt insbesondere für betriebliche Altersversorgungen, die auf so genannten Kapitalbausteinen beruhen, aber auch Lebensversicherungen fallen hierunter. Um hier eine gerechte Ausgleichssituation zu schaffen, kann ein Ausschluss dieser Versorgungsanrechte erfolgen unter gleichzeitiger Berücksichtigung im Zugewinnausgleich.

Dies ist insbesondere dann notwendig, wenn die Beteiligten Gütertrennung vereinbart haben oder kein positives und das Anfangsvermögen übersteigendes Endvermögen erzielt haben (vgl. *Hauß/Eulering*, Versorgungsausgleich und Verfahren in der Praxis, Rn. 458 ff.).

2. Form, Unwirksamkeit, Sittenwidrigkeit. Siehe hierzu: → Form. K.I.1.

8. Völliger Ausschluss und Abschluss einer Lebensversicherung

Notarieller Urkundeneingang . . . . . .

Für den Fall der Scheidung unserer Ehe verzichten wir auf die Durchführung des Versorgungsausgleichs und nehmen diesen Verzicht wechselseitig an.

Der Ehemann verpflichtet sich als Ausgleich für diesen Verzicht, für die Ehefrau als versicherte Person, Rentenbegünstigte und Versicherungsnehmerin eine Rentenversicherung in Höhe einer monatlichen Altersrente von . . . . . . EUR sowie einer monatlichen Berufsunfähigkeitsrente von . . . . . . EUR abzuschließen. Die Altersrente beginnt mit dem vollendeten 60. Lebensjahr der Ehefrau. Die Berufsunfähigkeitsrente wird maximal bis zu diesem Zeitpunkt gezahlt. Beitragszahler der Lebensversicherung ist der Ehemann. Er verpflichtet sich, innerhalb vier Wochen nach Rechtskraft der Scheidung einen Einmalbeitrag in eine von der Ehefrau zu wählende Lebensversicherung einzuzahlen. Sollte dieser Beitrag zur Abdeckung der gesamten Rentenzahlungen nicht ausreichen, ist der Ehemann zur Nachentrichtung verpflichtet.

Für den Fall des Todes der Ehefrau steht dem Ehemann unwiderruflich das Bezugsrecht zu.

Sollte die Ehefrau vor Rentenbeginn versterben, ist der Versicherungsvertrag so zu konzipieren, dass eine Beitragsrückgewähr erfolgt.[1]

Notarieller Urkundeneingang . . . . . .[2]

Anmerkungen

1. Anwendungsbereich. Der Ausschluss des Versorgungsausgleichs gegen Abschluss einer Lebensversicherung war auch schon nach altem Recht möglich. Ein wichtiger Gesichtspunkt hierbei ist insbesondere im Hinblick auf die nicht berufstätigen, kindererziehenden Ehefrauen, dass eine Erwerbsunfähigkeitszusatzversicherung abgeschlossen wird. Sollte ein solcher Abschluss nicht möglich sein, kann alternativ ein höherer Rentenbetrag für den Fall der Altersrente vereinbart werden.

Eine Verpflichtung zur monatlichen Prämienzahlung ist problematisch, da die Ehefrau die Zahlungen laufend überprüfen muss. Daher wurde die Zahlung einer Einmalprämie zur Finanzierung einer Rente gewählt.

Für den Berechtigten ist es zudem wichtig, dass sein Unterhalt zwischen dem Zeitpunkt des Todes des Unterhaltspflichtigen und dem Zeitpunkt der Fälligkeit des Versorgungsausgleichs sichergestellt ist. Hier bietet sich der Abschluss einer fallenden Risikolebensversicherung an (vgl. *Glockner/Hoenes/Weil* § 9 Rn. 23).

2. Form, Unwirksamkeit, Sittenwidrigkeit. Siehe hierzu: → Form. K.I.1.

9. Völliger Ausschluss und Zahlung in die gesetzliche Rentenversicherung

Notarieller Urkundeneingang . . . . . .

Sowohl die Altersversorgung des Ehemannes wie auch der Ehefrau gründet sich auf den Anwartschaften der gesetzlichen Rentenversicherung. Wir entrichten derzeit beide Beiträge zur gesetzlichen Rentenversicherung.

Für den Fall der Scheidung unserer Ehe verzichten wir auf die Durchführung des Versorgungsausgleichs und nehmen diesen Verzicht wechselseitig an.

Der Ehemann verpflichtet sich, die auf der Grundlage der derzeitigen Beitragsentrichtung der Ehefrau sich ergebende Altersversorgung sicherzustellen. Dies erfolgt durch Zahlung von freiwilligen Beiträgen auf das Konto der Ehefrau bei der . . . . . .(Träger der gRV), sofern diese die derzeitige Höhe der Altersversorgung nicht durch eigene Beitragszahlung sicherstellen kann.[1]

Notarieller Urkundenausgang . . . . . .[2]

Anmerkungen

1. Anwendungsbereich. Nach § 14 VersAusglG können die Ehegatten mittlerweile einen externen Ausgleich einer Betriebsrente durch Zahlung von Beiträgen in die gesetzliche Rentenversicherung vereinbaren. Auf dieser Grundlage geht § 187 SGB VI nunmehr davon aus, dass die Entrichtung von Beiträgen zur Begründung von Rentenanwartschaften aufgrund einer wirksamen Vereinbarung nach § 6 VersAusglG ebenfalls möglich ist (vgl. BT-Drucks. 16-10144 S. 101). Nach § 187 Abs. 1 Nr. 2b SGB VI ist eine solche Zahlung auch möglich ohne Zustimmung des Versorgungsträgers des Verpflichteten sofern die Versorgung selbst nicht gekürzt wird.

2. Form, Unwirksamkeit, Sittenwidrigkeit. Siehe hierzu: → Form. K.II.1.

10. Völliger Ausschluss des Versorgungsausgleichs im Falle zweier Landesbeamten mit Kompensation

Notarieller Urkundeneingang ......

Für den Fall der Scheidung unserer Ehe verzichten wir auf die Durchführung des Versorgungsausgleichs und nehmen den Verzicht wechselseitig an.

Der Ehemann verpflichtet sich, an die Ehefrau einen Ausgleichsbetrag in Höhe von ......EUR zu zahlen.

Die Eheleute sind Beamte des Landes ...... Der Ehemann verfügt über ehezeitliche Anrechte aus einem Beamtenverhältnis in Höhe von monatlich ...... EUR, die einem korrespondierenden Kapitalwert in Höhe von ...... EUR entsprechen.

Die Ehefrau verfügt ebenfalls über ehezeitliche Versorgungsanrechte aus einem Beamtenverhältnis in Höhe von monatlich ...... EUR, die einem korrespondierenden Kapitalwert in Höhe von ...... EUR entsprechen.[1]

Nach § 16 Abs. 1 VersAusglG ist der Ausgleich der jeweiligen Anrechte der Eheleute jeweils zu Lasten ihrer Versorgung durch Begründung eines Anrechts bei einem Träger der gesetzlichen Rentenversicherung durchzuführen. Beide Eheleute sind sich darüber einig, dass ein solcher Ausgleich nicht erfolgen soll.

Nach Verrechnung der beiden korrespondierenden Kapitalwerte verbleibt es bei einem überschießenden Betrag auf Seiten des Ehemannes in Höhe von ...... EUR.

Der Ehemann verpflichtet sich, die Hälfte dieses Betrages an die Ehefrau auszugleichen.

Notarieller Urkundenausgang ......[2]

Anmerkungen

1. Anwendungsbereich. Nach den Bestimmungen des § 44 Abs. 1 Nr. 1 und 2 VersAusglG ist für ein Anrecht aus einem Beamtenverhältnis die Regelung der zeitratierlichen Berechnung des Ehezeitanteils gem. § 40 VersAusglG anzuwenden. Der in § 44 Abs. 1 VersAusglG definierte Personenkreis entspricht dabei im Wesentlichen den von der früheren Regelung des § 1587a Abs. 2 Nr. 1 BGB erfassten Personen. Dies sind als Beamte die mittelbaren oder unmittelbaren Beamten des Bundes, die Beamten der Länder, der Gemeinden, der Gemeindeverbände, der Körperschaften, der Anstalten und Stiftungen des öffentlichen Rechts soweit sie der Aufsicht eines Landes unterstehen, die Hochschullehrer, die Berufsrichter des Bunds und der Länder sowie die Polizeibeamten und die Berufssoldaten. Nicht betroffen sind hingegen die Abgeordneten des Deutschen Bundestags und der Landtage der Länder, die von den Sondervorschriften der Abgeordnetenversorgung erfasst werden.

Der bei entsprechender Anwendung des § 5 VersAusglG vom Träger der beamtenrechtlichen Versorgung durchzuführende Ausgleich erfolgt unter Zugrundelegung des vom Familiengericht zu entscheidenden Ehezeitanteils. Leider ist es bisher nicht gelungen, eine einheitliche Ausgleichsregelung aller Beamten zu schaffen. So werden die Anwartschaften bei einem beim Bund bestehenden Dienst- oder Arbeitsverhältnisses im Wege der internen Teilung (§ 10 VersAusglG) ausgeglichen. Bei einem bei den Ländern oder den Gemeinden bestehenden Dienst- oder Arbeitsverhältnisses erfolgt die Teilung durch Begründung eines Anrechts in der gesetzlichen Rentenversicherung für den berechtigten Ehegatten (vgl. § 16 VersAusglG).

Dies führt zu der kuriosen Situation, dass im Falle der Beteiligung zweier Landesbeamter nicht etwa eine interne Verrechnung der Versorgungsanwartschaften erfolgen kann, sondern der Ausgleich jeweils beider Beamter über die gesetzliche Rentenversicherung zu erfolgen hat. Ein solcher Ausgleich ist häufig für beide Beteiligte ungünstig und nicht gewollt.

Zum einen kann die Übertragung für den Beamten unwirtschaftlich sein. Zwar erhält der berechtigte Ehegatte nach § 52 Abs. 1 SGB XI durch die Übertragung oder Begründung gesetzlicher Rentenanwartschaften zusätzliche Wartezeitmonate gutgeschrieben. Dennoch kann die Durchführung des Wertausgleichs zu einem unwirtschaftlichen Ergebnis führen. Dies ist dann der Fall, wenn trotz Anrechnung gem. § 52 Abs. 1 SGB VI weniger als 60 Wartezeitmonate nachweisbar sind, da dann auch eine freiwillige Beitragszahlung gem. § 7 Abs. 2 SGB VI zur Aufstockung der Wartezeitmonate ausscheidet. In solchen Fällen ist die Durchführung des Wertausgleichs unwirtschaftlich, der Ausgleich sollte dann in anderer Art und Weise geregelt werden.

Darüber hinaus besteht die Gefahr, dass bei dem Ausgleich der Beamtenversorgung über die gesetzliche Rentenversicherung die Eheleute hinsichtlich der übertragenen Werte ihre Absicherung wegen Erwerbsunfähigkeit verlieren. Eine Rente aus der gesetzlichen Rentenversicherung wegen Erwerbsminderung setzt voraus, dass in den letzten fünf Jahre vor Eintritt der Erwerbsminderung drei Jahre Pflichtbeiträge für eine versicherte Beschäftigung oder Tätigkeit gezahlt wurden (§ 43 Abs. 1 Ziffer 2 SGB VI). Diese können nicht in Form der übertragenen Rentenanwartschaften aufgefüllt werden.

Der externe Ausgleich der Beamtenversorgung führt dazu, dass hinsichtlich der begründeten Anwartschaften eine Absicherung wegen Erwerbsminderung wegfällt.

Für diese Fälle bietet sich eine Vereinbarung wie vorstehend nach § 6 VersAusglG an.

2. Form, Unwirksamkeit, Sittenwidrigkeit. Nach dem Beschluss des OLG Schleswig vom 18.11.2011 (OLG Schleswig FamRZ 2012, 1144, mit Anm. *Borth*) war diese Vereinbarung nach § 8 Abs. 2 VersAusglG als unwirksam, da eine solche Verrechnung gegen § 3 Abs. 2 BeamtVG verstoße und keine Zustimmung der Versorgungsträger vorliege. Nach § 3 Abs. 2 BeamtVG sind Vereinbarungen und Vergleiche unwirksam, die eine höhere als die gesetzlich zustehende Versorgung begründet. Indem der Ehefrau die Versorgung nicht gekürzt werde durch die Verrechnung, sei diese Voraussetzung gegeben.

Der BGH (BGH FamRZ 2014, 1179) hat diese Entscheidung korrigiert. Eine Verrechnungsabrede, mit der zwei im Landesdienst stehende Ehegatten vereinbaren, dass die Ausgleichswerte ihrer beiderseitigen Anrechte auf Beamtenversorgung saldiert und nur das höherwertige Anrecht des einen Ehegatten in Höhe der Wertdifferenz durch Begründung von gesetzlichen Rentenanwartschaften extern geteilt werden soll, verstößt weder gegen § 8 Abs. 2 VersAusglG noch gegen § 3 BeamtVG.

→ Form. K.II.1.

III. Teilweiser Ausschluss des Versorgungsausgleichs durch Ehevertrag

1. Zeitabschnittsbezogener Ausschluss (Getrenntleben)

Notarieller Urkundeneingang . . . . . .

Für den Fall der Scheidung unserer Ehe vereinbaren wir, dass die Versorgungsanrechte, die während der Zeit des Getrenntlebens erworben wurden, nicht auszugleichen sind. Wir nehmen diesen Verzicht wechselseitig an.

Notarieller Urkundenausgang . . . . . .

2. Zeitabschnittsbezogener Ausschluss (Ereignis)

Notarieller Urkundeneingang . . . . . .

Für den Fall der Scheidung unserer Ehe vereinbaren wir, dass die Versorgungsanrechte die in der Zeit ab . . . . . . erworben wurden, nicht auszugleichen sind.

Alt:

Für den Fall der Scheidung unserer Ehe verzichten wir auf die Durchführung des Versorgungsausgleichs und nehmen den Verzicht wechselseitig an. Sollte einer der Ehegatten seine Berufstätigkeit während der Ehezeit ganz oder teilweise wegen der Erziehung eines gemeinsamen Kindes aufgeben, soll für den Zeitraum der Kindererziehung jedoch der Versorgungsausgleich durchgeführt werden.[1]

Notarieller Urkundenausgang . . . . . .[2]

Anmerkungen

1. Anwendungsbereich. In vielen Fällen wird es der Wunsch der Eheleute sein, zunächst den Versorgungsausgleich vollständig auszuschließen, da sie zum Zeitpunkt der Eheschließung davon ausgehen, zB eine Doppelverdienerehe führen zu wollen. Oder sie wollen sicherstellen, dass lediglich ein Ausgleich für die Zeit des tatsächlichen Zusammenlebens stattfindet. In diesen Fällen bieten sich Vereinbarungen an, die den Ausgleich nur für bestimmte Zeiträume sicherstellen und gleichzeitig darüber hinaus gehende Zeiträume ausschließen. Da es im neuen Versorgungsausgleichsrecht kein Supersplittingverbot mehr gibt (→ Form. K.I), ist eine Vereinbarung, die den Ausgleich nur für bestimmte Zeiten vorsieht, unproblematisch.

Die für den Versorgungsausgleich maßgebende Ehezeit ist in § 3 Abs. 1 VersAusglG geregelt, sie entspricht – bis auf kleine redaktionelle Korrekturen – der Bestimmung des § 1587 Abs. 2 BGB. Ehezeitbeginn ist der Monatserste desjenigen Monats, in dem die Eheleute geheiratet haben. Ehezeitende ist der Monatsletzte des Vormonats, in dem der

Scheidungsantrag zugestellt wurde (Rechtshängigkeit). Eine Veränderung des Ehezeitendes ist vertraglich nicht möglich (BGH FamRZ 1990, 273; 2001, 3333).

Sehr wohl können die Eheleute jedoch vereinbaren, dass nur die bis zum Zeitpunkt des Getrenntlebens (oder einem anderen Zeitpunkt) erworbene Anwartschaften geteilt werden. Ebenso ist es möglich, bestimmte Zeiträume zB der Kindererziehung auszunehmen.

2. Form, Unwirksamkeit, Sittenwidrigkeit. → Form. K.II.1.

3. Verringerung der Ausgleichsquote

Notarieller Urkundeneingang . . . . . .

Für den Fall der Scheidung unserer Ehe soll der Versorgungsausgleich durchgeführt werden. In Abweichung von § 1 Abs. 2 S. 2 VersAusglG vereinbaren wir, dass der ausgleichsberechtigten Person (der Ehefrau/dem Ehemann bezüglich der Versorgung bei der . . . . . .) nicht die Hälfte des Wertes des jeweiligen Ehezeitanteils (Ausgleichswert) zusteht, sondern lediglich ein Drittel.[1]

Notarieller Urkundenausgang . . . . . .[2]

Anmerkungen

1. Anwendungsbereich. Es steht den Eheleuten frei, einen geringeren als den hälftigen Ausgleichswert der jeweils betroffenen Versorgungsanrechte zu übertragen. Insbesondere bei hohen Altersversorgungen kann dies dem Wunsch der Eheleute entsprechen. Im Fall von geringeren Versorgungen kann eine solche Regelung jedoch zu Bagatellübertragungen führen (vgl. § 18 VersAusglG).

Eine Erhöhung der Ausgleichsquote ist nach § 8 Abs. 2 VersAusglG nur möglich, wenn die jeweiligen Versorgungsordnungen dies zulassen und die betroffenen Versorgungsträger zustimmen. Dies wird i. d. R. nicht der Fall sein.

2. Form, Unwirksamkeit, Sittenwidrigkeit. → Form. K.II.1.

4. Herausnahme von Anrechten, die aus vorehezeitlichem Vermögen finanziert wurden

Notarieller Urkundeneingang . . . . . .

Für den Fall der Scheidung unserer Ehe soll der Versorgungsausgleich durchgeführt werden. In Abweichung von § 2 VersAusglG schließen wir den Ausgleich der zugunsten des Ehemanns bestehenden Anrechte aus der privaten Rentenversicherung bei der . . . . . . Versicherung mit der Versicherungsscheinnummer . . . . . . aus. Die Ehefrau verzichtet insoweit auf die Durchführung des Versorgungsausgleichs, der Ehemann nimmt den Verzicht an.

Der Wert dieser Anrechte soll weder im Anfangsvermögen noch im Endvermögen des Ehemannes Berücksichtigung finden (§ 2 Abs. 4 VersAusglG).

Grund dieser Regelung ist die Zuwendung eines Betrages in Höhe von . . . . . . von Seiten . . . . . .an den Ehemann, den dieser in die vorgenannte private Renetnversicherung eingezahlt hat. Da es sich hierbei um Anfangsvermögen nach § 1374 Abs. 2 BGB handelt, soll es vom Ausgleich ausgeschlossen sein.[1]

Notarieller Urkundenausgang . . . . . .[2]

Anmerkungen

1. Anwendungsbereich. Anrechte sind nach § 2 Abs. 2 VersAusglG dann auszugleichen, wenn sie durch Arbeit oder Vermögen geschaffen oder aufrechterhalten worden sind. Dabei kommt es allein darauf an, ob diese Gelder zum Zeitpunkt der Verwendung zum Vermögen des Ehegatten gehörten oder nicht. Leistet ein Dritter direkt zugunsten des Ehegatten an dessen Altersversorgung, unterfällt dieser Betrag nicht dem Versorgungsausgleich (BGH FamRZ 1983, 262; OLG Koblenz FamRZ 2005, 1255). Handelt es sich jedoch um eine Zuwendung eines Dritten an den Ehegatten, die dieser wiederum in eine private Rentenversicherung einzahlt, wurde das Anrecht mit eigenem Vermögen erworben und unterliegt dem Ausgleich. Das gleiche gilt für Anrechte, die mittels Anfangsvermögens finanziert wurden (BGH FamRZ 2011, 877). Da das Gesetz eine vergleichbare Regelung wie im Zugewinnausgleich nicht kennt, ist eine vertragliche Regelung zu treffen, um diese Anrechte aus dem Ausgleich heraus zu nehmen.

2. Form, Unwirksamkeit, Sittenwidrigkeit. → Form. K.II.1.

5. Herausnahme der zur Sicherung abgetretenen Versorgungen

Notarieller Urkundeneingang . . . . . .

Für den Fall der Scheidung unserer Ehe soll der Versorgungsausgleich durchgeführt werden. Wir schließen nach § 6 VersAusglG die Lebensversicherung bei der . . . . . . mit der Versicherungsscheinnummer . . . . . . zugunsten des Ehemanns/der Ehefrau vom Ausgleich aus. Die vorgenannte Lebensversicherung dient zur Absicherung des Darlehens bei der . . . . . . Darlehensnummer . . . . . . und ist sicherungshalber an den Darlehensgeber abgetreten. (ev.: Die Lebensversicherung wurde bereits als Position im Zugewinnausgleich berücksichtigt.)Die Ehefrau/der Ehemann verzichtet hinsichtlich dieser Anrechte auf den Versorgungsausgleich. Der Ehemann/die Ehefrau nimmt den Verzicht hiermit an.[1]

Notarieller Urkundenausgang . . . . . .[2]

Anmerkungen

1. Anwendungsbereich. Anrechte unterliegen dann dem Versorgungsausgleich, wenn sie der Absicherung im Alter oder bei Invalidität dienen. Dies gilt auch für Lebensversicherungen, die zur Kreditsicherung einer Baufinanzierung an den Kreditgeber abgetreten sind (BGH FamRZ 2011, 963). Solche Lebensversicherungen sind nach Auffassung des BGH weiter den Eheleuten zuzurechnen und im Versorgungsausgleich zu berücksichtigen, da mit der Abtretung die Rechte an der Versicherung bestehen bleiben. Dabei geht der BGH davon aus, dass das beliehene Objekt im Rahmen der Scheidung veräußert und das Darlehen getilgt wird (vgl. hierzu *Kemper/Norpoth* FamRB 2011, 284). Eine solche Zuordnung steht nicht immer im Interesse der Eheleute und ist abhängig von der Vermögensauseinandersetzung am Objekt in der Scheidung. Im Rahmen einer Vereinbarung zur Vermögensauseinandersetzung kann die Lebensversicherung entsprechend zugeordnet werden.

2. Form, Unwirksamkeit, Sittenwidrigkeit. → Form. K.II.1.

IV. Ausgleichsansprüche nach der Scheidung (§§ 20 ff. VersAusglG)

1. Schuldrechtlicher Ausgleich anstelle des öffentlichrechtlichen Wertausgleichs

Notarieller Urkundeneingang ......

Für den Fall der Scheidung schließen wir den öffentlichrechtlichen Versorgungsausgleich aus. Anstelle des öffentlichrechtlichen Wertausgleichs vereinbaren wir die Durchführung nach den Vorschriften des schuldrechtlichen Versorgungsausgleichs (§§ 20 ff. VersAusglG).[1]

Der Notar hat uns darauf hingewiesen, dass aufgrund § 25 Abs. 2 VersAusglG ein Anspruch auf den sogenannten verlängerten schuldrechtlichen Versorgungsausgleich gegen den Versorgungsträger aufgrund dieser Vereinbarung nicht gegeben ist.

Notarieller Urkundenausgang ......[2]

Anmerkungen

1. Anwendungsbereich. Bei einer Vereinbarung gem. § 6 Abs. 1 Nr. 3 VersAusglG ist zu beachten, dass bei einem vereinbarten schuldrechtlichen Ausgleich dessen Verlängerung beim Tod des Verpflichteten nach § 25 Abs. 2 VersAusglG ausgeschlossen ist. Haben die Eheleute nach altem Recht den Ausgleich eines Anrechts dem Schuldrechtlichen Versorgungsausgleich vorbehalten, ist der Anspruch auf den verlängerten schuldrechtlichen Ausgleich nach neuem Recht nur ausgeschlossen, wenn das Anrecht aufgrund der Vereinbarung vom Ausgleich ausgeschlossen worden wäre. Dies ist nicht der Fall, wenn nach altem Recht ein Ausgleich des Anrechts nicht möglich gewesen wäre (OLG Hamm FamRZ 2013, 789).

Eine Vereinbarung zur Verweisung in den schuldrechtlichen Ausgleich kommt daher nur ausnahmsweise in Betracht. Sinnvoll kann eine solche Vereinbarung sein, wenn mit einiger Sicherheit davon ausgegangen werden kann, dass der Berechtigte die auszugleichende Rente krankheitsbedingt wegen seines zu erwartenden Todes nur kurzzeitig beanspruchen kann. In diesem Fall kann beim Verpflichteten ein Schaden verhindert werden.

Auch im Fall des sog. „Werteverzehrs" sieht der BGH eine Lösungsmöglichkeit über den schuldrechtlichen VA (BGH FamRZ 2016, 2000; 2016, 775).

Denkbar ist allerdings ein vereinbarter schuldrechtlicher Ausgleich iVm einer erbrechtlichen Regelung zur Sicherung des Todesfallrisikos des Berechtigten.

Der schuldrechtliche Versorgungsausgleich wird nur auf Antrag durchgeführt (§ 223 FamFG).

Der Anspruch auf schuldrechtliche Ausgleichsrente kann erst dann geltend gemacht werden, wenn die Fälligkeitsvoraussetzungen des § 20 VersAusglG gegeben sind. Es muss daher die ausgleichspflichtige Person die schuldrechtlich auszugleichende Versorgung bereits beziehen und die ausgleichsberechtigte Person entweder ebenfalls eine eigene laufende Versorgung beziehen, die Regelaltersgrenze der gesetzlichen Rentenversicherung erreicht haben oder die gesundheitlichen Voraussetzungen für eine laufende Versorgung wegen Invalidität erfüllen. Im Hinblick auf die Verweisung des § 20 Abs. 3 VersAusglG auf die

§§ 1585 Abs. 1 S. 2 und 3 sowie § 1585b Abs. 2 und 3 BGB kann die ausgleichsberechtigte Person die schuldrechtliche Ausgleichsrente für die Vergangenheit erst von dem Zeitpunkt an fordern, zu dem die ausgleichspflichtige Person zum Zwecke der Geltendmachung des schuldrechtlichen Ausgleichsanspruchs aufgefordert worden ist, über ihre schuldrechtlich auszugleichenden Versorgungsanrechte Auskunft zu erteilen, die ausgleichspflichtige Person in Verzug gekommen ist oder der Ausgleichsanspruch rechtshängig geworden ist. Die Geltendmachung einer Abfindung nach § 23 Abs. 1 S. 1 VersAusglG setzt den Verpflichteten zur Zahlung einer schuldrechtlichen Ausgleichsrente nicht in Verzug.

Damit hängt für den Ausgleichsberechtigten der Bezug der schuldrechtlichen Ausgleichsrente davon ab, dass auch der Ausgleichspflichtige bereits Rente aus der zu teilenden Versorgung bezieht. Hierdurch kann eine Versorgungslücke beim Ausgleichsberechtigten entstehen. Einzige Möglichkeit für den Ausgleichsberechtigten hier vorzeitig seine Ansprüche geltend zu machen, besteht im Rahmen der Abfindung nach § 23 VersAusglG.

Darüber hinaus ist für eine mehr als ein Jahr vor der Rechtshängigkeit liegenden Zeit Erfüllung oder Schadenersatz wegen Nichterfüllung nur dann zu leisten, wenn anzunehmen ist, dass sich der Verpflichtete der Leistung absichtlich entzogen hat (§ 20 Abs. 3 VersAusglG iVm § 1585b Abs. 3 BGB).

Stirbt der Ausgleichsberechtigte, entfällt der Anspruch auf eine schuldrechtliche Ausgleichsrente, so dass für diesen Fall der Ausgleichspflichtige keine weiteren Rentenzahlungen leisten muss.

Um das Risiko des Ausgleichsberechtigten für den Fall des Vorversterbens des Ausgleichspflichtigen zu vermindern, besteht die Möglichkeit der anderweitigen Absicherung zB durch Vereinbarung einer Leibrente die mit einer Reallast abgesichert wird. Dies wird nicht immer möglich sein, sodass die persönlichen Verhältnisse der Beteiligten genau analysiert werden müssen. Der Ausschluss des öffentlichrechtlichen VA zugunsten des schuldrechtlichen VA wird nur in seltenen Fällen eine Lösung darstellen.

2. Form, Unwirksamkeit, Sittenwidrigkeit. → Form. K.II.1.

2. Verzicht auf Wertausgleich nach der Scheidung

Notarieller Urkundeneingang ......

Der Versorgungsausgleich soll für den Fall der Scheidung durchgeführt werden. Nur soweit der Wertausgleich bei der Scheidung hinsichtlich der betrieblichen Versorgungsanrechte nicht durchgeführt werden kann, verzichten wir wechselseitig auf die Durchführung des schuldrechtlichen Versorgungsausgleichs (§ 20 VersAusglG) und nehmen diesen Verzicht wechselseitig an.[1]

Notarieller Urkundenausgang ......[2]

Anmerkungen

1. Anwendungsbereich. Für den Fall einer einkommensabhängigen betrieblichen Altersversorgung kann die Teilung der nachehezeitlichen Einkommensdynamik beim Verpflichteten im Rahmen des Wertausgleichs bei der Scheidung nicht durchgeführt werden. Diese nachehezeitlichen Anpassungen sind im Rahmen des schuldrechtlichen Versorgungsausgleich nach §§ 20 ff. VersAusglG auszugleichen. Die Ehegatten können auf einen solchen Ausgleich selbstverständlich verzichten.

2. Form, Unwirksamkeit, Sittenwidrigkeit. → Form. K.II.1.

3. Verzicht auf Abfindung nach § 23 VersAusglG

Notarieller Urkundeneingang ......

Für den Fall der Scheidung und des Bestehens eines Anspruchs auf schuldrechtlichen Ausgleich nach der Scheidung (§ 20 VersAusglG) schließen wir einen Anspruch zur Zahlung einer Abfindung nach § 23 VersAusglG aus. Diesen Verzicht nehmen wir gegenseitig an.[1]

Notarieller Urkundenausgang ......[2]

Anmerkungen

1. Anwendungsbereich. Entsprechend der früheren Regelung des § 1587 I Abs. 1 BGB kann der beim schuldrechtlichen Ausgleich ausgleichsberechtigte Ehegatte von dem verpflichteten Ehegatten die Zahlung einer Abfindung gem. § 23 VersAusglG verlangen. Die Zahlung einer solchen Abfindung bedingt, dass sie dem verpflichteten Ehegatten wirtschaftlich zumutbar ist. Hinsichtlich der Prüfung der Zumutbarkeit kann auf die bisherige Rechtsprechung zur Beitragszahlung in die gesetzliche Rentenversicherung gem. § 3b Abs. 1 Nr. 2 VAHRG verwiesen werden (OLG Oldenburg FamRZ 2003, 768; OLG München FamRZ 1988, 855; BGH FamRZ 1997, 166; KG FamRZ 2002, 467; OLG Hamm FamRZ 2005, 988).

Insbesondere bei Bestehen von ausländischen Anrechten bietet § 23 VersAusglG eine Möglichkeit, die Nachteile des § 25 Abs. 2 VersAusglG zu kompensieren. Danach findet ein verlängerter schuldrechtlicher Versorgungsausgleich nicht statt. Hier sollte an die Abfindung eines solchen Anrechts gedacht werden (vgl. BGH FamRZ 2016, 1576).

Eine solche Abfindungszahlung kann für den Verpflichteten allerdings zu erheblichen Liquiditätsproblemen führen. Wollen die Ehegatten eine solche Situation ausschließen, eignet sich hierfür der vorliegende Verzicht.

2. Form, Unwirksamkeit, Sittenwidrigkeit. → Form. K.II.1.

V. Scheidungsvereinbarungen zum Versorgungsausgleich

1. Interne Verrechnung von Ausgleichswerten

Notarieller Urkundeneingang . . . . . .

Das Scheidungsverfahren der Eheleute ist beim Amtsgericht – Familiengericht – in . . . . . . anhängig. Im Rahmen des Scheidungsverbundverfahrens ist der Versorgungsausgleich der Eheleute durchzuführen.

Der Ehemann verfügt über ehezeitbezogene Versorgungsanwartschaften im Versorgungswerk der Ärzte im Lande XY in Höhe von . . . . . . EUR monatlich

Die Ehefrau verfügt über ehezeitbezogene Anwartschaften im Versorgungswerk der Ärzte beim Land AB in Höhe von . . . . . . EUR monatlich.

Beide Versorgungsträger sehen hinsichtlich der im Versorgungsausgleich zu berücksichtigenden Anwartschaften die interne Teilung (§ 10 VersAusglG) vor. Darüber hinaus besteht zwischen den beiden beteiligten Versorgungsträgern eine Vereinbarung, die eine Verrechnung dieser Anwartschaften vorsieht (§ 10 Abs. 2 S. 2 VersAusglG).

Auf dieser Grundlage verrechnen wir die Ausgleichswerte der beiden Versorgungen. Hinsichtlich der Differenz soll die interne Teilung erfolgen. Im Übrigen verzichten wir auf die Durchführung des Versorgungsausgleichs und nehmen den Verzicht wechselseitig an.[1]

Alternativ:

Hinsichtlich der Differenz verpflichtet sich der Ehemann binnen eines Monats nach Rechtskraft der Ehescheidung die Hälfte der Differenz der korrespondierenden Kapitalwerte (§ 47 VersAusglG) in Höhe von . . . . . . EUR an die Ehefrau auszuzahlen. Aus diesem Grund verzichten wir auf die Durchführung des Versorgungsausgleichs bezüglich dieser Differenz und nehmen den Verzicht wechselseitig an. Damit verbleiben die jeweiligen Anrechte beider Ehegatten in vollem Umfang beim jeweils Berechtigten.[1]

Notarieller Urkundenausgang . . . . . .[2]

Anmerkungen

1. Anwendungsbereich. § 10 Abs. 2 VersAusglG regelt die Voraussetzungen des Ausgleichs beiderseitiger Anrechte der Eheleute im Wege der Verrechnung entsprechend dem Einmalausgleich des früheren Rechts.

Die Verrechnung der in Betracht kommenden Anrechte der gesetzlichen Rentenversicherung erfolgt dabei nicht durch das Familiengericht, sondern durch die beteiligten Versorgungsträger. Das Familiengericht teilt dem für das jeweilige Anrecht zuständigen Versorgungsträger lediglich das intern auszugleichende Anrecht mit. Der zuständige Versorgungsträger prüft darauf hin, ob eine Verrechnung vorzunehmen ist.

Eine Verrechnung von Anrechten der Eheleute ist nur dann vorzunehmen, wenn es sich um Anrechte gleicher Art handelt. Damit sind Anrechte gemeint, die sich hinsichtlich der zugesagten Leistungen einerseits und der Dynamik andererseits entsprechen. Weitere Übereinstimmungen sind nicht erforderlich.

Eine Verrechnung von Anrechten der gleichen Art kommt zum einen in Betracht, wenn diese Anrechte beim gleichen Versorgungsträger bestehen. Dies kann zB in Form von Entgeltpunkten in der gesetzlichen Rentenversicherung der Fall sein, aber auch im Rahmen der Teilung von Anwartschaften, wenn es sich um eine Beamtenversorgung handelt.

Nach § 10 Abs. 2 S. 2 VersAusglG ist eine Verrechnung aber auch dann möglich, wenn Anrechte gleicher Art bei verschiedenen Versorgungsträgern vorhanden sind und diese Versorgungsträger eine Verrechnung bestimmen. Dies setzt eine Vereinbarung der jeweiligen Versorgungsträger untereinander voraus.

Die Eheleute können daher keine Verrechnung von sich aus bestimmen, es sei denn, sie wirkt sich nicht zu Lasten eines Versicherungsträgers aus. Hierzu ein Beispiel:

Der Ehemann hat in der privaten Rentenversicherung Anwartschaften in Höhe von 300,– EUR erworben. Er ist in Höhe von 150,– EUR ausgleichspflichtig. Die Ehefrau hat Anwartschaften in einer betrieblichen Versorgung in Höhe von 200,– EUR erworben und ist damit in Höhe von 100,– EUR ausgleichspflichtig. Die Eheleute vereinbaren eine Verrechnung (300,– EUR ./. 200,– EUR: 2 = 50,– EUR) zu Lasten der privaten Rentenversicherung. Dies ist möglich ohne Zustimmung des Versorgungsträgers.

Um eine Zersplitterung der jeweiligen Anrechte zu verhindern oder um die jeweiligen Versorgungen unangetastet zu lassen, können die Eheleute eine Verrechnung der Anrechte vereinbaren. Dabei muss sichergestellt sein, dass die jeweiligen Versorgungsträger eine solche Verrechnung zulassen. Der Restwert nach Verrechnung kann dann im Rahmen der internen Teilung ausgeglichen werden.

2. Form, Unwirksamkeit, Sittenwidrigkeit. → Form. K.II.1.

2. Verrechnung bei der externen Teilung

Notarieller Urkundeneingang . . . . . .

Ich, der Ehemann, habe eine Altersversorgung bei der XY Lebensversicherung aG mit einem ehezeitlichen Kapitalwert von . . . . . . EUR, die im Versorgungsausgleich zu berücksichtigen ist.

Nach der Auskunft der XY Lebensversicherung müsste im Wege der externen Teilung ein Betrag von . . . . . . EUR zugunsten meiner Ehefrau ausgeglichen werden.

Ich, die Ehefrau, habe eine Altersversorgung bei der AB Lebensversicherung aG mit einem ehezeitlichen Kapitalwert von . . . . . . EUR, die im Versorgungsausgleich zu berücksichtigen ist.

Nach der Auskunft der AB Lebensversicherung müsste im Wege der externen Teilung ein Betrag von . . . . . . EUR zugunsten meines Ehemanns ausgeglichen werden.

Die Beteiligten sind sich darüber einig, dass im Rahmen des Versorgungsausgleichs eine Verrechnung dieser Anrechte dergestalt erfolgt, dass zu Lasten der Anrechte des Ehemannes bei der XY Lebensversicherung nur ein Kapitalbetrag von . . . . . . EUR an die AB Lebensversicherung der Ehefrau, VS-Nr. . . . . . . zu übertragen ist. Ein Ausgleich des Anrechts der Ehefrau bei der AB Lebensversicherung findet nicht statt.[1]

Wir verzichten insoweit auf einen weitergehenden Versorgungsausgleich bezüglich der beiden o.g. Anrechte und nehmen diesen Verzicht gegenseitig an.

Die Zustimmungserklärung der XY Lebensversicherung des Ehemannes und der AB Lebensversicherung der Ehefrau liegen vor und werden als Anlage beigefügt.

Notarieller Urkundenausgang ...... [2]

Anmerkungen

1. Anwendungsbereich. Es kann durchaus sinnvoll sein, zwei bestehende Lebensversicherungen nicht intern zu teilen und somit die entsprechenden Anwartschaften weiter zu reduzieren.

In diesen Fällen bietet sich eine externe Verrechnung an, die im Gegensatz zur internen Teilung in § 10 Abs. 2 VersAusglG nicht gesetzlicherseits vorgesehen ist. Für den Fall zweier bestehender Lebensversicherungen kann es dennoch sinnvoll sein, hier eine externe Verrechnung vorzunehmen. In jedem Fall ist die Zustimmung der betroffenen Versorgungsträger einzuholen, es sei denn, eine Verrechnung zu Lasten der beteiligten Versorgungsträger ist ausgeschlossen (→ Form. K.V.1 Anm. 1)

2. Form, Unwirksamkeit, Sittenwidrigkeit. → Form. K.II.1.

3. Verrechnung im Fall zweier Landesbeamter

Notarieller Urkundeneingang ......

Zugunsten des Ehemannes besteht eine Beamtenversorgung beim Land ...... mit einem Ausgleichswert in Höhe von ...... monatlich.

Zugunsten der Ehefrau besteht eine Beamtenversorgung bei der Kommune ...... mit einem Ausgleichswert in Höhe von ...... EUR monatlich.[1]

Abweichend von der gesetzlichen Regelung § 16 VersAusglG vereinbaren die beteiligten Eheleute eine Verrechnung der beiderseitigen monatlichen Ausgleichwerte.

Der verbleibende Ausgleichswert auf Seiten des Ehemannes in Höhe von ...... EUR monatlich, wird durch Begründung einer Rentenanwartschaft in Höhe von ...... EUR monatlich gem. § 16 VersAusglG auf einem noch einzurichtenden Rentenversicherungskonto zugunsten der Ehefrau vorgenommen.

Darüber hinaus verzichten die Eheleute auf die Durchführung des Versorgungsausgleichs und nehmen diesen Verzicht wechselseitig an.

Notarieller Urkundenausgang ...... [2]

Anmerkungen

1. Anwendungsbereich. Der Ausgleich von Anrechten, die für Beamte des Bundes bestehen, ist gem. § 10 VersAusglG im Wege der internen Teilung durchzuführen. Die Länder und Kommunen haben sich bisher der Neuregelung des Beamtenrechts des Bundes nicht angeschlossen, so dass es insoweit bei der mit dem früheren Quasi-Splitting vergleichbaren Regelung verbleibt.

Der Ausgleich von Anrechten, der bei den Ländern und Kommunen beschäftigen Beamten erfolgt daher gem. § 16 Abs. 1 und 3 VersAusglG im Wege der externen Teilung durch die vom Familiengericht anzuordnende Begründung von Entgeltpunkten in der gesetzlichen Rentenversicherung bzw. – soweit das extern auszugleichende Anrecht im Beitrittsgebiet erworben wurde – durch die Begründung von Entgeltpunkten Ost.

War der Ausgleichsberechtigte in der gesetzlichen Rentenversicherung noch nicht versichert, ist ein entsprechendes Versicherungskonto bei der Deutschen Rentenversicherung Bund zu begründen. Andernfalls wird der Ausgleich über das bereits bestehende Versicherungskonto erfolgen (vgl. *Rulandt,* Versorgungsausgleich, Rn. 596 ff.).

In der Regel werden die beiden im Versorgungsausgleichsverfahren beteiligten Eheleute nicht unbedingt den Wunsch haben, Teile ihrer bestehenden Beamtenversorgung abzugeben, um sie jeweils über die gesetzliche Rentenversicherung auszugleichen. Hier drängt sich geradezu die Möglichkeit auf, die Versorgungsansprüche im Rahmen der Beamtenversorgung zu verrechnen und lediglich den darüber hinausgehenden Anteil im Rahmen der externen Teilung nach § 16 VersAusglG auszugleichen.

2. **Form, Unwirksamkeit, Sittenwidrigkeit.** → Form. K.II.1; zur Unwirksamkeit → Form. K.II.10 Anm. 2.

4. Verrechnung von berufsständischen Versorgungen

Notarieller Urkundeneingang ......

Zugunsten des Ehemannes besteht eine Altersversorgung beim Versorgungswerk ...... mit einem Ausgleichswert in Höhe von ......

Zugunsten der Ehefrau besteht eine Altersversorgung beim Versorgungswerk ...... mit einem Ausgleichswert in Höhe von ...... EUR. Es wird davon ausgegangen, dass die beiden Versorgungen gleichartig sind.[1]

Abweichend von der gesetzlichen Regelung vereinbaren die beteiligten Eheleute eine Verrechnung der beiderseitigen Ausgleichwerte und lediglich einen Restausgleich in Höhe des überschießenden Betrages. Beide Eheleute beabsichtigen damit, möglichst ihre Anwartschaften im eigenen Versorgungssystem zu erhalten.

Darüber hinaus verzichten die Eheleute auf die Durchführung des Versorgungsausgleichs und nehmen diesen Verzicht wechselseitig an.

Notarieller Urkundenausgang ......[2]

Anmerkungen

1. **Anwendungsbereich.** Der Ausgleich von Anrechten innerhalb der berufsständischen Versorgungssysteme erfolgt durch interne bzw. bei Vorliegen der gesetzlichen Voraussetzungen durch externe Teilung. In der Regel sind die Eheleute daran interessiert, ihre Anwartschaften möglichst bei ihrem Versorgungswerk zu erhalten und nicht unbedingt solche eines anderen Versorgungwerks zu erhalten. In diesen Fällen bietet sich eine Verrechnung auf Basis der Kapitalwerte an, die durch das Familiengericht nicht vorgenommen werden kann.

2. **Form, Unwirksamkeit, Sittenwidrigkeit.** → Form. K.II.1.

5. Verrechnung mit Zugewinnausgleichsansprüchen

Notarieller Urkundeneingang ......

Für den Fall der Scheidung unserer Ehe verzichten wir auf die Durchführung des Versorgungsausgleichs.

Die Eheleute sind sich darüber einig, dass zugunsten des Ehemannes Zugewinnausgleichsansprüche gegenüber der Ehefrau in Höhe von ...... EUR bestehen.

Die Ehefrau hat ehezeitliche Versorgungsanwartschaften in der gesetzlichen Rentenversicherung in Höhe von ...... Entgeltpunkten erworben. Dies entspricht einem korrespondierenden Kapitalwert in Höhe von ...... EUR.

Der Ehemann hat ehezeitliche Versorgungsanwartschaften in der gesetzlichen Rentenversicherung in Höhe von ...... Entgeltpunkten erworben. Dies entspricht wiederum einem korrespondierenden Kapitalwert von ...... EUR.

Nach interner Verrechnung wäre damit der Ehemann der Ehefrau gegenüber in Höhe von ...... bezogen auf die korrespondierenden Kapitalwerte ausgleichsverpflichtet.[1]

Im Hinblick auf die Höhe der korrespondierenden Kapitalwerte und dem Anspruch auf Zugewinnausgleich des Ehemannes gegenüber der Ehefrau in Höhe von ...... sind sich die Eheleute darüber einig, dass sie auf die Durchführung des Versorgungsausgleichs und auch des Zugewinnausgleichs verzichten. Sie nehmen diesen Verzicht wechselseitig an.

Notarieller Urkundenausgang ......[2]

Anmerkungen

1. Anwendungsbereich. Der Gesetzgeber hat in §§ 6 ff. VersAusglG den Eheleuten nunmehr ein Konzept an die Hand gegeben, mit dem Vereinbarungen im Rahmen des Versorgungsausgleichs den individuellen Bedürfnissen angepasst werden können.

Damit ist es auch möglich, Verrechnungen einzelner Ansprüche vorzunehmen. Es bietet sich u.a. an, Zugewinnausgleichsansprüche des einen Ehegatten mit den Versorgungsausgleichsansprüchen des anderen Ehegatten zu verrechnen. Dies setzt zunächst einmal eine Saldierung der Versorgungsausgleichsansprüche voraus.

Die Vergleichbarmachung der verschiedenen Ansprüche wird durch den korrespondierenden Kapitalwert des § 47 VersAusglG erleichtert.

Auch im Rahmen dieser Übertragung müssen wie auch bei der Verrechnung anderer Vermögenswerte die Eheleute darauf hingewiesen werden, dass es sich bei dem korrespondierenden Kapitalwert des § 47 VersAusglG lediglich um eine Hilfsgröße handelt (→ Form. K.II.2 Anm. 1).

2. Form, Unwirksamkeit, Sittenwidrigkeit. → Form. K.II.1.

6. Verrechnung im Fall von Vermögensübertragungen

Notarieller Urkundeneingang ......

Für den Fall der Scheidung unserer Ehe verzichten wir auf die Durchführung des Versorgungsausgleichs und nehmen diesen Verzicht wechselseitig an.

Die Eheleute sind Miteigentümer des Einfamilienhauses in ......, Grundbuch ......, Blatt ......, Flur ......

Die Immobilie ist unbelastet. Die Eheleute sind darüber einig, dass die Immobilie einen Wert von ...... EUR hat (alternativ: Aufgrund des vom ...... eingeholten Wertgutachtens des Sachverständigen ...... ergibt sich ein Verkehrswert der Immobilie in Höhe von ...... EUR).

Aufgrund notariellen Vertrages des Notars ...... vom ...... überträgt der Ehemann seine ideelle Hälfte an der o.g. Immobilie auf seine Ehefrau.

Aufgrund der Auskünfte der verschiedenen Versorgungsträger verfügt der Ehemann über folgende ehezeitbezogene Anwartschaften:

- In der gesetzlichen Rentenversicherung in Höhe von ...... Entgeltpunkten, was einem korrespondierenden Kapialwert in Höhe von ...... EUR entspricht.
- Im Rahmen einer betrieblichen Altersversorgung über einen ehezeitlichen Kapitalwert in Höhe von ...... EUR.

Dem gegenüber verfügt die Ehefrau lediglich über Anwartschaften in der gesetzlichen Rentenversicherung aufgrund von Kindererziehungszeiten in Höhe von ...... Entgeltpunkten, was einem korrespondierenden Kapitalwert in Höhe von ...... EUR entspricht.[1]

Der Notar hat die Parteien darauf hingewiesen, dass die korrespondierenden Kapitalwerte der gesetzlichen Rentenversicherung mit der der betrieblichen Altersversorgung des Ehemannes aufgrund der unterschiedlichen Berechnungssysteme nicht unmittelbar zu vergleichen sind. Die Parteien sind sich dennoch darüber einig, dass die korrespondierenden Kapitalwerte der Verrechnung mit dem Wert der Immobilie zugrunde gelegt werden sollen.

Im Hinblick darauf, dass der ideelle Miteigentumsanteil des Ehemannes in etwa den zu übertragenden korrespondierenden Kapitalwerten im Rahmen des Versorgungsausgleichs entspricht, verzichten die Eheleute wechselseitig auf die Durchführung des Versorgungsausgleichs und nehmen diesen Verzicht wechselseitig an.

Die Parteien sind sich darüber hinaus darüber einig, dass wechselseitige Ansprüche aufgrund der Übertragung der ideellen Hälfte am Hausgrundstück ...... darüber hinaus nicht bestehen.

Notarieller Urkundenausgang[2]......

Anmerkungen

1. Anwendungsbereich. Der Ausschluss des Versorgungsausgleichs gegen Übertragung des hälftigen Immobilienanteils ist eine geeignete Möglichkeit, die Vermögensauseinandersetzung außerhalb der Ehe über eine bestehende gemeinsame Immobilie durchzuführen.

In vielen Fällen wird die Immobilie das einzige Vermögen der beiden Eheleute sein. Die Übertragung einer Hälfte auf den jeweils anderen Ehepartner scheitert häufig an der mangelnden Liquidität beider Eheleute.

Hier bietet eine Vereinbarung unter Einschluss einer versorgungsausgleichsrechtlichen Regelung die Möglichkeit, sowohl den Versorgungsausgleich wie auch die Übertragung der Immobilie einvernehmlich zu regeln und so eine Veräußerung bzw. eine Teilungsversteigerung zu verhindern.

Auch im Rahmen dieser Übertragung muss auch wie bei der Verrechnung anderer Vermögenswerte die Eheleute darauf hingewiesen werden, dass es sich bei dem korrespondierenden Kapitalwert des § 47 VersAusglG lediglich um eine Hilfsgröße handelt (→ Form. K.II.2 Anm. 1).

2. Form, Unwirksamkeit, Sittenwidrigkeit. → Form. K.II.1.

7. Vereinbarung der externen Teilung (§ 14 VersAusglG) unter Einbeziehung des Versorgungsträgers

zwischen Frau ......

wohnhaft in ......

und

der ...... (Berufsständische Altersversorgung), diese vertreten durch den ......

Anschrift:

Frau ...... ist verheiratet mit Herrn ......

Das Scheidungsverfahren der Eheleute ist beim Amtsgericht – Familiengericht – ...... anhängig. Im Rahmen des Scheidungsverbundverfahrens ist der Versorgungsausgleich der Eheleute durchzuführen.

Zugunsten des Ehemannes, Herrn ......, bestehen Anwartschaften in der berufsständischen Altersversorgung der ...... Der ehezeitbezogene Anteil beläuft sich auf monatlich ...... EUR.

Der Versorgungsträger sieht die interne Teilung gem. §§ 10 ff. VersAusglG vor.

Die Beteiligten vereinbaren entgegen der internen Teilung nach §§ 10 ff. VersAusglG die Durchführung des Versorgungsausgleichs im Rahmen der externen Teilung gem. §§ 14 ff. VersAusglG.

Der Ausgleich der Versorgungsanwartschaften soll über die gesetzliche Rentenversicherung der Ehefrau (Zielversorgung) durchgeführt werden (§ 15 VersAusglG). Die Beteiligten sind sich darüber einig, dass eine Zustimmung des ausgleichspflichtigen Ehemannes nicht erforderlich ist, da die vereinbarte externe Teilung für ihn keine steuerschädlichen Folgen hat (§ 15 Abs. 3 VersAusglG).[1]

......

(Unterschriften der Beteiligten)[2]

Anmerkungen

1. Anwendungsbereich. Nach den Regelungen des Versorgungsausgleichsgesetz ist die externe Teilung gegenüber der internen Teilung nachrangig, sie soll auf Ausnahmen beschränkt werden (vgl. *Glockner/Hoenes/Weil* § 8 Rn. 37 ff.).

Im Rahmen der externen Teilung wird durch die Entscheidung des Familiengerichts zu Lasten des ausgleichspflichtigen Ehegatten für den berechtigten Ehegatten ein Anrecht bei einem Versorgungsträger begründet, der nicht mit dem Träger der Versorgung des ausgleichspflichtigen Ehegatten identisch ist.

Voraussetzung der externen Teilung nach § 14 Abs. 2 VersAusglG ist eine Vereinbarung zwischen dem Berechtigten und dem Versorgungsträger des Verpflichteten. Im Fall einer Bagatellversorgung (die auszugleichende Rente beträgt max. 2 % der Bezugsgröße des § 18 Abs. 1 SGB IV) kann der Versorgungsträger des Verpflichteten von sich aus eine externe Teilung verlangen. Für den Fall betrieblicher Anrechte aus einer Direktzusage oder der Beteiligung einer Unterstützungskasse (§ 1b Abs. 4 BetrAVG) gilt eine höhere Wertgrenze. Hier kann der Versorgungsträger die externe Teilung verlangen, wenn der Ausgleichswert als Kapitalwert nicht höher als die jährliche Beitragsbemessungsgrenze in der gesetzlichen Rentenversicherung ist (im Jahr 2016 = 74.400,– EUR).

Der Berechtigte wiederum hat ein Wahlrecht bezüglich der Zielversorgung (§ 15 VersAusglG).

Neben dem Vorteil, dass der Ausgleichsberechtigte selbst bestimmen kann, in welchem Versorgungssystem der Ausgleichswert des Verpflichteten gutgeschrieben wird, verhindert die externe Teilung, dass das auszugleichende Anrecht mit Teilungskosten belastet wird. Bei der internen Teilung ist der entstehende Verwaltungsaufwand anteilig auf beide Ehegatten zu verteilen, indem der Ausgleichswert entsprechend anteilig gemindert wird (§ 13 VersAusglG).

Ein – durch Vereinbarung der beteiligten Ehegatten der Höhe nach festgelegter – an den Zielversorgungsträger im Wege der externen Teilung zu zahlender Kapitalbetrag ist nicht zu verzinsen (OLG Karlsruhe FamFR 2012, 471).

2. Form, Unwirksamkeit, Sittenwidrigkeit. Die Form der externen Teilung muss der Berechtigte mit dem Versorgungsträger vereinbaren (§ 14 Abs. 2 Ziff. 1 VersAusglG). Eine solche Vereinbarung bedarf keiner Form. Lediglich für den Fall, dass der Ausgleichspflichtige miteinbezogen wird, muss die Form des § 7 VersAusglG gewahrt werden.

Die Einbeziehung in Form der Zustimmung des Ausgleichspflichtigen ist jedoch nur dann erforderlich, wenn die externe Teilung für ihn nicht steuerneutral ist (§ 15 Abs. 3 VersAusglG). Für den Fall, dass der Ausgleichsberechtigte als Zielversorgung die gesetzliche Rentenversicherung, eine betriebliche Altersversorgung oder einen zertifizierten Altersvorsorgevertrag nach § 15 Abs. 4 VersAusglG wählt, kann von einer Steuerneutralität ausgegangen werden. Dies ist in jedem Fall vorab zu überprüfen.

Ebenfalls sicherzustellen ist, dass die vom Ausgleichsberechtigten gewählte Zielversorgung sich mit der Aufnahme des Ausgleichswertes einverstanden erklärt.

8. Vereinbarung zur Berücksichtigung von Rentenlebensversicherungen mit Kapitalwahlrecht

Notarieller Urkundeneingang ......

Die vorstehende Regelung zum Zugewinnausgleich erfolgte ohne endgültige Regelung des Versorgungsausgleichs. Dieser soll in der gesetzlichen Form durchgeführt werden. Sofern Rentenversicherungen mit Kapitalwahlrecht bestehen und durch nachträgliche Ausübung des Wahlrechts aus dem Versorgungsausgleich ausscheiden, sind diese Anrechte nachträglich noch im Rahmen des Zugewinnausgleichs schuldrechtlich auszugleichen. Insofern ist die vorstehende Regelung nicht abschließend. Die Verjährung dieses Ausgleichsanspruchs wird auf zehn Jahre seit rechtskräftiger Scheidung verlängert.[1]

Notarieller Urkundenausgang ......[2]

Anmerkungen

1. Anwendungsbereich. Die Berücksichtigung von privaten Lebensversicherungen im Versorgungsausgleich hängt von ihrer Form ab. Rentenlebensversicherungen sind im Versorgungsausgleich zu berücksichtigen, Kapitallebensversicherungen dagegen im Zugewinnausgleich. Wird bei einer Rentenlebensversicherung ein bestehendes Kapitalwahlrecht selbst nach Rechtshängigkeit des Scheidungsantrags ausgeübt, ist diese Lebensversicherung nicht im Versorgungsausgleich sondern im Zugewinnausgleich zu berücksichtigen (BGH FamRZ 2003, 664; 2011, 1931). Dies ist misslich, wenn vorab Gütertrennung oder eine abschließende Regelung im Zugewinnausgleich getroffen wurde. Zwar besteht in solchen Fällen die Möglichkeit einer Korrektur über § 27 VersAusglG. Dies setzt aber voraus, dass auf Seiten des benachteiligten Ehegatten Anwartschaften in Höhe des entzogenen Kapitalwerts der Lebensversicherung vorhanden sind.

Es sollte daher in Fällen einer Scheidungsfolgenvereinbarung zum Zugewinnausgleich vor einer endgültigen Regelung des Versorgungsausgleichs die Gefahr der Entziehung von Lebensversicherungen aus dem Versorgungsausgleich erkannt werden und eine Öffnungsklausel in die Vereinbarung aufgenommen werden.

2. Form, Unwirksamkeit, Sittenwidrigkeit. → Form. K.II.1.

9. Vereinbarung im Fall geringwertiger Anrechte

Notarieller Urkundeneingang ......

Für unsere Ehe soll der Versorgungsausgleich nach dem VersAusglG durchgeführt werden.

Die Parteien sind darüber einig, dass im Rahmen des Versorgungsausgleichs lediglich die ...... Anwartschaften ausgeglichen werden sollen.

Für den Fall einer geringfügigen Wertdifferenz verschiedener Anrechte nach § 18 Abs. 1 VersAusglG:

Wir verzichten jedoch auf die Durchführung des Versorgungsausgleichs nach § 6 VersAusglG bezüglich der vom Ehemann erworbenen Altersversorgung bei der . . . . . . und der von der Ehefrau erworbenen Altersversorgung bei der . . . . . .

Die Eheleute verzichten insoweit auf die Durchführung des Versorgungsausgleichs und nehmen den Verzicht wechselseitig an.

Für den Fall eines einzelnen geringfügigen Anrechts nach § 18 Abs. 2 VersAusglG:

Wir verzichten jedoch auf die Durchführung des Versorgungsausgleichs nach § 6 VersAusglG bezüglich der vom Ehemann erworbenen Altersversorgung bei der . . . . . .

Die Ehefrau verzichtet insoweit auf die Durchführung des Versorgungsausgleichs. Der Ehemann nimmt diesen Verzicht an.[1]

Notarieller Urkundenausgang . . . . . .[2]

Anmerkungen

1. Anwendungsbereich. Nach § 18 VersAusglG soll das Familiengericht einen Versorgungsausgleich nicht durchführen, wenn entweder die Differenz der beiderseitigen Ausgleichswerte gering ist (Abs. 1) oder ein Einzelanrecht mit einem geringen Ausgleichswert besteht (Abs. 2). Der BGH hat mit vier Grundsatzentscheidungen den bisher hoch streitigen Anwendungsbereich der Geringfügigkeitsklausel in § 18 VersAusglG weitgehend geklärt (BGH FamRZ 2012, 192; 2012, 277; 2012, 189 2012, 513):

- Innerhalb der gesetzlichen Rentenversicherung sind die Kapitalwerte der Anrechte-West von den Anrechten-Ost hinsichtlich der Ausgleichswertdifferenz getrennt miteinander zu vergleichen.
- Gleichartig zueinander sind nur Entgeltpunkte (EP) zu EP, sowie EP/Ost zu EP/Ost
- Anrechte, die bereits nach § 18 Abs. 1 VersAusglG aufgrund der Gleichartigkeit geprüft wurden, dürfen nicht nochmals hinsichtlich ihres geringen Ausgleichswerts geprüft werden (§ 18 Abs. 2 VersAusglG).
- Da in der gesetzlichen Rentenversicherung die maßgebliche Bezugsgröße EP sind, liegt ein „anderer" Fall des § 18 Abs. 3 VersAusglG vor. Im Rahmen der Bagatellgrenze ist daher der Kapitalwert maßgeblich.
- In der Regel entsteht in der gesetzlichen Rentenversicherung bei der Umsetzung des Ausgleichs kein Verwaltungsaufwand, sofern auf beiden Seiten solche Anrechte vorhanden sind. Damit scheidet ein Ausschluss regelmäßig unter Billigkeitsgesichtspunkten aus (§ 18 Abs. 3 VersAusglG). Allerdings macht der BGH hiervon eine Ausnahme, sofern der „Wertunterschied zwischen den beiden gleichartigen Anrechten wirtschaftlich völlig bedeutungslos ist" (BGH FamRZ 2017, 195).

Das Familiengericht hat bei der Anwendung des § 18 VersAusglG nunmehr ein Ermessen. Es soll bei einem Wertunterschied gleichartiger Anrechte bzw. bei der Geringwertigkeit einzelner Anrechte vom Ausgleich absehen, kann aber von dieser Regelung abweichen, wenn es die Umstände des Einzelfalls erfordern. Sofern die Ehegatten die Unsicherheit einer Billigkeitsentscheidung des Familiengerichts ausschließen und damit auch das Versorgungsausgleichsverfahren beschleunigen wollen, bietet sich die Herausnahme von Bagatellanrechten aus dem Ausgleich mittels Vereinbarung an.

2. Form, Unwirksamkeit, Sittenwidrigkeit. → Form. K.II.1.

VI. Gegenseitige Aufforderungsschreiben

1. Aufforderungsschreiben zur Auskunftserteilung gegenüber dem anderen Ehegatten

Sehr geehrter Herr ......,

meiner Mandantin wurde am ...... der Scheidungsantrag durch das Familiengericht zugestellt. Damit ergibt sich ein Ehezeitende (letzter des Vormonats) im Rahmen des durchzuführenden Versorgungsausgleichs.

Namens und im Auftrag meiner Mandantin darf ich Sie auffordern, Auskunft[1] zu erteilen über die in der Ehezeit vom ...... bis ...... erworbenen Versorgungsanrechte aufgrund Alters oder Minderung der Erwerbsfähigkeit und die entsprechenden Versorgungsträger unter Einbeziehung des dortigen Aktenzeichens mitzuteilen. Ich darf Sie darauf hinweisen, dass eine solche Auskunftsverpflichtung nach § 4 VersAusglG besteht. Für die Erfüllung der Auskunft habe ich mir eine Frist bis ...... notiert.

Selbstverständlich wird auch meine Mandantin Auskunft über die entsprechenden Versorgungsanrechte erteilen.[2]

Mit freundlichen Grüßen

...... Rechtsanwalt/Rechtsanwältin

Anmerkungen

1. Neben den verfahrensrechtlichen Auskunftspflichten der Beteiligten gegenüber dem Gericht nach § 220 FamFG besteht eine materiellrechtliche Auskunftspflicht aus § 4 VersAusglG. Danach sind die Eheleute, deren Hinterbliebene und/oder Erben gegenseitig zur Auskunft verpflichtet. Diese Regelung ist sinnvoll, da die materiellrechtlichen Auskunftspflichten zur Vorbereitung einer Scheidungsfolgenvereinbarung notwendig sind. Ohne die entsprechenden Auskünfte kann eine Regelung oder Entscheidung im Versorgungsausgleich nicht getroffen werden.

Für den Fall der mangelnden Auskunftsbereitschaft oder der mangelnden Auskunftsfähigkeit eines auskunftsverpflichteten Ehegatten gegenüber dem ausgleichsberechtigten Partner besteht nach § 220 Abs. 2 FamFG bzw. § 4 Abs. 2 VersAusglG ein Auskunftsrecht gegenüber den beteiligten Versorgungsträger des jeweils anderen Ehegatten (vgl. bisher § 10a Abs. 11 S. 2 VAHRG, sowie § 3a Abs. 8 S. 2 VAHRG). Um einen solchen Anspruch geltend machen zu können, bedarf es des Nachweises der vergeblichen Auskunftsbemühungen gegenüber dem anderen Ehegatten.

2. Der Auskunftsanspruch der Eheleute gegen den Versorgungsträger nach § 4 Abs. 2 VersAusglG ist auch dann subsidiär, wenn die Auskunft der Ermittlung und Durchsetzung eines unmittelbaren Zahlungsanspruchs gegen den Versorgungsträger selbst dient (BGH FamRZ 2017, 1210).

2. Aufforderungsschreiben zur Zahlung und zur Abtretung der schuldrechtlichen Versorgungsausgleichsrente

Sehr geehrter Herr ......,

im Rahmen des Versorgungsausgleichs bei der Scheidung wurden nicht alle Versorgungsanrechte von Ihnen zugunsten Ihrer Ehefrau ausgeglichen. Ein Teil wurde den Ausgleichsansprüchen nach der Scheidung (schuldrechtliche Ausgleichsrente) vorbehalten.

Nach § 20 Abs. 2 VersAusglG steht Ihrer geschiedenen Ehefrau nunmehr ein Anspruch auf Zahlung von Ausgleichsrente gegenüber Ihnen zu, da

- Sie die schuldrechtlich auszugleichende Versorgung mittlerweile beziehen und
- Ihre geschiedene Ehefrau ebenfalls eine eigene laufende Versorgung im Sinne des § 2 VersAusglG bezieht (oder Ihre geschiedene Ehefrau die Regelaltersgrenze der gesetzlichen Rentenversicherung erreicht hat/oder Ihre geschiedene Ehefrau die gesundheitlichen Voraussetzungen für eine laufende Versorgung wegen Invalidität erfüllt).

Ich fordere Sie daher namens und im Auftrag meiner Mandantin zur Zahlung der ihr zustehenden Ausgleichsrente auf. Darüber hinaus hat Ihre Ehefrau gem. § 21 VersAusglG den Anspruch, dass Sie ihre laufende Versorgung in Höhe der ihr zustehenden Ausgleichsrente an Sie abtreten. Auftragsgemäß fordere ich Sie daher auch zur Abtretung dieses Anspruchs auf.[1]

Mit freundlichen Grüßen

...... Rechtsanwalt/Rechtsanwältin[2]

Anmerkungen

1. Anwendungsbereich. Der schuldrechtliche Versorgungsausgleich war schon nach früherem Recht wegen des sogenannten doppelten Rentenfalls und dem Wegfall des Ausgleichs bei Vorversterbens des Ausgleichspflichtigen gegenüber dem öffentlichrechtlichen Ausgleich die schwächere Ausgleichsform (*Glockner/Hoenes/Weil,* Der neue Versorgungsausgleich, S. 154 ff.; *Glockner/Voucko-Glockner,* Versorgungsausgleich in der Praxis, S. 160; *Borth,* Versorgungsausgleich, Rn. 88 ff.). Dies gilt umso mehr im neuen Recht aufgrund der internen/externen öffentlichrechtlichen Teilung. Allerdings ist auch im neuen Recht der schuldrechtliche Ausgleich nicht vollständig zu vermeiden. Nach § 20 Abs. 1 VersAusglG werden sämtliche Versorgungen, die nicht Gegenstand des öffentlichrechtlichen Ausgleichs waren, vom schuldrechtlichen Ausgleich erfasst. Dies sind

- Anrechte, die gem. § 19 VersAusglG zum Zeitpunkt der Entscheidung zum Versorgungsausgleich nicht ausgleichsreif waren,
- Anrechte, die aufgrund der früheren Regelung des § 1587 f. BGB dem schuldrechtlichen Ausgleich vorbehalten blieben und
- Anrechte, die gem. § 6 VersAusglG durch eine entsprechende Vereinbarung schuldrechtlich auszugleichen sind.
- Der schuldrechtliche Ausgleich ist jedoch nicht geeignet, vergessene oder im Rahmen des öffentlichen Ausgleichs verschwiegene Anrechte einem Ausgleich zuzuführen. Er hat keine generelle Auffangfunktion in diesen Fällen (BGH FamRZ 2013, 1548 m. Anm. Hoppenz Und Borth).

Die Bedingungen des § 20 VersAusglG unter denen die Durchführung des schuldrechtlichen Ausgleichs erfolgen kann, entsprechen denen der Altregelung des § 1587g Abs. 1

BGB. Voraussetzung ist, dass der ausgleichspflichtige Ehegatte die noch auszugleichende Versorgung bezieht und der ausgleichsberechtigte Ehegatte entweder ebenfalls eine Versorgung bezieht oder die Altersgrenze in der gesetzlichen Rentenversicherung erreicht hat oder erwerbs-/dienstunfähig ist.

Generell entscheidet das Familiengericht nach § 223 FamFG nur auf Antrag über den schuldrechtlichen Versorgungsausgleich. Eine gerichtliche Entscheidung ist jedoch nicht zwingend. Die Eheleute können auch auf privatrechtlicher Ebene eine entsprechende Vereinbarung treffen.

Die Höhe des schuldrechtlichen Anspruchs richtet sich nach dessen Ausgleichswert. Im Gegensatz zur Altregelung ist nach § 20 Abs. 1 VersAusglG die schuldrechtliche Ausgleichsrente ab dem 1.9.2009 auf Basis des Nettobetrages, also nach Abzug der Aufwendungen für Sozialversicherungsbeiträge zu berechnen.

Die schuldrechtliche Ausgleichsrente kann vom ausgleichspflichtigen Ehegatten gem. § 10a Abs. 1 Nr. 1 EStG als dauernde Last geltend gemacht werden. Der ausgleichsberechtigte Ehegatte muss diese Rente gem. § 22 Nr. 1c EStG als Einkommen versteuern. Nach § 21 VersAusglG kann der ausgleichsberechtigte Ehegatte vom ausgleichsverpflichteten Ehegatten wie bisher im Rahmen des § 1587i BGB aF die Abtretung der Ausgleichsrente verlangen. Nach § 21 Abs. 3 VersAusglG ist eine Abtretung auch dann wirksam, wenn andere Vorschriften (zB die jeweilige Versorgungssatzung) die Übertragung oder Pfändung des Versorgungsausgleichsanspruchs ausschließen.

Mit dem Tod des ausgleichsberechtigten Ehegatten erlischt der Anspruch auf schuldrechtliche Ausgleichsrente. Der BGH hat einer Titulierung in Höhe eines bestimmten Prozentsatzes der schuldrechtlichen Ausgleichsrente ausdrücklich widersprochen (BGH FamRZ 2007, 2055). Damit hat der ausgleichsberechtigte Ehegatte selbst darauf zu achten, ob die der schuldrechtlichen Ausgleichsrente zugrunde liegende Versorgung des ausgleichspflichtigen Ehegatten angepasst wird. In diesen Fällen ist eine Anpassung der schuldrechtlichen Ausgleichsrente nach § 227 Abs. 1 FamFG i. Vm. § 48 Abs. 1 FamFG zu beantragen (vgl. Johannsen/Henrich/*Hahne* § 227 FamFG Rn. 1). Für die Wesentlichkeit gilt damit in Anlehnung an § 238 Abs. 4 FamFG die 10 % Grenze (aA *Ruland* Rn. 969). Innerhalb einer Vereinbarung können die Eheleute eine prozentuale schuldrechtliche Ausgleichsrente vereinbaren, wobei der aktuelle Zahlbetrag aus Vollstreckungsgründen aufgenommen werden sollte.

Mit Inverzugsetzung des Ausgleichspflichtigen besteht die Möglichkeit die schuldrechtliche Ausgleichsrente auch rückwirkend geltend zu machen. Darüber hinaus kann durchaus in geeigneten Fällen eine Regelung zum schuldrechtlichen Versorgungsausgleich auch ohne Inanspruchnahme des Familiengerichts erfolgen. Die gerichtliche Geltendmachung ist damit nicht zwingend erforderlich. Genauso bedarf es nicht der Zuhilfenahme des Familiengerichts wenn der ausgleichspflichtige Ehegatte nach Aufforderung die Abtretung erklärt.

2. Form, Unwirksamkeit, Sittenwidrigkeit. Besondere Voraussetzungen bzw. Einschränkungen bei der Vereinbarung der Höhe der schuldrechtlichen Ausgleichsrente sind nicht zu beachten. Nach § 7 Abs. 1 VersAusglG sind lediglich Vereinbarungen über den Versorgungsausgleich, die vor Rechtskraft der Entscheidung über den Wertausgleich bei der Scheidung geschlossen wurden, der notariellen Beurkundung zu unterziehen. Dies gilt somit nicht für Vereinbarungen im Rahmen des schuldrechtlichen Versorgungsausgleichs.

L. Ehewohnung und Gewaltschutz

I. Ehewohnung

1. Anspruchsschreiben auf Überlassung der Wohnung zur alleinigen Nutzung

Herrn

. . . . . .

Sehr geehrter Herr . . . . . .,

unter Vorlage einer Vollmacht zeigen wir an, dass wir die Interessen Ihrer Ehefrau vertreten. Unsere Mandantin beansprucht die Überlassung der Ehewohnung zur alleinigen Nutzung.[1]

In den letzten Wochen sind Sie fast täglich spät abends stark alkoholisiert nach Hause gekommen, haben in der Wohnung randaliert, Ihre Ehefrau beleidigt und so laut geschrieen, dass wiederholt die Kinder Anne und Peter aufgewacht sind.

Am Freitag, ..., ereignete sich folgender Vorfall:[2] Sie kamen gegen 23.00 Uhr stark betrunken nach Hause und verlangten, nachdem Sie im Kühlschrank keine alkoholischen Getränke fanden, von Ihrer Ehefrau laut brüllend ein Bier. Als unsere Mandantin ruhig erwiderte, es sei kein Bier da, beschimpften Sie sie als „Schlampe" und „Hure" und schlugen mit den Fäusten auf sie ein. Als Ihre Ehefrau zu Boden stürzte, versetzten sie ihr noch einen Fußtritt.

Unsere Mandantin erlitt dadurch Prellungen und Hautabschürfungen im Gesicht sowie einen Bluterguss im Beckenbereich. Die erlittenen Verletzungen hat der Arzt Dr. . . . . . . am nächsten Tag festgestellt. Das ärztliche Attest vom . . . . . . liegt uns vor.[3]

Durch den Lärm waren die Kinder Anne und Peter aufgewacht, aus dem Kinderzimmer gekommen und mussten mit ansehen, wie ihre Mutter vom Vater verprügelt wurde.

Auf Grund dieser Gewalttätigkeit in Verbindung mit den früheren Vorfällen ist ein erträgliches Auskommen mit Ihnen unter einem Dach nicht mehr möglich. Auch das Wohl der beiden sechs und acht Jahre alten Kinder ist durch Ihr aggressives Verhalten stark gefährdet.[4]

Wir haben unserer Mandantin geraten, sofort im Eilverfahren die Zuweisung der Wohnung zur alleinigen Nutzung (§ 1361b BGB) zu beantragen. Ihre Ehefrau möchte jedoch zuerst versuchen, die Angelegenheit außergerichtlich zu regeln.

Wir fordern Sie daher im Namen unserer Mandantin auf, die Ehewohnung bis spätestens . . . . . . unter Mitnahme Ihrer persönlichen Sachen zu räumen und sie ihrer Ehefrau mit den Kindern zur alleinigen Nutzung zu überlassen. Sämtliche Wohnungsschlüssel haben Sie unserer Mandantin auszuhändigen. Haushaltsgegenstände dürfen Sie nicht eigenmächtig mitnehmen.

Sollten Sie bis . . . . . . die Wohnung nicht verlassen haben, werden wir auftragsgemäß beim Familiengericht . . . . . . die Zuweisung der Ehewohnung an unsere Mandantin im Wege einer einstweiligen Anordnung beantragen.[5]

Mit freundlichen Grüßen

. . . . . .

Rechtsanwalt/Rechtsanwältin

Anmerkungen

1. Anspruchsgrundlagen für eine vorläufige Wohnungszuweisung können **§ 1361b BGB** und **§ 2 GewSchG** sein. Überwiegend wird die Meinung vertreten, bei Eheleuten sei § 1361b BGB die speziellere Vorschrift gegenüber § 2 GewSchG (vgl. Palandt/*Brudermüller* § 2 GewSchG Rn. 2; aA: *Schulz/Hauß* Rn. 2287). Die Streitfrage hat für die Praxis jedoch keine große Bedeutung. Eheleute werden einen Anspruch auf Wohnungsüberlassung in aller Regel auf die **weiter reichende Vorschrift des § 1361b BGB** stützen. Eine Wohnungszuweisung nach § 2 GewSchG muss der Familienrichter stets befristen, eine Wohnungsüberlassung nach § 1361b BGB dauert grundsätzlich bis zur Rechtskraft der Scheidung.

Für **eingetragene Lebenspartner** ist **§ 14 LPartG** die weiter gehende Bestimmung.

2. In einer Antragsschrift an das Familiengericht müssen die einzelnen Vorgänge genau nach Zeit, Ort, näheren Umständen und konkreten Folgen geschildert werden. Der Vortrag, der Ehemann habe seine Ehefrau wiederholt beschimpft, bedroht und misshandelt, ist zu unsubstantiiert. Es sollten daher schon in dem vorgerichtlichen Anschreiben an den Ehemann die Umstände, die ein Zusammenleben unerträglich machen, möglichst genau dargelegt werden. Bei Alkoholmissbrauch müssen die konkreten Ausfallserscheinungen und die Auswirkungen der Alkoholabhängigkeit auf die häusliche Gemeinschaft geschildert werden (Tätlichkeiten, Bedrohungen, Beleidigungen, Zerstörungen, Randalieren, Lärmen, mangelnde Hygiene, Unsauberkeiten, Entwendungen von Geld).

3. Von großer Bedeutung für einen erfolgreichen Antrag beim Familiengericht ist die Beweissicherung. Gewalttätige oder alkoholabhängige Ehegatten streiten fast immer das ihnen zur Last gelegte Verhalten ab oder bagatellisieren es. Misshandlungen sollten daher möglichst bald durch ein ärztliches Attest bestätigt werden. Zu raten ist auch, den Vorfall bei der nächsten Polizeidienststelle zur Anzeige zu bringen.

4. Anträge auf Wohnungsüberlassung werden zu 70 % mit körperlicher Gewalt des Partners begründet. Eine unbillige Härte ist nach § 1361b Abs. 1 S. 2 BGB auch dann gegeben, wenn das Wohl von im Haushalt lebenden Kindern beeinträchtigt ist.

5. Der Antrag ist in der Regel sofort in einem selbständigen Verfahren mit einstweiliger Anordnung geltend zu machen (§§ 49 ff. FamFG). Bei vorausgegangenen Gewalttaten sollte beantragt werden, dass das Familiengericht die Vollstreckung der einstweiligen Anordnung vor Zustellung an den Verpflichteten anordnet. In diesem Fall wird die einstweilige Anordnung bereits mit Erlass wirksam (§ 53 Abs. 2 FamFG).

Zur zweckmäßigen Formulierung des Antrags und der erforderlichen Zusatzanträge s. *Schulz/Hauß* Rn. 2314 ff.

2. Anspruchsschreiben des aus der Wohnung ausgezogenen Ehegatten auf Nutzungsvergütung

Frau

. . . . . .

Sehr geehrte Frau . . . . . .,

unter Vollmachtsvorlage zeige ich an, dass wir die Interessen Ihres Ehemannes vertreten.

Unser Mandant ist am . . . . . . aus der Ihnen beiden gehörenden Ehewohnung in . . . . . . ausgezogen. Nach § 1361b Abs. 3 S. 2 BGB kann ein Ehegatte von dem anderen Ehegatten, dem die Wohnung überlassen wurde, eine Vergütung für die Nutzung verlangen.[1] Diesen Anspruch auf Zahlung einer Nutzungsvergütung machen wir hiermit für unseren Mandanten geltend.[2]

Die Höhe der Vergütung richtet sich nach der ortsüblichen Miete.[3] Der objektive Mietwert der . . . . . . qm großen Wohnung beträgt . . . . . . EUR. Da die Wohnung Ihnen gemeinsam gehört, wird die Hälfte des Wohnwerts, somit . . . . . . EUR, von Ihnen gefordert.

Unser Mandant hat Ihnen bereits am . . . . . . mitgeteilt, dass er eine entsprechende Nutzungsvergütung verlangt. Ab diesem Zeitpunkt sind Sie verpflichtet, die geltend gemachte Nutzungsvergütung zu bezahlen.[4]

Wir fordern Sie somit auf, ab . . . . . . den Betrag von . . . . . . EUR monatlich im Voraus auf das Konto unseres Mandanten bei der . . . . . .-Bank, KontoNr. . . . . . ., zur Anweisung zu bringen.

Mit freundlichen Grüßen

. . . . . .

Rechtsanwalt/Rechtsanwältin

Anmerkungen

1. Der aus der Ehewohnung ausgezogene Ehegatte kann von dem in der Wohnung verbliebenen Ehegatten eine Vergütung für die Wohnung verlangen, soweit dies der Billigkeit entspricht (§ 1361b Abs. 3 S. 2 BGB). Der Vergütungsanspruch wird in der Regel nur bei Allein- oder Miteigentum geltend gemacht. Bei einer Mietwohnung kann eine Freistellung von Mietansprüchen des Vermieters gefordert werden, soweit eine Freistellung der Billigkeit entspricht (OLG Naumburg FamRZ 2003, 1748). Gehört die Wohnung beiden Eheleuten gemeinsam, geht die familienrechtliche Bestimmung des § 1361b Abs. 3 S. 2 BGB als lex specialis der gemeinschaftlichen Regelung des § 745 Abs. 2 BGB vor (OLG Celle FamRZ 2015, 1193, 1195; Palandt/*Brudermüller* § 1361b Rn. 20; Johannsen/Henrich/*Götz* § 1361b BGB Rn. 32). Der Vorrang gilt nur bis zur Rechtskraft der Scheidung. Nach diesem Zeitpunkt ist der Anspruch aus § 745 Abs. 2 BGB herzuleiten (BGH FamRZ 2010, 1060, Rn. 15; Palandt/*Brudermüller* § 1361b Rn. 20; *Schulz/Hauß* Rn. 1164).

Auch bei **freiwilligem Auszug** eines Ehegatten besteht ein unmittelbarer Anspruch auf Nutzungsvergütung gemäß § 1361b Abs. 3 S. 2 BGB (BGH FamRZ 2014, 460 Rn. 9; 2006, 930, 933).

2. Verlangt der in der Wohnung verbliebene Ehegatte Trennungsunterhalt (§ 1361 BGB), wird ihm regelmäßig die Überlassung der Wohnung bei der Unterhaltsberechnung als Wohnwert angerechnet. In diesem Fall scheidet eine Nutzungsentschädigung nach § 1361b Abs. 3 S. 2 BGB aus, da der bei der Unterhaltsbemessung angerechnete Wohnwert schon eine Regelung über den Nutzungswert der Ehewohnung beinhaltet (BGH FamRZ 2014, 460 Rn. 10; OLG Saarbrücken FamRZ 2014, 1636; OLG Bremen FamRZ 2014, 1299, 1300).

3. Eine Nutzungsvergütung kann nach § 1361b Abs. 3 S. 2 BGB nur verlangt werden, soweit eine Entschädigung der **Billigkeit** entspricht. Als Obergrenze für die Höhe der Nutzungsvergütung ist die ortsübliche Miete – bei Miteigentum der anteilige (meist halbe) Mietwert – anzusetzen. Im ersten Jahr der Trennung wird in der Regel nur ein gekürzter Nutzungswert in Höhe der ersparten Miete für eine angemessene Ersatzwohnung angesetzt (OLG Hamm FamRZ 2011, 892; OLG Bremen FamRZ 2010, 1980; OLG Köln FamRZ 2009, 449; vergleichbar mit der Berücksichtigung des Wohnwerts bei der Unterhaltsbemessung). Eine Herabsetzung erfolgt vor allem dann, wenn dem in der Wohnung verbliebenen Ehegatten die Alleinnutzung gegen seinen Willen aufgedrängt wurde (BGH FamRZ 2014, 60 Rn. 15; Palandt/*Brudermüller* § 1361b BGB Rn. 21; Johannsen/Henrich/*Götz* § 1361b BGB Rn. 36;*Schulz/Hauß* Rn. 1167). Ist der Wohnbedarf des verbliebenen Ehegatten geringer als der ihm aufgedrängte Wohnwert, ist die Vergütung entsprechend herabzusetzen. Der volle Nutzungswert der Wohnung ist jedoch auszugleichen, wenn der verbliebene Ehegatte seinen neuen Partner in die Wohnung aufnimmt (BGH FamRZ 1986, 436, 437).

Zahlt der in der Wohnung verbliebene Ehegatte auch die **verbrauchsunabhängigen Nebenkosten**, kann er die Nutzungsentschädigung um diese Beträge **nicht kürzen**, soweit diese bei einem Mietverhältnis auf den Mieter umgelegt werden können und üblicherweise auch umgelegt werden (BGH FamRZ 2009, 1300; OLG Saarbrücken FamFR 2010, 14; *Götz/Brudermüller* FamRZ 2011, 1840, 1842;*Schulz/Hauß* Rn. 1170). Hiervon ausgenommen sind nur Verwaltungs-, Instandhaltungs-, Instandsetzungs- und Kapitalkosten (§ 556 I BGB, Katalog des § 2 BetrKV).

Zahlt der aus der Ehewohnung ausgezogene Alleineigentümer weiterhin die verbrauchsabhängigen und die umlagefähigen verbrauchsunabhängigen Nebenkosten so kann er deren Erstattung vom Ehepartner verlangen, auch wenn diesem bei der Berechnung des Trennungsunterhalts ein Wohnwert angerechnet wurde (OLG Saarbrücken FamRZ 2010, 1981; *Götz/Brudermüller* FamRZ 2011, 1840, 1842)

4. Eine Nutzungsvergütung kann erst ab dem Zeitpunkt verlangt werden, ab dem der ausgezogene Ehegatte den anderen eindeutig **zur Zahlung aufgefordert** hat (OLG Celle FamRZ 2015, 1193; OLG Koblenz FamRZ 2015, 142; OLG Bremen NJW 2014, 2129; OLG Hamm FamRZ 2014, 1299; Johannsen/Henrich/*Götz* § 1361b BGB Rn. 35; Palandt/*Brudermüller* § 1361b BGB Rn. 23). Ohne ein deutliches Zahlungsverlangen („Zahlung oder Auszug") kann der Anspruch nicht geltend gemacht werden (OLG Hamm FamRZ 2014, 1299; OLG Naumburg FamRZ 2012,1941).

Nach der Zahlungsaufforderung kann, soweit dies der Billigkeit entspricht, dem die Wohnung nutzenden Ehegatten noch eine **angemessene Überlegungszeit** eingeräumt werden, um sich zu entscheiden, ob er künftig für die Wohnung den geforderten Preis bezahlen oder sich lieber eine billigere Wohnung suchen will. In der Regel dürfte eine Überlegungsfrist von drei Monaten ausreichen (OLG Düsseldorf FamRZ 2011, 375, 376 (6 Monate); OLG München FamRZ 2007, 1655, 1658 (4 Monate); Schulz/Hauß Rn. 1172, Palandt/*Brudermüller* § 1361b BGB Rn. 23).

3. Anspruchsschreiben des auszugsbereiten Ehegatten auf Ausgleichszahlungen

Herrn

. . . . . .

Sehr geehrter Herr . . . . . .,

unter Vorlage einer Vollmacht zeigen wir an, dass wir die Interessen Ihrer Ehefrau vertreten.

Zwischen Ihnen und unserer Mandantin kam es in letzter Zeit zu so erheblichen Auseinandersetzungen, dass ein weiteres Zusammenleben unter einem Dach unerträglich geworden ist. Sie haben wiederholt erklärt, dass Sie die Ehewohnung nicht freiwillig verlassen wollen.

Ihre Ehefrau wäre bereit, Ihnen die Wohnung zur alleinigen Nutzung zu überlassen, wenn Sie ihr einen Teil der ihr bei einem Auszug entstehenden Kosten ersetzen. Auf unsere Mandantin kommen erhebliche Kosten für den Umzug, für eine Mietkaution, gegebenenfalls für eine Maklerprovision sowie für eine teilweise neue Einrichtung der Wohnung zu.[1]

Den größten Teil dieser Aufwendungen wird unsere Mandantin selbst tragen. Sie verlangt von Ihnen nur, dass Sie die Kosten des Umzugs (Möbeltransport) übernehmen.

Daneben fordert Ihre Ehefrau, dass Sie ihr die Hälfte der für die Ehewohnung hinterlegten Kaution in Höhe von . . . . . . EUR erstatten.[2]

Wir bitten Sie, uns gegenüber innerhalb von zwei Wochen verbindlich zu erklären, ob Sie für den Fall des Auszugs Ihrer Ehefrau die Umzugskosten und die Hälfte der hinterlegten Kaution ersetzen. Die Kosten des Umzugs dürften rund . . . . . . EUR betragen.

Schließlich müssten Sie sich noch bemühen, mit dem Vermieter zu vereinbaren, dass der Mietvertrag allein mit Ihnen fortgesetzt wird und ihre Ehefrau aus dem Mietverhältnis ausscheidet.[3]

Falls eine Einigung auf der von uns vorgeschlagenen Basis nicht möglich ist, wird unsere Mandantin nicht aus der Ehewohnung ausziehen. Sie ist dann gezwungen, beim Familiengericht die Überlassung der Wohnung für sich zu beantragen.

Mit freundlichen Grüßen

. . . . . .

Rechtsanwalt/Rechtsanwältin

Anmerkungen

1. Ein gesetzlich geregelter Anspruch auf **Erstattung von Umzugskosten** besteht nicht. Das Gesetz sieht eine Ausgleichszahlung nur bei der endgültigen Verteilung der Haushaltsgegenstände (§ 1568b Abs. 3 BGB), nicht jedoch bei der Wohnungszuweisung vor. Eine analoge Anwendung würde eine „unbewusste Gesetzeslücke" voraussetzen, die jedoch nicht vorliegt. Ausgleichs- oder Abstandszahlungen zugunsten des weichenden Ehegatten (Aufwendungen für Umzug, neue Einrichtung, Makler und Mietvorauszahlung) können somit weder bei der vorläufigen noch bei der endgültigen Wohnungszuweisung festgesetzt werden, da es hierfür keine gesetzliche Anspruchsgrundlage gibt. (Johannsen/Henrich/*Götz* § 1361b BGB Rn. 40; Palandt/*Brudermüller* § 1361b BGB Rn. 24; § 1568a BGB Rn. 23).

Umzugskosten können allenfalls **unterhaltsrechtlich als Sonderbedarf** geltend gemacht werden, wenn es sich um einen außergewöhnlich hohen Betrag handelt (§§ 1361 Abs. 4 S. 3, 1360a Abs. 3, 1613 Abs. 2 Nr. 1 BGB). Hat der unterhaltsberechtigte Ehegatte Vermögen, ist der Sonderbedarf daraus zu decken. Weiter ist beim Ehegattenunterhalt zu beachten, dass der Grundsatz der Halbteilung nicht verletzt wird. Die Zahlung von Umzugskosten als Sonderbedarf kommt nur dann in Betracht, wenn der Bedürftige vermögenslos ist, die Kosten aus dem geleisteten Unterhalt nicht aufbringen kann und der unterhaltsverpflichtete Ehegatte zusätzliche Geldmittel zur Verfügung hat oder ihm die Verwertung seines Vermögensstammes ausnahmsweise zumutbar ist (vgl. Handbuch des Fachanwalts Familienrecht/*Gerhardt* Kap. 6 Rn. 458; MünchKommBGB/*Wellenhofer* § 1568a Rn. 21; Johannsen/Henrich/*Götz* § 1361b BGB Rn. 40).

2. Der ausscheidende Ehegatte hat weder gegen den Vermieter noch gegen den anderen Ehegatten einen rechtlichen Anspruch auf Auszahlung der hälftigen Kaution. Die Rückzahlungspflicht des Vermieters entsteht erst nach Ende des Vertragsverhältnisses und Ablauf einer angemessenen Prüfungsfrist (vgl. Palandt/*Weidenkaff* Einl. vor § 535 BGB Rn. 122, 126; *Schulz/Hauß* Rn. 1206). **Im Innenverhältnis** zwischen den Eheleuten könnte der Familienrichter im Rahmen einer endgültigen Wohnungszuweisung nach § 1568a BGB jedoch bestimmen, dass der in der Wohnung verbleibende Ehegatte dem anderen einen Teil der geleisteten Kaution zu erstatten hat.

3. Ist der auszugsbereite Ehegatte Mitmieter der Wohnung, muss er versuchen, aus dem Mietverhältnis als Vertragspartei entlassen zu werden, um nicht als Gesamtschuldner weiterhin für die Mietforderung zu haften (→ Form. L.I.4).

4. Umgestaltung des Mietverhältnisses durch gemeinsames Schreiben der Eheleute an den Vermieter

Herrn

. . . . . .

Sehr geehrter Herr . . . . . .,

Wir – Frau [Frieda Maier] und Herr [Max Maier] – sind aufgrund des mit Ihnen als Vermieter am . . . . . . geschlossenen Mietvertrags vom . . . . . . gemeinsam Mieter der Wohnung in . . . . . .

Unsere Ehe wurde am . . . . . . vom Amtsgericht . . . . . . rechtskräftig geschieden.[3]

Wir haben uns geeinigt, dass die bisherige Ehewohnung künftig allein von Frau [Frieda Maier] mit den beiden fünf und acht Jahre alten Kindern genutzt wird. Herr [Maier] ist bereits ausgezogen.[2, 4]

Abschließend weisen wir darauf hin, dass nach § 1568a Abs. 3 Nr. 1 BGB mit Zugang dieser Erklärung Herr [Max Maier] aus dem Mietverhältnis vom . . . . . . ausscheidet und das Mietverhältnis allein von Frau [Frieda Maier] fortgeführt wird.[1, 5]

Mit freundlichen Grüßen

Frieda Maier Max Maier

Anmerkungen

1. Die endgültige Wohnungszuweisung nach Rechtskraft der Scheidung regelt **§ 1568a BGB**. Die verfahrensrechtlichen Bestimmungen enthält das FamFG (§§ 200 bis 209). Die Wohnung soll dem Ehegatten zugewiesen werden, der unter Berücksichtigung des Wohls der im Haushalt lebenden Kinder und der Lebensverhältnisse der Eheleute in stärkerem Maße als der andere Ehegatte angewiesen ist. Ergänzend wird auf andere **Billigkeitsgründe** abgestellt (§ 1568a Abs. 1 BGB). Das kann beispielsweise in den Fällen Bedeutung erlangen, in denen keine Kinder vorhanden sind und sich nicht feststellen lässt, ob ein Ehegatte stärker als der andere auf die Ehewohnung angewiesen ist. Hier kommt es darauf an, ob ein Ehegatte aufgrund anderer Umstände ein besonderes und schützenswertes Interesse an der Wohnung hat, weil er beispielsweise in ihr aufgewachsen ist.

2. Eine völlig neue gesetzliche Regelung brachte die Gesetzesreform von 2009 für den Fall, dass sich die Eheleute **einig** sind, wer von beiden nach Rechtskraft der Scheidung in der bisherigen Ehewohnung bleibt. Nach früherer Rechtslage konnte in diesem Fall, wenn der Vermieter einer Änderung des Mietvertrags nicht zustimmte, ein Ehegatte beim Familiengericht ein Verfahren auf Umgestaltung des Mietverhältnisses einleiten.

Nunmehr wurde § 1568a Abs. 1 BGB als **Anspruchsgrundlage** ausgestaltet:

„Ein Ehegatte kann **verlangen**, dass ihm der andere Ehegatte anlässlich der Scheidung die Ehewohnung überlässt . . . . . ."

Sind sich die Ehegatten **einig**, wer von beiden in der Wohnung bleibt, **fehlt** einem Verfahren auf gerichtliche Zuweisung der Ehewohnung das **Rechtsschutzbedürfnis**. Ein entsprechender Antrag wäre nicht schlüssig. Die Umgestaltung des Mietverhältnisses kann somit bei Einvernehmen der Ehegatten über die künftige Weiternutzung der Ehewohnung, auch wenn der Vermieter nicht zustimmt, nicht in einem Verfahren beim Familiengericht erreicht werden. Der Gesetzgeber hat das „Problem" des fehlenden Rechtsschutzbedürfnisses bei einer Einigung der Eheleute über die Überlassung der Wohnung durch die neue Regelung in **§ 1568a Abs. 3 S. 1 BGB** gelöst:

„Der Ehegatte, dem die Wohnung überlassen wird, tritt 1. zum Zeitpunkt des Zugangs der Mitteilung der Ehegatten über die Überlassung an den Vermieter . . . . . . in ein von diesem eingegangenes Mietverhältnis ein oder setzt ein von beiden eingegangenes Mietverhältnis allein fort."

Nach dieser Bestimmung erfolgt ein **Wechsel im Mietverhältnis**, wenn die **Eheleute dem Vermieter mitteilen**, dass sie sich über die weitere Nutzung der Wohnung durch einen von ihnen allein **geeinigt** haben. Die Erklärung der Eheleute über die „Überlassung" der Wohnung wird nach rechtskräftiger Scheidung mit **Zugang beim Vermieter** gemäß § 130 Abs. 1 BGB **wirksam. Das Mietverhältnis besteht nunmehr allein mit dem benannten Ehegatten.**

3. Die Mitteilung an den Vermieter kann auch schon vor Rechtskraft der Scheidung erfolgen. Der Ehepartner ist zu diesem Zeitpunkt in der Regel zu einer Mitwirkung jedoch noch nicht verpflichtet (OLG Hamm FamRZ 2015, 667, 668). Anders ist es, wenn eindeutig feststeht, dass ein Wechsel des Mietverhältnisses erfolgen wird, beispielsweise wenn der Ehemann die Wohnung der Ehepartnerin mit den Kindern zur alleinigen Nutzung überlassen will. Dann hat der auszugsbereite Ehegatte ein berechtigtes Interesse, sofort ab rechtskräftiger Scheidung nicht mehr finanziellen Belastungen aus dem Mietverhältnis ausgesetzt zu sein (OLG Hamm FamRZ 2016, 1688; OLG Hamburg FamRZ 2011, 481). Seine Verpflichtung zur Mietzahlung könnte nämlich länger fortdauern, wenn der verbliebene Ehegatte nun nicht mehr bereit sein sollte, an der Mitteilung an den Vermieter mitzuwirken.

Wird die Erklärung der Eheleute gegenüber dem Vermieter, dass einem Ehegatten die Wohnung allein überlassen wurde, vor Rechtskraft der Scheidung abgegeben, bleibt das Mietverhältnis zunächst unverändert bestehen. Das Mietverhältnis wird erst **ab Rechtskraft der Scheidung** umgestaltet (Johannsen/Henrich/*Götz* § 1568a Rn. 29; Palandt/*Brudermüller* § 1568a Rn. 12). Erfolgt die Mitteilung erst nach rechtskräftiger Scheidung, wird das Mietverhältnis ab Zugang beim Vermieter (§ 130 I BGB) geändert (*Schulz/Hauß* Rn. 1190).

4. Eine besondere Form für die Mitteilung an den Vermieter sieht das Gesetz nicht vor. Im Streitfall muss jedoch der Zugang der Erklärung nachgewiesen werden, sodass eine förmliche Zustellung anzuraten ist.

Die Erklärung gegenüber dem Vermieter können die Eheleute in der Regel nur selbst abgeben. Eine Vertretung beider Ehegatten durch den bisherigen Anwalt ist auch nach rechtskräftigem Abschluss des Scheidungsverfahrens nicht möglich.

5. Sind sich die Eheleute **nicht einig**, wer von beiden nach rechtskräftiger Scheidung in der Wohnung verbleibt, muss eine **Entscheidung des Familiengerichts** nach § 1568a Abs. 1, Abs. 3 Nr. 2 BGB beantragt werden. Danach tritt der Ehegatte, dem die Wohnung durch gerichtlichen Beschluss zugewiesen wird, mit Rechtskraft der Entscheidung *„an Stelle des zur Überlassung verpflichteten Ehegatten in ein von diesem eingegangenes Mietverhältnis ein oder setzt ein von beiden eingegangenes Mietverhältnis allein fort"*.

Zur zweckmäßigen Abfassung der Anträge auf endgültige Zuweisung der Ehewohnung s. *Schulz/Hauß* Rn. 1198.

Die Änderung des Mietverhältnisses tritt mit Rechtskraft der Endentscheidung im Wohnungszuweisungsverfahren ein (§ 209 Abs. 2 FamFG). Im Scheidungsverbund werden Folgesachen erst mit Rechtskraft der Scheidung wirksam (§ 148 FamFG).

Der **Vermieter** ist nach § 204 Abs. 1 FamFG am Zuweisungsverfahren **zu beteiligen.** Er hat bei einem Mieterwechsel gemäß § 1568a Abs. 3 S. 2 BGB ein **Sonderkündigungsrecht** nach § 563 Abs. 4 BGB. Schutzanordnungen zugunsten des Vermieters sind nicht vorgesehen.

5. Schreiben des in der Wohnung verbliebenen Ehegatten als Alleinmieter an den Vermieter

Herrn

. . . . . .

Sehr geehrter Herr . . . . . .,

hiermit zeigen wir an, dass wir Frau [Frieda Maier] vertreten.

Das Mietverhältnis zwischen Ihnen und den geschiedenen Eheleuten [Frieda und Max Maier] wurde mit Zugang des Schreibens der früheren Eheleute [Maier] vom . . . . . . gemäß § 1568a Abs. 3 Nr. 1 BGB allein von Frau [Frieda Maier] fortgesetzt. Herr [Max Maier] ist aus dem Mietverhältnis ausgeschieden.[1]

Im Namen unserer Mandantin Frau [Frieda Maier] können wir versichern, dass eine pünktliche Zahlung der vereinbarten Miete von . . . . . . EUR auch nach dem Ausscheiden des Herrn [Max Maier] aus dem Mietverhältnis gewährleistet ist.[2] Frau [Frieda Maier] hat aus einer Halbtagstätigkeit ein regelmäßiges Einkommen von . . . . . . EUR. Außerdem erhält sie für sich und die beiden Kinder einen monatlichen Unterhalt von zusammen

. . . . . . EUR. Hinzu kommt noch das Kindergeld von . . . . . . EUR. Frau [Frieda Maier] steht somit ein Betrag von insgesamt . . . . . . EUR im Monat zur Verfügung. Damit ist gesichert, dass unsere Mandantin die monatliche Miete von . . . . . . EUR auch weiterhin pünktlich bezahlen kann.

Mit freundlichen Grüßen

. . . . . .

Rechtsanwalt/Rechtsanwältin

Anmerkungen

1. Haben die Eheleute das Mietverhältnis durch eine gemeinsame Erklärung wirksam umgestaltet, hat der **Vermieter** gemäß § 1568a Abs. 3 S. 2 BGB ein **Sonderkündigungsrecht** nach der mietrechtlichen Vorschrift des § 563 Abs. 4 BGB. Danach kann der Vermieter das Mietverhältnis innerhalb eines Monats, nachdem er von dem endgültigen Eintritt eines Ehegatten in das Mietverhältnis Kenntnis erlangt hat, außerordentlich mit der gesetzlichen Frist kündigen, wenn in der **Person** des eingetretenen Ehegatten ein **wichtiger Grund** vorliegt. Ein Kündigungsgrund ist insbesondere gegeben, wenn der eingetretene Ehegatte nicht in der Lage ist, die Miete zu bezahlen. In die Prüfung, ob der in der Wohnung verbliebene Ehegatte zahlungsunfähig ist, sind öffentliche Hilfen (Wohngeld und Sozialhilfe) und auch seine Unterhaltsansprüche einzubeziehen (Palandt/*Brudermüller* § 1568a BGB Rn. 15; Johannsen/Henrich/*Götz* § 1568a BGB Rn. 38 mwN). Hierüber hat dann der Mietrichter im Räumungsprozess zu entscheiden.

2. Vermieter werden über die einseitige Änderung des Mietverhältnisses nicht erfreut sein, wenn – wie in aller Regel – der finanziell schwächere Ehegatte in der Wohnung bleibt. Es ist zu befürchten, dass die Vermieter in vielen Fällen von ihrem außerordentlichen Kündigungsrecht Gebrauch machen werden (so auch *Götz* NJW 2008, 3025, 3028). Im Prozess wird dann gestritten, ob die Kündigung wirksam ist und ob *„in der Person"* des eintretenden Mieters ein wichtiger Grund zur Kündigung vorliegt.

Zur Beruhigung des Vermieters könnte dem in der Wohnung verbliebenen Ehegatten geraten werden, dem Vermieter schriftlich – in diesem Fall auch durch den bisherigen anwaltlichen Vertreter – zu versichern, dass er als nunmehriger Alleinmieter finanziell in der Lage ist, weiterhin pünktliche Mietzahlungen zu leisten.

6. Anspruch eines Ehegatten gegen den Ehepartner auf Ausscheiden aus dem Mietverhältnis

Frau . . . . . .

Sehr geehrte Frau . . . . . .,

hiermit zeigen wir an, dass wir weiterhin die Interessen Ihres geschiedenen Ehemannes vertreten.

Unser Mandant ist grundsätzlich damit einverstanden, dass Sie nach der Scheidung mit den gemeinsamen Kindern . . . . . . in der bisherigen Ehewohnung bleiben. Allerdings ist er zu einer Überlassung der Wohnung nur bereit, wenn er aus dem Mietverhältnis ausscheidet.[1]

Dabei soll aber – in ihrem Interesse und im Interesse der Kinder – das Mietverhältnis nicht im Ganzen beendet werden, sondern der Mietvertrag soll so umgestaltet werden, dass sie als alleiniger Mieter das Mietverhältnis fortführen.[2]

Die Umgestaltung des Mietverhältnisses ist nach Scheidung der Ehe sehr einfach durch ein gemeinsames Schreiben an den Vermieter zu erreichen. Es genügt, wenn Sie und Ihr geschiedener Ehemann dem Vermieter mitteilen, dass die bisherige Ehewohnung Ihnen allein überlassen wurde. Mit Zugang dieser schriftlichen Erklärung beim Vermieter wird das Mietverhältnis von Ihnen allein fortgesetzt und Ihr geschiedener Ehemann scheidet aus dem Mietverhältnis aus.[3]

Wir bitten Sie daher, beiliegendes – an den Vermieter gerichtetes und von unserem Mandanten bereits unterzeichnetes – Schreiben ebenfalls zu unterzeichnen und innerhalb von zwei Wochen an uns zurückzusenden.

Abschließend weisen wir nochmals darauf hin, dass unser Mandant nur dann einverstanden ist, dass Sie in der bisherigen Ehewohnung bleiben, wenn er aus dem Mietverhältnis ausscheidet. Sollten Sie unserem Vorschlag nicht zustimmen und das gemeinsame Schreiben an den Vermieter nicht unterzeichnen, werden wir Sie auf Zustimmung zur Abgabe der geforderten Erklärung verklagen.[4]

Mit freundlichen Grüßen

. . . . . .

Rechtsanwalt/Rechtsanwältin

Anmerkungen

1. Sind die Eheleute gemeinsam Mieter der Wohnung, kann ein Ehegatte wegen der Einheitlichkeit des Mietverhältnisses nicht allein kündigen. Nach überwiegender Meinung hat ein Ehegatte gegen den in der Wohnung verbliebenen Ehegatten keinen Anspruch auf Zustimmung zur Kündigung des Mietvertrags (vgl. Johannsen/Henrich/*Götz* § 1568a BGB Rn. 31 mwN). Die frühere eheliche Lebensgemeinschaft (§ 1353 Abs. 1 S. 2 BGB) verpflichtet einen Ehegatten nur dann, bei einem Rechtsgeschäft des anderen Ehegatten mitzuwirken, wenn dies ohne Verletzung eigener Interessen möglich ist. Durch die Zustimmung zur Kündigung würde das Mietverhältnis insgesamt enden und die Wohnung müsste geräumt werden. Hieran mitzuwirken, kann von dem in der Wohnung verbliebenen Ehegatten nicht verlangt werden.

2. Der weichende Ehegatte muss jedoch den in der Wohnung gebliebenen Ehegatten nicht auf Zustimmung zur Abgabe der Kündigungserklärung verklagen, um aus dem Mietverhältnis auszuscheiden. Es gibt einen einfacheren Weg. Nach § 1568a Abs. 3 Nr. 1 BGB genügt die Mitteilung an den Vermieter, dass sich die Eheleute über die weitere Nutzung der Wohnung durch einen Ehegatten allein geeinigt haben. Mit Zugang dieser Erklärung beim Vermieter wird das Mietverhältnis „umgestaltet".

3. Waren beide Ehegatten Mieter der Wohnung, wird das Mietverhältnis von einem Ehegatten allein fortgesetzt. Bestand der Mietvertrag mit nur einem Ehegatten, scheidet dieser aus dem Mietverhältnis aus und es wird mit dem anderen Ehegatten fortgesetzt (§ 1568a Abs. 3 Nr. 1 BGB).

4. Diese Form der Umgestaltung des Mietvertrags hat für den in der Wohnung verbliebenen Ehegatten den Vorteil, dass ihm die Wohnung erhalten bleibt. Die rechtliche Folge, dass er künftig für die Mietzahlungen allein aufzukommen hat, ist nicht unbillig. Schwerwiegender ist die Gefahr, dass der Vermieter von seinem Sonderkündigungsrecht wirksam Gebrauch macht. Da es aber keine Alternativen gibt, den Mietvertrag entsprechend der tatsächlichen Nutzung anzupassen, ist der in der Wohnung verbliebene Ehegatte **verpflichtet**, eine **Erklärung** gemäß **§ 1568a Abs. 3 Nr. 1 BGB abzugeben** (Johannsen/Henrich/*Götz* § 1568a BGB Rn. 32; Palandt/*Brudermüller* § 1568a BGB Rn. 12; MünchKommBGB/*Wellenhofer* § 1568a Rn. 30, *Schulz/Hauß* Rn. 1196). Der Anspruch des Ehegatten, der die die Wohnung verlassen hat, gegen den früheren Ehepartner auf Mitwirkung an der erforderlichen Erklärung gegenüber dem Vermieter ergibt sich aus der während der Ehe begründeten Treue- und Fürsorgepflicht der früheren Ehepartner (§ 1353 Abs. 1 S. 2 BGB).

II. Gewaltschutz

Aufforderungsschreiben für die getrennt lebende Ehefrau an den Ehemann, Nachstellungen zu unterlassen

Herrn

. . . . . .

Sehr geehrter Herr . . . . . .,

hiermit zeigen wir an, dass wir die Interessen Ihrer getrennt lebenden Ehefrau . . . . . . vertreten.

Unsere Mandantin hat Ihnen unmissverständlich erklärt, dass sie keinerlei Kontakt mehr mit Ihnen will. Gleichwohl stellen Sie ihr, seit sie aus der früheren Ehewohnung ausgezogen ist, ständig nach. Sie lauern schon morgens vor ihrer Wohnung und verfolgen sie bis zum Arbeitsplatz. Außerdem belästigen Sie unsere Mandantin, indem Sie sie ständig sowohl am Arbeitsplatz als auch zu Hause – sogar nachts – anrufen. Unsere Mandantin wird diese unzumutbaren Belästigungen nicht weiter hinnehmen.[1]

Wir fordern Sie nachdrücklich auf, sofort zu unterlassen,[2]

- die Wohnung unserer Mandantin zu betreten;
- sich im Umkreis ihrer Wohnung von 200m aufzuhalten;
- unsere Mandantin am Arbeitsplatz aufzusuchen;
- sie weiterhin zu verfolgen und ihr nachzustellen;
- unsere Mandantin durch Telefonanrufe zu belästigen.

Sollten Sie die genannten Belästigungen nicht sofort einstellen, werden wir unverzüglich Schutzmaßnahmen nach § 1 Gewaltschutzgesetz beim zuständigen Gericht[3] beantragen.[4] Verstöße gegen die gerichtlichen Schutzanordnungen werden von der Polizei verfolgt und mit Freiheitsstrafe bis zu einem Jahr oder Geldstrafe geahndet (§ 4 GewSchG).

Mit freundlichen Grüßen

. . . . . .

Rechtsanwalt/Rechtsanwältin

Anmerkungen

1. Durch das GewSchG wurde der Schutz vor Gewalttaten sowie unzumutbaren Belästigungen und Nachstellungen („stalking") erheblich verbessert. Verstöße gegen gerichtlich angeordnete Schutzmaßnahmen gemäß § 1 GewSchG sind strafbare Handlungen (§ 4 GewSchG). Während das Opfer früher gerichtliche Schutzanordnungen nur mit Hilfe des Gerichtsvollziehers durchsetzen konnte, werden Zuwiderhandlungen nunmehr von der Polizei verfolgt.

2. Mögliche **Schutzmaßnahmen** sind beispielhaft in **§ 1 GewSchG** aufgezählt (vgl. *Schulz/Hauß* Rn. 2251 ff).

3. Für alle Gewaltschutzverfahren sind ausschließlich die Familiengerichte zuständig (§§ 116 Nr. 6, 210 FamFG, 23a Abs. 1 Nr. 1, 23b Abs. 1 GVG). Das Verfahren richtet sich nach §§ 210 bis 216a FamFG.

4. Maßnahmen nach §§ 1, 2 GewSchG sollten in aller Regel in einem selbständigen Verfahren im Wege einstweiliger Anordnung beantragt werden (§§ 49, 51 Abs. 3, S. 1 FamFG).

M. Haushaltssachen

1. Verteilung der Haushaltsgegenstände bei Getrenntleben

Herrn

. . . . . .

Sehr geehrter Herr . . . . . .

hiermit zeigen wir an, dass wir die Interessen Ihrer Ehefrau . . . . . . vertreten.

Bei Ihrem Auszug aus der Ehewohnung am . . . . . . haben Sie den bisher gemeinsam genutzten Pkw . . . . . . mitgenommen. Unsere Mandantin ist jedoch auf das Fahrzeug dringend angewiesen. Sie muss an den Werktagen die beiden Kinder . . . . . . in den Kindergarten bringen. Wie Ihnen bekannt ist, kann der Kindergarten mit öffentlichen Verkehrsmitteln nur äußerst schwierig und mit erheblichem Zeitaufwand erreicht werden. Für Sie ist es dagegen einfach, mit der . . . . . .-Bahn zu Ihrem Arbeitsplatz zu gelangen. Außerdem benötigt Ihre Ehefrau den Wagen für die täglichen Einkäufe für sich und die Kinder.

Unter Berücksichtigung dieser Umstände, insbesondere der Interessen der gemeinsamen Kinder, entspricht es der Billigkeit, dass der Pkw während der Trennungszeit von Ihrer Ehefrau genutzt wird. Sie sind deshalb verpflichtet, den Wagen für die Dauer des Getrenntlebens Ihrer Ehefrau zu überlassen,[1] selbst wenn Sie Alleineigentümer des Fahrzeugs sein sollten.[2]

Wir fordern Sie deshalb auf, den Pkw . . . . . . unverzüglich an unsere Mandantin herauszugeben. Sollten Sie den Wagen unserer Mandantin nicht bis . . . . . . überlassen haben, werden wir beim Familiengericht beantragen, den Pkw gemäß § 1361a Abs. 1 S. 2 BGB Ihrer Ehefrau zur alleinigen Nutzung zuzuweisen.[3]

Mit freundlichen Grüßen

. . . . . .

Rechtsanwalt/Rechtsanwältin

Anmerkungen

1. Ein Ehegatte kann gemäß § 1361a Abs. 1 S. 2 BGB für die Dauer des Getrenntlebens die Überlassung des dem anderen Ehegatten gehörenden Fahrzeugs verlangen, wenn er es zur Betreuung der Kinder benötigt, beispielsweise um sie in den Kindergarten zu bringen (vgl. KG FamRZ 2003, 1927; OLG Karlsruhe FamRZ 2001, 760). Der Anspruch nach § 1361a Abs. 1 S. 2 BGB setzt allerdings voraus, dass der **Pkw** zu den **Haushaltsgegenständen gehört.**

Ein Pkw ist ein Haushaltsgegenstand, wenn er aufgrund gemeinsamer Zweckbestimmung der Eheleute für das familiäre Zusammenleben genutzt wird (BGH FamRZ 1991, 43, 49). Nach neuerer Ansicht ist ein Pkw auch bei nur gelegentlicher familiärer Nutzung ein Haushaltsgegenstand (OLG Stuttgart FamRZ 2016, 1087, 1088; OLG Frankfurt NJW 2015, 2346; *Schulz/Hauß* Rn. 1244 mwN; Palandt/*Brudermüller* § 1361a BGB Rn. 5; Johannsen/Henrich/*Götz* § 1361a BGB Rn. 10; MünchKommBGB/*Weber-Moneke* § 1361a Rn. 6).

2. Ein **Anspruch auf Überlassung des Fahrzeugs während der Trennungszeit** besteht unabhängig davon, ob der Pkw einem Ehegatten allein oder beiden gemeinsam gehört.

Voraussetzung ist jedoch stets, dass der Wagen als Haushaltsgegenstand eingestuft wird. Der Alleineigentümer ist nach § 1361a Abs. 1 S. 2 BGB verpflichtet, den Wagen dem anderen Ehegatten zum Gebrauch zu überlassen, soweit dieser den Pkw zur Führung eines abgesonderten Haushalts benötigt und die Überlassung nach den Umständen des Falles der Billigkeit entspricht.

Gehört der Pkw den Eheleuten gemeinsam, wird er einem Ehegatten gemäß § 1361a Abs. 2 BGB „nach den Grundsätzen der Billigkeit" zugewiesen.

Die bei der Vermögensauseinandersetzung zwischen Eheleuten meist sehr strittige Frage, ob ein Pkw im Allein- oder Miteigentum eines Ehegatten steht, spielt für die Überlassung zur vorläufigen Benutzung keine Rolle.

3. Die **Zuweisung eines Fahrzeugs** nach § 1361a BGB zum alleinigen Gebrauch erfolgt stets nur vorläufig für die Dauer des Getrenntlebens bis zur Rechtskraft der Scheidung.

Beantragt ein Ehegatte, ihm den Pkw zu überlassen, kann er gleichzeitig (oder auch später in einem eigenen Verfahren) die Herausgabe des Kfz-Scheins (Zulassungsbescheinigung Teil I) als Zusatzanordnung nach § 209 I FamFG verlangen (Johannsen/Henrich/*Götz* § 1361a Rn. 12; *Schulz/Hauß* Rn. 1275, *Schulz* NZFam 2014, 483, 484).

2. Endgültige Verteilung der Haushaltsgegenstände

Herrn

. . . . . .

Sehr geehrter Herr . . . . . .,

hiermit zeigen wir an, dass wir die Interessen Ihrer Ehefrau vertreten.

Im Zusammenhang mit der Ehescheidung sind auch die Haushaltsgegenstände aufzuteilen. Eine Regelung ist nur für solche Haushaltssachen erforderlich, die Ihnen und Ihrer Ehefrau gemeinsam gehören.[1] Sämtliche Haushaltsgegenstände, die während der Ehe für den gemeinsamen Haushalt angeschafft wurden, stehen nach der gesetzlichen Regel des § 1568b Abs. 2 BGB im Miteigentum der Eheleute.[2]

Auch wenn ein Ehegatte einen Haushaltsgegenstand allein gekauft und mit eigenen Mitteln bezahlt hat, erwirbt er ihn grundsätzlich für beide Eheleute gemeinsam.[3]

Nach § 1568b Abs. 1 BGB kann jeder Ehegatte vom Ehepartner die Haushaltsgegenstände verlangen, auf deren Nutzung er in stärkerem Maße angewiesen ist. Bei der erforderlichen Abwägung sind an erster Stelle die Interessen der Kinder zu berücksichtigen.

Da Sie Alleinverdiener sind und Ihre Ehefrau die beiden Kinder . . . . . . betreut, steht ihr der ganz überwiegende Teil der gemeinsamen Haushaltsgegenstände zu.

Unsere Mandantin hat in der beiliegenden Liste A die Gegenstände aufgeführt, die sie für die Kinder und sich beansprucht. Die Liste B enthält die Haushaltsgegenstände, die Sie erhalten sollen.[4]

Bitte teilen Sie uns innerhalb der nächsten zwei Wochen mit, ob Sie mit der vorgeschlagenen Aufteilung einverstanden sind oder ob Sie eine andere Regelung wünschen.[5]

Mit freundlichen Grüßen

. . . . . .

Rechtsanwalt/Rechtsanwältin

Anmerkungen

1. Nach **§ 1568b I BGB** werden nur Haushaltsgegenstände verteilt, die beiden Ehegatten **gemeinsam** gehören (BGH FamRZ 2011, 1039, 1040; 2011, 183, 188; 1984, 144, 147). Steht ein Haushaltsgegenstand im **Alleineigentum** eines Ehegatten, unterliegt er immer dem **Zugewinnausgleich** (vgl. *Schulz/Hauß* Rn. 559, 1246).

2. Die gesetzliche **Miteigentumsvermutung des § 1568b Abs. 2 BGB** vereinfacht die Auseinandersetzung um die Aufteilung der Haushaltsgegenstände. Beruft sich ein Ehegatte auf Alleineigentum, hat er dieses zu beweisen. Die Eintragung des Halters im Kfz-Brief (Zulassungsbescheinigung Teil II) ist noch kein Beweis für Alleineigentum am Pkw (vgl. BGH FamRZ 2004, 1016; 1018; OLG Köln FamRZ 2002, 322, 323; *Schulz/Hauß* Rn. 1247; MünchKommBGB/*Wellenhofer* § 1568b Rn. 26; Palandt/*Brudermüller* § 1568b Rn. 6).Eingetragen wird im Brief nicht der Eigentümer, sondern der Verfügungsberechtigte, der die Zulassung beantragt und erhalten hat. Die Eintragungen im Kaufvertrag, im Brief und im Kfz-Schein (Zulassungsbescheinigung Teil I) sind nur Indizien für Alleineigentum (vgl. *Schulz/Hauß* Rn. 1248).

3. Die Eigentumsvermutung wird nicht schon dadurch widerlegt, dass ein Ehegatte den Haushaltsgegenstand allein gekauft und bezahlt hat. Haushaltsgegenstände erwirbt ein Ehegatte während bestehender Ehe in der Regel für beide Eheleute. Dem Veräußerer ist es, wie der BGH (FamRZ 1991, 923, 924) festgestellt hat, bei **Bargeschäften des täglichen Lebens** in aller Regel gleichgültig, wer Eigentümer wird, ob nur der mit ihm verhandelnde Käufer oder auch dessen Ehegatte. Der Verkäufer *„übereignet an den, den es angeht"*. Haushaltsgegenstände, die während der Ehe für den gemeinsamen Haushalt angeschafft wurden, gehören nach allgemeinem Verständnis – so der BGH (FamRZ 1991, 923, 924) – den Eheleuten gemeinsam. Die Einigungserklärung des Käufers ist dahin zu verstehen, dass beide Ehegatten Miteigentümer werden sollen (vgl. *Schulz/Hauß* Rn. 1298).

4. Wird ein Verfahren in Haushaltssachen beim Familiengericht eingeleitet, soll der Antragsteller die Gegenstände im Einzelnen angeben, deren Zuteilung er begehrt (§ 203 Abs. 2 S. 1 FamFG). Bei einer endgültigen Verteilung der Haushaltssachen soll er zusätzlich eine genaue Aufstellung sämtlicher Haushaltsgegenstände beifügen (§ 203 Abs. 2 S. 2). Dies gilt auch dann, wenn sich die Eheleute bereits über einen Teil der Haushaltssachen untereinander geeinigt haben. Die geforderten Gegenstände müssen so eindeutig bezeichnet werden, dass im Falle einer Vollstreckung der Gerichtsvollzieher sie unverwechselbar erkennen und aussondern kann.

Enthält die vorgelegte Liste keine genauen Bezeichnungen kann das Familiengericht jedem Ehegatten aufgeben, eine vollständige Aufstellung aller Haushaltsgegenstände vorzulegen (§ 206 Abs. 1 Nr. 2 FamFG).

5. Können sich die Eheleute über die Verteilung der Haushaltsgegenstände nicht einigen, ist das **„Zugreif-Verfahren"** zu empfehlen (vgl. *Schulz/Hauß* Rn. 1305). Die Ehepartner werden gebeten, eine Liste mit allen Haushaltssachen aufzustellen. Hiervon sind zunächst alle Gegenstände auszusondern, die unstreitig im Alleineigentum eines Ehegatten stehen. Sodann sollten sich die Parteien verständigen, welche Gegenstände jeder Ehegatte dem anderen überlässt. Die vorgelegte Liste enthält dann nur noch die Haushaltsgegenstände, die beide beanspruchen. Es wird nun ausgelost, wer von den Eheleuten als Erster „zugreifen" darf. Dieser wählt aus der Liste einen Gegenstand für sich aus. Dann ist der andere Ehegatte am Zuge. Er darf, damit er nicht benachteiligt ist, auch beim dritten Mal zuerst zugreifen. Danach sucht jede Partei abwechselnd einen gewünschten Gegenstand aus, bis alle Haushaltssachen aufgeteilt sind. Abschließend einigen sich die Eheleute, dass jeder die ausgewählten Haushaltsgegenstände zu Alleineigentum erhält. Hat ein Ehegatte wertmäßig wesentlich mehr als der andere erhalten, sollte er noch eine Ausgleichszahlung an den Ehepartner zahlen (vgl. § 1568b Abs. 3 BGB).

Für die Wertbestimmung von Haushaltsgegenständen ist zweckmäßigerweise vom ursprünglichen Anschaffungspreis auszugehen, von diesem sind wegen der Abnutzung angemessene Abschläge vorzunehmen (vgl. *Schulz/Hauß* Rn. 562).

3. Ausgleichszahlung für die Überlassung der gesamten Haushaltsgegenstände

Frau

. . . . . .

(Ehefrau)

Sehr geehrte Frau . . . . . .,

hiermit zeigen wir an, dass wir Ihren Ehemann . . . . . . vertreten.

Im Zusammenhang mit der Scheidung ist regelmäßig auch über die Verteilung der gemeinsamen Haushaltssachen zu entscheiden. Unser Mandant möchte jedoch eine gerichtliche Auseinandersetzung über die einzelnen Haushaltsgegenstände vermeiden. Er erklärt sich bereit, Ihnen den gesamten gemeinsamen Hausrat gegen eine Ausgleichszahlung[1] von . . . . . . EUR zu überlassen.[2]

Nicht zu den Haushaltsgegenständen gehören die Sachen, die ein Ehegatte zum persönlichen und beruflichen Gebrauch benötigt wie . . . . . .[3] Nicht aufgeteilt werden auch solche Gegenstände, die im Alleineigentum eines Ehegatten stehen.[4] Unser Mandant beansprucht daher folgende Sachen, die ihm allein gehören: . . . . . .

Wir bitten Sie, uns innerhalb der nächsten zwei Wochen mitzuteilen, ob Sie mit den Vorschlägen unseres Mandanten einverstanden sind.

Mit freundlichen Grüßen

. . . . . .

Rechtsanwalt/Rechtsanwältin

Anmerkungen

1. In Verfahren in Haushaltssachen kann der Familienrichter einem Ehegatten eine Ausgleichszahlung auferlegen, wenn dies der Billigkeit entspricht (§ 1568b Abs. 3 BGB). Beantragt ein Ehegatte, dem anderen alle gemeinsamen Haushaltsgegenstände gegen einen finanziellen Ausgleich zuzuteilen, wird der Familienrichter diesem Antrag in der Regel nur entsprechen, wenn der Ehepartner mit einer Ausgleichszahlung einverstanden ist. Ist der Ehegatte dazu nicht bereit, wird ein Geldausgleich nicht der Billigkeit entsprechen. Der Familienrichter wird in diesem Fall die gesamten Haushaltsgegenstände gemäß § 1568b Abs. 1 BGB verteilen.

2. Wird statt einer Verteilung der Haushaltssachen ein finanzieller Ausgleich gewünscht, sollte stets versucht werden, hierüber eine außergerichtliche Einigung zu erreichen. Damit eine außergerichtliche Vereinbarung nicht scheitert, sollte kein zu hoher Ausgleichsbetrag verlangt werden.

3. Gegenstände des persönlichen und beruflichen Gebrauchs, die nicht zu den Haushaltssachen gehören, sind Kleidung, Schmuck, Andenken, Briefmarkenalben, Münzsammlungen und Fachliteratur. Auch Gegenstände, die ausschließlich der Kapitalanlage dienen, sind keine Haushaltssachen (vgl. *Schulz/Hauß* Rn. 1241).

4. Haushaltsgegenstände, die einem Ehegatten **allein** gehören, fallen stets in das **Endvermögen des Alleineigentümers** beim Zugewinnausgleich (→ Form. M.2 Anm. 1).

N. Nichteheliche Lebensgemeinschaft

I. Rechtliche Gestaltung der nichtehelichen Lebensgemeinschaft

1. Partnerschaftsvertrag – Grundlagen

Herr ......

und

Frau ......

schließen folgenden

Partnerschaftsvertrag[2, 3, 4]

Grundlage dieses Vertrages ist, dass beide Partner sich entschlossen haben, in einer nichtehelichen Lebensgemeinschaft[1] zusammenzuleben. Es besteht Einigkeit darüber, dass die Lebensgemeinschaft auf Dauer angelegt, aber jederzeit auflösbar ist.

Ein wesentlicher Grund für das Zusammenleben ist, dass aus der Beziehung das am ...... geborene Kind ...... hervorgegangen ist.

Die Vertragsparteien führen einen gemeinsamen Haushalt. Beide werden mit ihren Einkünften in angemessenem Umfang zum gemeinsamen Unterhalt und durch Mitarbeit im Haushalt zur gemeinsamen Lebensführung beitragen. Es besteht Einigkeit darüber, dass der gemeinsame Unterhaltsbedarf in erster Linie durch die Einkünfte von Herrn ......, die dieser aus seiner Erwerbstätigkeit erzielt, gedeckt wird, da Frau ...... wegen der von ihr übernommenen Haushaltstätigkeit und Betreuung des gemeinsamen Kindes nur in eingeschränktem Umfang erwerbstätig sein kann.

Die Vertragsparteien sind sich darüber einig, dass neben den gesonderten eigenen Konten jedes Partners zusätzlich für die gemeinsame Lebensführung ein gemeinsames Girokonto bei der ...... Bank geführt wird, auf das 75 % des Gehalts von Herrn ...... und 50 % der Vergütung für die Tätigkeit von Frau ...... überwiesen wird. Jeder Partner kann über dieses Konto allein verfügen. Von diesem Konto werden die laufenden Ausgaben einschließlich der Entrichtung der Miete sowie der Mietnebenkosten für die gemeinsame Wohnung getätigt. Ausgenommen hiervon sind die Beitragszahlungen für die Lebensversicherung von Herrn ...... sowie die die Finanzierung seines Pkws betreffenden Darlehenszahlungen (Zins und Tilgung), die er von seinem eigenen Konto vornimmt.

Die Parteien sind sich darüber einig, dass mit diesem Vertrag nur die Grundzüge der von ihnen eingegangenen Lebensgemeinschaft geregelt werden sollen und gesetzliche Ansprüche sowie sonstige, auch mündliche Vereinbarungen unberührt bleiben.

Für die Erfüllung sich aus der Lebensgemeinschaft ergebender Verpflichtungen soll § 1359 BGB als Haftungsmaßstab gelten.[5]

......

(Unterschriften der Beteiligten)

Anmerkungen

1. Nach der früheren **Definition** des Bundesverfassungsgerichts handelte es sich bei einer nichtehelichen Lebensgemeinschaft um eine auf Dauer angelegte Lebensgemeinschaft zwischen einem Mann und einer Frau, die über eine reine Haushalts- und Wirtschaftsgemeinschaft hinausging und durch innere Bindungen und ein gegenseitiges Einstehen der Partner füreinander bestimmt war (BVerfG FamRZ 1993, 164; vgl. auch BGH FamRZ 1993, 533; BSG FamRZ 1995, 1352 und *Konietzka/Kreyenfeld* NZFam 2015, 1100). Der BGH (FamRZ 2008, 1822; 2008, 1828 und 2010, 277) dehnt seine Rechtsprechung zur Abwicklung von Lebensgemeinschaften auch auf andere auf Dauer angelegte Partnerschaften aus. Auf sexuelle Beziehungen der Beteiligten soll es dabei nicht ankommen. Ebenso dürfte das Geschlecht der Betroffenen unerheblich sein, so dass neben der nichtehelichen auch die nicht eingetragene Lebensgemeinschaft hierunter fallen. Hinzu kommen ferner Lebensgefährten mit verwandtschaftlichen Beziehungen. Beispiel sind die verwitweten oder bis ins Alter ledigen Geschwister, die unter gegenseitiger Unterstützung und zur Vermeidung eines Heimaufenthalts zusammenleben. Betroffen sind auch ohne verwandtschaftliche Beziehungen zusammenlebende Personen, wie zB Freundinnen, ehemalige Schulkameraden, die zur gegenseitigen Unterstützung und wegen der kleinen Rente in einer Haushalts-, Wirtschafts- und Verantwortungsgemeinschaft zusammenleben. Eine derartige Lebensgemeinschaft kann auch zwischen mehr als zwei Personen bestehen. Sie ist in der Trennungsphase auch neben einer noch nicht aufgelösten Ehe oder Lebenspartnerschaft, aber ferner generell, auch bei Fehlen einer Trennungsabsicht neben oder gemeinsam mit einer Ehe oder Lebenspartnerschaft möglich. Wesentliches Merkmal der faktischen Lebensgemeinschaften ist jedoch auch weiterhin ihre grundsätzliche rechtliche Unverbindlichkeit (s. BGH FamRZ 1983, 1213; BGH NZI 2011, 448 = FamRZ 2011, 885). Eine gesetzliche Regelung dieser Lebensgemeinschaften gibt es in Deutschland bisher nicht (*Brosius-Gersdorf* NZFam 2016, 145). Bei der eingetragenen Lebenspartnerschaft handelt es sich um die Rechtsform für gleichgeschlechtliche Paare (§ 1 LPartG). Um den faktischen Lebensgemeinschaften eine gewisse Verbindlichkeit zu geben und die Risiken von im Vorhinein nicht berechenbarer Gerichtsentscheidungen zu vermeiden, empfehlen sich vertragliche Regelungen.

2. Derartige Verträge zwischen zusammenlebenden Personen verschiedenen oder gleichen Geschlechts werden üblicherweise als **„Partnerschaftsverträge"** bezeichnet. Eine Verwechslung mit dem Partnerschaftsvertrag i. S. von § 3 PartGG ist nicht zu befürchten.

3. Der **Regelungsbereich für Partnerschaftsverträge** ist kaum noch beschränkt. Auch bei „ehebrecherischen" oder „lebenspartnerschaftsbrecherischen" Beziehungen sind Vereinbarungen zulässig, insbesondere wenn sie dem Schutz des schwächeren Teils, zB einer kindererziehenden Partnerin, dienen (vgl. BGH NJW 1991, 831; OLG Hamm FamRZ 2000, 95; OLG Köln FamRZ 2001, 1608). Die Wertung des Gesetzgebers in § 1609 BGB dürfte auch insoweit eine Rolle spielen. Allerdings ergeben sich aus den allgemeinen Gesetzen, vor allem dem Kindesunterhalt und dem in der Familiensolidarität begründeten Pflichtteilsrecht, wichtige Grenzen für Regelungen. Haben Vereinbarungen den ausschließlichen Zweck, einen (Noch-)Ehegatten, einen (Noch-)Lebenspartner oder Kinder aus einer bestehenden oder bereits aufgelösten Ehe, eingetragenen Lebenspartnerschaft oder sonstigen Beziehung zu benachteiligen, kann sich eine Sittenwidrigkeit aus § 138 BGB ergeben (BayObLG FamRZ 2002, 915). Beispiel ist die Übertragung des Miteigentums am Familienwohnheim, um eine Teilungsversteigerung unter Umgehung der Schutznorm des § 180 Abs. 3 ZVG zu erreichen (OLG Schleswig NJW-RR 1995, 900). Gleiches gilt für Regelungen, die den auch in einer Trennungsphase noch bestehenden Schutz der Ehewohnung bzw. gemeinsamen Wohnung von Lebenspartnern nicht beachten (vgl. OLG Hamm FamRZ 2016, 1082). Inwieweit der (Noch-)Lebensgefährte gegen eine „Zweitbeziehung" geschützt wird, ist fraglich.

Bei den Regelungen der **persönlichen Beziehungen** (sexuelle Beziehungen, Treuepflicht, Informationspflichten über Drittbeziehungen wegen Ansteckungsrisiko) empfiehlt sich Zurückhaltung, auch wenn Vereinbarungen über die Geschlechtsbeziehungen wegen § 1 Abs. 1 ProstG nicht mehr von vornherein als Verstoß gegen die guten Sitten eingestuft werden können (str., vgl. auch BGH NJW 2008, 140). Regelungen der Empfängnisverhütung hält die Rechtsprechung für irrelevant (BGH NJW 1986, 2043). Auch im Übrigen ist die mangelnde Durchsetzbarkeit bei Vereinbarungen im höchstpersönlichen Bereich zu beachten (vgl. § 120 Abs. 3 FamFG). Gleichwohl sind derartige Abreden wie die Rollenverteilung nicht ohne rechtliche Bedeutung. Sie können auch hinsichtlich der Vermögensauseinandersetzung bei einer Trennung zur Bejahung oder Verneinung von Ausgleichsansprüchen führen (BGH FamRZ 2010, 542). Vereinbarungen, die den höchstpersönlichen Lebensbereich (zB den Kontakt mit erstehelichen Kindern, die politische Betätigung, die Konfession etc) oder das Persönlichkeitsrecht der Partner betreffen oder eine Strafe für den Fall der Trennung vorsehen, sind nichtig (OLG Hamm FamRZ 2000, 95).

4. Partnerschaftsverträge sind **grundsätzlich formfrei** möglich, es sei denn, sie enthalten auch formgebundene Regelungen, wie zB Grundstücksverträge (§ 311b Abs. 1 BGB), Schenkungsversprechen (§ 518 BGB), Vorsorgevollmachten (§§ 1904 Abs. 5 S. 2, 1906 Abs. 5 S. 1) und Patientenverfügungen (§ 1901a Abs. 1 S. 1 BGB). Gleiches gilt für erbvertragliche Verfügungen (§ 2276 BGB). Auch bei einer Verbindung mit einem Ehe- oder Lebenspartnerschaftsvertrag (§ 1410 BGB, § 7 S. 2 LPartG) bedarf der Partnerschaftsvertrag der notariellen Beurkundung

5. Die Rechtsprechung (OLG Oldenburg NJW 1986, 2259) geht zwar davon aus, dass Lebensgefährten im Rahmen der Lebensgemeinschaft analog §§ 708, 1359 BGB nur für eigenübliche **Sorgfalt** haften, gleichwohl dient eine diesbezügliche Regelung auch der Klarstellung für die Betroffenen.

2. Partnerschaftsvertrag – gemeinsame Wohnung

1. Alternative

Herr ...... ist alleiniger Mieter der Wohnung ...... Frau ...... wird ihre bisherige Wohnung aufgeben und in die Wohnung von Herrn ...... einziehen. Sie soll neben Herrn ...... Mitmieterin werden, so dass ein gemeinschaftliches Mietverhältnis besteht. Die von Herrn ...... gestellte Kaution hat sie diesem nicht anteilig zu erstatten.

Der Vermieter ...... hat sich damit bereits einverstanden erklärt. Der bestehende Mietvertrag ist dahingehend geändert worden, dass Herr ...... und Frau ...... ab ...... gemeinsam Mieter der vorgenannten Wohnung sein werden.

Die Mietzahlungen – einschließlich der Nebenkosten – erfolgen von dem gemeinsamen Konto ......[1]

Die Kosten erforderlicher Renovierungsmaßnahmen bzw. Schönheitsreparaturen werden ebenfalls von dem gemeinsamen Konto bestritten; soweit dieses nicht ausreicht, sind sie von Herrn ...... zu ...... Prozent und Frau ...... zu ...... Prozent zu tragen.[2] *Dies gilt auch für den Fall der Beendigung des Mietverhältnisses. Ein Ausgleich von einem Partner geleisteter Mehrbeträge hat nach Beendigung der Lebensgemeinschaft der Parteien nicht zu erfolgen.*

Bei Beendigung des gemeinsamen Mietverhältnisses, ausgenommen beim Tod eines Partners, steht Herrn . . . . . . die von ihm geleistete Mietkaution, soweit sie nicht mit Ansprüchen des Vermieters verrechnet wird, allein zu. Hinsichtlich der aus der Kaution beglichener Ansprüche des Vermieters besteht die Pflicht von Frau . . . . ., die Hälfte der dafür verwendeten Kaution Herrn . . . . . . unverzüglich zinslos zu erstatten. Wird das Mietverhältnis beim Tod eines Partners mit dem Überlebenden fortgesetzt, steht diesem die Kaution ohne Ausgleichspflicht zu.

Für den Fall einer Trennung und Beendigung der Lebensgemeinschaft verpflichten sich beide Vertragsparteien, das Mietverhältnis gemeinsam zu kündigen und hierbei mitzuwirken, soweit die Wohnung nicht vereinbarungsgemäß mit Zustimmung des Vermieters von einem von beiden übernommen wird.[3]

2. Alternative

Herr . . . . . . ist alleiniger Mieter der Wohnung. Frau . . . . . . wird in die Wohnung mit einziehen, ohne dass sie Mitmieterin wird.[4]

Herr . . . . . . gewährt Frau . . . . . . für die Dauer der Lebensgemeinschaft den gleichberechtigten Mitbesitz an der Wohnung.[5]

Die Parteien sind sich darüber einig, dass die Miete für die Wohnung weiterhin allein von Herrn . . . . . . gezahlt wird. Dies gilt auch insoweit, als der Vermieter wegen des Einzuges von Frau . . . . . . in die Wohnung eine Mieterhöhung erfolgreich geltend macht.

Für den Fall einer Trennung und Beendigung der Lebensgemeinschaft verpflichtet sich Frau . . . . ., innerhalb von 3 Monaten nach dem Zeitpunkt der Trennung aus der Wohnung auszuziehen. Als Trennung gilt, wenn ein Partner dem anderen erklärt, dass er die Lebensgemeinschaft endgültig nicht mehr fortsetzen will.

3. Alternative

Die Vertragsparteien sind darüber einig, dass Frau . . . . . . ihre bisherige Wohnung aufgibt und in das im Eigentum von Herrn . . . . . . stehende Haus . . . . . . mit einzieht.

Frau . . . . . . nutzt das Haus gleichberechtigt neben ihrem Partner mit. Sie beteiligt sich an den Kosten des gemeinsamen Wohnens mit einem monatlichen Betrag von . . . . . . EUR. Ein Mietverhältnis wird dadurch nicht begründet.[6] *Die Parteien sind darüber einig, dass Herr . . . . . . für sämtliche Kosten des Hauses einschließlich der nutzungsabhängigen Kosten allein aufkommt; Frau . . . . . . hat sich hieran, ausgenommen die vorstehend vereinbarte Pauschale, nicht zu beteiligen.*

Für den Fall einer Trennung und Beendigung der Lebensgemeinschaft verpflichtet sich Frau . . . . ., innerhalb von 3 Monaten nach dem Zeitpunkt der Trennung aus dem Haus auszuziehen. Als Trennung gilt, wenn ein Partner dem anderen erklärt, dass er die Lebensgemeinschaft endgültig nicht mehr fortsetzen will.

Anmerkungen

1. Die Regelung der Kostentragung sollte berücksichtigen, dass ein Partner lebensgemeinschaftsbedingt, zB wegen Betreuung gemeinsamer Kinder oder pflegebedürftiger „Schwiegereltern", kein Einkommen hat (vgl. BGH NJW 2010, 868).

2. Die Kostentragungspflicht kann auch beim gemeinsamen Mietverhältnis von Lebensgefährten abweichend von einer hälftigen Beteiligung vereinbart werden (LG Oldenburg FamRZ 2007, 155). Bei Betreuung eines gemeinschaftlichen Kindes ist das Verhältnis zum Unterhaltsanspruch gem. § 1615l BGB zu beachten. Soll es sich um einen Ausgleich für die Betreuung sozial gemeinsamer Kinder, zB in einer gleichgeschlechtlichen Lebensgemeinschaft, handeln oder für die Übernahme der Haushaltsführung, sollte dies ausdrücklich geregelt werden; die steuerlichen Folgen sind noch unsicher (vgl. BFH MittBayNot 2014, 489). Hierbei ist auch zu beachten, dass sich durch eine konsentierte Kinderwunscherfüllung möglicherweise nicht nur ein Unterhaltsanspruch des auf diese Weise entstandenen Kindes gegen den sozialen Elternteil ergibt (BGHZ 129, 297 = NJW 1995, 2028; BGHZ 207, 135 = NJW 2015, 3434), sondern analog § 1615l BGB auch des kinderbetreuenden Elternteils.

3. Die Rechtsprechung (OLG Düsseldorf FamRZ 2007, 154; LG Berlin ZMR 2002, 751) nimmt bei einem gemeinsamen Mietvertrag von Lebensgefährten bei Scheitern der Lebensgemeinschaft eine Mitwirkungspflicht hinsichtlich der Kündigung an (vgl. OLG Hamm FamRZ 2015, 667 zu Ehegatten). Übernimmt ein Partner das Mietverhältnis nur im Innenverhältnis, d.h. ohne Zustimmung des Vermieters zur Entlassung des Lebensgefährten aus dem Mietverhältnis, bleibt die Haftung des ausgezogenen Partners bestehen. Lediglich gegenüber dem Expartner steht ihm ein Freistellungsanspruch zu (OLG Düsseldorf NJW-RR 1998, 658; vgl. *Schrader* NZM 2010, 257).

4. Der Vermieter ist grundsätzlich verpflichtet, hierzu die Erlaubnis zu erteilen (§ 553 BGB, s. BGH NJW 2004, 56). Im Fall des Todes des Mieters tritt der aufgenommene Partner in das Mietverhältnis ein (§ 563 Abs. 2 S. 3 BGB; vgl. LG Berlin ZMR 2016, 289 zu einer Alterslebensgemeinschaft ohne exklusiver Liebesbeziehung); anders als der Ehegatte oder eingetragene Lebenspartner genießt der Lebensgefährte jedoch kein Vorrecht gegenüber Kindern und anderen Familienangehörigen, die in den gemeinsamen Haushalt aufgenommen sind. Eine abweichende Vereinbarung kann auch nicht im Mietvertrag getroffen werden (§ 563 Abs. 2, Abs. 5 BGB).

5. Der vertragslos mitwirkende Lebensgefährte hat nach wohl hM kein eigenes Besitzrecht gegenüber dem Wohnungsmieter (BGHZ 176, 262 = NJW 2008, 2333 = FamRZ 2008, 1404; AG Neuruppin BeckRS 2010, 06.588; aA AG Köln FamRZ 2015, 1310; vgl. auch *Grotkamp* AcP 216 [2016], 584 [604]). Das in der 2. Auflage 2008 noch empfohlene Wohnrecht, das auch in Form eines **dinglichen Rechts** als beschränkte persönliche Dienstbarkeit vereinbart werden (§ 1090 BGB) kann, löst Schenkungsteuer aus (vgl. BFHE 245, 374 = DStR 2014, 1670; *Meincke* ErbStG 2012, § 7 Rn. 9; Kapp/*Ebeling* ErbStG, § 7 Rn. 11 ff. u. *Gebel* DStZ 1992, 577). Ob es sich bei der Zuwendung eines Wohnungsrechts um eine lebensgemeinschaftsbezogene Zuwendung handelt oder um eine Schenkung, ist eine Frage des Einzelfalls (BGH FamRZ 2013, 296).

6. Ein echtes Mietverhältnis wird regelmäßig – entgegen der noch in der 2. Auflage 2008 vertretenen Ansicht – nicht gewünscht sein. Die Mitnutzung bedeutet keine Leihe (BGH NJW 2008, 2333). Sie soll regelmäßig – ohne Mieterschutz – mit der Lebensgemeinschaft enden. Auch steuerlich wird ein Mietverhältnis nicht anerkannt (BFH BStBl. 1996 II, 359; vgl. allgemein auch BFH DStR 2016, 2947 [2949]).

3. Partnerschaftsvertrag – Haushaltsgegenstände

Die Vertragsparteien sind sich darüber einig, dass die von Herrn . . . . . . und von Frau . . . . . . in die gemeinsame Wohnung eingebrachten Haushaltsgegenstände im Alleineigentum des jeweiligen Lebensgefährten verbleiben.

Die beiderseits eingebrachten wesentlichen Haushaltsgegenstände sind in einer Anlage zu diesem Vertrag jeweils gesondert aufgelistet.[1] Die Vertragsparteien verpflichten sich, die Liste bei Neuanschaffungen entsprechend zu ergänzen und hierbei mitzuwirken.

Während des Zusammenlebens in einer gemeinsamen Wohnung für den gemeinsamen Haushalt angeschaffte Haushaltsgegenstände gelten als gemeinsames Eigentum der Partner, es sei denn, das Alleineigentum eines Partners steht fest oder es handelt sich um ausschließlich zum persönlichen Gebrauch eines Lebensgefährten bestimmte Sachen.[2] Diese Regelung gilt auch bei Ersatzbeschaffungen.[3]

Soweit es sich um Ersatzanschaffungen handelt, wird im Einzelfall festgelegt, ob es sich um Alleineigentum oder um gemeinsames Eigentum handelt.[2]

Anmerkungen

1. Eine Auflistung der jeweils im **Alleineigentum** eines Partners stehenden Haushaltsgegenstände empfiehlt sich im Hinblick auf eine etwaige spätere Auseinandersetzung. Die Vorschriften über die Aufteilung der Haushaltsgegenstände (§§ 1361a, 1568b BGB, §§ 13, 17 LPartG) bei der Trennung und Scheidung von Ehegatten sowie der Trennung und Lebenspartnerschaftsaufhebung von eingetragenen Lebenspartnern sind nicht entsprechend anwendbar (OLG Hamm NJW-RR 2005, 1168 zur HausratsVO).

2. Die Eigentumsvermutung des § 1362 BGB, § 8 Abs. 1 LPartG ist auf Lebensgefährten nicht entsprechend anwendbar (s. BGH NJW 2007, 992; krit. *Löhnig/Würdinger* FamRZ 2007, 1856 ff.).

3. § 1370 BGB aF, § 8 Abs. LPartG aF, die für Ehegatten bzw. Lebenspartner eine Regelung bezüglich der Surrogate von Haushaltsgegenständen enthielt, ist ersatzlos aufgehoben worden.

4. Partnerschaftsvertrag – Vermögen

1. Variante

Die Vertragsparteien beabsichtigen, gemeinsam eine Eigentumswohnung zu jeweils hälftigem Eigentum zu erwerben und diese gemeinsam zu bewohnen.

Für die Bezahlung des Kaufpreises stellt Herr . . . . . . aus seinem Vermögen einen Betrag von . . . . . . EUR als Eigenkapital zur Verfügung. Im Übrigen wird jede Vertragspartei zur Finanzierung des Kaufpreises bei der . . . . . . Bank ein Darlehen aufnehmen, und zwar Herr . . . . . . in Höhe des Differenzbetrages zwischen dem hälftigen Kaufpreis und dem von ihm zu erbringenden Eigenkapitalbetrag, und Frau . . . . . . in Höhe des Hälftebetrages des Kaufpreises. Die Darlehen werden durch Grundschulden am jeweiligen Miteigentumsanteil des betreffenden Partners abgesichert. Die Vertragsparteien übernehmen jeweils keine Mithaftung für das vom anderen Partner aufgenommene Darlehen und beteiligen sich auch nicht an den vom anderen Partner zu leistenden Zins- und Tilgungszahlungen.[1] Eine Miteigentümervereinbarung,[2] einen auch nur vorübergehenden Ausschluss des Rechts, die Aufhebung der Gemeinschaft zu verlangen, und eine Regelung für den Fall einer etwaigen künftigen Mitzahlung eines Partners bei den Verbindlichkeiten des anderen wünschen wir nicht.[3]

Auch im Übrigen besteht Einigkeit darüber, dass jeder Vertragspartner sein eigenes Vermögen für sich behält, gegebenenfalls weiteres Vermögen allein erwirbt und für seine Verbindlichkeiten auch allein haftet.

Insbesondere sind sich die Partner auch darüber einig, dass der Herrn . . . . . . gehörende Pkw . . . . . ., den er Frau . . . . . . im Rahmen der Lebensgemeinschaft zur Mitnutzung zur Verfügung stellt, in seinem Alleineigentum verbleibt. Ein Ausgleich hinsichtlich der Mitbenutzung hat bei Beendigung der Lebensgemeinschaft nicht zu erfolgen.

2. Variante

Die Vertragsparteien beabsichtigen, gemeinsam eine Eigentumswohnung zu jeweils hälftigem Eigentum zu erwerben und diese gemeinsam zu bewohnen.

Zur Begleichung des Kaufpreises stellt Herr . . . . . . einen Betrag von . . . . . . EUR als Eigenkapital und Frau . . . . . . einen Betrag von . . . . . . EUR ebenfalls als Eigenkapital zur Verfügung. Zur Finanzierung des Restkaufpreises nehmen die Parteien einen Kredit bei der . . . . . . Bank auf, für den sie gesamtschuldnerisch haften und der an der vorbezeichneten Immobilie durch eine Grundschuld zusätzlich dinglich gesichert wird. Zins- und Tilgungsleistungen werden die Vertragsteile nach ihrem Leistungsvermögen während des Bestehens der Lebensgemeinschaft erbringen; ein Ausgleich von Zahlungen, die über den eigenen Miteigentumsanteil hinausgehen, hat nach Beendigung der Lebensgemeinschaft durch Tod oder Trennung nicht zu erfolgen, sofern nicht im Einzelfall schriftlich etwas anderes vereinbart wird. Ab Beendigung der Lebensgemeinschaft, wobei hinsichtlich einer Trennung die diesbezügliche Erklärung eines Partners gegenüber dem anderen ausreichend ist, sind die künftigen Annuitäten entsprechend den Miteigentumsanteilen zu erbringen; hierzu sind die Partner wechselseitig verpflichtet. Der von Herrn . . . . . . Frau . . . . . . als Eigenkapital zur Verfügung gestellte Betrag ist im Falle des Todes von Herrn . . . . . . nicht zu erstatten. Beim Vorversterben von Frau . . . . . . und bei einer Trennung, gleichgültig, von wem diese erklärt wird, hat die Erstattung – ausgenommen bei Verzug mit der Rückzahlung – zinslos innerhalb von . . . . . . ab der Beendigung der Lebensgemeinschaft zu erfolgen. Eine Miteigentümervereinbarung, einen auch nur vorübergehenden Ausschluss des Rechts, die Aufhebung der Gemeinschaft zu verlangen, und eine Regelung für den Fall einer etwaigen künftigen Mitzahlung eines Partners bei den Verbindlichkeiten des anderen wünschen wir nicht.[4]

3. Variante

Die Vertragsparteien beabsichtigen, gemeinsam eine Eigentumswohnung zu jeweils hälftigem Eigentum zu erwerben und diese gemeinsam zu bewohnen.

Herr . . . . . . erbringt den auf ihn entfallenden Kaufpreisteil aus Eigenmitteln. Er stellt ferner Frau . . . . . . zur Begleichung ihrer Kaufpreisschuld einen Betrag in dieser Höhe zur Verfügung. Die Parteien sind darüber einig, dass es sich dabei um eine Zuwendung im Rahmen der Lebensgemeinschaft handelt.[5]

Im Fall der Beendigung der Lebensgemeinschaft durch den Tod von Herrn . . . . . . hat keine Rückzahlung zu erfolgen. Endet die Lebensgemeinschaft vor Ablauf von 2 Jahren vom jetzigen Zeitpunkt an gerechnet durch Trennung oder Tod von Frau . . . . . . verpflichtet sich

Frau ......, den ihr zugewendeten Betrag an Herrn ...... zurückzuzahlen. Eine Verzinsung hat nur bei Verzug zu erfolgen. Für das Vorliegen einer Trennung genügt die diesbezügliche Erklärung eines Partners gegenüber dem anderen. Der Betrag ist in sechs gleichhohen Monatsraten, jeweils zum Monatsersten, erstmals drei Monate nach Beendigung der Lebensgemeinschaft, auf ein von Herrn ...... zu benennendes Konto zu bezahlen. Erfolgt die Beendigung der Lebensgemeinschaft zu einem späteren Zeitpunkt, hat keine Rückerstattung zu erfolgen, ausgenommen in gesetzlich zwingenden Fällen.[6]

4. Variante

Herr ...... und Frau ...... erwerben die vertragsgegenständliche Eigentumswohnung, um damit gemeinsames Vermögen zu bilden und die Immobilie gemeinsam zu eigenen Wohnzwecken zu nutzen. Zu diesem Zweck gründen sie hiermit eine Gesellschaft bürgerlichen Rechts unter der Bezeichnung ...... und mit dem Sitz am Ort der Eigentumswohnung.[7] Unabhängig davon, dass der Kauf durch diese BGB-Gesellschaft erfolgt, übernehmen Herr ...... und Frau ...... gesamtschuldnerisch neben dieser gegenüber dem Verkäufer sämtliche Verpflichtungen aus dieser Urkunde, insbesondere die Pflicht zur Kaufpreiszahlung.

Herr ...... und Frau ...... werden zunächst jeweils einen gleich hohen Betrag als Einlage in das Gesellschaftsvermögen erbringen.

Endet die Gesellschaft durch den Tod eines Beteiligten, wächst sein Anteil unter Ausschluss der Abfindung dem verbleibenden Gesellschafter an.[8]

Bei Beendigung in anderen Fällen sind für die Verteilung eines Liquidationserlöses nach Begleichung der Schulden und Rückerstattung der Einlage die von den Beteiligten geleisteten Tilgungszahlungen maßgebend.

Im Übrigen gelten für die Gesellschaft die §§ 705 ff. BGB.

5. Variante

Herr ...... ist Alleineigentümer des Grundstücks ...... Auf diesem Grundstück soll ein Haus errichtet werden, das in mehrere Eigentumswohnungen aufgeteilt wird.

Im Hinblick darauf, dass Frau ...... einen Betrag in Höhe von ...... EUR aus ihrem Vermögen für den Hausbau zur Verfügung stellen wird, und die Parteien im Rahmen der Lebensgemeinschaft beim Hausbau, beim Verkauf der Eigentumswohnungen und bei der Hausverwaltung zusammenwirken wollen, sind sie sich darüber einig, dass – obwohl das Alleineigentum an dem Hausgrundstück Herrn ...... zusteht – mit der Verwirklichung dieses Projektes durch beiderseitige Leistungen wirtschaftlich ein gemeinsamer Vermögenswert geschaffen wird, der im Falle einer späteren Beendigung der Lebensgemeinschaft entsprechend den Grundsätzen über die Auflösung einer BGB-Gesellschaft auseinandergesetzt werden soll.[9, 10] Dies gilt nicht bei einer Beendigung der Lebensgemeinschaft durch den Tod von Frau ......; in diesem Fall hat Herr ...... keinen Ausgleich zu leisten.

Anmerkungen

1. Eine nichteheliche oder faktische Lebensgemeinschaft ist keine Rechtsgemeinschaft, insbesondere entsteht mit dem Zusammenleben und seiner Verwirklichung **nicht** automatisch eine **BGB-Gesellschaft** (h. M., s. nur Staudinger/*Löhnig*, Anh. zu §§ 1297 ff. Rn. 41 f.). Auch bei gemeinsamen Anschaffungen sollte dies beachtet und vor allem eine Mithaftung für Verbindlichkeiten des Partners vermieden werden. Dies wird allerdings bei der gemeinsamen, teilweise mit Krediten finanzierten Immobilie meist kaum möglich sein (→ Form. N.I.2).

2. Die teilweise für heterosexuelle Verbindungen empfohlenen Regelungen (so zB Albrecht/Hertel/Kesseler/*Hertel*, Aktuelle Probleme der notariellen Vertragsgestaltung im Immobilienrecht, 2010, S. 82 ff.) übersehen zum einen, dass die Rechtsprechung den Begriff der faktischen Lebensgemeinschaft zwischenzeitlich weiter fasst und die bei einer Trennung auftretenden Probleme nicht auf Mann-Frau-Beziehungen beschränkt sind. Zum anderen führt der auf Dauer bestehende Ausschluss des Rechts, die Aufhebung der Gemeinschaft zu verlangen, zu einer lebenslangen Immobiliengemeinschaft und damit zu einer Bindung, die selbst bei der Ehe und eingetragenen Lebenspartnerschaft nicht besteht.

3. Dies hat zur Folge, dass bei lebensgemeinschaftsbedingten Zuwendungen die diesbezüglichen Rechtsprechungsgrundsätze gelten (→ Form. N.II.1 Anm. 1).

4. Diese Gestaltung wird dem Normalfall entsprechen. Dass jeder Partner jederzeit die Teilungsversteigerung beantragen kann (§ 749 Abs. 1 BGB), macht in der Praxis keine Probleme. Auch bei Ehegatten besteht, ausgenommen die von den Gerichten restruktiv gehandhabte Vorschrift des § 180 Abs. 3 ZVG (krit. *Grziwotz* FamRZ 2002, 1669 ff.), nach einer Scheidung keine Einschränkung mehr. Die Möglichkeit der Teilungsversteigerung zur Aufhebung der Miteigentümergemeinschaft ist bei der Ehe und eingetragenen Lebenspartnerschaft im Ergebnis nur für die Dauer des Trennungsjahres hinausgeschoben.

5. Schenkungsteuerrechtlich liegt eine Schenkung (§ 7 Abs. 1 Nr. 1 ErbStG) vor (vgl. BFH BStBl. II 1994, 366; 2005, 188; 2008, 256). Dies soll auch dann der Fall sein, wenn ein Partner dem anderen zum Erwerb ein Darlehen zur Anschaffung einer Immobilie gewährt und wegen der Mitnutzung keine Zinsen verlangt (BFH MittBayNot 2014, 489). Die Steuer entsteht mit der Ausführung der Schenkung (§ 9 Abs. 1 Nr. 2 ErbStG). Beide Partner sind anzeigepflichtig (§ 30 Abs. 1 und 2 ErbStG). Lebensgefährten fallen in die Steuerklasse III, in der nur ein allgemeiner Freibetrag von 20.000 EUR besteht und der Steuersatz mit 30 % beginnt (§§ 15 Abs. 1, 16 Abs. 1 Nr. 7, 19 Abs. 1 ErbStG). Mehrere Schenkungen an den Partner, die innerhalb von 10 Jahren erfolgen, werden dabei zusammengerechnet (§ 14 Abs. 1 ErbStG). Die Ausnutzung des Freibetrags alle zehn Jahre für mehrfache Schenkungen ist wegen des geringen Freibetrags praktisch bedeutungslos.

6. Bei Zuwendungen im Rahmen einer Lebensgemeinschaft, die über das „tägliche Zusammenleben" hinausgehen, können Rückforderungsansprüche bestehen (→ Form. II.1 Anm. 1). Sollen sie ausgeschlossen werden, empfehlen sich – anders als nach früherer Rechtsprechung – vertragliche Regelungen. Dabei kann zwischen den unterschiedlichen Fällen der Beendigung der Lebensgemeinschaft differenziert werden. Gesetzlich zwingende Ansprüche der Rückforderung und des Widerrufs einer Schenkung (§§ 528, 530, 533 BGB) bleiben unberührt. Dies gilt in gleicher Weise für Pflichtteilsergänzungsansprüche beim Tod des zuwendenden Lebensgefährten (§ 2325 BGB).

7. Die mitunter zum Immobilienerwerb empfohlene Gesellschaft bürgerlichen Rechts (§§ 705 ff. BGB) mit beweglichen Beteiligungsquoten (so *v. Proff* NotBZ 2010, 73, 77 f.; *ders.*, NotarFormulare Nichteheliche Lebensgemeinschaft, 2. Aufl. 2016, § 4 Rn. 24 ff.) sollte nur verwendet werden, wenn kein Beteiligter lebensgemeinschaftsbedingt (zB Betreuung von Kindern des Partners oder Angehörigen des Partners) an einer Erwerbstätigkeit gehindert ist. Andernfalls begünstigt die Regelung einseitig den erwerbstätigen Partner.

8. Ob die Gestaltung zudem Pflichtteilsansprüche Dritter ausschließen oder reduzieren kann (so ohne Bedenken *Wegmann* ZEV 1998, 135, 136 f.; vgl. auch *Schlögel* MittBayNot 2009, 10, 104 u. *Hölscher* ErbR 2016, 421 [422 ff.]), ist umstritten und höchstrichterlich noch nicht geklärt (s. nur Hk-PflichtteilsR/*Vedder* Anh. 3 Rn. 5 u. 29 ff.;

Winkler ZEV 2005, 89, 93; Staudinger/*Herzog* § 2311 Rn. 146 ff.; Mayer/Süß/Tanck/Bittler/Wälzholz/*Riedel*, Hdb. Pflichtteilsrecht, § 16 Rn. 11 ff.; Schlitt/Müller/*Schlitt*, Hdb. Pflichtteilsrecht, § 5 Rn. 148).

9. Ein Ausgleichsanspruch nach den Vorschriften über die GbR konnte sich nach früherer Rechtsprechung bei einer gemeinsamen Vermögensbildung auch bei Fehlen eines ausdrücklich oder stillschweigend geschlossenen Gesellschaftsvertrages ergeben, wenn beide Partner durch gemeinsame Leistungen zur Schaffung eines Vermögenswerts von erheblicher wirtschaftlicher Bedeutung, insbesondere zum Bau und zur Erhaltung einer zwar auf den Namen des einen Partners eingetragenen, aber als gemeinsames Vermögen betrachteten Immobilie beigetragen hatten (BGH NJW 1992, 906; BGH NJW-RR 1996, 1473; BGH NJW 1996, 2727 und BGH NJW 1997, 3371). Mindestvoraussetzung dafür, derartige Regeln in Betracht zu ziehen, war aber, dass die Parteien überhaupt die Absicht verfolgt hatten, mit dem Erwerb des Vermögensgegenstandes einen – wenn auch nur wirtschaftlich – gemeinschaftlichen Wert zu schaffen, der von ihnen für die Dauer der Partnerschaft nicht nur gemeinsam benutzt werden würde, sondern ihnen nach ihrer Vorstellung auch gemeinsam gehören sollte (BGH NJW-RR 1993, 774). Dabei trat die formaldingliche Zuordnung des betreffenden Gegenstands nach außen in den Hintergrund. Soweit sich die Absicht der gemeinschaftlichen Wertschöpfung nicht bereits aus den getroffenen Absprachen oder etwa aus Äußerungen des dinglich allein berechtigten Partners gegenüber Dritten zweifelsfrei ergab, konnten im Rahmen einer Gesamtwürdigung wesentliche Beiträge des Partners, der nicht (Mit-)Eigentümer war, einen Anhaltspunkt für eine gemeinschaftliche Wertschöpfung bilden. Folge war eine analoge Anwendung der §§ 730 ff. BGB bei Beendigung der Lebensgemeinschaft. Partner können anstelle der Gründung einer Innengesellschaft auch die Anwendung der früheren Rechtsprechungsgrundsätze vereinbaren. Beide Lösungen haben zur Konsequenz, dass bei Fehlen einer detaillierten Auseinandersetzungsregelung eine Gesamtwürdigung (Art des Vermögensgegenstandes, finanzielle Verhältnisse der Partner, konkrete Gestaltung der Lebensgemeinschaft, Dauer des Zusammenlebens) erfolgt. Bedeutung hat in diesem Zusammenhang vor allem der Abschlag für eine teilweise Zweckerreichung. Auch diesbezüglich ist eine Vereinbarung (Zeitraum ohne Berücksichtigung, Zeiten ohne Anrechnung oder mit Kompensation, wie zB Kindererziehungszeiten, Höhe des Abzugs) möglich.

10. Wenn die Partner durch die Vereinbarungen eine Verpflichtung zum Erwerb einer Immobilie eingehen, besteht gemäß § 311b Abs. 1 BGB eine **notarielle Beurkundungspflicht.** Dies gilt auch bei lediglich mittelbaren Bindungen, d. h. wenn aufgrund der eintretenden wirtschaftlichen Nachteile ein Zwang zur Veräußerung oder zum Erwerb einer Immobilie begründet wird (s. nur BGH NJW-RR 2008, 824; Palandt/*Grüneberg* § 311b Rn. 13).

5. Partnerschaftsvertrag – Gemeinsame Erwerbstätigkeit

1. Variante

Die Vertragsparteien vereinbaren, dass sie gemeinsam die Firma . . . . . . als BGB-Gesellschaft betreiben.

Sie haben dazu bereits einen entsprechenden Gesellschaftsvertrag geschlossen.[1]

2. Variante

Herr . . . . . . betreibt die Firma . . . . . . als Einzelfirma. Die Parteien vereinbaren, dass der Geschäftsbetrieb im Rahmen der Lebensgemeinschaft erweitert werden soll, und dass Frau . . . . . . von sofort an voll in dem Geschäft mitarbeitet.

Die Parteien sind sich darüber einig, dass für den Fall einer Trennung und des Ausscheidens von Frau . . . . . . aus dem Geschäftsbetrieb eine Auseinandersetzung gemäß den Grundsätzen einer BGB-Innengesellschaft erfolgen soll.[2]

3. Variante

Herr . . . . . . betreibt die Firma . . . . . . als Einzelfirma.

Die Vertragsparteien vereinbaren, dass Frau . . . . . . in dem Geschäft mitarbeitet, soweit es ihr im Hinblick auf die primär ihr obliegende Führung des gemeinsamen Haushalts möglich ist. Die Parteien sind sich darüber einig, dass der gemeinsame Unterhaltsbedarf mit den Einkünften aus dem Geschäftsbetrieb bestritten wird.

Für den Fall einer Trennung und Auflösung der Lebensgemeinschaft vereinbaren die Parteien, dass Frau . . . . . . von Herrn . . . . . . eine dem Umfang und der Dauer ihrer Mitarbeit in dem Geschäftsbetrieb und der Gewinnsituation der Firma entsprechende, gegebenenfalls noch auszuhandelnde Abfindungszahlung erhält. Im Nichteinigungsfall wird diese von . . . . . . als Schiedsgutachter auf Antrag eines Vertragsteils gemäß § 317 BGB festgelegt, wobei die Kosten des Schiedsgutachters die Vertragsteile zu gleichen Teilen zu tragen haben. Weitergehende Ansprüche stehen Frau . . . . . . nicht zu.

4. Variante

Herr . . . . . . betreibt die Firma . . . . . . als Einzelfirma.

Frau . . . . . . wird im Rahmen eines Anstellungsverhältnisses in dem Geschäft mitarbeiten. Die Parteien beabsichtigen, einen entsprechenden Arbeitsvertrag abzuschließen.

Es besteht Einigkeit darüber, dass Frau . . . . . . über die Ansprüche aus dem Anstellungsvertrag hinaus hinsichtlich des Firmenbetriebes keine sonstigen, insbesondere keine Gewinnansprüche und keine Ansprüche auf ein Auseinandersetzungsguthaben hat.[3]

Die Parteien sind sich weiter darüber einig, dass die Lebensgemeinschaft zwar die Grundlage des Anstellungsverhältnisses ist, dass der Arbeitsvertrag im Fall einer Trennung aber nicht ohne Weiteres endet, sondern nur einvernehmlich aufgehoben oder nach den gesetzlichen Bestimmungen gekündigt werden kann.

Anmerkungen

1. Bei den **Zusammenarbeitsfällen** überlagern sich – ebenso wie bei den Ehegattengesellschaften bzw. -mitarbeitsmodellen – die persönlichen und die (vermögens-)rechtlichen Beziehungen (vgl. *Schulze zur Wiesche,* Vereinbarungen unter Familienangehörigen und ihre steuerlichen Folgen, 9. Aufl. 2006, Rn. 334 ff.). Auch wenn bei Lebensgefährten kein steuerlicher Dritt- oder Fremdvergleich erfolgen muss (str., vgl. BFHE 153, 224 = NJW 1988, 2135; BFHE 158, 431 = NJW 1990, 734 u. BFHE 158, 563 = NJW 1990, 853), sollten die Regelungen auch bei einer Trennung sinnvoll weiter umzusetzen sein oder eine Auseinandersetzung ermöglichen. Dabei ist zu beachten, dass die Auseinandersetzung zur

Auflösung stiller Reserven führen kann (vgl. FG München DStRE 2015, 1105; Schwab/Hahne/*Engels*, Familienrecht im Brennpunkt, S. 203, 222 ff. u. *ders.* FF 2004, 285 ff.). Die Regeln des gesellschaftsrechtlichen Zusammenwirkens müssen auf den Einzelfall abgestimmt werden. Deshalb kann auch kein Standardgesellschafts- oder Standardarbeitsvertrag vorgegeben werden.

2. Ein Ausgleichsanspruch nach den Vorschriften über die bürgerlichrechtliche Gesellschaft setzt voraus, dass die Partner ausdrücklich oder durch schlüssiges Verhalten einen entsprechenden Gesellschaftsvertrag geschlossen haben (vgl. BGH NJW 1997, 3371). Eine rein faktische Willensübereinstimmung reicht für eine nach gesellschaftsrechtlichen Grundsätzen zu beurteilende Zusammenarbeit dagegen nicht aus. Gerade weil die faktische Lebensgemeinschaft vom Ansatz her eine Beziehung ohne Rechtsbindungswillen darstellt, ist ein Vertragsschluss für die Anwendung gesellschaftsrechtlicher Regelungen erforderlich (BGHZ 165, 1, 10 = NJW 2006, 1268 u. BGH NJW 2008, 443 = FamRZ 2008, 247; vgl. *Günther* FF 2012, 194 ff.). Dabei können sich Indizien für ein nach gesellschaftsrechtlichen Grundsätzen zu bewertendes Handeln zB aus Planung, Umfang und Dauer des Zusammenwirkens ergeben. Die ausdrückliche Klarstellung in einem Partnerschaftsvertrag vermeidet diesbezügliche Zweifel.

3. Auch bei Bestehen eines Arbeitsverhältnisses prüft die Rechtsprechung (zB OLG Hamm NJW 1980, 1530), ob der mitarbeitende Lebensgefährte lediglich Arbeitnehmer sein soll und die Früchte der Zusammenarbeit dem anderen Partner allein zufließen sollten. Ergibt sich aus den Umständen, insbesondere wegen einer Steuerersparnis und dem Wunsch nach einer (kostengünstigen) Sicherung für den Fall der Krankheit, Pflegebedürftigkeit, des Alters und der Invalidität, dass das Anstellungsverhältnis nicht als angemessene Vergütung für die Mitarbeit angesehen wurde, kann trotz des Arbeitsverhältnisses daneben ein Ausgleich nach gesellschaftsrechtlichen Grundsätzen in Betracht kommen. Indizien sind die Erbringung nicht entlohnter Mehrarbeit, der Verzicht auf Urlaub, die Mittragung des Unternehmerrisikos durch die Übernahme von Bürgschaften, der Einsatz von eigenem Kapital und die Ausübung von Arbeitgeberbefugnissen gegenüber anderen Mitarbeitern.

6. Partnerschaftsvertrag – Altersvorsorge

Im Hinblick darauf, dass Frau . . . . . . wegen der Führung des gemeinsamen Haushalts und wegen der Betreuung des gemeinsamen Kindes . . . . . . nur eingeschränkt erwerbstätig ist und sie sich infolgedessen keine ausreichende Altersversorgung aufbauen kann, vereinbaren die Vertragsparteien Folgendes:

Zum einen verpflichtet sich Herr . . . . . . vom Zeitpunkt des Eintritts seiner Rentenberechtigung an, denjenigen hälftigen Betrag der ihm aus der betrieblichen Altersversorgung bei der Firma . . . . . . zustehenden Rente, der in der Zusammenlebenszeit, d. h. dem 1 . . . . . . und dem letzten Tag des Monats, in dem ein Partner erklärt hat, die Lebensgemeinschaft nicht mehr fortsetzen zu wollen, erworben wurde, an Frau . . . . . . zu zahlen. Für die Berechnung des zu zahlenden Betrages gelten die Bestimmungen des VersAusglG entsprechend. Er verpflichtet sich ergänzend, vom Zeitpunkt des Eintritts der Bezugsberechtigung an den Rentenanspruch in Höhe des vorstehend genannten Betrages der Betriebsrente an Frau . . . . . . abzutreten.[1]

Herr . . . . . . verpflichtet sich weiter, bei der . . . . . . Versicherung zu Gunsten von Frau . . . . . . eine Kapital-Lebensversicherung mit Rentenwahlrecht über eine Versicherungs-

summe von ...... EUR abzuschließen, und zwar in der Form, dass Frau ...... für den Todes- und Erlebensfall unwiderruflich bezugsberechtigt ist.[2] Zur Entrichtung der Versicherungsprämien ist Herr ...... gegenüber Frau ...... in der vorstehend bezeichneten Zusammenlebenszeit verpflichtet.

Anmerkungen

1. Da es für die Partner einer faktischen Lebensgemeinschaft keinen gesetzlichen Versorgungsausgleich gibt, und da auch keine Rentenanrechte aus der gesetzlichen Rentenversicherung oder aus einem öffentlichrechtlichen Dienstverhältnis vertraglich übertragen werden können, sofern dies die Versicherung nicht vorsieht, sind Versorgungsregelungen nur in schuldrechtlicher, d. h. in vertraglicher Form möglich (s. MüKoBGB/*Wellenhofer* n. § 1302 Rn. 59). Dabei kann der Zeitraum der Verpflichtung an das Zusammenleben geknüpft werden; er kann sich aber auch an dem lebensgemeinschaftsbedingten Nachteil in der Erwerbsbiographie eines Partners (zB Zeitraum der Kindererziehung) orientieren.

2. Zur Vermeidung einer späteren Erbschaftsteuer wäre eine Lebensversicherung mit Frau ...... als Versicherungsnehmerin, wobei versichertes Leben dasjenige von Herrn ...... ist, günstiger (vgl. BGH NJW-RR 2012, 809; ZEV 2013, 272; MDR 2015, 120; NJW-RR 2016, 171; *Grziwotz*, Rechtsfragen des nichtehelichen Zusammenlebens, S. 147 f.; *Kühn* ZErb 2012, 177 ff.). Allerdings kann in diesem Fall die Zuwendung der Versicherungsprämien schenkungsteuerrechtlich von Bedeutung sein. Die unwiderrufliche Bezugsberechtigung soll die Partnerin auch im Insolvenzfall schützen (vgl. *Grziwotz* ZIP 2012, 715 ff.); nachdem die Versicherung lebensgemeinschaftsbedingte Nachteile ausgleichen soll, ist eine Regelung für den Fall der Trennung nicht erforderlich (zum Wegfall der Geschäftsgrundlage bei verbundenen Lebensversicherungen BGH FamRZ 2013, 376).

7. Bevollmächtigungen

Herr ...... und Frau ...... bevollmächtigen sich[1] – jederzeit widerruflich – gegenseitig zur Vertretung in allen persönlichen Angelegenheiten, insbesondere in allen Angelegenheiten der Gesundheitssorge einschließlich der Bestimmung des Aufenthalts, von An- und Abmeldungen nach dem Melderecht, der Entscheidung über eine Aufnahme in ein Alters- oder Pflegeheim, der Einzelheiten einer ambulanten oder (teil-)stationären Pflege und der Entscheidung über eine etwaige Unterbringung. Im Innenverhältnis ist die Vollmacht auf den Fall beschränkt, dass eine Vertragspartei aufgrund einer körperlichen, geistigen oder seelischen Krankheit oder Behinderung ihre persönlichen Angelegenheiten ganz oder teilweise nicht besorgen kann.

Die Bevollmächtigung umfasst die Einwilligung in eine gesundheitliche Untersuchung, eine Heilbehandlung oder einen ärztlichen Eingriff, auch wenn die begründete Gefahr besteht, dass der Vollmachtgeber aufgrund der Maßnahme stirbt oder einen schweren oder länger dauernden gesundheitlichen Schaden erleidet. Die Bevollmächtigung umfasst ferner die Nichteinwilligung und den Widerruf der Einwilligung des Bevollmächtigten in eine Untersuchung des Gesundheitszustandes, eine Heilbehandlung oder einen ärztlichen Eingriff, auch wenn die Maßnahme medizinisch angezeigt ist und die begründete Gefahr besteht, dass der Vollmachtgeber aufgrund des Unterbleibens oder des Abbruchs der Maßnahme stirbt oder einen schweren und länger dauernden gesundheitlichen Schaden erleidet. Umfasst von der Vollmacht sind ferner ärztliche Maßnahmen, die dem natürli-

chen Willen des Vollmachtgebers widersprechen (ärztliche Zwangsmaßnahmen). Umfasst sind auch die Einwilligung zum Unterlassen und Beenden lebensverlängernder Maßnahmen sowie die eventuell hierzu erforderliche Einholung der Genehmigung des Betreuungsgerichts. Jeder Partner entbindet die behandelnden Ärzte, Pflegepersonen und das sonstige Krankenhaus- oder Heimpersonal von der Schweigepflicht gegenüber dem anderen Partner. Die Bevollmächtigung umfasst auch die Entbindung der Mitarbeiter von Krankenkassen, Versicherungsunternehmen und ärztlichen Verrechnungsstellen von ihrer Schweigepflicht sowie die Befugnis zur Einsicht, Herausgabe und Weiterleitung von Krankenunterlagen des Partners.

Die Bevollmächtigung zu einer Unterbringung umfasst auch eine etwa erforderlich werdende Freiheitsentziehung sowie freiheitsentziehende Maßnahmen durch mechanische Vorrichtungen, Medikamente oder auf andere Weise über einen längeren Zeitraum oder regelmäßig bei einer Unterbringung und bei einem Aufenthalt in einer Anstalt, einem Heim oder einer sonstigen Einrichtung, solange dergleichen zum Wohl des Vollmachtgebers erforderlich ist.

Für den Fall des Todes eines Partners wird dem anderen auch das Recht der Totenfürsorge übertragen.[2]

Herr . . . . . . und Frau . . . . . . bestimmen vorsorglich, dass im Fall der Betreuungsbedürftigkeit eines Partners bei Notwendigkeit einer Betreuung der andere zum Betreuer bestellt werden soll.[3]

Anmerkungen

1. Die Erteilung einer Generalvollmacht kommt in einer nichtehelichen Lebensgemeinschaft – von Ausnahmefällen abgesehen – wohl kaum in Betracht. Gleiches gilt für eine allgemeine Haushaltsführungsvollmacht (s. *Grziwotz* FF 2001, 45 ff.). Dagegen sind Vorsorge- und Krankheitsvollmachten empfehlenswert und notwendig. Bei einer Vorsorgevollmacht sind § 1904 Abs. 5 S. 2 BGB, bei einer Unterbringung mit Freiheitsentziehung und ärztlichen Zwangsmaßnahmen §§ 1906 Abs. 5 S. 1 und 1906 Abs. 1 BGB sowie bei einer Patientenverfügung § 1901a Abs. 6 BGB (vgl. auch BGH NJW 2016, 3297; NZFam 2017, 355) zu beachten.

2. Das Recht der Totenfürsorge steht – unabhängig vom Erbrecht – den nächsten Angehörigen zu. Ob hierzu der Lebensgefährte gehört, ist umstritten (bejahend LG Ansbach FamRZ 2013, 149). Die landesrechtlichen Bestattungsgesetze, die neben § 1968 BGB die öffentlichrechtliche Bestattungspflicht und daran anknüpfend die Kostentragung regeln, sehen nur teilweise den Lebensgefährten als bestattungspflichtige und damit auch totenfürsorgeberechtigte Person an (vgl. *Grziwotz* FamRB 2012, 226).

3. Handelt es sich – wie im Muster – um eine Bevollmächtigung in persönlichen Angelegenheiten, kann daneben eine Betreuung mit dem Aufgabenkreis der Vermögenssorge, zB zum Abschluss von Heim- und Pflegeverträgen, zur Kündigung und Abschluss von Mietverträgen, zur Entgegennahme und Abwicklung von Sozialleistungen, erforderlich werden. Hierzu kann jeder Partner den anderen zum Betreuer vorschlagen (§ 1897 Abs. 4 BGB). Natürliche Einsichtsfähigkeit genügt hierfür; Geschäftsfähigkeit ist nicht erforderlich (BGH FamRZ 2015, 648; 2013, 1724; 2011, 1577; 2011, 285; BayObLG FamRZ 1993, 1110).

II. Auseinandersetzung bei Beendigung der Lebensgemeinschaft

1. Vereinbarung über Vermögensauseinandersetzung

1. Variante

Herr . . . . . . und Frau . . . . . . haben bisher in einer Lebensgemeinschaft[1] zusammengelebt. Sie haben beschlossen, sich zu trennen.[2]

Dazu schließen sie folgende

Auseinandersetzungsvereinbarung

1. *Beide Parteien sind hälftige Miteigentümer des Hausgrundstücks . . . . . ., das mit einer Grundschuld in Höhe von . . . . . . EUR belastet ist.*
   Die Parteien sind sich darüber einig, dass das Haus schnellst- und bestmöglich verkauft werden soll, und verpflichten sich, beim Verkauf mitzuwirken.[3] Sie werden hierzu gemeinsam das Immobilienbüro . . . . . . beauftragen. Die Veräußerung erfolgt zu dem von dem vorgenannten Maklerbüro festgelegten Kaufpreis, der jedoch den Betrag von . . . . . . EUR nicht unterschreiten darf. Erfolgt bis zum Ablauf des . . . . . . kein Abschluss eines notariellen Kaufvertrags, kann jede Partei die Teilungsversteigerung des Hausgrundstücks . . . . . . betreiben. Bis dahin wird das Recht jedes Miteigentümers, die Auflösung der Gemeinschaft zu verlangen, einvernehmlich ausgeschlossen. Die vorliegende Trennung und Aufhebung der bisherigen Lebensgemeinschaft stellt keinen wichtigen Grund iSd § 749 Abs. 2 S. 1 BGB dar. Eine Grundbucheintragung dieser Vereinbarung soll im Hinblick auf die beabsichtigte Veräußerung der Immobilie nicht erfolgen.
   Aus dem Verkaufserlös wird zunächst die gegenüber der . . . . . . Bank bestehende gemeinsame Darlehensverbindlichkeit weggefertigt. Der Übererlös wird im Hinblick darauf, dass Herr . . . . . . für die Finanzierung des Hauskaufes als Eigenkapital einen Betrag von . . . . . . EUR zur Verfügung gestellt hat, zwischen den Parteien in der Weise aufgeteilt, dass Herr . . . . . . vorweg den von ihm gezahlten Betrag zinslos erhält und der verbleibende Restbetrag beiden Parteien je zur Hälfte zusteht.
2. *Die Parteien sind gemeinsam Inhaber eines Wertpapierdepots bei der . . . . . . Bank. Insoweit setzen sie sich in der Weise auseinander, dass das Depot aufgelöst wird und das vorhandene Guthaben zwischen ihnen hälftig aufgeteilt wird.*
3. *Auch das gemeinsame Girokonto bei der . . . . . . Bank wird aufgelöst. Der derzeit auf diesem Konto bestehende Sollsaldo wird von den Parteien jeweils hälftig übernommen.*
4. *Der gemeinsam angeschaffte und gemeinsam genutzte Pkw . . . . . . wird Frau . . . . . ., die bereits Halterin des Fahrzeuges ist, zu Alleineigentum überlassen. Sie zahlt dafür einen Ausgleichsbetrag von . . . . . . EUR an Herrn . . . . . ., und zwar Zug um Zug gegen Übergabe der Zulassungsbescheinigungen Teile I und II (Kraftfahrzeugbrief und -schein) sowie sämtlicher Fahrzeugschlüssel und den Originalen der Bescheinigung über die letzte Hauptuntersuchung und ASU.*
5. *Die Parteien sind sich darüber einig, dass die Vermögensauseinandersetzung damit – mit Ausnahme der gesondert geregelten Auseinandersetzung der Haushaltsgegenstände – abschließend durchgeführt ist. Das sonstige Vermögen verbleibt also jeweils der Partei, die es erworben und in ihrem Besitz hat. Der Veräußerer eines Rechts haftet nicht für dessen Bestand. Bewegliche Sachen werden im derzeitigen Zustand übernommen; die*

Rechte wegen Sachmängeln jeder Art werden einvernehmlich ausgeschlossen, ausgenommen Ansprüche bei vorsätzlichem Handeln. Die beweglichen Sachen sind frei von Rechten Dritter zu übertragen. Die Parteien sind über den jeweiligen Eigentums- und Besitzübergang einig. Hinsichtlich beiderseitiger Zuwendungen und Schenkungen während der Lebensgemeinschaft findet kein Ausgleich statt.
Vorsorglich verzichten die Parteien gegenseitig auf Vermögensausgleichs- und auf alle sonstigen vermögensrechtlichen Ansprüche[4] und nehmen diesen Verzicht gegenseitig an. Jede Partei hat die andere zudem von allen etwaigen Ansprüchen der eigenen Eltern und sonstigen Verwandten freizustellen.

2. Variante

Herr . . . . . . ist Alleineigentümer der bisher von den Parteien gemeinsam bewohnten Eigentumswohnung . . . . . . Die Wohnung wurde bei Begründung der Lebensgemeinschaft erworben, wobei sich Frau . . . . . . an der Finanzierung des Kaufpreises durch Zahlung eines Betrages von . . . . . . EUR aus ihrem Vermögen beteiligt hat.

Im Hinblick darauf verpflichtet sich Herr . . . . . ., zum Ausgleich des von Frau . . . . . . zur Verfügung gestellten Geldbetrages . . . . . . EUR an sie zu zahlen, wobei die Zahlung zum Zeitpunkt des Auszuges von Frau . . . . . . aus der Wohnung fällig wird. Auf weitergehende Ansprüche hinsichtlich der Mitfinanzierung und Mitnutzung der vorbezeichneten Eigentumswohnung wird wechselseitig unter gegenseitiger Annahme vorsorglich verzichtet.

3. Variante

Im Hinblick darauf, dass die Lebensgemeinschaft der Parteien mehr als 10 Jahre gedauert hat, und Herr . . . . . . mittels seiner Erwerbseinkünfte Vermögen gebildet hat, während Frau . . . . . . den Haushalt geführt und das gemeinsame Kind . . . . . . betreut hat,[4] vereinbaren die Parteien einen Vermögensausgleich, auf den die Regelungen über den Zugewinnausgleich zwischen Eheleuten gemäß den §§ 1372 ff. BGB entsprechend angewandt werden sollen.[5]

Dazu wird als Zeitpunkt des Beginns der Lebensgemeinschaft der 1.10.2006 und als Zeitpunkt der Beendigung der Gemeinschaft der 1.8.2017 festgelegt. Nach Ermittlung des beiderseitigen Vermögenszuwachses in diesem Zeitraum – ohne Berücksichtigung von erb- oder schenkweise oder als Ausstattung erworbenem Vermögen und unter Ausschluss von Vermögenshinzurechnungen gemäß § 1375 Abs. 2 BGB, aber unter Umrechnung der Werte mittels des Verbraucherpreisindex – verpflichtet sich Herr . . . . . ., den Hälftebetrag der Differenz des beiderseitigen Vermögenszuwachses an Frau . . . . . . in Geld zu zahlen. Der Betrag ist innerhalb von . . . . . . zur Zahlung fällig und nur bei Verzug zu verzinsen.

Anmerkungen

1. Bei der nichtehelichen bzw. nicht eingetragenen Lebensgemeinschaft handelt es sich zwar um keine Rechtsgemeinschaft. Dennoch können sich bei Beträgen, die über diejenigen hinausgehen, die lediglich das Zusammenleben erst ermöglichen und nur auf das gerichtet sind, was die Gemeinschaft „Tag für Tag" benötigt (BGH NJW 2010, 868 = FamRZ 2010, 542; BGH NJW 2011, 2880; NJW 2013, 2187 = FamRZ 2013, 1295; OLG Bremen NJW-RR 2013, 197), Ausgleichsansprüche bei Beendigung der Lebensgemeinschaft auch ohne eine diesbezügliche Vereinbarung ergeben (vgl. *Burger* FamRB 2010, 214 ff.; *Kindler* Jura 2010, 131 ff.; *M. Schwab* ZJS 2009, 115 ff.; *Rakete-Dombek*

NJW 2010, 1313; *Stein* FamFR 2011, 409 ff.; *ders.* NZFam 2014, 303 ff.; *Weinreich* FuR 2011, 492 ff.; *Moes* FamRZ 2016, 757 ff. sowie *Grziwotz* FF 2009, 435 ff.; *ders.* FamFR 2010, 145 ff.; FPR 2013, 326 ff.). Rechtsgrundlagen sind Ausgleichsansprüche nach Gesellschaftsrecht, ungerechtfertigter Bereicherung (§ 812 Abs. 1 S. 2, 2. Alt. BGB) und nach den Grundsätzen über den Wegfall der Geschäftsgrundlage einer lebensgemeinschaftsbedingten Zuwendung oder Schenkung. Die Beendigung der Lebensgemeinschaft ist dabei die Trennung, aber auch die Beendigung durch den Tod desjenigen Lebensgefährten, der die Zuwendung erhalten hat (BGHZ 183, 242 = NJW 2010, 998 = FamRZ 2010, 277; OLG Naumburg NJW-RR 2010, 224; *v. Proff* NJW 2010, 980 ff.). Anders soll dies dagegen sein, wenn die Beendigung der Lebensgemeinschaft durch den Tod des Zuwendenden erfolgt. Hier soll entsprechend dem in §§ 1301 S. 2 BGB, 1 Abs. 4 LPartG beim Verlöbnis geltenden Grundsatz davon auszugehen sein, dass eine Rückforderung und ein anderweitiger Ausgleich ausgeschlossen sind (BGHZ 183, 242 = NJW 2010, 998 = FamRZ 2010, 277; vgl. auch BGHZ 197, 110 = NJW 2013, 2025 = MittBayNot 2013, 471).

Der Ausgleich nach gesellschaftsrechtlichen Grundsätzen ist nur bei einem ausdrücklichen oder konkludent geschlossenen Gesellschaftsvertrag möglich (BGH NJW 2008, 443 = FamRZ 2008, 247). Unklar bleibt, ob ein über die Verwirklichung der Lebensgemeinschaft hinausgehender Zweck (zB gemeinschaftliches Unternehmen und Anschaffung von Renditeobjekten) verfolgt werden muss (s. nur OLG Brandenburg NZFam 2016, 336: Investitionen in Haus, Aufwendungen für das Home-Office, die Möbel und den Hund; vgl. auch *Günther* FF 2012, 194 ff.).

Der Wegfall der Geschäftsgrundlage einer lebensgemeinschaftsbedingten Zuwendung kommt nicht nur bei Geldzuwendungen (zB höhere als der Miteigentumsquote entsprechende Beiträge, BGH NJW 2008, 3282 = FamRZ 2008, 1828; LG Bamberg FamRZ 2015, 1307) in Betracht, sondern auch für Arbeitsleistungen, die ein Lebensgefährte im Rahmen der gemeinsamen Vermögensbildung, also nicht nur des Zusammenlebens erbringt (BGH NJW 2011, 2880). Der Ausgleichsanspruch kann bereits dann bestehen, wenn dem zuwendenden Partner die Beibehaltung der herbeigeführten Vermögensverhältnisse nach Treu und Glauben nicht zugemutet werden kann. Es muss aber auch der Zeitraum der Mitnutzung, zB einer Immobilie, angemessen berücksichtigt werden (BGH NJW 2010, 868 = FamRZ 2010, 542). Erheblich ist ferner, ob der Zuwendungsempfänger noch „bereichert“, also die Zuwendung noch in seinem Vermögen vorhanden ist (BGH NJW 2014, 2638 = FamRZ 2014, 1547).

Die Rückgewähr einer Vermögenszuwendung aufgrund eines Bereicherungsanspruchs, nämlich der Zweckverfehlungskondiktion, setzt voraus, dass der zuwendende Partner mit seiner Leistung einen Zweck verfolgt, der über die Erfüllung einer Verbindlichkeit hinausgeht. Voraussetzung ist eine gemeinsame Zweckvereinbarung, also nicht lediglich eine einseitige Erwartung des Zuwendenden. Ausreichend soll es allerdings sein, wenn der Empfänger die Zweckverfolgung durch den Leistenden erkennt und die Leistung annimmt, ohne zu widersprechen (BGH NJW-RR 2009, 1142 = FamRZ 2009, 849). Zweck kann auch die Erwartung sein, an dem geleisteten Gegenstand gemeinsam mit dem Lebensgefährten über einen längeren Zeitraum zu partizipieren (BGHZ 177, 293 = NJW 2008, 3277 = FamRZ 2008, 1822; BGH NJW 2014, 2638 = FamRZ 2014, 1547).

Daneben sind Ansprüche wegen Beendigung eines gleichzeitig bestehenden Verlöbnisses (§§ 1297 ff. BGB, § 1 Abs. 4 LPartG; vgl. OLG Oldenburg NJW 2016, 3185 = FamRZ 2016, 2102), einer Bruchteilsberechtigung (OLG Schleswig NZFam 2016, 240 = FamRZ 2016, 992) und einer Gesamtschuld (OLG Bremen NJW 2016, 1248) denkbar; bei diesen Ansprüchen müssen aber stets die Besonderheiten der faktischen Lebensgemeinschaft beachtet werden. Schließlich sind auch noch Ansprüche von und gegen die Eltern des Partners denkbar (BGH NJW 2015, 1523 = FamRZ 2015, 833).

2. Die Lebensgemeinschaft kann jederzeit formlos einverständlich oder auch einseitig aufgelöst werden. Eine diesbezügliche Pflicht, den Partner nicht zur „Unzeit" (zB Schwangerschaft oder Krankheit) zu verlassen, besteht nicht und kann auch nicht vertraglich begründet werden.

3. Die Verpflichtung, an einer Veräußerung einer Immobilie mitzuwirken, kann nur in einer notariellen Urkunde vereinbart werden (§ 311b Abs. 1 BGB); andernfalls ist der Partnerschaftsvertrag unwirksam. Kein Formzwang besteht, wenn ausdrücklich keine diesbezügliche Mitwirkungspflicht vereinbart wird.

4. Zur Auseinandersetzung bei gemeinsamer Erwerbstätigkeit während der Lebensgemeinschaft → Form. N.I.4 dritte und fünfte Alternative und Anmerkungen.

5. Ebenso wie die sonstigen eherechtlichen Bestimmungen sind die Regelungen über den Zugewinnausgleich auf faktische Lebensgemeinschaften weder direkt noch analog anwendbar. Die Partner der Lebensgemeinschaft können aber vertraglich eine dem Zugewinnausgleich entsprechende Vermögensausgleichsregelung vereinbaren.

Analog §§ 1378 Abs. 3, 1410 BGB bedürfen derartige Vereinbarungen notarieller Beurkundung, wenn sie auch nach einer Eheschließung/Lebenspartnerschaftsbegründung gelten sollen; auch wenn kein Formzwang besteht, empfiehlt sich häufig eine Beurkundung (ebenso MünchKommBGB/*Wellenhofer* Anh. § 1302 Rn. 76).

2. Vereinbarung über Auseinandersetzung der Haushaltsgegenstände und persönlicher Aufnahmen bzw. Aufzeichnungen

1. Alternative

Es besteht Einigkeit darüber, dass jedem Partner die in seinem Alleineigentum stehenden Haushaltsgegenstände[1] verbleiben.[2] Dazu wird auf die anliegenden Auflistungen Bezug genommen.

Die gemeinsam angeschafften und im gemeinsamen Eigentum stehenden Haushaltsgegenstände werden einvernehmlich – unter Berücksichtigung ihres Zeitwertes und auch unter Berücksichtigung der beiderseitigen Einkommensverhältnisse im Hinblick auf beiderseits erforderliche Neuanschaffungen – entsprechend den anliegenden Auflistungen verteilt. Sie werden jeweils im derzeitigen Zustand übernommen; die Rechte wegen Sachmängeln jeder Art werden einvernehmlich ausgeschlossen, ausgenommen Ansprüche bei vorsätzlichem Handeln. Die Haushaltsgegenstände sind frei von Rechten Dritter zu übertragen. Die Parteien sind über den jeweiligen Eigentums- und Besitzübergang einig. Sofern eine Partei noch Mitbesitz an den im Alleineigentum stehenden Haushaltsgegenständen der anderen Partei hat, übt sie diesen nunmehr für diese aus.

Die Parteien sind sich darüber einig, dass insoweit keine Ausgleichszahlungen erfolgen sollen.

2. Alternative

Herr . . . . . . zieht aus der bisherigen gemeinsamen Wohnung aus und überlässt Frau . . . . . . die gesamten in der Wohnung befindlichen Haushaltsgegenstände zu Alleineigentum. Sie werden jeweils im derzeitigen Zustand übernommen; die Rechte wegen Sachmängeln jeder Art werden einvernehmlich ausgeschlossen, ausgenommen Ansprüche bei vorsätzlichem Handeln. Die Haushaltsgegenstände sind frei von Rechten Dritter zu übertragen. Die Parteien sind über den jeweiligen Eigentums- und Besitzübergang einig.

Ausgenommen hiervon sind die persönlichen Sachen von Herrn . . . . . . sowie folgende weitere Gegenstände . . . . . .

Frau . . . . . . verpflichtet sich im Hinblick auf die Übernahme der gemeinsamen Haushaltsgegenstände zu einer Ausgleichszahlung in Höhe von . . . . . . EUR an Herrn . . . . . . Sie ist zur Hälfte sofort und zur anderen Hälfte unverzüglich nach dem Auszug von Herrn . . . . . . zur Zahlung fällig.

Die Parteien sind darüber einig, dass jeder von ihnen Lichtbilder, Filmaufnahmen sowie die diesbezüglichen elektronischen Vervielfältigungsstücke unverzüglich vernichtet bzw. löscht, auf denen die andere Partei in unbekleidetem Zustand, in teilweise bekleidetem Zustand, wenn der Intimbereich (Geschlechtsteil, Hinterteil oder die weibliche Brust) zu sehen ist, oder lediglich mit Unterwäsche bekleidet abgebildet ist. Ebenso sind schriftliche Mitteilungen erotischen Inhalts, gleich in welcher Form (Brief, SMS, Mail), sowie Sprachaufnahmen erotischen Inhalts unverzüglich zu vernichten bzw. zu löschen.[3] *Die Parteien sind sich darüber einig, dass diese Aufnahmen bzw. Aufzeichnungen dem jeweils anderen Teil nur für die Dauer der Partnerschaft überlassen wurden.*

Anmerkungen

1. Wie auch alle sonstigen ehe- bzw. lebenspartnerschaftsrechtlichen Bestimmungen finden die §§ 1361a, 1568b BGB, §§ 13, 17 LPartG bei der Auflösung der faktischen Lebensgemeinschaft keine direkte oder analoge Anwendung (s. OLG Hamm NJW-RR 2005, 1168 zur HausratsVO; vgl. zum Haustier AG Walsrode NJW-RR 2004, 365).

2. Bezüglich nicht mehr vorhandener oder wertlos gewordener Haushaltsgegenstände gilt bei einer Ersatzbeschaffung nicht das Surrogationsprinzip (so nach § 1370 BGB aF). Insoweit müssen die Partner überlegen, ob gegebenenfalls eine Eigentumsübertragung oder ein Wertausgleich erfolgen soll.

3. Zum Löschungsanspruch bezüglich intimer Aufnahmen bzw. Aufzeichnungen nach beendeter Beziehung s. BGHZ 207, 163 = NJW 2016, 1094 = MDR 2016, 84. Die Parteien stellen in der Vereinbarung auch klar, dass die Einwilligung in die Anfertigung, Verwendung und das Behalten von intimen Bild- und Filmaufnahmen, insbesondere in digitaler Form, auf den Zeitraum ihrer Beziehung beschränkt war. Damit ist jede Partei verpflichtet, „Erinnerungsstücke", auch wenn dies schwer fallen mag, zu vernichten, da kein Recht zum Behalten mehr besteht.

3. Vereinbarung über Wohnungsregelung

1. Alternative

Die Parteien verpflichten sich, den Mietvertrag für die gemeinsam angemietete Wohnung zum nächst möglichen Zeitpunkt zu kündigen.[1]

Die Kosten der mietvertraglich erforderlichen Renovierungsmaßnahmen bzw. Schönheitsreparaturen werden von beiden Parteien je zur Hälfte getragen.

Das Guthaben der von Herrn . . . . . . geleisteten Mietkaution steht ihm allein zu. Soweit es vom Vermieter für die Renovierungskosten oder sonstige mietrechtliche Ansprüche in Anspruch genommen wird, wird es im Innenverhältnis der Parteien mit dem auf Herrn

...... entfallenden Kostenanteil verrechnet. Der auf Frau ...... entfallende Anteil ist von dieser Herrn ...... unverzüglich zu erstatten.

2. Alternative

Die Parteien sind sich darüber einig, dass Frau ...... in der bisherigen Wohnung verbleibt, und dass das Mietverhältnis – vorbehaltlich der Zustimmung des Vermieters – von ihr allein fortgesetzt wird.

Herr ...... verpflichtet sich, innerhalb von 3 Monaten, gerechnet ab heute, aus der Wohnung auszuziehen.

Die Parteien sind sich weiter darüber einig, dass das von beiden Parteien gestellte Mietkautionsguthaben Frau ...... allein zusteht und die Kosten künftiger Renovierungsmaßnahmen von ihr allein getragen werden. Herr ...... verpflichtet sich, im Hinblick auf die bisherige Mitnutzung der Wohnung für die künftigen Kosten der Renovierungsmaßnahmen unter Berücksichtigung der hälftigen Mietkaution noch einen pauschalen Betrag von ...... EUR an Frau ...... zu zahlen.[2]

Anmerkungen

1. Wenn sich ohne eine entsprechende vertragliche Regelung einer der Partner weigert, bei der Kündigung der gemeinsamen angemieteten Wohnung mitzuwirken, so kann der andere gegen ihn nach überwiegender Ansicht einen gesellschaftsrechtlichen Anspruch auf Zustimmung zur Kündigung geltend machen (s. OLG Düsseldorf ZMR 2007, 960; NZM 1998, 72 = FamRZ 1998, 739; OLG Köln NZM 1999, 998; LG München II NJW-RR 1993, 334; LG Hamburg WuM 1993, 343; LG Gießen MDR 1996, 898; LG Berlin ZMR 2002, 751; AG Hannover NJWE-MietR 1997, 128; AG Kiel NJW-RR 2001, 154; vgl. *Schrader* NZM 2010, 257 [258]).

2. Vorsorglich könnte im Sinne der 1. Alternative eine Kündigungsmitwirkung vereinbart werden, falls der Vermieter der Entlassung des ausziehenden Partners aus dem Mietverhältnis nicht zustimmt. Für die Dauer der Alleinnutzung kann eine Kostentragungsregelung getroffen werden (OLG Düsseldorf NZM 1998, 72 = FamRZ 1998, 739; zur Kostentragungspflicht mangels einer Regelung OLG Köln ZMR 2004, 32; AG Bernau WuM 2008, 718).

4. Unterhaltsvereinbarung

Im Hinblick darauf, dass Frau ...... im Rahmen der Lebensgemeinschaft den gemeinsamen Haushalt geführt hat, deswegen vereinbarungsgemäß nur eingeschränkt erwerbstätig war und sie sich nach unserer nunmehrigen Trennung erst wieder eine neue Vollzeittätigkeit suchen muss, verpflichtet sich Herr ......, ihr vom Zeitpunkt der Trennung ab, nämlich ......, ein Jahr lang einen monatlichen Unterhalt[1] von ...... EUR zu zahlen. Die Zahlung hat jeweils bis zum Monatsersten auf das Konto ...... von Frau ...... zu erfolgen, wobei maßgeblich für die Rechtzeitigkeit der Eingang auf diesem Konto ist.[2]

Die Parteien sind sich darüber einig, dass darüber hinaus gegenseitig keinerlei Unterhaltsansprüche bestehen.

Anmerkungen

1. Im Rahmen einer faktischen Lebensgemeinschaft gibt es außer der Regelung des § 1615l BGB, die nicht an die Lebensgemeinschaft anknüpft, keine gesetzlichen Unterhaltsansprüche (*Löhnig* NJW 2016, 1487 ff.; *Christl* FF 2016, 290 (293). Derartige Ansprüche können nur vertraglich vereinbart werden (vgl. *Horndasch* FuR 2013, 623 ff.

2. Eine schenkungsteuerliche Befreiung gemäß § 13 Abs. 1 Nr. 12 ErbStG kommt nur in Betracht, wenn der Partner den Bedarf nicht selbst bestreiten kann; sie gilt ferner nur für laufende Rechnungen und eine Zusage, wenn feststeht, dass während des Zeitraums der Berechtigte keine Aussicht hat, aus eigenen Mitteln seinen Lebensunterhalt zu bestreiten. Ob es sich schenkungsteuerrechtlich bei einem Nachteilsausgleich wirklich um eine freigiebige Zuwendung handelt, hängt von der Entwicklung der diesbezüglichen zivilrechtlichen Rechtsprechung ab (krit. Münch FPR 2012, 302 ff.) In den meisten Fällen stellt sich das Problem der Schenkungsteuer nicht, da bei einer kurzzeitigen Zahlungspflicht die gesetzlichen Freibeträge (§§ 15 Abs. 1 [Steuerklasse III], 16 Abs. 1 Nr. 7 ErbStG) nicht überschritten werden. Zur einkommensteuerrechtlichen Berücksichtigung von Unterhaltsleistungen an den nichtehelichen Partner gem. § 33a Abs. 1 EStG s. FG Niedersachsen DStRE 2016, 1424 (Rev. BFH: VI R 16/16).

5. Unterhaltsvereinbarung wegen Kindesbetreuung

Im Hinblick darauf, dass Frau ...... während der Lebensgemeinschaft den gemeinsamen Haushalt geführt und das jetzt 2 Jahre alte gemeinsame Kind ...... betreut hat, sie das Kind auch nach der Trennung weiter betreuen wird und infolgedessen zunächst nicht und später nur in eingeschränktem Umfang erwerbstätig sein kann, verpflichtet sich Herr ......, ihr vom Zeitpunkt der Trennung, nämlich ...... ab bis zu dem Zeitpunkt, zu dem das Kind in die 3. Grundschulklasse kommt, einen monatlichen Betreuungsunterhalt[1] von ...... EUR und danach bis zum Zeitpunkt der Vollendung des 15. Lebensjahres des Kindes noch einen reduzierten monatlichen Unterhalt von ...... EUR zu zahlen.[2]

Eigene Einkünfte von Frau ...... werden bis zu dem Zeitpunkt, zu dem das Kind in die 3. Grundschulklasse kommt, soweit sie einen monatlichen Nettobetrag von ...... EUR nicht übersteigen, nur zur Hälfte, im Übrigen in voller Höhe auf den Unterhalt angerechnet. Ein Erwerbstätigenbonus ist jeweils nach den einschlägigen unterhaltsrechtlichen Richtlinien des für den Unterhalt zuständigen Familiengerichts zugunsten von Frau ...... zu berücksichtigen.

Dieser Unterhaltsverpflichtung liegt ein derzeitiges monatliches Nettoeinkommen von Herrn ...... in Höhe von rund ...... EUR zu Grunde. Für den Fall einer wesentlichen Reduzierung dieses Einkommens, wovon bei einer Änderung um 25 % des Nettoeinkommens auszugehen ist, bleibt Herrn ...... ein Anspruch auf eine entsprechende Herabsetzung seiner Unterhaltsverpflichtung vorbehalten. Eine Unterhaltserhöhung ist hinsichtlich des zwischen uns vertraglich vereinbarten Unterhaltsanspruchs ausgeschlossen.

Weitergehende gesetzliche Ansprüche gemäß § 1615l BGB bleiben unberührt. Die vorstehend vereinbarten vertraglichen Leistungen sind jedoch auf die gesetzlichen Ansprüche anzurechnen.

Anmerkungen

1. Die gesetzliche Regelung des § 1615l BGB wird häufig zusätzliche Unterhaltsvereinbarungen entbehrlich machen (zu Vereinbarungen s. *Horndasch* FuR 2013, 623 ff.; vgl. auch *Löhnig* NJW 2016, 1487 [1488 f.]; *Christl* FuR 2016, 290 [293 ff].

2. Allerdings kann eine verstärkende Unterhaltsvereinbarung im Sinne des früheren für § 1570aF geltenden Altersphasenmodells trotz der steuerlichen Nachteile (→ Form. N.II.4 Anm. 2) gewollt sein. Zu berücksichtigen ist dann das Verhältnis zur zwingenden gesetzlichen Unterhaltspflicht. Zudem kann sich bei verstärkenden Unterhaltsvereinbarungen eine Kollision mit den Unterhaltsansprüchen vorrangig unterhaltsberechtigter Personen ergeben (vgl. *Büte* FuR 2014, 662 ff.; *Gerhardt* FuR 2010, 241 ff.; *Heiderhoff* DNotZ 2012, 494 ff.; *Herrler* FPR 2009, 506 ff.; *Metz* NJW 2009, 1655 ff.; *Münch* MittBayNot 2012, 10 ff.; *Schmitz* RNotZ 2011, 265 ff.).

6. Verlängerter Unterhaltsanspruch wegen Kindesbetreuung

Frau

. . . . . .

Sehr geehrte Frau . . . . . .,

wir zeigen an, dass wir Herrn . . . . . . vertreten.

Unser Mandant zahlt Ihnen im Hinblick darauf, dass Sie den gemeinsamen Sohn betreuen und deswegen keiner Erwerbstätigkeit nachgehen, bis jetzt einen monatlichen Unterhalt in Höhe von . . . . . . EUR.[1]

Nachdem das Kind im kommenden Monat 3 Jahre alt wird, haben Sie sich an unseren Mandanten gewandt und einen Anspruch auf Fortzahlung des Unterhalts für 3 weitere Jahre geltend gemacht, mit der Begründung, das Kind sei weiter uneingeschränkt betreuungsbedürftig, so dass Sie auch in den 3 kommenden Jahren Ihre frühere berufliche Tätigkeit nicht wieder aufnehmen könnten.

Unser Mandant ist nicht bereit, diesen verlängerten Unterhaltsanspruch anzuerkennen.

Zum einen haben Sie nach Information unseres Mandanten das Kind bereits in dem örtlichen Kindergarten angemeldet, den der Junge vom kommenden Monat ab besuchen kann. Es gibt dort auch die Möglichkeit einer Mittags- und Nachmittagsbetreuung.[2]

Davon abgesehen ist es Ihnen möglich und auch zumutbar, neben der zukünftig eingeschränkten Betreuung des Kindes Ihre frühere Tätigkeit als selbständige Immobilienmaklerin wieder aufzunehmen. Sie können diese Tätigkeit einerseits in erheblichem Umfang auch von Ihrer Wohnung aus, der auch Büroräume angeschlossen sind, ausüben, und sind im Übrigen in der Lage, aufgrund der Höhe der aus dieser Tätigkeit erzielbaren Einkünfte auch eine Betreuerin für das Kind zu engagieren.

Es ist unter diesen Umständen nicht erkennbar, dass Sie wegen der Betreuung des Kindes auf weitere Unterhaltsleistungen unseres Mandanten angewiesen sind.[3]

Mit freundlichen Grüßen

. . . . . .

Rechtsanwalt/Rechtsanwältin

Anmerkungen

1. Gemäß der Neufassung von § 1615l Abs. 2 S. 4 und 5 BGB kann der Unterhaltsanspruch des ein gemeinsames Kind betreuenden Elternteils nicht miteinander verheirateter Eltern – der nach der früheren Regelung grundsätzlich 3 Jahre nach der Geburt des Kindes endete – auch über die 3 Jahre hinaus geltend gemacht werden, solange und soweit dies der Billigkeit entspricht, wobei insbesondere die Belange des Kindes und die bestehenden Möglichkeiten der Kinderbetreuung zu berücksichtigen sind (vgl. BGH NJW 2008, 3125; NJW 2010, 937; NJW 2010, 103; NJW 2011, 1582 u. NJW 2011, 2430; NJW 2013, 3578; NJW 2015, 2257; NJW 2016, 1511; *Born* FamFR 2010, 97 ff.; *ders.* FamFR 2012, 220 ff.; *ders.* NJW 2015, 534 ff.; *Dose* FPR 2012, 129 ff. u. *Pauling* FamFR 2010, 77 ff.).

2. Den bestehenden Möglichkeiten der Kinderbetreuung kommt neben den kindbezogenen Gründen besondere Bedeutung zu. Selbst einem kranken Kind ist der Besuch einer Betreuungseinrichtung zumutbar, um der Mutter eine Vollzeitbeschäftigt zu ermöglichen (OLG Karlsruhe FamRZ 2011, 1101; OLG München FamRZ 2012, 558).

3. Zu weiteren Unterhaltsfragen → Form. F.V.3

III. Kinder in der nichtehelichen Lebensgemeinschaft

1. Vaterschaftsanerkenntnis

Erklärung des Vaters eines „nichtehelichen“ Kindes:[2]

......

(Angaben zur Person)

Das Kind ...... ist am ...... in ...... geboren. Die Geburt wurde beim Standesamt ...... unter der Registernummer ...... beurkundet. Mutter des Kindes ist Frau ...... Ich erkenne an,[1] der Vater des vorgenannten Kindes zu sein.

Erklärung der Mutter:

......

(Angaben zur Person)

Ich stimme der Vaterschaftsanerkennung zu.

...... (Unterschriften der Beteiligten)[3]

Anmerkungen

1. Beide Erklärungen können nicht durch einen Bevollmächtigten abgegeben werden (§ 1596 Abs. 4 BGB); sie dürfen nicht unter einer Bedingung oder Zeitbestimmung stehen (§ 1594 Abs. 3 BGB). Sie können bereits vor der Geburt abgegeben werden (§ 1594 Abs. 4 BGB). Eine heimliche Anerkennung ist nicht möglich; nach § 1597 Abs. 2 BGB sind beglaubigte Abschriften der Anerkennung und der Zustimmung der Mutter dem Vater, der Mutter und dem Kind sowie dem Standesamt zu übermitteln.

Die Vaterschaftsanerkennung und die erforderliche Zustimmungserklärung der Mutter müssen öffentlich beurkundet werden (§ 1597 Abs. 1 BGB). Die Beurkundung kann beim Notar, beim Standesamt (§ 44 Abs. 1 PStG), beim Jugendamt (§ 59 Abs. 1 S. 1 Nr. 1 SGB VIII) oder beim Familiengericht (§ 180 FamFG) erfolgen.

2. Die Anerkennung durch den Vater ist bereits vor der Geburt des Kindes möglich (sog. pränatale Vaterschaftsanerkennung, § 1594 Abs. 4 BGB); nach h. M. jedoch nicht vor der Zeugung. Ob eine vorkonzeptionelle Vaterschaftsanerkennung als Ausnahme bei einer heterologen Insemination zulässig ist, ist umstritten (vgl. *Roth* DNotZ 2003, 804 [808]; *Spickhoff* AcP 197 [1997], 398 [426]; *Taupitz/Schlüter* AcP 205 [2005], 591 [595]; Beck Notarhdb/*Grziwotz* B V Rn. 8). Auch eine bewusst unrichtige Anerkennung (zB bei einer Samenspende eines fremden Mannes) ist wirksam (KG NJW-RR 1995, 70; OLG Koblenz FamRZ 2007, 2098); bei einer missbräuchlichen Anerkennung zur Erlangung der Aufenthaltsgenehmigung durch einen Mann, der nicht der leibliche Vater des Kindes ist, ist die Beurkundung bei einem entsprechenden Verdacht auszusetzen und nach einer entsprechenden Feststellung der ausländerrechtlich zuständigen Behörde endgültig abzulehnen (§ 1597a Abs. 2 BGB).

3. Rechtsfolgen des Anerkenntnisses sind die Unterhaltspflicht gegenüber dem Kind (§ 1601 BGB) und dem das Kind betreuenden Elternteil (§ 1615l BGB), das Erbrecht (§§ 1924, 1925 BGB), das Umgangsrecht (§ 1684 BGB) und bei Abgabe von Sorgeerklärungen oder gerichtlicher Zuerkennung das gemeinschaftliche Sorgerecht (§ 1626a BGB).

2. Sorgeerklärungen nicht miteinander verheirateter Eltern

Erklärung der Mutter:

. . . . . .

(Angaben zur Person)

Ich habe am . . . . . . das Kind . . . . . . geboren. Die Geburt ist beim Standesamt . . . . . . unter der Registernummer . . . . . . beurkundet.

Erklärung des Vaters:

. . . . . .

Ich habe am . . . . . . beim Notar . . . . . . UR. Nr. . . . . . . die Vaterschaft für das Kind . . . . . . anerkannt.[1]

Beide Eltern erklären: Wir wollen die elterliche Sorge für das Kind . . . . . . gemeinsam übernehmen.[2]

. . . . . .

(Unterschriften der Beteiligten)

Anmerkungen

1. Während die elterliche Sorge für ein Kind nicht miteinander verheirateter Eltern auch nach dem Gesetz zur Reform der elterlichen Sorge nicht miteinander verheirateter Eltern grundsätzlich der Mutter zusteht (§ 1626a Abs. 3 BGB; vgl. aber EGMR NJW 2010, 501; BVerfGE 127, 132; *Coester* FamRZ 2012, 1337 ff.; *Salgo* FPR 2012, 409 ff.; zur familiengerichtlichen Übertragung der Mitsorge auf den Vater gem. § 1626a Abs. 1 Nr. 3, Abs. 2 BGB s. OLG Brandenburg NZFam 2015, 1027 u. *Vogel* FamRB 2015, 434 ff. u. 477 ff.), können beide Eltern gemäß § 1626a BGB durch entsprechende Sorgeerklärungen die gemeinsame elterliche Sorge übernehmen. Voraussetzung ist, dass die Abstammung des Kindes vom Vater feststeht; der Mann muss entweder seine Vaterschaft anerkannt haben oder seine Vaterschaft muss gerichtlich festgestellt worden sein. Eine vor Feststehen der Vaterschaft abgegebene Sorgeerklärung des Mannes ist grundsätzlich unwirksam.

2. Die höchstpersönlichen Sorgeerklärungen, die schon vor der Geburt des Kindes (nicht aber vor Zeugung für alle künftigen gemeinsamen Kinder) abgegeben werden können (§ 1626b Abs. 2 BGB), müssen öffentlich (§ 1626d Abs. 1 BGB), d. h. beim Notar oder beim Jugendamt (§ 59 Abs. 1 S. 1 Nr. 8 SGB VIII), erfolgen. Eine gleichzeitige Abgabe ist nicht erforderlich; die Erklärungen müssen allerdings „deckungsgleich" sein; Bedingungen und Zeitbestimmungen sind unzulässig (§ 1626b Abs. 1 BGB). Werden weitere Erklärungen in die notarielle Urkunde aufgenommen, sollte ausdrücklich klargestellt werden, dass sie nicht Bedingung für die Sorgeerklärung sind. Der Notar ist gemäß § 1626d Abs. 2 BGB zur Übersendung einer beglaubigten Abschrift der Sorgeerklärung an das Jugendamt verpflichtet. Die Sorgeerklärungen können sich nach h. M. nicht auf einen Teil der elterlichen Sorge beschränken (BGH FamRZ 2008, 251, 255; aA *Zimmermann* DNotZ 1998, 404, 419).

3. Vereinbarung über Sorge-, Umgangs- und Unterhaltsregelung nach Beendigung der Lebensgemeinschaft

Vereinbarung nach Auflösung einer nichtehelichen Lebensgemeinschaft, aus der ein Kind hervorgegangen ist.

1. Herr . . . . . . und Frau . . . . . . sind sich darüber einig, dass ihnen die elterliche Sorge für das am . . . . . . geborene Kind . . . . . . gemäß der notariellen Sorgeerklärung vom . . . . . . auch nach der Trennung weiterhin gemeinsam zustehen soll.[1]
Sie sind sich weiter darüber einig, dass sich das Kind . . . . . . nach der Trennung bei Frau . . . . . . aufhalten und dort seinen Lebensmittelpunkt haben soll und dass Frau . . . . . . berechtigt ist, in den das Kind betreffenden Angelegenheiten des täglichen Lebens (§ 1687 Abs. 1 S. 3 BGB) allein zu entscheiden.
In allen sonstigen Angelegenheiten, die für das Kind von erheblicher Bedeutung sind, wozu insbesondere künftige Aufenthaltsregelungen, ein Internats- oder Heimaufenthalt, die schulische und sonstige Ausbildung des Kindes und die spätere Berufswahl, ärztliche Behandlungen und Operationen bei schwerwiegenden Erkrankungen und Vermögensangelegenheiten, wie die Verwendung und Anlage von Vermögen des Kindes, gehören, entscheiden beide Eltern gemeinsam und einvernehmlich.
2. Die Parteien vereinbaren weiter, dass Herrn . . . . . . ein großzügiges Umgangsrecht eingeräumt wird.[2]
Eine feste Umgangsregelung halten sie derzeit nicht für erforderlich. Grundsätzlich soll sich das Kind an jedem zweiten Wochenende von Freitagnachmittag bis Sonntagabend bei Herrn . . . . . . aufhalten. Die Ferienregelung soll grundsätzlich so aussehen, dass Herr . . . . . . das Kind jeweils die Hälfte der Oster-, Pfingst- und Weihnachtsferien und zwei oder drei Wochen in den Sommerferien sowie alternativ die Faschings- oder Herbstferien bei sich hat.
Die erforderlichen Absprachen über die jeweiligen Umgangszeiten und über die Gestaltung der Umgangsregelung im einzelnen werden die Parteien jeweils rechtzeitig treffen.
Im Hinblick darauf, dass das Kind eine intensive Beziehung zu den Eltern von Frau . . . . . . hat, besteht schließlich auch Einigkeit darüber, dass das Kind die Großeltern häufig besuchen kann.
3. Herr . . . . . . verpflichtet sich, ab . . . . . . für das Kind . . . . . . einen monatlichen Kindesunterhalt in Höhe von . . . . . . % des jeweiligen Mindestunterhalts gemäß § 1612a Abs. 1 BGB der jeweiligen Altersstufe, derzeit monatlich . . . . . . EUR zu Händen von Frau . . . . . . monatlich im Voraus bis zum ersten Kalendertag eines jeden Monats zu zahlen.
Das Kindergeld erhält Frau . . . . . .[3] Es ist zur Hälfte als bedarfsmindernder Vorwegabzug anzurechnen (§ 1612b BGB). Durch die vorstehende Vereinbarung erhält das Kind einen eigenen Zahlungsanspruch (§ 328 BGB). Der zu zahlende Betrag ist auf gesetzliche Unterhaltsansprüche anzurechnen.

. . . . . .

(Unterschriften der Beteiligten)

Anmerkungen

1. Die Abgabe von Erklärungen über ein gemeinsames Sorgerecht wäre auch noch nach einer Trennung möglich; sie sind auch dann noch zulässig, wenn die Eltern bereits mit einem anderen Partner verheiratet sind oder in eingetragener Lebenspartnerschaft leben (Palandt/*Götz* § 1626a Rn. 4). Nicht möglich ist es, dass durch eine „unechte Stiefkindadoption" das gemeinsame Kind ein rechtlich gemeinschaftliches Kind des nicht verheirateten und nicht in eingetragener Lebenspartnerschaft lebenden Paares wird (BGH MDR 2017, 399 = FamRZ 2017, 626 = NJW 2017, 11; *Grziwotz* NJW 2017, 1646 ff.).

2. Zum Umgangs- und Auskunftsrecht eines leiblichen, nicht rechtlichen Vaters, wenn dieser mit der verheirateten Mutter vor und/oder nach der Geburt zusammengelebt hat, s. § 1686a BGB (vgl. *Clausius* MDR 2013, 685 ff.)

3. Vgl. *Schwarz* FamRB 2015, 312 (313).

IV. Erbregelungen

1. Testament

Testament[1]

Ich treffe hiermit die nachfolgende letztwillige Verfügung.[2]

Grundlage der Verfügung ist folgende persönliche Situation: Ich bin geschieden. Aus der Ehe ist mein Sohn . . . . . . hervorgegangen. Ich habe mit Frau . . . . . . die Tochter . . . . . .[3]

Ich setze meinen Sohn . . . . . . und meine Tochter . . . . . . je zur Hälfte als Erben ein.

Frau . . . . . . erhält als Vermächtnis das Recht, auf Lebensdauer mietfrei in meinem Haus . . . . . . zu wohnen. Das Wohnungsrecht bezieht sich auf das gesamte Gebäude und ist auf Verlangen und Kosten der Berechtigten im Grundbuch einzutragen.[4]

Ich mache meinen beiden Erben zur Auflage, das Anwesen, solange das Wohnungsrecht von Frau . . . . . . noch nicht erloschen ist, ohne ihre Zustimmung nicht zu veräußern.

Falls Frau . . . . . . zum Zeitpunkt meines Todes nicht mehr in dem vorgenannten Anwesen wohnen sollte, entfällt dieses Vermächtnis. In diesem Fall soll Frau . . . . . . aber einen Geldbetrag von EUR . . . . . . erhalten.

Ersatzvermächtnisnehmer bestimme ich jeweils nicht.

. . . . . .

(Unterschrift)

Anmerkungen

1. Es besteht kein gesetzliches Erbrecht des überlebenden Partners einer nichtehelichen bzw. nicht eingetragenen Lebensgemeinschaft. Die für Ehegatten geltenden Bestimmungen der §§ 1931, 1932 und 1371 BGB und die entsprechenden Regeln für eingetragene Lebenspartner (§§ 10, 6 S. 2 LPartG) sind auch nicht analog anwendbar (s. Schnitzler/*Kleinwegener* § 26 Rn. 98; vgl. auch *Koutses* FPR 2001, 41 u. *Kroiß/Eckert* NJW 2012, 3768).

Der überlebende Partner kann also nur auf Grund einer Verfügung von Todes wegen Erbe werden, sofern er nicht ausnahmsweise mit dem Lebensgefährten, wie zB bei Geschwistern, verwandt ist. Erbschaftsteuerlich besteht kein Anspruch auf Gleichbehandlung mit Ehegatten und eingetragenen Lebenspartnern, auch wenn gemeinschaftliche Kinder vorhanden sind (vgl. BFH DStR 2013, 1128). Der nicht verwandte Lebensgefährte fällt in die Steuerklasse III mit einem Eingangssteuersatz von 30 % und einem Spitzensteuersatz von 50 % (§§ 15 Abs. 1, 19 Abs. 1 ErbStG); der Freibetrag beträgt 20.000 EUR (§ 16 Abs. 1 Nr. 7 ErbStG; vgl. nur S. Kappler/T. Kappler/*Koss/T. Kappler*, Handbuch Patchworkfamilie, 2013, Kap. 8 Rn. 1). Zu (strafrechtlich relevanten) „Steuervermeidungsmöglichkeiten" durch „verschwiegenes Vermögen" s. *Streck/Kramps* ErbR 2017, 18 f.

2. Lebensgefährten können nicht wie Ehegatten oder eingetragene Lebenspartner ein gemeinschaftliches Testament errichten (s. §§ 2265, 2267 BGB, § 10 Abs. 4 LPartG; vgl.

BGH NJW-RR 1987; BVerfG NJW 1989, 1986; *v. Proff* ZErb 2008, 254, 256 ff.; zur Umdeutung s. nur OLG Hamm NJW-RR 1996, 1290 u. OLG Braunschweig NJW-RR 2005, 1027).

3. Die Angabe des Motivs der Zuwendung (zB Lebensgemeinschaft, Beziehung) kann zu Anfechtungsrechten Dritter führen (vgl. BayObLG FamRZ 1984, 422; BayObLG NJW-RR 1990, 200 u. BayObLG NJWE-FER 2000, 89). Eine Sittenwidrigkeit kommt bei testamentarischen Verfügungen zu Gunsten des Lebensgefährten nur noch in Ausnahmefällen in Betracht (s. dazu BayObLG FamRZ 1992, 226; OLG Frankfurt NJW-RR 1995, 265; BayObLG FamRZ 2002, 915; OLG Düsseldorf FamRZ 2009, 545; *Grziwotz* DNotZ 2016, 732 ff.).

4. Zur Unterscheidung zwischen einem dinglichen und schuldrechtlichen Wohnungsrecht s. *Grziwotz* ZEV 2010, 130.

2. Erbvertrag

(Beurkundungsprotokoll)

Herr . . . . . .

und

Frau . . . . . .

schließen folgenden

Erbvertrag[1]

Wir setzen uns gegenseitig zu alleinigen Erben ein.

Erbe des Letztversterbenden soll das gemeinsame Kind sein.

Jeder von uns hat das Recht, ohne Angabe von Gründen von diesem Vertrag zurückzutreten.[2, 3]

Anmerkungen

1. Weil faktische Lebenspartner kein gemeinschaftliches Testament errichten können, bietet sich für eine gemeinsame Erbregelung der Abschluss eines notariellen Erbvertrages mit freiem Rücktrittsrecht (vgl. *Grziwotz* ZEV 1999, 299 ff.; *Kroiß/Eckert* NJW 2012, 3768 ff.) an. Der Erbvertrag bedarf der notariellen Beurkundung und kann nur persönlich geschlossen werden (§§ 2274, 2276 BGB). Er ist nicht bereits deshalb sittenwidrig, weil er nur einen Partner bzw. dessen Rechtsnachfolger begünstigt (OLG Koblenz FamRZ 2016, 405). Ein Erbvertrag mit der Geschäftsführerin eines ambulanten Pflegedienstes kann dagegen wegen eines Verstoßes gegen landesrechtliche heimrechtliche Vorschriften nichtig sein (OLG Frankfurt a.M. NJW 2015, 2351 = FamRZ 2015, 1840: Verstoß gegen § 7 HGBP).

2. Insbesondere im Hinblick auf die Ungewissheit über die Dauer der Lebensgemeinschaft empfiehlt sich ein Rücktrittsvorbehalt. Dieser sollte nicht von Bedingungen abhängen, sondern wie beim Widerrufsrecht des gemeinschaftlichen Testaments (§ 2271 BGB) frei sein (ebenso *Nieder/Kössinger*, Handbuch der Testamentsgestaltung § 14 Rn. 167). Die Einhaltung einer Wartefrist (zB ein Jahr wie das Trennungsjahr vor einer Scheidung) gibt für das Rücktrittsrecht ebenfalls keinen Sinn. Auch das Widerrufsrecht im gemeinschaftlichen

Testament hängt nicht von einer Trennung oder gar einer Wartefrist ab. Die Jahresfrist für die Anfechtung eines Erbvertrags (§ 2283 Abs. 1 BGB) hat eine Ausschlussfunktion und soll zur möglichst raschen Erklärung anhalten (vgl. OLG Koblenz FamRZ 2016, 405). § 2077 BGB ist nicht entsprechend anwendbar (OLG Celle NJW-RR 2003, 1304; OLG Frankfurt a.M. ErbR 2016, 453; ErbR 2016, 276), so dass ohne ein Rücktrittsrecht der Erbvertrag nach einer Trennung bestehen bliebe (vgl. auch BGHZ 154, 336 = NJW 2003, 2095).

3. Die Rücktrittserklärung muss gegebenenfalls persönlich erfolgen und notariell beurkundet werden (§§ 2293, 2296 BGB). Dem anderen Vertragspartner muss der Rücktritt zugehen. Dazu ist ihm eine Ausfertigung zuzustellen oder auszuhändigen.

O. Gleichgeschlechtliche Partnerschaft

I. Begründung der Lebenspartnerschaft

1. Erklärung über die Begründung einer Lebenspartnerschaft (bis 30.9.2017)

Herr . . . . . .

und

Herr . . . . . .

(jeweils Angabe von Name, Geburtsdatum und -ort (Geburtsstandesamt, Geburtenregisternummer, Namen der Eltern, Staatsangehörigkeit, Adresse) geben bei gleichzeitiger Anwesenheit mit dem Antrag auf Beurkundung folgende Erklärungen[1, 2] ab:

Wir beabsichtigen, miteinander eine eingetragene Lebenspartnerschaft zu begründen.

Wir sind beide volljährig, nicht verheiratet, führen keine andere Lebenspartnerschaft, sind nicht in gerader Linie miteinander verwandt und keine Geschwister.[3] Diese Voraussetzungen wurden vom Standesamt . . . . . . bescheinigt. Diese Unterlagen sind der Urkunde zu Beweiszwecken beigefügt. Eine Änderung hat sich seitdem nicht ergeben.

Wir erkennen an, als Lebenspartner einander zur Fürsorge und Unterstützung sowie zur gemeinsamen Lebensgestaltung verpflichtet zu sein und füreinander Verantwortung zu tragen.

Auf die Frage der Notarin/der Notars, ob wir miteinander eine Lebenspartnerschaft auf Lebenszeit nach den Vorschriften des Lebenspartnerschaftsgesetzes führen wollen, antwortete jeder von uns einzeln mit „Ja, ich will".

Die Notarin/der Notar erklärte daraufhin, dass die Lebenspartnerschaft nunmehr begründet ist.

Wir bestimmen vorerst keinen gemeinsamen Namen.[4]

Alternative:

Als gemeinsame Namen bestimmen wir den Namen . . . . . . (Geburtsname oder geführter Name eines der Lebenspartner).

Ich (Lebenspartner, dessen Name nicht Lebenspartnerschaftsname wird) erkläre, dass ich meinen Geburtsnamen dem gemeinsamen Namen voranstelle/anfüge.

Nunmehr erklären wir, dass wir eine Partnerschaft auf Lebenszeit führen wollen.

Wir beantragen, eine Lebenspartnerschaftsurkunde auszustellen und uns jeweils eine Ausfertigung zukommen zu lassen.

. . . . . .

(Unterschriften der Beteiligten)

Anmerkungen

1. Mit dem als Gesetz zur Beendigung der Diskriminierung gleichgeschlechtlicher Gemeinschaften am 16.2.2001 verkündeten, am 1.8.2001 in Kraft getretenen Gesetz über die Eingetragene Lebenspartnerschaft (Lebenspartnerschaftsgesetz) wurde den gleichgeschlechtlichen Lebensgemeinschaften eine rechtliche Grundlage gegeben (vgl. BFH FamRZ 2014, 1550 zur Ablehnung der Zusammenveranlagung für frühere Jahre). Das BVerfG stellte mit Urteil vom 17.7.2002 (1 BvF 1/01, 2/01, BVerfGE 105, 313 = NJW 2002, 2543) die Vereinbarkeit des LPartG mit dem GG fest. Das Gesetz wurde dann mehrfach, insbesondere durch das Gesetz zur Überarbeitung des Lebenspartnerschaftsrechts vom 15.12.2004 geändert. Mit ihm wurde die Lebenspartnerschaft hinsichtlich des Aufhebungsfolgenrechts weitgehend der Ehe gleichgestellt. Das BVerfG (NJW 2010, 1439 = FamRZ 2010, 1577; NJW 2010, 2783; BeckRS 2011, 55171; NVwZ 2012, 1304; NVwZ 2012, 1310; NJW 2013, 847 = FamRZ 2013, 521; NJW 2013, 2257 = FamRZ 2013, 1103; vgl. auch EuGH NVwZ 2013, 132; vgl. *Selder* DStR 2013, 1064 ff.; *Elden* FPR 2013, 262 ff.; *Sanders* NJW 2013, 2236 ff.; *Merkt* DStR 2013, 2312 ff.) hat zudem Ungleichbehandlungen der eingetragenen Lebenspartnerschaft im Vergleich zur Ehe mit Art. 3 Abs. 1 GG für unvereinbar gehalten. Das Schutzgebot des Art. 6 Abs. 1 GG könne Differenzierungen nicht rechtfertigen. Diese Entscheidungen haben über den jeweils entschiedenen Bereich hinausgehende Konsequenzen. Der Gesetzgeber ist, insbesondere auch europarechtlich, nicht verpflichtet gewesen, gleichgeschlechtlichen Paaren eine Ehe zu ermöglichen, wenn eine eingetragene Lebenspartnerschaft als Alternative für sie zulässig ist (EGMR NJW 2011, 1421 = FamRZ 2010, 1825; EGMR FamRZ 2016, 1341; vgl. *Maierhöfer* EuGRZ 2013, 105 [107 ff.]; *Czech* Ehe und Partnerschaft 2016, 181 ff.; zur Öffnung der Ehe für gleichgeschlechtliche Paare *Brosius-Gersdorf* FamFR 2013, 169 ff.; *dies.* NJW 2015, 3557 ff.; *Erbarth* NZFam 2016, 536 ff.; *Gade/Thiele* DÖV 2013, 142 ff.; *Röthel* FamRZ 2015, 1241 f.). Auch bei transsexuellen Personen konnte die Geschlechtsumwandlung von einer Umwandlung der Ehe in eine gleichgeschlechtliche Partnerschaft abhängig gemacht werden (EGMR NZFam 2015, 782; vgl. AG Köln FamRZ 2015, 408; OLG Nürnberg NJW 2016, 255 = FamRZ 2016, 154).

Eine nach ausländischem Recht geschlossene Ehe wurde bis 1.10.2017 im Inland als eingetragene Lebenspartnerschaft qualifiziert (BGH NJW 2016, 2322; OLG München MittBayNot 2013, 321). Die EuGüVO und die EuPartVO definieren die Vorfragen, was eine Ehe bzw. Lebenspartnerschaft ist, nicht, sondern überlassen diese Vorfragen dem nationalen Recht (Erwägungsgrund 17, 21 EuGüVO; Art. 1 Abs. 2 lit. b. EuGüVO; Erwägungsgrund 10 EuPartVO; Art. 2 lit. b. EuPartVO; s. dazu nur *Weber* DNotZ 2016, 659 [669]).

Durch das Gesetz zur Einführung des Rechts auf Eheschließung für Personen gleichen Geschlechts vom 20.7.2017 (BGBl. 2017 I, 2787) wurde die Ehe auch für zwei Personen gleichen Geschlechts geöffnet (§ 1353 Abs. 3 BGB). Das Gesetz tritt am 1.10.2017 in Kraft. Art. 3 Abs. 3 des vorgenannten Gesetzes lässt eine Lebenspartnerschaftsbegründung ab diesem Zeitpunkt nicht mehr zu. Gleichgeschlechtlichen Paaren wird keine Wahlmöglichkeit zwischen Ehe und eingetragener Lebenspartnerschaft für die Begründung ihrer Partnerschaft eröffnet. Demgegenüber sind durch das Gesetz zur Bereinigung des Rechts der Lebenspartner vom 20.11.2015 (BGBl. 2015 I, 2010) im Wesentlichen nur redaktionelle Änderungen in zahlreichen Gesetzen erfolgt (*Kemper* FamRB 2016, 116 ff.; *Schwab* FamRZ 2016, 1 ff.). Sie haben für die fortbestehenden eingetragenen Lebenspartnerschaften weiterhin Bedeutung.

2. Die Lebenspartnerschaft wird bis 1.10.2017 durch eine formelle Erklärung der beiden Partner begründet. Die Beteiligten müssen nicht homosexuell sein, sondern nur das gleiche Geschlecht haben. Allerdings können auch Transsexuelle ohne einen die äußeren Geschlechtsmerkmale ändernden operativen Eingriff eine eingetragene Lebenspartnerschaft begründen (BVerfGE 128, 109 = NJW 2011, 909). Die eingetragene Lebenspartnerschaft steht bis 1.10.2017 auch heterosexuellen gleichgeschlechtlichen Personen als familienrechtliches Institut zur Verfügung, wenn sie, wie zB Alterslebenspartnerschaften, eine Verantwortungs- und Einstehensgemeinschaft eingehen wollen; dies ist ab diesem Zeitpunkt nicht mehr der Fall. Die Erklärung der Lebenspartnerschaftsbegründung muss gemäß § 1 LPartG jeweils persönlich und bei gleichzeitiger Anwesenheit vor dem Standesbeamten abgegeben werden. Die Länder können eine abweichende Zuständigkeit bestimmen (§ 23 LPartG). Dies ist insbesondere in Bayern gemäß Art. 1 Abs. 1 S. 1 BayAGLPartG erfolgt, wonach die Lebenspartnerschaftserklärungen auch gegenüber einem Notar mit Amtssitz in Bayern abgegeben werden können. Diese Zuständigkeit besteht unabhängig vom Wohnsitz der Beteiligten. Allerdings lässt sich die vielfach gewünschte komplette „Umgehung des Standesamts" dennoch nicht erreichen, da die Anmeldung zunächst beim zuständigen Standesamt erfolgen muss (§ 17 iVm §§ 12 Abs. 1, 13 PStG).

3. Siehe § 1 Abs. 3 LPartG, § 1306 BGB (vgl. *Burghardt* StAZ 2012, 252 zur unwirksamen Lebenspartnerschaft eines verheirateten Mannes).

4. Zur Namensregelung s. § 3 LPartG. Für die Entgegennahme späterer namensrechtlicher Erklärungen ist allein der Standesbeamte zuständig, sofern keine abweichende landesrechtliche Bestimmung besteht (§§ 3 Abs. 2 u. 3, 23 LPartG). Zur Namensbestimmung bei einer im Ausland geschlossenen gleichgeschlechtlichen Ehe s. BGH NJW 2016, 2953.

2. Erklärung über die Umwandlung einer Lebenspartnerschaft in eine Ehe (ab 1.10.2017)

Herr . . . . . .

und

Herr . . . . . .

(jeweils Angabe von Name [Familienname, Geburtsname, Vornamen], Geburtsdatum und -ort (Geburtsstandesamt, Geburtenregisternummer, Namen der Eltern, Staatsangehörigkeit [ggf. Staatenlosigkeit, Flüchtling, Asylbewerber], Adresse)

beantragen, ihre am . . . . . . vor dem . . . . . . Notar/der Notarin in .....(Bayern) / dem Standesamt in . . . . . . begründete Lebenspartnerschaft in eine Ehe umzuwandeln.[1] Zum Bestehen der Lebenspartnerschaft wird vorgelegt: Lebenspartnerschaftsurkunde (§ 58 PStG).[2]

Sie erklären hierzu:

Wir sind unbeschränkt geschäftsfähig und volljährig. Uns sind keine rechtlichen Hindernisse bekannt, die der Umwandlung der eingetragenen Lebenspartnerschaft in eine Ehe entgegenstehen.[3]

Wir haben bisher keinen Lebenspartnerschaftsnamen bestimmt, wir wollen auch nunmehr keinen Ehenamen bestimmen (nunmehr den Namen von . . . . . . zum Ehenamen bestimmen. . . . . . . erklärt, dass er seinen Namen dem Ehenamen nicht voranstellen oder anfügen möchte).[4]

Wir versichern nach bestem Wissen und Gewissen, dass die vorstehenden Angaben richtig sind.

Wir beantragen, eine Lebenspartnerschaftsurkunde auszustellen und uns jeweils eine Ausfertigung zukommen zu lassen.

Ort, Datum ......

......

(Unterschriften der Beteiligten)

Anmerkungen

1. § 20a LPartG gestattet, ohne zeitliche Begrenzung, Lebenspartnern die Umwandlung ihrer Lebenspartnerschaft in eine Ehe. Bis zum 1.10.2017 begründeten Lebenspartnerschaften soll dadurch der Wechsel in eine Ehe ohne vorherige Lebenspartnerschaftsbegründung ermöglicht werden (BT-Drs. 18/6665, 9). Wandeln Lebenspartner ihre Lebenspartnerschaft in eine Ehe um, so wirkt diese Institutsänderung rückwirkend. Die früheren eingetragenen Lebenspartner werden zu fiktiven Ehegatten seit dem Datum der Begründung ihrer eingetragenen Lebenspartnerschaft. Wer dies, auch hinsichtlich der Unterschiede zwischen dem Aufhebungs- und Scheidungsfolgenrecht bei Altlebenspartnerschaften, vermeiden will, muss es bei der bestehenden Lebenspartnerschaft belassen.

Kein Wechsel ist möglich, wenn ein Lebenspartner bereits (z. B. Demenz) geschäftsunfähig ist. Auch Lebenspartnern, deren Lebenspartnerschaft bereits aufgehoben wurde, ist eine Umwandlung ebenfalls nicht mehr möglich. Gleiches gilt, wenn ein Lebenspartner bereits verstorben ist; ist ein Lebenspartner todkrank, ist eine Umwandlung vor dem 1.10.2017 mit Wirkung ab ... nicht möglich (§ 20a S. 2 LPartG). Probleme bereitet die gesetzliche Formulierung, wohl wegen einer Gleichstellungseuphorie, dass die Lebenspartner erklären müssen, miteinander eine Ehe auf Lebenszeit führen zu wollen (§ 20a S. 1, Hs. 2 LPartG). Leben die Partner bereits getrennt, schließt die gesetzliche Formulierung eine Umwandlung einer Altlebenspartnerschaft in eine Ehe, um unter das Scheidungsfolgenrecht mit einem rückwirkenden Versorgungsausgleich zu fallen, aus. Dies dürfte allerdings vom Gesetzgeber nicht gewollt sein; er hat vielmehr nur den nochmaligen Gang zum Standesamt zur Eheschließung vor Augen gehabt, um den Lebenspartnern das Recht auf Eheschließung zuzugestehen. Die gesetzliche Formulierung dürfte deshalb eine Umwandlung der Lebenspartnerschaft in eine Ehe auch bei einem Getrenntleben nicht ausschließen.

2. Nach § 17a Abs. 1 PStG haben die Lebenspartner bei Anmeldung der Umwandlung ihrer Lebenspartnerschaft in eine Ehe das Bestehen ihrer Lebenspartnerschaft durch öffentliche Urkunden nachzuweisen. Typischer Nachweis ist die Lebenspartnerschaftsurkunde (§ 58 PStG).

3. Nach § 17a Abs. 2 PStG gelten für das Verfahren der Umwandlung der Lebenspartnerschaft in eine Ehe die Bestimmungen des PStG zur Eheschließung entsprechend. Allerdings sind die Ehevoraussetzungen (§ 13 PStG) nicht mehr zu prüfen, da sie bereits bei Begründung der Lebenspartnerschaft geprüft wurden; dies soll die nochmalige Vorlage der entsprechenden Urkunden erübrigen. Dies gilt in gleicher Weise für den Nachweis der Auflösung früherer Ehen und Lebenspartnerschaften. Zuständig für die Umwandlung ist das Standesamt (§ 11 Abs. 1 PStG); für die Anmeldung der Umwandlung ist örtlich das nach § 12 Abs. 1 PStG bestimmte Standesamt zuständig. Nachzuweisen sind der Personenstand, der Wohnsitz oder gewöhnliche Aufenthalt sowie die Staatsangehörigkeit der Lebenspartner (§ 17 Abs. 2 PStG), § 12 Abs. 2 Nr. 1-3 PStG). Die Umwandlungszeremonie erfolgt wie eine Eheschließung (§ 20a S. 1 LPartG, §§ 17a Abs. 2, 14 PStG); die Umwandlung ist in das Eheregister einzutragen, das auch für Folgebeurkundungen maßgeblich bleibt (§§ 17a Abs. 2, 15, 16 PStG).

4. Haben Lebenspartner noch keinen Lebenspartnernamen bestimmt (§ 3 LPartG), gilt für die Bestimmung des Ehenamens nunmehr § 1355 BGB → Form. O.I. Anm. 4.

II. Gestaltung der Lebenspartnerschaft

1. Lebenspartnerschaftsvertrag

(notarielle Beurkundung)[2]

Herr ......

und

Herr ......

schließen bei gleichzeitiger Anwesenheit folgenden

Vertrag:[1]

Die Vertragsparteien haben miteinander eine Lebenspartnerschaft begründet.

Zur künftigen Regelung der güterrechtlichen Verhältnisse sowie des Versorgungsausgleichs im Rahmen ihrer Lebenspartnerschaft vereinbaren sie Folgendes:

1. Alternative

Grundsätzlich soll weiterhin der gesetzliche Güterstand der Zugewinngemeinschaft für unsere Lebenspartnerschaft gelten.

Vermögen, das ein Lebenspartner während der Lebensgemeinschaft erb- oder schenkungsweise oder als Ausstattung erwirbt, soll jedoch bei der Ermittlung des Zugewinns außer Ansatz bleiben, also weder beim Anfangs- noch beim Endvermögen berücksichtigt werden. Dies gilt auch für die diese Vermögensgegenstände betreffenden Verbindlichkeiten.

Weiterhin soll das im Alleineigentum von Herrn ...... stehende Hausgrundstück in ...... einschließlich der dieses Grundstück betreffenden Verbindlichkeiten bei der Ermittlung des Zugewinns bei seinem Vermögen nicht mit angesetzt werden, und zwar weder beim Anfangs- noch beim Endvermögen.

Auch die Herrn ...... zustehenden Ansprüche aus der von ihm bei der ...... Versicherung abgeschlossenen Lebensversicherung ...... sollen bei der Zugewinnermittlung außer Betracht bleiben.

Die Parteien sind sich weiter darüber einig, dass die gesamte Einrichtung und die sonstigen Haushaltsgegenstände des von ihnen gemeinsam bewohnten Hauses gegebenenfalls bei der Ermittlung des Zugewinns nicht mit berücksichtigt werden sollen. Die jeweils im Alleineigentum von Herrn ...... und im Alleineigentum von Herrn ...... stehenden Einrichtungs- und sonstigen Haushaltsgegenstände sind in der Anlage zu diesem Vertrag aufgelistet.[3]

Ferner werden die das Vermögen und die Haushaltsgegenstände betreffenden Verfügungsbeschränkungen gemäß §§ 6 S. 2 LPartG, 1365, 1369 BGB ausgeschlossen. Eine Eintragung im Güterrechtsregister wird nicht gewünscht.

2. Alternative

Wir schließen den gesetzlichen Güterstand der Zugewinngemeinschaft aus und vereinbaren für unsere Lebenspartnerschaft mit sofortiger Wirkung den Güterstand der Gütertrennung. Unberührt bleibt die Behandlung der im gemeinsamen Eigentum stehenden Haushaltsgegenstände gemäß § 17 LPartG iVm § 1586b BGB. Hinsichtlich des Ausgleichs des bisher entstandenen Zugewinns vereinbaren wir, ...

Wir schließen außerdem den Versorgungsausgleich aus.[4] *Hierzu erklären wir, dass jeder von uns bereits über eine gesicherte Versorgung für das Alter und bei Invalidität verfügt. Wir waren und werden auch weiterhin beide berufstätig bleiben, so dass lebenspartnerschaftsbedingte Nachteile nicht eintreten. Wir wissen, dass unsere Vereinbarung einer gerichtlichen Inhalts- und Ausübungskontrolle unterliegt und das Familiengericht im Zusammenhang mit einer späteren Lebenspartnerschaftsaufhebung über unsere Vereinbarung entscheiden muss (§§ 224, 269 Abs. 1 Nr. 7 FamFG; § 8 Abs. 1 VersAusglG). Nach Hinweis auf die Abwägungsmöglichkeit nach § 227 Abs. 2 FamFG schließen wir diese ebenfalls einvernehmlich aus.*

. . . . . .

(Unterschriften der Beteiligten)

Anmerkungen

1. Gemäß § 7 S. 1 LPartG können die Lebenspartner ihre vermögensrechtlichen Verhältnisse durch Vertrag regeln. Dies gilt weiterhin für eingetragene Lebenspartner, die ihre Lebenspartnerschaft nicht in eine Ehe umwandeln. Der Lebenspartnerschaftsvertrag entspricht dem Ehevertrag (§ 1408 BGB). Eine Verweisung auf nicht mehr geltendes und ausländisches Recht ist unzulässig (§ 1409 BGB; § 7 S. 2 LPartG).

2. Der Vertrag muss hinsichtlich der güterrechtlichen Vereinbarungen bei gleichzeitiger Anwesenheit der Vertragspartner notariell beurkundet werden (§§ 7 S. 2 LPartG, 1410 BGB). Stellvertretung ist zulässig (vgl. BGH NJW 1998, 1857u. KG FPR 2002, 186; zur anwaltlichen Vertretung s. *Bergschneider* NJW 2004, 3072, 3074).

3. Im Miteigentum stehende Haushaltsgegenstände unterliegen nicht dem Zugewinnausgleich (s. BGH NJW 1984, 484, wonach Gegenstände, die nach der Hausratsverordnung verteilt wurden, vom Zugewinnausgleich ausgenommen waren). Nur im Miteigentum stehende Haushaltsgegenstände werden nach §§ 17 LPartG, 1586b BGB verteilt. Im Alleineigentum eines Lebenspartners stehende Haushaltsgegenstände können dagegen nicht im Haushaltsverfahren dem anderen Lebenspartner zugeteilt werden; sie unterfallen dem Zugewinnausgleich (BGH NJW 2011, 601; BGH NJW 2011, 2289).

4. Gemäß § 20 LPartG findet nach Aufhebung einer nach dem 1.1.2005 begründeten Lebenspartnerschaft ein Versorgungsausgleich statt. Bei einer vor diesem Zeitpunkt begründeten Lebenspartnerschaft konnten die Lebenspartner durch notariell beurkundete Erklärung gegenüber dem Amtsgericht, in dessen Bezirk sie wohnten, bis zum 31.12.2005 zur Durchführung des Versorgungsausgleichs optieren (§ 21 Abs. 4 LPartG aF); danach ist dies nur durch Umwandlung der Lebenspartnerschaft in eine Ehe (§ 26a LPartG) möglich. Der Versorgungsausgleich kann durch eine Vereinbarung ausgeschlossen werden. Dies kann in einem Lebenspartnerschaftsvertrag (§ 7 LPartG) oder durch Vertrag nach § 6 VersAusglG erfolgen. Die §§ 6 bis 8 VersAusglG sind entsprechend anwendbar (§ 20 Abs. 3 LPartG). In beiden Fällen bedarf die Vereinbarung der notariellen Beurkundung; § 127a BGB ist anwendbar (§ 7 Abs. 1 und 2 VersAusglG). Bei einem Vertrag nach § 6 VersAusglG besteht nicht das Erfordernis der gleichzeitigen Anwesenheit; auch eine Sukzessivbeurkundung durch Angebot und Annahme ist danach möglich.

2. Regelung der persönlichen Beziehungen

Herr . . . . . . und

Herr . . . . . .

leben in einer eingetragenen Lebenspartnerschaft zusammen; sie wollen diese beibehalten und die Möglichkeit der Umwandlung in eine Ehe nicht nutzen. Sie vereinbaren zur Regelung ihrer persönlichen Beziehungen Folgendes:

Unabhängig davon, dass die Vertragsparteien sich zur gemeinsamen Lebensführung verpflichtet haben, sind sie sich darüber einig, dass sie zwar ihren gemeinsamen Lebensmittelpunkt in dem im Eigentum von Herrn . . . . . . (Partner 1) stehenden Haus haben werden, aber Herr . . . . . . (Partner 2) daneben seine bisherige Wohnung behält und sich auch teilweise in dieser aufhalten wird.[1]

Im Hinblick darauf, dass Herr . . . . . . (Partner 1) ganztags, Herr . . . . . . (Partner 2) jedoch nur eingeschränkt berufstätig ist, vereinbaren die Parteien, dass Herr . . . . . . (Partner 2) die Führung des gemeinsamen Haushalts übernimmt.

Herr . . . . . . (Partner 1) ist Eigentümer eines Pkws . . . . . . und eines weiteren Pkws . . . . . .

Er stellt den Pkw . . . . . . Herrn . . . . . . (Partner 2) zur Nutzung zur Verfügung.

Für die Kosten beider Pkws kommt Herr . . . . . . (Partner 1) auf; Herr . . . . . . (Partner 2) hat sich lediglich in angemessenem Umfang, d.h. entsprechend seiner Nutzung, an den Treibstoffkosten des von ihm genutzten Fahrzeugs zu beteiligen.

Im Rahmen der beiderseitigen Verpflichtung zur Fürsorge und zur gemeinsamen Verantwortung verpflichten sich beide Parteien auch zu beiderseitiger Treue, insbesondere auch in sexueller Hinsicht.[2]

. . . . . .

(Unterschriften der Beteiligten)

Anmerkungen

1. Die Verpflichtung zur gemeinsamen Lebensgestaltung beinhaltet nicht auch eine Verpflichtung zum gemeinsamen Wohnen und zu einer Haushaltsgemeinschaft (str., vgl. AG Holzminden FamRZ 2003, 983).

2. Eine Verpflichtung zur Geschlechtsgemeinschaft besteht – nach dem modernen entsprechenden Eheverständnis – für Lebenspartner nicht (vgl. Erman/*Kaiser* § 2 LPartG Rn. 3). Ob eine Rechtspflicht zur Treue besteht, ist umstritten (vgl. MünchKommBGB/*Wacke* § 2 LPartG Rn. 4; Hk-LPartG/*Kemper* § 2 Rn. 16). Zu Vereinbarungen zum Sexualverhalten s. Schnitzler/*Grziwotz* § 28 Rn. 42).

3. Unterhaltsregelung

Im Hinblick darauf, dass Herr . . . . . . (Partner 2) insbesondere wegen der Haushaltsführung nur eingeschränkt erwerbstätig ist und entsprechend geringere Einkünfte hat als Herr . . . . . . (Partner 1) richten die Parteien ein gemeinsames Girokonto bei der . . . . . . Bank ein, über das jeder uneingeschränkt verfügungsberechtigt ist.

Auf dieses Konto wird zum einen das Gehalt, das Herr . . . . . . (Partner 2) aus seiner Teilzeittätigkeit bezieht, abzüglich eines Taschengeldes zur freien Verfügung von . . . . . . % dieses Gehalts, überwiesen. Zum anderen verpflichtet sich Herr . . . . . . (Partner 1), der selbstständig tätig ist, auf dieses Konto laufende Einzahlungen in einer Höhe vorzunehmen, dass von dem Konto der gemeinsame Unterhaltsbedarf[1] gedeckt werden kann; die von ihm zu erbringenden Beträge sollen mindestens das Doppelte der Einzahlungen von Herrn . . . . . . (Partner 2) ausmachen. Ein Verzicht auf weitergehende gesetzliche Unterhaltsansprüche ist damit nicht verbunden.[2]

Anmerkungen

1. Gemäß § 5 LPartG sind die Lebenspartner einander zu angemessener Unterhaltsleistung verpflichtet. Der Unterhaltsbeitrag kann durch Arbeitsleistungen und/oder Vermögenseinsatz erbracht werden.

2. Ein Verzicht auf künftigen Unterhalt ist nicht zulässig (§ 5 S. 2 LPartG, §§ 1360a Abs. 3, 1614 Abs. 1 BGB).

4. Sorgeregelung (soziale Elternschaft)

In die Lebenspartnerschaft zwischen Frau A und Frau B ist das Kind . . . . . . , dessen Mutter Frau A ist, einbezogen. Für dieses Kind hat Frau A allein die elterliche Sorge.

Frau A und Frau B sind sich darüber einig, dass das Kind von ihnen gemeinsam betreut wird, und dass sie einvernehmlich alle das Kind betreffenden Angelegenheiten des täglichen Lebens regeln.[1]

Frau A und Frau B sind sich ferner einig, dass bei Meinungsverschiedenheiten Frau A allein entscheidet, soweit Frau B nicht ein nur durch das Familiengericht einschränkbares Mitentscheidungsrecht zusteht.[2]

Frau A bevollmächtigt darüber hinaus Frau B, in ihrem Namen das ihr zustehende Sorgerecht für das Kind . . . . . . auszuüben und hierzu alle Rechtshandlungen in Ausübung der Alleinsorge für das Kind vorzunehmen. Diese Vollmacht ist jederzeit widerruflich.

Unterhaltsrechtliche Verpflichtungen von Frau B gegenüber dem Kind . . . . . . sind damit, sofern sich nicht solche aus § 5 LPartG ergeben, nicht verbunden. Dies gilt insbesondere auch bei einer Trennung und Lebenspartnerschaftsaufhebung, auch wenn Frau B bis dahin freiwillig für den Unterhalt dieses Kindes mitaufgekommen ist.[3]

Anmerkungen

1. Die soziale Elternschaft der Lebenspartnerin (vgl. *Buschner* NZFam 2015, 1103 [1104 ff.]) kann nur im Wege einer Stiefkindadoption zu einer Mitmutterschaft führen (anders bei einer Elternstellung nach ausländischem Recht BGH NJW 2016, 2322). Die Lebenspartnerin der rechtlichen Mutter kann, auch wenn sie die genetische Mutter ist, nicht als Mutter im Rechtssinn festgestellt werden (VG Berlin FamRZ 2013, 738). Auch eine rechtsfolgenlose Feststellung der biologischen Vaterschaft des Lebenspartners des rechtlichen Vaters des Kindes scheidet aus (OLG Frankfurt a.M. NZFam 2016, 1054). Dem Lebenspartner steht allerdings bei Kindeswohldienlichkeit ein Umgangsrecht mit dem Kind seines Partners zu (§ 1685 Abs. 2 BGB; vgl. OLG Hamm BeckRS 2016, 08157 = NZFam 2016, 525). Zum Familienleistungsausgleich bei Lebenspartnern s. BMF, Schreiben v. 15.1.2014, DStR 2014, 144 f.; zum Kindergeld BFH NJW 2013, 3392).

2. Die Regelung in § 9 LPartG entspricht der für den Ehegatten eines Alleinsorgeberechtigten Elternteils geltenden Regelung in § 1687b BGB. Da die Regelung nicht eindeutig ist (s. FA-FamR/*Weinreich* 11. Kap. Rn. 263 ff.), empfiehlt sich eine klarstellende Vereinbarung. Zudem kann der sozialen Elternschaft dadurch Rechnung getragen werden, dass dem Partner eine Vollmacht zur Ausübung der Sorgerechtsbefugnisse erteilt wird.

3. Stiefkinder haben auch nach §§ 1360, 1360a Abs. 1 BGB, der den Familienunterhalt – anders als § 5 LPartG – ausdrücklich erwähnt, keinen Unterhaltsanspruch. Auch der Familienunterhalt bei Ehegatten umfasst nicht ihren Unterhalt (s. nur FAKomm-FamR/*M. Klein* § 1360a Rn. 8 Fn. 2). Denkbar ist ein konkludenter Unterhaltsvertrag zugunsten des Stiefkindes. Eine derartige Vereinbarung wird allerdings unter der Bedingung des Bestehens der Lebenspartnerschaft stehen. Etwas anderes kann sich ergeben, wenn eine Kinderwunscherfüllung der Stiefelternschaft zugrunde liegt (→ Form. E.VI.).

5. Kinderwunscherfüllung durch lesbisches Paar mittels Samenspende

Wir, Frau . . . . . . und Frau . . . . . ., wollen uns unseren Kinderwunsch im Wege der medizinisch assistierten Fortpflanzungsmedizin durch eine Insemination mittels Spendersamens erfüllen.[1] Wir wurden durch die Ärztin/den Arzt . . . . . . in einem Gespräch ausführlich über die medizinischen Voraussetzungen und Folgen belehrt. Der Notar/Die Notarin hat uns über die rechtlichen Folgen der medizinisch assistierten Kinderwunscherfüllung mittels einer Samenspende belehrt. Insbesondere wurden wir darauf hingewiesen, dass die Bestimmung des § 1600 V BGB, wonach die Einwilligung des Mannes und der Mutter zu einer Zeugung eines Kindes durch künstliche Befruchtung mittels Samenspende eines Dritten zum Ausschluss der Anfechtung der Vaterschaft durch den Mann und die Mutter führt, nach derzeitiger Rechtslage nicht auf gleichgeschlechtliche Paare anwendbar ist. Ferner ist uns bekannt, dass eine Elternschaft der Stiefmutter nur über eine Adoption möglich ist und insbesondere keine Vermutung über die Elternschaft der Stiefmutter entsprechend § 1592 Nr. 1 BGB besteht. Auch das Einverständnis der künftigen Stiefmutter mit der künstlichen Befruchtung ihrer Lebenspartnerin führt ohne Stiefkindadoption nach der Gesetzeslage nicht zu Unterhalts- und Erbrechten des auf diese Weise gezeugten Kindes gegenüber seiner Stiefmutter.[2] Eine Adoption des auf diese Weise gezeugten Kindes ist nach derzeitiger Rechtslage erst nach dessen Geburt möglich.

Frau . . . . . . erklärt hiermit ihr Einverständnis dazu, dass zur Erfüllung des gemeinsamen Kinderwunsches mit ihrer Lebenspartnerin Frau . . . . . ., diese mit dem Sperma eines

Samenspenders befruchtet wird.[3] Es handelt sich dabei um den im Verzeichnis unter ...... geführten Spender (oder: um einen in der Kinderwunschklinik ...... registrierten Samenspender). Uns ist bekannt, dass das auf diese Weise gezeugte Kind ein Recht darauf hat, den Namen des Samenspenders zu erfahren. Ferner kann es die biologische (bei der sog. Becherspende: und rechtliche) Vaterschaft (bei der sog. Becherspende: , sofern es nicht adoptiert wurde,) feststellen lassen. Eine Möglichkeit, den Namen des Samenspenders vor dem Kind geheim zu halten, besteht nach derzeitiger Rechtslage nicht. Nach derzeitiger Rechtslage hat der Samenspender kein Recht auf Auskunft oder Umgang mit seinem biologischen Kind; allerdings könnte sich diesbezüglich die Rechtslage ändern. Eine Vaterschaftsanfechtung ist (bei der sog. Becherspende: nur nach einer Adoption) ausgeschlossen.[4]

Hierzu erklären wir, dass eine beiderseitige Verpflichtung zur Durchführung der medizinisch assistierten Insemination von Frau ...... auch durch diese Vereinbarung nicht begründet wird. Jeder von uns ist vielmehr berechtigt, sowohl gegenüber der anderen Lebenspartnerin seine Zustimmung hierzu einseitig zu widerrufen. Frau ...... kann ihre Zustimmung auch gegenüber dem Arzt widerrufen. Der Widerruf wird wirksam mit Zugang beim Empfänger. Eine Form ist für den Widerruf nicht erforderlich; zu Beweiszwecken sollte dieser jedoch schriftlich erfolgen, wobei aber ein Nachweis in anderer Form möglich bleibt. Der Widerruf ist nicht mehr möglich, wenn der Befruchtungsvorgang mittels der Samenspende bereits durchgeführt wurde, unabhängig davon, ob eine Vereinigung der Eizelle mit der Samenzelle schon stattgefunden hat. Frau ...... ist insbesondere nicht verpflichtet, nach Durchführung des Befruchtungsvorgangs mithilfe der so genannten „Pille danach" oder einer zulässigen Abtreibung die Entstehung des so gezeugten Kindes zu verhindern.

Frau ...... beabsichtigt, das von ihrer Lebenspartnerin geborene Kind im Wege der Stiefkindadoption anzunehmen. Nach einer Annahme als Kind wird dieses gemeinschaftliches Kind der Lebenspartnerinnen. Sollte die Annahme unterbleiben, verpflichtet sich Frau ......, gegenüber ihrer Lebenspartnerin und im Wege des Vertrages zu Gunsten Dritter auch gegenüber dem mittels der Samenspende gezeugten Stiefkind für dessen Unterhalt in dem Umfang aufzukommen, der ihm als gemeinschaftlichem Kind aufgrund einer Stiefkindadoption zustünde (bei der sog. Becherspende: Die Unterhaltsverpflichtung erlischt, wenn das Kind die Vaterschaft des Samenspenders feststellen lässt; eine Erstattung eines bezahlten Unterhalts ist auch in diesem Fall ausgeschlossen.). Hinsichtlich des Sorge- und Umgangsrechts von Frau ...... mit diesem Kind soll es bei der gesetzlichen Regelung des § 9 LPartG verbleiben.[5]

Wir, Frau ...... und Frau ......, verpflichten uns im Wege des Vertrages zu Gunsten Dritter gegenüber dem Samenspender, diesen von etwaigen Unterhalts- und Pflichtteilsansprüchen des durch die Samenspende gezeugten Kindes freizustellen, wenn derartige Ansprüche bestehen sollten (bei der sog. Becherspende: wenn dieses, falls keine Adoption erfolgt, die Vaterschaft des Samenspenders feststellen lässt. Die Verpflichtung zur Freistellung betrifft jedoch keine Erbansprüche, wenn nach Feststellung der Vaterschaft des Samenspenders das Kind gesetzlicher Erbe oder aufgrund Verfügung von Todes wegen Erbe oder Vermächtnisnehmer wird. Bei Eintritt der gesetzlichen Erbfolge verbleibt es jedoch bei der Freistellungsverpflichtung, wenn der Samenspender im gesamten Zeitraum nach Feststellung seiner Vaterschaft bis zu seinem Tod testierunfähig war.). Uns ist bekannt, dass diese von uns gesamtschuldnerisch eingegangene Verpflichtung auch durch eine Trennung oder Lebenspartnerschaftsaufhebung nicht entfällt.[6]

Wir verpflichten uns ferner gegenüber dem behandelnden Arzt ...... und dem Kinderwunschzentrum ......, diese von Ansprüchen des mittels Spendersamens gezeugten Kindes, die dessen Unterhalt und Erbrecht betreffen, freizustellen, soweit diese

Ansprüche nicht auf einer ärztlichen Pflichtverletzung beruhen, insbesondere weil gegen die Dokumentations- und Aufbewahrungspflichten verstoßen wurde.[7] Wir verpflichten uns außerdem sowohl gegenüber dem Samenspender als auch dem behandelnden Arzt und dem Kinderwunschzentrum, soweit nicht gesetzlich zwingende Vorschriften dem entgegenstehen, den Vorgang der medizinisch assistierten Kinderwunscherfüllung mittels heterologer Insemination gegenüber Dritten nicht zu offenbaren.[8]

Anmerkungen

1. Neben der Adoption eines fremden Kindes nutzen lesbische Paare mitunter auch die Möglichkeiten der modernen Reproduktionsmedizin. Seit Einführung der In-vitro-Fertilisation (IVF) wurde in der feministischen Debatte die Diskussion über die Spielräume reproduktiver Entscheidungen geführt (vgl. *Berg,* Neue Entwicklungen der Gen- und Reproduktionstechnologien – Chancen für Frauen?, Volltext abrufbar unter http://www.gender.hu-berlin.de/publikationen/gender-bulletins/texte-25/bulletin-texte-25 Stand: 4.5.2017). In der Praxis sind zwei Vorgehensweisen üblich: die medizinisch assistierte anonyme Samenspende und die konsentierte Kinderwunscherfüllung mittels eines bekannten Samenspenders (sog. Becherspende). Beide Fälle unterscheiden sich gravierend hinsichtlich der Stellung des Samenspenders. Nur bei der ärztlich unterstützten künstlichen Befruchtung in einer Einrichtung der medizinischen Versorgung (§ 1a Nr. 9 TPG) kann der (fremde) Samenspender nicht als Vater des so entstandenen Kindes festgestellt werden (§ 1600d Abs. 4 BGB). Bei anderen Formen der Samenspende verbleibt es bei der Möglichkeit des Kindes, den Samenspender, sofern keine Stiefkindadoption durchgeführt wird, später als Vater mit unterhalts- und erbrechtlichen Folgen feststellen zu lassen (vgl. nur *Taupitz* ZRP 2011, 161 ff.; *Grziwotz* FF 2013, 233 ff.; *Matejc* FamRZ 2017, 345 ff.). Gleiches gilt für die Verwendung anonymen Spendersamens vor dem 1. Juli 2018 (Art. 229 § 46 EGBGB). Unabhängig davon wird anders als bei der heterologen Insemination von Ehepaaren (vgl. dazu Beck Notarhdb/*Grziwotz* Kap. B V. Rn. 82 ff.) die Partnerin der Mutter des Kindes bei Bestehen einer eingetragenen Lebenspartnerschaft nicht automatisch zum zweiten Elternteil des Kindes. Auch eine Anerkennung der Elternschaft ist ausgeschlossen. Die Lebenspartnerin/der Lebenspartner wird nicht als Mitmutter/Mitvater in das Geburtsregister eingetragen (OLG Köln NZFam 2014, 1013; EGMR FamRZ 2014, 97). § 1600 Abs. 5 BGB, der die heterologe Insemination zumindest durch den Ausschluss des Anfechtungsrechtes der Abstammung durch die beteiligten rechtlichen Eltern regelt, ist bei lesbischen Paaren nicht anwendbar. Lediglich im Wege der Stiefkindadoption (§ 9 Abs. 7 LPartG) kann die Lebenspartnerin der Mutter derzeit zum zweiten Elternteil werden (vgl. BVerfG NJW 2013, 847 = FamRZ 2013, 521; *Kroppenberg* NJW 2013, 2161 ff. u. *Maurer* FamRZ 2013, 752 ff.; zu den Voraussetzungen OLG Brandenburg FamRZ 2013, 643; OLG Köln FamRZ 2013, 1150; OLG Karlsruhe FamRZ 2014, 674; LG Frankfurt a. M. FamRZ 2013, 644; zur Anerkennung einer Adoption im Ausland s. KG FamRZ 2013, 717 = FamRB 2013, 35. Zu Art. 22 Abs. 1 S. 3 EGBGB *Grünewald/Nuñez* JAmt 2014, 552 ff. u. *Benicke* IPRax 2015, 393 ff.). Diese setzt jedoch voraus, dass das Kind bereits geboren ist (NK-BGB/*Ring/Olsen-Ring* § 9 LPartG Rn. 29). Eine Verpflichtung zur späteren Stiefkindadoption ist nicht möglich; der Adoptionsantrag kann bis zum Wirksamwerden der Annahme, das heißt bis zur Zustellung des Annahmebeschlusses, zurückgenommen werden (Staudinger/*Frank* § 1752 Rn. 6).

2. Ob allein die Zustimmung zur heterologen Insemination der lesbischen Lebenspartnerin zu Unterhaltspflichten führt, ist fraglich. Zwar liegt hierin eine Übernahme von Elternverantwortung ähnlich wie bei der Kinderwunscherfüllung von heterosexuellen Paaren durch die künstliche Insemination (vgl. BGH FamRZ 1995, 861; FamRB 2015, 2134). Der BGH (FamRZ 1995, 995) hat zudem auch bei einer unwirksamen Auslandsadoption Rechtspflichten angenommen. Ob dies allerdings pauschal auf die heterologe Insemination der eingetragenen Lebenspartnerin anwendbar ist, ist derzeit fraglich und höchstrichterlich nicht geklärt.

3. Die Zustimmung zur heterologen Insemination der lesbischen Lebenspartnerin führt anders als die Zustimmung des Ehemannes zur heterologen Insemination seiner Frau nicht zum Ausschluss der Anfechtbarkeit gemäß § 1600 Abs. 5 BGB, da eine Elternschaft der lesbischen Partnerin nicht vermutet wird. Im Hinblick darauf, dass ungeklärt ist, ob sich an die Kinderwunscherfüllung des lesbischen Paares durch die heterologe Insemination Rechtspflichten knüpfen, erscheint es sinnvoll, das Einverständnis der lesbischen Lebenspartnerin der künftigen Mutter ausdrücklich erklären zu lassen. Gleichzeitig ist der Widerruf des Einverständnisses bis zur Durchführung der heterologen Insemination zu regeln. Auch insoweit dürfte hinsichtlich der Familienplanung das Selbstbestimmungsrecht jeder Partnerin gelten (vgl. BGHZ 67, 48, 51 = NJW 1976, 1790). Hieraus folgt, dass die Zustimmung bis zur Vornahme der Insemination frei widerruflich ist (BGHZ 146, 391 = FamRZ 2001, 541 = NJW 2001, 1789). Ein Widerruf ist ausgeschlossen, wenn durch die Vornahme der Insemination der Befruchtungsvorgang bereits in Gang gesetzt wurde (BGHZ 129, 297, 307 = NJW 1995, 2028).

4. Zum Ausschluss der Feststellung der Vaterschaft bei einem durch eine künstliche Befruchtung in einer Einrichtung der medizinischen Versorgung unter heterologer Verwendung von Samen gezeugten Kind s. § 1600d Abs. 4 BGB. Das Kind hat ein unabdingbares Recht auf Kenntnis seiner Abstammung. Es handelt sich insoweit um einen Bestandteil des verfassungsrechtlich garantierten Persönlichkeitsrechts und um einen Ausfluss der Menschenwürde des Kindes (Art. 2 Abs. 1 iVm Art. 1 Abs. 1 GG; BVerfGE 117, 202 = FamRZ 2007, 441 = NJW 2007, 753; BVerfG FamRZ 2010, 1879 = NJW 2010, 3772; vgl. auch OLG Hamm FamRZ 2013, 637). § 10 SaRegG regelt die Auskunftserteilung des Samenspenderkindes in das Samenspenderregister, das beim Deutschen Institut für Medizinische Dokumentation geführt wird.

5. Nachdem eine Verpflichtung zur Adoption des gemeinsam gewünschten Kindes durch die Stiefmutter (zu den Problemen der Adoption bei verweigerter Samenspenderangabe BGH NJW 2015, 1820) nicht besteht und auch gesetzlich nicht begründet werden kann sowie unklar ist, ob sich bei Einwilligung in die heterologe Insemination der Lebenspartnerin Pflichten, insbesondere Unterhaltspflichten, ergeben, wird häufig gewünscht, dass die Übernahme der Elternverantwortung bereits vor Durchführung der Insemination durch eine vertraglich vereinbarte Unterhaltspflicht ergänzt wird. Die Lebenspartnerinnen können sich und im Wege des Vertrages zugunsten Dritter auch das gezeugte Kind unterhaltsrechtlich so stellen, als wäre dieses aufgrund einer Stiefkindadoption ein gemeinschaftliches Kind. Allerdings kann diese Vereinbarung wohl nichts an der Rangfolge mehrerer Unterhaltspflichtiger ändern. Soll das Kind zudem nach seiner Stiefmutter erbberechtigt sein, ist dies nur durch Verfügung von Todes wegen möglich. Ein diesbezüglicher Pflichtteil kann ihm insoweit nur vermächtnisweise zugewandt werden. Bei der Erbschaftsteuer wird hingegen das Stiefkind einem leiblichen Kind gleichgestellt (§ 15 Abs. 1 Steuerklasse I Nr. 2 und 3 ErbStG). Das Umgangsrecht nach einer Trennung richtet sich nach § 1685 BGB (OLG Karlsruhe FamFR 2011, 72).

6. Während Anonymitätszusagen gegenüber dem Samenspender als Vertrag zu Lasten des Kindes unzulässig sind (s. nur *Giesen* JZ 1989, 364, 369), erfolgten Vereinbarungen zwischen den lesbischen Eltern und dem Samenspender auch im Wege des Vertrages zugunsten Dritter bis zum Inkrafttreten des SaRegG (§ 13 SaRegG) rechtmäßig (vgl. Grziwotz/*Dethloff*, Notarielle Gestaltung bei geänderten Familienstrukturen S. 7 ff.). Das Kind wurde durch eine derartige Freistellungsverpflichtung nicht benachteiligt. Bei dieser Rechtslage verbleibt es bei einer künstlichen Befruchtung, die nicht in einer Einrichtung der medizinischen Versorgung iSd § 1a Nr. 9 TPG unter heterologer Verwendung von Samen vorgenommen wird (§ 1600d Abs. 3 BGB). Die Unterhaltsansprüche des Samenspenderkindes gegenüber dem biologischen Vater blieben nach dessen Vaterschaftsfeststellung, sofern es nicht adoptiert wurde, bestehen (ausführlich *Taupitz* ZRP 2011, 161). Nur im Falle einer medizinisch assistierten Insemination ist eine Feststellung des Samenspenders als Vater des Kindes ausgeschlossen (§ 1600d Abs. 3 BGB).

7. Ärzte sind bei Vornahme einer Insemination im Hinblick auf das Recht des Kindes auf Kenntnis seiner Abstammung zu einer Dokumentation verpflichtet (vgl. § 4 SaRegG; § 15 Abs. 2 S. 1 TPG; s. ferner die Musterrichtlinien der Bundesärztekammer zur Durchführung der assistierten Reproduktion, Ziff. 5.3.3.2.). Ein Verstoß hiergegen kann auch zu einer Schadensersatzpflicht gegenüber dem Samenspenderkind führen (MünchKommBGB/*Wellenhofer,* § 1598a Rn. 56). Eine Freistellung des Arztes von Schadensersatzpflichten wegen einer Verletzung dieser gesetzlichen Verpflichtungen ist regelmäßig nicht gewünscht. Sofern gegenüber dem Arzt auch bei gesetzmäßigem Handeln (zur Legalität einer Samenspende bei einem lesbischen Paar und zur Ablehnung durch die Bundesärztekammer s. *Kreß* ZRP 2012, 234, 236 u. *Ratzel,* Reproduktionsmedizin 199, 204 f.) weitere Regressmöglichkeiten bestehen sollten, erfolgt häufig insoweit vorsorglich eine Freistellung des Arztes und der Kinderwunschklinik.

8. Gegenüber dem mittels Samenspende gezeugten Kind haben die Eltern Offenbarungspflichten, so dass sie ihm insoweit auch den Vorgang der medizinisch assistierten heterologen Insemination nicht verschweigen können. Gegenüber Dritten ist diesbezüglich – ähnlich wie bei einer Adoption – eine Verschwiegenheit möglich.

6. Kinderwunscherfüllung durch lesbisches Paar mittels befreundeten homosexuellen Paares (faktische Vier-Elternschaft)

Frau . . . . . . und Frau . . . . . . sowie

Herr . . . . . .und Herr . . . . . .

(jeweils Angabe von Name, Geburtsdatum und -ort (Geburtsstandesamt), Geburtenregisternummer, Staatsangehörigkeit, Adresse) geben bei gleichzeitiger Anwesenheit mit dem Antrag auf Beurkundung folgende Erklärungen ab:

Wir, Frau . . . . . . und Frau . . . . . . sowie Herr . . . . . . und Herr . . . . . ., wollen unseren gemeinsamen Kinderwunsch dadurch erfüllen, dass bei Frau . . . . . . mit Hilfe der medizinisch assistierten Insemination mittels von Herrn . . . . . . gespendeten Samens eine Schwangerschaft herbeigeführt wird.[1] Wir wurden durch die Ärztin/den Arzt . . . . . . in einem Gespräch ausführlich über die medizinischen Voraussetzungen und Folgen belehrt. Der Notar/Die Notarin hat uns über die rechtlichen Folgen der medizinisch assistierten Kinderwunscherfüllung mittels einer Samenspende belehrt. Insbesondere wurden wir darauf hingewiesen, dass die Lebenspartnerin von Frau . . . . . . durch ihr Einverständnis zu dieser Form der künstlichen Befruchtung nicht automatisch weiterer Elternteil des Kindes wird; gleiches gilt für den Lebenspartner von Herrn . . . . . ., durch dessen Samenspende das Kind gezeugt wird. Die Vaterschaft von Herrn . . . . . . kann, sofern keine Anerkennung durch ihn nach der Zeugung erfolgt, erforderlichenfalls gerichtlich festgestellt werden. Ferner ist uns bekannt, dass eine Elternschaft der Stiefmutter nur über eine Adoption möglich ist. Auch das Einverständnis der künftigen Stiefmutter mit der künstlichen Befruchtung ihrer Lebenspartnerin führt ohne Stiefkindadoption nach der Gesetzeslage nicht zu Unterhalts- und Erbrechten des auf diese Weise gezeugten Kindes gegenüber seiner

Stiefmutter.[2] Eine Adoption des auf diese Weise gezeugten Kindes ist nach derzeitiger Rechtslage erst nach dessen Geburt möglich. Das Einverständnis des künftigen Stiefvaters zur künstlichen Befruchtung durch das Sperma seines Lebenspartners führt nach einer Anerkennung der Vaterschaft ebenfalls zum Stiefkindverhältnis, nicht jedoch zu einer Elternschaft. Dies vorausgeschickt erklären wir, dass wir uns, soweit dies rechtlich möglich ist, möglichst weitgehend so stellen wollen, als hätte das auf diese Weise gezeugte Kind vier Eltern, nämlich zwei Mütter und zwei Väter. Dies soll auch nach einer etwaigen Aufhebung der jeweiligen Lebenspartnerschaft weiterhin so bleiben, wie dies auch bei rechtlichen Eltern, nicht nur bei Stiefeltern, der Fall ist. Herr ...... hat bei der Kinderwunschklinik ...... Sperma hinterlegt, womit die Befruchtung von Frau ...... erfolgen soll.

Hierzu erklären Frau ...... und Frau ...... sowie Herr ...... und Herr ......, dass eine wechselseitige Verpflichtung zur Durchführung der medizinisch assistierten Insemination von Frau ...... mit dem Sperma von Frau ...... auch durch diese Vereinbarung nicht begründet wird. Frau ...... und Herr ...... sind vielmehr berechtigt, sowohl gegenüber dem jeweils anderen als auch gegenüber der Kinderwunschklinik, ihre Zustimmung hierzu einseitig zu widerrufen. Herr ...... und Frau ......, die künftigen Stiefeltern, sind im Hinblick auf die nachfolgenden vertraglichen Vereinbarungen ebenfalls berechtigt, ihre Zustimmung zur Insemination gegenüber beiden künftigen Eltern zu widerrufen, wobei die Wirksamkeit des Widerrufs voraussetzt, dass er gegenüber beiden künftigen Eltern abgegeben wird. Der Widerruf wird erst wirksam mit Zugang beim jeweiligen Empfänger. Eine Form ist für den Widerruf nicht erforderlich; zu Beweiszwecken sollte dieser jedoch schriftlich erfolgen, wobei aber ein Nachweis in anderer Form möglich bleibt. Der Widerruf ist nicht mehr möglich, wenn der Befruchtungsvorgang bereits durchgeführt wurde, unabhängig davon, ob eine Vereinigung der Eizelle mit der Samenzelle schon stattgefunden hat. Frau ...... ist insbesondere nicht verpflichtet, nach Durchführung des Befruchtungsvorgangs mit Hilfe der so genannten „Pille danach" oder einer zulässigen Abtreibung die Entstehung des so gezeugten Kindes zu verhindern.[3]

Der Notar/Die Notarin hat darauf hingewiesen, dass die rechtliche Vaterschaft von Herrn ...... nicht automatisch mit Zeugung und Geburt des Kindes eintritt, sondern dass hierzu eine Anerkennung der Vaterschaft erforderlich ist, die erst nach Zeugung des Kindes möglich ist.[4] Auch das gemeinsame Sorgerecht tritt nach derzeit geltender Rechtslage nicht automtisch ein; hierzu ist entweder eine gemeinsame Sorgeerklärung oder der diesbezügliche Antrag des Mannes erforderlich, da nach gegenwärtiger Gesetzeslage die nicht mit dem Vater des Kindes verheiratete Mutter andernfalls alleinsorgeberechtigt ist.[5]

Weder Frau ...... noch Herr ...... beabsichtigen, das von dem jeweiligen Lebenspartner abstammende Kind im Wege der Stiefkindadoption anzunehmen. Wir, Frau ...... und Frau ...... sowie Herr ...... und Herr ......, verpflichten uns jedoch wechselseitig und im Wege des Vertrages zugunsten Dritter auch gegenüber dem mittels der Samenspende gezeugten Kind, für dessen Unterhalt in dem Umfang aufzukommen, der ihm als gemeinschaftliches Kind zukäme, wenn eine Minderjährigenadoption in der Weise möglich wäre, dass das so gezeugte Kind ein gemeinschaftliches Kind von uns allen wäre, also vier Elternteile hätte. Hierbei verbleibt es auch bei einer Trennung oder Lebenspartnerschaftsaufhebung der jeweils bestehenden Lebenspartnerschaft. Wir wissen, dass weitergehende Unterhaltsansprüche des Kindes im Außenverhältnis unberührt bleiben. Im Innenverhältnis verpflichten wir uns, die jeweils anderen Vertragspartner von weitergehenden Unterhaltsansprüchen des Kindes freizustellen.[6]

Hinsichtlich des Sorge- und Umgangsrechts soll, ohne dass hierdurch bereits eine rechtlich verbindliche Verpflichtung eingegangen wird, das gemeinsame Sorgerecht der beiden biologischen Eltern durch Sorgeerklärungen erreicht werden. Hinsichtlich des jeweiligen Stiefelternteils ist uns bekannt, dass das kleine Sorgerecht des jeweiligen Stiefelternteils wegen des gemeinsamen Sorgerechts der biologischen Eltern nicht eingreift.[7] Die Eltern verpflichten sich jedoch, sofern erforderlich, einer möglichst weitgehenden Umgangsregelung mit dem jeweiligen Stiefelternteil, mit dem eine sozial–familiäre Beziehung geplant ist und der aufgrund der vorstehenden Unterhaltsvereinbarung Verantwortung für das Kind übernimmt, zuzustimmen. Dies gilt auch nach einer etwaigen Trennung oder Lebenspartnerschaftsaufhebung; das Umgangsrecht soll auch danach großzügig gewährt werden, sofern nicht das Kindeswohl dem entgegensteht. Diese Vereinbarung soll jedoch ausdrücklich nicht Gegenleistung für die vorstehend übernommene Unterhaltsverpflichtung sein.[8]

Erbvertraglich wird vereinbart, dass Frau ...... als Stiefmutter und Herr ...... als Stiefvater jeweils vermächtnisweise dem nach den vorstehenden Vereinbarungen gezeugten Kind einen Geldanspruch in Höhe des Erbteils/Pflichtteils zuwenden, wie wenn das vorstehend genannte Kind vom jeweiligen Stiefelternteil adoptiert worden wäre und somit eine rechtliche Elternschaft zu diesem Kind bestünde. Dieser vermächtnisweise zugewandte Anspruch fällt beim jeweiligen Tod des Erblassers an und ist innerhalb von drei Monaten nach dessen Ableben zu erfüllen. Frau ...... nimmt das Vermächtnis ihrer Lebenspartnerin als erbvertragsmäßig bindend an. Herr ...... nimmt das Vermächtnis seines Lebenspartners als erbvertragsmäßig bindend an. Entgegen der gesetzlichen Vermutungsregelung soll das jeweilige Vermächtnis auch dann bestehen bleiben, wenn die jeweilige Lebenspartnerschaft durch Trennung oder Lebenspartnerschaftsaufhebung endet, sofern nicht die jeweilige Aufhebung des Vermächtnisses zwischen den jeweiligen Lebenspartnerinnen bzw. Lebenspartnern erfolgt oder der jeweilige Erbvertrag aufgrund eines gesetzlichen Rücktrittsrechts rückgängig gemacht wird. Klargestellt wird, dass die Mitwirkung des jeweils anderen Beteiligten, denen gegenüber keine erbvertragliche Bindung eingegangen wurde, nicht erforderlich ist. Durch jeweils einseitige, nicht erbvertragsmäßig bindende Verfügung bestimmt der letztversterbende (rechtliche) Elternteil, dass nach seinem Tod die beiden Stiefeltern, sofern dies zulässig ist, zu Vormündern für das Kind bestellt werden, falls dies rechtlich nicht möglich ist, Frau ......, ersatzweise Herr ...... Diese Verfügung ist im Zentralen Testamentsregister zu registrieren.[9]

Wir verpflichten uns ferner gegenüber dem die Insemination vornehmenden Arzt im Wege des Vertrages zugunsten Dritter, diesen von Ansprüchen des mittels der Samenspende von Herrn ...... gezeugten Kindes, soweit diese dessen Unterhalt und dessen Erbrecht betreffen, vorsorglich freizustellen, soweit diese Ansprüche nicht auf einer ärztlichen Pflichtverletzung beruhen. Wir verpflichten uns außerdem sowohl gegenseitig als auch gegenüber dem behandelnden Arzt, soweit nicht gesetzlich zwingende Vorschriften entgegenstehen, den Vorgang der medizinisch assistierten Kinderwunscherfüllung als solchen gegenüber Dritten nicht zu offenbaren.[10]

Anmerkungen

1. Neben der Adoption eines fremden Kindes nutzen lesbische und schwule Paare die Möglichkeit, dass eine der beiden Frauen des lesbischen Paares mittels einer Samenspende eines Mannes des schwulen Paares schwanger wird, um auf diese Weise die intentionale Vier-Elternschaft zu realisieren und gemeinsam zu einem leiblichen Kind bzw. Stiefkind zu gelangen. Auf dieser Basis entstehen geplante Vierer-Inseminationsfamilien. Anders als bei der anonymen Samenspende ist in diesen Familien eine Elternschaft von beiden Paaren gewollt. Das Kind soll bei dieser konsentierten Elternschaft gleichsam vier Eltern haben, was gesetzlich derzeit nicht möglich ist (vgl. *Plettenberg*, Vater, Vater, Mutter, Kind – Ein Plädoyer für die rechtliche Mehrvaterschaft, 2016, S. 84 ff.; *Grziwotz* ErbR 2017, Heft 6). Als Alternative steht nur die Adoption des Kindes durch die Stiefmutter zur Verfügung; in diesem Fall verliert der Samenspender seine Rechte als Vater. Erfolg keine Adoption, besteht die Elternschaft der gebärenden Frau als Mutter und des Samenspenders als Vater (§ 1755 Abs. 2 BGB, § 9 Abs. 7 LPartG; vgl. auch BGH BeckRS 2017, 102902), gegebenenfalls nach Vaterschaftsanerkennung oder -feststellung. Der jeweils andere Lebenspartner ist ohne Adoption, die erst nach Volljährigkeit des Kindes ohne Verlust der Elternschaft der anderen Beteiligten möglich ist (vgl. § 1770 Abs. 2 BGB), nur Stiefelternteil.

2. Es fehlt derzeit eine gesetzliche Regelung, welche die Unterhaltspflicht und die Übernahme von Elternverantwortung regelt. Allerdings hat der BGH in der Einwilligung in die Insemination der Ehefrau bei einem heterosexuellen Paar und im Fall einer unwirksamen Auslandsadoption (BGH FamRZ 1995, 861; BGH FamRZ 1995, 995; BGH FamRZ 2015, 2134) einen unterhaltsrechtlichen Vertrag zugunsten des Kindes gesehen. Ob dies auch bei lesbischen und schwulen Paaren entsprechend gilt, ist derzeit offen. In der Konstellation der faktischen Vier-Elternschaft wollen sich die Beteiligten jedoch meist so stellen, als wären alle Beteiligten rechtliche Eltern des auf diese Weise gezeugten Kindes.

3. Auch bei der faktischen Vier-Elternschaft ist die Zustimmung zur diesbezüglichen Insemination im Hinblick auf das Selbstbestimmungsrecht der Beteiligten im Rahmen der Familienplanung widerruflich (vgl. BGHZ 67, 48, 51; BGHZ 146, 391). Wegen der vereinbarten Pflichten der Stiefeltern gegenüber dem mittels Samenspende gezeugten Kind, muss auch ihnen der Widerruf möglich sein. Dabei ist es nicht ausreichend, wenn er nur gegenüber dem jeweiligen Lebenspartner erklärt wird, da dann der andere (künftige) Elternteil davon keine Kenntnis hat und hierauf sein Verhalten nicht einstellen kann. Ein Widerruf ist erst ausgeschlossen, wenn durch die Vornahme der Insemination der Befruchtungsvorgang bereits in Gang gesetzt wurde (BGHZ 129, 297).

4. Der Samenspender wird, nachdem er nicht mit der Kindsmutter verheiratet ist, erst durch Anerkennung der Vaterschaft zum rechtlichen Vater (§ 1592 Nr. 2 BGB). Eine präkonzeptionelle Vaterschaftsanerkennung ist nach h. M. nicht zulässig (Staudinger/*Rauscher* BGB § 1594 Rn. 50 u. MünchKommBGB/*Wellenhofer* § 1594 Rn. 43). Eine Ausnahme wird nur im Fall der heterologen Befruchtung gemacht (vgl. *Roth* DNotZ 2009, 803, 808), nicht jedoch im Falle einer homologen Befruchtung, auch wenn diese in der Konstellation der faktischen Vier-Elternschaft erfolgt. Allerdings ist die gerichtliche Feststellung der Vaterschaft des biologischen Vaters gemäß § 1592 Nr. 3 BGB unproblematisch möglich.

5. Ein gemeinsames Sorgerecht der beiden rechtlichen Elternteile kann durch gemeinsame Sorgeerklärungen begründet werden (§ 1626 Nr. 1 BGB). Diese sind erst nach Anerkennung der Vaterschaft möglich (Beck Notarhdb/*Grziwotz* Kap. B. V. Rn. 31).

6. Nachdem Unterhaltsansprüche des Kindes nur gegenüber dem jeweiligen Elternteil gesetzlich bestehen, sollen zur Sicherung der anderen Vertragsteile und auch zur Sicherung des Kindes weitergehende Unterhaltsverpflichtungen in dem Umfang begründet werden, als ob eine Minderjährigenadoption mit der Folge möglich wäre, dass das Kind vier Elternteile hat. Gleichzeitig können sich die Vertragsteile von weitergehenden Ansprüchen des Kindes, die im Außenverhältnis selbstverständlich unberührt bleiben, freistellen. Nachdem das Kind durch diese Vereinbarung nur zusätzliche Ansprüche erhält, handelt es sich um keinen Vertrag zu Lasten des Kindes. Im Hinblick auf den Wunsch der Beteiligten, eine Vier-Elternschaft zu begründen, muss die Unterhaltspflicht – wie bei Adoptiveltern – auch dann bestehen bleiben, wenn eine Trennung oder Aufhebung der jeweiligen Lebenspartnerschaft erfolgt.

7. Möglich ist nur die Erteilung von Sorgevollmachten (→ Form. O.II.4), die allerdings jederzeit widerruflich sind.

8. Ein gemeinsames Sorgerecht kann erst nach Vaterschaftsanerkenntnis begründet werden (→ Form. O.I.6 Anm. 5). Auch eine Verpflichtung hierzu ist wohl erst danach möglich. Bei einer gemeinsamen Sorge der biologischen und rechtlichen Eltern besteht kein kleines Sorgerecht des jeweiligen Stiefelternteils (vgl. § 9 Abs. 1 LPartG), da dieses das alleinige Sorgerecht des Elternteils voraussetzt, dessen Lebenspartner das kleine Sorgerecht erhalten soll. Ein Umgangsrecht besteht mit dem Stiefelternteil als anderer Bezugsperson wegen der Übernahme tatsächlicher Verantwortung (Entstehen einer sozialfamiliären Beziehung; vgl. § 1685 Abs. 2 BGB; BGH NJW-RR 2005, 729 = FamRZ 2005, 705; OLG Karlsruhe FamFR 2011, 72; OLG Brandenburg FamRZ 2011, 1154; OLG Celle FamRZ 2016, 916). Die Vereinbarung soll dies nochmals bekräftigen und, sofern diesbezügliche Elternvereinbarungen Bindungswirkung haben, auch zwischen den Beteiligten rechtsverbindlich sein. Da das Umgangsrecht nicht von finanziellen Gegenleistungen abhängen darf (§ 138 BGB; vgl. BGH NJW 1984, 1951 = FamRZ 1984, 778; OLG Frankfurt a. M. FamRZ 1985, 596), wird ausdrücklich nochmals klargestellt, dass die Unterhaltsvereinbarung zwar die Übernahme von Elternverantwortung manifestiert, aber nicht Gegenleistung für die Gewährung des Umgangsrechtes ist.

9. Ein Erbrecht für das entsprechend dem gemeinsamen Kinderwunsch gezeugte Kind besteht nur zu den rechtlichen Eltern, nicht jedoch zum jeweiligen Stiefelternteil. Das Kind ist gegenüber dem jeweiligen Stiefelternteil auch nicht pflichtteilsberechtigt. Insofern gilt nichts anderes als bei der Stiefelternsituation bei Hetero-Paaren. Schenkung- und erbschaftsteuerrechtlich sind Stiefkinder und ihre Abkömmlinge allerdings ehelichen Kindern und deren Abkömmlingen gleichgestellt (§ 15 Abs. 1 Nr. 2 u. 3 ErbStG). Sie fallen damit in die Steuerklasse I. Dies würde sich auch nach der im obigen Muster nicht geplanten Adoption durch die Stiefmutter nicht ändern (§ 15 Abs. 1a ErbStG). Auch die Steuerbefreiung hinsichtlich des Familienheims gemäß § 13 Abs. 1 Nr. 4c ErbStG gilt auch für Stiefabkömmlinge; gleiches gilt für den Abschlag nach § 13a Abs. 9 ErbStG (§ 13a Abs. 9 S. 1 Nr. 2 ErbStG iVm § 15 Abs. 1 Nr. 3 AO). Soll eine rechtlich bindende erbvertragliche Position des Kindes geschaffen werden, ist dies nur im Wege des Erbvertrages möglich. Ein gemeinschaftliches Testament wäre nur zwischen den jeweiligen Lebenspartnern möglich, nicht jedoch mit weiteren Personen (§ 10 Abs. 4 LPartG). Hinsichtlich der erbvertraglichen Bindung, die auch bei einem Vermächtnis möglich ist (§ 2278 Abs. 2 BGB), muss entschieden werden, welche Vertragsparteien ohne Mitwirkung der anderen das Vermächtnis aufheben können sollen. Im Muster wurde eine erbvertragliche Bindung nur gegenüber dem jeweiligen Lebenspartner eingegangen; dies kann allerdings auch anders gestaltet werden. Entgegen der Vermutungsregelung des § 2279 Abs. 2 iVm § 2077 BGB soll die Bindung auch nicht enden, wenn die Lebenspartnerschaft aufgehoben wird oder wenn bei Rechtshängigkeit eines Aufhebungsantrags die diesbezüglichen Voraussetzungen vorliegen. Auch der Pflichtteils- bzw. Erbanspruch eines adoptierten Kindes besteht unabhängig vom Bestand der Ehe bzw. der Lebenspartnerschaft. Die erbvertragliche Gestaltung sollte hierauf Rücksicht nehmen. Die vorsorgliche Vormundbenennung durch den zuletzt verstorbenen rechtlichen Elternteil (§ 1776 Abs. 2 BGB) kann nicht erbvertragsmäßig bindend erfolgen (§ 2278 Abs. 2 BGB). Eine gemeinschaftliche Vormundschaft ist den überlebenden Stiefeltern nur bei einer Eheschließung möglich (§ 1775 S. 1 BGB; zur entsprechenden Anwendung auf eingetragene Lebenspartner s. AG München BeckRS 2016, 13957 = FamRB 2017, 53). Nach § 1775 S. 2 BGB könnten die beiden Stiefeltern jedoch vom Familiengericht zu (mehreren) Vormündern bestellt werden (vgl. Staudinger/*Veit* § 1775 Rn. 17). Nachdem der Vertrag eine Verfügung von Todes wegen enthält, ist er im Zentralen Testamentsregister zu registrieren (§ 34a BeurkG, § 78 Abs. 2 S. 1 BNotO). Die Mitteilungspflicht gilt auch dann, wenn die Urkunde in der Verwahrung des Notars verbleibt (Grziwotz/Heinemann/*Heinemann* BeurkG § 34a Rn. 4). Nachdem die Vereinbarung eine erbvertragliche Regelung enthält, unterliegt der Vertrag insgesamt der notariellen Beurkundung (§ 2276 BGB). Hierauf ist zu achten.

10. Auf die → Form. O.II.5 Anm. 7, 8 wird verwiesen

III. Getrenntleben der Lebenspartner

1. Aufforderung zur Zahlung von Trennungsunterhalt

Frau

. . . . . .

Sehr geehrte Frau . . . . . .,

wir zeigen an, dass wir Frau . . . . . . anwaltlich vertreten.

Nachdem Sie seit 8 Jahren mit unserer Mandantin in einer eingetragenen Lebenspartnerschaft zusammengelebt haben, haben Sie die Lebensgemeinschaft jetzt aufgekündigt und unsere Mandantin aufgefordert, aus dem von Ihnen bisher gemeinsam bewohnten Haus auszuziehen. Unsere Mandantin ist dieser Aufforderung nachgekommen.

Unsere Mandantin beansprucht nunmehr von Ihnen Trennungsunterhalt, da sie unterhaltsbedürftig ist.[1]

Sie hat bis zur Trennung den gemeinsamen Haushalt geführt und war daneben vereinbarungsgemäß nur in geringfügigem Umfang erwerbstätig.

Sie muss sich jetzt erst eine neue Tätigkeit suchen und dazu voraussichtlich eine Umschulung absolvieren, da sie in ihrem früheren Beruf nach der achtjährigen Unterbrechung und in Anbetracht ihres zwischenzeitlich fortgeschrittenen Alters kaum noch berufliche Möglichkeiten hat.

In jedem Fall ist sie mit ihrem derzeitigen beschränkten Einkommen nicht in der Lage, ihren den Lebensverhältnissen während der Lebenspartnerschaft entsprechenden Unterhaltsbedarf zu decken.

Auf der anderen Seite ist es Ihnen im Hinblick auf die vermutliche Höhe Ihrer Einkünfte aus Ihrer selbstständigen Tätigkeit in jedem Fall möglich, den von unserer Mandantin beanspruchten Unterhalt zu leisten.

Zur Ermittlung der Höhe des unserer Mandantin zustehenden Unterhalts beansprucht sie von Ihnen zunächst Auskunft über Ihre Einkünfte durch Vorlage Ihrer Einkommensteuererklärungen mit allen Anlagen, insbesondere den Gewinnberechnungen und den Einkommensteuerbescheiden der letzten drei Jahre.

Vorsorglich weisen wir darauf hin, dass Sie zu dieser Auskunftserteilung gesetzlich verpflichtet sind.

Wir erwarten die Vorlage der Einkommensnachweise bis . . . . . .

Nach der Auskunftserteilung werden wir den – vom laufenden Monat ab geltend gemachten – Unterhaltsanspruch beziffern.[2]

. . . . . .

Rechtsanwalt/Rechtsanwältin

Anmerkungen

1. Gemäß § 12 LPartG kann ein Partner bei einer Trennung bei Bedürftigkeit unter den im Gesetz genannten Voraussetzungen vom anderen Unterhalt verlangen. Die Regelung entspricht der für Ehegatten geltenden Bestimmung des § 1361 BGB. Der Anspruch besteht unabhängig vom Güterstand.

2. Bei vor dem 1.1.2005 begründeten Lebenspartnerschaften sollte das Problem einer Fortgeltungserklärung (§ 21 Abs. 3 LPartG) vorsichtshalber geprüft werden.

2. Vereinbarung über die Lebenspartnerschaftswohnung und die Verteilung der Haushaltsgegenstände bei Getrenntleben

A und B haben bisher in einer eingetragenen Lebenspartnerschaft in der A gehörenden Eigentumswohnung in . . . . . . zusammengelebt. Sie haben beschlossen, sich zu trennen.

Sie schließen hinsichtlich der Nutzung der Lebenspartnerschaftswohnung und der Verteilung der Haushaltsgegenstände folgende

Vereinbarung

Im Hinblick darauf, dass A noch eine weitere Eigentumswohnung zur Verfügung hat, die wegen der Kündigung des dort bestehenden Mietverhältnisses leer steht und von ihm kurzfristig bezogen werden kann, und B aus finanziellen Gründen derzeit nicht in der Lage ist, sich eine andere Wohnung zu beschaffen, überlässt A die bisherige Lebenspartnerschaftswohnung B zunächst bis zum . . . . . . mietfrei zur alleinigen Benutzung. B übernimmt die nutzungsabhängigen Kosten der Wohnung.

B verpflichtet sich, die Wohnung zum vorgenannten Zeitpunkt besenrein zu räumen. A behält sich vor, B die Wohnung über den vorgenannten Zeitpunkt hinaus zu überlassen, falls B bis dahin immer noch nicht in der Lage war, sich eine andere Wohnung zu beschaffen.[1]

Die Parteien sind sich darüber einig, dass die in der bisherigen gemeinsamen Wohnung vorhandenen Haushaltsgegenstände mit Ausnahme einiger weniger Haushaltsgegenstände im Alleineigentum von A stehen. Er überlässt B die in seinem Eigentum stehenden Haushaltsgegenstände zur weiteren Nutzung gleichfalls kostenlos für den Zeitraum, in dem B die Wohnung weiter bewohnt. B verpflichtet sich, die Haushaltsgegenstände pfleglich zu behandeln.

Mit der Räumung der Wohnung hat B auch sämtliche A gehörende Haushaltsgegenstände an diesen herauszugeben.

Zur Klarstellung der beiderseitigen Eigentumsverhältnisse an den Haushaltsgegenständen werden in einer Anlage zu dieser Vereinbarung die B gehörenden Haushaltsgegenstände aufgelistet. Er ist berechtigt, sie bei seinem Auszug mitzunehmen.[2] Die in der Liste nicht genannten Haushaltsgegenstände verbleiben im Eigentum von A und in der vorbezeichneten Wohnung.

. . . . . .

(Unterschriften der Beteiligten)

Anmerkungen

1. Bei einer Trennung der Lebenspartner besteht gemäß § 14 LPartG ein Anspruch auf vollständige oder teilweise Überlassung der gemeinsamen Wohnung nur zur Vermeidung einer unbilligen Härte des die Überlassung der Wohnung Verlangenden; zudem ist bei Alleineigentum des anderen Partners die Überlassung besonders zu begründen. Entsprechend § 1361b BGB handelt es sich nur um eine vorläufige Regelung. Eine Nutzungsvergütung kann vereinbart werden. Bei unentgeltlicher oder teilweise unentgeltlicher Überlassung ist der Wohnvorteil beim Getrenntlebensunterhalt zu berücksichtigen.

2. Gemäß § 13 LPartG kann bei einer Trennung gleichfalls nur als vorläufige Regelung jeder Partner die Herausgabe der ihm gehörenden Haushaltsgegenstände sowie eine Verteilung der gemeinsamen Haushaltsgegenstände nach den Grundsätzen der Billigkeit beanspruchen. Die Verteilung der Haushaltsgegenstände ist nur vorübergehend für die Dauer des Getrenntlebens. Deshalb bleiben die Eigentumsverhältnisse unverändert. Die Eigentumsverhältnisse können nur durch Vereinbarung der Lebenspartner geändert werden (vgl. *Götz/Brudermüller* NJW 2008, 3025 ff. u. *Bäumel* FPR 2010, 88 ff.).

IV. Aufhebung der Lebenspartnerschaft

Ablehnung eines Anspruchs auf Zahlung nachpartnerschaftlichen Unterhalts

Herrn

Rechtsanwalt

. . . . . .

Sehr geehrter Herr Kollege . . . . . . ,

wir zeigen an, dass wir Herrn . . . . . . anwaltlich vertreten.

Sie haben für Ihren Mandanten gegen unseren Mandanten einen Unterhaltsanspruch geltend gemacht und diesen darauf gestützt, dass Ihr Mandant nach Aufhebung der Lebenspartnerschaft nicht selbst ausreichend für seinen Unterhalt sorgen könne, da er arbeitslos sei.

Der Unterhaltsanspruch wird aus folgenden Gründen als unbegründet zurückgewiesen:[1]

Zum einen ist Ihr Mandant auf Grund seiner beruflichen Qualifikation bei entsprechenden intensiven Bemühungen durchaus in der Lage, eine neue Erwerbstätigkeit zu finden.

Zum anderen wird gegenüber dem Unterhaltsanspruch der Einwand der groben Unbilligkeit geltend gemacht.[2]

Obwohl sich beide Parteien in der Vereinbarung vom . . . . . ., in der sie ihre persönlichen Beziehungen in der Lebenspartnerschaft geregelt haben, ausdrücklich zu beiderseitiger Treue verpflichtet haben, hat Ihr Mandant vor der Trennung hinter dem Rücken unseres Mandanten seine Tätigkeit als „Call-Boy“ wieder aufgenommen und dabei zahlreiche sexuelle Kontakte verschiedenster Art zu anderen Männern gehabt. Unser Mandant hatte dagegen während der gesamten Lebenspartnerschaftsdauer keine sexuellen Kontakte zu Dritten.

Ihr Mandant hat sich damit eines schwerwiegenden einseitigen Fehlverhaltens gegenüber unserem Mandanten schuldig gemacht, so dass ein etwaiger Unterhaltsanspruch verwirkt ist.

. . . . . .

Rechtsanwalt/Rechtsanwältin

Anmerkungen

1. Grundlage eines nachpartnerschaftlichen Unterhaltsanspruchs ist § 16 LPartG. Die Regelung entspricht den Unterhaltsansprüchen geschiedener Ehegatten. Durch diese Gleichstellung ist eine Überreglementierung hinsichtlich des nachpartnerschaftlichen Unterhalts eingetreten. Ob die Unterhaltstatbestände des Alters- und Krankheitsunterhalts durch Vereinbarung ausgeschlossen werden können, insbesondere wenn bei ausländischen sprachunkundigen Partnern die Unterhaltslage mitverursacht ist, ist fraglich (s. nur *Grziwotz* FPR 2010, 191 ff.; vgl. auch BGH BeckRS 2017, 106979 zu lebensgemeinschaftsbedingten Nachteilen, die nur einen Partner treffen).

2. Gemäß § 16 Abs. 1 LPartG ist u. a. § 1579 BGB entsprechend anwendbar (vgl. OLG Hamm FamRZ 2002, 753 zur Tätigkeit als Prostituierte u. OLG Düsseldorf FamRZ 2006, 335 zur Tätigkeit als Call-Boy).

V. Erbregelungen

1. Gemeinschaftliches Testament

Wir ...... setzen uns gegenseitig zu alleinigen Erben ein.[1, 2] Diese Erbeinsetzung ist wechselbezüglich.

Zu Schlusserben des Längerlebenden von uns werden durch einseitige, ausdrücklich nicht wechselbezügliche Verfügung[3] je zur Hälfte ...... und ...... bestimmt; ersatzweise tritt Anwachsung ein.[4]

Wir wissen, dass jeder von uns die gegenseitige Erbeinsetzung jederzeit widerrufen kann, und dass das gemeinschaftliche Testament im Fall der Aufhebung unserer Lebensgemeinschaft unwirksam ist, was auch unserer beider Willen entspricht.[5]

Ort, Datum

......

(Unterschriften der Beteiligten[6])

Anmerkungen

1. Lebenspartner können gemäß § 10 Abs. 4 LPartG ein gemeinschaftliches Testament errichten. Die §§ 2272, 2273 BGB gelten entsprechend.

2. Eine testamentarische Verfügung zugunsten des Lebenspartners empfiehlt sich u. a. zur Vermeidung von Erbstreitigkeiten zwischen dem überlebenden Partner und den Verwandten des Erstversterbenden bei der gesetzlichen Erbregelung des § 10 LPartG, da der Lebenspartner im Regelfall nicht Alleinerbe wird. Erbengemeinschaften sind wegen der Homosexualität des Verstorbenen in nicht seltenen Fällen streitträchtig (s. *Grziwotz* FPR 2005, 283 ff.). Aufgrund der kollisionsrechtlichen Geltung des Aufenthaltsprinzips (Art. 21 Abs. 1, Art. 23 Abs. 2 lit. b. EuErbVO) für das Erbrecht registrierter Lebenspartner kann es sich empfehlen, bei deutschen Staatsangehörigen das Heimatrecht zu wählen (Art. 22 EuErbVO), um die Anwendung eines nationalen Rechts zu vermeiden, das Lebenspartnerschaften nicht kennt. Soll es bei der gesetzlichen Erbfolge verbleiben (→ Form. O.V.2 Anm. 2), ist eine Rechtswahl dringend erforderlich (vgl. *Bruns* ZErb 2014, 181 ff. u. *Coester* ZEV 2013, 115 ff.). Diese ist auf das Heimatrecht beschränkt; ein ausländischer Lebenspartner kann deshalb nicht das deutsche Recht als das Recht seines gegenwärtigen Aufenthalts unabhängig vom Aufenthalt bei seinem Versterben wählen.

3. Die Bindungswirkung des überlebenden Lebenspartners kann einen Abänderungsvorbehalt, bei dem die Verfügungen des Verstorbenen nicht gemäß § 10 Abs. 4 S. 2 LPartG, § 2270 BGB in Wegfall kommen, beseitigt werden (vgl. *Nieder/Kössinger*, Handbuch der Testamentsgestaltung § 11 Rn. 90 ff.). Einfacher ist es, die Verfügungen des Längerlebenden nur einseitig zu treffen; allerdings kann dadurch jeder Lebenspartner zu Lebzeiten des anderen bereits die Schlusserbenbestimmung für den Fall, dass er der Überlebende ist, (heimlich) ändern.

4. Eine testamentarische oder erbvertragliche Erbregelung ist auch deswegen empfehlenswert, weil bei gleichgeschlechtlichen Lebenspartnern in den meisten Fällen keine eigenen Kinder vorhanden sind und die Partner infolgedessen selbst darüber entscheiden sollten, wer nach ihrem beiderseitigen Ableben ihr Vermögen erhalten soll. Die gesetzliche Verwandtenerbfolge entspricht häufig nicht dem Willen der Beteiligten.

5. Gemäß §§ 10 Abs. 4 S. 2 LPartG, 2271 BGB ist das gemeinschaftliche Testament für jeden Lebenspartner frei widerruflich. Gemäß § 10 Abs. 5 LPartG, §§ 2268, 2077 BGB ist das Testament im Fall der Aufhebung der Lebenspartnerschaft vorbehaltlich eines anderen Willens der Erblasser unwirksam (zur Erbeinsetzung des [späteren] Lebenspartners vor Inkrafttreten des LPartG s. KG BeckRS 2016, 17369 = ErbR 2016, 449). In entsprechender Anwendung von § 2077 Abs. 1 S. 2, 3 BGB ist dies auch dann der Fall, wenn zum Zeitpunkt des Todes ein Aufhebungsverfahren rechtshängig war, wobei der entsprechende Antrag vom Erblasser oder von beiden Lebenspartnern gestellt sein muss oder der Erblasser dem Antrag des anderen Lebenspartners zugestimmt haben muss (instruktiv *Reimann* ZEV 1995, 329 f.; zu Problemen der Aufhebung der Lebenspartnerschaft wegen Täuschung s. *Muscheler* FPR 2010, 227, 231).

6. Gemäß §§ 10 Abs. 4 S. 2 LPartG, 2267 BGB genügt es, wenn einer der Lebenspartner das Testament eigenhändig errichtet und der andere eigenhändig mitunterzeichnet. Das öffentliche gemeinschaftliche Testament kann nur zur Niederschrift eines Notars errichtet werden (§§ 2231 Nr. 1, 2232 BGB).

2. Erbvertrag

(Notarielle Beurkundung bei gleichzeitiger, persönlicher Anwesenheit[1])

Wir setzen uns gegenseitig zu alleinigen und unbeschränkten Erben ein.[2]

Jeder von uns beruft sowohl für den Fall, dass er der Längstlebende von uns ist, als auch für den Fall, dass wir gleichzeitig oder kurz hintereinander aufgrund desselben Ereignisses, zB einem Verkehrsunfall, versterben, ... zum Alleinerben.

Wir nehmen die vorstehenden Verfügungen als erbvertraglich bindend an. Jeder von uns ist ohne Angabe von Gründen zum Rücktritt von diesem Erbvertrag berechtigt. Der Rücktritt bedarf der notariellen Beurkundung und wird erst wirksam mit dem Zugang beim anderen Lebenspartner.[3] Der Längerlebende ist nach dem Tod des erstversterbenden Lebenspartner berechtigt, die vorstehende Schlusserbeneinsetzung frei abzuändern; auch Zuwendungen unter Lebenden sind ihm gestattet, die §§ 2287, 2288 BGB werden ausdrücklich ausgeschlossen.[4] Auf das Anfechtungsrecht wegen Übergehung einer pflichtteilsberechtigten Person wird verzichtet.

Der Erbvertrag soll bei Vorliegen der Voraussetzungen der §§ 2279, 2077 BGB, 10 Abs. 5 LPartG in vollem Umfang auf jeden Fall, d. h. nicht nur im Zweifel, unwirksam werden.[5]

. . . . . .

(Unterschriften der Beteiligten)

→ Form. O.V.1 Anm. 2–4.

Anmerkungen

1. §§ 276 Abs. 1, 2274 BGB. Der Erblasser muss unbeschränkt geschäftsfähig sein (§ 2276 Abs. 1 BGB).

2. Eine gegenseitige Erbeinsetzung ist zur Absicherung des überlebenden Partners und zur Vermeidung einer (streitträchtigen) Erbengemeinschaft häufig gewünscht. Wegen der Pflichtteilsansprüche der Eltern des Verstorbenen (§ 2303 Abs. 2 S. 1 BGB) kann man es bei einem Nachlass, der sich auf die zum lebenspartnerschaftlichen Haushalt gehörenden Gegenstände beschränkt, bei der gesetzlichen Erbfolge belassen. Der überlebende Partner erhält diese Gegenstände als Voraus (§ 10 Abs. 1 S. 3 LPartG). Pflichtteilsansprüche bestehen unabhängig vom Wert dieser Gegenstände (vgl. *Keim* NJW 2008, 2072 [2076]; Burandt/Rojahn/*G. Müller* § 2311 Rn. 42) nicht (§ 2311 Abs. 1 S. 2 BGB). Zur Streitfrage der Anwendbarkeit des § 2311 Abs. 1 S. 2 BGB auch bei gewillkürter Allein- oder Miterbenstellung des überlebenden Partners s. nur Staudinger/*Herzog* § 2311 Rn. 78.

3. Durch das freie Rücktrittsrecht wird eine Widerruflichkeit wie beim gemeinschaftlichen Testament erreicht.

4. Die Schlusserbeneinsetzung kann durch einseitige Verfügung von Todes wegen getroffen werden; allerdings kann sie dann von jedem Lebenspartner zu Lebzeiten des anderen heimlich geändert werden. Dies vermeidet der Abänderungsvorbehalt (zur Zulässigkeit BGH MittBayNot 1986, 265 u. *Keim* ZEV 2005, 365, 368).

5. Da diese Unwirksamkeit vertraglicher Verfügungen bei Aufhebung der Lebenspartnerschaft nur im Zweifel eintritt und bereits eine Schlusserbeneinsetzung unter Umständen die Vermutung entkräften kann (vgl. BGH ZEV 2004, 423), ist eine ausdrückliche Regelung ratsam.

P. Allgemeine Bestandteile von familienrechtlichen Verträgen

I. Vollstreckungsklauseln in notariellen Urkunden

1. Vollstreckungsklausel mit Nachweisverzicht

Herr/Frau …… unterwirft[2] sich jeweils der sofortigen Zwangsvollstreckung aus dieser Urkunde,[1, 3]

wegen[4]

a) des Anspruchs auf Zahlung[5] des Ausgleichsbetrages samt Zinsen gem. Ziffer ……
b) der in Ziffer …… bestellten Sicherungshypothek in der Weise, dass die Zwangsvollstreckung aus der Urkunde gegen den jeweiligen Eigentümer[6] des belasteten Pfandgegenstandes zulässig ist
c) des Anspruchs auf Zahlung des Zugewinnausgleichs gem. Ziffer ……
d) des Anspruchs auf Zahlung des nachehelichen Unterhalts gem. Ziffer ……
   aa) in Höhe des Ausgangsbetrages
   bb) in der sich aus der Wertsicherungsvereinbarung[7] gemäß Ziffer …… ergebenden Höhe
e) der in Ziffer …… bestellten Reallast (in Höhe des Ausgangsbetrages und in der sich durch Anpassung entsprechend der Wertsicherungsvereinbarung ergebenden Höhe)
f) der persönlichen Haftung für die während seines/ihres Eigentums fällig werdenden Leistungen aus der Reallast (§ 1108 Abs. 1 BGB)[8]

mit der Maßgabe, dass vollstreckbare Ausfertigung[9] ohne jeden Nachweis[10] erteilt[11] werden kann.

Anmerkungen

1. Sachverhalt. In einer umfänglichen notariell beurkundeten (Scheidungs-)Vereinbarung sind vereinbart eine Ausgleichszahlung für eine Immobilienübertragung (teilweise gestundet und abgesichert durch eine Sicherungshypothek), ein in Geld zu leistender Zugewinnausgleich, nachehelicher Unterhalt verbunden mit einer Wertsicherungsklausel (abzusichern durch eine erst noch einzutragende Reallast an einer Immobilie).

2. Unterwerfungserklärung. Das deutsche Recht kennt im Gegensatz zu anderen Rechtsordnungen, insbesondere des französischen Rechtskreises (vgl. hierzu *Wolfsteiner* Rn. 5.2.) und im Gegensatz zur Regelung des § 794 Abs. 1 Nr. 1 ZPO für den Prozessvergleich keine automatische Vollstreckbarkeit von Ansprüchen, die in notariellen Urkunden niedergelegt sind. Erforderlich ist zusätzlich, dass sich der Schuldner in der Urkunde …… der sofortigen Zwangsvollstreckung unterworfen hat. Diese Unterwerfungserklärung ist eine einseitige, nicht der Annahme bedürftige (BGHZ 147, 203; *Wolfsteiner* Rn. 11.15. mwN) prozessuale Willenserklärung (zur Qualifizierung vgl. Zöller/*Stöber* § 794 Rn. 32; *Wolfsteiner* Rn. 6.13., 11.8. ff.). Für das Wirksamwerden der Unterwerfungserklärung ist der Bestand der zu Grunde liegenden sachlichrechtlichen Verpflichtung nicht Voraussetzung (BGH NJW 1985, 2423 = DNotZ 1985, 474; BGH

NJW 1994, 2755; anders wieder BGHZ 139, 387; BGH NJW 2002, 138; hierzu krit. *Wolfsteiner* Rn. 11.20 Fn. 28. mwN). Erfolgt die Unterwerfungserklärung durch einen Vertreter, muss die Vollmacht bzw. Nachgenehmigung in beurkundeter bzw. öffentlich beglaubigter Form nachgewiesen werden (BGH NJW-RR 2007, 358, 359; *Stöber* Rpfleger 1994, 393, 394 ff.). Auf Grund der Vorschrift des § 80 ZPO kann die Beurkundung der Vollstreckungsunterwerfung zwar zunächst aufgrund schriftlicher, mündlicher oder mündlich behaupteter Vollmacht erfolgen, die vollstreckbare Ausfertigung darf der Notar allerdings erst erteilen, wenn die Vollmachterteilung in zumindest öffentlich beglaubigter Form (§ 726 ZPO) nachgewiesen ist (*Müller*RNotZ 2010, 167, 173).

3. Urkunde. Die Zwangsvollstreckung findet gem. § 794 Abs. 1 Nr. 5 ZPO statt u.a. aus Urkunden, die von einem deutschen Notar innerhalb der Grenzen seiner Amtsbefugnisse in der vorgeschriebenen Form aufgenommen sind. Dies setzt die Beurkundung im Verfahren nach §§ 8 ff. BeurkG voraus, die Befugnis des Notars ergibt sich aus § 20 BNotO. Der Notar kann – mit Zustimmung der Parteien – für vollstreckbar erklären auch einen von ihm in Verwahrung genommenen Anwaltsvergleich gem. §§ 796c, 796a ZPO und einen Schiedsspruch mit vereinbartem Wortlaut gem. § 1053 Abs. 4 ZPO.

4. Zu bezeichnender Anspruch. Der Schuldner muss sich nach der Neufassung von § 794 Abs. 1 Nr. 5 ZPO durch die Zwangsvollstreckungsnovelle wegen „des zu bezeichnenden Anspruchs“ der sofortigen Zwangsvollstreckung unterworfen haben. Jedenfalls für nach dem 31.12.1998 errichtete Urkunden ist damit eine pauschale Zwangsvollstreckungsunterwerfung („wegen aller in dieser Urkunde begründeten oder erwähnten Ansprüche“) nicht mehr zulässig (zur Bezeichnungsmaxime (Konkretisierungsgebot) *Wolfsteiner* Rn. 11.45 ff.): der Anspruch ist konkret zu bezeichnen (Zöller/*Stöber* § 794 Rn. 27).

5. Inhalt des Anspruchs. Unterwerfungsfähig sind gemäß § 794 Abs. 1 Nr. 5 ZPO alle Ansprüche, die einer vergleichsweisen Regelung zugänglich sind, nicht auf Abgabe einer Willenserklärung gerichtet sind und nicht den Bestand eines Mietverhältnisses über Wohnraum betreffen.

6. Dingliche Zwangsvollstreckungsunterwerfung. Gemäß § 800 ZPO kann sich der Eigentümer in einer nach § 794 Abs. 1 Nr. 5 aufgenommen Urkunde in Ansehung einer Hypothek, einer Grundschuld oder einer Rentenschuld der sofortigen Zwangsvollstreckung (auch) in der Weise unterwerfen, dass die Zwangsvollstreckung aus der Urkunde gegen den jeweiligen Eigentümer des Grundstücks zulässig ist. Zur Wirksamkeit ist die Eintragung im Grundbuch erforderlich, die ausdrücklich, nicht durch Bezugnahme auf die Bewilligung gemäß § 44 Abs. 2 GBO zu erfolgen hat (KGJ 23 A 232, 234 f.; Bauer/von Oefele/*Knothe* GBO § 44 Rn. 43). Die Unterwerfungserklärung kann auch bereits durch den noch nicht eingetragenen künftigen Eigentümer erfolgen und auch bereits vor Eintragung des Rechts (allgM), sie kann aber auch nachträglich in Bezug auf ein bereits eingetragenes Recht erfolgen (vgl. Zöller/*Stöber* § 800 Rn. 9).

7. Bestimmtheit des Anspruchs. Die Urkunde (wie auch ein Urteil, vgl. BGHZ 122, 16, 17) muss den vollstreckbaren Anspruch (bei einem Zug-um-Zug-Titel auch die Gegenleistung) inhaltlich bestimmt ausweisen (zu Einschränkungen der Bestimmtheit des Anspruchs *Wolfsteiner* Rn. 14.22.ff., der inhaltlichen Bestimmtheit Rn. 16.15.ff.). Ein Geldzahlungsanspruch ist inhaltlich bestimmt, wenn der Betrag entweder ziffernmäßig festgelegt ist oder sich ohne Weiteres aus den Angaben der Urkunde berechnen lässt (BGHZ 22, 54, 56; BGH NJW 1995, 1162 = DNotZ 1995, 770). Dies gilt auch für Zinsen und sonstige Nebenleistungen. Einer Zwangsvollstreckungsunterwerfung zugänglich ist unter diesen Voraussetzungen auch ein künftiger oder ein bedingter Anspruch

(Zöller/*Stöber* § 794 Rn. 28 mwN; *Wolfsteiner* § 16; zur Terminologie krit. Rn. 16.12). Die früher umstrittene Frage, ob eine Anpassung unter Bezugnahme auf einen vom Statistischen Bundesamt ermittelten und bekannt gegebenen Verbraucherpreisindex hinreichend bestimmt ist, hat der BGH bejahend entschieden (BGH DNotZ 2004, 644 = NJW-RR 2004, 649; ähnlich bereits unter Bejahung von Offenkundigkeit i. S. § 291 ZPO BGH NJW 1992, 2088; ebenso *Winkler* § 52 Rn. 21 f.; Zöller/*Stöber* § 794 Rn. 28).

8. Anspruchsbezeichnung. Wegen des Bestimmtheitserfordernisses sind nicht nur der Primäranspruch, sondern auch die sich aus einer Sicherungsreallast direkt und indirekt ergebenden Ansprüche einzeln zu bezeichnen. Eine Zwangsvollstreckungsunterwerfung gegen den jeweiligen Eigentümer gem. § 800 ZPO wegen der Reallast ist nicht zulässig, da diese im Katalog des § 800 Abs. 1 S. 1 ZPO fehlt.

9. Zuständigkeit. Die vollstreckbare Ausfertigung (d. h. eine mit der Vollstreckungsklausel versehene Ausfertigung der Urkunde, §§ 795, 724 Abs. 1 ZPO) wird von dem Notar erteilt, der die Urkunde verwahrt, § 797 Abs. 2 S. 1 ZPO.

10. Nachweise. Hängt die Vollstreckbarkeit nach dem Inhalt der Unterwerfungserklärung von dem durch den Gläubiger zu beweisenden Eintritt einer anderen Tatsache als einer dem Gläubiger obliegenden Sicherheitsleistung ab, so darf gemäß § 726 ZPO eine vollstreckbare Ausfertigung nur erteilt werden, wenn der Beweis durch öffentliche oder öffentlich beglaubigte Urkunden geführt wird oder (gem. §§ 291 ZPO, 795 iVm 727 Abs. 2 ZPO analog) Offenkundigkeit gegeben ist (*Wolfsteiner* Rn. 46.4., 46.59.). Der Schuldner bestimmt somit in der Unterwerfungserklärung, welche Nachweise der Gläubiger zu erbringen hat. Im Text wird – wie in der Praxis häufig – festgelegt, dass keinerlei Nachweise zu erbringen sind, was das Klauselerteilungsverfahren stark vereinfacht und insbesondere i. d. R. eine sofortige Klauselerteilung möglich macht. Dies bedeutet jedoch eine Risikoverlagerung auf den Schuldner, welche – jedenfalls in diesem Umfang – nicht erforderlich ist (→ Form. P.I.2).

11. Anspruch auf Erteilung. Die Gläubigerin gibt selbst Erklärungen in der Urkunde im eigenen Namen ab. Damit steht ihr gemäß § 51 Abs. 1 Nr. 1 BeurkG ein eigener Anspruch auf Erteilung einer (einfachen) Ausfertigung der Urkunde zu. Da in der Urkunde eine Zwangsvollstreckungsunterwerfungserklärung im Hinblick auf ihr zustehende materiellrechtliche Ansprüche enthalten ist, kann sie auch die Erteilung einer Vollstreckungsklausel verlangen, soweit dem keine Abreden im Sinne von § 51 Abs. 2 BeurkG und keine unerledigten Nachweiserfordernisse entgegen stehen.

2. Vollstreckungsklausel mit Nachweiserleichterung

Herr/Frau . . . . . . unterwirft sich jeweils der sofortigen Zwangsvollstreckung[1] aus dieser Urkunde wegen

a) des Anspruchs auf Zahlung des Ausgleichsbetrages gem. Ziffer . . . . . .
b) der in Ziffer . . . . . . bestellten Sicherungshypothek in der Weise, dass die Zwangsvollstreckung aus der Urkunde gegen den jeweiligen Eigentümer des belasteten Pfandgegenstandes zulässig ist
c) des Anspruchs auf Zahlung des Zugewinnausgleichs gem. Ziffer . . . . . .
d) des Anspruchs auf Zahlung des nachehelichen Unterhalts gem. Ziffer . . . . . .
aa) in Höhe des Ausgangsbetrages
bb) in der sich aus der Wertsicherungsvereinbarung gemäß Ziffer . . . . . . ergebenden Höhe

e) der in Ziffer ...... bestellten Reallast (in Höhe des Ausgangsbetrages und in der sich durch Anpassung entsprechend der Wertsicherungsvereinbarung ergebenden Höhe)
f) der persönlichen Haftung für die während seines/ihres Eigentums fällig werdenden Leistungen aus der Reallast (§ 1108 Abs. 1 BGB).[2]

Vollstreckbare Ausfertigung kann ohne jeden weiteren Nachweis[3] erteilt werden

wegen des Anspruchs zu

a) wenn der Notar in Eigenurkunde[4] bestätigt hat, dass er die Fälligkeitsmitteilung gemäß Ziffer ...... abgesandt hat;
b) wenn die Eigentumsumschreibung und die Eintragung der Sicherungshypothek erfolgt sind,[5] nicht jedoch vor dem ......
c) wenn eine Ausfertigung des Scheidungsbeschlusses mit Rechtskraftzeugnis vorgelegt wird und seit dem Zeitpunkt der Rechtskraft die in Ziffer ...... festgelegte Frist verstrichen ist
d) wenn eine Ausfertigung des Scheidungsbeschlusses mit Rechtskraftzeugnis vorgelegt wird
e) wenn die Voraussetzungen gemäß vorstehend d) gegeben sind und zusätzlich die Eigentumsumschreibung und Eintragung der Reallast erfolgt ist
f) – wie e) –.

Anmerkungen

1. Sachverhalt. → Form. P.I.1 Anm. 1.

2. Inhalt der Unterwerfungserklärung. → Form. P.I.1 Anm. 2, 8.

3. Umfang der zu erbringenden Nachweise. Da die Frage, welche Nachweise der Gläubiger zu erbringen hat, nicht im Gesetz ausdrücklich geregelt ist, sondern sich aus dem – ggf. durch Auslegung zu ermittelnden – die Vollstreckungsvoraussetzungen betreffenden Inhalt der Unterwerfungserklärung ergibt (*Wolfsteiner* Rn. 17.12, 17.16, 17.21.), obliegt es dem Notar, gemäß § 17 Abs. 1 BeurkG den Willen auch hierzu präzise zu ermitteln und zu formulieren. Dem dient am besten eine abschließende Aufzählung der zu erbringenden Nachweise. Soweit sich aus der Vollstreckungsunterwerfungserklärung nichts Abweichendes ergibt, sind die Nachweise („Beweis") gem. § 726 Abs. 1 ZPO in öffentlicher oder öffentlich beglaubigter Urkunde zu erbringen (→ Form. P.I.1 Anm. 10). Die hier zu a) mit f) zu erbringenden Nachweise können in dieser Form geführt werden, so dass diesbezüglich eine Nachweiserleichterungsregelung nicht erforderlich ist (zum sog. Nachweisverzicht *Wolfsteiner* Rn. 17.19 f., 17.39 ff.).

4. Eigenurkunde. Die gesetzlich nicht geregelte notarielle Eigenbeurkundung (hierzu *Winkler* § 1 Rn. 6) ist durch die Rechtsprechung anerkannt (BGHZ 78, 36 = DNotZ 1981, 118; BayObLG DNotZ 1983, 434). Die Eigenurkunde ist vom Notar zu unterzeichnen und mit Siegel zu versehen.

5. Grundbucheintragungen. Wird die Eintragung durch beglaubigten Grundbuchauszug bzw. amtlichen Ausdruck nachgewiesen, liegt eine öffentlich beglaubigte Urkunde vor; in Betracht kommt jedoch auch Offenkundigkeit.

3. Vollstreckungsklausel für Nicht-Vertragspartner

Herr . . . . . . unterwirft sich wegen des dem Kind . . . . . . gegenüber bestehenden Anspruchs auf Zahlung von Unterhalt gemäß Ziffer . . . . . [2] gegenüber dem in der Obhut der Ehefrau befindlichen Kind . . . . ., geboren am . . . . ., derzeit wohnhaft . . . . . [3] der sofortigen Zwangsvollstreckung aus dieser Urkunde, und zwar in der derzeitigen Höhe und in der sich durch Dynamisierung des Mindestunterhalts nach §§ 1612a BGB, 32 Abs. 6 S. 1 EStG und Wechsel der Altersstufe ergebenden Höhe.[1, 4]

Dem Gläubiger ist sofort (z. Hd. Frau . . . . . .) eine einfache Ausfertigung,[5] auf einseitigen Antrag hin eine vollstreckbare Ausfertigung ohne jeden Nachweis[6] zu erteilen.[7]

Anmerkungen

1. Sachverhalt. Im Hinblick auf § 133 Abs. 1 Nr. 2 FamFG haben die Ehegatten in einer Scheidungsvereinbarung auch Regelungen zum Unterhalt für ein minderjähriges Kind getroffen, das sich in der Obhut der Mutter befindet, was im Hinblick auf § 1629 Abs. 2 S. 2 BGB in der Urkunde festgehalten ist (vgl. *Bergschneider* Rn. 256). Wegen § 1629 Abs. 3 Satz 2 BGB ist die Vereinbarung materiellrechtlich (auch) als Vertrag zu Gunsten eines Dritten (des Kindes) ausgestaltet. Der Unterhalt ist festgelegt in einem Vomhundertsatz des Mindestunterhalts für mehrere Altersstufen (§ 1612a BGB) und in der sich hiernach derzeit ergebenden Höhe beziffert (zur Bestimmtheit vgl. *Wolfsteiner* Rn. 16.16. ff., 16.47.).

2. Bezeichnung des Anspruchs. → Form. P.I.1 Anm. 4.

3. Bezeichnung des Gläubigers. Der Gläubiger ist, da nicht Urkundsbeteiligter, an dieser Stelle möglichst genau zu bezeichnen (im Urkundeneingang sind seine Daten nicht aufgeführt). Der in der Vollstreckungsunterwerfung als Gläubiger des vollstreckbaren prozessualen Anspruchs Bezeichnete muss (außer im Fall zulässiger Prozessstandschaft (vgl. § 1629 Abs. 3 S. 1 BGB) zur Vermeidung einer erfolgreichen Vollstreckungsabwehrklage auch Gläubiger des Anspruchs im materiellen Sinne sein (vgl. *Wolfsteiner* Rn. 15.47.) bzw. bis zur letzten mündlichen Verhandlung über eine Vollstreckungsabwehrklage werden (*Wolfsteiner* Rn. 15.50.). Wird in der Vereinbarung auch der Mutter materiellrechtlich ein Anspruch auf Zahlung an das Kind eingeräumt, so ist auch eine Zwangsvollstreckungsunterwerfung gegenüber der Mutter wegen dieses Anspruchs (auf Leistung an einen Dritten) möglich (*Wolfsteiner* Rn. 15. 41. ff.).

4. Bestimmtheit des Anspruchs. → Form. P.I.1 Anm. 7. Die aktuelle Höhe des Anspruchs lässt sich infolge der Angabe des Geburtsdatums hinsichtlich der Altersgruppe, durch Einsicht in §§ 1612a BGB, 32 Abs. 6 S. 1 EStG ohne Weiteres ermitteln und genügt damit dem Bestimmtheitsgebot (vgl. Zöller/*Stöber* § 704 Rn. 4). Nicht hinreichend bestimmt wäre eine Regelung „abzüglich des nach § 1612b Abs. 5 BGB anrechenbaren Kindergeldes" (OLG Naumburg FamRZ 2007, 1182; Zöller/*Stöber* § 704 Rn. 4; *Wolfsteiner* Rn. 16.17., 26.7.).

5. Aushändigung einer einfachen Ausfertigung. Die h. M. (*Wolfsteiner* Rn. 11.50. ff.; Eylmann/Vaasen/*Limmer*, § 52 Rn. 1; Rechtsprechungsnachweise *Winkler* § 52 Rn. 32) billigt einem Gläubiger eines Anspruchs, hinsichtlich dessen in der Urkunde die Unterwerfung unter die sofortige Zwangsvollstreckung erklärt wurden, und der nicht im Besitz einer ihm erteilten einfachen Ausfertigung der Urkunde ist, einen Anspruch auf Erteilung einer Vollstreckungsklausel nur zu, wenn er auch einen Anspruch auf Erteilung einer „einfachen" Ausfertigung der Urkunde hat. Dem ist zuzustimmen. Die aA (*Winkler* § 52 Rn. 33 mwN; *Lerch*, BeurkG, 4. A. 2011, § 52 Rn. 2) verkennt, dass die Urkundsbeteiligten i.S. des § 51 BeurkG (im Rahmen zwingender gesetzlicher Bestimmungen im öffentlichen Interesse, § 51 Abs. 4 BeurkG) allein über die Verwendung einer Urkunde entscheiden, in der ihre Erklärungen verkörpert sind. Sind somit in der Urkunde keine Erklärungen enthalten, die im Namen des Anspruchsgläubigers abgegeben wurden, so können der Schuldner und ggf. die anderen Urkundsbeteiligten bis zur Aushändigung einer – ggf. auch nur einfachen – Ausfertigung an den Gläubiger darüber disponieren, ob, wann und unter welchen Voraussetzungen der Gläubiger in den Besitz eines Vollstreckungstitels kommt. Die Befugnis des Schuldners, dem Notar Anweisungen im Hinblick auf die Aushändigung der vollstreckbaren Ausfertigung zu erteilen, wird auch von *Winkler* (§ 52 Rn. 34) bejaht. Wenn somit nicht ohnehin die sofortige Erteilung einer vollstreckbaren Ausfertigung gewünscht wird, ist es dringend ratsam, dem nicht urkundsbeteiligten Gläubiger sofort eine einfache Ausfertigung erteilen zu lassen, um einer etwaigen späteren gegenteiligen Weisung der Urkundsbeteiligten die Sperrwirkung zu nehmen.

6. Nachweise. → Form. P.I.1 Anm. 10.

7. Erteilung der Vollstreckungsklausel. Ist der Gläubiger bereits im Besitz einer ihm erteilten Ausfertigung der Urkunde, so sind bei der Klauselerteilung nur mehr die hierfür geltenden, sich aus der ZPO ergebenden Vorschriften zu beachten, auf welche § 52 BeurkG verweist; → Form. P.I.1 Anm. 8–10.

II. Schiedsvereinbarungen

1. Schiedsvereinbarung

Schiedsklausel[1, 2]

§ 1 Schiedsregelung

(1) Über alle Streitigkeiten, die sich aus oder im Zusammenhang mit dieser Urkunde nebst etwaigen Nachträgen und Ergänzungen ergeben oder in Bezug auf Rechtsverhältnisse entstehen, welche Grundlage, Gegenstand oder Folge der Regelungen in dieser Urkunde[3] sind, entscheidet unter Ausschluss der staatlichen Gerichtsbarkeit[4] ein Schiedsgericht. Dies gilt auch für nichtvermögensrechtliche Streitigkeiten (im Zusammenhang mit der Ehe der Beteiligten und ggf. im Zusammenhang mit der Beendigung derselben), soweit sie schiedsfähig[5] sind, und Streitigkeiten über die Wirksamkeit der Schiedsvereinbarung oder der übrigen Bestimmungen dieses Vertrages.

(2) Das Schiedsverfahren ist ein Schiedsverfahren deutschen Rechts nach dem Zehnten Buch der deutschen Zivilprozessordnung, auch wenn in einer fremden Sprache verhandelt wird oder einzelne Verfahrenshandlungen im Ausland stattfinden.

(3) Ort des schiedsrichterlichen Verfahrens ist ......

§ 2 Besetzung des Schiedsgerichts

(1) Das Schiedsgericht besteht aus einem Einzelschiedsrichter. Dieser hat jedoch nach Annahme seines Amtes eine Frist zu setzen, innerhalb derer jede Partei die Bestellung zweier weiterer Schiedsrichter als Beisitzer verlangen kann,[6] indem sie die andere Partei unter Benennung eines weiteren Schiedsrichters auffordert, ihrerseits einen weiteren Schiedsrichter zu benennen. In diesem Fall wird der Einzelschiedsrichter Vorsitzender des Schiedsgerichts. Für einstweilige Maßnahmen bleibt der Einzelschiedsrichter zuständig.

(2) Als Schiedsrichter benennen die Parteien bereits jetzt ......

§ 3 Weitere Vereinbarungen

......

§ 4 Bestimmungen zu Verfahren und Vergütung, Schiedsrichtervertrag

(1) Im Übrigen gelten, soweit die Beteiligten vorstehend nichts anderes vereinbart haben, die Bestimmungen der folgenden Verfahrens- und Vergütungsvereinbarungen. Sie sind Bestandteil dieser Schiedsvereinbarung, die auch Inhalt des mit dem Schiedsrichter abzuschließenden Schiedsrichtervertrages werden soll.

(2) Die Benennung eines Schiedsrichters auf Grundlage dieser Schiedsvereinbarung enthält das Angebot an den Schiedsrichter, einen Schiedsrichtervertrag mit dem in Abs. 1 bezeichneten Inhalt abzuschließen. Soweit ein Benennungsrecht nur einer Partei oder einem Dritten zusteht, bevollmächtigen die Parteien den Benennungsberechtigten zur Abgabe dieses Angebots. Keine Partei kann die Vollmacht ohne Zustimmung der anderen Partei widerrufen.

§ 5 Salvatorische Klausel

(1) Sollten einzelne Bestimmungen der Abreden zum Schiedsverfahren unwirksam sein, so bleiben die übrigen Bestimmungen hiervon unberührt. Lassen sich durch Unwirksamkeit einer Bestimmung entstandene Lücken nicht durch ergänzende Auslegung der wirksamen Vereinbarungen schließen, gelten die gesetzlichen Bestimmungen. In jedem Fall soll es bei der Zuständigkeit eines Schiedsgerichts unter Ausschluss der staatlichen Gerichtsbarkeit verbleiben.

(2) Die Unwirksamkeit der übrigen Vertragsbestimmungen lässt die Wirksamkeit der Schiedsvereinbarung unberührt.

Verfahrensvereinbarung

§ 1 Beginn des schiedsrichterlichen Verfahrens

(1) Das schiedsrichterliche Verfahren beginnt mit dem Tag, an dem der Antrag, die Streitigkeit dem Schiedsgericht vorzulegen, gemäß § 4 dem Beklagten zugestellt worden ist. Der Antrag des Klägers an den Beklagten muss enthalten:

1. Die Bezeichnung der Parteien,
2. die Angabe des Streitgegenstands und
3. einen Hinweis auf die Schiedsvereinbarung.

(2) Soweit sämtliche Schiedsrichter bereits im Voraus benannt wurden, hat der Kläger diesen unverzüglich seinen Antrag in Abschrift zuzuleiten. Andernfalls hat er den Berechtigten im Sinne des § 2 zur Benennung eines Schiedsrichters aufzufordern.

§ 2 Benennung des Schiedsrichters

(1) Sind ein oder mehrere Schiedsrichter noch nicht benannt, so gelten für die Benennung eines Schiedsrichters die folgenden Regeln:

(2) Die Benennung des Einzelschiedsrichters oder des Vorsitzenden obliegt innerhalb eines Monats nach Aufforderung durch eine Partei dem Präsidenten der für den Ort des schiedsrichterlichen Verfahrens zuständigen Notarkammer oder einer von ihm beauftragten Person.

(3) Wenn ein Schiedsgericht mit drei Schiedsrichtern verlangt wird, benennt jede Partei einen Beisitzer nach Maßgabe von § 2 Abs. 2 der Schiedsabrede.

(4) Die Benennung eines Schiedsrichters obliegt dem Präsidenten der für den Ort des schiedsrichterlichen Verfahrens zuständigen Notarkammer oder einer von ihm beauftragten Person außerdem, wenn

1. die Benennung eines Schiedsrichters nicht innerhalb einer gesetzlichen oder vereinbarten Frist erfolgt,
2. sich ein vereinbartes Verfahren zur Benennung eines Schiedsrichters aus tatsächlichen oder rechtlichen Gründen als undurchführbar erweist oder
3. einem Schiedsrichter der Beginn des schiedsrichterlichen Verfahrens sowie seine Benennung mitgeteilt worden ist und er nicht innerhalb eines Monats das ihm angetragene Amt angenommen hat hinsichtlich des Ersatzschiedsrichters.

(5) Fällt ein Schiedsrichter nachträglich weg, gelten für die Benennung eines neuen Schiedsrichters die Absätze 2 bis 4 entsprechend.

§ 3 Amt des Schiedsrichters

(1) Soweit nichts anderes bestimmt ist, entscheidet der Vorsitzende, während der mündlichen Verhandlung das Schiedsgericht, über das Verfahren nach freiem Ermessen.

(2) Der Schiedsrichter hat in jedem Stadium des Verfahrens auf beschleunigte Erledigung hinzuwirken.

(3) Ist ein Notar zum Schiedsrichter bestellt und erlischt das Amt des Notars, so endet auch die Bestellung zum Schiedsrichter, es sei denn, er hat die Befugnis, den Titel eines Notars außer Dienst zu führen. Wird der Notar vorläufig des Amts enthoben, so endet sein Schiedsrichteramt nach sechswöchiger Dauer der vorläufigen Amtsenthebung.

(4) Der Schiedsrichter haftet für eine Pflichtverletzung gegenüber einer Partei nur nach den Grundsätzen der Haftung für staatliche Spruchrichter.

§ 4 Zustellungen

(1) Eine jede Zustellung ist wirksam, wenn das zuzustellende Schriftstück auf Veranlassung des Schiedsgerichts gleich auf welchem Wege zur Kenntnis des Zustellungsempfängers gelangt.

(2) Eine Zustellung gilt als bewirkt, wenn sie an die dem Schiedsgericht zuletzt mitgeteilte Anschrift erfolgt, auch wenn das Schriftstück sich als dort unzustellbar erweist.

(3) Schriftstücke, durch die ein Verfahren erstmals eingeleitet wird, sind nach den gesetzlichen Vorschriften über die Zustellung im Parteibetrieb, durch einen Notar oder gegen schriftliches Empfangsbekenntnis zuzustellen. Alle anderen Zustellungen können durch einfachen Brief erfolgen. Erfolgt eine Zustellung durch eingeschriebenen Brief oder in vergleichbarer Form, so ist sie auch dann wirksam, wenn der Empfänger nicht angetroffen wird und das Schriftstück entweder am Zustellungsort hinterlassen oder beim Zusteller niedergelegt wird.

(4) Wird durch einfachen Brief im Inland zugestellt, so wird vermutet, dass das Schriftstück am dritten Tage nach der Absendung zugegangen ist, wenn der Zugang oder dessen Zeitpunkt nicht ernstlich zweifelhaft sind.

(5) Soweit nicht vereinbart ist, an wen die Zustellung ersatzweise stattfinden kann, wenn der Empfänger selbst nicht angetroffen wird oder das Schriftstück nicht zur Kenntnis erhält (Ersatzzustellung), gelten die Bestimmungen der deutschen Zivilprozessordnung entsprechend und zwar auch dann, wenn die Zustellung im Ausland erfolgt.

(6) Hat eine Partei einen Rechtsanwalt umfassend mit ihrer Vertretung im Verfahren beauftragt, so erfolgen Zustellungen ausschließlich an ihn. Im Übrigen obliegt es dem Ermessen des Schiedsgerichts, ob an die Partei selbst oder an einen Vertreter zuzustellen ist.

(7) Das Schiedsgericht kann die Benennung eines Zustellungsbevollmächtigten innerhalb einer angemessenen Frist verlangen, an den schnell und sicher zugestellt werden kann. Erfolgt keine fristgerechte Benennung, können spätere Zustellungen bis zur Benennung bewirkt werden, indem das Schriftstück unter der Anschrift der Partei zur Post gegeben wird. Zustellungen im Ausland gelten dann zwei Wochen nach Aufgabe zur Post als bewirkt.

§ 5 Verhandlung

(1) Das Schiedsgericht bestimmt Form, Ort und Zeit der Verhandlung. Auf übereinstimmende Wünsche der Parteien soll es tunlichst Rücksicht nehmen.

(2) Verlangt eine Partei mündliche Verhandlung, so soll das Schiedsgericht dem stattgeben, sofern dies nach Ermessen des Schiedsgerichts keinen unzumutbaren Aufwand und keine unzumutbare Verzögerung bewirkt oder der anderen Partei sonst nicht zugemutet werden kann.

(3) Das persönliche Erscheinen der Parteien kann angeordnet werden.

(4) Verhandlungssprache ist deutsch. Die Verhandlung kann – ohne Übersetzung ins Deutsche – in einer anderen Sprache geführt werden, wenn alle Parteien damit einverstanden sind und mindestens ein Schiedsrichter diese Sprache beherrscht.

(5) Das Schiedsgericht kann nach seinem Ermessen in jeder Lage des Verfahrens vor seinem erstmaligen oder weiteren Tätigwerden zu leistende Kostenvorschüsse anfordern, und zwar auch vom Antragsgegner.

§ 6 Einigungsphase

(1) Das Schiedsverfahren beginnt – außer bei Verfahren über einstweiligen Maßnahmen – mit einer Einigungsphase vor dem Schiedsgericht.

(2) Die Einigungsphase schließt gegebenenfalls mit einem Schiedsspruch mit vereinbartem Wortlaut (Schiedsvergleich) ab.

(3) Die Einigungsphase geht in das streitige Verfahren über, wenn das Schiedsgericht das Scheitern der Einigungsphase feststellt. An die Anträge der Parteien ist es insoweit nicht gebunden. Das Schiedsgericht soll weiterhin auf eine vergleichsweise Einigung der Parteien hinwirken.

§ 7 Streitiges Verfahren

(1) Vor Eintritt in das streitige Verfahren muss das Schiedsgericht die Zulässigkeit der Schiedsklage und der Klageanträge nicht prüfen.

(2) Das Schiedsgericht kann Einlassungs- und Antragsfristen sowie Fristen für die Benennung und die Vorlage von Beweismitteln setzen und nach Ablauf der Frist die Partei mit weiterem Vorbringen ausschließen.

§ 8 Schiedsspruch

(1) Das Schiedsgericht entscheidet nach dem Recht, das nach deutschem internationalen Privatrecht auf das streitige Rechtsverhältnis anzuwenden ist. In der Vereinbarung, den Streit durch das Schiedsgericht entscheiden zu lassen, liegt im Zweifel keine Wahl des deutschen Sachrechts.

(2) Über streitige Tatsachen entscheidet das Schiedsgericht unter Würdigung aller Umstände nach freier Überzeugung.

(3) Im Falle der Säumnis einer Partei entscheidet das Schiedsgericht nach Aktenlage; ob es Behauptungen der anderen Partei allein auf Grund der Säumnis für zugestanden erachten will, entscheidet es nach freier Überzeugung.

(4) Das Schiedsgericht entscheidet nach Ermessen, welche Partei zu welchem Anteil Kosten zu tragen oder zu erstatten hat und welche Kosten erstattungsfähig sind.

Vergütungsvereinbarung

§ 1 Grundsatz

(1) Dem Schiedsgericht stehen Gebühren, Auslagen und Vorschüsse (Kosten) nach Maßgabe dieser Vereinbarung zu.

(2) Alle Parteien, die sich auf das Verfahren eingelassen haben, schulden sämtliche Kosten als Gesamtschuldner auch dann, wenn das Schiedsgericht über sie entschieden hat.

§ 2 Fälligkeit

(1) Gebühren sind fällig, sobald der Tatbestand für ihre Entstehung verwirklicht ist.

(2) Auslagen sind fällig, sobald sie entstanden und in Rechnung gestellt worden sind.

(3) Vorschüsse sind fällig, sobald deren Erhebung angeordnet ist.

§ 3 Steuern

Anfallende Umsatzsteuern sind zusätzlich zu zahlen.

§ 4 Zahlung

(1) Zahlungen erfolgen kosten- und spesenfrei auf das vom Schiedsgericht angegebene Konto in EUR.

(2) Das Schiedsgericht kann im Falle des Verzuges eine Mahngebühr von 50,– EUR erheben.

(3) Aufrechnen kann der Schuldner nur mit unstreitigen oder rechtskräftig festgestellten Ansprüchen.

(4) Das Schiedsgericht kann die Ausfertigung und Zustellung von Entscheidungen und Anordnungen allen Parteien gegenüber zurückbehalten, bis fällige Kosten sowie Mahngebühren und Verzugszinsen beglichen sind.

§ 5 Wertgebühr

(1) Gebühren bestimmen sich nach dem Streitwert, der vom Schiedsgericht nach billigem Ermessen festgesetzt wird (§ 315 BGB), sofern die Parteien nichts Abweichendes vereinbart haben.

(2) Die Gebühr für Verfahren vor einem Einzelschiedsrichter beträgt ......

(3) Die Gebühr für ein Verfahren vor einem Drei-Personen-Schiedsgericht beträgt das Zweieinhalbfache der Gebühr nach Abs. 2. Von dieser Gebühr stehen 40 v. H. dem Vorsitzenden und jeweils 30 v. H. den Beisitzern zu.

(4) Es werden nur die hier ausdrücklich festgesetzten Gebühren erhoben.

§ 6 Gebührenanfall

Es fallen

1. mit der Annahme des Amtes durch einen Schiedsrichter 10 % der Gebühr,
2. für die Durchführung der Einigungsphase weitere 30 % der Gebühr, sobald das Schiedsgericht seine Tätigkeit aufnimmt,
3. für das streitige Verfahren

a) nach vorheriger Einigungsphase weitere 40 % der Gebühr, sobald das Scheitern der Schlichtung festgestellt ist,
b) ohne vorherige Einigungsphase weitere 70 % der Gebühr, sobald das Schiedsgericht seine Tätigkeit aufnimmt, und
4. für einen Schiedsspruch mit vereinbartem Wortlaut keine zusätzliche Gebühr, für andere Schiedssprüche die restlichen 20 % der Gebühr an.

§ 7 Erstattung von Auslagen

(1) Das Schiedsgericht kann tatsächlich entstandene Kommunikationskosten, insbesondere Porti und Telefongebühren, oder eine Pauschale erheben.

(2) Die Pauschale beträgt ......

(3) Neben der Pauschale können erhoben werden:

1. Auslagen für eine von den Parteien gewünschte besondere Versendungsart, zB durch Kurier;
2. Auslagen für Telekommunikation mit Orten außerhalb der Europäischen Union;
3. Auslagen für förmliche Zustellungen.

(4) Dem Schiedsrichter sind für Fahrten außerhalb seines Wohnorts, Amts- oder Geschäftssitzes als Reisekosten zu erstatten:

1. Kosten für die Benutzung eines eigenen Kraftfahrzeugs in Höhe von 1,– EUR je km, Kosten für die Benutzung anderer Verkehrsmittel in der 1. Klasse;
2. Übernachtungskosten (einschließlich Frühstück) in Hotels der oberen Kategorie;
3. je angefangenem Kalendertag der Reise ein Tagegeld von ......

(5) Zu erstatten sind Kosten für die Anmietung von Räumen für die mündliche Verhandlung.

(6) Zu erstatten sind Kosten für Dolmetscher und Übersetzer, falls deren Einsatz vom Schiedsgericht für tunlich erachtet wird.

(7) Zu erstatten sind alle für eine Beweisaufnahme anfallenden Auslagen. Zeugen und Sachverständigen werden Reisekosten und Verdienstausfall nach Ermessen des Schiedsgerichts vergütet. Sachverständigen kann das Schiedsgericht eine angemessene Vergütung bewilligen.

§ 8 Gerichtliche Verfahren

(1) Wird ein Schiedsrichter in Zusammenhang mit dem Schiedsverfahren vor ein Gericht geladen, sind Reisekosten nach § 7 Abs. 4 zu erstatten.

(2) Zusätzlich ist für jeden angefangenen Tag – auch wenn keine Reisekosten anfallen – eine pauschale Verdienstausfallentschädigung von ...... EUR zu entrichten.

Anmerkungen

1. Sachverhalt. Die Parteien eines Ehevertrages wollen Streitigkeiten im Zusammenhang mit dem Vertrag und der Ehe insgesamt – soweit rechtlich möglich – nicht durch ein staatliches Gericht, sondern durch ein Schiedsgericht (§§ 1025 ff. ZPO) entscheiden lassen. Die **Gliederung in die Abschnitte Schiedsklausel, Verfahrensvereinbarung und Vergütungsvereinbarung** ermöglicht es, die letzteren beiden in eine „Grundlagenurkunde" auszulagern und hierauf nach § 13a BeurkG zu verweisen, was das Verfahren bei der

Beurkundung des eigentlichen Ehevertrages (mit Schiedsklausel als wesentlichem Element) beträchtlich entschlackt. Ob der Ausschluss der staatlichen Gerichtsbarkeit erforderlich oder zweckmäßig ist, ist im konkreten Fall abzuwägen (zur Nicht-Öffentlichkeit staatlicher Verfahren vgl. § 170 GVG, § 111 FamFG).

2. Begriffsbestimmung/Erläuterungen. § 1029 Abs. 2 differenziert zwischen einer Schiedsvereinbarung in Form einer selbständigen Vereinbarung (Schiedsabrede) oder in Form einer Klausel in einem Vertrag (Schiedsklausel). Letzteres ist in diesem Formular unterstellt. Der Text folgt weitest gehend der in DNotZ 2000, 401 ff. abgedruckten Empfehlung der Bundesnotarkammer, so dass auch die dort (S. 407 ff.) abgedruckten umfangreichen Erläuterungen mit herangezogen werden können; sie sind im Anhang abgedruckt.

3. Form. Die Form der Schiedsvereinbarung regelt § 1031 ZPO. Unterstellt man, dass jeder Beteiligte den Ehevertrag zu einem Zwecke abschließt, der weder einer gewerblichen noch einer selbstständigen beruflichen Tätigkeit zugerechnet werden kann (§ 13 BGB), so wird stets Abs. 5 S. 1 (eigenhändige Unterzeichnung) anwendbar sein. Bei notarieller Beurkundung muss die Schiedsvereinbarung nicht in einem gesonderten Dokument niedergelegt und auch nicht gesondert unterschrieben sein, § 1031 Abs. 5 S. 3 ZPO (Zöller/*Geimer* § 1031 Rn. 38).

Umstritten ist die Frage, ob die Beurkundungsbedürftigkeit des Hauptvertrages zur Beurkundungsbedürftigkeit der Schiedsvereinbarung führt. Dies wird auch nicht durch § 1040 Abs. 1 S. 2 ZPO beantwortet, da sich diese Bestimmung nur auf die Kompetenz-Kompetenz des Schiedsgerichts bezieht, welche die Unabhängigkeit der Schiedsvereinbarung von der Hauptvereinbarung logisch erfordert. Damit kommt es auch für die Frage einer Beurkundungsbedürftigkeit der Schiedsklausel wegen §§ 311b Abs. 1 BGB, 15 Abs. 4 GmbHG auf die allgemeinen Grundsätze des Verknüpfungswillens der Parteien an (vgl. eingehend *Schmitz* RNotZ 2003, 591, 602 ff.; Zöller/*Geimer* § 1031 Rn. 48). Dies wird i. d. R. schon unter dem Aspekt des sichersten Weges zur Mitbeurkundung führen.

Daran schließt sich weiter an die Frage, ob neben der Vereinbarung über die Einsetzung des Schiedsgerichts als solcher auch die Regelungen über die Zusammensetzung des Schiedsgerichts, das Verfahren etc beurkundungsbedürftig sind. Dies wird für eine nicht administrierte Schiedsgerichtsbarkeit jedenfalls zu bejahen sein, im Übrigen unter dem Gesichtspunkt des sichersten Weges vorzuziehen sein (vgl. *Wolfsteiner* notar 1999, 115, 120; *Schmitz* RNotZ 2003, 591, 603). Das Vorhalten einer Grundlagenurkunde ist somit empfehlenswert, beim Schiedsgerichthof deutscher Notare kann eine solche für sein Verfahren angefordert werden.

4. Verhältnis von Schiedsgerichtsbarkeit und staatlicher Gerichtsbarkeit (hierzu eingehend *Steiner* SchiedsVZ 2013, 15). Der aus dem Rechtsstaatsprinzip (Art. 20 Abs. 3 GG) abgeleitete Justizgewährungsanspruch führt grundsätzlich zum staatlichen Richter (Art. 92, 97 Abs. 1 GG). Die Zulässigkeit privater Schiedsgerichtsbarkeit als Ersatz hierfür fußt in Art. 2 Abs. 1 GG.

5. Schiedsfähigkeit. Gegenstand einer Schiedsvereinbarung kann gemäß § 1030 Abs. 1 S. 1 ZPO jede vermögensrechtliche Streitigkeit sein; nicht vermögensrechtliche Ansprüche sind gemäß § 1030 Abs. 1 S. 2 ZPO schiedsfähig, soweit die Parteien berechtigt sind, über den Gegenstand des Streites einen Vergleich zu schließen. Nicht schiedsfähig sind Ehe- und Abstammungs- (Kindschafts-) Sachen (BGHZ 132, 278, 283), somit insbesondere Scheidungssachen (Zöller/*Geimer* § 1030 Rn. 6), weil hier auch öffentliche Interessen berührt sind und Versorgungsausgleichssachen im Fall des Wertausgleichs nach §§ 9 ff. VersAusglG. Diese Überlegungen können dazu führen, von einer Schiedsvereinbarung abzusehen (zu praktischen Problemen vgl. *Bergschneider* Rn. 67). Dies ist jedoch nicht zwingend: ein großer Teil möglichen Streitpotentials kann auch in diesem Bereich durch ein Schiedsgericht abgearbeitet werden (vgl. auch *Schmitz* RNotZ 2003, 591, 611 f.; *Huber* SchiedsVZ 2004, 280). Die Schiedsfähigkeit von Folgesachen im Sinne von § 137 Abs. 2 FamFG, die in einem Verbundverfahren entschieden werden können, ist umstritten (vgl. *Schmitz* RNotZ 2003, 591, 611 f. mwN pro und contra). Jedenfalls für antragsabhängige Folgesachen sind die Parteien nicht verpflichtet, diese im Verbund geltend zu machen. Dann spricht kein zwingender Grund dafür, sie von einer Schiedsfähigkeit auszunehmen (OLG München FamRZ 2012, 1962).

6. Einzel-/Dreierschiedsgericht. Als Alternative zu diesem Optionsmodell bietet es sich an, von vorne herein ausschließlich einen Einzelschiedsrichter oder ein Dreierschiedsgericht vorzusehen. Dies wird auch von wirtschaftlichen Überlegungen der Parteien abhängen.

Anhang

Erläuterungen zur Empfehlung für eine Schiedsvereinbarung mit Verfahrens- und Vergütungsvereinbarung
(Beschluss der 80. Vertreterversammlung der Bundesnotarkammer vom 28.4.2000)
– vom Verfasser redigiert im Hinblick auf Rechtsänderungen und Literaturverweise –

A. Aufbau

Die Empfehlung besteht aus drei Abschnitten: Der Schiedsvereinbarung (I.), einer Verfahrensvereinbarung (II.) und einer Vergütungsvereinbarung (III.).

Die Aufteilung soll es ermöglichen, die Abschnitte II und III *(unter Berücksichtigung der in Abschnitt III §§ 5 Abs. 2, 7 Abs. 2 und 4, 8 Abs. 2 notwendigen Ergänzungen)* in beurkundete Anlagen iSV § 13a BeurkG aufzunehmen. Wird dieses Verfahren gewählt, so können in den vorgelesenen Teil der Urkunde auch weitere Vereinbarungen der Parteien zum Schiedsverfahren aufgenommen werden (I. § 3), die ausdrücklich Vorrang vor dem standardisierten Inhalt der Bezugsurkunden haben (I. § 4 Abs. 1). I. d. R. ist die Verweisung auf Vereinbarungen, die Einzelheiten des Verfahrens betreffen, rechtlich unbedenklich, sofern ihnen kein geschäftswesentlicher Charakter iSV Richtlinien der Kammern zukommt (vgl. Ziff. II. 2 der Richtlinienempfehlungen der Bundesnotarkammer, DNotZ 1999, 259, 260).

B. Zu I. (Schiedsvereinbarung)

Der erste Abschnitt enthält nicht nur die eigentliche Schiedsklausel iSV § 1029 ZPO (§ 1 Abs. 1), sondern neben einigen grundsätzlichen Aussagen (§ 1 Abs. 2 und 3) auch eine Vereinbarung zur Besetzung des Schiedsgerichts (§ 2), für den Einzelfall vereinbarte Klauseln (§ 3) sowie eine Klarstellung des Verhältnisses der Abschnitte I., II. und III. zueinander und zum Schiedsrichtervertrag (§ 4) sowie eine salvatorische Klausel (§ 5).

1. Zu § 1 (Schiedsklausel)

1.1 Die Empfehlung umfasst lediglich eine Formulierung für eine Schiedsklausel innerhalb einer notariellen Urkunde, die alle schiedsfähigen Streitigkeiten abdecken soll, die sich im Zusammenhang mit dem beurkundeten Rechtsgeschäft ergeben können.

In vielen Fällen wird jedoch eine Anpassung erforderlich sein. Dies gilt zB für die Übernahme in eine privatschriftliche Schiedsvereinbarung oder auch dann, wenn im

Zusammenhang mit der Schiedsvereinbarung mit Streitigkeiten gerechnet werden muss, deren Schiedsfähigkeit bisher nicht eindeutig geklärt (zB Beschlussmängelstreitigkeiten in Gesellschaften) oder wie bei Streitigkeiten über den Bestand von Mietverhältnissen über Wohnraum ausgeschlossen ist (§ 1030 Abs. 2 ZPO).

1.2 Die in § 1 Abs. 3 vorgesehene Vereinbarung über den Ort des schiedsrichterlichen Verfahrens ist vor dem Hintergrund des Territorialitätsprinzips im Schiedsverfahren (§§ 1025 Abs. 1, 1043 Abs. 1 ZPO) bedeutsam: Der Ort des Schiedsverfahrens entscheidet über das anzuwendende Verfahrensrecht und sollte auch im Schiedsspruch angegeben werden (§ 1054 Abs. 3 ZPO). Zudem ist die Zuständigkeit der Oberlandesgerichte für gerichtliche Entscheidungen mit Bezug zum Schiedsverfahren mit dem Ort des Verfahrens verknüpft (§ 1062 Abs. 1 ZPO). Besondere Beachtung verdient dabei die Zuständigkeit des OLG München für alle drei bayerischen OLG-Bezirke (§ 1062 Abs. 5 S. 1 ZPO iVm § 7 BayGZVJu).

2. Zu § 2 (Besetzung des Schiedsgerichts)

2.1 Die Empfehlung stellt drei Varianten für eine Vereinbarung über die Besetzung des Schiedsgerichts zur Verfügung: den Einzelschiedsrichter, das der ZPO entsprechende Dreierschiedsgericht und ein Optionsmodell, das zunächst von einem Einzelschiedsrichter ausgeht, aber den Parteien für eine gewisse Frist nach Entstehen der Streitigkeit die Möglichkeit eröffnet, die Benennung von Beisitzern zu verlangen.

Der Vorschlag zum Dreierschiedsgericht ist in zwei Punkten gegenüber den Vorschriften der ZPO modifiziert: Zum einen sieht er die Zuständigkeit des Vorsitzenden als Einzelschiedsrichter bei einstweiligen Maßnahmen vor. Zum anderen verbleibt es dann bei einem Verfahren vor dem Einzelschiedsrichter, wenn beide Parteien jeweils die Frist zur Ausübung eines Benennungsrechts für einen Beisitzer verstreichen lassen. Wie im Übrigen § 4 Abs. 1 klarstellt, ist diese Regelung gegenüber dem sonst bei Fristversäumnis gegebenen subsidiären Benennungsrecht des Präsidenten einer Notarkammer (II. § 2 Abs. 4 Nr. 1) vorrangig.

Hier besteht ebenso wie bei der Wahl eines Verfahrens für die Benennung der Schiedsrichter ein großer Freiraum für an individuelle Gegebenheiten angepasste Gestaltungen. Dabei kann auch daran gedacht werden, die in Abschnitt II. § 2 vorgesehenen Verfahrensweisen für die Benennung der Schiedsrichter zu variieren, beispielsweise durch ein Benennungsrecht für Dritte.

Nachdem die Vereinbarung insbesondere auf die Wahrnehmung des Schiedsrichteramtes durch einen Notar zugeschnitten ist, mag der Funktion eines Einzelschiedsrichters eine größere Bedeutung zukommen als sonst in der schiedsrichterlichen Praxis. Die Tätigkeit als Einzelschiedsrichter entspricht dem Bild sonstiger notarieller Tätigkeit und bietet gerade für verzögerungsanfällige Verfahren Vorteile gegenüber einer erst durchzuführenden Benennung von Beisitzern. Jedoch kann andererseits bei komplexen Verfahren die Berufung von Beisitzern unerlässlich sein.

2.2 Wie aus Abs. 2 ersichtlich wird, ist es durchaus möglich, bereits vorsorglich einen Schiedsrichter zu benennen. Dies kann gerade hinsichtlich der Benennung eines von beiden Seiten akzeptierten Einzelschiedsrichters oder Vorsitzenden vorteilhaft sein und später zur beschleunigten Durchführung des Verfahrens beitragen.

2.3 In der Praxis wird möglicherweise die Frage auftauchen, ob der die Ausgangsvereinbarung beurkundende Notar als Schiedsrichter benannt werden kann. Dies ist zunächst eine Frage der Zweckmäßigkeit: Es könnte befürchtet werden, dass die dann häufig entstehende Notwendigkeit, dass der Schiedsrichter von ihm selbst errichtete Urkunden in Zweifelsfällen auszulegen hat, zum Vorwurf der Befangenheit führt. Andererseits gibt der Gesetzgeber gerade im Klauselerteilungsverfahren, wo der Notar die Funktion eines Richters ausübt (§ 797 Abs. 2 ZPO), regelmäßig die Notwendigkeit zur Auslegung der eigenen Urkunde vor. In der Praxis ist zumindest außerhalb förmlicher Streitverfahren häufig zu beobachten, dass Parteien die Auslegung eine Urkunde durch den Notar selbst akzeptieren, ohne dabei seine Unvoreingenommenheit in Frage zu stellen.

Rechtliche Beschränkungen ergeben sich jedoch aus § 7 Nr. 1 BeurkG für die Beurkundung der Benennung zum Schiedsrichter durch den betroffenen Notar selbst, da die Kommentarliteratur hierin einen rechtlichen Vorteil für den Notar erkennt, der insoweit zur Unwirksamkeit der Urkunde führt (*Eylmann/Vaasen* § 7 BeurkG Rn. 8; *Grziwotz/Heinemann*, BeurkG 2012, § 7 Rn. 11; *Winkler* § 7 BeurkG Rn. 7).

2.4 Einer besonderen Regelung im Einzelfall bedarf die Besetzung des Schiedsgerichts, wenn Streitigkeiten absehbar sind, die mehr als zwei Parteien betreffen könnten. Hierauf sind die hier zur Verfügung gestellten Formulierungen nicht anwendbar.

3. Zu § 3 (Weitere Vereinbarungen)

Natürlich können auch weitere individuelle Vereinbarungen zum Schiedsverfahren getroffen werden. Zu denken ist beispielsweise an die Nennung von Ersatzzustellungsberechtigten (II. § 4 Abs. 5), wenn bereits bei der Beurkundung einer Schiedsvereinbarung zu erkennen ist, dass Schwierigkeiten bei Zustellungen an eine Partei auftreten könnten.

4. Zu § 4 (Bestimmungen zu Verfahren und Vergütung, Schiedsrichtervertrag)

4.1 Sind die Verfahrens- und Vergütungsvereinbarung in beurkundeten Anlagen enthalten, ist Abs. 1 geeignet, um mit einem Vermerk iSV § 13a BeurkG ergänzt zu werden.

4.2 Die Abreden der Parteien enthalten eine Vielzahl von Bestimmungen zB über das einzuhaltende Verfahren, die Haftung oder die Vergütung, die auch die Rechtsposition der Schiedsrichter betreffen. Daher ist es sinnvoll, dass diese Vereinbarungen ohne weiteres Teil des Vertrages zwischen den Parteien und einem Schiedsrichter werden, indem die Benennung eines Schiedsrichters mit einem entsprechenden Vertragsangebot verbunden wird. Dies sollte bei der Mitteilung der Benennung zumindest durch Übersendung der Schiedsvereinbarung deutlich gemacht werden. Die erforderliche Vollmacht für den Benennungsberechtigten darf auf Grund der gegenseitigen Verpflichtung, einen Vertrag dieses Inhalts mit dem Schiedsrichter abzuschließen, keine Partei einseitig widerrufen.

C. Zu II. (Verfahrensvereinbarung)

1. Zu § 1 (Beginn des schiedsrichterlichen Verfahrens)

Die Regelung entspricht den Vorgaben des § 1044 ZPO. Dennoch wurde hier ausnahmsweise nicht auf eine inhaltliche Wiederholung des Gesetzes verzichtet, da es auch rechtlich nicht erfahrenen Beteiligten möglich sein soll, aus der Urkunde zu entnehmen, wie sie sich bei der Einleitung eines vereinbarten Schiedsverfahrens zu verhalten haben. Zudem kann die hier vorgeschlagene Vereinbarung auch außerhalb notarieller Urkunden verwendet werden, bei denen die nähere Erläuterung und Belehrung nicht im selben Maße wie bei einer Beurkundung gewährleistet ist.

2. Zu § 2 (Benennung des Schiedsrichters)

Das hier vorgeschlagene Verfahren soll möglichst umfassend einsetzbar sein und schließt daher mehr Fallkonstellationen ein als im Einzelfall möglicherweise erforderlich (zB beim Einzelschiedsrichter oder bei vorheriger Einigung auf einen Schiedsrichter). Es bestehen keine Bedenken dagegen, hierzu individuelle Vereinbarungen zu treffen.

2.1 Für die Benennung des Vorsitzenden bzw. Einzelschiedsrichters räumt der Vorschlag das Benennungsrecht dem Präsidenten der zuständigen Notarkammer ein, der jedoch eine andere Person zur Benennung beauftragen kann (entweder generell oder im Einzelfall). Organisatorisch lässt sich die Benennung von Notaren als Schiedsrichter erleichtern, indem Notarkammern Listen interessierter Notare – gegebenenfalls unter der Angabe bestimmter Rechtsgebiete – führen, die dem Benennungsberechtigten dann zur Verfügung stehen. Die Benennung obliegt gegebenenfalls dem Präsidenten einer Notarkammer nicht in Ausübung des Präsidentenamtes, da hierfür eine Zuständigkeit der Notarkammer sowie eine Kompetenzzuweisung innerhalb der Notarkammer an den Präsidenten erforderlich wäre. Deshalb ist die Übertragung des Benennungsrechtes auf den Präsidenten als persönliche Aufgabe (wenn auch verbunden mit dem Recht zur Weitergabe) zu verstehen.

2.2 Die Regeln für die Benennung von Beisitzern lehnen sich an die Vorschriften der ZPO an.

3. Zu § 3 (Amt des Schiedsrichters)

Die Vereinbarung über die Haftung des Schiedsrichters entspricht der Rechtsprechung (BGHZ 42, 313, 316), die eine stillschweigende vereinbarte Haftungsbeschränkung auf die für den Richter im ordentlichen Verfahren geltenden Grundsätze des § 839 Abs. 2 BGB annimmt. Ergänzend dazu sind vertragliche Haftungsbeschränkungen der Summe nach denkbar.

4. Zu § 4 (Zustellungen)

4.1 Die in Abs. 2 vorgesehene Fiktion mag als sehr einschneidend bewertet werden. Dennoch erscheint sie zur Missbrauchsabwehr als unerlässlich und gerechtfertigt – zumal jede Partei durch Mitteilung von Anschriftwechseln damit verbundene Gefahren vermeiden kann. Auf der anderen Seite wird der Schiedsrichter auch Missbräuchen durch den Absender einer zuzustellenden Erklärung entgegenzuwirken haben, wenn dieser zB offensichtlich eine vorübergehende Abwesenheit des Empfängers auszunutzen beabsichtigt, um eine wirksame Zustellung ohne Kenntnisnahme herbeizuführen. Von einer ausdrücklichen Pflicht zur Mitteilung von Anschriftwechseln wurde abgesehen, da von vornherein damit zu rechnen wäre, dass sie zu wenig Beachtung finden würde, um einschneidende Sanktionen zu rechtfertigen.

4.2 Abs. 4 stellt für den Fall der Zustellung durch einfachen Brief eine Vermutung sowohl für den Zugang als auch für dessen Zeitpunkt auf. Jedoch ist anders als bei einer gesetzlichen Vermutung (§ 292 ZPO) nicht der volle Gegenbeweis zur Entkräftung erforderlich, sondern es genügt, ernstlich einen atypischen Geschehensablauf darzutun. Eine ähnliche Regelung beinhalten für den Zugang im Verwaltungsverfahren §§ 41 Abs. 2 VwVfG und 4 Abs. 1 VwZG.

4.3 Abs. 5 soll dazu ermutigen, bei absehbaren Schwierigkeiten, eine Partei zu erreichen, von vornherein einen Ersatzzustellungsberechtigten zu benennen.

4.4 Die Formulierung des Abs. 6, der eine Zustellung an den Rechtsanwalt von einem „umfassenden" Vertretungsauftrag abhängig macht, verzichtet bewusst auf eine Verweisung auf die Prozessvollmacht nach § 79 ZPO, § 114 FamFG, um auch vergleichbare ausländische Vollmachten einzubeziehen. Der Umfang einer Prozessvollmacht iSV § 80 ZPO kann aber als Leitbild für die Prüfung dienen, ob die Voraussetzungen des S. 1 vorliegen. In Zweifelsfällen ist ohnehin der Weg zu einer Ermessensentscheidung des Schiedsgerichts nach S. 2 eröffnet.

4.5 Nach seinem Ermessen kann das Schiedsgericht auch die Benennung eines Zustellungsbevollmächtigten innerhalb einer von ihm gesetzten Frist verlangen. Verstreicht die Frist ergebnislos, so tritt eine Sanktionswirkung durch Fiktion der Zustellung (drei Tage nach Aufgabe bzw. im Ausland nach zwei Wochen) ein, die in ähnlicher Weise für Auslandszustellungen im Rahmen der Reform des Zustellungsrechts diskutiert wird.

5. Zu § 5 (Verhandlung)

Das Verlangen einer Partei nach einer mündlichen Verhandlung (Abs. 2) schränkt lediglich das grundsätzlich dem Schiedsgericht in Abs. 1 eingeräumte Ermessen in der Entscheidung über eine mündliche Verhandlung ein, ohne es zu beseitigen.

6. Zu § 6 (Einigungsphase)

6.1 Das Schiedsgericht soll zunächst in einer abgegrenzten Phase des Verfahrens versuchen, auf eine gütliche Beilegung des Streits hinzuwirken. Wird das Scheitern dieses Versuchs festgestellt (Abs. 3), insbesondere bei Nichterscheinen einer Partei zu einer angesetzten mündlichen Verhandlung, so bleiben die Schiedsrichter auch in den anschließenden Verfahrensphasen aufgefordert, im Rahmen des noch Möglichen auf eine vergleichsweise Einigung hinzuwirken.

6.2 Besonders zu beachten ist, dass im Falle eines widerruflich abgeschlossenen Vergleichs der Ablauf der Widerrufsrist in jedem Fall abzuwarten ist. Widerrufen die Parteien nicht, kann erst dann der Schiedsspruch mit vereinbartem Wortlaut erlassen werden, ohne dass eine erneute mündliche Verhandlung erforderlich ist. Erfolgt ein Widerruf, entscheidet das Schiedsgericht nach § 5 Abs. 2 und kann daher von einer erneuten mündlichen Verhandlung absehen, sofern Sach- und Streitstand dies zulassen.

7. Zu § 7 (Streitiges Verfahren)

7.1 Abs. 1 soll klarstellen, dass die Einigungsphase auch im Falle einer unzulässigen Schiedsklage bzw. unzulässiger Klageanträge durchzuführen ist, so dass die Wirksamkeit eines Schiedsspruchs mit vereinbartem Wortlaut nicht aus diesem Grund in Frage gestellt werden kann.

7.2 Ein Ausschluss einer Partei mit ihrem weiteren Vorbringen nach Abs. 2 kann angesichts der überragenden Bedeutung des Grundsatzes des rechtlichen Gehörs nur bei unentschuldigter Fristversäumnis als ultima ratio in Betracht kommen.

8. Zu § 8 (Schiedsspruch)

Nach Abs. 2 kann das Gericht auf die Maßstäbe des § 287 ZPO über dessen eigentlichen Anwendungsbereich im Schadensersatzrecht hinaus zurückgreifen.

D. Zu III. (Vergütungsvereinbarung)

Der Anspruch des Schiedsrichters auf Honorar entsteht an sich erst aus einem zwischen ihm und den Parteien zu schließenden Schiedsrichtervertrag. Eine Vereinbarung nur der Parteien über eine Schiedsrichtervergütung ist aber zweckmäßig, weil sie einer im Streitfall möglichen Verzögerungstaktik einer verfahrensunwilligen Partei vorbeugen kann, die sonst die Möglichkeit hätte, mit dem Schiedsrichter zu führende Verhandlungen über die Vergütung in die Länge zu ziehen.

Aus den vorgenannten Gründen ist eine Vereinbarung von Parteien, die die Zuständigkeit der staatlichen Gerichtsbarkeit zugunsten eines Schiedsgerichts ausschließen wollen, ohne eine Regelung der Vergütung des Schiedsrichters nicht vollständig. Deshalb legt die Bundesnotarkammer einen unverbindlichen Vorschlag für eine Rahmenvereinbarung über eine am Streitwert orientierte Vergütung vor, die jedoch Vorgaben zur Höhe der im Einzelfall vorzusehenden Vergütung nicht enthält. Diese kann sich an Vergütungsordnungen institutioneller Schiedsgerichte orientieren und muss in besonderem Maße Gegenstand der Erörterungen mit den Parteien im Einzelfall sein. Die Vereinbarung begründet über I. § 4 Abs. 2 mit Annahme des Amtes auch einen unmittelbaren Anspruch des Schiedsrichters, da sie Teil des Schiedsrichtervertrages wird.

Zu § 5 (Wertgebühr)

Die Vereinbarung sieht eine Festsetzung des für die Gebührenhöhe entscheidenden Streitwerts durch das Schiedsgericht vor. Diese kann aber nicht im Schiedsspruch erfolgen, da das Schiedsgericht in keinem Fall zu einer Entscheidung in eigener Sache befugt ist (*Zöller/Geimer* § 1057 ZPO Rn. 4; Thomas/Putzo/*Reichold* § 1057 Rn. 6). Eine Kostengrundentscheidung, die Kosten nach Quoten aufteilt, ist daher unbedenklich. Dies ist jedoch nicht immer möglich, wenn zB über mehrere unterschiedlich erfolgreiche

Klageanträge zu entscheiden ist, für die Streitwerte noch festzusetzen sind. Dann ist eine Festsetzung der Streitwerte unerlässlich, um über deren Verhältnis zueinander die Gesamtquote zu errechnen. Dies ist nach der Rechtsprechung des BGH (WM 1977, 319, 321) nur möglich, wenn die Höhe der Kosten bereits rechnerisch feststeht. Davon scheint die Rechtsprechung auszugehen, sofern bereits die Kosten vollständig und vorbehaltlos im Vorschusswege entrichtet worden sind (BGH NJW 1985, 1903).

Für die Praxis ist daher dringend zu empfehlen, bereits zu Beginn des Verfahrens eine verbindliche Einigung über die Streitwerte zu erreichen und auf deren Grundlage Vorschusszahlungen zu verlangen. Ein Vergütungsanspruch, der auf einem nach § 315 BGB vom Schiedsrichter festgesetzten Streitwert beruht, kann andernfalls nur nach Beendigung des Schiedsverfahrens im ordentlichen Rechtsweg durchgesetzt werden.

2. Schiedsvereinbarung zu administrierter Schiedsgerichtsbarkeit

. . . . . . (→ Form. P.II.1)

§ 1 Schiedsklausel[1, 3]

(1) Über alle Streitigkeiten, die sich aus oder im Zusammenhang mit dieser Urkunde nebst etwaigen Nachträgen und Ergänzungen ergeben oder in Bezug auf Rechtsverhältnisse entstehen, welche Grundlage, Gegenstand oder Folge der Regelungen in dieser Urkunde sind, entscheidet unter Ausschluss der staatlichen Gerichtsbarkeit ein Schiedsgericht nach dem Statut des Schlichtungs- und Schiedsgerichtshofs deutscher Notare – SGH –.[2] Dies gilt auch für nichtvermögensrechtliche Streitigkeiten (im Zusammenhang mit der Ehe der Beteiligten und ggf. im Zusammenhang mit der Beendigung derselben), soweit sie schiedsfähig sind, und Streitigkeiten über die Wirksamkeit der Schiedsvereinbarung oder der übrigen Bestimmungen dieses Vertrages.

(2) Die Schlichtungs- und Schiedsgerichtsordnung ist in der Urkunde des Notars . . . . . . in . . . . . . vom . . . . . . URNr. . . . . . . enthalten. Auf diese, den Beteiligten bekannte Urkunde wird verwiesen. Eine beglaubigte Abschrift liegt heute vor (einfache Abschriften haben die Beteiligten vorab zusammen mit dem Entwurf dieses Vertrages erhalten). Auf Verlesung und Beifügung wird verzichtet.

(3) Über die Tragweite der Schiedsklausel (mitsamt der Schlichtungs- und Schiedsordnung, welche in der Grundlagenurkunde niedergelegt sind) hat der Notar belehrt. Die Beteiligten wünschen, dass über die vorgenannten Streitigkeiten durch das Schiedsgericht anstelle der staatlichen Gerichte endgültig und unter Ausschluss von Rechtsmitteln zu staatlichen Gerichten entschieden wird.

. . . . . . (→ Form. P.II.1)

Anmerkungen

1. Sachverhalt. Die Parteien eines Ehevertrages wollen Streitigkeiten im Zusammenhang mit dem Vertrag und der Ehe insgesamt – soweit rechtlich möglich – nicht durch ein staatliches Gericht, sondern durch ein Schiedsgericht (§§ 1025 ff. ZPO) entscheiden lassen. Sie wollen sich dabei einer administrierten Schiedsgerichtsbarkeit (im Gegensatz zu ad-hoc-Schiedsgerichtsbarkeit) bedienen. Das Formular stützt sich beispielhaft auf den Schlichtungs- und Schiedsgerichtshof deutscher Notare (c/o DNotV GmbH, Kronenstraße 73/74, 10117 Berlin, Tel. 0 30–20 61 57 40, Fax 0 30–20 61 57 50; email: kontakt@dnotv.de). Alternativ kommen zB in Betracht: Süddeutsches Familienschiedsgericht (Besetzung mit erfahrenen Richtern a. D.), Belgradstr. 43 80796 München, Tel: 089/55 27 11 35; Fax: 089/30 72 57 44; www.familienschiedsgericht.de; Email: gs@familienschiedsgericht.de; Deutsche Institution für Schiedsgerichtsbarkeit, Beethovenstraße 5–13, 50674 Köln, Tel. 02 21/28 55 20, Fax 02 21/28 55 22 22; www.dis-arb.de; Email dis@dis-arb.de.

2. Statut des Schlichtungs- und Schiedsgerichtshofs deutscher Notare. Der Schiedsgerichtshof hat im Jahr 2015 sein Statut überarbeitet. Die neue Fassung gilt für alle ab 2016 beurkundeten Schiedsklauseln, aber auch für früher beurkundete Schiedsklauseln, sofern eine dynamische Verweisung verwendet worden ist.

3. Anmerkungen. Vgl. insgesamt die Anmerkungen zu → Form. P.II.1.

III. Gutachtervereinbarungen

1. Schiedsgutachterregelung Wertermittlung

Einigen sich die Beteiligten über den Wert des . . . . . . nach Auffassung eines Beteiligten nicht binnen angemessener Zeit, so wird der Wert für alle Beteiligten verbindlich durch einen Schiedsgutachter nach billigem Ermessen[2] ermittelt.[3] Das Ergebnis des Gutachtens gilt als zwischen den Beteiligten vereinbart.[1, 4]

Mangels vorheriger einvernehmlicher Benennung des Schiedsgutachters durch die Beteiligten wird dieser auf Antrag eines Beteiligten durch die für . . . . . . örtlich zuständige Industrie- und Handelskammer bestimmt.[5] Die Kosten des Gutachtens[6] und ggf. der Bestimmung des Gutachters tragen die Beteiligten zu gleichen Teilen.

Anmerkungen

1. Sachverhalt. Die Vertragsparteien wollen eine in der Zukunft erforderliche Ermittlung des Werts eines Gegenstandes (zB eines Objekts, das in den Zugewinnausgleich einzubeziehen ist) für den Fall des Dissenses nicht sofort zum Gegenstand eines gerichtlichen Verfahrens machen, sondern durch eine – ggf. fachlich qualifizierte – Person ermitteln lassen. Dies erspart die Anrufung eines Gerichts, wenn Uneinigkeit nur in Bezug auf diesen Umstand bestehen sollte.

2. Billiges Ermessen. § 317 Abs. 1 BGB geht bei der Bestimmung einer Leistung durch einen Dritten im Regelfall davon aus, dass diese im Zweifel nach billigem Ermessen zu erfolgen habe. Zwecks Streitvermeidung soll die Leistungsbestimmung aber nicht kleinlichen Rügen unterliegen (RGZ 96, 57, 61 f.). Demgemäß ist sie nur bei offenbarer Unbilligkeit nicht verbindlich, § 319 Abs. 1 S. 1 BGB.

3. Möglicher Gegenstand der Schiedsgutachterabrede. Die Aufgabe des Schiedsgutachters (vgl. RGZ 97, 57, 59 ff.) kann darin liegen, bestimmte Tatsachen und Tatbestandsmerkmale zu ermitteln (für dieses nicht rechtsgestaltend, sondern kognitiv feststellend erfolgende Schiedsgutachten im engeren Sinne ist § 319 BGB analog anwendbar), aber auch ggf. die Subsumtion und rechtliche Beurteilung von Vorfragen zu übernehmen. Sie kann aber auch darin liegen, den Vertragsinhalt klarzustellen (also etwa einen einem Unkundigen nicht präsenten, dem Sachkundigen aber auffindbaren und bereits objektiv bestimmten Inhalt zu ermitteln, zB die ortsübliche Miete für eine Immobilie zu einem bestimmten Zeitpunkt). Schließlich kann einem Schiedsgutachter auch die Vervollständigung des Vertragswillens (rechtsgestaltend) anhand der von den Parteien vorgegebenen Kriterien obliegen (vgl. Bamberger/Roth/*Gehrlein* § 316 Rn. 5 ff.). Soll der „Schiedsgutachter" anstelle eines Gerichts endgültig entscheiden, liegt eine Schiedsvereinbarung vor, auf welche §§ 1029 ff. ZPO anwendbar sind (vgl. Zöller/*Geimer* § 1029 Rn. 6; *Schwab/Walter* Kap. 2 Rn. 1).

4. Bindungswirkung. Ist die Bestimmung offenbar unbillig, erfolgt sie durch Urteil, § 319 Abs. 1 S. 2 BGB; mit dieser Begründung kann sie also angegriffen werden. Die Parteien können jedoch auch die Gültigkeit einer offenbar unrichtigen oder unbilligen Leistungsbestimmung vereinbaren, sofern ihnen deren Anfechtbarkeit bewusst ist (RGZ

150, 7, 9). Die Billigkeitskontrolle kann auch einem Schiedsgericht übertragen werden (BGHZ 6, 335, 339). Die Parteien könnten grds. auch vereinbaren, dass die Bestimmung nach freiem Belieben (§ 319 Abs. 2 BGB) erfolgen kann; dann ist sie nur bei Verbots- oder Sittenwidrigkeit unwirksam (Bamberger/Roth/*Gehrlein* § 319 Rn. 7). Im Hinblick auf die richterliche Inhaltskontrolle von Eheverträgen und deren verfassungsrechtliche Grundlegung dürfte die Abrede einer Bestimmung nach freiem Belieben jedoch unzweckmäßig sein.

5. Bestimmung des Gutachters. Wird der Gutachter nicht bereits im Vorhinein namentlich oder durch eineindeutige Merkmale bestimmt, ist eine Verfahrensregelung erforderlich. Um den Vorwurf von Parteilichkeit zu vermeiden, sind als benennungsbefugt, Institutionen in Betracht zu ziehen, denen alle Vertragsbeteiligte Vertrauen entgegen bringen.

6. Schiedsgutachtervertrag. Zu der Schiedsgutachterabrede im Vertrag zwischen den Parteien tritt im Falle der Erforderlichkeit der Erstellung des Schiedsgutachtens der von den Parteien mit dem benannten Gutachter zu schließende Schiedsgutachtervertrag, welcher auf der Grundlage der Schiedsgutachterabrede die Aufgabe des Schiedsgutachters definiert; er unterliegt nach h. M. nicht der Formvorschrift des § 1031 ZPO (BGH NJW 1975, 1556; Bamberger/Roth/*Gehrlein* § 317 Rn. 9). Ist keine ausdrückliche Kostenregelung getroffen, haben die Parteien die Kosten im Zweifel intern je zur Hälfte zu tragen (LG Hamburg MDR 1975, 143; Bamberger/Roth/*Gehrlein* § 317 Rn. 9).

2. Schiedsgutachter- und Auskunftsverfahrensregelung

a) Wir sind uns einig, dass sich ...... (zB der eheliche und der nacheheliche Unterhalt oder der Ausgleich des Zugewinns) nach den gesetzlichen Bestimmungen richten soll. Hiernach etwa geschuldete Zahlungen des Ehemannes erhöhen sich jedoch um zehn vom Hundert,[2] soweit nachfolgend nichts Abweichendes bestimmt ist.[1]

b) Abweichend von den gesetzlichen Bestimmungen[3] vereinbaren wir aber, dass die Ehefrau die Erteilung der Auskunft über die Einkommens- und Vermögensverhältnisse des Ehemannes nebst der Vorlage der entsprechenden Belege nicht an sich selbst verlangen kann. Die Auskunftserteilung hat vielmehr zu erfolgen an eine/einen von beiden Vertragsteilen gemeinsam benannte/n Fachanwältin/Fachanwalt für Familienrecht, die/der im Übrigen zu keinem der Ehegatten in einem Mandatsverhältnis steht oder gestanden hat und auch nicht für oder in Sozietät mit einer Anwältin/einem Anwalt tätig war, der von den Vertragsteilen mandatiert war oder ist.
Einigen sich die Vertragsteile nicht binnen angemessener Zeit auf eine Anwältin/einen Anwalt, so wird dieser Schiedsgutachter durch die für ...... örtlich zuständige Rechtsanwaltskammer auf Antrag eines Vertragsteils bestimmt.[4]
Die Kosten des Schiedsgutachters trägt der Ehemann zu zwei Dritteln, die Ehefrau zu einem Drittel.

c) Der Schiedsgutachter ermittelt das unterhaltsrelevante Einkommen/das relevante Anfangs- und Endvermögen (ausgedrückt jeweils in EUR, ohne Darlegung einzelner Rechnungsposten). Diese so nach billigem fachlichem Ermessen ermittelten Werte sind dann für beide Vertragsteile verbindlich und gelten als zwischen den Vertragsteilen vereinbart.[5] Sie werden der Berechnung von Ehegattenunterhalt bzw. des Zugewinnausgleichs zu Grunde gelegt.
Soweit dem nicht zwingende rechtliche Bestimmungen entgegenstehen, ist der Schiedsgutachter gegenüber Dritten und auch gegenüber den Vertragsteilen zur Verschwie-

genheit verpflichtet, was in dem ihm von beiden Vertragsteilen entsprechend den vorstehenden Regelungen übereinstimmend zu erteilenden Auftrag niederzulegen ist.

d) Greift der Ehemann das Ergebnis des Schiedsgutachtens in einem gerichtlichen oder schiedsgerichtlichen Verfahren als nicht verbindlich an (§ 319 BGB) oder ficht er die Bestimmung durch den Schiedsgutachter an, so entfallen die vorstehenden Auskunftsbeschränkungen, nicht jedoch die Erhöhung der Zahlungsverpflichtung gemäß Satz 2. Greift die Ehefrau das Ergebnis des Schiedsgutachtens in einem gerichtlichen oder schiedsgerichtlichen Verfahren an oder ficht sie die Bestimmung durch den Schiedsgutachter an oder macht sie über die vorstehenden Regelungen hinaus gesetzliche Auskunfts- oder Belegvorlageansprüche geltend, so entfällt die Erhöhung nach Satz 2.[6]

Anmerkungen

1. Sachverhalt. Die Vertragsteile treffen hinsichtlich der Grundlagen eines Unterhaltsanspruchs oder der Durchführung des Zugewinnausgleichs keine vom Gesetz abweichende Vereinbarung. Der Ehemann hat jedoch ein Interesse daran, dass er seine Einkommens- und Vermögensverhältnisse der Ehefrau gegenüber nicht offen legen muss. Deswegen soll die Ermittlung ein Schiedsgutachter vornehmen (→ Form. P.III.1). Da eine gerichtliche Überprüfung nicht ausgeschlossen werden kann (→ Form. P.III.1 Anm. 4), wird ein Anreiz für das Akzeptieren des Gutachtens und der Verschwiegenheitsregelung dadurch geschaffen, dass sich der Zahlungsanspruch der Ehefrau um 10 v. H. erhöht, wenn das vorgesehene Verfahren eingehalten wird.

2. Anreizregelung. Der „Ausschluss des Rechtsweges" kann auch dann nicht abschließend vereinbart werden, wenn das Bestimmungsrecht nach freiem Belieben (§ 319 Abs. 2 BGB) vereinbart wäre, da auch eine solche Bestimmung bei Verbots- oder Sittenwidrigkeit unwirksam wäre (Bamberger/Roth/*Gehrlein* § 319 Rn. 7). Macht ein Beteiligter eine solche Unwirksamkeit geltend, so wären auch die Grundlagen der Entscheidungsfindung des Gutachters in einem gerichtlichen Verfahren zu überprüfen, womit Kenntnis des anderen Vertragsteils einherginge. Deshalb soll die Schwelle für eine Einschaltung des Gerichts erhöht werden, was für den Ehemann eine Bereitschaft zu einer Leistung über das gesetzlich Geschuldete hinaus bedeutet. Welcher Preis für das Verschwiegenheitsinteresse angemessen ist, muss einvernehmlich festgelegt werden.

3. Gesetzlicher Auskunftsanspruch. Der gesetzliche Anspruch auf Auskunft samt Vorlage von Belegen hinsichtlich der Einkommens- und Vermögensverhältnisse ergibt sich für Unterhaltsansprüche aus §§ 1361 Abs. 4, 1580, 1605 BGB, hinsichtlich des Endvermögens aus § 1379 BGB. Wegen der (widerlegbaren) gesetzlichen Vermutung des § 1377 Abs. 3 BGB ist ein Auskunftsanspruch für das Anfangsvermögen samt Hinzurechnungsbeträgen (§ 1374 BGB) nicht erforderlich. Der Auskunftsanspruch ist nach Beendigung des Güterstandes einem Erlass zugänglich, jedoch im Vorhinein nicht abdingbar (Bamberger/Roth/*J. Mayer* § 1379 Rn. 27). Das Gericht kann gem. § 235 Abs. 1 FamFG Auskunftserteilung und Belegvorlage verlangen.

4. Bestimmung des Gutachters. → Form. P.III.1 Anm. 5.

5. Bindungswirkung. → Form. P.III.1 Anm. 4.

6. Sanktionsregelung. Einerseits soll sich der von der Verschwiegenheitsregelung profitierende Ehegatte nicht einseitig von der Anreizregelung lösen können, andererseits wird eine Lösung des anderen Teils von dem Verfahren durch den Entfall der Anreizregelung sanktioniert.

IV. Salvatorische Klauseln, Verknüpfungsabreden, Vertragsanpassung

1. Teilwirksamkeitsklausel kurz

Sollten Regelungen in diesem Vertrag – gleich aus welchem Grunde – unwirksam[2] sein oder werden oder sollte eine Berufung hierauf unzulässig sein,[3] oder sollte sich eine von den Beteiligten heute nicht bedachte Lücke in ihren Vereinbarungen herausstellen (auch eine solche, die nicht durch ergänzende Vertragsauslegung[4] behebbar ist), so bleiben die übrigen Bestimmungen dennoch wirksam,[5] eine Berufung auf sie wird nicht unzulässig.[1]

Anmerkungen

1. Sachverhalt. Eine umfangreiche vertragliche Vereinbarung zwischen Ehegatten enthält eine Mehrzahl von Regelungskomplexen, welche wiederum in sich durch umfangreiche Abreden geregelt sind. Im Hinblick auf die – dispositive – Regelung des § 139 BGB soll die Verknüpfung für den Fall der teilweisen Unwirksamkeit geregelt werden.

2. Unwirksamkeit. Die Unwirksamkeit kann sich insbesondere ergeben aus einem Verstoß gegen eine Verbotsnorm (§ 134 BGB) oder gegen die guten Sitten (§ 138 BGB). Hierbei hat der Tatrichter zu prüfen, ob die Vereinbarung schon im Zeitpunkt ihres Zustandekommens offenkundig zu einer derart einseitigen Lastenverteilung für den Scheidungsfall führt, dass wegen Verstoßes gegen die guten Sitten die Anerkennung der Rechtsordnung ganz oder teilweise mit der Folge zu versagen ist, dass an ihre Stelle die gesetzlichen Regelungen treten (Wirksamkeitskontrolle).

3. Unzulässigkeit der Geltendmachung. Auch dann, wenn die Unwirksamkeit einer Regelung nicht festgestellt werden kann, begrenzt die Rspr. deren Tragweite u.U. dadurch, dass sie feststellt, der durch die Regelung Begünstigte könne sich nach Treu und Glauben auf diese nicht, zeitweise nicht, oder nicht voll berufen (Ausübungskontrolle, so etwa auch bekräftigt durch BGH NJW 2013, 380, 381 ff.; BGH NJW 2004, 930, 935 ff.). Zur Wirksamkeits- und Ausübungskontrolle von Eheverträgen → Vorb. C. 3

4. Ergänzende Vertragsauslegung. Vgl. Bamberger/Roth/*Wendtland* § 157 Rn. 28 ff.

5. Salvatorische Klausel. § 139 BGB, eine dispositive und subsidiäre Regelung, führt im Falle ihrer Anwendbarkeit im Zweifel zur Gesamtnichtigkeit. Diese Rechtsfolge entspricht in den meisten Fällen nicht dem Willen der Beteiligten. Zu warnen ist jedoch vor einem unkritischen Einsatz einer standardisierten Wirksamkeitsklausel (vgl. *Bergschneider* Rn. 186). Gerade in ehevertraglichen Vereinbarungen kommt es oft zu „Paketlösungen“, bei denen das Nachgeben einer Partei auf einem Regelungsgebiet das Entgegenkommen der anderen Partei auf einem anderen Gebiet fördert. Hier kann eine mangelnde individuelle Anpassung der Regelung des Verknüpfungswillens gerade zu einer Verzerrung des Gewollten führen. Die Interessenlage ist also in jedem Einzelfall und für jeden Regelungskomplex gesondert zu überprüfen (vgl. BGH NJW 2003, 347). Die Rechtsprechung betrachtet ja auch bei ihrer Wirksamkeits- und Ausübungskontrolle nicht nur die einzelne Regelung, sondern auch den Gesamtzusammenhang (BGH FamRZ

2005, 1444 Anm. *Bergschneider*). Hier könnte das Herausbrechen eines Bausteins ohne Kompensation auf der „anderen Seite" gerade zu weitergehenden Unwirksamkeitsrisiken führen. Die Klausel → Form. P. IV. 1 eignet sich also nur für den Fall, dass zwei oder mehr Regelungskomplexe aus der Sicht der Vertragsteile jeweils in sich ausgewogen sind und dass einzelne Detailregelungen nicht zur Untauglichkeit der Restregelungen führen. Eine Spezialregelung zur Wertsicherung findet sich in → Form. P.V.1.

2. Teilwirksamkeitsklausel speziell

Sollten Regelungen in dieser Urkunde unwirksam sein oder werden oder sollte eine Berufung hierauf unzulässig sein, so bleiben die übrigen Bestimmungen dennoch wirksam, eine Berufung hierauf wird nicht unzulässig.[1, 2]

Insbesondere lässt ein Rücktritt vom Erbvertrag die ehevertraglichen und sonstigen Vereinbarungen grds. unberührt und umgekehrt berührt die Unwirksamkeit von Regelungen im Ehevertrag den Bestand der Verfügungen von Todes wegen nicht.[3] Die Regelungen in Ziffer ...... zur Abgeltung etwaiger Zugewinnausgleichsansprüche für den Fall des Vorversterbens des Ehemannes stehen jedoch unter der Bedingung, dass die erbvertragsmäßig getroffene (teilweise) Erbeinsetzung der Ehefrau nicht durch Rücktritt oder in anderer Weise unwirksam geworden ist. Eine Erbausschlagung hat jedoch keine Auswirkungen auf diese Regelungen.

Die Unwirksamkeit des Ausschlusses des Versorgungsausgleichs lässt insbesondere auch die güterrechtlichen Regelungen unberührt.[4]

Abweichend hiervon gilt jedoch:

Wenn die Vereinbarungen zum (teilweisen) Verzicht auf nachehelichen Unterhalt gemäß Ziffer ...... und/oder die Vereinbarungen zur Abgeltung der Zugewinnausgleichsansprüche gem. Ziffer ...... ganz oder teilweise unwirksam sind oder werden oder eine Berufung hierauf ganz oder teilweise unzulässig ist, so entfallen auch die Regelungen in Ziffer ...... (Immobilienübertragung) und Ziffer ...... (pauschale Ausgleichszahlung). Hiernach empfangene Leistungen sind ggf. zurückzugewähren. Auf Sicherung solche Ansprüche wird verzichtet.

Anmerkungen

1. Sachverhalt. In einer umfangreichen Vereinbarung zwischen Ehegatten sind u.a. Regelungen zur Vereinbarung der Gütertrennung, zum Ausschluss des Versorgungsausgleichs, zum teilweisen Verzicht auf nachehelichen Unterhalt enthalten. Dem steht gegenüber eine Verpflichtung zur Leistung einer Abfindungszahlung und zur Übertragung einer Immobilie. Außerdem sind in der Urkunde Verfügungen von Todes wegen im Rahmen eines Erbvertrages mit Rücktrittsrecht enthalten.

2. Salvatorische Klausel. Zur Problematik der unreflektierten Aufnahme einer Standard-Teilwirksamkeitsklausel → Form. P.IV.1 Anm. 2, 5.

3. Erbvertrag und Vereinbarungen unter Lebenden. Wenn nicht ausnahmsweise Verfügungen von Todes wegen vom Bestand ehevertraglicher Regelungen abhängig sein sollen (umgekehrt können u.U. Vereinbarungen zum Zugewinnausgleich im Todesfall vom Bestand einer Verfügung von Todes wegen durchaus abhängig sein), ist die wechselseitige Unabhängigkeit beim Ehe- und Erbvertrag klarzustellen, insbesondere wenn ein Rücktritt vom Erbvertrag in Betracht kommt. Eine Verknüpfung zwischen Verfügung von Todes wegen und Bestand der Ehe bzw. der Einleitung eines Scheidungsverfahrens ergibt sich für den Regelfall aus §§ 2279, 2077 BGB jedoch als widerlegliche Vermutung).

4. Verknüpfung Versorgungsausgleich mit Güterrecht. Die Abhängigkeit (oder die Selbstständigkeit) der Regelungen zum Versorgungsausgleich und zum Güterrecht sollte trotz der Aufhebung der früheren Verknüpfung in § 1414 S. 2 BGB aF (geändert mit Wirkung vom 1.9.2009) klar geregelt sein. Auch im Hinblick darauf, dass oft ein Ehegatte im Rahmen des Vermögensaufbaus für seine Altersversorgung Sorge trägt, während der andere Anwartschaften und Rechte erwirbt, welche ggf. dem Versorgungsausgleich unterliegen, macht eine genaue Betrachtung der wechselseitigen Abhängigkeit zweckmäßig.

3. Teilwirksamkeitsklausel auslandsrechtlich

...... (nach allgemeinen Regelungen, → Form. P.IV.2) ......

Die Regelungen sollen für unsere Ehe[1] und die sich hieraus ergebenden Folgen gelten ohne Rücksicht auf unsere gegenwärtigen oder künftigen Staatsangehörigkeiten, Wohnsitze, Aufenthalte aller Art und ohne Rücksicht darauf, welches gesetzliche Güterrecht jeweils maßgeblich wäre und wo Gegenstände aller Art jeweils sich befinden oder Einkünfte erzielt werden.[2]

Wir wollen, dass diese Regelungen jedenfalls[3] im Inland gelten, nach Möglichkeit aber auch sonst. Eine durch Behörden oder Gerichte eines ausländischen Staates festgestellte Unwirksamkeit unter Zugrundelegung des Rechts dieses Staates soll die Wirksamkeit in anderen Staaten und in Bezug auf dort belegenes Vermögen nicht beeinträchtigen.

Anmerkungen

1. Sachverhalt. Im Ehevertrag treffen die Beteiligten Regelungen zur Gütertrennung, ggf. auch zum nachehelichen Unterhalt (und im Falle unterschiedlicher Staatsangehörigkeit zu einer Rechtswahl gem. Art. 15 Abs. 2 EGBGB). Ein späterer Auslandsbezug kommt möglicherweise in Betracht, insbesondere im Falle unterschiedlicher Staatsangehörigkeit, aber auch wenn ein Ehepartner Doppelstaatler ist, wenn sich Vermögensgegenstände bereits im Ausland befinden oder wenn ein Umzug ins Ausland konkret möglich erscheint.

2. Anwendbares Recht. Die Anwendbarkeit (auch) ausländischen Rechts kann sich bereits aus deutschem IPR ergeben (vgl. Art. 18 Abs. 1 EGBGB), im Übrigen ist eine entsprechende Anknüpfung und hieran anschließend auch eine Einschaltung ausländischer Gerichte denkbar auf Grund zukünftiger Entwicklungen. Da diese Rechtsordnungen möglicher Weise noch nicht feststehen und ihr Inhalt meist nicht bekannt ist, sind Unwirksamkeitsrisiken nicht ausgeschlossen. Die Regelung stellt klar, dass die Beibehaltung von Staatsangehörigkeiten, Wohnsitzen, Belegenheiten etc nicht Geschäftsgrundlage der Vereinbarung ist.

3. Geographische Teilwirksamkeit. Eine allgemeine Teilwirksamkeitsklausel wird hier auf den Fall erstreckt, dass einzelne Regelungen nach einer (teilweise) anwendbaren ausländischen Rechtsordnung nicht zulässig sind: Die Wirksamkeit im Inland (und in Drittstaaten) soll hierdurch nicht berührt werden.

4. Vertragsanpassungsverpflichtung

Die Vertragsteile sind einander verpflichtet, die Vereinbarungen in dieser Urkunde bei einer wesentlichen Veränderung der Verhältnisse[1, 2] für die Zukunft anzupassen.[3] Eine solche wesentliche Veränderung kann sich insbesondere ergeben hinsichtlich der wirtschaftlichen Verhältnisse oder bei einer Abweichung des Verlaufs unserer Lebensverhältnisse gegenüber unseren unter Ziffer ...... dargelegten grundlegenden Annahmen.

Dieser Anspruch eines Ehepartners auf Vertragsanpassung kann nicht mehr geltend gemacht werden, wenn ein Scheidungsverfahren aufgrund eines Antrags eines Ehegatten anhängig ist[4] (§§ 124, 121 Nr. 1 FamFG), es sei denn, besonders schwerwiegende, nicht von ihm zu vertretende Umstände haben den Ehepartner gehindert, vorher Vertragsanpassung zu verlangen.

...... (Teilwirksamkeitsklausel) ......

Anmerkungen

1. Sachverhalt. In einem Ehevertrag haben (ggf. künftige) Ehegatten Regelungen in Bezug auf ihre güterrechtlichen Verhältnisse, den Versorgungsausgleich und den Unterhalt getroffen. Im Hinblick auf die Rechtsprechung des BGH (NJW 2004, 930 = FamRZ 2004, 601) haben sie ihre derzeitigen persönlichen und wirtschaftlichen Verhältnisse dargelegt und Aussagen über ihre weitere Lebensplanung (soweit absehbar), also in Bezug auf Kinderwunsch, beabsichtigte Fortsetzung/Einschränkung der Berufstätigkeit etc gemacht. Eine – auch nur teilweise – direkte Verknüpfung der Regelungen (etwa durch eine Bedingung) mit solchen Annahmen ist nicht erfolgt.

2. Störung der Geschäftsgrundlage. Die Clausula rebus sic stantibus (Wegfall der Geschäftsgrundlage) als Ausprägung des allgemeinen Grundsatzes von Treu und Glauben (§ 242 BGB) war durch die Rechtsprechung entwickelt worden und hat nun in § 313 BGB eine gesetzliche Ausformung erfahren. Diese auf schuldrechtliche Verträge bezogene Bestimmung gilt – vorbehaltlich zu berücksichtigender Besonderheiten – auch für Verträge im Familien- und Erbrecht (vgl. BGHZ 129, 259, 263 = NJW 1995, 1889; Bamberger/Roth/*Unberath* § 313 Rn. 9; *Bergschneider,* Urteilsanmerkung, FamRZ 2003, 377, 378). In der Entscheidung vom 11.2.2004 bezieht sich der BGH nicht auf § 313 BGB nF (was auch aus dem Umstand erklärlich ist, dass der zu prüfende Ehevertrag 1988 abgeschlossen wurde), bezieht aber bei der Ausübungskontrolle am Maßstab des § 242 BGB ausdrücklich den Fall ein, dass „die tatsächliche einvernehmliche Gestaltung der ehelichen Lebensverhältnisse von der ursprünglichen dem Vertrag zu Grunde liegenden Lebensplanung grundlegend abweicht" (BGH NJW 2004, 930, 935).

3. Anspruchsinhalt. Ist eine relevante Veränderung der Verhältnisse eingetreten, so kann Anpassung des Vertrages für die Zukunft verlangt werden. Während Vertragsgestaltung grundsätzlich gerade auf Stabilität und Rechtssicherheit gerichtet ist, und eine derartige „Aufweichung" eines – unterstellt ausgewogen verhandelten – Ergebnisses vermeiden möchte, stellt der BGH das „Vertrauen in die Geltung der getroffenen Abrede" nur als ein Element in die Abwägung hinsichtlich der Ausübungskontrolle ein (BGH NJW

2004, 930, 935). Demgemäß skizziert die Regelung insoweit nur die von der Rechtsprechung vorgegebene Lage nach. Sie versucht nun in die andere Richtung, die Rechtssicherheit insoweit zu erhöhen, dass Änderung jeweils nur für die Zukunft und somit nicht rückwirkend verlangt werden können soll. Dies soll die Ehepartner dazu anhalten, „mit offenem Visier“ ihre Interessen zu artikulieren und nötigenfalls durchzusetzen.

4. Ausschluss der Vertragsanpassung. Während die Klausel den Irrtum eines Ehepartners ausschließen soll, er müsse an einem einmal geschlossenen Ehevertrag festhalten, auch wenn sich die Lebensumstände grundlegend geändert haben, versucht sie auf der anderen Seite, eine „überfallartige“ Geltendmachung für die Vergangenheit im Scheidungsverfahren zu erschweren. Ob ein unbedingter Ausschluss ab Anhängigkeit des Scheidungsverfahrens mit der Rechtsprechung unvereinbar wäre, kann nicht ohne weiteres ausgeschlossen werden. Indes, auch die vorgeschlagene Formulierung ist noch nicht abgesichert.

V. Sonstige allgemeine Regelungen

1. Wertsicherungsklausel

Leistung und Höhe der Abfindungszahlung gemäß Ziffer ......[1]

Herr ...... (Verpflichteter) hat an Frau ...... (Berechtigte) gemäß Ziffer ...... auf deren Lebenszeit[2] eine monatliche Abfindungszahlung in Höhe von

...... EUR

– i.W. ...... EUR –

zu leisten.

Die Zahlung hat jeweils am Ersten eines jeden Monats im Voraus zu erfolgen, erstmals für den auf die Beurkundung folgenden Monat. Schuldbefreiend geleistet werden kann durch Überweisung auf Konto Nr. ...... bei der ...... IBAN ...... BIC ......

Die Abfindungszahlung soll wertgesichert sein: Verändert sich der vom Statistischen Bundesamt ermittelte[3] Verbraucherpreisindex für Deutschland[4] auf der Basis 2015 = 100 gegenüber dem Indexstand für den Monat der Beurkundung, so erhöht oder vermindert[5] sich im gleichen prozentualen Verhältnis die Höhe des zu zahlenden Geldbetrages. Eine Indexänderung hat eine Änderung der Höhe des Geldbetrages nur dann zur Folge, wenn die Änderung gegenüber dem Ausgangsstand oder dem Stand bei der vorhergehenden Änderung ein Ausmaß von 5 % oder mehr erreicht hat. Der geänderte Geldbetrag ist, notfalls rückwirkend,[6] von demjenigen Monatsersten an zur Zahlung fällig, der auf den Monat folgt, in dem die erforderliche Indexänderung erreicht wird.

Sollte eine Unwirksamkeit dieser Wertsicherungsvereinbarung gemäß § 8 PreisklauselG oder aufgrund einer Änderung der Rechtslage oder aus sonstigem Grund eintreten, bleiben die übrigen Regelungen in dieser Urkunde wirksam. Die Beteiligten sind dann verpflichtet, eine dem Sinn und Zweck der unwirksamen Bestimmung möglichst nahe kommende zulässige Regelung zu vereinbaren.[7]

...... (folgt Zwangsvollstreckungsunterwerfung) ......[8]

Anmerkungen

1. Sachverhalt. In einer Vereinbarung zwischen Ehegatten ist eine lebenslange Abfindungszahlung enthalten, welche gegen den Wertverlust durch Inflation gesichert werden soll.

2. Wirksamkeit langfristiger Zahlungen. Gemäß §§ 2 Abs. 1, 3 Abs. 1 PreisklauselG ist die Indexierung langfristig zu erbringender Zahlungen grds. zulässig, u.a., wenn es sich um wiederkehrende Zahlungen handelt, die auf Lebenszeit des Gläubigers zu erbringen sind, § 3 Abs. 1 Nr. 1 lit. a) PreisklauselG.

3. Bestimmtheit. Gem. § 2 Abs. 1 S. 2 PreisklauselG muss die Preisklausel hinreichend bestimmt sein, eine allgemeine Abhängigkeit des geschuldeten Betrages von der künftigen

Preisentwicklung wäre unzulässig, § 2 Abs. 2 PreisklauselG. Die Klausel darf auch keine unangemessene Benachteiligung einer Vertragspartei enthalten.

4. Verbraucherpreisindex für Deutschland (VPI). Mit Wirkung ab 1.1.2003 hat das Statistische Bundesamt (www.destatis.de) die Berechnung und Veröffentlichung der früheren differenzierten Verbraucherpreisindices aufgegeben. An deren Stelle trat nun der VPI, derzeit mit dem neuen Basisjahr 2015 = 100. Zulässig wäre auch eine Anknüpfung an den „Harmonisierten Verbraucherpreisindex" (HVPI) für die EU-Mitgliedstaaten. Letzterer unterliegt jedoch noch einer erheblichen Weiterentwicklung, so dass von seiner Verwendung eher abzuraten ist (*Reul* DNotZ 2003, 92, 95; *Kluge* MittRhNotK 2000, 409, 416).

5. Keine einseitige Abhängigkeit. Unzulässig ist gemäß § 2 Abs. 3 Nr. 1, 2 PreisklauselG ohne Weiteres eine einseitige Anknüpfung nur an Preissteigerungen ohne gleichzeitige Anknüpfungen an etwaige Preisrückgänge.

6. Auslösezeitpunkt der Änderung. Da der Index für einen Kalendermonat immer erst im Nachhinein bekannt gegeben wird, ist es entweder zweckmäßig, eine Erhöhung erst mit zeitlichem Abstand zu einer Indexänderung eintreten zu lassen (vgl. *Kluge* MittRhNotK 2000, 409, 418), oder aber – wie hier im Text – nach dem Bekanntwerden des Erreichens einer Erhöhungsschwelle eine rückwirkende Erhöhung der Zahlung vorzunehmen.

7. Genehmigungsbedürftigkeit. Der frühere § 3 WährG wurde durch Art. 9 § 1 EUR – EG mit Wirkung ab 1.1.1999 aufgehoben. An dessen Stelle trat im Hinblick auf Wertsicherungsvereinbarungen § 2 Preisangaben – und Preisklauselgesetz in Verbindung mit der Preisklauselverordnung (vgl. *von Heynitz* MittBayNot 1998, 398). Durch das am 14.9.2007 in Kraft getretene neue Preisklauselgesetz (Art. 2 des Zweiten Gesetzes zum Abbau bürokratischer Hemmnisse insbesondere in der mittelständischen Wirtschaft vom 7.9.2007, BGBl. I, 2246) wurde das frühere Verbot mit Genehmigungsvorbehalt ersetzt durch ein Verbot mit Legalausnahmen (vgl. hierzu *Kirchhoff* DNotZ 2007, 913, 914; *Reul* MittBayNot 2007, 445, 446). Das bisherige Genehmigungsverfahren und die hierdurch bedingten Unsicherheiten und Verzögerungen sind weggefallen. Hierdurch erhöht sich jedoch die Verantwortung des Vertragsgestalters, da die zusätzliche Kontrollinstanz (insbesondere auch durch den bisher möglichen Antrag auf Erteilung eines „Negativzeugnisses") wegfällt und die Unwirksamkeit gemäß § 8 PreisklauselG ggf. erst mit rechtskräftiger Entscheidung hierüber eintritt, wenn keine abweichende Regelung getroffen wird. Eine Teilwirksamkeits- und Vertragsanpassungsklausel ist deshalb zweckmäßig.

8. Zwangsvollstreckungsunterwerfung. → Form. P.I.1. Für die Zulässigkeit der Zwangsvollstreckungsunterwerfung in Bezug auf wertgesicherte Verpflichtungen auch *Kluge* MittRhNotK 2000, 409, 423.

2. Stundungsregelung

Die Zahlung gemäß Ziffer . . . . . . ist bis . . . . . . zinslos gestundet.[1, 2] Maßgeblich für die Rechtzeitigkeit der Zahlung ist die Gutschrift auf dem Empfängerkonto.[3] Der Verpflichtete ist zur früheren Zahlung, auch in Teilbeträgen, berechtigt.[4] Sicherheitsleistung[5] kann nicht (alternativ: nur bei einer wesentlichen Verschlechterung der wirtschaftlichen Lage des Verpflichteten) verlangt werden, ein Widerruf der Stundung ist mit dieser Maßgabe ausgeschlossen.

Anmerkungen

1. Sachverhalt. Im Rahmen einer vertraglichen Vereinbarung macht der Gläubiger dem Schuldner ein Zugeständnis hinsichtlich des Zeitpunkts der Zahlungsverpflichtung.

2. Stundung. Stundung bedeutet das Hinausschieben der Fälligkeit einer Forderung bei fortbestehender Erfüllbarkeit (BGH NJW 1998, 2060, 2061). Sie bedarf i.d.R. einer vertraglichen Vereinbarung, die bei Begründung der Forderung oder auch später getroffen werden kann. Gemäß § 1382 BGB ist auch eine gerichtliche Stundungsanordnung möglich.

3. Rechtzeitigkeit. Im Überweisungsverkehr ist die Leistungshandlung gem. §§ 270 Abs. 4, 269 Abs. 1 BGB rechtzeitig, wenn der Betrag vor Ablauf der Zahlungsfrist bei der Bank eingeht, derer sich der Gläubiger als Gehilfin bedient, also unabhängig von der Gutschrift (vgl. Bamberger/Roth/*Unberath* § 270 Rn. 18), und nicht schon, wenn der Schuldner den Überweisungsauftrag vor Ablauf der Zahlungsfrist bei dem Geldinstitut eingereicht hat und auf dem Konto Deckung vorhanden ist (so die früher hM; zur jetzigen richtlinienkonformen Auslegung vgl. Palandt/*Grüneberg* § 270 Rn. 5). Bei einer Stundungsabrede wird i.d.R. eine hiervon abweichende, der Klarheit dienende Regelung erreichbar sein.

4. Zwischenzinsen. Eine frühere Bezahlung einer zinslosen Schuld berechtigt gemäß § 272 BGB nicht zum Abzug wegen Zwischenzinsen.

5. Widerruf und Sicherheitsleistung. Der Gläubiger ist zum Widerruf der Stundungsvereinbarung berechtigt, wenn der Schuldner den gestundeten Anspruch bestreitet oder sonst gefährdet (BGH NJW 1981, 1666, 1667). Gestützt werden kann ein Widerruf auch auf § 321 BGB. Diese Rechte werden hier (im Wege einer Individualvereinbarung) ganz oder teilweise ausgeschlossen.

3. Verzinsungsregelung

. . . . . . (Zahlungsverpflichtung, Fälligkeit, Stundung) . . . . . .

Der jeweils noch ausstehende Betrag ist ab . . . . . . mit . . . . . . v. H. jährlich[2] zu verzinsen.[1] Die Zinsen sind vierteljährlich im Nachhinein fällig. Die gesetzlichen Ansprüche und Rechte im Falle des Verzuges bleiben unberührt.[3]

. . . . . . (ggf. Zwangsvollstreckungsunterwerfung[4]) . . . . . .

Anmerkungen

1. Sachverhalt. In einer Begründung einer Zahlungsverpflichtung ist eine Stundungsregelung enthalten, die der Gläubiger jedoch mit einer Verzinsung verknüpft sehen will, so dass es faktisch zu einer Kreditierung kommt. Da beide Vertragsteile nicht als Unternehmer kontrahieren, liegt kein Verbraucherdarlehensvertrag vor (§§ 491 ff. BGB).

2. Bestimmtheit. Anstelle eines in absoluten Prozentzahlen festgelegten Zinssatzes, der abweichend vom gesetzlichen Zinssatz des § 246 BGB festgelegt wird, ist auch eine Anknüpfung an den Basiszinssatz gemäß § 247 BGB möglich (mit . . . . . . Prozentpunkten über dem jeweiligen Basiszinssatz iSv § 247 BGB), wie dies § 288 Abs. 1, 2 BGB für den Verzugszins vorsehen.

3. **Verzug.** Dass die gesetzlichen Verzugsregelungen durch die Stundungsabrede nicht ausgeschaltet werden sollen, stellt die Vereinbarung klar. Insbesondere wäre dann der Mindestzinssatz gem. § 288 Abs. 1 BGB anwendbar, sofern sich nicht aus §§ 280 Abs. 2, 286 ff. BGB weitergehende Ansprüche und Rechte ergeben.

4. **Zwangsvollstreckungsunterwerfung.** → Form. P.I.1.

4. Vereinbarung über die Bestellung von Sicherheiten

a) Zur Sicherung des Anspruchs auf den gestundeten Teilbetrag der Ausgleichszahlung samt Zinsen gemäß Ziffer ...... wird eine Sicherungshypothek[2] an dem in Ziffer ...... bezeichneten Grundstück[3] (im Rang[4] ausschließlich nach den in Ziffer ...... bezeichneten Belastungen) bestellt.[1] Hierüber sind die Beteiligten einig.[5] Die Eintragung der Hypothek samt dinglicher Zwangsvollstreckungsunterwerfung[6] gemäß Ziffer ...... wird bewilligt[7] und beantragt.[8]

b) Zur Sicherung des Anspruchs[9] auf Zahlung des nachehelichen Unterhalts gemäß Ziffer ...... (in Höhe des Ausgangsbetrages und in der sich durch Anpassung entsprechend der Wertsicherungsvereinbarung ergebenden Höhe) wird am Wohnungseigentum[10] gemäß Ziffer ...... (im Rang ausschließlich nach der derzeitigen Belastung in Abt. III lfd. Nr. .....) eine Reallast[11] zu Gunsten des Berechtigten bestellt. Hierüber sind die Beteiligten einig. Die Eintragung wird

bewilligt und beantragt

mit dem Vermerk, dass zur Löschung des Rechts der Todesnachweis[12] des Berechtigten genügt.

Anmerkungen

1. **Sachverhalt.** → Form. P.I.1 Anm. 1.

2. **Sicherungshypothek.** Bei der streng akzessorischen, gemäß § 1185 Abs. 1 BGB zwingend brieflosen Sicherungshypothek findet gemäß § 1185 Abs. 2 die Regelung des § 1138 BGB keine Anwendung, was die Verkehrsfähigkeit ausschließt (vgl. Bauer/von Oefele/*N. Mayer* AT IV Rn. 14). Zum Schutz des Schuldners gegen das Auseinanderfallen von Forderung und dinglichem Recht ist bei Privatgläubigern als Alternative allenfalls eine nicht abtretbare Grundschuld mit eng gefasster Sicherungsvereinbarung in Erwägung zu ziehen. Wenn jedoch mit hoher Wahrscheinlichkeit feststeht, dass nur eine, bereits feststehende Schuld abzusichern ist, ist die Sicherungshypothek vorzugswürdig.

3. **Belastungsgegenstand.** Als Belastungsgegenstände kommen in Betracht Grundstücke, Miteigentumsanteile (§ 1114 BGB) einschließlich Wohnungs- und Teileigentum und Miteigentumsanteilen hieran und an grundstücksgleichen Rechten, sowie das Erbbaurecht (vgl. Bauer/von Oefele/*N. Mayer* AT IV Rn. 43).

4. **Rangbestimmung.** Werden mehrere Rechte gleichzeitig zur Eintragung beantragt, die nicht Gleichrang erhalten sollen, oder sollen einer neuen Belastung nur bestimmte andere Belastungen vorgehen dürfen, so ist eine Rangbestimmung (§ 879 Abs. 3 BGB) vorzunehmen, welche zum einen gegenüber dem Grundbuchamt gemäß § 45 Abs. 3 GBO wirkt (vgl. Bauer/von Oefele/*Knothe* § 45 Rn. 39 ff.), zum anderen schuldrechtlich die Pflichten des Sicherungsgebers definiert.

5. Einigung. Hierin liegt die – formfreie – materiellrechtliche Erklärung gemäß § 873 (vgl. Bamberger/Roth/*Eckert* § 873 Rn. 6, 14 ff.).

6. Zwangsvollstreckungsunterwerfung. → Form. P.I.1, zur Zwangsvollstreckungsunterwerfung gemäß § 800 ZPO → Form. P.I.1 Anm. 6.

7. Bewilligung. Die grundbuchverfahrensrechtlich erforderliche Bewilligung des Betroffenen (hierzu näher Bauer/von Oefele/*Kössinger* § 19 Rn. 120 ff.) i.S. § 19 GBO bedarf mindestens der Beglaubigungsform. Auf sie kann gemäß § 874 BGB bei der Eintragung Bezug genommen werden.

8. Antrag. Zu den Erfordernissen eines ordnungsgemäßen Antrags im Grundbuchverfahren vgl. *Bauer*/von Oefele § 13 Rn. 22 ff.

9. Wiederkehrende Leistungen. Zur Absicherung einer laufenden Zahlungsverpflichtung kann eine (Sicherungs-)Reallast bestellt werden, § 1105 BGB (vgl. hierzu näher Bauer/von Oefele/*Wegmann* AT III Rn. 613 ff.; Bamberger/Roth/*Wegmann* § 1105 Rn. 13).

10. Belastungsgegenstand. Mit der Reallast belastet werden können Grundstücke, grundstücksgleiche Rechte, Wohnungs- und Teileigentumsrechte und das Erbbaurecht, sowie der Anteil eines Miteigentümers hieran (§ 1106 BGB).

11. Sicherungsreallast. Neben die Verpflichtung aus der schuldrechtlichen Zahlungsabrede und die dingliche Haftung des Belastungsobjekts infolge der Reallast tritt die persönliche Haftung des Eigentümers für die während der Dauer seines Eigentums fällig werdenden Leistungen, § 1108 BGB. Zur Zwangsvollstreckungsunterwerfung in diesen Fällen → Form. P.I.1.

12. Löschungserleichterungsvermerk. Um die Bewilligung der Erben des Berechtigten bei einer alsbaldigen Löschung zu erübrigen kann ein Vermerk gemäß § 23 Abs. 2 GBO eingetragen werden. Voraussetzung für die Eintragungsfähigkeit ist, dass Rückstände von Leistungen nicht ausgeschlossen sind (was bei wiederkehrenden Zahlungen gegeben ist).

5. Kostenregelung

Die Kosten[2] des Grundbuchvollzuges trägt der jeweilige Erwerber in Bezug auf das von ihm erworbene Objekt.

Die Kosten der Lastenfreistellung und – soweit erforderlich – der Vermessung und Vermarkung trägt der jeweilige Veräußerer.

Die sonstigen Kosten dieser Urkunde und ihres Vollzuges trägt Herr . . . . . . zu . . . . . . v. H., Frau . . . . . . zu . . . . . . v. H.

Kosten einer außernotariellen Rechts- und Steuerberatung trägt jeder Beteiligte für seine Berater.

Eine etwa anfallende Schenkungsteuer trägt jeder Vertragsteil für seinen Erwerb.[1]

Anmerkungen

1. Sachverhalt. Eine Vereinbarung zwischen Ehegatten enthält u.a. wechselseitige Immobilienübertragungsverpflichtungen zur Vermögensauseinandersetzung, ggf. auch hinsichtlich erst zu vermessender Teilflächen. Die Vertragsteile sind jeweils anwaltschaftlich vertreten und haben auch ihren jeweiligen Steuerberater eingeschaltet.

2. Kostentragung. Im Außenverhältnis zu den rechtlichen und steuerlichen Beratern ist nach der jeweils berufsbezogenen Regelung (RVG bzw. Steuerberatergebührenverordnung) der jeweilige Auftraggeber verpflichtet, gegenüber dem Notar nach §§ 29 Nr. 1, 30 Abs. 1, 32 Abs. 1 GNotKG) grds. alle Urkundsbeteiligte als Gesamtschuldner. Entsprechendes gilt gegenüber Grundbuchamt, Vermessungsamt und Genehmigungsbehörden für jeden Antragsteller. Bei einem schenkungsteuerpflichtigen Vorgang haften gemäß § 20 Abs. 1 ErbStG ebenfalls beide Vertragsteile. Grunderwerbsteuer fällt in den Konstellationen des § 3 Nr. 4 und 5 GrEStG nicht an.

Die Regelung im Vertrag betrifft somit lediglich das Innenverhältnis. Eine gesetzliche Regelung enthält § 448 BGB lediglich für den Grundstückskauf. Die dort enthaltenen Wertungen sind in das Formular übernommen.

VI. Vollmachten

1. Vermögensrechtliche Vollmacht

UR. Nr. . . . . . /[2]. . . . . .

Generalvollmacht[1]

Am . . . . . .

ist anwesend bei mir, ...

. . . . . .

Notar mit dem Amtssitz in . . . . . ., an der Geschäftsstelle in . . . . . .:

. . . . . .

ausgewiesen durch Bundespersonalausweis, der dieser Urkunde in beglaubigter Fotokopie beigefügt ist.[2]

Der Beteiligte erklärt auf Befragen des Notars, dass weder dieser noch dessen Sozius außerhalb der Amtstätigkeit in derselben Angelegenheit tätig war oder ist.[3]

Der Beteiligte erklärt mit dem Antrag auf Beurkundung:[4]

1. Generalvollmacht

Ich, ...

erteile hiermit

meiner Ehefrau

. . . . . . [Vorname, Name, Geburtsdatum], derzeit wohnhaft . . . . . .

– Bevollmächtigte –

allgemeine Vollmacht

mit der Befugnis, mich uneingeschränkt in allen Angelegenheiten,[5] insbesondere[6] Vermögens-, Steuer-, Behörden-, Renten- und Bankangelegenheiten (auch Verbraucherdarlehensverträge, Neubegründung und/oder Vollbeendigung von Geschäftsbeziehungen), Ausübung von Gesellschafterrechten, sowie auch Personenangelegenheiten (soweit hierfür in Ziffer 3.2. nichts Abweichendes geregelt ist) zu vertreten.

Die Vollmacht berechtigt auch zu unentgeltlichen Verfügungen, und zwar auch insoweit, als sie über Anstands- und Pflichtschenkungen hinausgehen.[7]

Ich genehmige ferner alle Rechtshandlungen, die meine Generalbevollmächtigte bisher für mich vorgenommen hat.

Der Bevollmächtigten ist es gestattet, mit sich selbst oder mit sich als Vertreter eines Dritten Rechtsgeschäfte vorzunehmen, § 181 BGB.[8]

Untervollmacht[9] kann[10] für einzelne Geschäfte oder bestimmte Arten von Geschäften erteilt werden, jedoch nicht unter Befreiung von den Beschränkungen des § 181 BGB.[11]

Die Vollmacht erlischt[12] nicht durch meinen Tod[13] oder den Verlust der Geschäftsfähigkeit.[14]

Die Vollmacht ist widerruflich[15] erteilt. Ein Betreuer soll sie nur aus wichtigem Grund widerrufen.[16]

2. Kosten, Abschriften

Ich trage die Kosten[17] dieser Urkunde.

Von dieser Urkunde ist der Bevollmächtigten eine Ausfertigung[18] und mir eine beglaubigte Abschrift zu erteilen.

Weitere Ausfertigungen dürfen nur mit meiner Ermächtigung oder der eines gesetzlichen oder gerichtlich bestellten Vertreters oder der Erben erteilt werden.

Die Ausfertigung für die Bevollmächtigte ist dieser direkt zu übersenden.[19]

3. Hinweise, Klarstellung

3.1. Ich wurde vom Notar über die rechtlichen Auswirkungen und die Tragweite der vorstehenden Vollmacht eingehend belehrt, insbesondere darüber, dass

a) eine Vollmacht ein besonderes Vertrauensverhältnis zur Bevollmächtigten voraussetzt, weil bei einem Missbrauch erheblicher Schaden entstehen kann und
b) dass die Vollmacht nach dem Gesetz trotz Widerrufs nach Außen bestehen bleibt, solange die Bevollmächtigte mir die Ausfertigung nicht zurückgegeben hat oder ich sie nicht durch öffentliche Bekanntmachung für kraftlos erklärt[20] habe.

3.2. Eine Beschränkung des Umfangs der Vollmacht wünsche ich ausdrücklich nicht. Umgekehrt wünsche ich auch keine Erweiterung im Hinblick auf Erklärungen nach §§ 1896 Abs. 4, 1904, 1906 BGB.[21]

Über §§ 1896 Abs. 2 S. 2, 1904 Abs. 5 S. 2 und 1906 Abs. 5 S. 1 BGB[22] wurde ich belehrt. Ich werde hierfür ggf. gesondert Vorsorge treffen.

Die Niederschrift wurde

vorgelesen vom Notar

von dem Erschienenen genehmigt

und eigenhändig unterschrieben

. . . . . .

(Unterschriften der Beteiligten)

Anmerkungen

1. Sachverhalt. Der Ehemann will seiner Frau eine allgemeine Vollmacht, insbesondere für Vermögensangelegenheiten erteilen. Eine Ausweitung auf die nach gesetzlicher Vorschrift ausdrücklich aufzunehmenden, besonders schwerwiegenden Maßnahmen in persönlichen, insbesondere gesundheitlichen Angelegenheiten wird jedoch nicht gewünscht (→ Abschnitt 3.2). Die Regelung kann auch in einem Ehevertrag enthalten sein, erfordert dann jedoch zweckmäßigerweise die Erteilung einer Ausfertigung im Auszug sowie eine spezielle Teilwirksamkeitsregelung.

2. Beifügung der Ausweiskopie. Zur Feststellung der Identität der Beteiligten gemäß § 10 Abs. 2 S. 1 BeurkG hat der Notar zwar i. d. R. Einsicht in einen amtlichen Lichtbildausweis zu nehmen, eine Aufbewahrung oder gar Beifügung einer Ausweisabschrift ist jedoch gesetzlich nicht vorgeschrieben. Im Hinblick auf die mögliche Verwendung einer Vollmacht bei Geschäften, welche eine Pflicht zur Identifizierung iSv § 1 Abs. 4 GwG auslösen, ist die vorsorgliche Beifügung zweckmäßig, im Hinblick auf die Erforderlichkeit der Anschrift ist ein Bundespersonalausweis vorzugswürdig.

3. Mitwirkungsverbot. Die Vermerkpflicht des § 3 Abs. 1 S. 1 Nr. 7, S. 2 BeurkG erstreckt sich nach wohl h. M. nicht auf den hauptberuflichen Notar (vgl. *Winkler* BeurkG § 3 Rn. 102, 126, 142; aA *Eylmann*/Vaasen BeurkG § 3 Rn. 42, 52).

4. Beurkundungsform. Der in § 167 Abs. 2 BGB enthaltene allgemeine Grundsatz der Formfreiheit von Vollmachten unabhängig vom Formerfordernis des Hauptgeschäfts wird von der Rspr. entgegen Stimmen in der Literatur nur für besondere Einzelfälle durchbrochen (vgl. Bamberger/Roth/*Valenthin* § 167 Rn. 8 ff. mwN). Die in Betracht kommende Verwendung in Bezug auf Rechtsgeschäfte mit Grundbuchbezug lässt jedoch zumindest notarielle Beglaubigung angeraten erscheinen (§ 29 GBO). Mögliche Zweifel im Fall der Befreiung von den Beschränkungen des § 181 BGB (vgl. Bamberger/Roth/*Valenthin* § 167 Rn. 9 mwN) und insbesondere die Regelung des § 492 Abs. 4 BGB (verschärfte Inhaltsanforderungen bei Vollmachten für Verbraucherdarlehensverträge gelten nicht im Fall notariell beurkundeter Vollmacht) führen jedoch im Regelfall zur Beurkundung in Niederschriftsform (§§ 8 ff. BeurkG), zumal die Beglaubigung bei Entwurfsfertigung durch den Notar keine Kostenvorteile bietet (Nr. 24101 KV, § 92 Abs. 2 GNotKG).

5. Generalvollmacht. Die Formulierung folgt dem früher allgemein, auf Grund neuerer Gesetzesnovellen nur noch eingeschränkt geltenden Grundsatz deutschen Vollmachtsrechts, dass eine „umfassende" Vollmacht uneingeschränkt gilt, soweit nicht Vertretung gesetzlich unzulässig ist (Bamberger/Roth/*Valenthin* § 167 Rn. 20) oder die Auslegung zu einer Einschränkung führt.

6. Präzisierung des Umfangs. Eine Aufnahme der „insbesondere"-Regelung kann kontraproduktiv wirken, wenn hieraus – unzulässigerweise – Umkehrschlüsse gezogen werden. Im Hinblick auf Adressatenkreise, die in Kategorien eigener Vollmachtsmuster denken oder zu – auch rechtlich unfundierter – einschränkender Auslegung neigen, ist die Aufnahme bereits erkennbarer Anwendungsgebiete jedoch praktisch zweckmäßig, gleichwohl – soweit nicht ausdrücklich gesetzlich geregelt – nicht rechtlich geboten.

7. Unentgeltlichkeit. Der uneingeschränkte Umfang der Vollmacht würde auch ohne ausdrückliche Aufführung unentgeltliche Geschäfte umfassen. Ein Betreuer könnte nach der zwingenden Vorschrift des § 1908i Abs. 2 S. 1 iVm § 1804 BGB keine unentgeltlichen Vermögensübertragungen vornehmen, auch nicht mit Genehmigung des Betreuungsgerichts (OLG Frankfurt a. M. Beschl. v. 27.10.2014 – 20 W 252/14, BeckRS 2015, 13193; BayObLGZ 1996, 118, 120). Deshalb kann diese Befugnis bei einer geplanten vorweggenommenen Erbfolge o. Ä. besonders wichtig werden. Um dem Bevollmächtigten den denkbaren Vorwurf zu ersparen, eine Schenkung sei vom Willen des Vollmachtgebers nicht umfasst, ist es zweckmäßig (gleichwohl nicht notwendig), diese Befugnis ausdrücklich aufzunehmen, ggf. aber umgekehrt – dann rechtlich zwingend notwendig – ausdrücklich auszuschließen.

8. Selbstkontrahierungsgestattung. Der Gesetzeswortlaut verlangt nur die positive Regelung der Gestattung. Soll eine Befreiung von den Beschränkungen des § 181 BGB – anders als im Formular – nicht erfolgen, kann jedoch eine klarstellende Regelung dennoch zweckdienlich sein.

9. Untervollmacht. Die vom (Haupt-)Vertreter einem Dritten unmittelbar im Namen des Geschäftsherrn erteilte Vollmacht bewirkt, dass der Unterbevollmächtigte als Vertreter des Geschäftsherrn, nicht des (Haupt-)Vertreters handeln kann (Bamberger/Roth/*Valenthin* § 167 Rn. 26).

10. Befugnis zur Erteilung von Untervollmacht. Ein Bevollmächtigter ist nicht ohne Weiteres zur Erteilung der Untervollmacht berechtigt. Wird die Befugnis nicht ausdrücklich erteilt, so ist die Vollmachtserteilung auszulegen. Bestehen Anhaltspunkte dafür, dass der Vollmachtgeber ein Interesse an der Ausübung der Vertretungsmacht durch den Bevollmächtigten persönlich hat, so scheidet die stillschweigende Erteilung der Befugnis zur Unterbevollmächtigung aus (Bamberger/Roth/*Valenthin* § 167 Rn. 32 mwN).

11. Umfang und Dauer der Untervollmacht. Im Rahmen der ihm zugewiesenen Befugnis zur Erteilung der Untervollmacht legt der Hauptvertreter die Grenzen der Untervollmacht fest. Die Erteilung der Untervollmacht setzt voraus, dass zu diesem Zeitpunkt der Hauptbevollmächtigte wirksam vertretungsberechtigt ist. Der Fortbestand einer wirksam erteilten Untervollmacht hängt jedoch nicht vom Weiterbestehen der Hauptvollmacht ab. Eine mögliche rechtsgeschäftliche Verknüpfung würde die Untervollmacht unpraktikabel machen. Der Widerruf der Untervollmacht kann durch den Vollmachtgeber und/oder den Hauptbevollmächtigten erfolgen (Bamberger/Roth/*Valenthin* § 167 Rn. 36 mwN).

12. Erlöschen der Vollmacht. Soweit die Auslegung der Vollmachtserklärung nichts Abweichendes ergibt, bestimmt sich das Erlöschen der Vollmacht gemäß § 168 S. 1 BGB unter Durchbrechung des Abstraktionsgrundsatzes nach dem ihrer Erteilung zu Grunde liegenden Rechtsverhältnis. Auf die isolierte Vollmacht ist die Bestimmung mangels eines solchen Grundverhältnisses nicht anwendbar (h. M. vgl. Bamberger/Roth/*Valenthin* § 168 Rn. 4 mwN pro und contra).

13. Erlöschen durch Tod. Während der Tod des Bevollmächtigten i. d. R. die Vollmacht erlöschen lässt (wenn nicht im Ausnahmefall einer Bevollmächtigung im Interesse des Bevollmächtigten die Vertretungsmacht auf dessen Erben übergeht), führt der Tod des Vollmachtgebers bei der kausalen Vollmacht im Zweifel nicht zum Erlöschen (BGH NJW 1962, 1718, 1719; BGH NJW 1969, 1245, 1246), wohl aber i. d. R. bei der isolierten Vollmacht (Bamberger/Roth/*Valenthin* § 168 Rn. 8 mwN). Um Auslegungsfragen zu vermeiden, ist eine ausdrückliche Regelung sinnvoll. Ab dem Tod des Vollmachtgebers vertritt der Bevollmächtigte dann dessen Erben.

14. Vollmacht nach Eintritt der Geschäftsunfähigkeit. Soweit die Vollmacht reicht, erübrigt sie grds. die Anordnung einer Betreuung, § 1896 Abs. 2 S. 2 BGB. Möglich bleibt gemäß § 1896 Abs. 3 BGB die Anordnung einer Überwachungsbetreuung, die jedoch einen konkreten Überwachungsbedarf voraussetzt und sich nicht ohne weiteres aus einem weiten Umfang der Vollmacht oder einer Befreiung vom Selbstkontrahierungsverbot ableitet (Bamberger/Roth/*Müller* § 1896 Rn. 42 mwN) Der Gesetzgeber hat sich für den Vorrang der privatautonom erteilten Vollmacht entschieden.

15. Widerruf der Vollmacht. Die Widerruflichkeit entspricht der gesetzlichen Regelung, § 168 S. 2 BGB. Die unwiderrufliche Erteilung einer Generalvollmacht wird von der hM wegen Verstoßes gegen den Grundsatz der Privatautonomie als unzulässig angesehen (Bamberger/Roth/*Valenthin* § 168 Rn. 25 mwN). Die ausdrückliche Bestimmung dient jedenfalls der Information des Bevollmächtigten und ggf. auch der Erben des Vollmachtgebers. Der Widerruf ist eine einseitige empfangsbedürftige Willenserklärung, die dem Bevollmächtigten oder dem Geschäftsgegner gegenüber zu erklären ist, §§ 168 S. 3, 167 Abs. 1 BGB; gemäß § 171 Abs. 2 BGB kommt auch öffentliche Bekanntmachung in Betracht. Der Widerruf bedarf keiner Form.

16. Weisung für den Fall der Betreuung. Wird trotz Vollmachtserteilung Betreuung angeordnet, kann der Betreuer bei entsprechendem Aufgabenkreis grds. die Vollmacht auch widerrufen. Die Weisung wirkt über § 1901 BGB auf das Pflichtenprogramm des Betreuers ein und soll auch hier die Subsidiarität der Betreuung sicherstellen, da ein einmal erfolgter Widerruf der Vollmacht diese endgültig wegfallen lässt. Die Aufnahme dieser Regelung führt zur Ablieferungspflicht nach § 1901 c BGB.

17. Kosten. Für die Beurkundung fällt eine 1,0-Gebühr gem. Nr. 21200 KV an. Der Geschäftswert der Generalvollmacht ist gem. § 98 Abs. 3 GNotKG unter Berücksichtigung des Vermögens des Vollmachtgebers nach billigem Ermessen zu bestimmen, der Wert darf die Hälfte des Vermögens nicht übersteigen, § 98 Abs. 3 S. 2 GNotKG. Der Höchstwert beträgt gemäß § 98 Abs. 4 GNotKG 1 Mio. EUR, woraus sich eine Höchstgebühr von 1735,– EUR (zuzüglich USt gemäß Nr. 32014 KV GNotKG und ggf. Nebengebühren) ableitet.

18. Ausfertigung der Urkunde. Die Ausfertigung vertritt gemäß § 47 BeurkG im Rechtsverkehr die Urschrift der notariellen Urkunde, welche gemäß § 45 BeurkG regelmäßig in der Verwahrung des Notars verbleibt. Die Niederschriftsurkunde bietet im Gegensatz zur Vollmachtsurkunde mit bloßer Unterschriftsbeglaubigung die Möglichkeit, auch mehrere Ausfertigungen zu erteilen. Da der Bevollmächtigte nicht selbst im Sinne von § 51 Abs. 1 Nr. 1 BeurkG urkundsbeteiligt (und damit grds. zum Verlangen einer Ausfertigung berechtigt) ist, ist eine Bestimmung des Vollmachtgebers gemäß § 51 Abs. 2 BeurkG maßgeblich. Eine solche Bestimmung ist auch dann zum Schutz des Vollmachtgebers zweckmäßig, wenn der Bevollmächtigte in derselben Urkunde ebenfalls eigene Erklärungen abgegeben hat. Wegen der Legitimationswirkung des § 172 BGB kommt der Festlegung der Ausfertigungserteilung bei der Vollmacht besondere Bedeutung zu, damit der Vollmachtgeber insbesondere im Fall des beabsichtigten oder erfolgten Widerrufs die Risiken der Rechtsscheinswirkung abschätzen kann. Die Risikoerhöhung bei Vorhandensein mehrerer Ausfertigungen ist gegen die praktischen und rechtlichen Schwierigkeiten im Falle des Verlustes abzuwägen.

19. Aushändigung der Vollmachtsurkunde. Aushändigung im Sinne von § 172 Abs. 1 BGB ist das willentliche Inverkehrbringen durch den Vollmachtgeber zum Zwecke des Gebrauchmachens. Die Weisung an den Notar zur direkten Zuleitung dokumentiert diesen Willen des Vollmachtgebers. Die Alternative besteht darin, den Notar anzuweisen, die Ausfertigung für den Bevollmächtigen dem Vollmachtgeber zu übersenden, der dann zu einem von ihm zu bestimmenden Zeitpunkt für die Aushändigung selbst Sorge trägt oder diese unterlässt. Dann hat es der Vollmachtgeber noch in der Hand, ob und wann und damit mit welchen zusätzlichen Erläuterungen/Weisungsauflagen er die Ausfertigung dem Bevollmächtigten aushändigt bzw. zugänglich macht.

20. Kraftloserklärung. Der Rechtsschein der Vollmachtsurkunde kann gemäß § 172 Abs. 2 BGB auch durch Kraftloserklärung erfolgen. Kann oder will der Bevollmächtigte die Ausfertigung trotz der Verpflichtung nach § 175 BGB nicht sofort zurückgeben, kann auch eine Kraftloserklärung durch öffentliche Bekanntmachung nach § 176 BGB erfolgen.

21. Abgrenzung zur Vorsorgevollmacht. Nach dem Sachverhalt will der Vollmachtgeber die „Vermögensbevollmächtigte" nicht auch zur „Personensorgeberechtigten" für besonders schwerwiegende Fälle machen. Diese Regelung stellt diesbezüglich den Umfang der Vollmacht klar (für die „Vorsorgevollmacht" → Form. S.V.1, → Form. S.V.2).

22. Mögliches Erfordernis einer Betreuung. Durch das BtÄndG vom 21.4.2005 wurden Ausdrücklichkeitserfordernisse für Vollmachten in das BGB aufgenommen. Hierdurch soll der Vollmachtgeber auf die besondere Tragweite hingewiesen werden. Wenn er in Kenntnis dessen diese speziellen Befugnisse dem Bevollmächtigten nicht zuweisen will, wird es – im Interesse der Klarheit der Erklärung und zum Schutz des Beraters gegen den späteren Vorwurf, man habe die Sache „vergessen", sinnvoll sein, dies ausdrücklich zu dokumentieren. Dem Beteiligten wird durch den Hinweis auch vor Augen geführt, dass dann, wenn entsprechende Entscheidungen anstehen, aber von ihm selbst nicht getroffen werden können, eine Betreuung erforderlich wird, wenn er nicht zusätzlich eine entsprechende Vollmacht wirksam erteilt.

2. Auftrag und Vollmacht zur Bestattung

1. Ich, ... (Name, Vorname, Geburtsdatum, derzeit wohnhaft)

wünsche Erdbestattung in einem Einzelgrab auf dem . . . . . .-Friedhof in . . . . . .[2] Es ist eine Liegedauer von mindestens . . . . . . Jahren, ggf. durch Verlängerung, zu vereinbaren. Ich habe mit der Fa. . . . . . (Anschrift: . . . . . . Tel.Nr. . . . . . bereits einen Grabpflegevertrag abgeschlossen und die hierfür zu erbringende Gegenleistung wie folgt sichergestellt: (. . . . . .).

2. Ich habe hinsichtlich meiner Bestattung und der Trauerfeier sowie des daran anschließenden Leichenschmauses folgende Wünsche:

. . . . . . (Art, Teilnehmer, religiöse Zeremonie, musikalische Umrahmung, Reden/ Unterbleiben von Reden . . . . . .).

3. Ich erteile[3] Herrn/Frau . . . . . . (Name, Vorname, Geburtsdatum, derzeit wohnhaft)

Auftrag und Vollmacht, alles im Zusammenhang mit meiner Bestattung, der Trauerfeier, der Grabpflege ihm erforderlich oder zweckdienlich erscheinende zu tun, zu veranlassen, zu vereinbaren.[1]

Soweit ich nicht in Ziffer 1. und 2. ausdrücklich Wünsche niedergelegt habe, ist der Beauftragte berechtigt, Entscheidungen nach eigenem freien Ermessen zu treffen; er ist mit meinen Vorstellungen vertraut, auch soweit ich sie nicht niedergelegt habe. Der Beauftragte entscheidet insbesondere auch nach eigenem freien Ermessen über die Angemessenheit und den finanziellen Rahmen der Maßnahmen.[4] Mein Nachlass wird hinreichend umfangreich sein. „Sparanweisungen" dritter Personen hat der Beauftragte insbesondere dann nicht zu beachten, wenn sie ihm unangemessen erscheinen. Der Beauftragte kann auch über die von ihm oder mir eingegangenen Verpflichtungen hinaus ihm als angemessen erscheinende Gefälligkeiten, Trinkgelder und Spenden auszahlen.

Über ggf. in bar ausbezahlte Beträge in Höhe von insgesamt bis zu . . . . . . EUR hat der Beauftragte nur insoweit Rechnung zu legen, als er die Empfänger und die Beträge zu nennen hat. Nachweise hat er nicht zu erbringen.[5]

Entscheidungen meines Beauftragten in diesem Zusammenhang haben Vorrang vor allen Erklärungen anderer Personen, seien es (sonstige) Angehörige oder Erben.

4. Der Bevollmächtigte ist insbesondere befugt, im Namen meiner Erben Erklärungen abzugeben und entgegenzunehmen, sowie Rechtshandlungen vorzunehmen, die sich auf die in Ziffer 1. mit 3. bezeichneten Bereiche im weitesten Sinne beziehen.

Ich erteile ausdrücklich Vollmacht, zur Begleichung von Kosten über mein Girokonto bei der . . . . . . Nr. . . . . . IBAN . . . . . . BIC . . . . . . zu verfügen, auch durch Barabhebungen.

Die Bank darf Anweisungen des Bevollmächtigten ausführen, ohne die Zweckbindung prüfen zu müssen.[6]

5. Diese Vollmacht ist durch mich oder einen gesetzlichen Vertreter frei widerruflich. Einen etwaigen Betreuer weise ich auf § 1901 Abs. 3 BGB hin.

Meine Erben können diese Vollmacht nur aus wichtigem Grund widerrufen.

. . . . . ., den . . . . . .

. . . . . .

(Unterschrift)

Anmerkungen

1. Sachverhalt. Der Vollmachtgeber hat die Grabpflege bereits organisatorisch und finanziell sicher gestellt. Die Durchführung der Bestattung und der Begräbnisfeier möchte er einer bestimmten Person anvertrauen. Diese kann, muss aber kein naher Angehöriger oder (Mit-)Erbe sein.

2. Bestimmungen hinsichtlich der Bestattung. Für die Bestattung, insbesondere die Art und den Ort können Bestimmungen im Vorhinein getroffen werden (nach Maßgabe der jeweiligen landesrechtlichen Bestimmungen: Feuerbestattung bedarf i. d. R. der Erlaubnis der zuständigen Behörde, zB § 35 Abs. 1 BadWürttBestattungsG, oder einer Bestätigung der Polizeibehörde, § 17 Abs. 1 Nr. 2 BayBestV). Die Bestimmungen sind in einem Schriftstück niederzulegen (vgl. hinsichtlich der Feuerbestattung etwa § 17 Abs. 2 Nr. 2 und 3 BayBestV: entweder zur Niederschrift vor einem Notar abgegebene mündliche Erklärung oder schriftliche Erklärung des Verstorbenen). Die Niederlegung in einer Verfügung von Todes wegen ist zulässig (zB § 17 Abs. 2 Nr. 1 BayBestV), aber unzweckmäßig, da eine Verfügung von Todes wegen i. d. R. erst nach der Bestattung gefunden oder eröffnet wird (hierzu näher *R. Kössinger,* Das Testament Alleinstehender, 4. Aufl. 2010, S. 15).

3. Totenfürsorge. Ungeachtet der umstrittenen Rechtsnatur der menschlichen Leiche (vgl. Bamberger/Roth/*Fritzsche* § 90 Rn. 32) besteht Einigkeit darüber, dass – soweit kein abweichender Wille des Verstorbenen feststellbar ist – die nächsten Angehörigen (nicht die Erben) zur Totenfürsorge berechtigt und verpflichtet sind. Hiervon gehen auch die landesrechtlichen Bestimmungen aus. Unter den nächsten Angehörigen gebührt i. d. R. dem Ehegatten der Vorrang (vgl. Bamberger/Roth/*Lohmann* § 1968 Rn. 2 mwN). Wenn man dies entweder klarstellen will, oder wenn man im Gegenteil den Ehepartner hiermit nicht betrauen will oder von der Aufgabe entlasten will, ist eine ausdrückliche Regelung zweckmäßig (zur Vollmacht diesbezüglich vgl. *Kurze/Goertz*, Bestattungsrecht, 2012, § 13 Rn. 25 ff.).

4. Kostentragung. Im Hinblick auf die in § 1968 BGB geregelte Verpflichtung der Erben, die Kosten zu tragen, kann es zu Interessenkonflikten zwischen den an der Wahrung der Integrität des Nachlasses interessierten Erben einerseits und dem Willen des Verstorbenen und dessen Umsetzung durch den Bevollmächtigten andererseits kommen. Zwar ist letzterer Anspruchsgläubiger gemäß § 1968 BGB, um jedoch Ansatzpunkte für den Vorwurf, zu „großzügig“ gewesen zu sein, im Vorhinein möglichst auszuräumen, ist es zweckmäßig, die Position des Bevollmächtigten zu stärken.

5. Rechenschaftslegung. Wenn über den Umfang des Anspruchs nach § 1968 BGB Uneinigkeit besteht, kommt im Hinblick auf das Auftragsverhältnis § 666 BGB zur

Anwendung. Um hier den Beauftragten vor Kleinlichkeiten zu schützen, ist die Pflicht auf ein vertretbares Maß eingeschränkt.

6. Kontovollmacht. Im Hinblick auf die nicht unerheblichen Kosten eines Begräbnisses kann es zweckmäßig sein, dem Beauftragten unmittelbar Zugriff auf Nachlassmittel einzuräumen. Dies erspart es ihm, aus eigenen Mitteln vorzustrecken, oder aber Vertragspartner hinhalten zu müssen. Es dürfte zweckmäßig sein, das Verfahren mit dem Kreditinstitut rechtzeitig abzustimmen, um die Akzeptanz der Vollmacht sicherzustellen.

3. Teilausfertigungsregelung im Gesamtvertrag

. . . . . .

Von dieser Urkunde erhalten

Ausfertigungen

. . . . . .

beglaubigte Abschriften

. . . . . .

einfache Abschriften

. . . . . .

Die vorstehend genannten Ausfertigungen[2] sind nur im Auszug, ohne die in Abschnitt . . . . . . enthaltenen Regelungen (Vollmacht) zu erteilen.[1, 3]

Dem dort Bevollmächtigten ist eine Ausfertigung im Auszug (nur Eingang, Abschnitt . . . . . . und Abschnitt . . . . . . sowie Schluss) zu erteilen; diese Ausfertigung ist der Vollmachtgeberin zuzuleiten.[4]

Weitere Ausfertigungen,[5] welche die Vollmacht enthalten, dürfen nur mit Einwilligung der Vollmachtgeberin oder der eines gesetzlichen oder gerichtlich bestellten Vertreters oder der Erben erteilt werden.[6]

Anmerkungen

1. Sachverhalt. In einem Vertrag zwischen Ehegatten ist auch eine Vollmacht enthalten. Im Hinblick auf die Legitimationswirkung der Ausfertigung (§§ 172 Abs. 1 BGB, 47 BeurkG) wird eine abweichende Bestimmung im Sinne von § 51 Abs. 2 BeurkG getroffen.

2. Legitimationswirkung der Ausfertigung. → Form. P.VI.1 Anm. 18–20.

3. Anspruch auf Erteilung von Ausfertigungen. Hat der Bevollmächtigte in der Urkunde selbst Erklärungen abgegeben oder wurde in seinem Namen durch Dritte eine Erklärung abgegeben, so hätte er gemäß § 51 Abs. 1 Nr. 1 BeurkG einen eigenen Anspruch auf Erteilung einer Ausfertigung, wenn nicht gemäß § 51 Abs. 2 BeurkG in der Niederschrift übereinstimmend etwas anderes bestimmt wird. In diesem Falle der Urkundsbeteiligung des Bevollmächtigten schränkt die Regelung den gesetzlichen Ausfertigungsanspruch ein. Ist der Bevollmächtigte nicht Urkundsbeteiligter i. S. des § 51 Abs. 1

BeurkG, so schafft die Regelung im Sinne von § 51 Abs. 2 BeurkG erst die Befugnis zur Erteilung einer Ausfertigung für den Bevollmächtigten.

4. Aushändigung der Vollmachtsurkunde. → Form. P.VI.1 Anm. 19.

5. Erteilung weiterer Ausfertigungen. → Form. P.VI.2 Anm. 17, → Form. P.VI.1 Anm. 18.

6. Zuständigkeit. Zuständig für die Erteilung der Ausfertigung ist gemäß § 48 S. 1 BeurkG die Stelle, welche die Urschrift verwahrt, also jedenfalls zunächst der Urkundsnotar (§ 45 Abs. 1 BeurkG).

Q. Adoption

I. Die Adoption Minderjähriger

1. Informationsschreiben an den Mandanten

Persönlich/Privat

Frau und Herrn

bzw. Frau und Frau/Herrn und Herrn[2]

. . . . . .

Sehr geehrte Frau . . . . . ., sehr geehrter Herr . . . . . .,

Sie haben sich dazu entschieden, gemeinsam[3, 4] den am . . . . . . geborenen minderjährigen . . . . . . (Name) als Kind anzunehmen und mich beauftragt, Sie bei diesem Verfahren zu unterstützen.[1]

Wie schon in unserer gemeinsamen Besprechung erörtert, setzt eine schnelle Adoption einen gut vorbereiteten Antrag voraus. Für die Adoption eines Minderjährigen benötigen Sie folgende Unterlagen, die Sie bitte alsbald zusammenstellen:

- Ihre Geburtsurkunden,
- Ihre Heiratsurkunde,
- die Geburtsurkunde des anzunehmenden Kindes,
- polizeiliche Führungszeugnisse von Ihnen,
- einen Staatsangehörigkeitsnachweis des Kindes,
- Ihre Staatsangehörigkeitsnachweise,
- ein Gesundheitszeugnis für das anzunehmende Kind und
- Gesundheitszeugnisse für Sie beide.[9]

Folgende Erklärungen weiterer Beteiligter sind bei mir oder einem anderen Notar zu beurkunden:

- die Einwilligungserklärung des Kindes[5] bzw. seines gesetzlichen Vertreters,
- die Einwilligungserklärung der Mutter[6, 7] des Kindes oder eine Sterbeurkunde,
- die Einwilligungserklärung des Vaters[6, 7] des Kindes oder eine Sterbeurkunde,

Wünschen Sie die Beurkundung dieser Erklärungen durch mich,[8] geben Sie mir bitte die Namen und Adressen der jeweils Beteiligten herein, um die Beurkundungen vorbereiten und durchführen zu können.

Zu guter Letzt werden wir dann Ihren gemeinsamen Antrag hier beurkunden und samt allen bis dahin zusammengestellten Unterlagen beim Familiengericht einreichen.

Im Rahmen des Verfahrens wird das Familiengericht eine gutachterliche Äußerung der Adoptionsvermittlungsstelle einholen oder das Jugendamt anhören. Es empfiehlt sich dieses sogenannte Eignungsgutachten bereits vor der Antragstellung in die Wege zu leiten. Bitte nehmen Sie daher mit dem für Sie zuständigen Jugendamt oder der von Ihnen beauftragten Adoptionsvermittlungsstelle diesbezüglich Kontakt auf.

Ein weiteres psychologisches Gutachten kann notwendig werden. Sollte sich derartiges im Verfahren abzeichnen, gilt es ebenfalls zeitnah zu reagieren. Da sich ...... (Name des Kindes) bereits in Familienpflege bei Ihnen befindet, gehe ich davon aus, dass dies nicht der Fall sein wird.[10]

Mit freundlichen Grüßen

......

Notar/Notarin

Anmerkungen

1. Die **Beschleunigung** der leider oft langwierigen Adoptionsverfahren gelingt nur durch perfekte Vorbereitung, Beratung und Begleitung. Hierauf sollte stets und von Anfang an ein großes Augenmerk gelegt werden.

2. Am 1.10.2017 tritt das Gesetz zur Einführung des Rechts auf Eheschließung für Personen gleichen Geschlechts in Kraft, kurz: die **Ehe für alle.** Bisher konnten eingetragene Lebenspartner ein Kind nicht gemeinschaftlich adoptieren, sondern nur im Wege der Sukzessivadoption. Ab dem 1.10.2017 können gleichgeschlechtliche Partner heiraten und als Ehegatten ein Kind nur gemeinsam annehmen, § 1741 Abs. 2 S. 2 BGB. Die Eintragung neuer Lebenspartnerschaften ist nicht mehr möglich. Eingetragene Lebenspartner können nach § 20a LPartG nF ihre **Lebenspartnerschaft in eine Ehe umwandeln**, eine automatische Umwandlung findet nicht statt. Das Gesetz sieht eine **Rückwirkung** bei Umwandlung der Lebenspartnerschaft in eine Ehe vor, womit der Tag der Eintragung der Lebenspartnerschaft als Tag der Eheschließung gilt. Haben Lebenspartner bereits mit der Sukzessivadoption begonnen, das heißt einer der Lebenspartner hat bereits ein fremdes Kind allein adoptiert (§ 9 Abs. 6 S. 1 LPartG), und soll nun die Lebenspartnerschaft in eine Ehe umgewandelt werden, darf die Rückwirkung nicht dazu führen, dass die Adoption nachträglich unwirksam wird, weil die Lebenspartner rückwirkend als Ehegatten gelten und nur gemeinschaftlich hätten adoptieren müssen. Vielmehr muss nach erfolgter Umwandlung der andere Lebenspartner als nunmehr Ehegatte das Kind nach §§ 1741 Abs. 2 S. 3, 1742 BGB allein annehmen können. Das Kind erlangt dann die Stellung eines gemeinschaftlichen Kindes der Ehegatten (§ 1754 Abs. 1 BGB).

3. Adoptieren kann, wer nicht verheiratet ist nur alleine, ein (gleichgeschlechtliches) Ehepaar nur gemeinschaftlich, es sei denn, das anzunehmende Kind ist das leibliche oder adoptierte (MüKoBGB/*Maurer* § 1741 Rn. 17; Palandt/*Götz* § 1741 Rn. 10) Kind des anderen Ehegatten, § 1741 Abs. 2 BGB. Eingetragene Lebenspartner, die ihre Lebenspartnerschaft nicht in eine Ehe umwandeln wollen (§ 20a LPartG nF), haben weiterhin die Möglichkeit der Sukzessivadoption → Anm. 2.

4. Der **Annehmende** muss mindestens 25 Jahre alt sein, § 1743 S. 1 Hs. 1 BGB, es sei denn, er ist verheiratet oder ein eingetragener Lebenspartner und adoptiert das Kind seines Ehepartners bzw. Lebenspartners, dann genügen 21 Jahre, § 1743 S. 1 Hs. 2 BGB. Adoptieren Eheleute gemeinsam gem. § 1741 Abs. 2 S. 2 BGB, so muss ein Ehegatte 25 und der andere 21 Jahre alt sein, § 1743 S. 2 BGB. Grundsätzlich muss unbeschränkte **Geschäftsfähigkeit** des Annehmenden zumindest im Zeitpunkt der Antragstellung vorliegen. Ob der Annehmende auch noch im Zeitpunkt der Entscheidung über den Adoptionsantrag voll geschäftsfähig sein muss, ist umstritten (so noch OLG München Beschl. v. 7.4.2010 – 31 Wx 3/10 = BeckRS 2010, 09513). Inzwischen geht das OLG München davon aus, dass in Ausnahmefällen bei der Erwachsenenadoption nach einer wirksamen Antragstellung von dem Erfordernis des Fortbestehens der Geschäftsfähigkeit des Annehmenden abgesehen werden kann (OLG München Beschl. v. 26.2.2015 – 33 UF 1292/14 = BeckRS 2015, 15451; aA Palandt/*Götz* § 1768 Rn. 2). Ein Kind kann auch dann von einem Ehegatten allein angenommen werden, wenn der andere Ehegatte nicht annehmen kann, weil er entweder geschäftsunfähig oder noch nicht 21 Jahre alt ist.

5. Zur Annahme ist die **Einwilligung des Kindes** erforderlich. Ist das Kind noch nicht 14 Jahre alt oder ist es geschäftsunfähig, so kann nur sein gesetzlicher Vertreter die Einwilligung erteilen, § 1746 Abs. 1 S. 1 BGB. Ist das Kind 14 Jahre alt, muss es selbst einwilligen, bedarf allerdings noch der Zustimmung seines gesetzlichen Vertreters, § 1746 Abs. 1 S. 3 BGB.

6. Die **Einwilligung der Eltern** (**§ 1747 BGB**) des Kindes kann erst erteilt werden, wenn das Kind 8 Wochen alt ist. Der Vater des Kindes kann die Einwilligung auch vor der Geburt erteilen, aber nur, wenn er mit der Mutter nicht verheiratet ist und keine Sorgeerklärung abgegeben wurde. Ist ein Elternteil des Kindes dauernd außerstande, die Einwilligung zu erklären oder ist sein Aufenthalt dauernd unbekannt, genügt die Einwilligung des vorhandenen Elternteils. Die Ersetzung der Einwilligung eines Elternteils durch das Familiengericht ist möglich (§ 1748 BGB). → Anm. 2.

7. Möchte **ein Ehegatte allein** ein Kind adoptieren, ist die Einwilligung des anderen Ehegatten erforderlich, § 1749 Abs. 1 S. 1 BGB. Die Einzeladoption durch einen Ehegatten ist nur ausnahmsweise möglich, wenn es sich um das Kind des anderen Ehegatten handelt oder der andere Ehegatte noch nicht 21 Jahre alt oder geschäftsunfähig ist. Bei der Adoption des Kindes des anderen Ehegatten muss dieser bereits nach § 1747 BGB einwilligen, was die Einwilligung nach § 1749 BGB mit umfasst, vgl. MüKoBGB/*Maurer* § 1749 Rn. 2. § 1749 BGB gilt über § 9 Abs. 6 LPartG auch für Lebenspartner → Anm. 2.

8. Die **Einwilligungserklärungen** nach § 1746 BGB (des Kindes), § 1747 BGB (der Eltern des Kindes) und § 1749 BGB (des Ehegatten/des Lebenspartners) sind notariell zu beurkunden (§ 1750 BGB). Die Erklärungen werden erst wirksam, wenn sie dem Familiengericht zugehen.

9. Ist das anzunehmende Kind oder der Adoptivbewerber **Ausländer,** ist die zentrale Adoptionsstelle des Landesjugendamtes nach § 11 Adoptionsvermittlungsgesetz zu beteiligen.

10. Zur Statistik. Im Jahr 2015 wurden in Deutschland 3.812 Kinder adoptiert, davon 2.319 Kinder (rund 61 %) durch Stiefeltern, also den neuen Partner des leiblichen Elternteils. Rund 36 % der Kinder wurden durch nicht verwandte Personen adoptiert, wobei mindestens 139 Sukzessivadoptionen stattgefunden haben. (Quelle: Statistisches Bundesamt)

2. Antrag auf Annahme eines Minderjährigen nach § 1752 BGB

Urkundennr.[1] . . . . . .

vom . . . . . .

Antrag auf Annahme als Kind

Am . . . . . .

Sind vor mir . . . . . ., Notar

in . . . . . .

in den Amtsräumen in . . . . . .

anwesend:

Herr . . . . . ., geb. am . . . . . .

Sohn der . . . . . . und des . . . . . .

und

dessen Ehefrau . . . . . ., geb. am . . . . . .,

Tochter der . . . . . . und des . . . . . .,

beide wohnhaft in . . . . . .

beide deutsche Staatsangehörige,

nach Angabe im gesetzlichen Güterstand lebend,

ausgewiesen durch ihre Ausweisdokumente.

Auf Antrag der Anwesenden habe ich folgende Niederschrift aufgenommen, diese erklärten:

1. Antrag

Wir beantragen gemeinsam[2] die Annahme als Kind des minderjährigen deutschen Staatsangehörigen,

. . . . . .,

geb. am . . . . . .,

in . . . . . .

Sohn/Tochter der . . . . . . und

Sohn/Tochter des . . . . . .

Geburtsstandesamt . . . . . .

Geburtenregister Nummer . . . . . ./. . . . . .

2. Einwilligungen

Die erforderlichen Einwilligungserklärungen des Kindes, der Kindesmutter und des Kindesvaters liegen vor und werden zusammen mit diesem Antrag beim Familiengericht eingereicht.

Alternative (eine Einwilligungserklärung fehlt):[3]

Von den erforderlichen Einwilligungserklärungen fehlt die der Mutter des Kindes. Die gerichtliche Ersetzung der elterlichen Einwilligung nach § 1748 BGB wird zeitnah mit der Annahme als Kind vom Jugendamt als Vertreter des Kindes[4, 5] beantragt werden. Die Kindesmutter ist drogenabhängig und aufgrund Verurteilung zu einer mehrjährigen Haftstrafe derzeit inhaftiert. Sie ist zur Pflege und Erziehung des Anzunehmenden aus den genannten sowie aus weiteren Gründen nicht in der Lage.

Die elterliche Sorge für das anzunehmende Kind wurde der Kindesmutter bereits entzogen. Das anzunehmende Kind wurde schon in seinem zweiten Lebensjahr in die Familie der Adoptierenden zur Pflege gegeben.

Das anzunehmende Kind würde bei Unterbleiben der Annahme nicht in einer Familie aufwachsen können. Seine Entwicklung würde damit schwer gefährdet werden. Von einer Ersetzung der noch fehlenden Einwilligung ist daher auszugehen.

3. Auftrag an den Notar

Wir beauftragen den amtierenden Notar heute, diesen Antrag und die vorliegenden Einwilligungserklärungen beim Familiengericht einzureichen.

Dem Antrag sind beizufügen die von uns heute dem Notar übergebenen Unterlagen:

. . . . . . (folgt Liste der Unterlagen, vgl. erstes Beratungsschreiben)

4. Kosten, Abschriften

Wir tragen die Kosten der Urkunde und des Verfahrens. Von dieser Urkunde erbitten wir eine beglaubigte Abschrift.

. . . . . .

(Urkundsausgang)

Anmerkungen

1. Der Antrag auf Annahme als Kind bedarf der **notariellen Beurkundung,** § 1752 Abs. 2 S. 2 BGB. Der Antrag der Annehmenden an das Familiengericht, § 1752 Abs. 1 BGB, ist die zwingende Voraussetzung des Adoptionsdekrets. Die Annahme darf weder unter einer Bedingung noch unter einer Befristung stehen. Insbesondere ist die Annahme unwirksam, wenn der Annehmende den Notar beauftragt, den Antrag erst nach dem Tod des Annehmenden beim Familiengericht einzureichen (Bamberger/Roth/*Enders* BGB § 1753 Rn. 3). Stirbt der Annehmende nach Einreichung seines Antrags oder nach unbedingter Beauftragung des Notars mit der Antragstellung nach bereits erfolgter notarieller Beurkundung, bleibt die Adoption grundsätzlich möglich, § 1753 Abs. 2 BGB.

2. Mit Ausnahme der in § 1741 Abs. 2 S. 3 und S. 4 BGB geregelten Fälle, können **Ehegatten nur gemeinschaftlich** ein Kind annehmen, **Ledige nur allein.** Nur **Lebenspartnerschaften** können in Ehen umgewandelt werden. → Form. Q.I.1 Anm. 2.

3. Es empfiehlt sich, zur **Beschleunigung** bereits in der Antragsurkunde Ausführungen aufzunehmen, soweit bei Antragstellung Voraussetzungen fehlen, die für die Annahme als Kind erforderlich sind. Insbesondere sollten in der Annahmeurkunde Gründe für den Wegfall des Einwilligungserfordernisses der Eltern dargestellt werden (Gerhardt/v. Heintschel-Heinegg/Klein/*Schwarzer*, Hdb. FA-FamR, 3. Kapitel Rn. 502).

4. Den **Antrag** an das Familiengericht nach § 1748 Abs. 1 BGB auf Ersetzung der Einwilligung muss das Kind selbst stellen, wenn es bereits 14 Jahre alt und nicht geschäftsunfähig ist (MüKoBGB/*Maurer* § 1748 Rn. 133). Der Zustimmung seines gesetzlichen Vertreters bedarf es dann nicht. Im Übrigen stellt der **Vertreter des Kindes** den Antrag. Befindet sich das Kind bereits in Familienpflege, was regelmäßig den Entzug der elterlichen Sorge beider Eltern voraussetzt, ist dies das **Jugendamt.** Es lohnt sich auch insoweit, guten Kontakt zum Jugendamt zu halten und dort auf rechtzeitige Antragstellung zu drängen.

5. Ist eine Einwilligung, die für das Verfahren notwendig ist, zu ersetzen, sollte der **Antrag auf Ersetzung der Einwilligung** spätestens mit dem Annahmeantrag gestellt und begründet werden, damit das Familiengericht das Ersetzungsverfahren parallel zur Adoption betreiben kann.

3. Antrag auf Ersetzung der Einwilligung eines Elternteils

An das

Amtsgericht ....../Familiengericht

......

Antrag nach § 1748 BGB auf Ersetzung der

elterlichen Einwilligung zur Adoption[1]

In Sachen

des ...... (Name des anzunehmenden Kindes), geb. am ...... in ......, vertr. d. ......, ... als ...... (Vertretungsverhältnis zB: alleinsorgeberechtigte Mutter, Vormund, Ergänzungspfleger)

– Antragsteller[2] –

zeigen wir die anwaltliche Vertretung des Antragstellers an und beantragen für diesen:

Die Einwilligung der/des ...... geb. am ......, in ......, wohnhaft in ...... in die Adoption des Antragstellers wird gerichtlich ersetzt.

Begründung

I. Sachverhalt[3]

Der Antragsteller lebt seit seiner Geburt zusammen mit seiner allein sorgeberechtigten Mutter und dem Annehmenden in einem Haushalt. Seine Mutter hat den Annehmenden am ......, mithin 6 Monate nach der Geburt des Antragstellers, geehelicht. Aus dieser Ehe sind zwei eheliche Kinder hervorgegangen, zu welchen der Antragsteller ein geschwisterliches Verhältnis entwickelt hat. Der Annehmende hat ihn von Beginn an wie ein eigenes eheliches Kind behandelt, so dass eine Vater-Kind-Beziehung entstehen konnte und entstanden ist.

Demgegenüber hat der leibliche Vater des Antragstellers diesen zunächst abgelehnt. Erst nach Einholung eines Vaterschaftsgutachtens in einem gerichtlichen Verfahren anerkannte er die Vaterschaft. Zu Unterhaltszahlungen musste er mehrfach aufgefordert werden. Schon die Auskunft erteilte er nicht freiwillig. Selbst die titulierten Unterhaltsansprüche zahlt er nur in viel zu geringem Umfang, auf Zwangsvollstreckungsmaßnahmen hin und niemals pünktlich. Sogar nach der Anerkennung der Vaterschaft wollte der leibliche Vater den Antragsteller nie sehen. Eine Bitte um Gewährung von Umgang hat er an die Mutter des Antragstellers zu keinem Zeitpunkt gerichtet.

Neben diesen unterhaltsrechtlichen Pflichtverletzungen und der Gleichgültigkeit des leiblichen Vaters würde dem Antragsteller durch das Unterbleiben der Annahme als Kind ein unverhältnismäßiger Nachteil erwachsen. Der Annehmende ist vermögend und wäre daher, im Gegensatz zum leiblichen Vater, ein zuverlässiger Unterhaltsschuldner. Allein durch die Annahme wird der Antragsteller den ehelichen Kindern des Annehmenden gleichgestellt, was bei Unterbleiben der Annahme ebenfalls nicht geschieht.

II. Rechtliche Würdigung[4]

Dem Antrag ist stattzugeben, da in der Zusammenschau aus Pflichtverletzung und Gleichgültigkeit unter Abwägung des Elternrechts aus Art. 6 Abs. 2 GG und den Interes-

sen des Kindes für den Fall des Unterbleibens der Annahme von einem unverhältnismäßigen Nachteil für den Antragsteller auszugehen ist.

. . . . . .

Rechtsanwalt/Rechtsanwältin

Anmerkungen

1. Das Verfahren auf Ersetzung einer Einwilligung ist ein **selbstständiges Zwischenverfahren,** es richtet sich nach § 198 FamFG. Das Adoptionsverfahren muss nicht bereits eingeleitet sein. Da das Ersetzungsverfahren nach § 1748 BGB langwierig sein kann, empfiehlt es sich aus Gründen der Beschleunigung, den Antrag auf Ersetzung frühestmöglich zu stellen, spätestens aber mit dem Annahmeantrag.

2. Antragsteller hinsichtlich der fehlenden Einwilligung ist das Kind. → Form. Q.I.2 Anm. 4. Der Antrag ist vom Kind selbst zu stellen, wenn es bereits 4 Jahre alt und nicht geschäftsunfähig ist, andernfalls von seinem gesetzlichen Vertreter. Insbesondere bei der Stiefkindadoption durch den Ehepartner wird die anwaltliche Vertretung des Kindes, vertreten durch die allein sorgeberechtigte Mutter, in Frage kommen.

3. Aus der **Sachverhaltsdarstellung** müssen die Gründe hervorgehen, die eine Ersetzung der Einwilligung rechtfertigen. Nach hM nicht ausreichend für die Annahme einer gröblichen Pflichtverletzung ist das bloße Nichtbezahlen von Unterhalt; vielmehr müssen erschwerende Umstände hinzutreten (MüKoBGB/*Maurer* § 1748 Rn. 25 f. mwN). Da die Entscheidung über die Ersetzung auf einer **Abwägung** beruht, indem Voraussetzung für die Ersetzung das Entstehen eines unverhältnismäßigen Nachteils bei unterbleibender Annahme ist, empfiehlt es sich, bereits im Antrag alle in Betracht kommenden Gründe vorzubringen, die eine Ersetzung rechtfertigen. Auch wenn das Hinzugewinnen eines zuverlässigen Unterhaltsschuldners infolge einer erfolgreichen Adoption für sich allein als Grund nicht ausreichen mag, kann bei gleichzeitiger Gleichgültigkeit des Elternteils, dessen Einwilligung ersetzt werden soll, die Ersetzung gerechtfertigt sein (vgl. hierzu auch BayObLG Beschl. v. 19.1.1994 – 1Z BR 98/93 = BeckRS 1994, 01258 = NJW-RR 1994, 903).

4. Die **Entscheidung über die Ersetzung** hat Tatbestandswirkung für den Adoptionsantrag. Wird die Einwilligung ersetzt, kann also der Antrag auf Ausspruch der Annahme als Kind nicht mehr wegen der fehlenden Einwilligung zurückgewiesen werden.

4. Antrag auf Änderung des Vornamens nach § 1757 Abs. 4 BGB

. . . . . .

(Notarielles Rubrum wie → Form. Q.I.2)

Wir beantragen die Änderung des Vornamens des anzunehmenden Kindes[1]

von Peter Ernst Willibald (bisheriger Name)

in Markus Ernst Willibald (neuer Name)

und erklären hierzu, dass unser erster, leiblicher Sohn bereits den Vornamen Peter führt und durch die Umbenennung eine Namensgleichheit innerhalb der Familie vermieden

werden kann, was dem Wohle des Kindes entspricht. Der Anzunehmende ist auch erst 3 Jahre alt und identifiziert sich nicht mit seinem amtlichen Vornamen, da er schon zu Zeiten der Familienpflege in der Familie der Annehmenden lebte und von den übrigen Familienmitgliedern zur Vermeidung von Verwechselungen „Markus" gerufen wurde. Eine erzwungene Rückkehr zum amtlichen Vornamen würde die Entwicklung des Kindes negativ beinträchtigen.[2]

Die Einwilligung des Kindes liegt bereits vor und wird mit dieser Urkunde vorgelegt.[3]

. . . . . .

(Urkundsausgang)

Anmerkungen

1. Der Antrag auf Änderung des Vornamens sollte **mit dem Adoptionsantrag verbunden werden.** Dies ist allerdings nicht zwingend notwendig. Es genügt, wenn im Rahmen des Verfahrens der Antrag auf Änderung des Vornamens nach § 1757 Abs. 4 BGB eingereicht wird. Allerdings kann *nach* Abschluss des Adoptionsverfahrens nicht mehr aufgrund dieser Vorschrift eine Änderung des Vornamens erreicht werden, sondern allenfalls noch über das NamÄndG.

2. Die **Anfechtbarkeit der Vornamensänderung** ist umstritten (bejahend: MüKoBGB/*Maurer* § 1757 Rn. 88; ablehnend Palandt/*Götz* BGB § 1757 Rn. 12), die **Anfechtbarkeit der Zurückweisung** überwiegend anerkannt (OLG Zweibrücken Beschl. v. 29.11.2000 – 3 W 255/00 = BeckRS 2000, 30146637 = FGPrax 2001, 75; Palandt/*Götz* BGB § 1757 Rn. 12).

3. Für die Namensänderung ist die **Einwilligung des Kindes, ggf. seines Vertreters,** nötig und mit dem Antrag vorzulegen. Die Einwilligungserklärung des Kindes nach § 1746 BGB bedarf der notariellen Beurkundung, § 1750 Abs. 1 S. 2 BGB. Der Antrag auf Änderung des Vornamens dagegen bedarf der notariellen Beurkundung ausdrücklich nicht (vgl. auch MüKoBGB/*Maurer* § 1757 Rn. 61 mwN). Ein möglicherweise hierüber entstehender Streit kann verhindert werden, indem der Antrag auf Änderung des Vornamens mit dem Antrag auf Adoption in einer Urkunde zusammengefasst wird.

II. Die Adoption Volljähriger

1. Informationsschreiben an den Mandanten

Persönlich/Privat

Frau und Herrn

. . . . . .

Sehr geehrte Frau . . . . . ., sehr geehrter Herr . . . . . .,

Sie haben sich dazu entschieden, gemeinsam den volljährigen . . . . . . als Kind anzunehmen[1] und mich beauftragt, Sie bei diesem Verfahren zu unterstützen.

Wie schon in unserer gemeinsamen Besprechung erörtert, setzt eine schnelle Adoption einen gut vorbereiteten Antrag voraus. Für die Adoption benötigen Sie folgende Unterlagen, die Sie bitte alsbald zusammenstellen:

- Ihre Geburtsurkunden,
- Ihre Heiratsurkunde,
- Ihre Staatsangehörigkeitsnachweise.

Der/die Anzunehmende hat die gleichen Unterlagen beizubringen.

Die Einwilligungserklärung des Ehegatten bzw. des Lebenspartners des Anzunehmenden ist ebenfalls notariell zu beurkunden und mit dem Antrag auf Annahme dem Familiengericht[2, 3] vorzulegen.

Sobald Sie und der/die Anzunehmende alle Unterlagen zusammengetragen haben, können wir Ihren Antrag zusammen mit dem Antrag des Anzunehmenden in einer Urkunde hier beurkunden und samt allen Unterlagen beim Familiengericht einreichen.[4]

Mit freundlichen Grüßen

. . . . . .

Notar/Notarin

Anmerkungen

1. Die Adoption eines Volljährigen verläuft prinzipiell **wie die eines Minderjährigen,** § 1767 Abs. 2 S. 1 BGB.

2. Das Familiengericht übt bei der Adoption Volljähriger eine **Missbrauchskontrolle** aus. Dies geschieht über die Anwendung des § 1767 Abs. 1 BGB. Danach muss die Annahme des Volljährigen sittlich gerechtfertigt sein. Dies ist der Fall, wenn eine echte Eltern-Kind-Beziehung zum Zeitpunkt der Annahme bereits entstanden ist oder deren Entstehung zu erwarten ist. Entscheidend kommt es auf die Herstellung eines sozialen Familienbandes an, das seinem Inhalt nach dem durch die natürliche Abstammung geschaffenen Band ähnelt, das unter Erwachsenen wesentlich durch eine auf Dauer angelegte Bereitschaft zu gegenseitigem Beistand geprägt ist, den sich leibliche Eltern und Kinder typischerweise gegenseitig leisten (OLG Nürnberg Beschl. v. 12.6.2015 – 10

UF 272/15 = BeckRS 2015, 14769 = NJW-RR 2015, 1414). Für eine echte Eltern-Kind-Beziehung sprechen Gemeinsamkeiten, familiäre Bindungen und persönliche Zuwendung, dauernde innere Verbundenheit und Bereitschaft zu gegenseitigem unbedingtem Beistand, der entsprechend den Lebensverhältnissen von Erwachsenen in unterschiedlichen Gestaltungen seinen Ausdruck finden kann (MüKoBGB/*Maurer* § 1767 Rn. 19 mwN).

3. Die **Einwilligung des Ehepartners des *Anzunehmenden*** ist erforderlich gem. § 1767 Abs. 2 S. 1 iVm § 1749 Abs. 2 BGB, die seines **Lebenspartners** gem. § 1767 Abs. 2 S. 3 BGB. Die **Einwilligung des Ehegatten des *Annehmenden*** bzw. die seines **Lebenspartners** richtet sich nach § 1749 BGB, ggf. über § 9 Abs. 6 LPartG.

4. **Die Einwilligung der Eltern des Anzunehmenden** ist **nicht erforderlich.** Allerdings sind die Eltern zu beteiligen, wenn die Wirkung der Volladoption über § 1772 BGB hergestellt werden soll. Auch dies sollte mit den Mandanten vorbesprochen werden.

2. Antrag auf Annahme eines Volljährigen nach § 1768 BGB

Urkundennr. . . . . .

vom . . . . . .

Antrag auf Annahme als Kind

Am . . . . . .

Sind vor mir . . . . . . Notar in . . . . . .

in den Amtsräumen in . . . . . .

anwesend:

Herr/Frau . . . . . ., geb. am . . . . . ., in . . . . . .,

als Sohn/Tochter der . . . . . . und des . . . . . .,

wohnhaft . . . . . .

und ihr/seine Ehemann/Ehefrau

Herr/Frau . . . . . ., geb. am . . . . . ., in . . . . . .,

als Sohn/Tochter der . . . . . . und des . . . . . .,

wohnhaft . . . . . .

– die Annehmenden[1] –

und

Herr/Frau . . . . . ., geb. am . . . . . ., in . . . . . .,

als Sohn/Tochter der . . . . . . und des . . . . . .,

wohnhaft in . . . . . .

– der/die Anzunehmende[2] –

ausgewiesen durch ihre Ausweisdokumente.

Auf Antrag der Anwesenden habe ich folgende Niederschrift aufgenommen, diese erklärten:

1. Antrag

Wir beantragen gemeinsam die Annahme als Kind des Anzunehmenden durch die Annehmenden.

Die Annahme des Anzunehmenden ist sittlich gerechtfertigt,[3] da er bereits seit über 5 Jahren im Haushalt der Annehmenden gelebt hat und dadurch ein Eltern-Kind-Verhältnis bereits entstanden ist. Die Annehmenden tragen die Kosten seines Studiums und unterhalten ihn bis zur Erlangung eines Berufes wie ein leibliches Kind. Der Anzunehmende seinerseits übernimmt stets und zuverlässig Hilfs- und Pflegedienste insbesondere für die Annehmende Frau . . . . . ., die aufgrund ihrer Erkrankung an multipler Sklerose auf Unterstützung in nahezu allen Lebenslagen angewiesen ist.

2. Einwilligung der Ehefrau/des Ehemannes[4] des/der Anzunehmenden

Die erforderliche Einwilligung der Ehefrau/des Ehemannes des/der Anzunehmenden ist in notarieller Form erklärt und wird diesem Antrag beigefügt.

3. Auftrag an den Notar

Wir beauftragen den amtierenden Notar heute, diesen Antrag und die vorliegende Einwilligungserklärung beim Familiengericht einzureichen. Dem Antrag sind beizufügen die von uns heute dem Notar übergebenen Unterlagen:

. . . . . . (folgt Liste der Unterlagen, vgl. erstes Beratungsschreiben → Form. Q.II.1)

4. Abschriften

Die Annehmenden tragen die Kosten der Urkunde und des Verfahrens. Von dieser Urkunde erbitten wir je Beteiligten eine beglaubigte Abschrift.

. . . . . .

(Urkundsausgang)

Anmerkungen

1. Die Annahme als Kind bedarf auch beim Volljährigen der **Annahme durch beide Ehepartner,** § 1767 Abs. 2 iVm § 1741 Abs. 2 S. 2 BGB (OLG Koblenz Beschl. v. 5.12.2013 – 13 UF 793/13 = BeckRS 2014, 04289 = MittBayNot 2014, 343; OLG Hamm Beschl. v. 26.1.1999 – 15 W 464-98 = BeckRS 9998, 02204 = NJW-RR 1999, 1377). Zur gemeinsamen Adoption durch Lebenspartner → Form. Q.I.1 Anm. 2.

2. Der Anzunehmende stellt einen eigenen Antrag der mit der Urkunde der Annehmenden verbunden werden kann. Er muss daher nicht zusätzlich einwilligen.

3. Die Begründung für die sittliche Rechtfertigung sollte im Antrag aufgenommen werden. Als sittliche Rechtfertigung iSd § 1767 BGB gilt nicht die reine Absicht, ein Eltern-Kind-Verhältnis herstellen zu wollen, sondern es muss eine objektivierbare Erwartung belegt sein, dass ein solches sicher entstehen wird. Diese Erwartung wird nicht alleine durch die Absicht der Beteiligten bestimmt. Insbesondere bloße Versicherungen über die zukünftige Lebensgestaltung reichen deshalb nicht aus. Die Erwartung hat sich vielmehr auf vergangene und gegenwärtige Umstände zu stützen. So muss sich die Behauptung innerer Verbundenheit in äußerem Verhalten bewiesen haben, MüKoBGB/*Maurer* § 1767 Rn. 23.

4. Die Zustimmung des Ehepartners des Anzunehmenden kann nicht ersetzt werden, § 1749 Abs. 2 BGB (Behrentin/*Braun*, Handbuch Adoptionsrecht, B Rn. 741). Wird sie verweigert, scheitert die Adoption.

III. Die Adoption mit Auslandsberührung

1. Schreiben an die Ausländerbehörde zur Erlangung des Sichtvermerks (Visum) für das im Ausland adoptierte Kind bei schwacher Adoption

An

. . . . . . (zuständige Ausländerbehörde)

Betreff: Einreise des . . . . . . (Name des Kindes), geb. am . . . . . .aus Guatemala wegen Adoption durch deutsche Staatsangehörige[1]

Sehr geehrte Damen und Herren,

namens der von uns vertretenen Adoptionsbewerber[2] Frau . . . . . . und Herr . . . . . . (Vollmacht liegt an) beantragen wir die Erteilung einer Vorabzustimmung zur Einreise des im Betreff näher genannten Kindes.

Unsere Mandanten werden voraussichtlich in der Zeit von . . . . . . bis . . . . . . in Guatemala das Kind . . . . . . nach dortigem Landesrecht adoptieren. Die Adoption wurde vermittelt durch die . . . . . . (Auslandsvermittlungsstelle)[4] im Zusammenhang mit dem zuständigen Jugendamt in . . . . . . Eine befürwortende Stellungnahme hinsichtlich der Einreise und der Adoption seitens des Jugendamtes legen wir diesem Schreiben bei, ebenso eine Bestätigung der Auslandsvermittlungsstelle hinsichtlich Zeit und Ort des Adoptionsverfahrens im Ausland.

Die Erteilung der Vorabzustimmung ist notwendig, da die Adoption nach guatemaltekischem Recht keine Volladoption ist; nach guatemaltekischem Recht verbleiben familiäre Bande zwischen den leiblichen Eltern, insbesondere der Mutter und dem Kind, trotz der Adoption bestehen. Die Adoption des Kindes im Ausland ist mithin nicht gleichwertig zu einer Inlandsadoption und stellt damit keine nach den deutschen Gesetzen wirksame Annahme als Kind iSd § 6 S. 1 StAG dar. Daher führt die Adoption nicht automatisch zum Erwerb der deutschen Staatsangehörigkeit gemäß § 6 StAG. Mithin wird die deutsche Auslandsvertretung in Guatemala die Erteilung eines Kinderausweises verweigern und auf ein nach der Adoption durchzuführendes Umwandlungsverfahren nach § 3 AdWirkG verweisen. Da ein Anerkennungsverfahren nach § 2 Abs. 1 AdWirkG vor der Adoption ebenfalls noch nicht durchgeführt werden konnte, wurde noch nicht für das Aufenthaltsverfahren bindend festgestellt, dass überhaupt eine wirksame Annahme als Kind vorliegen wird. Da die Vorschriften des AufenthG über die Familienzusammenführung ein Verwandtschaftsverhältnis voraussetzen, richtet sich die Erteilung der Aufenthaltserlaubnis lediglich nach allgemeinen Vorschriften der §§ 6 Abs. 3, 7 Abs. 1 S. 3 AufenthG (BVerwG Urt. v. 26.10.2010 – 1 C 16.09 = BeckRS 2011, 46021 = NVwZ 2011, 1205).

Zuwanderungspolitische Belange stehen der Einreise des . . . . . . nicht entgegen.

Die Adoptionsbewerber verfügen über ausreichenden Wohnraum und ausreichende finanzielle Mittel, um das Kind bei sich aufzunehmen. Den letzten Einkommenssteuerbescheid sowie den Mietvertrag unserer Mandanten legen wir diesem Schreiben in Fotokopie bei.[3]

Die Verpflichtungserklärung nach § 68 AufenthG wird jederzeit abgegeben. Es wird darum gebeten, zeitnah einen Termin hierfür zu bestimmen.[5]

Mit freundlichen Grüßen

. . . . . .

Rechtsanwalt/Rechtsanwältin

Anmerkungen

1. Bei Adoptionen im Ausland sind verschiedene Problemfelder voneinander zu trennen: die **Anerkennung** der Auslandsadoption (als „Volladoption", § 2 Abs. 2 Nr. 1 AdWirkG, oder „schwache" Adoption, § 2 Abs. 2 Nr. 2 AdWirkG), die **Staatsangehörigkeit** des Kindes infolge der Adoption und die **Einreisevoraussetzungen** für das Kind. Grundsätzlich gilt Folgendes: Wird die Adoption in einem **Vertragsstaat des HAÜ** vorgenommen, wird sie automatisch kraft Gesetzes anerkannt, wenn die zuständige Adoptionsbehörde eine Bescheinigung ausstellt, dass die Adoption unter Einhaltung des HAÜ zustande gekommen ist (Art. 23 HAÜ). Das Kind erwirbt dementsprechend automatisch die deutsche **Staatsangehörigkeit** nach § 6 S. 1 StAG, wenn die Adoption nach den deutschen Gesetzen wirksam ist. Das ist der Fall, wenn die ausländische Adoption verglichen mit einer deutschen **gleichwertig** ist. Das (vollständige) Erlöschen des Kindschaftsverhältnisses zu den leiblichen Eltern ist nicht erforderlich (BVerwG Beschl. v. 10.7.2007 = BeckRS 2007, 25117), das Bestehenbleiben einzelner (zB erb-) rechtlicher Beziehungen ist unschädlich (OVG Hamburg, Urt. v. 19.10.2006 – 3 Bf 275/04 = BeckRS 2006, 27631). Vielmehr ist Ziel des § 6 StAG die vollständige Integration des Kindes in die neue Familie, so dass maßgeblich danach gefragt wird, ob grundsätzlich die Kindschaftsbeziehung zu den leiblichen Eltern beendet wurde und insbesondere, ob die Auslandsadoption wie die deutsche Adoption grundsätzlich nicht mehr aufgehoben werden kann (Behrentin/*Marx*, Handbuch Adoptionsrecht, E Rn. 11 ff.). Auf die Differenzierung zwischen „Volladoption" (vgl. Palandt/*Götz* BGB § 1754 Rn. 1) und „schwacher" Adoption kommt es damit nicht mehr an; die Verwaltungsvorschrift zu § 6 StAG aus dem Jahr 2000, Nr. 6.1.1. S. 5 StARVwV, die eine „Volladoption" für den automatischen Erwerb der deutschen Staatsangehörigkeit verlangt, stammt aus der Zeit vor Inkrafttreten des AdWirkG und ist überholt. Gleichwohl kommt es in der Praxis häufig zu Schwierigkeiten: Obwohl das Kind die deutsche Staatsangehörigkeit nach § 6 S. 1 StAG kraft Gesetzes erworben hat, weigern sich die Botschaften im Aufenthaltsstaat des Kindes regelmäßig, ihm einen deutschen Pass auszustellen, solange nicht ein **Anerkennungsverfahren** nach § 2 AdWirkG durchgeführt und die Feststellung nach § 2 Abs. 2 S. 1 Nr. 1 getroffen wurde (obwohl das Verfahren fakultativ ist), (Behrentin/*Braun*, Handbuch Adoptionsrecht, D Rn. 22).

Umgekehrt führt eine Anerkennungsentscheidung nicht automatisch zur Vorwegnahme der Entscheidung, ob die Adoption gleichwertig iSd § 6 StAG ist (Behrentin/*Braun*, Handbuch Adoptionsrecht, D Rn. 22, 259). Die familiengerichtlichen Feststellungen iSd §§ 2, 3 AdWirkG entfalten zwar nach § 4 Abs. 2 S. 1 AdWirkG **Bindungswirkung** „für und gegen alle", grundsätzlich also auch im Bereich des öffentlichen Rechts. Ob allerdings die Voraussetzungen für den Erwerb der deutschen Staatsangehörigkeit vorliegen, richtet sich allein nach § 6 StAG; für die staatsangehörigkeitsrechtlichen Folgen besteht daher keine Bindungswirkung (BVerwG Beschl. v. 10.7.2007 = BeckRS 2007, 25117).

Handelt es sich um eine zur Inlandsadoption **nicht gleichwertige Auslandsadoption**, bleibt nur ein **Umwandlungsverfahren** nach § 3 AdWirkG, bei dem das Kind durch die positive Umwandlungsentscheidung die deutsche Staatsangehörigkeit nach § 6 StAG erwirbt.

Wird die **Einreise des Kindes ohne deutschen Pass** begehrt, bedarf es eines Aufenthaltstitels nach den §§ 5 ff. AufenthG. Der Antrag ist bei der Auslandsvertretung zu stellen, in deren Amtsbezirk das Kind seinen gewöhnlichen Aufenthalt hat (§ 71 Abs. 2 AufenthG). Für einen Aufenthalt von länger als 3 Monaten bedarf es zwingend der Zustimmung der für den Wohnort der Adoptiveltern zuständigen Ausländerbehörde (§ 31 Abs. 1 S. 1 Nr. 1 AufenthV). Die Ausländerbehörde informiert die Auslandsvertretung über ihre Entscheidung in einem behördeninternen **Zustimmungsverfahren.** Wird das Einholen einer Zustimmung versäumt, kann es zwar bis zu einer verwaltungsrechtlichen Klage gegen die Versagung des Visums nachgeholt werden. Allerdings geht dadurch wertvolle Zeit verloren, so dass es ratsam ist, die Zustimmung der Ausländerbehörde so früh wie möglich anzustoßen.

2. Zur gemeinsamen Adoption durch gleichgeschlechtliche Ehegatten → Form. Q.I.1 Anm. 2. Eine im Ausland vollzogene gemeinschaftliche Adoption durch gleichgeschlechtliche Lebenspartner konnte schon vor Einführung der Ehe und uU wirksam nach § 2 AdWirkG anerkannt werden, ohne dass diese Entscheidung an einem so schwerwiegenden Mangel gelitten hätte, dass ihre Bindungswirkung nach § 4 Abs. 2 AdWirkG entfallen wäre (für eine Adoption durch zwei Männer in Südafrika außerhalb des HAÜ: BGH Beschl. v. 17.6.2015 – XII ZB 730/12 = BeckRS 2015, 12686 = NJW 2015, 2800).

3. Die **Erteilung der Vorabzustimmung** steht im Ermessen der Ausländerbehörde. Es gibt daher keinen festen Katalog dafür, welche Unterlagen mit vorzulegen sind. Wird die Adoption von einer Auslandsvermittlungsstelle begleitet und ist der Vorgang dem Jugendamt bekannt, dürfte die Vorlage der in dem Schreiben angegebenen Unterlagen genügen. Liegt dagegen die Adoption im Ausland etwa aufgrund eines langjährigen Aufenthalts der Adoptiveltern im Ausland länger zurück und war das Jugendamt in Deutschland durch den Aufenthalt der Deutschen im Ausland nicht eingeschaltet, dürfte es sich empfehlen, den Antrag insoweit auszuformulieren und auf das gewachsene Eltern-Kind-Verhältnis hinzuweisen.

4. Um einen **Aufenthaltstitel zum Zwecke der Adoption** zu erhalten, muss (von schwerwiegenden Ausnahmesituationen abgesehen) zwingend ein **Adoptionsvermittlungsverfahren vollständig durchgeführt** worden sein (BVerwG Urt. v. 26.10.2010 – 1 C 16.09 = BeckRS 2011, 46021 = NVwZ 2011, 1205). Auf der Homepage des Bundesamts für Justiz (www.bundesjustizamt.de) sind die Anschriften der derzeit 9 zugelassenen **Auslandsvermittlungsstellen** unter „Bürgerservice“, „Auslandsadoption“ und „Anschriften“ zu finden.

5. Rund 14 % der im Jahr 2015 in Deutschland adoptierten Kinder waren ausländische Staatsangehörige.

2. Schreiben an das Jugendamt zum Erhalt der befürwortenden Stellungnahme für die Einreise

An das Jugendamt

. . . . . .

in . . . . . .

Betreff: Sichtvermerk für . . . . . ., geb. am . . . . . .
Adoption am . . . . . . in Guatemala
Ihr Zeichen:

Sehr geehrte(r) . . . . . .,

wie bereits besprochen[1] benötigen meine Mandanten für die Erteilung des Sichtvermerks (Visum) zur Einreise des von ihnen in Guatemala adoptierten Kindes nach Vollzug der Adoption im Ausland eine sogenannte „Vorabzustimmung“[2] der zuständigen Ausländerbehörde.

Diese wird regelmäßig nur erteilt, wenn eine befürwortende Stellungnahme des zuständigen Jugendamtes für die Einreise des Kindes vorliegt. Ich darf Sie bitten, namens meiner Mandantschaft tätig zu werden und die Ausländerbehörde über Ihre Zustimmung zu unterrichten.

Sehen Sie Hindernisse, sind wir für eine Unterrichtung dankbar und verbleiben

mit freundlichen Grüßen

. . . . . .

Rechtsanwalt/Rechtsanwältin

Anmerkungen

1. Die Adoptionsvermittlung ist nach § 2 AdVermiG Aufgabe der Jugendämter bzw. der Landesjugendämter. Die Aufenthaltserlaubnis für ein Kind zum Zwecke seiner Adoption wird grundsätzlich nur nach vollständig durchgeführtem Adoptionsvermittlungsverfahren erteilt (→ Form. Q.III.1 Anm. 4). Aus diesem Vermittlungsverfahren ist dem Jugendamt der Fall bereits bekannt. Es empfiehlt sich, von Beginn des Adoptionsverfahrens an einen guten Kontakt zum Jugendamt zu pflegen.

2. Die befürwortende Stellungnahme sollte **grundsätzlich vor dem Antrag auf Erteilung der Vorabzustimmung** eingeholt werden. Das Jugendamt sendet diese direkt an die zuständige Ausländerbehörde.

3. Antrag auf Anerkennungs- und Wirkungsfeststellung nach § 2 AdWirkG mit einem Hilfsantrag auf Umwandlung der Adoption nach § 3 AdWirkG

Urk.-Nr.:[1] . . . . . .

vom . . . . . .

Antrag auf Adoptionswirkungsfeststellung nach § 2 AdWirkG

und

(hilfsweise) Antrag auf Umwandlung nach § 3 AdWirkG

Am . . . . . .

sind vor mir . . . . . . Notar

in . . . . . .

in den Amtsräumen in . . . . . .

anwesend

Herr . . . . . ., geb. am . . . . . .

Sohn der . . . . . . und des . . . . . .

und dessen

Ehefrau geb. am . . . . . .

Tochter der . . . . . . und des . . . . . .,

beide wohnhaft in: . . . . . .

beide deutsche Staatsangehörige,

nach Angabe im gesetzlichen Güterstand lebend,

ausgewiesen durch ihre Ausweisdokumente

Auf Antrag der Anwesenden habe ich folgende Niederschrift aufgenommen, diese erklärten:

1. Antrag

Wir beantragen beim zuständigen Amtsgericht, Familiengericht:

(1) Es wird festgestellt, dass die durch . . . . . . (Angabe durch welchen ausländischen Gerichtsakt oder notarielle Urkunde die Adoption erfolgte mit Hinweis auf das ausländische Register) ausgesprochene Annahme des Kindes . . . . . ., geb. am . . . . . . in . . . . . . durch uns,[2] eingetragen im Register des Standesamtes . . . . . . (Geburtsstadt des Kindes) wirksam ist und/oder anzuerkennen ist.
(2) Es wird festgestellt, dass das Eltern-Kind-Verhältnis zwischen . . . . . . (Name des Kindes) und . . . . . . (Name der Mutter) erloschen ist und das Annahmeverhältnis einem nach den deutschen Sachvorschriften begründeten Annahmeverhältnis gleichsteht.

Hilfsweise und vorsorglich für den Fall, dass das Familiengericht davon ausgeht, dass mit der ausländischen Adoption keine Volladoption vorliegt, beantragen wir weiterhin anstelle voriger Ziff. 2:

(3) Das Kind erhält die Rechtsstellung eines nach den deutschen Sachvorschriften angenommenen Kindes.

2. Begründung[3]

Mit der notariellen Urkunde Nr.: . . . . . . vom . . . . . . des Notars . . . . . . in Guatemala Stadt wurde die Adoption des Kindes . . . . . ., geb. am . . . . . . ausgesprochen. Dieses im Heimatland des Kindes durchgeführte Adoptionsverfahren wurde ordnungsgemäß geführt. Die zuständige Behörde hat entschieden. Durch die Entscheidung wurde für Recht erkannt, dass unter Berücksichtigung der materiellrechtlichen Vorschriften der Adoptionsantrag begründet war. Verfahrensfehler oder eine Nichtbeachtung des anwendbaren materiellen Adoptionsrechtes des Herkunftslandes des Kindes sind nicht ersichtlich.

Gründe, die Anerkennung der ausländischen Entscheidung nach § 109 FamFG zu versagen, insbesondere ein Verstoß gegen den ordre public, sind nicht erkennbar.

Eine Prüfung des guatemaltekischen Rechts ergibt, dass durch die anzuerkennende Adoption das Eltern-Kind-Verhältnis zu den bisherigen Eltern erloschen ist. Art. 54 der guatemaltekischen Verfassung stellt fest, dass der Adoptierte die Rechtsstellung eines Kindes des Adoptierenden erwirbt. Aus dem dieser Urkunde beigelegten Personenstandsregister, beglaubigte Übersetzung ebenfalls anbei, ergibt sich, dass der Adoptierte wie ein leibliches Kind der Adoptierenden im Register geführt wird und mithin das Eltern-Kind-Verhältnis zur natürlichen Mutter als erloschen zu betrachten ist.

Der Übergang der elterlichen Gewalt auf die Adoptierenden ergibt sich aus Art. 232 und Art. 233 des guatemaltekischen Zivilgesetzbuches vom 14.9.1963, Übersetzung bei *Bergmann/Ferid,* Länderbericht Guatemala.

Da sich aus Art. 228, 237 und 238 auch nach der Adoption noch verbleibende Restbindungen zwischen adoptiertem Kind und leiblichen Eltern nach guatemaltekischen Recht ergeben, wird für den Fall, dass das Familiengericht von einer schwachen Adoption in Guatemala ausgeht, der Umwandlungsantrag nach § 3 AdWirkG gestellt.

Die erforderlichen Zustimmungen sind, zum Teil in dieser Urkunde, zum Teil in verfahrensbegleitenden Urkunden erteilt.

3. Zustimmungen und weitere Unterlagen

(1) Wir erteilen in unserer Eigenschaft als gesetzliche Vertreter des Kindes die Einwilligung gemäß § 1746 BGB.[4]
(2) Wir erklären, dass keiner von uns außer dem angenommenen Kind weitere adoptierte oder nichteheliche Abkömmlinge hat.
(3) Wir übergeben zur Weiterleitung über den Notar an das Familiengericht ......[5]

4. Kosten, Abschriften

(1) Wir tragen die Kosten dieser Urkunde.
(2) Eine Ausfertigung soll der Notar für uns direkt an das Amtsgericht München, Familiengericht senden.

Im Übrigen wünschen wir die Erteilung einer beglaubigten Abschrift an uns.

......

(Urkundenausgang)

Anmerkungen

1. Der Antrag auf **Anerkennungs- und Wirkungsfeststellung** nach § 2 Abs. 1 und Abs. 2 S. 1 AdWirkG bedarf an sich nicht der notariellen Beurkundung. Dies ergibt sich aus § 4 Abs. 1 S. 3 AdWirkG, der ausdrücklich besagt, dass lediglich für den Umwandlungsausspruch die §§ 1752 Abs. 2, 1753 BGB entsprechend gelten. Es empfiehlt sich allerdings, den Anerkennungs- und Wirkungsfeststellungsantrag mit einem hilfsweise zu stellenden Umwandlungsantrag zu verbinden, um das Verfahren zu beschleunigen für den Fall, dass das Gericht von einer einfachen Adoption ausgeht, DNotI-Report 2003, 53.

Bei einer Adoption nach dem Haager Adoptionsübereinkommen vom 29.5.1993, dem die Bundesrepublik Deutschland am 1.3.2002 beigetreten ist, ist ein gesondertes Verfahren nach dem Adoptionswirkungsgesetz nicht erforderlich, solange zwei Vertragsstaaten beteiligt waren und die Bescheinigung nach Art. 23 HAÜ (Konformitätsbescheinigung) vorliegt. Weitere Hinweise und Erläuterungen: *Weitzel* NJW 2008, 186 (insbesondere III. „Die Anerkennung von Vertragsstaatenadoptionen" zur Abgrenzung zwischen dem Verfahren auf Echtheitsbestätigung nach § 9 des Adoptionsübereinkommens-Ausführungsgesetztes und einem Anerkennungsverfahren nach dem Adoptionswirkungsgesetz).

2. Zur gemeinsamen Adoption durch Lebenspartner → Form. Q.I.1 Anm. 2.

3. Ob die **Begründung** tatsächlich in dieser Ausführlichkeit darzustellen ist, bleibt dem Sachbearbeiter überlassen. Der Antrag selbst bedarf keiner Begründung. Das Familiengericht wird dann eben ermitteln. Für die Annehmenden erleichtert sich allerdings das Verfahren erheblich, wenn sie vom Notar umfassend beraten werden und einen sorgfältig begründeten Antrag abgeben. Andererseits kann nach dem beurkundeten Antrag auch ein anwaltlicher Vertreter der Annehmenden eingeschaltet werden und die Korrespondenz führen sowie erforderlichenfalls Begründungen abgeben und rechtlich argumentieren.

4. Die **Erforderlichkeit der Abgabe der Zustimmungserklärungen** ergibt sich aus § 3 Abs. 1 AdWirkG.

5. Für den **Umwandlungsausspruch sind** sämtliche verfahrenswesentlichen Unterlagen dem Familiengericht vorzulegen. Hierzu werden regelmäßig die die Adoption selbst feststellenden Urteile und Urkunden aus dem Ausland mit amtlich beglaubigten Übersetzungen gehören sowie Kopien der Registereinträge, Berichte der Auslandsvermittlungsstelle, Berichte des Jugendamtes etc Es empfiehlt sich, auch bei den eingeschalteten Stellen Kontaktpersonen zu benennen.

4. Antrag auf Namensänderung nach § 1757 Abs. 4 BGB anlässlich eines Antrags auf Umwandlung nach § 3 AdWirkG

. . . . . .

(Notarielles Rubrum wie Q. III. 3)

1. Antrag

Wir beantragen, ergänzend zu dem von uns bereits gestellten Antrag nach § 3 AdWirkG, dass das angenommene Kind den Geburtsnamen „. . . . . .“ (Familienname beider Ehegatten) führt.[1]

Die Vornamen des Kindes werden dahingehend geändert, dass sie nunmehr „. . . . . .“ (neuer Name des Adoptierten) lauten.[2]

2. Begründung[3]

Die Annehmenden führen beide den Familiennamen . . . . . . Die Änderung des Vornamens dient dem Wohl des Anzunehmenden da der guatemaltekische Name . . . . . . (bisheriger Vorname) in Deutschland nicht gebräuchlich ist und zu einer Belastung des Kindes führen kann.

3. Zustimmung[4]

Wir stimmen der Namensänderung, wie beantragt, in jeglicher Funktion (Sorgeberechtigter, Antragsteller, Ehegatte u. a.) uneingeschränkt zu.

. . . . . .

(Urkundsaushang)

Anmerkungen

1. Geburtsname des angenommenen Kindes wird der Familienname des Annehmenden, § 1757 Abs. 1 BGB. Adoptieren Ehegatten ein Kind oder nimmt der eine das Kind des anderen Ehegatten an, und gibt es keinen Ehenamen, müssen die Eheleute den Geburtsnamen des Kindes durch **Erklärung zum Familiengericht** *vor* dem Ausspruch der Annahme bestimmen, § 1757 Abs. 2 BGB.

2. Der Antrag auf Änderung des Namens des Kindes ist nur im Zusammenhang mit § 3 AdWirkG und mithin nur bei Antrag auf einen Umwandlungsausspruch möglich, da nur so die namensrechtlichen Gestaltungsmöglichkeiten des § 1757 Abs. 4 BGB eröffnet sind. Bei voller Adoption im Ausland ist das Adoptionsverfahren vor der Anerkennungs- und Wirkungsfeststellung abgeschlossen und so der Anwendungsbereich des § 1757 Abs. 4 BGB nicht mehr eröffnet.

3. Die **Begründung** zur Namensänderung kann innerhalb der Urkunde auch unterbleiben. Das Familiengericht wird die Eltern dann zu den Gründen anhören. Die Namensänderung muss dem Wohl des Kindes entsprechen, § 1757 Abs. 4 Nr. 1 BGB.

4. Im vorliegenden Fall kann die **Zustimmung/Einwilligung** des Kindes zur Namensänderung von den Eltern als Vertreter des Kindes abgegeben werden, da diesen aufgrund der zwar schwachen guatemaltekischen Adoption gleichwohl das Sorgerecht übertragen wurde. Es ist bei schwachen Adoptionen im Ausland stets im Einzelfall zu prüfen, wem das Sorgerecht vor dem Umwandlungsausspruch zusteht.

R. Pflegschaft und Vormundschaft

I. Anordnung und Übernahme der Pflegschaft/Vormundschaft

1. Ergänzungspflegschaft

Anregung, Ergänzungspfleger zu bestellen mit Stellungnahme zur Genehmigungsfähigkeit

An das

Amtsgericht – Familiengericht –

. . . . . .

Mit anliegender Vollmacht zeige ich die Vertretung der Eheleute . . . . . . an. Diese sind die Eltern des minderjährigen Kindes . . . . . . Der Vater des Kindes ist außerdem geschäftsführender Gesellschafter der . . . . . . GmbH. An dieser Gesellschaft soll das Kind eine stille Beteiligung übernehmen. Diesbezüglich wird auf den in der Anlage befindlichen Gesellschaftsvertrag Bezug genommen. Die Mittel für diese Beteiligung werden von . . . . . . geschenkt.

Aufgrund der Stellung des Vaters in der GmbH sind beide Eltern an der Vertretung des Kindes gehindert,[1] sodass dieses beim Abschluss des Vertrags durch einen Ergänzungspfleger vertreten werden muss. Für dieses Amt wird Frau/Herr . . . . . . benannt,[2] die/der als . . . . . . (zB Steuerberater[3]) hierfür geeignet ist.

Sollte das Gericht das Rechtsgeschäft für genehmigungsbedürftig[4] halten, obwohl das Kind über die einmalige Kapitalanlage hinaus keine Haftung übernimmt, insbesondere nicht am Verlust beteiligt wird, wird die familiengerichtliche Genehmigung zu erteilen sein.[6, 7]

Für die stille Beteiligung wird eine Rendite von . . . . . .% des . . . . . . (zB Gewinn nach der Steuerbilanz vor Abzug der Körperschaftssteuer) in Aussicht gestellt.[5] Das in den letzten . . . . . . Jahren erwirtschaftete Betriebsergebnis (vgl. dazu die Anlage . . . . . .) gibt eine günstige Zukunftsprognose. Nachteile sind für das Kind nicht zu erwarten. Eine Verlustbeteiligung findet nicht statt. Der stille Gesellschafter erhält die Kontrollrechte des § 51a GmbHG. Kann der versprochene Gewinn in drei aufeinander folgenden Geschäftsjahren nicht realisiert werden, hat er ein außerordentliches Kündigungsrecht.

. . . . . .

Rechtsanwalt/Rechtsanwältin

Anmerkungen

1. Die Eltern können ihre Kinder beim **Eintritt in eine Gesellschaft,** in der sie selbst Gesellschafter sind, nicht vertreten (vgl. LG Mainz Rpfleger 2000, 15; bzgl. der Mitwirkung bei Gesellschaftsangelegenheiten vgl. zB Bergschneider/*Weisbrodt* Familienvermögensrecht, 3. Auflage, Rn. 8.334 ff.). Der Vater ist gemäß § 181 BGB ausgeschlossen, für die Mutter, die im Beispielsfall nicht Gesellschafterin ist, gilt § 1629 Abs. 2 S. 1 BGB iVm § 1795 Abs. 1 Nr. 1 BGB. Im Übrigen hat der Ausschluss eines gemeinsam sorgenden Elternteils stets auch den Ausschluss des anderen zur Folge (MünchKommBGB/*Huber* § 1629 Rn. 43, arg. ex § 1678 BGB, sodass dies auch für nicht miteinander verheiratete, aber gemäß § 1626a BGB gemeinsam sorgende Eltern gilt). Das Geschäft ist trotz fehlender Beteiligung am Verlust auch nicht lediglich rechtlich vorteilhaft, wenn die einzulegenden Mittel dem Kinde unter der Auflage gewährt sind, sie für die Einlage in der stillen Gesellschaft zu verwenden (BFHE 111, 85).

2. Die Eltern haben gemäß den §§ 1915, 1909, 1776f BGB nur in einer letztwilligen Verfügung ein Benennungsrecht, das dann allein aus den abschließenden Gründen (vgl. MünchKommBGB/*Spickhoff* § 1778 Rn. 6, 13 ff.) des § 1778 BGB übergangen werden kann. Im Übrigen können sie die Auswahl einer bestimmten Person nur anregen.

3. Handelt es sich um den Steuerberater der Eltern, kann eine Interessenkollision bestehen, der die Bestellung eines familienfremden Ergänzungspflegers rechtfertigt (OLG Frankfurt Rpfleger 1997, 162). Für Angehörige anderer geschäftsbesorgender Berufe gilt dies entsprechend.

4. Wird das Kind als stiller Gesellschafter nicht an den Verlusten beteiligt, wird in der Rspr. und von Teilen der Lit. vertreten, dass es einer Genehmigung gemäß § 1821 Nr. 3 BGB nicht bedürfe (vgl. BFHE 111, 85, 92 = BB 1974, 168; BGH JZ 1957, 382; LG München II NJW-RR 1999, 1018). MünchKommBGB/*Kroll-Ludwigs* (§ 1822 Rn. 26) sieht bei stillen Gesellschaften diverse Gestaltungsmöglichkeiten, die auch Risiken mit sich bringen und deshalb einer generellen familiengerichtlichen Prüfung unterfallen müssen. Nicht genehmigungsbedürftig ist der Erwerb eines Kommanditanteils durch den Mündel, wenn sich die Tätigkeit der KG auf die Verwaltung eines von den Gesellschaftern selbst genutzten Wohnhauses beschränkt (OLG München NJW-RR 2009, 152); ebenso eine Gesellschaft bürgerlichen Rechts nur zur Vermögensverwaltung zwischen Eltern und Kind, wenn das Risiko überwiegend bei den Eltern liegt (OLG Nürnberg FamRZ 2015, 1407 ff.).

Auch Grundstücksgeschäfte mit Beteiligung mdj. Kinder ist gem. OLG Koblenz (Rpfleger 2005, 665) dann von einem erweiterten elterlichen Dispositionsrecht gedeckt und genehmigungsfähig, wenn das Risiko bei langfristigen Projekten weder aktuell noch auf Sicht erkennbar aber denkbar ist. Das muss auch bei notwendiger Vertretung durch einen Ergänzungspfleger gelten, wenn die elterlichen Konzepte genehmigt werden sollen.

Die Schenkung einer Photovoltaikanlage an das mdj. Kind stellt kein lediglich rechtlich vorteilhaftes Rechtsgeschäft dar, sondern ist mit Haftungsrisiken verbunden, so dass die Bestellung eines Ergänzungspflegers erforderlich ist (OLG Dresden FamRZ 2016, 1027).

5. Bei der Höhe der steuerlich anerkennbaren Gewinnbeteiligung wird zwischen entgeltlicher und unentgeltlicher Beteiligung sowie zwischen Fremd- und Familiengesellschaft unterschieden (vgl. dazu Bergschneider/*Engels* Familienvermögensrecht, 3. Auflage, Rn. 9.398 ff.).

6. Gerichtskosten werden nach Nr. 1310 KV FamGKG in Höhe einer halben Gebühr erhoben. Der Wert bemisst sich nach dem des zu genehmigenden Rechtsgeschäfts (§ 46 Abs. 2 FamGKG).

7. Die Entscheidung über die Erteilung einer Genehmigung betrifft eine Familiensache im Sinne von § 151 Nr. 5 FamFG. Rechtsmittel ist die Beschwerde (§§ 58 ff. FamFG).

2. Abwesenheitspflegschaft

An das

Amtsgericht – Betreuungsgericht –[1]

. . . . . .

Es wird angeregt,

einen Abwesenheitspfleger[2] für . . . . . . zu bestellen, mit dem Wirkungskreis[3]. . . . . . (zB Mitwirkung bei der Veräußerung des im Grundbuch von . . . . . . Blatt . . . . . . eingetragenen Grundstücks).

Begründung:

Der Betroffene ist mit der Antragstellerin als Miteigentümer zu je ein Halb des eingangs bezeichneten Grundstücks eingetragen. Dieses Grundstück, bei dem es sich um das wesentliche Vermögen beider im gesetzlichen Güterstand lebenden Ehegatten handelt, soll verkauft[4] werden. Die Antragstellerin kann die darauf lastenden Schulden in Höhe von . . . . . ., auf die monatliche Zahlungen von . . . . . . EUR zu entrichten sind, nicht tragen. Die Eheleute leben seit . . . . . . getrennt. Die Antragstellerin will sich scheiden lassen. Der Betroffene ist seit seinem Auszug aus dem zum Verkauf stehenden Haus unauffindbar. Suchanfragen beim Einwohnermeldeamt und des Familiengerichts im Rahmen des Scheidungsverfahrens bei den zur Führung der Sozialdaten zuständigen Stellen (§ 68 SGB X) blieben ohne Ergebnis, genauso die wegen des Verdachts der Unterhaltspflichtverletzung von der StA . . . . . . im Verfahren . . . . . . durchgeführten Ermittlungen. Das letzte Zeichen des Betroffenen war eine in Spanien abgeschickte Ansichtskarte an das gemeinsame Kind.

Bei dieser Sachlage bedürfen die Vermögensangelegenheiten des Betroffenen der Fürsorge,[5] mithin der Anordnung einer Abwesenheitspflegschaft.[7] Zwar kann die gemäß § 1365 BGB zum Verkauf notwendige Zustimmung des Betroffenen durch das Betreuungsgericht ersetzt werden. Beim Abschluss des Kaufvertrags und der Übereignung[6] muss dieser jedoch mitwirken.

. . . . . .

Rechtsanwalt/Rechtsanwältin

Anmerkungen

1. Zuständig ist gemäß den §§ 340 Nr. 1, 341, 272 FamFG für diese betreuungsrechtliche Zuweisungssache zunächst das Gericht des letzten Wohnsitzes, der als fortbestehend gilt, solange die Aufgabe nicht feststeht (OLG Köln FamRZ 1993, 1107). Bei vorheriger Wohnsitzaufgabe und Nichtbegründung eines anderen inländischen Wohnsitzes ist das Amtsgericht Berlin-Schöneberg zuständig, wenn der Betroffene Deutscher ist (§ 272 Nr. 4 FamFG mit Verweisungsmöglichkeit gem. § 4 FamFG). Besteht ein Fürsorgebedürfnis für einen Ausländer ist das Gericht zuständig – Richtervorbehalt (§ 14 Nr. 4 RpflG) –, in dessen Bezirk das Bedürfnis der Fürsorge hervortritt (§ 272 Nr. 3 FamFG).

2. Weitere Vorschriften, für Pfleger- oder Vertreterbestellung für einen Abwesenden (alphabetisch): § 81 Abs. 1 Nr. 2 AO; § 207 S. 1 Nr. 2 BauGB; § 19 BundesdisziplinarO (Pfleger muss Beamter sein); § 364 FamFG; § 119 Nr. 2 FlurbG; § 96 GBO (für Rangbereinigungsverfahren, das Grundbuchamt bestellt den Pfleger); § 29a Abs. 1b LandbeschaffungsG; § 17 Abs. 1 Nr. 3 SachenRBerG; § 15 Nr. 2 SGB X; § 292 Abs. 2 S. 2 StPO; § 443 StPO; § 16 Nr. 2 VwVfG; § 78 Abs. 2 Nr. 2 WehrdisziplinarO (Pfleger muss Soldat sein). Eine dem § 1911 BGB vorgehende Regelung enthält Art. 233 § 2 Abs. 3 EGBGB (der Pfleger wird vom Landkreis oder kreisfreien Stadt bestellt; LG Frankfurt/Oder BeckRS 2012, 10751).

3. Der Wirkungskreis des nach § 1911 BGB bestellten Abwesenheitspflegers kann sich nicht auf die Vertretung in einem Unterhaltsrechtsstreit erstrecken, weil es sich hierbei um eine persönliche Angelegenheit handelt (AG Groß-Gerau FamRZ 1997, 305), der Abwesenheitspfleger jedoch nur für die Vermögensangelegenheit bestellt wird (SG Trier BeckRS 2008, 57911).

Der Makler des Käufers kann nicht zum Abwesenheitspfleger des Verkäufers bestellt werden (AG Naumburg NJW-RR 1999, 1504).

4. Soll, in Abwandlung zum Ausgangsbeispiel, das Grundstück zur Abwendung der bereits angeordneten Zwangsversteigerung, freihändig verkauft werden, ist wegen der Alleinverfügungsbefugnis jedes Teilhabers (§ 744 BGB ggfs. auch GoA) eine Abwesenheitspflegschaft entbehrlich, wenn die Veräußerung, etwa zur Vermeidung des Verderbs, eine notwendige Erhaltungsmaßnahme darstellt. Die Voraussetzungen einer Notgeschäftsführung müssen aber klar vorliegen (siehe zum Vortrag im Zivilrechtsstreit, in dem die Berechtigung zur Notgeschäftsführung behauptet wird, OLG Celle NJW-RR 1994, 854).

5. Überwiegend wird hinsichtlich des Fürsorgebedürfnisses verlangt, dass dieses nicht ausschließlich dem Interesse eines Dritten dient (vgl. OLG Köln FamRZ 1996, 694; PfOLG Zweibrücken MDR 1987, 586), es sei denn, ohne die Abwesenheitspflegschaft würde er von einem effektiven Rechtsschutz abgeschnitten (BGH FGPrax, 2012, 164). Kritisch dazu Münchner Kommentar/*Schwab* § 1911 Rn. 15. Für persönliche Angelegenheiten gibt es auch dann keine Abwesenheitspflegschaft, wenn diese vermögensrechtliche Wirkungen haben (Erman/*Roth* § 1911 Rn. 3). Daher kann der Abwesenheitspfleger auch nicht die Zustimmung nach § 1365 Abs. 2 BGB erteilen, bei der persönliche und ideelle Aspekte nicht gänzlich ausgeschlossen sind (vgl. Palandt/*Brudermüller* § 1365 Rn. 23, gleichwohl aber Abwesenheitspflegschaft für möglich haltend). Stattdessen steht dort das Ersetzungsverfahren zur Verfügung. Anders als der rechtsgeschäftliche Vertreter kann der Abwesenheitspfleger die Frist des § 927 Abs. 1 BGB nicht unterbrechen (BVerwG DVBl 2007, 1449).

Ein Fürsorgebedürfnis besteht, wenn dem Abwesenden irgendwelche Nachteile drohen, falls kein Pfleger bestellt wird und dessen Bestellung gegenüber den drohenden Nachteilen geringer beeinträchtigt, etwa weil hierdurch Schadensersatzansprüche oder eine öffentliche Zustellung vermieden werden können (PfOLG Zweibrücken FamRZ 2003, 258, siehe auch HansOLG Bremen DStR 2003, 1312).

6. Wird die Pflegschaft mitsamt der erteilten Genehmigung aufgehoben, bleiben die auf Grund der vorinstanzlichen Entscheidung getätigten Rechtshandlungen des Pflegers wirksam (§§ 40 II, 47 FamFG; siehe auch § 63 II Nr. 2 FamFG wonach die Beschwerdefrist bei Genehmigungsentscheidungen nur zwei Wochen beträgt).

Das Vertrauen in die Wirksamkeit des Pflegerhandelns ist nicht geschützt, wenn der Vertragspartner über die Voraussetzungen einer Abwesenheitspflegschaft und den Bestand eines Anspruchs getäuscht hat – dann keine Berufung auf die Vollmacht des Pflegers – oder weiß, dass das Geschäft dem tatsächlichen Willen und der objektiven Interessenlage des Vertretenen widerspricht – dann nur Anspruch gegen den Pfleger nach den Regeln der Vertretung ohne Vertretungsmacht (vgl. OLG Hamm OLGR Hamm 1994, 48).

7. Für die Wertbemessung gilt § 106 Abs. 1 S. 3 KostO, § 164 GNotKG: Der Wert des von der Verwaltung oder Pflegschaft betroffenen Vermögens ist maßgebend (BayObLG FamRZ 2000, 971).

Der Anspruch des Pflegers auf Aufwendungsersatz und Vergütung besteht unabhängig vom Bestand der Voraussetzungen für die Anordnung der Abwesenheitspflegschaft (OLG Naumburg FamRZ 1994, 1335).

Der Tätigkeitsbericht auch des Abwesenheitspflegers muss eine Plausibilitätsprüfung gestatten und nach Zeit und Art der Tätigkeit aufgeschlüsselt sein. Bei berufsmäßiger Führung der Pflegschaft kann mit Stundensätzen gearbeitet werden. Für deren Bemessung bieten auch bei vorhandenen Mitteln die Sätze des § 3 VBVG eine Orientierungshilfe in der Art, dass eine Unterschreitung nicht möglich ist und eine Überschreitung besondere Schwierigkeiten bei der Amtsführung bedingt (BGH FamRZ 2000, 1569 m. krit. Anm. *Glade* FamRZ 2001, 479). Bei einem Rechtsanwalt kann dann auch ein Stundensatz von ca. 150,– EUR angemessen sein (OLG Schleswig NJWE-FER 2001, 234).

3. Vormundschaft, wenn bei Ruhen oder nach Tod eines Elternteils der Nichtsorgeberechtigte nicht sorgeberechtigt wird

An das

Amtsgericht – Familiengericht –

. . . . . .

mit beiliegender Vollmacht zeige ich die Vertretung von . . . . . . an. Für diesen rege ich an,[1]

Vormundschaft für das minderjährige Kind . . . . . ., geboren am . . . . . . anzuordnen und den Antragsteller zum Vormund zu bestellen.

Begründung:

Das betroffene Kind ging aus der Ehe/Beziehung der am . . . . . . verstorbenen Kindesmutter[2]. . . . . . . mit . . . . . . hervor. Die Mutter war allein sorgeberechtigt[3] [entweder:] auf Grund . . . . . . (ggfs. Bezeichnung der familiengerichtlichen Entscheidung), [oder:] weil eine Sorgeerklärung nicht abgegeben worden war. Die Mutter des Kindes war zuletzt mit dem Antragsteller verheiratet, der das Kind seit . . . . . . in seinem Haushalt aufgenommen hat. Zwischen beiden besteht eine familiäre Beziehung. Zum leiblichen Vater hat das Kind keinen/nur selten/seit . . . . . . keinen Kontakt. Dieser lebt in . . . . . ./ist unbekannten Aufenthalts.

Nach dem Tod der Mutter ist die elterliche Sorge für . . . . . . zu regeln. Eine Übertragung auf den anderen (leiblichen) Elternteil [entweder:] widerspricht dem Wohl des aus einer Ehe hervorgegangenen Kindes [oder:] dient nicht dem Wohl des nicht aus einer Ehe hervorgegangenen Kindes.[4]

Das Kind hat seinen Lebensmittelpunkt seit langer Zeit beim Antragsteller . . . . . . (nähere Darstellung der Beziehung, wie Geschwisterbindung zu Kindern aus der durch den Tod beendeten Beziehung, Darstellung der äußeren Verhältnisse wie schulische Integration, Bestand eines geordneten Freundeskreises u. Ä.) . . . . . . Zum leiblichen Vater besteht keine auch nur annähernd vergleichbare persönliche Beziehung . . . . . . (nähere Darstellung der Schwierigkeiten im Falle der Änderung des Aufenthalts oder ungünstigere Lebensverhältnisse). Insbesondere in der jetzt zu bewältigenden Situation ist es wichtig, dem Kind die Sicherheit auf den Fortbestand seiner geordneten Lebensverhältnisse zu geben.

Das Kind ist in einem Alter, in dem es seinen Willen bilden und bekunden kann. Es möchte auch nach dem Tod der Mutter beim Antragsteller leben, [ggfs.:] dabei aber auch die Beziehung zum anderen Elternteil wie bisher weiter pflegen. Von der Ernsthaftigkeit dieses Willens kann sich das Gericht bei der Anhörung überzeugen.

Der Antragsteller ist, wie sich aus Vorstehendem ergibt, zur Übernahme der Vormundschaft bereit und geeignet.[5] [Ggfs. weitere Ausführungen hierzu]

. . . . . .

Rechtsanwalt/Rechtsanwältin[6]

Anmerkungen

1. Die Verfahrenseinleitung zur Errichtung einer Vormundschaft oder Pflegschaft ist grundsätzlich nicht von einem Verfahrensantrag abhängig. Ein Antrag ist lediglich eine das Gericht zur Amtsermittlung veranlassende Anregung (§ 24 FamFG).

2. Ist der Sorgeberechtigte nicht verstorben, sondern aus tatsächlichen Gründen (§ 1674 BGB) verhindert, ist die Verhinderung zuerst vom FamG konstitutiv (BayObLG FamRZ 1988, 867) festzustellen, bevor Vormundschaft eintritt. Eine Ruhensentscheidung, die einen alleinsorgenden Elternteil betrifft, wird gemäß § 40 Abs. 1 FamFG getroffen. Bei vorherigem Handlungsbedarf ergehen vorläufige Maßnahmen. Endet die Verhinderung, ist dies – anders als bei wieder erlangter Geschäftsfähigkeit (vgl. § 1673 BGB und *Bienwald* FamRZ 1994, 484) – gleichfalls vom FamG festzustellen. Bis dahin bleibt die Vormundschaft bestehen und sind Rechtshandlungen des Vormunds wirksam. Ist dem verhinderten Elternteil ein Abwesenheitspfleger bestellt, übt dieser nicht auch die elterliche Sorge aus (KG JFG 17, 61).

Die Anordnung des Ruhens ist der geringere Eingriff in das Elternrecht und hat Vorrang vor einer einseitigen Sorgerechtsübertragung (OLG Naumburg FamRZ 2002, 258).

3. Ist gemäß § 1666 BGB Vormundschaft angeordnet worden, wird diese von einer späteren Verhinderung eines Elternteils iSV §§ 1673 ff. BGB nicht berührt (OLG Stuttgart DAVorm 1976, 1977, 325).

4. Hat der alleinsorgeberechtigte Elternteil in einer (letztwilligen) Verfügung den Ausschluss des nichtsorgeberechtigten Elternteils „angeordnet“, entfaltet diese Willensäußerung keine – etwa der elterlichen Einigung im Sinne von § 1671 Abs. 2 Nr. 1 BGB vergleichbare – Bindungswirkung im Sorgerechtsverfahren.

Nur bei nach Trennung gemeinsam sorgeberechtigt gebliebenen Eltern erlangt der andere Elternteil das volle, alleinige Sorgerecht, wenn die elterliche Sorge in der Person des Mitsorgeberechtigten ruht oder dieser verstirbt. In allen anderen Fällen muss das Sorgerecht auf den verbliebenen Elternteil erst durch familiengerichtliche Entscheidung übertragen werden. Der nicht betreuende Elternteil muss dies bedenken, bevor er auf die Beteiligung an der gemeinsamen Sorge durch Zustimmung im Sinne von § 1671 Abs. 2 Nr. 1 BGB verzichtet, weil auch mit dem Beschluss, der das Ruhen für beendet erklären würde, sein Sorgerecht (wieder) endete.

Ist einer nichtehelichen Mutter das Sorgerecht entzogen worden, kann der nicht sorgeberechtigte Vater weder durch Heirat der Mutter, noch durch eine Sorgeerklärung, sondern nur durch eine Entscheidung gemäß § 1680 BGB das Sorgerecht erlangen (BGH NJW 2005, 2456).

Der Entscheidungsmaßstab des § 1680 Abs. 2 BGB erleichtert den Verbleib des Kindes in der bisherigen Umgebung, wenn ein Wechsel mit dem Kindeswohl nicht in Einklang zu bringen ist (std. Rspr. BayObLG FamRZ 2000, 972). Im Konflikt zwischen Elternrecht – § 1680 Abs. 3, 2 S. 2 BGB gibt auch im Verfahren nach § 1696 BGB (OLG Schleswig BeckRS 2011, 20801) ein subjektives Recht, das eine Beteiligtenstellung gemäß § 7 Abs. 2 Nr. 1 FamFG begründet (BGH NJW-RR 2010, 1369; OLG Schleswig NJW-RR 2011, 1229) – und dem ernsthaft geäußerten Kindeswillen, ist das Kindeswohl bestimmend (OLG Köln BeckRS 2012, 03420). Nach den Kriterien des § 1671 Abs. 2 Nr. 2 BGB sind neben dem abhängig von der Entwicklung gewichtigen Willen des Kindes dessen Verbundenheit zur Familie, in der es lebt und zu der, in die es aufgenommen werden soll, zu betrachten (BayObLG FamRZ 1999, 103). Der Verbleib im gewohnten Lebenskreis kann auch durch gespaltene Entscheidung – Vormundschaft und Teilpflegschaft – erfolgen (BGH FamRZ 2011, 552). Schicksalhafte Entwicklungen haben volles Gewicht (BayObLG FamRZ 1993, 463), zu fragen ist, in welchem Umfeld diese besser verarbeitet werden können (OLG Schleswig FamRZ 1993, 832). Auch die Beziehung des Kindes zum Lebensgefährten des verstorbenen Elternteils kann der Rückübertragung auf den anderen Elternteil widersprechen (BayObLG FamRZ 1988, 973). Waren die Eltern nicht verheiratet, kann dem bisher nie sorgeberechtigt gewesenen die elterliche Sorge sogar nur übertragen werden, wenn dies dem Kindeswohl dient, was heißt, dass eine bessere als die bestehende Situation zu erwarten sein muss.

Bei Kindern mit ausländischer Staatsangehörigkeit ergibt sich die Regelungsbefugnis des FamG nach § 1680 BGB aus Art. 15 Abs. 1 KSÜ.

5. Bleibt das Kind in der Stieffamilie, ist die Bestellung des Stiefelternteils in der Regel sachgerecht (BayObLG FamRZ 1999, 103).

6. Für die Feststellung, dass die Sorge ruht oder der Ruhensgrund nicht mehr besteht, wird eine halbe Gebühr erhoben (Nr. 1310 KV FamGKG). Wird ein Vormund bestellt, entstehen die Jahresgebühr gemäß Nr. 1311 KV FamGKG nur, wenn ausreichendes Vermögen vorhanden ist.

4. Pflegschaft im Vaterschaftsanfechtungsprozess

An das

Amtsgericht – Familiengericht –

. . . . . .

In der Familiensache

. . . . . .

zeige ich die Vertretung der Mutter des betroffenen Kindes an. Diese beabsichtigt, die Vaterschaft ihres geschiedenen Ehemannes . . . . . . anzufechten. In diesem Verfahren ist das Kind zu beteiligen, das weder durch den Beklagten der beabsichtigten Klage noch durch die Mutter vertreten werden kann. Gemäß § 1909 BGB ist daher die Anordnung einer Ergänzungspflegschaft[1] und Bestellung eines Pflegers[2] geboten.

Soll namens des Kindes angefochten werden:[3]

zeige ich die Vertretung der alleinsorgeberechtigten Mutter des betroffenen Kindes an. Diese hat in Ausübung der Personensorge für das Kind entschieden, die Vaterschaft anzufechten.

. . . . . .

Die Anfechtung der Vaterschaft durch den zu bestellenden Ergänzungspfleger dient dem Wohle des Kindes im Sinne von § 1600a Abs. 4 BGB. Die Ehe mit dem als Vater geltenden Mann war schon zur Zeit der Geburt des Kindes zerrüttet. Die Trennung erfolgte, als das Kind gerade zwei Jahre alt war. Seither lebt das Kind bei seiner Mutter. Lediglich in den ersten Monaten nach der Trennung hatte der Vater noch Umgang, den er aber abbrach, als ihm bekannt wurde, dass er wahrscheinlich nicht der Erzeuger des Kindes sei.

. . . . . .

Rechtsanwalt/Rechtsanwältin[4, 5]

Anmerkungen

1. Eltern und Kind sind Beteiligte gemäß § 172 FamFG. Die Verfahrensfähigkeit bestimmt sich gemäß § 9 FamFG. Der rechtliche Vater ist von der gesetzlichen Vertretung des Kindes im Anfechtungsverfahren entsprechend § 1795 Abs. 2 BGB ausgeschlossen, wenn das Verfahren auf die Beseitigung des bestehenden Statusverhältnisses gerichtet ist (BGH NJW 2012, 1731). Eines Pflegers für das Kind bedarf es, wenn die Eltern miteinander verheiratet sind oder waren, sie das Sorgerecht gemeinsam ausüben, die (alleinsorgeberechtigte) Mutter oder das Kind anficht. Bei der Anfechtung des Vaters ist die alleinsorgeberechtigte Mutter nach § 1796 BGB ausschließbar. Die Vertretung des Kindes durch einen Pfleger ist daher die Regel. Der nach § 174 FamFG zu bestellende Verfahrensbeistand macht die Ergänzungspflegschaft nicht entbehrlich (BGH NJW 2012, 1731).

Beim Antrag auf Feststellung der Vaterschaft ersetzt die Beistandschaft des Jugendamts die Pflegschaft (§ 173 FamFG). Die Vaterschaftsanfechtung ist jedoch kein gesetzlicher Grund für die Beistandschaft (OLG Nürnberg FamRZ 2001, 705).

Dem Ergänzungspfleger muss schon die Antragsschrift und die Terminsladung zugestellt werden (BGH NJW 2002, 2109), damit das Kind seine parteiähnliche Funktion (siehe auch OLG Celle NJW 2001, 3419) wahrnehmen kann. Mit der Pflegerbestellung beginnt für das Kind, das selbst anfechten will, die Anfechtungsfrist des § 1600b BGB (OLG Köln FamRZ 2001, 245). Ist diese verstrichen, beginnt mit Volljährigkeit die Frist neu.

2. Als Pfleger ist grundsätzlich das Jugendamt zu bestellen, weil dieses fachlich mit der Materie des Abstammungsverfahrens vertraut ist. Deswegen muss im Falle der Bewilligung von Verfahrenskostenhilfe auch nicht zusätzlich ein Rechtsanwalt beigeordnet werden (OLG Thüringen FamRZ 1996, 418; OLG Stuttgart FamRZ 2002, 1065; PfOLG Zweibrücken FamRZ 2003, 1936; aA OLG Köln FamRZ 2002, 1198; zur Beiordnung außerhalb der Beistandschaft OLG Köln NJW-RR 2004, 1590).

3. Nur bei der Anfechtung durch das minderjährige Kind – auch wenn dieses als Vater anfechten will – findet eine Kindeswohlverträglichkeitsprüfung im Anfechtungsprozess statt (OLG Köln NJW 2002, 901). Die Beschränkung der gesetzlichen Vertretung gemäß den §§ 1629 Abs. 2 S. 1, 1795 BGB betrifft nicht die Entschließung zur Anfechtung, die kein Rechtsgeschäft ist und auch nicht zum Rechtsstreit gehört (BGH NJW 2009, 1496). Einzuschreiten wäre erst unter den Voraussetzungen des § 1796 BGB, wenn die Entscheidung des gesetzlichen Vertreters dem Kind einen unverhältnismäßigen Nachteil brächte (AmtsG Westerstede FamRZ 1995, 689 mwN; MünchKommBGB/*Wellenhofer* § 1600a Rn. 11). Im Elternstreit über das „ob“ der Anfechtung kann (auf Antrag) einem Elternteil die Entscheidung gemäß § 1628 BGB übertragen werden. Gibt es Gründe, diesbezüglich durch Teilentzug in das Sorgerecht einzugreifen, kann sich dieser Entzug auf einen Elternteil beschränken, dann gilt § 1680 Abs. 3 BGB. Er kann sich auch gegen beide richten, dann ist Ergänzungspflegschaft anzuordnen (BGH NJW 2009, 1946).

Ist die Anfechtung nicht kindeswohlverträglich – Zweifel gehen zu Lasten des Anfechtenden (OLG Köln NJW-RR 2000, 1459) – bleibt dem Kind die Anfechtung nach Eintritt der Volljährigkeit (§ 1600b Abs. 3 BGB).

4. Für die Anordnung der Pflegschaft wird eine volle Gebühr Gerichtskosten erhoben (Nr. 1313 KV FamGKG). Die bloße Prüfung eines Antrags auf Anordnung einer Pflegschaft ist gebührenfrei.

Für die anwaltliche Tätigkeit im Pflegschaftsprüfungsverfahren ist ein Gegenstandswert nach § 33 RVG festzusetzen. Der Wert bestimmt sich nach § 23 Abs. 3 RVG (BayObLG Rpfleger 1988, 421).

5. Exkurs. Konflikt zwischen minderjähriger Mutter und Vormund bei Zustimmung zur Vaterschaftsanerkennung.

Ist die unverheiratete Mutter noch minderjährig, tritt für das Kind Amtsvormundschaft gemäß § 1791c BGB ein. Die Personensorge – ohne Vertretungsbefugnis – übt sie neben dem Vormund aus. Die Zustimmung des Kindes zur Anerkennung der Vaterschaft gehört zwar zur Personensorge. Der Willensvorrang der Mutter (§ 1673 Abs. 2 S. 3 BGB) ist aber dort durchbrochen, wo, wie bei der Zustimmung des Kindes zur Vaterschaftsanerkennung, die Erklärung des Kindes Korrektiv zur eigenen Zustimmungserklärung der Mutter sein soll (*Knittel* JAmt 2002, 330, 332; *Ollmann* JAmt 2003, 572, 575 beide gegen DIJuF-Rechtsgutachten, JAmt 2002, 241). Zur Verhinderung einer objektiv unrichtigen Vaterschaftsanerkennung kann auch das Sorgerecht für diesen Bereich entzogen werden (MünchKommBGB/*Wellenhofer* § 1595 Rn. 10). Gemäß § 1600 Abs. 1 Nr. 5 BGB kann die gemäß § 1600 Abs. 6 BGB zuständige Behörde die anerkannte Vaterschaft anfechten. Der BGH (BeckRS 2012, 16505) bezweifelt die Verfassungsmäßigkeit von § 1600 Abs. 1 Nr. 5 BGB und hat gemäß Art. 160 EG an das BVerfG vorgelegt, das dann die Verfassungswidrigkeit wegen Verstoßes gegen das absolute Verbot der Entziehung der Staatsangehörigkeit und gegen das Elternrecht festgestellt hat (BVerfG FamRZ 2013, 449 = BeckRS 2014, 46474).

5. Ergänzungspflegschaft zur Genehmigung der Aussage des Kindes im Strafprozess gegen Eltern

An das

Amtsgericht – Familiengericht –

. . . . . .

In der Familiensache

betreffend die Regelung einer Angelegenheit der elterlichen Sorge für das minderjährige Kind . . . . . .

an der weiter beteiligt sind:

1. der Vater des Kindes, ...
2. die Mutter des Kindes, ...
3. das Jugendamt . . . . . .

wird angeregt,

den Eltern des minderjährigen Kindes . . . . . , geboren am . . . . . . die Vertretung des Kindes im Verfahren der StA . . . . . , Aktenzeichen . . . . . . Js . . . . . . zu entziehen, Ergänzungspflegschaft anzuordnen und dem Kind einen Ergänzungspfleger zu bestellen, mit dem Wirkungskreis Vertretung des Kindes in diesem Strafverfahren.

Begründung:

Das betroffene Kind ist das ehegemeinsame Kind der Eheleute . . . . . . Gegen den Vater wird wegen des Verdachts der Kindesmisshandlung zum Nachteil dieses Kindes ermittelt. Es soll wegen dieser Vorwürfe als Zeuge gehört werden. Daher ist die Entscheidung zu treffen, ob das Kind von seinem Aussageverweigerungsrecht[1] Gebrauch machen soll. Als Beschuldigter des Strafverfahrens besteht für den Vater ein erheblicher Interessenkonflikt iSv § 1796 Abs. 1 BGB. Infolgedessen ist beiden[2] Eltern diesbezüglich die Vertretungsmacht zu entziehen.

Das Kind verfügt noch nicht über die Verstandesreife, um die Bedeutung des Zeugnisverweigerungsrechts erkennen zu können. Dies hat der/die mit der Erstattung eines Gutachtens beauftragte Dipl. Psych . . . . . . bestätigt und angeregt, vor der Begutachtung zur Gewährleistung der gesetzlichen Belehrung um Bestellung eines Ergänzungspflegers nachzusuchen.

. . . . . .

Rechtsanwalt/Rechtsanwältin[3, 4]

Anmerkungen

1. Wenn das Kind nach seiner Verstandesreife, bei Zweifeln ist davon auszugehen, dass sie fehlt (BGH NStZ 2012, 578 m. krit. Anm. *Eisenberg*), eine genügende Vorstellung von der Bedeutung des Zeugnisverweigerungsrechts hat (§ 52 Abs. 2 S. 1 StPO), also weiß, dass dem Beschuldigten für begangenes Unrecht Strafe droht und seine Zeugenaussage zur Bestrafung beitragen kann, muss der gesetzliche Vertreter nicht mitwirken. So ist es auch, wenn das Kind die Aussage verweigert (OLG Saarbrücken NJW 2011, 2306 m. umfassender Darstellung des Meinungsstandes). Die Entscheidung des Kindes ist verbindlich. Ein Ergänzungspfleger ist nicht zu bestellen. Ist gleichwohl einer bestellt, ist dessen Einverständnis entbehrlich (BGH NStZ 1999, 91).

Voraussetzung der Pflegerbestellung ist also, dass der Minderjährige aussagebereit ist, aber die für eine selbstverantwortliche Entscheidung erforderliche Verstandesreife nicht besitzt (OLG Stuttgart FamRZ 1985, 1154).

Hat der gesetzliche Vertreter die Zustimmung erklärt, ist das Kind noch selbst über sein Zeugnisverweigerungsrecht zu belehren und zwar – siehe § 52 Abs. 2 und 3 StPO – nicht nur, wenn es dessen Bedeutung zu verstehen vermag (BGH NStZ 1991, 398). Lediglich bei Untersuchungshandlungen nach § 81c StPO entscheidet der gesetzliche Vertreter abschließend (BGH NJW 1995, 1501; bezüglich § 372a ZPO siehe OLG Karlsruhe NJWE-FER 1998, 89). Ob das Kind die Bedeutung des Zeugnisverweigerungsrechts versteht, entscheidet mit bindender Wirkung für das Gericht die Verhörperson (OLG Karlsruhe NJW-RR 2012, 839). Daher muss das um Pflegerbestellung angegangene Gericht die fehlende Verstandesreife nicht ausdrücklich feststellen, um dem Kind die Belastung durch darauf abzielende Aufklärungsschritte zu ersparen. Es ist auch nicht gemäß § 159 FamFG anzuhören (BayObLG NJW 1998, 614; dagegen *Gutowski* Anm. FamRZ 1998, 1330).

Eine feste Altersgrenze für das Fehlen der Verstandesreife gibt es nicht. Der Einzelfall ist maßgeblich (BGH NStZ 1991, 398).

2. Ist ein Elternteil Beschuldigter und üben beide Eltern das Sorgerecht aus, kann auch der andere über die Ausübung des Zeugnisverweigerungsrechts nicht entscheiden (§ 52 Abs. 2 S. 2 StPO). Bei Meinungsverschiedenheiten genügt der Antrag eines Elternteils, wenn das FamG ihm vorher nach § 1628 das alleinige Entscheidungsrecht über die Antragstellung nach § 1630 Abs. 3 zugewiesen hat (Groß FPR 2004, 411 [413]; MüKoBGB/Huber Rn. 20; aA Staudinger/Peschel-Gutzeit Rn. 46; NK-BGB/Rakete-Dombek Rn. 13). Das überarbeitete Recht (§ 52 StPO und § 1688 BGB) gibt damit auch der Pflegeperson ein Antragsrecht, das aber an die Zustimmung der Eltern geknüpft ist; es genügt die Zustimmung eines Elternteils, wenn nur dieser sorgeberechtigt ist (KG FamRZ 2006, 1291 [1292]; OLG Braunschweig FamRZ 2002, 118). Der alleinsorgeberechtigte, mit dem Beschuldigten verheiratete Elternteil ist von der Entscheidung über die Zeugnisverweigerung nach h. M. außerhalb einer § 1666 BGB unterfallenden Sachlage nicht ausgeschlossen (vgl. OLG Nürnberg NJW 2010, 3041; OLG Brandenburg BeckRS 2011, 24282). Ist der sorgeberechtigte Elternteil nicht beschuldigt, sondern geschädigt, setzt ein Entzug gemäß § 1796 BGB voraus, dass konkrete Anhaltspunkte die Sorge begründen, die Entscheidung orientiere sich nicht am Kindeswohl (OLG Karlsruhe NJW-RR 2012, 839).

Ist ein Pfleger bestellt worden, kommt es auf dessen Entscheidung an, auch wenn die Pflegerbestellung wegen fehlender gesetzlicher Grundlage aufhebbar ist (BGHZ 41, 303, 309 = NJW 1964, 1855; BGH MDR 1987, 444).

3. Die Pflegschaft zur Vertretung des Kindes bei der Entscheidung über die Ausübung des Aussageverweigerungsrechts betrifft eine Einzelverrichtung. Deren Anhängigkeit iSV § 152 FamFG zieht grundsätzlich keine weitere Zuständigkeit nach sich (OLG Frankfurt/M. FamRZ 1995, 1434).

4. Gerichtskosten werden in Höhe einer halben Gebühr erhoben (Nr. 1313 KV FamGKG).

6. Entlastungspflegschaft gemäß § 1630 BGB

An das Amtsgericht

– Familiengericht –

. . . . . .

Es wird beantragt,[1]

1. auf die Antragstellerin folgende Angelegenheiten der elterlichen Sorge für das minderjährige Kind . . . . . ., geboren am . . . . . . zu übertragen[2] **(nicht vollständige und nicht kumulativ zu verstehende Auswahl):**
   a) Gesundheitsfürsorge, einschließlich psychologischer Untersuchungen und Therapien
   b) Durchführung und Organisation des Umgangs mit Großeltern und Geschwistern
   c) schulische Angelegenheiten/Kindergartenangelegenheiten
   d) Abwehr von außen drohender Gefahren für das Kindeswohl (zB Bestimmung des Umgangs mit Dritten iSv § 1632 Abs. 2 BGB – Unterlassungsbegehren u. Ä.)
   e) Beantragung von Hilfen zur Erziehung, Eingliederungshilfen
   f) Ausweisangelegenheiten
   g) Einziehung und Verwaltung der für das Kind gezahlten Unterhaltsleistungen (ggfs. auch Renten oder andere Leistungen wie Erträgnisse aus Vermögen, Sozialleistungen etc)[3]

2. bei den Eltern . . . . . . die Zustimmung zur Übertragung dieser Aufgaben einzuholen.[4]

Begründung:

Die Antragstellerin betreut und versorgt das betroffene Kind seit . . . . . . aufgrund . . . . . . (zB Vereinbarung mit den Eltern, Hilfe zur Erziehung in Form von Vollzeitpflege). Diese Familienpflege[5] soll auch auf Dauer – bei schon absehbarer Befristung – bis . . . . . . – durchgeführt werden.

Das Verhältnis zu den Eltern gestaltet sich schwierig, Diese erkennen die Entscheidungsnotwendigkeit teils nicht, teils erst so spät, dass kindeswohlgerechtes Handeln nicht immer zeitgerecht möglich ist, weil, wenn überhaupt, eine elterliche Entscheidung in der Regel erst unter erheblichem Zeit- und Gesprächsaufwand zu erwirken ist. Mit der Übertragung[6] dieser Aufgabenbereiche wird Rechtssicherheit für das Kind geschaffen, weil auch die Abänderung eine gerichtliche Entscheidung bedingt.

Das Kind ist jetzt . . . . . . Jahre alt. Es erkennt zunehmend die begrenzte Entscheidungsmacht der Pflegeeltern. Die sich hieraus ergebenden Differenzen lassen Erziehungsprobleme befürchten, denen mit der durch die Übertragung der Aufgaben zu erlangenden Entscheidungssicherheit entgegengewirkt werden kann . . . . . .

. . . . . .

Rechtsanwalt/Rechtsanwältin

Anmerkungen

1. Der Antrag ist Sach- und Verfahrensantrag. Die antragstellende Pflegeperson wird formell und materiell mit den entsprechenden verfahrensrechtlichen Rechten, wie Akteneinsicht oder Rechtsmittelberechtigung, beteiligt. Sie ist Bekanntmachungsadressat (*Salgo* FamRZ 1999, 336, 342). Stellen die Eltern den Antrag, ist die Pflegeperson, die Pfleger werden soll und zustimmen muss, nach § 161c FamFG iVm § 7 FamFG zu beteiligen.

2. Die Übertragung von Teilbereichen der elterlichen Sorge auf die Pflegeperson ist, von den Maßnahmen nach § 1666 BGB abgesehen, aus familienrechtlicher Sicht die stärkste, aber nur eine von mehreren Verfahrensweisen, ein Pflegeverhältnis kindeswohlgerecht zu gestalten. Praktisch bedeutsamer dürfte indes die gesetzliche Gestaltungsregel des § 1688 BGB sein, die ohne gerichtliche Entscheidung wirkt. Sie erkennt den Pflegeeltern (die Pflegschaft kann auf zwei Pflegeeltern übertragen werden, Amtsgericht Ibbenbüren FamRZ 2009, 1331) die Entscheidungs- und Vertretungsbefugnis in Angelegenheiten des täglichen Lebens, die Verwaltung des Arbeitsverdienstes des Kindes sowie diesem zufließender Unterhalts-, Versicherungs-, Versorgungs- und sonstiger Sozialleistungen, außerdem das Notvertretungsrecht zu. In diesen Belangen vertreten die Pflegeeltern, ohne selbst Inhaber der Sorge zu sein, den Sorgeberechtigten (*Salgo* FamRZ 1999, 337, 343), der – famg. überprüfbar – die Vertretungsbefugnis entziehen und beschränken kann (§ 1688 Abs. 3 BGB). Ausgenommen sind alle Entscheidungen von erheblicher Bedeutung, insbesondere auch die Beantragung von Leistungen der Jugendhilfe (OVG Thüringen FamRZ 2002, 1275). Rechtsmacht zur Wahrnehmung der Belange von erheblicher Bedeutung können Pflegeeltern erlangen, wenn ihnen vom Sorgeberechtigten hierzu (frei widerrufliche und beschränkbare) Vollmacht erteilt wird (MüKoBGB/*Hennemann* § 1688 Rn. 9), die nicht bereits in der elterlichen Zustimmung zur Familienpflege liegt. Die Institution Pflegefamilie hat stets zu beachten, dass das Elterngrundrecht und die damit korrespondierende Grundpflicht bei den leiblichen Eltern angesiedelt sind. Daher hat eine nicht gemäß § 1666 BGB gerechtfertigte Beschränkung der elterlichen Sorge den Eltern noch so viel Zuständigkeit zu belassen, dass die Pflegschaft nicht zur faktischen Vormundschaft wird (OLG Jena NJW-RR 2009, 586; *Windel* FamRZ 1997,

713, 720; Oberloskamp/*Oberloskamp* VormSch § 10 Rn. 53 mit Beispielen; DIJuF-Rechtsgutachten JAmt 2002, 346, siehe auch DIV-Gutachten DAVorm 2001, 412: Eine Vollübertragung führt dann auch dazu, dass die nicht mit dem Vater verheiratete Mutter keine Sorgeerklärung gemäß § 1626a BGB abgeben kann; aA MüKoBGB/*Huber* § 1630 Rn. 26; *Sonnenfeld,* Betreuungs- und Pflegschaftsrecht², Rn. 482: Übertragung aller Angelegenheiten). Die Personensorge kann dennoch ganz übertragen werden (KG FamRZ 2006, 1291).

Die Übertragung erfolgt gem. § 1630 Abs. 3 BGB mit Wirkung des § 1630 Abs. 1 BGB. Sie schließt die Eltern insoweit von der Sorge aus. Die Pflegeperson erhält die Rechtsstellung eines Pflegers und hat Anspruch auf Aufwendungsersatz (OLG Stuttgart FamRZ 2006, 1290). Die Anordnung durch das FamG legitimiert. Einer konstitutiven Verpflichtung bedarf es nicht (Wesche Rpfleger 2014, 349 [352). Die Vorschriften über Rechte und Pflichten eines Pflegers sind anwendbar, so auch § 1835a (OLG Stuttgart FamRZ 2006, 1290 [1291]).

Der Ausschluss der Eltern von der Sorge einerseits und der durch famg. Anordnung erlangte Status als Pfleger andererseits, belassen den Eltern keine „Ersatzkompetenz" im Falle der Verhinderung des Pflegers. Auch ist den Eltern nicht die Rechtsmacht verblieben, anstelle des FamG die Genehmigung zu einem genehmigungsbedürftigen Rechtsgeschäft zu erteilen (so aber *Sonnenfeld,* Betreuungs- und Pflegschaftsrecht, Rn. 483, was aber ohnehin nur möglich wäre, wenn die Eltern ohne Genehmigung handeln könnten). Kommt es bei die Sorgerechtskompetenzen überlappenden Belangen zu Meinungsverschiedenheiten zwischen Pfleger und Vormund entscheidet das FamG entspr. § 1630 Abs. 2 BGB, wenn Vermögens- und Personensorge betroffen sind (zur Analogiefähigkeit vgl. MüKoBGB/*Huber* § 1630 Rn. 8 mwN). Ansonsten können die leiblichen Eltern die Rechtsmacht durch Widerruf der Zustimmung zurückerlangen oder mit Aufsichtsmaßnahmen (§§ 1915, 1837 Abs. 2 BGB; § 37 SGB VIII) auf eine Konfliktlösung hinwirken (*Gleißl/Suttner* FamRZ 1982, 122, 124).

3. Die gesetzliche Regel des § 1688 BGB hindert die Übertragung dieser Wirkungskreise gemäß § 1630 Abs. 3 BGB nicht. Spätere Beschränkungen des Sorgeberechtigten können dadurch vermieden werden. Außerdem ist der rechtliche Status ein stärkerer, weil nicht mehr in Vertretung des Sorgeberechtigten gehandelt wird.

4. Die Zustimmung der Eltern ist nicht erzwingbar. Sie bindet bezüglich des Umfangs der Übertragung, sodass keine weiteren Angelegenheiten übertragen werden dürfen, enthebt aber nicht von der Prüfung, ob sich die Eltern ihres Elternrechts willkürlich entäußern (*Gleißl/Suttner* FamRZ 1982, 122, 123). Wird sie nicht erteilt, hat das nur bei Feststellbarkeit der Voraussetzungen des § 1666 BGB Konsequenzen. Weil die Zustimmung freiwillig ist, ist einem elterlichen Aufhebungsantrag grundsätzlich stattzugeben, sofern nicht sogleich nach § 1666 BGB die zurückerlangte Sorge wieder entzogen werden müsste (vgl. MühKoBGB/*Huber* § 1630 Rn. 30). Wird der Widerruf der Zustimmung mit einem Herausgabeverlangen verbunden, ist neben der Verbleibensanordnung nach § 1632 Abs. 4 BGB oft noch eine Maßnahme nach § 1666 BGB nötig, wenn die Verbleibensanordnung allein nicht genügt, um Druck der Eltern auf die Pflegeeltern entgegenzuwirken (vgl. OLG Frankfurt FamRZ 2002, 1277; zur Abgrenzung siehe BayObLG FamRZ 2001, 563; krit. *Windel* FamRZ 1997, 713, 723), wobei auch die Ersetzungsbefugnis gemäß § 1666 Abs. 3 BGB ausreichen kann (OLG Hamm NJW-RR 1997, 1299). Ergeht eine Verbleibensanordnung, liegt darin zugleich der Entzug der Beschränkungsrechte nach § 1688 Abs. 4 BGB.

Können sich die Eltern über den Umfang der Zustimmung nicht einigen, kann das FamG einem Elternteil die Entscheidung gemäß § 1628 BGB übertragen (*Gleißl/Suttner* FamRZ 1982, 122, 123). Zustimmen muss nur, wer Inhaber der elterlichen Sorge ist (OLG Braunschweig FamRZ 2002, 118).

Besteht eine Vormundschaft, ist § 1630 Abs. 3 BGB mangels Verweisung durch § 1800 BGB unanwendbar. Die Pflegeeltern können nach Entlassung des Vormunds aus dem zu übertragenden Teilbereich (Ergänzungs-)Pfleger werden (*Baer* FamRZ 1982, 221, 229 f.).

5. Der Begriff der Familienpflege kann aus §§ 33, 44 SGB VIII erschlossen werden. Sie findet außerhalb des Elternhauses statt. Kommt das Kind zum nichtsorgeberechtigten Elternteil, gilt § 1630 Abs. 3 BGB ebenfalls. Ist die Elternposition des nichtehelichen Vaters, nicht durch Teilnahme am Sorgerecht realisiert, kann er als Pfleger (nicht als Vormund, weil er dann gemäß §§ 1672 Abs. 1, 1678 Abs. 2, 1680 Abs. 2 und 3 BGB Sorgerechtsinhaber wird) bestellt werden (vgl. LG Köln DAVorm 1992, 232 ist daher auch nach der Kindschaftsrechtsreform noch aktuell). Die Familienpflege muss auf Dauer angelegt sein, um eine Pflegerstellung erlangen zu können. Ob sie auf vertraglicher oder öffentlichrechtlicher Grundlage beruht, ist unerheblich, auch, ob die Pflegeperson die in § 44 SGB VIII geforderte Qualifikation besitzt (MüKoBGB/*Huber* § 1630 Rn. 18).

6. Für die Entscheidung nach § 1630 BGB fällt nach Nr. 1313 KV FamGKG eine halbe Gebühr an, außerdem periodisch die Jahresgebühr (Nr. 1311, 1312 KV FamGKG). Die Pflegeperson hat gemäß § 1835a BGB Anspruch auf Aufwandsentschädigung (OLG Stuttgart FamRZ 2006, 1290).

Das Verfahren nach § 1632 Abs. 4 BGB ist ein Amtsverfahren. In solchen entsteht keine Antragstellerhaftung. Es bleibt die Haftung, die durch die Kostenentscheidung auferlegt wird (§ 24 FamGKG iVm §§ 80 ff. FamFG).

7. Verhinderungspflegschaft nach Selbstablehnung

An das Amtsgericht

– Familiengericht –

. . . . . .

Namens und in Vollmacht der Eheleute . . . . . ., die durch Beschluss des Amtsgerichts – Familiengericht – . . . . . . vom . . . . . . Az.: . . . . . . – das am . . . . . . geborene Kind . . . . . . adoptiert haben, wird angezeigt,

dass sich diese hinsichtlich der Vertretung des Kindes in nachstehender Angelegenheit befangen fühlen

und beantragt,

dem Kind . . . . . . einen Ergänzungspfleger[1] zu bestellen, mit dem Wirkungskreis

Vertretung des Kindes im Rechtsstreit zur Durchsetzung der bis . . . . . . entstandenen Unterhaltsansprüche gegenüber dem nichtehelichen Vater . . . . . .

[2] Verteidigung gegen die Vaterschaftsanfechtungsklage des . . . . . .

Begründung:

Die Antragsteller haben im Wege einer sogenannten Inkognitoadoption das betroffene Kind adoptiert.

Aus der Zeit davor[2] steht dem Kind gegen den leiblichen Vater noch Unterhalt in Höhe von . . . . . . EUR zu. Die Geltendmachung und Durchsetzung dieses Anspruchs liegt im Interesse des Kindes. Die Klage hat Erfolgsaussicht. Der Vater ist leistungsfähig . . . . . .

[2] Dessen leiblicher, durch Vaterschaftsanerkenntnis festgestellter Vater hat am ...... vor dem Amtsgericht – Familiengericht – ...... Klage zur Anfechtung der Vaterschaft[3] *erhoben.*

Die Antragsteller können das Kind nur unter Aufgabe des Inkognitos vertreten. Zwar kann das Kind im Rechtsstreit anonymisiert unter der Bezeichnung „das am ...... geborene, im Geburtsregister des Standesamts ...... unter der Nr. ...... mit dem Namen ...... eingetragene Kind“ bezeichnet werden. Der gesetzliche Vertreter muss aber gleichwohl angegeben werden, sodass hierdurch das Inkognito aufgedeckt würde. Dies wird vermieden, wenn das Kind in dieser Angelegenheit durch einen Pfleger vertreten wird.

......

Rechtsanwalt/Rechtsanwältin[4]

Anmerkungen

1. Eine Selbstablehnung zum Zwecke der Pflegerbestellung ist nicht möglich in Wirkungskreisen, in denen im Wege einer Beistandschaft (vgl. § 1712 BGB) der Verhinderungsgrund nicht zum Tragen kommt (LG Berlin FamRZ 1991, 1097). Nach Sinn und Zweck der Vorschrift steht das Institut der Beistandschaft auch weiterhin gemeinsam sorgenden Eltern nicht zur Verfügung, um Ansprüche gegen Dritte zu verfolgen (die Erweiterung auf die gemeinsame Sorge diente der Harmonisierung mit § 1629 Abs. 2 S. 2 BGB, vgl. BT-Drucks. 14/8131, S. 10). Adoptiveltern können daher die Beistandschaft nicht vor dem Schutzzweck des § 1758 BGB beantragen. Überdies umfasst sie nicht die Anfechtung eines Vaterschaftsanerkenntnisses (OLG Nürnberg FamRZ 2001, 705), weshalb die Pflegschaft im Beispielsfall [2] auch deswegen nicht umgangen werden kann.

Beistandschaft sowie das Offenbarungs- und Ausforschungsverbot aus § 1758 BGB vermögen die Gefahr der Aufdeckung des Inkognitos nicht in allen Fällen zu verhindern. Das Kind kann anonym nach dem Geburtenbuch bezeichnet werden, jedoch muss der gesetzliche Vertreter seine Person offenbaren (OLG Karlsruhe FamRZ 1966, 268; OLG Karlsruhe FamRZ 1975, 507; LG Mannheim NJW 1966, 357). Dies ist einer tatsächlichen Verhinderung vergleichbar und rechtfertigt die Selbstablehnungsanzeige sowie die Bestellung eines Ergänzungspflegers (vgl. h.M. Oberloskamp/*Oberloskamp* VormSch § 10 Rn. 19; aA *Sonnenfeld,* Betreuungs- und Pflegschaftsrecht, Rn. 417; Stalinski FamRZ 2005, 856 [860] plädiert für die Zulässigkeit einer Prozessführung „inkognito“).

2. Die Adoption lässt einen Teil der Rechte und Pflichten der bisherigen Verwandten des Kindes nicht erlöschen (§ 1755 Abs. 1 S. 2 BGB). Erhalten bleiben Ansprüche auf Renten, Waisengeld und andere wiederkehrende Leistungen sowie bis zur Adoption fällig gewordener Unterhalt (BGH NJW 1981, 2298).

3. Die Auflösung der Rechtsbeziehungen zu den leiblichen Eltern erstreckt sich nicht auf die Abstammung. Es besteht daher ein rechtliches Interesse an der Klärung der Vaterschaft, zB wegen des fortbestehenden Eheverbotes oder der Wiederherstellung der früheren Rechtsfolgen im Falle der Aufhebung der Adoption (allg. M.).

4. **Kosten.** → Form. R.I.5.

II. Inbesitznahme des Vermögens

Frau/Herrn . . . . . .

Sehr geehrte/r . . . . . .[1, 2]

mit anliegender Vollmacht zeige ich die Vertretung von . . . . . ., der/die, wie Ihnen durch Beschluss des . . . . . . vom . . . . . . Az . . . . . . bekannt ist, an Ihrer Stelle seit . . . . . . als Vormund/Pfleger mit dem Wirkungskreis Vermögenssorge gesetzlicher Vertreter des Kindes . . . . . . ist.

Mein Mandant hat dem Familiengericht . . . . . . bis . . . . . . eine Vermögensaufstellung über das seiner Verwaltung unterliegende Mündelvermögen vorzulegen. Seiner Aufforderung vom . . . . . ., ihm bis längstens . . . . . . Auskunft über den Verbleib folgenden Vermögens, nämlich . . . . . ., zu erteilen und im Übrigen Rechnung zu legen für den Zeitraum von . . . . . . bis . . . . . ., haben Sie innerhalb gesetzter Frist nicht entsprochen. Hierzu sind sie aber meinem Mandanten als neuem Inhaber des Sorgerechts verpflichtet, weil sie Vermögen iSV § 1698 BGB [bei Vormund § 1890, bzw./Pfleger § 1915 BGB iVm § 1890 BGB] verwaltet haben. Unter anderem haben Sie dem Kind seitens . . . . . . zugewendete Sparbriefe über einen Wert von . . . . . . EUR verwaltet. Diese Sparbriefe sind mit jährlich . . . . . .% verzinslich. Diese Erträgnisse, die nach hiesiger Kenntnis und Einschätzung weder für den Unterhalt des Kindes, [bei Eltern ggfs. auch: noch für den Familienunterhalt] verwendbar waren, sind abzurechnen.

Auskunft und Rechnungslegung werden gebraucht, um das Vermögen zu verwalten und ggfs. ein hieraus folgendes Herausgabebegehren aus familien-, eigentums- und bereicherungsrechtlichen Anspruchsgrundlagen vorbereiten zu können.[3]

Obwohl bereits Verzug eingetreten ist, wird nochmals Frist bis . . . . . . gesetzt, binnen der

1. Auskunft zu erteilen ist, durch Vorlage einer geschlossenen systematischen Auskunft über sämtliche Aktiva und Passiva des Mündels/Pfleglings unter Angabe der bestimmenden Tatsachen, insbesondere der Gläubiger und Schuldner, Aktenzeichen, bei Grundstücken der Grundbuchstelle, einschließlich der vorhandenen Belege und Urkunden.
2. Rechnung zu legen ist, über die Verwendung vorstehend genannten Vermögens, außerdem über die laufende Verwaltung im Anschluss an die Rechnung vom . . . . . .

Verstreicht diese Frist fruchtlos, wird ohne weiteres Klage erhoben.

Im Verzug sind Sie auch verpflichtet, die Kosten meiner Tätigkeit zu erstatten, die Ihnen wie folgt aufgegeben werden: . . . . . . [folgt ggfs. Kostenrechnung]

Mit freundlichem Gruß

. . . . . .

Rechtsanwalt/Rechtsanwältin

Anmerkungen

1. Ein Wechsel der Sorgeberechtigten wird häufig notwendig, weil dem bisherigen Sorgerechtsinhaber die elterliche Sorge oder das Amt als Vormund/Pfleger wegen kindeswohlgefährdenden Handelns entzogen worden ist. War die Vermögenssorge tangiert, besteht die Sorge, dass die Belange der Rechnungslegung und Rechenschaftspflichten nicht gewahrt sind. Seinerseits haftet der neue Sorgeberechtigte mit Antritt des Amtes, sodass er Sorge tragen muss, alsbald einen genügenden Überblick zu erlangen und Rechte des Mündels/Pfleglings gegen den bisherigen Sorgeberechtigten zu sichern. Bei zweifelhafter Mitwirkungsbereitschaft des aus dem Amt Entlassenen empfiehlt sich zunächst die Einsicht in die Gerichtsakten. Der neue Amtsinhaber hat ein berechtigtes Interesse (§ 13 FamFG).

2. → Form. R.XV.2, → Form. R.XV.3.

3. Muss eine Klageerhebung in Erwägung gezogen werden, bedingt § 93 ZPO die Einräumung der Möglichkeit zur Klaglosstellung. Der Rechtsberater des neuen Vormunds/Pflegers hat eine Aufforderung der Partei daraufhin zu prüfen, ob dem künftigen Beklagten ein hinreichend bestimmtes Verlangen zugegangen ist. Unabhängig, ob dieses der Art nach zur Herausgabe, einem vertretbaren oder einem unvertretbaren Handeln verpflichtet, hat es so konkret zu sein, dass der herauszugebende Gegenstand individualisierbar ist, also vom Gerichtsvollzieher weggenommen werden, zur Durchsetzung von Handlungen eine konkrete Ermächtigung erteilt werden könnte oder die verlangte Handlung mit den Mitteln des § 888 ZPO zu vollstrecken wäre. Nicht genügt daher das Verlangen zB nach Herausgabe aller verwalteten Sachen. Wegen des Auskunfts- und Rechnungslegungsverlangens ist eine von der Auskunftsklage her bekannte Formulierung (Vorlage einer geschlossenen systematischen und geordneten Aufstellung . . . . . .) verwendbar.

III. Wechsel des Pflegers/Vormunds

An ......

Sehr geehrte/r ......,[2]

am ...... bin ich, wie aus anliegender beglaubigter Bestallungsurkunde ersichtlich, vom Amtsgericht – FamG – ...... zum Vormund/Pfleger mit dem Wirkungskreis[1]...... bestellt worden. Das Amt von ...... ist damit beendet. Ich bitte diese Änderung zu beachten, Schriftverkehr an mich zu richten, sowie etwaige Erklärungen mir gegenüber abzugeben.[3]

Seit dem ...... abgegebene Erklärungen, insbesondere fristgebundene, an den oder vom bisherigen Vormund/Pfleger, bedürfen jeweils meiner Annahme und meiner Bestätigung. Dies gilt auch für Erklärungen an einen oder von einem vom bisherigen Vormund/Pfleger bestellten Bevollmächtigten.[4]

Ggfs.:

Soweit vom bisherigen Vormund/Pfleger

[ ] Vollmachten[4]

[ ] zum Einzug von ...... Ermächtigungen

erteilt worden sind,

[ ] bleiben diese bestehen.

[ ] werden diese mit sofortiger Wirkung widerrufen.

Für Leistungen an ...... (Mündel/Pflegling)

[ ] gilt die bisherige Bankverbindung fort.

[ ] ist künftig folgende Bankverbindung zu verwenden ......

Für folgende vom Mündel/Pflegling zu erbringende Leistungen wird widerrufliche Einzugsermächtigung erteilt: ......

Mit freundlichem Gruß

......

Rechtsanwalt/Rechtsanwältin

Anlage: beglaubigte Kopie der Bestallungsurkunde[5]

Anmerkungen

1. Im Unterschied zum Betreuer, braucht der Vormund/Pfleger keine Erlaubnis, um Post des (minderjährigen) Mündels/Pfleglings in Empfang zu nehmen.

2. Die Bekanntmachung durch das FamG gemäß § 41 FamFG geschieht nur an die verfahrensrechtlichen Beteiligten, nicht an andere Dritte, denen der neue gesetzliche Vertreter daher selbst Anzeige von der Amtsübernahme zu machen hat. Die Adressatenliste muss er sich selbst zusammenstellen. Hierzu dient der Auskunftsanspruch gegenüber dem bisherigen Amtsinhaber (→ Form. R.II).

3. Die Anzeige an Dritte beinhaltet keine Willenserklärungen, an die besondere Formvoraussetzungen für den Nachweis der Vertretungsmacht geknüpft sind (auch gilt zB § 174 BGB für den gesetzlichen Vertreter nicht).

4. Siehe dazu Anmerkungen zu → Form. R.XII.

5. Die beglaubigte Kopie der Bestallungsurkunde gibt dem Adressaten nicht die Gewähr, dass sich der Erklärende noch im Amt befindet oder die sich aus der Bestallung ergebenden Befreiungen und Beschränkungen noch gelten. Insbesondere wenn der Adressat ein Haftungsrisiko trägt, kann er auf der Vorlage der Originalbestallung bestehen, weil nur diese bei Beendigung des Amts zurückzugeben ist (§ 1893 Abs. 2 BGB) sowie Änderungen in Berechtigungen und Beschränkungen erkennen lässt. Auch sie gibt indes keinen Vertrauensschutz. Daher kann Einsicht in die Gerichtsakte genommen oder eine Bestätigung des FamG (in Altverfahren aus der Zeit vor dem 1.9.2009 des VormG) verlangt werden.

IV. Maßnahmen im erbrechtlichen Bereich

1. Ausschlagung und Annahme bei unübersichtlichem Nachlass

Genehmigungsantrag

An das Amtsgericht – Familiengericht –[1]

. . . . . .

In der Familiensache

. . . . . ., geboren am . . . . . .

habe ich als Vormund,[2] des

[ ] nach gesetzlicher Erbfolge

[ ] durch letztwillige Verfügung vom . . . . . .

zum Erben nach . . . . . ., verstorben am . . . . . . berufenen Kindes beim Nachlassgericht . . . . . ., VI . . . . . ./. . . . . . die Erbschaft ausgeschlagen.[3]

Es wird beantragt,

1. die Ausschlagung familiengerichtlich zu genehmigen und die Genehmigung an den Vormund zu eröffnen.[4]
2. dem betroffenen Kind zur Bekanntmachung der familiengerichtlichen Genehmigung einen Ergänzungspfleger zu bestellen.[5]

Begründung:

Der Nachlass ist überschuldet. Einer Nachlassmasse im Wert von . . . . . . EUR, bestehend aus . . . . . .

Beweis: Nachlassverzeichnis

stehen Nachlassverbindlichkeiten in Höhe von . . . . . . EUR gegenüber.

Beweis: Nachlassverzeichnis

Beleg . . . . . . zur Forderung . . . . . .

Für diese Schulden hätte der Erbe zu haften.

Bei unklarem Nachlass:

Derzeit lässt sich noch nicht überschauen, ob der Nachlass überschuldet ist. Dieser besteht aus . . . . . . Verbindlichkeiten sind bekannt in Höhe von . . . . . . EUR.

Beweis: Nachlassverzeichnis

Mit weiteren Gläubigerforderungen ist zu rechnen, weil . . . . . .

Andererseits gehören in den Nachlass Forderungen in Höhe von insgesamt . . . . . . EUR.

Anlage: Forderungsaufstellung

Deretwegen ist zu prüfen, ob und in welchem Umfang diese einredebehaftet und durchsetzbar sind. Hierzu müssen die Schuldner angeschrieben werden. Ferner ist umfassender

Schriftverkehr zu sichten und auszuwerten. Vorher lässt sich der Wert des Nachlasses nicht verlässlich feststellen.

Zur Wahrung der Ausschlagungsfrist, die mit diesem Genehmigungsantrag gehemmt[5] wird, ist die Ausschlagung jedoch bereits erklärt worden.[6] Es wird angeregt, über deren Genehmigung erst zu entscheiden, wenn der Bestand des Nachlasses abschließend geklärt ist. Dies wird nach Abschluss der zu tätigenden Ermittlungen angezeigt.

Mit freundlichem Gruß

. . . . . .

Rechtsanwalt/Rechtsanwältin[7,8]

Anmerkungen

1. Die **örtliche Zuständigkeit** gemäß § 152 FamFG richtet sich nach dem gewöhnlichen Aufenthalt des Kindes. In Verfahren der freiwilligen Gerichtsbarkeit ist die Verwendung des sogenannten des Sachrubrums üblich. Ob, wie bei einer Klage im Hinblick auf den Amtsermittlungsgrundsatz angebotene Beweismittel eingerückt dargestellt werden, ist eine Geschmacksfrage, erleichtert aber die Erfassung des Schriftsatzes.

2. Ist nur eine Pflegschaft angeordnet, erstreckt sich nach h. Lit. der Wirkungskreis Vermögensverwaltung nicht auf die Entscheidung, ob die Erbschaft angenommen oder ausgeschlagen wird (*Bienwald/Sonnenfeld/Harm* Betreuungsrecht § 1896 BGB, S. 111 Stichwort: Erbschaft; aA DNotI, DNotI-Report 2004, 1). Entweder ist der Wirkungskreis zu erweitern oder die Ausschlagung vom Inhaber des Sorgerechts im Übrigen zu erklären. Die Unkenntnis der Genehmigungsbedürftigkeit ist ein zur Anfechtung nach § 1956 BGB berechtigender Rechtsirrtum (BayObLG FamRZ 1983, 834).

3. Die Ausschlagungserklärung ist zur Niederschrift des NachlGerichts oder in öffentlich beglaubigter Form abzugeben (§ 1945 Abs. 1 BGB). Nach Art. 21 Abs. 1 EuErbVO ist das Recht des Staates, in dem der Erblasser im Zeitpunkt seines Todes seinen gewöhnlichen Aufenthalt hatte maßgeblich (dazu Emmerich ErbR 2016, 122 ff.). Für die Formgültigkeit der Ausschlagung gilt Art. 28 EuErbVO. Die Ausschlagung kann ein Vertreter aufgrund öffentlich beglaubigter Vollmacht erklären, die der Erklärung beizufügen oder innerhalb der Ausschlagungsfrist nachzureichen ist (§ 1945 Abs. 3 BGB). Die **Ausschlagungsfrist** beginnt, wenn der gesetzliche Vertreter (bei mehreren der letzte, OLG Frankfurt BeckRS 2012, 16164) Kenntnis vom Anfall der Erbschaft erlangt. Die Höhe des Erbteils muss (noch) nicht bekannt sein. Bei letztwilligen Verfügungen gilt wegen des frühesten Zeitpunkts § 2260 BGB.

4. Auch wenn das FamG die Genehmigung entgegen § 1828 BGB unmittelbar an das NachlG gibt, wird die Genehmigung gleichwohl erst nach der innerhalb der noch verbleibenden Ausschlagungsfrist zu erklärenden Genehmigung durch den Vormund wirksam. Die Frist ist gehemmt (§ 206 BGB im Sinne höherer Gewalt) von Antragstellung bis Zugang der familiengerichtlichen (§ 1643, § 1822 Nr. 2, § 1915) Genehmigung der Ausschlagung an den Vormund oder Pfleger. Danach läuft der Rest der Frist ab (§ 209) (OLG Brandenburg ZEV 2014, 540; OLG Saarbrücken ZErb 2011, 246; Ivo ZEV 2002, 309, 313 f. mwN; MüKoBGB/Leipold Rn. 23; ausf. hierzu Sonnenfeld/Zorn Rpfleger 2004, 533).

5. Bei der Frage, ob für ein noch nicht verfahrensfähiges Kind im Falle der notwendigen Genehmigung einer Erbausschlagung durch die Eltern allein aus verfahrensrechtlichen Gründen ein Ergänzungspfleger zu bestellen ist, hat nun der BGH die inzwischen gefestigte Rechtsauffassung nicht mehr gestützt (BGH Rpfleger 2014, 373 = FamRZ 2014, 640, 641 mit kritischer Anm. Zorn bezüglich der eher wenig überzeugenden Argumente des Gerichts). Ein Ergänzungspfleger ist nur dann zu bestellen, wenn sich ein tatsächlicher Interessengegensatz zwischen Eltern und Kind (bzw. Vormund und Kind) erkennen lässt. Ist das nicht der Fall, sind die Eltern auch für die Entgegennahme der familiengerichtlichen Genehmigung für ihre noch nicht verfahrensfähigen Kinder vertretungsberechtigt. Bei einer genehmigungsfreien Erbausschlagung der sorgeberechtigten Eltern gem. § 1643 Abs. 2 Satz 2 BGB bedarf es keiner Bestellung eines Ergänzungspflegers. In diesen Fällen ist die Vertretung der Eltern grundsätzlich ohne Interessengegensatz.

6. § 1831 BGB gilt für die Erbausschlagung nicht, sodass die Genehmigung noch in der Ausschlagungsfrist nachgereicht werden kann (BayObLG FamRZ 1983, 834; BayObLG FamRZ 1969, 434). Vom Genehmigungsantrag bis zum Zugang der Entscheidung des FamG an den Vormund ist die Ausschlagungsfrist, genauso die Anfechtungsfrist (§ 1954 BGB) nach den §§ 1944, 206 BGB gehemmt (OLG Saarbrücken BeckRS 2011, 18369; *Brambring* ZEV 2002, 137 wendet § 210 BGB an). Die Hemmung erstreckt sich nicht auf den Zeitpunkt des Eingangs der Genehmigung beim NachlG (OLG Frankfurt FamRZ 1966, 259). Sie ist keine Frist, weshalb für deren Weiterlauf § 187 Abs. 1 BGB nicht gilt. Der Tag, an dem das hemmende Ereignis eintritt, ist nicht verbraucht (RGZ 161, 125, 127).

Beispiel: Kenntnis vom Anfall der Erbschaft 012.2.2013 (Ende der Frist des § 1944 Abs. 1 BGB: 1.3.2013, § 188 Abs. 2 BGB) – Genehmigungsantrag an FamG am 15.2.2013 (verbrauchte Frist: 2.2.–14.2.2013 = 13 Tage) – Zugang der Genehmigung 7.3.2013 (Frist läuft am 7.1.2013 sofort weiter) – Ende der Ausschlagungsfrist: 21.3.2013.

7. Der Vormund ist nicht verpflichtet, den Genehmigungsantrag so früh zu stellen, dass noch in der Ausschlagungsfrist entschieden werden kann. Die Fristhemmung (siehe → Anm. 4) steht nicht unter dieser Voraussetzung.

8. Wenn das FamG die Amtsermittlungspflicht ernst nimmt (siehe zu den Anforderungen BGH NJW-RR 1995, 248), kann es die Genehmigung nicht erteilen, bevor die Verhältnisse des Nachlasses geklärt sind. Zwar wäre die Anfechtung der Ausschlagung bzw. der Annahme noch möglich, falls sich herausstellt, dass die Werthaltigkeit des Nachlasses unzutreffend beurteilt worden ist. Sicherer ist es deswegen, während des Genehmigungsverfahrens die Beurteilungsgrundlage herzustellen.

Das FamG hat bei zweifelhaftem Fristablauf die Entscheidung über die Einhaltung der Frist dem Prozessgericht zu überlassen und sich auf die sachliche Prüfung der Vorteilhaftigkeit der Ausschlagung für den Mündel zu beschränken (BayObLG FamRZ 1969, 434).

2. Erbauseinandersetzung durch Abschichtung

Abschichtungsvertrag[1] (mit Abfindung in Geld durch den einzigen verbleibenden Miterben)[2]

Zum Zwecke der Beendigung der Erbengemeinschaft am Nachlass des am . . . . . . verstorbenen . . . . . . vereinbaren[3]

. . . . . . [Aufzählung und Benennung der noch zur Erbengemeinschaft gehörenden Personen mit Erbanteil (bei Minderjährigen unter Bezeichnung des gesetzlichen Vertreters)]:

1. Die Miterben . . . . . . und . . . . . . scheiden aus der Erbengemeinschaft aus
   [ ] zum . . . . . .
   [ ] sobald folgende/s zum Nachlass gehörende/s
   [ ] Sache/n:
   [ ] Grundstück/e:
   [ ] durch notariellen Kaufvertrag
   verkauft ist/sind.
   [ ] . . . . . . (andere Bedingung, zB nach Sicherung oder Erfüllung der Abfindungsforderung)
2. Der Miterbe . . . . . . zahlt als Abfindung an
   [ ] jeden der Ausscheidenden . . . . . . EUR. [ ] an . . . . . . EUR. [ ] an . . . . . . EUR.
   [ ] ggfs. Zinsen in Höhe von . . . . . . seit/ab . . . . . .
3. Der Abfindungsbetrag ist
   [ ] sofort fällig [ ] fällig am . . . . . . [ ] fällig, sobald . . . . . .
4. [ ] Der Abfindungsbetrag wird gesichert durch . . . . . . (zB Grundpfandrecht, Mobiliarsicherheit, Forderungsabtretung oder auch die aufschiebende Bedingung, dass die Anwachsungsfolgen erst eintreten, wenn die Abfindung gezahlt ist)[4]
5. Der ausscheidende Miterbe . . . . . . übernimmt/behält folgende Verpflichtung/en und Rechte:
   [ ] . . . . . . (Zahlung von Pflichtteils-/-ergänzungsansprüchen, ggfs. anteilig[5]) [Ggfs. Verpflichtungen weiterer Miterben einfügen]
   [ ] dem Erbteil gemäße anteilige Beteiligung am Ergebnis folgender Geschäfte: . . . . . .
   [ ] die anteilige Zahlung von Steuernachforderungen für die Zeit der Mitgliedschaft in der Erbengemeinschaft hat
   [ ] keine Folgen für den Abfindungsanspruch
   [ ] Folgen für den Abfindungsanspruch, nämlich . . . . . . (zB Erhöhung um . . . . . . EUR/%, wenn die Nachforderung eine bestimmte Höhe überschreitet.
6. [ ] Die Vertragsparteien sind sich einig, dass die unter Nr. 4 aufgeführten Verpflichtungen unter Verrechnung mit dem unter Nr. 3 genannten Abfindungsbetrag vom Miterben . . . . . . erfüllt werden.
7. Die Vertragsparteien nehmen zur Kenntnis und sind sich darüber einig, dass
   a) mit diesem Vertrag die Erbteile der ausscheidenden Miterben dem allein in der Erbengemeinschaft verbleibenden Miterben . . . . . . kraft Gesetzes anwachsen mit der Folge, dass dieser Alleineigentümer an den zum Nachlass gehörenden Gegenständen wird, insbesondere auch folgende/r/n Grundstück/e/s . . . . . . [Beschrieb in grundbuchüblicher Weise].
      Falls erforderlich: Regeln zum Besitzübergang, Gewährleistung und zur Zahlungspflicht für Lasten: zB Weise/*Fritsch*, Beck FormB ImmobilienR, → Form. A.I.1.
   b) die Haftung der ausscheidenden Miterben für bereits entstandene Nachlassverbindlichkeiten (Nachhaftung) bleibt im Außenverhältnis gegenüber den Gläubigern dieser Ansprüche bestehen. Der verbleibende Miterbe
      [ ] stellt die Ausscheidenden im Innenverhältnis von der Haftung [ ] nicht [ ] frei.
      [ ] verpflichtet sich die Entlassung der ausscheidenden Miterben aus der Mithaft für folgende Forderungen herbeizuführen: . . . . . .
      Der Eintritt der Anwachsungsfolgen [ ] steht [ ] nicht unter der aufschiebenden Bedingung der Entlassung aus der Mithaft.
8. Die Vertragsparteien bewilligen und beantragen die Berichtigung des Grundbuchs nach Maßgabe der in diesem Vertrag getroffenen Vereinbarungen dahin, dass . . . . . . als Alleineigentümer ins Grundbuch eingetragen wird.[6]
9. Die für den/die minderjährigen Miterben notwendige familiengerichtliche Genehmigung[7]

[ ] liegt vor und diesem Vertrag bei. Die Parteien nehmen hierauf Bezug.
[ ] wird vom gesetzlichen Vertreter beantragt.
10. Weitere Vereinbarungen: . . . . . .
11. Nebenabreden sind nicht getroffen. Für Vertragsänderungen wird Schriftform vereinbart.
12. Die Kosten dieses Vertrags und dessen Vollzugs werden wie folgt getragen: . . . . . .[8]
13. Evtl. salvatorische Klausel und Schlussbestimmungen

. . . . . ., den . . . . . .

. . . . . .

Unterschriften[9]

Anmerkungen

1. Die aus dem Gesellschaftsrecht bekannte Abschichtung (§ 738 BGB), ist als weitere Auseinandersetzungsform neben Teilung und Erbteilsübertragung auch bei Erbengemeinschaften zulässig (BGHZ 138, 8 = NJW 1998, 1557; BGH NJW 2005, 284; OLG Celle ZEV 2002, 363; LG Köln NJW 2003, 2993; die Kritik an dieser Rspr., vgl. die Zusammenfassung bei *Kanzleiter* ZEV 2012, 447, hat sich bisher nicht durchgesetzt). Sie geschieht durch einverständliches Ausscheiden von Miterben aus der Erbengemeinschaft mit der Folge, dass deren Erbteil den verbliebenen Miterben kraft Gesetzes anwächst. Eine Übertragung auf bestimmte Rechtsnachfolger findet so nicht statt. Die dingliche Rechtsänderung tritt nicht durch Veräußerung ein und unterliegt daher keinem Formzwang (→ Anm. 4), auch wenn zum Nachlass Grundstücke gehören. Verbleibt in der Erbengemeinschaft nur noch ein Miterbe, ist die Gemeinschaft auseinandergesetzt (und Zwangsversteigerung kann ohne Voreintragung angeordnet werden, BGH NJW 2011, 525).

2. Die Ausscheidenden können sich abfinden lassen. Ob die Abfindung aus dem Nachlass oder dem sonstigen Vermögen des bleibenden Erben stammt, ist unerheblich (a. A.: *Jünemann*, ZEV 2012, 65).

Ist die Abfindung nicht in Geld zu leisten, sondern wird hierbei ein Grundstück auf den Ausscheidenden übertragen, gilt die Form des § 311b BGB (BGH NJW 1998, 1557; OLG Rostock ZEV 2009, 464). So ist es auch, wenn anderer Formbedarf besteht (zB § 15 GmbHG).

3. Die Abschichtung dürfte sich für übersichtliche Nachlässe eignen, die einvernehmlich auseinandergesetzt werden können. Vorteilhaft sind geringere Vollzugskosten. Die Formfreiheit der Abschichtungsvereinbarung ist umstritten, wird aber vom BGH mit der in Anm. 2 genannten Einschränkung bejaht (BGH NJW 1998, 1557; krit. zB *Reimann* ZEV 1998, 213; *Rieger* DNotZ 1999, 64). Die Feststellung eines Rechtsbindungswillens unterliegt jedoch erhöhten Anforderungen (OLG Rostock ZEV 2009, 464).

Privatschriftlich geschlossene Erbteilsübertragungsverträge können nicht im Rahmen der so genannten „Abschichtungsrechtsprechung" als formwirksam angesehen werden, wenn sich die Parteien der Formbedürftigkeit nicht sicher waren, sich deswegen für die (nochmalige) notarielle Beurkundung der Abreden entschieden und dort andere Formulierungen gewählt haben (OLG Dresden ZERB 2003, 184).

4. Zu empfehlen ist eine Sicherung wie bei der Erbteilsübertragung üblich (*Reimann* ZEV 1998, 213, 215m. Bsp.). Ein wichtiges Sicherungsinstrument steht bei der privatschriftlichen Vereinbarung aber nicht zu Verfügung, die der notariellen Beurkundung bedürftige Vollstreckungsunterwerfung iSv § 794 Abs. 1 Nr. 5 ZPO.

5. Diese Verpflichtung kann klageweise gegen denjenigen, der diese übernommen hat, geltend gemacht werden (OLG Celle ZEV 2002, 363).

6. Das Grundbuch wird erst unrichtig, wenn die Anwachsung stattgefunden hat, also alle aufschiebenden Bedingungen, von deren Eintritt die Anwachsung abhängen soll, eingetreten sind (OLG Frankfurt ZEV 2016, 163). Auch dies ist in grundbuchmäßiger Form nachzuweisen, wobei zur Grundbuchberichtigung die Bewilligung des/der ausscheidenden Miterben (PfOLG Zweibrücken ZEV 2012, 264; zur Fassung des Grundbuchantrags *Dümig* Rpfleger 2004, 96) oder die Abschichtungsvereinbarung in der Form des § 29 GBO (*Böhringer* ZEV 2012, 264 Anm. zu PfOLG Zweibrücken) genügt.

7. Die Abschichtung ist als Erbteilungsvertrag für Vormund und Pfleger genehmigungspflichtig nach § 1822 Nr. 2 BGB (*Damrau,* Der Minderjährige im Erbrecht, § 39 Rn. 234; HK-BUR/*Harm* § 1822 C I Nr. 1).

8. Kosten fallen an

a) für die öffentliche Beglaubigung der Unterschrift. Beim Notar entsteht eine $^1/_4$ Gebühr abhängig vom Geschäftswert, höchstens aber 130,– EUR. Wird die Unterschrift durch eine nach Landesrecht zuständige Behörde beglaubigt, richten sich die Kosten nach den landesrechtlichen Vorschriften.
Beispiel: § 5 rhld.-pf BeglG
(1) Für die öffentliche Beglaubigung einer Unterschrift wird eine Gebühr in Höhe des Mindestbetrages einer Gebühr nach § 33 S. 1 des Gesetzes über die Kosten in Angelegenheiten der freiwilligen Gerichtsbarkeit (Kostenordnung § 34 Abs. 5 GNotKG) in der jeweils geltenden Fassung erhoben. Werden mehrere Unterschriften unter einer Urkunde gleichzeitig beglaubigt, so wird die Gebühr nur einmal erhoben.

b) für die Berichtigung des Grundbuchs nur, wenn diese nicht binnen zwei Jahren seit dem Erbfall beantragt wird (§ 60 Abs. 4 KostO Nr. 14110 Abs. 1 KV nach § 34 GNotKG). Allerdings ist umstr., ob eine Grundbucheintragung im Zusammenhang mit einer Auseinandersetzung der Erbengemeinschaft unter diesem Kostentatbestand fällt (ja: PfOLG Zweibrücken ZEV 2012, 416; nein: *Dümig* Rpfleger 2004, 96). Die Vorschrift beschränkt sich aber nicht auf die Eintragung der ursprünglichen Erbengemeinschaft, sondern erfasst deren Veränderung, sodass auch der Eigentümerwechsel durch Erbauseinandersetzung und Erbteilsabtretung an einen Miterben kostenbegünstigt ist (vgl. OLG München NJW-RR 2006, 648; aA LandG Detmold ZEV 2009, 89). Sie greift auch ein, wenn die Erbengemeinschaft bereits voreingetragen war.

9. Bedarf es des grundbuchmäßigen Vollzugs. → Anm. 6.

3. Abwendung einer Ergänzungspflegschaft zur Durchsetzung des Pflichtteils der Kinder

. . . . . .

In dem Verfahren . . . . . .

wird die Vertretung von . . . . . . angezeigt. Für diese/n nehme/n ich/wir Stellung zur gerichtlichen Verfügung vom . . . . . ., mit der das Familiengericht mitgeteilt hat, es prüfe, ob die elterliche Sorge im Teilbereich Geltendmachung eines Pflichtteilsanspruch nach . . . . . . zu entziehen und eine Ergänzungspflegschaft anzuordnen sei.[1]

Die Voraussetzungen für eine solche Maßnahme liegen nicht vor.

Der Mandant/Die Mandantin ist nach dem Tod seines/seiner Ehegatten/in, der Mutter/der Vater der betroffenen Kinder, durch letztwillige Verfügung vom ...... zum Alleinerben eingesetzt worden. Die Wirksamkeit und Auslegung dieser Verfügung ist nicht zweifelhaft.[2] Ihm/Ihr ist auf Antrag am ...... ein dieses Erbrecht ausweisender Erbschein erteilt worden.[3] Er/Sie hat ein Nachlassverzeichnis errichtet und beim Familiengericht ein Vermögensverzeichnis für das Kind/die Kinder eingereicht.

Es trifft zu, dass nicht beabsichtigt ist, den Kindern den Pflichtteil auszuzahlen oder diesen in welcher Weise auch immer zu sichern. Dessen bedarf es bei den hier maßgeblichen Verhältnissen nicht.

Der alleinerbende Elternteil ist nicht nach § 1795 Nr. 1 BGB gehindert, über die Geltendmachung des Pflichtteils zu entscheiden, weil diese Entscheidung noch kein Rechtsgeschäft darstellt. Für ein Eingreifen nach § 1796 BGB fehlt es an einem erheblichen und konkreten Interessengegensatz. Die Kinder erleiden keinen Rechtsverlust. Es obliegt ihnen selbst, bei Eintritt der Volljährigkeit innerhalb der ab dort laufenden Verjährungsfrist (§ 207 Abs. 1 Nr. 2 BGB) zu entscheiden, ob und in welchem Umfang sie den Pflichtteilsanspruch geltend machen.[4] Auch die Sicherung des Anspruchs kann, wie in der Rspr. mehrfach entschieden (vgl. BayObLG Rpfleger 1964, 269; LG Braunschweig Rpfleger 2000, 69; LG Bochum Rpfleger 1994, 418), nur verlangt werden, wenn hierfür ein besonderes Bedürfnis besteht, weil der Pflichtteilsanspruch gefährdet ist. Ein solches ist im vorliegenden Falle nicht zu erkennen. Der Vater/Die Mutter der betroffenen Kinder lebt in gesicherten wirtschaftlichen Verhältnissen, er/sie hat keine Verbindlichkeiten/bedient bestehende Verbindlichkeiten in angemessenen monatlichen Tilgungsraten von ...... EUR. Er/Sie ist ordentlich beleumundet. Vollstreckungsverfahren sind und waren nicht im Gange. Der Nachlass besteht im Wesentlichen aus dem von ihm/ihr mit den Kindern bewohnten Familienheim, das einen Wert von ungefähr ...... EUR hat. Es ist weder notwendig noch beabsichtigt, dieses Grundstück zu verwerten. Die Belastung mit einem Grundpfandrecht zur Sicherung des Pflichtteilsanspruchs wäre mit Kosten verbunden, ohne dass hieraus den Kindern ein tatsächlicher Nutzen erwachsen würde. Künftige Veränderungen dieser geschilderten Verhältnisse wären nach Maßgabe des § 1909 Abs. 2 BGB anzeigepflichtig. Dies ist dem Vater/der Mutter bekannt. Dass dieser Pflicht, so sie entsteht, nicht entsprochen würde, ist nicht feststellbar. Die bisherige Mitwirkung im Verfahren spricht vielmehr dagegen.[5, 6]

......

Rechtsanwalt/Rechtsanwältin

Anmerkungen

1. Häufig wird lediglich Pflegschaft angeordnet, ohne eigens auszusprechen, dass die elterliche Sorge entzogen wird. Dies genügt, insbesondere wenn sich aus den Gründen ergibt, dass der Pfleger in der betreffenden Angelegenheit allein zuständig sein soll (BayObLG Rpfleger 2004, 42; anders noch BayObLG Rpfleger 1964, 269).

2. Besteht Streit über die Auslegung eines Testaments, ob Kinder neben Eltern zu Miterben berufen seien, besteht ein Interessenkonflikt iSv § 1796 BGB.

3. Das NachlG teilt gemäß XVII/5 MiZi dem FamG ab einem Betrag von 15.000,– EUR den Vermögenserwerb von Todes wegen durch Minderjährige mit.

4. Ein Interessenkonflikt kann sich aus der Testamentsgestaltung ergeben. Ist die Enterbung des Pflichtteilsberechtigten vom gemeinschaftlich mitverfügenden Alleinerben mit einer Pflichtteilsstrafklausel verbunden, kann das darauf hinweisen, dass dieser eine Inanspruchnahme des Pflichtteils vermeiden will (BayObLG Rpfleger 2004, 42). Vertritt er minderjährige Kinder, wird wegen deren späterem Entscheidungsrecht dies jedoch nur zum Tragen kommen, wenn Bedenken bestehen, dass der Pflichtteilsanspruch werthaltig bleibt. Bei der Betreuung ist dies anders, wenn anzunehmen ist, dass der Betreute nie eine eigene Entscheidung treffen kann.

Wird die Sorge wegen eines Interessenkonflikts entzogen, ist der Wirkungskreis des Pflegers grundsätzlich auf die Sicherung des gefährdeten Anspruchs beschränkt, es sei denn, die unmittelbare Durchsetzung und Erfüllung des Anspruchs ist das einzige geeignete Mittel zur Sicherung. Ansonsten bleibt die Durchsetzung dem Kind nach Volljährigkeit vorbehalten (BayObLG FamRZ 1989, 540). Dementsprechend erstreckt sich die Fürsorge des FamG nicht auf die Feststellung der Höhe des Anspruchs. Hierauf bezogene Ermittlungen (zB Sachverständigengutachten zum Wert) sind auf Schutzmaßnahmen iSV §§ 1666 f. BGB zu beschränken.

Wird die Vermögenssorge der Eltern durch letztwillige Verfügung gem. § 1638 Abs. 1 BGB beschränkt, umfasst die Befugnis eines Pflegers auch die Geltendmachung von Pflichtteilsansprüchen und deren Durchsetzung (OLG München BeckRS 2016, 13642).

5. Weitere Argumente:

- Wert des Pflichtteils unter Berücksichtigung bestehender Belastungen
- Werthaltigkeit einer Sicherung bei vorrangigen Belastungen
- Erhalt des Familienfriedens
- Zeitlicher Aspekt, wenn Volljährigkeit der Kinder bevorsteht
- Vermeidung der Folgen einer Pflichtteilsstrafklausel kann günstiger sein (Bsp.: Ist angeordnet, dass bei Geltendmachung des Pflichtteils nach dem Erstversterbenden das Kind nach dem Tod des anderen Elternteils nicht Erbe sein, sondern nur den Pflichtteil erhalten soll, sind der Wert der beiden Pflichtteile ins Verhältnis zum Wert des Schlusserbrechts zu setzen.)
- Unterhaltsrechtliche Betrachtung: Der Pflichtteilsberechtigte muss vom überlebenden Elternteil unterhalten werden (vgl. *Damrau,* Der Minderjährige im Erbrecht, § 8 Rn. 62).
- Berufliches Fortkommen des Kindes kann vom Erhalt des Familienvermögens abhängen (BayObLG FamRZ 1989, 540).

  Die Gewichtung der für einen Interessenkonflikt maßgeblichen Tatsachen hängt auch davon ab, gegen wen sich der Pflichtteilsanspruch richtet. Familiäre Rücksichten verlieren an Bedeutung, wenn der Erbe ein nicht verwandter Dritter ist. Das Sicherungsinteresse kann strenger zu beurteilen sein, wenn das wirtschaftliche Gebaren eines „Fremden“ nicht zu überblicken ist.

6. Exkurs: Freiwillige Erfüllung und Sicherung des Pflichtteils

a) ohne Pflegerbestellung: Nur Sicherung ist ohne Hinzuziehung eines Pflegers möglich.

b) bei Pflegerbestellung: Bei Annahme der Erfüllung braucht der Pfleger eine Genehmigung nach §§ 1812, 1813 BGB. Einigen sich die Erbe und Pfleger bezüglich der Sicherung, ist dies regelmäßig kein genehmigungsbedürftiger Vergleich iSv § 1822 Nr. 12 BGB.

4. Zustimmung und Genehmigung des Vormunds/Pflegers zu einem Erbvertrag

An . . . . . .

Als Vormund/Pfleger stimme ich

[ ] dem Abschluss eines auf . . . . . . (zB wechselseitige Einsetzung zum Alleinerben) gerichteten

[ ] der Aufhebung des am . . . . . . unter Urk-Nr. . . . . . . des Notars . . . . . . in . . . . . . geschlossenen

Erbvertrags[1] zwischen

. . . . . ., Mündel/Pflegling

[ ] als Erblasser, [ ] als Vertragspartner des Erblassers

und

[ ] dessen/deren Ehegatten/Verlobten, ...

zu. Die notwendige familiengerichtliche[2] Genehmigung

[ ] ist beigefügt [ ] wird beantragt und nachgereicht.[3]

Ort, den . . . . . .

. . . . . .

Unterschrift

Übersicht über die Handlungsfähigkeit von Minderjährigen bei letztwilligen Verfügungen/Erbverzicht und Mitwirkungsbedarf des gesetzlichen Vertreters

Erbrechtl. Erklärung	Stellung	Norm	eigenes Handeln des Minderjährigen	Mitwirkung des gesetzlichen Vertreters	Form
Testament	Testierer	§ 2229 BGB	ja, wenn § 106 BGB	nein	§ 2233 BGB
Erbvertragsabschluss	Erblasser	§ 2275 Abs. 1, 2, 3 BGB	ja, wenn § 106 BGB und ErbV unter Ehegatten/ Verlobten	ja + famg. Gen. bei Vormund/ Pfleger;	§ 2276 BGB; für Mitwirkung keine, aber wenigstens Schriftform zu empfehlen
	Vertragspartner	kein § 2274 BGB	ja, wenn §§ 106, 107 BGB, sonst vertr. durch ges. V.	nein, bei § 106 BGB wegen § 107 BGB; ja bei § 104 BGB	§ 2276 BGB; wenn Mitwirkung keine, aber wenigstens Schriftform zu empfehlen

Erbrechtl. Erklärung	Stellung	Norm	eigenes Handeln des Minderjährigen	Mitwirkung des gesetzlichen Vertreters	Form
Erbvertragsaufhebung	Erblasser	§ 2290 BGB	ja, wenn § 106 BGB nein, wenn § 104 BGB	nein, wegen § 107 BGB ja	§§ 2290 Abs. 4, 2276 BGB §§ 2290 Abs. 4, 2276 BGB
	Vertragspartner	§ 2290 Abs. 3 BGB	ja, bei § 106 BGB, wenn ges. V. zustimmt	ja + famg. Gen. bei Vormund/ Pfleger, nur Eltern sind privilegiert, wenn Vertragsparteien miteinander verheiratet oder verlobt sind (siehe auch § 2347 Abs. 1 S. 2 BGB	§§ 2290 Abs. 4, 2276 BGB
gem. Testament statt Aufhebungsvertrag	Erblasser	§ 2292 BGB	ja, wenn mind. 16 Jahre	nein, wegen § 2229 BGB	§ 2233 BGB
	Vertragspartner	§ 2292 BGB	ja, bei § 106 BGB, wenn ges. V. zustimmt	ja + famg. Gen. bei Vormund/ Pfleger, es sei denn Vertragsparteien sind miteinander verheiratet oder verlobt	§ 2233 BGB
Rücktritt von Erbvertrag	Erblasser	§ 2296 BGB iVm §§ 2293 f-f. BGB	ja, wenn § 106 BGB	nein	§ 2296 Abs. 2 S. 2 BGB
		§ 2296 Abs. 1 S. 1 BGB	nein, wenn § 104 BGB auch keine Vertretung	nein	
Anfechtung des Erbvertrags	Erblasser	§ 2282 BGB	ja, wenn § 106 BGB	nein	§ 2282 Abs. 3 BGB
			nein, wenn § 104 BGB	ja + famg. Gen.	§ 2282 Abs. 3 BGB

Erbrechtl. Erklärung	Stellung	Norm	eigenes Handeln des Minderjährigen	Mitwirkung des gesetzlichen Vertreters	Form
Bestätigung des anfechtbaren Erbvertrags	als Erblasser	§ 2284 BGB	str., vgl. Erman/*Schmidt* § 2284 BGB Rn. 1 mwN	ja, falls Bestätigung unter den Voraussetzungen des § 2275 Abs. 2 BGB bejaht wird	keine; aA *Bengel* DNotZ 1984, 132
Erb-/Zuwendungsverzichtsvertrag	Erblasser	§ 2347 BGB	ja, wenn § 106 BGB, weil § 107 BGB, außer Abfindung wird vereinbart; nein, wenn § 104 BGB	nein, wenn § 106 BGB; ja wenn § 104 BGB	§ 2348 BGB
	Vertragspartner (=Verzichtender)	§§ 2347, 2352 BGB	nein, wenn § 104 BGB; bei § 106 BGB ja, wenn ges. V. zustimmt	ja, wenn § 104 BGB; bei § 106 BGB Zustimmung oder Vertretung + Gen. des FamG, wenn nicht § 2347 Abs. 1 S. 1 2. Halbs. BGB	§ 2348

Anmerkungen

1. Die Mitwirkungsbedürftigkeit bei unter Beteiligung von Minderjährigen geschlossenen Erbverträgen ist praktisch selten. Die Volljährigkeit ist herabgesetzt worden, das Heiratsalter im Durchschnitt gestiegen. Das Lebenspartnerschaftsgesetz ist zu beachten.

Außer der notariellen Beurkundung ist auch der in einem anhängigen Verfahren geschlossene gerichtliche Vergleich (§ 127a BGB), der in der Form des § 1035 ZPO protokollierte Schiedsvergleich und die Beurkundung durch den Konsularbeamten im Rahmen der §§ 2, 10, 11 Abs. 1 KonsularG formwahrend. Für den Anwaltsvergleich gilt dies nicht. Hinsichtlich des gemäß § 278 Abs. 6 ZPO durch Gerichtsbeschluss festgestellten Vergleichs ist die Rechtslage nicht so sicher geklärt, dass diese Form als sicherer Weg bezeichnet werden kann (abl. OLG Düsseldorf NJW-RR 2006, 1609 bei der Auflassung; OLG Brandenburg FamRZ 2008, 1192 für § 1587o II BGB; *Knauer/Wolf* NJW 2004, 2857; Erman/*Palm* § 127a Rn. 3; für entspr. Anwendung Palandt/*Ellenberger* § 127a Rn. 2).

Wird der gerichtliche Vergleich im Anwaltsprozess geschlossen, müssen die Vertragsparteien und, soweit sie dem Anwaltszwang unterliegen (das ist nicht der nur dem Vergleich beitretende Dritte), der jeweilige Prozessbevollmächtigte die Erklärungen abgeben und den Vergleich genehmigen (BGH NJW 1980, 2307). Letzteres kann auch in anderer Weise als durch das Protokoll bewiesen werden (OLG Stuttgart NJW 1989, 2700). Die Formel „vorgelesen und genehmigt“ kann die Mitwirkung der Vertragsparteien zwar umfassen, sollte aber der Klarheit willen nicht verwendet werden, zu Gunsten etwa der Formulierung „vorgelesen und von den Parteien und deren Prozessbevollmächtigten (sowie ggfs. des beitretenden Dritten) genehmigt". Kein Anwaltszwang besteht vor dem beauftragten Richter (§ 78 Abs. 5 ZPO).

2. Die famg. Genehmigung erteilt der Rechtspfleger (§ 3 Nr. 2 iVm § 14 RPflG).

3. Die wohl h. M. ist der Auffassung, die famg. Genehmigung könne auch noch nach Beurkundung des Erbvertrags beigebracht werden, der Notar habe lediglich gemäß § 17 Abs. 2 BeurkG auf die fehlende Genehmigung hinzuweisen (zB Erman/*Schmidt* § 2275 Rn. 2; *Damrau* § 3 Rn. 5). Die Nachreichung schafft aber eine Schwebesituation und u. U. Wirksamkeitsprobleme, wenn eine der Vertragsparteien stirbt. Überwiegend wird eine Genehmigung nach dem Tod einer verfügenden Vertragspartei nicht für möglich gehalten (BGH NJW 1978, 1159; offen haltend BayObLG NJW 1960, 577).

V. Anlage von Vermögen

1. Genehmigung von Bankgeschäften

a) Checkliste für Konteneröffnung und Kontoübernahme

Kontoeröffnung[1, 2]

1. Auswahl der Bank/Sparkasse

a) bisherige Zusammenarbeit, etwa auch Beratungsqualität
b) Kostenfaktor
c) Zugehörigkeit zu Einlagensicherungsfonds

2. Ausweispflichten/Legitimationsprüfung

a) Zivilrechtliche Legitimation: Mündel/Pflegling, Vormund/Pfleger müssen sich legitimieren
  aa) Bei minderjährigem Mündel/Pflegling unproblematisch, weil nicht voll geschäftsfähig: Vorlage Geburts-/Abstammungsurkunde; falls vorhanden Ausweis
  bb) Des Vormunds/Pflegers:
  - Person durch Personalausweis oder persönliche Bekanntheit
  - Amt durch Original der Bestallungsurkunde iVm Personalausweis bei Zweifel: Einsicht in Gerichtsakte (vgl. § 34 FGG) oder Vorlage einer gerichtlichen Erklärung
  - Befreiung, Entbindung iSv § 1817 BGB und allgemeine Ermächtigung durch
    - Bestallungsurkunde
    - familiengerichtliche Bescheinigung bzw. Beschluss
    - Personenstandsurkunde (bei ges. befreiten Betreuern, vgl. § 1908i Abs. 2 S. 2 BGB iVm § 1857a BGB)

b) Steuerrechtliche Legitimation gemäß § 154 Abs. 2 S. 1 AO iVm Nr. 7 lit. b AEAO zu § 154[3a] bei Vormundschaft und Pflegschaft nur betreffend Mündel/Pflegling, dagegen für Vormund/Pfleger und von diesem bestimmte Kontobevollmächtigte (entspr.) entbehrlich

c) geldwäscherechtliche Prüfung
  - Geldwäscherechtliche Legitimation gemäß § 2 Abs. 1 iVm § 1 Abs. 5 GwG
  - des Mündels/Pfleglings
    - grundsätzlich durch Ausweis (§ 1 Abs. 5 GwG: Feststellen des Namens auf Grund Personalausweises/Reisepasses, Geburtsdatums, Geburtsortes, Staatsangehörigkeit und Anschrift und das Feststellen von Art, Nummer und ausstellender Behörde des amtlichen Ausweises oder qualifizierten elektronischen Signatur im Sinne von § 2 Nr. 3 des Signaturgesetzes),
    - kann ein Ausweis nicht erlangt werden: Legitimation des Vormunds/Pflegers (BAKred-Schr. v. 19.2.1998 (I 5–B 400) durch Bestallungsurkunde und Lichtbildausweis
    - des Vormunds/Pflegers: entbehrlich wegen Nr. 7 lit. b AEAO zu § 154 iVm III Nr. 8 Verlautbarung des Bundesaufsichtsamtes für das Kreditwesen über Maßnahmen der Kreditinstitute zur Bekämpfung und Verhinderung der Geldwäsche (BAKred-Geldwäscheverlautbarung)
    - Feststellung des wirtschaftlich Berechtigten gemäß § 8 GwG[3b]

3. Kontoeröffnungsantrag, Anerkennung und Zustimmung zu von der Bank/Sparkasse verlangten Bedingungen

a) Bei Anlagen: Ermittlung der Risikoklasse (siehe dazu Form. R. V. 2 mit Anmerkungen)
b) Mündel/Pflegling wird Kontoinhaber und Gläubiger des Kontoguthabens[3c]
  aa) Kennzeichnung als Mündelkonto

bb) Sperrvermerk
cc) Angabe des gesetzlichen Vertreters
c) Prüfung, ob Institut zu einer Sicherungseinrichtung gehört.[3d]
d) Anerkennung der AGB und Sonderbedingungen der Bank/Sparkasse[3e]
e) beim Girokonto:
aa) Zustimmung zur SCHUFA-Klausel betreffend die Weitergabe von Kundendaten[3f]
bb) Unterzeichnung des Girovertrags mit Verpflichtung zur Zahlung der Bankgebühren[3g]
cc) ggfs. Abschluss eines Scheckvertrags, Verhandlung mit der Bank über die Aushändigung einer Bank- oder Kreditkarte.[3h]

4. Vereinbarung über Zustelladresse für Schriftverkehr und Kontoauszüge an den Vormund/Pfleger[3i]

5. Freistellungsauftrag bei Konto mit Zinsertrag

Kontenübernahme

1. Legitimationsprüfung bezüglich Vormund/Pfleger

2. Kontensperre (dann entsteht auch im Rahmen des § 1813 Abs. 1 BGB Genehmigungsbedarf bei einer Verfügung); beachte: Bank/Sparkasse kann von sich aus übernommenes Konto sperren.

3. Gemeinschaftskonto ist aufzulösen,

a) immer bei gemeinsamem Konto von Mündel/Pflegling und Vormund/Pfleger (vgl. *Gleißner* Rpfleger 1985, 482).
b) bei gemeinsamem Konto mit Dritten, wenn Umwandlung von „Oder" in „Und-Konto" nicht genügt.[3j]

4. Neuanlage mit Kontoeröffnung siehe Checkliste Kontoeröffnung

b) Schreiben an die Bank zur Vereinbarung einer Kontensperre[4]

An die . . . . . .-Bank/Sparkasse

Sehr geehrte Damen und Herrn,

als Vormund/Pfleger von . . . . . . bin ich gehalten, bezüglich des für meinen Mündel/Pflegling bei Ihrem Institut bestehenden Kontos . . . . . . zu vereinbaren und dieses dahingehend kenntlich zu machen, dass die Erhebung des Geldes der Genehmigung des FamG bedarf. Ich bitte, dies auf den angegebenen Konten zu vermerken und mir die Vormerkung der Sperre zu bestätigen, damit ich meinerseits dem FamG den mir diesbezüglich aufgegebenen Nachweis innerhalb der mir dazu bis . . . . . . (Datum einfügen) gesetzten Frist[5] führen kann.

Alternative bei Depot

als Vormund/Pfleger von . . . . . . bin ich gehalten, bezüglich des für meinen Mündel/Pflegling bei Ihrem Institut bestehende Wertpapierdepots . . . . . . [falls für Verrechnung ein eigenes Konto unterhalten wird: und dem dazu gehörenden Verrechnungskonto . . . . . .] zu vereinbaren und dieses dahingehend kenntlich zu machen, dass die Herausgabe und die Verfügung hierüber der Genehmigung des FamG bedarf. Ich bitte dies an den angegebenen Stellen zu vermerken und mir die Vormerkung der Sperre zu bestätigen, damit ich meinerseits dem FamG den mir diesbezüglich aufgegebenen Nachweis innerhalb der mir dazu bis . . . . . . (Datum einfügen) gesetzten Frist führen kann.

Mit freundlichem Gruß

. . . . . .

c) Genehmigungsantrag zur Abhebung vom gesperrten Konto[6]

An das Amtsgericht – Familiengericht –

In der Vormundschafts-/Pflegschaftssache

betreffend das minderjährige Kind . . . . . .,

Aktenzeichen F. . . . . . . /. . . . . .

wird beantragt,

dem Vormund/Pfleger

[ ] die Abhebung eines Betrags [ ] die Überweisung eines Betrags

von . . . . . . EUR vom Konto Nr. . . . . . ., bei der . . . . . .-Bank/Sparkasse famg. zu genehmigen. Die Erteilung einer Ausfertigung des Genehmigungsbeschlusses mit Rechtkraftvermerk wird vorsorglich hiermit beantragt.[7]

Begründung:

Der benötigte Geldbetrag ist bestimmt

[ ] zur Begleichung anliegender Rechnung (Kopie)

[ ] zur Barauszahlung an . . . . . . für . . . . . .

[ ] zur Wiederanlage in . . . . . ./zur Auffüllung des Girokontos (Umbuchung)

. . . . . .

d) Widerruf einer vorgefundenen Bankvollmacht nach Amtsübernahme

An die

. . . . . .-Bank/Sparkasse

Widerruf der Kontovollmacht für . . . . . . betreffend das Konto . . . . . .

Als vom Amtsgericht – Familiengericht – . . . . . ., Az.: F . . . . . ./. . . . . . bestellter Vormund/Pfleger mit dem Wirkungskreis Vermögenssorge für . . . . . . weise ich mich aus/habe ich mich ausgewiesen durch Personalausweis und Original der Bestallungsurkunde.

Ich zeige an, dass das Amt des bisherigen Vormunds/Pflegers beendet ist. Zugleich widerrufe ich mit sofortiger Wirkung die . . . . . . erteilte Vollmacht zur Verfügung über das Mündelkonto . . . . . . Den Eingang dieses Widerrufs bitte ich mir zu bestätigen.[8]

. . . . . ., den . . . . . .

. . . . . .

Rechtsanwalt/Rechtsanwältin

Anmerkungen

1. Bei Bankgeschäften wird die Verwendung eigener Formulare die Ausnahme sein, weil Banken und Kreditinstitute auf eigenen Formularen bestehen werden. Diese halten auch Hinweise zur Konteneröffnung und Kontenführung bereit. Anstelle eines Formulars wird deswegen eine Checkliste mitgegeben.

2. Wichtige Rechtsquellen: Zinsabschlaggesetz vom 9.10.1992 (BGBl. 1992 I S. 1853); Gesetz über das Aufspüren von Gewinnen aus schweren Straftaten (Geldwäschegesetz – GwG) vom 25.10.1993, zuletzt geändert durch Art. 7 iVm Art. 15 Abs. 1 und 2 des Gesetzes zur Umsetzung der Zweiten E-Geld-Richtlinie vom 01.03.11 (BGBl_I_11,288).

3. a) Der Anwendungserlass zu § 154 AO lautet auszugsweise: Nach dem Grundsatz der Verhältnismäßigkeit ist nicht zu beanstanden, wenn in folgenden Fällen auf die Legitimationsprüfung (Nr. 3 bis 5) und die Herstellung der Auskunftsbereitschaft (Nr. 6) verzichtet wird:
...... bei Vormundschaften und Pflegschaften einschließlich Amtsvormundschaften und Amtspflegschaften ......
Für Betreuer gilt diese Ausnahme entsprechend (vgl. *Platz,* 2.1.1.2.2, S. 150 mwN).

b) §§ 7, 8 Abs. 1 GwG wurden neu gefasst am 31.8.2015 (BGBl. I S. 1474) und 18.6.2009 (BGBl. I S. 1346), in Kraft getreten am 1.11.2010 (Anwender sollten stets die aktuelle Fassung des GwG beachten): Ein nach §§ 2 Abs. 1, 3 Abs. 1, 4 Abs. 1 und 3, 6 S. 1 zur Identifizierung Verpflichteter hat sich bei dem zu Identifizierenden zu erkundigen, ob dieser für eigene Rechnung handelt. Gibt der zu Identifizierende an, nicht für eigene Rechnung zu handeln, so hat der zur Identifizierung Verpflichtete nach dessen Angaben Namen und Anschrift desjenigen festzustellen, für dessen Rechnung dieser handelt.
Beispiel: Der Vormund/Pfleger handelt für den Mündel/Pflegling. Richtet er für diesen ein Konto ein, handelt er auf eigene Rechnung. Für solche Konten darf es einen abweichenden wirtschaftlichen Berechtigten nicht geben (vgl. *Platz,* 2.1.1.3.2, S. 198 f).

c) Sind Kontoinhaber und Gläubiger nicht identisch, wird von der Zinsabschlagsteuer nicht befreit (vgl. § 44a Abs. 6 EStG).

d) Die Bank muss die Nichtzugehörigkeit zu einer Sicherungseinrichtung (siehe dazu *Jünger* FamRZ 1993, 147) offenbaren (vgl. § 23a Abs. 1 KWG; zur Haftung des Einzahlers von Fremdgeldern siehe BGHZ 165, 232 = NJW 2006, 1129; BGHZ 165, 298 = NJW 2006, 986). Außerdem müssen auf Anfrage Informationen über die Bedingungen der Sicherung einschließlich der für die Geltendmachung der Entschädigungsansprüche erforderlichen Formalitäten erhältlich sein. Gehört das Institut keiner Einlagensicherung an, muss eine Genehmigung nach § 1811 BGB eingeholt werden (→ Form. R.V.2; zur Haftung LandG Waldshut-Tiengen BtPrax 2008, 87).

e) Zur Form der Einbeziehung von allgemeinen Geschäftsbedingungen vgl. § 305 Abs. 2 BGB.

f) Auf die SCHUFA-Klausel wird die Bank nicht verzichten, wenn das Girokonto überzogen werden darf, also nicht ausschließlich im Guthabensbereich geführt wird oder die Verfügung ohne famg. Genehmigung gestattet ist, etwa auf Grund einer allgem. Ermächtigung. Eine (bereits bestehende) SCHUFA-Eintragung ist grundsätzlich kein Grund für die Bank/Sparkasse eine Kontoeinrichtung abzulehnen (*Platz,* 2.1.2.2.2, S. 165).

g) Der Girovertrag ist nicht famg. zu genehmigen (*Kunkel* Rpfleger 1997, 1 f.). Auch die Einzahlung auf das Girokonto ist genehmigungsfrei (*Spanl* Rpfleger 1989, 392 f.). Allerdings ist die Annahme einer geschuldeten Leistung durch Überweisung auf das Girokonto – vorab – genehmigungspflichtig (sog. Annahmegenehmigung).

h) Die Aushändigung einer Bank- und erst recht einer Kreditkarte an den Vormund/Pfleger ist für die Bank/Sparkasse risikobehaftet. Weder kann sie den Verbleib im Amt überblicken, noch kann sie verhindern, dass die Karte (und damit die Kreditaufnahme) ohne famg. Genehmigung eingesetzt wird. Nach der Änderung des § 1813 BGB könnten auch die Möglichkeiten des Online-Banking eher nutzbar sein (näher *Platz,* 2.1.2.2.8, S. 177 ff. auch zu den Voraussetzungen).
Der Scheckvertrag ist nicht genehmigungspflichtig. Die Genehmigungsbedürftigkeit der Scheckbegebung gemäß § 1822 Nr. 9 BGB ist streitig (vgl. MünchKommBGB/*Kroll-Ludwigs* § 1822 Rn. 60 mwN). Zu genehmigen ist aber gemäß § 1812 BGB, wenn hiervon nicht gemäß § 1813 BGB befreit ist. Ist dies der Fall, so bleibt der Bank das Risiko, wenn sie einen Scheck einlöst, dessen Ausstellung nicht genehmigt ist.

i) Vormundschafts- und Pflegschaftsrecht verweisen nicht auf § 1896 Abs. 4 BGB.

j) Ein Und-Konto verhindert nicht den Zugriff von Gläubigern des Mitinhabers und wird sich im Regelfall daher auch nicht empfehlen. Die Einzahlung von Geld auf ein Treuhandkonto oder ein Anderkonto des Vormunds/Pflegers ist untersagt (*Platz,* 2.2.1.2.2, S. 188).

4. Eine Kontensperre ist einzelvertraglich mit dem Geldinstitut zu vereinbaren, wenn dessen Satzung keine Bestimmungen über die versperrte Geldanlage (zB schleswigholsteinische Mustersatzung für öffentlichrechtliche Sparkassen, § 5 MuSa B) enthält. In Legitimationspapieren (zB Sparbuch) ist der Sperrvermerk einzutragen. Unterbleibt dies, wird die Bank bei einer nicht genehmigten Abhebung weder befreit noch durch § 808 Abs. 1 BGB geschützt (vgl. LG Berlin Rpfleger 1988, 186). Allein der Sperrvermerk stellt noch keine Verfügungsbeschränkung dar. Diese ist daneben zu vereinbaren (OLG Oldenburg Rpfleger 1979, 101). Nach den AGB der Banken (AGB-Banken 1993 Nr. 14 Abs. 1) erwirbt die Bank ein Pfandrecht auch an bei ihr bestehenden Kontoguthaben des Pfandgebers. Das Pfandrecht entsteht ohne Besitz am Sparbuch (OLG Oldenburg Rpfleger 1979, 101). Im Falle der Verwertung durch Aufrechnung schützt der Sperrvermerk allein deswegen nicht.

Die Bankpraxis erstreckt, wenn die Abgrenzung zwischen Zins und Kapital nicht eindeutig vorgenommen werden kann, die Sperre häufig auf Erträgnisse, die dem Konto gutgeschrieben sind, selbst wenn diese (wenigstens zunächst) ihren Charakter als Zinsen nicht verloren haben. Auf dem Girokonto gutgeschriebene Zinsen aus Termingeldern sind genügend abgrenz- und frei verfügbar (vgl. Oberloskamp/*Band* VormSch § 9 Rn. 93).

Der Vormund ist ohne Zustimmung des FamG nicht berechtigt, Guthaben aus einem gesperrten Konto bei einem anderen Geldinstitut auf ein ebenfalls gesperrtes Konto anzulegen (LG Münster Rpfleger 1989, 455).

5. Das FamG ist verpflichtet, die Kontensperre nicht erst anlässlich der nächsten Abrechnung zu prüfen.

6. Einzelgenehmigungen eignen sich nicht für Verfügungen bei wiederkehrendem Bedarf. Für solche Kontenverfügungen kann eine allgemeine Ermächtigung gemäß § 1825 BGB oder eine Befreiung (auch teilweise) gemäß § 1817 BGB beantragt werden (→ Form. R.XIV.).

7. Die Genehmigung des FamG ist ein Verfahren, das mit einem Beschluss endet, dessen Wirksamkeit gem. § 40 Abs. 2 FamFG erst mit Rechtskraft eintritt. Dem Vormund/Pfleger ist eine Ausfertigung mit Rechtskraftvermerk zu erteilen. Ein Rechtsmittelverzicht des Vormundes oder Pflegers „im Namen des Mündels" ist nicht zulässig (Interessenkollision). Um das aufwendige Genehmigungsverfahren zu umgehen, kann auch eine teilweise oder zeitliche Aufhebung der Sperrvereinbarung gerichtlich angeordnet werden.

8. Wegen des Adressaten der Widerrufserklärung vgl. die §§ 167, 168 S. 3, 170 BGB. Der Widerruf der Vollmacht bedarf, wie deren Erteilung (Ausn. Prokura vgl. § 1822 Nr. 11 BGB) keiner famg. Genehmigung.

2. Andere Anlageart

An das Amtsgericht – Familiengericht –

Namens und im Auftrag von . . . . . . [als Vormund/Pfleger von . . . . . .], ausgewiesen durch beiliegende Vollmacht

wird beantragt,

gemäß § 1811 BGB[1] zu genehmigen,[2] für den Mündel/Pflegling die im Depot bei . . . . . ., zu verwahrenden und mit einem Sperrvermerk zu versehenden Anteile am Fonds . . . . . . bei der . . . . . . Investment . . . . . . in Höhe von . . . . . . EUR zu erwerben.

Begründung:[3]

Das Mündelvermögen hat einen Wert von . . . . . . EUR. Es besteht aus den Vermögenswerten, die in der gerichtsbekannten Vermögensaufstellung verzeichnet sind. Für die beabsichtigte Investition soll

[ ] die am . . . . . . fällig werdende Anlage bei . . . . . . verwendet

[ ] im Wege der Umschichtung die Anlage bei . . . . . . bestehende Anlage aufgelöst

[ ] neues durch . . . . . . erlangtes Vermögen eingesetzt

werden.

Die Erteilung der Genehmigung gemäß § 1811 BGB steht im pflichtgemäßen Ermessen des Gerichts. Sie setzt voraus, dass die von § 1807 BGB abweichende Anlage nicht minder sicher ist, wie die Anlage in mündelsicheren Werten und jedenfalls nicht weniger gleichwertig als diese ist.[1] Beides ist hier der Fall.

Der vom Vormund/Pfleger ausgewählte Investmentfonds einer inländischen Gesellschaft ist bereits von mehreren Gerichten als für die Anlage von Mündelgeld geeignet bewertet worden. Auf die in Anlage 1 zusammengestellten, auch noch aus neuerer Zeit stammenden Entscheidungen wird Bezug genommen. Gemäß § 83 SGB IV und § 54 VAG ist sie geeignet für die Anlage von Rücklagen und gebundenem Vermögen.

Nach seiner Zusammensetzung ist der Fonds ein sogenannter

[ ] Rentenfonds (geldmarktnaher Fonds)

[ ] Mischfonds (Wertpapierfonds) aus festverzinslichen Papieren und Aktien, bei dem der Aktienanteil weniger als 50 % beträgt.[3]

Dies ergibt sich aus dem als Anlage 2 beigefügtem Prospekt.

...... ggfs. Ausführungen zu Wertsicherungsklauseln, Vereinbarung einer Rückkaufgarantie o. Ä. ......

Die Anlage ist wirtschaftlicher als die derzeit angebotenen mündelsicheren Werte. Infolge der Depotkontoführung bei der Verwaltungsgesellschaft des Fonds fallen

[ ] keine

[ ] nur ...... EUR

Verwaltungsgebühren an. Der Ausgabeaufschlag beträgt ......% des Anlagebetrages. Als Rendite wird eine Verzinsung von ......% erwartet. Seit ...... ist der Kurs kontinuierlich gestiegen. Es ist deswegen eine steuerfreie Kurssteigerung von ...... des Bruttoanlagebetrags zu erwarten. Dies kann aus dem als Anlage 3 beigefügten Rechenschaftsbericht, siehe dort S. ......, nachvollzogen werden. Nach Abzug folgender Nebenkosten ...... in Höhe von ...... und unter Zugrundelegung eines Durchschnittssteuersatzes von ......%, wird die Rendite voraussichtlich ......% betragen und damit ......% über folgenden Anlagenformen, die sich der Vormund/Pfleger zum Vergleich hat anbieten lassen: ......

Der Fonds wird als Sondervermögen (offener Fonds) geführt. Hierdurch ist die börsentägliche Verfügbarkeit gewährleistet, sodass bei unvorhergesehenem Finanzbedarf Kosten für die Verkürzung einer längeren Kündigungsfrist nicht entstehen werden.

Mit der vorgesehenen Anlage kann die Strategie einer Streuung des angelegten Vermögens planvoll weitergeführt werden. Das Mündelvermögen ist bisher – dargestellt in Anteilen am Gesamtvermögen – wie folgt angelegt:

1. Liquiditätsreserve	......% (Girokonto, Sparbuch mit gesetzlicher Kündigung)
2. mündelsichere Anlageformen	......% (zB Bundesschatzbriefe), durchschnittliche Rendite ......%
3. Grundvermögen (zB ererbt)	......%, Mieteinnahmen ...... EUR/Jahr
4. Rentenanleihen	......%, durchschnittliche Rendite ......%

Hieraus ergibt sich, dass die beabsichtigte Anlage sich auf nicht mehr als auf ......% des verwalteten Vermögens erstrecken wird. Das anzulegende Geld steht zur freien Verfügung. Weder wird es für den durch ...... gesicherten Unterhalt des Mündels/Pfleglings benötigt, noch für andere Zwecke ...... ggfs. erläutern ......

Die Banken, bei denen die Anlagegeschäfte getätigt worden sind, haben gemäß § 31 WphG Erhebungen angestellt und den Mündel/Pflegling der Risikoklasse ...... (wohl 1 höchstens 2) zugeordnet. Order höherer Risikoklassen werden nicht ausgeführt. Sämtliche Anlagen, mithin das gesamte Portfolio, entsprechen,

wie sich aus Anlage 4 ergibt,

dieser Klassifizierung.[4]

Die Bewertung der Rendite hängt unter anderem auch von den Kosten dieses Verfahrens ab. Sollte das Gericht deswegen die Einholung eines Sachverständigengutachten erwägen, wird vorab um Hinweis gebeten, damit die dafür zu erwartenden Kosten bei der Gesamtbewertung kalkuliert werden können.[5]

......

Rechtsanwalt/Rechtsanwältin

Anlagen:

1. Liste der gerichtlichen Genehmigungen bezüglich der Anlage
2. Verkaufsprospekt
3. Rechenschaftsbericht/e für die Zeit . . . . . .
4. ggfs. Wertpapiererhebungsbogen oder Bestätigung der Bank über Risikoklasse

Anmerkungen

1. § 1811 BGB bewegt sich im Spannungsfeld zwischen dem Gebot der Substanzerhaltung, also der Sicherheit der Anlage und der Pflicht zur Substanzmehrung, die das Risiko der Anlage mitbeinhaltet (*Fiala/Behrendsen* Rpfleger 1997, 281, 287). Die Genehmigung steht im pflichtgemäßen Ermessen des FamG. Der Schutz des verwalteten Vermögens steht im Vordergrund. In Rspr. und Lit. ist str., ob eine nicht unter § 1807 BGB fallende Anlage nur genehmigt werden darf, wenn sie klar erkennbare wirtschaftliche Vorteile bietet und gleichermaßen sicher ist wie eine mündelsichere Anlage oder ob Gleichwertigkeit genügt (vgl. OLG Köln NJW-RR 2001, 577 mwN zu beiden Auffassungen). Die modernere Auffassung, wonach im Falle der Verweigerung der Genehmigung zu begründen ist, warum die andere Anlage keine wirtschaftliche Vermögensverwaltung ist (Oberloskamp/*Band* VormSch § 9 Rn. 87), mit der Folge, dass diese nur nicht schlechter sein darf, als die nach § 1807 BGB (*Platz,* 2.2.1.5.3, S. 222), verdient den Vorzug. Das Anliegen des FamG, die eigene Haftung auszuschließen, ist kein Grund für eine Beschränkung. Im Gegenteil wird gehaftet, wenn Gewinne nicht gezogen werden können, weil das FamG sein Ermessen nicht ordentlich ausgeübt hat und wird das Ermessen nicht ausgeschöpft, wenn die Auseinandersetzung mit wirtschaftlichen Zusammenhängen unterbleibt (vgl. MünchKommBGB/*Kroll-Ludwigs* § 1811 Rn. 19). Kann das FamG auch nach Ermittlung unter Anwendung moderner finanzwirtschaftlicher Methoden, bezüglich derer es sich vor einer Versagung der Genehmigung sachverständiger Hilfe zu bedienen hat (OLG München BeckRS 2009, 19427; OLG Schleswig FGPrax 2000, 23), die Gleichwertigkeit nicht feststellen, ist nicht zu genehmigen. Eine Minimalgrenze besteht jedenfalls: Rein spekulative Anlagen, mit denen bei großem Risiko eine hohe Wertsteigerung oder eine besondere hohe Rendite erstrebt wird, sind jedenfalls dann ausgeschlossen, wenn sie das gesamte Vermögen oder einen sehr großen Teil davon erfassen (vgl. BGH NJW 1987, 1070). Ansonsten ist die Eingehung eines kalkulierten Risikos gestattet (BGH NJW 1987, 1070) und darf auf eine nicht ausreichende Sicherheit nicht schon wegen des Verlustrisikos, insbesondere wegen des Risikos der allgemeinen Entwicklung der Immobilienpreise und der Schwierigkeit der Beurteilung der künftigen Wertentwicklung geschlossen werden. Es ist eine Einzelfallprüfung mit den Vor- und Nachteilen der Geldanlage nach den Grundsätzen wirtschaftlicher Vermögensverwaltung vorzunehmen (zB OLG Frankfurt Rpfleger 2002, 621).

2. § 1811 BGB ist ein Fall der sogenannten Innengenehmigung, sodass die §§ 1828 ff. BGB nicht anwendbar sind und das Geschäft auch dann wirksam bleibt, wenn die Genehmigung fehlt oder verweigert wird. Sanktion ist die Haftung nach § 1833 BGB und famg. Einschreiten gegen den Vormund/Pfleger (§ 1837 BGB). Der Vertragspartner ist nicht verpflichtet, die Genehmigung zu verlangen (*Platz,* 2.2.1.5.3, S. 228).

Genehmigungsbedarf für Neuanlagen besteht auch, wenn ein Vermögensverwaltungsvertrag geschlossen worden ist (vgl. BGH NJW 1994, 1861), selbst wenn dieser vor Eintritt der Vormundschaft/Pflegschaft bestand und bis dahin nach den Grundsätzen des § 1642 BGB gehandelt werden konnte. Vorgefundene Anlagen müssen nicht nachträglich genehmigt werden. Für manche Anlagen gilt außer § 1811 BGB auch der Genehmigungskatalog des § 1822 BGB, zB § 1822 Nr. 5 BGB bei der Lebensversicherung.

Bei Menschen mit Behinderungen – auch mdj. Kinder (somit im Bereich Vormundschaft) – gelten verstärkt die Maßgaben der UN-Behindertenrechtskonvention (Art. 12 Abs. 5 – Selbstbestimmung in Vermögensangelegenheiten). Mit zunehmender Selbstbestimmungsfähigkeit mdj. Kinder ist deren Wunsch und Wille nicht von vorn herein unbeachtlich. Für betreute Personen sind Wunsch und Wille vorrangiger Maßstab auch für die Fälle des § 1811 BGB. Damit sind die wirtschaftlichen Kriterien nicht mehr Allein Maßstab.

3. Checkliste: Genehmigungskriterien bei einer famg. Prüfung
Individuelle Umstände des Mündels/Pfleglings:

1. **Sicherung des Lebensunterhalts:**
   a) Kann Lebensunterhalt aus anderen Einkünften bestritten werden?
   b) Dient die Anlage zur Erwirtschaftung von Erträgnissen, aus denen der Lebensunterhalt bestritten werden muss.
   c) Muss hierzu möglicherweise über kurz oder lang auch auf die Vermögenssubstanz zurückgegriffen werden?
2. **Umfang des Vermögens:**
   a) Wie hoch ist das Gesamtvermögen?
   b) Aus was besteht das Gesamtvermögen?
      - bewegliches Vermögen:
      - Forderungen:
      - Immobilien:
   c) Wie hoch ist der Anteil des Vermögens, das nach § 1811 BGB angelegt werden soll im Verhältnis zum Gesamtvermögen?
   d) Wie ist das übrige Vermögen angelegt?
      - risikoreich:
      - mündelsicher
      - Höhe der Rendite
   e) Auf welche Anlagearten ist das Vermögen gestreut?
      - gleiche Art
      - vergleichbare Art
      - andere Art

   Grundsätze nach der Rechtsprechung: Bei größeren Vermögen ist eine Streuung durch verschiedene Anlageformen sinnvoll (LG Lübeck BeckRS 2015, 12494. Geschlossene Immobilienfonds sind eher problematisch und erfordern eine umfangreiche Prüfung (OLG München OLGR 2009, 615), genehmigungsfähig Anlage in offenen Immobilienfonds (OLG Frankfurt FamRZ 2003,59). Goldkauf ist genehmigungsfähig (LG Rottweil NJW 2017, 679). Wirtschaftlich Gesichtspunkte gelten für Vormünder und Pfleger, nicht dagegen vorrangig für rechtliche Betreuer.

   Beispiel (nach *Werkmüller/Oyen* Rpfleger 2003, 66, 70): Liquiditätsreserve ca. 5 %; Aktienquote abhängig vom Lebensalter des Vermögensinhabers (vgl. *Platz,* 2.2.1.5.3, S. 226, Faustformel: 100 minus Lebensalter des Vermögensinhabers); ungefähr gleiche Anteile in langfristige Rentenanlagen und Immobilien und -beteiligungen, i. d. R. keine Einzelobjekte oder geschlossene Fonds.
3. **Objektive Umstände**
   a) Allgemeine Wirtschaft
      - Wie ist die in Aussicht genommene Anlageart derzeit am (Kapital-)Markt positioniert?
      - Welchen Verlauf gab es diesbezüglich in der Vergangenheit?
      - Gibt es wirtschaftliche oder steuerrechtliche Faktoren, die sich künftig auf die Wertbildung auswirken können?
   b) Konkrete Faktoren bezüglich der beabsichtigten Anlage

aa) Anlagesicherheit, soll § 1807 BGB entsprechen. Bewertungshilfe gibt hierbei die Genehmigungspraxis, die etwa bei Fondsanlagen vom Bundesverband Deutscher Investment-Gesellschaften e. V. (BVI) dokumentiert und veröffentlicht wird (http://www.bvi.de/kapitalanlage/privatanleger/muendelgeld)). Zu beachten ist die Streuung in den Fonds. Rentenfonds werden i. d. R. genehmigt, gemischte Fonds sollten, um genehmigungswürdig zu sein, nicht mehr als 50 % Aktienanteile haben (vgl. *Platz,* 2.2.1.5.3, S. 227).

bb) Anlagewirtschaftlichkeit
- Art der Anlage (zB offener oder geschlossener Fonds)
- Positionierung am Markt
- Ertragslage in der Vergangenheit
- künftige Erwartungen
- Verwertbarkeit
  - kurz-/mittel-/langfristig
  - Bindung an bestimmte Ereignisse (zB steuerliche Fristen)
  - Liquidität und Vorhandensein eines Zweitmarktes (geschlossene Immobilienfonds sind kaum auf dem Zweitmarkt zu verwerten)
- Renditefaktoren
  - Ertragskomponenten Zinsen, Dividenden, Kurssteigerungen
  - Ertragsschmälernde Komponenten wie Depot-, Bankgebühren, Transaktionskosten, auch Disagio und Agio sowie Steuern: Kann eine All–in–fee-Regelung getroffen werden, können Kosten vorhersehbar und berechenbar gehalten werden (*Werkmüller/Oyen* Rpfleger 2003, 66, 70).
- Absicherung der Anlage (zur Eigensicherung einführend *Jünger* FamRZ 1993, 147) durch Einlagensicherung (weitere Informationen und Anschriften bei *Fritsche* Rpfleger 2007, 53), mittels einer (durchsetzbaren und werthaltigen) Rücknahmegarantie oder andere Wertsicherungsklausel
- Relation zwischen Vermögen und beabsichtigter Investition (75 % bei offenem Immobilienfonds ist bei Vermögen unter 200.000,– EUR zu hoch, OLG Frankfurt Rpfleger 2002, 621).

4. § 31 WphG ist in der jeweils gültigen Fassung – letzte Änderungen 2014 – zu beachten.

5. Wenn das FamG möglichst ohne sachverständige Hilfe auskommen soll, bedingt dies eine am Einzelfall orientierte möglichst genaue Begründung, tunlichst aber ohne „Schönrechnung“.

Einige Haftungsrisiken bei unwirtschaftlicher Anlage (Anspruchsgrundlage § 1833 BGB):
- „Anlage“ auf Girokonto (*Fiala/Behrendsen* Rpfleger 1993, 281, 286);
- Anlage eines langfristig nicht benötigten höheren Geldbetrags auf Sparbuch zum Spareckzins (AmtsG Bremen NJW 1993, 205);
- Unsorgfältige Auswahl der Geldanlage, ggfs. Obliegenheit zur Einholung mehrerer Angebote zum Vergleich;
  - Anlage bei Institut mit fehlender Einlagensicherung, wenn so die Anlage abzusichern ist (beachte: Einlagensicherung gibt keinen Direktanspruch gegen den Sicherungsgeber);
  - ungleichgewichtige Streuung (vgl. etwa das Anlagebeispiel bei *Werkmüller/Oyen* Rpfleger 2003, 66, 70);
  - Nebenkosten, wie Bankgebühren, zu hoch im Vergleich zu gleichwertigen Angeboten.

Die Befreiung von der Genehmigungspflicht des § 1811 BGB gibt kein Haftungsprivileg.

VI. Verwendung des Vermögens und der Erträgnisse

1. Schreiben an den Pfleger zur Auskehrung von Erträgnissen für den Unterhalt des Kindes

An . . . . . .

Sehr geehrter Herr/Sehr geehrte Frau . . . . . .,

mit beiliegender Vollmacht zeige ich die Vertretung von . . . . . . an, die mir Mandat erteilt haben, weil Sie sich weigern,[1] Erträgnisse des Kindes . . . . . . für dessen Unterhalt[2] zur Verfügung zu stellen.

Allerdings trifft es zu, dass diese Erträgnisse aus Kapital stammen, das dem Kind als Geschädigtem aus einer unerlaubten Handlung in Form von Schmerzensgeld[3] in Höhe von . . . . . . EUR zugeflossen und in . . . . . . angelegt ist. Jährlich werden netto . . . . . . EUR Erträgnisse hieraus erzielt. Auch dies ist bekannt. Unter Verweis auf die §§ 1602, 1649 BGB fordere ich sie auf, zur Entlastung meiner Mandanten Erträgnisse in Höhe von . . . . . . EUR für den Unterhalt des betroffenen Kindes zur Verfügung zu stellen. Dazu sind sie verpflichtet, ohne dass es darauf ankommt, ob die Eltern auf Grund ihrer Einkünfte und sonstigen Unterhaltspflichten in der Lage sind, auch ohne diese Mittel den angemessenen Unterhalt aufzubringen.

Zur Anerkennung dieser Verpflichtung und Erklärung, dass der Betrag von . . . . . . EUR, ab dem . . . . . . monatlich, monatlich im Voraus und bis zum 3. Werktag eines jeden Monats, durch Überweisung auf das Konto . . . . . . zur Verfügung gestellt wird, setze ich Frist bis . . . . . .

Sollten Sie die gesetzte Frist verstreichen lassen, wird das Familiengericht zur Entscheidung angerufen.

Mit freundlichem Gruß

. . . . . .

Rechtsanwalt/Rechtsanwältin

2. Antrag an das Familiengericht: Konflikt zwischen personensorgeberechtigten Eltern und Vermögenspfleger

An das Amtsgericht – Familiengericht –

. . . . . .

In dem Verfahren

betreffend die Ausübung der elterlichen Sorge für das minderjährige Kind[1]

. . . . . ., geboren am,

an dem weiter beteiligt sind,[2]

1. die Eltern des Kindes ......,

– Antragsteller –

Verfahrensbevollmächtigte/r: Rechtsanwälte ......, ...

2. der Pfleger des Kindes ......

– Antragsgegner –

zeige ich die Vertretung der personensorgeberechtigten Eltern des betroffenen Kindes an.

Es wird beantragt,

familiengerichtlich zu entscheiden, dass Vermögenserträgnisse des betroffenen Kindes in Höhe von ...... EUR, ab ...... für dessen Unterhalt[3] zu verwenden sind.

Begründung:

Das betroffene Kind lebt im Haushalt der personensorgeberechtigten Beteiligten zu 1. Die Vermögenssorge ist dem Beteiligten zu 2 als Pfleger übertragen. Als Geschädigter aus einer unerlaubten Handlung hat es als Schadensersatzleistung unter anderem ein Schmerzensgeld[4] in Höhe von ...... EUR erhalten. Dieses Geld ist in Form von ...... angelegt. Jährlich wird hieraus ein Ertrag von netto ...... EUR erzielt. Unter Verweis auf die §§ 1602, 1649 BGB sind die Beteiligten zu 1 der Auffassung zu ihrer Entlastung seien diese Erträgnisse für den Unterhalt des betroffenen Kindes zu verwenden. Dem ist der Beteiligte zu 2 entgegengetreten, weil der Ertrag des Schmerzensgeldes ebenso wie das Kapital zweckgebunden dem immateriellen Ausgleich des Schadens des Kindes zu dienen habe. Außerdem seien die Beteiligten zu 1 aufgrund ihrer Einkünfte und sonstigen Unterhaltspflichten in der Lage, auch ohne diese Mittel den angemessenen Unterhalt aufzubringen. Auf die Leistungsfähigkeit der Eltern kommt es indes nicht an. § 1602 BGB lässt keine Billigkeitsabwägung zu.

Weil sich die Beteiligten dieserhalb nicht einigen können, ist das Familiengericht anzurufen.[5]

......

Rechtsanwalt/Rechtsanwältin

Anmerkungen

1. Beim Streit zwischen teilsorgeberechtigten Eltern und Pfleger entscheidet das FamG gemäß § 1630 Abs. 2 BGB, wenn dem einen Teil die Personen- und dem anderen die Vermögenssorge zusteht. Das FamG entscheidet durch Ersetzung der Entscheidung in der Sache und nicht wie beim Streit zwischen Eltern (§ 1628 BGB) durch Übertragung der Entscheidungszuständigkeit (Palandt/*Götz* § 1630 Rn. 6, 7).

Streiten Personensorgeberechtigter und Vermögenspfleger um dem Kindesvermögen zu entnehmende Beiträge für den Kindesunterhalt, ist dies eine Streitigkeit iSv § 1630 Abs. 2 BGB (MünchKommBGB/*Huber* § 1630 Rn. 7).

2. Für die Anhörung des Jugendamts gilt § 162 Abs. 1 FamFG.

3. Das Verfügungsrecht nach § 1649 Abs. 2 BGB kann nie dem Pfleger zustehen. Ein Pfleger kann Erträgnisse nur für den Unterhalt des Pfleglings einsetzen, nicht für andere Familienmitglieder.

4. Erträgnisse aus Schmerzensgeldkapital sind für den Unterhalt einzusetzen (BGH NJW-RR 1988, 1093; Wendl/Staudigl/*Dose*, Das Unterhaltsrecht in der familiengerichtlichen Praxis, § 1 Rn. 403 ff.; einschränkend OLG Düsseldorf FamRZ 1992, 1097). Es ist nicht auf die Herkunft der Mittel abzustellen und anders als bei der Prüfung ob der Vermögensstamm einzusetzen ist, ist eine Billigkeitsabwägung anzustellen.

5. Gerichtskosten werden in Höhe einer halben Gebühr erhoben (Nr. 1310 KV FamGKG).

3. Anzeige an das Familiengericht wegen Gefährdung von Kindesvermögen

An das

Amtsgericht – Familiengericht –

. . . . . .

Als für den/die minderjährige/n[1] . . . . . . bestellter Ergänzungspfleger mit dem Wirkungskreis Vertretung bei der Auseinandersetzung des Nachlasses der/s am . . . . . . verstorbenen Erblasser/s/in . . . . . . rege[2] ich familiengerichtliche Maßnahmen zur Abwehr einer Gefahr für das Vermögen des/r Minderjährigen durch elterliches Handeln[3] an.

Dem liegt folgender Sachverhalt zugrunde:

Mein Pflegling ist Miterbe zu . . . . . . nach der/dem Erblasser/in. Er/Sie wird im Übrigen gesetzlich vertreten durch die Eltern . . . . . . Miterbe ist u. a. der Vater meines Pfleglings. Dieser ist auch zum Testamentsvollstrecker[4] bestellt. Aus dem Nachlass entfallen auf den Erbanteil meines Pfleglings . . . . . . EUR. Dieser Betrag sollte auf dessen bei der . . . . . . bestehendes Konto eingezahlt werden. Zwar wurde dies auch so veranlasst und mir eine entsprechende Bestätigung der Bank über die Einzahlung mitgeteilt. Verschwiegen wurde mir aber, dass der gesamte Betrag anschließend auf ein Konto der Eltern weitertransferiert wurde. Mittlerweile habe ich in Erfahrung gebracht, dass die Eltern vom Erbteil des Kindes ein Hausgrundstück zu hälftigem Miteigentum beider Elternteile erworben haben.[5] Zur Finanzierung des Kaufs wurde außerdem ein Grundpfandrecht eingetragen. Die Eltern haben sich bisher geweigert, meinen Pflegling in das Grundbuch eintragen zu lassen.[6]

. . . . . .

Rechtsanwalt/Rechtsanwältin

Anmerkungen

1. Bei mehreren minderjährigen Miterben ist für jedes Kind die Bestellung eines Ergänzungspflegers notwendig, weil die Miterben untereinander kontrahieren.

2. Aus der Anregung gemäß § 24 FamFG folgt erst unter den Voraussetzungen des § 7 FamFG eine Beteiligtenstellung. Die Anregung begründet auch keine Kostenhaftung iSv § 21 FamGKG (OLG Saarbrücken NJW 2012, 163).

3. Die Vermögensgefährdung durch elterliches Handeln ist ein Regelbeispiel im Sinne von § 1666 Abs. 2 BGB. Funktionell zuständig ist der Rechtspfleger des FamG. Die

Maßnahmen unterliegen dem Verhältnismäßigkeitsgrundsatz (so schon die Aufzählung in § 1666 Abs. 3 BGB). Die Antragstellung sollte dem ebenfalls schon gerecht werden.

4. Ist der als Testamentsvollstrecker berufene Elternteil nicht zugleich Miterbe liegt in der gesetzlichen Vertretung seines minderjährigen erbenden Kindes kein Interessengegensatz (PfOLG Zweibrücken ZEV 2007, 333).

5. Weil der Eigentumsübergang im Grundbuch vollzogen und ausgewiesen wird, findet § 1646 BGB keine Anwendung. Das Interesse des Rechtsverkehrs an der Richtigkeit des Grundbuchs geht dem Interesse des Kindes an der Vermögenserhaltung vor (MünchKomm/*Huber* § 1646 Rn. 5). Im Innenverhältnis müssen die Eltern das Grundstück aber wie Kindesvermögen verwalten. Außerdem hat das Kind Anspruch darauf, dass die Vermögenszugehörigkeit auch nach außen sichtbar wird (vgl. RGZ 126, 117, 121). Daher sind die Eltern zur Auflassung an das Kind verpflichtet (MünchKommBGB/*Huber* § 1646 Rn. 5, 16).

Abwandlung: Hätten die Eltern kein Grundstück, sondern Mobiliar oder Forderungen erworben, wird vermutet, dass sie für Rechnung des Kindes handeln wollen. Nur wenn der Gegenbeweis geführt wäre, dass sie für eigene Rechnung erworben haben, würde ebenfalls kein Surrogationserwerb des Kindes, der in der Insolvenz ein Aussonderungsrecht gibt, stattfinden (MünchKommBGB/*Huber* § 1646 Rn. 10, 15).

6. Die Übertragung des Eigentums auf das Kind geschieht nach dem zu → Anm. 5 gesagten in Erfüllung einer Verbindlichkeit, sodass die Eltern nicht von der Vertretung ausgeschlossen sind (§ 1795 Nr. 2 BGB). Die Übertragung ist gemäß § 1812 BGB zu genehmigen. Ist das Kind beschränkt geschäftsfähig, kann es bei lediglich rechtlicher Vorteilhaftigkeit selbst handeln. Dann bedarf es auch keiner Genehmigung.

Weigern sich die Eltern das Eigentum auf das Kind zu übertragen, sind familiengerichtliche Maßnahmen bis hin zum Entzug der Vermögenssorge zu prüfen.

Die Auflassung unterliegt zwar grundsätzlich der Grunderwerbssteuer (§ 2 Abs. 1 Nr. 2 GrEStG). Es kommen aber Ausnahmen von der Besteuerung in Betracht (§ 3 GrEStG). Soweit die Gebühr für die Eintragung des Kindes im Grundbuch gemäß § 60 Abs. 2 KostO auf eine halbe Gebühr ermäßigt ist, fehlt dieses Kostenprivileg in Nr. 14110 KV nach § 34 GNotKG.

VII. Ermächtigung des Pfleglings/Mündels

Generaleinwilligung zu Verfügungen über ein Konto des Pfleglings/Mündels[1]

Einwilligung[2]

Als Vormund/Pfleger willige ich in die Vornahme folgender Rechtshandlungen von

...... [Name des Mündels/Vormunds], geboren am ...... als Inhaber des Girokontos Nr. ...... bei der ...... Sparkasse/......-Bank ein:[3]

[ ] Barabhebung [ ] Einrichtung von Daueraufträgen [ ] Überweisungen

Die Einwilligung ist beschränkt auf

[ ] das jeweilige Kontoguthaben [ ] eine Barabhebung von ...... EUR/Woche/Monat

[ ] Daueraufträge/Überweisungen an

[ ] ...... (zB Vermieter) [ ] ...... (zB Telefondienstleister) [ ] ...... (zB Versicherung)

Von dieser Einwilligung ist die Erteilung von Einzugsermächtigungen [ ] nicht [ ] erfasst.

Sie erstreckt sich nicht auf ...... (zB Abtretungen, Eröffnung eines weiteren Kontos o. Ä.). Zu weiteren Verfügungen ist der minderjährige Kontoinhaber ohne Zustimmung nicht berechtigt.

Diese Einwilligung ist jederzeit änderbar und widerruflich.[4]

......, den ......

......

Anmerkungen

1. Das Formular geht von dem Fall aus, dass Mündel/Pflegling nicht im Haushalt des gesetzlichen Vertreters wohnt, sondern in einer eigenen Wohnung (zB in einem Lehrlingswohnheim), eine Ausbildungsvergütung bezieht, mindestens Teilselbstversorger ist und Fahrtkosten durch Benutzung des öffentlichen Nahverkehrs hat.

2. Verbraucheruntersuchungen schätzen die Kaufkraft der Kinder zwischen 6 und 17 Jahren auf einen Betrag im Milliardenbereich (*Leenen* FamRZ 2000, 863: 9 Mrd.). Dieser Personenkreis bedient sich bereits während der Minderjährigkeit und Berufsausbildung Bankdienstleistungen. In dieser Zeit führen die Banken mit dem Ziel der Kundenbindung die Konten für diese Bankkunden i.d.R. kostenlos. Der Eigenabschluss durch Minderjährige begrenzt nicht das Haftungsprivileg des § 1629a BGB (vgl. *Glöckner* FamRZ 2000, 937).

3. Durch eine Generaleinwilligung kann das Zustimmungserfordernis nicht pauschal umgangen werden. Sie ist grundsätzlich zulässig, darf indes nicht zur Folge haben, dass unüberschaubaren und im Voraus nicht bestimmbaren Rechtsgeschäften zugestimmt und so faktisch die Geschäftsfähigkeit erweitert wird (*Metz* VuR 1993, 69, 72). Wirksam ist nur eine inhaltlich konkretisierte, auf die Vornahme bestimmter Rechtsgeschäfte gerichtete Generaleinwilligung zu typischerweise von Jugendlichen nach Art, Umfang und

Höhe erwartbaren, also zweckentsprechenden und übersehbaren Geschäften (BAK ZIP 1995, 691, 692).

Möglich ist – ggfs. mit betragsmäßiger Begrenzung – die allgemeine Einwilligung zur Vornahme bestimmter Kontoverfügungen wie

- Barzahlungen
- Überweisungen
- Daueraufträge,

Bei der Verwendung der von Banken zur Verfügung gestellten Vordrucken gilt (vgl. BAK ZIP 1995, 691, 692):

- vorformulierte, anzukreuzende Alternativen sind nur Entscheidungsvorschläge
- das Formular soll vorsehen, dass
- ohne Einwilligung nicht selbstständig verfügt werden darf
- der gesetzliche Vertreter jederzeit das Verfügungsrecht des Minderjährigen ändern oder widerrufen darf.

Die Zustimmung des gesetzlichen Vertreters zur Kontoeröffnung beinhaltet im Zweifel nicht schon die zur Abhebung eingegangener Gelder (*Hagemeister* JuS 1992, 839, 840; *Metz* VuR 1993, 69, 72). Pauschale Formulierungen sind schädlich. Daher reicht die Formel „der Minderjährige soll für alle Verfügungen über Kontoguthaben und Depotwerte verfügungsberechtigt sein" oder „wir genehmigen im Voraus sämtliche Geschäfte" nicht, erst recht nicht, wenn davon erst zukünftig zu eröffnende Konten und Depots erfasst werden sollen (*Metz* VuR 1993, 69, 72).

4. Sonderproblem. Vertragsschluss im Internet über den Computerzugang des gesetzlichen Vertreters

Der Minderjährigenschutz besteht auch beim Rechtsverkehr im Internet und geht dem Verkehrsschutz vor. Der Vertragspartner ist ungeschützt, obwohl er nicht erkennen kann, ob der Nutzer (beschränkt) geschäftsfähig ist (vgl. OLG München OLGR München 2002, 465). Die Rspr. sieht selbst bei Familienangehörigkeit und im passwortgeschützten Verkehr gegen den Inhaber des Anschlusses und des Passworts keinen Anscheinsbeweis für eine Willenserklärung. Allein diese Umstände reichen auch noch nicht für eine Rechtsscheinhaftung (BGHZ 166, 369 = NJW 2006, 1971 auch zu den Voraussetzungen der Rechtsscheinhaftung; LG Bonn MMR 2004, 179 mwN; krit. *Mankowski* MMR 2004, 181; zu möglichen Kontrollen bei Mobiltelefonen vgl. AG Berlin-Mitte MMR 2010, 817). Die Einwilligung in die Verarbeitung personenbezogener Daten durch ein vorformuliertes Einverständnis mit der Datenspeicherung und -verarbeitung ist ebenfalls unwirksam (HansOLG Bremen VuR 2002, 379 wegen § 308 Nr. 5 BGB; LG Bremen VuR 2002, 378 wegen § 307 Abs. 2 Nr. 1 BGB iVm §§ 104 ff. BGB; *Körner* VuR 2002, 380).

Die Rechtsprechung ist dazu in Bewegung: Haftung der Eltern für Filesharing ihrer Kinder (OLG München MMR 2016, 195), aber nur, wenn sie die Namen der verantwortlichen Kinder nicht preisgeben wollen (BGH Urt. v. 30.3.2017 – I ZR 19/16). BGH, Anforderungen an die Aufsichtspflicht von Eltern, BeckRS 2015, 20065, mit Anmerkung von *Hofmann* GRUR-Prax 2016, 19.

VIII. Familiengerichtliche Genehmigungen

1. Genehmigung eines Vergleichs

An das Amtsgericht

– Familiengericht – . . . . . .

Namens und im Auftrag, ausgewiesen durch beiliegende Vollmacht, von . . . . . . als Vormund von . . . . . .,

wird beantragt,

den am . . . . . . geschlossenen, aus der Anlage . . . . . . ersichtlichen Vergleich familiengerichtlich zu genehmigen.

Begründung:

Für das betroffene Kind ist Vormundschaft angeordnet. Das Kind hat gegen . . . . . . Ansprüche aus einer unerlaubten Handlung, der folgender Sachverhalt zu Grunde liegt . . . . . . Diese Ansprüche sind mit . . . . . . EUR beziffert worden. Der Verpflichtete/Die Versicherung des Verpflichteten hat angeboten, den Anspruch auf Schadensersatz und Schmerzensgeld durch Zahlung von . . . . . . EUR abzufinden. Nunmehr haben sich die Beteiligten auf eine Abfindung in Höhe von . . . . . . geeinigt.[1] Der Vormund/Pfleger beantragt hierzu die familiengerichtliche Genehmigung.

Der Abschluss des Vergleichs ist genehmigungsfähig. Er entspricht dem Wohl des Kindes.[2]

. . . . . . zB Beweisprobleme im Rechtsstreit; bei Straftat: Kind muss im Rechtsstreit nicht angehört/vernommen werden; Instanzenzug kostet Zeit; Insolvenzrisiko wird reduziert, wenn kein Direktanspruch gegen eine Versicherung besteht

. . . . . . wenn Abfindung statt Rente: Kapitalisierung entspricht dem Wert der künftig zu erwartenden Renten

. . . . . .

Rechtsanwalt/Rechtsanwältin

Anmerkungen

1. Der Anwendungsbereich erstreckt sich auf alle durch Vergleich beilegbaren Streitigkeiten und zwar auf Anspruchsgrund und Höhe. Vereinbarungen, die nicht aus sich heraus wirksam werden, wie der im Erbscheinsverfahren nur indizielle Wirkung entfaltende „Auslegungsvertrag" der dort Beteiligten (OLG Frankfurt MDR 1990, 563; *Klüsener* Rpfleger 1993, 133) fallen nicht darunter. Der Auslegungsvertrag ist aber ein echter Vergleich, soweit er das Verhältnis der Beteiligten (insbes. Erben, Vermächtnisnehmer, Pflichtteilsberechtigte) untereinander festlegen soll (BGH NJW 1986, 1812).

Die Pflegschaft zur Führung eines Zivilrechtsstreits endigt beim Abschluss des Rechtsstreits durch Prozessvergleich mit der Mitteilung der famg. Genehmigung an den Gegner (BayObLG FamRZ 1988, 321). Sie wird fortgeführt, wenn ein im bisherigen Verfahren durch dessen Fortführung auszutragender Streit über den Vergleich entsteht. Das gilt auch für den gemäß § 278 Abs. 6 ZPO durch Beschluss festgestellten Vergleich (zu den Wirkungen → Form. R.IV.4).

2. Im Genehmigungsantrag ist die Vorteilhaftigkeit des Vergleichs darzulegen, weil das Gericht dessen Genehmigung ablehnen kann, wenn diese nicht ohne weiteres erkennbar sind. Es ist nicht Aufgabe des FamG's die möglichen Vorteile des Vergleichsschlusses zu ermitteln (OLG Köln JurBüro 1997, 276). Dies folgt aus der auch bei der Amtsermittlung geltenden Obliegenheit der Partei, zur Sachverhaltsaufklärung beizutragen (§ 27 FamFG).

Bei der Entscheidung hat das FamG einen Beurteilungsspielraum, da der Vergleich bereits begrifflich einen offenen Streit bzw. eine Ungewissheit der Parteien voraussetzt (§ 779 BGB) und der Ausgang eines streitigen Verfahrens regelmäßig unklar sein wird (*Mayer* FamRZ 1994, 1007). Wird die Genehmigung eines (außergerichtlichen) Vergleichs versagt, kann das wirtschaftliche Ergebnis genehmigungsfrei im Wege des Anerkenntnisses in einem Klageverfahren erreicht werden (vgl. *Brüggemann* FamRZ 1989, 1137).

2. Vergleich über Unterhaltsrückstände

An das Amtsgericht

– Familiengericht – . . . . . .

Namens und im Auftrag von . . . . . . als Vormund von . . . . . ., ausgewiesen durch beiliegende Vollmacht

wird beantragt,

den am . . . . . . geschlossenen, aus der Anlage . . . . . . ersichtlichen Vergleich[1] familiengerichtlich zu genehmigen.[2]

Begründung:

Das betroffene Kind ist nichtehelich geboren. Die elterliche Sorge ist der Mutter entzogen und dem Antragsteller als Vormund übertragen worden. Der Vater des Kindes hat die Vaterschaft anerkannt und sich durch Urkunde des Jugendamts . . . . . . vom . . . . . . Az . . . . . . verpflichtet, ...% des Mindestunterhalts der jeweiligen Altersstufe zu zahlen. Die Mutter des Kindes ist nicht leistungsfähig. Unterhaltszahlungen hat auch der Vater des Kindes nur unregelmäßig und nicht in voller Höhe geleistet, sodass jetzt ein Rückstand von . . . . . . EUR besteht. Der verschuldete Unterhaltspflichtige, hat sich in Schuldnerberatung begeben. Er schlägt vor, auch die Unterhaltsrückstände im Rahmen eines außergerichtlichen Moratoriums zur Abwendung der Insolvenz durch Zahlung eines Betrags von . . . . . . EUR, das entspricht einer Quote von . . . . . .% zu erledigen. Diese[3] Erfüllungsquote ist gesichert. Sie wird aus folgenden Mitteln des Schuldners aufgebracht:

. . . . . . (zB Erlös aus Verkauf, Abfindung, Erbschaft, Zuwendung aus Stiftungsmitteln zur Resozialisierung ggfs. auf Darlehensbasis)

Der Vormund/Pfleger ist bereit, diesen Vergleich zu schließen und beantragt hierzu die familiengerichtliche Genehmigung.

Der Abschluss des Vergleichs ist genehmigungsfähig. Er entspricht dem Wohl des Kindes.

. . . . . .

Rechtsanwalt/Rechtsanwältin

Begründungselemente (zB):

- **Kostenfaktor: außergerichtlicher Vergleich ist kostengünstiger wegen geringerer Kosten für Treuhand und Gericht etc**
- **Zukunftsperspektive: Neuvermögen und Einkommen des Unterhaltspflichtigen stehen anschließend in vollem Umfang zur Verfügung, während es in der Insolvenz während der Wohlverhaltensphase in Höhe des pfändbaren Betrags abgetreten werden müsste, sodass die Umsetzung des Vergleichs die Leistungsfähigkeit für den laufenden Unterhalt verbessern kann.**
- **Folgen bei Nichtabschluss: Mittel zur Erfüllung des Vergleichs werden von Dritten nur für gütliche Einigung bereitgestellt. Im Insolvenzverfahren droht für gesamten Rückstand eine geringere oder gar eine Nullquote.**
- **Gesamtbewertung: Angemessenheit der Erfüllungsquote im Vergleich zur Höhe der Verschuldung und den Mitteln, die für andere Gläubiger eingesetzt werden**[4]

Anmerkungen

1. Die Annahme eines gerichtlichen Vergleichsvorschlags ist genehmigungsfrei, wenn der Vergleich mit dem schriftlichen oder protokollierten gerichtlichen Vergleichsvorschlag völlig übereinstimmt. Er muss dann nicht nochmals vollständig protokolliert werden (OLG Düsseldorf BeckRS 2001, 30172206), sodass sich die Parteien auf dieser Grundlage außergerichtlich einigen können oder der Vergleich durch Beschluss iSv § 278 Abs. 6 ZPO zustande kommt. Das FamG hat dann die behaupteten Forderungen zu prüfen nach Höhe, Plausibilität, möglicher Durchsetzbarkeit, rechtlicher Grundlage und schlüssiger Darlegung (vgl. BayObLG München NJW-RR 2003, 1587). Ohne famg. Genehmigung ist eine Vollstreckungsklausel fehlerhaft und mit der Klauselerinnerung anfechtbar (OLG Köln OLGR 2003, 111).

Der nach § 1822 Nr. 12 BGB maßgebliche Wert von 3.000,– EUR bemisst sich nach der Differenz der Forderung des Gläubigers und dem vom Gegner für maßgeblich gehaltenen Betrag (MünchKommBGB/*Kroll-Ludwigs* § 1822 Rn. 71; *Klüsener* Rpfleger 1993, 133, 138).

Beispiel: Forderung 25.000,– EUR, Angebot 15.000,– EUR, Vergleich 22.000,– EUR, dann waren str. 10.000,– EUR.

2. Sonderproblem: Verzicht auf Unterhaltsrückstände

Die Handlungsalternativen des Vormunds/Pflegers werden durch die §§ 1804, 1812 BGB begrenzt, sodass weder ein Forderungserlass, noch ein Verzicht auf den Unterhaltsrückstand erklärt werden kann. Möglich bleiben dementsprechend entgeltliche Verträge. Das Entgeltlichkeitsmerkmal ist beim Teilverzicht gegeben, wenn die Beitreibbarkeit des vollen Rückstands auf absehbare Zeit ausgeschlossen erscheint und ohne die Beschränkung der gesamte Anspruch als uneinbringlich zu gelten hätte. Die Bereitschaft des Schuldners einen Teil der sonst unrealisierbaren Forderung zu begleichen, macht den Teilverzicht entgeltlich und stellt ein Nachgeben iSv § 779 BGB dar (DIV-Gutachten DAVorm 1992, 1207 und 1991, 926). In einer außergerichtlichen Schuldenbereinigung ist eine gleichmäßige Behandlung nicht unbedingt erforderlich, um den Erlassvertrag genehmigungsfähig zu machen (DIV-Gutachten DAVorm 1991, 925).

Weitere Beispiele für Entgeltlichkeit bei Verzicht:

- Verzicht auf Herabsetzungsverlangen für Vergangenheit (bei Urkunde und Vergleich möglich wegen § 323 Abs. 3 S. 1 ZPO, vgl. zB OLG Köln FamRZ 2000, 905; aA für Beschluss im vereinfachten Verfahren OLG Saarbrücken FamRZ 2000, 40) durch den Unterhaltsschuldner für die Vergangenheit (DIV-Gutachten, DAVorm 1987, 960).
- Verzicht auf ein künftiges Herabsetzungsverlangen durch Unterhaltsschuldner

- Tilgungsmodus über Pfändungsgrenzen hinaus, rechtfertigt Teilerlass (DIV-Gutachten, DAVorm 1987, 960).

3. Selbst wenn der Vergleich auf einem gerichtlichen Vorschlag beruht, bleibt der Erlassvertrag gemäß § 1812 BGB iVm § 1813 BGB genehmigungspflichtig (vgl. DIV-Gutachten DAVorm 1985, 221 und 1986, 401).

4. Bei Vormundschaft und Dauerpflegschaft wird die Genehmigung mit der Jahresgebühr nach den Nr. 1311 KV FamGKG abgegolten. Bei einer Einzelpflegschaft wird für die Genehmigung eine halbe Gerichtsgebühr erhoben (Nr. 1310 KV FamGKG).

Bedarf ein Prozessvergleich der famg. Genehmigung, so entsteht die anwaltliche Einigungsgebühr erst mit der Erteilung der Genehmigung (OLG Koblenz Rpfleger 1982, 441; KG Beschl. v. 14.2.1989 – 1 WF 7134/88 – in juris dokumentiert). Für die Mitwirkung bei der Beschaffung der famg. Genehmigung für den Prozessvergleich steht dem Prozessbevollmächtigten eine Geschäftsgebühr nach Nr. 2300 VV RVG zu, die nicht durch die Vergleichsgebühr gemäß Nr. 1000 VV RVG abgegolten ist. Regelmäßig ist diese Gebühr aber nicht erstattungsfähig (KG Beschl. v. 14.2.1989 – 1 WF 7134/88 – in juris dokumentiert).

Der Risikoausschluss des ARB § 4 Abs. 1 lit. i kommt bei der Einholung der famg. Genehmigung für einen Abfindungsvergleich in der Unfallschadensregulierung nicht zur Anwendung, da es sich (bei der Regulierung) nicht um eine Angelegenheit der freiwilligen Gerichtsbarkeit handelt. Die Genehmigung ist notwendige Vorbereitung für die Geltendmachung von Schadensersatzansprüchen (LG Hanau ZfSch 1995, 431).

3. Teilerlass (alternativ mit Erfüllungsmodus)

Die Parteien, ... als unterhaltspflichtige/r Vater/Mutter (im Folgenden Schuldner) und ...... vertreten durch ...... als Vormund/Pfleger (im Folgenden Gläubiger), sind sich einig, dass der Schuldner dem Kind ...... zum Unterhalt verpflichtet ist und diesem für die Zeit vom ...... bis ...... als Unterhalt noch insgesamt ...... EUR schuldet. Der Schuldner erkennt die Verpflichtung in dieser Höhe an.

Der Schuldner verpflichtet sich auf diesen Rückstand bis ...... einen Betrag von ...... EUR zu zahlen.

bei Ratenzahlung:

Dem Schuldner bleibt nachgelassen, diesen Betrag in gleichbleibenden monatlichen Raten von ...... EUR ab ...... (Datum) zu zahlen. Die Raten sind monatlich, jeweils bis zum ...... (zB 3. Werktag eines jeden Monats) fällig.

Kommt der Schuldner mit mehr als einer Rate in Verzug, wird der Restbetrag sofort fällig.

bei Erfüllungsklausel:

Der Schuldner darf die in Nr. 2 eingegangene Verpflichtung bis ...... durch Zahlung eines Betrags von ...... (entsprechend geringerer Betrag als die in Nr. 2 vereinbarte Zahlung) erfüllen.

für alle Alternativen:

Wird die unter Nr. 2 bzw. 5 vereinbarte Zahlung geleistet, verzichtet der Gläubiger auf den Rest des unter Nr. 1 bezifferten Unterhalts.

Die Parteien wissen, dass diese Vereinbarung familiengerichtlich genehmigt werden muss. Der Gläubiger wird diese Genehmigung beantragen.

Grundlage dieser Vereinbarung ist:

Der Schuldner hat weitere fällige Verbindlichkeiten in Höhe von . . . . . . EUR.

Zur Abwendung der Insolvenz soll eine außergerichtliche Schuldenbereinigung durchgeführt werden.

Für diese Schuldenbereinigung stehen folgende Mittel bereit: . . . . . .

Die Zustimmung der übrigen Gläubiger liegt vor.

Ort, Datum . . . . . .
Unterschrift Schuldner

Ort, Datum . . . . . .
Unterschrift Gläubiger

Anlage zum Genehmigungsantrag [zB]:

Vergleich

Systematische Aufstellung der Gläubigerforderungen

Systematische Aufstellung der zur Erfüllung des Vergleichs vorhandenen Mittel

Schreiben der . . . . . .-Stiftung mit den Bedingungen für die Mittelvergabe

IX. Haftungsbeschränkung des Pfleglings/Mündels bei Nachlasserwerb

1. Durch Behindertentestament

Schreiben an Vormund/Pfleger zu Annahme oder Ausschlagung einer erbrechtlichen Zuwendung im Rahmen eines Behindertentestamentes

Frau/Herrn . . . . . .

Sehr geehrte/r Herr/Frau,

das am . . . . . . in meiner Kanzlei stattgefundene Gespräch über die von Ihnen als Vormund für . . . . . . zu treffende Entscheidung, ob die Erbschaft für Ihr Mündel nach dem am . . . . . . verstorbenen Elternteil . . . . . . ausgeschlagen werden soll, fasse ich nochmals zu Ihrer Information mit dem Angebot, Ihnen für Rückfragen zur Verfügung zu stehen, wie folgt zusammen:

Der Erblasser hat Ihr Mündel, das Sozialhilfe bezieht, durch letztwillige Verfügung zum Vorerben mit einem Erbanteil von . . . . . . bedacht. Nacherben sind dessen Geschwister . . . . . . mit einem Anteil von je . . . . . . Diese letztgenannten Personen sind des Weiteren auch Erbe nach dem Erblasser zu . . . . . . Darüber hinaus ist für den Vorerbteil Ihres Mündels Dauertestamentsvollstreckung angeordnet und hat der Erblasser Verwaltungsanweisungen erteilt, in welcher Form und Weise Ihr Mündel aus seinem Vorerbrecht Nutzen ziehen kann.[1]

Sie haben um Rat gebeten, ob es bei diesen Anordnungen für Ihr Mündel nicht günstiger sei, die Erbschaft auszuschlagen und stattdessen den Pflichtteil zu verlangen.[2]

Diese Vorgehensweise ist nicht zu empfehlen. Es ist zwar richtig, dass auf diese Weise Ihr Mündel unmittelbar in den Genuss eines Geldbetrags käme und dieser auch nicht vom Testamentsvollstrecker verwaltet würde. Würden Sie aber so verfahren, hätten Sie damit zu rechnen, dass bis zur Erreichung des Schonbetrags – dieser beträgt derzeit . . . . . . EUR – der bisher Sozialhilfe in Form von . . . . . . gewährende Träger nicht nur die Leistung einstellen und auf die Verwendung des Pflichtteils verweisen, sondern wegen der in der Vergangenheit erbrachten Sozialhilfe im Wege der Überleitung des Anspruchs Rückgriff nehmen würde. Bei der hier maßgeblichen Gestaltung der Erbfolge,[3] einschließlich der Anordnung einer Testamentsvollstreckung,[4] die der Rechtsprechung der Zivilgerichte und der Verwaltungsgerichtsbarkeit entsprechen, tritt diese Folge nicht ein. Sie verhindert zugleich, dass beim Erbfall nach Ihrem Mündel, dessen Geschwister als Erben für die gewährte Sozialhilfe in Rückgriff genommen werden können.

Infolge der Testamentsvollstreckung wären auch andere Gläubiger Ihres Mündels, sofern es sich nicht um Nachlassschulden handelt, gehindert, auf das vom Testamentsvollstrecker[5] verwaltete Vermögen zuzugreifen.

Bei Ihrer Entscheidung über Annahme und Ausschlagung der Erbschaft brauchen Sie sich allein am Wohle Ihres Mündels zu orientieren. Sie sind nicht verpflichtet, auf Belange der öffentlichen Hand, in deren Interesse es liegt, Kostenersatz zu erlangen, Rücksicht zu nehmen.

Sollten Sie sich dennoch für die Ausschlagung der Erbschaft entscheiden, weise ich vorsorglich nochmals auf die Ausschlagungsfrist hin, die am . . . . . . endet [Angabe falls

berechenbar]. Ihre Erklärung müsste auch vom Familiengericht genehmigt werden. Für die Einhaltung der Frist genügt es zunächst, wenn Ihr Genehmigungsantrag innerhalb der Ausschlagungsfrist bei diesem Gericht eingeht. Hierdurch wird die Ausschlagungsfrist gehemmt. Nach erteilter Genehmigung muss diese und Ihre Erklärung dem Nachlassgericht innerhalb der verbleibenden Frist vorliegen.[6]

Mit freundlichem Gruß

. . . . . .

Rechtsanwalt/Rechtsanwältin[7]

Anmerkungen

1. Kurzer Problemabriss. Die Beratungspraxis hat zu beachten, dass wichtige Fragen von der Rspr. bisher noch nicht geklärt sind und in der Lit. kontrovers diskutiert werden. Daher besteht in vielem Unsicherheit.

Unter einem Behindertentestament ist die erbrechtliche Zuwendung an einen behinderten Abkömmling gemeint, die sicherstellen soll, dass das anlässlich des Erbfalls zugeflossene Vermögen des Behinderten in Substanz und Ertrag

1. für dessen Zwecke (Hebung des Lebensstandards bzw. Gewährleistung einer bestmöglichen Lebensgestaltung) verwendet werden kann, ohne dass Leistungen des Sozialhilfeträgers verloren gehen, weil eigenes einzusetzendes Vermögen vorhanden ist, dem gegenüber die Sozialhilfeleistung subsidiär wäre (§ 90 SGB XII).
2. beim Erbfall des Behinderten nicht zum Kostenersatz des Sozialhilfeträgers durch die Erben (§ 102 SGB XII) verwendet werden muss.

Im Zusammenhang mit der Grundsicherung besteht ein ähnlicher Regelungsbedarf beim Erblasser. Zwar enthält das GSiG keine Rückgriffsnormen. Jedoch wird die Grundsicherung versagt, wenn einsetzbares Vermögen vorhanden ist (vgl. näher *Mayer* ZEV 2003, 173).

Mit einem Behindertentestament lassen sich die Verhältnisse beim Erbfall des behinderten Kindes, dessen Nachlass oft nur aus dem von den Eltern zugewandten Vermögen bestehen wird, steuern. Dies kann insbesondere dann gewünscht sein, wenn das Kind geschäftsunfähig ist. Weil es nicht testieren kann, tritt immer gesetzliche Erbfolge ein.

In der Praxis werden meist zwei Modelle eingesetzt, die inzwischen weitgehend favorisierte Vor- und Nacherbschafts- und die Vor- und Nachvermächtnislösung (von ihr rät *van de Loo* ZEV 2006, 473 im Hinblick auf die Überleitbarkeit ab; mit Varianten zB Leibrentenvermächtnis) beide kombiniert mit der Anordnung einer Verwaltungstestamentsvollstreckung:

- Das behinderte Kind wird als nichtbefreiter Vorerbe mit einer den Pflichtteil übersteigenden Erbquote eingesetzt. Nacherbe (und Erbe des übrigen Nachlasses) sind zB die weiteren Geschwister.
- Mittels der Verwaltungsvollstreckung wird dem Sozialhilfebedürftigen eine Verfügungsbeschränkung auferlegt, die das zugewendete Vermögen rechtlich unverwertbar macht (zB BGHZ 123, 368 = NJW 1994, 248; VGH Mannheim NJW 1993, 152; OVG Bautzen NJW 1997, 2898). Zugleich wird erreicht, dass die Verfügungsgewalt über die Vorerbschaft der vom Erblasser ausgewählten Person zusteht. Während der Minderjährigkeit kann zwar die Person des Vormunds benannt (zur fehlenden Ämterkompatibilität, wenn dieser auch Testamentsvollstrecker sein soll → Anm. 5) und dessen Amt mittels Weisungen gestaltet werden. Nach Eintritt der Volljährigkeit und mit Übergang zur Betreuung, entfällt dies aber.

Die Einrichtung des Erbfalls unter Berücksichtigung der bei einem behinderten Abkömmling bestehenden Besonderheiten hat der BGH (BGHZ 123, 368 = NJW 1994, 248;

BGHZ 111, 36 = NJW 90, 2055 behandelte eine befreite Vorerbschaft; BGHZ 188, 96 = NJW 2011, 1586; siehe auch OVG Saarlouis MittBayNot 2007, 65, das die Testamentsvollstreckung neben der Vollerbeneinsetzung genügen lässt; dazu *Spall* MittBayNot 2007, 69) durch die nicht befreite Vor- und Nacherbschaft mit Verwaltungsvollstreckung für zulässig erachtet:

1. Das behinderte Kind muss nicht mit den anderen Kindern gleich behandelt werden. Unterschiede dürfen bei der Erbquote und bei der Art der Zuwendung gemacht werden. Allerdings darf das Pflichtteilsrecht nicht tangiert sein.
2. Die letztwillig verfügenden Eltern dürfen dem Wohle des Kindes Vorrang geben. Sie müssen nicht Rücksicht auf die Belange der Allgemeinheit und dem Interesse der öffentlichen Hand, Kostenersatz zu erlangen, nehmen.
3. Die dem behinderten Kind vom Testamentsvollstrecker gewährten Leistungen, die nicht als Anspruch formuliert werden dürfen, sind, soweit Schonvermögen iSv § 90 Abs. 2 SGB XII (und nach dem Bundesteilhabegesetz seit 1.4.2017 erhöht auf 5.000 EUR) unangreifbar.

Der Vormund des Kindes muss beachten, dass er im Falle der Erb- oder Vermächtnisausschlagung zwar die Beschränkungen beseitigen kann. Der dann von ihm geltend gemachte Pflichtteil (Ausschlagungsrecht kann nicht übergeleitet werden (BGHZ 188, 96 = NJW 2011, 1586 Rn. 30), nimmt aber das Schicksal des § 93 SGB XII. Jedenfalls bei einer Enterbung entsteht der Pflichtteilsanspruch kraft Gesetzes, § 2317 BGB. Er hängt daher nicht von der Geltendmachung ab und kann übergeleitet werden (BGH NJW-RR 2005, 369). Der Vormund kann sich ausschließlich am Wohle des Kindes orientieren, das öffentliche Interesse an Kostendeckung kann er außer acht lassen (*Nieder* NJW 1994, 1265; siehe aber auch VGH Baden-Württemberg NJW 1993, 2953, dagegen DNotI-Report 1996, 49 auch wegen § 90 Abs. 3 SGB XII).

Nach Eintritt des Nacherb-/Nachvermächtnisfalles wird der Nacherbe/Nachvermächtnisnehmer Rechtsnachfolger des Erblassers und nicht des Vorerben/Vorvermächtnisnehmers, sodass ein Kostenersatz als Erbe gemäß § 102 SGB XII ausscheidet (siehe auch § 102 Abs. 3 Nr. 1 SGB XII, wenn der Nachlass geringer als der dreifache Grundbetrag des § 85 Abs. 1 SGB XII ist). Für die Vermächtnislösung ist letzteres jedoch str. Es wird vertreten, dass zum Nachlass des Empfängers der Sozialleistung auch der Vermächtnisgegenstand gehöre, weil er dessen Erbe (nur) mit einem schuldrechtlichen Erfüllungsanspruch gegenüber dem Nachvermächtnisnehmer belaste (vgl. *Damrau* ZEV 1998, 1). Dem wird entgegengehalten, dass nach § 102 SGB XII nur der nach § 2311 BGB berechnete Nachlass hafte und das Nachvermächtnis, das eine Belastung des Vorvermächtnisses darstellt, eine Erblasserschuld und keine Erbfallschuld sei (siehe *Spall* MittBayNot 2001, 249; *Joussen* NJW 2003, 1851; *Baltzer* ZEV 2008, 116 je mwN). Dann setzt der Kostenersatz weiteres zum Nachlass gehörendes Vermögen voraus (siehe DNotI-Report 1999, 150). Auch diese Sichtweise beseitigt aber nicht die Gefahr der zivilrechtlichen Haftung, wenn der mit dem Nachvermächtnis belastete Gegenstand das wesentliche Vermögen des Vorvermächtnisnehmers darstellt und das Nachvermächtnis als Universalvermächtnis angesehen wird, mit der Folge der Haftung für die Nachlassverbindlichkeiten entsprechend den §§ 2378 Abs. 1, 2378 BGB (siehe *Joussen* NJW 2003, 1851 mwN). *Grziwotz* (ZEV 2002, 409; krit. *Litzenburger* RNotZ 2004, 138; *Spall*, FS 200 Jahre Notarkammer Pfalz, 2003, S. 121, 135 ff.) will die Vermächtnislösung auf Seiten der nichtbehinderten Kinder nutzen und das behinderte Kind zum alleinigen beschränkten und mit der Dauervollstreckung beschwerten Vorerben einsetzen.

Ob diese Varianten zweckmäßig sind, ist anhand des Einzelfalls zu prüfen und dann zu erwägen, wenn die Nachteile der (sicheren) Vorerbschaftslösung durchgreifen. Das sind etwa (eingehend *Spall*, FS 200 Jahre Notarkammer Pfalz, 2003, S. 121, 132 f., 136 f.):

- Einbeziehung des behinderten Kindes in die Erbengemeinschaft und Mitsprache durch Vormund/Betreuer.

- Auseinandersetzung unter Beteiligung des behinderten Kindes und bis dahin u.U. nur eingeschränkte Nutzbarkeit des Vermögens
- Nachlass kann Auseinandersetzung erschweren, wenn im Wesentlichen nur ein Gegenstand (Haus, Gewerbebetrieb) vererbt wird. Daher kann es von Interesse sein, eine Erbengemeinschaft zu vermeiden (bei zwei erbenden Kindern möglich) oder die Auseinandersetzung ohne Mitsprache des Vormundes durchzuführen.

2. Ungeeignet, die in Anm. 1 genannten Ziele zu erreichen (vgl. zB *Nieder* NJW 1994, 1265), sind

- die Enterbung des Kindes, weil dann auf dessen Pflichtteil, der ohne vorherige Ausschlagung entsteht, im Wege des Übergangs gemäß § 93 Abs. 1 S. 1 SGB XII zugegriffen werden kann.
- eine Erbquote oder ein Vermächtnis unterhalb des Pflichtteils, wegen des Pflichtteilsergänzungsanspruchs. Soll die Beschränkung durch Einsetzung eines Nacherben oder Ernennung eines Testamentsvollstreckers Bestand haben, muss der Erbteil (§ 2206 BGB) oder das Vermächtnis (§ 2307 BGB) den Pflichtteil übersteigen. Wird die übersteigende Quote zu knapp bemessen, kommt § 138 BGB wieder in die Diskussion, außerdem kann dies den Vormund bei der Entscheidung, ob er ausschlägt, beeinflussen.
- eine Auflage (§§ 1940, 2192 ff. BGB), weil auch sie den Pflichtteilsanspruch belässt.
- eine befreite Vormundschaft. Sie verhindert zwar den Rückgriff des Sozialhilfeträgers (§ 2115 iVm § 2136 BGB), belässt aber dem Träger der Sozialhilfe die Möglichkeit, den Vorerben im Umfang des Verfügungsrechts auf den Verbrauch des Nachlasses zu verweisen (*van de Loo* NJW 1990, 2852).

Der Pflichtteilsverzicht eines behinderten Sozialleistungsempfängers ist grundsätzlich nicht sittenwidrig (BGHZ 188, 96 = NJW 2011, 1586) und unter Berücksichtigung der erweiterten Rechte gem. UN-Behindertenrechtskonvention (hier Art. 12 Abs. 5 u.a.) rechtlich beachtlich.

3. Maßnahmen im Wege der vorweggenommenen Erbfolge zu Gunsten der keine Sozialhilfe beziehenden Kinder lösen einen Pflichtteilsergänzungsanspruch aus, wenn die Frist des § 2325 Abs. 3 BGB nicht erreicht wird. Dieser Ergänzungsanspruch kann mit einem entsprechenden Vermächtnis einschließlich Testamentsvollstreckung verhindert werden (*Hartmann* ZEV 2001, 94, 97; vgl. zu dessen Problemen vorstehend → Anm. 1).

4. Die Testamentsvollstreckung erschwert den Zugriff von Eigengläubigern des behinderten Erben/Vermächtnisnehmers (§ 2214 BGB), wobei durch testamentarische Anweisungen (§ 2216 Abs. 2 S. 1 BGB) und Befreiungen (§ 2220 BGB) zusätzliche Vorkehrungen getroffen werden können (*van de Loo* NJW 1990, 2852, 2855):

- Befreiung zur Freigabe von Gegenständen iSv § 2217 BGB.
- Anordnung zur Unterhaltung dienende Erträgnisse nur als Naturalverpflichtung oder als gemäß §§ 90, 91, 82 SGB XII geschützte Leistung zu gewähren.
- Anordnung, Erträgnisse ausschließlich für den angemessenen, über den notwendigen (Sozialhilfe gedeckten) hinausgehenden Unterhalt zu verwenden (Zulässigkeit str., vgl. DNotI-Report 1996, 49 mwN).

Bei der Formulierung darf kein pfändbarer Anspruch für den Vorerben entstehen, Leistungen des Testamentsvollstreckers müssen nach dessen Belieben erfolgen.

Die Beschränkbarkeit bei großen Nachlässen ist in der Rspr. noch ungeklärt (vgl. BGHZ 123, 368 = NJW 1994, 248; Höhe des dem Behinderten zuverfügten Vermögens berührt die Frage der Sittenwidrigkeit nicht: OLG Hamm ZEV 2017, 158; LG Essen ZEV 2016, 324). Gewichtige Stimmen in der Lit. halten Anordnungen gemäß § 138 BGB für unbeachtlich, wenn die Versorgung des behinderten Bedachten aus den Erträgnissen des Pflichtteils gesichert werden kann (vgl. OVG Saarlouis MittBayNot 2007, 65 im obiter dictum, siehe auch bei DNotI-Report 1996, 49; NJW-Special 2007, 536; für eine großzügige Betrachtungsweise ist *Wendt* ZNotP 2008, 2, 7). Bei BGHZ 111, 36, 42 heißt es aber auch: „. . . . . . Wenn Eltern, die ihre Verantwortung für ihr behindertes Kind und dessen Wohl voll auf sich genommen haben und dieser Aufgabe gerecht zu werden suchen, in diesem Zusammenhang die Grenzen der Leistungsfähigkeit der Sozialverwaltungen vor Augen gehalten werden, dann müssen sie sich vielmehr umgekehrt fragen, ob sie nicht sittlich gehalten sind, auch für den Fall vorzusorgen, dass die öffentliche Hand ihre Leistungen für Behinderte nicht mehr auf dem heute erreichten hohen Stand halten kann . . . . . .“. Zu empfehlen ist eine salvatorische Regelung, falls sich die Verfügung als sittenwidrig erweisen sollte (*Ruby* ZEV 2006, 377).

5. Der Nacherbe kann Testamentsvollstrecker zur Verwaltung des dem behinderten Kindes zugedachten Vermögens sein. Wird der bisherige gesetzliche Vertreter Testamentsvollstrecker, ist nicht generell von einem Interessenwiderspruch im Sinne von § 1796 BGB auszugehen. Ein enges persönliches Verhältnis lässt die Annahme zu, die Rechts des Vertretenen würden im gebotenen Maße gewahrt und gefördert werden (BGH NJW-RR 2008, 963).

6. → Form. R.IV.1.

7. Exkurs. Gemeinsames Testament

Testieren Eltern in einem gemeinsamen Testament ist zu beachten:

Wechselbezügliche Verfügungen zu Gunsten des behinderten Kindes hemmen die benötigte Flexibilität, die gebraucht wird, um bei sozialhilferechtlichen Einschnitten reagieren zu können (*Spall* MittBayNot 2003, 356, 359).

Ein Pflichtteilsstrafklausel sichert den überlebenden Elternteil nicht zuverlässig, sondern kann auch infolge Überleitung des Pflichtteilsrecht und Einforderung des Pflichtteils, die das Bedingungsgefüge der letztwilligen Verfügung zerbrechen lassen, zu erheblichen wirtschaftlichen Nachteilen führen (*Spall* MittBayNot 2003, 356, 359). Weil der Sozialhilfeträger den Pflichtteil bereits vor seiner Geltendmachung überleiten kann (BGH NJW-RR 2005, 369; BGH NJW-RR 2006, 223) eignet sich die Pflichtteilsstrafklausel gegen den Sozialhilferegress nicht (*Spall* DNotZ 2005, 299; *Mayer* MittBayNot 2005, 286). Wird mit einer Pflichtteilsklausel eine Enterbung auf den zweiten Erbfall angeordnet, darf diese Klausel nicht das behinderte Kind betreffen, ansonsten dessen daraus folgender Pflichtteilsanspruch § 93 SGB XII unterliegt (Klinger/*Ruby* NJW-Spezial 2006, 109).

Beim Pflichtteilsverzicht für ein nicht geschäftsfähiges Kind ist die Genehmigungspflicht gemäß § 1822 Nr. 2 BGB zu beachten. Im Rahmen der persönlichen Anhörung kann die Bestätigung des Betroffenen allein mit seinem natürlichen Willen mit dem Argument des Familienfriedens ausschlaggebend sein. Die Genehmigung wird von einem deutlichen Vorteil nicht nur aus vermögensrechtlicher Sicht des Verzichtenden abhängen. Solange aber nicht höchstrichterlich geklärt ist, dass der Vorteil sich auch aus dem familiären Zusammenhang (vgl. BGHZ 188, 96 = NJW 2011, 1586 [Rn. 29] darstellen lässt, bleibt die „klassische Lösung“ Vor- und Nacherbschaft mit Testamentsvollstreckung der sichere Weg (*Spall* MittBayNot 2012, 141; *Ihrig* BtPrax 2011, 78; *Rohlfing* FamRB 2011, 118).

Werden Pflichtteilsstrafklauseln oder die Jastrow’sche Klausel dennoch verwendet, ist darauf zu achten, dass der Sozialhilfeträger sein Ermessen, ob er einen Pflichtteilsanspruch überleitet, ordentlich ausübt, etwa berücksichtigt, welche Konsequenzen sich für die Pflegebereitschaft der Angehörigen oder den Familienfrieden ergeben (*van de Loo* NJW 1990, 2852, 2856).

2. Durch Erhebung einer Einrede zur Haftungsbeschränkung

a) Erhebung der Einrede im Abgaben- und im Verwaltungsvollstreckungsverfahren[1, 2]

An das Finanzamt ......

Sehr geehrte Damen und Herrn,

mittels anliegender Originalvollmacht zeige ich die Vertretung von ......, der Vormund/Pfleger für ...... ist. Letzterer wird von Ihnen mit Bescheid vom ...... als Erbe von ...... für eine Steuerschuld in Höhe von ...... aus ...... in Anspruch genommen. Die Zwangsvollstreckung ist durch ...... [zB Pfändungsverfügung] eingeleitet worden.[3]

Namens und im Auftrag meines Mandanten lege ich Einspruch gegen die Zwangsvollstreckung ein und erkläre zugleich die Beschränkung der Haftung auf den Nachlass. Die in das Eigenvermögen des Erben bewirkte Vollstreckungsmaßnahme ist aufzuheben.

Mit freundlichem Gruß

......

Rechtsanwalt/Rechtsanwältin

b) Haftungsbeschränkung im Kostenersatzverfahren nach § 102 SGB XII

An die Stadt-/Kreisverwaltung ...... – Sozialamt –

Schreiben vom ...... Az ......

Sehr geehrte Damen und Herrn,

mittels anliegender Originalvollmacht zeige ich die Vertretung von ......, der Vormund/Pfleger für ...... ist. Der Mündel/Pflegling ist Erbe nach ...... zu ...... Mit Ihrem eingangs bezeichneten Schreiben verlangen Sie Kostenersatz für dem Erblasser gewährte Sozialhilfe in Höhe von ...... EUR.

Kostenersatz in dieser Höhe ist aus dem Nachlass nicht zu erlangen. Nach § 102 Abs. 2 S. 2 SGB XII haftet der Erbe nur mit dem Wert des bei Eintritt des Erbfalles vorhandenen Nachlasses.

Der Nachlass bestand aus ...... und hatte einen Wert von ...... EUR. Inzwischen sind aber folgende als Tilgung von Erblasser- und Erbfallschulden anzuerkennende Zahlungen geleistet worden: ......[4] Schließlich ist noch der Freibetrag gemäß § 102 Abs. 3 Nr. 1 SGB XII in Abzug zu bringen. All dies mindert den für die Erstattung einzusetzenden Nachlass auf ...... EUR.

Alternativ:

Kostenersatz ist nicht zu leisten, weil der Nachlass geringer ist, als

[ ] der dreifache Grundbetrag nach § 85 Abs. 1 SGB XII, der insgesamt derzeit ...... EUR beträgt. Der Nachlass besteht lediglich aus ......

[ ] 15.340,– EUR. Der Erbe ist mit dem Hilfeempfänger verwandt, hat mit diesem in häuslicher Gemeinschaft gelebt und ihn gepflegt.

Eventuell:

...... [Härtegründe iSv § 102 Abs. 3 Nr. 3 SGB XII]

Zugleich und falls der Leistungsträger nicht auch zur Auffassung gelangt, dass Kostenersatz hier nicht zu erlangen ist, wird Verjährung des Erstattungsanspruchs eingewandt. Der Erblasser ist am …… verstorben mithin mehr als drei Jahre vor dem am …… zugegangenen Verlangen nach Kostenersatz.

Mit freundlichem Gruß

……

Rechtsanwalt/Rechtsanwältin

c) Erhebung der Einrede in Verfahren, in denen § 780 ZPO gilt[5]

Antrag zur Aufnahme des Haftungsvorbehalts

……

[Klagerubrum]

Es wird beantragt, die Klage abzuweisen,

hilfsweise,

festzustellen, dass der Beklagte nur beschränkt mit dem zum Zeitpunkt des Eintritts der Volljährigkeit am …… vorhandenen Vermögen haftet,

äußerst hilfsweise,

dem Beklagten vorzubehalten, seine Haftung auf das zum Zeitpunkt des Eintritts der Volljährigkeit am …… vorhandene Vermögen zu beschränken.

Begründung:

…… [Verteidigung gegen die Klage]

Jedenfalls haftet der Beklagte nur mit dem Vermögen, das im Zeitpunkt der Volljährigkeit vorhanden war. Die Klageforderung ist während der Minderjährigkeit des Beklagten entstanden. Dessen gesetzlicher Vertreter hat …… [zB ein zum Nachlass nach …… gehörendes Erwerbsgeschäft für den Beklagten der Alleinerbe war, fortgesetzt …… Auf den Namen des Beklagten zur Anschaffung eines Kraftfahrzeugs/ggfs. sonstige Anschaffung, einen Ratenkreditvertrag geschlossen]. Für diese Verbindlichkeit kann die Haftung gemäß § 1629a Abs. 1 S. 1 BGB beschränkt werden. Ein Ausnahmefall iSV § 1629a Abs. 2 bis 4 BGB liegt nicht vor.

Dieses Vermögen ist erschöpft, denn …… Das vorhandene Vermögen ist zur Tilgung folgender Verbindlichkeiten verwendet worden: …… Bei diesen Schulden handelte es sich um Altschulden aus der Zeit der Minderjährigkeit. Gegen den Beklagten war diesbezüglich ein Urteil ergangen, sodass er diese Forderung auch zu Lasten der hiesigen Klageforderung befriedigen durfte (vgl. § 1991 Abs. 3 BGB).

Beweis: …… [zB Schuldtitel etc]

Deswegen ist die Klage abzuweisen.

Alternativ:

Im Altvermögen befindet sich lediglich noch eine Forderung gegen …… Auf die Duldung der Zwangsvollstreckung in diese Forderung ist die Haftung des Beklagten zu beschränken.

……

Rechtsanwalt/Rechtsanwältin

Klageantrag zur Erhebung der Einwendung der vorbehaltenen Haftung

......

[Klagerubrum]

Es wird beantragt, zu erkennen,

die Zwangsvollstreckung aus dem Urteil ...... in das zum Zeitpunkt des Eintritts der Volljährigkeit am ...... noch nicht vorhandene Vermögen des Klägers [wenn Zwangsvollstreckung schon begonnen hat:] sowie die am ...... durchgeführte Zwangsvollstreckung in ...... ist unzulässig.

Zugleich wird beantragt,

die Zwangsvollstreckung gemäß vorstehendem Antrag einstweilen, ggfs. gegen Sicherheitsleistung, einzustellen.

Begründung:

Der Beklagte hat gegen den Kläger das im Klageantrag bezeichnete Urteil erwirkt. [alternativ:] Der Beklagte vollstreckt gegen den Kläger aus dem im Klageantrag bezeichneten Urteil.

In diesem Urteil ist der Kläger verurteilt worden, ... EUR zu bezahlen. Diese Forderung betrifft eine Schuld, die vom vormaligen gesetzlichen Vertreter namens des Klägers vor dessen Volljährigkeit eingegangen wurde.

Beweis: Vorlage ...... (zB Schuldurkunde; Rechnung vom ......)

Im Urteil vom ...... ist dem Kläger vorbehalten worden, die Haftung auf das auf das zum Zeitpunkt des Eintritts der Volljährigkeit am ...... vorhandene Vermögen zu beschränken.

Beweis: begl. Abschrift des Urteils vom ......, Beiziehung der Akte ......

[Wenn Vollstreckung schon begonnen hat:] Der Beklagte hat seinen Vollstreckungsauftrag nicht eingeschränkt. Am ...... ist darauf hin der ...... [Gegenstand] gepfändet worden.

Beweis: Gerichtsvollzieherprotokoll vom ......, ggfs. Beiziehung der Dienstakte des Gerichtsvollziehers

Diesen hat der Kläger indes erst am ...... erworben

Beweis: Vorlage der Rechnung vom ......

und zwar aus erst nach Volljährigkeit erlangten Mitteln, nämlich ...... (zB Arbeitseinkommen o. Ä.).

Beweis: Kontoauszug vom ......

Die Zwangsvollstreckung ist deswegen unzulässig. Der Kläger kann auch Aufhebung der schon bewirkten Vollstreckungsmaßnahme verlangen.

[Wenn die Zwangsvollstreckung noch nicht begonnen hat:] Der Kläger hat ein Interesse, dass die Zwangsvollstreckung nicht in solche Gegenstände/Forderungen betrieben wird, die zur Erfüllung der titulierten Forderung nicht eingesetzt werden müssen. [oder:] Das für die titulierte Forderung haftende Vermögen ist erschöpft, sodass die Zwangsvollstreckung insgesamt unzulässig ist.

Zur Glaubhaftmachung des Antrags, die Zwangsvollstreckung einstweilen einzustellen, wird auf anliegende eidesstattliche Versicherung des Klägers Bezug genommen.[6]

Mit freundlichem Gruß

. . . . . .

Rechtsanwalt/Rechtsanwältin

Anmerkungen

1. Es gibt die Dürftigkeitseinrede zur Abwehr des Zugriffs auf Eigenvermögen, die Unzulänglichkeitseinrede zur Geltendmachung der Überschuldung und die Erschöpfungseinrede, die greift, sobald keine Aktiva mehr vorhanden sind und eine Ersatzforderung gegen den Vermögensinhaber (zB Erben) nicht mehr besteht (siehe OLG Brandenburg BeckRS 2007, 302). Die Einrede muss nicht richtig bezeichnet werden, es genügt, dass der Wille erkennbar wird, die Haftungsbeschränkung herbeizuführen KG NJW-RR 2003, 941).

Anwendungsbereich ist die Geltendmachung der beschränkten Erbenhaftung und der Haftungsbeschränkung für Minderjährige (§ 1629a BGB iVm § 786 ZPO), die auch im Sozialrecht zu beachten ist (BSG NJOZ 2013, 127). Neue Probleme bei der Haftungsbeschränkung für Minderjährige: Derleder/Thielbar: Handys; Klingeltöne und Minderjährigenschutz: NJW 2006, 3233. Anwendbar auch gegen Kostenfestsetzungsbeschluss (OLG Koblenz MDR 2015, 920). Die beschränkte Haftung des minderjährigen, die Gütergemeinschaft fortsetzenden Ehegatten (§ 1489 Abs. 2 BGB) oder der anteilsberechtigten Abkömmlinge iSv § 1504 BGB dürften keinen praktischen Anwendungsbereich haben.

Als Erstmaßnahme bei der Inanspruchnahme als Erbe ist auf die Dreimonatseinrede nach § 2014 BGB hinzuweisen. Mit ihr lässt sich die für die Prüfung der Nachlassverhältnisse benötigte Zeit gewinnen. Der Zwangsvollstreckung ist dabei durch § 782 ZPO begrenzt.

2. § 5 VwVG nimmt Bezug auf § 265 AO 1977. Beim jeweiligen Landesrecht ist zu prüfen, ob dies geschehen ist (so zB § 5 VwVGBbg, während zB § 6 rhldpf VwVG auf einzelne Normen der ZPO verweist, nicht aber auf § 780 ZPO).

3. Die Durchführung der Haftungsbeschränkung hängt vom Verfahren, teils auch vom Gegenstand des Anspruchs (→ Anm. 4) ab. Ist § 780 ZPO anwendbar, diese Vorschrift gilt auch bei Verfahren nach dem WEG (BayObLG FamRZ 2000, 609), muss die Haftung schon im Urteil vorbehalten werden, ansonsten Präklusionswirkung gemäß § 767 ZPO eintritt (OLG Köln NJW-RR 2010, 1447). Die Einrede sollte stets vorsorglich erhoben werden, sie ist im Rahmen eines erbrechtlichen Mandats Anwaltspflicht (BGH, NJW 1992, 2694). Es genügt nicht, dass die eine Partei als Erbe bezeichnet wird (BGH FamRZ 1991, 1266). Erst der Haftungsvorbehalt im Urteil eröffnet den Vollstreckungsschutz nach § 785 ZPO. Wird der Rechtsstreit durch Vergleich beendet, muss der Haftungsvorbehalt in den Vergleich aufgenommen werden.

In Verfahren nach der AO (und dem darauf Bezug nehmenden VwVG) gilt § 780 ZPO nicht. Daher wird die Dürftigkeitseinrede, auch die aus § 1629a Abs. 1 S. 2 BGB (BFH NJW 2004, 175) nicht schon im Festsetzungsverfahren oder gegen das Leistungsgebot angebracht, sondern erst im Zwangsvollstreckungsverfahren. Dies geschieht durch formlose Erklärung des Vollstreckungsschuldners gegenüber der Vollstreckungsbehörde oder durch Einlegung eines Rechtsbehelfs gegen eine schon ergangene Vollstreckungsmaßnahme (BFHE 186, 328 = NJWE-FER 1999, 19; BFHE 203, 5 = NJW 2004, 175).

Gegen Rückforderungs- und Erstattungsansprüche aus § 50 Abs. 1 SGB I kann die Dürftigkeitseinrede schon bei der Anfechtung des Leistungsbescheids erhoben werden (vgl. BVerwGE 15, 234 = NJW 1963, 1075; BVerwGE 52, 16 = MDR 1977, 782; VGH Mannheim NJW 1986, 272; → Anm. 5). Hierbei geht es nicht um dem Erblasser gewährte Leistungen (→ Anm. 4), sondern um solche, die einem anderen gewährt wurden und für die der Erblasser Kostenersatz schuldet.

Die beschränkte Erbenhaftung kann für Erblasser- und Erbfallschulden geltend gemacht werden, nicht für Steuerschulden, die auch als Eigenschuld des Erben oder als Nachlasserbenschuld anzusehen sind, wie Einkommensteuerschulden aus Einkünften oder aus der Verwaltung des Nachlasses (BFHE 186, 328 = NJWE-FER 1999, 19). Sie ist daher nicht beschränkbar, wenn der Nachlass erst durch die Verwaltung des Erben dürftig geworden ist (FG Baden-Württemberg EFG 2006, 1229. Ebenfalls nicht für Wohngeldschulden, die durch zuzurechnende Verwaltung des Erben entstanden sind (BGH NJW 2013, 3446). Sie erstreckt sich auch nicht auf eine Kostenentscheidung (VG Gera ThürVBl 2003, 264).

4. Nach § 102 Abs. 2 S. 2 SGB XII beschränkt sich der Kostenersatzanspruch schon tatbestandsmäßig auf den Wert des Nachlasses. Diese Einschränkung hat der Träger der Sozialhilfe bei seinem Verwaltungsakt, mit dem er den Erben in Anspruch nimmt, von Amts wegen zu beachten (BayVGH Urt. v. 15.7.2003 – 12 B 991700 – in juris dokumentiert). Haftungsbeschränkende Maßnahmen braucht der Erbe daher nicht zu ergreifen, gleichwohl ist im Rahmen der Anhörung ein entsprechender Hinweis empfehlenswert. Die Verjährungseinrede ist zu erheben.

Der Nachlassbegriff des § 102 Abs. 2 S. 2 SGB XII entspricht dem in § 2311 BGB. Vom Aktivnachlass sind Erblasser- und Erbfallschulden (Beerdigungskosten, § 1968 BGB, vgl. OVG Lüneburg FEVS 31, 197; OVG Münster NJW 2002, 695, Kosten der Nachlassverwaltung oder -sicherung, § 1960 BGB) abzuziehen (OVG Rhld-Pf. NVwZ 2002, 1009). Der Ersatzanspruch wird noch durch den Freibetrag nach § 102 Abs. 3 SGB XII gemindert (BayVGH Urt. v. 15.7.2003 – 12 B 991700; OVG Münster NJW 2002, 695).

Str. ist, ob der Erbe auf eigenes Vermögen zurückgreifen muss, wenn er andere Nachlassverbindlichkeiten bedient hat (wohl bejahend BayVGH Urt. v. 15.7.2003 – 12 B 991700 – in juris dokumentiert m. N. zur Gegenauffassung). Um dieses Risiko auszuschließen, müsste der Ersatzanspruch nach § 102 SGB XII vorrangig bedient werden, weil gegenüber anderen Nachlassverbindlichkeiten die Dürftigkeitseinrede erhoben werden kann. Jedenfalls ist auch Vermögen, das beim Erblasser Schonvermögen war, einzusetzen (BVerwGE 66, 161 = ZfS 1983, 198; OVG Münster NJW 2002, 695). Mehrere Erben haften gesamtschuldnerisch. Ob einer der Ausnahmetatbestände des § 102 Abs. 3 SGB XII vorliegt, ist für die Person jedes Erben zu prüfen.

5. Den Haftungsvorbehalt muss nur der beklagte Volljährige verlangen. Für bis zum 1.1.1999 ergangene Titel wird er gemäß Art. 3 Abs. 1 MhbeG nicht gebraucht (siehe auch *Klüsener* Rpfleger 1999, 55, 58). Die Aufnahme des Haftungsvorbehalts wird auch nicht entbehrlich, weil im Innenverhältnis eine Haftung nicht stattfinden soll. Der Rechtsanwalt hat hierauf hinzuwirken (BGH FamRZ 1991, 1286).

Das Prozessgericht braucht bei der Leistungsklage den Haftungsumfang grundsätzlich nicht aufzuklären, festzustellen und zur Duldung der Zwangsvollstreckung in das Sondervermögen zu verurteilen, sondern kann sich mit der Aufnahme des Haftungsvorbehalts im Urteil begnügen (allgem. M. zB OLG Koblenz NJW-RR 2006, 377; BayObLG NJW-RR 2000, 306; OLG Oldenburg NJWE-FER 2001, 155). Steht fest, dass eine Haftungsmasse fehlt, wird die Klage abgewiesen (BGH NJWE-FER 2000, 211). Ist dies zweifelhaft, steht aber wenigstens die Haftungsbeschränkung fest und ist deren Geltendmachung nicht ausgeschlossen (etwa wegen Versäumung einer gesetzten Inventarfrist, KG NJW-RR 2003, 941), wird zur Leistung aus dem Sondervermögen verurteilt.

Mit dem bloßen Haftungsvorbehalt wird die Zwangsvollstreckung noch nicht beschränkt. Erteilt der Gläubiger einen unbeschränkten Vollstreckungsauftrag, kann das Vollstreckungsorgan auch in Neuvermögen, bzw. in nicht zum Nachlass gehörendes Vermögen vollstrecken. Geschieht dies, ist Klage gemäß § 785 ZPO zu erheben. Hierfür besteht ein Rechtsschutzbedürfnis, sobald gegen den beschränkt Haftenden ein Titel vorliegt.

6. § 93 ZPO ist zu beachten, falls verfrüht eine Klage nach § 785 ZPO erhoben wird (Zöller/*Stöber* § 785 Rn. 3).

X. Maßnahmen zur Haftungsbeschränkung des Vormunds/ Pflegers

Einkommensquellen zur Feststellung von Steuerpflichten, Dokumentation bei Herausgabe/Rechnungslegung[1, 2]

Einkommen (geschätzt) im Jahr:		
Einkünfte aus		……
Land- und Forstwirtschaft	§ 13 EStG	……
Gewerbebetrieb	§ 15 EStG	……
selbstständiger Betrieb	§ 18 EStG	……
nichtselbstständiger Arbeit	§ 19 EStG	……
Kapitalvermögen	§ 20 EStG	……
Vermietung und Verpachtung	§ 21 EStG	……
sonstigen Einkünften aus	§ 22 EStG	……
wiederkehrenden Bezügen ohne Abs. 1 Nr. 1 bis 6		……
Leibrenten		……
privaten Veräußerungsgeschäften im Sinne des § 23 EStG		……
sonstige (256,– EUR) übersteigende Einkünfte (Nr. 3)		……
Steuererstattungen		
Geschätztes Jahreseinkommen[5]	Summe	EUR

Geldverkehrsrechnung zur Darstellung des Geldflusses[3] [vereinfachtes Schema nach *Birkenfeld* FamRZ 1976, 197, 199]

Geldverkehrsrechnung	
I. Betriebliche Geldzuflüsse	in EUR
Warenverkauf	……
Erlöse aus Dienstleistungen	……
Kapitalerträgnisse	……
Veräußerungserlöse	……
Summe	EUR
II. Betriebliche Geldabflüsse[4]	……
1. Laufender Einkauf	……
Wareneinkauf	……
Löhne	……
Anschaffungen	……
Mieten	……

2.	Investierte Geldmittel		......
	Investitionsobjekt		......
	Finanzierungsmittel	Bankkonto und Barzahlung	......
3.	Barentnahmen		......
Summe			EUR

Anmerkungen

1. Der strenge Haftungsmaßstab des § 1833 BGB, Haftung für jedes Verschulden, wird nur ausnahmsweise durchbrochen und gemindert, durch

- ein Mitverschulden des Mündels/Pfleglings im Rahmen von § 254 BGB.
- die Beschränkung auf die eigenübliche Sorgfalt wenn Mündel/Pflegling im Haushalt des Vormunds/Pflegers leben (§ 1793 Abs. 1 S. 2 BGB iVm § 1664 BGB).
- die Beschränkung der Haftung auf ein Verschulden bei der Auswahl von Hilfspersonen.

Haftungsbeschränkende Maßnahmen sind deswegen besonders solche, mit denen der Vormund/Pfleger Vorsorge für den Fall einer Inanspruchnahme treffen kann.

2. Gemäß § 69 AO haftet der gesetzliche Vertreter für Steuerschulden des Mündels/Pfleglings, wenn er vorsätzlich oder grob fahrlässig die steuerrechtlichen Pflichten des Mündels/Pfleglings nicht erfüllt (§ 69 AO). Ihn trifft der strengere Haftungsmaßstab aus § 1833 BGB, wenn sich die Steuerschuld etwa durch aus der Säumnis herrührende Zuschläge erhöht. Zur sorgfältigen Amtsführung gehört deswegen, dass sich der Vormund/Pfleger Klarheit verschafft, welche steuerlichen Pflichten sein Mündel/Pflegling hat, der aus den vom gesetzlichen Vertreter verwalteten Mitteln die Steuer entrichten muss (§ 34 Abs. 1 S. 2 AO). Dem dient eine Übersicht über die Einkommensquellen, die den Einkommensarten des § 2 EStG folgend errichtet wird, einschließlich einer Bewertung, diese unter Zuhilfenahme sachverständigen Rates (§ 1802 Abs. 2 BGB), ggfs. im Rahmen einer Schätzung (vgl. § 162 AO).

3. Wird Betriebs- und Privatvermögen verwaltet, dient es wegen der nicht immer klaren Trennung beider Vermögensmassen der Transparenz, mittels einer Geldverkehrsrechnung Zufluss und Verbrauch der Geldströme im Betriebs- oder Privatvermögen darzustellen. Zwar kann bei der Abrechnung eines Vermögens, zu dem ein mit kaufmännischer Buchführung betriebenes Erwerbsgeschäft gehört, als Rechnung ein aus den Büchern gezogener Jahresabschluss genügen (§ 1841 Abs. 2 S. 1 BGB). Bilanzierung und famg. Aufsicht verfolgen indes andere Zwecke. Letztere dient der Bestandswahrung und soll Veruntreuungen verhindern, weshalb das FamG den Weg des vorhandenen Geldes prüft. Die auf die Ausweisung des Bilanzgewinns gerichtete kaufmännische Buchführung stellt dies nicht dar. Es wird deswegen geprüft, wie aus dem Betriebsmögen ins Privatvermögen gelangtes Geld dort verwendet worden ist, sowie die Anlage des vom Privatvermögen dem Betriebsvermögen zugeflossenen Geldes (vgl. *Birkenfeld* FamRZ 1976, 197, 199). Die Geldverkehrsrechnungen sind Verprobungsmethoden zur Überprüfung der Vollständigkeit der (steuerpflichtigen) Einkünfte einer natürlichen Person. Sie sind – soweit sie auf vollständigen Daten beruhen und korrekt durchgeführt worden sind – geeignet, die sachliche Richtigkeit einer formell ordnungsmäßigen Buchführung zu überprüfen und erleichtern damit die famg. Prüfung und die Selbstkontrolle.

4. Bei einem Herausgabeverlangen gilt die Rspr. zur Abwicklung der Herausgabe durch den Beauftragten (vgl. *Pardey* DAVorm 1987, 415). Der Vormund/Pfleger hat dann darzulegen und zu beweisen, dass von ihm verwaltetes Geld für Rechnung des Mündels/Pfleglings bestimmungsgemäß verbraucht worden ist (vgl. BGH NJW 1986, 1492; BGH NJW 1991, 1884; BGH NJW-RR 1991, 575).

5. Wegen Jahresrechnung → Form. S.III.6.

XI. Unterhaltsvereinbarung mit Elternteil

Herrn/Frau . . . . . .[1]

Sehr geehrte/r . . . . . .,

wir zeigen die Vertretung von . . . . . . an, der/die, wie Sie wissen, Vormund/Pfleger, für . . . . . . ist. Diesem Kind schulden Sie den gesetzlichen Unterhalt, mindestens in Höhe des Unterhalts iSv § 1612a BGB. Ihr Kind ist jetzt . . . . . . Jahre alt, sodass Unterhalt nach Altersstufe . . . . . . zu entrichten ist. Unter Zugrundelegung Ihrer Auskunft[4] vom . . . . . . sind jedenfalls derzeit . . . . . . EUR, das entspricht Gruppe . . . . . . Altersstufe . . . . . . der Düsseldorfer Tabelle, geschuldet.

Mit einer Unterhaltsleistung in dieser Höhe haben Sie sich im Schreiben vom . . . . . . einverstanden erklärt. Dieser Betrag ist bis auf weiteres und für die Zeit ab . . . . . ., zu zahlen.[2]

Ein minderjähriges Kind hat jedoch auch Anspruch, dass sein Unterhaltsanspruch in vollstreckbarer Form tituliert wird.[3] Dies kann kostenfrei geschehen beim Jugendamt des Landkreises/der kreisfreien Stadt in dessen Bezirk Sie wohnen. Sie werden deswegen aufgefordert, uns bis längstens . . . . . . (Datum) eine vollstreckbare Ausfertigung folgender Unterhaltsverpflichtung vorzulegen:

Herr/Frau . . . . . . verpflichtet sich, als Kindesunterhalt für das minderjährige Kind . . . . . ., geboren am . . . . . . zu Händen dessen gesetzlichen Vertreters

. . . . . . EUR Rückstand für die Zeit vom . . . . . . bis . . . . . .,

als laufenden Unterhalt monatlich, im Voraus und bis zum . . . . . . Werktag eines jeden Monats,

[nach Bedarf abhängig von der konkret zu beachtenden Eingangsaltersstufe]

vom . . . . . . (Beginn des Monats, in dem das Kind in die nächste Altersstufe aufrückt) bis . . . . . . (Monatsende vor dem Geburtstag des Kindes, in dem dieses in die nächste Altersstufe aufrückt) monatlich . . . . . . % Unterhalt gemäß § 1612a BGB, derzeit . . . . . . EUR abzüglich des hälftigen Kindergeldes für ein erstes/zweites/drittes/viertes Kind, also monatlich . . . . . . EUR abzüglich . . . . . . EUR, verbleiben . . . . . . EUR,[4]

vom . . . . . . (Beginn des Monats, in dem das Kind in die nächste Altersstufe aufrückt) bis . . . . . . (Monatsende vor dem Geburtstag des Kindes, in dem dieses in die nächste Altersstufe aufrückt) monatlich . . . . . . % Unterhalt gemäß § 1612a BGB, derzeit . . . . . . EUR abzüglich des hälftigen Kindergeldes für ein erstes/zweites/drittes/viertes Kind, derzeit also monatlich . . . . . . EUR abzüglich . . . . . . EUR verbleiben . . . . . . EUR,

ab . . . . . . (Beginn des Monats, in dem das Kind in die nächste Altersstufe aufrückt) monatlich . . . . . . % Unterhalt gemäß § 1612a BGB, derzeit . . . . . . EUR abzüglich des hälftigen Kindergeldes für ein erstes/zweites/drittes/viertes Kind, derzeit also monatlich . . . . . . EUR abzüglich . . . . . . EUR verbleiben . . . . . . EUR zu zahlen.

Geschieht dies nicht innerhalb vorstehender Frist, werden wir ohne weitere Aufforderung Unterhaltsklage erheben.[5]

Bei Verzug: Hinweis auf Gebührenanspruch und Gebührenrechnung.

Mit freundlichem Gruß

. . . . . .

Rechtsanwalt/Rechtsanwältin

Anmerkungen

1. Siehe auch → Form. F.I.

2. Das außergerichtliche Anerkenntnis ist unterhaltsrechtlich beachtlich. Dessen Annahme hat vertragliche Wirkungen und ist als außergerichtlicher Vergleich zu beurteilen. Solange hierin kein unerlaubter Verzicht liegt, wird hierdurch das Unterhaltsverhältnis bestimmt. Die einseitige Errichtung einer Unterhaltsurkunde hat diese Wirkung indes nicht (vgl. BGH NJW 2003, 3770; OLG Köln NJW-RR 2002, 436). Sie wird nur als deklaratorisches bzw. bestätigendes Schuldanerkenntnis angesehen, bei dem das Jugendamt nicht als Vertreter des Kindes handelt, sondern als öffentlicher Sachwalter der Kindesinteressen. Die beim Jugendamt errichtete Urkunde ist in der Regel ein abstraktes Schuldanerkenntnis nach §§ 780, 781 BGB bzw. ein einseitig verpflichtender Vertrag (BGHZ 1, 185; 17, 256; ausführlich: OLG Köln FamRZ 2000, 905); Es bewirkt, dass der Schuldner diejenigen Einwendungen nicht mehr geltend machen kann, die er im Zeitpunkt seiner Erklärung kannte bzw. mit denen er rechnen konnte (OLG Köln FamRZ 2000, 905).

3. Wegen der Möglichkeit einen kostenfreien Titel – vorzugsweise beim Jugendamt gemäß den §§ 59, 60 SGB VIII – zu schaffen, wird ein Titulierungsanspruch des minderjährigen Unterhaltsberechtigten auch bei freiwilliger Leistung des Unterhaltspflichtigen bejaht (vgl. OLG Köln FamRZ 1997, 618; zum Titulierungsinteresse allgemein BGH NJW 2010, 238). In der Praxis wird aber häufig § 93 ZPO iVm § 113 FamFG übersehen. Kostenrechtliche Nachteile drohen nur dann nicht, wenn der Unterhaltsschuldner vor Klageerhebung zu einer kostenfreien Titulierung in verzugsbegründender Weise aufgefordert wird. Ansonsten kann der gleich mit einer Klage überzogene Schuldner sofort anerkennen und dem Unterhaltskläger die Kostenlast aufbürden lassen (OLG Hamm FamRZ 1992, 831). Mit der Bewilligung von VKH ist deswegen auch nur zu rechnen, wenn eine freiwillige Titulierung trotz Aufforderung unterblieben ist (OLG Naumburg FamRZ 2006, 1052). Ansonsten kann das FamG zur freiwilligen Titulierung auffordern. Folgt der Schuldner diesem Hinweis, nimmt die Errichtung einer dem Anspruch entsprechenden Urkunde der Klage das Rechtsschutzbedürfnis.

Der Unterhaltsgläubiger braucht sich aber mit der freiwilligen Titulierung erst zufrieden zu geben, wenn er den Anspruch (selbst) beziffern kann. Dies setzt eine vollständige Auskunft voraus. Fehlt diese, kann er (nach vergeblicher Aufforderung zur Auskunft gleich) Stufenklage erheben.

4. Die Ausweisung des derzeitigen Zahlbetrags ist nicht zwingend. Wird er eingesetzt, reicht er bis zur Änderung des Betrags der gemäß den §§ 1612a Abs. 1 BGB, 32 Abs. 6 EStG als sächliches Existenzminimum festgesetzt wird, längstens bis zur nächsten Altersstufe. Für die Zeit danach ist der indexierte Titel maßgebend.

5. Bei fraglicher Leistungsfähigkeit und fehlender Mitwirkungsbereitschaft des Unterhaltsschuldners ist die Erhebung eines Stufenantrags oft wenig effektiv. Die Vollstreckung einer Auskunftsverpflichtung ist dann regelmäßig schwierig und führt selten zu zuverlässigen Angaben. Ist eine Säumnissituation zu erwarten, lässt sich ein Unterhaltstitel schneller erwirken, wenn anstelle eines Stufenantrags ein auf den Mindestunterhalt bezifferter Leistungsantrag erhoben wird, weil das Kind bei einem Begehren in diesem Umfang weiterer Darlegungen zum Bedarf enthoben ist (zB BGH NJW 2003, 969; BGHZ 150, 12 = NJW 2002, 1269). Zeigt der Schuldner Verteidigungsbereitschaft an oder legt er Einspruch gegen einen Versäumnisbeschluss ein, hat er seine (fehlende oder beschränkte) Leistungsfähigkeit darzulegen und seine Einkommens- und Vermögensverhältnisse aufzuzeigen. Bei entsprechenden Verhältnissen kann die Klage ggfs. erweitert werden. Lässt der Unterhaltsschuldner einen Versäumnisbeschluss ergehen, ist das Existenzminimum tituliert. Verbessern sich die Verhältnisse kann abgeändert werden (zu erleichterten Abänderungsvoraussetzungen siehe OLG Hamm FamRZ 2004, 1885 und OLG Köln NJW-RR 2004, 6).

Ob dieser Weg auch aus haftungsrechtlicher Sicht im Einzelfall gangbar ist, ist zu prüfen, in der Beratung auf Vor- und Nachteile dieser Verfahrensweise einzugehen.

XII. Übertragung einzelner Aufgaben auf Dritte – Erteilung einer Kontovollmacht

An die

. . . . . .-Bank/Sparkasse

. . . . . .

Kontovollmacht[1, 2]

Als vom Amtsgericht – Familiengericht – . . . . . ., Az.: F . . . . . ./. . . . . . bestellter Vormund/Pfleger[3] mit dem Wirkungskreis Vermögenssorge für . . . . . . erteile ich der Rechtsanwaltsgehilfin[4, 5, 6]. . . . . . Vollmacht zur Verfügung über das Mündelkonto . . . . . .

Ort . . . . . ., den . . . . . .

. . . . . .

Rechtsanwalt/Rechtsanwältin

Anmerkungen

1. → Form. E.II.1, → Form. E.II.2.

2. Die Erklärung beinhaltet keine Klauseln, für die ein besonderes Formbedürfnis bestünde. Schriftform ist jedoch zu empfehlen.

3. Vormund und Pfleger sind im Rahmen der übertragenen Wirkungskreise grundsätzlich zur persönlichen Amtsführung verpflichtet, sodass eine Vollübertragung auf Dritte nicht statthaft ist. Unübertragbar sind Angelegenheiten, bei denen es auf den persönlichen Einfluss des Vormunds/Pflegers ankommt (BGH NJW-RR 2006, 145). Dies schließt, zumal eine Verpflichtung zur Aufnahme des Mündels/Pfleglings im eigenen Haushalt nicht besteht, es nicht aus, dass auch Erziehungsaufgaben auf Dritte übertragen werden, etwa im Rahmen einer Internats-, Heimunterbringung oder Dauerpflege. Unzulässig ist die faktisch einer Amtsübertragung entsprechende Erteilung einer Generalvollmacht (Möhring/*Beisswingert/Klingelhöffer,* Vermögensverwaltung in Vormundschafts- und Nachlasssachen, S. 48). Vollmachten sind wirksam, wenn sie unter Beachtung der eigenen Vertretungsbefugnis erteilt werden. Als einseitiges Rechtsgeschäft kann der Vormund/Pfleger auch gemäß § 1795 Nr. 1 BGB an der Erteilung gehindert sein. Hält sich die Vollmacht im Rahmen der Vertretungsbefugnis, ist für den Rechtsverkehr unerheblich, ob sie einer pflichtgemäßen Amtsführung entspricht.

4. Bei nicht persönlich wahrzunehmenden Angelegenheiten wird bei Dritthandeln gehaftet für Auswahl, Einweisung und Aufsicht (RGZ 76, 185, 186).

5. Die Vollmacht reicht regelmäßig über die Dauer der Vormundschaft nicht hinaus, bleibt aber im Falle eines Amtswechsels bestehen.

6. § 4 Abs. 2 S. 1 VBVG weist jetzt ausdrücklich darauf hin, dass die Stundensätze nach § 4 Abs. 1 VBVG auch Ansprüche auf Ersatz anlässlich der Betreuung entstandener Aufwendungen sowie anfallende Umsatzsteuer abgelten (BGH NJW-RR 2006, 145).

XIII. Schriftverkehr im Zusammenhang mit der Beantragung und Inanspruchnahme sozialpflegerischer Hilfen und staatlicher Leistungen

1. Antrag auf Leistungen nach §§ 27 ff. SGB VIII

a) Antrag auf laufende Unterhaltsleistungen (Pflegegeld iVm Hilfe zur Erziehung)

An das

Stadt-/Kreisjugendamt . . . . . .

. . . . . .

Sehr geehrte Damen und Herrn,

namens und, ausgewiesen durch beiliegende Vollmacht, im Auftrag der Eheleute . . . . ., ... als Vormund des Kindes . . . . ., geboren am . . . . . .

wird beantragt,[1]

Hilfe zur Erziehung des Kindes . . . . . . in Vollzeitpflege[2] und

in diesem Rahmen wirtschaftliche Jugendhilfe[3] gemäß den derzeit geltenden Pauschalen[4]

zu gewähren.

Begründung:

Die Antragsteller sind, seit den Eltern die elterliche Sorge entzogen ist, durch Beschluss des . . . . . . vom . . . . . . Az . . . . . . zum Vormund bestellt. Das Kind lebt seit . . . . . . in ihrem Haushalt. Der Rückkehr in den elterlichen Haushalt ist auf Dauer ausgeschlossen. Mit der Hilfe zur Erziehung soll deswegen eine auf Dauer angelegte Lebensform bereit gestellt werden.

Es besteht besonderer Erziehungsbedarf. Das Kind ist in seiner Entwicklung um . . . . . . Jahr/e retardiert. Zur Aufholung des Entwicklungsrückstands im Bereich . . . . . . [zB Motorik, Sprachförderung, soziale Kompetenz u. Ä.] muss das Kind besonders nachhaltig gefördert werden. Dies geschieht durch . . . . . . [zB Therapieformen, intensive Einzelbetreuung].

Die Antragsteller erklären sich ausdrücklich zur Zusammenarbeit und Kommunikation mit dem Träger der Jugendhilfe bereit. Für das Kind sind kindeswohlgerechte Lebensbedingungen gewährleistet. Die Antragsteller sind bemüht, die Beziehung zu den leiblichen Eltern im Rahmen einer angemessenen Umgangsbeziehung zu fördern. Wie sich aus den bereits in die Wege geleiteten Schritten ergibt, können sie den besonderen Bedürfnissen des Kindes entsprechen. Sie leben in wirtschaftlich gesicherten Verhältnissen, sind gut beleumundet und gesund.

Die Antragsteller sind nicht in der Lage, die Erziehung unentgeltlich zu übernehmen.[5] Täglich sind . . . . . . Stunden auf die Betreuung und Versorgung des Kindes zu verwenden. Der Zeitaufwand ist so groß, dass eine Erwerbstätigkeit der Antragstellerin ausgeschlossen ist/anstelle bisher . . . . . . Stunden in der Woche nur noch an . . . . . . Stunden möglich ist. Unterhalt ist von den Eltern der Kinder wegen fehlender Leistungsfähigkeit nicht zu erlangen. Den Antragstellern fließt bisher deswegen nur das staatliche Kindergeld zu.

. . . . . .

Rechtsanwalt/Rechtsanwältin

b) Antrag auf eine einmalige Leistung

An das

Stadt-/Kreisjugendamt . . . . . .

. . . . . .

Sehr geehrte Damen und Herrn,

namens und, ausgewiesen durch beiliegende Vollmacht, im Auftrag der Eheleute . . . . . ., ... [Anschrift] als Vormund des Kindes . . . . . ., geboren am . . . . . .

wird beantragt,

als einmalige Leistung[6]

[ ] zur Erstausstattung des Kindes mit Kleidung sowie Schul- und Lernbedarf

[ ] als Beihilfe zu/r Erstkommunion/Konfirmation/Weihnachten[falls nach örtlichen Gegebenheiten antragsgebunden]/. . . . . .

[ ] als Zuschuss für eine Urlaubsreise/Klassenfahrt/Fahrt im Rahmen der Jugend-/Sport-/ . . . . . .-veranstaltung [falls nach örtlichen Gegebenheiten antragsgebunden]

[ ] . . . . . . (anderer Zweck)

einen Betrag von . . . . . . EUR zu bewilligen.

Begründung:

Die Antragsteller sind, seit den Eltern die elterliche Sorge entzogen ist, durch Beschluss des . . . . . . vom . . . . . . Az . . . . . . zum Vormund bestellt. Das Kind lebt seit . . . . . . in ihrem Haushalt. Den Antragstellern wird Hilfe zur Erziehung in Vollzeitpflege und pauschalierte wirtschaftliche Jugendhilfe gewährt.

Beispiel für Einkleidung und Schulausstattung

Das Kind muss, weil bei Aufnahme nicht mit der nötigen Bekleidung ausgestattet, überwiegend neu ausgestattet werden. Hierfür werden erfahrungsgemäß Kosten von mindestens . . . . . . EUR anfallen. Hinzu kommt, dass das Kind nunmehr die Schule in . . . . . . besuchen wird. Zum einen waren vorher von den Eltern die notwendigen Schulbücher und Lernmaterialien nicht/nur unvollständig angeschafft worden. Zum anderen werden an der jetzigen Schule andere und folgende Materialien zusätzlich gebraucht: . . . . . . Weil das Kind erst seit wenigen Tagen/Wochen/Monaten bei den Antragstellern leben, konnte aus Mitteln der wirtschaftlichen Jugendhilfe[7] noch keine Rücklage gebildet werden.

. . . . . .

Rechtsanwalt/Rechtsanwältin

Anmerkungen

1. Aktiv legitimiert ist gemäß § 27 Abs. 1 SGB VIII nicht (mehr wie früher) das Kind, sondern der Personensorgeberechtigte, der auch Leistungsberechtigter ist (BVerwG NvWZ 2011, 768). Der Anspruch ist beim vom örtlichen Träger der Jugendhilfe eingerichteten Jugendamt (Stadt-/Kreisjugendamt) geltend zu machen. Die örtliche Zuständigkeit richtet sich nach den in § 86 SGB VIII dargestellten Anknüpfungen. Für die Anspruchsbemessung beim Pflegegeld sind jedoch die Verhältnisse maßgebend, die am Ort der Pflegestelle gelten (§ 39 Abs. 4 S. 3 SGB VIII). Der vom Jugendhilfeträger zu erlassende Verwaltungsakt betrifft nicht das Verhältnis Pflegeperson zum Sorgeberechtigten. Dieses bleibt privatrechtlich auch bezüglich hieraus entstehender Zahlungsansprüche (DIJuF-Rechtsgutachten JAmt 2002, 119).

Ist dem Sorgeberechtigten das Recht auf Inanspruchnahme von Hilfen zur Erziehung nicht entzogen worden – der Entzug des Aufenthaltsbestimmungsrechts genügt nicht –, so ist die Gewährung von Jugendhilfe gegen seinen erklärten Willen rechtswidrig und verletzt das Elternrecht (BVerwG FamRZ 2002, 668; zweifelnd OVG Lüneburg BeckRS 2012, 55542; zur Abgrenzung bezüglich anderer Hilfen vgl. BayVGH FamRZ 2004, 990). Das Vertretungsrecht der Pflegeperson gemäß § 38 SGB VIII iVm § 1688 BGB beschränkt sich auf Alltagsangelegenheiten, unter die Hilfen zur Erziehung nicht fallen (OVG Münster FamRZ 2002, 708; OVG Lüneburg BeckRS 2008, 40277). Die Rücknahme des Antrags ist verbindlich, nur im Einzelfall unbeachtlich, etwa wenn damit eine Verbleibensanordnung iSv § 1632 Abs. 4 BGB wirkungslos gemacht werden soll (OVG Lüneburg FamRZ 1998, 707).

2. 1. **Formale Voraussetzungen** für die Eignung, ein Kind in Vollzeitpflege zu betreuen sind u. a. (Quelle: LJA NRW Arbeitshilfe zur Vollzeitpflege gem. § 33 SGB VIII):

- Altersgrenzen: Altersabstand zwischen Pflegeperson und Kind i. d. R. nicht größer als 35 bis 40 Jahre.
- Einkommensverhältnisse: Der eigene Unterhalt soll sichergestellt sein.
- Wohnverhältnisse: Die räumlichen Voraussetzungen für die Aufnahme eines Kindes müssen gegeben sein.
- Berufstätigkeit: Die Betreuung und Versorgung des Kindes soll durch die Pflegepersonen selbst geleistet und deren berufliche Tätigkeit den Bedürfnissen des Kindes angepasst werden können.
- Religionszugehörigkeit: Das Kind muss die Möglichkeit erhalten, sich in seiner Religion zu entfalten.
- Gesundheit: Die Bewerber sollen über einen längeren Zeitraum hinweg physisch und psychisch in der Lage sein, die Versorgung des Kindes sicherzustellen. Von der ärztlichen Schweigepflicht soll befreit und einer amtsärztlichen Untersuchung der Familie zugestimmt werden.
- Vereinbarkeit mit Bedürfnissen der Kinder in der Pflegefamilie, soziales Umfeld und Vorstrafen (Führungszeugnis): nicht einschlägige Vorstrafen sind nicht erheblich, Ausschlusskriterien sind allerdings Vorstrafen, wegen sexuellen Missbrauchs, Kindesmisshandlung, Körperverletzung und Gewaltverbrechen.
- Psychologische Eignungskriterien, wie die Fähigkeit, sich kognitiv flexibel auf die sich wandelnden Bedürfnislagen eines sich entwickelnden Kindes einzustellen (Flexibilität), also Belastbarkeit/Frustrationstoleranz, Problemlösungsstrategien und die Fähigkeit, sich in das Kind hineinzuversetzen (Empathie), Toleranz, emotionale Ausdrucksfähigkeit/Offenheit, Lernfähigkeit, Bindungs-/Beziehungsfähigkeit, Bereitschaft, sich mit der Lebensgeschichte des Kindes auseinander zu setzen.
- Partnerschaftliche Stabilität, Lebensziele/Lebenszufriedenheit.

2. **Erzieherischer Bedarf** kann dadurch entstehen, dass die Pflegeperson ihre Bereitschaft zur unentgeltlichen Pflege zurückzieht. Dies kann jede Pflegeperson erklären, die keine gesetzliche Pflicht zur Pflege und Erziehung trifft. Eine solche Pflicht trifft nur die Eltern (§ 1631 BGB). Wird ein Kind von den Großeltern, sie rechnen auch dann nicht zur Herkunftsfamilie, wenn sie mit dem Kind und dessen Eltern zusammenwohnen (BVerwG NJW 2012, 2130), betreut, können diese ein Entgelt verlangen, sofern sie keine Barunterhaltspflicht trifft, die sie (freiwillig) durch Naturalunterhalt iSv § 1612 BGB in Form der Betreuung und Versorgung erfüllen (BVerwG FamRZ 1998, 551 mwN; DIV-Gutachten DAVorm 1998, 371).

3. Wegen des in diesem Zusammenhang nicht maßgeblichen Zwecks der Pflegeerlaubnis haben auch Vormund und Verwandte iSv § 44 Abs. 1 S. 2 Nr. 3 SGB VIII, die ein Mündel in ihrer Familie betreuen, als Annex zur Hilfe zur Erziehung in Vollzeitpflege Anspruch auf Pflegegeld (§ 27 Abs. 2a SGB VIII; für den Vormund: BVerwG NJW 1996, 2385). Bei der nach § 39 Abs. 4 S. 2 SGB VIII möglichen Kürzung ist eine den Einzelfall berücksichtigende individualisierende Ermessensentscheidung zu treffen. Die wirtschaftlichen Verhältnisse sind auch dann mit einzubeziehen, wenn nur das Pflegegeld gekürzt werden soll, das für den immateriellen Erziehungsbeitrag bestimmt ist (VG Braunschweig NJW 2007, 940; VG Oldenburg BeckRS 2007, 25451; VG Schleswig BeckRS 2006, 26560). Daneben steht eine Aufwandsentschädigung nach § 1835a BGB zu (BayObLG FamRZ 2002, 1222 m. Anm. *Bienwald*). Großeltern sind potentiell Unterhaltspflichtige (§ 1601 BGB). Dass sie zur unentgeltlichen Pflege nicht (mehr) bereit sind, machen sie nicht schon durch einen Antrag auf Hilfe zur Erziehung deutlich. Grundsätzlich kann nach der Lebenserfahrung angesichts der engen familiären Verbundenheit Unentgeltlichkeit regelmäßig erwartet werden. Die Anforderungen an die Darlegung, dass dies anders sein solle, müssen nicht zu gering bemessen werden. Der Wunsch, in den Genuss wirtschaftlicher Jugendhilfe zu kommen, genügt nicht (BVerwG NJW 1997, 2831). Bei fehlender Leistungsfähigkeit zur Sicherstellung des nach jugendhilferechtlichem Maßstab bemessenen notwendigen Unterhalts fehlt die Bereitschaft zur unentgeltlichen Pflege (OVG Münster NVwZ-RR 2005, 336; OVG Bautzen BeckRS 2009, 35039).

3. Anspruchsvoraussetzungen für die pauschalierte Unterhaltsbeihilfe, die als wirtschaftliche Hilfe zur Erziehung bezeichnet werden kann (*Happ* NJW 1998, 2409), sind:

- Erziehung des Kindes außerhalb der Herkunftsfamilie, die den Unterhalt nicht aufbringt. Zu dieser gehören i. d. R. schon nicht mehr die Großeltern (BVerwG NJW 1997, 2831).
- Die Erziehung wird nicht von einem leistungsfähigen Unterhaltspflichtigen unentgeltlich übernommen.
- Gewährung einer Hilfe iSV §§ 32 bis 35 oder nach § 35a Abs. 2 Nr. 2 bis 4 SGB VIII, weshalb die wirtschaftliche Hilfe iSv § 39 SGB VIII als Annex-Anspruch zum primären Anspruch auf Hilfe zur Erziehung anzusehen ist (*Happ* NJW 1998, 2409).

Der Anspruch hängt nicht von der materiellen Bedürftigkeit ab. Der Nachrang wird im Wege der Heranziehung zu den Kosten oder durch Geltendmachung des übergegangenen Unterhalts (beachte: nach § 92 Abs. 3 SGB VIII geht nur der Unterhaltsanspruch gegen die Eltern über, nicht der gegen andere Verwandte) hergestellt (vgl. BGH NJW-RR 2007, 505).

4. Die Unterhaltspauschalen werden gemäß § 39 Abs. 5 SGB VIII von den nach Landesrecht zuständigen Behörden gestaffelt nach Altersgruppen festgesetzt. Die wirtschaftliche Jugendhilfe setzt sich i. d. R. zusammen aus einem Grundbetrag für den Unterhalt des Kindes (Kosten der Pflege) und den Kosten der Erziehung. Der dient als Anreiz sowie als Anerkennung für die Leistungen der Pflegeperson während der Pflege der Kinder, Jugendlichen oder jungen Volljährigen.

Bemessungsgrundlage ist neben dem mit einem bestimmten Faktor multiplizierte Mindestunterhalt des Kindes und den Regelsätzen der Sozialhilfe die auf Einkommens- und Verbraucherstichproben beruhenden Empfehlungen des Deutschen Vereins für öffentliche und private Fürsorge, die jährlich aktualisiert werden.

Anders als die Pflegesätze im Fall der Heimunterbringung enthalten Pflegegelder bei der Unterbringung eines Kindes in einer Pflegefamilie keinen pauschalierten Ersatz für Personalkosten und Sachkosten der Pflegeeinrichtung. Das Pflegegeld ist nach seinem Zweck und seiner Bemessungsgrundlage kein nach marktwirtschaftlichen Grundsätzen berechnetes Entgelt für Unterbringung und Betreuung, sondern nur Kostenersatz (BFHE 187, 39 = BStBl. II 1999, 133). Für die Anerkennung eines Pflegekinds iSV § 32 Abs. 1 Nr. 2 EStG müssen die Pflegeeltern zumindest 20 % der gesamten (angemessenen) Unterhaltskosten des Pflegekindes selbst tragen. Weil im Regelfall der gesamte Lebensbedarf einschließlich des Bedarfs für Betreuung, Ausbildung und Erziehung eines Kindes in Familienpflege durch die den Pflegepersonen gewährten Leistungen ausgeglichen wird und somit die Pflegefamilie nicht in wesentlichem Umfang mit den Kosten des Kindesunterhalts belastet ist, müssen diese Belastung die Pflegeeltern darlegen (BFHE 201, 292 = BStBl. II 2003, 469; siehe auch → Form. R.XIII.3 Anm. 3). Kindergeld wird hälftig gemäß § 39 Abs. 6 SGB VIII angerechnet. Im Umfang der Anrechung stellt es dann kein Einkommen iSv § 11 Abs. 1 S. 1 SGB II dar (BVerwG NVwZ 2005, 341). Der Erziehungsbeitrag ist Einkommen in diesem Sinne (LSG Hamburg BeckRS 2006, 42030), nicht jedoch Dienstleistungsentgelt gemäß §§ 32 Abs. 1 Nr. 2, 63 Abs. 1 Nr. 1 EStG (FG Düsseldorf BeckRS 2005, 26018671). Ein Erwerbszweck im Sinne des § 32 Abs. 1 Nr. 2 EStG besteht nur, wenn ein erheblich über den Pflegesätzen liegendes Pflegegeld gezahlt wird (BFH BeckRS 2005, 25009038).

Ob Pflegegeld gewährt, eingestellt bzw. zurückgefordert wird, wenn der Aufenthalt in der Pflegefamilie unterbrochen wird, ist ebenfalls landesrechtlich unterschiedlich. Eine nur vorübergehende vier bis sechs Wochen nicht überschreitende Abwesenheit führt i. d. R. nicht zur Leistungsunterbrechung. Die Leistung dient dann auch der Abdeckung der Unkosten für Fahrtkosten und sonstigen Aufwand, um den Kontakt aufrechtzuerhalten. Bei längerer Abwesenheit bis zu einem Jahr kommt eine Kürzung in Betracht. Eine Unterbrechung, die voraussichtlich mehr als ein Jahr dauern wird, beendet i. d. R. das Pflegeverhältnis. Der Träger der Jugendhilfe ist gehalten, nicht zu kleinlich zu verfahren.

5. Die Koppelung der wirtschaftlichen Hilfe an die Hilfe zur Erziehung, in solchen Fällen in der Regel Hilfe zur Erziehung in Vollzeitpflege, hat zur Folge, dass die mit dem Kind verwandte Pflegeperson sich nicht das „Rosinenprinzip" zu eigen machen kann: „Der Jugendhilfeträger hat – dies werden Großeltern und Eltern in solchen Fällen ernsthaft in Betracht ziehen müssen – bei der Entscheidung über einen Antrag auf Hilfe zur Erziehung in Vollzeitpflege auch zu prüfen, ob nicht die Unterbringung in einer anderen – nicht verwandten – Pflegefamilie dem Wohl des Kindes besser entspräche und für seine Entwicklung besser geeignet wäre als die Gewährung der Hilfe in einer Verwandtenpflegestelle . . . . . ." (BVerwG NJW 1997, 2831). Die verwandtschaftliche Beziehung indiziert weder die besondere Erziehungseignung noch die Bereitschaft und Fähigkeit zur konstruktiven Zusammenarbeit (*Wiesner/Kaufmann/Mörsberger/Oberloskamp/Struck* § 33 SGB VIII Rn. 30). Hieraus folgt, dass Hilfe zur Erziehung, die Voraussetzung der wirtschaftlichen Jugendhilfe ist, nur gewährt wird, wenn in der von einem Verwandten zur Verfügung gestellten Pflegestelle der Standard vorhanden ist, wie er in einer „fremden" Pflegestelle erwartet werden kann (OVG Münster NVwZ-RR 2005, 336; DIV-Gutachten, DAVorm 1998, 371, 375; bezüglich dieses (Mindest-)Standards siehe → Anm. 2). Die Kürzung des Pflegegeldes bei der Verwandtenpflege (§ 39 Abs. 4 S. 3 SGB VIII) darf nur bei den Kosten der Erziehung ansetzen (VG Schleswig BeckRS 2006, 26560).

6. Als einmalige Leistungen iSv § 39 Abs. 3 SGB VIII kommen in Betracht:
- Erstausstattung für Mobiliar (ggfs. auch Kinderwagen und PKW-Kindersitz) und Bekleidung
- Mehrbedarf für pädagogisch wertvolles und entwicklungsförderndes Spielmaterial
- Beihilfe für die Feier der Erstkommunion, Konfirmation oder vergleichbarer Feste sowie als Weihnachtsbeihilfe
- Reisen anlässlich Urlaub, Schul-, Sport-, Kirchen- oder anderer Kulturveranstaltungen
- Erstausstattung für die Einschulung, wenn das Kind erst vor kurzem (Ermessen! Es muss sich um einen Zeitraum handeln, in dem noch keine Rücklagen gebildet werden konnten, wohl nicht mehr nach einem Aufenthalt von mehr als einem Jahr) in den Haushalt der Pflegeperson aufgenommen worden ist.
- Zuschuss für den Erwerb der Fahrerlaubnis

In Richtlinien zB der örtlichen Jugendhilfeausschüsse ist örtlich das Ermessen gebunden.

7. Für die Heranziehung zu den Kosten gilt die Rangfolge nach § 94 Abs. 1 SGB VIII. Der Haftungsumfang richtet sich nach der KostenbeitragungsV.

2. Antrag auf Abzweigung einer Sozialleistung

Abzweigung einer Sozialleistung anstelle oder neben der Pfändung

An das

Arbeitsamt . . . . . .

Es wird beantragt,[1]

. . . . . . EUR vom Arbeitslosengeld, das dem . . . . . . aufgrund des Bescheids vom . . . . . . bewilligt worden ist, an . . . . . . (Kind) . . . . . . zu Händen von . . . . . . auszuzahlen.

Der Leistungsberechtigte ist seinem Kind . . . . . . aufgrund . . . . . . zB Bezeichnung des Titels, oder andere Bezeichnung des Anspruchs, wie Anerkennung der Vaterschaft . . . . . . zur Zahlung von Unterhalt in Höhe von derzeit . . . . . . EUR verpflichtet.[2] Entweder: Auf den anliegenden Unterhaltstitel wird Bezug genommen. Um umgehende Rückgabe wird gebeten. [oder:] Der Unterhaltsanspruch ist noch nicht tituliert. Geschuldet wird aber jedenfalls der vorstehend bezifferte Mindestunterhalt.

Seiner Unterhaltspflicht[3] kommt der Unterhaltspflichtige nicht – nur unzureichend – nach, sodass bereits ein Unterhaltsrückstand von . . . . . . EUR entstanden ist. Auf die anliegende Forderungsaufstellung wird Bezug genommen.

Die Abzweigung soll zunächst auf den Unterhalt für die Vergangenheit[4] verrechnet werden.

Das unterhaltsberechtigte Kind, das derzeit von Dritten[5] unterstützt wird, ist dringend auf die Unterhaltszahlung angewiesen. Sollte die Auffassung vertreten werden, dass die Abzweigung nicht ab dem Zeitpunkt der Antragstellung bewirkt werden kann, wird angeregt, eine dem Unterhaltsschuldner zu setzende Anhörungsfrist möglichst kurz und nicht länger als . . . . . . [zB zwei Wochen] zu bemessen.[6]

. . . . . .

Rechtsanwalt/Rechtsanwältin[7]

Anmerkungen

1. Zur Unterhaltssicherung kann eine dem Unterhaltspflichtigungen zustehende laufende – nicht Abfindungen oder Beitragserstattungen – Geldleistung (siehe §§ 18 ff. SGB I), die der Sicherung des Lebensunterhalts – also ohne besonderen Leistungszweck wie Wiedergutmachung oder Vorsorge – zu dienen bestimmt ist (*Heilemann* FamRZ 1995, 1401), abgezweigt und dem Kind oder einem Dritten, der den Unterhalt aufgebracht hat, ausgezahlt werden (§ 48 SGB I). Es ist eine – nicht antragsabhängige – zu begründende Ermessensentscheidung zu treffen (BSG FamRZ 1987, 274), bei der das Interesse des Unterhaltsberechtigten überwiegen wird, wenn nach Höhe und Dauer die Unterhaltspflicht erheblich verletzt ist. Wären zum Bestand und Umfang der Unterhaltspflicht umfangreiche oder langwierige Ermittlungen anzustellen, kann die Abzweigung abgelehnt werden (*Heilemann* FamRZ 1995, 1401; siehe auch BSGE 59, 30 = SozR 1200 § 48 Nr. 10).

Die Abzweigung ist eine „Soforthilfemaßnahme“ (BSG FamRZ 1985, 379), mit der vor Titulierung des Unterhaltsanspruchs und außerhalb der Zwangsvollstreckung auf Vermögen des Unterhaltspflichtigen iSV § 48 SGB I zugegriffen werden kann. Sie steht einer nachfolgenden Pfändung der Sozialleistung gemäß § 54 SGB I nicht entgegen, wird aber von dieser verdrängt (DIV-Gutachten DAVorm 1989, 485).

Praktische Unterschiede zwischen Abzweigung und Pfändung:

- Bei der Pfändung hat der Träger der Sozialleistung keinen Ermessensspielraum, weil er auch bezüglich des dem Schuldner gemäß § 850d ZPO zu belassenden Teils der Leistung an die gerichtliche Festsetzung gebunden ist (vgl. LG Erfurt FamRZ 1997, 510). Wegen des auch bei einem titulierten Anspruch verbleibenden Ermessensspielraums bei der Abzweigung → Anm. 2.
- Die Abzweigung wird begrenzt durch den notwendigen Selbstbehalt, während die Pfändung gemäß § 54 IV SGB iVm § 850d ZPO den Zugriff wie bei der Pfändung von Arbeitseinkommen ermöglicht.
- Die Abzweigung schafft ab Bestandskraft der Entscheidung und schon zuvor, wenn der Schuldner gehört ist und keine Einwendungen erhoben hat, zwar keine materiellrechtliche Feststellung des Unterhaltsanspruchs, gibt aber einen Behaltensgrund (→ Anm. 2 letzter Absatz; siehe aber auch die §§ 49, 50 SGB X), der bei einer Pfändung, die nur auf einer einstweiligen Unterhaltsanordnung beruht, nicht besteht.
- Der Pfändungsrang wirkt auch gegenüber anderen Gläubigern, während der Abzweigungsanspruch dem Erstattungsanspruch gemäß § 104 SGB X nachgeht (→ Anm. 4).
- Die Pfändung ist vom Drittschuldner ab Zustellung zu beachten (Arrestatorium). Die Abzweigung muss weder vor Anhörung des Schuldners noch rückwirkend zum Zeitpunkt der Antragstellung vorgenommen werden (→ Anm. 5).

2. Zur Berechnung des Mindestunterhalts → Form. R.XI.

Die Abzweigung bedingt nicht die Titulierung des Unterhalts, enthält aber auch keine verbindliche Entscheidung über eine bestehende Unterhaltspflicht (BGH FamRZ 1993, 788; OLG Köln NJW-RR 2001, 867; OLG Düsseldorf FamRZ 1992, 481). Ein zivilrechtlicher Titel über den Unterhaltsanspruch ist bei der Ermessensausübung zu beachten, mit der Folge, dass ein rechtskräftiges Unterhaltsurteil oder eine die Parteien bindende Unterhaltsvereinbarung, insbesondere also ein gerichtlicher Vergleich, den Umfang (und Bestand) der gesetzlichen Unterhaltspflicht auch iSv § 48 Abs. 1 SGB I bestimmt (BSG FamRZ 1985, 379, 383). Besteht kein Unterhaltstitel, ist der Bestand eines Unterhaltsrechtsverhältnisses zu prüfen (SG Koblenz BeckRS 2011, 68589)

Voraussetzung der Abzweigung ist eine konkrete Unterhaltspflicht, die besteht, wenn der Unterhaltsberechtigte bedürftig und der Unterhaltspflichtige leistungsfähig ist. Für die

Bestimmung der Leistungsfähigkeit gelten die materiellrechtlichen Kriterien des Unterhaltsrechts, nicht der vollstreckungsrechtliche Maßstab. Daher sind nicht die Tabellen des § 850c ZPO heranzuziehen. Gegen deren Verwendung bei der nachfolgenden Prüfung der Angemessenheit der Abzweigung bestehen keine Bedenken (LSG Berlin Urt. v. 9.10.2002 – L 9 KR 11/00 – in juris dokumentiert; LSG Baden-Württemberg Urt. v. 19.7.2007 – L 7 AS 5570/06). Verwendbar sind die unterhaltsrechtlichen Leitlinien. Zu belassen ist dem Leistungsempfänger der notwendige Selbstbehalt zur Sicherung des Existenzminimums und Vermeidung eigener Sozialhilfebedürftigkeit (BGHZ 111, 194, 198 = FamRZ 1990, 849; BSG FamRZ 1985, 379, 383 ff.; BSG BeckRS 2006, 43462; LSG Nordrhein-Westfalen FamRZ 2001, 1739). In Höhe des kindbezogenen Anteils einer Leistung besteht immer Leistungsfähigkeit (SHLSG Urt. v. 20.7.1995 – L 3 Ar 74/94 – in juris dokumentiert). Nach der unterschiedlichen Handhabung der Selbstbehalte in den verschiedenen unterhaltsrechtlichen Leitlinien ist nicht zu schauen (BSGE 59, 30 = SozR 1200 § 48 Nr. 10). Eine Unterschreitung des notwendigen Selbstbehalts ist grundsätzlich ausgeschlossen, im Einzelfall daher konkret zu begründen (BSG FamRZ 1987, 274). Untaugliches Beurteilungskriterium ist der allein der Bedarfsbegrenzung dienende Bedarfskontrollbetrag.

Nur bezüglich der Feststellung von Bedürftigkeit und Leistungsfähigkeit als Tatbestandsvoraussetzung für das Unterhaltsverhältnis bindet ein Unterhaltstitel. Eine Abzweigung gibt es nicht, wenn Unterhalt in titulierter Höhe gezahlt oder aus anderem Vermögen vollstreckt wird (LSG Niedersachsen-Bremen JAmt 2002, 476). Ist nach pflichtgemessen Ermessen entschieden, dass eine Abzweigung vorzunehmen ist, ist der angemessene Abzweigungsbetrag zu finden. Hierbei ist ein unbestimmter Rechtsbegriff mit Beurteilungsspielraum auszufüllen. Dieser betrifft die Bemessung des dem Unterhaltsschuldner zu belassenden und des dem Unterhaltsberechtigten auszuzahlenden Betrags (BSG NJOZ 2009, 3938). Der Träger der Sozialleistung trifft eine eigene Entscheidung (SG Kassel DAVorm 2000, 270, 271), bei der er ebenfalls ein pauschalierendes Verfahren verwendet. Ermessensgerecht ist die Verwendung der unterhaltsrechtlichen Leitlinien des zuständigen Oberlandesgerichts, der doppelte Eckregelsatz der Sozialhilfe oder der Betrag der Anlage zu § 850c ZPO mit der Obergrenze gemäß § 850d ZPO (BSG NJOZ 2009, 3938). Ein Sicherheitszuschlag (ca. 10 %) ist möglich, ein glaubhaft gemachter besonderer Bedarf analog § 850f ZPO anzuerkennen (Hess. LSG BeckRS 9999, 09572).

Bei mehreren Abzweigungsberechtigten wird der Empfänger nach pflichtgemäßem Ermessen ausgewählt. Ist die Abzweigung für einen Dritten aus übergegangenem Recht bestimmt, ist der Abzweigungsbetrag bezogen auf jedes Kind, dessen Anspruch übergegangen ist, aufzuteilen (BSG BeckRS 2006, 43462). Die Abzweigung von Kindergeld nach § 74 Abs. 1 S. 4 EStG bedingt keine Unterhaltspflichtverletzung, es genügt eine Unterhaltspflicht dem Grunde nach (BFHE 224, 228 = BStBl II 2009, 926).

Die Abzweigung hat materiellrechtliche Wirkung, weil sie, sobald sie aufgrund eines bestandskräftigen Verwaltungsaktes geschieht, einer freiwilligen Leistung des Schuldners entspricht, mithin Erfüllungswirkung hat (BGH FamRZ 1993, 788; OLG Hamm FamRZ 1990, 1369; DIJuF-Rechtsgutachten JAmt 2003, 144). Dies ist im laufenden Unterhaltsverfahren zu beachten und insoweit die Hauptsache für erledigt zu erklären, jedenfalls die Leistungen im Tenor als nicht mehr geschuldet abzusetzen (siehe OLG Düsseldorf FamRZ 1999, 891).

3. Einer Unterhaltspflicht bedarf es gemäß § 48 Abs. 2 SGB I nicht, wenn der Leistungsempfänger Leistungen (beachte das Kumulierungsverbot, § 65 Abs. 2 EStG) bezieht, bei deren Bemessung Kinder berücksichtigt werden (BFH FamRZ 2002, 1560). Das sind außer dem Kindergeld zB der Kinderzuschuss bei Berufs-, Erwerbsunfähigkeits- oder Altersrente (BSGE 57, 127 = SozR 1200 § 48 Nr. 9; BSG MDR 1982, 349; BGH NJW 1984, 1614), Übergangsgeld der gesetzlicher Unfallversicherung (BSGE 45, 89 – SozR

5870 § 8 Nr. 1), der erhöhte Leistungssatz beim Arbeitslosen- (§ 129 Nr. 1 SGB III), Kurzarbeiter- (§ 178 Nr. 1 SGB III), Winterausfallgeld (§ 214 Abs. 2 SGB III), dem Mehrbedarf nach § 21 SGB II oder dem befristeten Zuschlag gemäß § 24 SGB II.

4. Die Verrechnung von Leistungen zunächst auf rückständigen Unterhalt, ist wegen des vollstreckungsrechtlichen Nachrangs der mehr als ein Jahr alten Unterhaltsschulden (siehe § 850d Abs. 1 S. 4 ZPO) vorteilhaft. Das Bestimmungsrecht hat der Schuldner (§ 366 BGB). Bei der Abzweigungsentscheidung ist die gesetzliche Anrechnungsbestimmung zu beachten (OLG Düsseldorf FamRZ 1999, 891). Die abzweigende Stelle hat als freiwillig leistender Drittschuldner aber ein Tilgungsbestimmungsrecht (OVG Münster BeckRS 2011, 49914). Zahlungen des Unterhaltsschuldners auf Rückstände sind bei der Ermessensausübung zu berücksichtigen (BFH NJW 2011, 1391)

5. Der Erstattungsanspruch eines anderen Leistungsträgers iSv § 104 SGB X geht der Abzweigung vor (BSGE 67, 6 = SGb 1991, 317; BSG Urt. v. 12.9.1990 – 5 RJ 27/89).

6. Die Anhörung des Leistungsempfängers wird gemäß § 24 SGB X verlangt (BSG DAVorm 1988, 623, 624). Die Anhörungsfrist sollte nicht mehr als zwei Wochen betragen, weil eine Abzweigung nicht (rückwirkend) für die Zeit ab Antragstellung vorgenommen werden muss (BSG DAVorm 1988, 623, 624; DIV-Gutachten DAVorm 2000, 33; aA SG Duisburg Urt. v. 14.5.1976 – S 16 (6) Ar 164/75), wobei die Rspr. eine Frist zur Anhörung von drei Wochen akzeptiert (zB BSG DAVorm 1988, 623, 624; Hess. LSG Urt. v. 21.6.2000 – L 6 AL 259/00 – in juris dokumentiert). Erhebt der Leistungsempfänger keine Einwendungen, hat die Abzweigung die Rechtsfolgen einer freiwilligen Leistung, weshalb sich auch ein Erstattungsanspruch iSv § 50 SGB X im Falle der Aufhebung der Abzweigungsentscheidung gegen diesen richtet. Bestand ein Unterhaltsanspruch nicht, haftet der von der Abzweigung Begünstigte nach § 816 Abs. 2 BGB als Nichtberechtigter (BGH FamRZ 1993, 788). Hat er der Abzweigung widersprochen, ist der tatsächliche Zahlungsempfänger erstattungspflichtig. Dieser kann sich nicht auf Entreicherung berufen, weil § 50 SGB X keinen öffentlichrechtlichen Bereicherungsanspruch gibt (DIJuF-Rechtsgutachten JAmt 2003, 144, 145 mwN; DIV-Gutachten DAVorm 2000, 855).

Abzweigung und Pfändung beziehen sich auf die konkrete Bewilligung. Sie werden wirkungslos, wenn die Anspruchsberechtigung auf die Sozialleistung entfällt, zB weil der Berechtigte von Arbeitslosengeld wieder erwerbstätig ist oder die Maßnahme, für die Unterhaltsgeld gezahlt wird, endet. Entsteht ein neuer Leistungsanspruch ist ein neues Abzweigungs- oder ein neues Vollstreckungsverfahren nötig (DIV-Gutachten DAVorm 1989, 485).

7. Im Verwaltungsverfahren entstehen keine Kosten (§ 64 SGB X). Außergerichtliche Auslagen für ein erfolgreiches Widerspruchsverfahren werden gemäß § 63 SGB X erstattet, die Mitwirkung des Rechtsanwalts gemäß Nr. 2400 ff. VV RVG vergütet.

Die Abzweigung kann nach Durchführung des Vorverfahrens im Wege der Anfechtung des Verwaltungsakts vor dem für die Sozialleistung zuständigen Gericht angegriffen werden (OLG Köln FamRZ 2001, 836; OLG Düsseldorf FamRZ 1999, 819). Die Klage hat gemäß 86a Abs. 1 SGG aufschiebende Wirkung (LSG Baden-Württemberg NZS 2005, 335). Das Nichtbestehen eines Unterhaltsanspruchs kann daneben zivilrechtlich durch die negative Feststellungsklage oder je nach Sachverhalt durch Abänderungsklage verfolgt werden. Ein solches rechtskräftiges zivilrechtliches Urteil kann dann zur Beseitigung der Abzweigungsentscheidung im Verwaltungswege führen (zur Erstattungspflicht → Anm. 6).

Wird die Abzweigung abgelehnt, ist die sozialgerichtliche Verpflichtungsklage gemäß § 54 Abs. 1 SGG statthaft, nicht die Leistungsklage nach § 54 Abs. 4 SGG (BSG SozR 1200 § 48 Nr. 12). Das Rechtsschutzbedürfnis für die Leistungsklage anstelle der Anfechtungsklage fehlt auch dem Leistungsberechtigten (BSG SozR 1200 § 48 Nr. 11).

3. Kindergeldberechtigung gemäß den §§ 62, 63, 67 EStG

Änderung der Kindergeldberechtigung zu Gunsten der Pflegeperson

An die

Familienkasse bei der Bundesagentur für Arbeit ......

......

Namens/als des dem Kind ...... bestellten Pflegers ...... beantrage ich,[1]

zu bestimmen, dass ab ...... das Kindergeld für das Kind ...... der Antragstellerin/ dem Antragsteller ...... gezahlt wird.

Begründung:

Durch familiengerichtlichen Beschluss vom ...... – Az ...... – ist die elterliche Personensorge gemäß § 1630 BGB [oder § 1666 BGB] auf die Antragstellerin als Pflegerin[2] übertragen worden. Bis ...... lebte das Kind im Haushalt der Eltern, seither in ihrem Haushalt. Eine erziehungshilfliche Maßnahme ist vom Jugendamt ...... eingerichtet worden in Form einer Vollzeitpflege des Kindes. Hierfür wird der Antragstellerin ein Pflegegeld im Rahmen der derzeit vom Jugendamt festgelegten Pflegegeldsätze gezahlt.[3] Dieses beträgt derzeit ...... EUR und deckt den für das Kind zu betreibenden Versorgungsaufwand nicht, weshalb auch das Ausschlussmerkmal des Erwerbszwecks nicht vorliegt.

Die Eltern sind an der Obhut und Pflege des Kindes nicht mehr beteiligt. Sie haben lediglich ein Besuchsrecht, das aber einer wesentlichen Beteiligung an Betreuung und Erziehung nicht entspricht, weil ...... zB der Umgang der Eltern nur im Beisein eines Pflegeelternteils stattfindet, nicht oder nur sporadisch wahrgenommen wird ...... Die Antragsteller haben daher die gesamte Betreuung und Versorgung des Kindes übernommen.

......

Rechtsanwalt/Rechtsanwältin[4]

Anmerkungen

1. Die Anspruchsberechtigung für das Kindergeld ergibt sich aus § 62 EStG, § 1 BKGG. Bei mehreren Anspruchsberechtigten regelt § 64 EStG, § 3 BKGG deren Konkurrenzverhältnis. Wer Bezugsberechtigter des Kindergelds sein soll, berührt nicht den Bereich der elterlichen Sorge (PfOLG Zweibrücken FamRZ 2001, 551), im Gegensatz etwa zum Erziehungsgeld. Während die Kindergeldbezugsberechtigung an die tatsächliche, auf längere Dauer angelegte, familienähnliche Pflege anknüpft (Obhutsprinzip aus § 32 Abs. 1 Nr. 2 EStG; FG Münster EFG 1999, 74), sodass auch der sich trennende Elternteil i.d.R., nämlich wenn die Trennung nicht in der Ehewohnung (iSv § 1567 Abs. 1 S. 2 BGB; FG Rheinland-Pfalz FamRZ 2001, 731) vollzogen wird, den Kindergeldanspruch verliert (vgl. HessFG FamRZ 1999, 1547), wird Erziehungsgeld nur dem gezahlt, der die Personensorge ausübt (BSG FamRZ 1993, 1077).

Ein familienähnliches Pflege- und Obhutsverhältnis (zu den Voraussetzungen bei Volljährigkeit vgl. EzFamR EStG §§ 32, 32a, 32b, 32c, 32d Nr. 127 und 157) entsteht auch durch Ausübung der Vollzeitpflege (vgl. § 1688 BGB; zur Betreuung neben kostengedeckter teilstationärer Pflege siehe BFH FamRZ 2005, 31), wenn die Obhut und Pflege durch die leiblichen Eltern nicht mehr stattfindet. Dies ist der Fall, wenn deren Beziehung zum Kind in den Rahmen einer nur noch auf gelegentlichen Umgang reduzierten Begegnungsgemeinschaft zurückgedrängt ist und hieraus auf die Aufgabe der (tatsächlichen) Personensorge geschlossen werden kann, während die Pflegeeltern gleichsam ihre Stelle eingenommen haben. Obhut iSv § 32 Abs. 1 Nr. 2 EStG bedingt aber, dass beide Elternteile die Obhut und Pflege aufgegeben haben (FG Niedersachsen BeckRS 2003, 26014924).

Die Kindergeldberechtigung der Pflegeperson endet nicht durch

- zeitweise Heimunterbringung aus sozialtherapeutischen Gründen, wenn die Rückkehr des Kindes in die(se) Pflegefamilie Ziel der Maßnahme ist (FG Düsseldorf EFG 2000, 225; FG Münster EFG 1999, 74)
- Internatsunterbringung zur schulischen Ausbildung (FG München Urt. v. 20.3.2002 – 9 K 2904/01), wobei nicht schadet, dass etwa ein Teil der Ferien bei einem Dritten oder den leiblichen Eltern verbracht wird.

Antragsberechtigt gegenüber der Kindergeldkasse ist außer dem Berechtigten auch, wer ein berechtigtes Interesse an der Leistung des Kindergeldes hat (§ 67 EStG, § 9 BKGG), etwa der Pfleger oder Vormund, der das Kind nicht in seinem Haushalt aufgenommen hat und Zahlung an die Pflegeeltern beantragen will.

Erheben mehrere Personen Anspruch, kann derjenige dessen Antrag abgelehnt wird, das finanzgerichtliche Klageverfahren nach § 44 Abs. 1 FGO erst beschreiten, wenn er selbst das Einspruchsverfahren als Sachentscheidungsvoraussetzung erfolglos durchgeführt hat oder am Vorverfahren eines anderen Beschwerten nach § 360 AO hinzugezogen war (FG München Urt. v. 5.12.2001 – 9 K 5501/99 – in juris dokumentiert).

2. Zuständig für die Bestimmung des Kindergeldberechtigten ist das FamG (§ 64 Abs. 2 S. 3 und Abs. 3 S. 4 EStG, § 3 Abs. 2 S. 3 BKGG; Verfahren gemäß § 231 Abs. 2 FamFG mit funktioneller Zuständigkeit des Rechtspflegers).

Die famg. Bestimmung findet über die beiden Fallgruppen in § 64 Abs. 2 S. 3 und Abs. 3 S. 4 EStG auch für das Wechselmodell statt (BFH NJW 2005, 2175; OLG Celle NJW-RR 2012, 1351). Auch beim Wechselmodell gibt es nur einen Kindergeldberechtigten, eine Aufteilung des Kindergeldes etwa hälftig ist nicht zulässig. In Betracht kommt nur ein familienrechtlicher Ausgleichsanspruch, wenn unterschiedliche finanzielle Verhältnisse bestehen und zwar allenfalls in Höhe von ¼ des Kindergeldes (BGH FamRZ 2016, 1053 ff mit Anm. Seiler). Das berechtigte Interesse an der Kindergeldvereinnahmung (§ 64 Abs. 2 S. 4, Abs. 3 EStG) beurteilt sich anhand der gesetzlichen Anknüpfungstatsachen – Unterhaltsleistung und Verhältnis der Leistung zur Leistung anderer Berechtigter (eingehend OLG Celle NJW-RR 2012, 1351 mwN). Wird der behauptete gleichmäßige Betreuungsanteil bestritten, ist dies nicht vom FamG zu klären, sondern von der Familienkasse und im nachfolgenden finanzgerichtlichen Verfahren zu klären (OLG Celle NJW-RR 2012, 1351 ff).

Pfleger und Vormund können kindergeldberechtigt sein, wenn sie das Kind in ihrem Haushalt aufgenommen haben. Dann werden sie auch wegen des Obhutsprinzips Vorrang haben. Eine Kindergeldberechtigungsbestimmung zu Gunsten eines Dritten ist nicht gestattet (vgl. *Rellermeyer* Rpfleger 1996, 500, 502). Pfleger oder Vormund sind etwa bei einer Abzweigung iSv § 48 Abs. 1 SGB I berechtigt, den Kindergeldantrag stellen (vgl. BFH DStRE 2001, 746). Vorher muss er den Unterhaltsverpflichteten unter Fristsetzung mahnen (*Frohn* FamRZ 1996, 920).

3. Dass – zB bei Vollzeitpflege (nicht schon bei Bereitschaftspflege, FG Sachsen EFG 2008, 1895) – an die Pflegefamilie Pflegegeld gezahlt wird, steht der Kindergeldberechtigung nicht entgegen, wenn es im Rahmen der üblichen vom Jugendamt festgesetzten Pflegegeldsätze bleibt und keine Entlohnung nach marktwirtschaftlichen Kriterien darstellt (FG Düsseldorf BeckRS 2005, 26018671). Als Entlohnung wird ein Pflegegeld angesehen, das die eigentlichen Unterhaltskosten deutlich übersteigt (BFH EzFamR EStG §§ 32, 32a, 32b, 32c, 32d Nr. 163).

4. Die Aufwendungen zur Durchführung des erfolgreichen Einspruchs sind erstattungsfähig, beim nicht begründeten dann, wenn die Verletzung einer Verfahrens- oder Formvorschrift nach § 126 AO unbeachtlich ist und der Einspruch deshalb erfolglos bleibt (§ 77 Abs. 1 EStG). Kosten fallen auch beim unbegründeten Einspruch nicht an.

4. Antrag auf Namensänderung

Namensänderung im Verwaltungsverfahren nach dem NÄG

An die Stadt-/Kreisverwaltung . . . . . . – Ordnungsamt –

als untere Verwaltungsbehörde[1]

Antrag auf Namensänderung aus wichtigem Grund

Sehr geehrte Damen und Herren,

die von mir vertretenen Eheleute . . . . . . und . . . . . . sind Vormund/Pfleger[2] mit dem Wirkungskreis Personensorge des minderjährigen Kindes . . . . . . Sie beantragen die Änderung des Familiennamens dieses Kindes in ihren Ehenamen . . . . . .

Das Kind lebt seit . . . . . . in der Familie und wächst dort gemeinsam mit den beiden ehegemeinsamen Kindern, die annähernd gleichen Alters sind, heran. Dies soll auch auf Dauer so bleiben, weil der leibliche Vater unbekannt und die Mutter auf Dauer infolge [. . . . . . Umstände darstellen zB Geistesschwäche, Assozialität o. Ä.] zur Betreuung und Versorgung des Kindes nicht in der Lage ist. Eine Adoption des Kindes ist – noch – nicht vorgesehen, weil [. . . . . . zB das Kind die Verhältnisse kennt, geregelter Umgangskontakt zur Mutter besteht, die Voraussetzungen für die Adoption noch nicht vorliegen o. Ä. . . . . . .]

Die Einbenennung des Kindes ist dessen Wohl förderlich.[3] Zu den Pflegeeltern besteht ein in den vergangenen Jahren gewachsenes und erprobtes Eltern-Kind-Verhältnis. Die leibliche Mutter kann die Elternfunktion nicht erfüllen, sodass sich das Kind der Familie der Pflegeeltern zugehörig fühlt und sich auch durch den Namen mit dieser identifizieren will.[4]

Das zuständige Familiengericht hat den Namensänderungsantrag genehmigt. Es hat in seiner Entscheidung vom . . . . . ., die als Anlage beigefügt ist und auf die Bezug genommen wird, ebenfalls festgestellt, dass auf Dauer die Aufhebung der sorgerechtlichen Position der Pflegeeltern nicht zu erwarten ist. Es hat ferner das Kind angehört und auf dessen ernsthaft geäußerten Willen verwiesen.[5]

Mit freundlichem Gruß

. . . . . .

Rechtsanwalt/Rechtsanwältin[6]

Anlage:

- **Beschluss des Amtsgerichts – Familiengericht – . . . . . . v. Az . . . . . .**
- **Niederschrift des Amtsgerichts – Familiengericht – . . . . . . v. Az . . . . . . über die Anhörung des betroffenen Kindes**
- **weitere Unterlagen[4]**

Anmerkungen

1. Der Antrag ist an die untere Verwaltungsbehörde zu richten (§ 5 NÄG), dort an die Ordnungsbehörde. Für die Entscheidung zuständig ist die höhere Verwaltungsbehörde (§ 6 NÄG). § 13a NÄG ermächtigt zu landesrechtlich abweichenden Zuständigkeiten, von denen weitgehend durch Übertragung der Zuständigkeit auf die untere Verwaltungsbehörde Gebrauch gemacht worden ist.

2. Stellt ein Vormund oder Pfleger den Antrag, braucht er hierzu die famg. Genehmigung (§ 2 Abs. 1 S. 2 NÄG). Im famg. Verfahren gelten über § 2 Abs. 2 NÄG hinaus die §§ 159, 160 FamFG, sodass, es geht um eine Angelegenheit der Personensorge, das Kind nach Maßgabe des § 159 FamFG zu hören ist (LG Lübeck FamRZ 1996, 286). Im Verwaltungsverfahren gilt § 159 Abs. 2 FamFG nicht (BVerwG FamRZ 1986, 54). Bei der Entscheidung über die Genehmigung zur Namensänderung sind außer den materiellen namensrechtlichen Voraussetzungen, insbesondere wenn sich die leiblichen Eltern hiergegen wenden, auch der Fortbestand der Vormundschafts-/Pflegschaftsanordnung zu prüfen, also des Sorgerechtsentzugs, nach Maßgabe der Voraussetzungen des § 1696 BGB (vgl. BayObLG FamRZ 1990, 1132), für dessen Verfahren es keines Antrags bedarf. Weil es sich beim Wechsel des Familiennamens um eine Angelegenheit von besonderer Tragweite handelt, die wie ein Wechsel der Religion oder der Staatsangehörigkeit über eine Beendigung des Sorgerechtsentzugs hinauswirkt, ist auch der Elternteil anzuhören, dem das Sorgerecht nicht zusteht. Das FamG hat, weil in der Sache die Verwaltungsbehörde zu entscheiden hat, die Genehmigung in der Regel zu erteilen, es sei denn, die Namensänderung ist vom Gesetz untersagt, der Änderungsantrag zweifellos ohne jede Erfolgsaussicht (BayObLG FamRZ 1988, 1200; OLG Hamm ZKJ 2011, 259) oder es ergibt sich in der Beweisaufnahme eine konkrete Kindeswohlgefährdung (BGH Rpfleger 2017, 207 – Danach hat das FamG Amtsermittlungen anzustellen, auch wenn die u. U. nochmals von der zuständigen Behörde erhoben werden müssen).

3. § 3 NÄG ist durch das KindRG nicht tangiert worden. Dies betrifft sowohl die Anwendbarkeit der Norm als auch den gegenüber § 1618 BGB geringeren Maßstab der Förderlichkeit (BVerwGE 95, 21 = NJW 1994, 1425) für das Kindeswohl (vgl. OVG Frankfurt/Oder FamRZ 2002, 259). Auf die Namensänderung von Pflegekindern sind die §§ 1616 ff. BGB nicht anwendbar. Die Schwelle zur Namensänderung ist bei Pflegekindern, die in einem auf Dauer angelegten Pflegeverhältnis leben, niedriger anzusetzen als in den Stiefkinder- oder Scheidungshalbwaisenfällen (OVG Aachen BeckRS 2006, 25308; OLG Düsseldorf FamRZ 2011, 485).

Für die Änderung des Vornamens gilt bei Kindern von einem bis zu sechzehn Jahren eine höhere Schwelle. Nach Nr. 62 NamÄndVwV (Bundesanzeiger Nr. 78 v. 25.4.1986) bedarf es schwerwiegender Gründe zur Änderung.

4. Es ist ein zulässiges Anliegen mit der Namensänderung die Integration eines Pflegekindes in einer rechtlich verfestigten Pflegefamilie zu fördern, wenn der Aufenthalt auf Dauer sein soll (BGHZ 133, 384 = NJW 1997, 585; BayVGH BayVerwBl 2009, 278). Wird kinder- und jugendhilflich sowie familiengerichtlich im wohlverstandenen Kindesinteresse ein Dauerpflegeverhältnis gleichsam als „Adoptionsersatz“ gebilligt, so darf dem Namensänderungsbegehren, das auf einen einheitlichen Pflegefamiliennamen abzielt, nicht mehr entgegengehalten werden, diese Folge sei der adoptionsrechtlichen Namensänderung vorzubehalten (BVerwG FamRZ 1987, 807; siehe auch Nr. 42 NamÄndVwV – Bundesanzeiger Nr. 78 v. 25.4.1986).

5. **Auszug aus NamÄndVwV (Bundesanzeiger Nr. 78 v. 25.4.1986, zuletzt geändert durch Zweite ÄndVwV vom 11.2.2014 (BAnz AT 18.2.2014 B2), darin neu eingefügt der § 44 a:**

Ist ein zwangsweise eingeführter Familienname Ausdruck von Verfolgung und Unterdrückung, so kann der ursprüngliche Familienname für den Betroffenen sowie für seine Abkömmlinge durch eine Namensänderung wiederhergestellt werden.

(NamÄndVwV, beck-online)

(Allgemeine Verwaltungsvorschrift zum Gesetz über die Änderung von Familiennamen und Vornamen-[Namensänderungs-Verwaltungsvorschrift], beck-online)

. . . . . . 17. Die Verwaltungsbehörde verlangt von dem Antragsteller folgende Angaben und Unterlagen:

a) Angabe des Grundes, der die Änderung des Familiennamens rechtfertigen soll;

b) Angaben über die minderjährigen Kinder (Nummer 8 Abs. 1); soll sich die Änderung des Familiennamens nicht auf eines oder mehrere dieser Kinder erstrecken, Angabe der Gründe hierfür;

c) Nachweis, dass der Antragsteller zu dem in Nummer 2 genannten Personenkreis gehört; hierfür genügt

aa) bei einem Deutschen in der Regel eine Bescheinigung der Meldebehörde, der Personalausweis oder der Reisepass; hat die Verwaltungsbehörde Zweifel, ob der Antragsteller Deutscher ist, so hat sie die zur Behebung der Zweifel erforderlichen Auskünfte einzuholen oder einen Staatsangehörigkeitsausweis oder einen Ausweis über die Rechtsstellung als Deutscher zu verlangen;

bb) bei einem Staatenlosen der Reiseausweis nach Artikel 28 des Übereinkommens vom 28.9.1954 über die Rechtsstellung der Staatenlosen (BGBl. 1976 II S. 473) oder ein Eintrag der Ausländerbehörde im Pass oder Passersatz;

cc) bei einem heimatlosen Ausländer und bei Asylberechtigten ein Eintrag der Ausländerbehörde im Pass oder Passersatz;

dd) bei einem ausländischen Flüchtling der Reiseausweis nach Artikel 28 des Abkommens vom 28. Juli 1951 über die Rechtsstellung der Flüchtlinge (BGBl. 1953 II S. 559);

ee) bei einem Ausländer im Sinne der Nr. 2 Abs. 2 S. 2 die amtliche Bescheinigung nach § 2 Abs. 1 des Gesetzes über die Maßnahmen für im Rahmen humanitärer Hilfsaktionen aufgenommene Flüchtlinge vom 22.7.1980 (BGBl. I S. 1057);

d) Nachweis des Wohnsitzes; ist der Antragsteller im Geltungsbereich des Gesetzes wohnhaft, so genügt in der Regel eine Bescheinigung der für die Wohnung des Antragstellers zuständigen Meldebehörde, bei mehreren Wohnungen der Meldebehörde der Hauptwohnung; ferner Angabe, wo der Antragsteller in den letzten fünf Jahren vor der Antragstellung einen Wohnsitz, bei Fehlen eines solchen einen Aufenthaltsort oder eine gewerbliche Niederlassung gehabt hat;

e) beglaubigte Abschriften des Geburtseintrags des Antragstellers und aller Personen, auf die sich die Änderung des Familiennamens erstrecken soll; war oder ist der Antragsteller verheiratet, so ist außer der beglaubigten Abschrift seines Geburtseintrags auch eine beglaubigte Abschrift des Familienbuches oder, falls ein Familienbuch nicht geführt wird, eine beglaubigte Abschrift des Heiratseintrags zu verlangen. Ist die Beschaffung der erforderlichen Urkunden nicht oder nur mit erheblichen Schwierigkeiten oder unverhältnismäßig hohen Kosten möglich, so kann die Verwaltungsbehörde sich mit der Vorlage kirchlicher oder anderer beweiskräftiger Bescheinigungen begnügen;

f) für Personen, die das vierzehnte Lebensjahr vollendet haben, ein Führungszeugnis nach § 28 des Bundeszentralregistergesetzes;

g) wenn der Antrag für eine beschränkt geschäftsfähige oder geschäftsunfähige Person durch einen Vormund oder Pfleger gestellt wird, die nach Nummer 7 Abs. 1 erforderliche Genehmigung des VormG's;

h) wenn der Antrag für einen beschränkt Geschäftsfähigen, der das sechzehnte Lebensjahr vollendet hat, gestellt wird, einen Nachweis über das Ergebnis der vormundschaftsgerichtlichen Anhörung (Nummer 7 Abs. 2);

i) eine Erklärung darüber, ob der Antragsteller schon einmal einen Antrag auf Änderung des Familiennamens gestellt hat. Ist dies der Fall, so sind auch die Verwaltungsbehörde, bei der der frühere Antrag gestellt wurde, sowie die von dieser getroffene Entscheidung anzugeben. Die Verwaltungsbehörde kann einen Einkommensnachweis verlangen, soweit dies für die Gebührenfestsetzung erforderlich ist.

18. (1) Die Verwaltungsbehörde beschafft folgende Unterlagen:

a) bei dem Antrag einer volljährigen Person, die im Geltungsbereich des Gesetzes ihren Wohnsitz hat, Auskünfte aus den Schuldnerverzeichnissen nach § 107 Abs. 2 der Konkursordnung und § 915 der Zivilprozessordnung der Amtsgerichte, in deren Bezirk diese Person in den letzten fünf Jahren vor der Antragstellung einen Wohnsitz, beim Fehlen eines solchen einen Aufenthaltsort oder eine gewerbliche Niederlassung gehabt hat;

b) wenn der Familienname einer über vierzehn Jahre alten Person geändert werden soll, eine Auskunft von der zuständigen Polizeidienststelle, ob Vorgänge über diese Person vorhanden sind;

c) wenn der Familienname eines Stiefkindes oder eines Pflegekindes geändert werden soll (Nummern 40 bis 42), die Stellungnahme des zuständigen Jugendamtes;

d) die Stellungnahme der Beteiligten nach den Nummern 9 bis 12;

e) wenn der Familienname einer Person geändert werden soll, die nicht im Geltungsbereich des Gesetzes geboren ist und für die eine von einem deutschen Standesbeamten ausgestellte Personenstandsurkunde nicht vorgelegt wurde, eine Auskunft des Standesbeamten des Standesamts I in Berlin (West) darüber, ob die Geburt dieser Person in den von ihm geführten Personenstandsbüchern beurkundet ist.

(2) Die Verwaltungsbehörde kann auch Unterlagen nach Nummer 17 beschaffen, wenn der Antragsteller diese nicht selbst beibringen kann ......

...... b) Änderung des Familiennamens von Kindern aus familiären Gründen

40. (1) Häufig bezwecken Anträge auf Änderung des Familiennamens die Anpassung des Namens eines Kindes aus einer aufgelösten Ehe an den Familiennamen des sorgeberechtigten Elternteils, den dieser infolge Wiederverheiratung oder durch Erklärung nach § 1355 Abs. 4 des Bürgerlichen Gesetzbuchs führt. Bei der Entscheidung über derartige Anträge ist das Interesse des Kindes an einer einheitlichen Namensführung in der neuen Familiengemeinschaft gegenüber seinem Interesse an der Aufrechterhaltung der namensmäßigen Verbindung zum nicht sorgeberechtigten Elternteil unter Berücksichtigung von dessen schützenswertem Interesse abzuwägen.

(2) Ein überwiegendes Interesse an der Namensänderung ist gegeben, wenn diese auch bei angemessener Berücksichtigung der für die Beibehaltung des bisherigen Namens sprechenden Gründe zum Wohl des Kindes erforderlich ist. Das ist nicht schon dann Fall, wenn die Namensänderung verdecken soll, dass das Kind aus einer geschiedenen Ehe stammt, oder die Namensänderung dem Kind lediglich vorübergehende, altersbedingte Unannehmlichkeiten oder Schwierigkeiten ersparen soll, welche sich aus der Namensverschiedenheit in der neuen Familie des sorgeberechtigten Elternteils ergeben. Auch eine nur emotionale Ablehnung des nicht sorgeberechtigten Elternteils durch das Kind vermag für sich allein die Namensänderung nicht zu rechtfertigen. Ferner ist zu berücksichtigen, dass die Beibehaltung der namensmäßigen Übereinstimmung mit dem nicht sorgeberechtigten Elternteil der Aufrechterhaltung der persönlichen Bindung zwischen dem Kind und diesem Eltern- teil dient und daher ebenfalls dem Wohl des Kindes entsprechen kann. Andererseits kann die Namensänderung gerechtfertigt sein, wenn das Kind jünger ist und sich entweder keine persönliche Beziehung zum nicht sorgeberechtigten Elternteil entwickelt hat oder wenn die hinreichende Wahrscheinlichkeit besteht, dass das Kind dadurch Schaden nimmt, dass es sich wegen der Namensverschiedenheit von dem neuen Familienverband ausgeschlossen fühlt. Letzteres kann insbesondere auch dann der Fall sein, wenn in der neuen Ehe des sorgeberechtigten Elternteils Kinder sind (Halb- oder Stiefgeschwister), die bereits den angestrebten Familiennamen führen. Der nicht sorgeberechtigte Elternteil kann im allgemeinen eigene schützenswerte Interessen nicht geltend machen, wenn er sich um das Wohlergehen des Kindes nur wenig oder gar nicht kümmert oder selbst infolge Wiederverheiratung einen neuen Namen angenommen hat. Die Bildung eines Doppelnamens aus dem bisherigen Familiennamen und dem Familiennamen des sorgeberechtigten Elternteils ist in der Regel zum Wohl des Kindes nicht erforderlich.

(3) Absatz 2 gilt sinngemäß, wenn die Ehe der Eltern des Kindes durch Tod aufgelöst worden ist.

41. Soll der Familienname eines nichtehelichen Kindes, das infolge einer Namenserteilung nach § 1618 Abs. 1 des BGB den Ehenamen seiner Mutter und seines Stiefvaters führt, nach Eheauflösung dem neuen Familiennamen der Mutter angepasst werden, so ist dem Antrag stattzugeben, wenn die Namensänderung dem Wohl des Kindes förderlich ist.

42. Dem Antrag eines Pflegekindes auf Änderung seines Familiennamens in den Familiennamen der Pflegeeltern kann entsprochen werden, wenn die Namensänderung dem Wohl des Kindes förderlich ist, das Pflegeverhältnis auf Dauer besteht und eine Annahme als Kind nicht oder noch nicht in Frage kommt.
43. Hat ein Elternteil dem Ehenamen seinen Geburtsnamen oder den zur Zeit seiner Eheschließung geführten Namen nach § 1355 Abs. 3 des BGB vorangestellt oder hat die Mutter vor dem 1.7.1976 dem Ehemann ihren Geburtsnamen angefügt, so rechtfertigt der Wunsch des Kindes, ebenfalls den Doppelnamen dieses Elternteils zu führen, eine Namensänderung nicht.
. . . . . .
62. Vornamen dürfen nur geändert werden, wenn ein wichtiger Grund ihre Änderung rechtfertigt. Die Nummern 28 bis 32 sind entsprechend anzuwenden mit der Maßgabe, dass das öffentliche Interesse an der Beibehaltung der bisherigen Vornamen geringer zu bewerten ist. Vornamen von Kindern, die älter als ein Jahr und jünger als sechzehn Jahre sind, sollen nur aus schwerwiegenden Gründen zum Wohl des Kindes geändert werden.
63. Mit dem Ausspruch der Annahme als Kind kann das VormG Vornamen des Kindes ändern, wenn dies aus schwerwiegenden Gründen zum Wohl des Kindes erforderlich ist (§ 1757 Abs. 2 des BGB).
Hat das VormG das Vorliegen schwerwiegender Gründe verneint und deshalb die Änderung der Vornamen abgelehnt, so kommt auch eine Änderung der Vornamen nach dem Namensänderungsgesetz aus mit der Annahme als Kind zusammenhängenden Gründen nicht in Betracht.
64. Für die Wiederherstellung früher geführter Vornamen gilt Nummer 44 entsprechend (und neu § 44a).
65. Sind Vornamen eines Deutschen in einem nicht nach deutschem Recht geführten Personenstandsbuch entgegen dem Willen der Sorgeberechtigten in fremdsprachiger Form eingetragen worden, so sollen sie erst dann geändert werden, wenn nicht nach § 58 Abs. 3 S. 2 der Dienstanweisung für die Standesbeamten und ihre Aufsichtsbehörden (DA) verfahren werden kann
. . . . . .

6. Für die Änderung oder Feststellung eines Familiennamens wird eine Gebühr von 2,50 EUR bis 1.022 EUR, für die Änderung eines Vornamens von 2,50 EUR bis 255,– EUR erhoben. Bei Antragsablehnung oder -rücknahme ermäßigt sich der Gebührenrahmen auf $^1/_{10}$ bis $^1/_2$. Aus Billigkeitsgründen kann von der Erhebung der Gebühr abgesehen werden (FamNamÄndGDV 1 § 3). Gemäß § 9 Abs. 1 VwKostG sind bei der Festsetzung in erster Linie der mit der Amtshandlung verbundene Verwaltungsaufwand (Nr. 1) und die Bedeutung, als soziales Element zu Gunsten des einkommensschwachen Schuldners, der wirtschaftliche Wert oder der sonstige Nutzen der Amtshandlung für den Gebührenschuldner sowie dessen wirtschaftliche Verhältnisse (Nr. 2) zu berücksichtigen. Dies dient der Ermittlung einer im Verhältnis zur behördlichen Leistung angemessenen Gebühr und ist Ausdruck des Äquivalenzprinzips, das der Gebühr immanent ist (OVG Berlin StAZ 1979, 93). Kostenschuldner ist der Antragsteller, Interessenschuldner auch derjenige, zu dessen Gunsten der Antrag gestellt ist (Abs. 2 der VO).

Der Streitwert beim Verwaltungsgericht wird durch Bildung eines Auffangstreitwertes für jedes betroffene Kind, vervielfältigt um die Klägerzahl ermittelt (VG Darmstadt NJW 1998, 2992).

XIV. Antrag auf allgemeine Ermächtigung iSV § 1825 BGB (Kontoüberziehung)

An das

Amtsgericht – Familiengericht – . . . . . .

In der Familiensache des minderjährigen . . . . . ., geboren am, gesetzlich vertreten durch den Vormund/Pfleger, dessen Vertretung mit anliegender Vollmacht angezeigt wird, wird beantragt,

den Vormund/Pfleger allgemein zu ermächtigen,

im Rahmen der Geschäftsbeziehung des Mündels/Pfleglings zur . . . . . .-Bank/Sparkasse das Konto . . . . . . in Höhe von bis zu . . . . . . EUR zu überziehen.[1]

Begründung:

Der Antragsteller ist der Vormund/Pfleger mit dem Wirkungskreis Vermögenssorge. Er verwaltet für den Mündel/Pflegling ein Mehrfamilienhaus mit . . . . . . Wohneinheiten/ Gewerberäumen. Der Mietzins von insgesamt . . . . . . EUR geht auf das eingangs bezeichnete Konto ein. Von diesem werden auch die dem Vermieter obliegenden Verpflichtungen bedient, wie . . . . . . (zB Steuern, Energie- und Entsorgungskosten, die als Nebenkosten umgelegt werden etc). Weil die Mietzinszahlungen nicht stets pünktlich eingehen, gleichwohl die laufenden Ausgaben zu tätigen sind, wird ein Überziehungskredit gebraucht. Ein Kreditrahmen von . . . . . . EUR ist angemessen und wird von der . . . . . .-Bank/Sparkasse zur Verfügung gestellt. Die Kreditkosten werden in Verzug befindlichen Mietern anteilig berechnet. Ohne Überziehungskredit kann der Mündel/ Pflegling selbst mit seinen Zahlungspflichten in Verzug geraten bspw. wenn Abbuchungen storniert oder Einzugsermächtigen nicht ausgeführt oder rückbelastet werden.

. . . . . .

Rechtsanwalt/Rechtsanwältin[2]

Anmerkungen

1. Kontoüberziehungen (Palandt/*Diederichsen* § 1822 Rn. 17) und Kontokorrentkredite (obiter dictum bei KG OLGE 21, 289 und RG JW 1912, 590 denen die Kommentarliteratur folgt) sind nach § 1822 Nr. 8 BGB genehmigungsbedürftig. Der Vormund/ Pfleger hat die Wahl, ob er mit der Bank einen Vertrag schließt, der einen Kreditrahmen gibt, sich diesen genehmigen lässt, um dann im Rahmen des Kredits genehmigungsfrei zu handeln oder ob er sich zur Überziehung (mit Duldung der Bank) allgemein ermächtigen lässt (vgl. MünchKommBGB/*Kroll-Ludwigs* § 1822 Rn. 52). Bei Vertragsbereitschaft der Bank wird der Kontokorrentkredit regelmäßig vorzugswürdig sein. Verstöße dagegen trotz gerichtlicher Hinweise rechtfertigt auch eine Zwangsgeldfestsetzung im Rahmen der Aufsicht (LG Karlsruhe FamRZ 2014, 67).

2. Die erteilte allgemeine Ermächtigung kann nur ex nunc entzogen werden.
Das Genehmigungsverfahren wird mit der Jahresgebühr nach Nr. 1311 KV FamGKG abgegolten.

XV. Maßnahmen bei Beendigung der Pflegschaft/Vormundschaft

1. Antrag auf Entlassung

Großeltern versus Amtsvormundschaft – Sachverhalt nach OLG Hamm FamRZ 1998, 678 und BVerfG FamRZ 2014, 1841

An das

Amtsgericht – Familiengericht[1] –

. . . . . .

mit anliegender Vollmacht wird die Vertretung der Eheleute . . . . . . angezeigt. Für diese wird beantragt,

das Jugendamt . . . . . . als Vormund/Pfleger für das Kind . . . . . . zu entlassen und die Eheleute . . . . . . (Großeltern) als gemeinsame Vormünder/Pfleger zu bestellen

hilfsweise

den Ehemann . . . . . ./die Ehefrau als Vormund zu bestellen.

Begründung:

Das am . . . . . . geborene Kind . . . . . . ging aus der . . . . . . geschlossenen Ehe der Eltern . . . . . . hervor. Die Antragsteller, am . . . . . . und am . . . . . . geboren, sind die Großeltern väterlicherseits/mütterlicherseits.

Den Eltern ist das Sorgerecht durch Beschluss des Familiengerichts . . . . . ., Az . . . . . . entzogen. Grund war die Gefährdung des Kindeswohl durch die heroinabhängigen Eltern [bzw. alternativer Sachverhalt]. In den ersten Lebensjahren wurde das Kind von beiden Großelternpaaren wechselnd versorgt. Als sich die dauernde Erziehungsunfähigkeit der Eltern herausstellte, wurde das Kind zur Familie . . . . . . in Familienpflege/in[4]. . . . . . in Heimerziehung gegeben. Dort lebt es seit . . . . . .[2] Amtsvormund ist das Jugendamt . . . . . .

Die Antragsteller wollen ihr Enkelkind selbst betreuen. Sie haben dies lange Zeit bereits getan und sind dazu fähig, willens und geeignet. (Zusätzlich: Ihr Enkelkind hegt diesen Wunsch und wird ihn nachhaltig bestätigen.)

Beweis: psychologisches Sachverständigengutachten

Als nach den Eltern nächste Verwandte sind sie vorzugsweise zu berücksichtigen. Die Bindung des Kindes an die derzeitigen Betreuungspersonen ist noch nicht so ausgeprägt, dass die Herausnahme aus der jetzigen Umgebung das Kindeswohl erheblich gefährden würde.

Beweis: kinderpsychologisches Sachverständigengutachten

Weil die Antragsteller für das Amt des Vormunds geeignet sind, ist das Jugendamt zu entlassen. Dies entspricht dem Wohl des Kindes.[3] Auch wenn sich psychische Beeinträchtigungen des Kindes als Folge der Trennung nicht schlechthin ausschließen lassen, sind die Antragsteller in der Lage sind, das Kind ohne dauerhafte Schädigungen in ihre Familie zu integrieren. Das Kind wird sich bei den Antragstellern, die es aus nie abgerissenen Umgangskontakten kennt und mit denen es durch beiderseitige Zuneigung

verbunden ist, schnell eingewöhnen. Die psychische Entwicklung des Kindes wird durch dessen Wechsel in den Haushalt der Antragsteller nicht beeinträchtigt werden.

Beweis: kinderpsychologisches Sachverständigengutachten

Die Betreuung des Kindes durch die Antragsteller kann das Defizit des Kindes, nicht mit den Eltern zusammen zu leben, jedenfalls in erheblichem Maße ausgleichen.

Mit freundlichem Gruß

……

Rechtsanwalt/Rechtsanwältin

Anmerkungen

1. Die Verwendung der vom ZPO-Schriftsatz her bekannten Form ist nicht zwingend. Über die Entlassung des Vormunds entscheidet der Rechtspfleger (§ 3 Nr. 2a iVm § 14 RpflG).

2. Die Verzichtbarkeit (schon) bestehender Bindungen ist der Maßstab für die Entlassung des Vormunds. Sie bedingt, dass das Kind ohne dauerhafte Schädigungen in die (neue) Familie integriert werden kann (vgl. BVerfG FamRZ 1989, 31). Genügen die Eltern der elterlichen Verantwortung nicht, kann das Kind Familienleben auch bei den Großeltern genießen. Diese familiäre Beziehung hat den Rang aus Art. 8 Abs. 1 EMRK und selbst dann Vorrang vor Dritten, wenn diese bessere Förderungsmöglichkeiten hätten (OLG Hamm FamRZ 1999, 678; BVerfG NJW 2014, 2853 = NZFam 2014, 737 mit Besprechung von *Leeb*; FamRZ 2014, 1435 mit Anmerkung Hoffmann; BVerfG FamRZ 2014, 1841; OLG Saarbrücken FamRZ 2014, 1866). Insoweit ist auch der Kindeswille von Bedeutung, wenn daran nachhaltig festgehalten wird (BVerfG FamRZ 2014, 1843).

Während die Übergehung des durch die Eltern für den Fall ihres Todes gemäß § 1776 BGB Benannten bei diesem Rechtsbetroffenheit auslöst, ist dies bei der Auswahl des Vormunds nach Entzug der elterlichen Sorge nicht der Fall (OLG Hamm FamRZ 2012, 799).

Bestehen Anzeichen für die Notwendigkeit einer dauerhaften Fremdunterbringung eines Kindes, ist deswegen stets im Blick zu behalten, dass ein Kind Bindungen auch zu einem Dritten aufbauen kann. Bei der Wahl der Unterbringungsart können Verwandte, die sich ernsthaft um eine Betreuung des Kindes bemühen wollen, ihr Augenmerk darauf richten, dass hierdurch nicht Fakten geschaffen werden, die gegen die Herauslösung aus einem solchen sozialen Verband sprechen. Bei einer Heimunterbringung besteht diese Möglichkeit in geringerem Maße. Diese ist aber aus anderen Gründen für das Kind belastender und wird eher bei einem überschaubaren Zeitraum, in dem das Kind im Heim leben soll, gewählt werden.

Soll das Kind im Wege einstweiligen Rechtsschutzes seinen derzeitigen Aufenthalt wechseln, ist zu prüfen, ob die hinreichende Erwartung besteht, dass dies auch das Ergebnis der Hauptsacheentscheidung sein wird (OLG Saarbrücken BeckRS 2009, 87187; siehe auch BVerfG NJW-RR 1995, 385).

3. Es gilt ein unterschiedlicher Entlassungsmaßstab. Personenbezogen stellt § 1888 BGB lediglich darauf ab, dass einem Beamten oder Religionsdiener die Genehmigung des Dienstherrn zur Führung des Amts zurückgenommen oder nicht erteilt wird. Die Amtsvormundschaft ist subsidiär und wird beendet, wenn ein geeigneter Einzelvormund zur Verfügung steht und dessen Bestellung dem Kindeswohl dient. Dass die Bestellung des Einzelvormunds dem Kindeswohl nicht abträglich ist, reicht nicht. Es ist eine positive

Kindeswohlprüfung anzustellen, die prognostisch auch künftige Entwicklungsphasen einbezieht, sodass es regelmäßig sachverständiger Feststellungen bedarf, widrigenfalls die Aufklärungsrüge greifen kann (OLG Köln DAVorm 1995, 1060). Hinzu kommt der Wille des Kindes, der beachtlich ist, wenn er nachhaltig geäußert wird. Auch dass der bisherige Amtsvormund nach § 87c Abs. 3 SGB VIII (örtlich) unzuständig geworden ist, reicht zur Beendigung der Amtsvormundschaft nicht aus (OLG Dresden JAmt 2001, 492; zu Rechtslage und Meinungsstand wenn ein Wechsel des Amtsvormunds stattfinden soll vgl. DIJuF-Rechtsgutachten JAmt 2002, 22; zur Ersetzung der Amtsvormundschaft für ein Kind einer minderjährigen nicht verheirateten Mutter durch eine Einzelvormundschaft der Großeltern siehe DIJuF-Rechtsgutachten JAmt 2002, 24). Der Einzelvormund – nicht der Amtsvormund – kann nur entlassen werden, wenn er aus den Gründen des § 1781 BGB untauglich ist oder seine Amtsführung das Kindeswohl gefährdet und mindere Maßnahmen iSv § 1837 BGB, wozu auch ein Teilentzug gehört, nicht ausreichen (§ 1886 BGB). Der Vormund hat bei der Amtsführung ein Ermessen. Sind dessen Grenzen beachtet, ist der Pflichtwidrigkeitsvorwurf unbegründet (BayObLG Beschl. v. 23.4.2004 – 1 Z BR 10/04 und 11/04 – in juris dokumentiert; BayObLG FamRZ 1999, 1457) und das FamG nicht weisungsbefugt (BayObLG FamRZ 1997, 1560; näher *Kaufmann* DAVorm 1999, 335). Pflichtwidrigkeit bedingt kein Verschulden, es genügt die objektive Interessengefährdung (BayObLG FamRZ 1988, 874).

4. Im Entlassungsverfahren haben die Pflegeeltern ein Recht auf Akteneinsicht. Sie müssen sich nicht mit Informationen des Jugendamts begnügen (OLG Hamm FamRZ 2002, 1126). Ein Beschwerderecht gegen die Entlassung des Vormunds haben sie nicht (OLG Karlsruhe FamRZ 1998, 568)). Mit der Entlassung ist sofort der neue Vormund zu bestellen (BeckOKBGB/*Bettin* § 1886 Rn. 11).

Bezüglich der Auswahl des neuen Vormunds richtet sich die Beschwerdebefugnis nach § 59 FamFG.

2. Vermögensherausgabe

Übergabeprotokoll zwischen bisherigem und neuem Vormund/Pfleger

Protokoll über die Übergabeverhandlung vom ......

an der teilgenommen haben[1]

......, als Übernehmer,

......, als Übergeber

Die Beteiligten nehmen zur Kenntnis, dass mit Beschluss des Amtsgerichts – Familiengericht- ...... vom ...... Az.: ...... die Vormundschaft des Übergebers beendet ist und dieser ein Inventar über das verwaltete Vermögen dem FamG vorgelegt hat.

I. Der Übergeber übergibt an den mit gleicher Verfügung bestellten Nachfolger im Amt – Übernehmer –[2]
folgendes Vermögen: ......
folgende zu den vorstehend bezeichneten Gegenstände gehörenden
[ ] Urkunden [vgl. § 952 BGB also zB Kfz-Brief]
[ ] sonstige Unterlagen (zB Garantiescheine, Betriebsanleitungen, Schlüssel etc)
folgende zur Geltendmachung nachstehender Forderungen erforderliche Urkunden
[ ] ...... [zB Sparbücher, Wertpapiere, Bauspar-, Versicherungs-, Mietverträge Schuldscheine etc mit Bezeichnung nach Forderung, Schuldner, Bank u. Ä. ggfs. genügt Verweis auf Rechnungslegung]

folgende der Vermögensverwaltung dienende Unterlagen und Gegenstände [zB]
[ ] zB . . . . . . Bankschecks der . . . . . . s.-Bank/Sparkasse mit Bank-/EC-/Kreditkarte, PIN-/TAN-Nummer, Code/Kennwort für Schließfächer, Schlüssel für Schließfächer/ Tresor

II. Der Übergeber ermächtigt den Übernehmer zur Empfangnahme folgenden bei . . . . . . hinterlegten Vermögens . . . . . .

Er übergibt hierzu . . . . . . [zB Hinterlegungsschein der Hinterlegungsstelle]

III. Die Beteiligten sind sich einig, dass mit der Übergabe die Gefahr auf den Übernehmer übergeht. Bei Übergabe sind folgende Mängel festgestellt worden:[3]. . . . . . [Gegenstand]: . . . . . . [Mangelbeschreibung]
Der Übergeber hat außerdem noch auf folgendes hingewiesen: . . . . . .
Er versichert, dass ihm weitere Mängel nicht bekannt sind.

IV. Bei dieser Verhandlung sind folgende Gegenstände/Unterlagen nicht übergeben worden: . . . . . .
[ ] Der Übergeber verpflichtet sich,
[ ] diese bis zum . . . . . . auszuhändigen.
[ ] tritt den Herausgabeanspruch aus . . . . . . [zB Leihvertrag] gegen . . . . . . an den Übernehmer ab.
Der Übergeber macht an . . . . . . [Beschreibung der Gegenstände] ein Zurückbehaltungsrecht[4] geltend für
[ ] von ihm beanspruchten Aufwendungsersatz
[ ] die aus dem Mündelvermögen aufzubringende und durch Beschluss des FamG vom . . . . . . festgesetzte Vergütung für die Zeit von . . . . . . bis . . . . . .

V. Der Übergeber weist noch auf Folgendes hin:
[ ] Fristen . . . . . . [zB ablaufende Garantie-/Gewährleistungsfrist, Zahlungsfrist etc]
[ ] anhängige Rechtsstreite beim . . . . . .
[ ] Fälligkeiten . . . . . .

VI. Der Übernehmer bestätigt den Empfang gemäß vorstehender Aufzählung.

. . . . . ., den . . . . . .

. . . .

Unterschrift des Übergebers   Unterschrift des Übernehmers[5]

Anmerkungen

1. Die sich auf Substanz, Früchte, Nutzungen und Surrogate erstreckende Herausgabe hat sofort zu erfolgen. Sie wird vor Volljährigkeit des Mündels/Pfleglings zwischen bisherigem und neuem Vormund/Pfleger ohne Mitwirkung des FamGs, das auch keine Weisungsbefugnis hat, abgewickelt (KG Rpfleger 1977, 132). Die Herausgabe wird deswegen vom FamG nicht vermittelt oder durchgesetzt (OLG Dresden OLGZ 26, 118). Der Anspruch aus § 1890 S. 1 BGB steht wie der Anspruch aus § 1698 BGB dem neuen gesetzlichen Vertreter zu. Der Minderjährige ist für eine Herausgabeklage nicht aktivlegitimiert (BGH BGHR BGB § 1698 Anspruchsinhaber 1). Die Klage gegen die Eltern beim Familiengericht (§ 266 Abs. 1 Nr. 4 FamFG; OLG Dresden FamRZ 2012, 146), gegen den Vormund/Pfleger beim allgemeinen Zivilgericht, kann mit einem Rechnungslegungs- und Bekräftigungsantrag als Stufenklage iSv § 254 ZPO erhoben werden. In der Insolvenz des bisherigen Vormunds/Pflegers gibt der Herausgabeanspruch ein Aussonderungsrecht (MünchKommBGB/*Spickhoff* § 1890 Rn. 6).

2. Der neue Vormund/Pfleger bzw. das volljährig gewordene Mündel / der Pflegling müssen beweisen, dass die herauszugebenden Sachen zu ihrem Vermögen gehören, nicht der entlassene Vormund/Pfleger den anspruchshindernde/-vernichtenden Einwand der Schenkung (OLG Oldenburg FamRZ 1998, 1468). Diese Beweislast gilt auch für Untergang und Verschlechterung einer Sache. Erst wenn dies bewiesen ist, hat der bisherige Vormund/Pfleger den Besitzverlust und fehlendes Verschulden zu beweisen (vgl. MüKoBGB*Olzen* § 1698 Rn. 11 mwn). Ab Rechtshängigkeit gilt § 292 BGB. Die Herausgabepflicht beschränkt sich auf das vom Abgelösten verwaltete Vermögen. Maßgeblich ist die Besitzlage im Zeitpunkt der Beendigung des Amts (OLG Brandenburg NJW-RR 2008, 95).

3. Der Vormund/Pfleger haftet gemäß § 1833 BGB. Er hat nicht das Haftungsprivileg des § 1664 BGB. Zur Geltendmachung des Schadensersatzanspruchs ist der Mündel/Pflegling gesetzlich vertreten durch den neuen Vormund/Pfleger aktiv legitimiert (BGH BGHR BGB § 1698 Anspruchsinhaber 1).

4. Der bisherige Vormund/Pfleger hat ein Zurückbehaltungsrecht für die schon festgesetzte, aus dem Mündelvermögen geschuldete Vergütung und Aufwendungsersatz (MünchKommBGB/Spickhoff § 1890 Rn. 5). Dessen Umfang richtet sich nach dem Sicherungszweck und beschränkt sich auf einen zum Anspruch verhältnismäßigen Anteil (RGZ 61, 128, 133).

5. Endet die Vormundschaft/Pflegschaft mit dem Tod des Mündels/Pfleglings verlängert sich die Vertretungsmacht des Vormunds/Pflegers nach Maßgabe der §§ 1894, 1698a und b BGB. Die Herausgabepflicht an die Erben erstreckt sich dann nicht auf Vermögen, das im Rahmen der Notgeschäftsführungsbefugnis verwaltet wird. Sind die Erben nicht bekannt, ist hinterlegungsfähiges Vermögen unter Verzicht auf die Rückgabe bei der Hinterlegungsstelle des Amtsgerichts zu hinterlegen, nötigenfalls auf die Anordnung einer Nachlasspflegschaft hinzuwirken (*Jürgens/Klüsener* Betreuungsrecht, § 1893 Rn. 7).

Verstirbt der Vormund/Pfleger hat dessen Erbe das Vermögen des Mündels herauszugeben, auch wenn dieses nicht in den Nachlass fällt (MünchKommBGB/*Spickhoff* § 1890 Rn. 2). Sonst trifft ihn nur eine Anzeigepflicht. Weder ist der Erbe zur Fortführung der Geschäfte verpflichtet, noch treffen ihn die Pflichten des § 1893 BGB (MünchKommBGB/*Spickhoff* § 1894 Rn. 1 und § 1893 Rn. 12). Handelt er trotzdem, gelten §§ 677 ff. BGB. Für die Einhaltung der Anzeigepflicht haftet er gemäß § 280 BGB (Erman/*Saar* § 1894 Rn. 2; MünchKommBGB/*Spickhoff* § 1894 Rn. 3; Dies gilt auch für den Insolvenzverwalter.

Folgt der Vormundschaft eine Betreuung und wird der bisherige Vormund Betreuer, bedarf es keiner Herausgabe. Lediglich ist durch eine stichtagsbezogene Rechnungslegung festzuhalten, welches Vermögen bei Volljährigkeit vorhanden war. Dies empfiehlt sich auch im Hinblick auf § 1629a BGB.

3. Entlastungserklärung und Feststellungsklage

Erklärung zur Entlastung des Vormunds/Pflegers nach Beendigung des Amts und Annahme[1]

Als

[ ] bisher Vertretener

[ ] neuer Vormund/Pfleger

[ ] erteile ich dem bisherigen Vormund/Pfleger . . . . . . Entlastung für die Amtsführung

[ ] in vollem Umfang
[ ] mit Ausnahme
[ ] . . . . . . Beschreibung des Geschäfts/der Geschäfte, für das die Schlussrechnung nicht anerkannt wird . . . . . .
[ ] des Zeitraums von . . . . . . bis . . . . . .

und

[ ] verzichte auf Schlussrechnungslegung[2]

[ ] erkenne die am . . . . . . erteilte Schlussrechnung an,

[ ] in vollem Umfang
[ ] mit Ausnahme[3]
[ ] . . . . . . Beschreibung des Geschäfts/der Geschäfte, für das die Schlussrechnung nicht anerkannt wird . . . . . .
[ ] des Zeitraums von . . . . . . bis . . . . . .

Ich bin darüber belehrt worden, dass[3]

[ ] im Umfang der Entlastung aus dem bisherigen Verhalten des Rechenschaftspflichtigen, soweit es übersehbar ist, keine Ansprüche mehr abgeleitet

[ ] mit der Entlastung erkennbare Ansprüche auch gegen den Fiskus nicht mehr geltend gemacht

werden können.

Als bisheriger Vormund/Pfleger nehme ich die vorstehende Entlastungserklärung an[3]

. . . . . ., den	. . . . . ., den . . . . . .
. . . . . .	. . . . . .
Name und Unterschrift . . . . . . (Erklärender)	Name und Unterschrift . . . . . . (Erklärungsempfänger)

Antrag auf Feststellung ordnungsgemäßer Rechnungslegung

An das Amts-/Landgericht . . . . . .

In dem Rechtsstreit . . . . . .

zeige ich die Vertretung des Klägers an und erhebe

Klage[4]

mit dem Antrag,

festzustellen, dass die gegenüber dem Amtsgericht – Familiengericht – . . . . . . in dem Verfahren . . . . . . gelegte Rechnung vollständig und sachlich richtig ist[5]

oder

die gegenüber dem Amtsgericht – Familiengericht – . . . . . . in dem Verfahren . . . . . . gelegte Rechnung zu Punkt . . . . . . und/bis Punkt . . . . . . vollständig und sachlich richtig ist.

Begründung:

Der Kläger war Vormund des Beklagten. Bei dessen Volljährigkeit hat er am . . . . . . gegenüber dem Familiengericht Rechnung gelegt.

Beweis: Beiziehung der Familiensache . . . . . . F . . . . . . /. . . . . . des Amtsgerichts . . . . . .

Der Schlussrechnung sind die Belege beigefügt, die an die vorangegangene Rechnung für . . . . . . anschließen. Auf diese und die für die Jahre . . . . . . bis . . . . . . gelegte Abrechnung wird Bezug genommen.[1] Weitere als die dort gebuchten Geschäfte hat der Kläger nicht ausgeführt. Dies ergibt sich aus dem Vergleich der maßgeblichen Vermögensbestände.

Zwischen den Parteien ist auch nicht die Abrechnung insgesamt im Streit, sondern nur der Verbleib eines Sparbuches. Der Beklagte erkennt die Schlussrechnung lediglich nicht an, weil er behauptet, außer dem Sparbuch bei der . . . . . .-Bank/Sparkasse, sei noch ein Sparbuch bei der . . . . . .-Bank/Sparkasse vorhanden. Dies trifft nicht zu.

Allerdings war bei Übernahme der Vormundschaft, das vom Beklagten bezeichnete Sparbuch vorhanden. Auf diesem Sparbuch waren damals aus dem Nachlass nach dem verstorbenen Vater des Beklagten diesem zugeflossene . . . . . . EUR angelegt worden. Der Kläger hat dieses Sparbuch aber am . . . . . . aufgelöst und das Guthaben wie folgt umgeschichtet: . . . . . . Das Sparbuch ist dabei entwertet worden. Es existiert nicht mehr. Infolge der Situation auf dem Wertpapier- und Geldmarkt hat die Anlage nachhaltig an Wert verloren.

Beweis: . . . . . ., zuständiger Mitarbeiter der . . . . . .-Bank/Sparkasse als Zeuge

Aus der Jahresabrechnung . . . . . . und dem Antrag, die Anlage in . . . . . . zu genehmigen, ergibt sich jedoch, die Herkunft des zur Neuanlage beantragten Vermögens, als dort die Kontonummer und der anzulegende Betrag, der dem Guthaben auf dem Sparbuch entsprach, angegeben wurde.

Beweis: Beiziehung der Verfahrensakte . . . . . . F . . . . . . /. . . . . . des Amtsgerichts . . . . . .

Hieraus ergibt sich, dass weiteres Vermögen nicht abzurechnen ist.

. . . . . .

Rechtsanwalt/Rechtsanwältin

Anmerkungen

1. Nach Beendigung der Vormundschaft erlischt das Aufsichtsrecht und kann das Familiengericht (§ 1892 Abs. 2 BGB) nur noch die Einreichung einer formell ordnungsgemäßen Schlussrechnung erzwingen, nicht aber deren sachliche Berichtigung oder Ergänzung (OLG Schleswig FamRZ 2006, 574; BayObLG FamRZ 2001, 934; OLG Thüringen FamRZ 2001, 579; LandG Saarbrücken BeckRS 2009, 11292) oder die Erteilung weiterer Auskünfte (BayObLG FamRZ 1998, 1197). Die Abrechnung muss die Einnahmen und Ausgaben schriftlich so klar und übersichtlich darstellen, dass das FamG einen Überblick über alle Vorgänge erhält; die bloße Vorlage von Unterlagen und Belegen genügt nicht (BayObLG FamRZ 1998, 1197). Auf die vorangegangenen Jahresabrechnungen (vgl. §§ 1840 ff. BGB) kann Bezug genommen werden (OLG Karlsruhe FamRZ 2004, 1601). Die Beifügung von Belegen dient nur der Kontrolle der vorzulegenden geordneten Zusammenstellung, nicht dem Zweck, dem FamG eine Grundlage für die eigene Erarbeitung einer Zusammenstellung zu geben (BayObLG Rpfleger 2001, 74). Die Verwendung von Formblättern kann nicht verlangt werden, ist aber zweckmäßig, jedenfalls die Orientierung hieran.

Der Mündel/Pflegling ist Gläubiger der weitergehenden Ansprüche auf Herausgabe des verwalteten Vermögens und Rechenschaft. Während sich die Rechnungslegung auf die äußere Darstellung der Verwaltung beschränkt, heißt Rechenschaft, Auskunft über Tun und Lassen zu geben, um den Mündel/Pflegling in die Lage zu versetzen, noch bestehende Ansprüche durchzusetzen (vgl. *Wesche* Rpfleger 1986, 44, 45).

Von der Schlussrechnung ist auch der befreite Vormund nicht entbunden. Dafür genügen die periodischen Übersichten, die gemäß § 1854 Abs. 2 BGB zu erstellen sind, nicht. Die Schlussrechnung hat die Vermögenszu- und abgänge darzustellen (OLG Thüringen BtPrax 2001, 97). Der genaue Umfang der Rechnungslegung ist noch immer sehr str. (siehe *Formella* BtPrax 1995, 21). Dem befreiten Vormund ist zu empfehlen, sich bei Beginn des Amts mit den örtlichen Anforderungen und der dazu ergangenen Rechtsprechung vertraut zu machen.

2. Der Verzicht des Nachfolgers auf Rechnungslegung ist vom FamG kritisch aufzunehmen. Er kann Anlass geben, Maßnahmen gemäß § 1837 Abs. 4 iVm § 1666 BGB zu prüfen. Teils wird ein solcher Verzicht des neuen Vormunds/Pflegers als wirkungslos oder genehmigungsbedürftig angesehen (MünchKommBGB/*Spickhoff* § 1890 Rn. 8 mwN). Wird als Folge einer Genehmigung einer Schlussrechnung auf eine Forderung verzichtet, ist dies gemäß den §§ 1915, 1812 Abs. 1 S. 1 BGB genehmigungspflichtig (BayObLG Rpfleger 2001, 74). Ggfs. greift auch § 1804 BGB ein (*Gleißner* Rpfleger 1986, 462).

3. Der Entlastungsvertrag ist ein negatives Anerkenntnis iSv § 397 Abs. 2 BGB mit str. Umfang (Soergel/*Zimmermann* § 1892 Rn. 5: Verzicht auf alle Ansprüche; aA Staudinger/*Engler* § 1892 Rn. 21: Verzicht nur auf bekannte, aus der Rechnung ersichtliche Ansprüche) und für den Nachfolger im Amt genehmigungspflichtig (§ 1812 BGB). Ein Rechtsanspruch auf Abgabe dieser Erklärung besteht nicht (LG Stuttgart DAVorm 1974, 670). Sie ist kondizierbar nach §§ 812 Abs. 2, 814 BGB, wenn der das Anerkenntnis Zurückfordernde beweist, dass eine Forderung tatsächlich bestanden und er sich darüber bei Abgabe seiner Erklärung geirrt hat (OLG Köln FamRZ 1996, 249). Der Vertrag ist zwischen Mündel/Pflegling und bisherigem Vormund/Pfleger zu schließen. Die Erklärung des Mündels/Pfleglings nur gegenüber dem FamG kann Quittung iSv § 368 BGB sein (Möhring/*Beisswingert/Klingelhöffer,* Vermögensverwaltung in Vormundschafts- und Nachlasssachen, S. 83). Das hierüber gefertigte famg Protokoll ist eine öffentliche Urkunde iSv § 415 ZPO. Der Rechtspfleger des FamG kann in der Amtshaftung den Fiskus nicht vertreten. Mit jenem kann daher ein solcher Vertrag nicht geschlossen werden. Die (vorbehaltlose) Entlastung des Vormunds/Pflegers lässt die Pflicht zur Rechnungslegung gegenüber dem FamG entfallen (Staudinger/*Engler* § 1892 Rn. 24) und die Amtshaftung, wenn dadurch die Ersatzmöglichkeit gegen den Vormund durch Einfluss des Geschädigten – das kann der Verzicht sein – schuldhaft weggefallen ist (BGH NJW 1999, 2038). Den unverschuldeten Verlust der Ersatzmöglichkeit, zB weil die Forderung nicht realisierbar ist, hat der Geschädigte zu beweisen (BGH NJW 2002, 1266).

4. Die Mitteilung des FamGs, die Schlussrechnung sei geprüft und nicht zu beanstanden, ist im FamFG-Verfahren nicht anfechtbar (BayObLG Rpfleger 1996, 246; OLG Stuttgart BtPrax 2001, 79). Rechte und Ansprüche gegen den Vormund/Pfleger sind im Prozessweg ohne Bindung des Zivilrichters an das FamG geltend zu machen (BayObLG FamRZ 1998, 1197; LG Münster Rpfleger 2002, 265). Das FamG erklärt nur, dass es keinen Anlass zum Einschreiten nach § 1837 BGB sehe, ohne damit die Sach- oder Rechtslage festzustellen oder zu verändern. Bestehende Rechte werden nicht beeinträchtigt, eine Rechtsposition des Vormunds/Pfleger wird nicht geschaffen, insbesondere keine Entlastung erteilt (BayObLG FamRZ 2005, 931; OLG Karlsruhe FamRZ 2004, 1601; OLG Schleswig FamRZ 2006, 574).

5. Weil es keinen Anspruch auf Entlastung gibt, eine Entlastung auch unter Vorbehalt und begrenzt auf „erkennbare Ansprüche" erklärt werden kann (vgl. OLG Frankfurt FamRZ 1993, 603; OLG Saarbrücken BeckRS 2013, 15148) und in der Unterlassung von Einwendungen noch kein Anspruchsverzicht liegt (LG Berlin FamRZ 2002, 345), kann mit der Feststellungsklage (§ 256 ZPO) die Feststellung ausgesprochen werden, dass ordnungsgemäß Rechnung gelegt ist (OLG Naumburg OLGE 21, 295; RGZ 115, 368, 371). Etwaige Ansprüche gehen auch dann nicht verloren, es kehrt sich aber die Beweislast entsprechend § 363 BGB (*Gleißner* Rpfleger 1986, 462). Der Feststellungsantrag muss hinreichend bestimmt sein. Die Klärung von Einzelposten einer Gesamtabrechnung kann Gegenstand einer Feststellungsklage sein (BGH NJW 1985, 1898; OLG Düsseldorf NJWE-FER 1997, 113).

Ein Feststellungsantrag, dass Ansprüche nicht bestehen, ist zwar nicht ausgeschlossen, jedoch bezüglich der Bestimmtheit schwierig. Eine solche Klage ist als unzulässig angesehen worden, wenn damit die Aufstellung einer „ordnungsgemäßen" Vermögensabrechnung durch das Gericht selbst verbunden wäre (vgl. LG Rottweil FamRZ 2000, 33).

Problematisch ist die Haftung für Schäden, die auf einer Pflichtwidrigkeit des Vormunds/Pflegers beruhen, aber erst nach Ende der Vormundschaft/Pflegschaft eintreten. Das LG Berlin (FamRZ 2002, 345) hat die Adäquanz verneint, wenn sich lediglich ein Belehrungsdefizit verwirklicht.

Vom entlassenen Vormund/Pfleger kann nicht verlangt werden, dass er eine Entlastung des neuen gesetzlichen Vertreters beibringt (AG Neukölln BtPrax 1992, 77).

S. Betreuung

I. Allgemeine Arbeitshilfen

1. Checkliste Betreuungsübernahme

Regelmäßig zu kontaktierende Stellen:[1]

- ❒ Geldinstitute, zu denen der/die Betreute Geschäftsbeziehungen unterhält
- ❒ Bankenverband[2]
- ❒ Geldinstitute, die am Bankenverband nicht beteiligt sind
- ❒ Schuldnerregister, Schufa
- ❒ Krankenkasse/Beihilfestelle
- ❒ Leistungsträger[3]
  - Rentenkasse
  - Pensionskasse
  - Arbeitsamt (Arbeitslosenunterstützung/Kindergeld)
  - Job-Center
  - Sozialamt
  - Wohngeldamt
  - Grundsicherung[4]
  - Pflegekasse
- ❒ Unterhaltsverpflichtete[5]
  - Ehegatten (getrennt lebend? geschieden?)
  - Eltern
  - Großeltern
  - Kinder
- ❒ Behandelnde Ärzte, Krankenhaus
- ❒ Vermieter bzw. Krankenheim
- ❒ Versorgungsunternehmen (Strom/Gas/Telefon/GEZ usw.)
- ❒ Finanzamt
- ❒ Arbeitgeber
- ❒ Versicherungen (LebensV/HaftpflichtV/HausratV usw.)
- ❒ Postfachverwaltung
- ❒ Gläubiger[6]

Anmerkungen

1. Sachverhalt. Die Pflichten des Betreuers beginnen mit der Bekanntgabe des gerichtlichen Beschlusses an ihn (§ 40 Abs. 1 FamFG). Der Umfang seiner Pflichten richtet sich nach den übertragenen Aufgabenkreisen (§ 1896 Abs. 2 S. 1 BGB). Welche Schritte der Betreuer zu Beginn der Betreuung unternehmen muss, ist abhängig davon, ob ihm nur einzelne Angelegenheiten, große Bereiche oder eine Totalbetreuung übertragen sind. Die zu ergreifenden Maßnahmen richten sich nach der Lebenssituation des Betreuten und nach dessen Wünschen und Erfordernissen. Betreuung als Rechtsinstitut ist ausschließlich rechtliche Betreuung im Sinn rechtsgeschäftlicher Tätigkeit (vgl. Titelüberschrift vor § 1896 BGB). Hierfür muss der Betreuer zu Beginn der Betreuung mit allen maßgeblichen

Stellen Kontakt aufnehmen, seine Bestellung anzeigen und die Informationen und Unterlagen abfragen, die zur Durchführung seiner Aufgaben notwendig sind. Ist dem Betreuer der Bereich Vermögenssorge übertragen, hat er über das Vermögen Rechnung zu legen, muss also zum Stichtag der Betreuungsübernahme einen Vermögensstatus erstellen. Auch insoweit ist die Einholung fehlender und die Überprüfung vom Betreuten erteilter Informationen notwendig.

2. Bankenverband. In jeder Region existiert ein Bankenverband, der berechtigten Personen gegen eine Gebühr Auskunft über aktuelle Bankverbindungen erteilt. Die jeweilige Anschrift kann beim Bundesverband deutscher Banken (www.bankenverband.de) erfragt werden. Die Sparkassen sind gesondert im Deutschen Sparkassen- und Giroverband organisiert (www.dsgv.de), so dass hierfür eine gesonderte Anfrage sinnvoll sein kann. Alle weiteren Institute (zB die Leasingbanken der KFZ-Hersteller) müssen ggfs. individuell befragt werden. Auf diese Art lassen sich sämtliche Konten und eventuell vorhandene Schließfächer des Betreuten ermitteln.

3. Einkommen. Womit der Betreute seinen Lebensunterhalt bestreitet, lässt sich regelmäßig aus seinen Unterlagen ermitteln, insbesondere aus Kontoauszügen. Bei den zuständigen Stellen ist die zum Stichtag aktuelle Höhe der gewährten Leistungen abzufragen und der weitere Zahlungs- und Schriftverkehr sicherzustellen. Der Betreuer muss kurzfristig ermitteln, ob alle in Anspruch zu nehmenden Leistungen schon gewährt werden oder zumindest beantragt wurden. Da bei Betreuungen oft eine monate- oder jahrelange **Vernachlässigung** der Angelegenheiten vorliegt, werden häufig Einkommensquellen ungenutzt sein (Renten wegen Erwerbsminderung, Wohngeld, Grundsicherung, Ansprüche auf Steuererstattung, Beihilfeleistungen). Um das Vermögen des Betreuten optimal zu mehren und Haftungsrisiken zu vermeiden, sollte der Betreuer in Betracht kommende Anträge so schnell wie möglich zumindest formlos stellen. Hierbei ist darauf zu achten, vorsorglich **Wiedereinsetzung** in verstrichene Fristen zu beantragen und die Fristversäumnis mit der gesundheitsbedingten Verhinderung des Betreuten in der Vergangenheit zu entschuldigen.

4. Grundsicherung. Die durch §§ 41 – 46a SGB XII (bei Arbeitssuchenden gilt SGB II) gewährte Grundsicherung soll vor allem Menschen mit geringer oder ohne Altersrente ermöglichen, ihren Lebensunterhalt ohne Sozialhilfe zu bestreiten. Die Grundsicherung wird bedarfsabhängig gewährt und liegt etwas oberhalb des Sozialhilfesatzes. Anspruch auf Grundsicherung haben nicht nur ältere Menschen, sondern auch bedürftige Personen, die **erwerbsunfähig** sind und – zB mangels ausreichender Beitragszeiten – keine entsprechende Rente beziehen können. Die für die Leistungen zuständigen Ämter sind bei den Kommunen angesiedelt. Zuständig ist das Sozialamt des Wohnsitzes.

5. Unterhaltsansprüche. Bevor nachrangige Ansprüche insbesondere auf Sozialhilfe entstehen, müssen alle sonstigen Einkommensquellen ausgeschöpft sein. Daher muss der Betreuer im Rahmen der Vermögenssorge überprüfen, ob Unterhaltsansprüche gegenüber Familienangehörigen geltend gemacht werden können. In Betracht kommen vor allem Ehegattenunterhalt und Unterhaltsansprüche gegenüber Eltern, in Grenzen auch gegenüber volljährigen Kindern (→ Form. F.VI.).

6. Gläubiger. Zur Erstellung des Vermögensstatus gehört die Feststellung laufender oder einmaliger Verbindlichkeiten des Betreuten. Die Kontaktaufnahme mit Gläubigern und sonstigen Vertragspartnern des Betreuten ist insbesondere dann wichtig, wenn das Betreuungsgericht einen Einwilligungsvorbehalt (§ 1903 BGB) angeordnet hat, so dass der geschäftsfähige Betreute ohne Zustimmung des Betreuers keine Rechtsgeschäfte wirksam vornehmen kann. Ist der Betreute vermögenslos, sollte das den Gläubigern mitgeteilt werden, um nutzlose Vollstreckungsversuche zu unterbinden. Es empfiehlt sich in diesem

Fall, die Durchführung des Privatinsolvenzverfahrens anzukündigen und vorab in Erfahrung zu bringen, ob auf der geltend gemachten Forderung bestanden wird.

2. Checkliste genehmigungsbedürftiger Sachverhalte

- ❑ Einwilligung in ärztliche Maßnahmen[1, 2]
- ❑ Nichteinwilligung/Widerruf der Einwilligung in ärztliche Maßnahmen[3]
- ❑ Sterilisation
- ❑ Unterbringung[4]
- ❑ Ärztliche Zwangsmaßnahme[4]
- ❑ Unterbringungsähnliche Maßnahmen[4]
- ❑ Wohnungsaufgabe und ähnliche Maßnahmen[5]
- ❑ längerfristige Vermietung oder Verpachtung[5]
- ❑ Gewährung einer Ausstattung
- ❑ Abweichung von Anordnungen bei Erbschaft oder Schenkung
- ❑ Mündelsichere oder andersartige Anlegung von Geld[6]
- ❑ Verfügungen über Forderungen, insbesondere gegenüber Banken und über Wertpapiere[6]
- ❑ Hinterlegung von Wertpapieren ohne Sperrvermerk[6]
- ❑ Verfügung über mit Sperrvermerk versehenes Hinterlegungsgut[6]
- ❑ Verfügung über Stammforderung nach Umschreibung/Umwandlung[6]
- ❑ Grundstücksgeschäfte[7]
- ❑ Verpflichtung zur Verfügung über ganzes Vermögen[7]
- ❑ Geschäfte über Erbschaft, Erbteil, Pflichtteil[7]
- ❑ Erwerb, Pacht oder Veräußerung eines Erwerbsgeschäfts[7]
- ❑ Abschluss eines Lehrvertrages[7]
- ❑ Eingehung eines längerfristigen Dienst- oder Arbeitsverhältnisses[7]
- ❑ Darlehensaufnahme[7]
- ❑ Ausstellung von Schuldverschreibung, Wechsel und dgl.[7]
- ❑ Übernahme fremder Verbindlichkeiten (v. a. Bürgschaft)[7]
- ❑ Erteilung von Prokura[7]
- ❑ Abschluss eines Vergleiches über 3.000,– EUR[7]
- ❑ Verminderung einer Sicherheit[7]
- ❑ Überlassung von gesperrtem Vermögen an den Betreuten[7]

Anmerkungen

1. Sachverhalt. Eine ganze Reihe von Rechtsgeschäften kann der Betreuer wirksam nur mit Zustimmung des Betreuungsgerichtes vornehmen. Sie ist in der Regel vor Durchführung der Maßnahme einzuholen, kann im Bereich von Verträgen der Vermögenssorge aber auch nachträglich erklärt werden (§ 1908i iVm § 1829 BGB). Bis zur Genehmigung ist das Geschäft schwebend unwirksam und wird wie das Geschäft eines Minderjährigen behandelt. Die **Zustimmung des Betreuungsgerichts** ist Wirksamkeitsvoraussetzung. Sie kann Geschäfte, die aus anderen Gründen unwirksam sind, aber nicht wirksam machen (zB Schenkungen, die über den Rahmen des § 1908i Abs. 2 iVm § 1804 BGB). Sie befreit den Betreuer auch nicht von seiner Haftung. Genehmigt das Betreuungsgericht ein Geschäft, in dessen Rahmen der Betreuer gegen seine Pflicht zur sorgsamen Vermögensverwaltung verstößt, etwa indem er auf gebotene Sicherungsmittel verzichtet, schuldet er gleichwohl Schadensersatz (BGH Urt. v. 18.9.2003 – XII ZR 13/01, NJW 2004, 220). Im Bereich der Personensorge führt eine nachträgliche Zustimmung nur bei Gefahr im Verzug (§§ 1904 Abs. 1 S. 2, 1906 Abs. 2 S. 2 BGB) zur Rechtmäßigkeit der Maßnahme.

2. Die Einwilligung des Betreuers in **ärztliche Maßnahmen** bedarf nach § 1904 Abs. 1 BGB der betreuungsgerichtlichen Genehmigung, wenn die begründete Gefahr besteht, dass der Betreute auf Grund der Maßnahme stirbt oder einen schweren und länger dauernden gesundheitlichen Schaden erleidet. Ansonsten gilt § 630d BGB.

Die Einwilligung des Betreuers ist nur dann maßgeblich, wenn der Betreute nicht selbst einwilligungsfähig ist. Bei der Gefahr von Schäden müssen beide gesetzlich genannten Merkmale zutreffen, die drohenden Schäden also schwer und länger dauernd (= ab ein Jahr Dauer) sein. Besteht Unklarheit über die drohenden Folgen, sollte der Betreuer vorsorglich den Genehmigungsantrag stellen oder mit dem zuständigen Richter die Erforderlichkeit klären. Insbesondere bei der Legung von Ernährungssonden durch die Bauchdecke (PEG) ist die Praxis der Betreuungsgerichte uneinheitlich. Einige verlangen für diese Maßnahme, dass der Betreuer die Genehmigung des Gerichts einholt, andere nicht. → Form. S.III.3.

3. Die Nichteinwilligung oder der Widerruf einer Einwilligung des Betreuers in medizinisch indizierte ärztliche Maßnahmen (insbesondere also sog. passive **Sterbehilfe**/Behandlungsabbruch) bedarf nach § 1904 Abs. 2 BGB unter denselben Voraussetzungen der Genehmigung des Betreuungsgerichts wie die Einwilligung in eine ärztliche Maßnahme. Die Genehmigung ist nach BGH Urt. v. 17.9.2014 – XII ZB 202/13, NJW 2014, 3572 allerdings nicht erforderlich, wenn eine wirksame und aktuelle Patientenverfügung besteht und zwischen Betreuer und behandelndem Arzt Einvernehmen darüber besteht, dass die Nichteinwilligung/der Widerruf der Einwilligung dem erklärten oder mutmaßlichen Willen des Betreuten entspricht (§ 1904 Abs. 4 BGB). → Form. S.III.4. Gleiches gilt für Vorsorgebevollmächtigte (§ 1904 Abs. 5 S. 1 BGB).

4. Die privatrechtliche **Unterbringung** ist gemäß § 1906 Abs. 1 BGB nur bei Selbstgefährdung oder zur Ermöglichung ärztlicher Maßnahmen zulässig. Bei Gefährdung Dritter erfolgt die Unterbringung öffentlichrechtlich nach Landesrecht (jeweiliges PsychKG bzw. Unterbringungsgesetz – eine Liste von Verweisen auf Fundstellen dieser Gesetzestexte im Internet findet man unter http://de.wikipedia.org/wiki/Psychisch-Kranken-Gesetz). Da mit der Maßnahme eine Freiheitsentziehung verbunden ist, ist der Richtervorbehalt grundrechtlich vorgegeben (Art. 104 Abs. 2 S. 1 GG). An die Notwendigkeit einer Unterbringung werden strenge Maßstäbe angelegt, sie ist ultima ratio. → Form. S.III.5.

Für ärztliche Zwangsmaßnahmen hat der Gesetzgeber nunmehr eine besondere gesetzliche Grundlage geschaffen (§ 1906 Abs. 3a), die der Einwilligung des Betreuers/Bevollmächtigten in schwerwiegende ärztliche Maßnahmen und Unterbringung nachgebildet ist. → Form. S.III.6.

5. Sämtliche Maßnahmen, die zum **Verlust der Wohnung** des Betreuten führen können, sind gemäß § 1907 Abs. 2 BGB dem Betreuungsgericht zu melden. Hierzu zählen vor allem vermieterseitige Kündigungen und Räumungsklagen. Will der Betreuer seinerseits eine Willenserklärung abgeben, die zur Beendigung des Mietverhältnisses führt (Kündigung, Aufhebungsvertrag), bedarf er hierzu der Genehmigung des Gerichts (§ 1907 Abs. 1 BGB). Gleiches gilt bei faktischer Wohnungsaufgabe und Aufgabe der Wohnung durch Weitervermietung und auch bei Vermietung/Verpachtung oder Verträge mit anderen wiederkehrenden Verpflichtungen des Betreuten von mehr als vier Jahren Dauer (§ 1907 Abs. 3 BGB). → Form. S.III.2.

6. Bei der Verwaltung und **Anlage des betreuten Vermögens** ist der Betreuer an dieselben Vorschriften gebunden wie ein Vormund (§ 1908i iVm §§ 1805–1820 BGB), vgl. hierzu die Erläuterungen zu Abschnitt R. V. Eine Vermögensverfügung ist allerdings genehmigungsfrei, wenn der Anspruch, über den verfügt wird, nicht mehr als 3.000,– EUR beträgt oder – unabhängig von der Höhe – wenn es sich um einen Anspruch auf einem **Giro- oder Kontokorrentkonto** handelt, oder um Geld, das der Betreuer – ohne Sperrvermerk – angelegt hat (§ 1813 Abs. 1 Nr. 2 und 3 BGB).

7. Auch für andere **Geschäfte von einiger Bedeutung** gelten für den Betreuer die Vorschriften des Vormundschaftsrechts entsprechend (§ 1908i iVm §§ 1821 bis 1825 außer § 1822 Nr. 5 BGB). Der Verzicht auf ein nicht mehr nutzbares Wohnungsrecht durch den Betreuer ist genehmigungsbedürftig (sowohl gem. § 1821 I Nr. 1 als auch analog § 1907 Abs. 1 BGB) und –fähig, da dieser keine Schenkung darstellt (BGH Beschl. v. 25.1.2012 – XII ZB 479/12, NJW 2012, 1956).

II. Einleitung und Übernahme einer Betreuung

1. Anregung einer Betreuung

An das

Amtsgericht[2]

. . . . . .

Sehr geehrte Damen und Herren,

im Rahmen meiner anwaltlichen Tätigkeit ist mir aufgefallen, dass bei Herrn/Frau . . . . . ., wohnhaft . . . . . ., Anzeichen dafür bestehen, dass er/sie gesundheitsbedingt nicht in der Lage ist, die eigenen Angelegenheiten zu regeln.[1]

Diese Annahme beruht auf der Tatsache, dass . . . . . .[3]

Meine Beobachtungen kann auch . . . . . ., wohnhaft . . . . . . bestätigen. Er/Sie hat selbst miterlebt, dass . . . . . .

Aus diesen Gründen rege ich an, für Herrn/Frau . . . . . . eine Betreuung einzurichten. Sollte das Gericht die Bestellung eines Verfahrenspflegers für erforderlich halten, rege ich an, ... zu bestellen.[4]

. . . . . .

Rechtsanwalt/Rechtsanwältin

Anmerkungen

1. Sachverhalt. Das Betreuungsgericht leitet – außer auf Antrag des Betroffenen – von Amts wegen Betreuungen ein, erfährt von dem entsprechenden Bedarf jedoch meistens durch Anregungen aus der Bevölkerung oder von Behörden.

2. Zuständig ist das Amtsgericht, in dessen Gemeinde der Betroffene seinen gewöhnlichen Aufenthalt hat, hilfsweise dasjenige des Ortes, an dem das Fürsorgeerfordernis auftritt (§ 272 Abs. 1 FamFG). Es ist grundsätzlich auch möglich, das Ersuchen an die örtlich zuständige Betreuungsbehörde zu richten. Diese leitet es an das Gericht weiter und schlägt einen Betreuer vor, wenn der Betroffene hierzu keinen Wunsch äußert.

3. Eine nähere **Begründung** der Anregung ist sinnvoll, die insbesondere den Gesundheitszustand beschreiben kann (zB Koma, Verwirrtheit, Orientierungslosigkeit, Mangelernährung, Verwahrlosung) und anführen sollte, welche konkreten Lebensbereiche in Unordnung geraten sind (zB Umgang mit Geld, Bewältigung von Post und Behördengängen, Körperhygiene, Verwahrlosung der Wohnung, Nahrungsaufnahme, Gesundheitssorge). Insoweit sollten – sofern bekannt – konkrete Beispiele benannt und erläutert werden, wie die Umstände bekannt geworden sind und wer sie bestätigen kann. In gleicher Weise ist zu verfahren, wenn nur für bestimmte Bereiche gesorgt werden muss. Hierzu zählen auch Fälle, in denen der Betroffene durch eine Vorsorgevollmacht Dritte zur Wahrnehmung seiner Belange ermächtigt hat, insoweit auf Grund eines konkreten

Überwachungsbedarfs (konkrete Gefährdungslage, Anhaltspunkte für schädigendes Verhalten des Bevollmächtigten) ein **Überwachungsbetreuer** benötigt wird.

4. Die Bestellung eines **Verfahrenspflegers** liegt im Ermessen des Gerichts (§ 276 FamFG). Sie ist in der Regel erforderlich, wenn von der Anhörung des Betroffenen abgesehen wird, eine Betreuung über alle Angelegenheiten eingerichtet oder hierauf erweitert wird. Ein Verfahrenspfleger ist zu bestellen, wenn der Betroffene nicht mehr in der Lage ist, seinen Willen kundzutun bzw. einen freien Willen überhaupt noch zu bilden (BGH Beschl. v. 29.6.2011 – XII ZB 19/11, FamRZ 2011, 1577).

2. Übernahmebericht

An das

Amtsgericht

. . . . . .

In Sachen

Betreuung Herr/Frau . . . . . .

Geschäftsnummer . . . . . .

überreiche ich anliegend meine Handakten[2] sowie das Vermögensverzeichnis. Ich erstatte folgenden Übernahmebericht:[1, 3]

I. Persönliche Situation

Herr/Frau . . . . . . führt einen eigenen Haushalt in der Wohnung . . . . . ., in der er/sie allein/gemeinsam mit . . . . . . lebt. Er/Sie . . . . . . ist seit Jahren allein lebend/geschieden/verwitwet. Ich habe Herrn/Frau . . . . . . in der Wohnung aufgesucht und die persönlichen Verhältnisse umfassend erörtert. Die Wohnung macht insgesamt einen ordentlichen/verwahrlosten Eindruck, allerdings sind viele schriftliche Unterlagen ungeordnet. Es bestehen keine/geringe/erhebliche Mietrückstände, die Kündigung der Wohnung droht nicht/ist erfolgt/ist zu befürchten.[4]. . . . . .

Der Gesundheitszustand von Herrn/Frau . . . . . . war bei Übernahme der Betreuung entsprechend dem erstatteten Gutachten gut/schlecht. Herr/Frau leidet unter . . . . . . Die ärztliche Behandlung der Erkrankung wird insbesondere von dem Hausarzt/Facharzt für Psychiatrie/Leiter der . . . . . .klinik wahrgenommen. Ich habe mich mit den behandelnden Ärzten in Verbindung gesetzt, über den bisherigen Krankheitsverlauf informiert und zusammen mit dem/der Betreuten und den Ärzten die nächsten Therapieschritte besprochen. Herr/Frau ist nicht/krankheitseinsichtig und nicht/bereit, an der Behandlung mitzuwirken. Eine Unterbringung wird aus diesem Grund auf absehbare Zeit/nicht erforderlich werden.

Aufgrund der Erkrankung hat Herr/Frau . . . . . . bis auf . . . . . . kaum soziale Kontakte, nimmt jedoch regelmäßig an . . . . . . teil.

II. Einkünfte

Die ermittelten Einkünfte ergeben sich aus dem anliegenden Vermögensverzeichnis. Sie bestehen ausschließlich/überwiegend aus öffentlichen Leistungen/Vermögenserträgen, und zwar . . . . . .

Herr/Frau . . . . . . ist zur Zeit und vermutlich länger andauernd krankheitsbedingt arbeitsunfähig. Ich habe vorsorglich einen Antrag auf Erwerbsunfähigkeitsrente gestellt. Arbeitslosengeld oder -hilfe ist noch nicht beschieden/abgelehnt worden, denn . . . . . . Ein Widerspruch gegen diese Bescheide ist erhoben/sinnlos, denn . . . . . .

Ob Unterhaltsansprüche gegen . . . . . . bestehen, konnte noch nicht abschließend ermittelt werden. Solche Ansprüche sind in der Vergangenheit jedenfalls/nicht geltend gemacht worden.[5]

In den überreichten Unterlagen habe ich Hinweise auf einen Rechtsstreit vor dem . . . . . . gericht auf Zahlung von . . . . . . EUR gegen . . . . . . gefunden. Durch Akteneinsicht beim . . . . . .gericht werde ich den Stand des Verfahrens ermitteln und im Falle von versäumten Fristen Wiedereinsetzungsantrag stellen.

III. Vermögen

Herr/Frau . . . . . . ist praktisch vermögenslos und absolut überschuldet/äußerst begütert/ . . . . . . Näheres ergibt sich aus dem anliegenden Vermögensverzeichnis.

Eine Konsolidierung der Vermögenslage ist nur über ein Privatinsolvenzverfahren mit Restschuldbefreiung möglich. Nach vollständiger Bestandsaufnahme wird dieses Verfahren durchgeführt werden. Die Quote der Gläubiger wird bei „Null" liegen./Die Verwaltung des Immobilienbesitzes wird einer Hausverwaltung übertragen werden, die auch noch bestehende Leerstände beseitigen soll. Das übrige Vermögen ist bereits mündelsicher angelegt worden. Da Herr/Frau . . . . . . eine höhere Rendite wünscht, werde ich die Möglichkeit der Geldanlage in Fonds/. . . . . . überprüfen[6] und dem Gericht zur Genehmigung vorlegen.

IV. Anträge

Ich beantrage, ...

. . . . . .

Rechtsanwalt/Rechtsanwältin

Anmerkungen

1. Sachverhalt. Der Betreuer unterliegt gegenüber dem Gericht einer **jederzeitigen Auskunftspflicht** und einer **regelmäßigen Berichtspflicht.** Auskunft ist auf Verlangen zu erteilen, Bericht unaufgefordert mindestens einmal jährlich zu erstatten (§ 1908i iVm § 1839 bzw. § 1840 Abs. 1 BGB). In der Praxis verlangt das Gericht vom Betreuer, dass er einen Übernahmebericht nebst Aufstellung eines Vermögensverzeichnisses per Stichtag der Übernahme der Betreuung verfasst. Meistens wird ihm hierfür ein Zeitraum von etwa vier bis sechs Wochen eingeräumt. Der hier vorgeschlagene Bericht geht beispielhaft von einer Betreuung mit umfassenden Befugnissen und einem zu Hause wohnenden Betreuten aus. Der Umfang der Berichtspflicht richtet sich im Übrigen nach der Art der übertragenen Aufgaben und den individuellen Problemen der Betreuung.

2. Die Beifügung der **Handakte** bei der Berichterstattung und von **Belegen** beim Vermögensverzeichnis ist nicht vorgeschrieben, aber üblich und bei Bezugnahmen auf Blattzahlen auch praktisch. Zumindest sollten Kopien von Kontoauszügen, Grundbuchblättern usw beigefügt werden. Bei späteren Jahresberichten kann nach einiger Zeit dazu übergegangen werden, nur noch die Korrespondenz/Unterlagen des Berichtsjahres vorzulegen.

3. Aufbau. Die Gliederung des Berichts kann frei gewählt werden, orientiert sich aber praktischerweise an den Lebensbereichen persönliche Situation (Wohnung/Gesundheit/soziale Situation/besondere Vorkommnisse/Wünsche des Betreuten usw.) sowie Einkommen und Vermögen (Steuer/Erwerbsgeschäft usw.). Sind zu diesem frühen Zeitpunkt bereits Anträge erforderlich (zB auf Einwilligungsvorbehalt, → Form. S.III.1), können diese am Ende des Berichts gestellt und begründet werden.

4. Droht der Verlust der **Wohnung,** ist der Betreuer verpflichtet, das dem Gericht rechtzeitig mitzuteilen (§ 1907 Abs. 2 S. 1 BGB). Nur so kann das Gericht den Betreuer gegebenenfalls dazu anhalten, Maßnahmen zur Vermeidung von Obdachlosigkeit zu treffen, zB eine Räumungsfrist zu beantragen.

5. Es ist umstritten, ob der Betreuer **Unterhaltsansprüche** geltend machen darf, wenn ihm nur allgemein der Aufgabenkreis Vermögenssorge übertragen ist. Zum Teil verneint das die Rechtsprechung (OLG Zweibrücken Urt. v. 20.6.2000 – 5 UF 7/00, NJW-RR 2001, 151), die sogar die Stellung von Sozialhilfeanträgen nicht von diesem Aufgabenkreis sondern der Personensorge umfasst sieht (LG Köln Urt. v. 14.5.1997 – 13 S 17/97, FamRZ 1998, 919). Gegebenenfalls sollte der Betreuer auf eine Präzisierung seiner Aufgaben drängen. Auch die Anregung, die Aufgabenkreise des Betreuers zu erweitern, kann in Betracht kommen, wenn sich dieses Erfordernis aus den Erfahrungen der ersten Wochen seit Bestellung ergibt.

6. Die Anlage von Vermögenswerten hat im Prinzip **mündelsicher** zu erfolgen (§ 1908i iVm § 1807 Abs. 1 BGB). Mit Genehmigung des Gerichts kann hiervon abgewichen werden, wenn die Anlage hinreichend sicher ist und das Wohl des Betreuten nicht entgegensteht (§ 1908i iVm § 1811 BGB).

3. Vermögensverzeichnis

Geschäftsnummer . . . . . .

Verzeichnis über das Vermögen[1] per . . . . . .[2]

des/der Betreuten . . . . . .

A. Aktiva

1. Forderungen gegenüber Kreditinstituten[3]

Kontonummer	Geldinstitut	Guthabenbetrag

2. Bargeld

. . . . . .

3. Wertpapiere

Depotkonto	Geldinstitut	Wertpapier	Anzahl	Kurswert

4. Spar- und Bausparverträge

. . . . . .

5. Lebensversicherung, Sterbegeldversicherung usw.

. . . . . .

6. Mietsicherheit, Mietvorauszahlungen

. . . . . .

7. Forderungen gegen Dritte

Schuldner	Höhe	fällig am	Schuldgrund

8. Schmuck, Gold- und Wertsachen

Gegenstand	Wert etwa	Verwahrort

9. Kunstgegenstände, Sammlungen

. . . . . .

10. Wohnungseinrichtung und Gebrauchsgegenstände (Gesamtwert)

. . . . . .

11. Kleidungsstücke von besonderem Wert (Pelze und dgl.)

. . . . . .

12. Fahrzeuge

. . . . . .

13. Grundvermögen

Gemarkung, Grundbuchblatt	Flur	FlSt.	Größe	Nutzungsart	Wert ca. in EUR

14. Erwerbsgeschäft

......

15. Beteiligung an Erbengemeinschaft, Gesellschaft usw

......

16. Sonstige Vermögenswerte

B. Passiva (Verbindlichkeiten)[4]

1. Bei Kreditinstituten

......

2. Gegenüber Privatpersonen

......

3. Gegenüber Finanzamt oder Sozialamt

......

4. Grundstücksbelastungen

a) dingliche

b) schuldrechtliche

5. Verbindlichkeiten im Zusammenhang mit einem Erwerbsgeschäft usw.

......

6. Sonstige Verbindlichkeiten

Gläubiger	Schuldgrund	Betrag

C. Einkommen

1. Arbeitseinkommen

......

2. Rente, Versorgungsbezüge usw.

Leistung	Leistungsträger	monatlicher Betrag in EUR

3. Wohngeld

......

4. Sozialhilfe, Grundsicherung

......

5. Sonstige Einkünfte (Pacht, Miete, Unterhalt usw.)

Leistung	Betrag in EUR	fällig

6. Beihilfeansprüche

......

D. laufende Ausgaben

Empfänger	Betrag	Fälligkeit
Miete/Heimkosten		
Krankenkasse		
Kontoführungskosten		
Depotgebühren		
Hausratsversicherung		
Rundfunkgebühren		
......		

Ich versichere die Richtigkeit und Vollständigkeit der vorstehenden Angaben.[5]

......, den ......

...... Rechtsanwalt/Rechtsanwältin

Anmerkungen

1. Sachverhalt. Obliegt dem Betreuer die Vermögenssorge, ist er gesetzlich zur Aufstellung eines Vermögensverzeichnisses verpflichtet, muss dessen Richtigkeit und Vollständigkeit versichern und dem Gericht einreichen (§ 1908i iVm § 1802 Abs. 1 S. 1 BGB). Das geschieht am besten als Anlage zum Übernahmebericht (→ Form. S.II.2). Ist Betreuer ein naher Angehöriger (Vater, Mutter, Ehegatte oder Abkömmling), besteht die Pflicht zur Aufstellung des Verzeichnisses nicht (§§ 1908i Abs. 2 S. 2, 1857a, 1854 BGB), kann vom Gericht aber angeordnet werden. Der Aufbau des Formulars orientiert sich an den von den Betreuungsgerichten ausgegebenen Formularen, gliedert aber zur besseren Übersicht stärker in die vier Bereiche Aktiva/Passiva und laufende Einnahmen/Ausgaben.

2. Der **Stichtag,** zu dem das Verzeichnis erstellt werden muss, ist der Tag der Anordnung der Betreuung (§ 1908i iVm § 1802 Abs. 1 S. 1 BGB). Das ist der Tag, an dem der Beschluss über die Bestellung dem Betreuer zugestellt wurde (§ 40 Abs. 1 FamFG). Der Tag der Verpflichtung beim Amtsgericht ist nicht maßgeblich.

3. Soweit zum Verständnis und zur Individualisierung notwendig, sind die einzelnen Vermögensgegenstände näher zu bezeichnen. Weiterhin ist ihr **Wert** zu verzeichnen. Dieser ist gegebenenfalls zu schätzen. Lebens- und Sterbegeldversicherungen sind mit dem Rückkaufwert anzugeben. Bei geringwertigen Gegenständen oder Sachgesamtheiten (zB ältere Wohnungseinrichtung) reicht eine zusammenfassende Angabe. Das Vermögensverzeichnis ist während der Betreuung fortzuschreiben. Veränderungen sind umgehend aufzunehmen.

4. Der Saldo von Aktiva und Passiva ergibt das Reinvermögen, das zur Bestimmung der **gerichtlichen Kosten** der Betreuung maßgeblich ist. Es gilt ein Sockelbetrag in Höhe von 200 EUR Gerichtskosten jährlich bei einem Vermögen von bis zu 25.000,– EUR zuzüglich des geschützten Vermögens nach § 90 Abs. 2 Nr. 8 SGB XII (angemessenes Hausgrundstück). Betreute mit höherem Vermögen haben 10 EUR Gerichtskosten für jedes angefangene Kalenderjahr für jede weiteren 5.000,– EUR Vermögen zu entrichten (GNotKG KV Nr. 11101). Bei nichtvermögensrechtlichen Betreuungen werden pauschal 300 EUR jährlich fällig, höchstens aber ein Betrag, der bei einer vermögensrechtlichen Betreuung anfallen würde (GNotKG KV Nr. 11102). Für das bei der ersten Bestellung eines Betreuers laufende und das folgende Kalenderjahr wird nur eine Jahresgebühr erhoben.

5. Die erforderliche **Versicherung** der Vollständigkeit und Richtigkeit des Verzeichnisses sollte bei unklaren Verhältnissen nur vorläufig erfolgen.

III. Führung der Betreuung

1. Anregung eines Einwilligungsvorbehaltes

An das

Amtsgericht

. . . . . .

In Sachen

Betreuung Herr/Frau . . . . . .

Geschäftsnummer . . . . . .

rege ich hiermit an anzuordnen, dass der/die Betreute zu Willenserklärungen im Bereich . . . . . .[2] meiner Einwilligung bedarf.[1]

Seit Übernahme der Betreuung musste ich feststellen, dass der/die Betreute Geld, das ich zur allgemeinen Lebensführung überlassen habe, für andere Zwecke verbraucht oder verschenkt. Er/Sie hat zudem eine Reihe von Kaufverträgen über hochwertige Gebrauchsgüter und Luxuswaren geschlossen, die er/sie schon besitzt bzw. für die keine ausreichenden Geldmittel vorhanden sind. Gegenüber entsprechenden Einwänden verschließt sich Herr/Frau . . . . . . Ich habe zudem Unterlagen von Herrn/Frau . . . . . . gefunden, denen zufolge noch kurze Zeit vor Einrichtung der Betreuung ein erheblich höheres Vermögen vorhanden gewesen sein muss, und über dessen Verbleib der/die Betreute mir keine Auskunft geben kann. Unter anderem hat seinerzeit Herr/Frau . . . . . . nach Angaben von . . . . . . in Begleitung entfernt bekannter Dritter erhebliche Barbeträge von seinem/ihrem Bankkonto abgehoben und diesen Personen ohne ersichtlichen Anlass überlassen. Es muss demzufolge vermutet werden, dass der/die Betreute weitere Vermögenswerte verschleudert bzw. sich unbedacht verschuldet.[3]

Ich halte daher die Anordnung eines Einwilligungsvorbehaltes für den Bereich Vermögenssorge zur Abwendung von Gefahren für Herrn/Frau . . . . . . für erforderlich.

Sollte das Gericht die Bestellung eines Verfahrenspflegers für erforderlich halten, rege ich an, ... zu bestellen.[4]

. . . . . .

Rechtsanwalt/Rechtsanwältin

Anmerkungen

1. Sachverhalt. Besteht die erhebliche Gefahr, dass sich der Betreute durch rechtsgeschäftliche Erklärungen selbst schadet, kann das durch die Anordnung unterbunden werden, dass alle oder bestimmte Erklärungen erst mit Genehmigung des Betreuers wirksam werden. Diese partielle Entmündigung ist ausschließlich bei einer Eigengefährdung und nur durch gesonderten Beschluss nach entsprechendem Verfahren zulässig. Ein Einwilligungsvorbehalt darf nur dann angeordnet werden, wenn hinreichend konkrete

Anhaltspunkte für eine Gefahr bestehen (BGH Beschl. v. 27.7.2011 – XII ZB 118/11, NJW-RR 2011, 1507).

2. **Umfang.** Der Einwilligungsvorbehalt darf nur für Bereiche erklärt werden, die dem Betreuer als Aufgabe übertragen sind, da ansonsten ein vertretungsfreier Raum entstehen würde. Das Hauptanwendungsgebiet des Vorbehaltes ist die Vermögenssorge. Allerdings ist er auch im Bereich der Personensorge denkbar (leichtfertiges Vaterschaftsanerkenntnis; Abschluss von Mietverträgen trotz Heimaufenthalt usw.). Für tatsächliche Handlungen oder Einwilligungen in Rechtsgutverletzungen (Freiheitsentziehung durch Unterbringung, ärztliche Heileingriffe usw.) ist ein Einwilligungsvorbehalt nicht möglich (Jürgens/*Jürgens* § 1903 BGB Rn. 7).

3. Die vorgeschlagene Formulierung gibt beispielhaft eine mögliche Begründung für den in der Praxis häufigsten Fall des Einwilligungsvorbehaltes im Bereich **Vermögenssorge** wieder. Es muss eine erhebliche Gefahr nicht unbedeutender Vermögensverluste dargelegt werden, die anhand von bisher feststellbaren Tatsachen konkretisierbar ist. Da sich die Betreuung nach dem subjektiv verstandenen Wohl des Betreuten auszurichten hat (§ 1901 Abs. 2 S. 2 BGB), reichen für die Anordnung eines Vorbehaltes objektiv unvernünftige Handlungen nicht ohne weiteres aus. Gefährdet der Betreute durch seine Wünsche und rechtsgeschäftlichen Handlungen aber zB seinen Lebensunterhalt, liegt eine erhebliche Gefahr iSv § 1903 Abs. 1 S. 1 BGB vor.

4. → Form. S.II.1 Anm. 4

2. Antrag auf Genehmigung, die Mietwohnung zu kündigen

An das

Amtsgericht

. . . . . .

In Sachen

Betreuung Herr/Frau . . . . . .

Geschäftsnummer . . . . . .

beantrage ich hiermit, die Kündigung/Aufhebung des Mietvertrages über die im Haus . . . . . .straße, ..., gelegene Mietwohnung meines/meiner Betreuten mit dem Vermieter . . . . . . zu genehmigen.[1] Die Kündigung/Aufhebung soll am . . . . . . erklärt werden, so dass das Mietverhältnis am . . . . . . endet.

Alternative 1: Umzug in ein Heim

Der/Die Betreute ist alters- und krankheitsbedingt nicht mehr in der Lage, sich in der eigenen Wohnung selbst zu versorgen. Er/Sie bedarf der ständigen Pflege und Aufsicht, die durch einen ambulanten Pflegedienst in dieser Intensität nicht erbracht werden kann. Herr/Frau . . . . . . hat in der jüngeren Vergangenheit mehrfach die Wohnung verlassen und wurde auf der Straße umherirrend angetroffen. In der Wohnung hat er/sie mehrfach vergessen, den Gasherd und das Wasser abzustellen, wobei nur durch Zufall Schäden verhindert werden konnten. Herr/Frau . . . . . . durchlebt vor allem nachts Angstzustände, da er/sie sich in dieser Situation fürchtet. Der/Die Betreute ist aus diesen Gründen einverstanden, dauerhaft in ein Heim umzuziehen. Ich habe bereits einen

Heimplatz in . . . . . . besorgt, der zum . . . . . . frei wird. Die Mietwohnung kann daher zu diesem Termin bzw. möglichst bald danach aufgegeben werden.

Alternative 2: Umzug in eine andere Wohnung

Der/Die Betreute lebt allein/mit . . . . . . in der Wohnung . . . . . .straße in . . . . . . Die Miete wird vom Sozialamt getragen. Da die Wohnung mit einer Größe von . . . . . . qm den sozialhilferechtlich anzuerkennenden Bedarf überschreitet, hat das Sozialamt mit Bescheid vom . . . . . . den/die Betreute aufgefordert, in eine angemessen kleinere Wohnung umzuziehen. Eine solche neue Wohnung, in die der/die Betreute umziehen möchte, habe ich inzwischen gefunden. Der Mietvertrag kann zum . . . . . . geschlossen werden, so dass die jetzige Wohnung zu diesem Termin bzw. möglichst bald danach aufgegeben werden kann.

Sollte das Gericht die Bestellung eines Verfahrenspflegers für erforderlich halten, rege ich an, ... zu bestellen.[2]

. . . . . .

Rechtsanwalt/Rechtsanwältin

Anmerkungen

1. **Sachverhalt.** Die Kündigung einer Mietwohnung des Betroffenen ist **nur mit Zustimmung des Betreuungsgerichts möglich,** Gleiches gilt für alle anderen Erklärungen, die rechtlich oder tatsächlich auf die Aufhebung eines Mietverhältnisses gerichtet sind (§ 1907 Abs. 1 und Abs. 2 S. 2 BGB) und für die Beendigung von Heimverträgen. Das Formular berücksichtigt zwei typische Fälle, in denen der Antrag erforderlich ist.

2. → Form. S.II.1 Anm. 4

3. Antrag auf Genehmigung der Einwilligung in eine schwerwiegende ärztlichen Maßnahme

An das

Amtsgericht

. . . . . .

In Sachen

Betreuung Herr/Frau . . . . . .

Geschäftsnummer . . . . . .

ist der/die Betreute an . . . . . . erkrankt. Nach ärztlicher Auffassung ist deshalb folgende/r Untersuchung/Heilbehandlung/Eingriff erforderlich: . . . . . .[1, 2]

Es handelt sich um eine schwerwiegende Maßnahme, aufgrund derer der/die Betreute sterben oder einen schweren und länger dauernden gesundheitlichen Schaden erleiden könnte. Denn aufgrund der Konstitution der/des Betreuten stellt sich der Eingriff als besonders riskant dar/Es treten bei . . . . . .% entsprechender Eingriffe folgende Nebenwirkungen/Komplikationen/. . . . . . auf: . . . . . . Die genannten Risikofaktoren könnten bei dem/der Betreuten zur Folge haben, dass . . . . . .[3]

Herr/Frau . . . . . . ist selbst nicht in der Lage seine/ihre Einwilligung in die ärztliche Maßnahme zu erteilen, da er/sie nicht mehr die natürliche Einsichtsfähigkeit in Bezug auf die durchzuführende Maßnahme besitzt. Denn der/die Betreute ist dauernd bewusstlos/verwirrt und orientierungslos/kann aufgrund der Erkrankung den Sinn der Behandlung nicht erkennen/. . . . . .[4]

Ich füge das Attest/Gutachten des behandelnden Arztes . . . . . . vom . . . . . . bei, das die vorgenannten Umstände bestätigt.[5]

Ich beantrage daher hiermit, meine Einwilligung in die genannte ärztliche Maßnahme zu genehmigen.

Sollte das Gericht die Bestellung eines Verfahrenspflegers für erforderlich halten, rege ich an, ... zu bestellen.[6]

. . . . . .

Rechtsanwalt/Rechtsanwältin

Anmerkungen

1. Sachverhalt. Sowohl der Betreuer mit dem Aufgabenkreis Gesundheitssorge als auch der durch eine Vorsorgeverfügung Bevollmächtigte dürfen in gefährliche ärztliche Maßnahmen für den Betroffenen nur einwilligen, wenn und soweit das Betreuungsgericht die Einwilligung genehmigt (§ 1904 Abs. 1 und Abs. 5 BGB). Nur bei Gefahr im Verzug ist es zulässig, die Genehmigung nachträglich einzuholen (§ 1904 Abs. 1 S. 2 BGB). Fehlt ein Bevollmächtigter oder Betreuer oder ist ein solcher verhindert, muss ein vorläufiger (ggf. weiterer) Betreuer bestellt werden oder das Gericht erteilt selbst die Einwilligung (§ 1908i Abs. 1 S. 1 iVm § 1846 BGB). Nimmt der Arzt ohne wirksame Einwilligung die Maßnahme vor, setzt er sich Schadensersatzansprüchen (§ 823 BGB) und der Strafverfolgung aus (§§ 223 ff. StGB).

2. Die Genehmigungspflicht bezieht sich nicht nur auf medizinische **Heilmaßnahmen.** Andere ärztliche Eingriffe, wie etwa kosmetische Operationen, sind von der Vorschrift ebenso erfasst.

3. Die Einwilligung ist nur genehmigungsbedürftig, wenn für den Fall der Vornahme des Eingriffs die begründete Gefahr des Todes oder eines schweren und länger dauernden gesundheitlichen Schadens besteht. Eine **begründete Gefahr** liegt bei einer konkreten und nahe liegenden Möglichkeit des Schadenseintritts vor. Eine überwiegende Wahrscheinlichkeit ist nicht erforderlich. Ob auch allgemeine Risiken und übliche Nebenwirkungen zur Genehmigungspflicht führen, ist umstritten (dagegen etwa *Dose* FamRZ 1993, 1032). Einigkeit besteht darin, dass auf individuelle Maßstäbe abzustellen ist. Ein „länger dauernder" Schaden wird in der Regel bei einem Zeitraum von einem Jahr angenommen. Bei einigen Maßnahmen (PEG-Sonde, Langzeitbehandlung mit Psychopharmaka) wird die Frage der Genehmigungsbedürftigkeit je nach Betreuungsgericht unterschiedlich gehandhabt. In diesen Fällen empfiehlt es sich, zur Vermeidung von Haftungsrisiken einen Genehmigungsantrag vorsorglich zu stellen.

4. Weitere Voraussetzung für das Handeln des Betreuers ist, dass der Betreute aus physischen oder psychischen Gründen die Einwilligung selbst nicht wirksam erteilen kann, insbesondere wenn er die notwendige **Einwilligungsfähigkeit** nicht mehr hat.

Einwilligungsfähig ist, wer die sog. natürliche Einsichts- und Steuerungsfähigkeit besitzt, wer also Art, Bedeutung und Tragweite der Maßnahme erfassen und seinen Willen hiernach bestimmen kann.

5. Da das Gericht die Erforderlichkeit der Maßnahme und die Einwilligungsfähigkeit des Betreuten überprüfen muss, sollte der Betreuer die medizinischen Voraussetzungen und Tatbestände vorab klären und nachweisen. Die Stellungnahme des Arztes darf sich dabei nicht auf eine formelhafte Bestätigung der gesetzlichen Voraussetzungen beschränken, sondern muss den medizinischen Sachverhalt umfassend darlegen.

6. → Form. S.II.1 Anm. 4

4. Antrag auf Genehmigung der Nichteinwilligung/des Widerrufs der Einwilligung in eine medizinisch indizierte ärztliche Maßnahme (sog. Sterbehilfe/Behandlungsabbruch)

An das

Amtsgericht

. . . . . .

In Sachen

Betreuung Herr/Frau . . . . . .

Geschäftsnummer . . . . . .

ist der/die Betreute schwer an . . . . . . erkrankt.

Herr/Frau . . . . . . ist nicht in der Lage, seine/ihre Einwilligung in die Fortführung/den Widerruf der Einwilligung ärztlicher Maßnahmen zu erteilen, da er/sie nicht mehr die natürliche Einsichtsfähigkeit in Bezug hierauf hat.[1] Denn der/die Betreute ist dauernd bewusstlos/verwirrt und orientierungslos/. . . . . .[2]

Herr/Frau . . . . . . hat für den Fall des eingetretenen Zustandes nicht durch eine schriftliche Verfügung geäußert, ob lebenserhaltende und -verlängernde Maßnahmen durchgeführt oder abgebrochen werden sollen.[3] Jedenfalls ist mir eine solche Willensäußerung nicht bekannt. Nachforschungen bei Verwandten und Bekannten, in den Unterlagen des/der Betreuten, bei den verfügbaren Hinterlegungsstellen für Vorsorgeverfügungen haben keine solche Erklärung ergeben. Entsprechende Nachweise sind beigefügt. Der Wille des/der Betreuten ergibt jedoch, dass auf Grund des eingetretenen Zustandes lebenserhaltende und -verlängernde Maßnahmen nicht mehr durchgeführt werden sollen. Das ergibt sich aus folgenden Äußerungen, Lebensentscheidungen, Wertvorstellungen und Überzeugungen des/der Betreuten: . . . . . .[4]

Im Rahmen der derzeitigen Behandlung wird folgende Maßnahme durchgeführt/fortgeführt, die nach Auskunft der behandelnden Ärzte medizinisch indiziert ist: . . . . . .

Ich füge das Attest/Gutachten des behandelnden Arztes . . . . . . vom . . . . . . bei, das die vorgenannten medizinischen Umstände bestätigt.

Die Einleitung/Fortführung der genannten indizierten Maßnahme wurde vom Unterzeichner mit dem behandelnden Arzt im Hinblick auf den Willen des Patienten erörtert. Im Gegensatz zum Unterzeichner ist der behandelnde Arzt der Meinung, dass die Durch-

führung/Fortführung der Maßnahme dem durch Patientenverfügung geäußerten/mutmaßlichen Willen des Betroffenen entspricht. Aus den vorgenannten Gründen trifft das aber nicht zu.

Ich beantrage hiermit, meine Einwilligung in den Behandlungsabbruch und die Unterlassung folgender konkreter Maßnahmen zu genehmigen:

……

Sollte das Gericht die Bestellung eines Verfahrenspflegers für erforderlich halten, rege ich an, …… zu bestellen.[5]

……

Rechtsanwalt/Rechtsanwältin

Anmerkungen

1. Sachverhalt. Passive Sterbehilfe ist seit Inkrafttreten des sog. Patientenverfügungsgesetzes (§§ 1901a, 1901b, 1904 nF BGB) am 1.9.2009 nicht nur im Fall einer irreversiblen und tödlich verlaufenden Krankheit, sondern unabhängig davon zulässig, wenn der Behandlungsabbruch dem schriftlich geäußerten, tatsächlichen oder mutmaßlichen Willen des Betroffenen entspricht. Ist der Betroffene einwilligungsunfähig, benötigt der Betreuer (bzw. der Bevollmächtigte) nur wenn keine wirksame aktuell zutreffende Patientenverfügung vorliegt und der Arzt und der Betreuer kein Einvernehmen über den Willen des Patienten erzielen können für die Nichteinwilligung oder den Widerruf der Einwilligung in eine ärztliche Maßnahme die Genehmigung durch das Betreuungsgericht gem. § 1904 Abs. 2 BGB (BGH, Beschl. v. 17.9.2014 – XII ZB 203/13, NJW 2014, 3572). Die Fälle der sog. indirekten Sterbehilfe, bei denen der Tod als bewusst in Kauf genommene Nebenfolge einer auf Schmerzlinderung ausgerichteten medikamentösen Behandlung eintritt (zulässig gemäß BGH, Urt. v. 15.11.1996 – 3 StR 79/96, BGHSt 42, 301 = BGH NJW 1997, 807), sind ebenfalls genehmigungsbedürftig, da bei ihnen eine gefährliche ärztliche Behandlung vorliegt (→ Form. S.III.3).

2. → Form. S.III.3 Anm. 4.

3. Wenn der Betroffene in einwilligungsfähigem Zustand seinen Willen durch eine wirksame (schriftliche) und auf die aktuelle Lebens- und Behandlungssituation zutreffende **Patientenverfügung** (→ Form. S.V.2) geäußert hat, ist diese Willensäußerung auch in späterem, einwilligungsunfähigem Zustand für die Entscheidung maßgeblich, ob ärztliche Maßnahmen durchgeführt oder unterlassen werden. In diesem Fall benötigt der Betreuer/Bevollmächtigte schon deshalb keine Genehmigung des Betreuungsgerichtes, da die Einwilligung des Betroffenen fortwirkt und der Betreuer/Bevollmächtigte keine eigene Einwilligung erteilt (BGH NJW 2014, 3572 Rn. 13 f.). Findet sich in den Unterlagen des Betroffenen keine Patientenverfügung, kann diese dennoch errichtet und hinterlegt worden sein. Die weitaus wichtigste Hinterlegungsstelle ist das Zentrale Vorsorgeregister der Bundesnotarkammer (www.vorsorgeregister.de). Es registriert nicht nur notariell sondern auch privatschriftlich errichtete Verfügungen. Ende 2016 waren dort über 3,3 Millionen Vorsorgeverfügungen registriert, jährlich kommen etwa 400.000 weitere hinzu.

4. Wenn ein durch eine wirksame Patientenverfügung erklärter Wille des Patienten nicht festgestellt werden kann, beurteilt sich die Zulässigkeit der Maßnahme nach dem auf andere Weise feststellbaren tatsächlichen oder den **mutmaßlichen Willen** des Patienten, der dann individuell – also aus dessen sonstigen (nicht schriftlichen oder nicht aktuell anwendbaren) Äußerungen, Lebensentscheidungen, Wertvorstellungen und Überzeugungen – zu ermitteln ist (§ 1901a Abs. 2 BGB).

5. → Form. S.II.1 Anm. 4

5. Antrag auf Genehmigung der Unterbringung/einer unterbringungsähnlichen Maßnahme

An das

Amtsgericht

. . . . . .

In Sachen

Betreuung Herr/Frau . . . . . .

Geschäftsnummer . . . . . .

ist eine Unterbringung/unterbringungsähnliche Maßnahme erforderlich.[1] Der/Die Betroffene kann auf Grund psychischer Erkrankung/geistiger/seelischer Behinderung seinen/ihren Willen nicht frei bilden bzw. nicht danach handeln. Die Erkrankung/Behinderung besteht darin, dass . . . . . . Die Einsichts- bzw. Steuerungsfähigkeit fehlt Herrn/Frau . . . . . ., denn . . . . . .[2]

Alternative 1: Selbstgefährdung[3]

Die beschriebene Erkrankung führt weiterhin dazu, dass der/die Betreute . . . . . . Hierdurch entsteht die ernstliche und konkrete Gefahr, dass sich der/die Betreute gesundheitlich erheblich schädigt/tötet.[4]

Alternative 2: Ärztliche Maßnahme erforderlich

Nach ärztlicher Auffassung ist auf Grund des Gesundheitszustandes des/der Betreuten folgende/r Untersuchung/Heilbehandlung/Eingriff erforderlich: . . . . . . Herr/Frau ist nicht in der Lage, deren Notwendigkeit einzusehen/die als notwendig erkannte Maßnahme umzusetzen. Die beabsichtigte Maßnahme kann ohne Unterbringung/unterbringungsähnliche Maßnahme nicht durchgeführt werden, denn . . . . . . Auch hierin besteht bei dem/der Betreuten nicht die notwendige Einsichts- bzw. Steuerungsfähigkeit.[5]

beide Alternativen:

Ich füge das Attest/Gutachten des behandelnden Arztes . . . . . . vom . . . . . . bei, das die vorgenannten medizinischen Umstände bestätigt.[6]

Aus vorstehenden Gründen beantrage ich, mir zu genehmigen,

Alternative 1: Unterbringung

Herrn/Frau . . . . . . in der geschlossenen/halboffenen/offenen Station eines psychiatrischen Krankenhauses/eines Pflegeheimes unterzubringen.[7]

Alternative 2: unterbringungsähnliche Maßnahme

Herrn/Frau ...... ohne eine Unterbringung durchzuführen, innerhalb der Einrichtung ...... zeitweise dadurch die Freiheit zu entziehen, dass ......[8]

Beide Alternativen:

Die beantragte Maßnahme ist zur Vermeidung der dem/der Betreuten drohenden Nachteile erforderlich und verhältnismäßig. Zwar handelt es sich bei der durchzuführenden Freiheitsentziehung um eine schwerwiegende Beeinträchtigung. Bei einem Verzicht auf die Maßnahme würde jedoch konkret drohen, dass ...... Aus diesem Grund entspricht die beantragte Maßnahme dem Wohl des/der Betreuten.[9]

Sollte das Gericht einen Verfahrenspfleger für erforderlich halten, rege ich an, ... zu bestellen.[10]

......

Rechtsanwalt/Rechtsanwältin[11]

Anmerkungen

1. Sachverhalt. Gegenstand des Formulars ist die Genehmigung **freiheitsentziehender Maßnahmen** in geschlossenen oder offenen Einrichtungen. Sowohl Maßnahmen, die alle Insassen gleichermaßen treffen (Unterbringung, § 1906 Abs. 1 BGB) als auch Mittel, die nur bestimmte Personen am Verlassen der Einrichtung hindern (unterbringungsähnliche Maßnahmen, § 1906 Abs. 4 BGB), stehen auch dann gemäß Art. 104 Abs. 2 GG unter Richtervorbehalt, wenn es sich um eine fürsorgerische Maßnahme handelt (BVerfG Beschl. v. 10.2.1960 – 1 BvR 526/53, 1 BvR 29/57, BVerfGE 10, 302 = NJW 1960, 811). → Form. S.I.2 Anm. 4.

2. Grundvoraussetzung einer zwangsweisen Verwahrung ist, dass der Betroffene in Bezug auf die Freiheitsentziehung **einwilligungsunfähig** ist. Dabei deuten die Verweigerung einer medizinisch objektiv notwendigen Behandlung oder der Versuch einer Selbsttötung nicht zwingend auf mangelnde Einsichtsfähigkeit hin, können hierauf jedoch beruhen. Welche Krankheit vorliegt und weshalb Einwilligungsunfähigkeit besteht, muss von dem behandelnden Arzt erfragt bzw. dem beizufügenden Attest oder Gutachten entnommen werden.

3. Die zivilrechtliche Unterbringung ist nur in zwei Fällen zulässig: Bei erheblicher Selbstgefährdung oder notwendiger ärztlicher Maßnahme. Eine **Drittgefährdung** kann nur durch öffentlichrechtliche Unterbringung abgewandt werden.

4. Die **Selbstgefährdung** muss gerade auf der psychischen Erkrankung beruhen. Sie muss erheblich sein und für den Eintritt des Schadens muss eine ernstliche und konkrete, allerdings keine akute, unmittelbar bevorstehende Gefahr bestehen (BGH Beschl. v. 5.12.2012, XII ZB 665/11, NJW-RR 2013, 321). Das kann bei akut drohenden Selbsttötungsversuchen, der Verweigerung von lebenswichtigen Medikamenten (OLG Hamm, Beschl. v. 7.11.1975 – 15 W 368/75, NJW 1976, 378) oder von Nahrungsaufnahme der Fall sein. Die Unterbringung muss erforderlich, d. h. die Gefahr nicht anders abwendbar sein (BGH aaO) In dem Antrag ist näher darzustellen, welche Verhaltensweisen des Betroffenen Anlass dafür geben, von einer Selbstgefährdung auszugehen und welche Schäden drohen.

5. Die ärztliche Maßnahme muss nicht auf Grund der zur Betreuerbestellung führenden psychischen Erkrankung (der sog. Anlasskrankheit) erforderlich sein. Erfasst sind vielmehr vor allem Fälle **anderer schwerwiegender Krankheiten** (Diabetes, Krebs usw.), in deren Behandlung der Betreute aus Gründen der Anlasskrankheit keine Einsicht zeigt. Im Antrag ist der zugrunde liegende Sachverhalt näher darzustellen.

6. → Form. S.III.3 Anm. 5.

7. Eine Unterbringung liegt vor, wenn der Betreute, angelegt auf eine gewisse Dauer, in einem räumlich begrenzten Bereich eines geschlossenen Krankenhauses, einer anderen geschlossenen Einrichtung oder dem abgeschlossenen Teil einer Einrichtung festgehalten wird, sein Aufenthalt ständig überwacht und die Aufnahme des Kontaktes mit Personen außerhalb des Raumes durch Sicherheitsmaßnahmen verhindert wird (BGH, Beschl. v. 11.10.2000 – XII ZB 69/00, BGHZ 145, 297 = NJW 2001, 888). In der Literatur und untergerichtlichen Rechtsprechung wird darüber hinaus nicht nur bei Verwahrung auf einer geschlossenen Station von einer Unterbringung ausgegangen, sondern auch dann, wenn auf einer **offenen oder halboffenen Station** durch technische oder sonstige Mittel (Aufsichtspersonal, akustische Warnanlagen, elektronische Fußfessel usw.) allgemein gewährleistet ist, dass die Patienten die Einrichtung nicht verlassen (*Jürgens* § 1906 Rn. 4 mwN; *Dodegge* S. 488). Sicherheitshalber sollte der Betreuer daher auch in solchen Fällen eine betreuungsgerichtliche Genehmigung beantragen. In genau welcher Einrichtung die Unterbringung erfolgen soll, muss in dem Antrag nicht angegeben werden. Es reicht, die Art der Einrichtung zu benennen. Die konkrete Auswahl obliegt dem Betreuer.

8. Unterbringungsähnliche, d. h. individuell freiheitsentziehende Maßnahmen (Leibgurt, Bettgitter, Feststellen des Rollstuhls, ruhigstellende Mittel, Drohungen usw.), sind gemäß § 1906 Abs. 4 BGB genehmigungsbedürftig, wenn sie außerhalb des familiären Rahmens in einer Anstalt oder ähnlichen Einrichtung durchgeführt werden. Entsprechend dem Schutzzweck der Vorschrift ist der Begriff der sonstigen Einrichtung weit auszulegen. Ob hierzu auch das Einsperren in der eigenen Wohnung gehört, ist umstritten (vgl. *Jürgens/Kröger/Marschner/Winterstein* Rn. 516; Staudinger/*Bienwald* § 1906 BGB Rn. 45 mwN). Voraussetzung für die Genehmigungspflicht ist, dass die Maßnahme über einen längeren Zeitraum (ab einem Tag Dauer, jedenfalls bei mehreren Tagen) oder regelmäßig erfolgt. Sie bedarf nach h. M. entgegen dem Wortlaut auch dann einer Genehmigung, wenn der Betroffene bereits – genehmigt – untergebracht ist und nur eine zusätzliche Maßnahme durchgeführt wird (*Jürgens/Kröger/Marschner/Winterstein* Rn. 516 mwN). Im Antrag ist die **konkrete Maßnahme** zu bezeichnen, die genehmigt werden soll.

9. Die Unterbringung bedarf wegen der Schwere des Eingriffs in die Rechte des Betreuten einer besonderen **Verhältnismäßigkeitsprüfung.** Es ist darzustellen, weshalb weniger einschneidende Maßnahmen nicht ausreichen. Darüber hinaus ist vor allem bei Unterbringung zur Durchführung eines ärztlichen Eingriffs – sofern überhaupt zulässig – die grundrechtlich geschützte „Freiheit zur Krankheit" zu beachten, die dazu führt, dass eine Unterbringung nur zulässig ist, wenn sie der Abwendung einer gewichtigen gesundheitlichen Schädigung dient (BVerfG Beschl. v. 23.3.1988 – 2 BvR 2270/96, NJW 1998, 1774).

10. Die Bestellung eines **Verfahrenspflegers** liegt im Ermessen des Gerichts (§ 317 FamFG). Sie soll unterbleiben, wenn der Betroffene durch einen Rechtsanwalt oder einen anderen geeigneten Verfahrensbevollmächtigten vertreten wird, ansonsten dürfte die Bestellung außer bei atypischen Einzelfällen zwingend sein (LG Kleve Beschl. vom 23.8.2012 – 4 T 201/12, FamRZ 2013, 240).

11. Bis auf Auslagen für den Verfahrenspfleger ist das Verfahren **gerichtskostenfrei** (§ 26 Abs. 3 GNotKG).

6. Antrag auf Genehmigung einer ärztlichen Zwangsmaßnahme

An das

Amtsgericht

. . . . . .

In Sachen

Betreuung Herr/Frau . . . . . .

Geschäftsnummer . . . . . .

ist eine ärztliche Zwangsmaßnahme in Form von . . . . . . erforderlich.[1] Der/Die Betroffene kann auf Grund psychischer Erkrankung/geistiger/seelischer Behinderung seinen/ihren Willen nicht frei bilden bzw. nicht danach handeln. Die Einsichts- bzw. Steuerungsfähigkeit fehlt Herrn/Frau . . . . . ., denn . . . . . .[2]

Nach ärztlicher Auffassung ist auf Grund des Gesundheitszustandes des/der Betreuten folgende/r Untersuchung/Heilbehandlung/Eingriff erforderlich: . . . . . . Herr/Frau ist nicht bereit, diese Maßnahme durchführen zu lassen, obwohl zuvor versucht wurde, ihn von der Notwendigkeit der ärztlichen Maßnahme zu überzeugen. Das geschah, indem . . . . . .[3]

Die ärztliche Zwangsmaßnahme ist im Rahmen der Unterbringung zum Wohl des Betreuten erforderlich, um einen drohenden erheblichen gesundheitlichen Schaden abzuwenden, denn . . . . . .[4]

Eine andere dem Betreuten zumutbare Maßnahme ist zur Abwendung des vorstehend beschriebenen drohenden Schadens nicht möglich, denn . . . . . .[4]

Der zu erwartende Nutzen der ärztlichen Zwangsmaßnahme überwiegt die zu erwartenden Beeinträchtigungen deutlich, denn . . . . . .[4]

Ich füge das Attest/Gutachten des Arztes . . . . . . vom . . . . . . bei, das die vorgenannten medizinischen Umstände bestätigt.[5]

Aus vorstehenden Gründen beantrage ich, mir zu genehmigen, in die beschriebene ärztliche Zwangsmaßnahme einzuwilligen.

Ich rege an, Herrn/Frau . . . . . . zum Verfahrenspfleger zu bestellen.[6]

. . . . . .

Rechtsanwalt/Rechtsanwältin[7]

Anmerkungen

1. **Sachverhalt.** Gegenstand des Formulars ist die Genehmigung einer **ärztlichen Zwangsmaßnahme.** Nachdem der Bundesgerichtshof seine Rechtsprechung zu derartigen Maßnahmen 2012 geändert hatte und befand, dass für Einwilligungen in solche Maßnahmen durch Betreuer/Bevollmächtigte keine ausreichende gesetzliche Grundlage bestand, hat der Gesetzgeber mit Gesetz vom 18.2.2013 (BGBl. I 2013, S. 266) eine solche Grundlage in den neuen § 1906 Abs. 3 und 3a BGB geschaffen. Die Voraussetzungen für eine derartige Einwilligung sind angesichts des erheblichen Grundrechtseingriffs streng und stehen unter Richtervorbehalt. Sie dürfen nur im Rahmen einer Unterbringung angeordnet werden, die entweder schon besteht oder zu diesem Zweck eingerichtet wird. → Form. S.III.5. Will sich der Betroffene der Behandlung nicht räumlich entziehen oder ist er hierzu körperlich nicht in der Lage, ist unter engen Voraussetzungen eine Zwangsbehandlung auch ohne Unterbringung möglich (BVerfG Beschl. v. 26.7.2016 – 1 BvL 8/15, NJW 2017, 53).

2. Grundvoraussetzung einer ärztlichen Zwangsmaßnahme ist, dass der Betroffene in Bezug auf die Maßnahme **einwilligungsunfähig** ist. → Form. S.III.5 Anm. 2. Voraussetzung ist weiterhin, dass sie seinem natürlichen Willen widerspricht.

3. Ausdrückliche gesetzliche Voraussetzung ist auch, dass vor Anwendung von Zwang versucht wurde, den Betroffenen zur freiwilligen Mitwirkung zu bewegen. Hier kommt der Gedanke der ultima ratio zur Geltung.

4. Auch hierbei handelt es sich um ausdrückliche gesetzliche Voraussetzungen (§ 1906 Abs. 3 Nr. 3–5 BGB).

5. Der im Verfahren über die Genehmigung zu bestellende Sachverständige soll nicht der zwangsbehandelnde Arzt sein, § 321 Abs. 1 FamFG.

6. Verfahrensrechtlich finden die Vorschriften des FamFG über die Unterbringung Anwendung, ein Verfahrenspfleger ist jedoch zwingend zu bestellen, § 312 Nr. 3 FamFG.

7. Bis auf Auslagen für den Verfahrenspfleger ist das Verfahren **gerichtskostenfrei** (§ 26 Abs. 3 GNotKG).

7. Jahresbericht mit Antrag auf Vergütung und Aufwendungsersatz (Berufsbetreuer)

An das

Amtsgericht

. . . . . .

In Sachen

Betreuung Herr/Frau . . . . . .

Geschäftsnummer: . . . . . .

überreiche ich anliegend meine Handakten sowie das Vermögensverzeichnis. Ich erstatte im Anschluss an meinen Bericht vom . . . . . . folgenden Jahresbericht:[1]

I. Persönliche Situation

Herr/Frau . . . . . . wohnt nach wie vor zu Hause/im Pflegeheim. Der Gesundheitszustand des/der Betreuten hat sich im Berichtszeitraum nicht/geringfügig/erheblich verbessert/ verschlechtert. Insbesondere ist insoweit zu berichten, dass . . . . . . Nach ärztlicher Auffassung ist im weiteren Verlauf damit zu rechnen, dass . . . . . .[2]

Die sozialen Kontakte des/der Betreuten haben sich während des vergangenen Jahres positiv/negativ/nicht verändert. Herr/Frau . . . . . . hält Kontakt zu . . . . . . und wird häufig/zuweilen von . . . . . . besucht. Diese Kontakte führen dazu, dass . . . . . .[2]

II. Einkünfte

Die Entwicklung des Einkommens des/der Betreuten ergibt sich im Wesentlichen aus der in der Anlage beigefügten Kontenabrechnung (Handakten Bd. . . . . . Bl. . . . . .). Den meisten Raum nimmt hierin die Abrechnung des Girokontos ein. Voran geheftet sind die Übersichtslisten (Ein- und Ausgänge nebst Belegnummern) sowie die Kontoauszüge. Darauf folgen die Belege für den Berichtszeitraum.

Die Einnahmen aus . . . . . . haben sich geringfügig/deutlich/nicht erhöht/vermindert. Das hat seine Ursache in . . . . . .

Zur positiven/negativen Einkommensentwicklung hat auch . . . . . . beigetragen. Die Ansprüche auf Steuererstattung/Beihilfe/. . . . . . wurden im Berichtszeitraum geltend gemacht (Bd. . . . . . Bl. . . . . .) und führten zu entsprechenden Erträgen (Beleg Nr. . . . . .).

III. Vermögen

Durch die positive/negative Einkommensentwicklung hat sich das Vermögen des/der Betreuten erhöht/vermindert. Eine Vermögensübersicht per . . . . . . ist in der Anlage beigefügt.

Von Bedeutung war im Berichtszeitraum insoweit vor allem, dass . . . . . .

IV. Anträge

Ich beantrage, ...[3]

Weiterhin beantrage ich, für die Führung der Betreuung im Zeitraum . . . . . . folgende Vergütung zu bewilligen und aus der Staatskasse auszuzahlen/die Entnahme aus dem Vermögen des Betreuten zu gestatten:[4]

Der Betreute ist/ist nicht vermögend und lebt/lebt nicht in einem Heim. Die Betreuung dauerte im Abrechnungszeitraum . . . . . . Monate.

. . . . . .

Rechtsanwalt/Rechtsanwältin

Anmerkungen

1. Siehe zunächst die Anmerkungen **oben zu** → Form. S.II.2.

2. Es ist ausreichend, die für die im Berichtszeitraum und für die Zukunft **wesentlichen Sachverhalte,** insbesondere eingetretene Veränderungen darzustellen. Das Gericht soll durch den Bericht in die Lage versetzt werden, seine Aufsichtspflicht wahrzunehmen und eventuell notwendige Maßnahmen – zB Erweiterung/Einschränkung des Aufgabenkreises, Anordnung eines Einwilligungsvorbehaltes, Anregung bestimmter Tätigkeiten des Betreuers bis hin zur Aufhebung der Betreuung – zu erkennen und einzuleiten.

3. Ergeben sich aus dem Bericht genehmigungsbedürftige Sachverhalte, wie zB das Bedürfnis bestimmter Anlageformen oder Befreiungen bei der Vermögensverwaltung, ist die entsprechende Beantragung am Ende des Berichts zweckmäßig. Selbst kompliziertere **Anträge** wie auf Genehmigung der Einwilligung in eine gefährliche ärztliche Maßnahme (→ Form. S.III.3) oder einer Unterbringung (→ Form. S.III.5) können mit dem Bericht verbunden werden.

4. Der **Antrag auf Vergütung** kann den Bericht beschließen. Die Höhe der Vergütung richtet sich bei einem Berufsbetreuer nach dessen Qualifikation sowie danach, ob der

Betreute mittellos oder vermögend ist, wie lange die Betreuung schon andauert und ob der Betreute sich in einem Heim aufhält oder nicht. Hierzu bestimmt das Gesetz über die Vergütung von Vormündern und Betreuern vom 21.4.2005 (VBVG – BGBl. I, 1073), dass der Stundensatz für Berufsbetreuer je nach Ausbildung des Betreuers zwischen 27,– und 44,– EUR liegt (§ 4 VBVG). Auslagen sind in dieser Pauschale bereits enthalten und können nicht gesondert abgerechnet werden. Für jeden Monat ist eine **Stundenpauschale** anzusetzen, deren Höhe sich danach richtet, ob der Betreute vermögend ist, im Heim lebt und seit wann eine Betreuung angeordnet wurde. Die höchste Vergütung erzielt ein gut qualifizierter Berufsbetreuer in den ersten drei Monaten einer Betreuung bei vermögenden Betreuten, die nicht im Heim leben (monatlich 374,– EUR). Alle drei Monate ist eine Abrechnung möglich und in diesem Rhythmus sinkt auch die Vergütungshöhe während des ersten Betreuungsjahres. Die geringste Vergütung erhält ein Betreuer ohne besondere Fachkenntnisse bei einem mittellosen im Heim lebenden Betreuten, dessen Betreuung bereits mehr als 12 Monate andauert (monatlich 54,– EUR). Betreuer, die keine Berufsbetreuer sind, erhalten nur Ersatz ihrer Auslagen (Porto, Fahrtkosten usw, bei Pauschalabrechnung 312,– EUR jährlich. Die Vergütung ist binnen **15 Monaten** (§§ 1835 Abs. 1 S. 3, 1836 Abs. 2 S. 4 BGB) geltend zu machen. Diese Ausschlussfrist beginnt nicht mit dem Tag des Berichts, sondern mit dem Tag der jeweiligen Tätigkeit.

8. Antrag auf Aufwendungsersatz für berufliche Dienste eines Rechtsanwaltes

An das

Amtsgericht

. . . . . .

In Sachen

Betreuung Herr/Frau . . . . . .

Geschäftsnummer . . . . . .

überreiche ich in der Anlage meine nach dem RVG berechnete Liquidation[1] und beantrage, den sich ergebenden Gesamtbetrag in Höhe von . . . . . . EUR als Aufwendungsersatz festzusetzen und aus der Staatskasse auszuzahlen/zu genehmigen, den Betrag dem Vermögen des Betreuten entnehmen zu dürfen.[2]

Meine Tätigkeit bestand in . . . . . . Hierbei handelt es sich um rechtsanwaltsspezifische Dienste, für die ein anderer Betreuer vernünftigerweise Rechtsrat eingeholt hätte. Denn . . . . . .[3]

. . . . . .

Rechtsanwalt/Rechtsanwältin

Anmerkungen

1. Siehe zunächst die Anmerkungen **oben zu** → Form. S.III.7.

2. Die Alternativen berücksichtigen, ob der Betreute mittellos ist oder nicht. Im gerichtlichen Verfahren ist die Möglichkeit von Prozesskostenhilfe zu berücksichtigen.

Bei außergerichtlichen Tätigkeiten für mittellose Betreute kann höchstens Vergütung in Höhe der Beratungshilfesätze verlangt werden (OLG Köln Beschl. v. 26.6.2002 – 16 Wx 109/02, NJW-RR 2003, 712).

3. Die Möglichkeit der Abrechnung anwaltlicher und anderer **berufsspezifischer Tätigkeiten** (zB als Arzt, Handwerker, Steuerberater) beruht auf der Ausnahmevorschrift des § 1835 Abs. 3 BGB und weicht von der Regel ab, dass die Arbeitszeit des Betreuers nur als Vergütung, nicht aber als Aufwendung ersetzt wird. Sie besteht nur, wenn berufsspezifische Dienste geleistet werden. Die Voraussetzungen werden in der Praxis eng gesehen, so dass es empfehlenswert ist, den Antrag entsprechend zu begründen. Zwischen der Abrechnung als Aufwendung oder als Stundenvergütung besteht für den Betreuer Wahlfreiheit. Er kann sich also die teurere Abrechnungsalternative aussuchen.

IV. Rechtsmittel

1. Beschwerde gegen Anordnung einer Betreuung

An das

Amtsgericht[2]

. . . . . .

In Sachen

Betreuung Herr/Frau . . . . . .

Geschäftsnummer . . . . . .

vertrete ich den Betroffenen.

Gegen den Beschluss des AG . . . . . . vom . . . . . ., einen Betreuer für den Betroffenen zu bestellen, lege ich namens und in Vollmacht meines Mandanten

BESCHWERDE[1]

ein.

Der Beschluss ist rechtswidrig und verletzt meinen Mandanten in seinen Rechten. Er ist daher aufzuheben.

Die Voraussetzungen für eine Betreuerbestellung liegen nicht vor. Insbesondere ist mein Mandant in der Lage, die in dem Beschluss genannten Aufgabenkreise selbst wahrzunehmen. Das ergibt sich aus dem anliegenden ärztlichen Attest vom . . . . . . Das der Betreuerbestellung zu Grunde liegende Gutachten ist fehlerhaft. Insbesondere ist zu rügen, dass . . . . . .[3]

Darüber hinaus hat Herr/Frau . . . . . . eine Vorsorgevollmacht errichtet, in der . . . . . . ermächtigt ist, im Falle der Betreuungsbedürftigkeit meines Mandanten für ihn umfassend zu handeln. Eine beglaubigte Kopie der Vorsorgevollmacht ist beigefügt.[4]

. . . . . .

Rechtsanwalt/Rechtsanwältin[5]

Anmerkungen

1. **Sachverhalt.** Die Beschwerde gegen die Anordnung einer Betreuung steht dem Betroffenen (§ 59 FamFG), aber unter Umständen auch engen Verwandten zu (§ 303 FamFG). Lebensgefährten sind nicht beschwerdeberechtigt (OLG Schleswig Beschl. v. 30.1.2002 – 2 W 5/02, FGPrax 2002, 114). Es kann sowohl die Anordnung der Betreuung insgesamt, die Auswahl des Betreuers oder die Festlegung der Aufgabenkreise angefochten werden. Bei der Auswahl des Betreuers sind auch die Wünsche eines Geschäftsunfähigen zu berücksichtigen (BGH Beschl. v. 27.7.2011 – XII ZB 118/11, NJW-RR 2011, 1507). Das Formular geht von einer grundlegenden Anfechtung der Betreuung durch den Betreuten aus.

2. Die Beschwerde ist bei dem Gericht einzulegen, dessen Entscheidung angefochten wird (§ 64 FamFG). Jede Beschwerde nach FamFG ist innerhalb **eines Monats** einzulegen (§ 63 FamFG). Gegen die Entscheidung des Beschwerdegerichts ist die Rechtsbeschwerde möglich. Eine Zulassung ist entgegen der Regel nicht erforderlich (§ 70 FamFG).

3. Zur **Begründung** der Beschwerde können sowohl formelle Fehler (zB fehlende Anhörung des Betroffenen) als auch materielle Mängel angeführt werden. Wird die Betreuungsbedürftigkeit an sich in Frage gestellt, bestehen Erfolgsaussichten in der Regel nur bei Einholung eines aussagekräftigen Gegengutachtens.

4. → Form. S.V.1.

5. Ist der Antrag erfolgreich, kann der Betroffene von der Staatskasse die Erstattung seiner Auslagen, also insbesondere von **Anwaltskosten** verlangen (§ 81 FamFG). Es fallen Gebühren nach Teil 3 des VV RVG an.

2. Beschwerde gegen Genehmigung einer Unterbringung

An das

Amtsgericht[2]

. . . . . .

In Sachen

Betreuung Herr/Frau . . . . . .

Geschäftsnummer . . . . . .

vertrete ich als Verfahrenspfleger/aufgrund beigefügter Vollmacht den Betroffenen.

Gegen den Beschluss des AG . . . . . . vom . . . . . ., dem Betreuer die Unterbringung des Betroffenen zu genehmigen, lege ich namens und in Vollmacht meines Mandanten

BESCHWERDE

ein.[1]

Der Beschluss ist rechtswidrig und verletzt meinen Mandanten in seinen Rechten. Er ist daher aufzuheben.

Der Beschluss leidet sowohl an formellen als auch an materiellen Fehlern. Zu rügen ist zunächst, dass . . . . . . Weiterhin liegen die materiellen Voraussetzungen einer Unterbringung nicht vor. Weder besteht die Gefahr einer erheblichen Selbstgefährdung, noch ist die Unterbringung zur Durchführung einer ärztlichen Maßnahme notwendig. Denn . . . . . .[3]

Im Übrigen ist die Unterbringung zur Erreichung des angestrebten Zweckes unverhältnismäßig. Die erstrebte ärztliche Maßnahme kann ohne größeren Schaden für den Betroffenen unterbleiben. Wägt man das Recht des Betroffenen auf sein „Recht zur Krankheit“ mit den Eingriffen in seine persönliche Freiheit gegeneinander ab, belastet die genehmigte Freiheitsentziehung den Betroffenen unzumutbar. Denn . . . . . .[3]

. . . . . .

Rechtsanwalt/Rechtsanwältin[4]

Anmerkungen

1. Sachverhalt. Gegen die Genehmigung der Unterbringung ist die fristgebundene Beschwerde (§ 58 FamFG) gegeben. Die Frist beträgt **einen Monat ab schriftlicher Bekanntmachung der Entscheidung** (§ 63 FamFG). Die Frist gilt auch, wenn das Gericht die sofortige Wirksamkeit des Unterbringungsbeschlusses angeordnet hat. Endet die Unterbringung vor der gerichtlichen Entscheidung, kann die Beschwerde als Fortsetzungsfeststellungsbeschwerde weitergeführt werden. Sie richtet sich dann auf die Feststellung der Rechtswidrigkeit der Maßnahme und ist bei einem entsprechenden Interesse auch im Rechtsbeschwerdeverfahren zulässig (§ 62 FamFG). Dieses Interesse ist in der Regel anzunehmen, wenn ein schwerwiegender Grundrechtseingriff vorliegt, was bei freiheitsentziehenden Maßnahmen oder ärztlichen Zwangsmaßnahmen stets der Fall ist (BGH Beschl. v. 5.12.2012 – XII ZB 665/11, NJW-RR 2013, 321).

2. → Form. S.IV.1 Anm. 2.

3. Siehe hierzu oben die **Anmerkungen zu** → Form. S.III.5.

4. Zur **Kostenerstattung** → Form. S.IV.2 Anm. 5.

3. Beschwerde gegen Beschluss über Vergütung und Aufwendungsersatz

An das

Amtsgericht[2]

. . . . . .

In Sachen

Betreuung Herr/Frau . . . . . .

Geschäftsnummer . . . . . .

lege ich gegen den Beschluss des AG . . . . . . vom . . . . . ., über die Zahlung von Vergütung und Aufwendungsersatz, hiermit

BESCHWERDE

ein.[1]

Der Beschwerdewert von mehr als 600,– EUR ist erreicht, da das Betreuungsgericht meine/n beantragte/n Vergütung/Aufwendungsersatz um . . . . . . EUR gekürzt hat.[3]

Die Kürzung ist nicht gerechtfertigt, denn . . . . . .

. . . . . .

Rechtsanwalt/Rechtsanwältin

Anmerkungen

1. Sachverhalt. Lehnt das Gericht es ab, dem Betreuer Zahlung von Vergütung, Aufwendungsersatz, Vorschuss usw. zu bewilligen, steht diesem als Rechtsmittel die Erinnerung (Beschwer bis 600,– EUR) oder die Beschwerde (Beschwer über 600,– EUR) offen. Für beide Rechtsmittel gilt die Monatsfrist. Wird Beschwerde eingelegt, obwohl die Beschwerdegrenze nicht erreicht wird, ist das Rechtsmittel als Erinnerung auszulegen (BGH Beschl. v. 15.8.2012 – XII ZB 442/11, NJW-RR 2012, 1476).

2. Siehe hierzu zunächst oben → Form. S.IV.1 Anm. 2. Die Rechtsbeschwerde ist dagegen nur möglich, wenn sie wegen grundsätzlicher Bedeutung zugelassen ist (§ 70 FamFG).

3. Liegt der **Beschwerdewert** unter diesem Betrag, ist nur die Erinnerung (§ 11 Abs. 2 S. 1 RPflG) gegeben, es sei denn, die Beschwerde wird wegen der grundsätzlichen Bedeutung der Rechtssache zugelassen (§ 61 FamFG).

V. Vorsorgeverfügungen

1. Vorsorgevollmacht und Betreuungsverfügung

Hiermit erteile ich, ..., geboren am ....., wohnhaft .....,

Herrn/Frau ....., wohnhaft .....,

umfassende Vollmacht.[1]

Sollte der Bevollmächtigte sterben, ärztlichem Attest oder gerichtlichem Beschluss zufolge betreuungsbedürftig werden oder die Wahrnehmung der Vollmacht schriftlich ablehnen, erhält stattdessen Herr/Frau ....., wohnhaft ..... Vollmacht.[2]

Der Bevollmächtigte ist berechtigt, meine sämtlichen Angelegenheiten wahrzunehmen. Er ist befugt, für mich in gesetzlich zulässiger Weise ohne Einschränkung jede rechtlich bedeutsame Handlung vorzunehmen, die von mir und mir gegenüber nach dem Gesetz vorgenommen werden kann, und zwar mit denselben Wirkungen, als wenn ich selbst gehandelt hätte. Mein Bevollmächtigter ist meine Vertrauensperson und darf daher für mich auch notarielle Erklärungen abgeben.[3]

Die Vollmacht umfasst insbesondere das Recht,

- mich gegenüber Gerichten, Behörden, sonstigen öffentlichen Stellen und Privatpersonen gerichtlich und außergerichtlich zu vertreten sowie alle Prozesshandlungen für mich vorzunehmen;
- bewegliche Sachen, Grundstücke und Rechte für mich zu erwerben oder zu veräußern;
- dingliche und sonstige Rechte jeglicher Art an Grundstücken oder anderen Rechten und Gegenständen zu bestellen, zu übertragen, zu kündigen, aufzugeben oder in sonstiger Weise über sie zu verfügen; hierzu gehört auch das Recht, das Mietverhältnis meiner Wohnung zu beenden und Mietverhältnisse neu zu begründen;
- Zahlungen oder Wertgegenstände für mich anzunehmen, zu quittieren oder Zahlungen vorzunehmen;
- Verfügungen jeder Art über meine sämtlichen Bankkonten und Schließfächer vorzunehmen und neue Konten und Schließfächer zu eröffnen. Die Vollmacht berechtigt, gegenüber den Banken insbesondere Abhebungen, Einzahlungen und Überweisungen vorzunehmen. Sie berechtigt, Bankpost einschließlich Buchungen, Abrechungen, Auszüge aller Art und sonstige Mitteilungen entgegenzunehmen und anzuerkennen, Verträge zu kündigen und Konten aufzulösen; sie berechtigt auch/aber nicht, Termingeschäfte vorzunehmen;
- Schenkungen vorzunehmen, und zwar auch/aber nicht, soweit die Schenkungen über Anstands- und Pflichtschenkungen hinausgehen;
- mich in allen gesellschaftsrechtlichen Angelegenheiten zu vertreten, insbesondere als Gesellschafter der ..... GbR/GmbH einschließlich der Ausübung des Stimmrechts in Gesellschafterversammlungen und soweit zulässig auch zur Vertretung der Gesellschaft;[4]
- mich in Nachlassangelegenheiten umfassend zu vertreten, Verfügungen von Todes wegen anzuerkennen oder anzufechten, Erbschaften anzunehmen sowie alle Handlungen vorzunehmen, die zur vollständigen Regelung von Nachlässen, zur Teilung oder Auseinandersetzung erforderlich oder förderlich sind.[5]

Die Vollmacht berechtigt auch, mich in meinen persönlichen Entscheidungen über mein Wohlergehen zu vertreten. Die Ermächtigung umfasst daher insbesondere:

- die Bestimmung meines Aufenthaltes;
- die Entscheidung über meine Aufnahme in ein Alters- oder Pflegeheim;
- die Entscheidung über eine Unterbringung, die mit Freiheitsentziehung verbunden ist, wenn auf Grund einer psychischen Krankheit oder geistigen oder seelischen Behinderung die Gefahr besteht, dass ich mich selbst töte oder erheblichen gesundheitlichen Schaden zufüge oder wenn eine Untersuchung meines Gesundheitszustandes, eine Heilbehandlung oder ein ärztlicher Eingriff notwendig ist, die ohne eine Unterbringung nicht durchgeführt werden kann und ich auf Grund einer psychischen Krankheit oder geistigen oder seelischen Behinderung die Notwendigkeit der Unterbringung nicht erkennen oder nicht nach dieser Einsicht handeln kann;
- die Entscheidung über Maßnahmen, die durch mechanische Vorrichtungen, Medikamente oder auf andere Weise über einen längeren Zeitraum oder regelmäßig meine Freiheit entziehen können, ohne dass ich untergebracht bin;
- die Entscheidung über ärztliche Zwangsmaßnahmen;
- die Gesundheitsfürsorge, insbesondere Einwilligungen in Untersuchungen des Gesundheitszustandes, Entscheidungen über ärztliche Heilbehandlungen und ärztliche Eingriffe, sowie Nichteinwilligungen und der Widerruf erteilter Einwilligungen, selbst wenn die begründete Gefahr besteht, dass ich auf Grund der Maßnahme oder ihrer Unterlassung sterbe oder einen schweren und länger dauernden gesundheitlichen Schaden erleide;[6]
- die Entscheidung über die Verabreichung schwerer Schmerzmittel, auch wenn diese als Nebenwirkung lebensverkürzend wirken könnten;

Die behandelnden Ärzte werden von der Schweigepflicht gegenüber dem Vertreter befreit. Sie sind zur Erteilung von Auskünften und zur Ermöglichung der Einsicht in die Krankenakten verpflichtet, auch wenn ich Vollmacht einer Person erteilt habe, die nicht mein Angehöriger ist.

Die Vollmacht gilt auch weiter, wenn ich nicht mehr geschäftsfähig sein sollte und erlischt nicht durch meinen Tod. Die Vollmacht kann von mir und meinen Erben jederzeit widerrufen werden. Sollte ich Testamentsvollstreckung anordnen/angeordnet haben, geht diese vor und die Vollmacht erlischt mit der Annahme des Amtes durch den Testamentsvollstrecker, soweit dessen Befugnisse reichen.[7]

Die Vollmacht ist in ihrem Bestand unabhängig von Rechtsverhältnissen, die zwischen mir und dem Vertreter bestehen. Inhaltliche Weisungen an den Bevollmächtigten habe ich in einem zweiten Schriftstück gesondert niedergelegt. Sie gelten ausschließlich im Innenverhältnis und begrenzen die Wirksamkeit der Vollmacht nicht.

Die Vollmacht darf insgesamt/darf in Vermögensangelegenheiten/auf Personen, die zur Berufsverschwiegenheit verpflichtet sind/darf nicht auf Unterbevollmächtigte übertragen werden.

Die Beschränkungen des § 181 BGB gelten nur eingeschränkt. Der Bevollmächtigte darf mich als Vertreter eines Dritten vertreten, nicht aber in Rechtsgeschäften mit sich selbst.[8]

Alternative 1: Vollmacht gilt sofort

Diese Vollmacht gilt ab sofort.

Alternative 2: Vollmacht ist im Innenverhältnis eingeschränkt

Die Vollmacht gilt sofort. Im Innenverhältnis, d.h. ohne Einfluss auf die Wirksamkeit nach außen, darf von der Vollmacht jedoch erst dann Gebrauch gemacht werden, wenn ich auf Grund von Krankheit oder Behinderung ganz oder teilweise nicht in der Lage bin, meine Angelegenheiten selbst wahrzunehmen. Hierfür reicht ein ärztliches Attest, das dies bestätigt.

Alternative 3: Vollmacht ist auch im Außenverhältnis eingeschränkt

Die Vollmacht gilt auch im Außenverhältnis nur in Verbindung mit einem ärztlichen Attest, dass ich auf Grund von Krankheit oder Behinderung ganz oder teilweise nicht in der Lage bin, meine Angelegenheiten selbst wahrzunehmen. Dem steht die ärztliche Befürwortung in einem Betreuungsverfahren gleich, auch wenn der Betreuer nur für bestimmte Bereiche eingesetzt werden soll.[9]

Alle Alternativen:

Für den Fall, dass ich meine Angelegenheiten nicht mehr regeln kann und die vorstehende Vollmacht, die auch hierfür erteilt wird, nicht zur Erledigung aller Aufgaben für mich ausreichen sollte, schlage ich dem zuständigen Betreuungsgericht den Bevollmächtigten als Betreuer vor.[10]

Herr/Frau . . . . . ., wohnhaft . . . . . ., soll keinesfalls Betreuer werden. Er/Sie genießt nicht mein Vertrauen, denn . . . . . .

Mein Betreuer hat sich bei seinen Entscheidungen ausschließlich an meinem Wohl zu orientieren. Für ihn gelten – soweit gesetzlich möglich – die gleichen Vorgaben, wie ich sie in einer gesondert aufgesetzten Verfügung für Bevollmächtigte niedergelegt habe. Sofern ich nicht mittellos bin, erhält er das Doppelte der gesetzlichen Regelvergütung.[11]

. . . . . ., den . . . . . .

. . . . . .

(Unterschrift des Verfügenden)

Zeugenvermerk:

Ich, Herr/Frau . . . . . ., geboren am . . . . . ., wohnhaft . . . . . ., war anwesend, als die vorstehende Verfügung errichtet und vom Verfasser eigenhändig unterzeichnet wurde. Nach meiner Auffassung entspricht sie dem freien Willen des Verfügenden, den dieser klar und unzweideutig geäußert hat.

. . . . . ., den . . . . . .

. . . . . .

(Unterschrift des Zeugen)

Arztvermerk:[12]

Ich, Herr/Frau . . . . . ., geboren am . . . . . ., wohnhaft . . . . . ., bin niedergelassener/angestellter Arzt/Facharzt für . . . . . . in . . . . . .

Ich bin der Auffassung, dass Herr/Frau . . . . . . seinen/ihren Willen frei bilden und die Folgen seiner/ihrer vorstehenden Anordnungen einschätzen kann. Er/Sie leidet nach meiner Auffassung nicht an einem dauerhaften Zustand krankhafter Störung der Geistestätigkeit, der die freie Willensbildung ausschließt.

……, den ……

……

(Unterschrift des Arztes)

Anmerkungen

1. Sachverhalt. Die Vorsorgevollmacht dient der Vermeidung einer Betreuung, die Betreuungsverfügung der Bestimmung des Betreuers durch den Betroffenen. Aufgrund des im Betreuungsrecht herrschenden Subsidiaritätsprinzips (§ 1896 Abs. 2 S. 2 BGB) ist eine Betreuung nicht notwendig, wenn ein Bevollmächtigter bestellt wurde. Die Vorsorgevollmacht ist typischerweise eine Generalvollmacht, die einer oder mehreren Personen erteilt werden kann. Das Formular geht von der Einzelvollmacht aus. Da bei einer ganzen Reihe von Geschäften (Registeranmeldungen, Grundbucheinträge, Erbausschlagungen usw.) auch für die Vollmacht notarielle Form vorgeschrieben ist, empfiehlt es sich, die Unterschrift notariell beglaubigen zu lassen oder die Vollmacht zu beurkunden. Sowohl für privatschriftliche wie für notarielle Vorsorgevollmachten ist eine **Registrierung** beim Zentralen Vorsorgeregister der Bundesnotarkammer möglich (www.vorsorgeregister.de). Die Gebühren der Registrierung betragen je nach Übermittlungsweg, Zahlungsart und anmeldender Stelle zwischen 8,50 EUR und 18,50 EUR (zuzüglich 2,50 EUR bzw. 3,– EUR für jeden weiteren Bevollmächtigten).

2. Die Bestellung der **Ersatzperson** ist auf objektivierbare Sachverhalte zu beschränken, da sich die Ersatzperson ansonsten nicht nach außen legitimieren kann.

3. Diese Formulierung stellt den Kernbereich der Generalvollmacht dar. Die folgende Aufzählung von Einzelbefugnissen sollte an sich nicht erforderlich sein, Instanzgerichte und Grundbuchämter tendieren jedoch leider manchmal dazu, Zweifel am Umfang der Vollmacht anzumelden, wenn diese Aufzählung fehlt (instruktiv dazu BGH Beschl. v. 20.1.2011 – V ZB 266/10, DNotZ 2011, 361).

4. Die Aufnahme einer solchen Spezialregelung ist – sofern zum Vermögen des Bevollmächtigten auch Gesellschaftsanteile gehören oder zukünftig gehören könnten – empfehlenswert, da Zweifel an solchen Befugnissen trotz der Einräumung von „General“ vollmacht immer wieder vorgebracht werden (deutlich gegen diese schwer nachzuvollziehende Auffassung BGH aaO). Die **organschaftliche** Vertretung kann nicht übertragen werden, eine unzulässige Generalvollmacht kann allerdings in eine Generalhandlungsvollmacht umgedeutet werden (BGH Urt. v. 20.10.2008 – II ZR 107/07, NJW 2009, 293). Geht es um umfassende Geschäftsführungsbefugnisse, ist es in solchen Fällen besser, den Bevollmächtigten zum Geschäftsführer oder Prokuristen zu bestellen. Im **Personengesellschaftsrecht** wird vertreten, dass die Tätigkeit aufgrund einer Vorsorgevollmacht, die sich auf sämtliche Gesellschafterrechte beziehen soll, die Zustimmung aller übrigen Mitgesellschafter voraussetzt (*Schäfer* ZHR 175 (2011), 557, 567 f., 582).

5. Es bietet sich eine Aufgliederung der Vollmacht in die Bereiche Vermögenssorge und Personensorge an. Bei der Vermögenssorge ist insbesondere zu entscheiden, ob der Bevollmächtigte auch **Schenkungen** vornehmen darf, die ein Betreuer nicht vollziehen dürfte (§ 1908i Abs. 2 BGB).

6. Zu den Regelungen über die **Personensorge** gehören vor allem die Ermächtigung zur Entscheidung über schwerwiegende ärztliche Eingriffe, Unterbringung, ärztliche Zwangsmaßnahmen und passive Sterbehilfe (Nichteinwilligung/Widerruf der Einwilligung in gefährliche ärztliche Maßnahmen). Der Bevollmächtigte hat diese Befugnisse nur, wenn sie in der Vollmacht ausdrücklich genannt sind (vgl. § 1904 und § 1906 Abs. 5 BGB). Die betreuungsgerichtliche Genehmigung ist bei diesen Maßnahmen wie bei einem Betreuer erforderlich (→ Form. S.III.3; → Form. S.III.5a).

7. Eine derartige **„transmortale“ Vollmacht** kann die Abwicklung des Nachlasses des Vollmachtgebers deutlich vereinfachen, da die Erteilung eines Erbscheins in der Regel mehrere Wochen oder Monate in Anspruch nimmt. Der Bevollmächtigte handelt dann für die Erben und ist ihnen rechenschaftspflichtig. Hat er das Vermögen des Erblassers in Gewahrsam, ist besondere Vorsicht im Hinblick auf etwaige Erbschaftsteuerverbindlichkeiten angebracht, da eine persönliche Haftung des Bevollmächtigten für die Steuer entstehen kann, § 69 AO und § 20 ErbStG (vgl. BFH Urt. v. 11.8.1993 – II R 14/90, BStBl. 1994 II, S. 116).

Sollte der Vollmachtgeber in einem Testament/Erbvertrag **Testamentsvollstreckung** angeordnet haben, kann die Vollmacht prinzipiell neben der Testamentsvollstreckung fortgelten, was durch Auslegung der Verfügungen zu ermitteln ist (OLG München Beschl. v. 15.11.2011, 34 Wx 288/11). Es ist daher ratsam, in einem solchen Fall das Verhältnis dieser beiden Rechtsinstitute entweder in der Vollmacht oder der letztwilligen Verfügung ausdrücklich zu klären, damit die Geltung nicht von Zufälligkeiten (zB zeitliche Rangfolge) abhängt. Bei reinen **postmortalen**, also erst ab dem Tod geltenden Vollmachten (zB zur Löschung eines Rechts im Grundbuch nach dem Tod des Berechtigten in einem Übergabevertrag) ist dieses Problem geringer, da die Auslegung einer mit dem Tod einsetzenden Vollmacht in der Regel ergeben wird, dass diese gerade neben der Testamentsvollstreckung gelten soll, um die Durchsetzung bestimmter Rechte zu ermöglichen. Ist der Bevollmächtigte der Alleinerbe des Vollmachtgebers, wird vertreten, dass die Vollmacht mit dem Tod automatisch erlischt (OLG Hamm Beschl. v. 10.1.2013 – I-15 15 W 79/12, DNotZ 2013, 689).

8. Je nach dem Maß des Vertrauens und den Erfordernissen der konkreten Situation kann das Verbot der **Insichgeschäfte** auch gänzlich aufgehoben oder beibehalten werden.

9. Eine der wichtigsten Entscheidungen ist die, ab wann die Vollmacht wirksam werden soll. Soll der Vertreter sofort tätig werden können, ist die erste Alternative zu wählen. Ansonsten lässt sich der **Gültigkeitszeitpunkt** durch Beschränkungen im Innen- oder Außenverhältnis bestimmen. Besteht hohes Vertrauen, etwa unter Eheleuten, ist die Beschränkung im Innenverhältnis ausreichend oder eine formulierte Beschränkung sogar ganz entbehrlich. Stattdessen oder zusätzlich kann die praktische Lösung gewählt werden, dass die Vollmacht nicht ausgehändigt, sondern nur abgefasst und vom Vollmachtgeber verwahrt wird, bis sie benötigt wird. Solche Lösungen können jedoch gefährlich sein. Der Betroffene kann insbesondere nicht mehr sicherstellen, dass die Vollmacht den Bevollmächtigten auch wirklich erreicht. Außerdem können Probleme der Wirksamkeit entstehen, da die Erklärung in diesen Fällen noch nicht iSv § 130 Abs. 2 BGB abgegeben wurde und nach Eintritt der Geschäftsunfähigkeit nicht mehr abgegeben werden kann. Um dies zu vermeiden, sollte der Bevollmächtigte vorab eine Kopie der Vollmacht erhalten.

10. Die Vorsorgevollmacht kann eine Betreuung nicht immer vollständig vermeiden. Erstens gibt es Rechtsgeschäfte, die nur ein gesetzlicher Vertreter durchführen kann, nicht aber ein Bevollmächtigter, zum Beispiel die eidesstattliche Versicherung bei einem Erbscheinantrag. Zweitens kann die Überwachung des Vertreters erforderlich werden, wenn er gegen im Innenverhältnis erteilte Weisungen verstößt, insbesondere die Vollmacht missbraucht (dann erfolgt i.d.R. keine Kontrollbetreuung, sondern die Ersetzung des Bevollmächtigten durch einen Betreuer, BGH Beschl. v. 13.4.2011 – XII ZB 584/10, NJW 2011, 2135). Drittens kann ein Einwilligungsvorbehalt (§ 1903 BGB) erforderlich werden, was nur bei gleichzeitiger Betreuung angeordnet werden kann (DNotI-Report

2012, 97). Und schließlich können Vertreter und Ersatzperson ausfallen. Daher ist es notwendig, durch **Betreuungsverfügung** die Person des in diesem Fall zu berufenden Betreuers zu benennen bzw. bestimmte Personen von diesem Amt auszuschließen. Das Gericht muss diesen Anordnungen im Wesentlichen folgen (§ 1897 Abs. 4 BGB).

11. Die Regelsätze des VBVG sind nicht auskömmlich, so dass für den Fall, dass eine **Vergütung** gezahlt werden soll, die Erhöhung der Vergütungssätze sinnvoll ist. Handelt es sich um eine Betreuung, die ehrenamtlich geführt wird oder wenig Zeitaufwand bedeutet, kann auch eine Vergütung ausgeschlossen werden. Das ist im Einzelfall zu entscheiden. Die persönlichen Beziehungen können durch die Zahlung einer Vergütung einerseits belastet werden, andererseits kann sie die Angst beseitigen, dem Bevollmächtigten zur Last zu fallen.

12. Ein **Arztvermerk** ist vor allem dann sinnvoll, wenn die Verfügung nicht notariell errichtet wird und wenn auf Grund des Gesundheitszustandes des Betroffenen Zweifel an dessen Geschäftsfähigkeit zum Zeitpunkt der Unterschrift aufkommen könnten. Ansonsten ist er entbehrlich.

2. Grundverhältnis und Patientenverfügung

Anlage zur Vorsorgevollmacht vom: . . . . . .[1]

Der Bevollmächtigte soll sich bei der Regelung meiner Angelegenheiten ausschließlich an meinem Wohl orientieren und die nachfolgenden Weisungen beachten. Diese gelten im Innenverhältnis und stellen keine Beschränkung der Vollmacht nach außen dar.[2]

Ich möchte meine bisherigen Lebensgewohnheiten in der mir vertrauten Umgebung so lange wie möglich beibehalten. Hierzu gehört insbesondere, dass . . . . . .[3]

Sollte ich pflegebedürftig werden, möchte ich, dass mich Herr/Frau . . . . . ., wohnhaft . . . . . ., ersatzweise/und Herr/Frau . . . . . ., wohnhaft . . . . . . versorgt. Er/Sie erhält dafür eine monatliche Entschädigung in Höhe von . . . . . . EUR. Sollte eine stationäre Pflege notwendig werden, möchte ich, dass . . . . . .[4]

Zum Umgang mit meinem Einkommen und Vermögen bestimme ich, dass . . . . . .[5]

Die Tätigkeit des Bevollmächtigten soll nicht/mit einer Zahlung von . . . . . . EUR netto/ Stunde vergütet werden.[6]

Sollte ich einmal nicht in der Lage sein, über medizinische Maßnahmen zu entscheiden, so sollen diejenigen, die an meiner Stelle handeln müssen, meine in dieser Verfügung niedergelegten Wünsche, Werte und Hoffnungen zur Grundlage ihrer Entscheidung machen. Sie sollen sich nicht an ihren eigenen oder Wünschen Dritter orientieren, sondern an meinem eigenen Willen.[7]

Ich habe mich mit den nachstehenden Anordnungen zur Behandlung und zum Behandlungsabbruch lange und intensiv auseinander gesetzt. Ich habe mich mit . . . . . . und/mit meinem behandelnden Arzt/Hausarzt . . . . . . beraten. Mein Arzt hat mich über die medizinische Bedeutung und Folgen der Anordnungen aufgeklärt.[8]

Ich weiß, dass ich diese Verfügung jederzeit widerrufen kann, solange ich meinen Willen frei bilden und äußern kann.[9] Sollte ich die Erklärung nicht ausdrücklich widerrufen, bitte ich unbedingt darum, meinem hier niedergelegten Willen zu folgen. Dies gilt insbesondere auch, wenn sich seitdem meine Lebensumstände verändert haben oder eine Situation eingetreten ist, die ich in dieser Verfügung nicht konkret erwähnt habe.[7]

Meine Einstellung zu einem lebenswürdigen Sterben besteht darin, dass ...... Sie beruht auf der Erfahrung, dass ...... und meiner Einstellung, dass ......[10]

Im Fall einer Krankheit erwarte ich jeden ärztlichen und pflegerischen Beistand unter Ausschöpfung aller medizinischen Möglichkeiten, solange Aussicht auf Heilung oder Linderung besteht. Ich akzeptiere auch/aber nicht fremdes Gewebe, Organe und fremdes Blut. Medikamente und medizinische Methoden, die noch in der Erprobung sind, akzeptiere ich/grundsätzlich/lehne ich ab. Ich erwarte in jedem Fall, dass bis zu meinem Tod alle Möglichkeiten der modernen Schmerztherapie ausgeschöpft werden, so dass ich ohne körperliche und seelische Leiden sterbe. Die Verabreichung von Medikamenten, die direkt meinen Tod herbeiführen, lehne ich ab/nicht ab.[11]

Wenn ich an einer Krankheit leide, die nach ärztlicher Überzeugung mit hoher Wahrscheinlichkeit einen unumkehrbaren und tödlichen Verlauf angenommen hat, verlange ich, dass alle medizinischen Maßnahmen unterbleiben und gegebenenfalls abgebrochen werden, die mich am Sterben hindern. Das gilt auch, wenn der unmittelbare Sterbevorgang noch nicht eingesetzt hat (Behandlungsabbruch). Diese Regelungen gelten insbesondere bei Koma und Wachkoma und schwerer Demenz.[12]

Ich wünsche in jedem Fall eine wirksame Behandlung quälender Zustände wie Hunger und Durst, Atemnot, Schmerzen, Angst, Unruhe, Übelkeit und Erbrechen. Hierzu sollen sowohl pflegerische Maßnahmen wie Zuwendung und Mundpflege, als auch Medikamente eingesetzt werden. Ich wünsche solche Maßnahmen auch dann, wenn

- eine Operation notwendig ist, die nicht zur Heilung führen sondern nur meine Schmerzen lindern kann;[13]
- ich durch die Behandlung müde und schläfrig werde;
- starke Betäubungsmittel erforderlich sind, durch die ich das Bewusstsein verlieren kann;
- die Behandlung unbeabsichtigt die mir noch verbleibende Lebenszeit verkürzt.[14]

Folgende Maßnahmen sollen abgebrochen bzw. unterlassen werden:[15]

- Wiederbelebungsmaßnahmen bei Herzstillstand
- Dialyse (Blutwäsche)
- Chemotherapie
- Bluttransfusionen
- Antibiotikagabe bei fieberhaften Begleitinfekten
- künstliche Ernährung durch Nase, Mund, Bauchdecke oder Vene
- künstliche Flüssigkeitszufuhr
- künstliche Beatmung[16]

......

(Unterschrift des Verfügenden)

Zeugenvermerk:

Ich, Herr/Frau ......, geboren am ......, wohnhaft ......, war anwesend, als die vorstehende Verfügung errichtet und vom Verfasser eigenhändig unterzeichnet wurde. Nach meiner Auffassung entspricht sie dem freien Willen des Verfügenden, den dieser klar und unzweideutig geäußert hat.

......, den ......

......

(Unterschrift des Zeugen)

Arztvermerk:[17]

Ich, Herr/Frau ......, ... bin niedergelassener/angestellter Arzt/Facharzt für ...... Ich habe ...... der/die mein Patient/meine Patientin ist, über die medizinischen Einzelheiten der Patientenverfügung und die Folgen der dort getroffenen Anordnungen intensiv belehrt und aufgeklärt.

Ich bin der Auffassung, dass er/sie seinen Willen frei bilden und die Folgen seiner/ihrer vorstehenden Anordnungen einschätzen kann. Er/Sie leidet nach meiner Auffassung nicht an einem dauerhaften Zustand krankhafter Störung der Geistestätigkeit, der die freie Willensbildung ausschließt.

......, den ......

......

(Unterschrift des Arztes)

Wiederholungsvermerk:[18]

Seit Errichtung der vorstehenden Verfügung ist einige Zeit vergangen. Ich habe mich nochmals ausführlich mit meinen niedergelegten Wünschen und vor allem der Patientenverfügung befasst. Ich bin nach reiflicher Überlegung zu dem Schluss gekommen, dass diese Erklärungen nach wie vor gelten sollen.

......, den ......

......

(Unterschrift des Verfügenden)

Anmerkungen

1. Sachverhalt. Die Vorsorgevollmacht (→ Form. S.V.1) regelt nur, dass der Bevollmächtigte für den Vollmachtgeber tätig werden darf. Wie der Bevollmächtigte oder Betreuer seine Befugnisse ausüben soll, sollte zusätzlich festgelegt werden. Dabei ist es meist zweckmäßig, diese Regelungen über das sog. Innenverhältnis in einem gesonderten Schriftstück abzufassen. Das wahrt die notwendige Vertraulichkeit bei Vorlage der Vollmacht und vermeidet Missverständnisse darüber, ob die inhaltlichen Regelungen die Vollmacht begrenzen oder nicht. Zwar ist eine Patientenverfügung keine Regelung des Innenverhältnisses, sondern wirkt unmittelbar nach außen (BGH Beschl. v. 17.3.2003 – VII ZB 2/03, BGHZ 154, 205 = NJW 2003, 1588 unter III 2 c aa)). Bestimmungen über den Abbruch lebenshaltender Maßnahmen sollten auf Grund ihres persönlichen Charakters dennoch ebenfalls von der Vollmacht getrennt verfasst werden.

2. Für das Innenverhältnis zwischen Betroffenem und seinem Vertreter gilt **Auftragsrecht.** Der Bevollmächtigte muss sich daher streng an die Weisungen des Vollmachtgebers halten und ihm oder später seinen Erben gegenüber Rechenschaft über seine Tätigkeit ablegen. Wie ein Betreuer hat er auch objektiv unvernünftigen oder widersprüchlichen Wünschen zu folgen.

3. Bei der Abfassung der Wünsche des Betroffenen sind der Phantasie kaum Grenzen gesetzt. In erster Linie kommen Regelungen über Wohnung, die Pflege und die Vermögensverwaltung in Betracht. Es können aber auch scheinbar unwichtige Dinge und Detailfragen geregelt werden, wie religiöse Gewohnheiten, Haustiere, Besuche, Kleidung,

Bildung und Unterhaltung bis hin zu regelmäßigen Zuwendungen an caritative Organisationen oder Verwandte.

4. Für den Fall der **Pflege- oder Heimbedürftigkeit** kann bestimmt werden, durch wen und wo die Pflege ausgeführt werden oder zumindest wo das Heim gelegen sein soll (Stadt/Land/Zentrum/Vorort usw.). Weiterhin kann geregelt werden, welche persönlichen Möbelstücke und Einrichtungsgegenstände mitgenommen werden, wie lange die bisherige Wohnung nicht aufgegeben werden darf, usw.

5. Hinsichtlich des **Vermögens** kann geregelt werden, für welche Zwecke Geld in besonderer Weise ausgegeben und ob auch der Vermögensstamm angegriffen werden kann, welche Vermögensgegenstände hierzu veräußert werden dürfen und welche nicht, sowie welche Anlageformen zu wählen sind.

6. Eine **Vergütung** des Bevollmächtigten ist nicht zwingend und wird gerade bei engen Familienverhältnissen oft nicht gewünscht sein. Sie kann aber gerade bei umfangreichen Tätigkeiten erforderlich sein. Eine geschäftsmäßige Wahrnehmung solcher Aufgaben durch Private sollte jedoch unbedingt vermieden werden, da ansonsten sämtliche Rechtsbeziehungen wegen Verstoßes gegen das **Rechtsdienstleistungsgesetz** vom 18.12.2007 (BGBl. I 2840) unwirksam sein können. Es droht in diesem Fall die Nichtigkeit der Vollmacht (zum früher geltenden Rechtsberatungsgesetz vgl. BGH Urt. v. 11.10.2001 – III ZR 182/00, NJW 2002, 66; BGH Urt. v. 16.12.2002 – II ZR 109/01, BGHZ 153, 214 = BGH NJW 2003, 1252).

7. Spätestens seit der in → Anm. 1 genannten Entscheidung des BGH ist die rechtliche **Verbindlichkeit** von Patientenverfügungen anerkannt. Die antizipierte Einwilligung oder Verweigerung einer ärztlichen Behandlung ist vom Bevollmächtigten/Betreuer, vom Arzt und vom Betreuungsgericht zu beachten und zu befolgen. Die Regelung des § 1901a BGB hat diese Rechtsprechung aufgenommen und bestätigt. Eine wirksame und aktuelle Patientenverfügung wirkt fort, so dass der Betreuer/Bevollmächtigte bei Ihrer Befolgung keine eigene Einwilligung gibt/widerruft, sondern nur der Entscheidung des Patienten Ausdruck verleiht. Deshalb ist in diesen Fällen auch keine Genehmigung des Betreuungsgerichtes erforderlich (BGH Beschl. v. 17.9.2014 – XII ZB 202/13, NJW 2014, 3572).

8. Eine Patientenverfügung bindet auch ohne vorherige ärztliche **Aufklärung**. Schon im gesundheitlichen Interesse des Betroffenen sollte sie jedoch erfolgen und dokumentiert werden.

9. Ob für den Widerruf (§ 1901a Abs. 1 S. 3 BGB) der natürliche Wille ausreicht oder Einwilligungsfähigkeit erforderlich sein muss, ist umstritten, vgl. *Steenbreker* NJW 2012, 3207.

10. Nach wie vor ist es sinnvoll, neben den Detailregelungen zum Behandlungsabbruch zusätzlich allgemeine **Beweggründe** und Motive für die getroffene Entscheidung niederzulegen. Das können religiöse Erwägungen sein, Erfahrungen mit eigener oder fremder schwerer Krankheit oder Todesnähe, Berichte in den Medien usw. Hierdurch wird eine intensive Auseinandersetzung des Betroffenen mit der Problematik herbeigeführt und dokumentiert und dem Bevollmächtigten sowie dem behandelnden Arzt eine Hilfestellung für die Frage gegeben, ob die Verfügung auf die aktuelle Patientensituation zutrifft (vgl. § 1901a Abs. 1 BGB).

11. Bei diesem Absatz handelt es sich vor allem um klarstellende Regelungen für die Situation, in der noch kein Behandlungsabbruch möglich oder gewünscht ist.

12. Die Bandbreite der Regelungen in einer Patientenverfügung reichen von dem Wunsch nach Maximalversorgung über die Anordnung von Sterbehilfe nur in unmittelbarer Todesnähe bis zum Behandlungsabbruch bei tödlich verlaufender Krankheit auch schon vor unmittelbarer Todesnähe. Der Wunsch, eine Patientenverfügung zu errichten, richtet sich meistens auf die **weitestgehende Möglichkeit,** die darin besteht, einen Behandlungsabbruch auch schon dann vorzunehmen, wenn der Patient ansonsten noch einige oder sogar längere Zeit leben würde. Dieser Fall bedarf auch am ehesten der ausdrücklichen Regelung, so dass das Formular von dieser Situation ausgeht. Zulässig ist ein Behandlungsabbruch nach der neuen Gesetzeslage unabhängig vom Stand der Krankheit des Betreuten/Bevollmächtigten, ist also auch dann möglich, wenn der krankhafte Zustand nicht mit Sicherheit unumkehrbar ist und einen tödlichen Verlauf angenommen hat, wie die Rechtsprechung früher angenommen hatte (BGH Beschl. v. 17.3.2003 – XII ZB 2/03, BGHZ 154, 205 = BGH NJW 2003, 1588). Die Patientenverfügung ist nur wirksam, wenn sie hinreichend konkret ist, auch hinsichtlich der Benennung bestimmter Krankheitsbilder (BGH Beschl. v. 6.7.2016 – XII ZB 61/16, NJW 2016, 3297 und Beschl. v. 8.2.2017 – XII ZB 604/15, NJW 2017, 1737).

13. Der für die Nichteinwilligung bzw. den Widerruf der Einwilligung in ärztliche Maßnahmen zum Teil verwendete Begriff des Behandlungsabbruchs ist ungenau. Es erfolgt kein Abbruch sondern stets nur eine **Therapiereduktion** (Verzicht auf bestimmte Medikamente, Transfusionen, Reanimationen, Operationen) bei gleichzeitiger Aufrechterhaltung einer Minimaltherapie im Sinne palliativer Maßnahmen. Diese haben nicht mehr Heilung zum Ziel, sondern die bestmögliche Lebensqualität für Patienten und deren Familien zu erreichen. Durchzuführen sind stets pflegerische Versorgung, menschliche Zuwendung sowie die ausreichende Zufuhr von Schmerzmitteln. Selbst Operationen können trotz der Anordnung eines Behandlungsabbruches noch sinnvoll sein, etwa bei der Entfernung von Tumoren zur Schmerzlinderung, obwohl eine Heilung hierdurch nicht mehr erreicht werden kann.

14. Die Zulässigkeit dieser sog. **indirekten Sterbehilfe** als Nebenwirkung starker Schmerzmittel ist anerkannt (BGH Urt. v. 15.11.1996 – 3 StR 79/96, BGHSt 42, 301 = BGH NJW 1997, 807).

15. Hat der Betroffene in eine **Organspende** eingewilligt, besteht ein Spannungsverhältnis zur Patientenverfügung, weil die Organentnahme lebensverlängernde Maßnahmen erfordern kann, die mit der Patientenverfügung gerade abgelehnt werden. Die Regelung dieses Spannungsverhältnisses kann dadurch erfolgen, dass entweder dem Bevollmächtigten die nähere Entscheidung insoweit übertragen oder in der Patientenverfügung ergänzt wird, dass im Konfliktfall die Organspende der Patientenverfügung vorgeht.

16. Welche ärztlichen Maßnahmen im Einzelnen unterbleiben sollen, kann nicht vorgeschrieben werden, sondern sollte individuell nach Beratung durch einen Arzt festgelegt werden. Da unter Ärzten heftig umstritten ist, was in einem solchen Fall angemessen oder vertretbar ist, sollte im Zweifel zumindest die Flüssigkeitszufuhr aufrechterhalten werden.

17. → Form. S.V.1 Anm. 9

18. Eine regelmäßige **Erneuerung** der Verfügung ist für deren Verbindlichkeit nicht zwingend erforderlich, aber sinnvoll, um jeden Zweifel an den Anordnungen des Verfügenden auszuschließen. Das gilt besonders, wenn inzwischen in den Lebensumständen erhebliche Veränderungen eingetreten sind, etwa eine schwere Erkrankung. Das sollte dann auch entsprechend festgehalten werden, zumal nach § 1901a BGB der Betreuer/Bevollmächtigte überprüfen muss, ob die Patientenverfügung noch der aktuellen Lebens- und Behandlungssituation entspricht.

T. Trennungs- und Scheidungsmediation

1. Mediationsbroschüre

Was ist Trennungs- und Scheidungsmediation?

Diese schriftlichen Erläuterungen sind dazu da, Sie vorweg über einige Voraussetzungen, Grundzüge und Inhalte des Mediationsverfahrens bei Trennung und Scheidung zu informieren. Beabsichtigt ist, dass Sie im Vorgespräch klärende und informierte Fragen stellen können. Im besten Fall sollen Sie – im Verlauf des Vorgesprächs oder danach – in der Lage sein, entscheiden zu können, ob ein Mediationsverfahren für Sie in Betracht kommt oder ob andere (konventionelle) Alternativen besser zu Ihnen und Ihrer Situation passen.[1, 2, 3]

1. Zur Regelung der Folgen von Trennung und Scheidung stehen grundsätzlich mehrere Wege zur Verfügung: 1. Die Parteien können in eigener Regie ihre Trennung und Scheidung in direkten Gesprächen und ohne fremde Hilfe vorbereiten; 2. die Parteien können einen Mediator hinzuziehen, der ihnen hilft, eine einvernehmliche Lösung zu finden; und 3. eine oder beide Parteien können einen Rechtsanwalt beauftragen und ihre Streitfragen entweder außergerichtlich lösen oder diese dem Familiengericht vorlegen, das stellvertretend eine Entscheidung fällen soll.
2. Mediation heißt Vermittlung und ist ein außergerichtliches Vorgehen zur Lösung von Konflikten. In der Trennungs- und Scheidungsmediation werden die Folgen von Trennung und Scheidung in direkt, kooperativ und fair geführten Verhandlungen zwischen den Parteien einer einvernehmlichen Regelung zugeführt. Bei dieser Aufgabe werden die Parteien von einem Mediator unterstützt.
3. Wesentliche Voraussetzung des Verfahrens ist es, dass die Parteien die Folgen ihrer Trennung und Scheidung in eigener Regie aushandeln und auf ihre persönlichen Verhältnisse zuschneiden wollen, d. h. dass sie die notwendigen Entscheidungen nicht an Dritte – an Rechtsanwälte und Familienrichter – delegieren wollen und deshalb auch bereit sind, die Verantwortung für die Einigung selbst zu übernehmen.
   Die Parteien werden bei ihren Bemühungen, eine eigene Lösung zu finden, von einem neutralen und unabhängigen Mediator unterstützt, der – anders als ein (Schieds-) Richter – keine eigene inhaltliche Entscheidungsbefugnis besitzt. Der Mediator nimmt den Parteien die Entscheidungen in den strittigen Fragen nicht ab, sondern hilft ihnen dabei, ihre Meinungsverschiedenheiten zu überwinden und ein faires Ergebnis zu finden, dem beide Parteien zustimmen können.
   Die Dienstleistungen des Mediators richten sich vor allem auf die Gestaltung eines konstruktiven Arbeitsprozesses: Der Mediator übernimmt die Gesprächsleitung, er achtet auf die Einhaltung der Gesprächsregeln, er unterstützt die Parteien, respektvoll miteinander zu diskutieren, er trägt Sorge dafür, dass jeder zu Wort kommt und mit seinen Anliegen gehört wird, er hilft aus Sackgassen heraus, er stellt sein Erfahrungswissen zur Verfügung, er fördert den Fortschritt der Verhandlungen und die Entwicklung einer Einigung und er schreibt die Protokolle (der einzelnen Sitzungen) sowie die Zusammenfassung der Ergebnisse am Schluss der Mediation.
4. Wesen einer Mediation ist es, die Meinungsverschiedenheiten der Parteien auf eine konstruktive Weise zu besprechen, so dass ihre unterschiedlichen Anliegen deutlich werden und als wertvolle und gleichberechtigte Beiträge bei der Suche nach einer Einigung anerkannt werden können. Eine befriedigende und faire Lösung ist dann

gefunden, wenn sowohl die persönlichen Interessen der Parteien als auch, wenn sie Eltern sind, die Bedürfnisse ihrer Kinder berücksichtigt sind.

5. Die Teilnahme am Mediationsverfahren ist freiwillig. Diese Freiwilligkeit schließt die Freiheit ein, die Mediation jederzeit einseitig zu beenden, wenn das Verfahren nicht mehr den eigenen Anliegen gerecht wird.
6. Die Teilnahme an einer Mediation setzt die Bereitschaft der Parteien voraus, für einen begrenzten Zeitraum auf gerichtliche Auseinandersetzungen zu verzichten. Es wird daher in der Regel vereinbart, dass mit Beginn der Mediation laufende gerichtliche Auseinandersetzungen ruhen und auch keine neuen gerichtlichen Verfahren gegeneinander eingeleitet werden. Aus dieser Zurückhaltung der Parteien sollen keine Rechtsnachteile bzw. Rechtsvorteile für die eine oder andere Partei entstehen, so dass der Mediator darauf achtet, dass keine Ansprüche verjähren, keine Fristen ablaufen und keine sonstigen Rechtspositionen verloren gehen.
7. Die Gespräche und Verhandlungen sind ein vertraulicher Arbeitsprozess. Der Mediator unterliegt der Schweigepflicht und wird auf die Vereinbarung eines unwiderruflichen Zeugnisverweigerungsrechts hinwirken.
8. Im Rahmen einer Mediation nehmen die Parteien aktiv am Konfliktlösungsprozess teil. Sie sind dafür zuständig, ihre persönlichen Anliegen und Interessen zu äußern und zu vertreten und Ideen für eine kooperative bzw. integrative Lösung zu entwickeln. Die Parteien übernehmen selbst die Verantwortung für die gefundene Einigung. Es gibt nur dann eine Lösung, wenn ihr beide Parteien zustimmen können.
9. Eine faire Konfliktlösung hat zur Voraussetzung, dass die Parteien alle relevanten Tatsachen, die ihre Streitfragen betreffen, kennen und auch über die Rechtslage Bescheid wissen. Die Parteien müssen deshalb dazu bereit sein, ihre persönlichen und wirtschaftlichen Verhältnisse offen zu legen. Bei einem anwaltlichen Mediator haben die Parteien außerdem die Möglichkeit, rechtlich umfassend aufgeklärt zu werden.
10. Zur Kontrolle des Arbeitsprozesses und des Ergebnisses sollen sich die Parteien dazu verpflichten, unabhängig voneinander eine individuelle parteiliche Rechtsberatung in Anspruch zu nehmen – spätestens vor Abschluss einer rechtsverbindlichen Vereinbarung. Darüber hinaus kann es sinnvoll sein, in den Angelegenheiten, die die Kinder betreffen, die Beratung in einer Erziehungs- bzw. Familienberatungsstelle in Anspruch nehmen.
11. Die Parteien legen selbst fest, welche Themen für sie persönlich relevant sind und deshalb in der Mediation besprochen und geregelt werden sollen. In einer Trennungs- und Scheidungsmediation werden meistens die folgenden Themen besprochen: die zukünftige Wohn- und Lebenssituation der Familie, die Betreuung und Versorgung der Kinder, die Finanzierung des Lebensunterhalts aller Familienmitglieder, die Verteilung von Vermögen und Schulden, die Zu- und Aufteilung von Versicherungen, PKW und Hausrat.
12. Mediation ist ein geordneter Arbeitsprozess. Der typische Verlauf einer Mediation sieht folgendermaßen aus:[4]

    In einem Vorgespräch wird diskutiert, ob Mediation das geeignete Verfahren ist und welche anderen Alternativen in Betracht kommen. Gegebenenfalls wird ein Arbeitsbündnis geschlossen, in dem die Grundregeln der Zusammenarbeit festgelegt werden. Anschließend werden die individuellen Anliegen und Themen der Parteien erhoben und ein Arbeitsprogramm erstellt.

    Nacheinander werden die einzelnen Themen behandelt und die vorläufigen Zwischenergebnisse festgehalten.

    Am Schluss liegt ein Gesamtergebnis der Mediation vor, d.h. ein Konzept für die Einigung in allen inhaltlichen Streitfragen und darüber, welche Rechtsverbindlichkeit diese Lösung haben soll und welche faktischen Schritte sich hieraus ergeben.

Dieses Konzept wird in einem schriftlichen Protokoll (Memorandum) zusammengefasst.

13. Die Formulierung eines rechtswirksamen Vertrags erfolgt in einem anschließenden Schritt. Hierzu kann der anwaltliche Mediator gesondert beauftragt werden. Dieser Auftrag kann auch einem Notar oder den externen Parteianwälten erteilt werden.
14. Die Ergebnisse einer Mediation beruhen auf dem Einverständnis beider Parteien und sind nur dann akzeptabel, wenn sie von beiden Parteien als fair betrachtet werden. An einseitigen Lösungen, die eine Partei bevorzugen, wirkt der Mediator nicht mit.
15. Die Mediation wird auf der Basis eines Stundenhonorars abgerechnet, das den Parteien vor Beginn der Mediation bekannt ist. Es umfasst die Gesprächszeiten und die Arbeitszeiten für die Abfassung der Sitzungsprotokolle sowie – nach Absprache – für sonstige notwendige Tätigkeiten.
16. Die wichtigste Anwendung der Familien-Mediation ist die Trennungs- und Scheidungsmediation. Darüber hinaus kann Familien-Mediation aber auch bei der Regelung anderer familiärer Konflikte angewandt werden: bei Konflikten von nicht miteinander verheirateten Partnern (Lebensgemeinschaften), bei der Gestaltung von Ehe- und Partnerschaftsverträgen, bei Konflikten zwischen Eltern und Jugendlichen, bei der Gestaltung von letztwilligen Verfügungen (Erbverträge, Testamente), bei Konflikten im Erbfall zwischen den Erben, bei Konflikten innerhalb von Familien-Unternehmen und bei Nachfolge-Regelungen.
17. Ein Wort zu den beiden wichtigsten Missverständnissen: Wie der Name bereits sagt, strebt die Trennungs- und Scheidungsmediation eine Regelung der Trennungs- und Scheidungsfolgen an. Sie versteht sich deshalb nicht als ein Forum, in dem nach Möglichkeiten gesucht wird, die Ehe wiederherzustellen. Hier kann für die Parteien eine psychosoziale Beratung angemessen sein. Mediation zur Regelung sämtlicher Trennungs- bzw. Scheidungsfolgen wäre verfrüht. Aber: Wenn ein Partner noch nicht zur Trennung/Scheidung bereit ist, können in einer Mediation zunächst lediglich Absprachen getroffen werden, die in der aktuellen familiären Trennungssituation notwendig und sinnvoll sind, ohne dass weitergehende Schritte zur Auflösung der Beziehung eingeplant werden. In diesem Fall wird der Status quo geregelt und organisiert.
    Das zweite wichtige Missverständnis kann in der Erwartung bestehen, dass der Mediator als Schiedsrichter in den Streitfragen fungiert, wenn die Parteien nicht aus eigener Kraft zu einer Einigung finden. Jedoch ist die Rolle eines Schiedsrichters nicht mit den Aufgaben eines Mediators zu vereinbaren. Der Mediator wird sich vor allem darum bemühen, dass die Parteien aus der Sackgasse herausfinden. Andernfalls müssen angemessenere Alternativen zur Mediation diskutiert und in Anspruch genommen werden.

Anmerkungen

1. Anwendung und Bedeutung. Nach der telefonischen Anmeldung durch eine Partei und zur Vorbereitung des Vorgesprächs mit beiden Parteien ist es sinnvoll, dem Anrufer ein Exemplar einer Informationsbroschüre über die wichtigsten Voraussetzungen, Grundzüge, Inhalte und Ziele einer Trennungs- und Scheidungsmediation zuzusenden. Das schriftliche Material soll die Parteien in die Lage versetzen, im Vorgespräch klärende und kritische Fragen stellen zu können, um die Angemessenheit des Konfliktlösungsverfahrens Mediation für ihre eigene Situation prüfen zu können (Selbstindikation). Mit der Popularisierung der Trennungs- und Scheidungsmediation ist der Familien-Mediator mit einer wachsenden Klientel konfrontiert, die sich dafür interessiert, eine Mediation zu absolvieren, jedoch von deren rationaler und aufgabenorientierter Vorgehensweise überfordert sein kann. Ferner haben die Gerichte gem. § 135 FamFG die Möglichkeit anzuordnen, dass die Parteien an kostenfreien Informationsgesprächen über Mediation teilnehmen, oder gem. § 156 S. 3 FamFG auf die Mediation hinzuweisen. Deshalb erhalten die Kandidaten bereits im Vorfeld eine erste Orientierung, welche ihrer auf die Mediation gerichteten Erwartungen realistisch sind und welche nicht. In den meisten Fällen sind die Kandidaten in einer unterschiedlichen Weise zur Trennung bzw. Scheidung und damit auch unterschiedlich zum Eintritt in eine Trennungs- und Scheidungsmediation motiviert. Mit dem schriftlichen Material soll ein funktionaler Zugang zur Mediation gefördert bzw. die Wahl von angemesseneren (konventionellen) Alternativen vorbereitet werden. Mit dem Zusenden der Broschüre kommt der Mediator seiner gemäß § 2 Abs. 2 MediationsG bestehenden vorvertraglichen Aufklärungspflicht nach.

2. Form und Umfang. In der hier vorliegenden Fassung werden das Mediationsverfahren sowie die Aufgaben und Rollen des Mediators und der Parteien relativ ausführlich beschrieben. Bei eigenen Anpassungen und Kürzungen des Musters sollte unbedingt beachtet werden, dass die Kandidaten vor allen Dingen eine möglichst klare Vorstellung von der Aufgabe und der Rolle des Mediators gewinnen können. Mediatoren sind keine (Schieds-)Richter, parteilichen Anwälte oder sachverständige Gutachter, die den Parteien die inhaltlichen Entscheidungen in den zur Debatte stehenden Streitfragen abnehmen. Deshalb soll im Erstgespräch besonders deutlich gemacht werden, dass die Tätigkeit des Mediators vor allem darin besteht, eine konstruktive Kommunikation der Parteien zu erleichtern und zu fördern sowie auf ihre Informiertheit hinsichtlich des Verfahrens und seiner Verhandlungsgegenstände hinzuwirken, damit die Parteien in den sie betreffenden Angelegenheiten eigene Entscheidungen aushandeln und treffen können. Hierzu gehört auch, dass der Mediator die Parteien dabei unterstützt, eine „informierte Entscheidung", d. h. eine Entscheidung in Kenntnis der Sach- und Rechtslage, zu treffen. Angesichts von individuellen Erwartungen, Annahmen und Phantasien auf Seiten der Parteien sollen relativ frühzeitig Realinformationen als Korrektiv zur Verfügung gestellt werden. Deshalb werden in diesem Muster auch die wichtigsten Fehlerwartungen hinsichtlich einer Trennungs- und Scheidungsmediation genannt.

3. Rechtliche Bedeutung. Ein allgemein verbindliches Konzept oder ein einheitliches Allgemeinverständnis der Trennungs- und Scheidungsmediation existieren auch nach In-Kraft-Treten des MediationsG am 26.7.2012 nicht. Zwar werden in § 1 MediationsG wichtige Wesensmerkmale benannt (vgl. *Greger/Unberath* § 1 Rn. 1 f.). Es wird jedoch davon ausgegangen, dass signifikante Informationsdefizite über die Grundprinzipien, die Rechte und Pflichten der Parteien und des Mediators, den Ablauf eines Mediationsverfahrens, die Rolle des Mediators und die Rolle der Parteien bestehen. Es ist daher geboten, diese in einer für die Klientel verständlichen Sprache vor Abschluss eines Mediationsvertrages darzulegen: § 2 Abs. 2 MediationsG (vgl. auch *Greger/Unberath*, § 2 Rn. 8f). Da es i. d. R. für das Gelingen einer Trennungs- und Scheidungsmediation erforderlich ist, während ihrer Dauer keine gerichtlichen Auseinandersetzungen zu führen, hat der Mediator auch hierüber aufzuklären (→ Form. T.3 Anm. 3, T. 6 Anm. 5).

4. Phasenmodell. Mediation ist nach § 1 Abs. 1 MediationsG ein strukturiertes Verfahren. Das Mediationsgesetz hat jedoch bewusst auf die Definition eines methodischen Standardmodells verzichtet (vgl. *Greger/Unberath* Teil I. Rn. 38 f., 50). Der hier vorgestellte (idealtypische) Verlauf einer Trennungs- und Scheidungsmediation entspricht dem Modell, das in den Richtlinien der Bundes-Arbeitsgemeinschaft für Familien-Mediation (BAFM) favorisiert wird.

2. Begleitschreiben zur Übersendung der Informationsbroschüre

Persönlich/Privat

Frau ......

Betrifft: Ihr Anruf vom (Datum)[1]

Sehr geehrte Frau ......,

Ich komme auf unser oben genanntes Telefonat zurück, in dem Sie sich über Mediation informieren wollten. Ich habe mit Ihnen die Voraussetzungen für eine Mediation besprochen und Sie auch darüber informiert, dass mein üblicher Stundensatz ...... EUR zzgl. der gesetzlichen MwSt. je 60 Minuten beträgt.

Wie besprochen, kann ich entweder als Mediatorin oder als Rechtsanwältin für Sie tätig werden. Als Rechtsanwältin wäre ich parteilich allein in Ihrem Interesse tätig. Als Mediatorin wäre ich sowohl in Ihrem Interesse als auch im Interesse Ihres Ehemanns tätig.

Um Ihnen als Mediatorin zur Verfügung stehen zu können, bedarf es meiner Neutralität. Wir sind daher in unserem Telefonat nicht auf die Einzelheiten der Konflikte zwischen Ihnen und Ihrem Mann eingegangen. Sie haben mich lediglich darüber informiert, dass Sie und Ihr Mann seit längerem voneinander getrennt lebten, dass Sie einen gemeinsamen 9-jährigen Sohn hätten, der im wöchentlichen Wechsel bei jedem Elternteil wohne und dass es bei der Gestaltung der finanziellen Fragen noch Differenzen zwischen Ihnen und Ihrem Mann gäbe, die Sie gerne einvernehmlich regeln wollen.

Wir waren so verblieben, dass ich Ihnen und Ihrem Mann, zu Ihrer beider Information meine Broschüre zukommen lasse. Ich füge diesem Schreiben zwei Exemplare bei, so dass Sie Ihrem Ehemann ein Exemplar aushändigen können. Selbstverständlich kann er sich zur Klärung weiterer Fragen auch direkt mit mir telefonisch in Verbindung setzen. Wenn Sie und Ihr Mann die Durchführung eines Mediationsverfahrens zur Regelung der Folgen Ihrer Trennung in Erwägung ziehen, können Sie gerne einen Termin für ein gemeinsames Vorgespräch[2] mit mir vereinbaren, in dem Sie beide sich dann Klarheit darüber verschaffen können, ob dieses Verfahren für jeden von Ihnen sinnvoll ist und welche Alternativen Ihnen anderenfalls zur Verfügung stehen.

Mit freundlichen Grüßen

......

(Rechtsanwältin und Mediatorin)

Anmerkungen

1. Adressat Anrufer. Begleitschreiben zur Übersendung der Informationsbroschüre an den Anrufer.

2. Setting und Format. In der Trennungs- und Scheidungsmediation finden die Sitzungen mit den Parteien in der Regel von Anfang an in einem gemeinsamen Format statt – vor allem aus Gründen der Transparenz und der Förderung des Vertrauens in einen fairen Arbeitsprozess (→ Form. T.8). Jedoch liegen aus der sozialwissenschaftlichen Mediationsforschung bedeutsame Hinweise darauf vor, dass der direkte Kontakt der

Parteien in einem gemeinsamen Format dann kontraproduktiv sein kann, wenn die Feindseligkeit zwischen den Parteien hoch ist und sie deshalb das gemeinsame Setting nicht für eine konstruktive Diskussion ihrer inhaltlichen Meinungsverschiedenheiten nutzen können. Hier kann es in Betracht kommen, die direkte Kommunikation der Parteien stärker zu kontrollieren und die gemeinsamen Verhandlungen zunächst in separaten Formaten, d.h. im sog. caucus, vorzubereiten. Auch angesichts einer Vorgeschichte häuslicher Gewalt, wenn erwartet werden kann, dass das eingeschüchterte Opfer sich von der physischen Gegenwart des Täters bedroht fühlt und deshalb seine Anliegen nicht offen zu vertreten wagt, werden – je nach Profil der häuslichen Gewalt – zumindest das sonst übliche gemeinsame Setting, wenn nicht informelle Konfliktlösungsverfahren überhaupt, als problematisch bzw. als schädlich betrachtet.

3. Checkliste: Datenerhebung im Vorgespräch

Namen:
Vornamen:
Anschriften:
Telefon- und Faxnummern:
e-mail-Adressen:

1. Überweisungskontext und Anmeldung:[1, 2, 3]
   Wer hat mit welchem Auftrag überwiesen? (Familiengericht, Sozialer Dienst, Beratungsstelle, Kollege, usw.) Welche Erwartung hat der Klient selbst? Selbstanmelder? Wer ist der Anmelder? Welchen Auftrag will der Anmelder ursprünglich erteilen (Rechtsberatung, Vertretung, Mediation, usw.)? Anmeldung in Absprache mit dem (Ehe-)Partner?
2. Familien- und Sozialdaten:
3. Parteien:
   Alter der Parteien? Nationalität und Religionszugehörigkeit? Dauer der Beziehung, des Zusammenlebens, der Partnerschaft, der Ehe? wievielte Ehe? Berufe, Berufsausbildung, Berufstätigkeit (mit Pensum/Umfang)? Netto-Einkommen (nach Steuern)?
4. Kinder:
   gemeinsame leibliche Kinder (Name, Geschlecht, Geburtsdatum)? Kindergarten, Hort, Schule? Lebensmittelpunkt der Kinder nach der räumlichen Trennung? Versorgung und Betreuung der Kinder? elterliche Arbeitsteilung? (bisherige) Umgangsregelung? Kinder aus anderen Partnerschaften/Ehen?
5. Trennung/Scheidung:
   Zeitpunkt der räumlichen Trennung/Scheidung? räumliche Trennung in einem Haushalt bzw. in verschiedenen Haushalten? Entfernung der Haushalte (geographische Angaben, Entfernung in km, usw.)? neue Partner? bedeutsame Bezugspersonen? (Familienangehörige, Freunde, Therapeuten, usw.)? Einschaltung von Rechtsanwälten? mit welchem Mandat? Einschaltung des Familiengerichts? strittige Verfahren und deren Stand? laufende Fristen?
6. Individuelle Trennungsmotivation:
   Seit wann ist die Trennung zwischen den Partnern diskutiert worden? Liegt ein einseitiger oder wechselseitiger Trennungsentschluss vor? Von wem ist die Initiative zur Trennung ausgegangen? Ist der reaktive Partner damals mit der Trennung einverstanden gewesen? Kann der reaktive Partner heute mit der Trennung einverstanden sein?
7. Individuelle Motivation für die Mediation:
   Individuelle Beweggründe für die Entscheidung zur Mediation? Individuelle und gemeinsame Ziele für die Mediation? Welche Alternativen kommen für die Klienten in Betracht? Was ist das realistische BATNA der Parteien?[4] Warum Mediation und keine einvernehmliche Regelung mit Hilfe von Rechtsanwälten? Welche Vorteile verbinden die Klienten mit ihrem Eintritt in eine Mediation?
8. Inhaltliche Entscheidungen im Vorfeld der Mediation:
   Welche Entscheidungen sind bereits getroffen bzw. vollzogen worden? zur Trennung? zur räumlichen Trennung? zur Nutzung der Ehewohnung? zum Zusammenleben mit den Kin-

dern? zur Betreuung und Versorgung der Kinder? zum Kontakt zwischen Kindern und abwesendem Elternteil? zur Finanzierung des Lebensunterhalts? Sind diese Entscheidungen einseitig oder gemeinsam getroffen worden? Sind beide Parteien mit diesen Entscheidungen (noch) einverstanden?

9. Eilbedürftigkeit:
Besteht in irgendeiner Hinsicht ein akuter Handlungsbedarf?

10. Kommunikations- und Interaktionsverhalten im Vorgespräch:[5]
Streit und Kampf? Attacken? welche? von wem?
Vermeidung? Passivität? Rückzug?
Anpassung? Nachgiebigkeit?
Problemlösendes Verhalten? einseitig? wechselseitig?
Prozedurale Diskussionen? welche? von wem? wie oft?

Anmerkungen

1. Anwendung und Bedeutung. Das Vorgespräch ist – neben der Herstellung eines Rapports mit den Parteien – vor allem dazu da, die Grundlagen für eine mögliche Zusammenarbeit (Indikation) zu sondieren, um ein Arbeitsbündnis (Mediationsvertrag, → Form. T.7) schließen bzw. angemessenere Alternativen klären zu können. Dafür ist ein Minimum an Orientierung des Mediators an der aktuellen ehelichen bzw. familiären Situation der Parteien, ihrem Konflikt und ihrem Konfliktverständnis sowie ihrer Motivation notwendig. Die vorliegende Zusammenstellung nennt die wichtigsten generellen Daten, die gesammelt werden und ein erstes Bild ergeben können. Die Informationen selbst werden in Form von Fragen erhoben, die nicht unbedingt in der hier genannten Reihenfolge und auch nicht vollständig gestellt werden können, sondern sich aus dem Gesprächsverlauf ergeben.

2. Kritische Faktoren. Unter Forschern und Praktikern besteht kein Konsens darüber, welche Faktoren einen Erfolg in der Mediation vorhersagen können. Jedoch verdichten sich einige Hinweise, die wir hier wegen ihrer Bedeutung für die Praxis, d.h. für das Verständnis dysfunktionaler Verhaltensweisen der Parteien, kurz zusammenfassen:

So haben *Emery/Wyer* in ihren Untersuchungen das Ausmaß, in dem beide Parteien in der Lage sind, das Ende ihrer Ehe akzeptieren zu können, als einen kritischen Faktor identifiziert. Dieses Ergebnis steht im Einklang mit den Befunden von *Bahr/Chappell/Marcos*, die die Lockerung der ehelichen Bindung – emotional und im Verhalten – als eine relevante Größe erfasst haben. Bereits *Wallerstein* hat aufgrund ihrer klinischen Erfahrungen speziell auf die Bereitschaft der Parteien zur Scheidung hingewiesen und insbesondere auf deren Divergenz bzw. Kongruenz zwischen den Partnern beim Eintritt in eine Mediation aufmerksam gemacht. *Kelly* hat aus ihren Untersuchungen berichtet, dass eine Einigung in der Mediation eher dann zustande kommt, wenn beide Parteien ein klares Engagement für die Scheidung und eine emotionale Stabilität an den Tag legen. (Darüber hinaus hat die Autorin übrigens einen relativ gleichmäßig ausgebildeten finanziellen Sachverstand auf Seiten beider Parteien als prognostisch günstigen Faktor identifizieren können.)

Bickerdike/Littlefield haben in einer differenzierten Studie zeigen können, dass ein hohes Maß an wechselseitiger Feindseligkeit und/oder an disparater ehelicher Bindung (im Vorfeld der Mediation) signifikant mit einem unproduktiven Konfliktlösungsverhalten in der Mediation korreliert und schließlich zu einer geringeren Einigungsquote am Ende des Arbeitsprozesses bzw. zu einer höheren Abbruchquote in dessen Verlauf führt. Auch *Irving/Benjamin* haben festgestellt, dass Parteien mit Problemen, die auf einem mittleren Konfliktniveau ausgetragen werden, und mit einer begrenzten Anzahl von

Streitfragen eher in der Lage sind, eine Einigung in der Mediation zu erzielen. Die Autoren merken ausdrücklich an, dass diese Attribute als günstige Voraussetzungen für das taktische Geschick des Mediators betrachtet werden können. Im Gegensatz dazu scheinen eine einzelne Streitfrage (von hoher individueller Bedeutung) oder eine Wucherung der Streitfragen eher problematische Verläufe und eher magere Ergebnisse anzukündigen.

Nach den Untersuchungen von *Donohue* führt offenbar ein Vorherrschen von Beziehungskonflikten (über Vertrauen und Wertschätzung) relativ häufig zu einem Misserfolg der Bemühungen, wenn es dem Mediator nicht gelingt, die Parteien auf ihre Interessen hinsichtlich der zur Debatte stehenden Trennungs- und Scheidungsfolgen zu fokussieren. *Milne* hat darauf hingewiesen, dass das Ausmaß, in dem sich die Parteien wechselseitig als vertrauenswürdige Personen wahrnehmen können, ein kritischer Faktor für den erfolgreichen Verlauf der Verhandlungen in der Mediation darstellt.

Schließlich hat *Paquin* herausgefunden, dass eine Einigung der Parteien von ihren kommunikativen Kompetenzen abhängig ist – insbesondere von ihren Fähigkeiten, den Partner aussprechen zu lassen und ihn nicht zu unterbrechen, und sog. Ich-Botschaften zu senden, d.h. Auskunft über die eigene Person zu geben und auf Interpretationen des Verhaltens des Partners und auf Zuschreibungen zu verzichten (→ Form. T.8).

3. Berufsrechtliche Bedeutung. Der Rechtsanwalt unterliegt auch bei seiner Tätigkeit als Mediator den Regeln des anwaltlichen Berufsrechts (§§ 3 BRAO, 18 BORA, vgl. → Form. T.7 Anm. 9). Vorvertraglich bestehen neben den Aufklärungspflichten (vgl. Form T. 1 Anm. 1 und 3) auch Schutzpflichten gegenüber den Parteien, §§ 311 Abs. 2, 241 Abs. 2 BGB. Vor Annahme des Auftrages muss der Anwaltsmediator daher insbesondere prüfen, ob 1. Tätigkeitsverbote gemäß § 3 Abs. 1, S. 1, Abs. 2 S. 2 MediationsG vorliegen, ob er 2. ggf. eine Offenbarungspflicht gemäß § 3 Abs. 1, Satz 1 und/oder Abs. 4 MediationsG hat, ob 3. Rechtsnachteile für mindestens eine Partei im Falle des Eintritts in die Mediation entstehen können, zB Fristabläufe drohen, ob 4. akut eine sachverständige Beratung mindestens einer Partei außerhalb der Mediation erforderlich erscheint, ob 5. das Mediationsverfahren im konkreten Fall geeignet ist oder welche anderen Alternativen in Betracht kommen und ob 6. die Parteien freiwillig an der Mediation teilnehmen (vgl. § 2 Abs. 2 MediationsG). Die Erhebung der Information, ob mindestens eine der Parteien bereits anwaltlich beraten oder vertreten wird, soll auch dazu dienen, mit den Parteien frühzeitig besprechen zu können, dass mit Eintritt in die Mediation die Vereinbarung einer Klagbarkeitsbeschränkung (→ Form. T.6 Anm. 5) in den meisten Fällen notwendig und sinnvoll ist.

4. BATNA. Die Abkürzung fasst den Begriff „best alternative to a negotiated aggreement" (*Fisher/Ury*) zusammen. Inhaltlich ist BATNA das, was eine Partei unternehmen wird, wenn Verhandlungen mit der anderen Partei nicht zustande kommen oder nicht erfolgreich sind. In der Trennungs- und Scheidungsmediation ist das individuelle BATNA der jeweiligen Parteien in der Regel mit dem für sie im streitigen Verfahren erreichbaren Ergebnis identisch. (Vgl. auch *Greger/Unberath* Teil 1. Rn. 27, mwN)

5. Ergänzungen. Auch die Beobachtung des Interaktions- und Kommunikationsverhaltens der Klienten im Vorgespräch kann helfen, die Angemessenheit des Mediationsverfahrens im konkreten Fall einschätzen und – über die Einführung der allgemeinen Grundregeln hinaus – mit den Klienten zusätzliche Vorkehrungen in der Mediation diskutieren zu können (→ Form. T.5, → Form. T.7 Anm. 19). Mit dieser Diskussion werden die Klienten für dysfunktionale Formen ihres Kommunikations- und Interaktionsverhalten sensibilisiert. Gleichzeitig kann der Mediator von Anfang an mit der Aufgabe zu massiveren Interventionen ausgestattet werden. Zu den Maßnahmen der Prozesskontrolle, die hierbei in Betracht kommen können, können zählen: die Ausstattung der Parteien mit Papier und Bleistift (um sich Notizen für eine Replik machen zu können, damit sie die Grundregeln einer konstruktiven Diskussion – abwechselndes Sprechen und Zuhören, ohne sich ins Wort zu fallen – besser einhalten können; die Fokussierung der Parteien auf die Kommunikation mit dem (zusammenfassenden) Mediator bei gleichzeitiger Suspendierung der direkten Diskussion zwischen den Parteien; die Instruktion der Parteien zugunsten eines konstruktiven Konflikt- und Konfliktlösungsverhaltens; die aktive Unterbrechung einer situativ eskalierenden Diskussion zwischen den Parteien; die Einführung von zeitlichen Limits für die individuellen Gesprächsbeiträge; die (prophylaktische) Ausstattung des Mediators mit dem Mandat, den Parteien das Wort erteilen bzw. ihnen das Wort entziehen zu können; die Vorbereitung von gemeinsamen Verhandlungen in separaten Formaten (Prä-Mediation, caucus); usw.

4. Checkliste: Exploration der Bereitschaft zur Mediation

- Wer hat die Idee gehabt (den Vorschlag gemacht, die Initiative ergriffen), einen Mediator für die Regelung der Trennungs- und Scheidungsfolgen zu konsultieren?[1]
- Ist die Einigung der Parteien, einen Mediator zu konsultieren, freiwillig oder auf Druck zustande gekommen?
- Welche Beweggründe haben jede Partei veranlasst, eine kooperative Regelung der Trennungs- und Scheidungsfolgen im Rahmen einer Mediation anzustreben bzw. dieser Idee zuzustimmen?
- Welche Erwartungen und Ziele hat jede Partei hinsichtlich des Mediationsverfahrens?
- Können die Parteien – mit oder ohne Unterstützung des Mediators – ein „gemeinsames Ziel" formulieren und, wenn ja, welches?
- Welchen Gewinn und welchen Vorteil verspricht sich jede Partei von einer erfolgreich absolvierten Mediation?
- Welche Zweifel, Bedenken oder Befürchtungen hat jede Partei hinsichtlich des Verfahrens, seiner Voraussetzungen und seiner Merkmale?
- Was hat jede Partei bewogen, andere Alternativen zur einvernehmlichen Regelung der Trennungs- und Scheidungsfolgen (zB direkt geführte Gespräche ohne Mitwirkung Dritter oder sog. Vierer-Verhandlungen mit beiden Parteivertretern) derzeit auszuschließen?
- Was muss in der Mediation mindestens gewährleistet sein, damit sich jede Partei sicher fühlen kann?
- Welche Befürchtung hat jede Partei, wenn sie ihre Angelegenheiten an Rechtsanwälte und Familiengericht delegiert?[2]
- Welche Alternativen hat jede Partei, wenn die Mediation scheitert oder nicht in ihrem Sinne verläuft?
- Was verspricht sich jede Partei von diesen Alternativen?
- Welche Konsequenzen hat es für jede Partei, wenn keine Einigung erzielt und der Konflikt nicht gelöst werden kann?
- Welche Konsequenzen hat es für die Beziehung der Parteien, wenn sie keine Einigung erzielen können und der Konflikt nicht gelöst wird?
- Welche Konsequenzen hat es für die Kinder der Parteien (oder sonstige betroffene Personen, die nicht an der Mediation teilnehmen), wenn die Parteien keine Einigung erzielen können und der Konflikt nicht gelöst wird?
- Was ist für die Parteien nicht verhandelbar?
- Was sind die individuellen Einigungsgrenzen der Parteien?

Anmerkungen

1. Anwendung und Bedeutung. Die Liste von Fragestellungen ist kein Pensum, das im Vorgespräch vollständig absolviert werden muss. Aber je nach Lage der Dinge kann die

Diskussion einzelner Fragen in Betracht kommen, um die Motivation der Parteien für den Eintritt in eine Mediation und die Angemessenheit des Verfahrens zu klären. Der Mediator kann nur im Kontakt mit den Parteien entscheiden, welche Fragen zu dieser Klärung beitragen können und welche Fragen die Grenzen der Spannungstoleranz der Parteien überschreiten.

2. Die Parteien sollen nicht den abschreckenden Eindruck gewinnen, dass Mediation eine anspruchsvolle Veranstaltung ist, deren Voraussetzungen sie nicht genügen können. In der Regel ist es empfehlenswert, die entsprechenden Hinweise in den Äußerungen der Parteien abzuwarten, deren Bedeutung daraufhin fragend exploriert werden kann. Mindestens sollen jedoch die Beweggründe der Parteien geklärt werden, eine Mediation anderen Vorgehensweisen vorzuziehen, und ihre Alternativen für den Fall diskutiert werden, dass die Mediation nicht erfolgreich ist.

Es ist sinnvoll, von Anfang an einen wertschätzenden Umgang mit den individuellen Bedenken und Zweifeln der Parteien an den Tag zu legen. Es gibt kein Konfliktlösungsverfahren, das objektiv gut und empfehlenswert ist, sondern nur eines, das auch die Parteien für sich, ihre Anliegen und ihre Situation subjektiv als gut und angemessen einschätzen. Nach unseren Erfahrungen ist es kontraproduktiv, die Parteien trotz ihrer Vorbehalte von den Vorteilen einer Mediation überzeugen zu wollen.

5. Checkliste: Kommunikationsfähigkeiten

Ist jede der Parteien – nach entsprechenden Interventionen des Mediators – in der Lage

- eigene Anliegen, Interessen und Ziele zu formulieren, für die sie sich einsetzen will?
- ihre Anliegen und Interessen auch angesichts der oppositionellen Einstellung des Partners zu vertreten?
- von ihren eigenen Gefühlen, ihren eigenen Auffassungen und ihren eigenen Anliegen zu sprechen (oder lässt sie sich vor allem über die andere Partei aus)?
- für ihre Auffassungen, Einstellungen und Gefühle Verantwortung zu übernehmen (oder macht sie dafür die andere Partei verantwortlich)?
- die Sichtweise der anderen Partei zu verstehen (ohne deren Sichtweise zu teilen)?
- sich in die Situation der anderen Partei hineinzuversetzen?
- ihre eigenen Interessen von den Bedürfnissen ihrer Kinder zu unterscheiden?
- die andere Partei aussprechen zu lassen, ohne sie zu unterbrechen?
- bei der Diskussion eines Themas zu bleiben (oder kommt sie von Hundertsten zum Tausendsten)?
- auf Beschimpfungen, Herabsetzungen und Diskriminierungen des Partners zu verzichten?
- auf Drohungen mit Polizei und Gericht, mit Gewalt oder Suizid zu verzichten?
- es zurückstellen, den Partner oder sich selbst zu beschuldigen?
- situativ auf Vorwürfe, Anklagen und Beschuldigungen sowie auf Rechtfertigungen oder Gegenattacken zu verzichten?
- davon Abstand zu nehmen, verstehen zu wollen, was in der Ehe falsch gelaufen ist und wie man es hätte besser machen können?
- zukunftsorientiert zu denken und zu planen (oder bleibt sie an die Vergangenheit fixiert)?
- sich für sich selbst eine positive bzw. zumindest akzeptable Zukunft vorzustellen?
- es aufzugeben, sich in den Verhandlungen von ihren negativen Gefühlen und Einstellungen (gegenüber der anderen Partei) leiten zu lassen?
- die andere Partei soweit als vertrauenswürdige Person betrachten zu können, dass sie mit ihr zusammenarbeiten sowie eine Vereinbarung schließen und einhalten kann?
- es situativ zurückstellen zu können, den Partner als charakterlich problematisch, als unverantwortlich, als krank, böse oder gefährlich zu beschreiben?[1, 2]

Anmerkungen

1. Anwendung und Bedeutung. Die zitierten Fragestellungen sollen den Mediator auf die Beobachtung der Interaktion der Parteien einstellen und ihm helfen, auf zu erwartende Komplikationen in der Zusammenarbeit vorbereitet zu sein. Sie sollen ihm Gelegenheit geben, ein dysfunktionales Konflikt- und Konfliktlösungsverhalten der Parteien zu identifizieren und zu prüfen, ob es ihm gelingt, die Parteien zur Kontrolle dieses Verhaltens zu bewegen. Vor allem sollen sie den Mediator in die Lage versetzen, mit den Parteien über zusätzliche Hilfen und Vorkehrungen zur Gestaltung einer aufgaben- und ergebnisorientierten Kommunikation zu diskutieren (→ Form. T.3 Anm. 5). Mit dieser Diskussion werden auch die Parteien für die Bedeutung sensibilisiert, die ihr Kommunikations- und Interaktionsverhalten für den Verlauf und den Erfolg einer Mediation hat.

2. Wir wollen ausdrücklich darauf hinweisen, dass die genannten Fragen kein psychometrisches Testverfahren zur Diagnostik von geeigneten bzw. ungeeigneten Kandidaten sind. Erfahrungsgemäß ist keine der hier formulierten Verhaltensweisen für sich allein genommen ein unüberwindbares Hindernis für den Eintritt in die Mediation und für einen erfolgreichen Abschluss. Die Kumulation von mehreren dysfunktionalen Kommunikationsmustern kann jedoch als Warnsignal fungieren und eine insgesamt schwierige und langwierige Mediation ankündigen, in der wahrscheinlich sowohl bedeutungserweiternde Interventionen als auch massivere prozedurale Maßnahmen (einschließlich separater Einzelsitzungen) notwendig werden. Entscheidend ist, ob die Parteien im Fall eines Kontrollverlustes mit Hilfe der Interventionen des Mediators ihre Arbeitsfähigkeit zurückgewinnen können.

6. Mediationsvereinbarung zwischen den Parteien

Mediationsvereinbarung

zwischen[1]

Herrn ......

und

Frau ......

1. Wir haben mit der Mediatorin ...... einen Mediationsvertrag[2] abgeschlossen, der dieser Vereinbarung beigefügt ist.
2. Die Besonderheiten und die Grundsätze des Mediationsverfahrens sind uns bekannt. Wir sind bereit, unsere Lebensverhältnisse, unsere wirtschaftliche Situation und unsere Zukunftsperspektiven offenzulegen,[3] um unser angestrebtes Ziel zu erreichen.
3. Wir verpflichten uns wechselseitig dazu, den Inhalt unserer Gespräche in der Mediation Dritten gegenüber vertraulich zu behandeln[4] – insbesondere gegenüber Ämtern, Behörden und Zivilgerichten. Ausnahmeregelungen werden wir gesondert treffen – insbesondere im Hinblick auf unsere parteilich beratenden Rechtsanwälte. Die Vertraulichkeitspflicht beinhaltet auch, dass wir über die Gegenstände und Inhalte der Mediation keine Parteivernehmung in einem etwaigen Rechtsstreit zwischen uns beantragen werden. Wir sind uns darin einig, den Mediator zu keinem Zeitpunkt von seiner Verschwiegenheitspflicht zu entbinden und als Zeugen zu benennen. Wir verpflichten uns dazu, vom Mediator auch keine Aufzeichnungen oder Dokumente zur

Vorlage in einem etwaigen gerichtlichen Verfahren zwischen uns zu verlangen. Diese Vertraulichkeitsvereinbarung gilt auch für die Zeit nach Abschluss der Mediation.

4. Wir erklären uns für die Dauer der Mediation wechselseitig dazu bereit, uns rechtzeitig über anstehende Entscheidungen (außerhalb der Mediation), die Auswirkungen auf die in der Mediation angestrebten gemeinsamen Regelungen haben können (zB Veräußerung und Belastung von Vermögenswerten, Änderung der Steuerklassen, Einreichung des Scheidungsantrags, Umzug, usw.), zu informieren und diese Entscheidungen vorher miteinander abzustimmen.
5. Wir verpflichten uns wechselseitig dazu, ab Datum dieses Vertrages und bis zu dessen Kündigung gegenseitig keinerlei gerichtliche Schritte einzuleiten,[5] laufende gerichtliche Auseinandersetzungen ruhen zu lassen sowie aus etwa bestehenden Titeln nicht vorzugehen. Hiervon sind alle Ansprüche erfasst, die Gegenstand der Mediation sind oder werden können.
6. Wir sind uns darüber einig, dass während der Dauer der Mediation die Verjährung dieser Ansprüche gehemmt ist.[6] Für den Fall, dass während der Mediation Ansprüche untergegangen sein sollten,[7] werden diese hiermit vertraglich neu begründet. Mit Ablauf des (Datum) verfallen diese Ansprüche wieder.
7. Wir sind uns darin einig, die Kosten der Mediation jeweils zur Hälfte zu tragen.[8]

Ort, Datum

. . . . . .

(Unterschriften der Parteien)

Anmerkungen

1. Mediationsvereinbarung. Der Eintritt der Parteien in das Mediationsverfahren wird mit einem Arbeitsbündnis dokumentiert. Dabei soll die Vereinbarung zwischen den Parteien (Mediationsvereinbarung) von der Vereinbarung zwischen den Parteien und dem Mediator (Mediationsvertrag) unterschieden werden. Für den Eintritt in das Mediationsverfahren müssen den Parteien die Arbeitsbedingungen vorab bekannt sein, sie müssen sie verstanden haben und mit ihnen einverstanden sein. Auch das Ziel des Mediationsverfahrens – eine außergerichtliche, direkt ausgehandelte Einigung der Parteien hinsichtlich der Regulierung der Trennungs- und Scheidungsfolgen – muss von beiden Parteien geteilt und anerkannt werden. Es ist deshalb immer notwendig, dass die Arbeitsbedingungen mit den Parteien ausführlich besprochen werden, bevor sie die Mediationsvereinbarung und den Mediationsvertrag unterschreiben. Die Parteien sollen soweit über das Prozedere aufgeklärt sein, dass sie über den Arbeitsprozess orientiert sind und keine Überraschungen zu erwarten haben bzw. sich alternativ für andere Konfliktlösungsverfahren entscheiden können, die mit ihren Erwartungen stärker im Einklang stehen. Der Mediator ist gemäß § 2 Abs. 2 MediationsG verpflichtet, sich dessen zu vergewissern.

2. Mediationsvertrag. → Form. T.7.

3. Offenheit. Mit der Bereitschaft der Parteien, über ihre Lebensverhältnisse, ihre wirtschaftliche Situation und ihre Zukunftsperspektiven Auskunft zu geben, erklären sie ihren guten Willen zu einer vertrauensvollen Zusammenarbeit. Deshalb zählt die Offenlegung der relevanten Informationen zu den Grundregeln eines kooperativen Konfliktlösungsprozesses, zu denen sich die Parteien per Vereinbarung verpflichten (vgl. Richtlinien der BAFM II.3.(4)). Dazu muss jede Partei beim Eintritt in die Mediation prüfen, ob berechtigte Geheimhaltungsinteressen zur Abwehr rechtlicher, wirtschaftlicher oder persönlicher Risiken vorliegen, die mit der Verpflichtung zur Offenheit in der Mediation kollidieren. Es wird kritisch angemerkt, dass eine umfangreiche und weitgefasste Offenlegungspflicht das Risiko für Anfechtungs- und Schadenersatzansprüche beinhaltet. *Hacke* schlägt deshalb vor, statt einer Offenlegungspflicht möglichst genaue Leitlinien (Sollvorschriften unterhalb von strikter Rechtsverbindlichkeit) für die von den Parteien zu erteilenden Informationen aufzustellen, um den Parteien eine Orientierung für das von ihnen erwartete Verhalten zu geben, ohne zugleich Schadenersatzansprüche und Anfechtungsrechte heraufzubeschwören. Der Grundsatz der Offenheit ist im Mediationsgesetz nicht erwähnt. Aus dem Wesen der Mediation, die Konfliktparteien bei einer autonomen Regelung ihrer Angelegenheiten zu unterstützen, folgt jedoch das Erfordernis der Kenntnis der Sach- und Rechtslage. In Unkenntnis dessen wären autonome Entscheidungen nicht möglich.

4. Vertraulichkeit. Dem Schutz der Offenheit innerhalb des Mediationsverfahrens dient eine Vereinbarung zur Vertraulichkeit, um drohende (Rechts-)Nachteile für die Parteien im Falle des Scheiterns der Mediation so weit wie möglich ausschließen zu können. Auch der Grundsatz der Vertraulichkeit zählt zu den Grundregeln des Mediationsverfahrens (§ 1 Abs. 1 MediationsG, Richtlinien der BAFM II.3.(5)). Eine Verschwiegenheitsverpflichtung der Parteien ist jedoch in das Mediationsgesetz nicht aufgenommen worden. Die Vertraulichkeit bezieht sich in der Regel auf alle an der Mediation nicht beteiligte Personen – auch auf die Parteianwälte. Inhalt und Umfang derjenigen Informationen, die für die notwendige parteiliche Rechtsberatung erforderlich sind, werden im Verlauf des Verfahrens definiert und von der Verschwiegenheitspflicht in Form einer Vereinbarung ausgenommen (→ Form. T.9 Anm. 2). Es ist denkbar, für den Fall der Verletzung der Verschwiegenheitsverpflichtung vertraglich Sanktionen zu vereinbaren. Zur Sicherung des Grundsatzes der Vertraulichkeit vereinbaren die Parteien i. d. R., dass sie im Falle einer gerichtlichen Auseinandersetzung über die Gegenstände der Mediation den Mediator nicht als Zeugen benennen und keinen Antrag auf Parteivernehmung stellen werden. Solche Beweismittelverträge sind zulässig und bewirken einen Ausschluss dieser Zeugen vor Gericht.

5. Klagbarkeitsbeschränkung. Es zählt zu den Voraussetzungen für den Eintritt in eine Mediation, dass die Parteien sich bereitfinden, während ihrer Dauer über die zu verhandelnden Gegenstände keine gerichtliche Auseinandersetzungen gegeneinander zu führen und auch ihre Rechtsanwälte nicht mit einer Vertretung in diesen Angelegenheiten zu beauftragen. Die Parteien vereinbaren damit eine Klagbarkeitsbeschränkung (pactum de non petendo). Abredewidrig erhobene Klagen sind damit unzulässig (BGH NJW-RR 1989, 1048 f.; OLG Frankfurt ZKM 1998, 43 ff.; interessant hierzu BVerfG ZKM 2007, 128 m. Anm. *Greger*). Im Einzelfall kann es sinnvoll sein, die Möglichkeiten eines einstweiligen Rechtsschutzes vom pactum de non petendo auszunehmen. Hierauf hat der Anwaltsmediator hinzuweisen (→ Form. T.3 Anm. 3).

6. Verjährung. Vgl. §§ 203, 207 BGB. Der Mediator hat die Parteien darauf hinzuweisen, wann die Hemmung der Verjährung beginnt und wann sie endet (ausführlich in *Greger/Unberath* § 1 Rn. 170 ff.).

7. Ausschlussfristen. Gesetzliche Ausschlussfristen können vertraglich nicht verlängert werden, so dass auf ihren Lauf nicht wirksam verzichtet werden kann. Es empfiehlt sich daher, die von gesetzlichen Ausschlussfristen betroffenen Rechte vertraglich neu zu begründen.

8. Kostenverteilung. Im Innenverhältnis zwischen den Parteien wird zu Beginn der Mediation eine Vereinbarung über die Verteilung der Mediationskosten getroffen. Es kommen Regelungen in Betracht, wonach die Parteien diese Kosten zu gleichen Teilen tragen oder sie nach einem bestimmten Schlüssel aufteilen: zB nach ihren Einkommen, so dass Partei A ein Drittel der Kosten, Partei B zwei Drittel übernimmt. Die Frage, ob nur eine Partei die gesamten Kosten tragen kann, wird unterschiedlich beantwortet. In der Regel bestehen Mediatoren jedoch auf einer finanziellen Beteiligung beider Parteien und betrachten diese Entscheidung als Ausdruck des Engagements der Parteien für den Arbeitsprozess. Der Mediator kann anregen, dass die Parteien ihre Rechtschutzversicherung kontaktieren, um zu klären, ob die Kosten ganz oder teilweise erstattet werden.

7. Mediationsvertrag zwischen Parteien und Mediator

Mediationsvertrag

zwischen[1, 2, 3, 4]

Frau ......

Herrn ......

im Folgenden Parteien genannt

und

Frau Rechtsanwältin ......

im Folgenden Mediatorin genannt

1. Die Parteien beauftragen die Mediatorin, sie bei der Regelung ihrer Trennungs- und/oder Scheidungsfolgen zu unterstützen.[5] Die Mediatorin wird ihnen dabei behilflich sein, eine für beide Parteien interessengerechte und faire Einigung zu erarbeiten. Die Mediatorin wird die Parteien dabei unterstützen, in der Mediation ihre persönlichen Interessen zu vertreten und die Belange ihrer Kinder zu berücksichtigen. Die Mediatorin hat keine eigene inhaltliche Entscheidungsbefugnis. Die von den Parteien zu treffenden Entscheidungen werden von ihnen selbst verantwortet.[6]
2. Die Mediatorin stellt den Parteien ihr Erfahrungswissen zur Verfügung. Insbesondere wird sie die Parteien als Rechtsanwältin in einer neutralen Weise über die Rechtslage[7] zu ihren Konflikten und zu ihren Entscheidungen aufklären sowie über die Möglichkeiten und Grenzen der Vertragsfreiheit und über die voraussichtlichen Erfolgsaussichten für die Durchsetzung von Maximalpositionen informieren.[8]
3. Obwohl die Mediatorin Rechtsanwältin[9] ist, wird sie nicht als parteiliche Anwältin für eine der Parteien tätig werden. Das bedeutet auch, dass die Mediatorin während der Dauer der Mediation die Rechtspositionen einer Partei nicht gegen die andere Partei schützt. Die Mediatorin wird keine der Parteien gegen die andere beraten und/oder vertreten. Dies gilt auch für die Zeit nach dem Ende der Mediation.
4. Die Parteien erklären, dass die Mediatorin weder in dieser Angelegenheit, noch in anderen Angelegenheiten für eine der Parteien vorbefasst war.
5. Die Mediatorin verpflichtet sich, sich neutral zu verhalten.[10]
6. Die Mediatorin ist zur vollständigen Verschwiegenheit allen Dritten gegenüber verpflichtet.[11] Sie hat im Falle eines etwaigen Rechtsstreits zwischen den Parteien ein eigenes Zeugnisverweigerungsrecht. Die Parteien verpflichten sich dazu, die Mediatorin weder einzeln noch gemeinsam von ihrer Verschwiegenheitspflicht zu entbinden.
7. Die Parteien erkennen an, dass das Gelingen der Mediation in jeder Phase größtmögliche Offenheit voraussetzt.[12] Deshalb erklären sie sich dazu bereit, sämtliche Informationen in die Mediation einzubringen, die für das Verständnis des Konflikts und

der von ihnen verfolgten Interessen erforderlich sind – insbesondere Informationen, die die Gegenstände der Mediation betreffen, wie zB ihre Einkommens- und Vermögensverhältnisse oder ihre persönlichen Zukunftsperspektiven.

8. Die Parteien nehmen freiwillig an der Mediation teil.[13] Ihnen ist bekannt, dass sie die Mediation jederzeit einseitig beenden können. Die Mediatorin wird die Mediation nur aus wichtigem Grund kündigen.
9. Die Parteien verpflichten sich dazu, spätestens vor Abschluss einer rechtsverbindlichen Vereinbarung und unabhängig voneinander, den Rat eines parteilichen Rechtsanwalts einzuholen.[14]
10. Die Parteien sind darüber aufgeklärt worden, dass die Gesamtlösung nur Schritt für Schritt erarbeitet werden kann. Teilergebnisse sind daher in ihrem Wesen nach vorläufig. Die Einigung gewinnt erst mit der gemeinsamen Unterschrift unter die Vereinbarung bzw. erst mit einer notariellen Beurkundung Rechtsverbindlichkeit.[15] Die Mediatorin ist verpflichtet, die Parteien auf Formerfordernisse hinzuweisen, die zum Erreichen der Rechtsverbindlichkeit notwendig sind.
11. Das Honorar[16] der Mediatorin wird für die aufgewendeten Gesprächszeiten und die Zeit, die sonstige notwendige Arbeiten (zB Erstellen der Protokolle und des Memorandums, Durchsicht von Unterlagen, Besprechung mit Dritten, externe Erhebung von Daten und Informationen) in Anspruch nehmen, entsprechend § 34 RVG berechnet. Die Einzelheiten werden in einer gesonderten Honorarvereinbarung geregelt.
12. Die Parteien können die Mediatorin zusätzlich mit dem Entwurf einer rechtsverbindlichen Vereinbarung beauftragen. Die Höhe des Honorars für diesen Auftrag wird vor dessen Erteilung gesondert vereinbart.
13. Die Parteien wurden darüber aufgeklärt, dass aufgrund gesetzlicher Regelungen (§§ 203, 207 BGB) während der Dauer der Mediation der Ablauf der Verjährung gehemmt ist.[17] Die Verjährung tritt frühestens drei Monate nach dem Ende der Hemmung ein. Sollte die Mediation abgebrochen werden, wird dies entweder in einer Mediationssitzung von beiden Parteien schriftlich festgehalten oder aber dem jeweils anderen Teil durch eingeschriebenen Brief mit Rückschein mitgeteilt. Als Beendigungsdatum gilt der Tag der betreffenden Sitzung oder aber der Tag des Zugangs des genannten Einschreibebriefes.
14. Die Mediation beginnt mit Abschluss dieses Vertrages. Sie kann auf folgende Weise beendet werden:[18] nach Autorisierung des Schlussprotokolls (Memorandum) bzw. nach Abschluss der rechtsverbindlichen Vereinbarung, durch Kündigung einer der Parteien oder durch Kündigung durch die Mediatorin aus wichtigem Grund. Außerdem kann ein Ende der Mediation einvernehmlich per Datum festgelegt werden.
15. (Besondere Vereinbarungen)[19]
16. Die Inhalte dieser Vereinbarung sind ausführlich erläutert und diskutiert worden. Die Parteien erkennen an, sie in ihrer Bedeutung für die Mediation verstanden zu haben und stimmen ihnen mit ihrer Unterschrift zu.

Ort, Datum

. . . . . .

(Unterschriften der Parteien)

(Unterschrift der Mediatorin)

Anmerkungen

1. Mediationsvertrag. Das Mediationsgesetz definiert einige Rahmenbedingungen des Mediationsverfahrens, lässt jedoch angesichts der noch andauernden Entwicklung der Mediation bewusst Spielräume offen. Es empfiehlt sich daher einen Mediationsvertrag mit den Parteien abzuschließen. Das hier zitierte Muster stellt keinen Standardvertrag dar, sondern ist als Vorschlag formuliert, der an den Einzelfall angepasst werden muss. Mediationen kommen zustande, wenn sich die Konfliktparteien dazu entscheiden. Anregungen, eine Mediation zu absolvieren, finden sich in verschiedenen Normen (§ 15a EGZPO, § 278 Abs. 5 S. 2 ZPO, § 156 FamFG, § 17 Abs. 2 SGB VIII) und vereinzelt in vorbeugenden Mediationsklauseln (→ Form. T.20).

2. Vertragstypus. Zur Rechtsnatur vgl. *Greger/Unberath* § 2 Rn. 26 ff.

3. Form. Der Mediationsvertrag bedarf keiner besonderen Form. Schriftform empfiehlt sich jedoch aus Gründen der Rechtssicherheit. Allgemeine Geschäftsbedingungen liegen nicht vor, wenn der Vertrag im Einzelnen mit den Parteien ausgehandelt und ihnen nicht als vorformuliertes Vertragswerk gestellt wird. § 305 Abs. 2 BGB sollte stets beweisbar angewendet werden.

4. Mediator. Mediator ist keine Berufsbezeichnung, sondern gemäß § 1 Abs. 2 MediationsG eine unabhängige und neutrale Person ohne Entscheidungsbefugnis, die die Parteien durch die Mediation führt. Nach § 7a BORA darf sich als Mediator bezeichnen, wer durch geeignete Ausbildung nachweisen kann, dass er die Grundsätze des Mediationsverfahrens einschließlich seiner speziellen Prozessführung beherrscht (vgl. auch Schlussbericht des BRAK-Ausschusses Mediation und BGH NJW 2002, 2948; *Horn* NJW 2007, 1413). Kritisch hierzu *Greger/Unberath* § 1 Rn. 91. § 5 Abs. 1 MediationsG regelt die der Qualitätssicherung dienenden Anforderungen an einen Mediator. Die Ausbildung nach den Richtlinien der BAFM erfüllt diese Anforderungen.

5. Ziel der Familien-Mediation. Im Bereich der Trennungs- und Scheidungsmediation bezieht sich der Auftrag in der Regel auf die Regelung der Trennungs- und Scheidungsfolgen sowie darauf, welche Rechtsverbindlichkeit die gefundenen Lösungen erreichen sollen und wie sie faktisch umgesetzt werden. Darüber hinaus bezieht sich der Auftrag in der Regel auch auf die Gestaltung der zukünftigen elterlichen Aufgaben, zB die Fortsetzung der gemeinsamen Kindererziehung und die arbeitsteilige Planung lebenspraktischer Aufgaben, die bei der Reorganisation der Familie in zwei Haushalten anfallen, sowie auf die Definition neuer Intimitätsgrenzen zwischen den Partnern (vgl. *Emery* 1994)

6. Selbstverantwortung. Die Eigenverantwortlichkeit der Parteien ist in § 1 Abs. 1 MediationsG als Wesensmerkmal des Mediationsverfahrens benannt. Gemäß § 2 Abs. 6 Satz 1 MediationsG muss der Mediator darauf hinwirken, dass die Parteien ihre Autonomie wahrnehmen können. Trennungs- und Scheidungsmediation ist ursprünglich als Alternative zum familiengerichtlichen Prozess konzipiert worden. Sie beruht primär auf der Bereitschaft der Parteien, auf die Delegation der Konfliktlösung an eine dritte (höhere) Instanz zu verzichten, statt dessen selbst aktiv am Arbeitsprozess zu partizipieren, die notwendigen inhaltlichen Entscheidungen in den eigenen Angelegenheiten selbst zu treffen und persönlich Verantwortung für die erarbeiten Ergebnisse zu übernehmen. Wenn sich die Parteien für eine Mediation entscheiden, entscheiden sie sich dafür, Eigentümer des Konflikts und der Konfliktlösung bleiben zu wollen (*Mähler/Mähler* 1995). Selbstbestimmung und Selbstverantwortung der Parteien werden deshalb zu den zentralen Parametern des Mediationsverfahrens gezählt (Richtlinien der BAFM II. 3. (3)). Hierbei kann die Kontrolle der inhaltlichen Entscheidungen, die bei der Regelung der

Trennungs- und Scheidungsfolgen getroffen werden müssen, von der Kontrolle der Prozeduren, mit denen diese Entscheidungen erreicht werden, unterschieden werden. Die Annahme jedoch, die von einer Unabhängigkeit von Prozesskontrolle (durch den Mediator) einerseits und von Ergebniskontrolle (durch die Parteien) andererseits ausgeht, kann inzwischen kritisch, d.h. als eine fragwürdige Vereinfachung eines komplexen Geschehens wechselseitiger Beeinflussung, gesehen werden. Der Mediationsvertrag enthält deshalb die Klarstellung, dass der Mediator keinen Auftrag von den Parteien angenommen hat, ihre Streitigkeiten inhaltlich zu entscheiden.

7. Rolle des Rechts in der Mediation. In der Mediation wird das Recht – anders als in gerichtlichen Verfahren und anwaltlichen Vergleichsgesprächen – primär nicht als Unterordnungsnorm angewandt, sondern zur Gestaltung der angestrebten Vereinbarungen verwendet. Hierzu gehört es, dass die Parteien die Grenzen der Vertragsfreiheit ebenso kennen wie die für sie günstigen rechtlichen und steuerlichen Gestaltungsmöglichkeiten; dass die Parteien anhand der gesetzlich genannten Scheidungsfolgesachen prüfen können, ob alle für sie relevanten Fragestellungen lückenlos geklärt wurden; dass die Parteien ihre persönlichen Gerechtigkeitsvorstellungen anhand der gesetzlichen Wertungen überprüfen können; dass die Parteien in Kenntnis der Rechtslage entscheiden können, wann die Grenzen ihrer Einigungsbereitschaft erreicht sind und sie ggf. die Mediation beenden wollen. Der anwaltliche Mediator betreibt auch keine Rechtsberatung im Sinne einer parteilichen Rechtsberatung, sondern fallbezogene Rechtsaufklärung.

8. Aufklärung über die Rechtslage. Der Mediator wird von den Parteien beauftragt, sie bei der autonomen Regelung ihrer Konflikte zu unterstützen. Um die Folgen ihrer Trennung und Scheidung autonom regeln zu können, benötigen die Parteien Informationen über die Rechtslage. Nach § 2 Abs. 6 S. 2 MediationsG ist der Mediator unabhängig von seinem Grundberuf verpflichtet, im Rahmen der Vorbereitung der Abschlussvereinbarung die nicht fachlich beratenen Parteien auf die Möglichkeit hinzuweisen, externen Rechtsrat einzuholen. Auch der zur Rechtsberatung befugte Mediator ist nicht dazu verpflichtet, während der Mediation oder in Bezug auf die beabsichtigte Vereinbarung inhaltliche Rechtsinformationen zu erteilen. Sollte er Bedenken gegen die Wirksamkeit der beabsichtigten Vereinbarung haben, zB wegen Formmängeln, eines Verstoßes gegen zwingendes Recht, usw., muss er seine Bedenken jedoch kundtun oder auf den insoweit bestehenden Bedarf einer externen Rechtsberatung hinweisen (*Greger/Unberath* Teil 2 § 2 Rn. 195 f., → Form. T.10 Anm. 2). In diesem Formular wird vorgeschlagen vertraglich zu vereinbaren, dass der Anwaltsmediator die (Leistungs-)Pflicht übernimmt, über die rechtlichen Implikationen der beabsichtigten Vereinbarung und über etwaige Wirksamkeitshindernisse aufzuklären. Diese Aufklärung erfolgt strikt neutral und befähigt die Parteien dazu, besser entscheiden zu können, welche Gerechtigkeitserwägungen sie ihrer Konfliktlösung zugrunde legen wollen und ob und wenn ja inwieweit sie die den gesetzlichen Regelungen zugrunde liegenden Gerechtigkeitsvorstellungen und die gegenwärtige Rechtslage bei ihrer Einigung berücksichtigen wollen (→ Form. T.10, → Form. T.11, → Form. T.13). Der Anwaltsmediator haftet für die Richtigkeit seiner Informationen nach den allgemeinen Bestimmungen.

9. Rechtsanwalt als Mediator. Mediation zählt inzwischen zum Bereich anwaltlicher Beratung und fällt unter § 3 Abs. 1 BRAO. Sie ist i.d.R. als Teil anwaltlicher Tätigkeit in der Berufshaftpflichtversicherung mitversichert. Gem. § 18 BORA unterliegt der Rechtsanwalt in seiner Funktion als Mediator oder Co-Mediator den Regeln des Berufsrechts und übt anwaltliche Tätigkeit aus. Es ist allgemein anerkannt, dass der Anwaltsmediator keine widerstreitenden Interessen vertritt (§ 43a Abs. 4 BRAO) und keinen Parteiverrat (§ 356 StGB) begeht (vgl. hierzu *Greger/Unberath* § 1 Rn. 83.) Es wird von einer Interessengleichheit der Parteien ausgegangen, nämlich ihrem gemeinsamen Interesse an einer gütlichen Einigung. Demgemäß vertritt der Anwaltsmediator im Rahmen einer Mediation nicht die Rechte einer der Parteien gegen die andere, sondern klärt über die Rechtslage in einer neutralen Weise auf. Gem. § 50 BRAO hat der Anwaltsmediator Handakten zu führen und aufzubewahren. Hierunter fällt auch die Pflicht, die Mediationssitzungen zumindest in groben Zügen zu protokollieren.

10. Neutralität und Unabhängigkeit des Mediators. Die Regelung im Mediationsvertrag hat seit In-Kraft-Treten des Mediationsgesetzes nur mehr deklaratorische Bedeutung. § 1 Abs. 2 MediationsG definiert den Mediator als unabhängige und neutrale Person und erlegt ihm in § 3 Abs. 1 Satz 1 MediationsG eine Offenbarungspflicht (vgl. *Greger/Unberath* Teil 2 § 3 Rn. 22 ff.) und in § 3 Abs. 1 S. 2 und Abs. 2 MediationsG Tätigkeitsverbote (vgl. *Greger/Unberath* Teil 2 § 3 Rn. 27 ff.) auf, wenn Einschränkungen bestehen oder die Möglichkeit einer Einschränkung besteht. Die Qualität eines Mediationsverfahrens hängt maßgeblich davon ab, dass der Mediator diese Voraussetzungen erfüllt und die Parteien hierauf vertrauen. § 2 Abs. 3 S. 1 MediationsG bringt zum Ausdruck, dass Neutralität im Sinne einer Allparteilichkeit vom Mediator erwartet wird und zu seinen Vertragspflichten gehört. Dies bedeutet, 1. frei von Abhängigkeiten einer Partei gegenüber zu sein, 2. kein direktes Interesse an dem Gegenstand der Verhandlungen oder an einem bestimmten Verhandlungsergebnis zu haben, 3. keinerlei Interessenkonflikt zu haben oder den Anschein eines solchen zu erwecken (*Greger/Unberath* Teil 2 § 3 Rn. 9 ff.; Teil § 2 Rn. 126), 4. keine anderweitigen Kenntnisse über die zu verhandelnden Angelegenheiten zu haben und 5. ein faires Verfahren zu gewährleisten, in dem sich die Autonomie der Parteien niederschlägt und die Grundsätze der Informiertheit, der Freiwilligkeit, der Vertraulichkeit und der Offenheit gewahrt werden. Zu den Folgen einer Verletzung der Allparteilichkeit und Unabhängigkeit vgl. *Greger/Unberath* Teil 2 § 2 Rn. 131 und Teil 2 § 3 Rn. 42 ff.

Im Verfahren selbst wird die Rolle des Mediators durch einen expliziten Verzicht auf eine eigene inhaltliche Einflussnahme beschrieben. Es kommt deshalb nicht in Betracht, dass der Mediator als (Schieds-)Richter in den zur Debatte stehenden Streitfragen fungiert oder seine Sachkunde dafür einsetzt, die Entscheidungsfreiheit der Parteien einzuschränken. Diese Zurückhaltung des Mediators soll gewährleisten, dass die Parteien die Kontrolle über die Regelung ihrer Scheidungsfolgen aufrechterhalten können. Außerdem wird erwartet, dass der Mediator keine Vorurteile oder Vorlieben gegenüber den Parteien (und ihren Auffassungen) an den Tag legt und sie in Sprache und Verhalten respektvoll, unparteiisch und fair behandelt. Jede Partei soll einen Anspruch darauf haben, beachtet, gehört und verstanden zu werden. Insgesamt wird die Neutralität des Mediators als eine zentrale Verpflichtung in der Trennungs- und Scheidungsmediation betrachtet (vgl. Richtlinien der BAFM II. 3. (2)), deren Einschränkung sowohl die Fairness des Verfahrens als auch die Autorität und Wirksamkeit des Mediators fundamental in Frage stellen können. Inzwischen besteht jedoch ein Konsens darüber, dass die Neutralität des Mediators in einem strengen Sinn nicht eingehalten werden kann. Mit der Konsultation eines Mediators, tritt dieser in das Konfliktgeschehen ein und beteiligt sich unwillkürlich, aber auch intentional an dessen weiteren Verlauf. *Greatbatch/Dingwall* haben deshalb aufgrund ihrer Untersuchungen die Prozessführung des Mediators als „selektive Förderung der Diskussion" (selective facilitation) bezeichnet. *Cobb/Rifkin* haben zeigen können, dass in der Literatur zwei unterschiedliche und konkurrierende Konzeptionen von Neutralität vertreten werden: Neutralität im Sinne von Unparteilichkeit (impartiality) und Neutralität im Sinne von Allparteilichkeit (equidistance). Neutralität im Sinne von Unparteilichkeit wird als Unvoreingenommenheit des Mediators gesehen, wenn dieser sich darum bemüht, seine persönlichen Auffassungen nicht in die Prozessführung und vor allem nicht in die inhaltliche Gestaltung der Einigung einfließen zu lassen. Es wird eine ausgesprochene Zurückhaltung des Mediators erwartet, keine der Parteien zu bevorzugen oder zu benachteiligen. Neutralität bezieht sich hier vor allem auf die interne Kontrolle psychologischer Prozesse innerhalb der Person des Mediators. Neutralität im Sinne von Allparteilichkeit beschreibt – im Gegensatz dazu – einen relationalen Prozess zwischen Parteien und Mediator, wenn dieser aktiv dafür Sorge trägt, dass ein Gleichgewicht zwischen den Parteien aufrechterhalten bzw. hergestellt wird und keine der Parteien die andere dominieren kann. Hier kann der Mediator situativ mal die eine, mal die andere Partei unterstützen, ohne jedoch generell in eine einseitige Schieflage zu geraten. Neutralität wird als das „summative Ergebnis" dieses Prozesses betrachtet. Die Autorinnen merken kritisch an, dass auf diesem Hintergrund eine einseitige Intervention zugunsten einer Partei sowohl negativ als auch positiv betrachtet werden könne und damit ein paradoxes Dilemma konstelliere. *Folger/Jones* schlagen vor, akzeptable Formen der Einflussnahme des Mediators zu definieren und von problematisch gesehenen Formen abzugrenzen. Außerdem schlagen sie vor, Stellung zu der Frage zu beziehen, welche Formen der Einflussnahme gegenüber den Parteien vor Eintritt in das Verfahren explizit gemacht werden müssen.

11. Verschwiegenheit und Zeugnisverweigerungsrecht. Die Verpflichtung zur Verschwiegenheit des Mediators ergibt sich aus § 4 MediationsG, der die berufsrechtliche Regelungen, nämlich § 43a Abs. 2 BRAO, §§ 2, 18 BORA verdrängt (vgl. *Greger/Unberath* § 4 Rn. 6). Die Verpflichtung der Parteien, den Mediator nicht als Zeugen in einem gerichtlichen Verfahren zu benennen, soll dem Schutz des Mediators, seiner Rolle und den auf Kooperation angelegten Arbeitsbedingungen des Mediationsverfahrens dienen (vgl. Richtlinien der BAFM II. 3. (5)). Es wird als ein wesentlicher Faktor für den Erfolg einer Mediation betrachtet, dass sich die Parteien zu einer vertrauensvollen Zusammenarbeit mit dem Mediator bereitfinden können. Die Vertrauenswürdigkeit des Mediators wird jedoch in Frage gestellt, wenn sie durch Befürchtungen konterkariert wird, dass der Mediator in einem späteren Scheidungsverfahren Auskunft erteilen und in einem antagonistisch angelegten Rechtsstreit zum Vor- oder Nachteil einer der Parteien aussagen könnte. Dieser Fall kann insbesondere dann eintreten, wenn die Mediation abgebrochen wird oder scheitert bzw. wenn die in der Mediation erzielte Einigung von den Parteien anschließend unterschiedlich interpretiert oder nachträglich ganz in Frage gestellt wird. Ohne entsprechende Schutzvorkehrungen wird die Gefahr gesehen, dass die Parteien das Verfahren ausdrücklich dazu benutzen können, den Mediator als einen potentiellen Zeugen zu präparieren. Innerhalb einer doppelbödigen Arbeitsbeziehung könnten sich die Parteien kommunikativ als „Partisanen" verhalten und eine offene Diskussion ihrer Anliegen bzw. eine Transparenz ihrer Verhältnisse vermeiden. Die Parteien müssen Vertrauen in das Verfahren und den Mediator setzen können, um sicher sein zu können, dass ihnen die erwünschten Verhaltensweisen nicht schaden. Die Wirksamkeit des Mediationsverfahrens wird gerade darin gesehen, dass die Parteien dazu angehalten werden, die Beweggründe für die von ihnen eingenommenen Positionen offen zu legen und den Konflikt über das wechselseitige Verständnis ihrer Motivationen zu lösen. Dazu wird Mediation als ein Verfahren gestaltet, in dem die individuellen Interessen als legitime Anliegen geschützt werden, den Parteien keine Schuld zugewiesen wird und ihnen keine Strafe droht. Mediation setze ihre Identität auf das Spiel, wenn sie beginne, einem gerichtlichen Prozess zu gleichen. Mediation wird nicht als ein Wahrheit suchendes Verfahren definiert, das die Vergangenheit beurteile, sondern fokussiere auf Gegenwart und Zukunft. Außerdem werden die Parteien im Verlauf einer Mediation veranlasst, den Standpunkt und die Perspektive der anderen Partei einzunehmen. Die Inhalte des Mediationsverfahrens seien deshalb nicht mit den Erfordernissen eines gerichtlichen Prozesses kompatibel und würden dafür immer aus dem Zusammenhang kooperativer Bemühungen gerissen. Konzessionen und Zugeständnisse, die für eine Einigung notwendig seien, sollen in einem gerichtlichen Kontext nicht gegen eine Partei verwendet werden und diese belasten können. Eine mangelnde Integrität des Mediators, wenn dieser im Verdacht stehe, die „inhaltliche Vertraulichkeit" zu einem späteren Zeitpunkt aufgeben zu können, induziere kompetitives und misstrauisches Verhalten (statt Kooperation und Vertrauen) in das System und sei deshalb kontraproduktiv. Die vertrauliche Natur des Mediationsverfahrens kann jedoch auch kritisch gesehen werden. *Dingwall/Greatbatch* haben darauf hingewiesen, dass die Prozessführung des Mediators (einschließlich seiner Strategien) hinter verschlossenen Türen stattfinde und damit einer externen Kontrolle entzogen sei. Das gesetzliche Zeugnisverweigerungsrecht des Anwaltsmediators ergibt sich aus § 383 Abs. 1 Nr. 6 ZPO für Zivil- und FamFG-Verfahren und aus § 53 Abs. 1 Nr. 3 StPO für Strafverfahren. Wegen § 385 Abs. 2 ZPO empfiehlt es sich, im Mediationsvertrag mit den Parteien zu vereinbaren, dass sie den Mediator unwiderruflich, weder einseitig noch gemeinsam von seinem Zeugnisverweigerungsrecht entbinden können (vgl. auch Schlussbericht des BRAK-Ausschusses Mediation, BRAK-Mitt 1996). Im Fall von temporärer oder sequentieller Co-Mediation sollen die Mediatoren darauf hinwirken, im Verhältnis untereinander von der Verschwiegenheitspflicht entbunden zu werden.

12. **Offenheit.** Die Bereitschaft der Parteien, über ihre wirtschaftliche Situation, ihre Lebensverhältnisse und ihre Zukunftsperspektiven Auskunft zu erteilen, findet ihren Niederschlag nicht nur in einer Mediationsvereinbarung zwischen den Parteien (→ Form. T.6), sondern auch in der Vereinbarung zwischen den Parteien und dem Mediator. Sinn dieser Maßnahmen ist, dass der Mediator ebenfalls über diese Informationen verfügt, damit er die Parteien in ihren inhaltlichen Diskussionen unterstützen kann. Für einen Anwaltsmediator, der auch mit dem Entwurf einer rechtsverbindlichen Vereinbarung beauftragt wird (→ Form. T.7 Anm. 8), sind Kenntnis und eigenständige Prüfung der von den Parteien erteilten Informationen nicht zuletzt aus haftungsrechtlichen Gründen unverzichtbar.

13. **Freiwilligkeit.** Als ein auf Kooperation und Konsens angelegtes Verfahren setzt Mediation die freiwillige Teilnahme der Parteien voraus. Darin wird zentral die Wirksamkeit des Verfahrens gesehen. Es wird als notwendig betrachtet, dass es die Parteien selbst sind, die den Mediator mit einem entsprechenden Mandat ausstatten. Die Zustimmung der Parteien, sich bei der Regelung ihrer Konflikte helfen lassen zu wollen, wird als eine kritische Voraussetzung für den Eintritt in das Verfahren und seinen Erfolg betrachtet. Mandat, Rolle und Autorität des Mediators werden interaktionell hergestellt, indem es die Parteien selbst sind, die den Mediator in dieser einflussreichen Position platzieren. Es wird deshalb empfohlen, über das Verfahren aufzuklären, es jedoch nicht aufzudrängen. Die Parteien sollen in der Lage sein, Mediation als eine unter mehreren Optionen (zur Regelung der Trennungs- und Scheidungsfolgen) wahrnehmen und von ihren Alternativen unterscheiden zu können. Vor allem sollen die Parteien das Verfahren und den Mediator frei wählen bzw. sich anders entscheiden und ablehnen können. Deshalb empfiehlt *Slaikeu* als Mediator in Erinnerung zu behalten, dass die Parteien keine Mediation absolvieren müssen. Direkte Verhandlungen (ohne Mediator), eine wie immer geartete Vermeidung von direkten Auseinandersetzungen (einschließlich der Toleranz der damit verbundenen Konfliktspannungen), die Wendung an eine höhere Autorität und nicht zuletzt die verschiedenen Formen von Machtspielen werden als empirisch verbreitete Alternativen gesehen. Zur Freiwilligkeit der Teilnahme am Mediationsverfahren wird sowohl die Freiheit, keine der diskutierten Lösungen akzeptieren zu müssen, als auch die Freiheit gezählt, das Mediationsverfahren zu jedem beliebigen Zeitpunkt beenden zu können (vgl. § 2 Abs. V, S. 1 MediationsG). Auch in den Standards der BAFM (vgl. Richtlinien der BAFM II.3.(1)) ist festgehalten, dass die Teilnahme an einer Mediation freiwillig und daher von den Parteien jederzeit kündbar sein soll. In den zunehmenden Fällen, in denen die Parteien von Allgemeinen Sozialdiensten oder Familiengerichten überwiesen werden (vgl. §§ 135, 156 Abs. 1, S. 4 FamFG), ist es für ein Minimum an Herstellung von Freiwilligkeit in der Regel notwendig, zwischen den Erwartungen des Überweisers und den Vorstellungen der Parteien deutlich zu unterscheiden. Bei Abweichungen von den Erwartungen des Überweisers soll eine Reflexion der Konsequenzen und schließlich eine bewusste Entscheidung der Parteien herbeigeführt werden, die sie auch verantworten können.

14. Parteianwälte. Gemäß § 1 Abs. 4 MediationsG können Dritte mit Zustimmung aller Parteien in die Mediation einbezogen werden. Gemäß § 2 Abs. 6, S. 2 MediationsG muss der Mediator die nicht anwaltlich beratenen Parteien auf die Möglichkeit hinweisen, die beabsichtigte Abschlussvereinbarung bei Bedarf durch externe Berater prüfen zu lassen. Verweigern es die Parteien, diesen Rechtsrat einzuholen, muss der Mediator die Mediation ggf. beenden (vgl. *Greger/Unberath* § 2 Rn. 262). Die parteiliche Rechtsberatung durch extern konsultierte Rechtsanwälte der Parteien soll gewährleisten, dass die Parteien über ihre gesetzlichen Ansprüche und deren gerichtliche Durchsetzbarkeit umfassend informiert sind. Damit wird dem Prinzip aufgeklärter Entscheidungen (vgl. Richtlinien der BAFM II.3.(4)) Rechnung getragen. Den Parteien soll vor allem die Möglichkeit eröffnet werden, bewusst entscheiden zu können, ob und in welchem Umfang sie von (dispositiven) gesetzlichen Bestimmungen abweichen wollen und wo ihre Einigungsgrenzen liegen. Im Kontext eines informellen, auf Konsens angelegten und vertraulichen Verfahrens kommt der externen parteilichen Rechtsberatung darüber hinaus eine besondere Bedeutung zu. Hierzu zählen die äußere Konfrontation mit individuellen Verleugnungen und Verdrängungen von Differenzen (Psychodynamik) auf Seiten der Parteien, die äußere Korrektur von Macht-Ungleichgewichten zwischen den Parteien (Paar- und Trennungsdynamik) und die äußere Kontrolle der Neutralität des Mediators und seiner Verhandlungsführung (Prozessdynamik). Im Rahmen einer Trennungs- und Scheidungsmediation ist die unabhängige Konsultation von parteilich beratenden Rechtsanwälten unverzichtbar. Hier bewegt sich die Mediation in einem Raum großer gesetzlicher Regelungsdichte und sich laufend entwickelnder Judikatur. Deshalb wird der Anwaltsmediator darauf hinwirken, dass die Parteien zumindest vor Abschluss einer rechtsverbindlichen Vereinbarung jeweils parteilichen Rechtsrat zu den beabsichtigten Regelungen einholen. Für den Fall, dass die Parteien auf eine parteiliche Rechtsberatung verzichten wollen, ist die Mediation zu beenden (→ Form. T.19 Alt. 4). In der Regel erhält der Parteianwalt zunächst ein Beratungsmandat und kein Vertretungsmandat. Neben den herkömmlichen Aufgaben (Information über die Rechtslage einschließlich der Interpretationsspielräume; Information und Beratung über die zur Wahrung von Ansprüchen erforderlichen Vorgehensweisen; Information und Beratung zu rechtlichen Gestaltungsmöglichkeiten und deren Grenzen; usw.) umfasst die Tätigkeit des Beratungsanwalts im Hinblick auf die Mediation aber auch einige Besonderheiten. So kann zum Gegenstand der Beratung die Klärung gehören, ob das Mediationsverfahren den Interessen des Mandanten besser entspricht als das justizielle Verfahren. Nicht selten möchte der Mandant, der sich im Rahmen der Mediation selbst vertritt, mit Argumenten für die Verhandlungen in der Mediation ausgestattet werden, die seine Gerechtigkeitsvorstellungen unterstützen. Es kann auch vorkommen, dass der Mandant die Vorgehensweise des Mediators und Zweifel an dessen Neutralität diskutieren möchte. Ein Parteianwalt sollte daher über die Grundsätze, die Prozeduren und den Verlauf einer Mediation gut informiert sein, um die Wahl des Verfahrens unterstützen und seinem Mandanten eine qualifizierte Dienstleistung anbieten zu können. Sofern der Rechtsanwalt prinzipielle Vorbehalte gegen eine Mediation hat, sollte er kein Mandat als Beratungsanwalt annehmen.

15. Memorandum und Abschlussvereinbarung. Während des Verfahrens geäußerte Vorschläge, Überlegungen und Entwürfe einer möglichen Lösung sollen für die Konfliktparteien solange unverbindlich bleiben, bis sie schriftlich fixiert und von den Konfliktparteien unterschrieben werden bzw. bis etwaigen weiteren Formerfordernissen, wie zB einer notariellen Beurkundung, genüge getan wurde (vgl. *Hacke* S. 273). Dadurch wird gewährleistet, dass die Beteiligten mehrere verschiedene Lösungsmöglichkeiten ausreichend erörtern können und am Ende der Mediation jede einzelne ins Auge gefasste Regelung im Lichte des Gesamtergebnisses noch einmal durchdenken und ggf. anpassen können. Gegenstand der Mediation ist zunächst die sukzessive Erarbeitung einer Lösung der strittigen Fragen. Diese Lösung wird in einem Memorandum (→ Form. T.18) zusammengefasst. Das Memorandum wird als Absichtserklärung formuliert, nicht als rechtsverbindliche Vereinbarung (→ Form. T.18 Anm. 2). Die Parteien entscheiden (nach ausreichender Information über Möglichkeiten und Grenzen, Vorteile, Kosten, usw.) selbst, ob und wenn ja in welchem Umfang sie eine rechtsverbindliche Formulierung der gefundenen Lösung wünschen und wenn ja, ob diese Vereinbarung auch vollstreckbar sein soll. Diese Frage wird meist im Anschluss an die inhaltliche Lösung in der Mediation erörtert und bei Differenzen mediiert. Die Parteien können entweder den Anwaltsmediator mit der Formulierung dieser Abschlussvereinbarung beauftragen (§ 2 Abs. 6 S. 3 MediationsG) oder ihre Parteianwälte oder einen Notar. Gegenüber anderen Verträgen unterscheiden sich die Abschlussvereinbarungen nach einer erfolgreichen Mediation im Hinblick auf ihre Durchsetzbarkeit nicht von anderen Verträgen. Gemäß § 2 Abs. 6 S. 2 MediationsG muss der Mediator die nicht anwaltlich beratenen Parteien auf die Möglichkeit hinweisen, die beabsichtigte Abschlussvereinbarung bei Bedarf durch externe Berater prüfen zu lassen. Verweigern es die Parteien, diesen Rechtsrat einzuholen, muss der Mediator ggf. sogar die Mediation beenden (vgl. *Greger/Unberath* § 2 Rn. 262).

16. Kosten. Für die Tätigkeiten des Mediators einschließlich der Zusammenfassung des vorläufigen Ergebnisses (Memorandum) hat sich die Abrechnung nach Zeit eingebürgert und ist auch zulässig (§ 49b Abs. 1 S. 1 BRAO iVm § 4 RVG). Es ist sinnvoll, sich den geleisteten Zeitaufwand von den Parteien regelmäßig bestätigen zulassen. Eine Vergütungsvereinbarung ist abzuschließen (§ 34 RVG), anderenfalls gelten die §§ 611 ff. BGB. Schriftformerfordernis besteht bei Vereinbarung einer höheren als der gesetzlichen Vergütung. Auch wenn das nicht der Fall ist, wird Schriftform dringend empfohlen. Die Vergütungsvereinbarung soll mit gesonderter Urkunde erfolgen. Vereinzelt wird die Auffassung vertreten, dass die Höhe des Stundensatzes fallbezogen vereinbart werden kann. Die Tätigkeit des Mediators im Zusammenhang mit der Formulierung einer rechtsverbindlichen Vereinbarung wird von den Parteien ggf. gesondert in Auftrag gegeben. Für diesen Auftrag der rechtlichen Gestaltung der Abschlussvereinbarung wird i. d. R. eine gesonderte Vergütungsvereinbarung geschlossen. In der Praxis kommen die Abrechnung nach Zeitaufwand und die Abrechnung eines Pauschalhonorars vor, das sich der Höhe nach an 1000 VV RVG orientiert. Zum Ersatz der Kosten durch Rechtschutzversicherer: vgl. *Greger/Unberath* § 2 Rn. 213. Die Parteien haften dem Mediator gegenüber gesamtschuldnerisch gem. § 421 BGB, sofern nichts anderes vereinbart wurde. Die Honoraransprüche des Anwaltsmediators unterliegen der dreijährigen Verjährungsfrist nach § 195 BGB.

17. Verjährung. Für familienrechtliche Konflikte gilt § 207 BGB, wonach während der Dauer der Ehe die Verjährung von Ansprüchen gehemmt ist. Hierauf hat der Mediator hinzuweisen.

18. Beendigung der Mediation. Wird eine Abschlussvereinbarung über die Gegenstände der Mediation erzielt, so endet die Mediation damit ohne dass weitere Erklärungen erforderlich sind. Gemäß § 2 Abs. 5, S. 1 MediationsG können die Parteien die Mediation jederzeit beenden. Dies entspricht der besonderen vertrauensabhängigen Stellung des Mediators. Der Mediator seinerseits verzichtet i. d. R. auf das Recht zur ordentlichen Kündigung. Eine Kündigung des Mediationsvertrags aus wichtigem Grund ist möglich. Sie kann zu Schadenersatzansprüchen (§ 628 Abs. 2 BGB analog oder § 314 Abs. 4 BGB) führen (vgl. *Hacke* 13.1.2. S. 330 f.). Denkbar sind als Anspruchsgrundlage auch die §§ 286 Abs. 1, 326 Abs. 1 BGB und die Grundsätze der pVV. Ein wichtiger Grund ist in § 2 Abs. 5, S. 2 MediationsG benannt (vgl. *Greger/Unberath* § 2 Rn. 258 ff.). Es kommen weitere Kündigungsgründe in Betracht, zB wenn die Parteien die Abschlussvereinbarung treffen wollen, ohne zuvor anwaltlichen Rat eingeholt zu haben (→ Form. T.7 Anm. 14) oder wenn sich im Laufe der Mediation herausstellen sollte, dass eine Einigung in angemessener Zeit nicht erreichbar erscheint (vgl.*Greger/Unberath* § 2 Rn. 172).

19. Sonstige Vereinbarungen. Hier können spezielle Vereinbarungen getroffen werden, die den Bedingungen des Einzelfalls angepasst sind: zB der Einsatz von separaten Einzelgesprächen (caucus) und anderen Interventionen zur Kontrolle des Kommunikations- und Interaktionsverhaltens der Parteien (→ Form. T.3 Anm. 5), aber auch vorsorgende Vereinbarungen zur Vermeidung von Rechtsnachteilen bei der Geltendmachung von Unterhaltsansprüchen für die Vergangenheit (→ Form. T.11 Anm. 3). Diese Vereinbarung bedarf der Schriftform. Muster findet sich bei *Koch* (2004) § 11, S. 354 f.

8. Vereinbarung über die Grundregeln des Kommunikations- und Interaktionsverhaltens

Anerkennung der Grundregeln der Diskussion

Beide Parteien stimmen zu, die Streitfragen einvernehmlich lösen zu wollen.[1, 2, 3]

Beide Parteien sind damit einverstanden, dass der Mediator die Gesprächsleitung in den Sitzungen übernimmt.

Beide Parteien stimmen der Gesprächsregel zu, dass jede Partei sprechen und aussprechen kann, ohne von der anderen Partei unterbrochen zu werden.

Beide Parteien stimmen der Gesprächsregel zu, auf Beschimpfungen, Herabsetzungen und Diskriminierungen zu verzichten und die allgemeinen Formen der Höflichkeit und des Respekts einzuhalten.

Beide Parteien sind damit einverstanden, dass der Mediator bei Abweichungen von den Grundregeln für deren Einhaltung und Wiederherstellung sorgen kann.

. . . . . .

Ort, Datum

(Unterschrift der Parteien)

Anmerkungen

1. Anwendung und Bedeutung. Jeder Konfliktlösungsprozess braucht Strukturen und Regeln für einen konstruktiven Verlauf. Die Grundregeln des kommunikativen Arbeitsprozesses in der Mediation werden mit den Parteien besprochen und ihnen erläutert. Sie sollen vor allem für eine aufgabenorientierte und konstruktive Diskussion sowie für einen sicheren Rahmen sorgen, der die Integrität der Parteien schützt. Auch in diesem Fall gilt, dass die Parteien mit den Grundregeln einverstanden sein müssen. Auch wenn anerkannt werden kann, dass Schwierigkeiten auftreten können, diese Regeln einzuhalten, kann keine Mediation zustande kommen, wenn die Parteien den Grundregeln nicht prinzipiell zustimmen können.

2. Form und Inhalt. Ein einheitlicher Standard hinsichtlich des Inhalts und des Umfangs dieser Grundregeln existiert nicht. Es sind verschiedene mündliche und schriftliche Formen und Inhalte bei der Etablierung von Grundregeln gebräuchlich. Einige Mediatoren (vgl. *Moore*) empfehlen eine mündliche Einführung, die außerdem sprachlich auf Begriffe verzichtet, die zwangsförmige Konnotationen haben: „An dieser Stelle möchte ich Ihnen einige Anhaltspunkte für die Diskussion an die Hand geben, die andere Parteien in ihren Verhandlungen als hilfreich erlebt haben. Deshalb möchte ich Ihnen vorschlagen, dass jeder von Ihnen aussprechen kann, ohne unterbrochen zu werden. Wenn einer von Ihnen eine Frage hat, dann bitte ich Sie so lange zu warten, bis ich Ihnen die Gelegenheit gebe, Fragen stellen zu können. Wenn Sie diesem Vorschlag zustimmen können, bitte ich Sie gleichzeitig um die Erlaubnis, dass ich Ihnen gegenüber für die Einhaltung dieser Regel sorgen kann. Ist das für Sie akzeptabel? Möchten Sie selbst noch weitere Regeln vorschlagen, die Ihnen helfen könnten, eine konstruktive Diskussion zu führen" (S. 201). Andere Autoren (vgl. *Emery*) betonen im Gegensatz dazu unmissverständlich den Anspruch des Mediators auf die Autorität zur Prozessführung, wenn dieser darüber bestimmen kann, wer das Wort erhält und wem er das Wort entzieht: „Die Eltern werden darauf vorbereitet, dass sie (vom Mediator) unterbrochen oder aufgefordert werden können, zu schweigen oder gar den Raum zu verlassen" (S. 130). Gemäß dieser Auffassung soll von Anfang an die zentrale Botschaft übermittelt werden, dass der Mediator die Kontrolle des Arbeitsprozesses übernehmen und diese nicht aus der Hand geben wird.

3. Ergänzungen. Bekanntlich fällt es den Parteien in emotionalisierten und hochstrittigen Kontexten besonders schwer, die Grundregel des abwechselnden Sprechens und Zuhörens einzuhalten (→ Form. T.3 Anm. 2 und 5). Deshalb wird empfohlen, beide Parteien mit einer Schreibunterlage, Papier und Stift auszustatten, so dass sie sich Notizen machen können. Mit dieser Ausstattung ist die Erwartung verbunden, dass die Parteien – angesichts eines drohenden Verlusts innerer Kontrolle – die Grundregel besser einhalten können: Sie können ihre Anmerkungen und Kommentare schriftlich festhalten, so dass diese nicht in Vergessenheit geraten. Bei nächster Gelegenheit werden die Parteien darauf angesprochen, so dass sie Stellung nehmen können und mit ihrer (abweichenden) Sichtweise zu Wort kommen. Die Wirksamkeit dieses Arrangements beruht darauf, dass es die Nutzung eines äußeren Hilfsmittels zur Verfügung stellt, um eine situativ gefährdete innere Kontrolle kompensieren zu können.

9. Protokoll einer ersten Mediationssitzung

Persönlich/Privat

Herrn . . . . . .

Frau . . . . . .

Betrifft: Protokoll der 1. Mediationssitzung vom (Datum)[1]

Sehr geehrte Frau . . . . . .,

sehr geehrter Herr . . . . . .,

Sie haben den Mediationsvertrag geprüft, den ich Ihnen im Rahmen unseres Vorgesprächs vom (Datum) ausgehändigt hatte. Wir haben die von Ihnen gewünschten Anpassungen besprochen.

Dabei haben wir uns zusätzlich darauf verständigt, dass von jeder Sitzung ein Protokoll erstellt und Ihnen zugesandt wird. Diese Protokolle werden die relevanten Sachverhalte der Diskussion und die wesentlichen persönlichen Sichtweisen, Anliegen und Interessen zusammenfassen. Wir haben uns auch darauf verständigt, dass diese Protokolle vertraulich behandelt werden. Die für Ihre jeweils parteiliche Rechtsberatung erforderlichen Sachverhalte (zB Einkommensermittlungen, Vermögensaufstellungen, usw.) werden den Protokollen gesondert als Anlagen beigefügt, so dass Sie diese separat nutzen und Ihren Parteianwälten vorlegen können.[2, 3]

Anschließend ist der Mediationsvertrag von Ihnen unterzeichnet worden.

Sodann habe ich zunächst einige Daten über Ihre familiären und sozialen Lebensverhältnisse erhoben.

Sie, Frau . . . . ., haben berichtet, dass Sie 40 Jahre alt seien. Sie seien 30 Std. pro Woche in einem Angestellten-Verhältnis als Sachbearbeiterin tätig (Verdienst: zirka 1500,– EUR netto).

Sie, Herr . . . . ., haben berichtet, dass Sie 43 Jahre alt seien und freiberuflich als Sozialwissenschaftler (Verdienst: noch keine Auskunft) arbeiten. Jedoch sei die Auftragslage gegenwärtig eher schlecht. Sie verfügen über Einnahmen aus Kapitalvermögen und Gewerbebetrieb. Vorläufig schätzen Sie diese Einnahmen auf monatlich zirka 8000,– EUR nach Abzug von Steuern und Ihren Beiträgen zur Krankenversicherung.

Sie haben beide berichtet, dass Sie am 1.5.1995 geheiratet hätten und seit August 2001 in verschiedenen Haushalten räumlich getrennt lebten.

Sie, Frau . . . . ., haben berichtet, dass Sie in der Nähe eine eigene Wohnung angemietet hätten und dort mit Ihrem gemeinsamen Sohn eingezogen seien. Ihr Sohn besuche die 3. Grundschulklasse und nach dem Unterricht einen Hort bis 16:30 Uhr.

Sie, Frau . . . . ., haben berichtet, dass Sie die Initiative zur Trennung ergriffen hätten und inzwischen einen Freund hätten, mit dem Sie nicht in häuslicher Gemeinschaft zusammenleben.

Sie, Herr . . . . ., haben berichtet, dass Sie sich eine andere Lösung des Ehekonflikts vorgestellt hätten und ursprünglich den Wunsch gehabt hätten, zusammen zu bleiben. Mittlerweile könnten Sie jedoch die Trennung akzeptieren.

Sie haben beide berichtet, dass die Betreuung und Versorgung des Kindes unproblematisch zwischen Ihnen geregelt sei. Sie praktizieren folgendes Grundmodell: Ihr gemeinsamer Sohn lebe im wöchentlichen Wechsel mit einem Elternteil zusammen und werde in dieser Zeit von diesem Elternteil betreut und versorgt. Durch die räumliche Nähe Ihrer Wohnungen seien flexible Absprachen möglich.

Sie haben beide außerdem berichtet, dass von dem bestehenden gemeinsamen Konto die Miete für Ihre Wohnung, Frau . . . . ., in Höhe von monatlich 700,– EUR bezahlt werde. Einzahlungen auf dieses Konto erfolgten ausschließlich von Ihnen, Herr . . . . . Ihr Gehalt, Frau . . . . ., werde inzwischen auf ein neu eingerichtetes Konto überwiesen, von dem Sie Ihren laufenden Lebensunterhalt bestreiten.

Außerdem hätten Sie beide miteinander vereinbart, dass Sie, Frau . . . . ., monatlich 500,– EUR vom gemeinsamen Konto abheben könnten. Des weiteren bezahlten Sie, Herr . . . . ., alle Anschaffungen für Ihren gemeinsamen Sohn. Der laufende Lebensunterhalt des Kindes werde abwechselnd von beiden Eltern bestritten, in dessen Haushalt das Kind jeweils lebe.

Sie haben beide berichtet, einen Ehevertrag geschlossen zu haben, in dem Sie eine modifizierte Zugewinngemeinschaft vereinbart und erbrechtliche Regelungen getroffen hätten.

Sie, Frau . . . . . ., haben zu Ihren persönlichen Zielen in der Mediation berichtet, dass Sie eine einvernehmliche Lösung in den inhaltlichen Differenzen anstreben – insbesondere bei der Vermögensauseinandersetzung. Als Beweggrund hierfür haben Sie den Wunsch geäußert, auch in Zukunft als Eltern Ihres gemeinsamen Sohnes eine gute Kommunikation aufrechterhalten zu können.

Sie, Herr . . . . . ., haben zur Ihren persönlichen Zielen in der Mediation berichtet, dass es Ihnen ebenfalls wichtig sei, auch zukünftig als Eltern miteinander reden zu können und die Differenzen in den finanziellen Fragen zu beheben. Jedoch haben Sie darauf aufmerksam gemacht, dass diese Differenzen aus Ihrer Sicht sehr groß seien, und Sie deshalb Zweifel hätten, ob im Wege der Mediation eine Einigung gefunden werden könne.

Wir haben auch diskutiert, welche Alternativen jeder von Ihnen beiden sehe, wenn im Rahmen der Mediation keine Einigung gefunden werde und bei welchem Verlauf jeder von Ihnen beiden den Rechtsweg einschlagen wolle. Hierzu haben Sie, Frau . . . . . ., mitgeteilt, dass Sie sich bei der Frage der Vermögensverteilung im Ergebnis nicht schlechter gestellt sehen wollen, als es der Ehevertrag bestimme. Sie, Herr . . . . . ., haben mitgeteilt, dass Sie ebenfalls bei der Frage der Vermögensauseinandersetzung an den Konditionen des Ehevertrags festhalten wollen, demgegenüber keine Besserstellung ihrer Ehefrau in der Mediation tolerieren könnten und es auf einen Rechtsstreit ankommen lassen würden, wenn die Aufkündigung des familiären Zusammenlebens durch Ihre Ehefrau keine Rolle in der Mediation spielen sollte.

Anschließend haben wir damit begonnen, die von Ihnen beiden in der Mediation zu besprechenden Themen zu erheben. Die Themenliste habe ich als Anlage 1 diesem Schreiben beigefügt.

Zur detaillierteren Erfassung Ihrer beider wirtschaftlichen Verhältnisse habe ich Ihnen jeweils ein Exemplar der Budget-Formulare[4] ausgehändigt. Wir haben vereinbart, dass Sie diese Formulare bis zu unserem nächsten Gespräch ausfüllen, mit den erforderlichen Nachweisen versehen und je eine Kopie für mich und den anderen Ehepartner mitbringen.

Dieses Protokoll ist von mir im Anschluss an unser Gespräch abgefasst worden. Zu Beginn unseres nächsten Gespräches werden wir besprechen, ob Sie das Protokoll in dieser Form autorisieren können oder ob Änderungen bzw. Ergänzungen erforderlich sind.

Mit freundlichen Grüßen

. . . . . .

(Rechtsanwältin und Mediatorin)

Dauer der Sitzung:[5]	2,00 Stunden
Protokoll:	0,25 Stunden
Nächster Termin:	. . . . . . (Datum; Uhrzeit)
Anlagen:	Themensammlung
Pendenzen:	Budget-Formulare

Anlage 1

Individuelle Themensammlung[6]

Name:	Datum:
Ehemann	Ehefrau
Scheidung Lebensunterhalt Sohn Betreuung und Versorgung Sohn Wohnsitz Sohn Aufteilung des Vermögens Verständnis des Ehevertrags Gemeinsames Konto Steuern	Lebensunterhalt Inhalt und Wirkung des Ehevertrags

Anmerkungen

1. Anwendung und Bedeutung. Aus verschiedenen Gründen kann eine Protokollierung der Sitzungsinhalte in der Trennungs- und Scheidungsmediation sinnvoll sein und zu einem Bestandteil einer aufgaben- und ergebnisorientierten Prozessführung werden. Der Anwaltsmediator muss gemäß § 50 BRAO ohnehin Handakten führen. Das Protokoll selbst wird vom Mediator formuliert und den Parteien noch vor der nächsten Sitzung zugesandt. Als Inhalte des ersten Protokolls kommen vor allen Dingen die erhobenen Sozial- und Familienverhältnisse sowie alle relevanten Daten zu den konflikthaften Trennungs- und Scheidungsfolgen in Betracht (→ Form. T.3). Darüber hinaus werden die Sichtweisen der Parteien zum Eintritt in den Arbeitsprozess (Trennungsmotivation, Bereitschaft zu Mediation, Anliegen und Ziele in der Mediation, Alternativen zum Verhandlungsprozess, usw.) und die wesentlichen Ergebnisse des Arbeitsprozesses (hier: die Inhalte der Themensammlung) zusammenfassend dargestellt. Dabei wird generell darauf geachtet, dass die individuellen und damit unterschiedlichen Perspektiven beider Parteien in der Zusammenfassung repräsentiert sind. Die Auffassungen und Anliegen der Parteien werden dabei in einer wertschätzenden bzw. neutralen Sprache formuliert.

2. Vertraulichkeit. Der Grundsatz der Vertraulichkeit (→ Form. T.6 Anm. 4) bezieht sich auch auf den Schutz der Sitzungsprotokolle. Damit die Parteien effektiv mit ihren Rechtsanwälten beraten können, ist es empfehlenswert, die Daten, die auch für die externe Rechtsberatung benötigt werden, gesondert als Anlagen den Protokollen beizufügen und vom Schutz der Vertraulichkeit auszunehmen.

3. Parteianwälte. → Form. T.7 Anm. 14.

4. Budget-Formular. → Form. T.12.

5. Zeiterfassung. → Form. T.7 Anm. 16.

6. Sprache und Form. Bei der Formulierung der individuellen Themen wird darauf geachtet, – soweit wie möglich – auf die Verwendung juristischer Begriffe zu verzichten, um die damit verbundenen lebenspraktischen Aufgaben ins Auge fassen zu können und diese nicht auf gesetzliche Ansprüche und Verpflichtungen zu reduzieren. Damit sollen gleichzeitig die kompetitiven Bedeutungen, die mit den juristischen Begriffen verbunden sind, gelockert und die gemeinsame Herausforderung, die zukünftigen Lebensverhältnisse der Familie zu organisieren, in den Mittelpunkt der Aufmerksamkeit gestellt werden. Deshalb wird außerdem darauf geachtet, dass die sprachlichen Formulierungen in dieser Arbeitsphase noch keine einseitigen Lösungen (zB Zusammenleben mit den Kindern in meinem Haushalt), sondern offene Problemstellungen (zB Wohnsitz des Sohnes) in Worte fassen, auf die einvernehmliche Antworten gefunden werden sollen. Es hat sich deshalb eingebürgert, diese Themen zunächst in Form von groben Überschriften oder Stichworten zu identifizieren. Alternativ können die Aufgaben auch in Form von Fragestellungen formuliert werden (zB Wie gestalten wir das Zusammenleben mit unseren Kindern? Wohin verlegen wir den Lebensmittelpunkt unserer Kinder? Wie schaffen wir unseren Kindern ein Zuhause?).

10. Protokoll mit einer Übergangsregelung für die Nutzung der Ehewohnung (Ausschnitt)

Persönlich/Privat

Herrn . . . . . .

Frau . . . . . .

Betrifft: Protokoll der Mediationssitzung vom (Datum)[1, 2]

Sehr geehrte Frau . . . . . .,

sehr geehrter Herr . . . . . .,

. . . . . .

Momentan leben Sie beide noch in der Ehewohnung. Der Mietvertrag für diese Wohnung wurde mit Ihnen beiden geschlossen. Sie, Herr . . . . . ., haben vor, in drei Wochen vorläufig in ein Appartement Ihrer Schwester zu ziehen, um die ehelichen Spannungen zu reduzieren. Sie, Frau . . . . . ., stimmen diesem Schritt zu. Sie, Herr . . . . . ., planen, nur einige wenige persönliche Gegenstände mitzunehmen. Sie beide sind sich derzeit noch nicht im Klaren darüber, ob einer von Ihnen beiden die Wohnung in Zukunft dauerhaft nutzen möchte oder ob die Wohnung aufgegeben werden soll.

Ich habe Sie darauf aufmerksam gemacht, dass die Rechtsprechung bei einer Nutzungsüberlassung an einen Ehegatten für die Dauer von mehr als sechs Monaten unter Umständen davon ausgeht, dass nach Ablauf dieser Frist eine stillschweigende Einigung über die Rechtsverhältnisse an der Ehewohnung zustande gekommen sei. Derjenige, der ausgezogen sei und innerhalb dieser Zeit keine ernsthaften Absichten zur Rückkehr bekundet habe, habe dem anderen Ehegatten das Nutzungsrecht alleine überlassen.

In diesem Fall wäre eine Rückkehr gegen den Willen des in der Wohnung verbliebenen Ehegatten ausgeschlossen. Für den Fall, dass Sie, Herr . . . . . ., die Nutzung der Wohnung auch nach Ablauf von sechs Monaten seit ihrem Auszug nicht aufgeben wollen, wäre es zur Klarstellung sinnvoll, dies zu dokumentieren. Hierzu genügt es, wenn Sie jetzt ausdrücklich klarstellen, dass Sie die Nutzung der Wohnung nicht auf Dauer aufgeben wollen und vor Ablauf vor sechs Monaten entweder einseitig Ihren Rückkehrwillen bekunden oder aber Sie beide hierüber jetzt eine Vereinbarung schließen.

Sie beide haben den Wunsch geäußert, ausreichend Zeit zur Verfügung zu haben, um in der Mediation eine Einigung erzielen zu können. Aus diesem Grund erschien es Ihnen sinnvoll, dass durch Ihren Auszug, Herr . . . . . ., keinem von Ihnen beiden Rechtsnachteile entstehen. Sie haben sich daher darauf verständigt, folgende Vereinbarung zu schließen:

Sie sind sich darüber einig, dass für die Dauer der Mediation keine Veränderung der Rechtsverhältnisse an der Ehewohnung eintreten soll. Insbesondere ist es Ihnen, Herr . . . . . ., gestattet, nach rechtzeitiger Ankündigung (mindestens vier Wochen vorher) in diese Wohnung zurückzukehren. Ihr vorläufiger Auszug, Herr . . . . . ., dokumentiert nicht den Wunsch, die Nutzung dieser Wohnung künftig Ihrer Ehefrau allein zu überlassen, sondern dient lediglich dazu, die ehelichen Spannungen zu reduzieren. Auch für den Fall, dass Sie, Herr . . . . . ., nicht innerhalb von sechs Monaten zurückkehren sollten, soll es bei dieser Vereinbarung, längstens jedoch bis zum (Datum) bleiben. Nach Ablauf dieses Zeitpunktes wollen Sie beide eine rechtsverbindliche Regelung über die künftigen Rechtsverhältnisse an der Ehewohnung treffen.

Für den Fall, dass die Mediation innerhalb von sechs Monaten ohne eine Einigung über die Rechtsverhältnisse an der Ehewohnung beendet werden sollte, soll es bei den gesetzlichen Bestimmungen bleiben, dass Sie, Herr . . . . . ., innerhalb von sechs Monaten seit dem Datum Ihres Auszugs Ihnen, Frau . . . . . ., mitzuteilen haben, dass Sie in die Ehewohnung zurückkehren werden. Für den Fall, dass die Mediation jedoch nicht mindestens sechs Wochen vor Ablauf dieser Frist beendet wurde, verlängert sich die gesetzliche Frist um einen Monat.

. . . . . .

Mit freundlichen Grüßen

. . . . . .

(Rechtsanwältin und Mediatorin)

Dauer der Sitzung:[3]	2,00 Stunden
Protokoll:	0,25 Stunden
Nächster Termin:	. . . . . . (Datum; Uhrzeit)

Anmerkungen

1. Anwendung und Bedeutung. In den meisten Trennungs- und Scheidungsmediationen ist es in der Anfangsphase notwendig, Übergangsregelungen für die Dauer der Verhandlungen zu treffen, mit denen den Lebensbedürfnissen von Kindern und Erwachsenen akut und vorläufig Rechnung getragen werden kann. Dazu können vor allem die Finanzierung des familiären Lebensunterhalts, eine räumliche Distanzierung der Erwachsenen oder die Kontakte der Kinder zum abwesenden Elternteil zählen. Eine Einigung auf eine Übergangslösung kann auch in der ausdrücklichen Vereinbarung bestehen, vorläufig den Status quo fortzusetzen, den die Familie bereits praktiziert, und diesen nicht einseitig zu verändern. Meistens haben die Parteien im Vorfeld der Mediation bereits implizite Entscheidungen getroffen, die einseitig oder einvernehmlich zustande gekommen sind und mit denen sie ihr Leben organisiert haben. Neben der Sicherung von unmittelbaren und lebensnotwendigen Interessen kommt der Einigung auf Übergangsregelungen, die in der Mediation explizit bestätigt oder auch neu definiert werden können, die Bedeutung zu, die Bildung von Vertrauen und die Entwicklung von Kooperation zwischen den Parteien zu fördern. Mit der gemeinsam getroffenen Entscheidung zum Eintritt in eine Mediation stehen die Parteien am Beginn einer Chronologie von Einigungen. Dennoch haben diese Übergangsregelungen einen vorläufigen und vorübergehenden Status und werden nicht als Vorgriff auf noch zu entwickelnde Lösungen und noch zu treffende Entscheidungen verstanden.

2. **Rechtliche Bedeutung.** Den Parteien ist in der Regel nicht bewusst, dass sie mit bestimmten Verhaltensweisen (wie zB dem Auszug eines Ehegatten aus der Ehewohnung oder den vorläufigen Absprachen über die Finanzierung ihres Lebensunterhaltes nach der Trennung) Rechtsfolgen auslösen können, die unabhängig von ihrem Willen eintreten. Es wird als Aufgabe des Anwaltsmediators gesehen, die Parteien in die Lage zu versetzen, in Kenntnis der Auswirkungen ihrer Entscheidungen autonom und eigenverantwortlich zu handeln (vgl. *Greger/Unberath* § 1 Rn. 34 ff.). Hierzu zählt, dass die Parteien auf die rechtlichen Implikationen ihrer implizit oder explizit getroffenen bzw. beabsichtigten Vereinbarungen hingewiesen und über Gestaltungsalternativen informiert werden (→ Form. T.7 Anm. 8). Dieses und das folgende Formular greifen die beiden häufigsten Fallgestaltungen aus der Anfangsphase einer Mediation auf.

3. Zeiterfassung. → Form. T.7 Anm. 16.

11. Protokoll mit einer Übergangsregelung für den Ehegatten-Unterhalt (Ausschnitt)

Persönlich/Privat

Herrn . . . . . .

Frau . . . . . .

Betrifft: Protokoll der Mediationssitzung vom (Datum)[1, 2, 3]

Sehr geehrte Frau . . . . . .,

sehr geehrter Herr . . . . . .,

. . . . . .

Momentan praktizieren Sie eine Regelung, bei der Sie, Herr . . . . . ., an Sie, Frau . . . . . ., insgesamt monatliche Zahlungen in Höhe von . . . . . . EUR leisten. Derzeit steht jedoch nicht fest, ob diese Zahlungen den gesetzlichen Unterhaltsansprüchen der Höhe nach entsprechen. Ich hatte Sie darauf aufmerksam gemacht, dass Sie im Bereich des Unterhaltsrechts von den gesetzlichen Vorschriften abweichende Vereinbarungen treffen können. Ich hatte Sie auch darauf hingewiesen, dass jetzt noch nicht absehbar ist, auf welchen Unterhaltsbetrag Sie sich im Laufe der Mediation einigen werden bzw. ob eine Einigung in der Mediation überhaupt zustande kommt. Für diese Fälle ist zu klären, ob Sie es bei der momentanen Praxis belassen wollen und ob Sie Vorsorge für den Fall treffen wollen, wenn sich zu einem späteren Zeitpunkt der Diskussion herausstellen sollte, dass die bisherigen Zahlungen zu hoch oder zu niedrig ausgefallen sind.

Nach der Rechtslage kann die Zahlung von Rückständen nur dann durchgesetzt werden, wenn der Unterhaltsanspruch in rechtlich wirksamer Form geltend gemacht worden ist – also entweder der korrekte Betrag gefordert oder Auskunft über die Einkommens- und Vermögensverhältnisse verlangt wurde, um den Unterhaltsanspruch ermitteln zu können, oder ab Zustellung eines gerichtlichen Antrags auf Zahlung von Unterhalt. Die Rückzahlung von Überzahlungen kann in der Regel rechtlich nicht durchgesetzt werden, wenn – wie in Ihrem Fall – die Zahlungen freiwillig erfolgen.

Ich hatte Sie in diesem Zusammenhang auf die Möglichkeit aufmerksam gemacht, abweichende Regelungen beispielsweise dergestalt zu treffen, dass im Fall von zu wenig bezahltem Unterhalt nachträglich Rückstände verlangt werden können bzw. im Fall von Überzahlungen diese zuviel bezahlten Beträge zurückgefordert werden können bzw. mit künftig fällig werdenden Forderungen verrechnet werden können.

Sie, Herr . . . . . ., haben mitgeteilt, dass Sie solange am Status quo festhalten wollen, bis eine bessere Regelung gefunden worden sei. Ihrer Auffassung nach seien die Zahlungen ausreichend, um den Lebensunterhalt Ihrer Frau und Ihres Sohnes sicherzustellen. Darüber hinaus hätten Sie ein Interesse an einer schnellen Einigung. Auch für den Fall, dass Sie zu viel zahlen sollten, wollen Sie am Status quo für einen überschaubaren und begrenzten Zeitraum festhalten.

Sie, Frau . . . . . ., haben mitgeteilt, dass Sie bereits die letzten zwei Jahre mit diesem Geld ausgekommen seien, dass Sie jedoch keine Rücklagen bilden und auch keinen Puffer für außergewöhnliche Ausgaben anlegen konnten. Sie wären damit einverstanden, für einen Zeitraum von 3 bis 6 Monaten diese Regelung fortzusetzen. Sie gehen davon aus, dass das bisherige faire Miteinander auch weiter bestehen bleiben werde.

Sie beide, Frau und Herr . . . . . ., haben sich deshalb auf folgende Übergangsregelung geeinigt:

Derzeit bezahlen Sie, Herr . . . . . ., an Sie, Frau . . . . . ., einen monatlichen Betrag in Höhe von (Betrag) EUR für Kindesunterhalt und Ehegattentrennungsunterhalt. Diese Zahlungen sollen während der Dauer der Mediation bis auf weiteres, jedoch längstens bis zum (Datum) fortgeführt werden.

Ab diesem Datum soll für den Fall, dass Sie noch keine abschließende Einigung gefunden haben, auch die Höhe der monatlichen Zahlungen neu festgelegt werden. Für den Fall, dass keine Einigung zustande kommen sollte, bleibt es bei den gesetzlichen Bestimmungen.

Ihnen, Frau . . . . . ., ist klar, dass Sie darauf verzichten, mögliche Unterhaltsrückstände für den Zeitraum von . . . . . . bis . . . . . . geltend machen zu können.

Ihnen, Herr . . . . . ., ist klar, dass Sie eventuelle Überzahlungen nicht zurückerhalten werden bzw. mit anderen Forderungen nicht verrechnen können.

. . . . . .

Mit freundlichen Grüßen

. . . . . .

(Rechtsanwältin und Mediatorin)

Dauer der Sitzung:[4]	2,00 Stunden
Protokoll:	0,50 Stunden
Nächster Termin:	. . . . . . (Datum; Uhrzeit)

Anmerkungen

1. Anwendung und Bedeutung. → Form. T.10 Anm. 1.

2. Rechtliche Bedeutung. → Form. T.10 Anm. 2.

3. Alternativen. Um sicherzustellen, dass keine der Parteien durch den Eintritt in die Mediation Rechtsnachteile erleidet und deshalb auch Unterhaltsansprüche in gesetzlicher Höhe geltend gemacht werden und aufgelaufene Rückstände nachgefordert werden können, schlagen einige Mediatoren vor, entsprechende Vorkehrungen in den Mediationsvertrag aufzunehmen. Beispielsweise kann folgender Passus aufgenommen werden: „Für den Fall, dass die Klienten keine Einigung erzielen, kann sowohl Trennungsunterhalt als auch Kindesunterhalt in Höhe der jeweils gesetzlich geschuldeten Höhe ab Unterzeichnung dieser Vereinbarung geltend gemacht werden" *(Paul/Schwartz)*. Diese Klausel dient auch dazu, etwaige Haftungsrisiken des Mediators zu reduzieren.

4. Zeiterfassung. → Form. T.7 Anm. 16.

12. Erhebung von Einnahmen/Ausgaben (Budget) sowie von Vermögen und Schulden

a) Haushaltsplanung: Feste monatliche Ausgaben[1, 2, 3, 4]

feste monatliche Ausgaben	Ehefrau	Kinder	Ehemann
WOHNUNG ODER HAUS ZUR MIETE			
Kaltmiete			
SELBSTGENUTZTES WOHN- ODER HAUSEIGENTUM			
Abzahlung für Kredite			
– Zins			
– Tilgung			
Zahlung auf Bauspardarlehen			
Zahlung in Lebensversicherung zur Darlehenssicherung			
sonstige Finanzierung			
Grundsteuer			
Gebäudeversicherung			
sonstige feste Ausgaben			
Summe			
WOHN-NEBENKOSTEN			
Strom			
Wasser			
Heizung			

feste monatliche Ausgaben	Ehefrau	Kinder	Ehemann
Müllabfuhr			
Telefon			
Sonstiges			
Summe			
ANDERE VERSICHERUNGEN (MONATLICH)			
Krankenversicherung			
Berufsunfähigkeitsversicherung			
Unfallversicherung			
Haftpflichtversicherung			
Hausratversicherung			
Rechtsschutzversicherung			
Sonstiges			
Summe			
RATENZAHLUNGEN BZW. LEASING (OHNE AUTO)			
Anschaffungen			
Persönliche Darlehen			
Sonstiges			
Summe			
PRIVATE KFZ-KOSTEN			
Leasingrate			
KFZ-Versicherung			
KFZ-Steuer			
Sonstiges			
Summe			
ORGANISIERTES SPAREN (MIT AUSNAHME IMMOBILIEN)			
Sparverträge			
Bausparverträge			

feste monatliche Ausgaben	Ehefrau	Kinder	Ehemann
private Lebensversicherungen für Vermögensbildung oder Altersversorgung (monatlich)			
Sonstiges			
Summe			
AUSBILDUNG			
Kindergarten, Hort, Mittagsbetreuung, usw.			
Schuldbedarf inkl. Schulfahrten			
Nachhilfeunterricht			
Musikunterricht			
Bücher und Musik			
Kultur			
Sonstiges			
Summe			
MITGLIEDSBEITRÄGE			
Berufsverbände			
Gewerkschaft			
Kirche			
Vereine			
Sonstiges			
Summe			
VERSCHIEDENES			
erwartete größere Reparaturen (ohne Hausrat und Immobilien)			
Rücklagen für Notfälle			
Unterhaltspflichten aus früheren Beziehungen			
– für Kinder			
– für frühere Ehegatten			
Sonstiges			

feste monatliche Ausgaben	Ehefrau	Kinder	Ehemann
Summe			
GESAMTBETRAG DER FESTEN MONATLICHEN KOSTEN			

b) Haushaltsplanung: flexible monatliche Ausgaben

flexible monatliche Ausgaben	Ehefrau	Kinder	Ehemann
ERNÄHRUNG			
Lebensmittel			
regelmäßige Mahlzeiten außer Haus (zB Kantine)			
Sonstiges			
Summe			
KLEIDUNG			
eigene Kleidung			
Bekleidung der Kinder			
Waschsalon/Reinigung			
Schuhreparaturen			
Sonstiges			
Summe			
HAUSHALTSHILFEN			
Reinigung			
Babysitter			
Gartenarbeiten			
Sonstiges			
Summe			
INSTANDHALTUNGSKOSTEN FÜR SELBSTGENUTZTES WOHN- ODER HAUSEIGENTUM			
Reparaturen			

flexible monatliche Ausgaben	Ehefrau	Kinder	Ehemann
Reparaturrücklage			
Neuanschaffungen			
Sonstiges			
Summe			
HAUSRAT			
neue Haushaltsgeräte			
neue Möbel			
Reparaturen			
Sonstiges			
Summe			
PRIVATE KFZ-KOSTEN			
Benzin			
Reparaturen und Instandhaltung			
Sonstiges			
Summe			
SONSTIGE PRIVATE FAHRT-KOSTEN			
Reisekosten Bahn/Bus/Flugzeug (nicht zur Arbeit)			
öffentliche Verkehrsmittel (nicht zur Arbeit)			
Sonstiges			
Summe			
MEDIZINISCHE SONDERAUS-GABEN (VON VERSICHE-RUNG NICHT GEDECKT)			
Homöopathie			
Zahnarztkosten			
Medikamente			
Sonstiges			
Summe			

flexible monatliche Ausgaben	Ehefrau	Kinder	Ehemann
URLAUB			
Summe			
PERSÖNLICHE AUSGABEN			
Restaurants			
Friseur und Kosmetik			
Theater, Kino			
Sport			
Hobbys			
Zeitschriften, Bücher			
Alkohol, Tabak			
Sonstiges			
Summe			
GESCHENKE			
Geburtstage			
Namenstage			
Weihnachten			
Sonstiges			
Summe			
SPENDEN			
gemeinnützige Organisationen			
Kirche			
Sonstiges			
Summe			
GESAMTBETRAG FLEXIBLER MONATLICHER KOSTEN:			

c) Einnahmen aus nichtselbständiger Tätigkeit (Gehaltsempfänger) der letzten 12 Monate

	Einnahmen	jährlich	monatlich
1.	Nettogehalt (Bruttogehalt abzgl. Steuern und Sozialversicherungsbeiträgen)		
2.	Urlaubsgeld		
3.	Weihnachtsgeld		
4.	Prämien, Boni		
5.	Provisionen/variable Gehaltsbestandteile		
6.	Sonderzuwendungen		
7.	Sachbezüge (Geschäftswagen, Dienstwohnung, usw.)		
8.	Nebeneinkünfte		
9.	Steuerrückerstattung, Lohnsteuerjahresausgleich		
10.	Sonstiges		
Summe			

jährlich/monatlich:

Ziel ist die Ermittlung des durchschnittlichen monatlichen Netto-Einkommens. Unter der Rubrik „jährlich“ sollen nur die Einnahmen eingetragen werden, die nicht monatlich fließen. Diese jährlichen Einnahmen sollen anschließend auf monatliche Einnahmen umgerechnet werden.

Belege:

Bitte bringen Sie die folgenden Nachweise mit: letzte Lohnsteuerkarte, Gehaltsnachweise der letzten zwölf Monate, Nachweise über die sonstigen Einnahmen.

d) Einnahmen von Selbständigen und Freiberuflern in den vergangenen drei Kalenderjahren

	Einnahmen	jährlich	monatlich
1.	Durchschnittsgewinn der letzten 3 Jahre vor Steuern		
2.	Steuerzahlungen/-erstattungen für diese letzten 3 Jahre		
3.	Sachentnahmen der letzten 3 Jahre (zB Privatnutzung PKW)		

Einnahmen	jährlich	monatlich
4. öffentliche Gelder (zB Existenzgründungsbeihilfen)		
5. Sonstiges		
Summe		
6. Privatentnahmen der letzten 3 Jahre		
Summe		

Belege:

Bitte bringen Sie die folgenden Nachweise mit: Steuererklärung mit allen Anlagen und die Steuerbescheide der letzten drei Jahre sowie die entsprechenden Gewinn- und Verlustrechnungen einschließlich der Abschreibungslisten sowie die Belege über die sonstigen Einnahmen.

e) Einnahmen aus Immobilien im vorangegangen Jahr

Einnahmen	jährlich	monatlich
Mieteinnahmen		
Pachteinnahmen		
öffentliche Gelder (zB Eigenheim-Zulage)		
Mietwert bei selbstgenutztem Wohn- oder Hauseigentum		

Belege:

Bitte bringen Sie die folgenden Nachweise mit: Steuerklärung mit allen Anlagen und Steuerbescheid des letzten Jahres sowie die entsprechenden Gewinn- und Verlustrechnungen, Einnahmen-Überschuss-Rechnung einschließlich der Abschreibungslisten.

f) sonstige Einnahmen im vorangegangenen Jahr

Einnahmen	jährlich	monatlich
aus Kapitalvermögen		
– Zinseinnahmen		
– Dividenden		
aus Steuererstattungen		
aus Gewerbebetrieb		
aus Land- und Forstwirtschaft		

Belege:

Bitte bringen Sie die folgenden Nachweise mit: Steuerklärung mit allen Anlagen und Steuerbescheid des letzten Jahres sowie die entsprechenden Bilanzen, Gewinn- und Verlustrechnungen, Einnahmen-Überschuss-Rechnung einschließlich der Abschreibungslisten, Bankbescheinigungen.

g) sonstige Einnahmen in den vergangenen 12 Monaten

Einnahmen	insgesamt	monatlich
öffentliche Gelder		
– Arbeitslosengeld/-hilfe		
– Wohngeld		
– Erziehungsgeld		
– Sozialhilfe		
– andere öffentliche Gelder		
Unterhalt		
Kindergeld		
Sonstiges		

Belege:

Bitte bringen Sie die entsprechenden Nachweise mit: Bescheide des Arbeitsamts, des Wohnungsamts, des Amts für Versorgung und Familienförderung, des Sozialamts, Unterhaltstitel, usw.

h) Vermögen und Schulden am (Datum)

A. Gegenwärtiges Vermögen

1. Girokonten
   Bank: ....
   Kontonummer: ....
   Kontoinhaber: ....
   Betrag: ....
2. Sparkonten
   Bank: ....
   Kontonummer: ....
   Kontoinhaber: ....
   Betrag: ....
3. Depots (Aktien, Rentenpapiere, Anleihen, Fonds, usw.)
   Bank: ....
   Kontonummern: ....
   Kurswert: ....
4. Lebensversicherungen (ohne LV zur Sicherung von Darlehen)
   Versicherungsnehmer: ....

Versicherungsnummer: ....
Bezugsberechtigter: ....
mtl. Einzahlungsbetrag: ....
Zeitwert: ....
ausgelegt auf (Jahre): ....

5. Bausparverträge
Vertragspartner: ....
Gesellschaft: ....
Vertragsnummer: ....
Guthaben zum 31. 12. d. J.: ....
mtl. Einzahlungsbetrag: ....

6. Forderungen
Gläubiger: ....
Schuldner: ....
Schuldgrund: ....
Höhe: ....
Fälligkeit: ....

7. Immobilien
Lage: ....
Eigentums- oder Miteigentumsanteil:
Grundstücksfläche: ....
Wohnfläche: ....
Wert: ....
Lebensversicherungen zur Sicherung von Immobiliendarlehen
(Zeitwert): ....

8. Investitionen in Steuerprojekte
Art: ....
Investor: ....
Kapital: ....
Finanzierungen: ....
Wert: ....
jährl. Abschreibung: ....

9. Unternehmen/Betrieb/Praxis
Bezeichnung: ....
Rechtsform: ....
Beteiligungsform: ....
Jahresumsatz: ....
Gewinn: ....
Beschäftigte: ....
Substanzwert: ....
Ertragswert: ....
Gesamtwert: ....

10. weitere Vermögensgegenstände im Alleineigentum (nicht: gemeinsame Haushaltsgegenstände)
- Bilder: ....
- sonstige Kunstwerke: ....
- Teppiche: ....
- Schmuck: ....
- Boot: ....
- Münzsammlungen: ....
- Briefmarkensammlungen: ....
- Antiquitäten: ....

– Auto (privat): ....
– Sonstiges: ....
Gesamtwert: ....

Gesamtbetrag Vermögen: ....

B. Schulden

1. Girokonten
   Schuldner: ....
   Bank: ....
   Kontonummer: ....
   Höhe des Minussaldos: ....
2. Darlehen zum Zweck des Immobilienerwerbs
3. hypothekarisch bzw. grundschuldmäßig abgesicherte Darlehen
   Schuldner: ....
   Bank: ....
   Kontonummer: ....
   für welches Objekt: ....
   wann aufgenommen ....
   in welcher Höhe aufgenommen: ....
   Höhe des jetzigen Schuldenstandes: ....
   mtl. Zins ....
   mtl. Tilgungsrate ....
4. durch Lebensversicherungen abgedeckte Darlehen
   Schuldner: ....
   Bank: ....
   Versicherungsnehmer: ....
   Höhe: ....
   Datum der Aufnahme: ....
5. Bauspardarlehen
   Schuldner: ....
   Gesellschaft: ....
   Nummer: ....
   Höhe: ....
   Beteiligungsverhältnis: ....
   für welches Objekt: ....
   mtl. Rückzahlungsrate: ....
6. sonstige Darlehen/Kredite
   Schuldner: ....
   Darlehensgeber: ....
   Darlehensgrund: ....
   Höhe: ....
   fällig am: ....
   mtl. Rückzahlungsrate: ....
7. offene Rechnungen ....
8. erwartete Steuernachzahlungen ....
9. Sonstiges ....

Gesamtbetrag Schulden ....

C. In die Ehe eingebrachtes Vermögen zum Zeitpunkt der Eheschließung oder später durch Schenkung oder Erbschaft erworbenes Vermögen zum Zeitpunkt des Zuwendung

1. Geldbeträge
   mit in die Ehe gebracht Höhe: ....
   geschenkt oder ererbt: ....
   von wem: ....
   wann: ....
   Höhe: ....
2. Wertpapiere
   mit in die Ehe gebracht Höhe: ....
   geschenkt oder ererbt: ....
   von wem: ....
   wann: ....
   Wert: ....
3. Bausparverträge
   mit in die Ehe gebracht Höhe: ....
   geschenkt oder ererbt: ....
   von wem ....
   wann: ....
   Höhe: ....
4. Immobilien
   mit in die Ehe gebracht Höhe: ....
   geschenkt oder ererbt: ....
   von wem: ....
   wann: ....
   Wert: ....
   Belastungen: ....
5. weitere Vermögensgegenstände
   - Bilder: ....
   - sonstige Kunstwerke: ....
   - Teppiche: ....
   - Schmuck: ....
   - Boot: ....
   - Münzsammlungen: ....
   - Briefmarkensammlungen: ....
   - Antiquitäten: ....
   - Auto (privat): ....
   - Sonstiges: ....

   Gesamtwert: ....
6. Schulden zum Zeitpunkt der Eheschließung
   Schuldner: ....
   Gläubiger: ....
   Höhe: ....

Belege:

Bitte bringen Sie die entsprechenden Nachweise mit: Bankbelege (für Guthaben und Schulden), Vertragsunterlagen (für die Höhe des gegenwärtigen Vermögens bzw. der gegenwärtigen Schulden), Kontoauszüge und Bankmitteilungen, Lebensversicherungspolicen und den letzten Kontoausdruck zu den Bausparverträgen. Von den Lebensversicherungen ist der Zeitwert abzurufen. Dies gilt für die Formulare A, B und C.

i) Haushaltsgegenstände

Inventarliste	aktueller Wert	Aufteilungsvorschlag
KFZ		
Haushaltsgeräte		
Möbel und Einrichtung:		
– im Wohnzimmer		
– im Schlafzimmer		
– in der Küche		
– in anderen Zimmern		
– Sonstiges		
Fernseher, Videogerät, DVD-Player		
Radios, Stereogeräte		
CDs, Platten, Ton- und Video-Bänder, usw.		
Bücher		
Bilder		
Werkzeug		
Pflanzen		
Haustiere		
Sonstiges		

Anmerkungen

1. Anwendung und Bedeutung. Die Parteien einer Trennungs- und Scheidungsmediation haben sich dafür entschieden, zukunftsorientierte Regelungen für die Folgen ihrer Trennung und Scheidung zu erarbeiten, die ihren Interessen gerecht werden und ihren Realitäten Rechnung tragen. In der Regel streben sie nicht nur eine faire Verteilung ihres Einkommens und ihres Vermögens bzw. ihrer Schulden an, sondern sind auch mit der finanziellen Mehrbelastung von zwei Haushalten konfrontiert. Mit Hilfe des hier vorgeschlagenen Formulars *(Mähler/Mähler/Winograd)* soll es den Parteien erleichtert werden, ihre aktuellen wirtschaftlichen Verhältnisse zu erfassen sowie ihren zukünftigen finanziellen Bedarf abzuschätzen. Es ist selbstverständlich, dass die Bearbeitung des Formulars mit den Parteien besprochen werden muss, wenn es ihnen ausgehändigt wird. Jede Partei hat die Aufgabe, das Formular für die eigene Person und für die Kinder auszufüllen. Dabei hat es sich als hilfreich herausgestellt, den Parteien vorzuschlagen, bei der Erfassung bestimmter flexibler monatlicher Kosten (zB für Kleidung, Hausrat, Geschenke) gedanklich zunächst von Jahresbeträgen auszugehen und diese anschließend auf Monatsbeträge umzurechnen. Außerdem kann es notwendig sein, den Parteien den Hinweis an die Hand zu geben, dass die Höhe der Aufwendungen, die in der Vergangenheit für einzelne Positionen angefallen sind, zumindest als Anhaltspunkt für die Schätzung zukünftiger Ausgaben dienen kann. Beide Parteien werden instruiert, die ausgefüllten Formulare zusammen mit den Belegen in die Mediationssitzung mitzubringen. Sowohl der Mediator als auch die jeweils andere Partei erhalten eine Kopie. Die erfassten Daten zu den Einnahmen und Ausgaben, zum Vermögen und zu den Verbindlichkeiten sowie zum Anfangsvermögen (§ 1374 BGB) erleichtern es dem Anwaltsmediator und den Parteianwälten (→ Form. T.7 Anm. 14), zu gegebener Zeit die Rechtslage zu unterhaltsrechtlichen und vermögensrechtlichen Ansprüchen zu klären (→ Form. T.7 Anm. 8). Aus diesem Grund sind die genannten Zeiträume für die zu erfassenden Daten analog den gesetzlichen Auskunftsansprüchen bezüglich Unterhalt und Zugewinnausgleich gewählt worden. Zur Erfassung der Vermögenswerte und Verbindlichkeiten sowie ihrer Vergleichbarkeit in der Mediation wird mit den Parteien die Festlegung auf ein bestimmtes, zumeist aktuelles Datum besprochen. Um Missverständnissen vorzubeugen, weist der Mediator die Parteien bereits bei dieser Gelegenheit darauf hin, dass das für die Mediation gewählte Datum in der Regel nicht mit dem gesetzlichen Stichtag zur Ermittlung von Ansprüchen auf Zugewinnausgleich identisch ist und klärt sie über die Unterschiede auf (→ Form. T.13). Mit den Parteien wird außerdem ausdrücklich besprochen, dass sie mit der Erhebung der genannten Daten noch keinerlei Festlegung darüber treffen, ob sie sich bei der Gestaltung ihrer Vereinbarungen an der Rechtslage, an persönlichen Gerechtigkeitsvorstellungen oder an sonstigen, ihrer individuellen Situation angepassten Maßstäben orientieren wollen.

2. Form und Umfang. Das Formular ist umfangreich und die damit verbundenen Erledigungen sind arbeitsintensiv. Es hat aber den Vorteil, dass damit die Phase der Datenerhebung zu den wirtschaftlichen Verhältnissen der Familie abgeschlossen werden kann, so dass anschließend bei der Diskussion der verschiedenen Aufgaben (Finanzierung des Lebensunterhalts, Berufstätigkeit, Verteilung von Vermögen und Schulden) jeweils darauf zurückgegriffen werden kann.

3. Rechtliche Bedeutung. Gemäß § 2 Abs. 6 S. 1 MediationsG ist der Mediator unabhängig von seinem Grundberuf verpflichtet, darauf hinzuwirken, dass die Parteien eine rechtsverbindliche Vereinbarung in Kenntnis der Sachlage schließen. Er unterstützt daher die Parteien dabei, ihre wirtschaftlichen Verhältnisse zu erheben, die später auch als Grundlage einer rechtlicher Beratung dienen werden.

4. Kritische Faktoren. Für die Diskussion finanzieller Angelegenheiten mit den Parteien ist für den Familien-Mediator ein Ergebnis aus der Prozessforschung relevant, dass auf ein Ungleichgewicht zwischen den Geschlechtern und auf eine mögliche Bruchstelle der Trennungs- und Scheidungsmediation hinweist. Laut einer Untersuchung von *Kelly/Duryee* haben Ehefrauen ihre Teilnahme an der Mediation dann aufgekündigt, wenn sie sich von den Aufgaben in der Mediation, finanzielle Regelungen auszuhandeln, überfordert und/oder nicht ausreichend unterstützt gefühlt haben. Dabei scheint ein mangelhafter eigener finanzieller Sachverstand bzw. die fehlende Transparenz der finanziellen Verhältnisse für die Kündigung des Mediationsvertrags maßgeblich gewesen zu sein. Ehefrauen haben die Entscheidung, sich aus der Mediation zurückzuziehen, offenbar besonders häufig dann getroffen, wenn sie sich von einem wütenden Ehepartner (mit exaltierten Forderungen nach finanzieller und beruflicher Unabhängigkeit) unter Druck gesetzt fühlten, sodass sie die Hoffnung auf vernünftige und faire Vereinbarungen aufgegeben haben. Darüber hinaus gibt es nicht nur ernstzunehmende Hinweise darauf, dass sich die Ehefrauen nicht in der Lage gesehen haben, ihre eigenen Anliegen ausreichend zu vertreten, sondern auch darauf, dass sie sich vom Mediator nicht hinlänglich unterstützt und geschützt erlebt haben. Die zitierte Untersuchung kann den Familien-Mediator nicht nur für diese typische Dynamik sensibilisieren, sondern macht nachdrücklich auf dessen Aufgaben aufmerksam, für einen sicheren Rahmen für die Parteien zu sorgen. Dazu zählt zunächst, dass die Parteien ihre legitimen Anliegen zum Ausdruck bringen können und nicht in die Defensive geraten. Außerdem: dass der Familien-Mediator aktiv für die Transparenz der finanziellen und wirtschaftlichen familiären Situation (einschließlich der Vorlage von Belegen und Unterlagen) Sorge trägt. Und schließlich: dass der Familien-Mediator die Aufklärung der Parteien über Gesetz und Gerichtspraxis übernimmt und die Konsultation von Fachleuten (zB Steuerberater) bzw. von parteilich beratenden externen Rechtsanwälten unterstützt.

13. Protokoll mit Hinweisen zum Stichtagsprinzip

Persönlich/Privat

Herrn . . . . . .

Frau . . . . . .

Betrifft: Protokoll der Mediationssitzung vom (Datum)[1]

Sehr geehrte Frau . . . . . .,

sehr geehrter Herr . . . . . .,

in der Mediationssitzung vom (Datum) sind wir übereingekommen, nunmehr Ihre Vermögensverhältnisse zusammenzustellen. Hierzu hatte ich jedem von Ihnen einen Erhebungsbogen[2] ausgehändigt, den Sie als Checkliste für die Erfassung der einzelnen Vermögenspositionen verwenden können. Zunächst soll eine Aufstellung über Ihr aktuelles Vermögen angefertigt werden.

Zur Erfassung dieses Vermögens haben wir uns darauf geeinigt, ein bestimmtes Erhebungsdatum festzulegen, nämlich den (Datum).

Ich hatte Sie darauf aufmerksam gemacht, dass die Verwendung dieses Datums dazu dienen soll, eine vorläufige Aufstellung in der Mediation anfertigen zu können, anhand derer wir einen Überblick über Ihre wirtschaftlichen Verhältnisse erhalten.

Ich habe Sie auch darauf hingewiesen,[3] dass dieses Datum keine rechtliche Bindungswirkung entfaltet. Für den Fall, dass Sie im Rahmen der Mediation keine Einigung finden und den Rechtsweg wählen sollten, gilt für die Ermittlung des gesetzlichen Zugewinnausgleichs ein anderer Stichtag, nämlich das Datum der Rechtshängigkeit des Scheidungsantrages. Dieser Stichtag liegt jedoch in der Zukunft.

Ich habe Sie darüber aufgeklärt, dass Sie die Möglichkeit haben, bereits jetzt eine rechtsverbindliche Vereinbarung zur Festlegung eines Stichtags zu treffen, der Ihrer Vermögensauseinandersetzung zugrunde gelegt werden soll. Eine solche, von den gesetzlichen Regelungen abweichende Vereinbarung, bedarf zu ihrer Wirksamkeit der notariellen Beurkundung.

Nachdem wir über Sinn und Zweck dieser Möglichkeit gesprochen haben und ich Sie auch über die voraussichtliche Höhe der Kosten einer solchen Vereinbarung informiert habe, sind Sie beide übereingekommen, keine entsprechende Vereinbarung treffen zu wollen. Auch für den Fall, dass Sie in der Mediation keine Einigung erzielen sollten, soll es bei der gesetzlichen Stichtagsregelung bleiben. Sie beide haben übereinstimmend berichtet, bereits zu Beginn Ihrer Ehe einen Ehevertrag geschlossen zu haben, in dem eine modifizierte Zugewinngemeinschaft vereinbart worden sei. An dieser Vereinbarung wollen Sie beide festhalten, da Ihre damaligen beiderseitigen Vorstellungen von Fairness

in diesem Ehevertrag zum Ausdruck gekommen seien und sich daran auch nichts verändert habe.

Im Rahmen der Mediation wollen Sie klären, wie sich die ehevertragliche Vereinbarung auf Ihre Vermögensauseinandersetzung auswirke. Ich habe Sie darüber informiert, dass sich auch in diesem Fall die Frage nach einem verbindlichen Stichtag stellt. Sie beide waren sich jedoch darin einig, gegenseitiges Vertrauen darin zu haben, dass keiner von Ihnen zum Nachteil des anderen illoyal Vermögen verschieben werde. Sie beide haben erklärt, dass die zwischen Ihnen beiden getroffene Mediationsvereinbarung,[4] wonach Vermögen nicht ohne Information und Abstimmung mit dem jeweils anderen verwertet, belastet oder übertragen werden soll, für Sie beide ausreichenden Schutz gewähre.

Mit freundlichen Grüßen

. . . . . .

(Rechtsanwältin und Mediatorin)

Dauer der Sitzung:	1,75 Stunden[5]
Protokoll:	0,25 Stunden[5]
Nächster Termin:	. . . . . .

Anlagen:

Pendenzen:

Anmerkungen

1. **Rechtliche Bedeutung.** → Form. T.12 Anm. 3.

2. **Erhebungsbogen.** → Form. T.12.

3. **Hinweis- und Aufklärungspflicht.** → Form. T.7 Anm. 8.

4. **Mediationsvereinbarung.** → Form. T.6.

5. **Zeiterfassung.** → Form. T.7 Anm. 16.

14. Checkliste: Elternvereinbarung

Liste der elterlichen Aufgaben:[1, 2]

- Sorgerecht
- Aufenthaltsbestimmung
- Vermögenssorge
- Lebensmittelpunkt
- Haupt- und Nebenwohnsitz
- Umgangsregelung
- arbeitsteilige Betreuung und Versorgung
- Regelungen bei Krankheit der Kinder
- Arztbesuche
- Regelungen bei Krankheit der Eltern
- Regelungen bei Absagen und Verhinderungen
- Hilfs- und Betreuungspersonal und dessen Finanzierung

- die Option der ersten Wahl[3]
- Ferien/Urlaub
- Weihnachten (Hl. Abend, Feiertage)
- Sylvester/Neujahr
- Geburtstag des Kindes
- Geburtstage der Eltern
- Geburtstage der Großeltern
- Bar-Unterhalt
- Kindergeld
- Kinder-Konten
- größere Anschaffungen und Aufwendungen
- Taschengeld des Kindes
- Einträge auf Steuerkarten
- Kinder-, Haushalts- und Ausbildungsfreibeträge
- Krankenkasse des Kindes
- sonstige Versicherungen des Kindes
- Schule und Ausbildung
- Eltern-Sprechtage in der Schule
- religiöse Erziehung
- Unterricht, Förderungen, Therapien
- medizinische Behandlungen, Ernährung
- Kontakte und Umgang
- Telefonate mit dem Kind
- Transfers/Transporte des Kindes
- Informationsaustausch der Eltern
- Zeit mit der Mutter
- Zeit mit dem Vater
- eigene Zeiten des Kindes
- Großeltern und sonstige Verwandtschaft
- neue Partner der Eltern
- Elterngespräche
- neutrale Orte (für Transfer der Kinder bzw. für Elterngespräche)

Anmerkungen

1. Anwendung und Bedeutung. Die Liste ist eine Zusammenstellung der wichtigsten, regelmäßigen Aufgaben, die Eltern bei der arbeitsteiligen Organisation ihrer Zuständigkeiten zu erledigen haben. Sie erhebt keinen Anspruch auf Vollständigkeit und bedarf im konkreten Einzelfall – je nach familiärer Situation und Konfliktlage – der einen oder anderen Ergänzung. Es ist selbstverständlich, dass auch einzelne der hier genannten Aufgaben nicht relevant sind, und deshalb als Thema der Mediation für die Eltern nicht in Betracht zu kommen brauchen. In der Regel definieren die Eltern ohnehin Inhalte und Programm ihrer Agenda. Aufgrund ihrer Meinungsverschiedenheiten haben sie die Themensammlung meistens ohne größeren Aufwand parat. Deshalb ist die Liste vor allem als Ausstattung für den Mediator gedacht, um nachfragen zu können, ob die Eltern einen relevanten Punkt übersehen haben. Besonders bei Eltern mit hohen, schwer kontrollierbaren Konfliktspannungen ist zumindest in der Anfangsphase von Trennung und Scheidung meistens ein umfangreiches Inventar von Regelungen notwendig, das als ein Halt gebender Rahmen fungieren kann. Es empfiehlt sich, in diesen Fällen einen hohen Grad an Differenzierung und Detaillierung in den Vereinbarungen anzustreben und die Einigungen der Eltern – soweit wie möglich – in unmissverständlichen und präzisen Formulierungen festzuhalten, so dass spätere kontroverse Interpretationen weitgehend ausgeschlossen werden können.

2. Ergänzungen. Es kann sinnvoll sein, neben den inhaltlichen Regelungen auch das Vorgehen bei zukünftigen, jetzt noch nicht vorhersehbaren Meinungsverschiedenheiten zu diskutieren und festzulegen: 1. bei Differenzen in der Interpretation der Einigung; 2. bei zukünftigen Anpassungen der Einigung, wenn die Kinder älter werden und/oder ihre Einschulung ansteht; 3. bei zu erwartenden kritischen Ereignissen, wenn neue Partner eine Rolle zu spielen beginnen bzw. wenn für einen Elternteil eine geographische Distanzierung in Betracht kommt. Es hat sich bewährt, im Einverständnis mit den Eltern den inhaltlichen Vereinbarungen einen Passus hinzufügen, der ihre Verpflichtung formuliert, zunächst eine Erziehungs- bzw. Familienberatungsstelle aufzusuchen oder erneut einen Mediator zu konsultieren und hier im Konfliktfall eine begrenzte Anzahl von Sitzungen zu absolvieren, bevor sie einen Rechtsanwalt oder die Justiz einschalten.

3. Erste Wahl. Der Begriff geht auf das amerikanische Original „first choice" zurück und beschreibt in Kurzform die Absprache zwischen Eltern, dass im Falle der Verhinderung des jeweils zuständigen Elternteils der andere Elternteil zuerst darauf angesprochen wird, ob er die Betreuung der Kinder übernehmen will und kann.

15. Visualisierung der arbeitsteiligen Betreuung und Versorgung der Kinder

1. Woche	Montag	Dienstag	Mittwoch	Donnerstag	Freitag	Samstag	Sonntag
Vormittag							
Nachmittag							
Abend							
2. Woche	Montag	Dienstag	Mittwoch	Donnerstag	Freitag	Samstag	Sonntag
Vormittag							
Nachmittag							
Abend							

M	= Zuständigkeit der Mutter
V	= Zuständigkeit des Vaters
ÜM	= Übernachtung im Haushalt der Mutter
ÜV	= Übernachtung im Haushalt des Vaters
TM	= Transport durch die Mutter
TV	= Transport durch den Vater
Sch	= Schule
H/MB	= Hort/Mittagsbetreuung
KiGa	= Kindergarten
NH	= Nachhilfe
Fö/Th	= Förderung/Therapie
Tr/U	= Training/Unterricht
	usw.[1, 2, 3]

Anmerkungen

1. Anwendung und Bedeutung. Bei der Verhandlung der elterlichen Arbeitsteilung bei der Betreuung und Versorgung ihrer Kinder ist es in der Regel notwendig, ein komplexes Geschehen zu organisieren. Dazu gehören vor allen Dingen die persönlichen Vorstellungen und Wünsche der Eltern, die Bedürfnisse der Kinder (nach regelmäßigem Kontakt zu beiden Eltern), lebenspraktische Fragen, und die Realitäten von Eltern und Kindern (Arbeitszeiten der Erwachsenen, Schulzeiten der Kinder, usw.). Formulare, die eine visuelle Darstellung der verschiedenen Angelegenheiten erlauben, helfen den Erwachsenen, die Komplexität des Familienlebens in zwei Haushalten zu überblicken und zu arrangieren. Für diese Aufgabe kann das vorliegende Formular in verschiedenen Versionen zum Einsatz kommen: 1. Zur Vorbereitung der Diskussion kann jeder Elternteil zunächst eine eigene Vorstellung von der zukünftigen elterlichen Arbeitsteilung entwickeln, so dass anschließend Übereinstimmungen und Differenzen sichtbar und die weiteren Diskussionsaufgaben identifiziert werden können; 2. Übereinstimmungen und Differenzen in den individuellen Vorstellungen der Eltern können in einer zweiten Version zusammenfassend als Zwischenstand ihrer Bemühungen visualisiert werden; 3. und schließlich kann die Einigung der Eltern in einer dritten Version festgehalten werden. Aus Gründen der Praktikabilität und Übersichtlichkeit ist es empfehlenswert, zumindest für die Eintragungen in der dritten Version Abkürzungen und verschiedene Farben zu verwenden: V = Zuständigkeit des Vaters (blau), M = Zuständigkeit der Mutter (rot), Sch, KiGa = Aufenthalt des Kindes in Schule oder Kindergarten (grün), usw. Eine Auswahl der von den Autor(inn)en gebrauchten Abkürzungen ist als Vorschlag zusätzlich zitiert worden.

2. Ergänzungen und Alternativen. Spezielle Meinungsverschiedenheiten hinsichtlich der elterlichen Arbeitsteilung (zB über Schieflagen in der Verteilung von Alltagsroutinen und Freizeit) können zusätzlich erfasst werden, in dem diese Zeiten graphisch unterschieden und damit sichtbar gemacht werden. So können „Arbeitszeiten" (Versorgung des Kindes, Transporte, Betreuung von Hausaufgaben, usw.) und „Freizeiten" (Erholung, Unternehmungen, Aktivitäten mit dem Kind, usw.) unterschieden und angemessen zwischen den Eltern verteilt werden. Außerdem können „eigene Zeiten des Kindes" (für die

Erledigung von Hausaufgaben und Schularbeiten, für das Zusammensein mit Spielkameraden, für Kindergeburtstage, usw.) graphisch sichtbar gemacht werden, die den Eltern für den Kontakt mit ihrem Kind nicht zur Verfügung stehen. Schließlich sollte nicht vergessen werden, die Einigung der Eltern in eine (farbige) Übersicht zu transformieren, die ihren Kindern ausgehändigt werden kann, so dass auch diese einen eigenen Plan zur Verfügung haben, sich selbst orientieren und auch altersgemäß Stellung beziehen können. Alternativ kann die Visualisierung des Arbeits- und Diskussionsprozesses und seiner Ergebnisse auch auf dem Flipchart vorgenommen werden.

3. Weitere Alternativen. Seit einigen Jahren ist eine Vorgehensweise in das Blickfeld geraten, die den Vorzug hat, die Eltern (und den Mediator) mit zusätzlichen Informationen über die Bedürfnisse ihres Kindes, seine Fragen, seine Konflikte und seine Sorgen auszustatten, damit die Erwachsenen in ihren Entscheidungen – neben ihren eigenen Vorstellungen und Realitäten – auch die Situation ihres Kindes (besser) berücksichtigen können. In einem externen und fokussierten Kinder-Interview (durch eine entsprechend geschulten Interviewer) werden die Anliegen und Belastungen des Kindes erhoben und anschließend den Eltern sowie dem Mediator in einer eigens dafür reservierten Sitzung berichtet (*Bernhardt*, Die Stimme des Kindes in der Trennungs- und Scheidungsmediation, ZKM, 2015, 68). Sinn dieses Arrangements ist es, den Eltern Informationen zur Verfügung zu stellen, die ihre eigenen Sichtweisen um die Perspektive ihres Kindes erweitern können, so dass die Erwachsenen kompetente Entscheidungen für alle Familienmitglieder treffen können. Es wird Sorge dafür getragen, dass das Kind nicht stellvertretende Entscheidungen in einem Konflikt trifft, den seine Eltern nicht lösen können.

16. Einladung der Parteianwälte zur Teilnahme an der Mediation

Frau Rechtsanwältin . . . . . .

Herrn Rechtsanwalt . . . . . .

Betrifft: Mediation von Frau . . . . . . und Herrn . . . . . .[1, 2, 3]

Sehr geehrte Frau Kollegin . . . . . .,

sehr geehrter Herr Kollege . . . . . .,

mit diesem Schreiben bestätige ich den bereits telefonisch vereinbarten Termin für die Mediationssitzung am (Datum) um . . . . . . Uhr in den Räumen meiner Kanzlei. Die Mediationssitzung wird mit beiden Parteien und ihren Parteivertretern stattfinden.

Wie ich bereits im Telefonat (Konferenzschaltung) mit Ihnen beiden erwähnt habe, ist es mein Ziel als Mediatorin, herauszufinden, ob wir in einer gemeinsamen Bemühung eine Lösung der Konflikte Ihrer Mandanten erarbeiten können, in denen den Interessen beider Parteien besser Rechnung getragen wird, als dies allein auf der Basis der Rechtslage gerichtlich oder außergerichtlich erreicht werden könnte. Ich habe mir für den genannten Termin den ganzen Tag Zeit genommen, um ausreichend Gelegenheit zu haben, signifikante Fortschritte oder sogar eine Einigung erreichen zu können.

Ich habe vor, zu Beginn unseres Treffens von jedem der beiden Parteianwälte eine Vertraulichkeitserklärung unterzeichnen zu lassen. Deshalb füge ich diesem Schreiben den Entwurf einer Vertraulichkeitserklärung bei – mit der Bitte, diesen Entwurf bereits vor unserem Treffen durchzusehen.[4] Nach Unterzeichnung der Vertraulichkeitserklärung würde ich gerne mit allen Beteiligten, den Parteien und ihren Parteianwälten, die Ziele des

Mediationsprozesses klären und ggf. Absprachen treffen, wie das Verfahren für alle Beteiligten sinnvoll gestaltet werden kann. Die konkreten Einzelheiten der Vorgehensweise werden von uns allen gemeinsam abgesprochen.

Darüber hinaus schlage ich vor, anschließend folgendermaßen vorzugehen:

1. Die parteilichen Rechtsanwälte stellen ihre jeweilige Sichtweise der Rechtslage dar:

Ich werde deshalb jeden von Ihnen bitten, eine kurze Darstellung Ihrer Einschätzung der Rechtslage zu geben, so dass alle Beteiligten die Positionen Ihrer Mandanten verstehen können, die in einem möglichen gerichtlichen Verfahren eingenommen würden. Mein Ziel ist es dabei vor allem, die rechtlichen Aspekte des Falles von allen Seiten zu beleuchten und zusammen die Risiken und Chancen dieser Positionen einzuschätzen. Wir werden uns dann ein Bild davon machen, wie die anwaltliche Sichtweise sich darauf auswirkt, welche Möglichkeiten und Grenzen Sie und Ihr Mandant für eine Konfliktlösung im Rahmen der Mediation sehen.

Zur Vorbereitung dieser Aufgabe haben wir bereits telefonisch vereinbart, dass jeder von Ihnen beiden mir vor unserem nächsten Treffen eine 5- bis maximal 10-seitige Zusammenfassung Ihrer rechtlichen Positionen zukommen lässt. Ich werde dafür sorgen, dass jeder Rechtsanwalt die jeweils andere Zusammenfassung so schnell wie möglich und auf jeden Fall rechtzeitig erhält. Deshalb bitte ich Sie, mir Ihre Zusammenfassung nicht später als bis zum (Datum) zukommen zu lassen.

2. Ihre Mandanten stellen ihre jeweilige persönliche Sichtweise dar:

Wenn gesichert ist, dass alle Beteiligten und insbesondere Ihre Mandanten die rechtliche Dimension des Streits verstanden haben, möchte ich jedem Ihrer Mandanten die Gelegenheit geben, seine persönliche Sichtweise des Konflikts darzustellen. Außerdem möchte ich klären, ob Ihre Mandanten die jeweils andere Sichtweise verstanden haben. Das bedeutet übrigens nicht, dass Ihre Mandanten der anderen Sichtweise zustimmen müssen. Ich beabsichtige lediglich, dass alle Beteiligten ein Verständnis der wichtigen Anliegen jeder Partei entwickeln können, die dem Streit zugrunde liegen und die bei einer befriedigenden Konfliktlösung gewahrt sein müssen.

3. Gemeinsame Entwicklung von Optionen für eine Konfliktlösung:

Anschließend werde ich vorschlagen, dass wir alle zusammen in einer Art Brainstorming so viele Lösungsoptionen wie möglich erarbeiten, die entweder ganz oder zumindest teilweise den Konflikt lösen können. Wenn wir eine Vielzahl von denkbaren Lösungsoptionen entwickelt haben, werden wir diese nacheinander im Licht der Interessen und Bedürfnisse Ihrer Mandanten überprüfen. Möglicherweise kann eine Lösung gefunden werden, die den Interessen Ihrer Mandanten besser entspricht als eine Fortsetzung von gerichtlichen oder außergerichtlichen Auseinandersetzungen und der auch Sie als Rechtsanwalt zustimmen können.

Es ist denkbar, dass wir diese Aufgaben nicht komplett innerhalb der zur Verfügung stehenden Zeit erledigen und keine abschließende Einigung erarbeiten können. Ich gehe jedoch davon aus, dass wir am Ende unseres Gespräches zumindest wissen, ob wir substantielle Fortschritte erreicht haben und ob es deshalb sinnvoll ist, weitere Zeit zur Entwicklung einer Einigung zu investieren – oder auch nicht.

Der Erfolg einer Mediation beruht im wesentlich auf der Unterstützung, die Sie Ihren Mandanten und dem Mediationsverfahren entgegenbringen können. Ich hoffe, dass wir gemeinsam eine Atmosphäre schaffen können, in der jeder Mandant seine Anliegen in einer für ihn (und auch für Sie als Rechtsanwalt) annehmbaren Weise vortragen und zu Gehör bringen kann.

Meine Vorstellung ist es, die gesamte Mediationssitzung im Beisein aller Beteiligten stattfinden zu lassen. Ich plane gegenwärtig keine Einzelgespräche mit einer Seite – es sei denn, dass alle Beteiligten davon überzeugt sind, Einzelgespräche seien sinnvoll und hilfreich. Das gemeinsame Gespräch hat meiner Auffassung nach den Vorteil, dass beide Parteien an allen Schritten teilnehmen und alle Abläufe der Mediation verstehen können. Selbstverständlich werde ich dennoch den Wunsch respektieren, wenn Sie unser gemeinsames Gespräch unterbrechen wollen, um sich mit Ihrem Mandanten separat besprechen zu können.

Ich habe in diesem Schreiben versucht, Ihnen einen kurzen Überblick über die von mir vorgeschlagene Vorgehensweise zu geben. Ich bitte Sie, aber auch Ihre Mandanten darum, sich darüber Gedanken zu machen, ob dieser Ablauf sinnvoll ist oder ob Sie noch andere Ideen vorschlagen, wie wir effektiv zusammenarbeiten können. Wenn Sie alternative Vorschläge haben, bitte ich Sie, diese Vorschläge bei unserem Treffen vorzutragen oder, wenn Ihnen das lieber sein sollte, sie uns allen schriftlich vor dem nächsten Treffen zukommen zu lassen.

Im übrigen erwarte ich Ihre Unterlagen bis zum (Datum) und sehe unserem Treffen am ...... um ...... Uhr entgegen.

Mit freundlichen kollegialen Grüßen

......

(Rechtsanwältin und Mediatorin)

Anlage: Entwurf einer Vertraulichkeitserklärung

Anmerkungen

1. Anwendung und Bedeutung. Im Regelfall konsultieren die Parteien ihre Rechtsanwälte während der Dauer der Mediation, spätestens jedoch vor Unterzeichnung der Abschlussvereinbarung. Sie bringen die Informationen ihrer Parteianwälte entweder selbst mündlich oder in Form einer schriftlichen Zusammenfassung in die Mediation ein. Gelegentlich sind Parteien damit überfordert, die unterschiedlichen Rechtsauffassungen in ihrer Bedeutung zu erfassen und die Konsequenzen zu verstehen. In diesen Fällen bietet es sich an, die beiderseitigen Parteianwälte (manchmal auch Steuerberater und Wirtschaftsprüfer) zu einer oder mehreren Mediationssitzungen hinzuzuziehen, was gemäß § 2 Abs. 4 MediationsG der Zustimmung aller Parteien bedarf. Um diese Mediationssitzung mit den Parteien und ihren Anwälten effektiv gestalten zu können, empfiehlt es sich, bereits im Vorfeld eine Strukturierung vorzuschlagen.

2. Form und Inhalt. Es sollte darauf geachtet werden, sowohl Rolle und Funktion des Mediators klar darzustellen als auch die Bedeutung der Parteianwälte für das Gelingen der Mediation zu betonen. Außerdem ist es hilfreich, Ablauf und Zeitrahmen des Gesprächs zu skizzieren, so dass alle Beteiligten sich orientieren können und die Möglichkeit haben, sich auf das Gespräch und die von ihnen erwarteten Beiträge vorzubereiten und Änderungswünsche einzubringen. Der Mediator sollte jegliche Gelegenheit vermeiden, die den Anschein einer Gefährdung seiner Neutralität erwecken könnte. Die Telefonate mit den Parteivertretern können gleichzeitig in Form einer Telefonkonferenz geführt werden, der Schriftverkehr mit den Parteivertretern erfolgt gleichlautend und jeweils mit Abschrift an die Parteien.

3. Rechtliche Bedeutung. Gemäß § 2 Abs. 4 MediationsG können Dritte, zu denen auch die jeweiligen parteilich beratenden Rechtsanwälte gehören, nur mit Zustimmung aller Parteien in die Mediation einbezogen werden. Nehmen die Parteianwälte an der Mediationssitzung teil, hat der Mediator dafür Sorge zu tragen, dass die vereinbarte Vertraulichkeitsverpflichtung auf diese erstreckt wird (vgl. *Greger/Unberath* Teil 2 § 4, Rn. 72 ff.).

4. Vertraulichkeitserklärung. → Form. T.17.

17. Vertraulichkeitserklärung der Parteianwälte

Unbeschadet seiner standes- und berufsrechtlichen Pflichten verpflichtet sich Herr Rechtsanwalt . . . . . . dauerhaft zur umfassenden Verschwiegenheit über die Mediation in Sachen . . . . . . und . . . . . . und über alle Informationen, die ihm aus Anlass dieser Mediation bekannt gewordenen sind.[1]

Von seiner Verschwiegenheitspflicht kann Herr Rechtsanwalt . . . . . . nur durch alle Konfliktparteien gemeinsam entbunden werden.

Herr Rechtsanwalt . . . . . . verpflichtet sich, von allen Aussage- und Zeugnisverweigerungsrechten Gebrauch zu machen, die ihm in Bezug auf dieses Mediationsverfahren und die aus seinem Anlass bekannt gewordenen Informationen in einem behördlichen, schiedsgerichtlichen oder gerichtlichen Verfahren zustehen und in einem solchen Verfahren weder Informationen aus dem Mediationsverfahren einzubringen, noch die Konfliktparteien oder sonstige Teilnehmer an diesem Verfahren als Zeugen zu benennen.

Von diesen Pflichten ist Herr Rechtsanwalt . . . . . . in einem Gerichtsverfahren in eigener Sache bezüglich derjenigen Umstände befreit, die für seine Verteidigung oder Anspruchsbegründung erforderlich sind.

. . . . . .

Ort, Datum

. . . . . .

Unterschrift des Rechtsanwalts

Anmerkungen

1. Anwendung und Bedeutung. Wenn sich die Parteien darauf verständigt haben, ihre jeweiligen beratenden Rechtsanwälte in das Mediationsverfahren einzubeziehen, hat der Mediator dafür Sorge zu tragen, dass der Grundsatz der Vertraulichkeit gewahrt wird und auch die Beratungsanwälte in die zwischen den Parteien geschlossene Vertraulichkeitsvereinbarung (→ Form. T.6 Anm. 4) einbezogen werden.

18. Memorandum

Memorandum

Einleitung

Wir haben uns für den Weg der Mediation entschieden, um unsere Meinungsverschiedenheiten in den finanziellen Fragen unserer Trennung und Scheidung einvernehmlich ausräumen zu können. Beweggrund für unsere Bemühungen ist unsere gemeinsame Elternschaft und die Absicht gewesen, zukünftig – im Interesse unseres Kindes und seiner Entwicklung – besser miteinander im Kontakt und im Gespräch bleiben zu können. Im Verlauf der Mediation haben wir eine Lösung unserer Konflikte gefunden. Den derzeitigen Stand unserer Auseinandersetzung haben wir im folgenden Memorandum festgehalten. Wir stellen vorab fest, dass es sich hierbei um die Zusammenfassung unserer Absichten handelt und damit noch keine rechtsverbindliche Vereinbarung getroffen worden sein soll.[1, 2, 3, 4]

Zusammenfassung der beabsichtigen Regelungen

1. Der Lebensmittelpunkt des Kindes soll sich weiterhin bei beiden Eltern befinden. Die Eltern wollen dieses Arrangement auch bei der Meldebehörde erfassen lassen. Hier soll das Kind mit Hauptwohnsitz bei der Mutter und mit Nebenwohnsitz beim Vater gemeldet werden. Diese Entscheidung betrachten die Eltern als Anpassung an die melderechtlichen Vorschriften. Tatsächlich haben die Eltern vor, dass sich beide Erwachsene weiterhin maßgeblich an der Betreuung und Versorgung des Kindes beteiligen können und zwischen ihnen keine Unterschiede gemacht werden. Steuerlich soll jeder von ihnen einen halben Kinderfreibetrag in Anspruch nehmen können.
2. Aufgrund der nah beieinander liegenden Wohnungen und ihrer jeweiligen Berufstätigkeit wollen die Eltern weiterhin grundsätzlich abwechselnd für ihr Kind zuständig sein. Zu dieser Zuständigkeit soll auch gehören, dass jeder Elternteil verantwortlich für die Organisation eines unterstützenden Hilfspersonals ist, soweit er selbst verhindert sein sollte. Beide Eltern wünschen sich jedoch, dass sie in diesem Fall der erste Ansprechpartner für den anderen Elternteil sind.
3. Die Eltern streben außerdem an, auch zukünftig die gemeinsame elterliche Sorge für ihren Sohn fortzusetzen. Sie haben die Absicht, dass – wie bisher – Alltagsentscheidungen vom jeweils betreuenden Elternteil in eigener Regie getroffen werden können.
4. Der Vater beabsichtigt, an die Mutter monatlich 700,– EUR für den Lebensunterhalt des Sohnes zu bezahlen. Das staatliche Kindergeld soll in voller Höhe bei der Mutter verbleiben und nicht angerechnet werden. Die Mutter will hiervon auch die Kosten für den Sport- und Musikunterricht des Sohnes bestreiten. Außergewöhnliche hohe Ausgaben sollen wie bisher zusätzlich vom Vater übernommen werden (zB Sportausrüstung, Klassenfahrten, usw.), wenn diese Ausgaben mit ihm vorher abgesprochen sind und er ihnen zugestimmt hat. Hintergrund dieser Regelungen ist, dass die Eltern ihren Sohn weiterhin gemeinsam betreuen wollen. Ihrem Sohn soll in beiden Haushalten ein eigenes Kinderzimmer zur Verfügung stehen. Der Vater will dieses Modell unterstützen und deshalb großzügig zur Finanzierung des Lebensunterhalts des Kindes beitragen.
5. Anpassungen der regelmäßigen Zahlungen des Vaters für den Lebensunterhalt des Sohnes sollen wie folgt stattfinden: Ab Beginn des 12. Lebensjahres soll sich der laufende Lebensunterhalt auf monatlich 750,– EUR und ab dem 18. Lebensjahr, sofern das Kind sich noch in der allgemeinen Schulausbildung befindet, auf monatlich 850,– EUR erhöhen. Die jeweiligen Beträge sollen entsprechend dem Verbrau-

cherkostenindex angepasst und auf volle Euro-Beträge aufgerundet werden. Grundlage dieser Regelung soll sein, dass der gemeinsame Sohn in beiden Haushalten der Eltern lebt. Für den Fall von heute nicht absehbaren Veränderungen sollen die Zahlungen zum Lebensunterhalt des Kindes neu ausgehandelt werden.

6. Ausgehend von einem Einkommen des Ehemanns von derzeit zirka 8000,– EUR netto und einem Einkommen der Ehefrau von derzeit zirka 1500,– EUR netto hat der Ehemann vor, bis zur Scheidung der Ehe an seine Ehefrau monatlich einen Zuschuss zum Lebensunterhalt in Höhe von 700,– EUR zu zahlen. Die Ehefrau beabsichtigt, diesen Konditionen zuzustimmen. Für die Zeit nach der Scheidung will die Ehefrau auf regelmäßige Unterhaltszahlungen gegen Zahlung einer Abfindung in Höhe von 50.000,– EUR verzichten. Die Zahlung soll nach den Vorstellungen beider Ehepartner sechs Wochen nach Rechtskraft der Scheidung erfolgen.
7. Hinsichtlich der Verteilung des Vermögens beabsichtigen die Ehepartner, dass der Ehemann an die Ehefrau einen Betrag in Höhe von 125.000,– EUR auszahlen wird. Weitergehende gegenseitige Ansprüche sollen nach Auffassung beider Ehepartner nicht mehr bestehen. Die Zahlung des genannten Betrags soll sechs Wochen nach Abschluss der notariellen Vereinbarung erfolgen.
8. Die Ehefrau beabsichtigt, das Scheidungsverfahren einzuleiten. Beide Ehepartner streben an, die Kosten des Scheidungsverfahrens einschließlich der Anwalts- und Notarkosten je zur Hälfte zu übernehmen.
9. Für die Kalenderjahre (. . . . . .) und (. . . . . .) beabsichtigen die Ehepartner, noch eine gemeinsame Steuererklärung abzugeben. Die Ehefrau hat ihre Steuern bereits im Rahmen von Lohnsteuern aufgebracht. Der Ehemann soll die Steuernachzahlungen allein übernehmen. Der Differenzbetrag zur getrennten Veranlagung in Höhe von voraussichtlich 3000,– EUR soll hälftig geteilt werden. Der Ehemann beabsichtigt, diesen Betrag innerhalb von 14 Tagen nach Erhalt des jeweiligen Steuerbescheids an die Ehefrau zu bezahlen.
10. Die Ehepartner haben vor, die Inhalte des Memorandums durch ihre Rechtsanwälte prüfen und sich hierzu beraten zu lassen. Die Ergebnisse der Beratung wollen sie in der nächsten Mediationssitzung besprechen, um etwa erforderlich werdende Korrekturen und Anpassungen einarbeiten zu können.
11. Die Ehepartner haben vor, im Falle von zukünftigen Konflikten, die sich aus diesen in Aussicht genommenen Regelungen und ihrer Interpretation ergeben können, zunächst direkt miteinander oder im Rahmen einer Mediation zu verhandeln und eine Einigung anzustreben, bevor sie gerichtlich gegeneinander vorgehen.
12. Die Ehepartner beabsichtigen einen Notar mit der Erstellung einer rechtsgültigen Vereinbarung mit den oben beschriebenen Inhalten zu beauftragen. Sie streben außerdem an, dass die Regelungen über Zahlungsverpflichtungen auch vollstreckbar sein sollen.

Anmerkungen

1. Anwendung und Bedeutung. Das Memorandum ist ein Schlussprotokoll, in dem die inhaltlichen Ergebnisse des Arbeitsprozesses zusammengefasst werden. Hier wird die beabsichtigte Einigung der Parteien in einer informellen, d. h. rechtlich unverbindlichen, Form dokumentiert. Außerdem hält das Memorandum fest, wie die Parteien diese inhaltlichen Ergebnisse realisieren wollen und welche (Rechts-)Verbindlichkeit sie dabei anstreben. Für die Parteien soll das Memorandum den Gesamtkomplex der beabsichtigten Regelung ihrer Trennungs- und Scheidungsfolgen in einer verständlichen, aber auch in einer unmissverständlichen Form festhalten, so dass unterschiedliche Interpretationen weitgehend ausgeschlossen werden können. Gleichzeitig ermöglicht die zusammenfassende Darstellung der einzelnen Ergebnisse, die im Verlauf der Mediation notwendigerweise sukzessive erarbeitet worden sind, jetzt einen Gesamtüberblick und erleichtert deshalb den Parteien die Wahrnehmung von Schieflagen sowie deren Korrektur in entsprechenden Nachverhandlungen. Es soll nicht unerwähnt bleiben, dass das Schlussprotokoll für die Parteien sowohl den Erfolg ihrer Bemühungen symbolisieren als auch das Ende ihrer Ehe ankündigen kann. Darüber hinaus ist das Memorandum vor allem ein Kommunikationsmittel für den Transfer der Einigung in das juristische System (Parteianwälte, Notar, Familiengericht), wenn auf dieser Grundlage eine juristische Beratung stattfinden soll und/oder rechtsverbindliche Vereinbarungen geschlossen werden sollen. Wenn die Intentionen der Parteien stark von konventionellen Lösungen abweichen, kann es sinnvoll sein, neben den inhaltlichen Ergebnisse auch ein Minimum der persönlichen Bedeutungen zu dokumentieren, so dass diese den externen Fachleuten verständlich werden können und die Übersetzung in einen juristischen Vertragstext möglichst optimal gelingen kann. Es soll dafür Sorge getragen werden, dass eine auf die spezielle Situation der Parteien abgestimmte Lösung nicht durch notarielle Standardisierungen revidiert wird. Anwaltliche Mediatoren bieten den Parteien meistens an, den Entwurf eines Vertrags zu übernehmen, arbeiten mit einem Notar ihres Vertrauens zusammen und/oder begleiten die Parteien bei der Konsultation eines Notars.

2. Form und Sprache. Die Einigung der Parteien in der Mediation hat – mit Blick auf rechtsverbindliche Vereinbarungen und Verträge – lediglich den Status einer Absichtserklärung. Deshalb gibt die Sprache des Memorandums die Intentionen der Parteien mit Formulierungen wieder, die diesen Charakter betonen: die Parteien beabsichtigen, haben vor, streben an, usw. Unterschriften der Parteien, die lediglich die Richtigkeit des Protokolls bestätigen, sind möglich.

3. Rechtliche Bedeutung. Das von den Parteien nach Prüfung durch ihre jeweiligen Rechtsanwälte autorisierte Schlussprotokoll (Memorandum) enthält die Zusammenfassung der beabsichtigten Regelungen. Es dient als Grundlage zur Erstellung der sog. Abschlussvereinbarung, die je nach Lage der Dinge rechtlich verbindliche Regelungen und Vollstreckungsunterwerfungen enthält und sich insoweit nicht von anderen Verträgen zur Regelung von Trennungs- und Scheidungsfolgen unterscheidet. Das Memorandum soll auch dokumentieren, dass der Mediator seinen Hinweispflichten, insbesondere gemäß § 2 Abs. 6, S. 1 und 2 MediationsG nachgekommen ist und welchen Auftrag er in Bezug auf die Abschlussvereinbarung erhalten hat (→ Form. T.19). Die Mediation endet i. d. R. mit der Autorisierung des Memorandums. Wenn die Parteien den Anwaltsmediator beauftragen, die Abschlussvereinbarung zu entwerfen, handelt es sich um einen zusätzlichen Auftrag im Anschluss an die Mediation (vgl. *Greger/Unberath* Teil 2 § 1 Rn. 75). Hierfür soll eine gesonderte Vergütungsvereinbarung mit den Parteien geschlossen werden (vgl. *Greger/Unberath* Teil 2 § 2 Rn. 230 f.).

4. Gemeinsames Ziel. Es hat sich eingebürgert, in der Einleitung des Memorandums das gemeinsame (übergeordnete) Ziel der Mediation zu zitieren, das die Parteien zum Eintritt in eine Mediation motiviert hat. Typische gemeinsame Ziele können – neben der beispielhaft zitierten Verantwortung der Eltern für ihre Kinder – die Absichten sein, der eigenen Selbstachtung und der Wertschätzung des Partners (einschließlich der Anerkennung seiner Verdienste) Rechnung tragen zu wollen, Kontakt, Kommunikation und Kooperation dort fortsetzen zu können, wo diese notwendig sind, die wirtschaftlichen Errungenschaften sichern, die Autonomie in den eigenen Angelegenheiten aufrechterhalten und/oder die Kosten der Scheidung in Grenzen halten zu wollen.

19. Begleitschreiben an die Parteien zu verschiedenen Entwürfen des Memorandums

1. Alternative

Persönlich/Privat

Frau ......

Herrn ......

Betrifft: Mediationssitzung vom (Datum)[1]

Sehr geehrte Frau ......,

sehr geehrter Herr ......,

in der Anlage erhalten Sie den in der oben genannten Mediationssitzung erarbeiteten ersten Entwurf des Memorandums. Es handelt sich hier um die Zusammenfassung der von Ihnen beiden ins Auge gefassten Regelungen und noch nicht um eine abschließende Einigung. Diese Zusammenfassung ist von mir nach der Sitzung erstellt worden und noch nicht von Ihnen beiden autorisiert. Bitte prüfen Sie daher sorgfältig, ob Änderungen oder Ergänzungen notwendig sind. Wir werden diese Korrekturen in der nächsten Mediationssitzung besprechen und ggf. einarbeiten können.

Mit freundlichen Grüßen

......

(Rechtsanwältin und Mediatorin)

2. Alternative

Persönlich/Privat

Frau ......

Herrn ......

Betrifft: Mediationssitzung vom (Datum)[2]

Sehr geehrte Frau ......,

sehr geehrter Herr ......,

in der Anlage erhalten Sie die überarbeitete zweite Fassung des Memorandums. Auch hier handelt es sich lediglich um eine Zusammenfassung der von Ihnen beiden ins Auge gefassten Regelungen und noch nicht um eine abschließende Einigung. Sofern Sie bei Prüfung des Entwurfs feststellen sollten, dass weitere Korrekturen notwendig sind, bitte ich Sie um eine entsprechende Mitteilung. Wir werden dann einen weiteren Termin vereinbaren, um eine gemeinsame Fassung des Memorandums herstellen zu können, die Sie Ihren jeweiligen Rechtsanwälten zur Prüfung vorlegen können.

Für den Fall, dass keine weiteren Korrekturen notwendig sind, haben wir besprochen, dass Sie dieses Memorandum Ihren jeweils parteilich beratenden Rechtsanwälten zur Prüfung vorlegen. Sollten Ihnen Ihre Rechtsanwälte Änderungen oder Ergänzungen empfehlen, so ist es sinnvoll, dass Sie sich diese Empfehlungen (einschließlich der Begründungen) in schriftlicher Form aushändigen lassen. Diese Vorbereitungen werden uns in der nächsten Mediationssitzung die Diskussion der Änderungsvorschläge erleichtern.

Mit freundlichen Grüßen

. . . . . .

(Rechtsanwältin und Mediatorin)

3. Alternative

Persönlich/Privat

Frau . . . . . .

Herrn . . . . . .

Betrifft: Mediationssitzung vom (Datum)[3]

Sehr geehrte Frau . . . . . .,

sehr geehrter Herr . . . . . .,

in der Anlage erhalten Sie das in der oben genannten Mediationssitzung erarbeitete Memorandum, das die Änderungsvorschläge Ihrer beider Rechtsanwälte berücksichtigt. Wie besprochen handelt es sich um die Zusammenfassung der von Ihnen beiden ins Auge gefassten Regelungen und noch nicht um eine rechtsverbindliche Vereinbarung.

Sie beide beabsichtigen, eine rechtsverbindliche Vereinbarung zu schließen. Wir haben die verschiedenen Möglichkeiten (notarielle Vereinbarung, gerichtliche Protokollierung, Jugendamtsurkunde, Anwaltsvergleich, privatschriftlicher Vertrag ohne Vollstreckungsmöglichkeit) einschließlich der jeweiligen Kosten diskutiert.

Sie haben mich damit beauftragt, den Vertragsentwurf zu erstellen, der notariell beurkundet werden soll.[4, 5]

In der Anlage füge ich vereinbarungsgemäß eine Vergütungsvereinbarung[6] in zweifacher Ausfertigung für meine Tätigkeit im Zusammenhang mit der Vertragserstellung bei – mit der Bitte um Prüfung und im Falle Ihres Einverständnisses um Rücksendung einer unterschriebenen Ausfertigung. Die zweite Ausfertigung ist für Ihre Unterlagen bestimmt. Ich werde dann auf der Grundlage des Memorandums einen Vertragsentwurf anfertigen. Der Vertragsentwurf soll nach Prüfung durch Ihre beiderseitigen Rechtsanwälte und ggf. nach etwa noch erforderlich werdenden Änderungen oder Ergänzungen notariell beurkundet werden.

Mit freundlichen Grüßen

. . . . . .

(Rechtsanwältin und Mediatorin)

4. Alternative

Persönlich/Privat

Frau . . . . . .

Herrn . . . . . .

Betrifft: Mediationssitzung vom (Datum)[7]

Sehr geehrte Frau . . . . . .,

sehr geehrter Herr . . . . . .,

in der Anlage erhalten Sie die überarbeitete zweite Fassung des Memorandums. Auch hier handelt es sich lediglich um eine Zusammenfassung der von Ihnen beiden ins Auge gefassten Regelungen und noch nicht um eine abschließende Einigung.

Sie beide beabsichtigen, eine rechtsverbindliche Vereinbarung zu schließen. Wir haben die verschiedenen Möglichkeiten (notarielle Vereinbarung, gerichtliche Protokollierung, Jugendamtsurkunde, Anwaltsvergleich, privatschriftlicher Vertrag ohne Vollstreckungsmöglichkeit) einschließlich der jeweiligen Kosten diskutiert.

In dem zwischen uns geschlossenen Mediationsvertrag haben wir vereinbart, dass jeder von Ihnen beiden vor Abschluss einer rechtsverbindlichen Vereinbarung den Rat eines ihn parteilich beratenden Rechtsanwaltes einholt. Die Gründe hierfür haben wir ausführlich besprochen. Nun haben Sie sich jedoch dazu entschlossen, von einer solchen parteilichen Rechtsberatung Abstand zu nehmen, weil Sie sich ausreichend informiert glauben, das Ergebnis als fair betrachten und keine zusätzlichen und in Ihren Augen überflüssigen Kosten verursachen wollen. Ihr Wunsch ist es stattdessen gewesen, dass ich für Sie den Vertragsentwurf auf der Grundlage des Memorandums ohne Konsultation von parteilich beratenden Rechtsanwälten anfertige.

Ich habe Ihnen bereits in der Mediationssitzung mitgeteilt, dass ich diesen Auftrag nicht annehmen werde, da der von uns geschlossene Mediationsvertrag für mich bindend ist und ich auch in Ihrem Fall keine Abweichungen hiervon vornehmen werde. Ich mache Sie vielmehr nochmals darauf aufmerksam, dass mit den von Ihnen beabsichtigten Regelungen weitreichende Folgen verbunden sind.

Bei Ihnen, Frau . . . . . ., verweise ich insbesondere auf die Regelung, dass (Regelung benennen). Bei Ihnen, Herr . . . . . ., verweise ich insbesondere auf die Regelung, dass (Regelung benennen)

Die parteiliche Rechtsberatung soll sicherstellen, dass jeder von Ihnen beiden alles getan hat, was seinen Interessen dient, und dass nichts in unseren gemeinsamen Gesprächen übersehen wurde. Ich habe Ihnen zu bedenken gegeben, dass ein unabhängiges Beratungsgespräch mit Ihrem Rechtsanwalt noch Gesichtspunkte bzw. Schieflagen zu Tage fördern kann, die in unseren gemeinsamen Gesprächen unerwähnt geblieben oder übersehen worden sind, gleichwohl jedoch von Bedeutung für Sie und Ihre Zukunft sein können.

Es steht Ihnen selbstverständlich frei, die von mir empfohlene parteiliche Rechtsberatung nicht in Anspruch zu nehmen. In diesem Fall übernehme ich, wie ich das mit Ihnen bereits besprochen habe, allerdings auch nicht den Auftrag zur Erstellung des Vertragsentwurfs.

Wir haben anschließend besprochen, wie Ihrem Anliegen, dennoch einen rechtsverbindlichen Vertrag zu schließen, Rechnung getragen werden kann. Ich habe Sie darüber informiert, dass Sie einen Notar mit der Erstellung des Vertrages beauftragen und ihm hierfür das Memorandum als Grundlage übergeben können. Ich habe Sie darauf aufmerksam gemacht, dass der notarielle Vertragsentwurf vor Unterzeichnung von Ihren jeweiligen Beratungsanwälten abschließend geprüft werden sollte.

Ich habe Sie auch über die gesetzlichen Formerfordernisse informiert – insbesondere darüber, dass die von Ihnen beabsichtigten Regelungen zum Umgangsrecht, zur Ehewohnung, zum Hausrat und zur Kontentrennung, zu ihrer Wirksamkeit nach derzeitiger Rechtslage keiner Schriftform bedürfen. Aus Gründen der Klarheit und ggf. Beweisbarkeit empfiehlt sich jedoch der Abschluss einer schriftlichen Vereinbarung. Die Vollstreckung zB von Unterhaltsansprüchen aufgrund einer solchen sog. privatschriftlichen Vereinbarung ist jedoch nicht möglich. Der Kindesunterhalt kann durch eine Jugendamtsurkunde tituliert werden.

Da Sie beabsichtigen, die Vermögensauseinandersetzung abschließend und rechtsverbindlich auch für den Fall einer späteren Scheidung zu regeln, ist zur Wirksamkeit dieser Vereinbarung die notarielle Beurkundung erforderlich. Es ist grundsätzlich auch möglich, diesen Punkt in einem späteren Scheidungsverfahren gerichtlich zu protokollieren, um das gesetzliche Formerfordernis zu wahren. Hierzu sind auf beiden Seiten Rechtsanwälte mit der Protokollierung zu beauftragen.

Ich hatte Sie jedoch darauf aufmerksam gemacht, dass sich bis zur Rechtshängigkeit des Scheidungsverfahrens Veränderungen in Ihren Vermögensverhältnissen ergeben können, die Auswirkung auf Ihre Ansprüche auf den gesetzlichen Zugewinnausgleich haben können. Die von Ihnen ins Auge gefasste Regelung basiert auf den beiderseitigen Vermögensverhältnissen zum (Datum), der – wie besprochen – nicht dem gesetzlichen Stichtag entspricht. Es kann daher zu jetzt noch nicht absehbaren Veränderungen Ihrer gesetzlichen Ansprüche kommen und Sie haben keine Gewähr dafür, dass die hier beabsichtigte Regelung später dann auch verbindlich festgelegt wird. Zur Absicherung dieses Ziels ist es möglich, jetzt per notarieller Vereinbarung zumindest den Stichtag für die spätere Vermögensauseinandersetzung rechtsverbindlich zu vereinbaren und die von uns gefertigte Aufstellung Ihrer jeweiligen Vermögenspositionen zu diesem Stichtag festzulegen, ggf. auch die von uns bereits gefertigten Aufstellungen Ihrer Vermögenspositionen zum Zeitpunkt der Eheschließung.

Wir waren uns dann einig, die Mediation in der ursprünglich vorgesehenen Form zu beenden. Sie wollen nunmehr die Umsetzung Ihrer im Memorandum niedergelegten Absichten ohne meine Mitwirkung weiter verfolgen.

Mit dieser Zusammenfassung unseres letzten Gesprächs beende ich meine Tätigkeit als Mediatorin für Sie beide und wünsche Ihnen für Ihre Zukunft alles Gute.

Mit freundlichen Grüßen

. . . . . .

(Rechtsanwältin und Mediatorin)

Anlagen: Memorandum, Abschlusskostenrechnung

Anmerkungen

1. **Begleitschreiben zum 1. Entwurf des Memorandums.** Hiermit wird den Parteien der Entwurf des Memorandums zur Prüfung und Autorisierung zugeschickt.

2. **Begleitschreiben zum 2. Entwurf des Memorandums.** Hiermit wird den Parteien der korrigierte Entwurf des Memorandums zur Prüfung durch die parteilich beratenden Rechtsanwälte zugeschickt.

3. **Begleitschreiben zum 3. Entwurf des Memorandums.** Hiermit wird den Parteien die Endfassung des Memorandums als Grundlage für den Vertragsentwurf zugeschickt.

4. **Abschlussvereinbarung (Notar).** Die Parteien können alternativ einen Notar mit der Erstellung der rechtsverbindlichen Vereinbarung beauftragen. Formulierungsvorschlag: Sie beabsichtigen, einen Notar damit zu beauftragen, auf der Grundlage des Memorandums den Vertragsentwurf zu erstellen. Wir haben besprochen, dass Sie diesen notariellen Entwurf zunächst Ihren Parteianwälten zur Prüfung übergeben. Änderungs- und Ergänzungsvorschläge Ihrer Anwälte sollten Ihnen in Form einer schriftlichen Zusammenfassung ausgehändigt werden, die wir dann in unserem nächsten Gespräch diskutieren und ggf. einarbeiten werden. Die voraussichtliche Höhe der hierfür anfallenden Notar- und Rechtsanwaltskosten wollten Sie vorab klären. In einer abschließenden Mediationssit-

zung werden wir dann den Vertragsentwurf besprechen und insbesondere auf Abweichungen vom Memorandum prüfen.

5. Abschlussvereinbarung (Parteianwälte). Die Parteien können auch Ihre Parteianwälte mit der Erstellung des Entwurfs einer rechtsverbindlichen Vereinbarung beauftragen. Formulierungsvorschlag: **Sie beabsichtigen, Ihre Parteianwälte damit zu beauftragen, auf der Grundlage des Memorandums den Vertragsentwurf zu erstellen. Wir haben besprochen, dass wir diesen Entwurf in unserer nächsten Mediationssitzung besprechen, insbesondere etwaige Abweichungen vom Memorandum. Sie wollten vorab mit Ihren Parteianwälten klären, in welcher Höhe ein weiteres Honorar für die Erstellung des Vertragsentwurfs anfällt. In der nächsten Mediationssitzung werden wir dann den abschließenden Vertragsentwurf besprechen.**

6. Honorar. Soweit der anwaltliche Mediator nicht mit der Herstellung oder Prüfung des Vertragsentwurfs beauftragt wird, entfällt die gesonderte Vergütungsvereinbarung (→ Form. T.7 Anm. 16).

7. Begleitschreiben zum Entwurf des Memorandums. Hiermit wird den Parteien der Entwurf des Memorandums zugeschickt, wenn sie die vereinbarte parteiliche Rechtsberatung ablehnen. Zur Notwendigkeit der parteilichen Rechtsberatung vor Abschluss der rechtsverbindlichen Vereinbarung vgl. Richtlinien der BAFM IV 1 und → Form. T.7 Anm. 14. Der Mediator genügt seiner Hinweis- und Aufklärungspflicht, wenn er die Parteien vor Abschluss einer rechtsverbindlichen Vereinbarung darauf hingewiesen hat, dass er Bedarf für eine Rechtsberatung sieht und auf die Möglichkeiten, Rechtsrat einzuholen, § 2 Abs. 6, S. 2 MediationsG. Da die Parteien ein Mediationsverfahren durchführen und damit ihre Autonomie bei der Regelung ihrer Konflikte gewahrt wissen wollen, steht es ihnen frei, dem Hinweis des Mediators nicht Folge zu leisten. Nach unserer Erfahrung hat es sich bewährt, in diesem Fall als Anwaltsmediator nicht den Auftrag zu übernehmen, bei der Gestaltung und Umsetzung der Abschlussvereinbarung mitzuwirken. Dies verdeutlicht die Haltung des Mediators, seine für erforderlich gehaltenen Standards für eine informierte Entscheidung nicht verwässern zu lassen.

20. Vorsorgliche Mediationsklausel im Ehevertrag

Für den Fall, dass aus diesem Ehevertrag, seiner Interpretation oder seiner Durchführung zwischen den Parteien Streitigkeiten auftreten sollten, die sie in direkten Verhandlungen nicht beigelegen können, ist ein Mediationsverfahren durchzuführen, bevor der Rechtsweg beschritten wird. Direkte Verhandlungen gelten als gescheitert, wenn mindestens eine der Parteien die Durchführung eines Mediationsverfahrens wünscht.[1]

Anmerkung

1. Rechtliche Bedeutung. Nicht selten werden in Abschlussvereinbarungen vorbeugende Mediationsklauseln aufgenommen. Der Mediator hat die Parteien auf deren Bedeutung und Konsequenzen hinzuweisen, u. a. auch darauf, dass die Verpflichtung, ein Mediationsverfahren durchzuführen, nicht einklagbar ist, dass sie jedoch einen temporären Klageverzicht und damit ein Prozesshindernis darstellt (vgl. *Greger/Unberath* § 1 Rn. 178 ff.).

U. Versicherungsrechtliche Aspekte

I. Vorbemerkungen

Mit den nachfolgenden Formularen werden Mustervorlagen dargestellt, die im Rahmen des Familienrechts bei Themen im Bereich von Versicherungsverträgen, vor allem in Bezug auf die Individual- bzw. Privatversicherung, auftreten können. Bis auf wenige Ausnahmen werden Fragestellungen der Sozialversicherung und der Versorgung von Beamten und Richtern nicht behandelt.

Die Beschäftigung mit versicherungsrechtlichen Fragen im Familienrecht führt dazu, dass die Struktur von Familien bzw. privater Haushalte eingehend analysiert werden muss; denn Versicherungsprodukte stellen einerseits auf den Begriff „Familie“, andererseits auf den Begriff „Haushalt“ ab: So umfasst zB der Begriff **„Familien-Versicherung“** in der Regel mehrere rechtlich selbstständige Versicherungsverträge, die in einem Versicherungsschein dokumentiert werden, zB Hausrat- und Privat-Haftpflichtversicherung. Es können aber auch mehrere Personen in einem Vertrag, zB bei einer „Familien-Unfallversicherung“, versichert sein. Der Begriff **„privater Haushalt“** umfasst alle Formen privater Haushalte, gleichgültig ob es sich um Ein- oder Mehr-Personen-Haushalte oder um Familien- oder Nicht-Familien-Haushalte handelt. Ein privater Haushalt umfasst damit alle Personen, die alleine oder zusammen wohnen und wirtschaften; somit ist auf die Anzahl der Personen, auf deren Verwandtschaftsgrad und auf die räumliche Komponente (Wohnung) abzustellen.

Versicherungsverträge sind mehrseitige Rechtsgeschäfte mit den Vertragspartnern Versicherer auf der einen und Versicherungsnehmer auf der anderen Seite. Daneben besteht auch die Möglichkeit, dass an einem Versicherungsvertrag mehrere Versicherer bzw. mehrere Versicherungsnehmer beteiligt sind. Im Privatkundengeschäft ist es allerdings üblich, dass nur eine natürliche Person als Versicherungsnehmer auftritt, die Vertragspartner eines Versicherers ist. Dies ist besonders bedeutsam, da der Versicherungsnehmer, auch wenn andere Personen (zB Familien- bzw. Haushaltsmitglieder sowie evtl. weitere Personen) im Rahmen eines Versicherungsvertrags mitversichert sind, allein gegenüber dem Versicherer berechtigt ist, Vertragsgestaltungsrechte bzw. Kündigungsrechte auszuüben sowie Rechte aus dem Vertrag (zB im Versicherungsfall) geltend zu machen. Sind mehrere Versicherer an einem Versicherungsvertrag beteiligt, so wird die Vertrags- und Schadenabwicklung regelmäßig mit dem sogenannten führenden Versicherer abgewickelt; dies ist im Privatkundengeschäft allerdings selten. Die Vertragsgestaltung erfolgt durch Antragsformulare, Versicherungsscheine und Versicherungsbedingungen, Besondere Versicherungsbedingungen, Risikobeschreibungen und Klauseln der Versicherer sowie durch die relevanten gesetzlichen Regelungen, insbesondere durch das Versicherungsvertragsgesetz.

Ein Randbereich betrifft Gruppenversicherungsverträge, die nicht eine einzelne Person für sich oder ihre Familie bzw. Angehörigen abschließt, sondern zB ein Verein für seine Mitglieder, eine Firma für ihre Arbeitnehmer oder ein Kreditkartenherausgeber für seine Kunden. Im Rahmen solcher Versicherungsverträge sind dann regelmäßig Versicherungsleistungen für den Vertragspartner (Mitglied, Arbeitnehmer, Kunde), oftmals aber auch für den Ehe-/Lebenspartner und für die (volljährigen) Kinder eingeschlossen. Bei Änderung in der Familien- bzw. Haushaltsstruktur sind entsprechende Meldungen erforderlich, um den Versicherungsschutz an die veränderte Personenzahl bzw. Risikolage anzupassen.

Versicherungsvertragsrechtliche Probleme im Rahmen des Familienrechts entstehen meistens dann, wenn sich personale Strukturen eines privaten Haushalts ändern. Es muss vor allem zwischen dem **Hinzukommen von Personen** (zB Eheschließung, Eingehen einer sonstigen Partnerschaft) und dem **Ausscheiden von Personen** (zB Tod, Auszug aus einer Wohnung) unterschieden werden. Aber auch das Erreichen bestimmter **Altersgrenzen** oder die **Beendigung eines beruflichen Ausbildungsabschnittes,** zB bei der Mitversicherung von Kindern in Versicherungsverträgen der Eltern, müssen beachtet werden. Vor allem ist der „automatische" Verlust bzw. die Beendigung des Versicherungsschutzes zu bedenken, wenn auf Grund eines bestimmten Ereignisses, zB die Scheidung der Ehe, der Versicherungsschutz für die mitversicherte Person, die nicht Versicherungsnehmer ist, endet; ein nach der Scheidung eintretender Schadenfall ist meistens ohne besondere Vereinbarung nicht gedeckt. Dies kann erhebliche finanzielle Auswirkungen auf die Beteiligten haben.

Bezüglich des Umfangs eines Versicherungsvertrags besteht das Problem, dass die Versicherungsbedingungen nur in ihren wesentlichen Grundelementen gleich oder ähnlich sind. Zwar existieren für alle wichtigen Versicherungsprodukte Musterbedingungen der Versichererverbände; die Anwendung dieser Musterbedingungen ist aber jedem Versicherer freigestellt. Die einzelnen Versicherer legen zwar meist diese Musterbedingungen den von ihnen verwendeten Bedingungen zugrunde, doch ergeben sich durch Besondere Versicherungsbedingungen und spezielle Klauseln erhebliche Abweichungen von den Musterbedingungen. Dies erschwert die Übersichtlichkeit über den Umfang des Versicherungsschutzes enorm; es bedarf letztlich in jedem Einzelfall der Prüfung, ob eine bestimmte Person oder Sache gegen eine zu versichernde Gefahr versichert ist. Hinzu kommt, dass die Vorab-Genehmigungspflicht der Versicherungsbedingungen durch die zuständige Aufsichtsbehörde (aufsichtsrechtliche Präventivkontrolle), bis auf wenige Ausnahmen, seit 1994 abgeschafft ist. Die Aufsichtsbehörde kann hier jedoch im Rahmen der Missstandsaufsicht (§ 298 Abs. 1 VAG) einschreiten.

Es ist deshalb außerordentlich wichtig, den **Inhalt eines Versicherungsvertrags exakt zu analysieren,** um den Deckungsumfang festzustellen und dann die richtigen Folgerungen für die Vertragsgestaltung zu ziehen bzw. den Versicherungsschutz der Familie bzw. des Haushalts zusammenzustellen oder anzupassen.

Die nachfolgenden **Formulare** sind so gestaltet, dass als **Verwender der Versicherungsnehmer bzw. die versicherten Personen** in Frage kommen. Rechtsanwälte oder andere Bevollmächtigte, wie zB Versicherungsberater, können aber ebenso als Verwender dieser Formulare auftreten; hierbei ist zu beachten, dass die Versicherer eine Vollmacht verlangen können. Vor allem bei der Ausübung wesentlicher Vertragsgestaltungsrechte oder bei Kündigung eines Vertrags durch den Rechtsanwalt ist die Vorlage einer Vollmacht zwingend, vgl. §§ 164 ff. BGB.

Seit 1.1.2008 existiert ein völlig neu gefasstes **Versicherungsvertragsgesetz** (VVG); dieses gilt uneingeschränkt für alle ab 1.1.2008 geschlossenen Versicherungsverträge. In einer Übergangszeit bis zum 31.12.2008 konnten die Versicherer ihre Versicherungsbedingungen für bis zum 31.12.2007 abgeschlossene Verträge (Altverträge) an das neue VVG anpassen; insoweit galt für Altverträge bis zur Umstellung dieser Verträge, längstens aber bis zum 31.12.2007 grundsätzlich das frühere Recht (VVG aF; s. Art. 1 EGVVG). Seit 1.1.2009 gilt das neue Recht für alle Verträge.

Das zum 1.9.2009 in Kraft getretene **Versorgungsausgleichsgesetz** bereitet in der Praxis immer noch Umsetzungsprobleme im Hinblick auf die Teilung von Versorgungsanwartschaften und -leistungen in der bei Lebensversicherung sowie in der betrieblichen Altersversorgung.

Wenn im Folgenden der Begriff „Scheidung" verwendet wird, so beziehen sich die Aussagen regelmäßig bzw. singemäß sowohl auf Ehepartner als auch auf Lebenspartner.

II. Allgemeines

1. Anfrage zum Bestehen und zum Umfang von Versicherungsverträgen

An die . . . . . . Versicherung

Versicherungsnr. . . . . .

Versicherungsnehmer: . . . . . .

Vertragsauskünfte[1]

Sehr geehrte Damen und Herren,

bitte teilen Sie mir mit, welche Versicherungsverträge unter der o.g. Versicherungsnummer und eventuell unter anderen Versicherungsnummern bei Ihnen und anderen Versicherern Ihrer Gruppe[2] bestehen. Bitte leiten Sie meine Anfrage gegebenenfalls an die zuständige Bearbeitungsstelle weiter.

Mit freundlichen Grüßen

. . . . . .

(Versicherungsnehmer)

Anmerkungen

1. **Sachverhalt.** Oftmals ist einem Versicherungsnehmer gar nicht bekannt bzw. bewusst, welche Versicherungsverträge er abgeschlossen hat. Daher ist eine solche Anfrage, besonders anlässlich der Veränderung der Haushaltsstruktur, sinnvoll bzw. notwendig.

2. **Sonstige Anmerkungen.** Wegen des Prinzips der Spartentrennung gemäß § 8 Abs. 4 VAG arbeiten in der Regel mehrere rechtlich selbstständige Versicherer (Lebens-, Kranken, Sach-/Haftpflicht-/Unfall-/Rechtsschutzversicherer) zusammen und bilden Versicherungsgruppen oder -konzerne. Oftmals werden Vertragsstammdaten der Versicherungsnehmer in einer zentralen Datei gespeichert und können dann von allen beteiligten Versicherern einfach abgerufen werden.

2. Anforderung eines Ersatz-Versicherungsscheines und der Versicherungsbedingungen

An die . . . . . . Versicherung

Versicherungsnr. . . . . .

Versicherungsnehmer: . . . . . .

Ersatz-Versicherungsschein und Versicherungsbedingungen[1]

Sehr geehrte Damen und Herren,

bitte übersenden Sie mir zu dem Vertrag mit der o. g. Versicherungsnummer einen Ersatz-Versicherungsschein[2] sowie die betreffenden Allgemeinen und Besonderen Versicherungsbedingungen und Klauseln.[3]

Mit freundlichen Grüßen

. . . . . .

(Versicherungsnehmer)

Anmerkungen

1. Sachverhalt. Neben der Kenntnis der Anzahl und der Art der abgeschlossenen Versicherungsverträge (→ Form. U.II.1) ist der Umfang des Versicherungsschutzes, der durch den Antrag, den Versicherungsschein, die Versicherungsbedingungen und sonstige Klauseln dokumentiert wird, von besonderer Bedeutung.

2. Der **Versicherungsschein** (auch: Versicherungspolice, Police) ist ein vom Versicherer ausgestelltes Dokument über den Inhalt des Versicherungsvertrags (§ 3 Abs. 1 VVG). Der Versicherungsschein ist regelmäßig eine Beweisurkunde oder ein Legitimationspapier (s. a. Prölss/Martin/*Rudy* § 3 VVG Rn. 1 f.; Versicherungsrechts-Handbuch/*Johannsen* § 8 Rn. 52; § 4 Abs. 1 VVG; § 808 BGB).

3. Sonstige Anmerkungen. Nach § 3 Abs. 3 VVG ist ein Versicherer zur Ausstellung eines Ersatzversicherungsscheins verpflichtet. Besonderheiten gelten bei Versicherungsscheinen, die der Kraftloserklärung nach § 3 Abs. 3 S. 2 VVG unterliegen. Der Versicherer ist gemäß § 3 Abs. 5 VVG berechtigt, dem Versicherungsnehmer die Kosten für das Ersatzdokument in Rechnung zu stellen; die Erfahrung zeigt, dass von diesem Recht in aller Regel kein Gebrauch gemacht wird.

3. Meldung wegen Namensänderung

An die . . . . . . Versicherung

Versicherungsnr. . . . . . .

Versicherungsnehmer: . . . . . .

Namensänderung[1]

Sehr geehrte Damen und Herren,

mit Wirkung vom . . . . . . habe ich meinen Nachnamen wegen

. . . . . . (zB Heirat, Scheidung)

geändert. Mein Nachname lautet jetzt . . . . . .

Bitte stellen Sie einen neuen Versicherungsschein[2] mit meinem neuen Namen aus und senden Sie mir diesen zu.

Eine Kopie der Urkunde mit der Namensänderung erhalten Sie anbei. Falls Sie einen standesamtlichen Nachweis[3] benötigen, bitte ich um entsprechende Mitteilung.

Mit freundlichen Grüßen

. . . . . .

(Versicherungsnehmer)

Anmerkungen

1. Sachverhalt. Namensänderungen sollten den Versicherungsunternehmen schnellstmöglich schriftlich mitgeteilt werden; dies ist regelmäßig in den AVB geregelt. Zu den Folgen der Nichtmeldung s. § 13 VVG.

2. Zum **Versicherungsschein** → Form. U.II.2 Anm. 2.

3. Nachweis. Ob ein Versicherungsunternehmen die Vorlage eines standesamtlichen Nachweises verlangt, ist in der Praxis unterschiedlich; meist genügt die Vorlage einer einfachen Kopie.

4. Meldung wegen Umzugs bzw. Adressenänderung

An die . . . . . . Versicherung

Versicherungsnr. . . . . .

Versicherungsnehmer: . . . . . .

Adressenänderung[1]

Sehr geehrte Damen und Herren,

nachstehend nenne ich Ihnen meine neue Adresse, gültig ab . . . . . .

Neue Adresse: . . . . . .

Bitte teilen Sie mir mit, welche Informationen Sie gegebenenfalls zusätzlich von mir benötigen.[2]

Mit freundlichen Grüßen

. . . . . .

(Versicherungsnehmer)

Anmerkungen

1. Sachverhalt. Hier gilt → Form. U.II.3 Anm. 1 analog. Zudem sind gesetzliche Obliegenheiten und vertragliche Obliegenheiten in den jeweiligen AVB zu beachten (siehe zB §§ 13, 28 VVG).

2. Besonderheiten bei der **Hausrat- und Glasversicherung:** Gemäß den AVB bzw. den vereinbarten Klauseln ist der Umzug in eine andere Wohnung spätestens zu Beginn des

Umzugs dem Versicherer mitzuteilen; außerdem sind sonstige vertragliche Obliegenheiten zu beachten, zB Gefahrerhöhungen, Änderung der Wohnfläche usw.

5. Kündigung eines Versicherungsvertrages

An die . . . . . . Versicherung

Versicherungsnr. . . . . . – . . . . . .versicherung[2]

Versicherungsnehmer: . . . . . .

Kündigung[1]

Sehr geehrte Damen und Herren,

hiermit kündige ich den o. g. Versicherungsvertrag fristgerecht[3] zum . . . . . .

Bitte bestätigen Sie mir den Erhalt dieses Schreibens.[4]

Mit freundlichen Grüßen

. . . . . .

(Versicherungsnehmer)

Anmerkungen

1. Sachverhalt. Vertragskündigungen dienen regelmäßig dazu, nicht mehr notwendige oder als nicht mehr notwendig erachtete Versicherungsverträge zu beenden. Ein häufiger Kündigungsgrund ist der Wunsch, einen Vertrag bei einem anderen Versicherer abzuschließen, der bessere Konditionen hinsichtlich Leistungsumfang bzw. Prämie bietet. Neben der Kündigung eines gesamten Versicherungsvertrags ist auch eine „Teilkündigung" möglich; so kann zB im Rahmen einer Unfallversicherung eine einzelne versicherte Person aus dem Vertrag „herausgekündigt" werden.

2. Der **zu kündigende Vertrag** ist exakt zu bezeichnen; dies gilt insbesondere bei einer einheitlichen Stamm-Versicherungsnummer für mehrere Verträge. Hier empfiehlt sich unbedingt die Angabe des Versicherungsprodukts, die Adresse des versicherten Objekts bzw. der Name der versicherten Person.

3. Die ordentliche **Kündigungsfrist** beträgt im Versicherungsvertragsrecht zwischen ein und drei Monaten zum Schluss der laufenden Versicherungsperiode (s. § 11 Abs. 3 VVG); in der Praxis hat sich die 3-Monatsfrist durchgesetzt. Für die Kfz- sowie die Lebensversicherung gelten spezielle Regelungen. Die für die jeweiligen Versicherungsprodukte relevanten AVB enthalten auch die Kündigungsfristen. Daneben bestehen für besondere Sachverhalte, zB bei Prämienerhöhungen und nach Schadenfällen, Sonderkündigungsrechte, die in den jeweiligen AVB geregelt sind. Zur gesetzlichen Grundlage für die Kündigung nach Prämienerhöhung siehe § 40 VVG. Insbesondere bei Verträgen in der Unfall-, Sach- und Haftpflichtversicherung sind mehrjährige Vertragslaufzeiten durchaus üblich (im Gegenzug wird die jährliche Prämie geringer sein als bei einjährigen Verträgen, sog. Laufzeitrabatt); bei Verträgen mit über 3-jähriger Laufzeit ist die ordentliche Kündigung frühestens zum Ende des dritten Versicherungsjahres möglich, s. § 11 Abs. 4 VVG.

4. Sonstige Anmerkungen/Vollmacht. Die Kündigung sollte schriftlich erfolgen. Die Form der Kündigung ist in der Regel in den AVB festgelegt. Ein Kündigungsbrief ist aus Beweisgründen am besten per Einschreiben/Rückschein zu versenden. Kündigt ein Dritter für den Versicherungsnehmer einen Versicherungsvertrag, so ist eine Vollmachtsurkunde im Original dem Kündigungsschreiben beizulegen. Eine nicht fristgerechte Kündigung muss der Versicherer unverzüglich zurückweisen; dies folgt aus § 242 BGB, s. zB Prölss/Martin/*Armbrüster* Vor § 11 VVG Rn. 29 ff.

III. Bereich Wohnung und Haus

1. Erhöhung/Herabsetzung der Versicherungssumme in der Hausratversicherung wegen des Hinzukommens von Hausrat/der Verringerung des Hausrats

An die . . . . . . Versicherung

Versicherungsnr. . . . . . – Hausratversicherung

Versicherungsnehmer: . . . . . .

Erhöhung/Herabsetzung der Versicherungssumme[1]

Sehr geehrte Damen und Herren,

bitte erhöhen Sie ab . . . . . . die Versicherungssumme zu o.g. Hausratversicherung auf . . . . . . EUR.[2]

Alternative

bitte verringern Sie ab . . . . . . die Versicherungssumme zu o.g. Hausratversicherung auf . . . . . . EUR.[3]

Mit freundlichen Grüßen

. . . . . .

(Versicherungsnehmer)

Anmerkungen

1. Sachverhalt. Änderungen des Versicherungswertes können zur Über- oder Unterversicherung führen. Beide Tatbestände sind aus Sicht des Versicherungsnehmers unerwünscht, da im Fall der Überversicherung (die Versicherungssumme ist größer als der Versicherungswert, s. § 74 VVG) zu viel Prämie bezahlt wird und im Fall der Unterversicherung (die Versicherungssumme ist kleiner als der Versicherungswert) anlässlich eines Schadens dieser nicht in voller Höhe reguliert wird (s. § 75 VVG). Gründe für notwendige Änderungen der Versicherungssumme sind u.a. die Erhöhung des Versicherungswertes durch Hinzukommen von versicherten Sachen, zB durch Einzug einer weiteren Person in die Wohnung, die Hausrat einbringt; umgekehrt kann sich der Versicherungswert durch den Auszug einer Person aus der Wohnung verringern, wenn diese Hausrat mitnimmt.

2. Erhöhung der Versicherungssumme. Dies ist in der Regel unproblematisch, soweit dadurch nicht bestimmte, je nach Versicherer unterschiedliche, Höchstgrenzen etc berührt werden. Eine besondere Begründung ist nicht erforderlich. Der Änderungswunsch ist regelmäßig formlos möglich; evtl. wird der Versicherer ein Änderungsformular an den Versicherungsnehmer schicken.

3. Herabsetzung der Versicherungssumme. Diese ist gemäß § 74 Abs. 1 VVG zur Vermeidung einer „Überversicherung" möglich; eine kurze Begründung ist daher angebracht bzw. notwendig. Die Tarifbedingungen der einzelnen Versicherer sind zu beachten; diese können zB eine absolute Mindestversicherungssumme oder eine Mindestversicherungssumme pro Quadratmeter Wohnfläche vorsehen.

2. Meldung an den Hausrat-/Glasversicherer bei der Zusammenlegung von bisher getrennten Haushalten

An die . . . . . . Versicherung

Versicherungsnr. . . . . . – Hausrat-/Glasversicherung

Versicherungsnehmer: . . . . . .

Mehrfachversicherung

Sehr geehrte Damen und Herren,

unter der o.g. Nummer besteht bei Ihnen eine Hausrat-/Glasversicherung.

Seit . . . . . . führe ich mit Herrn/Frau . . . . . . einen gemeinsamen Haushalt in der Wohnung (Adresse: . . . . . .).[1]

Für Herrn/Frau . . . . . . besteht bei der . . . . . . Versicherung ebenfalls eine Hausratversicherung mit einer Versicherungssumme von . . . . . . EUR[2]/eine Glasversicherung.[3]

Der Hausrat in der gemeinsamen Wohnung hat einen Wert von ca. . . . . . . EUR. Wir bitten Sie, sich mit dem anderen Versicherer in Verbindung zu setzen, damit die Versicherungssummen der beiden Hausratversicherungsverträge angepasst/einer der beiden Glasversicherungsverträge aufgehoben werden können.[4]

Mit freundlichen Grüßen

. . . . . .

(Versicherungsnehmer)

Anmerkungen

1. Sachverhalt. Durch die Zusammenlegung von bisher zwei Haushalten zu einem gemeinsamen Haushalt in einer gemeinsamen Wohnung entsteht regelmäßig die Notwendigkeit, die Versicherungsverträge anzupassen.

2. Mehrfachversicherung (Doppelversicherung). Durch die Zusammenlegung der Haushalte in einer Wohnung kann eine Mehrfachversicherung (Doppelversicherung) entstehen, mit der Wirkung, dass die Versicherungssummen der beiden einzelnen Verträge den Versicherungswert übersteigen. Es kann aber auch eine Unterversicherung entstehen mit der Notwendigkeit der Erhöhung der Versicherungssumme (→ Form. U. III.1). Der in §§ 78 f. VVG verwendete Begriff Mehrfachversicherung entspricht dem früher in §§ 59 f. VVG aF üblichen Begriff der Doppelversicherung.

3. Bei der **Glasversicherung** wird zwar üblicherweise keine Versicherungssumme festgelegt, aber auch hierbei entsteht durch die Zusammenlegung zweier Haushalte mit jeweils vorhandener Glasversicherung zu einem Haushalt eine Mehrfachversicherung.

4. **Beseitigung der Mehrfachversicherung.** Nach § 79 VVG kann die Mehrfachversicherung für die Zukunft beseitigt werden. Dies geschieht durch quotale Herabsetzung der Versicherungssummen der einzelnen Verträge oder durch Aufhebung des jüngeren Vertrags.

3. Meldung/Antrag an den Hausrat-/Glasversicherer bei der Trennung von Haushaltsmitgliedern

An die . . . . . . Versicherung

Versicherungsnr. . . . . . – Hausrat-/Glasversicherung

Versicherungsnehmer: . . . . . .

Sehr geehrte Damen und Herren,

unter der o. g. Nummer besteht bei Ihnen eine Hausrat-/Glasversicherung. Da Herr/Frau . . . . . . am . . . . . . aus der gemeinsamen Wohnung ausgezogen ist, verringert sich der Wert des Hausrats.[1] Bitte reduzieren Sie die Versicherungssumme auf . . . . . . EUR.[2]

Herr/Frau . . . . . . möchte für seine/ihre neue Wohnung eine eigene Hausrat-/Glasversicherung abschließen. Bitte senden Sie Informationen und ein Antragsformular an Herrn/Frau . . . . . ., Adresse: . . . . . .[3]

Mit freundlichen Grüßen

. . . . . .

(Versicherungsnehmer)

Anmerkungen

1. **Sachverhalt.** Durch den Auszug einer Person aus einer Wohnung bzw. einem Haushalt ergibt sich für den Versicherungsnehmer meist die Notwendigkeit einer Vertragsanpassung und für die ausziehende Person die Notwendigkeit des Abschlusses eigener Versicherungsverträge.

2. **Überversicherung.** → Form. U.III.1 Anm. 3.

3. **Versicherungsnehmer.** Zieht diejenige Person aus dem bisherigen gemeinsamen Haushalt aus, die nicht Versicherungsnehmer ist, so bleibt der Vertrag für den Versicherungsnehmer bestehen. Die andere Person verliert durch den Auszug den Versicherungsschutz und benötigt ab diesem Zeitpunkt eigenen Versicherungsschutz. Da grundsätzlich die Möglichkeit besteht, dass zwei Personen als Versicherungsnehmer in einem Vertrag genannt sind, muss eine Einigung erfolgen, wer den Vertrag allein fortführt. Zieht der Versicherungsnehmer aus der gemeinsamen Wohnung aus, so handelt es sich für diesen um einen Wohnungswechsel; siehe hierzu oben → Form. U.II.4. Neuere Hausrat-Versicherungsbedingungen sehen u. U. für die Zeit nach dem Auszug eines (Ehe-)Partners aus der bisherigen (Ehe-)Wohnung ein Fortgelten des Versicherungsschutzes um bis zu drei Monate nach der nächsten Prämienfälligkeit vor; siehe zB § 11 Nr. 6 f. VHB 2010.

4. Meldung an den Wohngebäudeversicherer wegen Veräußerung/ Übertragung des Eigentums

An die . . . . . . Versicherung

Versicherungsnr. . . . . . – Wohngebäudeversicherung[1]

Versicherungsnehmer: . . . . . .

Sehr geehrte Damen und Herren,

unter der o.g. Nummer besteht bei Ihnen eine Wohngebäudeversicherung.[2]

Das Eigentum an dem Haus ist am . . . . . .[3] auf Herrn/Frau . . . . . . übergegangen.[4] Soweit Sie einen Grundbuchauszug[5] benötigen, wird um entsprechende Nachricht gebeten.

Mit freundlichen Grüßen

. . . . . .

(Versicherungsnehmer)

Anmerkungen

1. Sachverhalt. Wird ein Gebäude an einen Dritten, zB im Wege des Verkaufs oder der Schenkung veräußert, so geht ein Gebäude-Versicherungsvertrag auf den Erwerber über (§ 95 VVG). Die Veräußerung ist dem Versicherer gemäß § 97 Abs. 1 VVG vom Veräußerer oder Erwerber anzuzeigen.

2. Mehrere Gebäudeversicherungsverträge. Häufig bestehen für ein Gebäude zwei oder sogar drei separate Verträge, und zwar eine Feuerversicherung (Brandversicherung), eine Leitungswasser- und/oder Sturmversicherung. Evtl. können auch weitere Elementarschäden mitversichert sein. Der Grund für das Vorliegen mehrere Verträge liegt meist in den früher auf landesrechtlichen Grundsätzen bestehenden (Zwangs-) Monopolrechten in der Feuerversicherung (Brandversicherung), die jedoch im Zuge der EU-Liberalisierung entfallen sind. Die früher abgeschlossenen Verträge bestehen aber einzeln weiter.

3. Für den **Zeitpunkt der Veräußerung** ist die Vollendung des Veräußerungsvorgangs maßgeblich, also i.d.R. die Eintragung im Grundbuch (Prölss/Martin/*Armbrüster* § 95 VVG Rn. 8; Langheid/Rixecker/*Langheid* § 95 VVG Rn. 12 ff.).

4. Kündigungsrecht. Der Veräußerer hat kein Kündigungsrecht; dieses steht nur dem Erwerber (§ 96 Abs. 2 VVG) und dem Versicherer (§ 96 Abs. 1 VVG) zu. Da aber sowohl Veräußerer als auch Erwerber nach § 95 Abs. 2 VVG für die Prämie gesamtschuldnerisch haften, empfiehlt sich eine vertragliche Regelung über die Aufteilung der Prämie zwischen Veräußerer und Erwerber, zB im Kauf- oder Schenkungsvertrag. Für den Fall der Kündigung haftet allerdings nur der Veräußerer für die Prämie (§ 96 Abs. 3 VVG). Der Erwerber hat natürlich das Recht, den Vertrag zum nächstmöglichen Termin ordentlich zu kündigen.

5. Grundbuchauszug. Meist wird der Versicherer einen unbeglaubigten Grundbuchauszug verlangen.

5. Kündigung der Wohngebäudeversicherung durch den Erwerber eines Gebäudes

An die . . . . . . Versicherung

Versicherungsnr. . . . . . . – Wohngebäudeversicherung

Versicherungsnehmer: . . . . . .

Sehr geehrte Damen und Herren,

per . . . . . . wurde das Eigentum an dem Gebäude . . . . . . an mich übertragen.[1] Hiermit kündige ich als Erwerber des Gebäudes den o.g. Versicherungsvertrag fristgerecht zum . . . . . .[2]

Mit freundlichen Grüßen

. . . . . .

(Versicherungsnehmer)

Anmerkungen

1. Sachverhalt. Dem Erwerber eines Gebäudes, nicht dem Veräußerer, steht das Kündigungsrecht für einen Gebäudeversicherungsvertrag für das erworbene Gebäude zu (§ 96 Abs. 2 VVG). Daneben steht auch dem Versicherer ein Kündigungsrecht zu (§ 96 Abs. 1 VVG).

2. Kündigung. Die Kündigung muss innerhalb einer Frist von einem Monat nach dem Erwerb (zum Zeitpunkt des Erwerbs → Form. U.III.4 Anm. 3) erfolgen. Die Kündigung ist möglich mit sofortiger Wirkung oder zum Schluss der laufenden Versicherungsperiode. Eine evtl. für das Gebäude bestehende Haus- und Grundbesitzer-Haftpflichtversicherung geht ebenfalls auf den Erwerber über, da § 95 VVG alle grundstücksbezogenen Versicherungen erfassen soll (Prölss/Martin/*Armbrüster* § 95 VVG Rn. 3; Langheid/Rixecker/*Langheid* § 95 VVG Rn. 3; anderer Ansicht ist zB *Dötsch* NZM 2012, 830).

6. Meldung/Antrag an den Haus- und Grundbesitzer-Haftpflichtversicherer beim Übergang eines Gebäudes/einer Wohnung von der Selbstnutzung in die Vermietung

An die . . . . . . Versicherung

Versicherungsnr. . . . . . . – Privat-/Haus- und Grundbesitzer-Haftpflichtversicherung

Versicherungsnehmer: . . . . . .

Sehr geehrte Damen und Herren,

das/die in dem o.g. Vertrag versicherte Gebäude/Wohnung wird seit/ab . . . . . . nicht mehr selbst genutzt, sondern vermietet.[1]

Bitte teilen Sie mir mit, ob das Risiko aus der Vermietung in der bestehenden Haftpflichtversicherung mitversichert ist oder mitversichert werden kann[2] oder ob ein eigenständiger Vertrag[3] abgeschlossen werden muss. Bitte übersenden Sie mir ggf. die entsprechenden Antragsunterlagen.

Mit freundlichen Grüßen

. . . . . .

(Versicherungsnehmer)

Anmerkungen

1. Sachverhalt. Das Haftpflicht-Risiko aus einer selbstgenutzten Immobilie ist im Rahmen einer Privat-Haftpflichtversicherung gedeckt. Wird eine zunächst selbstgenutzte Immobilie vermietet, so ist zu prüfen, ob für dieses Haftpflicht-Risiko Versicherungsschutz separat beantragt werden muss.

2. Privat-Haftpflichtversicherung. Für vermietete Eigentumswohnungen ist üblicherweise die Mitversicherung im Rahmen der Privat-Haftpflichtversicherung gegen entsprechenden Prämienzuschlag möglich oder sogar ohne besonderen Prämienzuschlag für eine bestimmte Anzahl von Wohneinheiten eingeschlossen.

3. Haus- und Grundbesitzer-Haftpflichtversicherung. Diese Versicherung ist notwendig, wenn eine Mitversicherung für eine vermietete Eigentumswohnung im Rahmen der Privat-Haftpflichtversicherung nicht möglich ist oder wenn ein gesamtes Gebäude versichert werden soll.

7. Meldung an den Haus- und Grundbesitzer-Haftpflichtversicherer beim Übergang eines Gebäudes/einer Wohnung von der Vermietung in die Selbstnutzung

An die . . . . . . Versicherung

Versicherungsnr. . . . . . . – Haus- und Grundbesitzer-/Privat-Haftpflichtversicherung

Versicherungsnehmer: . . . . . .

Sehr geehrte Damen und Herren,

das/die unter dem o. g. Vertrag versicherte Gebäude/Wohnung wird seit/ab . . . . . . nicht mehr vermietet, sondern selbst genutzt.[1]

Bitte heben Sie den bestehenden Vertrag auf[2] und erstatten ein evtl. vorhandenes Prämienguthaben.

Mit freundlichen Grüßen

. . . . . .

(Versicherungsnehmer)

Anmerkungen

1. Sachverhalt. Das Haftpflicht-Risiko aus einem vermieteten Gebäude ist meist in einer separaten Haus- und Grundbesitzer-Haftpflichtversicherung versichert. Eine vermietete Eigentumswohnung ist meist im Rahmen einer Privat-Haftpflichtversicherung mitversichert.

2. Vertragsaufhebung. Da das Haftpflicht-Risiko selbstgenutzter Immobilien in der Regel im Rahmen einer Privat-Haftpflichtversicherung gedeckt ist, kann ab dem Zeitpunkt der Selbstnutzung der bisher bestehende separate Vertrag bzw. die bestehende Zusatzvereinbarung im Rahmen der Privat-Haftpflichtversicherung entfallen (Risikowegfall); s. § 80 Abs. 2 VVG.

IV. Bereich Recht

1. Auskunft zur Mitversicherung weiterer Personen in der Privat-Haftpflichtversicherung

An die . . . . . . Versicherung

Versicherungsnr. . . . . . . – Privat-Haftpflichtversicherung

Versicherungsnehmer: . . . . . .

Auskunft zur Mitversicherung weiterer Personen

Sehr geehrte Damen und Herren,

bitte teilen Sie mir mit, ob und in wieweit andere Personen außer dem Versicherungsnehmer in dem o.g. Versicherungsvertrag mitversichert sind bzw. mitversichert werden können.[1, 2]

Mit freundlichen Grüßen

. . . . . .

(Versicherungsnehmer)

Anmerkungen

1. Sachverhalt. In der Privat-Haftpflichtversicherung unterscheidet man Tarife für Einzelpersonen (Singles), Alleinerziehende mit Kindern und (Ehe-)Partner mit und ohne Kinder (Familien/Lebensgemeinschaften):

Single-Tarife umfassen stets nur eine einzige Person. Dies ist v.a. dann bedeutsam, wenn diese Person, die zB bisher allein in einer Wohnung bzw. in einem Haushalt gelebt hat, eine weitere Person in ihre Wohnung bzw. in ihren Haushalt aufnimmt, sei es als Erziehungsberechtigte eines Kindes, als Ehe-/Lebenspartner oder in sonstigem Bezug zu dieser Person. Hat die hinzukommende Person selbst keinen Privat-Haftpflichtversicherungsvertrag, so entsteht hinsichtlich dieser Person eine Deckungslücke. Im Rahmen einer Vertragsänderung kann mit dem Versicherer eine Mitversicherung hinzukommender Personen vereinbart werden; dies ist in der Regel mit einer etwas höheren Prämie verbunden.

Tarife für Alleinerziehende umfassen Mutter oder Vater sowie ein oder mehrere Kinder. Die oben gemachten Aussagen gelten analog.

Tarife für (Ehe-) Partner (Familien-/Lebensgemeinschaften) umfassen dagegen die Ehegatten bzw. (gleichgeschlechtlichen) Lebenspartner sowie deren Kinder, solange diese Kinder nicht verheiratet sind. Außerdem sind volljährige Kinder (nur) versichert, solange sie sich noch in Schul- oder anschließender Berufsausbildung (→ Form. U.VI.2) befinden. Eine feste Altersgrenze für die Mitversicherung von Kindern gibt es bei der Privat-Haftpflichtversicherung grundsätzlich nicht.

2. Sonstige Anmerkungen. Dieses Formular kann analog für die Privat- bzw. Privat- und Berufs-Rechtschutzversicherung verwendet werden. Bei der Rechtsschutzversicherung gibt es – im Gegensatz zur Privat-Haftpflichtversicherung – bei den gängigen Tarifen häufig eine feste Altersgrenze für die Mitversicherung unverheirateter Kinder, zB die Vollendung des 25. Lebensjahres.

2. Auskunft zur Mitversicherung von Kindern in der Privat-Haftpflichtversicherung

An die . . . . . . Versicherung

Versicherungsnr. . . . . . . – Privat-Haftpflichtversicherung

Versicherungsnehmer: . . . . . .

Auskunft zur Mitversicherung von Kindern

Sehr geehrte Damen und Herren,

bitte teilen Sie mir mit, ob mein Sohn/meine Tochter . . . . . ., geb. am . . . . . . in dem o.g. Vertrag noch mitversichert ist; bitte berücksichtigen Sie dabei die folgenden Aspekte:[1, 2]

[ ] zur Zeit in Schulausbildung[3]

[ ] Schulausbildung abgeschlossen

[ ] zur Zeit im Wehrdienst/Bundesfreiwilligendienst[4]

[ ] zur Zeit Absolvierung eines sozialen/ökologischen Jahres

[ ] Wehrdienst/Bundesfreiwilligendienst abgeschlossen

[ ] zur Zeit Tätigkeit als Zeitsoldat[5]

[ ] zur Zeit Absolvierung einer Lehre/Berufsausbildung[6]

[ ] Lehre/Berufsausbildung abgeschlossen

[ ] zur Zeit im Erst-/Zweit-Studium[7]

[ ] Studium abgeschlossen

[ ] Berufstätigkeit als . . . . . .

[ ] zur Zeit arbeitslos

[ ] Sonstige Angaben: . . . . . .[8]

Falls Sie weitere Angaben benötigen, bitte ich um entsprechende Mitteilung.

Mit freundlichen Grüßen

. . . . . .

(Versicherungsnehmer)

Anmerkungen

1. Sachverhalt. Die Systematik der Mitversicherung von Kindern in der Privat-Haftpflichtversicherung der einzelnen Versicherer ist undeinheitlich und unübersichtlich. Es ist u.a. auf das Alter der Kinder und deren Ausbildungsstand abzustellen; siehe zB Prölss/Martin/*Lücke* VVG, BB PHV Ziff. 2 Rn. 3 ff. Dieses Formular kann analog für die Privat- bzw. Privat- und Berufs-Rechtsschutzversicherung verwendet werden.

2. Es sind die relevanten Punkte anzukreuzen; Mehrfachnennungen sind möglich und u. U. sogar notwendig.

3. Zeiten der **Schulausbildung** sind stets mitversichert.

4. Zeiten des **Wehr-/Bundesfreiwilligendienst** sind grundsätzlich mitversichert, auch wenn diese zwischen Schul- und Berufsausbildung oder nach Berufsausbildung/Studium liegen. Der früher übliche Zivildienst wurde im Jahr 2011 durch den Bundesfreiwilligendienst abgelöst; da bei älteren Verträgen noch der Begriff *Zivildienst* in den Versicherungsbedingungen genannt ist, sollte die Mitversicherung des Bundesfreiwilligendienstes vom Versicherungsnehmer ggf. überprüft werden.

5. Die Tätigkeit als **Zeitsoldat** ist nicht mitversichert.

6. Die unmittelbar an die Schulausbildung stattfindende **Lehre/Berufsausbildung** ist stets mitversichert.

7. Das unmittelbar an die Schulausbildung stattfindende Erst-Studium ist stets mitversichert.

8. Z. B. Angabe, ob das Kind noch im elterlichen Haushalt oder in einem eigenen Haushalt lebt.

3. Antrag zur Zusammenlegung von Privat-Haftpflichtversicherungsverträgen bei Bildung eines gemeinsamen Haushalts

An die . . . . . . Versicherung

Versicherungsnr. . . . . . . – Privat-Haftpflichtversicherung

Versicherungsnehmer: . . . . . .

Sehr geehrte Damen und Herren,

ab/seit . . . . . . lebt Herr/Frau . . . . . ., geb. am . . . . . . mit mir (und seinen/ihren Kindern) in einem gemeinsamen Haushalt.[1]

Für Herrn/Frau . . . . . . besteht bei der . . . . . . Versicherung[2] mit der Nr. . . . . . . ebenfalls eine Privat-Haftpflichtversicherung.

Es wird beantragt, den jüngeren von beiden Verträgen aufzuheben und für folgende Personen in dem verbleibenden Vertrag den Versicherungsschutz zu erweitern: . . . . . .[3]

Mit freundlichen Grüßen

. . . . . .

(Versicherungsnehmer)

Anmerkungen

1. Sachverhalt. Durch die Verschmelzung zweier bisher getrennter Haushalte zu einem einzigen Haushalt kann eine Mehrfachversicherung entstehen. → Form. U.III.2 Anm. 2.

Diese Meldung kann analog für die Privat- sowie für die Privat- und Berufs-Rechtsschutzversicherung verwendet werden.

2. Eine Meldung sollte auch an den **anderen Versicherer** erfolgen.

3. Sonstige Anmerkungen. Sofern der verbleibende Vertrag zB ein Single-Vertrag war, muss er auf einen Familien-Vertrag erweitert werden (→ Form. U.IV.1 Anm. 1).

4. Antrag zur Änderung der Privat-Haftpflichtversicherung beim Hinzukommen/Ausscheiden von Personen zu/aus einem Haushalt

An die . . . . . . Versicherung

Versicherungsnr. . . . . . . – Privat-Haftpflichtversicherung

Versicherungsnehmer: . . . . . .

Sehr geehrte Damen und Herren,

am . . . . . . ist Herr/Frau . . . . . ., geb. am . . . . . ., Verwandtschafts-/Partnerschaftsverhältnis: . . . . . .[1]

(in meinen Haushalt eingezogen,[2] aus meinem Haushalt ausgezogen,[3] gestorben[4]).

Bitte stellen Sie den Vertrag um bzw. unterbreiten Sie mir Vorschläge, wie der Versicherungsschutz gestaltet[5] werden kann.

Mit freundlichen Grüßen

. . . . . .

(Versicherungsnehmer)

Anmerkungen

1. Sachverhalt. Durch die Zugehörigkeit zu einem Haushalt bzw. dadurch, dass eine Person ab einem bestimmten Zeitpunkt nicht mehr zu einem Haushalt gehört, besteht in der Regel die Notwendigkeit der Anpassung des Vertrags.

Dieses Formular kann analog für die Privat- bzw. Privat- und Berufs-Rechtsschutzversicherung verwendet werden.

2. Einzug einer Person. Je nachdem, welcher Tarif für den Versicherungsnehmer bisher bestand und wie sich das Familien-/Partnerschaftsverhältnis zum Versicherungsnehmer darstellt und welche Tarife der Versicherer anbietet, kann der Vertrag erweitert werden.

3. Auszug einer Person. Sind bisher mehrere Personen versichert, so kann der Vertrag geändert werden; evtl. ergibt sich dabei eine Prämienreduktion.

Es ist unbedingt zu prüfen, ob für die ausziehende Person ab dem Tag des Auszugs noch Versicherungsschutz besteht.

4. Tod einer Person. Stirbt eine versicherte Person, so endet der Versicherungsschutz bezüglich dieser Person. Der Vertrag kann evtl. analog Anm. 3 geändert werden.

Stirbt der Versicherungsnehmer, so gilt der Versicherungsschutz weiter bis zur nächsten Prämienfälligkeitstermin; wird die nächste Prämienrechnung vom überlebenden Ehegatten/Lebenspartner eingelöst, so wird dieser Versicherungsnehmer (siehe *Dengler,* Die Haftpflichtversicherung im privaten und gewerblichen Bereich, S. 442).

5. Sonstige Anmerkungen. Ist die Erweiterung eines Vertrags in Bezug auf → Anm. 2 nicht möglich, so sollte von der hinzukommenden Person ein eigenständiger Vertrag abgeschlossen werden.

5. Antrag zur Übertragung der Versicherungsnehmereigenschaft im Bereich der Tierhalter-Haftpflichtversicherung

An die . . . . . . Versicherung

Versicherungsnr. . . . . . . – Tierhalter-Haftpflichtversicherung

Versicherungsnehmer: . . . . . .

Sehr geehrte Damen und Herren,

in dem o. g. Vertrag ist folgendes Tier[1] versichert: . . . . . .[2]

Bitte übertragen Sie zum . . . . . . die Versicherungsnehmereigenschaft auf Herrn/Frau . . . . . . als neue/n Tierhalter/in.

Mit freundlichen Grüßen

. . . . . .	**. . . . . .**
(bisheriger Versicherungsnehmer)	**(neuer Versicherungsnehmer)**

Anmerkungen

1. Sachverhalt. Im Falle des Auszugs aus einem Haushalt und der Mitnahme eines Tieres, für das eine spezielle Tierhalter-Haftpflichtversicherung besteht, ist es sinnvoll, dass die ausziehende Person, falls sie nicht Versicherungsnehmer ist, die Versicherungsnehmereigenschaft als Halter des Tieres erhält.

2. Sonstige Anmerkungen. Es sind nähere Angaben zu dem Tier zu machen.

Dieses Formular kann analog auch für andere, allerdings weniger übliche Versicherungsverträge, wie zB die Tier-Lebens- oder Tier-Krankenversicherung verwendet werden.

V. Bereich Kraftfahrzeuge

1. Meldung der Veräußerung eines Kfz an die Zulassungsstelle

An die Zulassungsstelle für Kraftfahrzeuge

X-Stadt

Veräußerung eines Kfz – Amtl. Kennzeichen ......

Sehr geehrte Damen und Herren,

hiermit zeige ich an, dass das o.g. Kfz am ...... veräußert wurde. Erwerber ist ......[1]

Mit freundlichen Grüßen

......

(Datum, Unterschrift des Halters)[2]

Bestätigung des Erwerbers:[3]

Hiermit wird der Erhalt der Fahrzeugpapiere (Zulassungsbescheinigung, ...) bestätigt.

......

(Datum, Unterschrift des Erwerbers)

Anmerkungen

1. Sachverhalt. Nach § 13 Abs. 4 S. 1 FZV ist der Veräußerer grundsätzlich verpflichtet, die Veräußerung eines Kfz unverzüglich der zuständigen Zulassungsstelle anzuzeigen. Dabei ist es unerheblich, ob es sich bei Veräußerer und Erwerber um Familienangehörige handelt oder nicht.

2. Regelmäßig wird der **Halter** eines Kfz zugleich der Versicherungsnehmer sein. Es ist allerdings auch möglich, dass die Halter- und Versicherungsnehmereigenschaft auseinander fällt.

3. Es ist notwendig, dass der Erwerber auf demselben Formular die erforderliche **Empfangsbestätigung** abgibt.

2. Meldung der Veräußerung eines Kfz an den Versicherer

An die ...... Versicherung

Versicherungsnr. ...... – Kfz-Versicherung

Veräußerung des Fahrzeugs – Amtl. Kennzeichen ......

Sehr geehrte Damen und Herren,

hiermit zeige ich an, dass das o.g. Kfz am ...... veräußert wurde.[1]

Der Erwerber ist ......[2]

Da zunächst kein Ersatzfahrzeug angeschafft wird, bitte ich um Abrechnung des Vertrags.[3]

Mit freundlichen Grüßen

......

(Versicherungsnehmer)

Anmerkungen

1. Sachverhalt. Die Veräußerung eines Kfz ist dem Versicherer nach § 97 Abs. 1 VVG bzw. § 122 VVG für die Haftpflichtversicherung und Ziffer G.7.4 AKB 2008 unverzüglich anzuzeigen.

2. Erwerber. Gemäß Ziffer G.7.1 AKB 2008 und § 122 VVG tritt der Erwerber in die Rechte und Pflichten des Vertrags ein. Nach § 96 VVG und Ziffer G.2.5 und G.2.6 AKB 2008 haben der Erwerber und der Versicherer nach Ziffer G.3.7 AKB 2008, nicht aber der Veräußerer, ein außerordentliches Kündigungsrecht.

Ist der Erwerber ein Familienangehöriger, so kann auch die Übertragung eines Schadenfreiheitsrabatts in Frage kommen (→ Form. U.V.3).

3. Sonstige Anmerkungen. Wird vom Veräußerer zunächst kein Ersatzfahrzeug angeschafft, so empfiehlt es sich, beim Versicherer die ‚Abrechnung des Vertrags' zu beantragen, d.h. die Dokumentation über die Beendigung des Versicherungsschutzes und die Erstattung der evtl. zu viel bezahlten Prämie.

3. Übertragung des Schadenfreiheitsrabattes in der Kfz-Versicherung

An die ...... Versicherung

Versicherungsnr. ...... – Kfz-Versicherung

Übertragung des Schadenfreiheitsrabatts

Sehr geehrte Damen und Herren,

hiermit beantrage ich, dass Herr/Frau ...... den Schadenfreiheitsrabatt zu o.g. Vertrag zum ...... übernehmen soll.[1, 2]

Ich bitte um Information, unter welchen Voraussetzungen eine Übertragung möglich ist und um Übersendung des entsprechenden Formulars.[3]

Mit freundlichen Grüßen

......

(Versicherungsnehmer)

Anmerkungen

1. Sachverhalt. In der Kraftfahrzeugversicherung ist die Übertragung eines durch den Versicherungsnehmer erworbenen Schadenfreiheitsrabatts auf andere Personen grundsätzlich möglich.

2. Personen. Die Übertragung ist regelmäßig bei Verwandten möglich, zB von (Groß-) Eltern auf (Enkel-) Kinder oder von einem Ehegatten/Lebenspartner auf den anderen. Ausnahmen von dieser Regelung sind möglich; sie variieren je nach Versicherer. Im Zuge der Scheidung kann vom Familiengericht auch die Übertragung des Schadenfreiheitsrabatts angeordnet werden (AG Olpe FamRZ 2010, 919 und OLG Hamm, Beschl. v. 13.4.2011 – 8 WF 105/11); s.a. Breuers, FuR 2012, 462.

3. Übertragungsformular. Durch Angaben auf einem von den Versicherern bereitgehaltenen Formular ist zu bestätigen, dass das Fahrzeug von der den Rabatt übernehmenden Person nicht nur gelegentlich benutzt wurde; zudem sind weitere Angaben zu machen.

4. Meldung der Änderung des Nutzerkreises bzw. weiterer Tarifmerkmale eines Kfz an den Versicherer

An die . . . . . . Versicherung

Versicherungsnr. . . . . . . – Kfz-Versicherung

Änderung von Tarifierungsmerkmalen[1, 2] – Amtl. Kennzeichen . . . . . .

Sehr geehrte Damen und Herren,

hiermit zeige ich an, dass das o.g. Kfz ab/seit . . . . . . (nicht mehr von Personen unter 23 Jahren/25 Jahren genutzt wird/auch von Personen unter 23 Jahren/25 Jahren genutzt wird/die Jahres-Fahrleistung . . . . . . km betragen wird/. . . . . .[3]).

Mit freundlichen Grüßen

. . . . . .

(Versicherungsnehmer)

Anmerkungen

1. Sachverhalt. In der Kfz-Versicherung gibt es eine Fülle von Merkmalen bzw. Kriterien (Tarifmerkmale) zur Festsetzung der Prämie (Tarifierung) für ein bestimmtes Fahrzeug. Hierzu sind im Versicherungsantrag detaillierte Angaben zu machen. Eine Anzeige von Änderungen hat unverzüglich zu erfolgen (siehe zB Ziffer K.4.1 AKB 2008), da ansonsten zB Vertragsstrafen drohen.

2. Zu den üblichen **Tarifierungsmerkmalen** gehören u.a. der Fahrerkreis, das Alter der Fahrer sowie die Jahres-Fahrleistung des versicherten Fahrzeugs. Dies ist vor allem dann relevant, wenn Kinder des Versicherungsnehmers den Führerschein erwerben und dann das versicherte Fahrzeug als Fahrer benutzen.

3. Daneben können – je nach Versicherer unterschiedliche – **weitere Tarifierungsmerkmale** relevant sein, zB ob in einem Haushalt Kinder unter 17 Jahren oder weitere Versicherungsverträge bei demselben Versicherer vorhanden sind usw.

VI. Bereich Personen

1. Antrag auf Übernahme der Versicherungsnehmereigenschaft in der Privaten Krankenversicherung nach dem Tod des Versicherungsnehmers

An die . . . . . . Versicherung

Versicherungsnr. . . . . . . – Private Krankenversicherung

(Bisheriger) Versicherungsnehmer: . . . . . .

Antrag auf Übernahme der Versicherungsnehmereigenschaft[1]

Sehr geehrte Damen und Herren,

bisher bin ich als Ehefrau im Rahmen des o. g. Vertrags mitversichert. Mein Ehemann ist am . . . . . . gestorben.

Hiermit beantrage ich, die Versicherung[2] für mich fortzusetzen und die Versicherungsnehmereigenschaft auf mich zu übertragen.[3]

Bitte stellen Sie einen neuen Versicherungsschein aus und schicken Sie mir diesen zu.

Mit freundlichen Grüßen

. . . . . .

(Antragsteller)

Anmerkungen

1. Sachverhalt. Gemäß § 15 Abs. 1 S. 1 MB/KK 2009 u. § 15d MB/KT 2009 endet mit dem Tod des Versicherungsnehmers auch das Versicherungsverhältnis. Da dies für die evtl. mitversicherten Personen gravierende Folgen hätte, ist eine Fortführung des Versicherungsverhältnisses nach § 15 Abs. 1 S. 2 MB/KK 2009 und § 15d MB/KT 2009 möglich; dieser Sachverhalt ist auch durch § 207 Abs. 1 VVG geregelt. Für Beantragung gilt eine 2-Monats-Frist.

2. Die **Fortsetzung des Versicherungsverhältnisses** kommt auch für evtl. weitere bisher mitversicherte Personen, vor allem Kinder, in Frage. Die Versicherungsnehmereigenschaft wird auf eine Person, zB die Mutter der Kinder, übertragen.

3. Der Versicherungsschutz in der Privaten **Pflegeversicherung** folgt demjenigen der Privaten Krankenversicherung (§§ 1 Abs. 2 S. 2, 23, 25 SGB XI).

2. Widerspruch gegen die Kündigung des Versicherungsnehmers und Übernahme der Versicherungsnehmereigenschaft in der Privaten Krankenversicherung

An die . . . . . . Versicherung

Versicherungsnr. . . . . . . – Private Krankenversicherung

Versicherungsnehmer: . . . . . .

Widerspruch gegen die Kündigung und Antrag auf Übernahme der Versicherungsnehmereigenschaft[1]

Sehr geehrte Damen und Herren,

bisher bin ich als Ehefrau im Rahmen des o.g. Vertrags mitversichert.

Der Versicherungsnehmer hat den Vertrag bezüglich meiner Person gekündigt.[2]

Hiermit beantrage ich, die Versicherung zu meiner Person[3] selbst als Versicherungsnehmerin fortzuführen.[4]

Bitte stellen Sie einen neuen Versicherungsschein aus und schicken Sie mir diesen zu.

Mit freundlichen Grüßen

. . . . . .

(Antragsteller)

Anmerkungen

1. **Sachverhalt.** In § 13 MB/KK 2009, § 13 MB/KT 2009 und § 205 VVG sind die Kündigungsrechte des Versicherungsnehmers geregelt. Macht ein Versicherungsnehmer von dem Kündigungsrecht hinsichtlich mitversicherter Personen Gebrauch, so haben diese Personen das Recht, das Versicherungsverhältnis selbst fortzuführen.

2. Die **Kündigung des Versicherungsnehmers** für eine mitversicherte Personen ist nach § 207 Abs. 2 S. 2 VVG nur wirksam, wenn die betroffene Person von der Kündigung Kenntnis erlangt hat. Gemäß § 178n Abs. 2 S. 2 VVG aF war die Kündigung nur wirksam, wenn der Versicherungsnehmer nachwies, dass die mitversicherte Person von der Kündigung Kenntnis erlangt hatte; diese Regelung ist trotz des anderen Wortlauts durch § 207 Abs. 2 S. 2 VVG übernommen (BGH VersR 2013, 305); s.a. Versicherungsrechts-Handbuch/*Stormberg*, § 44 Rn. 219.

3. Eine **mitversicherte Person** hat das Recht, das Versicherungsverhältnis nach § 13 Abs. 10 MB/KK 2009, § 13 Abs. 6 MB/KT 2009 und § 207 Abs. 2 iVm § 207 Abs. 1 VVG fortzuführen. Es gilt eine 2-Monats-Frist.

4. Zur **Pflegeversicherung** → Form. U.VI.1 Anm. 3.

3. Antrag auf Erhöhung des Versicherungsschutzes in der Privaten Krankenversicherung wegen Verminderung bzw. Wegfalls der Beihilfe

An die . . . . . . Versicherung

Versicherungsnr. . . . . . . – Private Krankenversicherung

Versicherungsnehmer: . . . . . .

Sehr geehrte Damen und Herren,

ab . . . . . . vermindert sich mein Beihilfebemessungssatz[1] wegen des Wegfalls der Berücksichtigung meiner Kinder auf . . . . . .%.[2]

Ich beantrage daher die Erhöhung des Versicherungsschutzes ohne Gesundheitsprüfung und ohne Wartezeiten.[3]

Alternative:

. . . . . . nach der Scheidung von meinem Ehemann fällt mein Beihilfeanspruch weg.

Ich beantrage daher Versicherungsschutz im Rahmen einer Krankheitskostenvollversicherung ohne Gesundheitsprüfung und ohne Wartezeiten.[4]

Bitte stellen Sie einen neuen Versicherungsschein aus und schicken Sie mir diesen zu.

Mit freundlichen Grüßen

. . . . . .

(Versicherungsnehmer)

Anmerkungen

1. **Sachverhalt.** Beamte, Richter sowie andere nach öffentlichrechtlich Grundsätzen besoldete Personen, zB Pfarrer, erhalten von ihrem Dienstherrn regelmäßig Beihilfe in Krankheitsfällen und bei Pflegebedürftigkeit. Die von der Beihilfe nicht gedeckten Kosten werden üblicherweise durch eine ergänzende Private Kranken- und Pflegeversicherung abgedeckt. Die Beihilfebemessungssätze sind u. a. vom Familienstand und von der Anzahl bzw. dem Alter der Kinder abhängig. Vermindert sich also durch eine Änderung in der Familienstruktur des/der Beihilfeberechtigten der Beihilfebemessungssatz, so hat dies zur Folge, dass eine Kosten-Deckungslücke entsteht, falls die Private Krankenversicherung nicht aufgestockt wird.

2. Die **Höhe des Anspruchs auf Beihilfe** für den Beihilfeberechtigten selbst hängt u. a. von der Anzahl der berücksichtigungsfähigen Kinder ab. Beihilfeberechtigte mit mehr als einem berücksichtigungsfähigen Kind erhalten zB gemäß § 46 Abs. 3 BBhV (Bundesbeihilfeverordnung) für sich Beihilfe in Höhe von 70 %. Nach § 46 Abs. 2 BBhV beträgt der Beihilfesatz für den Beihilfeberechtigten ohne oder mit einem Kind 50 %; für berücksichtigungsfähige Ehegatten beträgt der Beihilfesatz 70 %, für Kinder 80 %.

Je nach Dienstherr gibt es zwischen den einzelnen Beihilferegelungen erhebliche Unterschiede. Die jeweils relevanten Beihilferegelungen, die vom Dienstherrn jederzeit geändert werden können, sind daher eingehend zu analysieren.

3. Nach § 199 Abs. 2 VVG hat der Versicherungsnehmer das Recht, bei **Verminderung des Beihilfeanspruchs** eine entsprechende Erhöhung des Versicherungsschutzes zu erhalten. Wird der Antrag innerhalb von sechs Monaten nach Eintritt der Änderung gestellt, so erfolgt die Erweiterung des Versicherungsschutzes ohne Gesundheitsprüfung und ohne Wartezeiten. Zur **Pflegeversicherung** → Form. U.VI.1 Anm. 3.

4. Nach § 199 Abs. 2 VVG besteht auch für Versicherte bei **völligem Wegfall des Beihilfeanspruchs** das Recht auf Anpassung des bisherigen Versicherungsschutzes, so dass der weggefallene Beihilfeanspruch vollständig ausgeglichen werden kann. Auch hier gilt die in → Anm. 3 genannte 6-Monats-Frist.

Im Falle der Scheidung sollte auch gleichzeitig die Versicherungsnehmereigenschaft übertragen werden. Zur **Pflegeversicherung** → Form. U.VI.1 Anm. 3.

4. Anmeldung eines Neugeborenen/Adoptivkindes zur Privaten Krankenversicherung

An die . . . . . . Versicherung

Versicherungsnr. . . . . . . – Private Krankenversicherung

Versicherungsnehmer: . . . . . .

Kinder-Nachversicherung[1]

Sehr geehrte Damen und Herren,

am . . . . . . wurde mein Sohn/meine Tochter . . . . . . geboren[2]/habe ich das am . . . . . . geborene Kind . . . . . . adoptiert.[3]

Ich beantrage Krankenversicherungsschutz[4] im selben Umfang wie er für mich besteht.

Mit freundlichen Grüßen

. . . . . .

(Versicherungsnehmer)

Anmerkungen

1. Sachverhalt. Im Falle der Geburt oder der Adoption eines Kindes besteht ein Bedürfnis nach Krankenversicherungsschutz für dieses Kind.

2. Nach § 2 Abs. 2 MB/KK 2009 und § 198 Abs. 1 und 3 VVG besteht ein Anspruch auf **Kinder-Nachversicherung für Neugeborene**, wenn für den Versicherungsnehmer seit mindestens drei Monaten eine Private Krankenversicherung besteht.

3. Nach § 2 Abs. 3 MB/KK 2009 und § 198 Abs. 2 VVG besteht ein Anspruch auf **Kinder-Nachversicherung für minderjährige Adoptivkinder,** wenn für den Versicherungsnehmer seit mindestens drei Monaten eine Private Krankenversicherung besteht. Der Versicherer kann einen limitierten gesundheitsbedingten Risikozuschlag erheben.

4. Der **Anspruch auf Kinder-Nachversicherung** ohne Risikozuschläge und ohne Wartezeiten besteht mit demselben Versicherungsschutz wie der des Versicherungsnehmers und muss innerhalb einer **Frist** von zwei Monaten nach der Geburt/Adoption beantragt werden (§ 2 Abs. 2 MB/KK 2009, § 198 Abs. 1 VVG). Zur **Pflegeversicherung** → Form. U.VI.1 Anm. 3.

5. Anfrage an eine Gesetzliche Krankenkasse wegen der Versicherungsmöglichkeit eines Kindes in der Gesetzlichen Krankenversicherung

An die . . . . . . Krankenkasse

Mitglieds-/Versicherungsnr. . . . . . .

Versichertes Mitglied . . . . . .

Auskunft zur Mitversicherung eines Kindes[1, 2]

Sehr geehrte Damen und Herren,

ich bitte um Auskunft, ob mein Sohn/meine Tochter . . . . . ., geb. am . . . . . . in der Gesetzlichen oder in der Privaten Krankenversicherung[3] versichert werden kann.

- Ich bin
  [ ] in der . . . . . . Krankenkasse versichert als [ ] Pflichtmitglied/[ ] als freiwilliges Mitglied/[ ] als mitversicherte Person meiner Ehefrau/meines Ehemannes . . . . . .
  [ ] privat krankenversichert ([ ] ohne Beihilfeanspruch/[ ] mit Beihilfeanspruch)
- Meine Ehefrau/meine Ehemann . . . . . . ist
  [ ] in der . . . . . . Krankenkasse versichert/[ ] als Pflichtmitglied/[ ] als freiwilliges Mitglied/[ ] beim mir als mitversicherte Person
  [ ] privat krankenversichert ([ ] ohne Beihilfeanspruch/[ ] mit Beihilfeanspruch)

Bitte teilen Sie mir mit, falls Sie zur Beurteilung des Sachverhalts weitere Angaben benötigen.

. . . . . .

Mit freundlichen Grüßen

. . . . . .

(Mitglied/Versicherter)

Anmerkungen

1. Sachverhalt. Je nachdem, wie die beiden Elternteile eines Kindes krankenversichert sind, kann ein Kind in der Gesetzlichen Krankenversicherung im Rahmen der Familienversicherung, als freiwilliges Mitglied in der Gesetzlichen Krankenversicherung (siehe § 9 Abs. 1 Nr. 2 u. § 10 SGB V) oder bei einem privaten Krankenversicherer versichert werden.

2. Auskunftspflicht. Es ist zu empfehlen, eine schriftliche Auskunft der zuständigen Krankenkasse einzuholen. Eine Krankenkasse ist nach § 15 Abs. 1 f. SGB I zur Auskunftserteilung verpflichtet.

3. Zur **Pflegeversicherung** → Form. U.VI.1 Anm. 3.

6. Anfrage an die Private/Gesetzliche Krankenversicherung/ Beihilfestelle wegen der Versicherung/Beihilfefähigkeit von Kindern bei Erreichung bestimmter Altersgrenzen bzw. in bestimmten Lebensabschnitten

An die . . . . . . Versicherung/Krankenkasse/Beihilfestelle

Vers.-/Mitgl.-Nr./Geschäftszeichen . . . . . .

Sehr geehrte Damen und Herren,

bitte teilen Sie mir mit, ob bzw. bis wann mein Sohn/meine Tochter . . . . . ., geb. am . . . . . . im Rahmen meiner bestehenden Versicherung mitversichert/beihilfeberechtigt ist.[1, 2] Mein Sohn/meine Tochter ist . . . . . . (Student/in; (geplantes) Studienende . . . . . ./zur Zeit arbeitslos/behindert/nach einer Lehre in der Wartezeit auf einen Studienplatz/Wehrdienst/Bundesfreiwilligendienst von . . . . . . bis . . . . . .).

Bitte teilen Sie mir mit, falls Sie weitere Angaben benötigen.

Mit freundlichen Grüßen

. . . . . .

(Mitglied(Beihilfeberechtigter)

Anmerkungen

1. Sachverhalt. Kinder von Versicherten bzw. Beihilfeberechtigten scheiden ab einem bestimmten Alter aus der Mitversicherung/Familienversicherung, aus einem vergünstigten Tarif oder aus der Beihilfeberechtigung oder mit Beendigung eines Ausbildungsabschnitts usw. aus; ein solcher Anspruch kann aber u. U. später wieder aufleben.

Zur **Pflegeversicherung** → Form. U.VI.1 Anm. 3.

2. Auskunft. Es ist dringend zu empfehlen, bei den zuständigen Krankenkassen, Krankenversicherern oder Beihilfestellen entsprechende Anfragen zu stellen, um verbindliche Auskünfte zu erhalten.

7. Antrag auf Versicherung weiterer Personen in der Auslandsreise-Krankenversicherung mit Jahrestarifen

An die . . . . . . Versicherung

Vers.-/Mitgl.-Nr. . . . . . . – Auslandsreise-Krankenversicherung

Versicherung einer weiteren Person

Sehr geehrte Damen und Herren,

bitte nehmen Sie in meinen bestehenden Vertrag folgende Personen mit auf:[1, 2]

- meinen Ehemann/Lebensgefährten . . . . . ., geb. am . . . . . .
- meinen/dessen Sohn/meine/dessen Tochter . . . . . ., geb. am . . . . . .

Bitte teilen Sie mir umgehend mit, falls für diese Versicherung ein besonderer Antrag notwendig ist bzw. senden Sie mir diesen zu.[3]

Mit freundlichen Grüßen

. . . . . .

(Versicherungsnehmer)

Anmerkungen

1. Sachverhalt. In der Auslandsreise-Krankenversicherung mit einjährigen Verträgen (evtl. mit automatischer Verlängerung) können, wie bei der privaten Krankenversicherung üblich, in einem Vertrag mehrere Personen (einer Familie/eines Haushalts) versichert werden. Um Versicherungsschutz für eine hinzukommende Person zu erhalten, muss ein bestehender Vertrag entsprechend erweitert werden.

2. Formlose Antragstellung. In der Regel ist ein formloser Antrag ausreichend.

3. Formgebundene Antragstellung. Unter Umständen muss für die hinzukommende Person der Versicherungsschutz auf einem Antragsformular des Versicherers beantragt werden.

8. Änderung des Bezugsrechtes in der Lebens-/Unfallversicherung

An die . . . . . . Versicherung

Vers./Mitgl.-Nr. . . . . . . – . . . . . .versicherung

Änderung des Bezugsrechts[1]

Sehr geehrte Damen und Herren,

bitte ändern Sie ab . . . . . . für den o.g. Vertrag das Bezugsrecht[2] im

Todes-/Erlebensfall auf Herrn/Frau . . . . . ., geb. am . . . . . .

Bitte bestätigen Sie mir die Änderung.[3]

Mit freundlichen Grüßen

. . . . . .

(Versicherungsnehmer)

Anmerkungen

1. Sachverhalt. Im Laufe der Dauer eines Versicherungsvertrags kann sich die Notwendigkeit ergeben, das Bezugsrecht zu ändern, zB anlässlich der Ehescheidung oder falls die bisher bezugsberechtigte Person stirbt. Steuerlicher Hinweis: Die Änderung des Bezugsrechts per se, stellt noch keinen schenkungsteuerlichen Tatbestand dar; erst bei Fälligkeit der Leistung im Versicherungsfall kann Steuerpflicht eintreten (vgl. *Kreußler/Nörig,* Lebensversicherung und Steuer, S. 202).

2. Formen des Bezugsrechts. Bei dem Bezugsrecht handelt es sich um einen Vertrag zugunsten Dritter (§§ 328 ff. BGB). Es ist zu unterscheiden zwischen dem widerruflichen Bezugsrecht (Regelfall) und dem unwiderruflichen Bezugsrecht; Letzteres ist nur mit Zustimmung der bisher bezugsberechtigten Person möglich. Dies regeln die §§ 159 f. VVG für die Lebensversicherung und § 185 iVm §§ 159 f. VVG für die Unfallversicherung.

3. Bestätigung/Schriftform. Bei der Änderung des Bezugsrechts handelt es sich um eine einseitige empfangsbedürftige Willenserklärung; daher ist die Anforderung einer Bestätigung unerlässlich. In den Versicherungsbedingungen ist die Schriftform für Mitteilungen an den Versicherer vorgesehen (zB § 9 ALB).

9. Antrag auf Hinterbliebenenversorgung im Rahmen der betrieblichen Altersversorgung bzw. bei privaten Lebensversicherungsverträgen

An die . . . . . .-Versicherung

Personal-/Vers.-/Mitgl.-Nr. . . . . .

Witwen-/Waisenversorgung[1]

Sehr geehrte Damen und Herren,

meine Ehemann/meine Ehefrau[2]. . . . . . ist am . . . . . . gestorben.

Hiermit beantrage ich für mich und für meine Kinder . . . . . . Witwen-/Waisenrente aus der betrieblichen Altersversorgung/aus dem o.g. Versicherungsvertrag.

Falls Sie für die Hinterbliebenenversorgung nicht unmittelbar zuständig sein sollten, bitte ich um die Weiterleitung meines Antrags.[3]

Bitte teilen Sie mir mit, welche Unterlagen Sie für die Bearbeitung meines Antrags benötigen.

Mit freundlichen Grüßen

. . . . . .

(Antragsteller)

Anmerkungen

1. Sachverhalt. Im Rahmen der betrieblichen Altersversorgung (die regelmäßig auch Leistungen für die Hinterbliebenen und im Falle der Invalidität umfasst) steht den versorgungsberechtigten Witwen/Witwern bzw. Waisen meist eine Hinterbliebenenversorgung in Form einer Rente zu; ebenso sind Kapitalzahlungen möglich. Die Versorgung kann im Rahmen unterschiedlicher Durchführungswege (Direktzusage, Unterstützungskasse, Pensionskasse, Pensionsfonds, Direktversicherung (Lebens- und Unfallversicherung) organisiert sein. Im Rahmen privater Lebens- bzw. Rentenversicherungen ist die Versicherung von Hinterbliebenenrenten möglich; dies gilt auch für andere, zB berufsständische, Versorgungswerke.

2. **Nicht eheliche Partner.** Im Rahmen der betrieblichen Altersversorgung ist es zwar gemäß den Leistungsplänen noch oftmals unüblich, jedoch durchaus möglich, dass auch nichteheliche Lebenspartner Anspruch auf Versorgung haben.

3. Häufig ist den Antragstellern im Rahmen der betrieblichen Altersversorgung nicht bekannt, wie die Durchführung der Versorgung organisiert ist. Es ist daher empfehlenswert, die evtl. notwendige **Weiterleitung des Antrags** an die zuständige Versorgungseinrichtung bzw. den Arbeitgeber zu erbitten.

10. Antrag auf Tarifänderung bei Pensionskassen

An die . . . . . .-Pensionskasse

Versicherungsnr. . . . . .

Tarifänderung

Sehr geehrte Damen und Herren,

hiermit beantrage ich eine Tarifänderung wie folgt:[1]

- **Einschluss/Ausschluss der Hinterbliebenenversorgung[2]**
- **Einschluss/Ausschluss der Invaliditätsversorgung[3]**

Bitte teilen Sie mir mit, zu welchen Konditionen die Vertragsänderung möglich ist.

Falls Sie Unterlagen von mir benötigen, bitte ich um Mitteilung.

Mit freundlichen Grüßen

. . . . . .

(Versicherungsnehmer/Versicherter)

Anmerkungen

1. **Sachverhalt.** Die Versicherungsbedingungen von Pensionskassen können, vor allem bei Tarifen der Entgeltumwandlung, vorsehen, dass ein Tarifwechsel während der Anwartschaftszeit möglich ist. Die Haupt- bzw. Grundleistung ist regelmäßig die Altersversorgung. Ähnliche Regelungen können auch bei Unterstützungskassen und Pensionsfonds bestehen.

2. **Hinterbliebenenversorgung.** Z. B. kann nach der Eheschließung/Ehescheidung innerhalb einer bestimmten Frist der Einschluss/Ausschluss der Hinterbliebenenversorgung möglich sein. Evtl. gibt es Wartezeiten.

3. **Invaliditätsversorgung.** Es ist auch möglich, dass der Einschluss/Ausschluss der Invaliditätsversorgung beantragt werden kann. Evtl. gibt es Wartezeiten.

11. Antrag auf Übertragung der Versicherungsnehmereigenschaft in der Lebensversicherung

An die . . . . . . Versicherung

Versicherungsnr. . . . . .

Wechsel des Versicherungsnehmers

Sehr geehrte Damen und Herren,

bei dem o.g. Vertrag soll die Versicherungsnehmereigenschaft von mir auf Herrn/Frau . . . . . . übertragen werden.[1, 2]

Bitte teilen Sie mir mit, welche Unterlagen Sie hierzu benötigen bzw. übersenden Sie mir die entsprechenden Formulare.[3]

Mit freundlichen Grüßen

. . . . . .

(Versicherungsnehmer)

Anmerkungen

1. Sachverhalt. Insbesondere in der Lebensversicherung kann es sinnvoll sein, die Versicherungsnehmereigenschaft während der Vertragslaufzeit auf eine andere Person, zB aus steuerlichen Gründen, zu übertragen.

2. Beteiligte Personen. Die Übertragung der Versicherungsnehmereigenschaft ist grundsätzlich auf jede Person möglich. Die versicherte/n Person/en können dagegen in der Lebensversicherung nach Vertragsabschluss nicht mehr geändert werden. Mit der Übertragung gehen alle vertraglichen Rechte und Pflichten auf den neuen Versicherungsnehmer über.

3. Steuerliche Aspekte. Bei der Übertragung der Versicherungsnehmereigenschaft vom bisherigen auf den neuen Versicherungsnehmer wird regelmäßig eine Vermögensübertragung angenommen, die grundsätzlich Schenkungsteuerpflicht auslöst. Die Versicherungsunternehmen sind verpflichtet, diesen Sachverhalt dem zuständigen Finanzamt mitzuteilen (§ 33 Abs. 3 ErbStG u. § 3 Abs. 2 Satz 3 ErbStDV). Die Übertragung der Versicherungsnehmereigenschaft im Rahmen einer Direktversicherung bei der betrieblichen Altersversorgung bei Arbeitgeberwechsel ist nicht steuerpflichtig (§ 3 Nr. 55 EStG).

VII. Bereich Sozialversicherung

1. Antrag auf Berechnung und Zahlung einer Versichertenrente aus der Gesetzlichen Rentenversicherung

An den Rentenversicherungsträger

Sozialversicherungsnr. . . . . . .

Berechnung und Zahlung einer Rente[1]

Sehr geehrte Damen und Herren,

hiermit beantrage[2] ich die Berechnung und Zahlung einer Rente aus der Gesetzlichen Rentenversicherung . . . . . . (wegen Alters/Erwerbsminderung/zur Hinterbliebenenversorgung).

Bitte teilen Sie mir mit, welche Unterlagen Sie von mir benötigen und schicken Sie mir die notwendigen Formulare zu.[3]

Mit freundlichen Grüßen

. . . . . .

(Mitglied/Versicherter)

Anmerkungen

1. Sachverhalt. Versicherte haben nach Erfüllung der gesetzlich vorgesehenen Voraussetzungen Anspruch auf Rentenzahlung.

2. Antragstellung. Leistungen werden grundsätzlich nur auf Antrag erbracht. Der Antrag ist nach § 16 Abs. 1 SGB I bei dem zuständigen Träger (zB Deutsche Rentenversicherung Bund) zu stellen, kann aber auch von anderen Sozialleistungsträgern und Gemeinden entgegen genommen werden. Wird der Antrag bei einem/einer nicht zuständigen Sozialleistungsträger/Gemeinde gestellt, so ist der Antrag nach § 16 Abs. 2 SGB I an die zuständige Stelle weiterzuleiten.

Die Berechnung der Rentenhöhe erfolgt im Rahmen eines komplizierten Verfahrens gemäß den gesetzlichen Vorgaben.

3. Der Rentenversicherungsträger wird, soweit ihm Daten zum Versicherungsverlauf nicht vorliegen, geeignete **Nachweise** anfordern. Renten sind grundsätzlich auf speziellen Formularen zu beantragen.

2. Antrag auf Berechnung und Zahlung einer Witwen-/Waisenrente aus der Gesetzlichen Rentenversicherung

An den Rentenversicherungsträger ......

Sozialversicherungsnr. .....

Antrag auf Witwen-/Waisenrente[1]

Sehr geehrte Damen und Herren,

mein Ehemann/meine Ehefrau ...... ist am ...... gestorben.

Hiermit beantrage[2] ich für mich eine Witwen-/Witwerrente sowie für meine Kinder ...... Waisenrente.

Bitte teilen Sie mir mit, ob ich Anspruch auf die Zahlung eines Vorschusses auf die Witwen-/Waisenrente habe.[3]

Außerdem bitte ich um Mitteilung, welche Unterlagen Sie benötigen.[4]

Mit freundlichen Grüßen

......

(Antragsteller)

Anmerkungen

1. Sachverhalt. Witwen bzw. Witwer sowie Waisen haben grundsätzlich Anspruch Hinterbliebenenrenten aus der Gesetzlichen Rentenversicherung.

2. Antragstellung. → Form. U.VII.2 Anm. 2

3. Sterbeübergangszeit/Sterbevierteljahr. Auf Antrag, der innerhalb von 30 Tagen nach dem Tod des verstorbenen Ehegatten, der bereits Rentenbezieher war, zu stellen ist, wird vom Renten Service der Deutschen Post AG ein Vorschuss bezahlt. Dieser Vorschuss ist direkt beim Post Renten Service zu beantragen.

4. Antragstellung. Leistungen werden grundsätzlich nur nach Einreichen umfangreicher Anträge sowie sonstiger Nachweise erbracht.

3. Antrag auf Zuschuss zur Gesetzlichen bzw. Privaten Krankenversicherung bei dem Rentenversicherungsträger

An den Rentenversicherungsträger ......

Sozialversicherungsnr. .....

Zuschuss zur Krankenversicherung[1]

Sehr geehrte Damen und Herren,

hiermit beantrage[2] ich einen Zuschuss zu meiner Krankenversicherung.

Bitte schicken Sie mir die erforderlichen Formulare.[3]

Mit freundlichen Grüßen

......

(Mitglied/Versicherter)

Anmerkungen

1. Sachverhalt. Bezieher von Renten aus der Gesetzlichen Rentenversicherung erhalten nach § 106 SGB VI einen Zuschuss zur Krankenversicherung, wenn sie freiwillig in der Gesetzlichen Krankenversicherung oder in der Privaten Krankenversicherung versichert sind.

Bei Mitgliedern der Krankenversicherung der Rentner (in der Gesetzlichen Krankenversicherung pflichtversicherte Rentner) übernimmt der Rentenversicherungsträger den halben Beitrag zur Krankenversicherung; den zusätzlichen Beitragssatz trägt der Rentner allein (§ 249a Abs. 1 SGB V).

Bei der **Pflegeversicherung** tragen seit 1.4.2004 Rentenbezieher den Beitrag zur Pflegeversicherung grundsätzlich allein (§ 59 Abs. 1 SGB XI).

2. Antragstellung. Der Zuschuss ist bei dem zuständigen Rentenversicherungsträger zu beantragen.

3. Formulare. Für die Antragstellung werden von den Rentenversicherungsträgern die entsprechenden Formulare bereitgehalten.

4. Antrag auf Fortführung der Gesetzlichen Krankenversicherung beim Ausscheiden aus der Familienversicherung

An die ...... Krankenkasse

Sozialversicherungsnr. ......

Familienversicherung

Sehr geehrte Damen und Herren,

bisher war ich bei meinem Ehemann/meiner Ehefrau ......, Sozialversicherungsnr. ......, im Rahmen der Familienversicherung[1, 2] mitversichert.

Hiermit beantrage ich die Fortführung der Versicherung[3, 4] für mich und für meinen Sohn/meine Tochter ......, geb. am. ......

Mit freundlichen Grüßen

......

(Unterschrift Antragsteller)

Anmerkungen

1. Sachverhalt. Scheiden Familienangehörige aus der Familienversicherung eines Mitglieds aus (zB nach einer Ehescheidung), so können diese Personen, sofern sie nicht selbst versicherungspflichtig werden, die Mitgliedschaft als freiwilliges Mitglied erwerben.

2. Familienversicherung. Die Voraussetzungen für die Mitversicherung von Ehegatten und Kindern im Rahmen der Familienversicherung sind in § 10 SGB V geregelt.

3. Fortführung der Versicherung. Personen, die aus der Familienversicherung nach § 10 SGB V ausgeschieden sind, können die Versicherung nach § 9 Abs. 1 Nr. 2 SGB V fortsetzen; gemäß § 9 Abs. 2 SGB V gilt eine Frist von drei Monaten. Dies gilt für die Pflegeversicherung entsprechend (s. § 26 Abs. 1 SGB XI).

VIII. Gruppenversicherungsverträge und Kreditkartenversicherungen

1. Auskunft über die Mitversicherung von Personen

An den . . . . . . Verein

An die . . . . . . Bank/Kreditkartenorganisation

Mitgl.-/Kreditkartennr. . . . . .

Sehr geehrte Damen und Herren,

bitte teilen Sie mir mit, ob folgende Personen im Rahmen der Vereinsmitgliedschaft/ Kreditkartenversicherung mitversichert sind:[1, 2]. . . . . . (Ehe-/Lebenspartner/Kinder; wenn ja, unter welchen Voraussetzungen . . . . . .).

Mit freundlichen Grüßen

. . . . . .

(Mitglied/Karteninhaber)

Anmerkungen

1. Sachverhalt. An Vereinsmitgliedschaften und den Besitz von Kreditkarten ist häufig Versicherungsschutz für das Mitglied bzw. den Kreditkarteninhaber gekoppelt. Das Spektrum der angebotenen Versicherungen ist groß und sehr unübersichtlich; üblich sind zB Kfz-Schutzbrief-Leistungen, Auslandsreise-Krankenversicherungen, Reise-Rücktrittskostenversicherungen.

2. Mitversicherte Personen. Neben dem Mitglied bzw. Kreditkarteninhaber können weitere Personen, insbesondere Ehe-/Lebenspartner sowie Kinder, versichert sein. Die diesbezüglichen Regeln sind völlig unterschiedlich, so dass die Versicherungsbedingungen analysiert oder verbindliche Auskünfte eingeholt werden müssen. Üblicherweise halten die Vereine/Kreditkartenorganisationen auch Merkblätter über den Versicherungsschutz bereit und stellen die Versicherungsbedingungen zur Verfügung.

2. An-/Abmeldung von Personen

An die . . . . . . Verein

An die . . . . . . Bank/Kreditkartenorganisation

Mitglieds-/Kreditkartennr. . . . . .

Versicherungsschutz

Sehr geehrte Damen und Herren,

hiermit werden folgende Personen angemeldet/abgemeldet.[1, 2]

- Ehepartner/Lebenspartner . . . . . .
- Sohn/Tochter . . . . . ., geb. am . . . . . .

Falls für die Erlangung des Versicherungsschutzes eine eigene Mitgliedschaft oder eine separate Kreditkarte[3] benötigt wird, bitte ich um die Zusendung des entsprechenden Antragsformulars.

Mit freundlichen Grüßen

. . . . . .

(Mitglied/Karteninhaber)

Anmerkungen

1. Sachverhalt. Es ist möglich, dass neben dem Vereinsmitglied/Kreditkarteninhaber zusätzlich weitere Personen, zB Ehepartner und Kinder, mitversichert werden können.

2. Weitere Personen sind an- oder abzumelden, wenn der Versicherungsschutz zusätzlich oder nicht mehr gewünscht wird.

3. Separate Mitgliedschaft/Kreditkarte. Wenn eine gewünschte Versicherung für weitere Personen im Rahmen der Mitgliedschaft des Mitglieds/Kreditkarteninhabers nicht möglich ist, so können diese Personen evtl. eine eigene Mitgliedschaft/Kreditkarte beantragen.

IX. Versorgungsausgleich im Bereich der versicherungsmäßigen Durchführungswege der betrieblichen Altersversorgung

1. Vorbemerkungen

Bereits vor und während des Gesetzgebungsverfahrens zum neuen Versorgungsausgleichsgesetz (VersAusglG) zum 1.9.2009 wurde in zahlreichen Veröffentlichungen, Tagungen und Seminaren die Umsetzung des Gesetzes in der Praxis der Lebensversicherer[1] und Pensionskassen[2] diskutiert und zahlreiche Ansätze hinsichtlich der Lösungsalternativen einzelner Probleme aufgezeigt. Es ist festzustellen, dass die Diskussion um einzelne Themen nach wie vor andauert; denn die Materie ist komplex und wirft nicht nur juristische, sondern vor allem auch versicherungsmathematische Fragestellungen auf. Bei regulierten Pensionskassen[2] kommt noch hinzu, dass deren Satzungen, Versicherungsbedingungen und Technischen Geschäftspläne – im Gegensatz zu den Lebensversicherern und nicht regulierten Pensionskassen – nach wie vor der Genehmigungspflicht durch die zuständige Aufsichtsbehörde (dies ist bei größeren Kassen regelmäßig die BaFin) unterliegen; im Zuge des Genehmigungsverfahrens der Bestimmungen kann es durchaus zu Meinungsverschiedenheiten der Beteiligten kommen, denn hinsichtlich der Umsetzung der Vorgaben des VersAusglG müssen auch die einschlägigen Bestimmungen des Betriebsrentengesetzes (BetrAVG) und des Versicherungsaufsichtsrechtes beachtet und in die entsprechenden Normen implementiert werden.

Immer noch nicht abschließend geklärt ist die Frage, ob Unisex-Tarife in der betrieblichen Altersversorgung als Folge des EuGH-Urteils vom 1.3.2011 (siehe zB NJW 2011, 907) generell Anwendung finden müssen. Das Urteil bezieht sich zunächst nur auf die Privatversicherung, es gilt für die betriebliche Altersversorgung nicht unmittelbar (siehe hierzu zB Leitlinien der Europäischen Kommission, ABlEU Nr. C 11 v. 13.1.2012 Rn. 21). Es stellt sich damit auch die Frage, ob im Rahmen eines Versorgungsausgleiches die Ausgleichswerte bei der internen Teilung und die aus den Ausgleichwerten resultierenden Leistungen geschlechts(un)abhängig ermittelt werden müssen bzw. sollen (s. hierzu zB Schreiben der BaFin v. 7.1.2013, Betriebliche Altersversorgung, 1/2013, S. 30 f.; *Orgis*, Unisextarife beim neuen Versorgungsausgleich?, FPR 2011, 509).

Im Rahmen des früheren Versorgungsausgleichsrechts war es häufig so, dass die Versicherer bzw. Pensionskassen regelmäßig keine Realteilung der Versorgungsansprüche kannten. Den Familiengerichten wurde lediglich auf deren Anfrage hin ein Renten- oder Kapitalwert mitgeteilt, und die Ansprüche wurden dann (zu einem späteren Zeitpunkt) regelmäßig im Wege des schuldrechtlichen Versorgungsausgleichs aufgeteilt.

Das neue VersAusglG sieht dagegen als Regelfall des Versorgungsausgleichs die interne Teilung bei der Scheidung (§ 9 Abs. 2 u. §§ 10 ff. VersAusglG) vor; das bedeutet, dass der Anspruch der ausgleichsberechtigten Person in demselben Durchführungsweg, in dem die ausgleichspflichtige Person versorgt wird, vollzogen werden muss. Damit werden die Versorgungsträger gezwungen, die ausgleichsberechtigte Person in den Kreis ihrer Versorgungsanwärter und -empfänger aufzunehmen.

Ausnahmen von diesem Grundsatz sind die externe Teilung bei der Scheidung (§ 9 Abs. 3 u. §§ 14 ff. VersAusglG) sowie das Unterbleiben des Ausgleichs wegen Geringfügigkeit (§ 18 VersAusglG) und wegen fehlender Ausgleichsreife (§§ 19 VersAusglG).[3] Werden Anwartschaften nicht bei der Scheidung ausgeglichen, so existiert weiterhin die

Möglichkeit bzw. Notwendigkeit späterer schuldrechtlicher Ausgleichszahlungen[4] (schuldrechtlicher Versorgungsausgleich).

Im Gegensatz zum früheren Verfahren muss der Versorgungsträger den Ehezeitanteil des erworbenen Anrechts ermitteln und dem Familiengericht einen Vorschlag zur Bestimmung des Ausgleichswertes unterbreiten (§ 5 VersAusglG); die Berechnungen müssen nachvollziehbar sein und erläutert werden (s. zB Anforderungsschreiben, Formulare und entsprechende Merkblätter der Familiengerichte). Hierbei gibt es mehrere zulässige Varianten, die jedoch zu unterschiedlichen Ergebnissen führen können, je nachdem welche Variante bzw. Berechnungsmethode angewendet wird;[5] da es hierbei keine „absolute Wahrheit" gibt, müssen die Versorgungsträger sich für bestimmte Berechnungsvarianten entscheiden. Letztlich entscheidet das Familiengericht im Rahmen des richterlichen Ermessens über die Form des Ausgleichs und die Höhe des Ausgleichswertes.

Die Ausführungen gelten gleichermaßen bei Scheidungen von Ehepartnern als auch bei der Aufhebung von Lebenspartnerschaften (§ 270 Abs. 1 S. 2 FamFG).

1. Neben der Lebensversicherung (in Form der Direktversicherung) und den Pensionskassen sind auch die drei weiteren **Durchführungswege** der betrieblichen Altersversorgung (Direktzusage, Unterstützungskasse, Pensionsfonds) betroffen. Da die Direktzusage und die Unterstützungskasse jedoch keine versicherungsmäßigen Durchführungswege sind, wird hierauf im Folgenden nicht näher eingegangen; die grundsätzlichen Probleme und Fragestellungen sind jedoch sehr ähnlich. Zur Problematik der Abgrenzung der Vermögensauseinandersetzung im Rahmen des Versorgungsausgleichs oder des Zugewinnausgleichs bei Lebensversicherungen siehe zB Prölss/Martin/*Schneider* Vor § 150 VVG Rn. 51a ff.

2. **Pensionskassen** sind gemäß §§ 232 ff. VAG spezielle Lebensversicherer, die fortfallendes Erwerbseinkommen von Arbeitnehmern absichern und Einrichtungen der betrieblichen Altersvorsorge sind (s. a. § 1b Abs. 3 BetrAVG).

3. Daneben gibt es noch die Möglichkeit, dass die (Ehe-)Partner den Versorgungsausgleich ausschließen (§§ 6 ff. VersAusglG) oder dass dieser bei kurzer Ehezeit unterbleibt (§ 3 Abs. 3 VersAusglG).

4. **Schuldrechtliche Ausgleichszahlungen** nach der Scheidung sind subsidiär gegenüber dem Wertausgleich bei der Scheidung (siehe zB *Ruland* Versorgungsausgleich Rn. 759).

5. Der **Ausgleichswert** muss vom Versorgungsträger regelmäßig in der Form von Entgeltpunkten, als Rentenbetrag oder als Kapitalwert mitgeteilt werden (§ 5 Abs. 1 VersAusglG); ein Ausgleichswert, der nicht als Rentenbetrag ermittelt wird, muss hilfsweise durch einen korrespondierenden Kapitalwert (§ 47 Abs. 1 VersAusglG) ergänzt werden. Auf die Einzelheiten kann hier nicht eingegangen werden, da es sich hierbei um finanz- bzw. versicherungsmathematische Problemstellungen handelt.

2. Antrag einer ausgleichsberechtigten Person auf schuldrechtliche Ausgleichsrente

An das Amtsgericht . . . . . .

Familiengericht

Aktenzeichen . . . . . .

Da ein Wertausgleich bei der Scheidung nicht vorgenommen wurde, wird eine schuldrechtliche Ausgleichszahlung[1] beantragt:

Dem Antragsgegner soll vom Gericht aufgegeben werden, dem Antragsteller ab …… eine monatliche, vorschüssige schuldrechtliche Ausgleichsrente gemäß § 20 VersAusglG[2] zu zahlen.

……

Rechtsanwalt/Rechtsanwältin[3]

Anmerkungen

1. Sachverhalt. Über Ausgleichsansprüche nach der Scheidung entscheidet das Familiengericht nur auf Antrag der ausgleichberechtigten Person (§ 223 FamFG; *Ruland* Versorgungsausgleich, Rn. 761). Als schuldrechtliche Ausgleichszahlungen kommen die schuldrechtliche Ausgleichsrente (§ 20 VersAusglG), die Abtretung von Versorgungsansprüchen (§ 21 VersAusglG) und der Anspruch auf Ausgleich von Kapitalzahlungen (§ 22 VersAusglG) in Frage.

2. Voraussetzung für den Antrag ist gemäß § 20 Abs. 1 VersAusglG, dass die ausgleichspflichtige Person eine laufende Versorgung erhält; der Anspruch (bzw. die Leistung) selbst wird erst dann fällig, wenn die ausgleichsberechtigte Person selbst eine eigene laufende Versorgung erhält, die Regelaltersgrenze der Gesetzlichen Rentenversicherung erreicht hat oder die Voraussetzungen für den Erhalt einer Invaliditätsversorgung erfüllt (§ 20 Abs. 2 VersAusglG).

3. Bei einem isolierten Versorgungsausgleichsverfahren besteht kein **Anwaltszwang**, da es sich um eine selbstständige Familiensache handelt; wegen der komplizierten Materie ist eine anwaltliche Vertretung, zumindest aber eine unabhängige Beratung (durch eine sachverständige Person), dringend angeraten. Bei Folgesachen herrscht regelmäßig Anwaltszwang; s. § 114 Abs. 1 FamFG.

3. Antrag einer ausgleichsberechtigten Person auf Abtretung von Versorgungsansprüchen

An das Amtsgericht ……

Familiengericht

Aktenzeichen ……

Da ein Wertausgleich bei der Scheidung nicht vorgenommen wurde, wird eine schuldrechtliche Ausgleichszahlung[1] beantragt:

Dem Antragsgegner soll vom Gericht aufgegeben werden, die Ansprüche gegen den Versorgungsträger in Höhe der Ausgleichsrente an den Antragsteller abzutreten.

……

(Rechtsanwalt/Rechtsanwältin)[2]

Anmerkungen

1. Sachverhalt. Zur Absicherung der Zahlung der schuldrechtlichen Ausgleichsrente (→ „Form. U.IX.1 Anm. 1") kann die ausgleichsberechtigte Person die Abtretung gemäß § 21 VersAusglG verlangen.

2. Anwaltszwang. → Form. U.IX.2 Anm. 3.

4. Antrag einer ausgleichsberechtigten Person auf Ausgleich von Kapitalzahlungen

An das Amtsgericht ......

Familiengericht

Aktenzeichen ......

Da ein Wertausgleich bei der Scheidung nicht vorgenommen wurde, wird eine schuldrechtliche Ausgleichszahlung[1] beantragt:

Dem Antragsgegner soll vom Gericht aufgegeben werden, dem Antragsteller den Ausgleichswert aus der Kapitalzahlung[2] des Versorgungsträgers an den Antragsgegner zu zahlen.

......

(Rechtsanwalt/Rechtsanwältin)[3]

Anmerkungen

1. Sachverhalt. Neben der üblichen Rentenzahlung von Versorgungsleistungen gibt es auch die Möglichkeit von Kapitalzahlungen (Einmalzahlungen). → Form. U.IX.2 Anm. 1. Kapitalzahlungen können gemäß § 22 VersAusglG schuldrechtlich ausgeglichen werden.

2. Zu den **Voraussetzungen** → Form. U.IX.2 Anm. 2.

3. Anwaltszwang. → Form. U.IX.2 Anm. 3.

5. Antrag einer ausgleichsberechtigte Person auf Zahlung einer Abfindung

An das Amtsgericht ......

Familiengericht

Aktenzeichen ......

Da ein Wertausgleich bei der Scheidung nicht vorgenommen wurde, wird eine zweckgebundene Abfindung[1] beantragt:

Dem Antragsgegner soll vom Gericht aufgegeben werden, dem Antragsteller eine Abfindung[2] zum Zwecke der Begründung oder des Ausbaus eines Anrechts bei einem externen Versorgungsträger zu zahlen.

. . . . . .

(Rechtsanwalt/Rechtsanwältin)[3]

Anmerkungen

1. Sachverhalt. Neben den schuldrechtlichen Ausgleichzahlungen (→ Form. U.IX.2 Anm. 1) gibt es auch die Möglichkeit einer zweckgebundenen Abfindung (§§ 23 f. VersAusglG). Hierbei erhält nicht die ausgleichberechtigte Person selbst eine Zahlung, vielmehr wird für diese bei einem externen Versorgungsträger ein neues Anrecht begründet oder ein bestehendes Anrecht ausgebaut. Die ausgleichberechtigte Person hat ein Wahlrecht (siehe § 15 VersAusglG), an welchen Versorgungsträger die Abfindung gezahlt werden soll; siehe auch *Ruland* Versorgungsausgleich Rn. 817 ff.

2. Zumutbarkeit. Gemäß § 23 Abs. 2 f. VersAusglG muss die Abfindung der ausgleichspflichtigen Person zumutbar sein; ggf. kommt statt einer Einmalzahlung eine Ratenzahlung in Betracht (siehe zB *Ruland* Versorgungsausgleich Rn. 824 ff.).

3. Anwaltszwang. → Form. U.IX.2 Anm. 3.

6. Ausübung des Wahlrechts hinsichtlich der (externen) Zielversorgung

An das Amtsgericht . . . . . .

Familiengericht

Aktenzeichen . . . . . .

Für den Fall der

[ ] **externen Teilung wird beantragt, den Ausgleichswert**
[ ] **Zahlung einer Abfindung wird beantragt, den Zeitwert des Ausgleichswertes**

an folgenden (externen) Versorgungsträger[1, 2] zu zahlen: . . . . . .

. . . . . .

(Rechtsanwalt/Rechtsanwältin)[3]

Anmerkungen

1. Sachverhalt. Bei der externen Teilung gemäß §§ 14 f. VersAusglG hat die ausgleichsberechtigte Person ein Wahlrecht hinsichtlich der Zielversorgung. Ein solches Wahlrecht besteht auch bei der zweckgebundenen Abfindung (→ Form. U.IX.5) gemäß §§ 23 f. VersAusglG.

2. Versorgungsträger. Der Versorgungsträger, bei dem ein neues Anrecht begründet oder ein bestehendes Anrecht ausgebaut werden soll, ist von der ausgleichsberechtigten

Person zu bestimmen. Wird das **Wahlrecht** nicht ausgeübt, so ist (vom Familiengericht) grundsätzlich ein Anrecht bei der Gesetzlichen Rentenversicherung zu begründen (§ 15 Abs. 5 S. 1 VersAusglG). Wird bei einem Anrecht gemäß dem BetrAVG das Wahlrecht hinsichtlich der Zielversorgung nicht ausgeübt, so ist (vom Familiengericht) ein Anrecht bei der „Versorgungsausgleichskasse Pensionskasse VVaG" zu begründen (§ 15 Abs. 5 S. 2 VersAusglG). In jedem Fall empfiehlt es sich, mit dem externen Versorgungsträger **rechtzeitig** Kontakt aufzunehmen, um die Möglichkeiten bzw. Details der Begründung oder des Ausbaus den Anrechts abzuklären (→ Form. U.IX.7).

3. Anwaltszwang. → Form. U.IX.2 Anm. 3.

7. Anfrage beim externen Versorgungsträger

An die . . . . . . Versicherung/Pensionskasse

Vers.-/Personalnr. . . . . .

Sehr geehrte Damen und Herren,

nach meiner Scheidung steht mir aus dem Versorgungsausgleich eine Ausgleichszahlung bzw. Abfindung zu.[1]

Bitte teilen Sie mir mit, ob und zu welchen Konditionen[2]

[ ] mein bestehendes Anrecht ausgebaut
[ ] ein Anrecht neu begründet

werden kann.

Mit freundlichen Grüßen

. . . . . .

Anmerkungen

1. Sachverhalt. Im Zuge der externen Teilung nach der Zahlung einer Abfindung nach kann die ausgleichsberechtigte Person einen externen Versorgungsträger auswählen (→ Form. U.IX.6).

2. Um die Möglichkeiten bzw. Details der Versorgung abzuklären, sollte **rechtzeitig** eine Anfrage an die in Betracht kommenden Versorgungsträger gestellt werden.

8. Antrag auf Teilhabe an der Hinterbliebenenversorgung

An das Amtsgericht . . . . . .

Familiengericht

Aktenzeichen . . . . . .

Da ein Wertausgleich bei der Scheidung (Beschluss vom ......) nicht vorgenommen wurde und die ausgleichspflichtige Person am ...... verstorben ist, wird die Teilhabe an der Hinterbliebenenversorgung beantragt:[1]

Dem Versorgungsträger des verstorbenen Ausgleichspflichtigen soll vom Gericht aufgegeben werden, dem Antragsteller eine Hinterbliebenenversorgung[2] zu zahlen.

......

(Rechtsanwalt/Rechtsanwältin[3])

Anmerkungen

1. Sachverhalt. Gemäß §§ 25 f. VersAusglG hat der geschiedene ausgleichsberechtigte Ehegatte gegen den Versorgungsträger des verstorbenen Ausgleichspflichtigen einen Zahlungsanspruch, falls die Versorgung überhaupt eine Leistung für Hinterbliebene vorsah; siehe zB *Ruland* Versorgungsausgleich Rn. 836 ff.

2. Für den Anspruch gelten die üblichen **Voraussetzungen**; zB darf der Ausgleich nicht durch entsprechende Vereinbarung der (früheren) Ehegatten oder wegen fehlender Ausgleichsreife ausgeschlossen sein; s. § 25 Abs. 2 u. 4 VersAusglG.

3. Anwaltszwang. → Form. U.IX.2 Anm. 3.

X. Checklisten

1. Zusammenlegung von Haushalten

Privat-Haftpflichtversicherung/Rechtsschutzversicherung
❒ (Anzahl der) Verträge prüfen
❒ Deckungsumfang kontrollieren, v.a. hinsichtlich der versicherten Personen
→ ggf. Vertrag/Verträge anpassen/kündigen
Hausratversicherung/Reisegepäckversicherung
❒ (Anzahl der) Verträge prüfen
❒ Vermeidung von Über-/Unter-/Mehrfachversicherung: Anpassung der Versicherungssumme
→ ggf. Vertrag/Verträge kündigen
Glasversicherung
❒ (Anzahl der) Verträge prüfen
❒ Vermeidung von Über-/Unter-/Mehrfachversicherung
→ ggf. Vertrag/Verträge kündigen
Kfz-Versicherung
❒ Tarifmerkmale der Verträge prüfen, zB Jahres-Fahrleistung, Alter der Fahrer, Fahrerkreis
→ ggf. Vertrag/Verträge anpassen
Personenversicherungen
Lebensversicherung/Unfallversicherung/Krankenversicherung
❒ Bedarfsprüfung:
❒ Leben/Unfall: Ist der Versicherungsschutz ausreichend?
→ Evtl. Erhöhung von Versicherungssummen, Abschluss zusätzlicher Verträge
❒ Kranken: Ist der Versicherungsschutz ausreichend?
→ Evtl. Erhöhung des Krankentagegeldes; Einbeziehung von bisher nicht versicherten Personen in einen Vertrag, zB Auslandsreise-Krankenversicherung
❒ Bezugsrechte prüfen, ggf. ändern

2. Hinzukommen von Personen zu einem Haushalt

Privat-Haftpflichtversicherung/Rechtsschutzversicherung
❒ Prüfen, ob hinzukommende Person(en) einen eigenen Vertrag besitzt
❒ Deckungsumfang kontrollieren, v.a. hinsichtlich der versicherten Personen
→ ggf. Vertrag/Verträge anpassen/kündigen
Private Krankenversicherung
Mitversicherung der hinzugekommen Person erwünscht?
→ bei Kinder-Nachversicherung (Geburt/Adoption) und Ehegatten-Mitversicherung: formlosen Antrag stellen
→ Bei sonstiger Person: Antrag stellen
Unfallversicherung
❒ Mitversicherung der hinzugekommen Person erwünscht?
→ ggf. Antrag stellen
Kfz-Versicherung
❒ Tarifmerkmale der Verträge prüfen, zB Jahres-Fahrleistung, Alter der Fahrer, Fahrerkreis
→ ggf. Vertrag/Verträge anpassen

3. Auszug von Personen aus einem Haushalt

Privat-Haftpflichtversicherung/Rechtsschutzversicherung/Hausratversicherung/Reisegepäckversicherung/Glasversicherung
- ❒ Versicherungsnehmereigenschaft: Ist die ausziehende oder die verbleibende Person Versicherungsnehmer?
- ❒ Evtl. Erlöschen des Versicherungsschutzes für den Nicht-Versicherungsnehmer und weitere mitversicherte Personen

→ Abschluss eines eigenen Vertrags

Tierhalter-Haftpflichtversicherung
- ❒ Versicherungsnehmereigenschaft: Ist die ausziehende oder die verbleibende Person Versicherungsnehmer?

→ evtl. Übertragung der Versicherungsnehmereigenschaft hinsichtlich der Person, die nicht Versicherungsnehmer ist

Kfz-Versicherung
- ❒ Tarifmerkmale der Verträge prüfen, zB Jahres-Fahrleistung, Alter der Fahrer, Fahrerkreis

→ ggf. Vertrag/Verträge anpassen

Personenversicherungen
- ❒ Versicherungsnehmereigenschaft: Ist die ausziehende oder die verbleibende Person Versicherungsnehmer?

→ evtl. Übertragung der Versicherungsnehmereigenschaft hinsichtlich der Person, die nicht Versicherungsnehmer ist
- ❒ Bezugsrechte prüfen, ggf. ändern

4. Todesfälle

Hinterbliebenenversorgung

Beantragung von Zahlungen
- ❒ aus Kapital-Lebensversicherungen, zB Risiko-Lebensversicherungen, Sterbegeldversicherungen
- ❒ aus privaten/berufsständischen Rentenversicherungen
- ❒ aus der Gesetzlichen Rentenversicherung/
- ❒ Unfallversicherung
- ❒ aus der betrieblichen Altersversorgung (Direktzusagen, Pensions-/Unterstützungskassen, Pensionsfonds, Direktversicherungen)
- ❒ aus der Beamtenversorgung
- ❒ aus privaten Unfallversicherungen

Alle Versicherungen

Prüfen der Versicherungsnehmereigenschaft; evtl. Übertragung der Versicherungsverträge auf die/eine verbleibende Person, die bisher nicht Versicherungsnehmer war

Immobilien

Gebäudeversicherung/Glasversicherung/Haftpflichtversicherung

Eigentumsübergang und Übertragung des Versicherungsvertrags

Kraftfahrzeuge
- ❒ Eigentumsübergang und Übertragung des Versicherungsvertrags
- ❒ Übertragung des Schadenfreiheitsrabatts

5. Versorgungsausgleich

Antrag auf Versorgungsausgleich trotz kurzer Ehezeit
→ Prüfen, ob der Antrag wegen der Höhe des Ausgleichswertes sinnvoll ist
Vereinbarungen über den Versorgungsausgleich
→ Prüfen, ob Vereinbarungen, zB auch der Ausschluss des Versorgungsausgleichs, sinnvoll sind
Externe Teilung
→ Prüfen, ob externe Teilung erwünscht ist:
- ❐ Vereinbarung zwischen ausgleichsberechtigter Person und Versorgungsträger der ausgleichspflichtigen Person
- ❐ Verlangen des Versorgungsträgers, wenn der Ausgleichswert bestimmte geringe Grenzen nicht übersteigt
- ❐ Wahl des externen Versorgungsträgers durch ausgleichsberechtigte Person:
  - ❐ Wird das Wahlrecht nicht ausgeübt, so wird ein Anrecht bei der Gesetzlichen Rentenversicherung begründet
  - ❐ Wird das Wahlrecht nicht ausgeübt und handelt es sich um ein Anrecht im Sinne des BetrAVG, so wird ein Anrecht bei der Versorgungsausgleichskasse Pensionskasse VVaG begründet

Ausgleichsansprüche nach der Scheidung
→ Beantragung der Zahlungen:
- ❐ Schuldrechtliche Ausgleichszahlung/-rente
- ❐ Ausgleichszahlung bei Kapitalzahlungen
- ❐ Abfindungszahlung in externe Versorgung
- ❐ Teilhabe an der Hinterbliebenenversorgung

V. Auslandsberührung

I. Ehescheidung mit Auslandsbezug

1. Mandantenfragebogen

Mandant[1]

Nachname(n): . . . . . .

Ist der Nachname in allen Ausweisdokumenten gleich? Wenn nicht, geben Sie bitte andere Schreibweisen und andere Namen an: . . . . . .

Geburtsname(n): . . . . . .

Vorname(n): . . . . . .

geb. am: . . . . . .

in: . . . . . .

Staatsangehörigkeit z. Zt.:[2] . . . . . .

weitere Staatsangehörigkeit z. Zt.: . . . . . .

Staatsangehörigkeit zum Zeitpunkt der Eheschließung: . . . . . .

Hatten Sie in der Vergangenheit weitere Staatsangehörigkeiten, die Sie zwischenzeitlich wieder verloren haben oder waren Sie zeitweise staatenlos?[3]

. . . . . .

Bitte übergeben Sie uns als Nachweis für die Staatsangehörigkeiten, die Sie angegeben haben, in jedem Fall eine Fotokopie des Ausweises des Landes, auf dessen Staatsangehörigkeit Sie sich berufen, sowie eine Geburtsurkunde und Einbürgerungsurkunden bzw. Ausbürgerungsbescheide.

Anschrift: . . . . . .

Telefon: . . . . . .

Beruf: . . . . . .

Nettoeinkommen:[4] . . . . . .

Arbeitgeber: . . . . . .

Antragsgegner/Ehepartner

Nachname(n): . . . . . .

Ist der Nachname in allen Ausweisdokumenten gleich? Wenn nicht, geben Sie bitte andere Schreibweisen und andere Namen an: . . . . . .

Geburtsname(n): . . . . . .

Vorname(n): . . . . . .

geb. am: . . . . . .

in: . . . . . .

Staatsangehörigkeit z. Zt.: . . . . . .

weitere Staatsangehörigkeit z. Zt.: . . . . . .

Staatsangehörigkeit zum Zeitpunkt der Eheschließung: . . . . . .

Staatsangehörigkeiten in der Vergangenheit: . . . . . .

Belege zu den Staatsangehörigkeiten (siehe oben): . . . . . .

Anschrift: . . . . . .

Telefon: . . . . . .

Beruf: . . . . . .

Nettoeinkommen: . . . . . .

Arbeitgeber: . . . . . .

1. gemeinsames Kind:
   Vorname: . . . . . .
   Familienname:[5] . . . . . .
   geb. in: . . . . . .
   am: . . . . . .
   Aufenthaltsort: bei der Mutter/beim Vater
2. gemeinsames Kind:
   Vorname: . . . . . .
   Familienname: . . . . . .
   geb. in: . . . . . .
   am: . . . . . .
   Aufenthaltsort: bei der Mutter/beim Vater

Eheschließung:

Datum der Eheschließung: . . . . . .

Ort der Eheschließung: . . . . . .

Heiratsregisternr.: . . . . . .

Bitte geben Sie uns jedes Dokument[6] herein, welches dazu geeignet ist, Ihre Eheschließung zu bezeugen, sollte die Originalheiratsurkunde nicht in Ihren Händen sein.

Allgemeine Fragen:

Haben Sie mit Ihrem Ehepartner einen Ehevertrag geschlossen, wenn ja, wo, wann, und haben Sie das Original oder eine Kopie des Vertrages?

. . . . . .

Gab es zwischen Ihnen und Ihrem Ehepartner schon einmal ein gerichtliches Verfahren und wenn ja, welches? (Belege, Dokumente?)

. . . . . .

Von wann bis wann während der Ehe haben Sie in welchem Land gelebt und wo hatten Sie Ihren letzten gemeinsamen Aufenthaltsort?[7]

. . . . . .

Wann haben Sie sich von Ihrem Ehepartner getrennt[8] und halten Sie eine Wiederherstellung der ehelichen Lebensgemeinschaft für möglich?

……

Wenn Sie die Wiederherstellung der ehelichen Lebensgemeinschaft für nicht mehr möglich erachten: welches sind die Gründe für die Zerrüttung der Ehe?

……

Wird sich Ihr Ehepartner der Scheidung widersetzen oder wünscht auch er die Scheidung der Ehe?

……

Anmerkungen

1. Gerade in Fällen mit Auslandsberührung ist ein **Mandantenfragebogen** hilfreich. Wenn zusätzlich zur komplexeren Materie auch noch Verständigungsschwierigkeiten hinzukommen, vergisst man bei der Mandatsaufnahme die eine oder andere Frage, was durch den Fragebogen vermieden wird.

2. Da die **Staatsangehörigkeit** sowohl nach Art. 5 Abs. 1 lit. c Rom III-VO (VO (EU) Nr. 1259/2010) maßgeblich dafür sein kann, welches Recht im Rahmen einer Rechtswahl (→ Form. V.I.2 Anm. 4, → Form. V.I.3) von den Ehegatten gewählt werden kann, als auch wesentlicher Anknüpfungspunkt in den Art. 13 ff. EGBGB ist, muss der beratende Anwalt von Anfang an darauf achten, zu welchem Zeitpunkt welche Staatsangehörigkeit bestand und ob der Mandant oder der Gegner Mehrstaater ist. Auch für die Frage der internationalen Zuständigkeit kann die Staatsangehörigkeit eine Rolle spielen (vgl. Art. 3 Abs. 1 Brüssel IIa-VO (VO (EG) Nr. 2201/2003) sowie §§ 98 ff. FamFG) → Form. V.I.2 Anm. 3.

3. Ist der Mandant oder der Gegner **asylberechtigt, staatenlos, Volksdeutscher oder Flüchtling,** sind hierzu die notwendigen Angaben und Belege noch zusätzlich anzufordern.

4. Bei den Angaben zum **Einkommen** empfiehlt es sich, den Mandanten zu bitten, die für die Erteilung der Auskunft notwendigen Unterlagen bereits zum ersten Gespräch parat zu halten. Im Begleitschreiben, mit welchem der Fragebogen ggf. vor dem Erstberatungsgespräch übermittelt wird, sollte daher gefordert werden, die letzten zwölf Gehaltsbescheinigungen, die letzte Steuererklärung sowie den letzten Bescheid bereits zum Erstgespräch mitzubringen. Dies natürlich nur, wenn der Mandant die letzten zwölf Monate in Deutschland gearbeitet hat. Ansonsten sollte man ihn anhalten, die vergleichbaren Belege für eine im Ausland ausgeübte Tätigkeit mitzubringen.

5. Bei Fällen mit Auslandsberührung ist dringend darauf zu achten, dass der **Nachname der Kinder** gesondert erfasst wird. Beispielsweise in den spanischsprachigen Ländern Lateinamerikas tragen Kinder einen Familiennamen, der sich aus Vater- und Mutternamen zusammensetzt und damit weder mit dem Nachnamen des Vaters noch mit dem Nachnamen der Mutter identisch ist. Da die genaue Bezeichnung des Kindes aber für jede Sorgerechtsentscheidung und insbesondere deren Anerkennung im Ausland von grundlegender Bedeutung ist, empfiehlt sich hier größtmögliche Klarheit bei der Abfassung des Rubrums. Hat das Kind bereits zwei Reisepässe, sind auch Fälle beachtlich, in denen das Kind in den Pässen jeweils unterschiedliche Namen trägt. In diesem Fall empfiehlt sich die Angabe aller Namen der betroffenen Kinder.

6. Bei den **Unterlagen zur Eheschließung** sollte frühzeitig eine beglaubigte Übersetzung beschafft werden, wenn keine deutschsprachigen Urkunden vorliegen.

7. Es kommt gelegentlich vor, dass Mandanten und/oder Gegner meinen, der behördlich gemeldete Wohnsitz sei der **tatsächliche Wohnort.** Hier ist ggf. im Rahmen der ersten Beratung Aufklärung zu leisten. Seit Inkrafttreten der Rom III-VO hat der gemeinsame Aufenthalt der Eheleute sehr an Bedeutung gewonnen. Er ist vorrangiger Anknüpfungspunkt für die Frage, welches Recht auf das Scheidungsverfahren anzuwenden ist (→ Form. V.I.2 Anm. 4).

8. Die **Angaben zum Getrenntleben** können und sollen getätigt werden, ohne Rücksichtnahme darauf, welches Recht Anwendung findet. Da die meisten Rechtsordnungen bezüglich des Scheidungsverfahrens bestimmte Trennungszeiten vorsehen, kann die Frage auch formularmäßig erfasst werden.

2. Beratungsschreiben – Aufenthalt des Mandanten im Inland

Persönlich/Privat

Herrn . . . . . .

Ehescheidungsverfahren

Sehr geehrter Herr . . . . . .,

am . . . . . . waren Sie zur Erstberatung in meiner Kanzlei. Im Rahmen unseres Gesprächs brachten Sie Ihre Befürchtung zum Ausdruck, nicht in Deutschland geschieden werden zu können, da Ihre Ehefrau Italienerin ist und diese Ihnen mitgeteilt hatte, sie müsse nun erst ein Trennungsverfahren durchführen.[1, 2]

Sie hatten mir gesagt, dass Sie die Ehe in Italien geschlossen hatten, Ihr letzter gemeinsamer gewöhnlicher Aufenthalt allerdings in München war und Ihre Frau mit den beiden ehelichen Kindern auch noch in München lebt.

Damit ist zunächst die örtliche Zuständigkeit des Amtsgerichts München sichergestellt.[3] Welches Recht Anwendung findet, richtet sich nun danach, wo Sie und Ihre Ehefrau zum Zeitpunkt des Scheidungsantrags Ihren gewöhnlichen Aufenthalt haben (Deutschland), es sei denn Sie wählen eine davon abweichende Rechtsordnung als maßgeblich. Wählen können Sie neben dem auch ohne Rechtswahl zur Anwendung kommenden deutschen Recht aufgrund der italienischen Staatsangehörigkeit Ihrer Ehefrau italienisches Recht. Einen Formulierungsvorschlag für solch eine notarielle Einigung finden Sie im Anhang.[2] Da durch die Wahl des italienischen Rechts ein sog. Trennungsverfahren der Ehescheidung vorzuschalten wäre, was zu einer erheblichen Verzögerung führt, empfehle ich Ihnen diese Vorgehensweise nicht. Damit wäre, wenn Sie meinem Rat folgen, für einen am Amtsgericht München eingereichten Scheidungsantrag deutsches Recht anwendbar. Daran ändert sich auch nichts, sollte Ihre Ehefrau vor der Einreichung des Antrags nach Italien umziehen. Denn dann ist das Recht des Landes anwendbar, in dem Sie und Ihre Ehefrau Ihren gewöhnlichen Aufenthalt hatten, wenn einer von Ihnen dort noch seinen gewöhnlichen Aufenthalt hat und der gemeinsame gewöhnliche Aufenthalt in diesem Land nicht vor mehr als einem Jahr endete.[4]

Gerne werde ich nun absprachegemäß den Scheidungsantrag vorbereiten. Bitte übersenden Sie mir hierfür noch die in unserer Besprechung bereits erwähnten Unterlagen:[5] . . . . . .

Mit freundlichen Grüßen

. . . . . .

Rechtsanwalt/Rechtsanwältin

Anmerkungen

1. Es empfiehlt sich, Befürchtungen und Ängste der Mandanten frühzeitig richtig zu stellen, denn soweit schriftliche Erklärungen vorliegen, werden Fragen nicht oder zumindest seltener wiederholt.

2. → Form. V.I.1 Anm. 2. Notarielle Rechtswahlvereinbarung über die Anwendbarkeit deutschen Rechts → Form. V.I.3.

3. Die **internationale Zuständigkeit** richtet sich aus Sicht eines Mitgliedsstaates nach Art. 3 Brüssel IIa-VO (VO (EG) Nr. 2201/2003), dessen Abs. 1 den Ehegatten verschiedene Anknüpfungspunkte *zur Wahl* stellt. Die autonome Vorschrift zur internationalen Zuständigkeit deutscher Gerichte für Ehesachen findet sich in § 98 FamFG, der dann greift, wenn die Brüssel IIa-VO nicht zum Tragen kommt. Steht die internationale Zuständigkeit deutscher Gerichte fest, wird die örtliche Zuständigkeit nach den entsprechenden Vorschriften des FamFG bestimmt, für Ehesachen also nach § 122 FamFG.

4. Für alle Scheidungsverfahren, die nach dem 21.6.2012 eingeleitet werden, gilt bezüglich des anzuwendenden Rechts die Rom III-Verordnung (VO (EU) Nr. 1259/2010). Diese verdrängt Art. 17 Abs. 1 EGBGB für Ehescheidungen und Trennungen ohne Auflösung des Ehebandes in denjenigen Fällen, die eine Verbindung zum Recht verschiedener Staaten aufweisen (*Haußleiter* NJW-Spezial 2013, 4).

Gemäß Art. 5 Rom III-VO kann durch Vereinbarung (→ Form. V.I.3) das Recht des Staates bestimmt werden, in dem die Ehegatten bei der Rechtswahl ihren gewöhnlichen Aufenthalt haben oder das Recht des Staates, in dem die Ehegatten zuletzt ihren gewöhnlichen Aufenthalt hatten, sofern einer von ihnen zum Zeitpunkt der Rechtswahl dort noch seinen gewöhnlichen Aufenthalt hat. Gewählt werden kann auch das Recht des Staates, dessen Staatsangehörigkeit einer der Ehegatten zum Zeitpunkt der Rechtswahl besitzt, oder das Recht des Staates des angerufenen Gerichts.

Findet keine Rechtswahl statt, bestimmt sich das anzuwendende Recht nach Art. 8 Rom III-VO, wobei eine Stufenprüfung vorzunehmen ist und *kein Wahlrecht* hinsichtlich des Anknüpfungspunktes besteht. Primärer Anknüpfungspunkt ist der gewöhnliche Aufenthalt der Eheleute im Zeitpunkt der Anrufung des Gerichts. Haben beispielsweise beide Eheleute die italienische Staatsangehörigkeit, ihren gewöhnlichen Aufenthalt aber beide in Deutschland, kommt unabhängig vom Ort der Eheschließung oder der Nationalität der Ehegatten deutsches Recht zur Anwendung (vgl. OLG Stuttgart Beschl. v. 31.7.2012 – 17 WF 156/12 = BeckRS 2012, 16866 = NJW 2013, 398). Falls die Eheleute keinen gemeinsamen gewöhnlichen Aufenthalt mehr haben, gilt das Recht des Staates, in dem die Ehegatten zuletzt ihren gewöhnlichen Aufenthalt hatten, sofern dieser nicht vor mehr als einem Jahr vor Anrufung des Gerichts endete und einer der Ehegatten bei Anrufung des Gerichts dort noch seinen gewöhnlichen Aufenthalt hat. Erst wenn auch hiernach das anzuwendende materielle Recht nicht bestimmbar ist, ist nach Art. 8 lit. c Rom III-VO das Recht des Staates anzuwenden, dessen Staatsangehörigkeit beide Ehegatten angehören. Gibt es keine gemeinsame Staatsangehörigkeit, gilt das Recht des angerufenen Gerichts.

Wichtig ist, dass nunmehr die Rechtshängigkeit des Scheidungsantrags der maßgebliche Zeitpunkt für die Bestimmung des anzuwendenden Rechts ist, wenn nicht zuvor eine Rechtswahlvereinbarung geschlossen wurde. Dabei ist darauf zu achten, dass die Rom III-VO nur für Scheidungsverfahren gilt, die nach dem 21.6.2012 eingeleitet werden. Für „Altfälle“ kann insofern noch das alte Recht maßgeblich sein. Im oben genannten Beispiel (beide Ehegatten Italiener) käme es nach altem Recht auf die Staatsangehörigkeit an und es würde italienisches Recht Anwendung finden (vgl. OLG Düsseldorf Beschl. v. 23.12.2011 – 8 WF 263/11 = BeckRS 2012, 02253 = NJW-RR 2012, 521).

Sollte der Anwalt bereits im ersten Beratungsgespräch zu dem Ergebnis kommen, dass ausländisches Recht zur Anwendung kommt, empfiehlt sich folgender Hinweis:

Da es mangels Rechtswahl und gemeinsamen gewöhnlichen Aufenthalts nach Art. 8 lit. c Rom III-VO auf Ihre Staatsangehörigkeit als Anknüpfungspunkt für das anzuwendende Recht ankommt und Sie und Ihr Ehegatte zum Zeitpunkt des Scheidungsantrags gemeinsam die argentinische Staatsangehörigkeit hatten, wird auf das Scheidungsverfahren argentinisches Recht zur Anwendung kommen. Bereits heute darf ich Sie darauf hinweisen, dass meine Auskünfte zu Inhalt und Auslegung ausländischen Rechts unverbindlich sind. Wenn Sie hier größere Sicherheit hinsichtlich Umfang, Inhalt und Auslegung ausländischen Rechtes haben wollen, empfiehlt sich stets die Einschaltung eines ausländischen Kollegen, hier insbesondere eines argentinischen Rechtsanwalts zur Erstellung eines Gutachtens. Ein solches Gutachten kann von den Ehegatten gemeinsam beauftragt und wie ein Schiedsgutachten für Sie beide als verbindlich angenommen werden. Sie können aber auch einen renommierten Gutachter in Deutschland beauftragen, beispielsweise ein Institut für internationales Privatrecht einer deutschen Universität. Ich selbst muss darauf bestehen, dass Sie mir die anliegende Haftungsbeschränkung unterschrieben zurückgeben und hoffe auf Ihr Verständnis. Auch meine Haftpflichtversicherung deckt Schäden, die sich durch fehlerhafte Auskünfte zu ausländischem Recht ergeben, nicht ab.

Die Rom III-VO gilt universell, das heißt, dass das durch die Verordnung bezeichnete Recht auch dann gilt, wenn es nicht das Recht eines teilnehmenden Mitgliedstaats ist, Art. 4 Rom III-VO.

5. Bei den Unterlagen muss, sofern beglaubigte deutsche Übersetzungen nicht vorliegen, rechtzeitig darauf hingewiesen werden, dass diese beigebracht werden.

3. Notarielle Rechtswahlvereinbarung

Urkundennr. . . . . . .

vom . . . . . .

Rechtswahlvereinbarung[2]

Am . . . . . .

Sind vor mir . . . . . ., Notar[1]

in . . . . . .

in den Amtsräumen in . . . . . .

anwesend:

Herr . . . . . ., geb. am . . . . . .

Sohn der . . . . . . und des . . . . . .

und

dessen Ehefrau . . . . . ., geb. am . . . . . .,

Tochter der . . . . . . und des . . . . . .,

beide wohnhaft in . . . . . .

beide deutsche Staatsangehörige,

ausgewiesen durch ihre Ausweisdokumente.

Auf Antrag der Anwesenden habe ich folgende Niederschrift aufgenommen, diese erklärten:

1. Rechtswahl-Vereinbarung

Wir bestimmen, dass gem. Art. 5 Abs. 1 lit. a Rom III-VO im Falle einer Ehescheidung

deutsches Recht

zur Anwendung kommen soll.

2. Kosten, Abschriften

Wir tragen die Kosten der Urkunde und des Verfahrens. Von dieser Urkunde erbitten wir eine beglaubigte Abschrift.

. . . . . .

(Urkundsausgang)

Anmerkungen

1. Die Rom III-VO schreibt lediglich Schriftform vor, Art. 7 Abs. 1 Rom III-VO. Nach Abs. 2 sind jedoch strengere Formvorschriften des jeweiligen Mitgliedstaats zusätzlich einzuhalten. In Deutschland ergibt sich die Pflicht zur notariellen Beurkundung aus Art. 14 Abs. 4 S. 1 EGBGB. Für andere Länder ist jeweils vorab zu prüfen, ob überhaupt zusätzliche Formvorschriften erfüllt werden müssen.

2. Die Rechtswahlvereinbarung hat für deutsche Ehen durch die Rom III-VO erheblich an Bedeutung gewonnen. In Zukunft ist Eheleuten mit deutscher Staatsangehörigkeit, die einen längeren gemeinsamen Auslandsaufenthalt planen, dringend zu einer Rechtswahlvereinbarung zu raten. Fehlt eine solche Vereinbarung, kommt nach Art. 8 lit. a Rom III-VO völlig unabhängig von der Staatsangehörigkeit das ausländische Recht des Aufenthaltsorts zur Anwendung. Leben beispielsweise zwei deutsche Ehepartner in der Schweiz und würde einer von Ihnen die Ehescheidung gerne in Berlin gem. §§ 98 I 1, 122 Nr. 6 FamFG durchführen, käme es ohne Rechtswahl zur Anwendung schweizerischen Rechts. Gleichermaßen sind auch ausländische Staatsangehörige betroffen, die ihren gewöhnlichen Aufenthalt in Deutschland haben. Leben zwei türkische Staatsangehörige in Deutschland, werden sie bei fehlender Rechtswahl ebenso nach deutschem Recht geschieden, wie eine Ehe zwischen einem Mexikaner und einer Ukrainerin, wenn diese ihren Aufenthalt in Deutschland haben (*Haußleiter* NJW-Spezial 2013, 4).

4. Informationsschreiben an den Mandanten zum Mandatsverhältnis nach der Erstberatung

Frau . . . . . .

Ihre Eheangelegenheit

Mandatsverhältnis

Sehr geehrte Frau . . . . . .,

wie schon in unserem ersten Gespräch ausführlich erörtert, bin ich gerne bereit, Sie in Ihren familienrechtlichen Angelegenheiten sowohl außergerichtlich als auch in dem anhängigen Verfahren anwaltlich zu vertreten.

Der guten Ordnung halber darf ich auf die in unserer Besprechung angedeuteten Punkte betreffend unser Mandatsverhältnis noch einmal schriftlich hinweisen:

1. Die Korrespondenz erfolgt von meiner Seite aus in deutscher Sprache. Sollten Sie Übersetzungen wünschen, da Sie die eine oder andere Sache oder Ausführung nicht auf Anhieb verstehen, werden Sie mich umgehend unterrichten. Ich werde dann Übersetzungen veranlassen. Die für diese Übersetzungen entstehenden Kosten sowohl meiner Schreiben als auch weiterer Dokumente sind von meinen Gebührenansprüchen nicht abgedeckt und daher gesondert auszugleichen.
2. Ich prüfe nur das deutsche Recht[1] und lege auch nur dieses aus. Sollte es entscheidungserheblich auf Rechtssätze ausländischer Rechtsordnungen ankommen, werden sowohl das Gericht als auch ich darauf angewiesen sein, in einem Verfahren oder außerhalb ein Rechtsgutachten einzuholen. Dieses Rechtsgutachten kann sowohl von einem Institut für Internationales Recht einer deutschen Universität als auch von einem ausländischen Rechtsanwalt erstattet werden. Außergerichtlich erstattete Gutachten sind jedoch als reine Parteigutachten keine zulässigen Beweismittel in einem deutschen Verfahren. Ob und gegebenenfalls wann sich die Erstattung eines Gutachtens zum ausländischen Recht empfiehlt, werden wir im Einzelnen noch besprechen.
3. In all Ihren Angelegenheiten werden Gebühren[2, 3] in Höhe von voraussichtlich ...... EUR anfallen. Wir haben vereinbart, dass Sie mir hierauf einen Vorschuss in Höhe von ...... EUR, Rechnung liegt an, überweisen werden. Sollte dieser Vorschuss durch meine Tätigkeiten verbraucht sein, worüber ich Sie unterrichtet halte, bin ich berechtigt, einen weiteren Vorschuss zu verlangen. Ich bin insbesondere berechtigt, meine Tätigkeiten für Sie umgehend einzustellen, wenn eine fällige Rechnung von Ihnen nicht beglichen ist.

Zum Zeichen Ihres Einverständnisses darf ich Sie bitten, ein gegengezeichnetes Exemplar dieses Schreibens zurückzusenden.

Mit freundlichen Grüßen

......

Rechtsanwältin/Rechtsanwalt

Anmerkungen

1. Der Hinweis darauf, dass ausländisches Recht vom deutschen Anwalt nicht ausgelegt wird, ist von großer Bedeutung für die Frage der **Haftung,** → Form. V.I.2 Anm. 4.

2. Bei der Vertretung von Mandanten im Ausland ist von vornherein auf die **Absicherung des Honorars** zu achten. Ohne rigoroses Geltendmachen von Vorschüssen und das sofortige Einstellen jeglicher Tätigkeit kann es zu Schwierigkeiten kommen.

3. Ausländische, insbesondere US-amerikanische Mandanten sind die **Abrechnung nach Stundensatz** gewöhnt. Der Versuch, das RVG so zu erklären, dass es verstanden wird, kann zwar durchaus unternommen werden, dürfte in der Regel aber scheitern. Wenn **Honorarvereinbarungen** geschlossen werden, sollten sie zweisprachig und zweispaltig abgefasst sein. Haftungsausschlüsse und Honorarvereinbarung sind nicht zu verbinden. Zur Honorarvereinbarung siehe oben → Form. B.

5. Mitteilung der Scheidungsabsicht an den Gegner bei Auslandsberührung und Anwendbarkeit deutschen materiellen Rechts

Persönlich/Privat

Herrn

. . . . . .

Frankreich

Ehescheidungsverfahren

Sehr geehrter Herr . . . . . .

Ihre Gattin hat mich beauftragt und bevollmächtigt, sie in allen familienrechtlichen Angelegenheiten[1] zu vertreten. Auf die anliegende Vollmacht weise ich hin.

Namens und im Auftrag meiner Mandantin habe ich beim Amtsgericht München, Familiengericht, den Antrag auf Scheidung der Ehe eingereicht. Eine Abschrift unseres Schriftsatzes füge ich in Fotokopie bei.

Die internationale Zuständigkeit der deutschen Gerichte, die Sie gesprächsweise unserer Mandantin gegenüber noch bestritten hatten, ergibt sich aus Art. 3 Abs. 1 lit. a Spiegelstr. 2 der Verordnung (EG) Nummer 2201/2003 des Rates vom 27.11.2003.[2] Sie und Ihre Frau hatten gemeinsam mit den Kindern Ihren letzten gewöhnlichen Aufenthalt in München. Von dort aus sind Sie in Ihre Heimat verzogen.[3]

Die örtliche Zuständigkeit des Amtsgerichts München ergibt sich aus § 122 Nr. 1 FamFG. Für die internationale und örtliche Zuständigkeit ist die Frage, welches Recht auf Ihre Scheidung anzuwenden ist, ohne Belang. Gleichwohl dürfen wir auf Folgendes hinweisen: Ihre Ehefrau lebt nach wie vor in Deutschland, den gemeinsamen gewöhnlichen Aufenthalt haben Sie jedoch vor über einem Jahr beendet. Sie haben mit Ihrer Ehefrau keine Vereinbarung getroffen, welches Recht auf Ihre Scheidung anzuwenden ist. Da Sie beide die französische Staatsangehörigkeit besitzen, wird auf Ihre Scheidung vom deutschen Richter französisches Recht angewendet werden, was sich aus Art. 8 lit. c Rom III-VO ergibt.[4]

Nach den mir vorliegenden Informationen kann Ihre Ehe nach französischem Recht insbesondere dann geschieden werden, wenn gegenseitiges Einverständnis vorliegt, Art. 230 cc (französisches Zivilgesetzbuch). Liegt das Einverständnis vor, müssen Sie für die Scheidung der Ehe keinen Grund angeben. Sie müssen lediglich einen Vertragsentwurf zur Genehmigung des Gerichts vorlegen, der die Scheidungsfolgen regelt. Da Sie bereits länger als sechs Monate verheiratet sind, steht einer Scheidung in diesem Sinne nichts entgegen.

Der Vollständigkeit halber darf ich darauf hinweisen, dass entgegen den französischen Gepflogenheiten in Deutschland nicht ein Anwalt für beide Seiten auftreten kann, auch nicht bei der einvernehmlichen Scheidung.

Dies alles vorausgeschickt darf ich Sie bitten, einen deutschen Anwalt zu Ihrem Verfahrensbevollmächtigten zu bestimmen, diesen als zustellungsbevollmächtigt bei Gericht anzugeben und mit mir die Verhandlungen über die Scheidungsfolgen aufzunehmen. Meine Mandantin ist in allen Punkten, die regelungsbedürftig sind, gesprächsbereit. Um dies zu dokumentieren, darf ich bereits heute folgende Vorschläge unterbreiten:[5] . . . . . .

Sollten Sie keinen deutschen Verfahrensbevollmächtigten benennen, was ich bedauern würde, wird sich das Ehescheidungsverfahren durch die Zustellung in Frankreich verzögern. Einem Ausspruch der Scheidung und notfalls auch gerichtlicher Durchsetzung der Ansprüche unserer Mandantin im Rahmen des Scheidungsverfahrens werden Sie dadurch jedoch nicht entgehen können.

Mit freundlichen Grüßen

. . . . . .

Rechtsanwalt/Rechtsanwältin

Anmerkungen

1. **Sachverhalt:** Die Beteiligten haben gemeinsam in Deutschland gelebt. Sie haben beide die französische Staatsangehörigkeit. Die Mutter, die mit den Kindern noch ihren gewöhnlichen Aufenthalt in Deutschland hat, möchte geschieden werden. Für sie ist es wesentlich, eine Zuständigkeit vor Ort zu erhalten, schon zur Vermeidung von Reisekosten.

2. Zur **Brüssel IIa Verordnung:** → Form. V.I.2 Anm. 3, *Schlauß* FPR 2004, 279 ff., *Dötsch* NJW-Spezial 2005, 247 und Gerhardt/v. Heintschel-Heinegg/Klein/*Ganz* Hdb. FA-FamR 15. Kapitel Rn. 45 ff. § 98 FamFG ist zur Feststellung der internationalen Zuständigkeit dagegen nur im Rahmen der **Restzuständigkeit** nach Art. 7 iVm 6 Brüssel IIa-VO (VO (EG) 2201/2003) heranzuziehen, da er als autonomes deutsches Recht vom vorrangigen Europäischen Recht verdrängt wird. Art. 3 Brüssel IIa-VO ist in jeder Ehesache mit Auslandsbezug ausnahmslos vorab zu prüfen, auch wenn ein Ausländer beteiligt ist, der keinem Mitgliedsstaat angehört, Gerhardt/v. Heintschel-Heinegg/Klein/*Ganz* Hdb. FA-FamR 15. Kapitel Rn. 50.

3. Wäre im Ausgangssachverhalt die Mutter **aus einem anderen Land mit den Kindern nach Deutschland zugezogen,** ergäbe sich die Zuständigkeit aus Art. 3 Abs. 1 lit. a Spiegelstr. 5 Brüssel IIa-VO. Dies allerdings erst, wenn sie sich bereits seit einem Jahr vor der Antragstellung in Deutschland aufgehalten hat. Hier ist zu beachten, dass die Zuständigkeitsregel der Brüssel IIa-VO enger ist als § 98 Abs. 1 Nr. 4 FamFG, bei dem es weder darauf ankommt, welcher der beiden Beteiligten des Verfahrens den gewöhnlichen Aufenthalt im Inland hat noch wie lange er sich dort bereits aufhält (vgl. Zöller/*Geimer* § 98 FamFG Rn. 96).

4. Die Rom III-VO gilt seit dem 21.6.2012, Art. 21 Rom III-VO.

5. Es empfiehlt sich in Sachverhalten wie dem vorliegenden, trotz sofortiger Antragstellung nach Mandatierung, den Gegner noch zu bitten, einen Zustellungsbevollmächtigten zu benennen. Zum einen kann dadurch die Diskussion schneller aufgenommen werden, zum anderen wird verhindert, dass der Gegner in seinem Aufenthaltsstaat einen Scheidungsantrag stellt, der dann womöglich vorginge.

6. Antrag auf Anerkennung einer ausländischen Entscheidung in Ehesachen nach § 107 FamFG (Formular der Justizbehörden und Standesämter)

Datum
Telefon
Antrag auf Anerkennung einer ausländischen Entscheidung in Ehesachen nach § 107 FamFG
Antragsteller: Familienname, ggf. Geburtsname, Vornamen, ggf. Namensbestandteil und akademischer Grad, Wohnort, Postanschrift, ggf. E-Mail, Telefonnummer
Eheschließungstag und -ort, Standesamt und Nr.
Ehemann: Familienname, ggf., Geburtsname, Vornamen
Ehefrau: Familienname, ggf. Geburtsname, Vornamen
Ausländische Entscheidung, deren Anerkennung beantragt wird; Datum, Aktenzeichen, Ort, Staat (z. B. Scheidungsurteil, Nichtigkeitsurteil, Scheidungsurkunde – ist einerstandesamtlichen Eintragung ggf. ein gerichtliches Verfahren vorausgegangen?)
Ich beantrage festzustellen, dass die gesetzlichen Voraussetzungen für die Anerkennung dieser ausländischen Entscheidung gegeben sind, und mache zu den nachstehenden Fragen folgende Angaben:

		Angaben über den **Mann**	Angaben über die **Frau**
1	**Staatsangehörigkeit** bzw. **Staatsangehörigkeiten** und wie erworben [1], (Asylberechtigung oder Status nach der Genfer Flüchtlingskonvention) a) im Zeitpunkt der Eheschließung		
	b) Staatsangehörigkeit(en) im Zeitpunkt der ausländischen Entscheidung		
	c) Staatsangehörigkeit(en) im gegenwärtigen Zeitpunkt		
2	Geburtstag und -ort		
3	Jetziger Name (Vor- und Familienname)		

1 z.B. durch Geburt, Legitimation, Eheschließung, Einbürgerung, Erklärung bei der Eheschließung. Bei Personen, die mehrere Staatsangehörigkeiten besitzen, sind sämtliche Staatsangehörigkeitsverhältnisse, bei Asylberechtigten und Flüchtlingen ist der Zeitpunkt der Anerkennung anzugeben Können diese Angaben nicht belegt werden, so sind auf besonderem Blatt alle Umstände darzulegen, die für die Beurteilung von Bedeutung sind. **Bitte den Personalausweis, Reisepass oder die Einbürgerungsurkunde in Kopie beifügen.**

		Angaben über den **Mann**	Angaben über die **Frau**
4	a) Angaben zum jetzigen (aktuellen) gewöhnlichen Aufenthaltsort - Ort, der als Lebensmittelpunkt zu bezeichnen ist – (vollständige Anschrift und ggf. E-Mail)		
	b) Gewöhnlicher Aufenthaltsort während des ausländischen Verfahrens (Anschrift und Zeitraum)		
	c) Gewöhnlicher Aufenthaltsort vor dem ausländischen Verfahren (Anschrift und Zeitraum)		
	d) Letzter gemeinsamer gewöhnlicher Aufenthaltsort der Ehegatten (Anschrift) **und** Datum der Trennung		
5	Hat sich einer der Ehegatten wiederverheiratet oder eine Lebenspartnerschaft begründet? Ggf. wann und wo, Nachweis?		
6	Ist einer der Ehegatten verstorben? Ggf. wann und wo, Nachweis?		
7	Rechtskraft der ausländischen Entscheidung (Tag, ab dem die Entscheidung nicht mehr anfechtbar ist) Sämtliche Nachweise sind beizufügen (z.B. Rechtskraftvermerk, Bescheinigung des Gerichts, Nachweis über die Eintragung im ausländischen Personenstandsregister)		
8	Wurde zwischen den Ehegatten eine Vereinbarung (z. B. Ehevertrag) mit einer Rechtswahl zu den Ehewirkungen oder der Scheidung geschlossen? (falls ja, Ablichtung beifügen)		
9	Angaben zur Beteiligung der Ehegatten im ausländischen Verfahren Hat sich der Ehegatte in dem Verfahren geäußert oder wie war er beteiligt? Falls keine Beteiligung erfolgt ist, wann und auf welche Weise hat der Ehegatte von dem ausländischen Verfahren Kenntnis erlangt? (z.B. durch Zustellung der Klageschrift; dazu die Form der Zustellung angeben)		

10	Erkennt die antragstellende Person die ergangene ausländische Entscheidung an? – ja oder nein – Wenn nicht, aus welchem Grund?	
11	Ist bereits bei einer **anderen** Stelle die Anerkennung oder Nichtanerkennung der ausländischen Entscheidung beantragt worden? Ggf. wann und bei welcher Stelle?	
12	Wurde bei einem **anderen** Gericht (Behörde) ein **weiterer** Antrag auf Scheidung, Aufhebung oder Nichtigerklärung der Ehe eingereicht? Ggf. wann und bei welchem Gericht? (Aktenzeichen und Sachstand angeben, Ablichtung der Entscheidung beifügen)	
13	Für welchen Zweck wird die Anerkennung der ausländischen Entscheidung beantragt? (ggf. neue Ehe oder Lebenspartnerschaft – falls ja, wann und wo sowie Staat und Ort angeben)	

14	a) Einkommens- und Vermögensverhältnisse der antragstellenden Person (Nachweise beifügen – z. B. Verdienstbescheinigung), falls kein Einkommen erzielt wird und kein Vermögen vorhanden ist, wäre anzugeben, wovon der Lebensunterhalt bestritten wird.	
	Monatliches Netto Einkommen in Euro:	
	Vermögenswerte in Euro:	
	b) Unterhaltsverpflichtungen der antragstellenden Person (z B. gegenüber ihren Kindern)	
	Unterhaltsberechtigte Person(en):	
	Höhe der monatlichen Unterhaltszahlungen in Euro:	
	Die vorstehenden Angaben sind freiwillig und werden lediglich für die Bemessung der zu erhebenden Gebühr benötigt. Die Gebühr ist unter Berücksichtigung der Bedeutung der Angelegenheit für die Beteiligten, des Verwaltungsaufwandes der Behörde in dem Einzelfall und der wirtschaftlichen Verhältnisse der antragstellenden Person festzusetzen. Besondere Umstände, die Ihre wirtschaftliche Leistungsfähigkeit beeinträchtigen, sind gegebenenfalls auf einem besonderen Blatt darzulegen. In den Fällen, in denen keine Angaben gemacht werden, kann ggf. die Höchstgebühr erhoben werden.	

Mir ist bekannt, dass für die beantragte Feststellung eine Gebühr von 15 bis 305 Euro erhoben wird. Eine Gebühr kann auch auferlegt werden, wenn der Antrag abgelehnt oder zurückgenommen wird.

Ich versichere, alle Angaben nach bestem Wissen und Gewissen gemacht zu haben.
Ich bin darüber unterrichtet worden, dass sich die Anerkennungsfeststellung der Landesjustizverwaltung nur auf den Ausspruch der Eheauflösung oder Ehenichtigkeit, nicht jedoch auf die in der ausländischen Entscheidung etwa enthaltenen Nebenentscheidungen, z. B. über Unterhaltsleistungen, elterliche Sorge für die gemeinschaftlichen Kinder und Namensführung der Ehegatten erstreckt.

Grundsätzlich beizufügende Unterlagen (Die Unterlagen unterscheiden sich landesbedingt teilweise. Falls einzelne Unterlagen nicht eingereicht werden können, sind die Gründe dafür kurz anzugeben):

- Heiratsurkunde der aufgelösten/für nichtig erklärten Ehe oder beglaubigte Abschrift – Auszug – aus dem Familienbuch der aufgelösten/für nichtig erklärten Ehe
- ggf. Sterbeurkunde des früheren Ehegatten
- Vollständige Ausfertigung oder beglaubigte Ablichtung der ausländischen Entscheidung mit Rechtskraftvermerk und mit Tatbestand und Entscheidungsgründen
- Nachweis über die Registereintragung aus Ländern, in denen zur Wirksamkeit der Entscheidung der Registereintrag erforderlich ist (z.B. Argentinien, Brasilien, Belgien, Ecuador, Niederlande, Venezuela)
- Schriftliche Vollmacht (falls der Antrag durch eine bevollmächtigte Person gestellt wird)
- Von einem(r) beeidigten/vereidigten Übersetzer(in) angefertigte beglaubigte deutsche Übersetzungen fremdsprachiger Schriftstücke
- Ablichtung der Verdienstbescheinigung der antragstellenden Person (ansonsten kann ggf. die Höchstgebühr festgesetzt werden)
- Nachweis der Staatsangehörigkeit und Personenidentität (Ablichtung des Reisepasses oder des Personalausweis und ggf. der Einbürgerungsurkunde)

(Ort, Datum)	**(Unterschrift des Antragstellers/der Antragstellerin)**

Hinweis:

Über den Antrag wird in einem schriftlichen Verfahren entschieden.
Es wird deshalb gebeten, von fernmündlichen Anfragen Abstand zu nehmen.

Zur Zuständigkeit bestimmt § 107 Abs. 2 und 3 des Gesetzes über das Verfahren in Familiensachen und in den Angelegenheiten der freiwilligen Gerichtsbarkeit (FamFG):

Zuständig ist die Justizverwaltung des Landes, in dem ein Ehegatte seinen gewöhnlichen Aufenthalt hat. Die Landesregierungen können die den Landesjustizverwaltungen nach diesem Gesetz zustehenden Befugnisse durch Rechtsverordnung auf einen oder mehrere Präsidenten der Oberlandesgerichte übertragen. Die Landesregierungen können die Ermächtigung auf die Landesjustizverwaltungen übertragen.
Hat keiner der Ehegatten seinen gewöhnlichen Aufenthalt im Inland, ist die Justizverwaltung des Landes zuständig, in dem eine neue Ehe geschlossen oder eine Lebenspartnerschaft begründet werden soll; die Justizverwaltung kann den Nachweis verlangen, dass die Eheschließung oder die Begründung der Lebenspartnerschaft angemeldet ist. Wenn eine andere Zuständigkeit nicht gegeben ist, ist die Justizverwaltung des Landes Berlin zuständig.

Anmerkungen

1. Zuständig nach Landesrecht sind für die Entgegennahme der Anträge folgende **Behörden:**

Baden-Württemberg: An den Präsidenten des Oberlandesgerichts Karlsruhe, – Referat E –, Hoffstraße 10, 76133 Karlsruhe; Oberlandesgericht Stuttgart, – Verwaltungsabteilung –, Eheabteilung, Olgastraße 2, 70182 Stuttgart

Bayern: An den Präsidenten des Oberlandesgerichts München, Postfach, 80097 München

Berlin: Senatsverwaltung für Justiz, Salzburger Str. 21–25, 10825 Berlin

Brandenburg: An den Präsidenten des Brandenburgischen Oberlandesgerichts, Dezernat 7, Gertrud-Piter-Platz 11, 14770 Brandenburg

Bremen: An die Präsidentin des Hanseatischen Oberlandesgerichts in Bremen, Am Wall 198, 28195 Bremen

Hamburg: Justizbehörde – Behörde für Justiz und Gleichstellung Hamburg, Drehbahn 36, 20354 Hamburg

Hessen: An den Präsidenten des Oberlandesgerichts Frankfurt, – Referat I/4 – Zeil 42, 60313 Frankfurt am Main

Mecklenburg-Vorpommern: Justizministerium, Puschkinstraße 19–21, 19055 Schwerin

Niedersachsen: An den Präsidenten des Oberlandesgerichts Braunschweig, Bankplatz 6, 38100 Braunschweig, oder an den Präsidenten des Oberlandesgerichts Celle, Schlossplatz 2, 29221 Celle, oder an die Präsidentin des Oberlandesgerichts Oldenburg, Richard-Wagner-Platz 1, 26135 Oldenburg, je nach örtlicher Zuständigkeit

Nordrhein-Westfalen: An die Präsidentin des Oberlandesgerichts Düsseldorf, Cecilienallee 3, 40474 Düsseldorf

Rheinland-Pfalz: An die Präsidentin des Oberlandesgerichts Koblenz, Stresemannstr 1, 56068 Koblenz

Saarland: An die Präsidentin des Saarländischen Oberlandesgerichts Saarbrücken, Franz-Josef-Röder-Straße 15, 66119 Saarbrücken

Sachsen: An den Präsidenten des Oberlandesgerichts Dresden, Referat II.3.4, Schloßplatz 1, 01067 Dresden

Sachsen-Anhalt: An den Präsidenten des Oberlandesgerichts Naumburg, Referat II d, Domplatz 10, 06618 Naumburg

Schleswig-Holstein: An die Justizministerin des Landes Schleswig-Holstein, Lorentzendamm 35, 24103 Kiel

Thüringen: An den Präsidenten des Thüringer Oberlandesgerichts Jena, Rathenaustraße 13, 07745 Jena

Örtlich zuständig ist die Justizverwaltung bzw. das Oberlandesgericht des Bundeslandes, in dem einer der früheren Ehegatten seinen gewöhnlichen Aufenthalt hat. Hat keiner der früheren Ehegatten seinen Aufenthalt in Deutschland, so beurteilt sich die Zuständigkeit, falls eine neue Ehe geschlossen werden soll, danach, in welchem Bundesland die Eheschließung erfolgen soll, § 107 Abs. 2 FamFG. Sofern keiner der früheren Ehegatten seinen Aufenthalt in Deutschland hat und in Deutschland auch keine neue Ehe geschlossen oder Lebenspartnerschaft begründet werden soll, ist der Antrag an die Senatsverwaltung für Justiz in Berlin, Salzburger Straße 21 – 25, 10825 Berlin zu richten.

2. Der Anerkennung bedürfen ausländische Scheidungsurteile und vergleichbare Entscheidungen von Verwaltungsbehörden oder Privatscheidungen vor religiösen Gerichten. Das dargestellte Formular ist bei den Standesämtern und den Justizverwaltungen erhältlich oder online abrufbar unter http://www.berlin.de/sen/justiz/service/anerkennung-auslaendischer-entscheidungen-in-ehesachen/antrag-auf-anerkennung-einer-auslaendischenentscheidung-in-ehesachen-2016-beschreibbar.pdf. Die Anerkennung erfolgt nur auf Antrag. Erst wenn diesem durch Bescheid entsprochen worden ist, entfaltet die ausländische Entscheidung auch für den deutschen Rechtsbereich Wirkung. Vorher ist eine erneute Eheschließung in Deutschland nicht möglich.

3. Eine **Entscheidung eines Gerichts der Mitgliedstaaten der Brüssel IIa-VO** (ohne Dänemark) ist für den deutschen Rechtsbereich auch ohne Antrag und förmliches Anerkennungsverfahren beachtlich, Art. 21 Brüssel IIa-VO.

4. Dem vollständig ausgefüllten Formular sind folgende **Unterlagen beizufügen:**
- Vollständige Ausfertigung oder beglaubigte Ablichtung der ausländischen Entscheidung mit Rechtskraftvermerk (soweit dieser erteilt wird) und möglichst mit Tatbestand und Entscheidungsgründen.
- Nachweis über die Registereintragung bei Ländern, in denen diese zur Wirksamkeit der Entscheidung erforderlich ist.
- Ablichtung der Heiratsurkunde der aufgelösten Ehe.
- Nachweis der Staatsangehörigkeit (zB durch beglaubigte Passkopien der geschiedenen Ehegatten).
- Beglaubigte Übersetzungen sämtlicher fremdsprachiger Schriftstücke; englischsprachige Unterlagen müssen nicht übersetzt werden.
- Bescheinigung über den Verdienst/das Einkommen des Antragstellers.
- Schriftliche Vollmacht, falls der Antrag durch einen Bevollmächtigten gestellt wird.

5. Das Anerkennungsverfahren ist **gebührenpflichtig.** Die Gebühr beträgt mindestens 15 EUR und höchstens 305 EUR. Ihre Höhe hängt von den Umständen des Einzelfalles ab. Bei der Festsetzung der Gebühr sind die Bedeutung der Angelegenheit für die Beteiligten, der Verwaltungsaufwand und die wirtschaftlichen Verhältnisse des Antragstellers zu berücksichtigen.

6. Gegen die Entscheidung des OLG ist nunmehr die Rechtsbeschwerde zum BGH zulässig, BGH Beschl. v. 30.3.2011 – XII ZB 300/10 = BeckRS 2011, 07841 = NJW-RR 2011, 721; Keidel/*Zimmermann*, FamFG § 107 Rn. 50.

7. Antrag auf Anerkennung einer ausländischen Entscheidung (Schriftsatzform)

An den

Präsidenten des Oberlandesgerichts München

Postfach

80097 München

Ehesache Meier ./. Gonzalez de Meier

Sehr geehrte Damen und Herren,

namens und im Auftrag meines Mandanten, des Herrn Harald Meier, …… (Adresse)

beantrage ich unter Hinweis auf die von mir vorgelegte Vollmacht festzustellen was folgt:

Das Scheidungsurteil des 3. Zivilgerichts des Bundesdistrikts, Mexiko D. F., Az ……, vom 19.11.1998, wird, soweit dadurch die am 4.6.1987 vor dem Standesamt München II unter der Heiratsregisternr . . . . . . geschlossene Ehe der Parteien geschieden wurde, anerkannt.[1]

Begründung:

Herr Meier, der Antragsteller, hatte – wie im Antrag näher bezeichnet – vor dem Standesamt München II die Ehe mit Frau Susana Gonzalez de Meier, geb. Susanna Gonzalez Perez, geschlossen. Diese Ehe wurde durch Urteil vom 19.11.1998, wie im Antrag näher bezeichnet, geschieden. Die Rechtskraft des Urteils ergibt sich aus dem aufgebrachten Rechtskraftvermerk.

Im Zeitpunkt der Eheschließung besaß der Antragsteller die deutsche Staatsangehörigkeit,[2] welche er bis heute beibehielt. Diese erwarb er durch Geburt. Die Antragsgegnerin hatte bei Eheschließung die mexikanische Staatsangehörigkeit, die sie bis zur Scheidung beibehielt. Die deutsche Staatsangehörigkeit hat sie zu keinem Zeitpunkt angenommen. Auch sie erwarb die mexikanische Staatsangehörigkeit durch Geburt.

Im Zeitpunkt des Eherechtsstreits hatten sowohl der Antragsteller als auch die Antragsgegnerin ihren gewöhnlichen Aufenthalt in Mexiko. Sie waren bereits im Jahr 1991 dorthin übergesiedelt und lebten seither im Bezirk des Bundesdistrikts, Mexiko-Stadt, Mexiko D. F. Dies war auch der letzte gemeinsame gewöhnliche Aufenthaltsort der Ehegatten vor der Ehescheidung.

Die Ehe wurde auf Antrag der hiesigen Antragsgegnerin gem. Art. 267 ff. des Zivilgesetzbuches für den Bundesdistrikt Mexiko D. F. geschieden. Die Antragsgegnerin war am 4.3.1996 aus der gemeinsamen Ehewohnung ausgezogen. Den Scheidungsantrag stellte sie am 15.3.1998 und berief sich auf den Scheidungsgrund des Art. 267 XVIII cc (Zivilgesetzbuch des Bundesdistrikts), Mexiko D. F. Danach ist die Ehe zu scheiden, wenn die Ehepartner zwei Jahre getrennt leben, ohne dass es weiterer Gründe hierfür bedarf.[3]

Der hiesige Antragsteller hat sich auf die Klage eingelassen. Auch er hielt die Ehe für zerrüttet. Er ließ sich in dem Verfahren anwaltlich vertreten und war auch im Termin zur mündlichen Verhandlung über die Scheidung selbst anwesend. Dementsprechend erkennt der Antragsteller die mexikanische Scheidung vollständig an.[4] Er hat auch noch bei keiner anderen Stelle in der Bundesrepublik Deutschland die Anerkennung des Scheidungsurteils beantragt.[5] Auch ist ihm nicht bekannt, dass die Antragsgegnerin, mit welcher er nach wie vor in Kontakt steht, dies getan hätte. Die Antragsgegnerin ist zwischenzeitlich erneut verheiratet.[6]

Der Antragsteller benötigt die Anerkennung des mexikanischen Scheidungsurteils, weil er nun im Gebiet der Bundesrepublik Deutschland wieder heiraten will.[7]

Angaben zu den Parteien und zum Ausgangsverfahren:[8]

Antragsteller:

Adresse: . . . . . .

Geburtsdatum: . . . . . .

Staatsangehörigkeit: . . . . . .

Datum der Eheschließung: . . . . . .

Registernr. der Eheschließung: . . . . . .

Datum des Scheidungsantrags: . . . . . .

Aktenzeichen des Scheidungsverfahrens: . . . . . .

Gericht des Scheidungsverfahrens: ……

Antragsgegnerin:

Adresse: ……

Geburtsdatum: ……

Staatsangehörigkeit: ……

Anlagen:

- eine Ausfertigung des mexikanischen Scheidungsurteils vom 19.11.1998 samt Rechtskraftvermerk und beglaubigter Übersetzung
- Heiratsurkunde der geschiedenen Ehe
- ein Verdienstbescheinigung des Antragstellers (3.200 EUR netto monatlich)
- Vollmacht

Mit freundlichen Grüßen

……

Rechtsanwalt/Rechtsanwältin

Anmerkungen

1. Für das Verfahren auf Anerkennung einer ausländischen Ehescheidung gibt es **keinen Formularzwang,** auch wenn die Justizverwaltungen und Standesämter darauf pochen, das Formular (→ Form. V.I.6) zu verwenden. In Fällen, in welchen das Formular zur Darstellung der Gründe nicht ausreicht, insbesondere, weil zu befürchten ist, dass Probleme auftauchen während des Anerkennungsverfahrens, kann gleichwohl der **Antrag in Schriftsatzform** gestellt werden.

2. Die **Angaben zur Staatsangehörigkeit** sind wegen § 107 Abs. 1 S. 2 FamFG und § 109 II FamFG wichtig. Bei fehlendem gewöhnlichen Aufenthalt in Deutschland richtet sich die jeweilige gerichtliche Zuständigkeit nach § 107 Abs. 2 S. 2 FamFG, falls keine neue Heirat beabsichtigt ist, nach S. 3. Als Nachweis für die jeweiligen Staatsangehörigkeiten können auch Fotokopien der Reisepässe von Antragsteller und Antragsgegner übergeben werden.

3. Die **Darlegung der Scheidungsgründe** ist erforderlich, um einen Verstoß gegen den ordre public nach § 109 Abs. 1 Nr. 4 FamFG überprüfen zu können. Auch wenn sich diese Scheidungsgründe regelmäßig aus den Anlagen ergeben, macht es die Sachbearbeitung einfacher und damit schneller, wenn die Gründe in der Antragsschrift wiederholt werden.

4. Am einfachsten ist das Anerkennungsverfahren zu führen, wenn sich **beide Parteien am Scheidungsverfahren aktiv beteiligt** haben, bspw. auch durch Einschaltung je eigener Rechtsanwälte. Es kommt insoweit darauf an, dass die Antragsschrift so rechtzeitig dem Antragsgegner das Scheidungsverfahren zugestellt worden war, dass er sich darauf einlassen und nötigenfalls verteidigen konnte. Kann vorgetragen werden, dass die Zustellung ausreichend vor dem Termin zur mündlichen Verhandlung erfolgte, der Antragsteller wie der Antragsgegner sich verteidigen konnten und verteidigt haben, also sich auf das Verfahren einließen und obendrein eine Teilnahme an der mündlichen Verhandlung beiderseits vorlag, dürften insoweit der Anerkennung keine Gründe entgegenstehen. Es kann sich empfehlen, Schriftsätze aus dem Verfahren oder Protokolle der Verhandlungen vorzulegen, insbesondere den das Verfahren einleitenden Schriftsatz.

5. Ist gleichzeitig zum Anerkennungsverfahren ein **Scheidungsverfahren eingereicht,** so muss unbedingt auf dieses laufende Verfahren hingewiesen werden. Des Weiteren muss natürlich in diesem Scheidungsverfahren auf das Anerkennungsverfahren hingewiesen werden, damit es ausgesetzt werden kann. Das Anerkennungsverfahren ist das billigere Verfahren zur Herstellung der Ehefähigkeit innerhalb der Bundesrepublik Deutschland. Entscheidet die Landesjustizverwaltung positiv, kann das Scheidungsverfahren wieder zurückgenommen werden. Bis dahin kann es ruhen.

6. Hat sich einer der Ehepartner der geschiedenen Ehe **wieder verheiratet,** so ist dies ein Indiz für die Endgültigkeit der Ehescheidung und sollte daher erwähnt werden.

7. Der **Zweck,** für den die Anerkennung beantragt wird, sollte angegeben werden, um das erforderliche Rechtsschutzinteresse darstellen zu können. Auch im Hinblick auf mögliche Zuständigkeiten durch die Wiederverheiratung (§ 107 Abs. 2 S. 2 FamFG) sollte daran gedacht werden, das Standesamt der beabsichtigten neuen Eheschließung zu benennen.

8. Die **persönlichen Angaben zu den Parteien** sind mit größter Genauigkeit zumindest hinsichtlich der hier genannten Punkte zu machen. Staatsangehörigkeitswechsel wären genauestens darzustellen und zu belegen, insbesondere soweit hierdurch das Scheidungsurteil in seiner Wirksamkeit berührt werden könnte. Nur durch die Adresse des Antragsgegners kann das rechtliche Gehör gewährt werden. Ist er ohne bekannten Aufenthalt, gelten die allgemeinen Bestimmungen. Ist der Antragsgegner verstorben, ist auch hierfür der Nachweis zu führen.

8. Antrag wegen Nichtanerkennung einer ausländischen Ehescheidung nach § 107 Abs. 5 FamFG

An das

Oberlandesgericht München[1]

Postfach

80097 München

Az . . . . . .

In Sachen

des Herrn Harald Meier, ...

gegen

Frau Susanna Gonzalez de Meier, ...

wegen: Anerkennung der Ehescheidung

beantrage ich namens und im Auftrag des Antragstellers unter Hinweis auf die von mir im Anerkennungsverfahren bereits vorgelegte Vollmacht[2]

den Bescheid des Oberlandesgerichts München vom 27.3.2002, Aktenzeichen: . . . . . ., aufzuheben und gem. § 107 FamFG das Scheidungsurteil des 2. Zivilgerichts des Bundesdistrikts, Mexiko-Stadt vom 19.11.1998, Registernummer . . . . ., soweit dadurch die am 4.6.1987 vor dem Standesamt München II geschlossene Ehe der Parteien geschieden wurde, anzuerkennen.

Begründung:

Mit dem im Antrag näher bezeichneten Bescheid wurde die Anerkennung des mexikanischen Scheidungsurteils abgelehnt. Die Voraussetzungen lägen nicht vor. Zur Begründung wird angeführt, die Anerkennung des Urteils sei schon deshalb ausgeschlossen, weil das 2. Zivilgericht des Bundesdistriktes nicht international zuständig gewesen sei.

Zum einen ist schon die Auffassung falsch, die internationale Zuständigkeit des Gerichts der Ausgangsentscheidung habe nicht bestanden. Die Zuständigkeit ergibt sich richtigerweise aus ......

Des Weiteren ist die Rechtsauffassung aber auch aus Sicht des § 109 Abs. 1 Nr. 1 FamFG fehlerhaft. Der Antragsteller des Anerkennungsverfahrens war der Beklagte des Scheidungsverfahrens, vgl. die Darlegungen im Anerkennungsverfahren. Nur auf eine Rüge des Beklagten des ausländischen Erstverfahrens darf die positive Prüfung der internationalen Zuständigkeit der Erststaates überhaupt erfolgen, vgl. Zöller/*Geimer*, § 109 FamFG Rn. 49. Der hiesige Antragssteller und Beklagte des ausländischen Ehescheidungsverfahrens rügt aber die internationale Zuständigkeit des 2. Zivilgerichts des Bundesdistrikts in Mexiko nicht. Er hat sich auf das Scheidungsverfahren eingelassen, an der mündlichen Verhandlung mitgewirkt und anerkennt die dort ausgesprochene Scheidung.

Dem Antrag war und ist daher stattzugeben.

......

Rechtsanwalt/Rechtsanwältin

Anmerkungen

1. Die **Zuständigkeit** ergibt sich aus § 107 Abs. 5 und Abs. 7 FamFG. Lehnt der Präsident des Oberlandesgerichts den Antrag ab, kann der Antragsteller innerhalb eines Monats ab Bekanntgabe die gerichtliche Entscheidung des OLG beantragen, über die ein Zivilsenat entscheidet (§ 107 Abs. 5, 7, § 58 ff. FamFG). Der Ehegatte, der den Antrag nicht gestellt hat, kann gegen die Feststellung des Präsidenten des Oberlandesgerichts, dass die Voraussetzungen für die Anerkennung vorliegen oder nicht vorliegen, ebenfalls innerhalb eines Monats Beschwerde einlegen (§ 107 Abs. 6 S. 1, Abs. 7 und 8, § 58 ff. FamFG). Gegen die ablehnende Entscheidung des OLG ist die Rechtsbeschwerde zulässig, BGH Beschl. v. 30.3.2011 – XII ZB 300/10 = BeckRS 2011, 07841 = NJW-RR 2011, 721.

2. Das Verfahren ist ein **Verfahren der freiwilligen Gerichtsbarkeit.** Die Bezugnahme auf die Akten des Ausgangsverfahrens ist möglich. Anlagen brauchen nicht erneut vorgelegt zu werden. Lediglich die Vorlage der Entscheidung der Ausgangsbehörde empfiehlt sich aus Gründen der Beschleunigung.

II. Unterhalt mit Auslandsberührung

1. Schreiben an Unterhaltsschuldner im Ausland

An Herrn

. . . . . .

Barcelona

Spanien

Unterhaltsansprüche Ihrer Tochter

Sehr geehrter Herr . . . . . .,

ich zeige an, dass ich Ihre Tochter, ..., wohnhaft . . . . . ., anwaltlich vertrete. Auf die anliegende Vollmacht sei hingewiesen.

Ihre Tochter hat mich beauftragt, ihre Unterhaltsansprüche gegen Sie durchzusetzen. Wir erlauben uns zunächst den Versuch einer außergerichtlichen Regelung der Angelegenheit.[1, 2]

Unsere Mandantin, vertreten durch ihre Mutter, hat uns mitgeteilt, dass Sie über ein monatliches Nettoeinkommen von rd. 2.200 EUR verfügen. Damit sind Sie nach der in Deutschland anzuwendenden Düsseldorfer Tabelle, die den Kindesunterhalt feststellt, in die Einkommensgruppe 3. einzustufen. Dies sind 110 % des Mindestbedarfes. Danach schulden Sie für Ihre achtjährige Tochter in der Altersgruppe II 433 EUR monatlich. Da die Mutter unserer Mandantin hier das Kindergeld für die Tochter bezieht, welches Ihnen zur Hälfte zusteht, dies sind 96 EUR, verbleibt ein Zahlbetrag in Höhe von 337 EUR.

Die Düsseldorfer Tabelle ist im Verhältnis zwischen Ihnen und Ihrer Tochter anzuwenden. Der Unterhaltsanspruch richtet sich nach deutschem Recht, Art. 15 EU-UnterhaltsVO (Verordnung (EG) Nr. 4/2009), Art. 3 Abs. 1 HUntProt (Protokoll über das auf Unterhaltspflichten anzuwendende Recht: Haager Unterhaltsprotokoll 2007). Zuständig für das Unterhaltsverfahren wäre gemäß Art. 3 lit. b EU-UnterhaltsVO, § 232 Abs. 1 Nr. 2 FamFG, § 23a Abs. 1 S. 1 Nr. 1 GVG, das Amtsgericht München, Familiengericht.

Unsere Mandantin hat ein berechtigtes Interesse daran, dass die Unterhaltsansprüche tituliert werden. Hierunter versteht man zB ein Urteil, mit Hilfe dessen die Zwangsvollstreckung im Falle der Nichtzahlung eingeleitet werden kann. Die Titulierung kann, und dies ist der einfachste und günstigste Weg, aber auch über ein Anerkenntnis hinsichtlich der Unterhaltsleistung erfolgen, welches Sie an jeder beliebigen Auslandsvertretung der Bundesrepublik Deutschland zu Protokoll des Urkundsbeamten der Konsularabteilung abgeben können.[3] In Ihrem Fall empfiehlt es sich, das Generalkonsulat der Bundesrepublik Deutschland, Torre Mapfre, Calle de la Marina, 16–18, 30a, 08005 Barcelona,[4] Tel. 00 34/9 32 92 10 00, Fax 00 34/9 32 92 10 02, aufzusuchen.

Sie können sich, regelmäßig nach Terminabsprache, dorthin begeben und unter Vorlage dieses Schreibens die Titulierung der Unterhaltsansprüche verlangen. Es wird dann eine Anerkenntnisurkunde aufgesetzt. Sorgen Sie dafür, dass diese Urkunde unsere Mandantin über uns erreicht. Mit Erhalt der Urkunde wäre der Bereich der Titulierung der Ansprüche abgeschlossen und erledigt.

Gleichzeitig dürfen wir Sie mit diesem Schreiben auffordern, mit der Bezahlung der Unterhaltsansprüche unserer Mandantin sofort zu beginnen. Zur Zahlung der Ansprüche des laufenden Monats setzen wir Ihnen hiermit Frist auf . . . . . . (Datum) und fordern Sie im Weiteren auf, zukünftig je am Ersten eines jeden Monats den Unterhalt vorfällig und pünktlich auf das Konto der Mutter unserer Mandantin bei der . . . . . . Bank, IBAN . . . . . .BIC . . . . . ., zu überweisen.

Sollte das von uns angenommene Einkommen der Höhe nach nicht stimmen, können Sie diesen Einwand selbstverständlich zur Verminderung der Unterhaltsansprüche Ihrer Tochter führen. In diesem Fall fordern wir Sie auf, Auskunft zu erteilen[5] über Ihr Einkommen in den letzten 12 Monaten. Bitte übersenden Sie uns eine Aufstellung aller Ihrer Einnahmen in der Zeit von . . . . . . bis . . . . . . samt den dazu gehörigen Belegen wie etwa den Gehaltsmitteilungen Ihres Arbeitgebers.

Mit freundlichen Grüßen

. . . . . .

Rechtsanwalt/Rechtsanwältin

Anmerkungen

1. Bevor im Inland ein Verfahren gegen einen Unterhaltsschuldner im Ausland aufgenommen wird, was grundsätzlich möglich und richtig wäre, lohnt es sich, einen **Einigungsversuch** zu unternehmen. Die Schwierigkeiten und zeitlichen Verzögerungen, die mit der Zustellung im Ausland verbunden sind, können hierdurch, ebenso wie die Kosten, vermieden werden.

2. Gegebenenfalls empfiehlt es sich, den Brief **in die Landessprache übersetzen zu lassen** und in übersetzter Version abzusenden. Die Mandantschaft wäre insoweit über die Sprachkenntnisse des Gegners zu befragen.

3. Informationen dazu, welche **Beurkundungen von den deutschen Auslandsvertretungen** vorgenommen werden, können auf der Homepage des Auswärtigen Amtes (http://www.auswaertigesamt.de) abgerufen werden. Gerade die Beurkundung von Unterhaltsansprüchen dürfte, wenn der Gegner mitwirkungsbereit ist, eine sinnvolle Lösung zur Vermeidung eines Prozesses sein.

4. Die **Adressen der jeweils nächsten Auslandsvertretung** sind sowohl telefonisch beim Auswärtigen Amt (Telefonzentrale: (24-Stunden-Service): 03018-17-0 oder Bürgerservice: (Mo bis Fr 9.00 bis 15.00 Uhr): 03018-17-2000) als auch auf der Homepage des Auswärtigen Amtes (www.auswaertigesamt.de) zu erfragen.

5. Natürlich muss genauestens geprüft werden, ob das **vermutete Einkommen des Vaters** nicht zu niedrig ist, wenn, wie hier, nur für den Fall des Bestreitens der Höhe die Auskunft begehrt wird. Allerdings empfiehlt es sich den Weg wie hier vorgeschlagen stets dann zu gehen, wenn gute Gründe dafür vorliegen, dass der von der Mandantin genannte Betrag richtig ist. Erfahrungsgemäß haben mit der deutschen Rechtsordnung nicht betraute Menschen wenig Verständnis für Auskunftsansprüche. Entsprechend schwierig ist die Vollstreckung.

2. Checkliste/Fragebogen zur Geltendmachung von Unterhaltsansprüchen nach dem Auslandsunterhaltsgesetz (AUG)

Personenstandsdaten Kinder:

Vorname: . . . . . .
Familienname: . . . . . .
Geburtsname: . . . . . .
Geburtsdatum: . . . . . .
Geburtsort: . . . . . .
Staatsangehörigkeit: . . . . . .
Wohnort: . . . . . .
Personenstandsangaben Mutter:
Vorname: . . . . . .
Familienname: . . . . . .
Geburtsname: . . . . . .
Geburtsdatum: . . . . . .
Geburtsort: . . . . . .
Staatsangehörigkeit: . . . . . .
Wohnort: . . . . . .
Personenstandsangaben Vater:
Vorname: . . . . . .
Familienname: . . . . . .
Geburtsname: . . . . . .
Geburtsdatum: . . . . . .
Geburtsort: . . . . . .
Staatsangehörigkeit: . . . . . .
Wohnort: . . . . . .
Vorhandenes Vermögen des Unterhaltsschuldners: . . . . . .
Sozialversicherungsnummer des Unterhaltsschuldners: . . . . . .
Arbeitgeber des Unterhaltsschuldners: . . . . . .
Liegen schon Unterhaltstitel vor: . . . . . .
Umrechnungskurs für die Geldforderungen: . . . . . .
Währung: . . . . . .
Wesentliche Schriftstücke:

- Scheidungsurteil,
- Unterhaltstitel,
- Geburtsurkunde,
- Vaterschaftsanerkenntnis etc

3. Gesuch für die Geltendmachung von Unterhaltsansprüchen nach dem AUG (Amtliches Formular)

Name, address, telephone

Name, Adresse, Telefon

Attorney for petitioner or petitioning authority

Rechtsanwalt des Antragstellers, antragstellende Behörde, Antragsteller oder sein gesetzlicher Vertreter

Court:

Gericht:

....

Petitioner *Antragsteller*	....	Petition for/*Antrag*[1,2, 3] *auf*:	
		Establishment of an order for support *Erstmalige Unterhaltsfestsetzung und Erwirkung einer Entscheidung*	[ ]
Ex rel *Im Namen des*	.... (Obligee) *(Unterhaltsberechtigter)*	Reimbursement of social benefits *Rückerstattung von Unterhaltsvorschüssen bzw. Sozialhilfe*	[ ]
		Registration of a foreign support order *Anerkennung einer ausländischen Unterhaltsentscheidung*	[ ]
vs/gegen		Enforcement of existing support order *Vollstreckung einer bestehenden Unterhaltsentscheidung*	[ ]
		Collection of arrearages *Beitreibung von Rückständen*	[ ]
Respondent *Antragsgegner*	....	Establishment of paternity *Feststellung der Vaterschaft*	[ ]

Pursuant to the Uniform Reciprocal Enforcement of Support Act:

Unter Bezugnahme auf das Auslandsunterhaltsgesetz bzw. den Uniform Reciprocal Enforcement of Support Act:

Petitioner alleges:

Der Antragsteller erklärt:

I.

Listed are the obligees of the respondent:

Bezeichnung der im gegenständlichen Verfahren betroffenen Unterhaltsberechtigten:

Name:

Name:

Date and place of birth:

Geburtsdatum und -ort:

Nationality:

Staatsbürgerschaft:

Residence:

Wohnsitz:

Occupation:

Beruf:

II.

The marital status and support obligation of respondent:

Familienstand des Antragsgegners und Grund der Unterhaltsverpflichtung:

The respondent is the obligees:

Der Antragsgegner ist im Verhältnis zu den Unterhaltsberechtigten:

[ ] Noncustodial parent
Nicht sorgeberechtigter Elternteil

[ ] Spouse
Ehegatte

[ ] Former Spouse
Früherer Ehegatte

[ ]	Married on	in
	Verheiratet seit	*in*
[ ]	Separated on	at
	Getrennt seit	*in*
[ ]	Divorced on	at
	Geschieden seit	*in*
[ ]	Never married	
	Nicht verheiratet gewesen	

[ ] Parentage established (order attached)
Vaterschaft festgestellt (Nachweis samt Übersetzung ist beigefügt)

[ ] Parentage not established (Attached statement sworn before a notary, an official authorized to take an oath or by a consular officer).

Vaterschaft nicht festgestellt (Beigefügt ist eine vor einem Notar, einer hierzu befugten Amtsperson oder einem Konsulat abgegebene Erklärung/eidesstattliche Versicherung).

III.

.... is the other parent of the obligees and resides at ....

(Name) ....

.... *ist der andere Elternteil des Unterhaltsberechtigten und wohnhaft in* ....

(Name)

IV.

Respondent was ordered to pay

Der Antragsgegner wurde verpflichtet zu zahlen

[ ] Spousal support in the amount of $ ...... weekly/monthly

Ehegattenunterhalt in Höhe von EUR ...... wöchentlich/monatlich

(order attached)

(Nachweis samt Übersetzung beigefügt)

[ ] Child support in the amount of $ ...... weekly/monthly

$ ...... weekly/monthly

Kindesunterhalt in Höhe von EUR ...... wöchentlich/monatlich

EUR ...... wöchentlich/monatlich

(order attached)

(Nachweis samt Übersetzung beigefügt)

[ ] Respondent is in arrears in the amount of $ ....

Der Antragsgegner ist in Zahlungsrückstand in Höhe von EUR ....

(statement attached)

(Erklärung samt Übersetzung beigefügt)

V.

The financial circumstances of the obligee(s) are as follows:

Die finanziellen Verhältnisse des (der) Unterhaltsberechtigten sind wie folgt:

[ ] Named children are receiving monthly the sum of $ ....
in social assistance

Folgende Kinder erhalten monatlich insgesamt EUR ....
als Sozialhilfe oder sonstige Sozialunterstützung

[ ] During the period of . . . . . . to . . . . . . the sum of $ ....
in social assistance was paid for their support.
(Statement attached)
In der Zeit von. . . . . .bis. . . . . .sind insgesamt EUR ....
an Sozialhilfe (sonstige Sozialunterstützung) für ihren Unterhalt gezahlt worden. (Erklärung samt Übersetzung beigefügt).

The children are not receiving social assistance and the necessary expenses are $ . . . . . ., as set out in the attached statement

Die Kinder erhalten keine Sozialhilfe oder sonstige Sozialunterstützung und die notwendigen Kosten betragen EUR . . . . . ., wie in der beigefügten Erklärung ausgeführt wird.

The children are receiving payments in advance by the state because the respondent does not comply with his obligation to support them; the monthly advance payments are $ . . . . . .

Die Kinder erhalten Unterhaltsvorschüsse im monatlichen Betrag von EUR . . . . . .

VI.

Information about the respondent follows:

Informationen über den Antragsgegner:

Address:

Adresse:

Employer:

Arbeitgeber:

Occupation:

Beruf:

Salary (monthly net-income) and other property:

Einkommen (monatliches Nettoeinkommen) und anderes Vermögen:

Date of birth: Place of birth:

Geburtsdatum: *Geburtsort:*

Social Security No:

Sozialversicherungsnummer:

Nationality:

Staatsangehörigkeit:

Description or photo:

Personenbeschreibung oder Lichtbild:

Height:	Weight:	Eyes:	Hair:
Größe:	*Gewicht:*	*Augen:*	*Haare:*
Complexion:	Origin:		
Hautfarbe:	Herkunftsland:		

VII.

Petitioner requests the following:

Der Antragsteller verlangt:

1. [ ] Registration of the support order attached hereto.
Anerkennung und Vollstreckung der beigefügten Unterhaltsentscheidung.

Three certified copies of the following described support order together with all modifications, if any, are filed with this statement.

Mit dieser Erklärung sind drei beglaubigte Kopien der Unterhaltsentscheidung einschließlich aller Abänderungen vorzulegen.

a. Name of state and title of court

Bezeichnung des Staates und Gerichts

Local court: ......

Gericht:

State of: ......

des Staates:

Country of: ......

des Bezirkes:

The support order is registered or recognized for enforcement in the following states (specify title and the location of court, in each state):

Die Unterhaltsentscheidung ist in folgenden Staaten (genaue Bezeichnung des Gerichts und des Gerichtsortes in jedem Staat) registriert oder zwecks Vollstreckung anerkannt:

b. Name of state and title of court

Bezeichnung des Staates und Gerichts

Local court: ......

Gericht:

State of: ......

des Staates:

Country of: ......

des Bezirks:

2. [ ] An order directing respondent to pay support in the amount of $ ...... per month for
Eine vollstreckbare gerichtliche Entscheidung gegen den Antragsgegner über monatliche ...... EUR soll erwirkt werden für
[ ] each child
jedes Kind
[ ] spouse
Ehegatten
[ ] former spouse
früheren Ehegatten

for a total of $ ...... per month

über insgesamt EUR ......monatlich.

3. [] An order directing respondent to pay $ ...... as arrearages, said amount to be paid:
   Eine vollstreckbare gerichtliche Entscheidung gegen den Antragsgegner zur Zahlung der Rückstände im Betrag von ...... EUR soll erwirkt werden:
   [ ] in one sum
   als einmalige Summe
   [ ] at $ ...... per month until paid
   in monatlichen Raten von ...... EUR
4. [ ] An order directing respondent to pay $ ...... as reimbursement for social assistance, said amount to be paid:
   Eine vollstreckbare gerichtliche Entscheidung gegen den Antragsgegner zur Rückzahlung geleisteter Sozialhilfe im Betrag von ...... EUR soll erwirkt werden:
   [ ] in one sum
   als einmalige Summe
   [ ] at $ ...... per month until paid
   in monatlichen Raten von ...... EUR
5. [ ] An order directing that all payments be made to ...... and forwarded to ......
   Eine vollstreckbare gerichtliche Entscheidung soll erwirkt werden, dass alle Zahlungen zu leisten sind an ...... und weiterzuleiten sind an ......

......	......
Dated	Attorney for petitioner or petitioning authority
Datum	*Rechtsanwalt des Antragstellers oder antragstellende Behörde, Antragsteller oder sein gesetzlicher Vertreter*

I declare under penalty of perjury, that the foregoing information is true and correct to the best of my knowledge and belief.

Ich versichere, obige Angaben nach bestem Wissen und Gewissen gemacht zu haben und bekräftige die Richtigkeit der vorstehenden Angaben an Eides Statt.

Dated: ......
Datum:

Signature: ......
Unterschrift:

Petitioner

Antragsteller

alternatively

bzw.

Attorney for petitioner
or petitioning authority

Rechtsanwalt des Antragstellers
oder antragstellende Behörde

Subscribed and sworn to before me this day of . . . . . . 20 . . . . . . (1)

....

SEAL Signature

Vor mir unterschrieben und als richtig bekräftigt/an Eides Statt versichert

am. . . . . .20. . . . . .

Siegel ....

Unterschrift

(1) This oath must be taken by a notary, or other official authorized to take an oath or by a competent consular officer.

Diese Erklärung muss vor einem Notar, einer hierzu berechtigten Amtsperson (Richter) oder einem zuständigen Konsulatsbeamten abgegeben werden.

Anmerkungen

1. Das Auslandsunterhaltsgesetz findet derzeit **Anwendung** im Verhältnis zwischen der Bundesrepublik Deutschland und folgenden Staaten **Kanadas:** Alberta, Britisch Kolumbien, Manitoba, Neubraunschweig (New Brunswick), Neufundland und Labrador, Neuschottland (Nova Scotia), Nordwest-Territorien, Ontario, Prinz-Eduard-Insel (Prince Edward Island), Saskatchewan, Yukon Territorium und der **Republik Südafrika.** Im Verhältnis zwischen Deutschland und Albanien, Bosnien und Herzegowina, Montenegro und Norwegen gilt das Haager Unterhaltsübereinkommen von 2007 (kurz: HUÜ 2007) ebenso wie seit Anfang des Jahres 2017 zwischen Deutschland und der Türkei sowie den Vereinigten Staaten von Amerika. Das förmliche Anerkennungsverfahren im Verhältnis zu diesen Staaten richtet sich nach den entsprechenden Vorschriften des HUÜ 2007.

2. Sowohl der Text des Gesetzes als auch **Antragsformulare**, **Ausfüllanleitungen,** zT mehrsprachig, als auch Erläuterungen zum Auslandsunterhaltsgesetz finden sich im Internet auf der Homepage des Bundesamtes für Justiz (www.bundesjustizamt.de) unter dem Stichwort „Bürgerdienste" „Auslandsunterhalt".

3. Sofern keine vorübersetzten Formulare verwendet werden, müssen **Übersetzungen** dem Gesuch beigefügt werden, in der Regel in Englisch. Dies kann für den Antragsteller teuer werden, weshalb die Kostenbefreiungsvorschrift § 10 AUG beachtet werden sollte für eine Verfahrenskostenhilfebewilligung. Weitere Regelungen über eine mögliche Bewilligung von Verfahrenskostenhilfe finden sich in den Vorschriften §§ 20 ff. AUG.

III. Güterrecht und Auslandsbezug – Checkliste/Fragebogen

- ❐ Staatsangehörigkeit(en) der Eheleute[1]
  Ehemann: . . . . . .
  Bei Geburt: . . . . . .
  Später erworben: . . . . . .
  Insbesondere bei Eheschließung: . . . . . .
  Heute: . . . . . .
  Ehefrau:
  Bei Geburt: . . . . . .
  Später erworben: . . . . . .
  Insbesondere bei Eheschließung: . . . . . .
  Heute: . . . . . .
- ❐ Wo haben die Eheleute während der Ehe von wann bis wann gelebt?
- ❐ Grundbesitz im Ausland? Wer ist Eigentümer? Gibt es Unterlagen?
- ❐ Grundbesitz im Inland? Wer ist Eigentümer? Gibt es Unterlagen?
- ❐ Sonstiges Vermögen im Ausland? Wer ist Eigentümer? Gibt es Unterlagen?
- ❐ Sonstiges Vermögen im Inland? Wer ist Eigentümer? Gibt es Unterlagen?
- ❐ Belastungen, Verbindlichkeiten? Wer ist Schuldner? Gibt es Unterlagen?
- ❐ Haben die Parteien einen Ehevertrag geschlossen, wenn ja, wann, und enthält dieser eine Rechtswahl?[2, 3]

Anmerkungen

1. Für die verschiedenen Anknüpfungstatsachen bezüglich des Güterrechts ist es von wesentlicher Bedeutung, den Sachverhalt hinsichtlich der Personenstandsdaten gut zu ermitteln. Ein Fehler bei der Ermittlung des Sachverhaltes kann zu vollständig anderen Ergebnissen hinsichtlich der Frage des anzuwendenden Rechtes führen.

2. Bei der Frage nach den Eheverträgen ist unbedingt auch danach zu fragen, ob anlässlich der Eheschließung beim Standesbeamten weitere Urkunden unterschrieben wurden und ob mit der Eheschließung eine Wahl des Güterrechts stattgefunden hat. In einigen Rechtsordnungen, beispielsweise Mexiko, werden anlässlich der Eheschließung formularmäßig Güterrechtswahlen getroffen. Häufig erinnern sich die Parteien selbst nicht einmal mehr daran, dass sie bei der Eheschließung mit der Unterschrift auch ein Güterrecht gewählt haben. Diese Dokumente sind also genauestens zu lesen und bei fehlender Sprachkenntnis auch übersetzen zu lassen.

3. Bei keiner anderen Materie empfiehlt es sich so sehr wie im Güterecht, bei Auslandsberührung außergerichtliche Einigungen anzustreben. Insbesondere dann, wenn die Parteien zeitnah geschieden werden wollen, muss darauf hingewiesen werden, dass die Verfahren bei Auslandsbezug im Güterrecht tendenziell sehr lange dauern und, durch in Auftrag zu gebende Rechtsgutachten, auch sehr teuer werden. Sollte eine außergerichtliche Einigung nicht möglich sein, ist dringend zu erforschen, ob güterrechtliche Ansprüche nicht erst nach der Scheidung bearbeitet werden können. Die Rechtsordnung, die für das Güterrecht in Frage kommt, muss unbedingt nach der Frage durchsucht werden, ob solche Ansprüche für den Fall der Geltendmachung nach der Scheidung nicht untergegangen sind. Welche Rechtsordnung in Frage kommt, richtet sich derzeit noch nach Art. 15 EGBGB. Für das Ehegüterrecht wurde aber bereits eine Verordnung „über die

Zuständigkeit, das anzuwendende Recht, die Anerkennung und die Vollstreckung von Entscheidungen im Bereich des Ehegüterrechts" durch die Kommission vorgeschlagen (KOM(2011) 126 endgültig). Der Text dieses Entwurfs kann über die „Einfache Suche, nach Stichwort" auf der Website http://eur-lex.europa.eu/de/index.htm abgerufen werden, wenn als Suchwort „CNS 2011/0059" eingegeben wird. Die kollisionsrechtlichen Regelungen der geplanten EhegüterR-VO (auch Rom IVa und IVb) sollen nach Art. 39 Abs. 3 EhegüterR-VO nur für Ehegatten gelten, die nach dem Beginn der Anwendbarkeit geheiratet, oder eine kollisionsrechtliche Rechtswahl getroffen haben. Anwendbar soll die VO ein Jahr nach Inkrafttreten sein, Art. 40 Abs. 2 EhegüterR-VO.

IV. Versorgungsausgleich und Auslandsbezug – Checkliste/Fragebogen

- ❒ Ist die Ehe schon geschieden oder wird das Scheidungsverfahren erst noch geführt bzw. ist es anhängig?
- ❒ Wurde schon ein Versorgungsausgleich durchgeführt?
- ❒ Wenn die Ehescheidung durchgeführt wurde, ist sie bereits anerkannt?
- ❒ Gibt es vertragliche Regelungen zum Versorgungsausgleich?
- ❒ Welche Rechtsordnungen weisen einen Berührungspunkt zum Sachverhalt auf?[1]
- ❒ Gibt es inländische Versorgungsanwartschaften, wenn ja, welche? (Gesetzliche Rentenversicherung, Beamtenversorgung, betriebliche Altersversorgung, Lebensversicherungen mit Rentenwahlrecht etc)
- ❒ Welche Staatsangehörigkeiten hatten/haben die Parteien bei Geburt, bei Eheschließung, heute?
- ❒ Von wann bis wann haben die Parteien wo gelebt?
- ❒ Von wann bis wann haben die Parteien wo gearbeitet?
- ❒ Namen, Anschrift und Personalnummern der jeweiligen Arbeitgeber notieren!
- ❒ Wann wurde welches Einkommen erzielt und wo versteuert?
- ❒ Wann wurden aufgrund welcher Arbeit welche Sozialabgaben abgeführt? Gibt es Sozialversicherungsnummern?
- ❒ Wurden seitens eines Arbeitgebers eines Ehepartners in der Vergangenheit bereits Altersversorgungen zugesagt oder gar ausgezahlt?
- ❒ Gibt es eine Invaliditätsversorgung, die zugesagt wurde oder bereits ausgezahlt wird?
- ❒ Gibt es in den betroffenen Rechtsordnungen Stellen, die Rentenauskünfte erteilen? Was weiß der Mandant dazu? Welche Informationen hat der Mandant bzw. der Gegner bereits über die Höhe seiner möglichen Rentenansprüche?[2]

Anmerkungen

1. Gem. Art. 17 Abs. 3 S. 1 EGBGB unterliegt der Versorgungsausgleich dem Recht, das gemäß der Rom III–VO auf die Scheidung angewandt wird. Er ist nur dann durchzuführen, wenn danach deutsches Recht anzuwenden ist und ihn das Recht eines der Staaten kennt, denen die Ehegatten im Zeitpunkt des Eintritts der Rechtsanhängigkeit des Scheidungsantrags angehören. Es ist daher als Erstes zu prüfen, ob es in den in Frage kommenden Rechtsordnungen das Institut des Versorgungsausgleiches gibt (Beispiele in MüKoBGB/*Winkler von Mohrenfels* EGBGB Art. 17 Rn. 82 ff.).

2. Kommt man bei der ersten Prüfung zu dem Ergebnis, dass der Versorgungsausgleich nicht durchzuführen wäre, kann er gleichwohl auf Antrag gem. Art. 17 Abs. 3 S. 2 EGBGB durchgeführt werden. Bevor dieser Antrag gestellt wird, muss gemeinsam mit dem Mandanten ausführlich darüber nachgedacht werden, ob sich dies für den Antragsteller auch lohnt und ob er bereit ist, die zeitlichen Verzögerungen, die damit verbunden sind, in Kauf zu nehmen. Empfehlen wird sich das Ganze insbesondere dann, wenn der Gegner deutsche Versorgungsanwartschaften erworben hat, während der eigene Mandant keine und nur ausländische erworben hat.

V. Sorgerecht und Auslandsbezug – Antrag auf Rückgabe eines Kindes nach Entführung (Formular der Haager Konferenz)

Antrag auf Rückgabe

Haager Übereinkommen vom 25. Oktober 1980 über die zivilrechtlichen Aspekte internationaler Kindesentführung

ERSUCHENDE ZENTRALE BEHÖRDE ODER ANTRAGSTELLER	ERSUCHTE BEHÖRDE

Betrifft das Kind: ....

das das 16. Lebensjahr vollendet am: ....

Anmerkung: Die folgenden Felder sollen so ausführlich wie möglich ausgefüllt werden.

I. IDENTITÄT DES KINDES UND SEINER ELTERN

1. Kind

Name und Vornamen
Geschlecht weiblich ☐ männlich ☐
Geburtsdatum und -ort
Staatsangehörigkeit
Gewöhnlicher Aufenthaltsort vor dem Verbringen oder Zurückhalten
Nummer des Reisepasses oder Personalausweises, falls vorhanden
Personenbeschreibung und wenn möglich Lichtbild (siehe Anlagen)

2. Eltern

2.1. Mutter

Name und Vornamen
Geburtsdatum und -ort
Staatsangehörigkeit
Beruf
Gewöhnlicher Aufenthalt
Nummer des Reisepasses oder Personalausweises, falls vorhanden

2.2 Vater

Name und Vornamen

Geburtsdatum und -ort

Staatsangehörigkeit

Beruf

Gewöhnlicher Aufenthalt

Nummer des Reisepasses oder Personalausweises, falls vorhanden

2.3 Datum und Ort der Eheschließung

II. ANTRAGSTELLENDE PERSON ODER BEHÖRDE

3. (die das Sorgerecht vor dem Verbringen oder Zurückhalten tatsächlich ausgeübt hat)

Name und Vornamen

Staatsangehörigkeit des Antragstellers (falls natürliche Person)

Beruf des Antragstellers (falls natürliche Person)

Anschrift

Nummer des Reisepasses oder Personalausweises, falls vorhanden

Beziehung zum Kind

Name und Anschrift des Rechtsanwalts, falls vorhanden

III. ORT, AN DEM SICH DAS KIND VERMUTLICH BEFINDET

4.1 Angaben über die Person, die das Kind angeblich verbracht oder zurückgehalten hat

Name und Vornamen

Geburtsdatum und -ort, falls bekannt

Staatsangehörigkeit, falls bekannt

Beruf

Letzte bekannte Anschrift

Nummer des Reisepasses oder Personalausweises, falls vorhanden

Personenbeschreibung und wenn möglich Lichtbild (siehe Anlagen)

4.2 Anschrift des Kindes

4.3 Andere Personen, die in der Lage sein könnten, zusätzliche Angaben über den Aufenthaltsort des Kindes zu machen

IV. ZEITPUNKT, ORT, DATUM UND UMSTÄNDE DES WIDERRECHTLICHEN VERBRINGENS ODER ZURÜCKHALTENS

V. TATSÄCHLICHE ODER RECHTLICHE GRÜNDE, DIE DEN ANTRAG RECHTFERTIGEN

VI. ANHÄNGIGE ZIVILVERFAHREN

VII. DAS KIND IST ZURÜCKZUGEBEN AN

a)

Name und Vornamen
Geburtsdatum und -ort
Anschrift
Telefonnummer

b) Vorschläge, wie die Rückgabe des Kindes durchgeführt werden soll

VIII. SONSTIGE BEMERKUNGEN

IX. VERZEICHNIS DER BEIGEFÜGTEN SCHRIFTSTÜCKE[1)]

Datum: ....

Ort: ....

Unterschrift und/oder Siegel der ersuchenden Zentralen Behörde oder des Antragstellers

[1)] z. B. beglaubigte Ausfertigung einer für die Sache erheblichen Entscheidung oder Vereinbarung über das Sorgerecht oder das Recht auf persönlichen Umgang; Bescheinigung oder eidesstattliche Erklärung (Affidavit) über das anzuwendende Recht; Auskunft über die soziale Lage des Kindes; Vollmacht für die Zentrale Behörde, für den Antragsteller tätig zu werden.

Anmerkungen

1. Das Formular kann heruntergeladen werden von der **Homepage des Bundesamtes für Justiz** (www.bundesjustizamt.de) unter den Stichworten „Bürgerdienste“ und „Internationales Sorgerecht“ unter „Formulare“. Die Antragsformulare liegen in verschiedenen Sprachen und zu unterschiedlichen Sachverhalten vor, insbesondere auch für Umgangsregelungen und sowohl für das HKÜ als auch für das ESÜ (Übereinkommen vom 20.5.1980 über die Anerkennung und Vollstreckung von Entscheidungen über das Sorgerecht für Kinder und die Wiederherstellung des Sorgeverhältnisses). Des Weiteren sind dort Formulare für die Vollmacht in Deutsch, Englisch, Französisch und Spanisch und auch der Antrag auf Verfahrenskostenhilfe zu finden. Es besteht zwar kein Formularzwang, gerade da durch die Formulare aber die erheblichen Übersetzungskosten gespart werden und das Verfahren schneller bearbeitet wird, empfiehlt es sich, diese Hilfestellungen zu übernehmen.

2. Auch die **Texte von HKÜ und ESÜ** in der deutschen Übersetzung können auf der Homepage des Bundesamtes für Justiz abgefragt werden, ebenso die **Vertragsstaatenliste.**

Sachverzeichnis

Die fett gesetzen Großbuchstaben, römischen Zahlen und arabischen Zahlen beziehen sich auf die Systematik des Formularbuchs; die nachfolgenden mageren Zahlen kennzeichnen die betreffende Anmerkung